(1951 – 1990)

중국조선문정기간행물 목록색인

제1권

(1951 - 1990)

중국조선문정기간행물 목록색인

[상]

주필 이옥금 김덕모
부주필 김성월 김익

편자 이옥금 주홍화
이미화 김덕모
김성월 김 익
허연자 안해금
이 춘 이영희

KSI 한국학술정보[주]

서 론

조선민족은 유구한 전통문화를 갖고 있는 민족이다. 중국에 이주하여와서도 조선민족은 반만년의 풍부한 문화유산을 바탕으로 민족의 전통을 계승하고 발전시켰으며 중화문화의 우수한 자양분을 섭취하여 점차 중국특색을 갖춘 소수민족문화인 조선족문화를 이루게 되었다.

이백여만을 헤아리는 중국의 조선족은 한족을 비롯한 여러 형제민족들과 함께 중국의 동북땅을 개척하였고 반일투쟁의 특수한 역사적인 배경 밑에 중국의 반제, 반봉건의 환경속에서 피어린 투쟁을 하여왔으며 중화인민공화국이 창건된 후에는 중국공산당 민족정책의 빛발아래 민족자치의 권리를 갖고 민족의 총명과 지혜, 줄기찬 노력과 분투로서 중국 사회주의 혁명과 건설사업에서 뛰어난 성과를 거두었다. 이리하여 중화 민족 문화사에 빛나는 업적을 남겨놓았을 뿐더러 세계 여러 민족문화사에 빛나는 한 페이지를 기록하였다.

중국의 조선족문화는 조선민족의 전통문화에 깊이 뿌리박고 한족과 중국의 여러 소수민족문화와의 접촉속에서 이루어진 것으로서 중화민족문화의 한 부분인 동시에 또 세계적범위에서 조선민족문화의 한 부분으로 되고 있다.

역대로 내려오면서 중국조선족문화는 우리글로 된 신문, 잡지나, 출판물들을 통하여 세상에 널리 알려져왔다. 광복전 항일투쟁속에서 많은 우리글 잡지들이 나왔으며 중국이 해방된 후에도 우리글 잡지들에 중국의 사회현실을 나타내는 문장들이 많이 실렸다. 해방후 우리글 잡지는 더 많은 발전을 가져와 90년대에 와서 공개출판된 우리글 잡지만 보더라도 20여종이나 된다. 이와 같은 간행물들에서 우리민족의 문화를 폭넓게 보여주었을 뿐더러 중국의 정치, 경제, 문화 등 제 영역의 생활들도 폭넓게 보여주고있다.

그러나 이와 같은 간행물에 실렸던 자료들이 한 때는 해빛을 보았다가 오늘날에 와서 많은 것들이 잃어지고 또 적지 않은 것들이 보이지 않는 구석에서 잠자고 있으며 그 자료 이름마저 잊혀져 가고있는 것들도 많다. 시대의 흐름에 따라 간행물들의 이름도 자주 바뀌고 또 많은 간행물들의 발행량이 적었던데서 일부 자료는 전혀 찾아 볼 길이 없는 형편에 이르렀다.

오늘날 중국의 개혁개방과 더불어 과거에 출판되었던 조선문문헌자료에 대한 수요는 더없이 많아졌다. 이 한 수요에 도움을 주며 독자들이 조선문문헌자료를 찾는데 조금이나마 쉽게 목록들을 제시하여

주기 위하여 시작된 첫 작업이 이 ≪조선문정기간행물목록색인≫이었다. 저자는 오래 동안 도서관의 자료사업을 하여오면서 독자들이 지나간 우리글 잡지들을 애타게 찾을 때마다 이 작업을 해야 할 필요성을 깨닫고 1995년부터 생각을 무르익혀 오다가1998년 집필계획을 새로 세우고 연변대학도서관의 경험있는 일군들로 편집진을 무어 자료수집에 들어가게 되었다.

민족문헌자료가 비교적 구전한 연변대학도서관자료를 주로 하여 연변도서관, 연변사회과학원 도서관을 찾아다니며 목록들을 수집하였으며 그 외에도 이 세 도서관에 없는 자료들은 잡지사와 잡지사의 옛 편집들을 찾아다니며 그들 손에서 자료를 빌어가며 목록들을 수집하기도 하였다. 일부 그래도 찾을 수 없는 잡지들의 목록은 아쉽게도 수록되지 못했음을 밝히는 바이다.

수집된 목록량이 많은데서 해방되어서부터 1990년까지를 제1책으로 무어 펴내고1991년부터 2000년까지를 제2책으로 무어 펴낸다. 일부 자료적가치가 적은 것들은 선택되지 못했음을 밝힌다. 이번에 출판되는 제1책에서는 2002년에 출판된 목록보다 2천6백여 개의 목록이 새롭게 수정보충되었음을 밝힌다.

이 목록색인을 펴내는 일은 극히 어려운 작업이었다. 보다 전면적이고 체계있게 분류하려고 애썼으나 저자들의 목록색인경험이 적었고 또한 여럿이 하는 작업이어서 분류에서나 배열에서 오유와 미비한 점들이 많으리라 생각된다. 이에 우리는 국내외 독자들로부터 기탄없는 조언이 있기를 충심으로 바라는 바이다.

마지막으로 이 목록색인에 자료들을 수집할수 있도록 많은 편리를 준 연변대학도서관, 연변도서관, 연변사회과학원도서관, 그리고 여러 잡지사의 고마운 분들께 감사의 인사를 드리는 바이다.

중국 절강월수외국어학원에서
편자로부터
2008년7월25일

일러두기

1, 본 색인은 중국에서 공개출판된 조선문정기간행물에서 수록한 문장에 대한 목록들이다. 제1책은 건국이후부터 1990년까지 수록된 목록들이고 제2책은 1991년부터 2000년까지 수록된 목록들이다.

2, 본 색인은 중국에서 출판된 조선문정기간행물의 문장들을 ≪중국도서자료분류법≫에 따라 분류하고 ≪정기간행물색인 수록규칙≫에 준하여 수록하였다.

3, 하나의 정기간행물에서 련재로 수록한 문헌은 한기만 수록하였고 한 문헌이 여러 간행물에 실렸을 때에는 제일 처음 출판된 간행물을 기준으로 하여 수록하였다.

4, 본 색인의 수록격식은 ≪문헌배렬순번호, 문헌제목 / 저자;역자 // 잡지사. − 년,(기). − 페지≫로 되었다.

5, 문헌의 배렬격식은 (1)분류 (2)년 (3)기 (4)조선어자모순으로 배렬 되었다.

6, 저자명색인에서 중국국내저자와 외국인저자로 나누어 수록했고 외국인 저자명 앞에는 나라이름을 밝히어 수록하였다.

7, 저자명색인에서 연명으로 된 저자명은 제일 저자를 준하고 둘까지 이름을 밝히어 수록하였고 한자로 된 저자명은 조선어자모 발음순에 따라 수록하였으며 외국인저자명은 외국어자모에 대한 조선말음독법에 따랐다.

8, 저자명색인에서 저자명을 조선어자모순으로 배렬한 후 그에 따른 문헌배렬순 번호를 달아주었다.

9, 목록색인에서의 목록명과 잡지명, 저자명은 원문을 존중하여 그에 따른 표기법대로 수록되었음을 밝힌다.

차 례

A 맑스주의, 레닌주의, 모택동사상, 등소평리론 ······ 13
A4 모택동 저작 ······ 13
A49 등소평저작 ······ 13
A7 맑스, 엥겔스, 레닌, 쓰딸린, 모택동, 등소평 생애와 전기 ······ 14
A8 맑스주의, 레닌주의, 모택동 사상, 등소평리론 학습과 연구 ······ 15

B 철학, 종교 ······ 18
B82 륜리학(도덕철학) ······ 19
B821 인생관, 인생철학 ······ 19
B822 국가도덕 ······ 22
B823 가정, 혼인도덕 ······ 23
B825 개인수양 ······ 27
B83 미학 ······ 30
B84 심리학 ······ 31
B9 종교 ······ 34

C 사회과학총론 ······ 35
C91 사회학 ······ 35
C912 사회구조와 사회관계 ······ 35
C92 인구학 ······ 37
C95 민족학 ······ 38
C96 인재학 ······ 39

D 정치, 법률 ······ 41
D0 정치리론 ······ 41
D1 국제공산주의 운동 ······ 43
D2－0 당책임자의 저작 ······ 44
D20 건당리론 ······ 45
D21 당규약 ······ 47
D22 당의 조직, 회의 및 문헌 ······ 48
D23 당사 ······ 51
D24 당의 총로선과 총정책 ······ 52
D25 당의 령도 ······ 54
D26 당의 건설 ······ 57
D261 사상건설 ······ 62
D262 조직건설 ······ 66
D263 당원 ······ 69
D264 정풍, 정당운동 ······ 71
D267 당의 기층사업 ······ 72
D4 공인, 농민, 청년, 부녀 운동과 조직 ······ 75
D41 로동자 운동과 조직 ······ 75

D42 농민 운동과 조직 …… 78
D43 청년, 학생 운동과 조직 …… 84
D44 부녀 운동과 조직 …… 85
D5 세계정치 …… 86
D6 중국정치 …… 89
D60 정책, 정론 …… 92
D609 신문사론 …… 93
D61 중국 혁명과 건설 문제 …… 95
D618 중국혁명에서의 특수문제 …… 96
D62 정치제도, 국가기구 …… 97
D633 민족사업 …… 98
D64 사상정치교육과 정신문명건설 …… 100
D641 맑스레닌주의, 모택동사상, 등소평리론 학습과 적용 …… 108
D642 혁명전통교육 …… 112
D643 형세교육, 국정교육 …… 115
D647 국제주의교육, 애국주의교육 …… 116
D648 도덕교육 …… 117
D65 정치운동, 정치사건 …… 124
D66 계급구조와 사회구조 …… 128
D669 사회생활과 사회문제 …… 129
D8 외교, 국제관계 …… 146
D9 법률 …… 149

E 군사 …… 157

E1 세계군사 …… 157
E20 건군리론 …… 159
E22 정치사업 …… 162
E25 국방건설과 전시준비 …… 170
E26 군사제도 …… 172
E28 민병 …… 177
E29 군사사(전쟁사, 건군사) …… 186
E8 전략, 전역, 전술 …… 187
E9 군사기술 …… 188

F 경제 …… 191

F0 경제학 …… 191
F1 세계 각국 경제개황, 경제사, 경제지리 192
F12 중국경제 …… 193
F3 농업경제 …… 197
F4 공업경제 …… 201
F7 무역경제 …… 202
F84 보험 …… 202

G 문화, 과학, 교육, 체육 …… 203

G2 정보와 지식전달 …… 203
G3 과학, 과학연구 …… 204
G4 교육 …… 207
G40 교육학 …… 207
G41 사상정치교육, 덕육 …… 211
G42 교수리론 …… 215
G43 전기화교육 …… 224
G44 교육심리학 …… 224
G45 교사와 학생 …… 225
G47 학교관리 …… 229
G51 세계교육사업 …… 232
G52 중국교육사업 …… 234
G61 학령전교육, 유아교육 …… 243
G62 초등교육 …… 247
G623.1 정치 …… 251
G623.2 어문(한어) …… 252
G623.29 소수민족어문(조선어문) …… 253
G623.4 력사, 지리 …… 261
G623.5 수학 …… 262

G623.6 자연상식 ······ 268
G623.7 미육(음악.미술) ······ 269
G624 교재, 과문, 학생참고서 ······ 271
G63 중등교육 ······ 272
G633.2 정치 ······ 275
G633.3 어문(한어) ······ 277
G633.39 중국소수민족어문 (조선문) ······ 278
G633.4 외국어 ······ 284
G633.5 력사. 지리 ······ 286
G633.6 수학 ······ 288
G633.7 물리 ······ 294
G633.8 화학 ······ 297
G633.91 생물 ······ 300
G633.92 생리, 위생 ······ 302
G634 교재, 과문, 보충교재 ······ 302
G7 각급교육 ······ 304
G78 가정교육 ······ 305
G79 자습 ······ 309
G8 체육 ······ 311

H 언어, 문자 ······ 315

H0 언어학 ······ 315
H01 어음학 ······ 321
H019 랑송법, 강연술 ······ 322
H02 문자학 ······ 323
H03 의미론, 어휘론 ······ 324
H04 문법론 ······ 327
H05 습작학, 수사학 ······ 330
H059 번역학 ······ 332
H06 사전학 ······ 333
H07 방언학 ······ 333
H087 수리언어학 ······ 333
H1 한어 ······ 334
H2 중국소수민족언어 ······ 334
H3 상용외국어 ······ 334
H9 국제보조언어 ······ 334

I 문학 ······ 334

I0 문학리론 ······ 334
I03 문예사업일군 ······ 339
I04 문학창작론 ······ 341
I1 세계문학 ······ 349
I2 중국문학 ······ 353
I200 방침정책 ······ 358
I207 문학평론과 연구 ······ 366
I210 로신저작 및 연구 ······ 390
I22 시가 ······ 391
I23 극문학 ······ 488
I24 소설 ······ 497

A 맑스주의, 레닌주의, 모택동사상, 등소평리론

A4 모택동 저작

1 ≪중국 농촌에 있어서의 사회주의고조≫의 서언 / 모택동 // 연변문예. − 1956,(2). − 2 − 4

2 대중의 생활에 관심하며 사업방법에 류의하라 / 모택동 // 지부생활. − 1958,(2). − 1 − 7

3 모주석께서 군중을 론함 // 지부생활. − 1959,(7). − 1 − 7

4 모택동동지께서 비평과 자아비평을 론함 // 지부생활. − 1961,(3). − 20 − 25

5 시사 10수 / 모택동 // 연변. − 1964,(3). − 2 − 6

6 미국의 무력 침략을 반대하는 도미니카 인민을 지지하는 성명 / 모택동 // 연변. − 1965,(6). − 2 − 3

7 모주석께서 전국,전군에 하신 위대한 호소 // 대중과학. − 1966,(9). − 3

8 연안문예좌담회에서의 강화 / 모택동 // 민병의 벗. − 1966,(14). − 1 − 35

9 제국주의와 일체 반동파는 모두 종이범이다 // 민병의 벗. − 1966,(18). − 47

10 알바니아로동당 제5차대표대회에 드리는 모택동동지의 축전 // 민병의 벗. − 1966,(20). − 2 − 5

11 인민은 력사를 창조하는 동력이며 대중은 진정한 영웅이다 // 민병의 벗. − 1966, (21). − 2 − 5

12 10대관계에 대하여 / 모택동 // 연변문예. − 1977,(2). − 4 − 20

13 시사3수 / 모택동 // 연변문예. − 1978,(10). − 3 − 4

14 섬북공학 제2기개학의식대회에서 한 연설 / 모택동 // 지부생활. − 1982,(7). − 2 − 4

15 중국에는 자산계급공화국을 세울수 없다 / 모택동 // 지부생활. − 1989,(8). − 4 − 7

A49 등소평저작

16 자격있는 공산당원이 될데 관한 등소평동지의 부분적론술 // 지부생활. − 1982,(10). − 3 − 5

17 ≪중국공산당 제12차전국대표대회에서 한 등소평동지의 개회사≫학습요점 // 지부생활. − 1985,(2). − 26 − 29

18 각급 당위와 정부에서는 사업을 참답게 틀어쥐여야 한다 / 등소평 // 지부생활. − 1985,(11 − 12). − 52 − 53

19 과학기술체제개혁은 생산력해방을 위해서이다 / 등소평 // 지부생활. − 1985,(11 − 12). − 46 − 47

20 기층 당위와 지부에서는 사업을 참답게 틀어쥐여야 한다 / 등소평 // 지부생활. − 1985,(11 − 12). − 52 − 53

21 리상에 의거하고 규률에 의거하여야만 단합될수 있다 / 등소평 // 지부생활. − 1985, (11 − 12). − 48 − 49

22 자산계급자유화를 실시하는 것은 자본주의 길로 나아가는 것이다 / 등소평 // 지부생활. − 1985,(11 − 12). − 54

23 정치면에서 민주주의를 발전시키고 경제면에서 개혁을 실시한다 / 등소평 // 지부생활. − 1985,(11 − 12). − 50 − 51

24 중국공산당전국대표대회에서 한 등소평동지의 연설 // 지부생활. − 1985,(11 − 12). − 36 − 38

25 관료주의의 표현 및 그 위해성에 대하여 / 등소평 // 지부생활. − 1987,(8). − 1

26 네가지 기본원칙을 견지하며 자산계급자유화를 반대할데 관한 등소평동지의 론술 // 민족단결. − 1989,(5) − 4 − 5

27 수도계엄부대 군 이상 간부접견시에 한 등소평동지 연설 // 지부생활. − 1989,(7). − 23 − 26

28 네가지 기본원칙을 견지하여 자산계급자유화를 반대할데 관한 등소평동지의 론술 // 지부생활. − 1989,(8). − 8 − 11

29 등소평동지 사회주의를 론함 // 지부생활. − 1990,(10). − 1

A7 맑스, 엥겔스, 레닌, 쓰딸린, 모택동, 등소평 생애와 전기

30 사회주의건설시기의 쓰딸린동지 // 소년아동.－1954,(3).－14－15

31 쓰딸린과 고리끼 / 므 · 쬬주얀 // 연변문예.－1954,(3).－1－6

32 쓰딸린의 소년시대 / 아 · 꼬노노브 // 소년아동.－1954,(3).－7－8

33 쓰딸린이 소녀의 생명을 구한 이야기 / 웨 · 뻬 · 까따예브 저;오묵란 역 // 소년아동.－1954,(3).－11

34 모주석의 소년시대 이야기 / 사청 글;왕추 그림 // 소년아동.－1954,(6).－4－5

35 레닌의 소박한 생활 // 지부생활.－1955,(2).－31

36 시간을 아끼자:레닌의 이야기 // 지부생활.－1955,(13－14)－10

37 할머니 한 일이 옳소:모주석의 이야기 // 지부생활.－1955,(13－14).－39－40

38 모주석께서 최고 국무회의를 소집 / ≪체육보≫기자;≪해방군보≫기자 // 지부생활.－1956,(4).－1－5

39 스모르니궁에서의 레닌 / 라흐예 // 지부생활.－1957,(20).－13－14

40 모주석께서≪국죽≫을 잡수다 / 단영괴 // 지부생활.－1958,(2).－15

41 모주석과 보육원 // 지부생활.－1958,(2).－19

42 모주석의 공작,학습,생활에서의 토막 이야기 / 석중천 // 지부생활.－1959,(12).－17－20

43 모주석의 간고소박한 몇 토막의 이야기 // 지부생활.－1959,(17).－49－50

44 모주석께서 청년시대에 고심히 학습하던 토막이야기 / 주세조 // 지부생활.－1960,(7).－59－61

45 까쉬노촌을 방문한 레닌동지 / 아 · 꼬노노브 // 지부생활.－1960,(8).－15－18

46 레닌동지의 학습생활 // 지부생활.－1960, (8).－13－14

47 모위원은 우리의 지부대회에 참가하시였다 // 지부생활.－1960,(12).－54－56

48 모주석께서 경위전사들의 문화학습을 관심 / 칼 맑스 // 지부생활.－1960,(12).－13－24

49 모주석의 검박한 생활 / 룡신성 // 지부생활.－1961,(3).－54－56

50 맑스의 부지런한 정신 / 학증 // 연변.－1965,(5).－26－27

51 모주석,류주석 13릉저수지에서 수영하시다 / ≪체육보≫기자;≪해방군보≫기자 // 민병의 벗.－1965,(13).－5－10

52 모주석께서는 장강에서 자유로이 헤염치시였다 // 민병의 벗.－1966,(15)－2－9

53 모주석께서 수도의 혁명적대중을 접견 / 산광 // 민병의 벗.－1966,(17).－2－3

54 레닌의 특수화를 반대한 이야기 / 단영괴 // 청년생활.－1980,(2).－34－36

55 엥겔스의 애정생활 / 석중천 // 청년생활.－1980,(2).－53－54

56 모주석께서 팽총사령과 나눈 이야기 / 갈림 // 지부생활.－1980,(3).－18－19

57 엥겔스는 어떻게 실련의 고통속에서 뛰쳐나왔는가? / 진력단 // 청년생활.－1981,(1).－29－30

58 영예앞에서의 엥겔스 / 숙화 // 지부생활.－1982,(1).－40

59 모택동동지가 군중의견을 참답게 처리한 이야기 // 지부생활.－1982,(2).－31

60 모택동동지의 독서생활 / 김유 // 연변교육.－1982,(6).－53

61 청년들이 직업을 선택할 때의 생각 / 칼 맑스 // 은하수.－1983,(2).－5－7

62 맑스의 사업정신 / 룡신성 // 지부생활.－1983,(3).－44

63 레닌과 음악 // 은하수.－1983,(4).－72

64 맑스와 학습 / 김구춘 // 연변교육.－1983,(4).－3－5

65 청렴결백한 맑스 // 은하수.－1983,(4).－64

66 맑스의 가정분위기 / 산평 // 연변녀성.－1984,(1).－32－33

67 엥겔스는 몇가지 언어로 말할수 있었는가? // 조선어 학습과 연구. - 1984,(1). - 52 - 53
68 모택동과 사각재 / 왕국정 // 은하수. - 1984,(8). - 19 - 22
69 쓰딸린과 그의 아들 야꾸브 / 갈림 // 은하수. - 1984,(11 - 12). - 16 - 20
70 등소평동지는 1997년까지 살고싶다고 하셨다 // 동북민병. - 1985,(1). - 36
71 등소평동지의 략전 // 지부생활. - 1985,(1). - 32 - 33
72 맑스가 가장 미워한 사람과 가장 즐긴 사람 // 지부생활. - 1985,(1). - 55 - 56
73 자식들에 대한 맑스의 사랑 / 김유 // 은하수. - 1985,(1). - 43
74 히틀러에 대한 쓰딸린의 그릇된 판단 // 청년생활. - 1985,(3). - 44
75 모택동동지가 사교무를 배운 이야기 // 문학과 예술. - 1985,(4). - 37
76 레닌과 그의 부인 // 은하수. - 1985,(8).-56
77 레닌과 크룹스까야 // 지부생활. - 1985,(8). - 47
78 모주석이 자기비판을 한 이야기 / 장신화 // 지부생활. - 1985,(8). - 55 - 57
79 레닌이 창도한 희의기풍 // 지부생활. - 1985,(11 - 12). - 115
80 레닌의 후대 // 은하수. - 1985,(12). - 23
81 일장풍파를 이겨내고:맑스와 엥겔스의 우의에 대한 이야기 / 욱서 // 청년생활. - 1986,(1). - 17
82 레닌과 고리끼 - 고리끼서거 50돐을 기념하여 / 임윤덕 // 문학과 예술. - 1986,(3) - 35 - 38
83 레닌과 과학환상 // 대중과학. - 1986,(6). - 32 - 33
84 엥겔스의 당비 // 지부생활. - 1986,(6). - 64
85 빛나는 본보기 // 지부생활. - 1986,(9). - 46 - 48
86 등소평은 존경받는 명인이다 // 지부생활. - 1987,(1). - 62
87 한권의《공상당선언》에 대한 전설적이야기 / 여세성 // 지부생활. - 1987,(7). - 23 - 24
88 모택동의 마지막 탄생일에 // 은하수. - 1988,(2). - 34 - 35
89 레닌과의 희련 / 아멘드・하므 // 지부생활. - 1988,(3). - 56 - 58
90 모주석의 마지막 생일날 / 서군 // 청년생활. - 1988,(3). - 13 - 15
91 생활속에서의 모택동 / 한계형 // 지부생활. - 1988,(12). - 51
92 레닌의 달력 / (쏘련)알렉쎄예보 // 꽃동산. - 1989,(1). - 6 - 7
93 모택동과 주은래의 일상 생활 / 권연적 // 민족단결. - 1989,(2). - 36 - 39
94 모택동과 딸 리눌의 저녁식사 / 윤형산 // 연변녀성. - 1989,(4). - 48 - 50
95 모택동의 유산 // 은하수. - 1989,(6). - 16 - 17
96 모택동의 유산 // 연변녀성. - 1989.(7). - 58 - 59
97 3년 곤난시기의 모택동:모택동의 경위원이였던 윤형산의 회억 / 권연적 // 은하수. - 1989,(7). - 32 - 34
98 레닌이 《잉크병》을 삼킨 이야기 // 소년아동. - 1989,(8). - 55
99 맑스의 생일 // 소년아동. - 1989,(9). - 120 - 121
100 《촌티》나는 모택동 // 동북후비군. - 1989,(10). - 33 - 35
101 은백색 계절 / 진옥선 // 지부생활. - 1989,(12). - 40 - 41
102 모택동이 양말을 기워신은 일에서 받은 계시 / 정일 // 지부생활. - 1990,(1). - 34 - 35
103 모택동과 대유 / 가사남 작;한화 역 // 도라지. - 1990,(2). - 48 - 52
104 《모주석》이란 칭호는 어느 때에 // 지부생활. - 1990,(12). - 44

A8 맑스주의, 레닌주의, 모택동 사상, 등소평리론 학습과 연구

105 중국공 산당은 맑스 - 레닌주의를 자기 행동지남으로 삼는다 // 지부생활. - 1957,(11). - 35 - 36
106 모주석은 우리의 태양 / 해일 // 지부생활. -

1958,(1).－49－50

107 모주석의 시사를 학습하고:모 주석 시사 학습 필기/권철//연변문학.－1959,(10).－41－44

108 모주석사상의 붉은기를 높이 추켜들고 계속 앞으로!/증연숙//연변문학.－1960,(3).－11

109 모주석의 위대한 사상과 풍격을 학습하자//지부생활.－1960,(6).－46－48

110 모택동사상은 곧 과학사업의 동력이다/차희균//대중과학.－1960,(7).－1－2

111 모주석의 저작을 참답게 학습하여 견강한 공산주의전사로 되자//지부생활.－1960,(10).－16－18

112 모주석의 저작을 참답게 학습하여 모택동사상으로 우리의 두뇌를 무장하자//지부생활.－1960,(10).－10－15

113 모택동사상은 중국인민 대혁명 승리의 기발이다//대중과학.－1960,(11).－1－4

114 ≪단결－비평－단결≫:모주석의 ≪인민 내부의 모순을 정확히 처리할 문제에 관하여≫ 발표 5주년을 기념하여/리성덕;복맹기//연변.－1962,(6).－22－24

115 모 택동 사상으로 우리의 두뇌를 무장하자/수운//연변.－1963,(1).－10－12

116 ≪모순론≫에서 배운 공작 방법/홍희복//연변.－1963,(8).－23－24

117 인식의 래원은 실천에 있다/장규성//연변.－1963,(9).－22－23

118 모 주석의 저작을 잘 학습하는 당위 서기/수운//연변.－1963,(10).－5－7

119 모택동 저작 학습에 대한 령도를 진일보 강화하자//연변.－1963,(10).－2－4

120 일하면서 배우고 배우면서 일하는 청년들:홍기하 청년들의 모주석 저작 학습 필기/김봉남 등//연변.－1963,(10).－8－10

121 ≪중국 사회 각 계급의 분석≫에 대한 소개/리학천//연변.－1963,(11).－5－7

122 ≪호남 농민 운동 고찰 보고≫에 대한 소개/김창길//연변.－1963,(12).－7－9

123 나어린 학습 표병:모주석 저작 학습 적극 분자 윤금자 사적 소개//연변.－1964,(1).－15－17

124 ≪인민 민주 전정을 론함≫의 학습 필기/백성철//연변.－1964,(1).－5－8

125 학습과 실천/리명//연변.－1964,(1).－11－12

126 학습을 틀어 쥐면 공작도 잘 할 수 있다:왕청현 세무국에서 모주석 저 작 학습을 령도한 경험//연변.－1964,(1).－13－15

127 사상 의식 령역에서의 사회주의 혁명/경용//연변.－1964,(2).－10－11

128 ≪인민 내부의 모순을 정확히 처리할 문제에 관하여≫의 학습 필기/정응섭//연변.－1964,(2).－7－9

129 시대의 폭풍뢰가 이룬 새 시편:모주석 시사 10수를 읽고서/장극가//연변.－1964,(3).－7－11

130 ≪실천론≫을 어떻게 학습할 것인가//연변.－1964,(3).－17－19

131 ≪실천론≫학습 문제 해답//연변.－1964,(3).－19－21

132 실천의 관점은 맑스주의 인식론의 기본적인 관점이다:≪실천론≫학습 필기/김영만//연변.－1964,(3).－20－22

133 감성 인식이 리성 인식에로 비약하는 길:≪실천론≫학습 필기/김룡길//연변.－1964,(4).－11－13

134 정확한 사상이 있어야 정확한 행동이 있을 수 있다:≪실천론≫학습 필기/엄임룡//연변.－1964,(4).－8－10

135 상품 보관과 인식론:≪실천론≫학습 필기/김태규//연변.－1964,(5).－21－22

136 진리적 인식과 그릇된 인식:≪실천론≫학습 필기/김사섭//연변.－1964,(5).－19－21

137 ≪대중의 생활에 관심하며 사업 방법에 류의하라≫를 학습하고서/김금 옥//연변.－1964,(6).－19

138 모주석 저작 학습 경험 교류//연변.－1964,(6).－20

139 ≪실천론≫학습 문제 해답//연변.－1964,

(6).－21

140 주관적 세계와 객관적 세계를 개조해야 한다:≪실천론≫학습 필기 / 김 욱 // 연변.－1964,(6).－15－17

141 ≪모순론≫을 어떻게 학습할 것인가 // 연변.－1964,(7).－14－16

142 모주석 저작 학습 경험 교류 // 연변.－1964,(7).－24

143 우선 장애 사상을 타파해야 한다 // 연변.－1964,(7).－17－18

144 ≪인민을 위하여 복무하자≫의 학습 보도 // 연변.－1964,(7).－12－14

145 문제를 가지고 학습 // 연변.－1964,(8).－17－18

146 ≪모순론≫학습 보도 // 연변.－1964,(8).－8－9

147 ≪우공 이산≫을 소개함 // 연변.－1964,(8).－9－11

148 계급 감정을 가지고 학습하였다 / 교현금 // 연변.－1964,(9).－15－16

149 ≪모순론≫학습 보도 // 연변.－1964,(9).－8－10

150 ≪자유주의를 반대하자≫의 학습 보도 // 연변.－1964,(9).－10－12

151 학습 보도원 사업에서의 체험 / 김금옥 // 연변.－1964,(9).－18－19

152 모주석 저작 학습을 더욱 심입 전개하자 // 연변.－1964,(10).－8－10

153 ≪모순론≫학습보도 // 연변.－1964,(10).－13－14

154 리론 학습의 목적은 적용하는 데 있다:중국 인민 은행 연길현 지행 당 지부 학습 지도 경험 / 현학산;지원평 // 연변.－1964,(10).－20－22

155 ≪모순론≫학습 보도 // 연변.－1964,(11).－10－12

156 문제는 령도를 강화하는 데 있다 / 중공 석문 공사 유수 대대 당 지부 위 원회 // 연변.－1964,(11).－7－10

157 심득 필기에서 얻은 몇 가지 체득 / 리언복 // 연변.－1964,(11).－16

158 전심전의로 인민을 위하여 복무하자 // 지부생활.－1964,(11).－37－39

159 ≪혁명을 끝까지 진행하자≫란 문장의 학습 보도 // 연변.－1964,(11).－13－15

160 ≪모순론≫학습 보도 // 연변.－1964,(12).－20－21

161 ≪서책주의를 반대하자≫란 문장의 학습 보도 // 연변.－1964,(12).－22－23

162 모순의 제 측면의 동일성과 투쟁성 / 리학천 // 연변.－1965,(1).－10－13

163 ≪농촌의 계급을 어떻게 분석할 것인가≫ // 연변.－1965,(2).－30－31

164 모순에 있어서의 적대의 지위 // 연변.－1965,(2).－27－29

165 료 초강, 풍 복생, 황 조시의 모 주석 저작 학습 경험 // 연변.－1965,(3).－11－14

166 ≪참 란장판이야≫와 ≪참 잘 됐어≫ // 연변.－1965,(3).－19－21

167 ≪인간의 정확한 사상은 어디서 오는가?≫ / 정연 // 연변.－1965,(4).－14－17

168 ≪5·4운동≫과 ≪청년 운동의 방향≫ // 연변.－1965,(5).－20－23

169 ≪인민 내부의 모순을 정확히 처리할 문제에 관하여≫ // 연변.－1965,(6).－16－18

170 ≪환상을 버리고 투쟁을 준비하자≫ // 연변.－1965,(6).－19－21

171 ≪인민을 위해 복무하자≫를 읽고서 / 료초강 // 민병의 벗.－1965,(8).－28－29

172 ≪인민을 위해 복무하자≫를 학습하자 // 민병의 벗.－1966,(8).－14－29

173 ≪연안문예좌담회에서의 강화≫에 대하여 // 민병의 벗.－1966,(14).－62－75

174 ≪미국기자 안나루이스 스트롱과의 담화≫를 학습하자 // 민병의 벗.－1966,(18).－32－46

175 우뚝 솟은 정강산 온 세상 굽어보네:모주석의 사 두수를 학습한 약간한 체득 / 장극가 // 연변문예.－1976,(2).－3－6

176 모택동사상에 대하여 // 지부생활.－1980,(3).－27－28

177 맑스－레닌주의,모택동사상에 대한 신앙을

확고히 하자 / 부립강 // 동북민병. − 1981,(13). − 4 − 7
178 ≪등소평문선≫소개 // 지부생활. − 1983,(8). − 4 − 10
179 ≪등소평문선≫을 학습하여 당의 건설을 가일층 강화하자 // 지부생활. − 1983,(9). − 10
180 ≪등소평문선≫학습 문답 // 지부생활. − 1983,(9). − 12 − 18
181 등소평문선 학습보도 // 지부생활. − 1983,(10). − 8 − 12
182 레닌과 반관료주의 / 오방 // 지부생활. − 1985,(6). − 44
183 맑스주의리론을 학습하여야 한다 // 지부생활. − 1986,(1). − 1
184 맑스주의리론학습을 중시하자 / 현일선 // 지부생활. − 1986,(4). − 19 − 20
185 등소평동지의 위치와 작용에 대하여 // 지부생활. − 1988,(3). − 4 − 5
186 빛발치는 모택동철학사상의 리론 // 지부생활. − 1990,(4). − 12 − 13
187 실천가운데서 진리를 탐구 // 지부생활. − 1990,(7). − 44
188 맑스주의 모택동사상의 민족관교양을 깊이 있게 벌리자 / 김광수 // 지부생활. − 1990,(10). − 32 − 33

B 철학, 종교

189 모든 일은 적당해야 한다 / 옥환 // 연변. − 1961,(12). − 5
190 진리를 위하여 투쟁한 걸출한 사상가 범진 / 한풍 // 연변. − 1962,(3). − 35 − 36
191 관점 / 백로 // 연변. − 1962,(11). − 16 − 17
192 타파와 수립 / 추강 // 연변. − 1963,(2). − 21 − 22
193 ≪망원경≫과 ≪현미경≫:변증법에 대하여 / 문파 // 연변. − 1963,(6). − 18 − 19
194 ≪창≫과 ≪방패≫:대립 통일 규률에 대하여 / 문파 // 연변. − 1963,(7). − 21 − 23
195 계란은 병아리로 변할 수 있지만 돌은 병아리로 변할 수 없다 // 연변. − 1963,(8). − 22
196 량변과 질변:질량 호변 규률에 대하여 / 문파 // 연변. − 1963,(8). − 19 − 20
197 흑선풍은 왜 랑리 백조를 이기지 못했는가?:사물의 조건에 대하여 // 연변. − 1963,(8). − 21
198 관 윤자가 활 쏘기를 가르치다:감성적 인식을 반드시 리성적 인식에까지 상승시켜야 한다 // 연변. − 1963,(9). − 26
199 긍정과 부정 // 연변. − 1963,(9). − 27
200 새 것과 낡은 것:부정의 부정 규률에 대하여 / 문파 // 연변. − 1963,(9). − 24 − 26
201 본질과 현상 / 문파 // 연변. − 1963,(10). − 22 − 23
202 조궤가 싸움을 말함:조사 연구에 대하여 // 연변. − 1963,(10). − 24
203 무엇 때문에 사회 의식은 사회 존재보다 뒤떨어진다고 말 하는가 // 연변. − 1963,(11). − 11
204 원인과 결과 / 문파 // 연변. − 1963,(11). − 22 − 23
205 인식 과정에 있어서의 사고의 작용 // 연변. − 1963,(11). − 24
206 내용과 형식 / 문파 // 연변. − 1963,(12). − 24 − 25
207 허 경종이 당 태종의 물음에 대답하다:계급분석의 방법으로 타인의 말을 들어야 한다 // 연변. − 1963,(12). − 11 − 12
208 필연성과 우연성 / 문파 // 연변. − 1964,(1). − 22 − 23
209 가능성과 현실성 / 문파 // 연변. − 1964,(2). − 20 − 22

210 인식과 거울:인식론에 대하여 / 문파 // 연변. − 1964,(3). − 23 − 24

211 회의에서 본 철학 문제 / 문파 // 연변. − 1964,(4). − 23 − 24

212 경험에서 리론에로 / 문파 // 연변. − 1964,(6). − 27 − 28

213 《나귀 타기 사상》에 대하여 / 한춘금 // 연변. − 1964,(6). − 24

214 법칙과 합법칙성의 구별 // 연변. − 1964,(8). − 24

215 《하나를 둘로 나누는》방법에 대한 대화 / 문파 // 연변. − 1964,(8). − 23 − 24

216 같은 조건 하에세의 같지 않은 결과 / 리철길 // 연변. − 1964,(9). − 20 − 21

217 청출 어람(青出于藍):새 사물과 낡은 사물의 관계에 대하여 // 연변. − 1964,(10). − 25 − 26

218 로왕의 새 기르기 // 연변. − 1964,(11). − 24

219 변증법을 선전하고 사물의 전화를 촉진시켜 혁명의 목적을 달성하자: 《하나를 둘로 나누는》방법에 대한 대화 (끝) / 문파 // 연변. − 1964,(11). − 20 − 23

220 왜 《차이는 곧 모순이다》라고 하는가? // 연변. − 1964,(11). − 13

221 《실사구시》의 《구》에 대하여 / 정치 // 연변. − 1964,(12). − 26

222 그린 룡에 눈 그려 넣기 / 오준 // 연변. − 1965,(1). − 25 − 26

223 《필연의 왕국》과 《자유의 왕국》에 대하여 // 연변. − 1965,(3). − 28 − 29

224 《<하나가 둘로 나뉘는> 방법에 대한 대화》의 오유를 검토함 / 문파 // 연변. − 1965,(3). − 30 − 31

225 사업 목적이 명확해야 한다 / 안장봉 // 연변. − 1965,(4). − 18

226 사람의 인소가 제일 / 지동발 // 연변. − 1965,(4). − 19

227 서 인생처럼 학습하겠다 / 현태길 // 연변. − 1965,(4). − 18 − 19

228 법칙이란 무엇인가 // 민병의 벗. − 1966,(9). − 27 − 28

229 맑스주의철학 학습문답 // 청년생활. − 1982,(1). − 1 − 10

230 흥미있는 론리학 / 김득순 // 청년생활. − 1983,(1). − 23 − 26

231 철학학습을 진지하게 하여 리론수준을 높이자 / 김광수 // 지부생활. − 1990,(2). − 5 − 7

B82 륜리학(도덕철학)

232 공산주의도덕관을 수립하자 / 김영만 // 청년생활. − 1983,(5). − 3 − 5

233 도덕교육에 관한 몇가지 요구 / (쏘련)쑤흠림쓰끼 // 은하수. − 1983,(5). − 14

234 고상한 품덕 − 도덕 / 대슈한 // 문학과 예술. − 1983,(6). − 26 − 29

235 조선족전설에 반영된 륜리도덕관 / 리암 // 문학과 예술. − 1985,(4). − 24 − 31

236 경제개혁은 도덕관념의 변화를 가져오고있다 // 문학과 예술. − 1985,(5). − 17

237 도덕에 관하여 / 남양 // 문학과 예술. − 1985,(11 − 12). − 94 − 96

238 《손해를 보는》정신의 도덕적가치 / 김평 // 청년생활. − 1986,(4). − 2 − 3

239 종교도덕과 공산주의도덕은 완전히 다른 도덕체계이다 / 마경봉 // 지부생활. − 1986,(6). − 30 − 32

240 어떻게 도덕이 있는 사람으로 되겠는가 / 신병 // 지부생활. − 1986,(10). − 41 − 44

241 낡은 륜리도덕관념에 대한 성토 / 리태복 // 문학과 예술. − 1987,(1). − 28

242 대뇌이식이 가져온 사회,도덕 문제 / 진소명 // 연변녀성, − 1988,(1). − 14 − 15

243 사회도덕의 세개 층차 // 지부생활. − 1989,(4). − 24

B821 인생관, 인생철학

244 위신과 오유 / 성기 // 연변. − 1962,(4). − 23

245 남들이 더욱 미만하게 생활하도록 하기 위하여 / 고홍 // 연변. – 1963,(4). – 11 – 12
246 풍정의 ≪공산주의 인생관≫에 대하여 // 연변. – 1964,(12). – 10 – 12
247 남을 도와주는 것을 락으로 간주해야 한다 / 범철군 // 동북민병. – 1980,(9). – 34 – 35
248 고생을 사서 하는 아바이 / 설령 // 지부생활. – 1980,(10). – 21 – 23
249 권력이 있으면 행복이 있게 된다 / 리효민 // 동북민병. – 1980,(15). – 10
250 헌신적으로 일하는 사람이 가장 사랑스럽다 / 조정 // 동북민병. – 1980,(15). – 7 – 8
251 개인전도만 추구해서는 안된다 / 하해영 // 동북민병. – 1980,(17). – 23 – 24
252 ≪실혜≫철학의 포로로 되지 말아야 한다 / 임법연 // 동북민병. – 1980,(18). – 10 – 11
253 직위가 있어야 전도가 있게 된다 / 곽전 // 동북민병. – 1980,(18). – 13 – 14
254 포부가 있어야 전도가 있게 된다 / 장인발 // 동북민병. – 1980,(18). – 12 – 13
255 생활의 흥취는 어디에 있는가 / 왕빈이 // 동북민병. – 1980,(23). – 17
256 용속한 흥취를 버리고 큰 포부를 지녀야 한다 / 정소림 // 동북민병. – 1980,(23). – 18
257 사람은 어떻게 살아야 하는가 / 주원빙 // 청년생활. – 1981,(1). – 5 – 6
258 사업에 대한 추구 / 녕빙 // 청년생활. – 1981,(2). – 5 – 8
259 새로운 사상에 대한 추구 / 길광 // 청년생활. – 1981,(2). – 3 – 4
260 생에 대한 도리 – 인생관 / 유명황 // 청년생활. – 1981,(3). – 4
261 우리의 젊은 세대 / 한영 // 청년생활. – 1982,(1). – 3 – 4
262 공산주의적미덕 / 김신후 // 지부생활. – 1982,(3). – 20
263 노력은 성공의 어머니 / 로가석 // 청년생활. – 1982,(4). – 3 – 6
264 직업도덕에 관한 열가지 문답 // 지부생활. – 1982,(5). – 27 – 28
265 문명한 사람으로 되자 / 유권역 // 지부생활. – 1982,(6). – 8 – 9
266 시간은 곧 생명이다 / 임지명 // 은하수. – 1982,(7). – 10
267 청춘 // 은하수. – 1982,(7). – 3
268 행복 / 리계안 // 은하수. – 1982,(7). – 8
269 자부심을 잃지 말자 / 장원명 // 은하수. – 1982,(8). – 8
270 청춘의 미덕은 어디에 / 한승황;왕소성 // 은하수. – 1982,(8). – 4 – 5
271 중년들이 경계해야 할 여섯가지 / 요덕홍 // 은하수. – 1982,(9). – 16 – 17
272 리상 · 사업 · 애호:리상의 미적가치에 대하여 / 운고 // 은하수. – 1982,(11). – 13 – 14
273 리상을 버리지 말자 / 김영순 // 은하수. – 1982,(11). – 80
274 나의 세계관 / 아인슈타인 // 은하수. – 1982,(12). – 5
275 우리는 저마다 하나의 등불:청년동무들과 함께 인생의 길을 론함 / 진모 // 은하수. – 1982,(12). – 6 – 7
276 생명의 마지막 시각에 / 고계천 등 // 동북민병. – 1982,(23). – 15 – 16
277 생활의 참뜻 // 은하수. – 1983,(1). – 48
278 날마다 즐겁게 // 은하수. – 1983,(2). – 32 – 33
279 고백 / 칼 맑스 // 은하수. – 1983,(3). – 20
280 고생과 락 / 사문리 // 은하수. – 1983,(3). – 21
281 미래의 사람들은 어떤 모양으로 변할것인가 / 왕강남 // 은하수. – 1983,(3). – 29
282 현실에 립각하여 리상의 나래를 펼치자 // 은하수. – 1983,(4). – 5 – 7
283 인생의 등대 – 리상 / 문흥복 // 지부생활. – 1983,(5). – 7 – 9
284 삶의 가치 / 성패림;팽질문 // 은하수. – 1983,(6). – 5
285 자기의 잠재력을 충분히 발휘하자 / 갑소보 //

은하수. − 1983,(6). − 14
286 ≪우아함≫에 대하여 / 곽소 // 동북민병. − 1983,(7). − 29 − 30
287 장해적 인생을 론함 // 지부생활. − 1983,(7). − 15 − 16
288 격동을 행동으로 바꾸어야 한다 / 류검흔 // 동북민병. − 1983,(13 − 14). − 44 − 45
289 ≪현대사람≫의 기준 / 양우집 // 은하수. − 1984,(1). − 16
290 인간의 식견과 생활의 지침 / 리호 // 은하수. − 1984,(2). − 85
291 참된 삶의 보람은? // 은하수. − 1984,(2) − 12
292 생활의 참뜻 / 수성 // 은하수. − 1984,(4 − 5). − 5
293 그의 행복관 / 류추군 // 동북민병. − 1984,(6). − 27
294 사회주의적 인도주의란? / 김죽산 // 청년생활. − 1984,(6). − 22 − 23
295 우리 모두 신심을 북돋우자 / 로요 // 은하수. − 1984,(6). − 5
296 좌절을 당했을 때 / 김진석 // 청년생활. − 1984,(6). − 8 − 9
297 강철같은 의지를 키우시라 / 두위동 // 은하수. − 1984,(7). − 52
298 청춘을 정확히 인식하자 / 강순금 // 은하수. − 1984,(7). − 13 − 14
299 좌절에 대하여 / 류송;남목 // 은하수. − 1984,(8). − 30 − 31
300 못생긴 사람들은 어떻게 해야 하는가? / 림녕생 편역 // 은하수. − 1984,(9). − 51 − 53
301 인생이란 도대체 무엇인가 / 저세경 // 은하수. − 1984,(9). − 6 − 7
302 자기를 아끼는것과 남을 아끼는것 / 허중전 // 은하수. − 1984,(9). − 22
303 정직하고 고상한 사람이 되자 / 효운 편역 // 은하수. − 1984,(9). − 36
304 지향 − 인생의 항로등 / 장능위 // 은하수. − 1984,(10). − 35
305 청춘 · 학식 · 아름다움 / 팽홍운 // 은하수. − 1984,(10). − 5
306 나의 신념 / 큐리부인 // 은하수. − 1984,(11 − 12). − 5
307 황금이 귀중하지만 정신문명은 더욱 진귀하다 / 호장산 등 // 동북민병. − 1984,(14). − 26 − 27
308 인생의 길에서 사업을 중히 여기자 // 동북민병. − 1984,(19). − 22
309 미국청년들의 자립정신 / 맹걸 // 은하수. − 1985,(1). − 52 − 53
310 졸업기념책에서 // 은하수. − 1985,(1). − 11
311 5분간의 가치 / 호중영 // 은하수. − 1985, (2). − 10
312 우정 − 생활의 등불 / 정홍장 // 은하수. − 1985,(2). − 4
313 청춘과 분투 / 바우 // 은하수. − 1985,(2). − 3
314 남을 설복시키는 방법 / 최성호 // 은하수. − 1985,(3). − 37
315 량심은 대체 어디로 / 서효파 // 은하수. − 1985,(5). − 4
316 빛나는 청춘시절 / 리일상 // 은하수. − 1985,(5). − 5
317 나이와 인간의 노력 // 은하수. − 1985,(9). − 57
318 전통적인 관념에 도전하는 심수의 청년들 // 은하수. − 1985,(10). − 15
319 질투에 맞서는 책략 / 황효봉 // 은하수. − 1985,(10). − 14
320 지나치게 솔직하면 / 바우 // 은하수. − 1985,(11). − 17 − 18
321 역경속에서 // 은하수. − 1985,(12). − 3
322 사람은 도덕이 있어야 한다 / 취려 // 동북민병. − 1986,(1). − 33
323 자기의 위치를 세우자 // 은하수. − 1986, (2). − 3
324 일상생활에서 삼가해야 할 열가지 // 동북민병. − 1986,(3). − 45
325 어떤 사람을 리상이 있는 사람이라고 할수 있는가 / 황보문 // 지부생활. − 1986,(4). − 21
326 리상과 리득 / 연청문 // 청년생활. − 1986,(5). − 2
327 리상의 특성 실질 및 역할 / 류지민 // 지부생

활. - 1986,(6). - 36 - 38
328 자기의 사업을 사랑하자 / 생인 // 동북민병. - 1986,(6). - 21
329 우정을 잃지 않으려면 / 양문성 // 은하수. - 1986,(7). - 38
330 필요한 모험정신을! / 김룡구 // 청년생활. - 1986,(7). - 2
331 한 대학졸업생이 선택한 인생로 / 리일우 // 은하수. - 1986,(7). - 19 - 23
332 금전은 사람을 부유하게도 하고 타락하게도 한다 / 감발 // 동북민병. - 1986,(8). - 23
333 뒤소리를 하지 말자 / 구사릉 // 은하수. - 1986,(8). - 29
334 리상을 일터에서 빛내이자 / 주수창;하광고 // 동북민병. - 1986,(9). - 15 - 17
335 인생이란? / 라현무 // 은하수. - 1986,(9). - 39
336 인생과 인격 / 하역관 // 은하수. - 1986, (10). - 2
337 인생이란 / 다까구라겐 // 은하수. - 1986,(10). - 14
338 ≪감정투자≫에 주의를 돌리자 / 리일우 편역 // 은하수. - 1987,(1). - 59 - 60
339 미래에로 향하는 길 / 준호 편역 // 은하수. - 1987,(3). - 52 - 53
340 현대화건설가운데서 타파해야 할 낡은 관념들 / 바우 편역 // 은하수. - 1987,(3). - 2 - 3
341 직업도덕을 지키며 새 기풍을 수립하자 / 본지론평원 // 동북민병. - 1987,(4) - 13 - 14
342 인생행로의 8개 리정표 // 대중과학. - 1987,(5). - 42 - 43
343 인간은 어떻게 살아야 하는가 / (미국)해로드 쿠스나르 // 청년생활. - 1987,(10). - 2
344 행복은 어디에 / 바우 편역 // 은하수. - 1987,(10). - 2
345 락관적으로 웃으며 살자 / 김홍문 // 동북민병. - 1987,(11). - 33 - 34
346 진짜와 가짜를 가릴줄 알아야 한다 / 쟁영 // 동북민병. - 1987,(12). - 20
347 처세편 // 은하수. - 1988,(1). - 16
348 금전≠행복 / 동설 // 은하수. - 1988,(3). - 63
349 분투 또 분투 / 리미선 // 은하수. - 1988, (3). - 34
350 정직한 사람들의 결함 / 곽건성 // 지부생활. - 1988,(5). - 25 - 26
351 부귀에 마음을 더럽히지 말아야 한다 / 로남 // 동북민병. - 1989,(6). - 27
352 어떻게 인생을 즐겁게 보낼것인가? / 준호 // 지부생활. - 1988,(6). - 11
353 허영심이 남긴 상처 / 연청문 // 청년생활. - 1988,(7). - 6
354 사회에는 서로간에 리해해줄것이 수요된다 // 지부생활. - 1988,(10). - 4 - 5
355 사람마다 직업도덕 지키고 새 풍모 수립하자 // 지부생활. - 1988,(11). - 43 - 45
356 한 공신의 입당사 / 애평 // 지부생활. - 1989,(2). - 41 - 43
357 타락의 어제날을 회억하면서 / 진택운 // 지부생활. - 1989,(5). - 64
358 고생을 락으로 여기는 사람 / 섭우;리광승 // 동북민병. - 1989,(9). - 25
359 성공은 자기능력과의 부단한 경쟁에 // 대중과학. - 1989,(11). - 3 - 4
360 무엇 때문에 실패하는가? / 하트 // 은하수. - 1990,(1). - 22 - 23
361 뢰봉정신은 여기에도 / 서윤선 // 지부생활. - 1990,(3). - 8 - 10
362 인생과 유모아 / 소평 // 은하수. - 1990,(3). - 13
363 뢰봉정신의 본질적특징과 현실적의의 / 류신화 // 지부생활. - 1990,(7). - 15 - 17
364 선인들의 말에서 인생을 배우라 / (일본)아라이 마사아끼 // 은하수. - 1990,(7). - 63 - 64
365 행복의 비결 / 림춘래 편역 // 은하수. - 1990,(12). - 54

B822 국가도덕

366 정황을 여실히 반영해야 한다 // 연변. - 1961,(9). - 26 - 27
367 방법과 방향 / 리방 // 연변. - 1961,(10). - 31 - 32

368 집체와 개인 / 김익헌 // 연변. – 1961,(11). – 4 – 6
369 특수화하지 말아야 한다 // 연변. – 1961,(12). – 28 – 29
370 생동한 계시 // 연변. – 1962,(1). – 30 – 31
371 전국 관점을 수립하자 / 민보 // 연변. – 1962,(2). – 5 – 8
372 정체 리익을 첫자리에 놓자 / 손상명 // 연변. – 1962,(6). – 32 – 33
373 ≪점에 머물러 있는≫것은 문제를 발견하고 해결하는 중요한 방법 이다 / 송상균 // 연변. – 1963,(10). – 15 – 16
374 전국 관점을 수립하여 3자 관계를 정확히 처리하여야 한다 / 최석린 // 연변. – 1963,(11). – 2 – 4
375 ≪장애≫인가 동력인가? / 추강 // 연변. – 1964,(2). – 13 – 14
376 공산주의 도덕 수양을 강화하자 / 태장춘 // 연변. – 1962,(3). – 9 – 12
377 ≪비기고 따라 배우며 따라 잡고 도와 주는≫것의 상호 관계 // 연변. – 1964,(4). – 5 – 7
378 주인공적 사상을 확고히 수립하자 / 장국현 // 연변. – 1964,(5). – 11 – 12
379 번개 같이 빠르게 / 진원하 // 연변. – 1964,(7). – 11

B823 가정, 혼인도덕

380 련애,혼인 문제에 대하여 // 청년생활. – 1980,(1). – 53 – 56
381 처녀의 정조를 소중히 여기라 / 약하 // 청년생활. – 1980,(2). – 55 – 57
382 처녀들은 무엇을 추구할것인가 / 진유신 등 // 동북민병. – 1980,(5). – 25 – 28
383 실련문제를 옳게 대하여야 한다 / 장운봉 // 동북민병. – 1980,(22). – 15 – 16
384 처녀들은 무엇을 추구해야 하는가:맑스의 세 딸에 대한 이야기 / 석중천 // 청년생활. – 1981,(1). – 30 – 32
385 애정생활의 비결 / 곡가왕 // 은하수. – 1982,(7). – 72 – 73
386 사랑의 봄우물 // 은하수. – 1982,(8). – 60 – 62
387 련애생활에서의 성격문제 // 은하수. – 1982,(9). – 18 – 19
388 사랑쌈을 없애려면:젊은 부부에게 보내는 글 / 아명 // 은하수. – 1982,(9). – 14 – 15
389 애정생활을 신중히 대하자 / 당중양 // 은하수. – 1982,(11). – 73 – 74
390 애정의 도덕적책임 / 장락원 // 은하수. – 1982,(11). – 71 – 72
391 감동적인 사적 고귀한 품덕 / 전화송 // 동북민병. – 1982,(12). – 16
392 언제나 첫사랑을 속삭이던 그 때처럼 / (영국)에리노 그란 // 은하수. – 1982,(12). – 28 – 30
393 남녀문제에 대하여 / 등영초 // 청년생활. – 1983,(1). – 10 – 13
394 단란한 가정을 꾸리려면 / 장광주 // 은하수. – 1983,(1). – 61 – 62
395 부성애의 중요성 / 오연;변지 // 은하수. – 1983,(1). – 72
396 사랑에서 삼가해야 할 몇가지 / 운지;력일 // 은하수. – 1983,(1). – 49 – 50
397 공산주의적혼인도덕을 참답게 준수하자 / 연청문 // 청년생활. – 1983,(2). – 3 – 4
398 오유에 비석을 세워주라 / 공락진 // 은하수. – 1983,(2). – 26 – 27
399 부모에 대한 어린이들의 요구 / 형증림 편역 // 은하수. – 1983,(3). – 79
400 부모와 자녀지간의 모순을 잘 해결하려면 / 정범부 // 은하수. – 1983,(3). – 64 – 65
401 가정학 // 은하수. – 1983,(4). – 16
402 부모의 정감이 자녀에게 주는 영향 / 리소혜 // 은하수. – 1983,(4). – 39 – 41
403 수자의 량극에서 본 세계의 혼인 // 은하수. – 1983,(4). – 70
404 실련의 고통을 제거하려면 / 정강 // 은하수. – 1983,(4). – 26

405 사랑이란 무엇인가? / 왕위;고옥란 // 은하수. - 1983,(6). - 47 - 49
406 쾌락한 가정 // 은하수. - 1983,(6). - 65
407 금술이 좋은 부부는 장수한다 // 은하수. - 1984,(1). - 63 - 64
408 옳바른 련애관이란 / 강문 // 은하수. - 1984,(1). - 65 - 66
409 새로운 녀성관을 수립하자 / 왕우금 // 연변녀성. - 1984,(4). - 60
410 신혼부부들의 심리변화 / 바우 편역 // 은하수. - 1984,(4 - 5). - 27
411 애정의 꽃을 어떤 토양에다 피울것인가 / 손창석 // 은하수. - 1984,(4 - 5). - 77 - 78
412 녀성으로 태여났다 탓하지 말고… / 최수산 // 은하수. - 1984,(6). - 6 - 7
413 부처지간은 특수한≪내부단체≫이다 / 고서 // 은하수. - 1984,(6). - 42 - 43
414 실련하면 원쑤로 되는가 / 한영숙 // 은하수. - 1984,(6). - 43
415 가장한 숭고한 미덕 / 김염 편역 // 은하수. - 1984,(9). - 57
416 련애도 문명하게… / 유중문 // 은하수. - 1984,(9). - 56
417 마음에 드는 배우자를 / (쏘련)아 쿠츠네죠와 // 은하수. - 1984,(9). - 65 - 66
418 련인들의 심리특점 / 윤력 // 은하수. - 1984,(11 - 12) - 52
419 마음없는 사람이 련애를 걸었을 때 / 마계성;로하진 // 은하수. - 1984,(11 - 12). - 51
420 련애에서의 감정충돌을 억제하자 / 주성호 // 은하수. - 1985,(1). - 53 - 54
421 처녀들은 자기의 인격을 소중히 여겨야 한다 // 동북민병. - 1985,(1). - 21 - 22
422 남성들의 내심세계 / 김호 // 은하수. - 1985,(2). - 15 - 16
423 리혼한 한 녀성의 자백 / 리바웅 정리 // 은하수. - 1985,(2). - 11 - 12
424 사랑을 고백하는 예술 / 김엽 편역 // 은하수. - 1985,(2). - 17
425 첫 사랑을 익히자면 / 장춘강 // 은하수. - 1985,(2). - 13 - 14
426 과확적으로 어린애를 키우는 방법 / 바우 편역 // 은하수. - 1985,(3). - 56
427 신혼부부 성지식 / 채영 // 은하수. - 1985,(3). - 32
428 아이들이 성화를 바칠 때 // 은하수. - 1985,(3). - 33
429 거절하여도 방법 있게 / 왕요 // 조선어 학습과 연구. - 1985,(4). - 25 - 26
430 그녀는 왜 몸을 망쳤는가 // 은하수. - 1985,(4). - 22
431 남편들에게 보여주는 두 거울 / 신문 // 은하수. - 1985,(4). - 38 - 40
432 사랑하는 사람의 품격은 / 번자 // 은하수. - 1985,(4). - 36 - 37
433 개혁과 혼인 가정과의 관계 // 은하수. - 1985,(5). - 15
434 당대 생활관념의 변화 / 양리천 // 은하수. - 1985,(5). - 3
435 련인의 검은 심보 / 조일 // 은하수. - 1985,(5). - 40 - 41
436 배우자를 고르는 총각들의 심리 / 경평 // 은하수. - 1985,(5). - 63
437 성격과 련애 / 번제 // 은하수. - 1985,(5). - 37
438 가정을 과학적으로 관리하는 원칙 // 은하수. - 1985,(10). - 26 - 27
439 실련하였을 때의 명인들 / 금길 // 동북민병. - 1986,(2). - 46
440 한 녀인의 참회 // 은하수. - 1986,(2). - 32 - 34
441 혼인관계에서의 힘의 평형 // 청년생활. - 1986,(6). - 2
442 련애과정에 리지를 잃지 말아야 한다 / 수유 // 동북민병. - 1986,(7). - 35 - 36
443 부부간의 말다툼예술 / 소운 // 은하수. - 1986,(7). - 53
444 스스로 빚은 쓰거운 술 / 바우 편역 // 은하수. - 1986,(7). - 49 - 51

445 부처간에 오가는 첫마디 말 / 수일 편역 // 은하수. – 1986,(8). – 32
446 그들은 왜 독신생활을 원할가? / 왕수례 // 은하수. – 1986,(9). – 48
447 애교의 사용가치 // 은하수. – 1986,(9). – 49
448 사업의 성공과 애인의 선택 / 리증생 // 은하수. – 1986,(10). – 40 – 41
449 현대가정에서의 감정생활 / 바우 편역 // 은하수. – 1986,(10). – 12 – 14
450 부부들에게 드리는 여덟가지 충고 / 바우 편역 // 은하수. – 1986,(11). – 29
451 사랑을 보답에 써서는 안된다:한 녀성의 자기 해부 / 림휘 // 은하수. – 1986,(12). – 40 – 42
452 우리 겨레의 련애와 사랑 / 백두화 // 은하수. – 1986,(12). – 32 – 33
453 이성과 가정관계의 발전 / 진회창 // 연변녀성. – 1987,(1). – 56 – 58
454 애정,혼인,가정 문제에서의 반전통 / 가운로 // 연변녀성. – 1987,(2). – 30 – 33
455 십자거리를 배회하는 현대청년들의 련애와 혼인 / 왕병희 // 연변녀성. – 1987,(3). – 35 – 38
456 용모질투경쟁에 대하여 / 아우 // 대중과학. – 1987,(4). – 22 – 23
457 침범당한 존엄 / 소동 // 연변녀성. – 1987,(5). – 61 – 62
458 명인들의 애정공약 // 대중과학. – 1987,(6). – 12 – 13
459 부부간의 ≪타협≫의 신호 / 정기룡 // 은하수. – 1987,(10). – 62
460 부부의 성배역의 차이 / 손홍춘 // 은하수. – 1987,(10). – 22 – 24
461 미묘한 부부감정 // 은하수. – 1987,(11). – 35 – 36
462 부부생활에서 권태증을 피면하려면 / 소보 // 은하수. – 1987,(11). – 63 – 64
463 녀성의 최대의 적은 그 자신 / 고월 // 연변녀성. – 1988,(1). – 28
464 련인들이 사랑을 속삭일 때 / 신옥균 // 중국조선어문. – 1988,(2). – 9 – 10
465 문명의 대가:부권제사회와 가정에서의 성 / 반수영 // 연변녀성. – 1988,(2). – 38 – 40
466 달밤의 대소탕 / 왕굉광 // 은하수. – 1988.(3). – 52 – 54
467 감정세계에 숨은 비밀:혼인외의 사랑에 대하여 / 일우 편역 // 은하수. – 1988,(4). – 11 – 14
468 중국 전통적 성도덕의 뿌리 / 소협;반수명 // 은하수. – 1988,(4). – 49 – 51
469 사랑은 튼튼한 토대우에 / 철남 // 동북민병. – 1988,(5). – 25 – 26
470 사랑도 배워야 한다 / 림수산 // 은하수. – 1988,(6). – 41 – 42
471 남녀학생들지간의 래왕 / 림충고 // 연변녀성. – 1988,(7). – 2
472 중국고대 성관념의 기본특징 / 소협;반수명 // 연변녀성. – 1988,(7). – 48 – 50
473 녀성들을 대하는 예술 // 대중과학. – 1988,(8). – 52 – 53
474 첫 사랑에 대한 의문해답 / 바우 편역 // 연변녀성. – 1988,(8). – 18 – 19
475 감정을 발전시키는 여덟가지 방법 / 용천 // 동북민병. – 1988,(10). – 34 – 35
476 기이한 복수 / 조연 편역 // 은하수. – 1988,(10). – 22 – 23
477 남들의 환영을 받으려면 / (미국)다이르 카네키 // 청년생활. – 1988,(10). – 16 – 17
478 부모와 자식지간의 충돌 // 은하수. – 1988,(10). – 6 – 10
479 에이즈병과 자본주의사회의 성관념 // 대중과학. – 1988,(10). – 25
480 바가지를 긁지 마세요 / (미국)카내키부인 // 연변녀성. – 1989,(1). – 35 – 36
481 남편을 즐겁게 하는 비결 / (미국)카내키부인 // 연변녀성. – 1989,(5). – 31 – 32
482 두 남자와 한 녀인 / 리소염 // 은하수. – 1989,(5). – 54 – 47
483 재록신과 사랑의 신 / 김사립 편역 // 은하수. – 1989,(5). – 3 – 5

484 참된 사랑에는 기점도 종점도 없다 / 진조분 // 은하수. – 1989,(5). – 61 – 63
485 부부간에 사상을 교류하는 다섯가지 방법 // 동북후비군. – 1989,(6). – 39
486 비인간적인≪보복≫ / 일우 편역 // 은하수. – 1989,(6). – 44 – 47
487 화나는≪련애경력≫ / 가령 // 은하수. – 1989,(6). – 14 – 15
488 남자대장부들의≪선언≫ / 바우 편역 // 은하수. – 1989,(7). – 10 – 12
489 문자가 다른 꽃편지 / 길검 // 동북후비군. – 1989,(7). – 48
490 정조와 개인비밀 / 서전 // 은하수. – 1989,(7). – 47 – 48
491 지혜로운 사랑 / 림대인 // 은하수. – 1989,(7). – 5
492 혼인파렬을 방지하는 비결 / 금집 // 동북후비군. – 1989,(7). – 35
493 고금중외의 정조관념에 대하여 / 하붕 // 은하수. – 1989,(8). – 62 – 64
494 유모아:부부생활의≪맛내기≫ // 동북후비군. – 1989,(8). – 42
495 혼외정사,무엇이 문제점인가? / 프랭크 피트만 // 은하수. – 1989,(8). – 30 – 31
496 가령 안해가 남편보다 강하다면:남편들에게 보내는 한 녀성의 편지 / 륙명 // 은하수. – 1989,(9). – 54
497 결혼의 학문 / 주휘 // 은하수. – 1989,(9). – 21 – 23
498 남녀지간에 누구의 의존심의 더 강한가? / 려숙자 편역 // 은하수. – 1989,(9). – 35
499 부부다툼에 마지막 말을 하면 영웅인가 / 유명근 // 은하수. – 1989,(9). – 31
500 ≪성해방≫의 악과 / 만석 편역 // 은하수. – 1989,(9). – 52
501 이성을 추구하는 비결 / 잠길 // 동북후비군. – 1989,(9). – 43
502 혼인광고의 이모저모 / 상소화 // 은하수. – 1989,(9). – 43 – 47
503 감정세계 / 바우 편역 // 은하수. – 1989,(10). – 54 – 56
504 글세 6년동안 그림자와 련애하다니 / 경춘 // 은하수. – 1989,(10). – 45 – 46
505 리혼이 자식에게 주는 영향 / 홍춘희 // 은하수. – 1989,(10). – 38 – 39
506 부부간 감정에 영향주는 6가지 요소 / 민영섭 // 대중과학. – 1989,(10). – 43
507 사랑에 대한 충고 / 강명뢰 // 동북후비군. – 1989,(10). – 48
508 한 성병환자의 혼인경력 / 광수 편역 // 은하수. – 1989,(10). – 23 – 24
509 구슬픈 사랑이냐,자랑찬 사랑이냐? / 림설풍 편역 // 은하수. – 1989,(11). – 63
510 녀성들의 다섯가지 비밀 // 은하수. – 1989,(11). – 48 – 49
511 혼인의 금지구역 / 한야 편역 // 은하수. – 1989,(11). – 5 – 7
512 혼인비극이 생기는 성격 류형 // 은하수. – 1989,(12). – 49
513 한 미남자의 번뇌 / 약우 // 은하수. – 1990,(1). – 50 – 51
514 자기가 엮은 사랑의 그물에서 헤여나오자 // 은하수. – 1990,(3). – 19
515 가정모순의 열가지 초점 / 일우 편역 // 은하수. – 1990,(4). – 25
516 리성을 잃지 말고 련애하여야 한다 // 은하수. – 1990,(4). – 37
517 사랑의 오해 / 밀란따 로룬쓰 // 연변녀성. – 1990,(4). – 9 – 12
518 45년만에 결혼한 두 련인 / 춘천 // 동북후비군. – 1990,(4). – 33
519 색마를 물리친 슈란 덴벨 / 소기 // 연변녀성. – 1990,(4). – 19
520 리별 / 일우 // 은하수. – 1990,(5). – 27
521 실련하더라도 리지를 잃지 말아야 한다 / 남경핑 // 동북후비군. – 1990,(5). – 35
522 애정생활을 더욱 다채롭게 / 장생우 // 은하수. – 1990,(5). – 21 – 23

523 환심을 사게끔 남편을 도와드리세요 / 카네키부인 // 연변녀성. – 1990,(5). – 57

524 련인들의 세계 / 호발운 // 은하수. – 1990,(6). – 34

525 감정의 부등식 / 아남 // 은하수. – 1990,(7). – 12 – 16

526 병균이 눈으로 들어가지 못하게 막자 / 남경광 // 동북후비군. – 1990,(7). – 35

527 깨여진《사랑꿈》/ 량청령 // 은하수. – 1990,(8). – 29 – 31

528 비극에 절정이 없다 / 효경 // 은하수. – 1990,(8). – 12 – 15

529 죽은 령혼의 아우성소리 / 요유린 // 은하수. – 1990,(8). – 25 – 27

530 훌륭한 가정들 / 렴영걸 // 은하수. – 1990,(8). – 40 – 42

531 그리움은 리혼후에야… / 호망년;주대덕 // 은하수. – 1990,(9). – 18 – 23

532 부부가 난관을 극복하는 비결 / 주영강 // 은하수. – 1990,(9). – 36

533 세 명인의 잔소리군안해들 / 진광 // 은하수. – 1990,(9). – 37

534 검은 그림자가 따라다니지 않는다 / 호발운 // 은하수. – 1990,(10). – 51 – 52

535 과분한 정욕을 억제하라 / 상과 // 은하수. – 1990,(10). – 60 – 61

536 고요한 호수가 / 리일 편역 // 은하수. – 1990,(11). – 56 – 58

537 련애성공의 법칙:11가지 련애성공의 비결 / 일우 편역 // 은하수. – 1990,(11). – 33 – 36

538 안해의 중매군으로 / 송화 // 은하수. – 1990,(12). – 62 – 63

B825 개인수양

539 규률의 객관성과 사람의 주관 능동 작용 / 장규성 // 연변. – 1961,(11). – 24 – 26

540 평등한 태도로 사람을 대해야 한다 // 연변. – 1961,(11). – 19 – 20

541 반드시 갖추어야 할 미덕 / 리림 // 연변. – 1962,(4). – 21 – 22

542 나쁜 일이 좋은 일로 변할 수 있는 조건은 무엇인가? / 리해 // 연변. – 1962,(9). – 32 – 33

543 민주를 발양해도 비평을 전개해야 한다 / 동섭 // 연변. – 1962,(10). – 23

544 우리가 가져야 할 미덕 / 궁실 // 연변. – 1962,(10). – 14

545 례모있게 사람을 대하자 / 량명 // 연변. – 1962,(8). – 33

546 그 누구나 준수해야 할 사회 공덕 / 김해연 // 연변. – 1963,(1). – 30 – 31

547 미신 사상을 타파하자 // 연변. – 1963,(8). – 8 – 10

548 점쟁이의 기만술 / 길문택 // 연변. – 1963,(8). – 29 – 30

549 벗에 대한 두 가지 태도 / 박덕송 // 연변. – 1963,(11). – 8 – 9

550 교오 자만은 퇴보의 시작 / 리명 // 연변. – 1964,(3). – 26 – 27

551 《보따리》와 전진 / 미화 // 연변. – 1964,(3). – 27 – 28

552 비판은 곧 방조이다 // 연변. – 1964,(11). – 26

553 친척과 벗과의 관계 / 조광 // 연변. – 1965,(4). – 20

554 문명에 대하여 / 효장 // 동북민병. – 1980,(4). – 33

555 수양에 주의를 돌린 진의동지의 토막이야기 // 지부생활. – 1980,(4). – 41

556 쓰딸린동지가 한 수양에 관한 이야기 // 지부생활. – 1980,(4). – 40

557 리력이 길수록 비평방법에 류의해야 한다 / 장홍합 // 동북민병. – 1980,(7). – 24 – 25

558 질투하면 남을 해치고 자신도 해친다 / 강홍도 // 동북민병. – 1981,(15). – 27 – 28

559 《하루에 세번씩 검토》하여야 한다 / 김홍문 // 동북민병. – 1981,(18). – 35 – 36

560 잘못을 내놓고 진심으로 시정하여야 한다 // 동북민병. – 1982,(1). – 17

561 이렇게 《낯》을 돌봐서야 되겠는가 / 왕일

문 // 동북민병. - 1982,(2). - 21 - 22
562 자존심에 대하여 / 여심언 // 은하수. - 1982,(7). - 7 - 8
563 뒤공론에 대하여 // 은하수. - 1982,(8). - 6 - 7
564 품성수양의 묘방 / 장숙종 // 은하수. - 1982,(8). - 63 - 64
565 수치와 고결 / 소보 // 은하수. - 1982,(9). - 28
566 도덕적자본을 소중히 여기자 / 류학무 // 은하수. - 1982,(11). - 69
567 진리는 100개의 물음표 뒤에 / 엽영렬 // 은하수. - 1983,(1). - 34 - 35
568 맑은 미소:담화의 예술 // 은하수. - 1983,(2). - 79
569 어떻게 위안을 할것인가 / 김인 // 은하수. - 1983,(2). - 75 - 76
570 숙성된 인간으로 되려면 // 은하수. - 1983,(3). - 42
571 다른 사람의 몸에서 자기를 잘 찾아보아야 한다 / 김지광 // 은하수. - 1983,(4). - 73
572 롱담을 하여도 문명을 지켜야 한다 / 진충생 // 동북민병. - 1983,(4). - 38 - 39
573 뢰봉정신의 인도밑에 / 박명식;진국학 // 동북민병. - 1983,(5). - 39 - 41
574 ≪안돼요≫의 예술 / 강영 편역 // 은하수. - 1983,(5). - 74
575 쾌락을 느낄 때 이런 것을 삼가합시다 / (미국)테드 똘록크 // 은하수. - 1983,(6). - 33
576 성실은 위대한 인격의 중요한 요소 / 개소보 // 은하수. - 1984,(1). - 5 - 6
577 영예,그것은 거대한 정신적력량 / 화소 // 은하수. - 1984,(1). - 4
578 젊은 녀성들의 수양 / 주건중 // 은하수. - 1984,(1). - 9
579 젊은 녀성들이 쌓아야 할 수양 / 주건중 // 연변녀성. - 1984,(1). - 29 - 47
580 남을 설복시키려면 / 릉견 // 은하수. - 1984,(2). - 16
581 지도자에게 의견을 드리는 방법 / 공상화 // 은하수. - 1984,(2). - 92
582 영예를 소중하게 여기자 / 효리 // 동북민병. - 1984,(3). - 48
583 담화할 때 주의하여야 할 점 // 은하수. - 1984,(4 - 5). - 51
584 대범한 사람이 되자 / 류혜 // 은하수. - 1984,(6). - 18 - 19
585 ≪뒤공론≫에 대한 해부 / 문리 // 은하수. - 1984,(6). - 73
586 자신심과 자고자대 / 공상화 // 은하수. - 1984,(6). - 64 - 65
587 좋은 습성은 평생 리롭다 / 리명휘 // 은하수. - 1984,(6). - 72
588 남에게 존경을 받자면 // 은하수. - 1984, (7). - 45
589 성숙과 생기 / 로광원 // 은하수. - 1984,(7). - 48
590 장해적은 어떻게 영예를 대했는가? // 은하수. - 1984,(7). - 65
591 남의 말도 삼가해 들어야 한다 / 마성;정위 // 은하수. - 1984,(8). - 69
592 사교에서의 첫 인상 / 김엽 // 은하수. - 1984,(8). - 8 - 9
593 풍채에 대하여 / 심사 // 은하수. - 1984,(8) - 41
594 질투심을 극복하자 / 강수백 // 은하수. - 1984,(9). - 64
595 침묵도 미덕이다 / 주달성 // 은하수. - 1984,(9). - 73
596 불만과 락관적인 전진 / 고휘 // 은하수. - 1984,(10). - 40 - 41
597 성숙의 비결 / 정철성 // 은하수. - 1984,(10). - 28
598 용감성과 맹동성 / 한백선;진수영 // 은하수. - 1984,(10). - 39
599 민심을 얻자면… / 아산 // 은하수. - 1984, - (11 - 12). - 49
600 비너스보다 더 아름답게 / 장원명 // 은하수. - 1984,(11 - 12). - 14 - 15
601 완곡어법을 배웁시다 / 강건 // 은하수. - 1984,(11 - 12). - 50
602 자기의 존엄을 잃지 말자 / 곽금산 // 은하수. -

1984,(11－12).－15
603 례절있게 물어야 공손하게 대답한다/지룡//조선어 학습과 연구.－1985,(1).－15－16
604 교양있는 사람들의 일부 특징//지부생활.－1986,(4).－61
605 겸손에 대하여/양문훈//동북민병.－1986,(8).－35
606 사교의 대문을 열자/동화//은하수.－1986,(8).－26
607 어떤 사람이 코를 잘 떼우는가?/류건명//은하수.－1986,(8).－47
608 보기에는 총명한듯하나 실지는 우둔하다/리일평//동북민병.－1986,(9).－23
609 자기를 나타내는데 대하여/일명//은하수.－1986,(9).－64
610 생활중에 부닥치는 압력을 어떻게 대할것인가/리욱 편역//은하수.－1986,(12).－63－64
611 벗을 사귀려면/박광석//은하수.－1987,(10).－47
612 말 한마디도 문명하게/한일성//중국조선어문.－1988,(1).－23
613 여기의 시비계선은 모호한것이 좋지 않은가?/상우//연변녀성.－1988,(1).－29
614 대화에서 삼가하여야 할 다섯가지//지부생활.－1988,(2).－35
615 웃어야 할지? 울어야 할지?/정범//중국조선어문.－1988,(2).－11
616 이웃과 화목하게 지내려면/길수//은하수.－1988,(6).－24
617 녀성의 성숙정도에 대한 자아감정/주건//대중과학.－1988,(7).－22.24
618 상급과의 관계를 잘 처리하려면/석경송 편역//은하수.－1988,(7).－46－47
619 일을 뒤로 미루는 병집/석양//은하수.－1988,(7).－48－49
620 ≪몸짓언어≫에 주의를 돌리자//은하수.－1988,(10).－5
621 무안을 당했을 때 어떻게 할것인가?/조연 편역//은하수.－1988,(12).－55－56
622 미소는 교제에서의 최선의 방법//중국조선어문.－1989,(2).－28－30
623 성격이 맞지 않는 사람과 사귀려면/일우 편역//은하수.－1989,(2).－39－40
624 옳지 못한 주장을 돌려세우는 세가지 방법/최영 편역//중국조선어문.－1989,(3).－21－23
625 자기답게 살자/조연 편역//은하수.－1989,(6).－53－54
626 자기를 소개할줄 알아야 한다//은하수.－1989,(6).－25
627 도량이 넓어야 한다/남남//동북후비군.－1989,(7).－32
628 남자들이 가장 꺼리는 화제/조연 편역//은하수.－1989,(8).－44－45
629 례모와 미소/진막//은하수.－1989,(8).－45
630 웅변의 비결/류립명//은하수.－1989, (8).－35
631 지나치게 열정적일 필요가 없다/계연휘//은하수.－1989,(9).－36
632 남성들의 환심을 사려면/지영희//은하수.－1989,(10).－50－51
633 동무는 매력이 있는 녀성인가?/리위민//은하수.－1989,(10).－36－38
634 재난을 전환시키는 대책/단옥기//은하수.－1989,(11).－3－4
635 고상한 옷차림과 옷단장//대중과학.－1989,(12).－37
636 어떻게 나쁜 습관을 버릴것인가?/림호//은하수.－1990,(1).－26－27
637 불행한 사람을 어떻게 위안할것인가?/(미국)상디 호비쯔//은하수.－1990,(2).－63－64
638 오해를 리해로 전변시키는 방법/서보작//은하수.－1990,(2).－14－15
639 교제를 개선하는 예술//은하수.－1990, (3).－14－15
640 동심을 되살리자/리일우 편역//은하수.－1990,(4).－13
641 시끄러운 일,시끄러운 사람을 어떻게 대처할것인가/(미국)대위 베인스//은하수.－1990,

(10).－32－33

642 관용:신체건강의 미덕 // 대중과학.－1990,(11).－43

B83 미학

643 우리 나라에서 미학문제에 대한 토론개황 / 임범송 // 문학예술연구.－1980,(7).－27－31

644 나젊은 과학으로서의 미학 / 임범송 // 문학예술연구.－1980,(11－12).－19－25

645 미의 본질과 미의 창조 / 임범송 // 문학예술연구.－1981,(1).－35－42

646 미감에 대하여 / 임범송 // 문학예술연구.－1981,(2).－46－53

647 예술미에 대한 생각 / 임범송 // 문학예술연구.－1981,(4).－39－43

648 미육과 그의 과업 / 임범송 // 연변교육.－1981,(5).－6－8

649 미에 대한 생각 / 주음춘 // 청년생활.－1982,(4).－16－17

650 인격미에 대하여 / 주존해 // 은하수.－1982,(7).－4

651 자연미를 보존하자 / 림백춘 // 은하수.－1982,(7).－73

652 황제의 새옷이 고운가 / 애광명 // 은하수.－1982,(7).－80

653 아름다움이여 너는 어디에 / 리건광 // 은하수.－1982,(10).－5

654 인물의 정신적 미에 대한 진지한 탐구 / 현동언 // 연변문예.－1982,(11).－64－66

655 아름다움을 비기니 괴상한 옷들을 저절로 벗다 / 주덕룡 // 동북민병.－1982,(24).－18

656 류행과 미 / 한창희 // 청년생활.－1983,(1).－16

657 생활력과 미의 힘 / 김해룡 // 문학예술연구.－1983,(1).－87－89

658 ≪인간화된 자연≫과 자연미의 본질:맑스의 ≪1884년 경제학－철학원고≫를 읽고 / 임범송 // 문학예술연구.－1983,－(1).－61－64

659 아름다운 기질에 대하여 / 고림 // 은하수.－1983,(2).－27

660 어려운 수수께끼:미란 무엇인가 / 김해룡 // 은하수.－1983,(4).－66－67

661 미에 대한 추구:인간의 본성 / 임범송 // 은하수.－1983,(5).－53－54

662 미는 인간본질의 생동한 감성적표현이다 / 김해룡 // 은하수.－1984,(2).－39－40

663 매혹적인 자연미 / 임범송 // 은하수.－1984,(4－5).－71－73

664 훈련장에서의 미 / 은명 // 동북민병.－1984, (5).－39－45

665 정신적 미 / 김해룡 // 은하수.－1984,(7).－14－15

666 인체의 장식미 / 임범송 // 은하수.－1984,(8).－38－40

667 청춘의 미와 청춘의 힘 // 은하수.－1984,(8).－25

668 심미기담 / 소명 // 은하수.－1984,(9).－62－63

669 예술미 / 김해룡 // 은하수.－1984,(9).－60－61

670 예술에서의 미와 추 / 임범송 // 은하수.－1984,(10).－68

671 처녀의 매력은 어디에? / 장평야 // 은하수.－1984,(10).－27

672 아름다움에 대한 명인들의 견해 / 단원원 // 동북민병.－1984,(24).－36

673 몸치장과 옷단장은 어떻게 해야 아름다운가요? // 문학과 예술.－1985,(1).－32

674 미는 생활의 길동무 / 사효휘 // 은하수.－1985,(1).－24

675 현시대 인간심리에 대한 탐구를… / 정몽호 // 문학과 예술.－1985,(1).－81

676 녀성들은 어떻게 해야 흉부의 미를 보전할 수 있는가요? // 문학과 예술.－1985,(2).－26

677 몸단장을 더 곱게 합시다 / 송지성 // 은하수.－1985,(2).－20－21

678 ≪응고된 음악≫:건축미의 심미적가치 / 김해룡 // 은하수.－1985,(2).－38－39

679 해산후의 체형미를 보존하자면? // 문학과 예

술. − 1985,(3). − 66 − 67
680 녀성들이 아름다운 몸가짐을 가지려면 // 문학과 예술. − 1985,(4). − 31
681 미감심리의 민족적특성 / 임범송 // 문학과 예술. − 1985,(4). − 4 − 9
682 양복을 멋있게 입으려면 // 은하수. − 1985,(4). − 59
683 용모를 어여쁘게 하려면 // 은하수. − 1985,(4). − 12
684 남성미와 사나이 // 은하수. − 1985,(6). − 35
685 복장의 미를 두고 // 문학과 예술. − 1985,(6). − 53
686 남성의 미 / 최준 // 은하수. − 1985,(9). − 12
687 녀성의 매력 / 바우 // 은하수. − 1985,(9). − 13
688 미를 어떻게 추구할것인가? // 문학과 예술. − 1986,(1). − 68 − 69
689 우미하게 추한것 / 김해룡 // 은하수. − 1986,(1). − 45 − 46
690 ≪미≫는 립체적이다 / 진침 // 은하수. − 1986,(2). − 40
691 자기미화는 흡인력을 풍부히 할수 있다 // 문학과 예술. − 1986,(2). − 37
692 쾌감으로부터 미감에 이르기까지 / 류효순 // 문학과 예술. − 1986,(4). − 51
693 미감과 쾌감 / 김해룡 // 은하수. − 1986,(9). − 52 − 53
694 귀로 보기와 눈으로 듣기:심미적통각에 대하여 / 김해룡 // 은하수. − 1986,(10). − 43 − 44
695 인간과 색갈 / 진적 // 은하수. − 1987,(1). − 47
696 심미적 추구와 류행식 / 김해룡 // 문학과 예술. − 1987,(2). − 74 − 76
697 예술현념에 대하여 / 김해룡 // 은하수. − 1987,(2). − 61 − 63
698 생활과 색갈 / 김해룡 // 문학과 예술. − 1987,(3). − 68 − 70
699 뛰여나게 황당한 것도 미로 된다 // 문학과 예술. − 1987,(4). − 60 − 61
700 미와 장식 / 김해룡 // 문학과 예술. − 1987,(4). − 73 − 75
701 문예미학 // 문학과 예술. − 1988,(1). − 91
702 성수의 미 / 송림 // 은하수. − 1988,(1). − 47
703 녀인 · 녀체 · 녀심 / 백두화 // 은하수. − 1988,(2). − 61 − 63
704 나는 녀성을 감상하고있다 / 바우 편역 // 은하수. − 1988,(4). − 18 − 19
705 수염과 남성미 / 김해룡 // 은하수. − 1988,(4). − 42 − 44
706 녀성의 매력은 어디에 / 영애 편역 // 은하수. − 1988,(8). − 63 − 64
707 혼란한 미학리상 / 김해룡 // 문학과 예술. − 1989,(4). − 19 − 21
708 황금비와 미적창조 / 김해룡 // 은하수. − 1989,(4). − 42 − 44
709 성과 미감 / 광현 편역 // 은하수. − 1989,(5). − 44 − 46
710 립체감각체험에 투시된 심미관 / 장혜영 // 문학과 예술. − 1989,(6). − 71 − 72
711 침묵의 미 / 송림 // 은하수. − 1989,(6). − 42 − 43
712 녀성미의 매력 / 임범송 // 연변녀성. − 1989,(8). − 26 − 28
713 심미가치의 빈곤 // 문학과 예술. − 1990,(5). − 79
714 맑스주의 미학사상을 견지하자 / 김봉웅 // 천지. − 1990,(9). − 44

B84 심리학

715 개성이란 / 호욕환(胡浴桓) // 대중과학. − 1960,(12). − 43 − 44
716 감정에 대하여 / 로석련 // 연변교육. − 1980,(7). − 21 − 24
717 정서와 건강 / 소동생 // 대중과학. − 1980,(7). − 46 − 47
718 의지의 실질과 배양 / 로석련 // 연변교육. − 1980,(8). − 18 − 20
719 도덕품성형성에서의 심리학문제 / 로석련 // 연변교육. − 1980,(9). − 14 − 15

720 기질과 성격의 개별적차이 / 신동욱 // 연변교육. – 1981,(1). – 11 – 13
721 아동심리발전의 일반적특징 / 신동욱 // 연변교육. – 1981,(3). – 16 – 19
722 어린이의 정신위생 / 김영석 // 대중과학. – 1981,(9). – 58
723 웃음의 나쁜 점 // 동북민병. – 1981,(20). – 39 – 40
724 겁을 없애려면 / 주방화 // 은하수. – 1982,(11). – 74 – 75
725 기억력증강기 // 대중과학. – 1982,(11). – 34 – 35
726 어린이의 중요한 심리적요소 – 자존심 / 무련강 // 은하수. – 1982,(11). – 76 – 77
727 ≪맘속의 비밀≫…은:사춘기의 생리와 심리에 대하여 / 왕합의 // 은하수. – 1982,(12). – 47 – 49
728 부모들의 갖추어야 할 심리적특성 / 손소강 // 은하수. – 1983,(1). – 16 – 18
729 색갈과 인간의 정서 / 량결 역 // 은하수. – 1983,(1). – 36
730 아동심리학 / (일본)하다노이소꼬 // 연변교육. – 1983,(1). – 57 – 58
731 부처간의 감정에 금이 가는 심리적요소 // 은하수. – 1983,(2). – 59
732 창조성적인 개성 / 완융 // 은하수. – 1983,(3). – 30
733 건강한 성격의 제 요소 / 상인 편역 // 은하수. – 1983,(5). – 55 – 56
734 어린이들의 자존심 / 김감 // 은하수. – 1983,(5). – 73
735 기질에 대하여(외1편) // 동북민병. – 1983,(6). – 43
736 암시심리역학을 중시하자 / 추진 // 은하수. – 1983,(6). – 12 – 13
737 심리학교수가 질투를 론함 / 리령 역 // 은하수. – 1984,(1) – 48
738 유아들의 심리보건:젊은 부모들에게 드림 / 강려청 // 은하수. – 1984,(1). – 71
739 자비심을 극복해야 한다 / 소려홍 // 은하수. – 1984,(1). – 49
740 흥취를 양성하자 / 왕승로 // 은하수. – 1984,(1). – 58
741 가정성원들에게서 나타나는 역심리 / 릉견 // 연변녀성. – 1984,(2). – 15 – 61
742 부끄러움을 타는 심리 / 주건중 // 은하수. – 1984,(2 – 3). – 64
743 사유를 촉진시키는 7가지 절차 / 리역 편역 // 은하수. – 1984,(2). – 68 – 70
744 자유와 억제 / (영국)죤 로스젠 // 은하수. – 1984,(2 – 3). – 96
745 시간,사유,효률 // 대중과학. – 1984,(4) – 18 – 19
746 혼인생활과 개성의 조절 // 연변녀성. – 1984,(4). – 51
747 심리건강의 다섯가지 요구 / 황건민 // 대중과학. – 1984,(6). – 27
748 청소년들의 불량한 심리적특징 / 고붕장 // 은하수. – 1984,(10). – 26
749 부부간의 정에 영향주는 심리적요소 // 동북민병. – 1984,(24). – 33
750 기억에서 주의할 몇가지 / 리위 // 은하수. – 1985,(1). – 22 – 23
751 로소 두세대의 심리적간격을 두고 / 서홍 // 연변녀성. – 1985,(1). – 45
752 성격과 건강 // 꽃동산. – 1985,(1). – 19
753 심리쇠퇴를 측정하려면 / 김민 편역 // 은하수. – 1985,(1). – 30
754 수수께끼와 같은 귀신이야기 / 최장우 // 은하수. – 1985,(4). – 13
755 과부의 심리경향 / 일행 // 연변녀성. – 1985,(5). – 29 – 30
756 련애중의 사회적심리 / 윤력 // 연변녀성. – 1985,(5). – 55 – 56
757 물이 흐르면 산도 움직인다 / 김해룡 // 은하수. – 1985,(5). – 60
758 심리건강표준 // 은하수. – 1985,(5). – 60
759 련애심리에 대한 이야기 / 엽타 // 청년생활. – 1985,(6). – 15 – 16
760 성격과 련애방식 / 량지빈 // 연변녀성. – 1985,

(6).－36－38

761 일요일과 심리피로 / 김원 // 은하수.－1985,(9).－3

762 우리의 성격을 갱신하자 / 채해복 // 은하수.－1985,(10).－3

763 정감론리 / 김해룡 // 은하수.－1985,(10).－30－31

764 상상력－인류의 희망의 벗 / 송림 // 은하수.－1985,(11).－56

765 성격론리 / 김해룡 // 은하수.－1985,(11).－38

766 아름다움의 조건 // 연변녀성.－1986,(2).－20

767 피형의 기질특점 // 동북민병.－1986,(2).－42－43

768 녀성기질은 필요한거래요 / (쏘련)프싸부꼬 // 대중과학.－1986,(3).－51

769 소학생심리에 관한 문답 // 중국조선족교육.－1986,(3).－15－16

770 어문교수심리에 관한 담화 / 동락천 // 중국조선족교육.－1986,(4).－38

771 혼인에 불리한 심리적장애 / 문택 // 동북민병.－1986,(4).－30

772 개혁중에 있는 지식분자들의 심리변화 // 은하수.－1986,(7).－33

773 인류의 미래에 대한 화폭 / 만창 // 은하수.－1986,(7).－63

774 정서와 건강 // 대중과학.－1986,(10).－30－31

775 질투망상의 위해성 // 대중과학.－1986,(10).－28－29

776 어린이들의 학습성적과 심리위생 / 리태일 // 대중과학.－1986,(12).－50

777 결혼전 성행위심리에 대하여 / 황충정 // 연변녀성.－1987,(1).－67－68

778 개성을 제창하고 존중하자 / 김민 편역 // 은하수.－1987,(2).－3

779 글씨체와 필자의 성격 / 전자강 // 은하수.－1987,(2).－37－38

780 들가방과 성격 // 연변녀성.－1987,(2).－73

781 손벽도 마주쳐야 소리가 난다 / 설조홍 // 연변녀성.－1987,(3).－14－15

782 남성들의 내심세계 / 바우 편역 // 은하수.－1987,(4).－33

783 녀성들의 내심세계 / 주건중 // 은하수.－1987,(4).－34－35

784 녀성심리기질에서의 불량한 요소 // 연변녀성.－1987,(4).－42－43

785 라체화와 성심리 / 홍표 편역 // 은하수.－1987,(4).－18－19

786 음악과 심리 // 은하수.－1987,(5).－58

787 남성들의 비밀심리 / 림설령 편역 // 은하수.－1987,(6).－61

788 련애중의 역행심리 / 성호 편역 // 은하수.－1987,(9).－18

789 성숙된 개성을 양성시키려면 / 바우 편역 // 은하수.－1987,(9).－62

790 마음의 창문을 활짝 열어제끼자 // 중국조선족교육.－1987,(10).－19

791 정서,성격과 장수에 대하여 / 리학봉 // 은하수.－1987,(10).－63

792 심리학의 각도로부터 ≪역반심리≫를 론함 / 팽려 // 중국조선족교육.－1987,(11).－23－24

793 몇가지 류행적인 독자심리 // 문학과 예술.1988,(1).－39

794 히스테리의 성격특점 / 주환테 // 은하수.－1988,(1).－26

795 위구심을 극복하려면 // 은하수.－1988,(2).－59－60

796 소녀들은 뭐때문에 ≪번민≫이 많은가? / 일우 편역 // 은하수.－1988,(3).－40

797 정신적≪압박감≫을 해제하는 방법 / 바우 편역 // 은하수.－1988,(3).－30

798 과정경향:녀성들의 심리적장애 / 서명 // 연변녀성.－1988,(5).－41－42

799 걸음자세에서 나타나는 인간의 성격 // 은하수.－1988,(6).－22

800 녀성1 십인담:당대녀성세계에서 류동되는 성애관념 / 향아 // 장백산.－1988,(6).－3－26

801 질투감정속의 남성과 녀성들 / 원근 // 은하수. – 1988,(6). – 47
802 가지가지 심리적병태 / 임양근 // 대중과학. – 1988,(7). – 12 – 14
803 로인들의 심리특징 // 대중과학. – 1988,(10). – 26 – 27
804 녀성의 심리 / (일본)시로이시 기요미찌 // 연변녀성. – 1988,(11). – 5 – 8
805 나는 어디에서 왔어요:청소년 성심리지식교육 // 대중과학. – 1988,(12). – 12 – 13
806 남녀심리편 / (일본)시로이시 기요미찌 // 연변녀성. – 1989,(3). – 8 – 9
807 머리칼로부터 본 남성성격 / 영자 // 연변녀성. – 1989,(3). – 9
808 요꼬하마의≪생명전화≫ // 대중과학. – 1989,(3). – 20
809 진동과 효률 / 조진우 // 민족단결. – 1989,(3). – 4 – 5
810 남성 십인담:남성의 성애경력과 성애관념 그리고 성애심리에 관한 자아진술 / 향아 작;김태원 역 // 도라지. – 1989,(4). – 4 – 18
811 녀성의 심리특징 / (일본)시마다 즈즈오 // 은하수. – 1989,(4). – 51 – 54
812 필적 입맛 잠자세와 성격 // 대중과학. – 1989,(4). – 60 – 61
813 락서로부터 본 사람의 개성과 능력 // 대중과학. – 1989,(5). – 57
814 총각들이 이팔청춘 처녀들과 말하기 어려운 것은? / 주재헌 // 중국조선어문. – 1989,(5) – 28 – 30
815 성공의 심리전술 // 은하수. – 1989,(6). – 8 – 9
816 웃음 · 건강 · 성격 · // 민족단결. – 1989,(6). – 52 – 53
817 로인들의 심리적수요와 그 간호 / 류봉 // 대중과학. – 1989,(7). – 40 – 41
818 남성의 비밀 / 김선량 편역 // 은하수. – 1989,(10). – 40 – 42
819 심리적인 압력을 타승하려면 // 은하수. – 1989,(11). – 17
820 짓눌린 마음 / 왕려청 // 은하수. – 1989,(11). – 52 – 53
821 음식구미와 성격 // 은하수. – 1990,(1). – 49
822 정서가 나쁠 때 / 양룡상 // 은하수. – 1990,(1). – 41 – 42
823 이중언어병용자의 제 류형과 심리학적연구 // 중국조선어문. – 1990,(2). – 21 – 22
824 문화오락활동에서 보여지는 조선족의 사회심리특점 / 김산덕;김창호 // 예술세계. – 1990,(3). – 70 – 72
825 애정위기의 심리분석 / 임범송 // 연변녀성. – 1990,(5). – 22 – 23
826 남성들의 심리상태 / 일우 편역 // 은하수. – 1990,(6). – 39
827 미국대통령들의 성격 / 동신 // 청년생활. – 1990,(6). – 12 – 13
828 미신적인 심리가 산생되는 원인 / 림설령 편역 // 은하수. – 1990,(10). – 62
829 여덟가지 나쁜 심리 / 영복 // 은하수. – 1990,(10). – 59
830 눈,얼굴,심리,성격 / 조충민 // 대중과학. – 1990,(12). – 28 – 30
831 돈을 쓰는 심리위생에 대한 검정 / 리일 편역 // 대중과학. – 1990,(12). – 16
832 옛일을 생각하는 로인들의 심리 // 대중과학. – 1990,(12). – 10 – 11

B9 종교

833 과학과 미신 / 한원철 // 대중과학. – 1958,(3). – 44 – 45
834 귀신이 정말 있는가? / 왕보림(王寶林) // 대중과학. – 1958,(4). – 27
835 양홍수가 미신놀음을 하여 녀동생을 살해 / 설익청 // 동북민병. – 1980,(13). – 31
836 최상겸이 미신을 타파하고 어머니를 설복 / 필문고;곡운생 // 동북민병. – 1980,(13). – 30
837 ≪호선동≫을 수색하다 / 경희 등 // 동북민

병. – 1980,(24). – 31 – 32

838 이상한 넋 / 량병 // 동북민병. – 1981,(1). – 34

839 양조순이 무당을 믿어 녀동생과 자신을 해쳤다 / 시량;효라 // 동북민병. – 1981,(17). – 22

840 ≪도깨비불≫의 내막 / 김영진 // 대중과학. – 1982,(8). – 47 – 48

841 손금과 지문이 사람의 운명을 결정할수 있는가 / 김일산 // 은하수. – 1982,(12). – 77 – 79

842 종교에 대하여 // 지부생활. – 1983,(2). – 23 – 24

843 여러가지 형식으로 봉건미신을 타파한다 / 해연 등 // 동북민병. – 1983,(24). – 19 – 20

844 묘를 허물다 / 해연 등 // 동북민병. – 1984,(1). – 27

845 우선 머리속의 ≪묘≫부터 허물어야 한다 // 동북민병. – 1984,(1). – 27 – 28

846 오행설 // 대중과학. – 1984,(11). – 26 – 27

847 서방문화와 기독교,성경 / 김파 // 문학과 예술. – 1986,(6). – 91

848 리련장이 ≪점≫을 치우다 / 강소화 // 동북민병. – 1987,(4). – 26

849 가시아버지의 ≪굿솜씨≫에 사위가 멍청이로 / 서신 // 동북민병. – 1988,(1). – 17

850 문학과 종교 / 진요정 // 문학과 예술. – 1988,(1). – 94 – 95

851 왜 점쟁이들의 말은 때론 맞는것 같은가? / 목영웅 // 은하수. – 1988,(3). – 62

852 종교 및 종교신앙문제에 대한 당의 정책 / 주당위통전부 // 지부생활. – 1988,(9). – 30 – 31

853 결혼식날에 생긴 괴상한 일 // 대중과학. – 1989,(10). – 61

854 중조불교문화교류에 기여한 의상대사 / 방학봉 // 민족단결. – 1990,(6). – 48 – 49

855 ≪화락서≫의 마력 / 김설수 // 연변녀성. – 1990,(10). – 28 – 29

C 사회과학총론

C91 사회학

856 례절에 대한 생각 / 김진산 // 청년생활. – 1980,(1). – 62 – 63

857 어떻게 벗을 사귈것인가 / 최수산 // 청년생활. – 1982,(6). – 22 – 23

C912 사회구조와 사회관계

858 련애, 혼인, 가정 문제를 어떻게 대할 것인가 / 연공청 // 연변. – 1963,(3). – 32 – 33

859 사회주의적 가정 미풍을 참답게 수립하자 / 리광림 // 연변. – 1963,(4). – 26 – 27

860 새로 발견된 소인국 – 유카스부락 // 대중과학. – 1982,(7). – 23

861 큐리부부의 결혼식과 체호브의 결혼식 / 오훤 // 은하수. – 1982,(7). – 5 – 6

862 녀성들은 어떤 배우자를 고르고있는가 / (쿠웨이트)무니니 // 은하수. – 1983,(2). – 56 – 57

863 애정생활과 가정생활에서의 문명 / (쏘련)쏘홈린스끼 // 은하수. – 1984,(1). – 61

864 부모는 자식들에게 무엇을 빚졌는가 / (미국)안 란데쓰 // 은하수. – 1985,(1). – 56 – 57

865 이웃간에 말썽이 생기면? / 유명 // 연변녀성. – 1985,(3). – 70 – 71

866 이웃간에 분쟁이 생기면? / 정조 // 연변녀성. – 1985,(4). – 19

867 모스크바 신혼부부구락부 / 류홍 // 은하수. – 1985,(9). – 56

868 교제관계에서의 경계선 / 엽일타 // 은하수. – 1985,(12). – 42 – 43

869 일본의 가정변화 // 은하수. – 1985,(12). – 41

870 현대인의 표준 / 후옥인 // 은하수. – 1985,(12). – 4 – 5
871 악수상식 / 조헌각 // 동북민병. – 1986,(1). – 10
872 프랑스사람들은 《제3자》를 어떻게 대하는가 // 연변녀성. – 1986,(2). – 45
873 이것도 일종 《관계학》이다 / 동지신 // 동북민병. – 1986,(6). – 31 – 32
874 국내의 소극적현상의 실질은? // 은하수. – 1986,(7). – 31
875 증서만 추구하지 말자 / 왕연생 // 은하수. – 1986,(7). – 54 – 56
876 교제에서의 몽롱미 / 우홍혜 // 은하수. – 1986,(9). – 35
877 이웃사이에 삼가야 할 열가지 // 동북민병. – 1986,(11). – 48
878 날로 엄중해지고있는 미국의 사회도덕문제 // 지부생활. – 1986,(12). – 62 – 64
879 《그 예술가가 나라면…》:또스또예브스끼의 청혼예술 / 마중악 // 연변녀성. – 1987,(1). – 19 – 21
880 독특한 사랑표시방식 / 진려 // 동북민병. – 1987,(1). – 38
881 사랑의 신호 // 대중과학. – 1987,(1). – 17
882 미국사람들은 이렇게 생각한다 / 전봉 // 연변녀성. – 1987,(2). – 61 – 62
883 이웃과의 교제 // 연변녀성. – 1987,(2). – 72
884 정신문명인가 봉건우매인가? // 연변녀성. – 1987,(3). – 2 – 6
885 사회교제에서 네가지를 개변시켜야 한다 // 동북민병. – 1987,(4). – 4
886 백명 《장원》에 대한 조사 및 그들의 경험교훈 / 주농위 // 지부생활.1987,(5). – 21 – 22
887 이웃사이 / 김창석 // 연변녀성. – 1987,(5). – 43 – 45
888 언어례절의 예술 // 대중과학. – 1987,(6). – 4 – 5
889 인기를 끄는 공공관계학 // 대중과학. – 1987,(6). – 48 – 49
890 에덴동산의 성스러운 불길:원시사회에서의 성의 가치 / 반수면 // 연변녀성. – 1988,(1). – 23 – 25
891 인류의 《성별개변》에 대한 사고 / 장옥화 // 연변녀성. – 1988,(1). – 14 – 15
892 당대 혼례식 겉치레 / 엽소림 // 은하수. – 1988,(3). – 32 – 33
893 부권사회의 성심리와 성도덕 / 반수명 // 연변녀성. – 1988,(3). – 37 – 38
894 생기냐 위기냐?:녀자대학생배치문제에 대한 재사고 / 양학엽 // 연변녀성. – 1988,(3). – 19 – 21
895 가장 부유한 미국사람 / 림해 편역 // 은하수. – 1988,(4). – 15
896 개혁시대의 인간관계 / 소동 // 지부생활. – 1988,(5). – 28 – 29
897 고대희랍 로마문명중의 성 / 반수명 // 연변녀성. – 1988,(5). – 49 – 51
898 중국은 성몽매를 믿지 않는다 / 남래소 // 연변녀성. – 1988,(7) – 27 – 29
899 영국에 류행되는 처녀증 / 주가준 // 연변녀성. – 1988,(8). – 21
900 인도고대문화중의 성 / 반수명 // 연변녀성. – 1988,(8). – 53 – 55
901 중세기 금욕주의의 기나긴 밤 / 반수명 // 연변녀성. – 1988,(9). – 57 – 58
902 혈형,성격,사람사이 관계 // 대중과학. – 1988,(9). – 56 – 57
903 민주에 대한 이야기 / 광휘단약 // 은하수. – 1988,(11), – 26 – 32
904 사랑의 초봄:문예부흥시기 이성애의 재생 / 반수명 // 연변녀성. – 1988,(11). – 31 – 32
905 당신은 두 남편한테 시집간 셈이예요 / (미국)카내키부인 // 연변녀성. – 1989,(1). – 8 – 9
906 《재2직업》고찰록 / 류사훈 // 은하수. – 1989,(1). – 9 – 14
907 어린이들도 교제를… / 량빈 // 연변녀성. – 1989,(2). – 29
908 현대인의 10개 특징 // 지부생활. – 1989,(2). – 27
909 미국에서 살고있는 중국인들 / 양부삼 // 민족단결. – 1989,(3). – 55 – 57

910 사회에 첫걸음을 내디딜 때 / 황인 // 연변녀성. – 1989,(3). – 32 – 33
911 스웨리예 사람들의 가정생활 // 지부생활. – 1989,(3). – 46
912 약혼전의 교제에서 어떻게 처신하면 좋을가 / 한겨레 // 은하수. – 1989,(3). – 43 – 45
913 제3차 취업대기고봉 / 상양 // 청년생활. – 1989,(3). – 33 – 38
914 힘을 절약하자요 / 카내키부인 // 연변녀성. – 1989,(3). – 16 – 17
915 사회는 문명을 부르짖는다 / 설중신 // 지부생활. – 1989,(4). – 4 – 5
916 일본류학 중국자비생들의 이모저모 / (일본) 역병 // 청년생활. – 1989,(4). – 22 – 25
917 만일의 경우를 준비하라 / (미국)카내키부인 // 청년생활. – 1989,(5). – 30 – 31
918 장인어른 / (미국)메르라자루스 // 연변녀성. – 1989,(5). – 22 – 23
919 《공중도덕평의협회》세웠다 / 왕가달 // 동북후비군. – 1989,(6). – 17
920 악수례 // 대중과학. – 1989,(7). – 13
921 현시대《미치광이》의 이모저모 / (대만)림금개 // 청년생활. – 1989,(7) – 37 – 41
922 담장과 사회적심리 / 일우 편역 // 은하수. – 1989,(8). – 34
923 일본처녀들의 배우자선택 // 대중과학. – 1989,(10). – 30 – 31
924 세대간의 심연,교량,계단 / 조희명 // 은하수. – 1989,(12). – 36 – 38
925 중국과 서방 오락방식의 차이 / 리천의 // 연변녀성. – 1989,(12). – 22 – 24
926 가정에서의 똘스또이 처세술 / 리학연 // 연변녀성. – 1990,(1). – 40
927 음양세계:백쌍의 부부 취재수기 / 황은지 // 은하수. – 1990,(1). – 61 – 63
928 청년들이 사회에 대한 네가지 선택 / (미국) 크라크 메드워즈 // 은하수. – 1990,(1). – 43
929 례의범절과 언어례절 / 김서문 // 민족단결. – 1990,(3). – 47 – 48
930 미국의 가정폭력 // 은하수. – 1990,(4). – 33
931 사회와 개인 사이 / 림염지 // 은하수. – 1990,(4). – 53 – 55
932 중국과 일본 두 나라 가정의 3대차이 / 진휘 // 민족단결. – 1990,(5). – 48 – 49
933 전쟁에서 기원한 례절 / 춘천 // 동북후비군. – 1990,(6). – 48
934 역경을 순경으로… / 로버트롤;퀜니트롤 // 연변녀성. – 1990,(7). – 34 – 35
935 미국 흑인들의 현상태 / 김명 편역 // 은하수. – 1990,(10). – 56 – 58
936 사교활동에서 흔히 볼수 있는 몇가지 인체자세 / 박련옥 // 동북후비군. – 1990, (10). – 48
937 서방간첩계의 《미남계》 / 갈장대 // 은하수. – 1990,(10). – 14 – 15
938 남성들의 사교예술 / 창용 // 연변녀성. – 1990,(11). – 27
939 골목 · 촌녀 보모 · 담벽 / 세명 // 은하수. – 1990,(12). – 17 – 20
940 이렇게 직함을 평정하여선 무슨 소용이 있는가 / 상련군 // 은하수. – 1990,(12). – 44
941 2000년도 세계의 10대 추세 / 광한 편역 // 은하수. – 1990,(12). – 60 – 6

C92 인구학

942 인민들의 사망률은 훨씬 감소되였다 / 최종필 // 지부생활. – 1957, – (13). – 25
943 인구경제에서의 세계의 제1위 / 리내영 // 청년생활. – 1980,(2). – 57
944 세계인구의 급격한 증대와 지구상의 물질자원 / 등삼 // 대중과학. – 1983,(6). – 17
945 인구증장속도 // 은하수. – 1984,(1). – 76
946 목전 세계인구 // 꽃동산. – 1985,(3). – 28
947 제2차 세계대전의 사망인구 // 은하수. – 1986,(3). – 33
948 구라파는 과연 소실중에 있는가? / 여의겸 //

연변녀성. - 1988.(11). - 52 - 53
949 중국조선족의 인구구성에 대한 분석 / 류경화 // 민족단결. - 1989,(1). - 20 - 22
950 연변의 산아제한사업 / 초인 // 민족단결. - 1989,(2). - 13 - 14
951 조선족인구상황일별 / 효체 // 민족단결. - 1989,(2). - 11 - 14
952 지구에서 얼마마한 인류가 생존할수 있은가 // 지부생활. - 1989,(6). - 47
953 중국의 호구문제 / 임현;량동 // 연변녀성. - 1989,(10). - 42 - 45
954 중국의 인구팽창 / 황련옥 // 대중과학. - 1989,(11). - 21
955 산아제한과 민족의 륭성번영 / 전로 // 민족단결. - 1990,(5). - 9 - 11

C95 민족학

956 우리 나라는 여러 민족이 단결된 대가정 // 소년아동. - 1954,(12). - 3 - 4
957 연변조선족자치주 // 교육통신. - 1956,(4). - 44 - 46
958 무산 계급 민족관을 확고히 수립하자 / 조룡호 // 연변. - 1961,(9). - 2 - 8
959 민족 문제의 실질은 계급 문제이다 / 장진발 // 연변. - 1964,(9). - 2 - 3
960 활발하게 벌어지고있는 몽골족문학연구사업 / 리정문 // 문학예술연구. - 1980,(3). - 20 - 22
961 중국소수민족의 개황 // 지부생활. - 1982,(9). - 50 - 57
962 우리 민족의 성격 / 최원호 // 문학과 예술. - 1985,(4). - 93 - 94
963 시버족개황 / (시버족)오자라크요 // 은하수. - 1985,(10). - 64
964 미국에 사는 조선인들의 이모저모 / 최미선 // 청년생활. - 1986,(10). - 54 - 56
965 대경과 대경시 조선사람 / 리명 // 은하수. - 1987,(10). - 38 - 40
966 교과서에 나오는 중국고대의 여러 민족 / 최태호 // 중국조선족교육. - 1988,(3). - 71
967 올림픽과 조선민족 / 장창진 // 은하수. - 1988,(7). - 3 - 4
968 민족의 전통적문화와 현대화 / 왕몽 // 민족단결. - 1989,(1). - 23 - 25
969 연변으로부터 본 중국조선족혼인의식의 변화 / 황파 // 청년생활. - 1989,(1). - 10 - 13
970 우리 나라의 민족구역자치제도 / 나딩 // 민족단결. - 1989,(1). - 52 - 53
971 조선족이 뒤지는 워인은? / 김성엽 // 중국조선어문. - 1989,(1). - 8
972 형제민족 - 만족 / 리묵 // 민족단결. - 1989,(1). - 38
973 우리 나라 소수민족지구의 특점 // 민족단결. - 1989,(2), - 26 - 28
974 장족 / 리묵 // 민족단결. - 1989,(2). - 29
975 현시기 우리 나라 민족들사이의 경쟁요소에 대하여 / 률관민 // 민족단결. - 1989,(2), - 34 - 35
976 조선말과 글을 위주로하는 환경과 조건을 마련해 주었으면… / 박춘희 // 중국조선어문. - 1989,(3). - 4 - 5
977 한족과 소수민족은 서로 떨어질수 없다 / 원호 // 민족단결. - 1989,(3). - 42 - 44
978 형제민족 - 회족 / 리묵 // 민족단결. - 1989,(3). - 19
979 내가 알고있는 서장의 농노제 / 요조린 // 민족단결. - 1989,(4). - 50 - 52
980 자립의식을 강화하자 / 양영창 // 민족단결. - 1989,(4). - 7
981 허저족 / 리묵 // 민족단결. - 1989,(4). - 33
982 세계적으로 보기드문 민족 // 지부생활. - 1989,(5). - 48
983 어원커족 / 리묵 // 민족단결. - 1989,(5). - 32
984 우리 민족사에서의 장거 / ≪중국조선족력사발자취총서≫ 편집부 // 민족단결. - 1989,(5). - 33 - 35
985 ≪민족자아의식≫에 대하여 / 재혜련 // 민족

단결. – 1989,(6). – 19

986 우리 나라의 민족구성 // 민족단결. – 1989,(6). – 55 – 56

987 위글족 / 리묵 // 민족단결. – 1989,(6). – 36

988 까자흐족 / 리묵 // 민족단결. – 1990,(1). – 49

989 우리 나라 소수민족들의 형성 // 민족단결. – 1990,(1). – 31 – 32

990 자랑스런 우리 민족 / 전금련 // 연변녀성. – 1990,(1). – 2 – 3

991 짱족 / 리묵 // 민족단결. – 1990,(3). – 45

992 근대 제국주의침략이 우리 나라 소수민족들에게 끼친 해독 // 민족단결. – 1990,(4). – 50 – 52

993 길림지구조선족개황 / 원시희;김춘란 // 민족단결. – 1990,(4). – 16 – 17

994 송화강반의 사회주의 새 농촌 – 아라디조선족촌 / 원시희;김춘란 // 민족단결. – 1990,(4). – 28 – 29

995 우리 나라의 민족관계는 준엄한 시련을 이겨냈다 / 이스마일애매티 // 민족단결. – 1990,(4). – 3

996 이족 / 리묵 // 민족단결. – 1990,(4). – 45

997 계통론으로부터 본 민족단결 / 마수병 // 민족단결. – 1990,(5). – 7 – 9

998 오르죤족 / 리묵 // 민족단결. – 1990,(5). – 33

999 따이족 / 리묵 // 민족단결. – 1990,(6). – 37

1000 민족문화사연구의 새로운 발단:중국소수민족문고≪조선족문화≫에 대하여 / 리득춘 // 중국조선어문. – 1990,(6) – 41

1001 날로 꽃펴가는 길림지구 조선족들의 문화생활 // 민족단결. – 1990,(7). – 19 – 21

C96 인재학

1002 난관을 뚫고 / 장광후 // 청년생활. – 1980,(1). – 21 – 23

1003 전면적 질관리 / 황돈겸 // 대중과학. – 1980,(1). – 12 – 14

1004 학습과 창조 / 양락 // 청년생활. – 1980,(1). – 19 – 21

1005 노력의 산아:인재 / 최인송 // 대중과학. – 1980,(5). – 12

1006 훌륭한 관리일군이 되려면 // 대중과학. – 1980,(11). – 46

1007 옛사람이 인재를 등용한데로부터 / 왕빈이 // 동북민병. – 1980,(22) – 23 – 24

1008 분투 – 인재행진곡 / 감봉 // 청년생활. – 1981,(1). – 22

1009 창업에 대하여 / 여심언 // 청년생활. – 1981,(1). – 3 – 4

1010 신시대 신녀성 신인재 / 소림 // 청년생활. – 1981,(3). – 30 – 31

1011 인재외류 // 대중과학. – 1982,(2). – 6

1012 인재로 되려면 / 리연걸 // 청년생활. – 1982,(4). – 6 – 8

1013 현명한 자를 등용 / 백건 // 지부생활. – 1982,(4). – 43

1014 품성과 인재에 관하여 / 루지호 // 은하수. – 1982,(9). – 5 – 6

1015 질투와 인재 / 류수상 // 은하수. – 1982,(11). – 79 – 80

1016 실무능력을 평가하는 척도 / (미국)단니슨 // 대중과학. – 1982,(12). – 20 – 21

1017 창조적재능이 있는 사람들이 갖추어야 할 특성 // 은하수. – 1982,(12). – 26

1018 기회가 돌아오기전에… / 류옥주 // 은하수. – 1983,(2). – 25

1019 새로운 학과:결책과학 / 최송학 // 대중과학. – 1983,(2). – 3 – 4

1020 발명창조를 하려면? // 은하수. – 1983,(4). – 79 – 80

1021 문예가로 되는 비지능적요소 / 팽방 // 은하수. – 1984,(2). – 82 – 83

1022 재능의 잠재력과 조기배양 / 박현 편역 // 은하수. – 1984,(2). – 84

1023 청춘과 창조력에 대한 괴떼의 관점 // 은하수. – 1984,(4 – 5). – 51

1024 기회는 어디에 있을가/ 남채// 은하수.－1984,(7).－62－63
1025 매우 원견성있는 발걸음// 동북민병.－1984,(11).－9
1026 많이 생각하고 깊이 생각하여야 한다/ 위군// 동북민병.－1984,(22).－35－36
1027 청춘시절에 분발해야 한다/ 우보재// 동북민병.－1984,(23).－15
1028 일본기업가들의 종업원들에 대한 요구/ 장건편// 은하수.－1985,(2).－16
1029 성공의 대적－게으름/ 김송// 청년생활.－1985,(3).－2
1030 인재를 키우는 토양은 노력의 보습으로 개간하여야 한다/ 우보재// 동북민병.－1985,(3).－38
1031 창조형인재로 자라나는 제일 좋은 방도/ 종화// 동북민병.－1985,(3).－39
1032 ≪창조형≫인재의 개성적특징// 연변교육.－1985,(3).－58
1033 개척형의 인재로 되려면// 은하수.－1985,(4).－60－61
1034 신동에 대한 이야기/ 왕지곤// 대중과학.－1985,(4).－12－13
1035 주총리의 교묘한 답변// 청년생활.－1985,(4).－29
1036 개척형지도자의 소질수양/ 은하 편역// 은하수.－1985,(6).－3－4
1037 소학졸업생이 대학교수로// 은하수.－1985,(6).－51
1038 외국기업가의 ≪황금원칙≫// 은하수.－1985,(6).－36
1039 깊은사색,짙은 흥미를 자아내는 문답:청년들의 물음에 대한 한 기업소당위서기의 대답/ 은하 편역// 은하수.－1985,(7).－3－6
1040 인재사용에서 삼가해야 할 문제/ 주양생// 지부생활.－1985,(7).－52－53
1041 훌륭한 기업가로 되려면// 대중과학.－1985,(8).－5
1042 만리동지 ≪인재시교≫와 ≪능력배양≫을 론함// 연변교육.－1985,(10).－58
1043 명인들의 잡기장// 은하수.－1985,(11).－22
1044 천재처럼 사고하자// 은하수.－1985,(11).－30
1045 인재선발과 품덕고찰/ 포생림// 지부생활.－1985,(11－12).－106－107
1046 인재를 존중하는 여덟가지 표징// 연변교육.－1985,(12).－30
1047 창조적인재를 양성하기에 힘쓰자/ 오영식// 중국조선족교육.－1986,(2).－16－17
1048 T형의 인재로 되자/ 효주// 은하수.－1986,(3).－25
1049 한 기업가의 추구/ 양가삼// 지부생활.－1986,(4).15－18
1050 어떻게 직무에 부합되는 지도일군으로 될것인가// 중국조선족교육.－1986,(5).－72－73
1051 40살전에 성공하려면// 은하수.－1986,(7).－30
1052 인재학의 유래와 그 발전에 대하여/ 김민 편역// 은하수.－1986,(7),－3－5
1053 훌륭한 주관일군으로 되려면/ (미국)브로게디// 은하수.－1986,(7).－33
1054 걸출한 인물들의 24가지 특징/ 운호// 은하수.－1986,(8).－27
1055 일본기업가들이 간부를 선발하는 기준/ 성호// 은하수.－1986,(8).－39
1056 자아초월－청년들의 성공의 길/ 양화// 청년생활.－1986,(8).－2
1057 질투심은 인재의 천적이다/ 호군// 은하수.－1986,(8).－38
1058 창조,창조학의 발기자/ 장식금// 은하수.－1986,(8).－2
1059 명인들의 열가지 학습방법// 은하수.－1986,(10).－24
1060 일찍 그들은 실패하였건만/ 금석// 은하수.－1987,(2).－30
1061 젊은이들의 재간을 발휘시키려면:일본,미국의 9명 기업가의 성공계시록// 은하수.－1987,(2).－15－16
1062 나와 동업자들간 정신적마찰/ 리면// 은하

수. – 1987,(3). – 34 – 36

1063 량용인재양성에서 ≪다리≫작용을 놀았다 / 료군정 // 동북민병. – 1987,(3). – 11 – 12

1064 새로운 인재양성관념을 수립해야 한다 // 중국조선족교육. – 1987,(3). – 76

1065 노벨상에 깃든 이야기 // 은하수. – 1987,(4). – 54 – 57

1066 비지력요소와 인재양성 / 사자수 // 대중과학. – 1987,(4). – 14 – 15

1067 미국에 있는 중국인과학자인재들 // 은하수. – 1987,(6). – 9

1068 성공한 남성의 배후엔 위대한 녀성이 / 숙혜 // 은하수. – 1987,(6). – 18 – 19

1069 시대를 초월하여 인생을 개척하자 / 승필 편역 // 은하수. – 1987,(9). – 48 – 50

1070 개혁자의 발자취 / 효성 // 지부생활. – 1987,(10). – 12 – 15

1071 기업소에 있어야 할 10가지 부류의 인재 // 지부생활. – 1987,(10). – 16

1072 창조성적인 사유능력을 양성시키려면 / 리우 편역 // 은하수. – 1987,(11). – 3 – 4

1073 경영자의 마음가짐 / (일본)가마다 마사루 // 은하수. – 1988,(3). – 3 – 5

1074 실패의 원인 // 은하수. – 1988,(3). – 64

1075 녀성들이 성공하려면 // 은하수. – 1988,(4). – 56

1076 ≪자기실현≫자의 특점 / 양해림 편역 // 은하수. – 1988,(4). – 5

1077 창업의 의도 / (일본)가마다 마사루 // 은하수. – 1988,(4). – 6 – 8

1078 경영의 원점 / (일본)가마다 마사루 // 은하수. – 1988,(6). – 2 – 5

1079 성공의 비결 / 엄준 // 청년생활. – 1988,(8). – 2

1080 시대는 모험가들을 수요한다 / 청문 // 청년생활. – 1988,(10). – 3

1081 성공의 10대 비결 // 은하수. – 1989,(1). – 48

1082 현대청년들의 최대갈망:인재류동 / 남연 // 대중과학. – 1989,(4). – 6 – 7

1083 기업가들이 삼가할 점 // 은하수. – 1989,(6). – 13

1084 기업과≪삼국연의≫ / 유복장 // 은하수. – 1989,(6). – 49 – 50

1085 과학기술인재 쟁탈전 // 대중과학. – 1989,(11). – 42 – 43

1086 미국적중국인들가운데 출중한 인재 기수부지이다 // 민족단결. – 1990,(1). – 53

1087 창조력 시험 // 은하수. – 1990,(2). – 37

1088 당신에게는 어떤 직업이 알맞는가? / 죽매 // 은하수. – 1990,(4). – 44

1089 발명가들의 10가지 성격특징 // 은하수. – 1990,(6). – 41

1090 성공의 비결 / 김하 // 은하수. – 1990,(10). – 9

D 정치, 법률

D0 정치리론

1091 평균주의를 론함 // 지부생활. – 1957,(23). – 22 – 26

1092 사회주의와 공산주의 문답 // 지부생활. – 1958,(5). – 18 – 23

1093 사회주의와 공산주의 교육을 심입전개하여 군중들의 공산주의각오를 제고시키자 / 리두석 // 지부생활. – 1959,(8). – 34

1094 사회주의와 공산주의를 위하여 끝까지 분투하자 // 지부생활. – 1960,(1). – 40 – 44

1095 공산주의와 평균주의는 어떤 구별이 있는가? / 박숙 // 연변. – 1961,(1). – 21

1096 생산력과 생산 관계, 경제 기초와 상층 건

축에 관한 맑스-레닌주의 기본 원리 // 연변.-1961,(11).-27-30
1097 어째서 련합국에서의 중국의 대표권은 ≪회복≫하는 문제이지 ≪참가≫ 하는 문제가 아니라고 하는가? // 연변.-1961,(11).-31-32
1098 사회주의와 공산주의의 련계와 구별 // 연변.-1961,(12).-21-24
1099 수정주의 // 연변.-1962,(1).-27
1100 평화주의 // 연변.-1962,(1).-27
1101 계급 투쟁은 전반 과도시기에 존재한다 / 김문 // 연변.-1962,(11).-15-17
1102 견정한 무산 계급 립장을 수립하자 / 김영만 // 연변.-1962,(12).-11-12
1103 계급 분석은 맑스주의의 근본 방법이다 / 왕성 // 연변.-1962,(12).-13-16
1104 직공 군중과 계급 립장을 말함 / 장국현 // 연변.-1963,(3).-30-31
1105 계급과 계급 투쟁에 관한 맑스-레닌주의의 리론은 공인 계급의 투쟁 무기이다:계급과 계급 투쟁에 관한 기초 지식 강좌 // 연변.-1963,(4).-17-19
1106 적과 벗을 분별하는 표준과 방법:≪중국 사회 각 계급의 분석≫학습 필기 / 추미화 // 연변.-1963,(4).-20-21
1107 계급의 산생과 그의 실질 // 연변.-1963,(5).-21-23
1108 명실이 부합되는 공인 계급의 전사로 되자 / 장진발 // 연변.-1963,(5).-10-12
1109 계급 투쟁은 계급 사회 발전의 동력이다 // 연변.-1963,(6).-12-14
1110 당의 농촌에서의 계급 로선에 대하여 / 신창희 // 연변.-1963,(7).-14-15
1111 ≪무산 계급≫과 ≪공인 계급≫ // 연변.-1963,(7).-23
1112 무산 계급 투쟁의 기본 형식 // 연변.-1963,(7).-12-14
1113 왜 사회 발전사를 참답게 학습해야 하는가:정치 리론 상식 (1) // 연변.-1963,(7).-19-21
1114 계급 투쟁과 사회 혁명 // 연변.-1963,(8).-11-13
1115 로동이 세계를 창조했다:정치 리론 상식 (2) // 연변.-1963,(8).-17-18
1116 무산 계급 전정 // 연변.-1963,(9).-12-14
1117 원시 공사제 사회 (상):정치 리론 상식 (3) // 연변.-1963,(9).-18-21
1118 공인 계급이 정권을 취득한 후에도 새로운 자산계급 분자가 산생될 수 있다고 하신 레닌의 이 론단을 어떻게 리해해야 하는가? // 연변.-1963,(10).-25
1119 무산 계급의 계급 투쟁 가운데서의 맑스-레닌주의 정당의 작 용 // 연변.-1963,(10).-17-19
1120 원시 공사제 사회 (하):정치 리론 상식 (3) // 연변.-1963,(10).-20-21
1121 노예사회:정치 리론 상식 // 연변.-1963,(11).-16-18
1122 눈 내리는 날 시 짓기:계급 분석의 방법에 대하여 // 연변.-1963,(11).-10
1123 자본주의로부터 공산주의에로의 과도 시기의 계급과 계급 투 쟁 // 연변.-1963,(11).-12-15
1124 무엇 때문에 대국 쇼빈주의와 협애한 민족주의를 반대해야 하는가? // 연변.-1963,(12).-12-13
1125 봉건 사회:정치 리론 상식 // 연변.-1963,(12).-16-18
1126 무산 계급 전정은 무산 계급 혁명의 근본 문제이다 / 박해련 // 연변.-1964,(1).-8-9
1127 자본주의 사회 (상):정치 리론 상식 // 연변.-1964,(1).-19-21
1128 전정과 민주 / 김수 // 연변.-1964,(1).-10-11
1129 인민 내부의 모순 처리와 계급 분석의 방법 / 일선 // 연변.-1964,(2).-12
1130 자본주의 사회 (중):정치 리론 상식 // 연변.-1964,(2).-16-18
1131 자본주의 사회 (하) // 연변.-1964,(3).-29-32

1132 생산력과 생산관계:정치 리론 상식 (9) // 연변. - 1964,(4). - 20 - 22

1133 경제 토대와 상부 구조:정치 리론 상식 (10) // 연변. - 1964,(6). - 25 - 26

1134 사회적 인식:정치 리론 상식 (11) // 연변. - 1964,(7). - 25 - 27

1135 대중, 계급, 정당 및 령수:정치 리론 상식 (12) // 연변. - 1964,(8). - 18 - 20

1136 맑스주의의 ABC를 보급하자 / 효강 // 청년생활. - 1980,(2). - 25 - 26

1137 실천이 진리를 검증한다는데 대하여 / 방암 // 지부생활. - 1980,(3). - 29 - 30

1138 ≪초급단계≫와 ≪현단계≫≪기본로선≫과 ≪총적임무≫와의 관계 // 지부생활. - 1980,(4). - 10 - 11

1139 왜 공산주의는 과학적예언이라 하는가 / 진양형 // 청년생활. - 1981,(3). - 12 - 13

1140 공산주의에 대한 신념과 맑스주의리론에 관하여 / 리광천 // 지부생활. - 1982,(12). - 16 - 17

1141 실천가운데서 모색하고 모색하는 가운데서 견지하자 / 주언 // 지부생활. - 1983,(8). - 12 - 13

1142 맑스주의리론과 ≪실제혜택≫ / 채공걸 // 지부생활. - 1986,(9). - 40

1143 왜 우리의 사회를 사회주의의 초급단계라고 하는가 // 지부생활. - 1987,(9). - 27

1144 사회주의초급단계에 대하여 / 리정문 // 지부생활. - 1988,(6). - 6 - 10

1145 사회과학계에 존재하는 자산계급자유화사조의 주요표현 // 민족단결. - 1989,(5). - 54 - 55

1146 사회주의길을 견지하여야 한다 / 하북 // 지부생활. - 1990,(1). - 20 - 22

1147 과학적사회주의에 관한 리론을 학습하고 사회주의신념을 굳게 다지자 / 장진발 // 지부생활. - 1990,(10). - 7 - 9

D1 국제공산주의 운동

1148 공산주의에로 달리는 쏘련 / 강병두 // 소년아동. - 1955,(11). - 3

1149 이태리공산당 소개 // 지부생활. - 1956,(1). - 49 - 50

1150 불란서공산당은 선거에서 승리했다 // 지부생활. - 1956,(3). - 55 - 56

1151 인도네시아공산당 소개 // 지부생활. - 1956,(4). - 63 - 64

1152 각국 공산당과 로동당 소개 // 지부생활. - 1956,(5). - 55 - 56

1153 쏘련공산당 제20차대표대회의 위대한 성취 // 지부생활. - 1956,(7). - 55 - 57

1154 불란서공산당 // 지부생활. - 1956,(8). - 46 - 47

1155 사회주의국가 공산당과 로동당 대표대회의 선언 // 지부생활. - 1957,(24). - 1 - 17

1156 공산주의를 매진하는 쏘련10월혁명 42주년을 맞으며 // 지부생활. - 1959,(21). - 39 - 47

1157 각국 공산당과 공인당 대표회의에 관한 결의 // 지부생활. - 1961,(3). - 6 - 9

1158 국제공산주의운동중의 간부직무종신제의 유래 // 지부생활. - 1980,(11). - 28

1159 제3국제공산당과 중국혁명의 관계 // 지부생활. - 1983,(6). - 32 - 34

1160 국제공산당과 중국혁명의 관계 // 지부생활. - 1983,(7). - 46 - 48

1161 세계에 공산당조직이 얼마나 있는가 / 양단나 // 지부생활. - 1987,(10). - 62

1162 로므니아공산당 / 오석산 // 지부생활. - 1988,(5). - 61 - 62

1163 형제나라 기업소에서의 당조직 // 지부생활. - 1988,(6). - 62

1164 미국공산주의운동에서의 걸출한 인물 / 조단평 // 지부생활. - 1989,(4). - 45 - 46

1165 남아프리카공산당 / 보록 // 지부생활. - 1990,(1). - 48

1166 1989년 세계공산주의운동에서의 10가지 대사 // 지부생활. - 1990,(3). - 45

1167 중국에 왔던 국제공산당대표들의 최후 // 지부생활. - 1990,(6). - 39 - 40

D2-0 당책임자의 저작

1168 주총리의 말씀 / 주은래 // 지부생활. - 1955, (1). - 22
1169 류소기동지의 분부 // 지부생활. - 1958,(2). - 17
1170 중화인민공화국성립 10주년을 경축하면서 ≪평화 및 사회주의문제≫잡지를 위하여 지음 / 류소기 // 지부생활. - 1959,(21). - 1 - 29
1171 중화인민공화국창건 17주년경축대회에서 한 림표동지의 연설 // 민병의 벗. - 1966,(19). - 10 - 13
1172 중화인민공화국창건 17주년경축초대연에서 한 주은래총리의 연설 // 민병의 벗. - 1966, (19). - 13 - 16
1173 위대한 령수이시며 도사이신 모택동주석의 추도대회에서 중국공산당 중앙위원회 제1부주석 국무원총리 화국봉동지가 드린 추도사 // 연변문예. - 1976,(10). - 4 - 7
1174 화국봉주석과 당중앙에 드리는 경의의 전보 // 연변문예. - 1976,(11). - 10 - 11
1175 중국공산당중앙위원회주석 화국봉동지의 강화 // 연변문예. - 1977,(2). - 21 - 33
1176 ≪공산당원의 수양을 론함≫이란 이 책이 가지는 력사적의의와 현실적의의 / 등지과 // 지부생활. - 1980,(10). - 2 - 5
1177 호요방동지의 연설 // 지부생활. - 1982,(1). - 2 - 8
1178 자신을 엄하게 단속하며 더욱 큰 영예를 떨치자 / 호요방 // 지부생활. - 1982,(2). - 4 - 5
1179 조총리의 정부사업보고 가운데의 몇개 문제에 관한 학습요점 // 지부생활. - 1982, (3). - 7 - 8
1180 ≪진운동지문선≫소개 / 수첩 // 지부생활. - 1982,(3). - 9
1181 소수민족지구사업에 대한 호요방동지의 지시 // 지부생활. - 1982,(4). - 2
1182 우리의 전도는 광명하다 / 호요방 // 지부생활. - 1982,(10). - 2
1183 당중앙12기 1차전원회의에서 한 연설 / 호요방 // 지부생활. - 1982,(12). - 2 - 5
1184 중앙령도동지들의 언론발취 // 지부생활. - 1983,(4). - 2
1185 관료주의를 반대하자 / 주은래 // 지부생활. - 1983,(9). - 3 - 5
1186 굳게 뭉쳐 힘차게 싸우면서 웅대한 설계도를 펼쳐나가자 / 호요방 // 지부생활. - 1985,(11 - 12). - 9 - 11
1187 중국공산당전국대표자회의에서 한 진운동지의 연설 // 지부생활. - 1985,(11 - 12) - 39 - 40
1188 중국공산당전국대표자회의 페회사 / 리선념 // 지부생활. - 1985,(11 - 12). - 42 - 43
1189 제7차5개년계획작성건의에 관한 설명 / 조자양 // 지부생활. - 1985,(11 - 12). - 31 - 35
1190 정신문명건설에 관한 중앙령도동지들의 론술 / 리선념 // 지부생활. - 1986,(2). - 1
1191 모든 공산당원은 리상이 있어야 한다 / 호요방 // 지부생활. - 1986,(5). - 1
1192 향항 ≪명보≫사장과 한 호요방동지의 담화 // 지부생활. - 1986,(7). - 50
1193 당내 두가지 부동한 모순을 정확히 처리할 문제에 관하여 / 호요방 // 지부생활. - 1986, (8). - 4 - 6
1194 사회주의적정신문명건설에 관한 중앙령도동지들의 론술 // 지부생활. - 1987,(2). - 7 - 9
1195 네가지 기본원칙을 견지할데 관한 중앙령도동지들의 론술(적요) // 지부생활. - 1987,(5). - 4 - 5
1196 ≪두가지 기본점≫을 명기하여야 한다 / 조자양 // 지부생활. - 1987,(7). - 1
1197 팽진위원장 중요한 담화 발표 // 지부생활. - 1987,(10). - 4 - 5
1198 등소평 조자양 13차당대회에 대하여 언급 // 지부생활. - 1987,(11). - 4 - 5
1199 중국특색이 있는 사회주의길을 따라 전진하자 / 조자양 // 지부생활. - 1987,(12). - 2 - 32
1200 조자양동지 당건설을 언급 // 지부생활. -

1988,(6).－4－5

1201 중국공산당 제13기중앙위원회의에서 한 보고 / 조자양 // 지부생활.－1988,(12).－4－13

1202 조자양동지 당건설을 론함 // 지부생활.－1989,(2).－1

1203 중국공산당은 중국 혁명과 건설의 령도적 핵심이다 / 강택민 // 지부생활.－1989,(11).－4－5

1204 전국조직부장회의에서 한 강택민동지의 연설 // 지부생활.－1989,(12).－6－9

1205 당건설에 관한 모택동 주은래 류소기 주덕 동지의 론술 // 지부생활.－1990,(1).－24－25

1206 강택민총서기 친히 사회,리붕총리 중요한 연설 / 장유 // 민족단결.－1990,(3).－3

1207 강택민동지의 담화요지 // 지부생활.－1990,(6).－4

1208 전국인민대표대회 제7기 제3차회의에서 한 리붕총리의 정부사업보고(발취) // 중국조선족교육.－1990,(6).－3

D20 건당리론

1209 쓰딸린서거 2주년을 기념하면서 당의 단결을 증강시키기 위하여 분투하자 // 지부생활.－1955,(4).－1－3

1210 기층 당조직에서 당의 령도와 당의 공작을 홀시하는 현상을 철저히 시정하자 // 지부생활.－1955,(5).－25－29

1211 당의 민주집중제를 관철하자 // 지부생활.－1955,(10).－12－15

1212 당과 군중과의 련계를 강화해야 한다 // 지부생활.－1955,(15).－25－29

1213 당의 규률을 공고히 하자 // 지부생활.－1955,(22).－2－7

1214 ≪적극적이며 신중히≫하는 건당방침을 참답게 관철하여 당원의 질량을 보증하자 // 지부생활.－1956,(11).－1－4

1215 당의 건당방침을 정확히 관철집행하자 // 지부생활.－1957,(1).－23－25

1216 당의 군중로선 // 지부생활.－1957,(4).－1－9

1217 현단계에서의 당의 과업 // 지부생활.－1957,(12).－22－28

1218 현재 당의 사회주의개조와 사회주의건설방면에 있어서의 임무는 무엇인가 // 지부생활.－1957,(12).－29－31

1219 당의 선전사업을 한걸음 더 새로운 계단에로 추진시키자 / 김석종 // 지부생활.－1959,(9).－29－31

1220 전당이 손을 써 건당공작을 강화하자 // 지부생활.－1959,(14).－53－56

1221 기업중에 있어서의 당의 전투보루작용을 충분히 발휘하자 / 송복진 // 지부생활.－1960,(12).－38－41

1222 당내조직생활을 강화하여 당의 전투력을 부단히 제고하자 // 지부생활.－1960.(12).－48－49

1223 당의 건설에 관한 강화 // 연변.－1961,(1).－19－20

1224 당의 단결을 수호하며 당의 통일을 공고히 하기 위하여 / 제옥주(際玉珠) // 지부생활.－1961,(1).－23－24

1225 당의 법규는 당생활의 기본준칙이다 / 허순희 // 지부생활.－1961,(1).－26－27

1226 일체는 실제로부터 출발하는 실사구시적인 작풍을 견지하자 // 연변.－1961,(1).－22－24

1227 당의 최고리상과 현계단의 임무 // 연변.－1961,(2).－18－20

1228 대담하게 견결히 틀어쥐자 // 연변.－1961,(2).－17

1229 실사구시의 작풍을 수립하자 // 지부생활.－1961,(2).－12－15

1230 비평과 자아비평을 정확히 전개하자 // 지부생활.－1961,(3).－26－30

1231 당의 우량한 민주작풍을 계승발양하자 / 채충록 // 지부생활.－1961,(4).－48－50

1232 공산주의와 평균주의는 어떤 구별이 있는가? / 박숙 // 연변.－1961,(5).－21

1233 광영하고 위대한 40년 // 연변.－1961,(7).－

12－15
1234 당의 우량한 전통을 발양하자 // 연변.－1961,(7).－15－19
1235 중국 공산당 성립 40주년 경축 대회에서의 강화 / 류소기 // 연변.－1961,(7).－2－11
1236 당장에 따라 일하며 명실이 부합된 공산당원이 되여야 한다 // 연변.－1962,(3).－15－19
1237 어째서 중국 공산당은 중국 공인계급의 정당이라고 하는가? // 연변.－1962,(4).－17
1238 무엇 때문에 당의 단결과 통일은 당의 생명이라고 하는가? // 연변.－1962,(6).－28
1239 어떻게 하여야만 당의 단결을 증강하고 당의 통일을 공고히 할 수 있는가? // 연변.－1962,(6).－28
1240 당의 간고 분투, 곤난 극복의 우량한 전통을 계승 발양하자:7 · 1을 기념하여 / 요흔 // 연변.－1962,(7).－2－5
1241 공산당원은 반드시 당장과 국법을 엄격히 준수 하여야 한다 // 연변.－1962,(12).－27
1242 당의 농촌에 있어서의 당전 계급 로선에 대하여 / 김욱 // 연변.－1962,(12).－17－19
1243 성실한 사람이 되여 성실한 말을 하며 성실하게 일하자 / 하작문 // 지부생활.－1964,(11).－34－36
1244 적극분자에 대한 교육사업을 중지해서는 안된다 / 진위각 // 지부생활.－1980,(2).－44－45
1245 개혁개방과정에 당작풍건설을 강화하자 // 지부생활.－1980,(4).－40－41
1246 당건설에서의 몇가지 기본문제 / 등영초 // 지부생활.－1980,(4).－2－7
1247 당의 전투력을 강화하자 // 지부생활.－1980,(4).－15
1248 ≪준칙≫을 참답게 학습하고 당의 규률을 강화하자 / 장등령 // 지부생활.－1980,(5).－9－10
1249 당건설에서의 중요한 문제 / 여지 // 지부생활.－1980,(7).－15－17
1250 당의 규률과 자유에 대하여 // 지부생활.－1980,(8).－33－36
1251 후계자를 선발하는 사업을 참답게 틀어쥐여야 한다 / 석암 // 지부생활.－1980,(8).－16－18
1252 안면을 돌보지 말고 진리를 견지하자 / 진운 // 지부생활.－1982,(3).－2－6
1253 당건설학습에 대한 류소기동지의 탁월한 공헌 / 손세연 // 지부생활.－1982,(4).－8－9
1254 당성이란 무엇이며 어떤 내용이 포함되였는가 // 지부생활.－1982,(4).－37
1255 당위의 ≪결의≫를 관철하여 당건설을 가일층 강화하자 // 지부생활.－1982,(4).－6
1256 당의 건설을 가일층 강화할데 관한 중공연변주위의 결의 // 지부생활.－1982,(4).－3－5
1257 당성교육을 강화하여 당의 전투력을 높이자 // 지부생활.－1982,(5).－12－13
1258 각급의 령도간부들은 이신작칙하여야 한다 // 지부생활.－1982,(7).－8－9
1259 새 당규약은 새로운 시기 당건설을 강화하는데 있어서의 강령이다 / 서학해 // 지부생활.－1982,(12).－18－19
1260 당의 건설의 새로운 국면을 개척하기 위하여 힘쓰자 / 전문 // 지부생활.－1983,(1).－22－23
1261 당의 최종적목표는 공산주의를 실현하는 것이다 / 최걸 // 지부생활.－1983,(1).－16
1262 당작풍의 근본적호전을 위하여 투쟁하자 / 기빈동 // 지부생활.－1983,(1).－7－8
1263 당의 로동계급선봉대의 성격을 영원히 확보하여야 한다 / 병문거 // 지부생활.－1983,(2).－26－27
1264 당의 성격,자유와 역할을 똑똑히 알아야 한다 / 손길방 // 지부생활.－1983,(3).－40－41
1265 력사적경험을 총화한 기본적결론 / 제문화 // 지부생활.－1983,(3).－42－43
1266 당건설을 강화함에 있어서 반드시 실현해야 할 세가지 기본요구 // 지부생활.－1983,(6).－7－8
1267 당내의 바르지 못한 작풍을 견결히 극복하자 // 지부생활.－1983,(8).－2－3
1268 ≪로동개조의 선봉대≫와 ≪무산계급의 선

봉대≫란 말은 어떻게 다른가 // 지부생활. − 1983,(8). − 30 − 31

1269 현대화건설의 새로운 국면을 개척하기 위해 당건설을 강화 // 지부생활. − 1983,(8). − 33

1270 당작풍의 중요성을 똑똑히 인식하고 당의 작풍을 근본적으로 호전시켜야 한다 / 장연생 // 지부생활. − 1983,(9). − 24 − 25

1271 당의 작풍을 근본적으로 호전시키자면 반드시 개인주의를 극복하여야 한다 / 설령 // 지부생활. − 1983,(10). − 6 − 7

1272 ≪등소평문집≫중 당의 건설에 관한 부분적론술 // 지부생활. − 1983,(11). − 15 − 21

1273 사상정치사업은 당의 총적임무에 복종해야 한다 / 우림 // 지부생활. − 1985,(3). − 5 − 9

1274 새로운 형세하에서 나타난 바르지 못한 기풍에 대하여 / 설이 // 지부생활. − 1985,(4). − 37 − 38

1275 새로운 력사시기 당성단련의 새로운 특점 / 엄가동 // 지부생활. − 1985,(5). − 10 − 11

1276 개혁가운데서 당성단련을 강화하여야 한다 / 진당 // 지부생활. − 1986,(2). − 34 − 35

1277 정치상에서의 자유주의를 극복하자 / 경보 // 지부생활. − 1986,(5). − 42 − 43

1278 당성수양을 강화하여 당작풍을 바로잡자 / 리덕수 // 지부생활. − 1986,(7). − 4 − 6

1279 간고분투의 정신을 계속 발양하자 / 설이 // 지부생활. − 1987,(4). − 15 − 16

1280 자산계급자유화를 반대할데 대하여(문답) // 지부생활. − 1987,(5). − 18 − 20

1281 당건설을 더한층 강화하자 / 라창진 // 지부생활. − 1987,(9). − 16 − 17

1282 관료주의를 극복할데 대하여 / 공극 // 지부생활. − 1987,(10). − 18

1283 당내의 바르지 못한 기풍과 당의 령도문제에 대하여 / 호봉광 // 지부생활. − 1987,(10). − 22 − 23

1284 당일군들이 당건설을 론함 // 지부생활. − 1987,(10). − 6 − 9

1285 당건설을 강화하는데서 나서는 몇가지 문제 // 지부생활. − 1987,(11). − 32 − 33

1286 부패분자를 견결히 제거하여야 한다 / 신론 // 지부생활. − 1988,(5). − 39

1287 당을 엄격히 관리하여 당작풍건설을 잘하여야 한다 / 정휘 // 지부생활. − 1988,(10). − 23 − 25

1288 간고분투의 전통을 계속 발양하자 / 엄실 // 지부생활. − 1989,(8). − 25 − 26

1289 사상조직면에서 정돈을 잘해야 한다 / 리덕수 // 지부생활. − 1989,(8). − 12 − 14

1290 당건설에 관한 모택동,류소기,주은래,주덕동지의 론술 // 지부생활. − 1989,(11). − 8 − 9

1291 연안정신을 계속 발양하여야 한다 // 지부생활. − 1990,(2). − 21 − 22

1292 사회주의만이 중국이 발전되게 할수 있다 // 지부생활. − 1990,(4). − 7 − 11

1293 중국에서는 다당제를 실시할수 없다 / 요총 // 지부생활. − 1990,(6). − 12 − 14

1294 군중과 밀접히 련계하는것이 가지는 중요한 의의 // 지부생활. − 1990,(7). − 41

1295 당건설사업의 출발점과 임무에 대하여 / 려풍 // 지부생활. − 1990,(10). − 22 − 23

1296 당의 작풍 / 모여금 // 지부생활. − 1990,(10). − 24 − 26

1297 당의 사상로선이란 곧 실사구시하는것이다 // 지부생활. − 1990,(12). − 1

1298 실사구시의 사상로선을 견지하여 우리 당의 응집력과 전투력을 증강시키자 // 지부생활. − 1990,(12). − 4 − 6

D21 당규약

1299 공산당원은 어째서 당비를 제때에 물어야 하는가 // 지부생활. − 1955,(1). − 22

1300 공산당원 당과학습재료:어떻게 집체령도를 관철할것인가 // 지부생활. − 1955,(13 − 14). − 17 − 20

1301 당의 리익은 무엇보다 높다 / 리한덕 // 지부

생활. – 1956,(5). – 47 – 49
1302 당의 민주집중제를 정확히 관철집행하자 // 지부생활. – 1956,(11). – 8 – 11
1303 새 당규약의 학습을 어떻게 잘 조직할것인가 // 지부생활. – 1957,(10). – 8 – 10
1304 공산당원은 어떤 조건들을 구비해야 하는가 // 지부생활. – 1964,(1 – 2). – 74 – 77
1305 공산당원표준 10개조에 관하여 // 지부생활. – 1964,(7). – 14 – 28
1306 당의 규약에 관한 대화 / 조련숙 // 지부생활. – 1980,(1). – 43 – 44
1307 당원들을 참답게 조직하여 ≪당의 기본지식≫을 학습할데 관한 통지 // 지부생활. – 1980,(4). – 42
1308 ≪당의 기본지식≫을 참답게 학습하자 / 왕증기 // 지부생활. – 1980,(4). – 44
1309 당규약수정초안의 기본요점을 장악하자 // 지부생활. – 1980,(7). – 13 – 14
1310 당규약수정초안에 대하여 // 지부생활. – 1980,(8). – 19 – 23
1311 당의 성격을 어떻게 리해할것인가 / 류걸 // 지부생활. – 1980,(8). – 24
1312 당규약수정초안에 관하여 // 지부생활. – 1980,(10). – 37
1313 ≪중국공산당입당지원서≫를 쓰는데 대한 문답 // 지부생활. – 1982,(8). – 32 – 35
1314 ≪중국공산당규약≫학습보도재료 // 지부생활. – 1982,(11). – 28 – 78
1315 중국공산당 제12차전국대표대회에서 한 호요방동지의 보고 학습보도재료 // 지부생활. – 1982,(11). – 1 – 27
1316 당의 강령문제에 대하여 / 왕사한 // 지부생활. – 1983,(1). – 38 – 39
1317 새 당규약학습문답 // 지부생활. – 1983,(1). – 14 – 15
1318 새 당규약은 우리당 창건이래의 가장 훌륭한 당규약이다 / 송임궁 // 지부생활. – 1983,(2). – 2 – 4
1319 새 당규약은 당원들에게 더 엄한 요구를 제기하였다 / 관택현 // 지부생활. – 1983,(3). – 22 – 23
1320 새 당규약을 계통적으로 중점있게 학습해야 한다 / 등력군 // 지부생활. – 1983,(3). – 2
1321 당의 지도사상과 분투목표를 똑똑히 인식해야 한다 / 방집 // 지부생활. – 1983,(4). – 34 – 35
1322 ≪중국공산당규약≫학습에 관한 시험문제 // 지부생활. – 1983,(4). – 27
1323 당의 민주주의중앙집권제를 정확히 인식하고 집행해야 한다 / 왕의 // 지부생활. – 1983,(7). – 4 – 5
1324 당원의 의무와 권리에 대한 강좌 // 지부생활. – 1983,(10). – 21 – 23
1325 ≪중국공산당규약≫학습요점 // 지부생활. – 1985,(2). – 39 – 45
1326 전주 당기본지식시험답안 // 지부생활. – 1987,(8). – 62 – 63
1327 중국공산당규약 부분적조문에 대한 수정안 // 지부생활. – 1987,(12). – 32 – 33

D22 당의 조직, 회의 및 문헌

1328 중국공산당 중앙위원회의 당의 전국대표회의에 관한 공보 // 지부생활. – 1955,(7). – 1 – 2
1329 제7기중앙위원회 제6차전원회의(확대)의 거행에 관한 공보 // 지부생활. – 1955,(20). – 1 – 2
1330 당의 제8차전국대표대회소집에 관한 결의 // 지부생활. – 1955,(21). – 49 – 50
1331 당의 7기 6중전회의 결의를 원만하게 실현하자 // 지부생활. – 1955,(21). – 64 – 73
1332 모주석의 지시 및 6중전회 문헌학습 보충자료 // 지부생활. – 1956,(1). – 12 – 15
1333 당대표대회소집에 관한 몇가지 문제에 해답 // 지부생활. – 1956,(10). – 42 – 44
1334 당 제8차전국대표대회 // 지부생활. – 1957,(1). – 15 – 22
1335 실제행동으로 당의 탄생일을 기념하자 / 요

흔(姚昕) // 지부생활. – 1957,(13). – 1 – 5
1336 당의 8기 3중전회정신을 견결히 관철집행하자 // 지부생활. – 1957,(23). – 1 – 6
1337 모택동동지께서 제출하신 다음기 중화인민공화국주석 후선인으로 되지 않을데 관한 건의에 동의하는 결정 // 지부생활. – 1958,(1). – 7
1338 중공8기 6중전회의 공보 // 지부생활. – 1958,(1). – 1 – 6
1339 중공8기 7중전회 공보 // 지부생활. – 1959,(8). – 1
1340 중국공산당 연변조선족자치주 제1차대표대회 결의 // 연변문학. – 1959,(12). – 1 – 3
1341 중국공산당 8기 8중전회의 공보 // 지부생활. – 1959,(17). – 1 – 7
1342 중국공산당 8기 8중전회의 증산절약운동을 전개할데 관한 결의 // 지부생활. – 1959,(17). – 8 – 16
1343 당대표대회에 대한 지식문답 // 지부생활. – 1959,(23 – 24). – 111 – 120
1344 당의 8기 8중전회의 정신을 심입 선전관철하여 공농업생산의 계속적약진을 추동하자 / 증연숙 // 지부생활. – 1959,(23,24). – 81 – 89
1345 중국공산당 연변조선족자치주 제1차대표대회 결의 // 지부생활. – 1959,(23 – 24) – 1 – 5
1346 중국공산당 길림성 제2기대표대회 제1차회의 결의 // 대중과학. – 1960,(5). – 1 – 2
1347 중국공산당 길림성 제2기대표대회 제1차회의에 제출한 중국공산당 길림성위원회의 공작보고 / 조림 // 지부생활. – 1960, (7). – 6 – 51
1348 중국공산당 8기 9중전회 공보 // 지부생활. – 1961,(3). – 1 – 5
1349 《중국 공산당은 중국 공인 계급의 선진부대이며 중국 공인계급 조직의 최고 형식이다》라는 구절의 함의를 어떻게 리해할 것인가? // 연변. – 1962, (3). – 21
1350 지부 위원회와 당원 대회는 어떤 관계가 있는가? // 연변. – 1962,(5). – 43
1351 중국 공산당 전국 대표 대회 년대기:1921 – 1956 // 연변. – 1962,(7). – 17
1352 중공 8기 10중 전회 공보 // 연변. – 1962,(10). – 2 – 5
1353 당위회와 《안민 고시》 / 리경상 // 연변. – 1963,(2). – 23 – 24
1354 중국공산당 중앙위원회 제8기 제11차전원회의의 공보 // 민병의 벗. – 1966,(17). – 18 – 27
1355 중국공산당 제10기중앙위원회 제2차전체회의 공보 // 동북민병. – 1975,(2). – 2
1356 중국공산당중앙위원회 중화인민공화국전국인민대표대회상무위원회 중화인민공화국국무원 중국공산당중앙군사위원회 전당,전군,전국 각 민족인민들에게 알리는 글 // 연변문예. – 1976,(10). – 1 – 3
1357 중국공산당 제10기중앙위원회 제3차전체회의 공보 // 연변문예. – 1977,(8). – 3 – 6
1358 중국공산당 제11차전국대표대회 신문공보 // 연변문예. – 1977,(9). – 3 – 11
1359 중국공산당 제11기중앙위원회 제5차전원회의 공보 // 지부생활. – 1980,(3). – 2 – 6
1360 당의 11기 5중전회 승리적으로 페막 // 동북민병. – 1980,(5). – 2 – 5
1361 공보정신의 고무밑에(4편) / 지방 등 // 동북민병. – 1980,(6). – 9
1362 뛰여난 성적으로 당의 12차대표대회를 맞이하겠다 / 설국방 // 동북민병. – 1980,(6). – 2 – 3
1363 《준칙강화》 // 지부생활. – 1980,(6). – 34 – 58
1364 당대회소집에 관한 몇가지 문제 // 지부생활. – 1980,(8). – 31 – 32
1365 중국공산당 11기중앙위원회 6차전원회의 공보 // 동북민병. – 1981,(13). – 2 – 4
1366 《결의》를 학습하여 방향을 명확히 하고 한결같이 뭉친다 // 동북민병. – 1981,(14). – 2 – 4
1367 중대한 의의를 명확히 하고 주요한 문제를 틀어쥐자 // 동북민병. – 1981,(14). – 8 – 12
1368 《건국이래 당의 약간한 력사적문제에 관한 결의》학습요점 // 동북민병. – 1981,(15). – 37 – 44

1369 ≪결의≫의 기본지도사상은? // 동북민병.－1981,(16).－42－43

1370 과학적인 총화;전진의 지침 // 동북민병.－1981,(16).－18－22

1371 6차전원회의문건을 진지하게 학습 / 학군; 증전 // 동북민병.－1981,(16).－38

1372 위대한 전환 옳바른 길 // 동북민병.－1981,(20).－25－29

1373 ≪중국사회주의경제문제연구≫에 관한 학습참고재료 // 지부생활.－1982,(3).－10－11

1374 그들은 어떻게 12차당대회문헌을 학습하였는가 / 왕진충 // 지부생활.－1982,(12).－32－33

1375 웅대한 목표를 실현하기 위하여 분투하자 // 지부생활.－1982,(12).－10－12

1376 호요방동지의 보고 학습에서의 사고문제 // 지부생활.－1982,(12).－20－21

1377 12차당대회정신을 참답게 관철하여 민병건설의 새 국면을 개척하자 / 왕비례 // 동북민병.－1982,(19).－4－6

1378 12차당대회문헌 선전참고재료 // 동북민병.－1982,(21).－46－55

1379 12차당대회강령의 정확성은 실천에 의하여 증명되였다 / 호옥침 // 지부생활.－1983,(1).－9

1380 12차당대회의 로선은 꼭 관철될수 있다 / 장옥상 // 지부생활.－1983,(1).－10－11

1381 간고분투하여야 한다 / 림명 // 지부생활.－1983,(2).－25

1382 12차당대회문헌 시험문제 // 지부생활.－1983,(2).－20

1383 전당이 ≪등소평문선≫을 학습할데 대한 중공중앙의 통지 // 지부생활.－1983,(9).－2

1384 중국공산당 제12기중앙위원회 제2차전원회의 공보 // 지부생활.－1983,(11).－4

1385 ≪건국이래 당의 약간한 력사문제에 관한 중국공산당 중앙위원회의 결의≫학습요점 // 지부생활.－1985,(2).－19－25

1386 중공중앙[1985]1호문건 학습재료 // 지부생활.－1985,(3).－32－39

1387 국민경제 및 사회발전 제7차 5개년계획을 작성할데 관한 중공중앙의 건의 // 지부생활.－1985,(11－12).－12－30

1388 당중앙 12기 4차전원회의 경의편지 // 지부생활.－1985,(11－12).－7－8

1389 당중앙 12기 4차전원회의에 보낸 64명 오랜동지들의 편지 // 지부생활.－1985,(11－12).－5

1390 중국공산당 제12기중앙위원회 제5차전원회의 공보 // 지부생활.－1985,(11－12).－44－45

1391 당대표자회의문헌을 학습하여 사상과 행동을 통일시키자 / 리덕수 // 지부생활.－1986,(1).－12－13

1392 전국당대표자회의문헌 학습선전제강 // 지부생활.－1986,(1).－14－50

1393 당작풍을 바로잡을데 관한 중공연변조선족자치주 제5기위원회 제1차전원회의의 결의 // 지부생활.－1986,(3).－38－39

1394 주규률검사위원회사업보고에 관한 중국공산당연변조선족자차주 제5차대표대회의 결의 // 지부생활.－1986,(3).－36

1395 중국공산당연변조선족자치주 제4기위원회의 사업보고에 관한 중국공산당연변조선족자치주 제5차대표대회의 결의 // 지부생활.－1986,(3).－35

1396 중국공산당연변조선족자치주 제5차대표대회 개회사 / 장진발 // 지부생활.－1986,(3).－4－5

1397 중국공산당연변조선족자치주 제5차대표대회에서 한 규률검사사업보고 / 신창순 // 지부생활.－1986,(3).－24－34

1398 중국공산당연변조선족자치주 제5차대표대회 주석단명단 // 지부생활.－1986,(3).－40

1399 중국공산당연변조선족자치주 제5차대표대회 페회사 / 황재림 // 지부생활.－1986,(3).－36－37

1400 ≪제7차 5개년계획≫문헌 학습문답 // 지부생활.－1986,(7).－25

1401 경제체제개혁의 주요내용과 기타문제 // 지부생활.－1986,(8).－40－42

1402 사회주의적정신문명건설의 지도방침에 관

한 중국공산당중앙위원회 결의 // 지부생활. - 1986,(11). - 4 - 11

1403 사회주의적정신문명건설의 지도방침에 관한 중국공산당중앙위원회 결의에 대한 학습문답 // 지부생활. - 1986,(11). - 13 - 64

1404 중국공산당 제13차전국대표대회를 소집할데 관한 중국공산당중앙위원회 제12기 제6차전원회의의 결의 // 지부생활. - 1986,(11). - 12

1405 중국공산당중앙위원회 제12기 제6차전원회의 공보 // 지부생활. - 1986,(11). - 3

1406 6중전회정신을 관철하여 솔선적으로 두가지 문명을 건설하여야 한다 // 동북민병. - 1986,(12). - 2 - 3

1407 ≪결의≫의 6개 특점 / 설중신 // 지부생활. - 1987,(1). - 16 - 18

1408 중공중앙정치국확대회의 공보 // 지부생활. - 1987,(2). - 1

1409 중공중앙[1987]5호문건 해석(요점) // 지부생활. - 1987,(4). - 4 - 9

1410 중국특색이 있는 사회주의를 건설하기 위해 힘쓰자 / 초국서 // 지부생활. - 1987,(4). - 21 - 25

1411 중공연변주위 5기 2차전원회의에서 한 리덕수동지의 연설 // 지부생활. - 1987,(5). - 6 - 14

1412 개혁의 새 형세에 적응하여 경제건설의 큰 국면을 위해 복무하자 // 동북민병. - 1987,(12). - 2 - 3

1413 13차당대회문헌 학습재료 // 지부생활. - 1987,(12). - 35 - 64

1414 중국공산당 13기중앙위원회 1차전원회의에서 산생된 중앙정치국 위원 후보위원 정치국상무위원회 위원 중앙위원회 총서기 등 // 지부생활. - 1987,(12). - 34

1415 13차당대회문헌 명사해석 // 지부생활. - 1988,(1). - 57 - 64

1416 13차당대회문헌 학습재료: 정치체제개혁에 대하여 // 지부생활. - 1988,(1). - 31 - 56

1417 새로운 장정 새로운 비약 / 진대빈 // 지부생활. - 1988,(1). - 16 - 20

1418 얼마나 훌륭한 당이며 얼마나 훌륭한 나라입니까 / 한정남 // 지부생활. - 1988,(1). - 13 - 15

1419 당중앙 제11기 3차전원회의이후에 있은 당의 중요한 회의 // 지부생활. - 1988,(2). - 24 - 26

1420 우리의 정치적우세를 발휘하여 개혁의 성공을 담보하자 // 지부생활. - 1988,(11). - 6 - 8

1421 중국공산당 제13기중앙위원회 제3차전원회의 공보 // 지부생활. - 1988,(11). - 4 - 5

1422 당의 규률을 강화하여 개혁의 큰 국면을 수호하자 // 지부생활. - 1988,(12). - 1

1423 당과 국가 기관은 렴결성을 확보하여야 한다 // 지부생활. - 1989,(6). - 4 - 5

1424 당중앙 13기 4차전원회의정신 학습재료 // 지부생활. - 1989,(9). - 8 - 12

1425 중국공산당 제13기중앙위원회 제4차회의 공보 // 중국조선족교육. - 1989,(9). - 3

1426 자력갱생 간고분투의 정신을 계속 발양하자 // 지부생활. - 1989,(12). - 1

1427 중국공산당 13기중앙위원회 5차전원회의 공보 // 지부생활. - 1989,(12). - 4 - 5

1428 한차례 특수한 당대표대회 / 추국창 // 지부생활. - 1990,(1). - 46 - 47

1429 ≪당과 인민군중과의 련계를 강화할데 관한 중공중앙의 결정≫ // 지부생활. - 1990,(5). - 4 - 5

1430 당중앙 13기 16차전원회의정신을 관철할데 관한 주당위 5기 8차전원회의 결의 // 지부생활. - 1990,(7). - 17 - 18

D23 당사

1431 장정중에서의 당의 령도동지들 // 지부생활. - 1959,(13). - 42 - 48

1432 중국공산당의 성립 // 지부생활. - 1959,(13). - 32

1433 중국공산당 력차 대표대회 // 지부생활. - 1980,(1). - 46 - 47

1434 중국에 있어서의 공산당의 사명 // 지부생

활. – 1980,(2). – 23
1435 ≪7.1≫의 유래 // 지부생활. – 1980,(2). – 43
1436 당사의 진면모 // 지부생활. – 1980,(3). – 38 – 40
1437 력사가 립증해준다 / 제심 // 지부생활. – 1980,(3). – 41 – 42
1438 중공 1차당대표들이 걸은 길 / 왕재안 // 지부생활. – 1980,(4). – 38 – 39
1439 제1차당대표대회참가자들에 대한 소개 // 지부생활. – 1980,(9). – 20 – 24
1440 전투적인 로정 빛나는 업적 // 동북민병. – 1981,(11). – 18 – 22
1441 어느 분들이 준의회의에 참가했댔는가? / 류자부 // 동북민병. – 1981,(16). – 41 – 42
1442 건국이래 당중앙 력차 전원회의 개황 // 지부생활. – 1982,(1). – 36 – 37
1443 선뜻이 나서서 용감히 싸운 로혁명가들 // 지부생활. – 1982,(1). – 30 – 31
1444 우리 나라 정치생활에서의 일대사변 // 지부생활. – 1982,(8). – 22 – 23
1445 명사와 사건 해석 // 지부생활. – 1982,(11). – 78 – 80
1446 류,등대군이 양산을 공략 / 류앙소 // 지부생활. – 1983,(1). – 42 – 43
1447 항일전쟁시기 신강에서의 당의 혁명투쟁 // 지부생활. – 1983,(12). – 49
1448 당사상식 100개 문제 // 지부생활. – 1985,(1). – 41 – 42
1449 해륙풍농민운동 / 리용호 // 지부생활. – 1985,(3). – 57 – 59
1450 준의회의 력사적경험과 그 현실적인 의의 / 김창국 // 지부생활. – 1985,(5). – 26 – 27
1451 제1차당대표대회 전후의 일부 정황 / 장서신 // 지부생활. – 1985,(9). – 42
1452 위대한 사변,력사의 전환점 / 김갑철 // 지부생활. – 1985,(10). – 32 – 33
1453 해방초기에 민주대동맹이 일으킨 력사적 역할 / 장해진 // 지부생활. – 1986,(4). – 32 – 33
1454 입당선서문의 력사 // 지부생활. – 1987,(4). – 63
1455 당사에 관계되는 몇가지 새 제기법과 새 관점 // 지부생활. – 1987,(9). – 59
1456 장정에 참가한 외국인들 // 지부생활. – 1987,(9). – 60
1457 ≪중국공산당≫명칭의 유래 // 지부생활. – 1988,(2). – 48 – 49
1458 당의 창시자는 누구인가 // 지부생활. – 1988,(3). – 55
1459 중공중앙소재지 변동정황 // 지부생활. – 1988,(3). – 54
1460 중국공산당력사에서의 ≪첫번째≫ // 지부생활. – 1989,(3). – 64
1461 매기의 중공중앙 총서기 주석 / 엽명해 // 지부생활. – 1989,(9). – 12
1462 중국공산당의 첫 경위부대—≪홍대≫ // 지부생활. – 1990,(2). – 48
1463 청사에 길이 빛날 력사의 한페지 / 요작기 // 지부생활. – 1990,(12). – 42 – 43

D24 당의 총로선과 총정책

1464 당의 단결을 증가하는것은 과도기 총로선을 실현하는 근본적담보이다 // 지부생활. – 1955,(6). – 6 – 10
1465 농업합작화 구체 정책중 약간한 문제에 대한 해답 // 지부생활. – 1955,(8). – 24 – 27
1466 제1차 5개년계획 완성이후 // 소년아동. – 1955,(9). – 3
1467 제1차 5개년계획은 조국을 번영케 하고 인민을 행복케 하는 위대한 계획이다 // 지부생활. – 1955,(10). – 7 – 11
1468 농업합작화의 새로운 고조가 곧 닥쳐온다 // 소년아동. – 1955,(11). – 1 – 2
1469 조국의 위대한 제1차 5개년계획의 전부의 실현을 위하여 분투하자 // 지부생활. – 1955,(15). – 21 – 22
1470 5개년계획을 실현하는 투쟁중에서 / 안정숙 //

지부생활. − 1955,(15). − 22 − 23
1471 제1차 5개년계획의 기본과업 / 왕광위 // 지부생활. − 1955,(15). − 4 − 10
1472 제1차 5개년계획의 전부의 실현을 위하여 분투하자 // 지부생활. − 1955,(15). − 1 − 3
1473 5개년계획에 관한 몇가지 명사해석 // 지부생활. − 1955,(16). − 22 − 24
1474 제1차 5개년계획중의 공업건설 / 장일위 // 지부생활. − 1955,(16). − 1 − 5
1475 제1차 5개년계획중의 농업증산임무를 완성하기에 노력하자 // 지부생활. − 1955,(16). − 6 − 10
1476 제1차 5개년계획의 상업공작임무를 완성하기 위하여 분투하자 / 증산 // 지부생활. − 1955,(16). − 11 − 18
1477 제1차 5개년계획의 첫2년간의 성취 // 지부생활. − 1955,(16). − 19 − 21
1478 우경,보수사상을 반대하고 5개년계획의 기한전 완성 초과완성을 보증하자 // 지부생활. − 1956,(6). − 11 − 15
1479 더욱 큰 약진 더욱 큰 승리를 위하여 힘차게 앞으로 // 지부생활. − 1958,(1). − 35 − 39
1480 더욱 크고 더욱 훌륭하며 더욱 전면적인 약진을 위한 10대 창의 제출 // 지부생활. − 1958,(2). − 33 − 37
1481 왕청 전당 전민이 1958년에 거둔 거대한 성취와 당면의 과업 / 허철룡 // 지부생활. − 1958,(2). − 31 − 32
1482 계속 악전고투하여 더욱 크게 더욱 좋게 더욱 전면적으로 약진하자 // 지부생활. − 1958,(5). − 24 − 25
1483 당의 방침정책은 군중의 힘의 원천이다 / 리두석 // 지부생활. − 1958,(5). − 12
1484 밍,팡,변론으로 대약진성취를 총화했다 // 지부생활. − 1958,(5). − 13 − 14
1485 더 큰 약진을 위해 모든 일에서 근검절약해야 한다 / 윤영환 // 지부생활. − 1959, (7). − 12
1486 전면적대약진을 실현하기 위해 분투하자 / 요흔(姚昕) // 지부생활. − 1959,(7). − 6 − 7
1487 대약진의 붉은기를 높이 들고 계속 용감히 전진하자 // 지부생활. − 1959,(11). − 1 − 7
1488 당의 방침정책결의를 견결히 관철집행하자 / 풍지성(馮志城) // 지부생활. − 1959,(15). − 2 − 9
1489 대약진만세 // 지부생활. − 1959,(18). − 22 − 27
1490 당의 총로선을 견지하고 관철집행하자 // 지부생활. − 1959,(20). − 35 − 38
1491 당의 8기 8중전회의 정신을 견결히 관철하여 우경을 반대하고 열의를 북돋우어 더욱 큰 약진을 쟁취하기 위하여 분투하자 / 주덕해 // 지부생활. − 1959,(23 − 24). − 6 − 44
1492 더욱 큰 약진의 광영한 임무를 실현하기 위하여 투쟁하자 // 지부생활. − 1959,(23 − 24). − 45 − 49
1493 총로선은 한없이 빛나며 인민공사는 대단히 좋다 / 리성민 // 지부생활. − 1959,(23 − 24). − 96 − 101
1494 아동들은 대약진을 환호한다 // 교육통신. − 1960,(1). − 21 − 22
1495 대약진은 사회주의건설에 있어서의 정상적인 걸음이다 // 지부생활. − 1960,(2). − 34 − 41
1496 총로선교육을 기세드높은 군중성적운동으로 되게 하자 // 지부생활. − 1960,(2). − 18 − 22
1497 총로선을 보위하며 총로선을 견지하자 // 지부생활. − 1960,(2). − 27 − 34
1498 총로선의 붉은기를 높이 추켜들고 승승장구로 전진하자 // 지부생활. − 1960,(2). − 11 − 17
1499 당의 말을 듣고 총로선의 기수로 되자 // 지부생활. − 1960,(3). − 51 − 57
1500 총로선의 붉은기를 높이 추켜들고 기술혁신과 기술혁명을 대대적으로 전개하여 1960년의 계속적대약진을 위하여 분투하자 / 전인영 // 지부생활. − 1960,(5). − 2 − 11
1501 모택동사상의 붉은기를 높이 추켜들고 더욱 좋고 더욱 전면적인 지속적 약진을 실현하자 // 지부생활. − 1960,(7). − 52 − 58
1502 견결히 당의 정책에 따라 일하겠다 / 주선종 // 지부생활. − 1961,(1). − 24 − 26

1503 당성수양을 강화하며 당에 충성로실하며 당의 로선,방침,정책을 견결히 집행하겠다 / 김운현 // 지부생활.－1961,(1).－36－38

1504 당의 정책은 당의 생명이다 // 연변.－1961,(1).－16－18

1505 세폭의 붉은기를 높이 추켜들고 증산절약운동을 심입전개하자 / 전인영 // 연변.－1961,(1).－6－9

1506 엄격히 당의 정책에 따라 일을 해야 한다 // 지부생활.－1961,(1).－6－12

1507 천방백계를 다하여 농업의 풍수를 쟁취하자! / 요흔 // 연변.－1961,(1).－3－6

1508 당의 정책을 정확히 집행해야 한다 // 연변.－1961,(2).－10－12

1509 당의 정책을 참답게 관철하며 하서생산을 잘하자 / 정암석 // 연변.－1961,(2).－2－4

1510 세폭의 붉은기를 높이 추켜들고 금년도 농업 대풍수를 탈취하자 / 요흔 // 지부생활.－1961,(2).－9－11

1511 정책과 작풍 / 최시준 // 연변.－1961,(2).－15

1512 반드시 견결히 철저히 당의 정책을 집행해야 한다 / 오덕 // 지부생활.－1961,(4).－7－15

1513 당의 정책은 당의 생명이다 // 연변.－1961,(5).－16－18

1514 당의 정책을 정확히 집행해야 한다 // 연변.－1961,(6).－10－12

1515 당의 정책을 참답게 관철하며 하서 생산을 잘하자! / 정암석 // 연변.－1961,(6).－2－4

1516 정책과 작풍 / 최시준 // 연변.－1961,(6).－15

1517 정치 통수를 견지하며, 당의 정책을 참답게 관철 집행하여 춘경 생산을 잘하자 / 김명한 // 연변.－1962,(4).－2－5

1518 정황을 여실히 반영'하고 정책을 정확히 집행해야 한다 / 오봉 // 연변.－1962,(4).－6－8

1519 걸을 줄도 알고 앉을 줄도 알아야 한다 / 홍희복 // 연변.－1964,(5).－23－24

1520 당의 기본로선을 견지하여 아주 좋은 형세를 발전시키겠다 / 강철주물차간민병련 // 동북민병.－1975,(2).－41

1521 장기적으로 다스려 안정을 확보하는 결책 / 왕청대대민병련 // 동북민병.－1980,(6).－6

1522 당의 로선,방침,정책과 네가지 기본원칙간의 관계 // 동북민병.－1981,(8).－4－7

1523 당의 방침,정책을 에누리없이 / 류화례 // 지부생활.－1982,(6).－17－20

1524 당의 정책이 좋아 전진할 신심이 끓어넘친다 / 강서창 // 동북민병.－1982,(19).－6－7

1525 총적목표를 명기하고 힘써 기여하겠다 / 무심충 // 동북민병.－1982,(19).－9

1526 총적임무를 명확히 하고 새 국면을 개척하자 // 동북민병.－1982,(19).－15－18

1527 당의 현 단계의 총임무를 명확히 인식하여야 한다 // 지부생활.－1983,(5).－31－32

1528 당정책의 정확성을 굳게 믿어야 한다 / 정문 // 지부생활.－1986,(5).－23－25

1529 당의 정책은 당의 생명이다 / 리정문 // 지부생활.－1986,(6).－7－8

1530 당의 정책이 자주 변한다는 말이 옳은가 / 홍룡 // 지부생활.－1986,(6).－9－10

1531 당정책을 집행하는데서 모범이 되여야 한다 // 지부생활.－1986,(12).－13－18

1532 농촌의 제2보개혁에 관한 문답 // 지부생활.－1987,(5).－29－30

1533 우리 당의 각 력사시기의 총로선 / 주천 // 지부생활.－1988,(6).－35

1534 중국은 어디까지나 자체의 길을 걸어야 한다 / 지론 // 지부생활.－1990,(7).－23－24

D25 당의 령도

1535 무슨 일에서든지 당의 령도를 떠날수 없다 / 오경근 // 지부생활.－1955,(5).－22－25

1536 당의 집체령도를 강화하여 국가계획을 꼭 완성하겠다 / 방동선 // 지부생활.－1955,(15).－24

1537 당과 군중과의 련계를 강화해야 한다 // 지부생활.－1955,(16).－25－32

1538 편벽한 지구에 대한 당의 령도를 강화하자 // 지부생활. – 1957,(1). – 37 – 39

1539 군중에 의지해 사업해야 강박명령을 극복할 수 있다 / 성문준 // 지부생활. – 1957,(2). – 39 – 41

1540 당의 령도를 약화시키는 현상을 극복하자 // 지부생활. – 1957,(5). – 14 – 15

1541 당성이란 무엇인가 // 지부생활. – 1957,(7). – 31 – 32

1542 소극정서를 극복하고 신심을 제고하여 령도를 강화하자 / 손명 // 지부생활. – 1957,(8). – 16 – 19

1543 비판자에 대한 보복행위를 엄격히 제지시키자 // 지부생활. – 1957,(11). – 40 – 41

1544 인민내부의 모순을 어떻게 인식하며 처리할것인가 // 지부생활. – 1957,(12). – 2 – 7

1545 ≪당의 군중로선≫을 어떻게 학습할것인가 // 지부생활. – 1957,(13). – 26 – 27

1546 령도를 강화하여 전면적승리를 쟁취하자 / 한룡손 // 지부생활. – 1957,(23). – 27 – 30

1547 군중의 생활복리사업을 잘 관심하는것은 당의 정치임무이다 / 황태환 // 지부생활. – 1958,(2). – 22 – 24

1548 당의 령도를 강화하여 인민공사를 잘 꾸리자 // 지부생활. – 1958,(3 – 4). – 66 – 72

1549 정사중에서 참답게 군중로선을 관철하자 // 지부생활. – 1958,(5). – 2 – 4

1550 군중로선 공작방법의 승리 // 지부생활. – 1959,(2). – 25

1551 군중로선의 법보가 축사에서 꽃피였다 / 최환 // 지부생활. – 1959,(7). – 27 – 29

1552 군중은 모든 력량의 원천이다 / 하천석 // 지부생활. – 1959,(7). – 22 – 24

1553 당의 집체령도와 분공책임제에 대하여 // 지부생활. – 1959,(11). – 10 – 12

1554 우리 공사당위의 집체령도 / 최종혁 // 지부생활. – 1959,(11). – 19 – 21

1555 우리 공사에서는 이렇게 집체령도를 강화하고있다 / 리장석 // 지부생활. – 1959,(11). – 16 – 18

1556 집체령도와 분공책임제를 실현하기 전후 / 리철환 // 지부생활. – 1959,(11). – 13 – 15

1557 통일령도 분급관리제도를 참답게 관철집행하자 / 왕명귀 // 지부생활. – 1959,(11). – 25 – 27

1558 군중과 상의하면 해결못할 곤난이 없다 / 김일 // 지부생활. – 1959,(12). – 15 – 16

1559 그는 군중로선의 공작방법을 견지해 왔다 / 김일송 // 지부생활. – 1959,(12). – 12 – 14

1560 당의 군중로선의 공작방법을 잘 운용하자 // 지부생활. – 1959,(12). – 1 – 6

1561 령도방법을 개진하여 지부의 전투력을 진일보 증강시키자 / 소진화(蘇振和) // 지부생활. – 1959,(12). – 27 – 30

1562 산구인민은 당의 령도하에 어떻게 부유하게 되였는가 / 리성귀 // 지부생활. – 1959,(23 – 24). – 107 – 110

1563 근검하게 기업을 꾸리는것을 견지하자 // 지부생활. – 1960,(3). – 39 – 45

1564 생산이 온당히 제고되도록 견지하며 점차 상승하게 하자 // 지부생활. – 1960,(3) – 45 – 50

1565 당의 령도를 강화하며 군중운동을 대폭적으로 전개하여 돼지병방치공작을 바싹 틀어잡자 / 요흔 // 지부생활. – 1960,(5). – 12 – 17

1566 조양관리구당지부에서 양돈업을 령도한 경험 / 최영환 // 지부생활. – 1960,(5). – 24 – 26

1567 군중의 소학생이 되며 군중의 향도자가 되자 / 김헌 // 연변문학. – 1961,(1). – 4 – 6

1568 당의 군중로선 // 연변. – 1961,(2). – 21 – 23

1569 농촌 기층 간부의 학습을 해결하는 길:북경 밀운현 탕자 공사 동소거 생산 대대의 소당교를 참관하고서 / 손세개 // 연변. – 1961,(6). – 31 – 32

1570 대담하게, 견결히 틀어쥐자 // 연변. – 1961,(6). – 17

1571 령도하고 감독할 것이지 도맡아 할 것이 아니다 // 연변. – 1961,(8). – 21 – 23

1572 인민 공사의 민주 관리 제도 // 연변. – 1961,

(11). − 7 − 9
1573 당 지부의 임무는 무엇인가? // 연변. − 1962, (5). − 42
1574 당의 배양과 교육하에서 연변 조선족 자치주 민족 간부 대오는 신속히 성장 장대되고 있다 / 기민동 // 연변. − 1962,(8). − 13 − 16
1575 계급투쟁 생산투쟁과 과학실험의 세가지 위대한 혁명운동중에서 당의 건설을 강화하자 / 안자문 // 지부생활. − 1964,(3). − 1 − 12
1576 난관돌파의 여부는 령도에 있다 // 지부생활. − 1964,(9). − 16 − 21
1577 ≪전당은 단결하여 당의 임무의 실현을 위하여 투쟁하자≫에 대한 학습보도 // 민병의 벗. − 1966,(5). − 27 − 31
1578 중공중앙동북국에서 통지를 내여 당원간부들 초유록동지를 따라배우라고 호소 // 민병의 벗. − 1966,(5). − 2 − 5
1579 당의 령도와 권력 / 심보상 // 지부생활. − 1980,(4). − 33 − 34
1580 일체는 군중을 위하여 / 홍춘식 // 지부생활. − 1980,(4). − 31 − 33
1581 집체령도를 강화하여 ≪준칙≫대로 처사 / 정수전;사계명 // 동북민병. − 1980,(7). − 14
1582 당의 정치로선과 사상로선을 견지하자 // 지부생활. − 1980,(8). − 39 − 42
1583 당의 령도를 강화하고 개진하며 당의 전투력을 높이자 / 조남기 // 지부생활. − 1980,(9). − 2 − 10
1584 민주집중제를 참답게 관철집행하여 당의 령도를 절실히 강화하자 // 지부생활. − 1980, (10). − 26 − 28
1585 신심가득히 당을 따라 나가자 / 류창 // 동북민병. − 1981,(10). − 2 − 5
1586 당은 앞길을 비추는 등대 / 주아남 // 동북민병. − 1981,(12). − 37 − 38
1587 당은 어느때까지나 민병의 전진을 이끄는 기발이다 / 료녕성군구 정치부 // 동북민병. − 1981, (12). − 14 − 18
1588 당을 열애하고 당을 굳게 믿자 // 동북민병. − 1981,(12). − 10 − 13
1589 당을 열애하는 감정을 심화하고 당의 정확한 령도를 확신한다 / 경덕재 등 // 동북민병. − 1981,(15). − 2 − 4
1590 군중로선을 견지하여야 한다 // 지부생활. − 1982,(1). − 12 − 14
1591 하위자대대당지부에서는 어떻게 전투보루작용을 발휘하였는가 / 진유각 // 지부생활. − 1982, (1). − 17 − 18
1592 당의 령도를 개진하고 강화하여 물질적문명과 정신적문명을 건설하자 // 지부생활. − 1982, (2). − 8 − 9
1593 당의 규률을 엄격히 하여 당의 집중통일을 담보하여야 한다 // 지부생활. − 1982,(6). − 13 − 14
1594 목적성있게 ≪세가지 열애≫교육을 진행 / 리시수;장홍서 // 동북민병. − 1982,(18). − 5
1595 지부서기는 군중의 마음속의 기둥이 되여야 한다 / 구명호 // 지부생활. − 1983,(6). − 30 − 31
1596 합격된 당원과 합격된 간부로 되여야 한다 // 지부생활. − 1983,(6). − 9
1597 국가와 사회생활중에서의 당의 령도작용을 정확하게 발휘해야 한다 / 장경태 // 지부생활. − 1983,(7). − 6 − 7
1598 이것이 당의 계급적토대를 약화시키는가 / 량해도 // 지부생활. − 1983,(9). − 26
1599 공산당간부는 무엇을 하는 사람인가 / 일언 // 지부생활. − 1985,(11 − 12). − 97
1600 원칙을 견지하는것은 령도예술의 기둥이다 / 일균 // 지부생활. − 1986,(5). − 40 − 41
1601 당이 지나치게 간섭해서는 안된다 // 지부생활. − 1986,(10). − 1
1602 로산전선에서의 당작풍 / 리석원 // 지부생활. − 1987,(5). − 52 − 53
1603 중국은 자본주의길로 나아갈수 없다 // 지부생활. − 1987,(10). − 1
1604 지도간부들은 개혁개방의 준엄한 시련을

이겨내야 한다 / 배재룡 // 지부생활. – 1988,(7). – 31 – 32

1605 각급 당위에서는 당면 청렴 당내응집력 당의 흡인력 문제를 단단히 틀어쥐여야 한다 // 지부생활. – 1989,(3). – 1

1606 간고분투하는 우량한 전통을 버릴수 없다 / 본지론평원 // 동북후비군. – 1989,(10). – 10 – 11

1607 우리 당은 훌륭하고 튼튼한 당이다 // 지부생활. – 1989,(11). – 1

1608 정리정돈하며 개혁을 심화하는 사업에서 당의 령도를 강화하여야 한다 // 지부생활. – 1990,(1). – 13 – 14

1609 당의 령도를 강화개선하여야 한다 // 지부생활. – 1990,(2). – 4 – 5

1610 뢰봉처럼 당을 열애하고 당의 령도를 견결히 옹호하자 / 신종호 // 동북후비군. – 1990,(2). – 16 – 18

1611 중국의 최고리익은 곧 안정을 유지하는데 있다 // 지부생활. – 1990,(2). – 1

1612 공산당이 없으면 새 중국이 있을수 없다 / 개군 // 지부생활. – 1990,(3). – 13 – 15

1613 당과 군중간의 혈연적련계를 가일층 밀접히 해야 한다 / 김산호 // 지부생활. – 1990,(5). – 12 – 14

1614 군중과 밀접히 련계하는 자각성을 높이자 / 장진발 // 지부생활. – 1990,(7). – 4

D26 당의 건설

1615 금년도 당과교육계획을 세웠다 / 중공훈춘현 제7구위원회 // 지부생활. – 1955,(5). – 33 – 34

1616 어떻게 해야만 당의 단결을 증가하고 당의 령도작용을 강화할수 있는가 // 지부생활. – 1955,(5). – 21 – 22

1617 당원조건을 낮추는 현상을 참답게 검사하고 견결히 반대하자 / 연변지위조직부 당원관리과 // 지부생활. – 1955,(7). – 28 – 31

1618 눈부신 6년! 위대한 앞날! / 김승렬 // 소년아동. – 1955,(10). – 1 – 2

1619 건당사업중의 마비증 / 락강 // 지부생활. – 1955,(23). – 26 – 29

1620 상업계통의 전체 공산당원들은 흥성기 물자공급을 보증하자 // 지부생활. – 1955,(23). – 39 – 40

1621 「적극 신중」의 건당방침을 견결히 관철집행하자 / 정봉권;조명원 // 지부생활. – 1955,(23). – 42 – 45

1622 당원조건을 정확히 장악하는것은 당원을 발전시키는 사업의 중요한 환절이다 // 지부생활. – 1956,(1). – 45 – 48

1623 사영상업에 대한 개조사업을 홀시한 경리 // 지부생활. – 1956,(3). – 40 – 42

1624 자본주의공상업에 대한 사회주의적개조사업중에서의 공산당원들의 직책 / 조룡호 // 지부생활. – 1956,(3). – 23 – 27

1625 당의 사업에 더욱 충실하겠다 / 박경숙 // 지부생활. – 1956,(6). – 43 – 44

1626 사회주의혁명고조중에서의 신당원발전사업을 강화하자 // 지부생활. – 1956,(7). – 37 – 41

1627 입당수속을 엄격히 리행하는것은 당원의 질을 보증하는 중요한 조건이다 // 지부생활. – 1956,(7). – 42 – 46

1628 락후한 공단을 선진공단으로 / 류희걸 // 지부생활. – 1956,(8). – 25 – 28

1629 입당수속을 엄격히 리행하는것은 당원의 질을 보증하는데의 중요한 조건이다 // 지부생활. – 1956,(8). – 33 – 35

1630 입당하려면 어떻게 해야 하는가 // 지부생활. – 1956,(10). – 15 – 17

1631 제때에 전당하기 위해 노력하겠다 / 김익선 // 지부생활. – 1956,(11). – 13 – 14

1632 당과교육제도를 회복건전히 하자 // 지부생활. – 1957,(8). – 20 – 22

1633 교훈을 접수하고 당성을 증강하자 / 안자문 // 지부생활. – 1957,(19). – 1 – 10

1634 개인리익은 당과 국가 리익에 복종해야

한다 // 지부생활. – 1957,(24). – 36 – 41
1635 소자유를 허락하면 대집체에 영향이 있게 되는가 // 지부생활. – 1959,(7). – 20 – 21
1636 더욱 높은 당원의 표준에 따라 신당원을 접수하자 // 지부생활. – 1959,(8). – 37
1637 입당신청자는 어떻게 입당을 신청해야 하는가 // 지부생활. – 1959,(8). – 38 – 39
1638 어떻게 건당 준비사업을 진행했는가 / 채충록 // 지부생활. – 1959,(9). – 27 – 28
1639 네가지를 틀어잡고 선전교육을 진행했다 / 리남극 // 지부생활. – 1959,(10). – 30 – 32
1640 당의 말을 영원히 잘 듣겠다 / 김옥선 // 지부생활. – 1959,(13). – 30 – 31
1641 7.1헌례 / 리근성 // 지부생활. – 1959,(13). – 19
1642 건당공작경험 / 김일학 // 지부생활. – 1959,(14). – 49 – 52
1643 단결의 열매 / 최영환 // 지부생활. – 1959,(14). – 59 – 61
1644 검사하는 족족 개진 / 박춘룡 // 지부생활. – 1959,(15). – 47
1645 지부의 평비 경쟁 공작을 진일보 심입전개하자 // 지부생활. – 1959,(15). – 48 – 51
1646 지부의 평비 경쟁을 전개한 몇가지 체험 / 사희운(謝希云) // 지부생활. – 1959,(15). – 52 – 54
1647 대협작정신이 만발했다 / 림정웅 // 지부생활. – 1959,(16). – 33 – 34
1648 당과학습을 제도화했다 / 김광황 // 지부생활. – 1959,(19). – 32
1649 우경정서를 극복하기만 하면 잠재력은 무한하다 / 김택중 // 지부생활. – 1959,(20). – 21 – 22
1650 진정한 맑스주의자로 되자 // 지부생활. – 1960,(1). – 34 – 39
1651 기술혁신과 기술혁명중에서 당의 선전공작을 어떻게 진행하였는가 // 지부생활. – 1960,(8). – 36 – 40
1652 견결히 당의 지시를 집행하는 사람들 / 최성운 // 지부생활. – 1960,(11). – 33 – 34
1653 당의 조직생활을 생동활발하게 견지 / 김윤수 // 지부생활. – 1960,(12). – 49 – 51
1654 당의 리익은 무엇보다 높다 / 김병식 // 지부생활. – 1961,(1). – 27 – 29
1655 비평과 자아비평을 전개하며 당과 인민의 리익을 해치는 현상들과 투쟁하겠다 / 태신옥 // 지부생활. – 1961,(1). – 34 – 35
1656 애차운동에서 얻은 첫 수확 / 최일석 // 연변. – 1961,(1). – 27 – 28
1657 입당선서—이는 공산주의교육의 중요한 한개 과목이다 / 팽선 // 지부생활. – 1961,(1). – 65
1658 당전형세를 정확히 인식하자 / 연변. – 1961,(2). – 7 – 9
1659 어떻게 입당문제를 정확히 대할것인가 // 지부생활. – 1961,(2). – 63 – 65
1660 당의 성질 // 연변. – 1961,(5). – 19 – 20
1661 당의 군중로선 // 연변. – 1961,(6). – 21 – 23
1662 당의 최고 리상과 현 계단의 임무 // 연변. – 1961,(6). – 18 – 20
1663 당의 민주 집중제 // 연변. – 1961,(7). – 32 – 34
1664 당의 기률 // 연변. – 1961,(8). – 14 – 17
1665 비평과 자아 비평 // 연변. – 1961,(8). – 17 – 20
1666 당의 단결과 통일 // 연변. – 1961,(9). – 19 – 21
1667 당원의 의무를 절실히 리행하고 당원의 권리를 참답게 행사 하자 // 연변. – 1961,(10). – 26 – 28
1668 지부의 전투 보루작용을 충분히 발휘시키자 // 연변. – 1961,(11). – 10 – 12
1669 지부의 사상 정치 공작 // 연변. – 1961,(12). – 14 – 17
1670 당원 개인의 리익은 반드시 당과 국가, 인민 군중의 리익에 복종시켜야 한다 // 연변. – 1962,(1). – 21 – 24
1671 당의 조직을 발전, 공고히 하는 것은 지부의 일항 경상적인 임무이다 // 연변. – 1962,(1). – 19 – 21
1672 공산당원은 인민군중의 근무원이다 // 연변. – 1962,(2). – 21 – 24

1673 적극적이고도 자각적으로 당의 건설 문제에 관한 학습에 참가하자 // 연 변. – 1962,(2). – 15 – 17

1674 당원은 반드시 당의 정책을 참답게 집행하며 국가 법률을 엄격히 준수해야 한다 // 연변. – 1962,(3). – 18 – 21

1675 공산당원은 모범적 대두적 작용을 일으켜야 한다 // 연변. – 1962,(4). – 13 – 15

1676 공산당원은 반드시 실사구시의 작풍을 견지해야 한다 // 연변. – 1962,(5). – 38 – 39

1677 당원은 반드시 학습에 노력해야 한다 // 연변. – 1962,(6). – 24 – 27

1678 공산당원에게는 곤난을 극복할 정신이 있어야 한다 // 연변. – 1962,(7). – 24 – 26

1679 당의 건설을 강화하여 당의 전투력을 제고하는 것은 혁명 승리의 근본 보증이다 / 전인영 // 연변. – 1963,(7). – 2 – 4

1680 공산당원은 교오함을 경계해야 한다 // 연변. – 1962,(10). – 18 – 20

1681 당원의 《가정 출신》을 어떻게 확정하는가? // 연변. – 1962,(10). – 31

1682 무엇 때문에 당원은 당의 어느 한 조직에 참가하고 거기서 공작하여야 하는가? // 연변. – 1962,(10). – 31

1683 무엇 때문에 당의 기층 조직의 대표 대회는 상임제를 실행하지 않는 가? // 연변. – 1962,(10). – 31

1684 무엇 때문에 당지부 밑에다 당소조를 획분하는가? // 연변. – 1962,(10). – 31

1685 공산당원은 개인주의를 견결히 반대해야 한다 // 연변. – 1962,(11). – 19 – 21

1686 당의 감찰 공작을 강화해야 한다 // 연변. – 1962,(12). – 24 – 26

1687 견강한 전투적보루 // 지부생활. – 1964,(1 – 2). – 35 – 44

1688 혁명을 하려면 한평생 하여야 한다 / 하작문 // 지부생활. – 1964,(9). – 40 – 42

1689 불타는 계급감정이 있어야 한다 / 조영해 // 지부생활. – 1964,(10). – 37 – 39

1690 《3위1체》를 실시하는것을 당위의 중요한 의사일정에 올려놓았다 / 심양제3공작기대공장 당위 // 동북민병. – 1975,(6). – 39 – 40

1691 《연구병》과 그 료법 / 리학근 // 지부생활. – 1980,(2). – 46 – 47

1692 교석동지 작풍을 개진할데 대하여 말함 // 지부생활. – 1980,(4). – 4 – 6

1693 당건설을 강화하고 치부기능을 높이는 요람 / 주당위 조직부 // 지부생활. – 1980,(4). – 17 – 19

1694 부정기풍의 침습을 물리치는 전선에서 // 지부생활. – 1980,(4). – 48 – 49

1695 《입당동기의 이중성》은 허용되지 않는다 // 지부생활. – 1980,(4). – 22 – 24

1696 저울추와 당적량심 / 강진 // 지부생활. – 1980,(4). – 15 – 16

1697 당비 납부관리사용에 대한 사업을 강화하자 // 지부생활. – 1980,(9). – 25

1698 간부직무의 종신제를 폐지한다하여 공산주의를 위해 종신토록 분투할수 없는가 / 장순 // 지부생활. – 1980,(10). – 40

1699 신심을 확고히 하고 곤난을 전승해야 한다 / 란립달 // 동북민병. – 1980,(20). – 28 – 30

1700 《세가지 열애》교육을 벌린 몇가지 작법 / 혁국영 등 // 동북민병. – 1981,(14). – 14 – 16

1701 《당의 열성분자등기표》를 잘 써넣자 / 리동수 // 지부생활. – 1982,(1). – 39

1702 입당청원자가 적어지는 문제에 대하여 중시를 돌리자 / 김룡택 // 지부생활. – 1982,(1). – 34 – 35

1703 당의 작풍과 당의 규률의 내용 // 지부생활. – 1982,(4). – 38

1704 청년들을 신중하고도 대담하게 당에 받아들였다 / 김룡택 // 지부생활. – 1982,(10). – 12 – 13

1705 《소리없는 명령》에 대하여 / 진동화 // 지부생활. – 1982,(12). – 37

1706 당의 중심사업을 둘러싸고 민병건설의 새국면을 개척하자 / 마영 // 동북민병. – 1983,(1). –

2－7

1707 장한 뜻을 품고 혁명정신을 분발하자 / 본지론평원 // 동북민병.－1983,(1).－8－9

1708 ≪호인≫은 입당하기 쉬운가 / 진현덕 // 지부생활.－1983,(2).－30

1709 당원교양에서 똑똑히 알게 하여야 할 10가지 문제 // 지부생활.－1983,(3).－34－35

1710 ≪손해를 본다≫는 말을 어떻게 인식해야 하는가 / 김영택 // 지부생활.－1983,(4).－38

1711 우리는 이렇게 당의 열성자를 양성하였다 // 지부생활.－1983,(4).－36－37

1712 위대한 우리 당 / 조청화 // 청년생활.－1983,(4).－3－4

1713 입당동기를 바로 잡는것이 가장 중요하다 / 서인권 // 지부생활.－1983,(4).－25－26

1714 새로운 형세의 요구에 따라 당원교양을 강화 / 조경숙 // 지부생활.－1983,(7).－22－24

1715 당면 당의 조직로선은 무엇인가 // 지부생활.－1983,(8).－24

1716 당원련계활동을 널리 전개 / 김명수 // 지부생활.－1983,(10).－39

1717 책벌규정을 지음에 있어서 근거로 되는 사실적자료란 / 진가진 // 지부생활.－1983,(10).－33

1718 당원교육기구철소는 무엇을 의미하는가 / 검문 // 지부생활.－1985,(1).－44－45

1719 휘황한 성과 빛나는 영예 // 지부생활.－1985,(1).－10－16

1720 지식은 곧 혁명의 밑천이다 / 려생 // 지부생활.－1985,(4).－35－36

1721 견결히 지시대로 처사하자 / 설이 // 지부생활.－1985,(5).－15－16

1722 권력으로 사리를 도모해서는 안된다 / 류문소 // 지부생활.－1985,(6).－22－23

1723 당작풍의 뚜렷한 호전을 위하여 / 배재룡 // 지부생활.－1985,(6).－38－39

1724 부정기풍을 견결히 시정 / 건명 // 지부생활.－1985,(6).－40－41

1725 실제에 부합되지 않는 비판을 받았을 때 // 지부생활.－1985,(6).－43

1726 입당을 하려면 돈을 많이 벌어야 하는가 / 최봉철 // 지부생활.－1985,(6).－56

1727 생활향상과 간고분투 / 설이 // 지부생활.－1985,(7).－24－25

1728 ≪손해보는것≫과 리득을 보는것 / 용동정 // 지부생활.－1985,(7).－23

1729 우수한 지식인을 적극 당에 받아들이자 / 장희구 // 지부생활.－1985,(7).－9－10

1730 근본을 다스려 부정기풍을 제지하는 자각성을 제고 // 지부생활.－1985,(8).－37－38

1731 ≪과장풍≫을 방지하자 / 주건업 // 지부생활.－1985,(8).－14

1732 다섯가지 관념을 높여야 한다 // 지부생활.－1985,(8).－22

1733 인정에 흐르지 말고 당성을 견지하자 / 지화 // 지부생활.－1985,(8).－15

1734 개혁속에서 작풍건설을 강화해야 한다 / 장족오 // 지부생활.－1985,(9).－37－38

1735 어떻게 개혁속에서 단련할것인가 / 황평 // 지부생활.－1985,(9).－25

1736 자각적으로 부정기풍을 배격 // 지부생활.－1985,(9).－53

1737 ≪대책≫,대립 및 당성 / 약소 // 지부생활.－1985,(10).－42

1738 리상과 개혁 // 지부생활.－1985,(10).－29

1739 자격과 경력을 따지는것을 어떻게 볼것인가 // 지부생활.－1985,(10).－30－31

1740 규률교양의 중점을 ≪엄하게≫하는데 두어야 한다 / 설중신 // 지부생활.－1985,(11－12).－116－117

1741 당의 규률책벌에 대하여 // 지부생활.－1985,(11－12).－118－119

1742 당작풍을 진일보 호전시켜 개혁을 떠밀고 나가자 // 지부생활.－1986,(1).－4－5

1743 군중들이 당을 알게 해야 한다 / 종실 // 지부생활.－1986,(4).－26

1744 비당열성자의 종합적고찰재료를 어떻게

쓸것인가 / 사계산 // 지부생활. – 1986,(4). – 54

1745 법제관념을 높여야 한다 / 윤평 // 지부생활. – 1986,(5). – 51 – 52

1746 인민이 준 권력을 옳게 행사해야 한다 // 지부생활. – 1986,(5). – 35

1747 당원교양을 경상화한데서 당작풍에 새 기상 출현 // 지부생활. – 1986,(7). – 18 – 20

1748 당학습강의를 잘하려면 / 류신화 // 지부생활. – 1986,(10). – 30 – 31

1749 당원간부들에 대한 감독과 교양을 강화하자 / 당규 // 지부생활. – 1987,(2). – 34

1750 적극분자에 대한 양성사업을 잘하여야 한다 / 림병천 // 지부생활. – 1987,(2). – 46 – 47

1751 간부들의 직업도덕수양을 강화하여야 한다 / 수청 // 지부생활. – 1987,(5). – 41 – 42

1752 신분과 당작풍 / 린자영 // 지부생활. – 1987,(7). – 50

1753 근검절약정신을 버려서는 안된다 / 리신휘 // 지부생활. – 1987,(9). – 34

1754 당원의 자질문제를 중시해야 한다 // 지부생활. – 1987,(9). – 29

1755 당내감독을 정확하게 실시해야 한다 / 마위흔 // 지부생활. – 1987,(11). – 20 – 21

1756 1987년 우리 주 당건설에서의 10가지 대사 / 주당위조직부 // 지부생활. – 1988,(1). – 22 – 23

1757 입당동기에서 제기되는 문제들 / 소결 // 지부생활. – 1988,(1). – 20

1758 주당위서기 리덕수동지 본사기자의 물음에 대답 // 지부생활. – 1988,(1). – 2 – 5

1759 《결의》와 《결정》을 어떻게 쓸것인가 // 지부생활. – 1988,(5). – 40 – 41

1760 열가지 면에서 사상을 해방해야 한다 // 지부생활. – 1988,(5). – 16 – 17

1761 인민의 리익을 첫자리에 놓아야 한다 / 리금남 // 지부생활. – 1988,(5). – 22 – 23

1762 정확한 입당동기가 있어야 한다 / 박문백 // 지부생활. – 1988,(5). – 20 – 21

1763 《인재등용》과 《친척등용》 / 홍원 // 지부생활. – 1988,(6). – 18

1764 당을 엄격히 다스릴데 대하여 // 지부생활. – 1988,(7). – 1

1765 당의 훌륭한 전통과 작풍을 힘써 발양하자 / 조운헌 // 지부생활. – 1988,(9). – 32 – 33

1766 입당동기문제에 대한 토론을 읽고서 // 지부생활. – 1988,(9). – 28 – 29

1767 권력을 제약하는것은 당작풍을 바로 잡는 핵심 / 여진 // 지부생활. – 1988,(11). – 33 – 34

1768 목전 당건설에서 단단히 틀어쥐여야 할 두가지 점 // 지부생활. – 1988,(11). – 1

1769 권력을 제약하는것은 당작풍을 바로 잡는 핵심 / 여진 // 지부생활. – 1988,(12). – 36 – 37

1770 형세교양에 대하여 / 리정문 // 지부생활. – 1988,(12). – 14 – 17

1771 입당전에 학습해야 할 100가지 문제 // 지부생활. – 1989,(1). – 28 – 29

1772 좋은 일을 하였다하여 입당조건을 갖추었다고 할수 있는가 / 연심 // 지부생활. – 1989,(1). – 30

1773 관료주의를 부렸다가 / 주규검 // 지부생활. – 1989,(2). – 34

1774 인간에의 숨은 천사《당의》 / 왕빈 // 지부생활. – 1989,(2). – 17 – 19

1775 목전 당원교육에서 틀어쥐여야 할 주요내용 / 왕인지 // 지부생활. – 1989,(3). – 5 – 7

1776 공산당원과 등가교환원칙 // 지부생활. – 1989,(4). – 11 – 12

1777 금전관과 《자기해방》 / 증광문 // 지부생활. – 1989,(4). – 29

1778 일시적인 성패와 영웅 / 손검예 // 지부생활. – 1989,(4). – 25 – 26

1779 지난 10년과 미래 // 지부생활. – 1989,(4). – 1

1780 당건설에 관한 몇가지 문제 / 한연설 // 지부생활. – 1989,(5). – 4 – 9

1781 당의 규률과 행정규률 법규는 어떤 구별이 있는가 // 지부생활. – 1989,(7). – 28

1782 두 민족 당원간의 상품경제의식비교 / 남영

남 // 지부생활. - 1989,(7). - 27 - 28

1783 당건설문제에서 시비를 똑똑히 갈라야 할 점 // 지부생활. - 1989,(10). - 1

1784 당형상을 더 빛내이게 하기 위하여 // 지부생활. - 1990,(2). - 16 - 18

1785 절절한 요구 간곡한 부탁 // 지부생활. - 1990,(3). - 21 - 23

1786 1989년 당건설에서의 10가지 대사 // 지부생활. - 1990,(3). - 44

1787 영광스러운 전통 귀중한 정신 // 지부생활. - 1990,(4). - 17 - 20

1788 탐구 중책 다짐—주 당건설리론연구반에서 // 지부생활. - 1990,(4). - 5 - 7

1789 지도자신변일군의 렴결문제를 홀시해서는 안된다 / 신문 // 지부생활. - 1990,(5). - 37

1790 계속 정치적안정을 유지해나가자 // 지부생활. - 1990,(6). - 5 - 6

1791 사영기업주의 입당문제를 어떻게 볼것인가 // 지부생활. - 1990,(6). - 18 - 19

1792 전 주 농촌당건설의 기본경험과 요구 / 주당위조직부 // 지부생활. - 1990,(6). - 16 - 17

1793 조자양동지의 오유는 당건설에 어떤 해를 끼쳤는가 // 지부생활. - 1990,(6). - 30 - 31

1794 세가지 시련을 이겨내야 한다 / 기시 // 지부생활. - 1990,(10). - 14 - 15

D261 사상건설

1795 비판과 자기비판을 정확히 전개하자 // 지부생활. - 1955,(1). - 28 - 33

1796 박약촌지부를 제고정돈할데 대하여 / 제심 // 지부생활. - 1955,(2). - 35 - 38

1797 중공영안촌지부의 당과학습 / 길로시,박택현 // 지부생활. - 1955,(2). - 19 - 20

1798 지부생활은 우리의 「옥편」 / 김희은 // 지부생활. - 1955,(2). - 48 - 49

1799 각지 당지부에서 당과학습 륙속 진행 / 권분석 등 // 지부생활. - 1955,(6). - 38 - 39

1800 교오자만정서는 당의 단결을 손상시켰다 / 연변지위조직부 // 지부생활. - 1955,(6). - 13 - 17

1801 중공화룡현 청호촌지부는 어째서 전투력이 약화되였는가 / 리봉 // 지부생활. - 1955,(6). - 18 - 21

1802 교오자만은 진보의 적이다 / 황성룡 // 지부생활. - 1955,(8). - 19 - 21

1803 교오자만정서를 극복하자 // 지부생활. - 1955,(8). - 9 - 19

1804 상업공작을 경시하는 착오사상을 비판극복하자 / 강석창 // 지부생활. - 1955,(9). - 33 - 37

1805 성적이 있을수록 더욱 교오할수 없다 / 박남 // 지부생활. - 1955,(9). - 26 - 28

1806 도맡아하는 나쁜 작풍 / 김영헌 // 지부생활. - 1955,(10). - 16 - 17

1807 민주를 발휘하여 당원의 적극성과 창조성을 제고시키겠다 / 김명섭 // 지부생활. - 1955,(10). - 17 - 18

1808 지부생활의 발행,학습에 대한 당조직의 중시를 일으키자 / 연변지위선전부 // 지부생활. - 1955,(10). - 52 - 54

1809 렴결봉공에 대하여 / 사각재 // 지부생활. - 1955,(11). - 46 - 47

1810 중공묘령석회공장지부의 부단결현상을 검사하였다 / 왕청현위재경공작부 // 지부생활. - 1955,(11). - 24 - 26

1811 탐오의 원인은 생활곤난인가 // 지부생활. - 1955,(11). - 48

1812 국가생산계획을 왜 완성못했는가 / 연길시자동차수배공장지부 // 지부생활. - 1955,(13 - 14). - 49 - 51

1813 당조직과 당원들의 활동:당과학습강의정황을 참관 / 채주봉 // 지부생활. - 1955,(13 - 14). - 88 - 90

1814 조국과 자신의 장래를 위하여 더욱 큰 공헌을 // 지부생활. - 1955,(13 - 14). - 77 - 80

1815 어떻게 신당원을 발전시킬것인가 // 지부생활. - 1955,(17). - 35 - 37

1816 확대회의는 확대회의고 당내회의는 당내회의다 / 리수삼 // 지부생활. – 1955,(17). – 38 – 40

1817 엄중한 자본주의적경영관리사상행위 // 지부생활. – 1956,(1). – 37 – 42

1818 국가계획토론중에서 당위사상사업을 강화하자 // 지부생활. – 1956,(2). – 50 – 52

1819 건당사업에 대한 나의 그릇된 인식 / 강기만 // 지부생활. – 1956,(10). – 12

1820 우경보수사상을 극복하고 당발전사업을 잘하자 // 지부생활. – 1956,(10). – 1 – 3

1821 정당은 나를 낭떠어지에서 돌아서게 했다 / 김인기 // 지부생활. – 1957,(4). – 35 – 36

1822 나는 왜 군중과 탈리되였는가 / 장택산 // 지부생활. – 1957,(6). – 31 – 33

1823 사실을 외곡치 말라 / 박병란 // 지부생활. – 1957,(13). – 21

1824 나는 공산당을 영원히 따르련다 / 김죽석 // 지부생활. – 1957,(14). – 25 – 26

1825 입당만 하면 립장은 문제가 없는가 // 지부생활. – 1957,(22). – 17 – 20

1826 무엇때문에 개인주의는 반당에까지 발전될수 있는가 // 지부생활. – 1957,(24). – 44 – 47

1827 간부는 체력로동에 참가해야 한다 // 지부생활. – 1959,(7). – 34

1828 지부교육제도를 견지하자 // 지부생활. – 1959,(12). – 21 – 22

1829 고도의 혁명경각성을 확보하겠다 / 김희석 // 지부생활. – 1961,(1). – 38 – 39

1830 행복한 생활은 간고한 투쟁으로써만 쟁취할수 있다 / 고상섭;김홍두;김원주 // 지부생활. – 1961,(1). – 57 – 60

1831 어떻게 입당문제를 정확히 대할것인가 // 지부생활. – 1961,(4). – 58 – 60

1832 ≪토개공작대≫의 작풍을 발양하자 / 마석기 // 지부생활. – 1961,(4). – 56 – 57

1833 당의 ≪단결 – 비평 – 단결≫의 방침에 대한 체득 / 하봉서 // 연변. – 1962,(2). – 17 – 20

1834 결점이 있는 사람이 다른 사람을 비평할수 있는가 없는가? // 연변. – 1962,(11). – 23

1835 공산주의적 도덕 수양을 강화하자 / 왕립강 // 연변. – 1962,(11). – 22 – 23

1836 대공 무사하고 공평 합리해야 한다 / 김익헌 // 연변. – 1962,(11). – 9 – 10

1837 정풍의 방법이란 어떤 것인가? // 연변. – 1962,(2). – 24

1838 중국 공산당의 지도 사상은 무엇인가? // 연변. – 1962,(4). – 18

1839 주 경제 계획 위원회 당지부에서 리론 학습을 령도한 초보 경험 / 라문 성;영춘 // 연변. – 1963,(2). – 19 – 20

1840 산 사상을 대대적으로 틀어쥐고 생산을 잘하다 / 사령 // 지부생활. – 1964,(5). – 27 – 30

1841 당원간부에 대한 감정을 잘하자 / 리종석 // 지부생활. – 1964,(6). – 41 – 43

1842 간부가 로동하지 않으면 해로운 점이 많다 / 진영보 // 지부생활. – 1964,(7). – 32 – 33

1843 관리배의 습기를 없애버리자 / 해래 // 지부생활. – 1964,(7). – 35 – 37

1844 학습에 대한 령도를 강화하여야 한다 // 연변. – 1964,(11). – 6 – 7

1845 완강한 전투적작풍이 있어야 한다 / 덕곤 // 지부생활. – 1964,(12). – 29 – 30

1846 당의 품속에서 나는 눈을 떴다 / 방영진 // 지부생활. – 1975,(13). – 17

1847 강철의 맹세 / 김시룡 // 연변문예. – 1976,(11). – 15 – 18

1848 모주석께서 개척하신 항로를 따라 / 송인준 // 연변문예. – 1976,(11). – 18 – 20

1849 모주석의 혁명로선에 무한히 충성하리 / 안과문 // 연변문예. – 1976,(11). – 12 – 14

1850 무비의 비통을 무궁한 힘으로 / 현순희 // 연변문예. – 1976,(11). – 20 – 22

1851 사실에 충실하여야만 진리에 충실할수 있다 / 손홍성 // 청년생활. – 1980,(1). – 8 – 11

1852 ≪호인당≫의 루명을 철저히 벗겨버려야 한다 / 류수운 // 지부생활. – 1980,(2). – 24 – 25

1853 고생앞에서는 앞장에 서고 향락앞에서는 뒤에 서야 한다 / 강련흥 // 지부생활. - 1980,(4). - 37

1854 나쁜 기풍을 배격 / 방암 // 지부생활. - 1980,(4). - 29

1855 이런 행위는 규률적제재를 받아야 한다 // 지부생활. - 1980,(4). - 30

1856 당원들에 대한 사상정치교양사업을 강화하자 // 지부생활. - 1980,(7). - 2 - 3

1857 ≪당원이 먼저 부유해져야 한다≫는 구호를 제기하는것이 옳은가 / 군언 // 지부생활. - 1980,(7). - 39 - 40

1858 행동의 지침 / 초국경 // 지부생활. - 1980,(7). - 41 - 42

1859 어떻게 전당적범위에서 ≪준칙≫을 가일층 관철집행할것인가 // 지부생활. - 1980,(8). - 13 - 15

1860 허풍치기와 열정 / 양가삼 // 지부생활. - 1980,(8). - 43 - 44

1861 매 하나의 일로부터 행동에 옮겨야 한다 / 갈효임 // 지부생활. - 1980,(9). - 29

1862 지금부터 행동에 옮겨야 한다 / 초서걸 // 지부생활. - 1980,(9). - 28

1863 대활보로 전진 // 지부생활. - 1980,(10). - 8 - 10

1864 당원들은 봉건의식의 영향을 자각적으로 물리쳐야 한다 / 은문 // 지부생활. - 1980,(11). - 25 - 26

1865 당원들의 대조,검사하는 사업을 잘 틀어쥐였다 // 지부생활. - 1980,(11). - 4 - 5

1866 실제와 련계하여 당원교양을 참답게 진행하였다 // 지부생활. - 1980,(11). - 2 - 3

1867 당과 행정 사업의 계선을 명확히 획분 / 왕친국 // 지부생활. - 1980,(12). - 30 - 31

1868 만중이 한마음으로 당을 따라 나아간다 / 수개 // 동북민병. - 1981,(12). - 24

1869 연길시기계전기설비공사령도 국가재정규률을 엄중히 위반 // 지부생활. - 1982,(1). - 23 - 24

1870 직권을 리용하여 개인집을 지었다 / 방승하 // 지부생활. - 1982,(1). - 26

1871 당원간부가 직권을 리용하여 비법적으로 개인집을 짓는 바르지 못한 기풍을 막아버려야 한다 // 지부생활. - 1982,(2). - 3

1872 자각적으로 규률을 준수하여야 한다 / 덕춘 // 지부생활. - 1982,(2). - 28 - 29

1873 ≪페인트칠≫을 한 사람이 되지 말자 / 양자의 // 지부생활. - 1982,(2). - 30

1874 봉건미신활동을 방지하자 / 진충 // 지부생활. - 1983,(3). - 47

1875 경제책임제에 의한 적극성을 정확한 방향에로 이끌어야 한다 // 지부생활. - 1982,(4). - 11 - 12

1876 두가지를 개조하고 두가지 문명을 건설하자 // 지부생활. - 1982,(5). - 6

1877 입당청원서를 내지 않은 사람은 열성분자로 치지 말아야 한다 / 김룡택 // 지부생활. - 1982,(5). - 25

1878 자기비판의 용기를 내야 한다 / 하삼 // 지부생활. - 1982,(5). - 26

1879 경제범죄활동을 호되게 타격하자 // 지부생활. - 1982,(6). - 2

1880 반부식투쟁에 대하여 / 오임 // 지부생활. - 1982,(6). - 10 - 11

1881 학습하러 간다는 구실로 곳구경하는것을 제지시켜야 한다 // 지부생활. - 1982,(6). - 35

1882 경제범죄활동을 타격함에 있어서 기치 선명하고 립장이 견정하여야 한다 // 지부생활. - 1982,(8). - 12 - 14

1883 대담하게 말하는것과 망탕 말하는것 / 주위광 // 지부생활. - 1982,(8). - 29

1884 항상 명석한 두뇌를 확보해야 한다 / 장오 // 지부생활. - 1982,(8). - 26 - 27

1885 실무수준이 높다하여 다 입당할수 있는것은 아니다 / 상홍 // 지부생활. - 1982,(10). - 28 - 29

1886 언제나 자신에게 높은 요구를 제기해야 한다 / 증건휘 // 지부생활. - 1982,(10). - 6

1887 정신적사탕포탄의 습격에 경각성을 높여야 한다 / 윤평 // 지부생활. – 1982,(10). – 7 – 8

1888 사람은 어떤 정신적지주가 있어야 하는가 / 김영림 // 지부생활. – 1982,(12). – 26 – 27

1889 경제범죄활동을 타격하는것에 결부하여 반부식교양을 강화 // 지부생활. – 1983,(2). – 37 – 38

1890 무엇 때문에 입당하는가하는 문제를 해결해야 한다 // 지부생활. – 1983,(2). – 32 – 34

1891 도거리책임제를 실시한후 지부서기사업을 어떻게 할것인가 / 장원해 // 지부생활. – 1983,(3). – 24 – 25

1892 계통적인 당원교양을 거쳐 당원들의 모범적역할이 충분히 발휘되였다 // 지부생활. – 1983,(11). – 29 – 30

1893 간고할수록 의지가 강해야 한다 / 장거령 // 지부생활. – 1983,(12). – 17

1894 사상매듭을 풀고 사상편견을 극복 / 정암송 // 동북민병. – 1984,(17). – 8 – 9

1895 ≪세부류의 사람≫을 견결히 사출해내고 대다수의 사람을 단결교양하자 // 지부생활. – 1985,(1). – 34 – 36

1896 ≪당내정치생활에 관한 약간의 준칙≫학습요점 // 지부생활. – 1985,(2). – 13 – 18

1897 조자양동지 자기의 개인생활을 언급 // 지부생활. – 1985,(3). – 9

1898 열혈남아의 의기있는 말 // 지부생활. – 1985,(5). – 42 – 44

1899 주총리 ≪의견≫이 없다는 사람을 비평하셨다 / 경유 // 동북민병. – 1985,(5 – 6). – 53

1900 상품교환원칙이 당내에 침투됨을 방지하자 / 로충인 // 지부생활. – 1985,(10). – 34

1901 금전숭배자들의 끝장 / 정몽 // 지부생활. – 1986,(6). – 11 – 14

1902 당을 따라 40년 / 김유훈 // 지부생활. – 1986,(7). – 30 – 32

1903 어느것의 힘이 더 큰가 / 리서림 // 지부생활. – 1986,(7). – 24

1904 어째서 입당하여야 하는가 / 로석행 // 지부생활. – 1986,(8). – 43

1905 천금같이 귀중한 당비의 무게에 대하여 / 정규렬 // 지부생활. – 1986,(8). – 50 – 51

1906 당의 단결과 통일을 수호하고 강화하자 // 지부생활. – 1986,(9). – 30 – 32

1907 특권사상의 위해성 // 지부생활. – 1987,(2). – 33

1908 류빈안은 어떻게 당과 사회주의를 추화하였는가 / 우서문 // 지부생활. – 1987,(3). – 12 – 14

1909 왕약망의 언론으로부터 본 자산계급자유화의 실질 / 장진륙 // 지부생활. – 1987,(3). – 9 – 12

1910 사욕은 나를 훼멸의 구렁텅이에 // 지부생활. – 1987,(7). – 51 – 52

1911 한≪공신≫의 타락 / 왕수명 // 지부생활. – 1987,(7). – 53 – 54

1912 뢰물을 요구하는 당원은 일률로 출당시킨다 // 지부생활. – 1987,(9). – 15

1913 미끼에 걸려들지 말자 / 설이 // 지부생활. – 1987,(9). – 35

1914 아큐식≪혁명당인≫에 대하여 / 석봉 // 지부생활. – 1987,(9). – 41

1915 관료주의의 류형 / 릉풍 // 지부생활. – 1988,(2). – 45

1916 금전에 눈이 어두워 / 룡구 // 지부생활. – 1988,(2). – 34

1917 리득을 보려다가 / 연규 // 지부생활. – 1988,(2). – 35

1918 사사로이 용지와 재목을 점하였다가 / 안규 // 지부생활. – 1988,(2). – 35

1919 해빛아래 그늘졌던 곳 / 량재현 // 지부생활. – 1988,(6). – 32 – 35

1920 벗,조수,길잡이,고문 / 차종범 // 지부생활. – 1988,(7). – 7

1921 부정기풍을 시정하는데서의 개혁개방의 적극적인 작용 / 고건기 // 지부생활. – 1988,(8). – 23 – 24

1922 개혁개방의 새로운 정세에서 어떤 행위가

투기모리에 속하는가 // 지부생활. - 1988,(9). - 19
1923 ≪당작풍을 바로 잡은후 입당하겠다≫는 생각이 옳은가 / 연심 // 지부생활. - 1988,(9). - 34 - 35
1924 이런 부문에서 특별히 중시를 돌려야 한다 // 지부생활. - 1988,(10). - 58
1925 정의와 사악과의 박투 / 공잡 // 지부생활. - 1988,(10). - 40 - 43
1926 와씰리의 렴결 / 배세백 // 지부생활. - 1988,(11). - 63
1927 현당위서기의 장례식을 두고 벌어진 일 / 림길 // 지부생활. - 1988,(11). - 14 - 18
1928 침통한 교훈 / 배재룡 // 지부생활. - 1989,(1). - 45
1929 금전고비를 넘지 못한 주임 당표 떼웠다 / 리강덕 // 지부생활. - 1989,(3). - 24 - 25
1930 아들이 죄를 지은 후의 선택 / 하정생 // 지부생활. - 1989,(3). - 24 - 25
1931 악몽에서 깨여난 나:뢰물을 받아먹은 자의 자백 / 장리인 // 지부생활. - 1989,(3). - 28 - 29
1932 자유주의의 12가지 표현 / 김덕진 // 지부생활. - 1989,(3). - 20
1933 군중의 각성이 낮다고 원망할수 없다:지부서기와의 담화 / 당문 // 지부생활. - 1989,(4). - 20
1934 서기가 회뢰를 거절한 이야기 / 려굉의 // 지부생활. - 1989,(5). - 17
1935 ≪붉은등을 보면 에돌아간다≫는데 대하여 / 호정은 // 지부생활. - 1989,(6). - 26
1936 인심을 얻는자가 천하를 얻는다 / 려품 // 지부생활. - 1989,(6). - 25 - 26
1937 ≪가장 감동적인 공연종목≫뒤에 / 진지원 // 지부생활. - 1989,(8). - 27 - 29
1938 뒤걸음쳐서는 전도가 없다 / 장언 // 지부생활. - 1989,(9). - 19 - 20
1939 반부패 초병들 / 김영림 // 지부생활. - 1989,(9). - 21 - 22
1940 부패현상의 산생근원은 금전오염에 있다 / 대유한 // 지부생활. - 1989,(9). - 18 - 19
1941 렴결정사는 지도일군부터 / 배재룡 // 지부생활. - 1989,(10). - 24 - 25
1942 부패현상의 행위특징 / 류본복 // 지부생활. - 1989,(10). - 34
1943 지도자자신부터 / 김림 // 지부생활. - 1989,(10). - 23
1944 당중앙에 올리는 사상회보 / 시림부 // 지부생활. - 1989,(11). - 10 - 12
1945 주동적인 탄백 관대한 처리 / 배재룡 // 지부생활. - 1989,(11). - 7
1946 ≪황금산≫을 주어도 양보하지 않겠다 / 류승신 // 지부생활. - 1989,(11). - 38 - 39
1947 동란중에서의 조자양 // 지부생활. - 1989,(12). - 31 - 34
1948 렴결건설과 관련하여 // 지부생활. - 1990,(1). - 14 - 15
1949 농촌당원간부들가운데 존재하는 부패현상을 홀시해서는 안된다 / 지규 // 지부생활. - 1990,(2). - 37
1950 이 고위급간부는 어떻게 타락되였는가 / 장균성 // 지부생활. - 1990,(3). - 33 - 34
1951 반부패투쟁을 계속 벌려나가야 한다 / 정규방 // 지부생활. - 1990,(4). - 34 - 35
1952 비판과 자기비판을 참답게 벌려 지도부의 사상작풍건설을 강화하여야 한다 / 왕경빈 // 지부생활. - 1990,(5). - 16 - 17
1953 한평생 좋은 일을 하자 / 오호 // 지부생활. - 1990,(7). - 40
1954 당건설에 관한 조자양의 열가지 오유적관점 / 고기상 // 지부생활. - 1990,(10). - 16 - 19
1955 부식된 영혼 // 지부생활. - 1990,(10). - 48
1956 사상수양 20가지 // 지부생활. - 1990,(12). - 20

D262 조직건설

1957 당조직과 당원들의 활동 // 지부생활. - 1955,(12). - 42 - 46
1958 1년래 연변지구의 당조직은 크게 발전공

고히 되였다 // 지부생활. – 1955,(12). – 1 – 3
1959 어떻게 적극분자를 선택하고 배양할것인가:간고하고 세심한 교육고찰사업을 잘 해야 한다 // 지부생활. – 1955,(13 – 14). – 59 – 60
1960 세화변질된 조희재 / 혁숭희 // 지부생활. – 1956,(1). – 23 – 26
1961 중국공산당의 조직원칙 // 지부생활. – 1957,(3). – 18 – 22
1962 그는 왜 예비기를 연장당했는가 / 김태호 // 지부생활. – 1957,(18). – 34
1963 10년래 연변지구의 당조직의 발전과 장래 // 지부생활. – 1959,(18). – 11 – 15
1964 민주를 충분히 발양하고 자유 토론을 전개하며 당의 기률을 엄수하자 / 장진발 // 연변. – 1962,(5). – 34 – 37
1965 무엇을 당의 민주 집중제라고 하는가? // 연변. – 1962,(5). – 42 – 43
1966 어째서 당의 민주 집중제는 민주의 기초우에서의 집중이라고 하는 가? // 연변. – 1962,(5). – 43
1967 당의 민주 집중제를 관철 집행하는 가운데서의 몇 가지 체득 / 리종석 // 연변. – 1962,(7). – 27 – 29
1968 조직의 수요에 복종하자 / 리춘 // 연변. – 1962,(7). – 30 – 32
1969 당의 조직생활을 강화하자 / 리종석 // 지부생활. – 1964,(12). – 25 – 28
1970 전 성 조직부장회의에서 한 송결함동지의 연설 // 지부생활. – 1980,(1). – 5 – 10
1971 건국이래의 당원발전사업을 어떻게 볼것인가 / 정오 // 지부생활. – 1980,(4). – 24 – 26
1972 《명망에 의한 권력》과 《직무에 의한 권력》 / 진술송 // 지부생활. – 1980,(4). – 35
1973 당의 규률을 위반한 당원에 대하여 어떻게 처분하여야 하는가 // 지부생활. – 1982,(6). – 32 – 33
1974 기꺼운 변화 // 지부생활. – 1983,(10). – 16 – 17
1975 지식인가운데서의 당원발전사업을 강화해야 한다 / 진자룡 // 지부생활. – 1983,(12). – 36 – 37
1976 예비당원에 대한 고찰과 정식당원으로 받아들이는 사업을 중시해야 한다 / 주언 // 지부생활. – 1985,(3). – 40 – 41
1977 당원을 발전시키는 사업에서 주의를 돌려야 할 몇가지 문제 // 지부생활. – 1985,(5). – 30 – 32
1978 당의 규률적책별에 대하여 // 지부생활. – 1985,(7). – 48 – 49
1979 새세대사람들을 대담하게 등용하여야 한다 // 지부생활. – 1985,(8). – 23 – 25
1980 우리 주 간부의 신로교체와 합작이 정상화 // 지부생활. – 1986,(1). – 57
1981 당의 규률을 엄하게 집행하자 / 설이 // 지부생활. – 1986,(7). – 21
1982 목전 당원발전사업에 존재하고있는 문제와 해결조치 // 지부생활. – 1986,(8). – 19 – 21
1983 당의 조직생활을 강화하자 / 창란 // 지부생활. – 1986,(9). – 30 – 31
1984 당작풍정돈의 제1선에서 / 설이 // 지부생활. – 1986,(9). – 11 – 13
1985 지부서기와 지부위원의 작용,직책,소양에 대하여 // 지부생활. – 1986,(9). – 32 – 34
1986 상품생산발전의 요구에 수응하여 촌급후비간부대오를 건설 // 지부생활. – 1986,(12). – 42 – 44
1987 적극분자에 대한 양성사업을 잘하여야 한다 / 림병천 // 지부생활. – 1987,(1). – 39 – 40
1988 간부선발표준을 정확히 장악하고 각급령도기구건설을 더욱 강화하자 / 라창진 // 지부생활. – 1987,(2). – 10 – 12
1989 당조직생활에 대하여 // 지부생활. – 1987,(4). – 35 – 36
1990 중청년간부들의 임명관과 해임관 / 염봉길 // 지부생활. – 1987,(5). – 43
1991 농촌녀성당원을 발전시키는데 중시를 돌리자 / 방용 // 지부생활. – 1987,(10). – 38 – 39
1992 상품경제발전에 수응되는 지도부를 건설

하여야 한다/ 로장화// 지부생활.－1987,(10).－17
1993 예비기연기와 예비당원자격취소에 대하여/ 류복귀// 지부생활.－1987,(10).－38－39
1994 로간부사업에 대한 문답// 지부생활.－1987,(11).－36
1995 공장장의 간부사용권과 당이 간부를 관리하는 원칙의 일치성에 대하여/ 대도진// 지부생활.－1988,(2).－23
1996 새로운 시기 조직사업간부에게 있어야 할 형상/ 진귀수// 지부생활.－1988,(2).－30－31
1997 입당동기의 차이성을 정확히 인식하여야 한다/ 마리// 지부생활.－1988,(2).－27
1998 당원발전사업에 관한 몇가지 문제/ 박문백// 지부생활.－1988,(3).－23－24
1999 입당동기와 개인목표/ 왕재// 지부생활.－1988,(3).－24－25
2000 당정기관은 렴결하여야 한다:중앙규률검사위원회책임동지 기자의 물음에 대답// 지부생활.－1988,(7).－8－10
2001 입당동기의 ≪이중성≫에 들어있어야 할 뜻/ 일훈// 지부생활.－1988,(7).－27－28
2002 자격이 없는 당원들을 타당하게 처리할데 대한 초보적견해/ 리종옥// 지부생활.－1988,(7).－29－30
2003 각 부장 및 위원회 주임 소개// 지부생활.－1988,(8).－53－55
2004 당을 엄격히 관리하며 자격이 없는 당원을 타당하게 처리하여야 한다// 지부생활.－1988,(8).－4－5
2005 엄중한 관료주의적 실직오유를 범한 당원지도간부들에게 당규률처분을 줄데 대한 잠정규정/ 중공중앙규률검사위원회// 지부생활.－1988,(9).－8－10
2006 자격이 없는 당원을 타당하게 처리할데 대한 문제와 관련하여 본사기자의 물음에 대답/ 리결사// 지부생활.－1988,(9).－11－14
2007 엄중한 부정입당사건/ 리승평// 지부생활.－1988,(9).－25－27
2008 림업정책을 위반한 당사자들을 엄숙히 처리/ 하준강// 지부생활.－1988,(10).－36－37
2009 문제와 해결대책:농촌당원관리교양에 대한 조사/ 주당위조직부// 지부생활.－1988,(10).－8－11
2010 자격없는 당원을 처리하는 사업에서 거둔 성과/ 리배덕// 지부생활.－1988,(11).－26－28
2011 당의 조직생활제도를 건전히 해야 한다// 지부생활.－1988,(12).－31－32
2012 당원들의 규률위반사건과 그 특점/ 김룡택// 지부생활.－1989,(3).－26－27
2013 ≪법에 걸려들고있는 관청되거리자≫들// 지부생활.－1989,(3).－21－23
2014 인민은 이런 감찰기관을 수요한다// 지부생활.－1989,(4).－27－29
2015 1988년도 우리 주 농촌당건설 상태 및 금후사업에 대한 의견/ 주당위 조직부// 지부생활.－1989,(5).－18－20
2016 당원들의 자질을 담보하기 위한 주당위조직부의 새규정// 지부생활.－1989,(6).－30－31
2017 당원발전사업에서 삼가해야 할 여섯가지 비정상적인 현상// 지부생활.－1989,(6).－33
2018 권고하여 탈당시키는것과 제명시키는것의 구별점// 지부생활.－1989,(10).－32
2019 엄격한 조직생활은 반부식제이며 응집제이다/ 방청// 지부생활.－1989,(10).－28－29
2020 예비당원을 정식당원으로 넘기는≪문≫을 잘 지켜야 한다/ 자로// 지부생활.－1989,(12).－29－30
2021 주규률검사위원회 고발신소제도// 지부생활.－1989,(12).－27
2022 어떻게 당내민주의 경로를 잘 소통시킬것인가/ 리태준// 지부생활.－1990,(1).－23
2023 사회주의도덕을 위반한 공산당원에게 당규률처분을 줄데 관한 중앙규률검사위원회의 약간한 규정// 지부생활.－1990,(3).－30－31
2024 우리 주 각 현,시 현임당위서기 부서기 규률검사위원회서기 명단// 지부생활.－1990,

(3). – 48

2025 지부위원회를 튼튼한 령도적핵심으로 건설하자면 // 지부생활. – 1990,(3). – 27

2026 당규률교양을 강화해야 한다 / 류문충 // 지부생활. – 1990,(4). – 26 – 27

2027 당규약을 어기고 당원을 발전시킨 정황에 대한 중앙조직부의 통보 // 지부생활. – 1990,(5). – 18 – 19

2028 개혁의 새로운 창조물—≪련쇄식목표관리책임제≫ / 훈춘시당위 조직부 // 지부생활. – 1990,(7). – 19 – 21

2029 령도간부민주생활회의에 존재하는 몇가지 폐단 // 지부생활. – 1990,(12). – 25

2030 중국공산당당원발전사업세칙 // 지부생활. – 1990,(12). – 26 – 28

D263 당원

2031 후보당원의 전당문제를 제때에 처리하자 // 지부생활. – 1955,(10). – 33 – 34

2032 공산당원들은 증산절약운동의 최전렬에서서 년간계획의 완수,초과완수를 위해 분투하자 // 지부생활. – 1955,(13 – 14). – 2 – 4

2033 공산당원은 사회주의혁명의 최전렬에 서야 한다 // 지부생활. – 1956,(5). – 45 – 47

2034 당원들에 대한 사회주의사상교육을 더욱 강화하겠다 / 심종택 // 지부생활. – 1956,(6). – 40 – 42

2035 당의 단결과 통일을 수호하는것은 매개 공산당원의 신성한 직책이다 // 지부생활. – 1957,(2). – 1 – 4

2036 매개 공산당원은 반우파투쟁중에서 자신을 고험,단련하자 // 지부생활. – 1957,(17). – 1 – 5

2037 사회주의 대변론중에서 공산당원이 가져야 할 태도 // 지부생활. – 1957,(22). – 14 – 16

2038 공산당원들은 지방민족주의를 반대하는 최전렬에 서자 // 지부생활. – 1959,(10). – 2 – 7

2039 입당을 쟁취하는 길에서 / 리호 // 연변. – 1962,(7). – 13

2040 당성 단련에 힘쓰자 / 김문 // 연변. – 1962,(10). – 21 – 22

2041 당원이 만약 당의 결의에 대하여 부동의되는 점이 있을 때는 어떻게 하여야 하는가? // 연변. – 1962,(11). – 23

2042 당의 기대를 절대 저버리지 않겠다 / 대경채유4부 녀민병련 // 동북민병. – 1975,(2). – 39 – 40

2043 내가 만나본 주은래 / 에드가 스노 // 지부생활. – 1980,(2). – 6 – 9

2044 일을 공평하게 처리하는 사람 / 왕치진 // 지부생활. – 1980,(2). – 15

2045 라서경동지가 조직생활을 견지한 이야기 // 지부생활. – 1980,(5). – 45

2046 류소기동지께서 당원의 정치생활을 관심한 이야기 / 래진익 // 지부생활. – 1980,(7). – 28 – 29

2047 ≪당의 간부≫에 관한 몇가지 문제 // 지부생활. – 1980,(9). – 26 – 27

2048 주은래와 소녀 // 지부생활. – 1980,(9). – 35 – 37

2049 팽덕회에게서 받은 인상 / 에드가 스노 // 지부생활. – 1980,(9). – 38 – 40

2050 동기와 효과 / 서문 // 지부생활. – 1980,(10). – 16

2051 ≪쓸모없≫는 사람으로 되지 말자 / 류충신 // 지부생활. – 1980,(11). – 36

2052 공산당원은 공산주의적순결성을 확보하여야 한다 / 단보화 // 지부생활. – 1982,(10). – 9 – 11

2053 공산주의위업을 실현하기 위하여 / 왕위력 // 동북민병. – 1982,(19). – 8 – 9

2054 공산주의사상으로 당원을 교양하자 // 지부생활. – 1983,(1). – 4 – 6

2055 공산당원은 어떻게 당성수양을 진행하여야 하는가 / 추초문 // 지부생활. – 1985,(1). – 39 – 40

2056 선진당위,선진당지부,선진당소조와 모범공산당원,우수공산당원을 표창할데 관한 결정(요지) // 지부생활. – 1985,(1). – 3

2057 우리 벽촌을 찾으신 총서기 / 추애국 // 지부생활. – 1985,(1). – 48 – 49

2058 황족의 후예로부터 공산당원으로 / 조충범 // 지부생활. – 1985,(1). – 47

2059 공산당원은 반드시 시대적소질을 갖추어야 한다/리덕명//지부생활.－1985,(4).－7－8

2060 공산당원은 리상이 있고 규률을 지키는 모범이 되여야 한다//지부생활.－1986,(2).－25－27

2061 공산당원의 책임/정장록//지부생활.－1986,(5).－10－14

2062 공업전선에서 위훈을 떨치고있는 공산당원들//지부생활.－1986,(5).－27－29

2063 새로운 시기 농촌공산당원의 형상/량재현//지부생활.－1986,(5).－4－9

2064 팽덕회친필원고 보존경과/호요방//지부생활.－1986,(5).－63

2065 금융전선의 견고한 ≪장성≫/시경국//지부생활.－1986,(7).－13－15

2066 변강의 혁명과 건설을 위하여//지부생활.－1986,(7).－26－28

2067 붉게 타오르는 저녁노을/수걸//지부생활.－1986,(7).－15－18

2068 산촌의 녀의사/김옥//지부생활.－1986,(7).－9－12

2069 목전 공산당원은 어떤 면에서 당성단련을 강화해야 하는가//지부생활.－1986,(8).－34－36

2070 전화속에서의 공산당원들/김문원//지부생활.－1986,(8).－37－40

2071 시대의 수요에 적응되는 공산당원이 되여야 한다/남석//지부생활.－1986,(10).－24－25

2072 공산당원은 ≪세가지 리익≫을 고루 돌보는 모범이 되여야 한다//지부생활.－1986,(12).－19－24

2073 공산당원은 앞장서 관념을 갱신하여야 한다/마기//지부생활.－1986,(12).－47－48

2074 공산주의리상을 실현할 신념을 굳게 다져야 한다//지부생활.－1986,(12).－10－12

2075 홍수방지투쟁의 나날에//지부생활.－1986,(12).－28－35

2076 공산당원은 두가지 문명건설의 선봉이 되여야 한다/리덕수//지부생활.－1987,(1).－4－8

2077 새로운 시기 공산당원의 선봉적역할과 모범적역할을 재는 척도/호태화//지부생활.－1987,(1).－51

2078 창조적 정신 보람찬 성과/지만//지부생활.－1987,(1).－28－30

2079 상품경제발전과 당원의 역할/리준일//지부생활.－1987,(2).－28－29

2080 인민의 미더운 검찰간부/정선//지부생활.－1987,(4).－12－13

2081 국책제정에 기여한 ≪작은 인물≫/오후복//지부생활.－1987,(5).－35－37

2082 공산당원은 정의를 위하여 용감히 싸워야 한다/서인//지부생활.－1987,(6).－30－32

2083 리서환시장/석견//지부생활.－1987,(6).－21－25

2084 공산당원은 사회주의길을 견지하는 충직한 전사로/리정왕//지부생활.－1987,(7).－17－18

2085 공산당원은 직업도덕을 준수하는데서 모범이 되여야 한다/고적//지부생활.－1987,(7).－12－13

2086 당지부서기가 갖추어야 할 자질/장경암//지부생활.－1987,(7).－25－26

2087 주 선진당조직 모범당원 우수당사업간부 우수당원 명단//지부생활.－1987,(7).－4－11

2088 중국공산당 당원수//지부생활.－1987,(7).－64

2089 공산당원이 수립하여야 할 관념/사준//지부생활.－1987,(10).－24－26

2090 새로운 시기 당원이 가져야 할 품성//지부생활.－1987,(10).－62

2091 공산당원은 자기의 의무와 권리를 정확히 대하여야 한다//지부생활.－1987,(11).－17－20

2092 공군부사령원 리영태/채선무//지부생활.－1988,(1).－21－22

2093 정치체제개혁에서의 공산당원의 주요책임/서소//지부생활.－1988,(5).－14－15

2094 새로운 시기 공산당원이 갖추어야 할 형상/온국권//지부생활.－1988,(6).－27－30

2095 초급단계에서의 당원교양사업에 대한 소견 / 서범영 // 지부생활. − 1988,(6). − 22 − 23

2096 새로운 시기 공산당원에게 갖추어져야 할 형상 / 류위민 // 지부생활. − 1988,(9). − 15 − 16

2097 초유록의 아들딸들 / 강효휘 // 지부생활. − 1988,(9). − 43 − 49

2098 개체경제활동에서의 당원의 모범적역할에 대하여 / 일궁 // 지부생활. − 1988,(10). − 17 − 18

2099 유전에 피여난 진달래 / 로경우 // 지부생활. − 1988,(10). − 26 − 28

2100 자격이 없는 당원의 10가지 표현 // 지부생활. − 1988,(10). − 30

2101 홍수방지투쟁에 나선 로인들 / 김형학 // 지부생활. − 1988,(10). − 19

2102 개혁의 거세찬 흐름속에서 / 정해룡 // 지부생활. − 1988,(11). − 22 − 24

2103 생산력표준과 당원표준 / 류상양 // 지부생활. − 1988,(11). − 19 − 21

2104 예비당원에 대하여 엄격히 심사하고 교양을 강화하여야 한다 / 손전복 // 지부생활. − 1988,(2). − 28 − 29

2105 새로운 시기 당원자질에 대한 기본요구 / 애지 // 지부생활. − 1989,(1). − 21 − 23

2106 ≪선진당조직 우수당원 쟁취활동≫을 더 활발히 벌려나가자 / 왕경빈 // 지부생활. − 1989,(7). − 16 − 17

2107 중공연변주위 제3차표창대회 선진당조직 우수당원 우수당일군 명단 // 지부생활. − 1989,(7). − 7 − 9

2108 집법자의 생명 − 렴결 / 강소중 // 지부생활. − 1989,(7). − 17

2109 당내민주생활회에서 삼가해야 할 다섯가지 / 류덕원 // 지부생활. − 1989,(9). − 23

2110 당원평의에서 방지하여야 할 10가지 경향 // 지부생활. − 1989,(11). − 22 − 23

2111 국법의 존엄을 지켜선 검찰장 / 주규위 // 지부생활. − 1989,(12). − 20 − 21

2112 당원교양에서 강화하여야 할 다섯가지 문제 / 공령미 // 지부생활. − 1990,(5). − 9 − 11

D264 정풍, 정당운동

2113 농업합작화의 고조속에서 건당,정당사업을 잘하자 / 뢰명옥 // 지부생활. − 1955,(24). − 1 − 16

2114 정당후의 새 기상 / 최기숙 // 지부생활. − 1956,(6). − 61

2115 정당성과를 공고히 하기 위하여 노력하자 // 지부생활. − 1956,(8). − 1 − 4

2116 정당에 적극 참가하자 // 지부생활. − 1957,(2). − 26 − 28

2117 정풍운동에 관한 지시 // 지부생활. − 1957,(11). − 14 − 15

2118 연안정풍운동 // 지부생활. − 1957,(13). − 6 − 8

2119 생산과 정풍의 두개 열조 / 어덕생(于德生); 고유년(高有年) // 지부생활. − 1957,(23). − 31 − 33

2120 인식을 단정히 하고 정당에 적극 참가하자 / 리종석 // 지부생활. − 1958,(2). − 27 − 30

2121 정사와 결합하여 정당을 잘하자 // 지부생활. − 1958,(5). − 5 − 7

2122 지부공작경쟁을 전개하여 정당정사운동을 추진시키자 / 진화 // 지부생활. − 1958,(6). − 6 − 10

2123 당의 전망을 정돈 공고히 하자 / 정희수 // 지부생활. − 1959,(8). − 34 − 36

2124 정사공작중 정당을 진행한 체험 / 리종석 // 지부생활. − 1959,(8). − 30 − 33

2125 지방민족주의를 반대하는것을 중심으로한 정풍운동을 진일보 신입전개하자 // 지부생활. − 1959,(9). − 2 − 5

2126 당성,당풍,당규률교양,검사활동을 전개하는 것이 가지는 중대한 의의에 대하여 // 지부생활. − 1982,(5). − 11 − 12

2127 당풍을 바로잡음에 있어서 나약해서는 안된다 / 리승규 // 지부생활. − 1982,(5). − 22 − 23

2128 정당의 성과를 공고제고하자 / 리종석 // 지부생활. − 1960,(5). − 35 − 40

2129 당풍을 바로잡고 당의 령도를 강화하고

개선하여야 한다 // 지부생활. − 1982,(6). − 12
2130 당풍정돈에서 앞장선 지부위원들 / 동춘 // 지부생활. − 1982,(7). − 19 − 20
2131 정당,정풍조치의 하나 / 저빈 // 지부생활. − 1982,(8). − 28
2132 왜 정당에서 당원등록을 해야 하는가 // 지부생활. − 1983,(3). − 48
2133 정당준비를 잘하기 위하여 새 당규약을 참답게 학습 / 최인수 // 지부생활. − 1983,(4). − 28 − 29
2134 개혁가운데서 정당하고 정당으로 개혁을 추진시켜야 한다 / 요지 // 지부생활. − 1983,(5). − 4
2135 정당시점사업을 잘하자 // 지부생활. − 1983,(5). − 2 − 3
2136 정당준비사업을 잘하여야 한다 / 축지초 // 지부생활. − 1983,(6). − 17
2137 정당가운데서 나타난 새 기상 / 김창호 // 지부생활. − 1983,(7). − 28 − 30
2138 정당에 관한 중국공산당중앙위원회의 결정 // 지부생활. − 1983,(11). − 5 − 14
2139 우리 당 력사상 4차정당정풍운동 / 추영경 // 지부생활. − 1983,(12). − 50 − 51
2140 ≪정당에 관한 중국공산당중앙위원회의 결정≫을 학습할데 관한 중공연변주위의 통지 // 지부생활. − 1983,(12). − 5 − 6
2141 정당은 현대화건설의 위대한 승리를 전취하기 위한 중대한 절차이다 // 지부생활. − 1983,(12). − 6 − 9
2142 정당을 잘하기만 하면 당의 작풍은 호전될 수 있다 / 김룡택 // 지부생활. − 1983,(12). − 15 − 16
2143 중공중앙정당사업지도위원회 제1호통지 // 지부생활. − 1983,(12). − 4
2144 ≪정당에 관한 중공중앙의 결정≫학습요점 // 지부생활. − 1985,(2). − 2 − 6
2145 시험적정당의 성과를 공고발전시키자 // 지부생활. − 1985,(3). − 3 − 4
2146 정당의 성과를 공고발전 // 지부생활. − 1985,(3). − 13 − 14
2147 높은 표준으로 우리 주 정당과업을 완수하자 // 지부생활. − 1985,(4). − 4 − 6
2148 어떻게 높은 표준으로 당정돈임무를 완수할 것인가 / 주직문 // 지부생활. − 1985,(5). − 12 − 14
2149 당정돈에서 나타난 새 기상 / 양전희 // 지부생활. − 1985,(11 − 12). − 110 − 111
2150 전국 당작풍시정사업경험교환회의에서 한 연설 / 진운 // 지부생활. − 1985,(11 − 12). − 55
2151 중공중앙당정돈사업지도위원회 농촌당정돈사업포치에 관한 통지 // 지부생활. − 1986,(1). − 6 − 11
2152 당정돈후의 새 작풍 새 기상 // 지부생활. − 1986,(4). − 12 − 14
2153 지난해 출당당한 2만5천여명 당원에 대한 분석 / 소비 // 지부생활. − 1988,(12). − 34 − 36

D267 당의 기층사업

2154 공장 광산 기업중에서 당원교양사업을 강화하자 / 중공연변지위선전부 // 지부생활. − 1955,(2). − 5 − 9
2155 총로선학습을 재차 심입하여 종업원들의 생산적극성을 제고 / 림성률 // 지부생활. − 1955,(4). − 35 − 36
2156 기층 당조직의 전투력을 강화하자 // 지부생활. − 1955,(6). − 22 − 23
2157 당면 연변농촌 당기층조직의 중대한 과업 // 지부생활. − 1955,(6). − 1 − 5
2158 전투력이 높지 못한 당지부를 참답게 정돈제고시키자 / 리종석 // 지부생활. − 1955,(9). − 38 − 42
2159 당원대회에 대한 편면적인식을 극복하자 / 강성구 // 지부생활. − 1955,(10). − 19
2160 상업계통의 전체 공산당원들은 반탐오학습의 최전렬에 서자 // 지부생활. − 1955,(11). − 4 − 7
2161 완강한 전투정신으로 금년도 증산임무의 완성,초과완성을 위해 분투하자 // 지부생활. − 1955,(11). − 1 − 3

2162 농촌지부에서는 중소학졸업생에 대한 안치교육사업을 중시해야 한다 // 지부생활. – 1955,(12). – 39 – 41

2163 기업중에서의 당과교육의 질적제고를 위하여 // 지부생활. – 1955,(13 – 14). – 32 – 34

2164 농촌지부 교육사업중의 형식주의를 극복하자 / 연변지위선전부 // 지부생활. – 1955,(13 – 14). – 21 – 26

2165 공장 광산 기업내의 선전망사업을 정돈강화할데 관하여 / 연변지위선전부 // 지부생활. – 1955,(15). – 48 – 51

2166 당의 기업 기층지부의 사업임무 // 지부생활. – 1955,(20). – 44 – 47

2167 공업분야의 공산당원들이여 년간계획의 완성 초과완성을 쟁취하자 // 지부생활. – 1955,(22). – 58 – 60

2168 상업계통의 공산당원들은 농업생산을 힘써 지지하자 / 강석창 // 지부생활. – 1956,(5). – 50 – 52

2169 인민공사당대표대회를 어떻게 잘 열것인가 / 리종석 // 지부생활. – 1959,(10). – 16 – 20

2170 모주석이 친히 세운 소산지부 / 왕중걸 // 지부생활. – 1959,(13). – 36 – 41

2171 재정무역공작에서 각족 인민을 위해 더 잘 복무하자 // 지부생활. – 1959,(22). – 46 – 50

2172 농촌당지부의 전투보루작용을 충분히 발휘하자 // 지부생활. – 1961,(2). – 22 – 24

2173 연안 생산 대대의 당 지부에서는 어떻게 지부 공작을 전개하였는가? / 리산 // 연변. – 1961,(6). – 28 – 30

2174 농촌 당 지부의 공작임무와 활동 방법 // 연변. – 1961,(7). – 38 – 39

2175 사람을 친절하게 대해야 한다 // 연변. – 1961,(7). – 35 – 37

2176 지부 교육 공작을 강화하여 당원들의 사상과 정책 수준을 제고시키자 // 연변. – 1961,(8). – 22 – 24

2177 횡도 생산 대대 당지부에서는 ≪3포 1장≫제를 어떻게 관철하고 있는 가? / 연길현 태양인민 공사 통신 소조 // 연변. – 1961,(8). – 28 – 29

2178 석현 생산대대 당지부에서는 어떻게 당과 교육을 견지하였는가? // 연변. – 1961,(9). – 21 – 25

2179 농촌 인민 공사의 당 조직의 령도 작용을 강화하자 // 연변. – 1961,(12). – 11 – 13

2180 기층 당 조직에 있어서 서기와 위원과의 관계는 어떠한가? // 연변. – 1962,(4). – 19

2181 당 소조의 임무와 작용은 무엇인가? // 연변. – 1962,(4). – 19

2182 중공 맹령 생산대대 지부에서 당과 교육을 견지한 경험 / 고성학;전인구 // 연변. – 1962,(5). – 40 – 41

2183 일선에서 활약하는 당소조 / 성기 // 연변. – 1962,(6). – 29

2184 중공 쌍하대대 지부에서는 민족 공작을 어떻게 전개 하였는가? / 경수;리산 // 연변. – 1962,(9). – 20 – 21

2185 군중을 조직하여 생산대토론을 하여 집체생산의 적극성을 격발시켰다 / 사령 // 지부생활. – 1964,(3). – 19 – 23

2186 생산규획을 제정하는데 있어서 군중을 충분히 발동해야 한다 / 만리 // 지부생활. – 1964,(3). – 24 – 25

2187 더욱 많은 사람들을 조직하여 모주석저작을 학습하게 하겠다 / 려등곤 // 지부생활. – 1964,(4). – 46 – 48

2188 사상 인식 문제의 해결로부터 착수:사수생산 대대 당 지부에서 간부 들을 교육하여 집체 생산 로동에 참가하게 한 체험 / 신창희 // 연변. – 1964,(4). – 18 – 19

2189 어떻게 농촌당조직 자체건설을 강화할것인가 // 지부생활. – 1980,(4). – 36 – 37

2190 임무와 방법 / 리두석 // 연변. – 1964,(4). – 14 – 15

2191 점차≪다섯가지가 있게≫하고 ≪세가지를 정≫하여 학습소조를 공고히 하겠다 / 번연희 // 지부생활. – 1964,(4). – 48 – 49

2192 현유의 기초우에서 학습을 한걸음 더 제고

시키겠다 / 우해수 // 지부생활. − 1964,(4). − 44 − 45
2193 공정하게 처사한 진지무 // 지부생활. − 1980,(7). − 48
2194 무장부장이 당위에 들어가는 문제를 참답게 해결해야 한다 / 유홍재 등 // 동북민병. − 1980,(9). − 36 − 37
2195 개혁의 정신으로 기관당건설의 새로운 국면을 개척 // 지부생활. − 1985,(3). − 10 − 12
2196 목전 농촌당사업에 나서고있는 중요한 임무 // 지부생활. − 1986,(1). − 53
2197 새로운 형세에 맞게 농촌기층당지도부를 조절하였다 // 지부생활. − 1986,(1). − 54 − 57
2198 훌륭한 사회환경을 마련하기 위하여 // 지부생활. − 1986,(2). − 42 − 44
2199 전 주 향진당정돈사업포치에 관한 의견 // 지부생활. − 1986,(3). − 41 − 45
2200 기관의 작풍을 전변시키기 위하여 // 지부생활. − 1986,(5). − 30 − 31
2201 개혁의 요구에 적응하여 농촌의 기층당조직건설을 강화하자 / 조지 // 지부생활. − 1986,(6). − 16 − 19
2202 농촌당기층조직설치의 조절문제에 대하여 // 지부생활. − 1986,(6). − 25 − 26
2203 사상실제에 맞게 형세정책교양을 진행하였다 / 해문 // 지부생활. − 1986,(6). − 27 − 29
2204 도시의 당의 기층조직설치와 당원관리에 대하여 // 지부생활. − 1986,(7). − 28 − 29
2205 선진청년들속에서 당원을 발전시키는 사업을 잘하자 / 김록산 // 지부생활. − 1986,(7). − 34 − 35
2206 상품경제관념을 높이는데도 주의를 돌려야 한다 / 장진발 // 지부생활. − 1986,(10). − 15 − 17
2207 새로운 형세하에서 농촌문화실을 잘 꾸려야 할 필요성과 절박성 // 지부생활. − 1986,(10). − 22 − 24
2208 우리 주 농촌 촌급당정돈을 어떻게 잘 할 것인가 / 라창진 // 지부생활. − 1986,(10). − 7 − 14
2209 농촌당정돈의 중점을 어디에 둘것인가 // 지부생활. − 1986,(12). − 1
2210 문명촌,문명진 건설의 기본경험과 요구 / 왕대명 // 지부생활. − 1986,(12). − 24 − 27
2211 관념갱신을 앞세우고 상품생산의 발전을 촉진 / 박일찬 // 지부생활. − 1987,(1). − 24 − 27
2212 치부의 길에서 달리는 사람들 / 리학근 // 지부생활. − 1987,(3). − 16 − 21
2213 전 주 촌급당정돈사업 성과적으로 결속 // 지부생활. − 1987,(5). − 23 − 25
2214 당원교양을 경상화 제도화 / 복생 // 지부생활. − 1987,(10). − 25 − 26
2215 량호한 환경을 조성하여 상품생산의 발전을 촉진 // 지부생활. − 1987,(11). − 13 − 14
2216 초급당지부의 감화호소력에 대하여 // 지부생활. − 1987,(11). − 31 − 32
2217 사상정치사업 틀어쥐여야 할 도급기업소 당조직들에서 // 지부생활. − 1988,(2). − 22
2218 개혁이 가져다준 새 활력 / 방주철 // 지부생활. − 1988,(6). − 15
2219 당원복무소조활동을 벌려 상품경제발전을 추진 / 화룡현당위조직부 // 지부생활. − 1988,(6). − 30 − 31
2220 위험한 도약:중국향진기업소문제에 대한 고찰 / 상양 // 지부생활. − 1988,(6). − 19 − 20
2221 개혁개방과정에 나온 새사물 − 개체근로자당조직체 / 연길시개체근로자협회당위 // 지부생활. − 1988,(7). − 16 − 17
2222 상품경제를 발전시키는것을 당위사업에서의 중심임무로 / 훈춘현 량수진당위 // 지부생활. − 1988,(7). − 11 − 14
2223 축하와 희망 / 라창진 // 지부생활. − 1988,(7). − 4 − 5
2224 기업소당조직의 담보 감독역할에 대하여 / 지성룡 // 지부생활. − 1988,(8). − 28 − 29
2225 당의 기층조직건설을 강화하고 전당 동지들의 규률관념을 높여야 한다 // 지부생활. − 1988,(8). − 1
2226 예비역부대 기층 당조직건설가운데의 몇

가지 구체 문제에 대하여 / 류지군 // 동북민병. - 1988,(8). - 30 - 31

2227 최근 10년간에 이룩한 우리 주 공농업생산의 눈부신 성과 / 김숙련 // 지부생활. - 1988,(10). - 6 - 8

2228 무장부당위건설에 대한 소견 / 동성학 // 동북민병. - 1988,(11). - 28 - 29

2229 당면 농촌선전사업에서 주의를 돌려야 할 몇가지 문제 / 진운봉 // 지부생활. - 1988,(12). - 18 - 20

2230 경제환경을 다스리고 경제질서를 정돈하며 개혁을 심화시키는 사업을 우리 주에서는 어떻게 하는가 // 지부생활. - 1989,(1). - 4 - 7

2231 농촌기층당조직건설을 어떻게 틀어쥘것인가 / 려풍 // 지부생활. - 1989,(1). - 14 - 15

2232 제도에 의해 당원들의 규률성을 강화하였다 / 박정춘 // 지부생활. - 1989,(2). - 13 - 14

2233 실제로부터 출발하여 촌지도부를 정돈 / 돈화시 사하연진당위 // 지부생활. - 1989,(3). - 34 - 35

2234 자격없는 농민당원을 처리한 5개 실례 // 지부생활. - 1989,(4). - 16 - 18

2235 농촌지부서기사업을 어떻게 할것인가 // 지부생활. - 1989,(5). - 11 - 13

2236 군중을 치부의 길로 / 안도현당위조직부 // 지부생활. - 1989,(6). - 14

2237 7일간 ≪암행≫한 신임성장 / 담패전 // 지부생활. - 1989,(6). - 27 - 28

2238 농촌당조직의 흡인력 응집력 전투력은 어디에서 오는가 / 주당위조직부 // 지부생활. - 1989,(9). - 4 - 7

2239 농촌규률검사사업을 어떻게 잘할것인가 / 정화평 // 지부생활. - 1989,(11). - 36 - 37

2240 어떻게 농촌당조직의 응집력 호소력을 높일것인가 / 조봉덕 // 지부생활. - 1989,(11). - 12 - 13

2241 농촌당지부서기가 갖추어야 할 자질 / 진건명 // 지부생활. - 1990,(1). - 28 - 29

2242 기업문화의 풍만한 성과 / 장맹 // 지부생활. - 1990,(2). - 19 - 20

2243 농촌에서의 당력량이 약한 문제 및 해결대책 // 지부생활. - 1990,(3). - 24 - 26

2244 사회주의사상교양이 낳은 생명력 // 지부생활. - 1990,(3). - 4 - 7

2245 이번 농촌사회주의사상교양의 지도사상과 3개 과제 // 지부생활. - 1990,(12). - 7 - 9

D4 공인, 농민, 청년, 부녀 운동과 조직

D41 로동자 운동과 조직

2246 가장 영광스러운 한해 / 윤순옥 // 지부생활. - 1955,(1). - 46 - 47

2247 새해 국가생산계획의 전면적초과완성을 위해 분투하겠다 / 최기숙 // 지부생활. - 1955,(1). - 40 - 42

2248 조국의 사회주의건설과 세계평화를 위하여:근로인민의 단결과 투쟁의 명절 - 5.1절을 맞이하면서 // 지부생활. - 1955,(8). - 1 - 4

2249 무한장강대철교공사는 시작되였다 // 소년아동. - 1955,(10). - 12

2250 사업일군들의 정치학습 / 김재석 // 지부생활. - 1955,(11). - 42 - 43

2251 국가생산계획을 줄곧 완성하도록 보증 감독한 당지부 / 최기숙 // 지부생활. - 1955,(13 - 14). - 47 - 48

2252 로동자업여학습에 대한 대단한 중시 / 동기 // 지부생활. - 1955,(13 - 14). - 55

2253 자동차공업도시:제1자동차공장소개 / 백암 // 지부생활. - 1955,(13 - 14). - 75 - 76

2254 공업의 발전속도에 관한 문제 // 지부생활. - 1955,(17). - 48

2255 락후한 차간이 선진차간으로 / 리희일 // 지부생활. - 1955,(17). - 28 - 32

2256 로농동맹을 공고히 하며 사회주의공업화를 지원하자 // 지부생활. - 1955,(17). - 5 - 10

2257 중공업에 쓰는 돈이 왜 제일 많은가? // 지부생활. – 1955,(17). – 49
2258 로동자에 대한 5개년계획선전보고제강 // 지부생활. – 1955,(20). – 3 – 16
2259 기업중의 공산당원들이여 사회주의로동경쟁과 선진생산자운동의 최전렬에 나서자 // 지부생활. – 1956,(7). – 10 – 12
2260 선진생산자운동을 적극 전개하여 로동경쟁을 가일층 추진시키자 / 요흔(姚昕) // 지부생활. – 1956,(7). – 1 – 6
2261 연길시 공장,기업의 로동경쟁은 어째서 불평형한가 / 류희걸 // 지부생활. – 1956,(7). – 13 – 15
2262 군중에 의지하면 극복못할 곤난이 없다 / 리학성 // 지부생활. – 1956,(8). – 18 – 21
2263 생산과 소비자를 위해 참답게 복무하는 채성금 / 강윤렬 // 지부생활. – 1956,(9). – 36 – 38
2264 생산고조중의 안전생산을 더욱 중시하자 // 지부생활. – 1956,(12). – 24 – 25
2265 밤은 깊어도 야장간은 그냥 일하고있다 / 봉하 // 지부생활. – 1957,(4). – 29 – 30
2266 상해로동자 3차의거 // 지부생활. – 1957,(9). – 39 – 42
2267 기관차의 재생 / 장해순 // 지부생활. – 1957,(14). – 33 – 34
2268 공장,기업에 있어서의 공산당원들의 당면중심과업 // 지부생활. – 1957,(15). – 1 – 4
2269 로동자들은 웨친다 / 리희일 // 지부생활. – 1957,(15). – 5 – 6
2270 제초기 천대의 원료는 어디서 왔는가 / 갈학지(葛學志) // 지부생활. – 1957,(15). – 9 – 10
2271 면포절약에 힘쓰자 / 손수화(孫秀華) // 지부생활. – 1957,(17). – 39 – 41
2272 모순을 적절히 해결하면 새 기상이 나타난다 / 최홍록 // 지부생활. – 1957,(17). – 22 – 25
2273 12만원을 더 증산하기 위하여 / 정조 // 지부생활. – 1957,(18). – 33
2274 증산절약의 본보기 – 리덕봉 / 최일석 // 지부생활. – 1957,(18). – 31
2275 로동계급의 대장부 // 지부생활. – 1957,(19). – 18 – 20
2276 오늘의 연변농구공장 / 리희일 // 지부생활. – 1957,(19). – 33 – 36
2277 이렇게 정풍과 생산을 잘하고있다 // 지부생활. – 1957,(20). – 11 – 12
2278 로동계급의 지위와 책임 // 지부생활. – 1957,(22). – 1 – 6
2279 우리는 어떻게 로동자들을 령도하여 사회주의대변론을 진행했는가 / 진원하(秦元河) // 지부생활. – 1957,(22). – 24 – 26
2280 직공의 생활개선은 반드시 생산을 발전시킨 기초우에서 점차 실현되여야 한다 // 지부생활. – 1957,(23). – 7 – 12
2281 사회주의대변론을 거쳐 생산중의 관건을 해결했다 / 리영발,제환영(李永發,齊煥榮) // 지부생활. – 1957,(24). – 48 – 49
2282 강 1.070만톤을 기한전에 완성한 위대한 승리를 경축한다 // 지부생활. – 1958,(1). – 51 – 53
2283 착실하고 고심하고 재치있게 일하겠다 / 최규환 // 지부생활. – 1958,(1). – 46 – 47
2284 드높은 열의 고심한 연찬 / 최준 // 지부생활. – 1958,(5). – 11
2285 보수사상을 타파하고 더욱 크게 약진하기 위하여 / 신창희 // 지부생활. – 1958,(5). – 15 – 17
2286 공농상을 동시에 틀어잡았다 // 지부생활. – 1959,(14). – 41 – 43
2287 공사를 근검하게 꾸리는데 있어서의 몇개 조치 / 일송,기숙 // 지부생활. – 1959,(14). – 7 – 8
2288 우리는 증산절약운동을 이렇게 발동했다 // 지부생활. – 1959,(14). – 9 – 12
2289 증산절약운동가운데의 붉은기경쟁 / 허창윤 // 지부생활. – 1959,(14). – 13 – 14
2290 증산절약운동을 심입전개하자 // 지부생활. – 1959,(14). – 2 – 6
2291 한달동안에 반기계화를 실현 / 강윤렬 // 지부생활. – 1959,(14). – 17
2292 약진의 걸음소리 / 문진 // 지부생활. – 1959,

(17). − 42 − 45
2293 국가경제건설중 우리 주 공인계급의 공헌 거대 // 지부생활. − 1959,(18). − 16
2294 거대한 변화 / 박영근;최흥록 // 지부생활. − 1959,(19). − 27 − 31
2295 국경10주년을 맞는 나의 기쁨 / 박채옥 // 지부생활. − 1959,(19). − 52 − 53
2296 증산절약운동을 전개한 초보경험 / 최흥묵 // 지부생활. − 1959,(20). − 16 − 19
2297 건축공업에서의 표병 // 지부생활. − 1959,(22). − 24 − 30
2298 삼림속에서 일어난 증산절약운동 / 리산 // 지부생활. − 1959,(22). − 19 − 22
2299 공업이 농업을 지원하는 것은 공인계급의 영광스러운 임무이다 // 지부생활. − 1960,(3). − 25 − 32
2300 모택동사상의 붉은기를 높이 추켜들고 보다 큰 약진에로 // 지부생활. − 1960,(4). − 14 − 20
2301 수리공정에 나선 후근원들 / 김기대 // 지부생활. − 1960,(4). − 48
2302 생산에서 영웅,학습에서 모범 / 김흥 // 지부생활. − 1960,(4). − 49 − 51
2303 위대한 의지 휘황한 성취 // 지부생활. − 1960,(4). − 30 − 31
2304 목전 기술혁신,기술혁명의 분투목표는 무엇이고 틀어잡아야 할 공작은 무엇인가 // 지부생활. − 1960,(8). − 25 − 35
2305 부단혁명의 사상을 수립하고 기술혁신 기술혁명을 새로운 고봉에 추진시키자 // 지부생활. − 1960,(8). − 50 − 57
2306 기술혁명의 빛나는 성과로써 붉은 5월을 더욱 빛내자 / 김태섭 // 지부생활. − 1960,(9). − 2 − 5
2307 농업기술개조를 지원하여 공농련맹을 공고히 하자 / 박영찬 // 지부생활. − 1960,(9). − 47 − 51
2308 약진시대의 선봉들 // 지부생활. − 1960,(9). − 39 − 43
2309 우리 공사에서는 어떻게 공구개혁운동을 진행했는가 / 리원일 // 지부생활. − 1960,(9). − 32 − 34
2310 자기의 일터에서 / 원목;풍건 // 지부생활. − 1964,(10). − 7 − 13
2311 과감하게 일하는 사람들 / 리산 // 지부생활. − 1960,(11). − 10 − 14
2312 4방위력을 현시하여 전력으로 하서생산을 추동하자 // 지부생활. − 1960,(11). − 18 − 20
2313 판매조작에서 ≪10화≫를 실현 // 지부생활. − 1960,(11). − 15 − 17
2314 기술혁신과 생산을 대립시키지 말아야 한다 // 지부생활. − 1960,(12). − 46 − 47
2315 공작엔 간고분투 생활엔 간고소박 / 김성기 // 지부생활. − 1961,(3). − 15 − 19
2316 공인계급의 간고분투하는 우량한 전통을 발양하자 / 부진성 // 지부생활. − 1961,(3). − 10 − 14
2317 생산이 긴장할수록 안전공작을 더욱더 잘해야 한다 // 지부생활. − 1961,(3). − 50 − 51
2318 근검 건국, 근검치가 운동을 더욱 심입 전개하자:≪3·8≫국제 로동 부 녀절에 제하여 / 차유근 // 연변. − 1962,(3). − 5 − 6
2319 혁명 열의와 ≪유일 조건론≫ / 청송 // 연변. − 1964,(4). − 16 − 17
2320 붉은 5월의 기념일 // 연변. − 1965,(5). − 28
2321 광산에서 일어난 폭풍 // 지부생활. − 1964,(1 − 2). − 61 − 65
2322 모택동사상의 붉은기발 높이 추켜들고 승리적으로 전진하는 료원발전창 // 지부생활. − 1964,(1 − 2). − 45 − 60
2323 공로를 제기해주고 모범을 평선하는 이것은 직공들의 혁명화를 촉진시키는 좋은 방법 // 지부생활. − 1964,(5). − 34 − 41
2324 대경의 정신 대경의 사람들 / 원목;범영상 // 지부생활. − 1964,(9). − 1 − 15
2325 혁명화의 길에서 달리는 상점 // 지부생활. − 1964,(12). − 20 − 24
2326 결손된 국면을 돌려세우다 / 왕암 // 동북민병. − 1981,(20). − 39
2327 기업소의 종업원이 부정당한 경제활동에 종사해서는 안된다 / 왕택 // 지부생활. − 1982,

(12). − 38
2328 개체운수전업호의 발전과 작용 // 지부생활. − 1985,(3). − 29 − 31
2329 리윤액을 도맡기는 경영관리책임제에 관하여 / 채영석 // 지부생활. − 1983,(3). − 32 − 33
2330 원예사의 넋 / 황상박 // 지부생활. − 1986,(12). − 38 − 39
2331 새로운 시기 로동계급의 력사적사명 // 지부생활. − 1987,(7). − 35
2332 티없이 맑고 깨끗한 마음 / 안호범 // 지부생활. − 1987,(10). − 15 − 16
2333 천보산광의 풍운 / 김춘석 // 지부생활. − 1988,(5). − 54 − 56
2334 자랑찬 발자취 아름다운 전망 / 안금호 // 지부생활. − 1988,(6). − 63 − 64
2335 사영기업에서 민주권리를 어떻게 담보해 주었는가 // 지부생활. − 1988,(10). − 22
2336 길림화학공업공사를 따라배우는 활동을 실속있게 벌리자 // 지부생활. − 1989,(10). − 12 − 13
2337 사상정치사업은 기업소발전의 튼튼한 기둥 / 김영림 // 지부생활. − 1989,(12). − 16 − 18
2338 공장의 참된 주인 / 김순림 // 지부생활. − 1990,(5). − 6 − 9

D42 농민 운동과 조직

2339 3급간부회의정신을 계속 관철하여 동기생산계획을 초과 완성하자 / 리남극 // 지부생활. − 1955,(1). − 34 − 36
2340 지위의 량식소비절약운동을 계속 심입전개할데 관한 지시 / 중공길림성연변지위 // 지부생활. − 1955,(2). − 50 − 54
2341 당지부는 농민을 적극 령도하여 동기생산계획을 완성하고 올해 생산준비를 잘하자 // 지부생활. − 1955,(3). − 19 − 21
2342 농업의 사회주의적개조의 방침 절차문제에 대하여 // 지부생활. − 1955,(4). − 11 − 14
2343 대수확을 위한 투쟁의 첫걸음을 힘있게 내디디겠다 / 김성진 // 지부생활. − 1955,(4). − 9 − 10
2344 빈곤한 근로인민의 생활을 관심하자 // 지부생활. − 1955,(4). − 14 − 17
2345 호조합작조직을 공고히 하고 춘경준비사업을 잘하자 // 지부생활. − 1955,(4). − 5 − 8
2346 계급정책에 따라 문제를 처리했다:농업사내에서 계급정책을 관철한 중공보안촌지부의 경험 // 지부생활. − 1955,(5). − 12 − 16
2347 국가의 사량규정,수매량규정,판매량규정의 새 조치를 옹호하자 // 지부생활. − 1955,(6). − 50 − 52
2348 춘경로동경쟁에 대한 당지부의 령도를 강화하자 / 중공연변지위선전부 // 지부생활. − 1955,(8). − 28 − 30
2349 호조합작조직내의 탐오현상을 숙청하고 호조합작의 발전을 보증하자 / 오강용 // 지부생활. − 1955,(9). − 42 − 44
2350 당의 농촌선전망에 대한 지부의 령도를 강화하자 / 중공연변지위선전부 // 지부생활. − 1955,(10). − 24 − 26
2351 수남촌의 호조조로부터 본 호조조와 개인영농민에 대한 당지부 령도상에 존재하는 문제 / 박창룡 // 지부생활. − 1955,(10). − 4 − 6
2352 호조조와 개인 영농민에 대한 당지부의 령도를 포기하지 말자 // 지부생활. − 1955,(10). − 1 − 3
2353 당의 농촌지부에 주는 제초작업에 대한 선전제강 / 연변지위선전부 // 지부생활. − 1955,(11). − 32 − 34
2354 반탐오 반절도 학습을 시작했다 / 리중래 // 지부생활. − 1955,(11). − 41 − 42
2355 사회주의농업건설전선에서 자라나는 미래의 주인공들 / 리국천 // 지부생활. − 1955,(11). − 27 − 31
2356 전면적인 증산절약운동을 더욱 심입하여 전개하자 // 지부생활. − 1955,(13 − 14). − 5 − 9
2357 량곡의 생산량 규정,수매량 규정,판매량 규정에 대한 문답 // 지부생활. − 1955,(15). − 43

－47
2358 량곡의 생산량규정,수매량규정,판매량규정에 관한 선전제강 // 지부생활.－1955,(16).－33－44
2359 량곡의 통일적수매 통일적판매는 농민의 행복한 생활의 담보이다 / 김명준 // 지부생활.－1955,(17).－20－22
2360 빈농 합작기금 대부금에 대한 문답 / 곽강포 // 지부생활.－1955,(17).－22－24
2361 우리 나라 량곡사업의 중대한 조치를 옹호한다 // 지부생활.－1955,(17).－2－4
2362 농업생산합작사내의 평균주의경향을 신속히 시정하자 // 지부생활.－1955,(18).－30－31
2363 보다 아름다울 래일을 위하여 / 찬호 // 지부생활.－1955,(18).－8－13
2364 인구에 따라 량곡을 나누지 말며 사원개인부업과 생활을 간섭하지 말자 / 박창룡 // 지부생활.－1955,(18).－28－29
2365 추수분배사업을 어떻게 잘 할것인가? // 지부생활.－1955,(18).－20－26
2366 추수 증산절약에 관한 선전제강 // 지부생활.－1955,(18).－13－20
2367 목전 연변지구 농업합작화운동의 새로운 발전형세를 어떻게 정확히 인식할것인가? // 지부생활.－1955,(19).－2－7
2368 농민에 대한 5개년계획 선전보고제강 // 지부생활.－1955,(20).－17－31
2369 농업의 합작화문제에 관한 결의 // 지부생활.－1955,(21).－30－48
2370 농업의 합작화문제에 관한 결의 초안에 대한 설명 / 진백달 // 지부생활.－1955,(21).－51－63
2371 농업생산합작사 시범장정초안 // 지부생활.－1955,(22).－8－37
2372 농업합작화의 고조에 발맞추어 // 지부생활.－1955,(22).－48－49
2373 사회주의에로 나아가는 연변농민들의 열조는 들끓는다 / 태호 // 지부생활.－1955,(22).－53－55
2374 합작화운동의 최전렬에 서자 / 김승렬 // 지부생활.－1955,(22).－44－45
2375 합작화의 길로 힘차게 달리자 / 랑봉지 // 지부생활.－1955,(22).－46－47
2376 농업합작화에 관한 문제해답 // 지부생활.－1955,(23).－20－21
2377 연길현사수촌 농업생산호조합작운동의 규칙 // 지부생활.－1955,(23).－6－11
2378 합작화운동에 대한 당중앙과 성위의 방침을 옳게 관철집행하자 // 지부생활.－1955,(23).－2－5
2379 형세를 똑똑히 인식하고 농업합작화운동의 고조를 영접하자 // 지부생활.－1955,(24).－28－34
2380 민족련합사를 건립한 경험 / 허윤도 // 지부생활.－1956,(1).－8－12
2381 빈농에 의지하는 문제를 정확히 인식하자 // 지부생활.－1956,(2).－12－17
2382 어떻게 초급사로부터 고급사로 전변됐는가 / 진중생;왕련갑 // 지부생활.－1956,(2).－8－11
2383 5억농민의 방향 // 지부생활.－1956,(2).－17－23
2384 고급사에 관한 몇개 문제 // 지부생활.－1956,(3).－9－12
2385 생산규획을 잘하여 생산고조를 영접하자 / 리림 // 지부생활.－1956,(3).－13－17
2386 우끄라이나 꾸라홉까촌의 농민들은 어떻게 집체화의 길을 걸었는가 / 쏘련.따라쏘브 // 지부생활.－1956,(3).－20－22
2387 령도를 강화하여 고급사를 잘 꾸리자 / 리림 // 지부생활.－1956,(4).－42－46
2388 연변지구에서의 농업의 사회주의적개조의 중대한 승리 // 지부생활.－1956,(4).－39－41
2389 오늘의 쓰딸린집체농장 / 쏘련.따라쏘브 // 지부생활.－1956,(4).－52－54
2390 1956년－1967년 전국농업발전요강(초안) // 지부생활.－1956,(4).－6－19
23911 956년－1967년 전국농업발전요강에 관한 설명 / 료로언 // 지부생활.－1956,(4).－20－32

2392 행복의 설계도 / 최수봉,박찬호 // 지부생활. - 1956,(4). - 47 - 51
2393 사원들에 대한 사상교육을 강화하여 사회주의농업생산경쟁운동을 힘껏 전개하자 / 리림 // 지부생활. - 1956,(5). - 18 - 21
2394 새벽고급사에서는 어떻게 로동을 조직했는가 / 리창락 // 지부생활. - 1956,(5). - 35 - 40
2395 새벽고급사의 경영관리경험 // 지부생활. - 1956,(5). - 21 - 34
2396 우리 나라 농촌의 행복한 원경 // 지부생활. - 1956,(5). - 41 - 44
2397 력량을 집중하여 현유의 농업사를 정돈하며 그의 질을 제고하자 // 지부생활. - 1956,(6). - 16 - 19
2398 앞날의 남계촌 / 손흥권 // 지부생활. - 1956,(6). - 47 - 48
2399 합작화운동에서의 농촌당원들의 여섯가지 임무 // 지부생활. - 1956,(6). - 27 - 29
2400 어떻게 정사사업을 잘하여 생산질서를 수립하였는가 / 박룡진;황치일;리창락 // 지부생활. - 1956,(6). - 20 - 24
2401 고급농업사주임직책을 어떻게 감당할것인가 // 지부생활. - 1956,(7). - 16 - 23
2402 고급사내에서의 당의 선전교육사업을 강화하자 / 김영만 // 지부생활. - 1956,(7). - 26 - 32
2403 백초구고급농업사의 춘경로동경쟁 / 김동기;김익헌 // 지부생활. - 1956,(7). - 33 - 36
2404 쏘련집체농장소개 // 지부생활. - 1956,(8). - 39 - 42
2405 랑비를 반대하고 농업사를 근검히 꾸려야 한다 / 주윤정 // 지부생활. - 1956,(10). - 36 - 39
2406 신광고급사에서 사를 근검히 꾸린 경험 / 장학인;정인령 // 지부생활. - 1956,(11). - 37 - 38
2407 합작사의 우월성을 정확히 인식하고 충만된 신심으로 풍작을 쟁취하자 // 지부생활. - 1957,(7). - 7 - 10
2408 농업생산합작사를 공고 제고하는 몇가지 주요 환절 // 지부생활. - 1957,(8). - 1 - 6
2409 농업사내에서의 당의 정치사상사업을 어떻게 강화할것인가 // 지부생활. - 1957,(9). - 4 - 6
2410 일체 랑비현상을 반대하고 간고분투 증산절약의 기풍을 수립하자 / 리성민;손영 // 지부생활. - 1957,(9). - 17 - 20
2411 농업사의 3대규률 7항주의 // 지부생활. - 1957,(12). - 1
2412 민주적으로 사를 꾸려 합작사의 내부모순을 해결하자 // 지부생활. - 1957,(12). - 8 - 13
2413 3.7의무 로동제 / 최상보 // 지부생활. - 1957,(12). - 43
2414 인민공사의 약간문제에 관한 결의 // 지부생활. - 1958,(1). - 8 - 34
2415 농촌인민생활의 약간문제에 관한 규정 // 지부생활. - 1958,(2). - 8 - 14
2416 두개 과도를 정확히 리해하자 // 지부생활. - 1958,(3 - 4). - 15 - 22
2417 인민공사를 정돈 공고히 하자 // 지부생활. - 1958,(3 - 4). - 59 - 65
2418 인민공사의 경영관리문제 // 지부생활. - 1958,(3 - 4). - 53 - 58
2419 인민공사의 분배문제 // 지부생활. - 1958,(3 - 4). - 38 - 45
2420 인민공사의 성질과 작용 // 지부생활. - 1958,(3 - 4). - 23 - 30
2421 인민공사의 생산과 교환 // 지부생활. - 1958,(3 - 4). - 31 - 37
2422 인민공사의 생활문제 // 지부생활. - 1958,(3 - 4). - 46 - 52
2423 농업≪헌법≫을 전면적으로 관철하기 위하여 // 지부생활. - 1958,(5). - 10
2424 고산로선을 관철하기 위하여 시험전을 꾸리기로 하였다 / 류철 // 지부생활. - 1958,(6). - 20 - 21
2425 생산을 발전시키는것은 인민공사를 공고 제고하는 중심환절이다 // 지부생활. - 1958,(6). - 21 - 23
2426 인민공사를 잘 꾸릴데 관한 약간 문제 //

지부생활.－1958,(6).－24－28

2427 영원히 왕성하는 혁명열정을 확보하고 공사화후의 첫 춘경전역의 승리를 쟁취하자/김성우//지부생활.－1959,(7).－8－11

2428 환영받는 ≪싸팡≫간부－송유송/박춘섭//지부생활.－1959,(7).－34－35

2429 급을 고정하고 합리하게 공을 평하는 방법으로 생산을 추동/소문선//지부생활.－1959,(8).－21－22

2430 인민공사에서 로동에 따라 분배하는 원칙을 관철 집행하자//지부생활.－1959,(8).－12－15

2431 가난한 관리구가 어떻게 부유해졌는가//지부생활.－1959,(9).－16－18

2432 공자보수를 평정한 방법/소문선//지부생활.－1959,(9).－14－15

2433 로동공자보수를 평정/리종수//지부생활.－1959,(9).－12－13

2434 인민공사경험으로부터 본 공농련맹의 새로운 발전/전원호//지부생활.－1959,(9).－6－9

2435 평공기공하는 방법에 대하여//지부생활.－1959,(9).－10－11

2436 각 민족의 공동한 발전을 위하여 투쟁하겠다/신동일//지부생활.－1959,(10).－8－9

2437 경쟁의 붉은기는 휘날리여 사원들의 열의는 드높다/리종수//지부생활.－1959,(10).－24－27

2438 농업헌법을 실현하기 위한 조치는 어떻게 되였는가//지부생활.－1959,(10).－28－29

2439 포공,포산과 초산장려에 대하여/사통//지부생활.－1959,(10).－33－35

2440 인민공사에서 로동에 따라 분배하는 원칙을 실행하는데서의 몇가지 문제//지부생활.－1959,(11).－28－33

2441 인민공사를 정돈하는 가운데서의 약간한 구체문제에 대하여//지부생활.－1959,(12).－37－40

2442 대자연을 정복하는 사람들/리삼//지부생활.－1959,(13).－20－25

2443 근검하게 사를 꾸리는 방침에 대하여//지부생활.－1959,(14).－22－23

2444 다종경영으로 부식품을 생산/려이선(呂以先)//지부생활.－1959,(14).－15

2445 전력을 다하여 과서기생산을 잘하자//지부생활.－1959,(14).－32－36

2446 생산과 소비를 위하여/리중래//지부생활.－1959,(15).－13－16

2447 집체생산과 사원개인의 생산을 발전시키는 문제를 정확히 인식하자//지부생활.－1959,(15).－17－21

2448 계속 열의를 다 내여 승승장구로 전진하면서 증산절약운동의 새고조를 일으킬데 관한 결정//지부생활.－1959,(16).－7－13

2449 우경정서를 극복하고 증산절약을 려행하자//지부생활.－1959,(16).－1－6

2450 우경정서를 반대하고 증산절약운동을 전개하는것과 문건을 학습할데 관한 지시//지부생활.－1959,(16).－19－20

2451 ≪중공길림성위의 계속 열의를 다내여 승승장구로 전진하면서 증산절약운동의 새 고조를 일으킬데 관한 결정≫을 집행관철할데 관한 결정//지부생활.－1959,(16).－14－18

2452 우경정서를 반대하고 증산절약의 새 고조를 형성한 초보적경험/태일권//지부생활.－1959,(18).－28－32

2453 약진의 10년/문필//지부생활.－1959,(19).－33－39

2454 인민공사는 참 훌륭하다//지부생활.－1959,(19).－13－19

2455 1년래 우리 주 인민공사 거대한 우월성 현시/신창희//지부생활.－1959,(19).－40－43

2456 열의를 다 내여 대폭적인 군중운동으로써 징구량임무를 완성 초과완성하자//지부생활.－1959,(20).－48－50

2457 빛나는 인민공사/리상산//지부생활.－1959,(22).－2－6

2458 인민공사를 공고히 하는 관건을 두개 도로와 두개 로선의 투쟁을 견지하는데 있다 / 리원일 // 지부생활. – 1959,(23 – 24). – 102 – 106

2459 우경을 철저히 반대하고 열의를 북돋우어 금년의 더욱 큰 약진을 쟁취하기 위하여 분투하자 / 김명한 // 지부생활. – 1960,(1). – 2 – 10

2460 인민공사 만세!: 연길현 동성인민공사 방문기 / 리룡길 // 교육통신. – 1960,(1). – 19 – 20

2461 인민공사와 고급사의 구별 // 지부생활. – 1960,(1). – 24 – 27

2462 양돈업을 신속히 발전시키기 위하여 분투하자 // 지부생활. – 1960,(2). – 42 – 45

2463 인민공사는 이미 공고하고도 건전히 발전하는 도로를 걷고있다 // 지부생활. – 1960,(3). – 2 – 7

2464 농업의 기술개조를 실현하기 위하여 분투하자 // 지부생활. – 1960,(4). – 32 – 41

2465 농업의 ≪4화≫를 지원하는 것은 재정무역공작이 다해야 할 직책이다 / 남학출 // 지부생활. – 1960,(4). – 42 – 45

2466 농민들도 모주석의 저작을 학습할수 있다 // 지부생활. – 1960,(5). – 31 – 32

2467 농업과학의 고봉에 이르는 길에서 / 김동기; 김창호; 오영작 // 지부생활. – 1960,(6). – 10 – 15

2468 농촌 공공식당의 한폭의 붉은기 하서식당 / 김남진; 손상명 // 지부생활. – 1960,(9). – 28 – 31

2469 ≪부업을 중시하고 농업을 경시하는 사상≫에 대하여 / 채봉 // 지부생활. – 1960,(9). – 18 – 19

2470 농업로동대군의 건강보호는 우리의 으뜸가는 주요과업 / 주광법, 정량록 // 지부생활. – 1961,(1). – 49 – 51

2471 농업의 기술개조를 더욱 잘 지원하기 위하여 / 리인학 // 지부생활. – 1961,(1). – 48

2472 사원들의 생활을 잘 안배하여 농업생산의 지속적약진을 추동하겠다 / 김영수 // 지부생활. – 1961,(1). – 47 – 48

2473 청춘과 지혜를 아름답고 행복한 농촌인민공사를 건설하기 위한 성스러운 사업에 바치겠다 / 려근택 // 지부생활. – 1961,(1). – 45 – 46

2474 당의 정책을 관철하여 인민공사를 잘 꾸리자 // 지부생활. – 1961,(2). – 30 – 34

2475 사원이 자류지와 가정부업을 경영하는 문제에 대하여 // 연변. – 1961,(2). – 13 – 14

2476 청춘과 지혜를 농촌건설사업에 바치자 / 주덕해 // 지부생활. – 1961,(2). – 1 – 8

2477 평공 기공 – 이는 안로분배의 원칙을 실시하는 기초다 // 연변. – 1961,(2). – 16

2478 ≪5억 농민의 방향≫ – 남왕장 3호빈농 근검하게 창업하여 면모를 크게 개변 // 지부생활. – 1961,(2). – 25 – 29

2479 인민공사의 우월성 비할바 없고 ≪8자헌법≫의 위력 무궁무진하다 / 우희문 // 지부생활. – 1961,(2). – 35 – 39

2480 농업생산의 새 고조를 영접하자 / 사림기 // 지부생활. – 1964,(3). – 13 – 18

2481 대채의 길 // 지부생활. – 1964,(5). – 10 – 26

2482 제2차전국로농대표대회 // 민병의 벗. – 1966,(9). – 26 – 27

2483 간고분투하면서 새로 창업 / 영무; 영군 // 동북민병. – 1975,(11). – 83 – 89

2484 농업에서 대채를 따라배우는 전국회의에서 한 대채대대 당지부서기 곽봉련의 발언(요지) // 동북민병. – 1975,(11). – 51 – 66

2485 대채를 따라배우는 전국회의에서 한 중공산서성석양현위 부서기 왕금자의 발언(요지) // 동북민병. – 1975,(11). – 67 – 82

2486 대채식현을 보급하자 / ≪인민일보≫사론 // 동북민병. – 1975,(11). – 27 – 30

2487 전 당이 동원되여 농업을 대대적으로 꾸리며 대채식현을 보급하기 위해 분투하자 // 동북민병. – 1975,(11). – 31 – 47

2488 대활보로 전진 / 본지통신원; 본사기자 // 동북민병. – 1975,(12). – 31 – 38

2489 민병은 대채식현을 보급하는 운동의 주력군이 되여야 한다 / 수무 // 동북민병. – 1975,(12). – 28 – 30

2490 4화를 위하여 생산을 잘 틀어쥐자/ 리지정// 지부생활. – 1980,(1). – 26 – 28

2491 농업현대화의 전투적보루// 지부생활. – 1980,(4). – 8 – 11

2492 농업생산책임제를 건립건전히 할데 대하여// 지부생활. – 1980,(12). – 8 – 10

2493 사원호도거리책임제는 개체영농이 아니다/ 전사문// 지부생활. – 1982,(3). – 22

2494 농촌간부들의 보조공수와 장려문제에 대하여/ 하언// 지부생활. – 1982,(4). – 29

2495 생산책임제문제에 관한 문답// 지부생활. – 1982,(5). – 30 – 33

2496 ≪전국농촌사업회의 요지≫를 참답게 학습하고 관철집행하자// 지부생활. – 1982,(6). – 6 – 7

2497 농업발전을 가속화할데 대하여/ 위례군// 지부생활. – 1982,(12). – 13 – 15

2498 사원호도거리책임제는 참말 좋다// 지부생활. – 1983,(1). – 26 – 27

2499 사원호도거리책임제의 성질은 사회주의적인것이다/ 채수일// 지부생활. – 1983,(1). – 28

2500 사원호도거리책임제의 실시를 공산주의운동의 실천이라고 할수 있는가/ 우영상// 지부생활. – 1983,(1). – 35

2501 호도거리책임제는 개체영농이 아니다/ 서파// 지부생활. – 1983,(3). – 26 – 27

2502 다 같이 부유해지는 길에서/ 장봉림// 지부생활. – 1983,(6). – 10 – 11

2503 근로치부의 길에서/ 한정남// 지부생활. – 1985,(3). – 27 – 28

2504 조선족전문호를 방문한 학건수동지/ 왕정심// 지부생활. – 1985,(4). – 14 – 15

2505 농촌과학기술인재의 요람/ 정연// 지부생활. – 1985,(6). – 52 – 53

2506 농촌기업소를 발전시키자면 기술인재가 있어야 한다// 지부생활. – 1985,(9). – 32 – 33

2507 반짝이는 여생의 불꽃/ 윤봉회// 지부생활. – 1986,(8). – 14 – 16

2508 농민들의 소질을 높이자/ 진온주// 지부생활. – 1986,(9). – 7 – 8

2509 재해제거 생산자구에 궐기하여 고향마을을 다시 건설하자// 지부생활. – 1986,(10). – 4 – 6

2510 농민들의 부담을 어떻게 경감시킬것인가/ 김숙련// 지부생활. – 1987,(1). – 52 – 53

2511 조용히 진행되고있는 혁명:당대 농민관념의 10대 변혁/ 장정헌// 지부생활. – 1987,(1). – 19 – 23

2512 우리 생활에 없어서는 안될 정신적식량/ 류병증// 지부생활. – 1987,(2). – 18 – 19

2513 땅을 걸구는 문제를 어떻게 해결할것인가/ 진형삼// 지부생활. – 1987,(4). – 27 – 28

2514 상품생산과 농민의 자질제고/ 백익진// 지부생활. – 1987,(5). – 50 – 51

2515 힘있게 내디딘 첫걸음/ 박일찬// 지부생활. – 1987,(5). – 15 – 17

2516 농촌의 제2보개혁에 관한 문답// 지부생활. – 1987,(6). – 42 – 44

2517 묘령촌의 변천/ 조원상// 지부생활. – 1987,(6). – 18 – 20

2518 신형의 농민과학연구조직/ 주대평// 지부생활. – 1987,(6). – 17 – 18

2519 농민들이 가장 미워하는 간부작풍/ 주원부// 지부생활. – 1987,(10). – 63

2520 우리 주 농촌사업에 제기되는 몇가지 문제// 지부생활. – 1988,(2). – 4

2521 촌급 조직건설문제탐구/ 위택// 지부생활. – 1988,(3). – 19 – 21

2522 ≪쌍증쌍절≫/ 술량// 동북민병. – 1988,(3). – 48

2523 무엇때문에 농업용생산수단가격이 올랐는가/ 곽수전// 지부생활. – 1988,(9). – 38 – 39

2524 장백산기슭에 거연히 서있는 전투보루// 지부생활. – 1989,(1). – 10 – 13

2525 전국농촌사업회의 한 측면// 지부생활. – 1989,(1). – 8 – 9

2526 내두산의 변화에서 받은 계시:내두산에 대한 조사/ 시경국// 지부생활. – 1989,(2). – 9 – 12

2527 새해 농업풍작을 위한 중공중앙국무원의

결정 // 지부생활. - 1989,(2). - 6 - 9

2528 농민들의 영농적극성을 불러일으키는데서 의 관건 // 지부생활. - 1989,(4). - 25 - 26

2529 ≪빈종이장≫풍파가 어찌하여 일어나게 되였는가 / 림업 // 지부생활. - 1989,(4). - 6 - 8

2530 농촌에서의 사회주의사상교양을 실속있게 전개하여야 한다 / 장진발 // 지부생활. - 1989,(11). - 30 - 32

2531 농촌자금난을 어떻게 해결할것인가 / 방영근 // 지부생활. - 1990,(2). - 30 - 31

2532 당의 현행 농촌정책은 변하지 않는다 // 지부생활. - 1990,(2). - 23

D43 청년, 학생 운동과 조직

2533 신민주주의청년단중앙의 중국소년선봉대규약 공포에 관한 통지 // 소년아동. - 1954,(7). - 5 - 7

2534 대의 문답 // 소년아동. - 1954,(11). - 22

2535 중국소년선봉대 력사 // 소년아동. - 1955,(5). - 5 - 6

2536 우리의 소년선봉대 // 소년아동. - 1955,(8). - 9 - 10

2537 평화,친선,단결의 축전 // 소년아동. - 1955,(9). - 2

2538 청년에 대한 공산주의도덕교육을 강화하여 자산계급사상의 침식을 제어하자 // 지부생활. - 1955,(18). - 32 - 34

2539 사회주의를 건설하는 선진적전사 // 지부생활. - 1955,(23). - 34 - 38

2540 청년들의 농업기술학습을 잘 조직하여야 한다 / 김성우 // 지부생활. - 1956,(6). - 53 - 56

2541 이렇게 하는것이 옳다 / 리중래 // 지부생활. - 1956,(11). - 30 - 32

2542 새 후대교양사업에 있어서의 충복 / 심진 // 지부생활. - 1957,(1). - 31 - 33

2543 당의 무육하에서 장성된 공청단 // 지부생활. - 1959,(18). - 19 - 21

2544 우리 나라 청년들의 혁명화를 위하여 투쟁하자 / 호요방 // 민병의 벗. - 1964,(9). - 17 - 28

2545 알심들여 ≪육묘≫ // 동북민병. - 1975,(5). - 48 - 49

2546 기개가 있는 중국청년으로 되자 / 장광두 // 청년생활. - 1980,(1). - 4 - 5

2547 로므니아청년들의 로동,학습 및 생활 / 관지호 // 청년생활. - 1980,(1). - 27 - 30

2548 일본청년들의 생활편단 / 진공백 // 청년생활. - 1980,(1). - 30 - 33

2549 청춘의 진가 / 성곡 // 청년생활. - 1980,(1). - 5 - 7

2550 미국청년들의 생활정황 // 청년생활. - 1980,(2). - 78 - 79

2551 쏘련청년들의 폭음과 리혼바람 / 정문 // 청년생활. - 1980,(2). - 80

2552 조국의 청년벗들에게 드리노라 / 왕창후 // 청년생활. - 1980,(2). - 71 - 74

2553 진리를 위하여 헌신하였다 // 지부생활. - 1980,(6). - 5 - 14

2554 청춘을 되찾을수만 있다면… / 류명 // 은하수. - 1983,(2). - 17 - 18

2555 불타는 노력 기꺼운 성과 / 고계광;고청학 // 동북민병. - 1983,(3). - 37 - 41

2556 청춘의 비결 / 왕선행 // 은하수. - 1983,(3). - 23 - 24

2557 후진청년에 대한 교양을 잘 틀어쥐였다 / 송영관 // 지부생활. - 1983,(10). - 30 - 31

2558 후진청년을 방조교양하여 새 일대를 양성하였다 / 주준산 등 // 동북민병. - 1984,(23). - 19 - 21

2559 리대유 대만청소년들에 대한 정황을 소개 // 동북민병. - 1985,(5 - 6). - 50 - 51

2560 단간부의 성격특징 / 임흔 // 청년생활. - 1985,(6). - 3

2561 웽그리아청년들의 4대 특점 / 서국장 // 은하수. - 1986,(3). - 39

2562 전 사회가 소년아동들의 성장에 관심을 돌리자 / 장덕강 // 지부생활. - 1986,(6). - 4 - 6

2563 시대적사색 // 동북민병. - 1986,(9). - 13 - 14
2564 대학생들의 시위로부터 떠오른 생각 / 료평 // 지부생활. - 1987,(3). - 14 - 15
2565 꽃봉오리들에게 깊은 배려를 돌립시다 / 라창진 // 지부생활. - 1987,(6). - 4 - 5
2566 동구라파 여러 나라 청년조직들에서의 사상교양사업 / 상혜 // 지부생활. - 1988,(4). - 63 - 64
2567 항주대학에서 울린 경종 / 정설평 // 지부생활. - 1988,(4). - 53 - 54
2568 장음과 그의 ≪동생≫들 / 류유국 // 지부생활. - 1988,(9). - 20 - 24
2569 친선의 정 / 종개화 // 소년아동. - 1988,(11). - 103 - 106
2570 ≪장성에 이르지 못하면 대장부 아니거늘≫ / 송철운 // 지부생활. - 1989,(5). - 15 - 17
2571 소홀의 대가 / 전길생 // 청년생활. - 1989,(7). - 2 - 3
2572 우주에로 향한 마음:미국 청소년우주비행원계획 / 효가;명명 // 소년아동. - 1989,(7). - 11 - 15
2573 한 불구자에 대한 이야기 / 강기암 // 지부생활. - 1989,(10). - 30 - 31
2574 사회를 위하여 인민을 위하여 / 필국순 // 지부생활. - 1990,(3). - 18 - 20
2575 호황한 심령의 사막지를 벗어나 / 왕국기;류사당 // 은하수. - 1990,(12). - 24 - 25

D44 부녀 운동과 조직

2576 녀성들이여 실제행동으로「三八」국제부녀절을 기념하자 / 연변조선족자치주 민족부녀련합회 // 지부생활. - 1955,(4). - 46 - 48
2577 로동부녀가 사회생활에 적극 참가하는것은 국가문화수준이 증장되는 표지이다 // 지부생활. - 1955,(4). - 49
2578 문맹녀공이 2천자를 배워 알았다 / 왕건중 // 지부생활. - 1955,(10). - 43
2579 녀공산당원 - 차옥기 / 박옥녀 // 지부생활. - 1955,(17). - 25 - 27
2580 화신툰부녀들의 추수증산절약계획 / 장분옥 // 지부생활. - 1955,(18). - 26 - 27
2581 칭찬받은 녀 공산당원 / 태만균 // 지부생활. - 1957,(12). - 37 - 38
2582 선진공작자의 영예를 계속 빛내는 -마길자 / 김득선 // 지부생활. - 1957,(20). - 38 - 40
2583 호사장 / 김진우 // 지부생활. - 1959,(14). - 57 - 58
2584 향수려의 노래 / 진의 // 지부생활. - 1959,(15). - 60
2585 거대한 역할 빛나는 성취 // 지부생활. - 1959,(19). - 23 - 26
2586 림해속의 녀전사들 / 장홍익 // 지부생활. - 1960,(1). - 54 - 55
2587 굴하지 않는 인민의 우수한 딸 / 려영준 // 지부생활. - 1960,(5). - 57 - 61
2588 그의 뜻은 이루어졌다 // 지부생활. - 1960,(6). - 23 - 25
2589 마을의 녀후근원 // 지부생활. - 1960,(6). - 20 - 22
2590 ≪3・8≫부녀절의 유래 // 연변. - 1964,(3). - 25
2591 모주석께서 ≪중국부녀≫잡지에 써주신 제사 // 민병의 벗. - 1966,(18). - 1 - 3
2592 사업을 열애하는 녀성간부 // 지부생활. - 1980,(3). - 24 - 25
2593 훌륭한 부녀주임 - 류계란 / 장준정 // 지부생활. - 1982,(3). - 16 - 17
2594 중국녀자배구팀선수들에게서 무엇을 따라배울것인가 // 지부생활. - 1982,(4). - 28
2595 미더운 판매원 / 김해성 // 지부생활. - 1983,(3). - 9 - 10
2596 자기를 잊고 헌신적으로 일하는 사람 / 장준정 // 지부생활. - 1983,(3). - 14 - 17
2597 혁명의 새싹을 키우는 한길에서 / 렴승화 // 지부생활. - 1983,(3). - 11 - 13
2598 과감히 틀어쥐는 녀성서기 / 한위 // 지부생활. - 1983,(5). - 15 - 16
2599 평범한 일터 충성의 마음 / 황재건 // 지부생

활. - 1983,(6). - 22 - 23

2600 유치원의 ≪후근부장≫ / 김인숙 // 지부생활. - 1983,(11). - 41

2601 빛나는 로정,감격의 모임 // 연변녀성. - 1984,(1). - 64

2602 중국봉건사회녀성들의 운명 // 청년생활. - 1984,(2). - 29

2603 녀성들이여 떨쳐나서자 / 리결사 // 연변녀성. - 1984,(4). - 27

2604 ≪성해방≫과 서방의 녀성해방운동 / 왕치림 // 연변녀성. - 1985,(6). - 46 - 47

2605 위대하고도 평범한 녀성 / 구지학 // 지부생활. - 1985,(11 - 12). - 102 - 105

2606 충성의 나래 펼쳐 만리창공 날아예네 // 지부생활. - 1986,(2). - 10 - 12

2607 박순자에 대한 이야기 // 지부생활. - 1986,(8). - 22 - 29

2608 이브의 탐색:≪아담의 고충≫을 읽고 / 리소강 // 연변녀성. - 1987,(1). - 63 - 66

2609 가두녀성들을 제3산업에로 동원 // 지부생활. - 1987,(3). - 26 - 27

2610 녀성로동자들의 친근한 벗 / 황성옥 // 지부생활. - 1987,(6). - 32 - 33

2611 불타는 청춘 꽃피는 리상 / 시경국 // 지부생활. - 1987,(6). - 28 - 29

2612 나의 리상은 남녘땅에 // 지부생활. - 1987,(8). - 29

2613 녀성의 참정문제를 두고 / 심경부 // 연변녀성. - 1988,(7). - 11

2614 녀 ≪장원≫ - 전금련 / 림현 // 지부생활. - 1989,(3). - 18 - 20

2615 한 창업자의 발자취 / 김원범 // 지부생활. - 1989,(3). - 8 - 9

2616 세계의 녀강자 / 리가성 // 지부생활. - 1989,(5). - 46 - 47

2617 천금을 주고도 살수 없는 인간애 / 김광훈 // 지부생활. - 1989,(6). - 22 - 24

2618 당대녀성의 위기 // 은하수. - 1989,(7). - 43 - 44

2619 거지소년을 어엿한 학생으로 / 류의선 // 지부생활. - 1989,(11). - 33 - 34

2620 산촌의 녀교원 / 엄기 // 지부생활. - 1990,(1). - 30

2621 새해인사 / 리봉련 // 연변녀성. - 1990,(1). - 1

2622 상감령에서 피흘린 녀전사들 / 서백영 // 지부생활. - 1990,(3). - 39 - 42

2623 ≪추수≫≪추황≫투쟁에 떨쳐나선 연변녀성들 / 김영흥 // 지부생활. - 1990,(3). - 42 - 43

2624 평범한 사람의 생활 / 뢰인경 // 지부생활. - 1990,(3). - 36 - 38

2625 세계의 첫 민선 녀대통령 / 림음 // 연변녀성. - 1990,(4). - 26 - 27

2626 오늘의 중국녀성들 / 류소평 // 민족단결. - 1990,(5). - 47

D5 세계정치

2627 목전 국제형세와 우리의 임무는 무엇인가 // 지부생활. - 1955,(10). - 44 - 46

2628 원자탄과 수소탄을 금지시키기 위하여 계속 분투 // 지부생활. - 1955,(16). - 54 - 55

2629 공경사를 조직하였다 / 따라쏘브 // 지부생활. - 1955,(24). - 42 - 45

2630 1955년의 국제형세 // 지부생활. - 1956,(2). - 58 - 65

2631 목전 국제 국내 형세와 우리의 과업 // 지부생활. - 1956,(10). - 45 - 47

2632 목전 국제정세는 어떤가 // 지부생활. - 1957,(1). - 43 - 46

2633 당면의 국제 국내 정세 // 지부생활. - 1957,(4). - 44 - 49

2634 중근동정세가 왜 긴장한가 // 지부생활. - 1957,(9). - 47 - 48

2635 쏘련은 왜 주제유도탄을 제조하였는가 // 지부생활. - 1957,(19). - 39 - 41

2636 쏘련 10월혁명절 소개 // 지부생활. - 1957,

(20). − 1 − 2

2637 평화선언 // 지부생활. − 1957,(24). − 18 − 24

2638 인간천당에 동풍천지 력사사실로부터 본 제국주의종이범의 본질 // 지부생활. − 1958,(2). − 42 − 43

2639 덜레스는 무엇 때문에 중국의 대약진을 무서워하는가 // 지부생활. − 1959,(6). − 40 − 41

2640 쏘련에서 까간노와를 따라배우는 열조 형성 // 지부생활. − 1959,(16). − 55 − 61

2641 ≪서 베를린 문제≫에 관하여 // 연변. − 1961,(10). − 32 − 34

2642 영웅적 알바니야 / 제룡래 // 연변. − 1961,(12). − 30

2643 전 세계 인민의 반제 투쟁의 위대한 승리 / 손영 // 연변. − 1962,(2). − 25 − 28

2644 침략과 반침략, 간섭과 반간섭의 한차례 격렬한 투쟁:에스터각 회의로 부 터 제2하바나 선언에 이르기까지 / 사감 // 연변. − 1962,(3). − 29 − 32

2645 미국이 ≪일한 회담≫을 조종하는 목적은 어디에 있는가? / 양범 // 연변. − 1962,(4). − 33 − 34

2646 알제리아 // 연변. − 1962,(4). − 32

2647 알제리아 정전의 전후 // 연변. − 1962,(4). − 30 − 31

2648 컨니디 정부의 ≪총전략≫의 내막 // 연변. − 1962,(9). − 22 − 24

2649 중인 변계 긴장 국세의 진상 // 연변. − 1962,(11). − 32 − 34

2650 승리는 큐바 인민에게 속한다 // 연변. − 1962,(12). − 31 − 33

2651 날로 사분 오렬되여 가고 있는 제국주의 집단 // 연변. − 1963,(4). − 28 − 30

2652 ≪톨리아티 동지와 우리와의 분기를 재차 론함≫의 명사 해석 // 연변. − 1963,(5). − 24 − 25

2653 라오스 국세가 긴장하게 되는 원인은 무엇인가? // 연변. − 1963,(6). − 22 − 23

2654 ≪톨리아티 동지와 우리와의 분기를 재차 론함≫의 명사 해석 // 연변. − 1963,(6). − 29 − 30

2655 ≪유고슬라비야는 사회주의 국가인가?≫중의 명사 해석 // 연변. − 1964,(1). − 24 − 26

2656 ≪신 식민주의의 변호사≫중의 명사 해석 // 연변. − 1964,(2). − 22 − 24

2657 ≪전쟁과 평화 문제에서의 두 갈래 로선≫중의 명사 해석 // 연변. − 1964,(3). − 33 − 35

2658 ≪근본적으로 대립되는 두 가지 평화 공처 정책≫중의 명사 해석 // 연변. − 1964,(4). − 25 − 26

2659 미국은 북대서양집단내에서 갈수록 고립 // 민병의 벗. − 1964,(6). − 47

2660 더욱 사분오렬되고있는 제국주의진영 // 지부생활. − 1964,(9). − 47 − 49

2661 미제국주의는 인도지나에 대한 새로운 모험을 달구치고있다 // 민병의 벗. − 1964,(9). − 38 − 41

2662 미제국주의는 인도지나인민의 력사적진정을 가로막지 못한다 // 민병의 벗. − 1964,(9). − 42 − 45

2663 인도지나를 침략한 미제국주의의 하늘에 사무친 죄행 // 민병의 벗. − 1964,(9). − 33 − 37

2664 반미의 파도는 온 지구를 휩싼다 / 지흥 // 지부생활. − 1964,(11). − 46 − 49

2665 제국주의가 소멸되기전엔 총을 버리지 못한다 / 린덕당 // 민병의 벗. − 1964,(11). − 34 − 35

2666 제국주의를 소멸하기 위하여 투쟁하자 / 군덕전 // 민병의 벗. − 1964,(11). − 36

2667 아세아의 반미폭풍은 더욱 세차다 // 지부생활. − 1964,(12). − 47 − 49

2668 우리 공군부대 미제의 비행기를 격추,인도네시아는 유엔에서 퇴출한다고 선포,남부월남해방군이 빈예에서의 전과 // 민병의 벗. − 1965,(3). − 28

2669 민병을 잘 꾸려 월남형제를 지원하자 / 조복 // 민병의 벗. − 1965,(6). − 20 − 21

2670 월남의 전우들을 허심히 따라배우며 월남형제들을 견결히 지지하자 // 민병의 벗. − 1965,(6). − 14 − 17

2671 인도지나전쟁을 확대하는 미제의 피비린 죄행 // 민병의 벗. − 1965,(6). − 9 − 11

2672 죤슨정부는 미국력사상에서 가장 반동적이고 가장 모험적인 정부다 // 민병의 벗. − 1965,(6). − 11 − 14

2673 미국의 침략을 항격하는 월남인민의 투쟁을 견결히 성원하자 // 민병의 벗. − 1965,(9). − 5 − 10

2674 미제가 긁어모은 대포밥 // 민병의 벗. − 1965,(10). − 20

2675 요귀악마 벌벌 떠는 총'소리 // 민병의 벗. − 1965,(10). − 21 − 25

2676 월남국세의 발전을 주시하며 수시로 미국침략자를 무찌를 준비를 하자 // 민병의 벗. − 1965,(10). − 6 − 14

2677 우리는 간고한 투쟁가운데서 우뚝 서있다 // 민병의 벗. − 1965,(11). − 26 − 28

2678 영용무쌍한 ≪강철부대≫ // 민병의 벗. − 1965,(12). − 22 − 26

2679 월남인민을 본받겠다 // 민병의 벗. − 1965,(12). − 26

2680 존경하는 타오누님 // 민병의 벗. − 1965,(13). − 22 − 24

2681 미제의 전쟁음모에 경각성을 높이자 // 민병의 벗. − 1966,(2). − 23 − 25

2682 미제의 새로운 전쟁음모:≪평화담판≫의 허울을 찢어버리자 // 민병의 벗. − 1966,(3). − 23 − 27

2683 미제의 본성을 인식하고 전투준비를 잘하자 // 민병의 벗. − 1966,(7). − 10 − 20

2684 패권쟁탈은 제국주의의 중요한 특점이다 // 동북민병. − 1975,(10). − 57 − 63

2685 유고슬라비아의 ≪무쇠고슴도치≫ // 동북민병. − 1980,(6). − 41 − 42

2686 유고슬라비아의 간부제도 // 지부생활. − 1980,(12). − 46

2687 1981년도 국내외 10가지 대사 // 동북민병. − 1982,(2). − 15 − 16

2688 세계는 동란과 불안정속에서 전진하고있다 // 동북민병. − 1983,(3). − 27 − 28

2689 더구나 동란속에 처한 현 세계 / 효치 // 동북민병. − 1984,(7). − 40 − 47

2690 렉싱톤의 총소리 // 연변교육. − 1984,(12). − 52 − 54

2691 인형과 류랑아 / 공쌍인 // 연변녀성. − 1985,(1). − 70

2692 미국에도 ≪철밥통≫이 있다 // 동북민병. − 1985,(3). − 36

2693 알바니아의 현 상태 // 지부생활. − 1985,(7). − 64

2694 오늘의 모쓰크바 // 지부생활. − 1985,(10). − 41

2695 백악관의 나라연회 // 동북민병. − 1986,(9). − 45

2696 일본은 우리가 상상한바와 같은가 / 장림봉 // 지부생활. − 1987,(6). − 48 − 54

2697 남조선에서는 왜 내각을 개편하였는가 / 주극천 // 지부생활. − 1987,(8). − 64

2698 일본의 정보사업 // 지부생활. − 1988,(3). − 58

2699 유고슬라비아의 정치체제개혁 // 지부생활. − 1988,(8). − 58

2700 현대화된 국가의 표준 // 지부생활. − 1988,(8). − 62

2701 세계에는 사회주의국가가 얼마 있는가 // 지부생활. − 1988,(10). − 57

2702 세계정당의 열가지 형태 // 지부생활. − 1989,(1). − 48

2703 화목한 민족대가정 − 유고슬라비아 // 민족단결. − 1989,(1). − 46 − 47

2704 세계력사상 3개 특수민족 / 진위국 // 민족단결. − 1989,(2). − 50 − 51

2705 남조선의 향진기업 // 지부생활. − 1989,(4). − 43 − 44

2706 쏘련의 아르메니야와 아제르바이쟌사이의 민족분쟁 / 조육명;자효령 // 민족단결. − 1989,(4). − 34 − 37

2707 새로 선 팔레스티나국 / 지론 // 지부생활. − 1989,(6). − 48

2708 동구라파나라들에서는 어떻게 탐오부패행

위를 방지하는가 // 지부생활. – 1989,(8). – 45 – 46
2709 미국이 실시하고있는 ≪평화적변화≫의 새로운 책략 / 장위평 // 지부생활. – 1989,(10). – 35 – 37
2710 뽈스까의 형세와 교훈 / 경물오 // 지부생활. – 1990,(1). – 45
2711 1989년의 쏘련민족문제에 대한 회고 / 조육명;찰효령 // 민족단결. – 1990,(3). – 50 – 51
2712 중국의 유태인 / 김효정 // 민족단결. – 1990,(4). – 53 – 55
2713 미국흑인들의 현상태 // 민족단결. – 1990,(5). – 34 – 36
2714 불안정상태에 있는 로므니아 / 관옥 // 지부생활. – 1990,(5). – 48
2715 38선과 콩크리트장벽 // 지부생활. – 1990,(5). – 46
2716 금전만능의 나라 – 미국 / 전지방 // 지부생활. – 1990,(6). – 44 – 45
2717 미국은 무엇때문에 해만에 많은 군대 집결시켰는가 // 지부생활. – 1990,(12). – 45
2718 세인의 주목을 끄는 중국 // 지부생활. – 1990,(12). – 35

D6 중국정치

2719 조국의 앞날은 사회주의사회 // 소년아동. – 1954,(3). – 1 – 4
2720 위대한 전망의 새해 – 1956년의 새 승리를 향하여 앞으로 // 지부생활. – 1956,(1). – 1 – 4
2721 사회주의 위대한 승리 만세 // 지부생활. – 1956,(4). – 36 – 38
2722 실제행동으로 당 제8차전국대표대회를 맞이하자 // 지부생활. – 1956,(10). – 40 – 41
2723 제1차5개년계획의 마지막 해를 맞으면서 // 지부생활. – 1957,(1). – 1 – 4
2724 사회주의는 우리들의 신념이다 / 오성호 // 지부생활. – 1957,(13). – 22 – 23
2725 위대한 승리의 8년 // 지부생활. – 1957,(18). – 1 – 4
2726 세계공산주의운동과 세계평화보위운동의 새로운 단계를 표지하는 두개 위대한 선언 // 지부생활. – 1957,(24). – 25 – 31
2727 실제행동으로 두개 위대한 선언을 옹호한다 // 지부생활. – 1957,(24). – 32 – 33
2728 참답게 심입학습하고 견결히 관철실현하자 // 지부생활. – 1958,(1). – 40 – 41
2729 일체는 더욱 큰 약진의 실현을 위하여 // 지부생활. – 1958,(6). – 2 – 5
2730 악전고투를 정확히 인식하자 // 지부생활. – 1959,(7). – 31
2731 충천하는 열의와 과학적분석 // 지부생활. – 1959,(7). – 29 – 30
2732 전국이 한 장기판이여야 한다는데 대하여 // 지부생활. – 1959,(8). – 7 – 11
2733 공산주의와 평균주의의 계선을 똑똑히 나누자 / 황명 // 지부생활. – 1959,(9). – 35 – 37
2734 정치를 통수로 하고 서기를 통수로 하는 문제에 대하여 / 왕지청 // 지부생활. – 1959,(9). – 38 – 40
2735 ≪로동에 따라 분배≫하는것과 정치를 통수로 하는것이 모순되지 않는가 // 지부생활. – 1959,(10). – 36 – 38
2736 사회주의로동경쟁을 한걸음 더 심입전개하자 / 김홍률 // 지부생활. – 1959,(10). – 21 – 23
2737 더욱 큰 열의를 다내여 계속 약진하자 / 주덕해 // 지부생활. – 1959,(13). – 2 – 5
2738 ≪우의의 제방≫ / 황조남(黃祖南) // 지부생활. – 1959,(16). – 39 – 40
2739 승리에서 승리에로 // 지부생활. – 1959,(18). – 6 – 10
2740 우리 나라 인민들이 당면한 영광스러운 임무 // 지부생활. – 1959,(18). – 2 – 6
2741 군중운동을 대폭적으로 전개해야 한다 // 지부생활. – 1959,(19). – 8 – 12
2742 승리를 환호하며 승승장구로 전진하자 // 지부생활. – 1959,(19). – 2 – 7

2743 계속 열의를 다내여 부단히 약진하자 / 주덕해 // 지부생활. - 1959,(20). - 1 - 9
2744 군중운동을 정확히 대하자 / 주승리 // 지부생활. - 1959,(20). - 10 - 15
2745 두번째 10년간의 더욱 위대한 승리를 위하여 분투하자 // 지부생활. - 1959,(21). - 30 - 38
2746 사람마다 절약을 려행해야 한다 // 지부생활. - 1959,(21). - 55 - 56
2747 금년도 계획을 앞당겨 완수하기 위해 앞으로 // 지부생활. - 1959,(22). - 17 - 18
2748 아홉 손가락과 한 손가락 // 지부생활. - 1959,(22). - 54 - 57
2749 찬란한 1년 빛나는 성취 // 지부생활. - 1959,(22). - 7 - 16
2750 사회주의교육을 강으로 한 두개 도로의 투쟁을 전개하며 군중적정사운동을 일으키자 / 풍지성 // 지부생활. - 1959,(23 - 24). - 72 - 80
2751 개인주의는 만악의 근원이다 / 리만촌 // 지부생활. - 1960,(1). - 49 - 54
2752 변론으로 시비를 명확히 하고 열의를 북돋우어 생산을 촉진하자 / 류전영 // 지부생활. - 1960,(1). - 11 - 15
2753 60년대의 전망 // 지부생활. - 1960,(2). - 2 - 10
2754 많이 빨리 잘 절약하는 건설방침을 전면적으로 관철집행하자 // 지부생활. - 1960,(3). - 32 - 38
2755 모두가 손을 써 사회주의를 건설하자 // 지부생활. - 1960,(3). - 7 - 12
2756 부단혁명의 사상을 수립하고 기술혁신과 기술혁명을 대대적으로 전개되도록 견지하자 // 지부생활. - 1960,(3). - 13 - 18
2757 선진은 후진을 방조하며 후진은 선진을 따라잡음으로써 공동히 제고하자 // 지부생활. - 1960,(3). - 19 - 25
2758 실제로부터 출발하자 // 지부생활. - 1960,(11). - 35 - 41
2759 기술혁신과 기술혁명의 더욱 큰 성과로써 당의 39주년생일을 맞이하자 // 지부생활. - 1960,(12). - 4 - 8
2760 리론학습은 그의 전진을 추동하였다 // 지부생활. - 1960,(12). - 35 - 37
2761 동풍은 서풍을 진일보로 압도하고있다 // 지부생활. - 1961,(3). - 60 - 65
2762 조사연구의 풍을 대대적으로 흥성시키자 // 지부생활. - 1961,(4). - 1 - 6
2763 혁명적락관주의정신을 발양하자 // 지부생활. - 1961,(4). - 51 - 53
2764 당전 형세를 정확히 인식하자 // 연변. - 1961,(6). - 7 - 9
2765 신심 가득히 앞으로 / 요흔 // 지부생활. - 1964,(1 - 2). - 1 - 4
2766 자력갱생을 비기고 국가에 대한 공헌을 비기자 // 지부생활. - 1964,(8). - 1 - 3
2767 비기고 배우고 따라잡고 도와주는 경쟁운동에 관한 문답 // 지부생활. - 1964,(11). - 13 - 19
2768 사람의 요소가 첫째이다 / 왕보재 // 민병의 벗. - 1965,(3). - 23
2769 정치를 돌출히 하고 근본을 틀어쥐자 // 민병의 벗. - 1965,(10). - 2 - 3
2770 모택동사상의 위대한 붉은기를 더욱 높이 들고 계속 정치를 돌출하게 내세우며 5개 원칙을 견결히 집행하기 위해 분투하자 // 민병의 벗. - 1966,(2). - 3 - 7
2771 림표동지가 제기한 계속 정치를 돌출히 할데 대한 5항 원칙 // 민병의 벗. - 1966,(7). - 2
2772 정치를 틀어쥘것인가 아니면 기술을 틀어쥘것인가? // 민병의 벗. - 1966,(7). - 9
2773 무산계급전정의 리익은 무엇보다도 중하다 / 길림성 건안현 민병집근소분대 // 동북민병. - 1975,(8). - 41 - 43
2774 추호도 리기적이 아니고 오로지 남을 위하는 정신을 발양하자 / 흑룡강성 농업기계공장민병리론소조 // 동북민병. - 1975,(8). - 44 - 45
2775 주요한 모순을 틀어쥐고 중심임무를 완수하자 / 리지춘 // 지부생활. - 1980,(1). - 29 - 31
2776 정세교육제강 // 지부생활. - 1980,(4). - 19 - 21

2777 ≪초급단계≫가 100년이라면 너무 길지 않는가 / 일언 // 지부생활. – 1980,(4). – 8 – 9

2778 ≪초급단계≫에 관한 물음과 대답 // 지부생활. – 1980,(4). – 6 – 7

2779 홀시할수 없는 지류 / 련갑 // 지부생활. – 1980,(4). – 38 – 39

2780 정책허용범위를 넓히는 문제에 대하여 // 지부생활. – 1980,(11). – 33

2781 사상인식을 단정히 하고 사회주의조국을 열애하자 / 상승 // 동북민병. – 1981,(11). – 14 – 17

2782 거대한 성취 준엄한 시련 // 동북민병. – 1981,(18). – 9 – 14

2783 국사를 어떻게 론의할것인가? // 동북민병. – 1982,(2). – 41

2784 각성을 높이고 재능을 높여 네가지현대화건설의 새로운 국면을 열어놓자 // 지부생활. – 1982,(7). – 5 – 6

2785 경제령역에서의 범죄활동을 타격할데 관한 몇가지 문제 // 지부생활. – 1982,(7). – 28 – 30

2786 견강한 대오 전투적핵심 / 두문전 // 지부생활. – 1982,(9). – 4 – 5

2787 굳게 뭉쳐 앞으로 // 지부생활. – 1982,(9). – 2 – 3

2788 사회주의사업은 꼭 승리한다 // 지부생활. – 1983,(5). – 27 – 28

2789 언제나 당중앙과의 일치성을 확보하여야 한다 / 황해 // 지부생활. – 1983,(5). – 5 – 6

2790 맏이를 한켠에 밀어놓고 아홉째를 높이 떠받든다는 론법은 그릇된것이다 // 지부생활. – 1983,(6). – 35 – 36

2791 사회주의를 사랑하자 // 동북민병. – 1984,(10). – 35 – 43

2792 우리 나라 사회주의현단계에 어떤 공산주의적요소들이 있는가 / 변걸 // 지부생활. – 1983,(10). – 26

2793 개혁의 전면적인 승리를 쟁취하기 위하여 분투하자 // 지부생활. – 1985,(1). – 16 – 18

2794 ≪경제체제개혁에 관한 중공중앙의 결정≫에 대한 학습문제해답 // 지부생활. – 1985,(1). – 23 – 31

2795 시간,능률,금전,생명 / 장정 // 지부생활. – 1985,(1). – 54

2796 우리 나라 경제체제에는 몇차례의 변동이 있었는가 / 진소등 // 지부생활. – 1985,(3). – 56

2797 당의 취지와 부국부민 / 지용 // 지부생활. – 1985,(6). – 24 – 25

2798 크나큰 배려 간절한 념원 // 지부생활. – 1985,(6). – 4 – 5

2799 ≪충격≫에 대하여 / 강란 // 지부생활. – 1985,(7). – 26 – 27

2800 귀중한 정신적재부 빛나는 본보기 // 지부생활. – 1986,(2). – 4 – 5

2801 지도간부들이 앞장서서 부정기풍을 시정하자 / 설이 // 지부생활. – 1986,(2). – 8 – 9

2802 행정일군이 왜 사상정치사업에 중시를 돌려야 하는가 / 정문 // 지부생활. – 1986,(2). – 6 – 7

2803 굳게 뭉쳐 앞으로의 5년을 억세게 싸워나가자 // 지부생활. – 1986,(3). – 2 – 3

2804 1986년 중앙1호문건에 관한 선전강화재료 // 지부생활. – 1986,(3). – 46 – 55

2805 혁명적절개를 끝까지 지키자 / 김영림 // 지부생활. – 1986,(6). – 14 – 15

2806 개혁을 견지하자 // 지부생활. – 1986,(8). – 1

2807 기본사실을 존중하고 형세를 정확히 분석하자 / 홍룡 // 지부생활. – 1986,(8). – 7 – 8

2808 우리의 구상과 분투 / 강원방 // 지부생활. – 1986,(10). – 26 – 27

2809 관념갱신에 관하여 / 손영맹 // 지부생활. – 1987,(2). – 25 – 26

2810 경제사취활동에 경각성을 높이자 / 정수산 // 지부생활. – 1987,(4). – 10 – 11

2811 일부 리론문제에서의 새 제기법 / 영회 // 지부생활. – 1987,(4). – 60 – 62

2812 우리 나라 국정에 대한 약간한 인식 / 범로 // 지부생활. – 1987,(6). – 26 – 27

2813 빛나는 로정 위대한 공적 // 지부생활. – 1987,

(8). - 4

2814 전투적로정 휘황한 성과 // 지부생활. - 1987, (8). - 55 - 59

2815 당 및 국가 령도기구의 활력을 증가함에 있어서 // 지부생활. - 1987,(9). - 1

2816 발달한 연해지구의 경험은 무엇인가 / 양용철 // 지부생활. - 1987,(9). - 32 - 34

2817 정치체제개혁을 지도하는 강령적문헌 / 지문 // 지부생활. - 1987,(9). - 23 - 26

2818 정치체제개혁에 관심을 돌리자 // 지부생활. - 1987,(10). - 20 - 21

2819 개혁은 정치사상사업에 대한 요구를 더욱 높이였다 // 지부생활. - 1987,(11). - 25

2820 정치체제개혁에 적극 뛰여들자 // 지부생활. - 1987,(11). - 24

2821 정치체제개혁의 필연성 // 지부생활. - 1987, (11). - 22 - 23

2822 중국특색이 있는 사회주의에 대한 교양을 강화하자 / 리정문 // 지부생활. - 1987,(11). - 6 - 8

2823 8년래 경제체제개혁에서 이룩한 커다란 성과 // 지부생활. - 1987,(11). - 10 - 12

2824 개혁의 사회주의적성격을 과학적으로 파악하여야 한다 // 지부생활. - 1988,(2). - 6

2825 경쟁에 대하여 / 왕간일 // 지부생활. - 1988, (2). - 8 - 9

2826 상품경제를 발전시키는데서 반드시 사회주의방향을 견지하여야 한다 / 모미 // 지부생활. - 1988,(3). - 13 - 15

2827 그래도 실제적이여야 한다 / 의범 // 지부생활. - 1988,(5). - 21

2828 기업소개혁과 종업원의 주인공적지위에 대하여 / 당사희 // 지부생활. - 1988,(5). - 18 - 19

2829 곤난을 박차고 용감히 전진하자 // 지부생활. - 1990,(1). - 4 - 6

2830 우리 나라에서 첫 수소탄을 폭발시키던 날에 / 부영 // 지부생활. - 1990,(1). - 40 - 42

2831 위대한 발기 빛나는 길(1949 - 1989): 건국 40년래 경제발전과 사회발전의 성과 / 차건국 // 은하수. - 1990,(1). - 2 - 4

2832 기사년동란후의 랭정한 사고:하신과의 담화 / 오희경 // 지부생활. - 1990,(2). - 24 - 30

2833 사회주의길을 견지하는것이란 / 지평 // 지부생활. - 1990,(3). - 16 - 17

2834 금전만능주의를 배격하자 / 류기유 // 지부생활. - 1990,(5). - 39 - 40

2835 독립은 나라부강의 초석 // 지부생활. - 1990,(10). - 4 - 6

2836 우리 나라 사회주의실천의 빛나는 성과 // 지부생활. - 1990,(12). - 15 - 18

D60 정책, 정론

2837 「三정」정책선전중의 몇개 사상문제 / 김익헌 // 지부생활. - 1955,(17). - 11 - 18

2838 참답게 분배정책을 관철하며 수익분배공작을 잘하자 // 지부생활. - 1959,(22). - 37 - 45

2839 공,농,상 상호협작에 대한 문답 // 지부생활. - 1960,(6). - 52 - 54

2840 정책과 임무 // 지부생활. - 1961,(4). - 38 - 39

2841 당의 정책을 견지하면서 치중하여 교사범을 타격 / 가두에 진주한 할빈시 도리구 신화공사민병소분대 // 동북민병. - 1975,(7). - 34 - 35

2842 정책을 참답게 락실 // 지부생활. - 1980, (4). - 34 - 36

2843 공산주의사상교양과 현행정책 / 오웅 // 지부생활. - 1982,(12). - 24 - 25

2844 현행 경제정책이 사람들의 사상을 ≪오염≫시키고 있는가 / 장흥덕 // 지부생활. - 1983,(1). - 33 - 34

2845 토지양도문제에 대한 문답 // 지부생활. - 1986,(5). - 50

2846 일부분 사람들이 먼저 부유해지게 하는 정책은 변하지 않는다 / 서택휘 // 지부생활. - 1986,(7). - 38

2847 형세정책교양을 잘하자 / 리정문 // 지부생활. - 1986,(7). - 7 - 8

2848 기치도 선명해야 하고 정책에도 주의를 돌려야 한다 // 지부생활. – 1987,(3). – 8

2849 세금정책에 관하여 // 지부생활. – 1987,(3). – 42 – 44

2850 대외개방정책을 실시한 후 // 지부생활. – 1987,(11). – 8 – 9

2851 개혁에 관한 문답 // 지부생활. – 1988,(2). – 12 – 13

2852 우리 나라 사회주의초급단계의 분배방식과 분배정책 / 상청 // 지부생활. – 1988,(6). – 24 – 26

2853 정책의 안정성에 대한 각가지 오해 // 민족단결. – 1990,(3). – 54 – 55

D609 신문사론

2854 총로선의 위대한 기'발을 높이 추켜 들고 새로운 승리를 쟁취하자 / 인민 일보 10월 1일 사론 // 연변. – 1961,(10). – 2 – 5

2855 신년헌사 / 인민일보 1962년 원단사론 // 연변. – 1962,(1). – 2 – 6

2856 열의를 다내여 사회주의 건설의 새로운 승리를 쟁취하자 / ≪붉은 기≫ 반월간 1962년 제1기 사론 // 연변. – 1962,(1). – 7 – 10

2857 단결 분투하여 새로운 승리를 쟁취하자 / 인민 일보 사론 // 연변. – 1962,(5). – 7 – 9

2858 지식분자의 전진 도로: ≪연안 문예 좌담회에서의 강화≫발표 20주년 을 기념하여 / ≪붉은 기≫잡지 1962년 제10기 사론 // 연변. – 1962,(6). – 2 – 7

2859 10년 성취를 환호하며 새로운 승리를 쟁취하자 // 연변. – 1962,(8). – 2 – 3

2860 위대한 성적을 공고히 하고 새로운 승리를 쟁취하자 / ≪인민 일보≫원 단 사론 // 연변. – 1963,(1). – 2 – 5

2861 전당 전국의 력량을 집중하여 농업을 지원하자 // 연변. – 1962,(11). – 2 – 4

2862 농촌에서 ≪훌륭한 선줄'군≫운동을 전개하자 / 길림 일보 사론 // 연변. – 1963,(3). – 2 – 7

2863 문예의 사상성과 전투성을 진일보 제고하기 위하여 분투하자 // 연변. – 1963,(6). – 2 – 6

2864 모 택동 사상을 학습하는 물'결을 앞으로 밀고 나가자 / ≪길림 일보≫사론 // 연변. – 1963,(12). – 2 – 6

2865 사상의 혁명화를 위해 적극 노력하자! // 연변. – 1964,(3). – 12 – 14

2866 문예 공작자의 사상 혁명화에 대하여 // 연변. – 1964,(4). – 2 – 4

2867 견강한 혁명 후대를 길러 내는 것은 전당 전민의 과업이며 전 사회적 책임이다 / 1964년 4월 10일 ≪연변 일보≫사설 // 연변. – 1964,(5). – 9 – 10

2868 ≪인민일보≫편집부의 주 // 지부생활. – 1964,(10). – 1 – 6

2869 조국의 륭성 발전을 위해 있는 힘을 다하자! // 연변. – 1964,(10). – 2 – 3

2870 모택동 사상의 붉은 기를 높이 들고 반공반학, 반농 반학 학교를 적극 꾸리자! // 연변. – 1965,(2). – 25 – 27

2871 사회주의 사업의 새 승리를 쟁취할 수 있는 담보 / ≪인민 일보≫1965 년 신년사 // 연변. – 1965,(2). – 19 – 21

2872 혁명의 대회, 민주주의의 대회, 단결의 대회 / ≪인민 일보≫1월 5일 사설 // 연변. – 1965,(2). – 22 – 24

2873 모택동 문예 사상의 붉은 기를 높이 추켜 들고 로농병 방향을 따라 전 진하자! / 장일민 // 연변. – 1965,(3). – 36 – 38

2874 전국 소수 민족 군중 업여 예술 견학 공연회에서 한 륙 정일 부총리의 연설 // 연변. – 1965,(3). – 32 – 35

2875 계급투쟁을 절대 잊지 말아야 한다 / ≪해방군보≫사설 // 민병의 벗. – 1966,(10). – 16 – 20

2876 모택동사상의 위대한 붉은 기치를 높이 들고 사회주의문화대혁명에 적극 참가하자 / ≪해방군보≫사설 // 지부생활. – 1966,(10). – 8 – 15

2877 모택동사상의 새로운 승리 / ≪인민일보≫

사설 // 민병의 벗. – 1966,(12). – 14 – 17

2878 사람들의 정신세계를 촉동하는 대혁명 / ≪인민일보≫사설 // 민병의 벗. – 1966,(12). – 10 – 13

2879 온갖 잡귀신들을 쓸어버리자 / ≪인민일보≫사설 // 민병의 벗. – 1966,(12). – 4 – 9

2880 자산계급의≪자유,평등,박애≫라는 면사포를 찢어버리자 / ≪인민일보≫사설 // 민병의 벗. – 1966,(12). – 17 – 33

2881 모택동사상은 우리 혁명위업에서의 망원경이며 현미경이다 / 해방군보사설 // 민병의 벗. – 1966,(13). – 24 – 30

2882 무산계급문화대혁명 만세 / ≪붉은기≫잡지사설 // 민병의 벗. – 1966,(13). – 2 – 19

2883 우리는 낡은 세계에 대한 비판자다 / ≪인민일보≫사설 // 민병의 벗. – 1966,(13). – 20 – 23

2884 군중을 대담히 발동하여 반혁명 검은 패거리들을 철저히 타도하자 / ≪인민일보≫사설 // 민병의 벗. – 1966,(14). – 42 – 44

2885 당의 빛발은 문화대혁명의 길을 밝게 비춰준다 / ≪인민일보≫사설 // 민병의 벗. – 1966,(14). – 57 – 61

2886 모택동사상 만세:중국공산당창건 45주년을 기념하여 / ≪인민일보≫사설 // 민병의 벗. – 1966,(14). – 45 – 54

2887 혁명적대자보는 온갖 잡귀신을 폭로하는 조요경이다 / ≪인민일보≫사설 // 민병의 벗. – 1966,(14). – 55 – 56

2888 모주석을 따라 모진 풍랑속에서 전진하자 / ≪인민일보≫사설 // 민병의 벗. – 1966,(15). – 10 – 13

2889 우리 나라 사회주의혁명의 새 단계 / ≪인민일보≫사설 // 민병의 벗. – 1966,(15). – 38 – 41

2890 우리 군을 모택동사상의 큰 학교로 꾸리자:우리 군 창건39주년을 기념하여 / ≪해방군보≫사설 // 민병의 벗. – 1966,(16). – 8 – 14

2891 인민의 훌륭한 아들 / ≪인민일보≫사설 // 민병의 벗. – 1966,(16). – 42 – 44

2892 전국이 다 모택동사상의 큰 학교로 되여야 한다:중국인민해방군창건 39주년을 기념하여 / ≪인민일보≫사설 // 민병의 벗. – 1966,(16). – 4 – 7

2893 최고지시를 학습하며 최고지시를 집행하며 최고지시를 선전하며 최고지시를 수호하자 / ≪해방군보≫사설 // 민병의 벗. – 1966,(16). – 45 – 49

2894 대해항행은 키잡이에 의거하여야 한다 / ≪인민일보≫사설 // 민병의 벗. – 1966,(17). – 53 – 55

2895 모주석께서는 대중과 함께 계신다 / ≪인민일보≫사설 // 민병의 벗. – 1966,(17). – 56 – 57

2896 무산계급문화대혁명의 강령적문헌 / ≪붉은기≫잡지사설 // 민병의 벗. – 1966,(17). – 42 – 48

2897 문화대혁명의 사상무기를 장악하자 / ≪인민일보≫사설 // 민병의 벗. – 1966,(17). – 49 – 50

2898 16개 조항을 학습하며 16개 조항을 숙달하며 16개 조항을 응용하자 / ≪인민일보≫사설 // 민병의 벗. – 1966,(17). – 51 – 53

2899 도리로 투쟁하여야 하지 무단적으로 투쟁하자 말아야 한다 / ≪인민일보≫사설 // 민병의 벗. – 1966,(18). – 26 – 28

2900 우리의 붉은 위병들에게 경의를 드린다! / ≪인민일보≫사설 // 민병의 벗. – 1966,(18). – 24 – 26

2901 혁명을 틀어쥐고 생산을 촉진하자 / ≪인민일보≫사설 // 민병의 벗. – 1966,(18). – 29 – 31

2902 1혁명적청소년들은 해방군을 따라배워야 한다 / ≪인민일보≫사설 // 민병의 벗. – 1966,(18). – 21 – 23

2903 림표동지의 호소에 견결히 호응하여 모주석저작을 실제에 결부시켜 학습활용하는 군중운동을 새로운 단계에로 끌어올리자 / ≪해방군보≫사설 // 민병의 벗. – 1966,(19). – 36 – 38

2904 모택동사상을 학습함에 있어서 참답게 학습하고 고심하게 학습하여야 한다 / ≪인민일보≫사설 // 민병의 벗. – 1966,(19). – 32 – 35

2905 ≪공'적인것≫을 제창할것을 재차 론함/≪해방군보≫사설// 민병의 벗. – 1966,(20). – 28 – 33

2906 모주석을 대표로 하는 무산계급혁명로선의 승리/≪붉은기≫잡지사설// 민병의 벗. – 1966,(20). – 23 – 27

2907 위대한 력사적승리: ≪인민일보≫, ≪붉은기≫잡지, ≪해방군보≫10월 25일 사론// 연변문예. – 1976,(11). – 6 – 9

D61 중국 혁명과 건설 문제

2908 공업생산 및 사회주의건설과 농업합작화의 관계를 어떻게 인식할것인가// 지부생활. – 1955,(24). – 35 – 37

2909 로농동맹에 대한 선전교육을 경상적으로 심입진행하자// 지부생활. – 1955,(2). – 1 – 4

2910 우리 친애하는 수도 – 북경은 사회주의에 진입하였다// 지부생활. – 1956,(4). – 33 – 35

2911 어째서 자유시장을 여는가// 지부생활. – 1957,(2). – 29 – 35

2912 로농동맹에 대한 인식을 단정히 하자// 지부생활. – 1957,(9). – 33 – 35

2913 소수인이 소동을 일으키는 문제를 어떻게 인식할것인가// 지부생활. – 1957,(14). – 35 – 41

2914 공광기업소에서 사회주의대변론을 심입전개하자/ 송복진(宋福珍)// 지부생활. – 1957,(18). – 15 – 16

2915 사회주의조국을 건설하자// 지부생활. – 1958,(3 – 4). – 10 – 14

2916 위대한 성취 광영한 임무// 지부생활. – 1958,(3 – 4). – 1 – 9

2917 정확하고도 전면적으로 사회주의와 공산주의를 인식하자// 지부생활. – 1959,(15). – 33 – 40

2918 부단혁명의 정신으로 기술혁신과 기술혁명운동으로하여금 더욱 높은 고봉에로 추진시키자/ 송복진(宋福珍)// 대중과학. – 1960,(5). – 3 – 4

2919 공공식당을 대폭적으로 꾸릴데 관하여// 지부생활. – 1960,(12). – 57 – 63

2920 공농군중문맹퇴치운동의 새로운 임무/ 부지성// 지부생활. – 1960,(12). – 9 – 12

2921 누가 농촌에 전도가 없다고 하였는가/ 려근택// 연변. – 1961,(6). – 35 – 37

2922 공농 련맹을 진일보 공고히 하는 중대한 의의/ 리휘// 연변. – 1961,(9). – 9 – 12

2923 견강한 혁명 의지와 견정한 혁명성이 있어야 한다/ 김동기// 연변. – 1963,(2). – 24 – 25

2924 농촌사회주의교육운동에 관한 두가지 문건을 참답게 학습하고 선전하자// 지부생활. – 1964,(1 – 2). – 5 – 9

2925 하만자공사에서 사회주의교육시점공작을 진행한 경험// 지부생활. – 1964,(1 – 2). – 15 – 34

2926 자력 갱생의 방침이란 무엇인가?// 연변. – 1964,(2). – 25

2927 기실 무슨 문제인가/ 영도// 연변. – 1964,(10). – 23

2928 모택동사상의 붉은기를 높이 들고 영용히 전진하자:≪정부사업보고≫의 몇가지 문답// 민병의 벗. – 1965,(3). – 2 – 5

2929 군중을 리탈하지 않으려면/ 최창선// 연변. – 1965,(4). – 7 – 8

2930 로동을 견지해야만 혁명을 견지할 수 있다// 연변. – 1965,(4). – 5

2931 로동해야만 사업을 잘 할 수 있다/ 정웅섭// 연변. – 1965,(4). – 8

2932 진 영귀 동지가 말한 자력 갱생의 열 가지 좋은 점// 연변. – 1965,(4). – 17

2933 혁명을 끝까지 진행하는 담보:림생룡// 연변. – 1965,(4). – 6 – 7

2934 생산 투쟁은 반드시 계급 투쟁을 벼리로/ 전흑공// 연변. – 1965,(5). – 11 – 12

2935 림표동지 ≪모택동호≫기관차 명명 20주년에 제하여 제사// 민병의 벗. – 1966,(20). – 19

2936 농촌의 사회주의진지를 공고히 하기 위해 싸운다/ 본지통신원;본지기자// 동북민병. – 1975,(5). – 10 – 14

2937 정책을 령활하게 시달하여 수동골의 면모를 개변/ 한정남// 지부생활.－1980,(11).－15－16
2938 네가지 기본원칙을 정확히 인식하고 심각히 리해하자// 동북민병.－1981,(7).－2－8
2939 ≪네가지 기본원칙≫을 견결히 견지하자/ 동발근// 동북민병.－1981,(12).－30
2940 사회주의조건하에서의 혁명의 특점과 방법/ 진정// 지부생활.－1982,(1).－15－16
2941 서로 조건으로,목적으로 된다/ 동지신// 동북민병.－1982,(21).－18－20
2942 새 국면을 전면적으로 개척하는데 있어서의 근본적대법/ 김추// 지부생활.－1983,(2).－12－13
2943 개혁은 4개 현대화실현의 믿음직한 담보이다// 지부생활.－1983,(4).－3－5
2944 도시,농촌시장무역관리규정에 관한 문답// 지부생활.－1983,(6).－20－21
2945 림업생산책임제에 대한 몇가지 문제// 지부생활.－1983,(12).－37－39
2946 ≪4개 현대화를 실현하자면 반드시 네가지 기본원칙을 견지하여야 한다≫의 학습요점// 지부생활.－1985,(2).－7－12
2947 ≪사회주의적현대화건설의 새 국면을 전면적으로 개척하자≫의 학습요점// 지부생활.－1985,(2).－30－38
2948 개발 개방 종합적개혁으로 경제의 비약을 실현하자// 지부생활.－1985,(4).－16－17
2949 현대화건설의 법보/ 김영만// 지부생활.－1985,(5).－7－8
2950 ≪사회주의≫의 유래// 지부생활.－1985,(6).－61
2951 현대화건설의 법보/ 통문// 지부생활.－1985,(6).－6－7
2952 높은 책임감으로 제3제대 건설을 계속 강화하자// 지부생활.－1985,(8).－4－5
2953 아주 좋은 형세를 선전하고 공고히 하고 발전시키자/ 군병// 동북민병.－1986,(2).－3－5
2954 금년도 전 주 사업임무// 지부생활.－1986,(4).－4－6
2955 ≪앞장서 부유해≫지는것과 ≪권력에 의해 부유≫해지는것간의 계선/ 척점경// 지부생활.－1986,(5).－46－47
2956 출로는 개혁에 있다/ 오장숙// 지부생활.－1986,(5).－19－22
2957 네가지 기본원칙을 견지하며 자산계급적 자유화를 반대하자/ 리정문// 지부생활.－1987,(2).－4－6
2958 나라의 형편에 립각하여 자기의 길을 걸어야 한다/ 고해// 지부생활.－1987,(10).－19－20
2959 네가지 기본원칙에 관한 교양을 강화/ 박일훈// 지부생활.－1987,(10).－32－33
2960 사회주의초급단계에서의 통일전선/ 주당위통전부// 지부생활.－1988,(3).－26－27
2961 민주당파 및 민주당파와의 사업// 지부생활.－1988,(4).－59－60
2962 현대자본주의를 료해하지 못하고서는 사회주의적현대화건설을 자각적으로 할수 없다// 지부생활.－1988,(8).－8－9
2963 사회주의에 대한 인식/ 반론// 지부생활.－1988,(12).－25
2964 사회주의길을 견지할데 대한 교육을 돌출히 잘 틀어쥐였다// 동북후비군.－1989,(11－12).－12－13
2965 네가지 기본원칙을 견지하는 문제를 둘러싸고 진행된 세차례의 투쟁/ 유평// 지부생활.－1989,(12).－22－23
2966 40년래의 성과와 실책을 어떻게 볼것인가/ 국필// 지부생활.－1989,(12).－28
2967 뢰봉을 따라배워 한마음으로 사회주의길을 따라 나아가자/ 원상무// 동북후비군.－1990,(4).－6－8
2968 ≪실책≫을 어떻게 볼것인가/ 효홍// 민족단결.－1990,(6).－3－4

D618 중국혁명에서의 특수문제

2969 인간지옥// 지부생활.－1955,(2).－46－48

2970 련합국을 리용하여 우리의 대만해방을 간섭하려는 미국의 궤계를 분쇄하자 / 최봉 // 지부생활. － 1955,(3). － 52 － 53

2971 대만을 평화적으로 해방하기 위하여 노력하자 // 지부생활. － 1957,(15). － 39 － 41

2972 조국의 통일과 민족의 단결은 우리 나라 사회주의건설의 기본보증이다 // 지부생활. － 1959,(15). － 41 － 46

2973 보배섬 － 대만 / 한략 // 지부생활. － 1982,(2). － 36

2974 향항문제를 어떻게 볼것인가 // 지부생활. － 1983,(12). － 52 － 53

2975 대만당국이 받고있는 충격과 압력 // 지부생활. － 1985,(5). － 62 － 63

2976 대만에 대한 우리 당의 방침정책 // 지부생활. － 1988,(5). － 52 － 53

2977 《객관성과 공정성》 《신문자유》란 허울밑에:향항 대만 신문의 날조실록 // 지부생활. － 1989,(9). － 38 － 41

D62 정치제도, 국가기구

2978 중앙인민정부의 한가지 중요한 결정 // 소년아동. － 1954,(8). － 19

2979 전국인민대표대회 제1차회의의 개막 모택동주석께서 개막사를 진술 // 소년아동. － 1954,(10). － 2 － 3

2980 전국인민대표대회 제1차회의에서 국가령도일군을 선거 결정 모택동이 주석으로 주덕이 부주석으로 당선 // 소년아동. － 1954,(10). － 4

2981 감찰부 제4차전국감찰사업회의 개최 // 지부생활. － 1955,(12). － 55 － 56

2982 1956년의 선거사업의 몇개 문제 // 지부생활. － 1956,(12). － 40 － 44

2983 전국인민대표회의의 10항 창의 // 지부생활. － 1960,(10). － 42 － 44

2984 연변 조선족 자치주 인민 위원회 공작 보고 / 주덕해 // 연변. － 1961, (10). － 6 － 17

2985 전국 인민 대표 대회 제2기 제3차 회의 신문 공보 // 연변. － 1962,(5). － 2 － 5

2986 전국 인민 대표 대회 제2기 제3차 회의의 정부 공작 보고에 관한 결의 // 연변. － 1962,(5). － 6

2987 제3기 전국 인민 대표 대회 제1차 회의에서 진술한 주 은래 총리의 정부 사업 보고 (요지) // 연변. － 1965,(2). － 2 － 18

2988 중공중앙에서 북경시위를 개편하기로 결정 // 민병의 벗. － 1966,(12). － 2 － 3

2989 정부사업보고 / 주은래 // 동북민병. － 1975,(2). － 18 － 27

2990 정부사업보고에 관한 중화인민공화국 제4기전국인민대표대회 제1차회의 결의 // 동북민병. － 1975,(2). － 28

2991 중화인민공화국 전국인민대표대회공고 // 동북민병. － 1975,(2). － 11

2992 중화인민공화국 제4기전국인민대표대회 제1차회의 신문공보 // 동북민병. － 1975,(2). － 31 － 34

2993 중화인민공화국 제4기전국인민대표대회 제1차회의 주석단 및 비서장 명단 // 동북민병. － 1975,(2). － 35 － 36

2994 제4기전국인민대표대회 상무위원회 제1차회의 거행 // 동북민병. － 1975,(2). － 36

2995 중앙령도기구와 령도자명단 // 동북민병. － 1982,(19). － 2 － 3

2996 6기인대 1차회의 성과적으로 페막 // 동북민병. － 1983,(13 － 14). － 2 － 3

2997 규률검사사업의 방침과 원칙 // 지부생활. － 1985,(9). － 51 － 52

2998 연변조선족자치주 자치조례 // 지부생활. － 1985,(10). － 4 － 12

2999 《자치조례》선전제강 // 지부생활. － 1985,(10). － 13 － 17

3000 인민대표들의 목소리 / 록조의 // 지부생활. － 1987,(7). － 26 － 28

3001 공무원과 공무원제도 // 지부생활. － 1988,(2). － 21

3002 중화인민공화국 촌민위원회조직법 // 지부생활. － 1988,(2). － 10 － 11

3003 부분적 중앙정치국위원들의 집무외의 기호 // 지부생활. － 1988,(5). － 62 － 63

3004 천안문광장의 국기는 어느 때 게양되는가 // 지부생활. － 1988,(8). － 62

3005 검거 고발과 신소에 관한 중앙규률검사위원회의 약간한 규정 // 지부생활. － 1988,(10). － 34 － 36

3006 중공중앙 국무원의 7항결정 // 지부생활. － 1989,(9). － 1

3007 렴결정사를 담보하기 위한 주당위 주정부의 10항 결정 // 지부생활. － 1989,(10). － 6 － 7

3008 우리 나라 국기 // 꽃동산. － 1990,(2). － 9

3009 ≪개국대전≫은 10월1일에 거행하지 않았다 // 지부생활. － 1990,(4). － 47

D633 민족사업

3010 민족단결을 진일보 강화할데 관한 선전제강 // 지부생활. － 1955,(16). － 45 － 48

3011 민족단결모범 박춘권 / 전광운 // 지부생활. － 1956,(6). － 30 － 36

3012 중국공산당의 민족정책은 어떠한가 // 지부생활. － 1957,(10). － 41 － 43

3013 민족정책에 대한 문답 / 박룡수 // 지부생활. － 1957,(17). － 9 － 11

3014 계속 민족공작을 강화하여 당의 민족정책을 잘 관철하자 // 지부생활. － 1959,(8). － 27 － 29

3015 민족구역자치는 우리 당이 국내의 민족문제를 해결하는 기본정책이다 // 지부생활. － 1959,(16). － 41 － 45

3016 당의 민족정책의 위대한 승리 // 지부생활. － 1959,(17). － 17 － 25

3017 민족정책을 관철 집행하기에 중시한 지부 / 동일;기숙 // 지부생활. － 1959,(17). － 26 － 30

3018 한 산간마을에서 본 10년래 민족관계의 눈부신 발전 / 손상맹 // 지부생활. － 1959,(18). － 36 － 40

3019 지부서기가 통수로 되고 전 당이 동원되여 민족공작을 진행한 경험 / 손상맹 // 지부생활. － 1959,(19). － 54 － 61

3020 민족주의를 철저히 반대하고 당의 민족정책을 견결히 관철하자 / 김명한 // 지부생활. － 1959,(23 － 24). － 59 － 71

3021 하발령에 핀 민족단결의 꽃 / 관복림 // 지부생활. － 1960,(5). － 49 － 51

3022 당의 민족정책이 연변에서의 빛나는 승리 / 요흔 // 대중과학. － 1960,(9). － 1 － 5

3023 민족정책을 관철하며 민족단결을 강화하자 / 랑덕귀 // 지부생활. － 1961,(2). － 44 － 46

3024 연변 조선족 자치주 성립 10주년 선전 제강 // 연변. － 1962,(8). － 4 － 12

3025 각 민족 간부의 단결은 각족 인민의 단결을 증강하는 중요한 조건 이다 / 백운창 // 연변. － 1962,(9). － 10 － 13

3026 각 민족지간의 공동성과 특수성에 대하여 / 민연 // 연변. － 1962,(9). － 14 － 15

3027 연변에서의 당의 민족 구역 자치 정책의 승리 / 주덕해 // 연변. － 1962,(9). － 2 － 6

3028 연변의 구체 정황으로부터 출발하여 당의 민족 정책을 참답게 관철 하자 / 요흔 // 연변. － 1962,(9). － 7 － 9

3029 우리 나라는 통일된 다민족의 국가다 // 연변. － 1962,(9). － 25 － 26

3030 무산 계급 관점으로 민족 문제를 보아야 한다 / 남흥렬 // 연변. － 1963,(9). － 2 － 4

3031 민족 사업을 잘 하는 당 지부:고성 생산대대 당 지부 경험 / 김 욱;명 진 // 연변. － 1964,(9). － 4 － 7

3032 평등 권리와 자치 권리 // 연변. － 1962,(10). － 17

3033 이른바 ≪민족문제의 실질은 계급문제≫란 론법을 평함 // 지부생활. － 1980,(9). － 11 － 12

3034 당의 해살이 허저족인민을 비춰준다 / 허저족 팔차대대민병련 // 지부생활. － 1981,(12). －

35 – 36

3035 민족관계를 개선,발전시키고 민족대단결을 강화하자 / 김성우 // 지부생활. – 1982,(5). – 2 – 3

3036 민족사업에 대한 령도를 강화하여 당의 민족정책을 참답게 시달하였다 / 장국량 // 지부생활. – 1982,(6). – 15 – 16

3037 연변을 시찰할 때 한 강효초동지의 연설 // 지부생활. – 1982,(6). – 3 – 5

3038 가야하반에 활짝 핀 민족단결의 꽃 / 설령 // 지부생활. – 1982,(8). – 8 – 11

3039 각 민족이 다같이 부유해지는 길로 / 창주 // 지부생활. – 1982,(9). – 37 – 39

3040 당의 민족정책을 참답게 관철하여 자치민족의 주인으로서의 권리를 보장하자 / 화군 // 지부생활. – 1982,(9). – 6 – 9

3041 민족대단결의 정치적기초 / 대유한 // 지부생활. – 1982,(9). – 42 – 43

3042 연변을 더욱 빨리 더욱 훌륭하게 건설하여야 한다 // 지부생활. – 1983,(10). – 3 – 5

3043 민족간부를 힘써 양성하여야 한다 // 지부생활. – 1985,(4). – 34 – 35

3044 등잔밑이 어둡다고:≪조선족학교에 다니면 전도가 없다고,천만에 말씀≫ / 정만석;정영성 // 은하수. – 1985,(7). – 26 – 27

3045 굳게 뭉쳐 개혁에 힘쓰면서 연변의 진흥을 위하여 새로운 기여를 하자 / 리덕수 // 지부생활. – 1986,(3). – 5 – 23

3046 경제발전에 발맞춰 민족단결을 진일보 강화 // 지부생활. – 1987,(9). – 7 – 8

3047 당의 민족정책의 빛발아래 굳게 뭉쳐 앞으로 // 지부생활. – 1986,(9). – 4 – 6

3048 민족구역자치는 민족문제를 해결하는 기본정책 // 지부생활. – 1986,(9). – 1

3049 새 시기 민족사업지식문답 // 지부생활. – 1987,(10). – 46 – 47

3050 민족사업 / 주당위통전부 // 지부생활. – 1988,(8). – 51 – 52

3051 법제건설과 민족단결에 대하여 // 지부생활. – 1988,(8). – 32 – 33

3052 우리 주를 시찰할 때에 한 교석동지의 연설 // 지부생활. – 1988,(9). – 4 – 7

3053 민족간부의 경제관념과 경제간부의 민족관념 / 황비 // 민족단결. – 1989,(1). – 36 – 37

3054 민족사업을 새로운 경지에로 끌어올리자 // 민족단결. – 1989,(1). – 1

3055 민족의 전통적문화와 현대화 / 왕몽 // 민족단결. – 1989,(1). – 23 – 25

3056 소수민족경제관념의 현대화에 대하여 / 진림 // 민족단결. – 1989,(1). – 14 – 16

3057 창간사 // 민족단결. – 1989,(1). – 4 – 5

3058 친절한 배려 복구사업의 담보 / 리건휘 // 민족단결. – 1989,(1). – 12 – 13

3059 개혁의 심화와 민족의 번영 // 민족단결. – 1989,(3). – 1

3060 독자들과 함께 걸어온 10년 // 민족단결. – 1989,(4). – 1

3061 민족대단결의 기치를 높이 추켜들고 폭란을 평정하고 동란을 제지하며 국세를 안정시키자 / 이스마일 애매티 // 민족단결. – 1989,(4). – 4 – 5

3062 민족자치지방의 국민경제건설 및 사회발전의 빛나는 성과(1949 – 1989) // 민족단결. – 1989,(4). – 7 – 8

3063 소수민족풍속습관에 대한 당과 정부의 정책 // 민족단결. – 1989,(4). – 31 – 32

3064 건국이래 우리 나라 민족사업에서 거둔 위대한 성과 // 민족단결. – 1989,(5). – 49 – 51

3065 네가지 기본원칙으로 민족사업실천을 지도해야 한다 // 민족단결. – 1989,(5). – 1

3066 더욱 많은 소수민족간부를 양성하기 위하여 분투하자 / 줘쟈 // 민족단결. – 1989,(5). – 13 – 14

3067 가난퇴치의 10가지 대책 / 장가운 // 민족단결. – 1989,(6). – 34 – 35

3068 광주시에서는 해외에 사는 소수민족들과의 친목을 증진시키고있다 / 림건신 // 민족단결. –

1989,(6).－41－42

3069 민족단결을 해치는 이런 사건은 무엇을 말해주는가 / 범배렬 // 민족단결.－1989,(6).－4－6

3070 민족단결진보사업의 위대한 승리:중화인민공화국창건 40주년을 경축하여 // 민족단결.－1989,(6).－1

3071 민족단결활동을 새로운 단계에로 / 황청환 // 지부생활.－1989,(9).－13－14

3072 민족선전보도사업의 각도와 척도 / 오봉란 // 민족단결.－1990,(1).－21－23

3073 강택민총서기 민족지구를 시찰 / 왕청해;왕자영 // 민족단결.－1990,(3).－12－14

3074 당의 민족정책을 확고부동하게 관철집행하여 민족사업을 부단히 추진시키자 / 이스마일 애매티 // 민족단결.－1990,(3).－9－11

3075 민족사업을 잘하여 여러 민족의 공동번영을 실현하기 위해 분투하자!1990년 2월 15일 전국민족사무위원회주임회의에서 한 연설 / 리붕 // 민족단결.－1990,(3).－4－8

3076 맑스－레닌주의민족관을 견지하자! 전국민족사무위원회주임회의에서 한 리붕동지의 연설을 학습하고서 / 반길소 // 민족단결.－1990,(4).－4

3077 성과가 뚜렷한 길림지구의 민족사업 / 김경화 // 민족단결.－1990,(4).－22－24

3078 소수민족친목회의 사회적기능 / 리흔 // 민족단결.－1990,(4).－44

3079 민족사업수기:민족정책에 대한 교양을 사상정치사업의 중요한 내용으로 삼아야 한다 / 황어양 // 민족단결.－1990,(5).－12－14

3080 지식편람:날따라 발전장대해지고있는 우리나라 소수민족간부대오 // 민족단결.－1990,(5).－52－56

3081 통일과 단결의 기치를 높이 추켜들고 변강민족지구의 안정과 발전을 추진하자 / 이스마일 애매티 // 민족단결.－1990,(5).－3－6

3082 천진시소수민족들의 어제,오늘과 래일 / 하르후;류패연 // 민족단결.－1990,(6).－35－36

D64 사상정치교육과 정신문명건설

3083 말만 하고 행하지 않는 사람 // 지부생활.－1955,(7).－32

3084 천상 천하 나밖에 없다 / 정의분 // 지부생활.－1955,(7).－46－47

3085 자만과 마비는 적이다 // 지부생활.－1955,(8).－35－36

3086 농촌선전원들의 고동활동 및 담화에 관하여 / 정종 // 지부생활.－1955,(13－14).－56－58

3087 황하를 인민의 행복의 창조에로! // 지부생활.－1955,(17).－50－51

3088 우리를 영원히 행복에로 이끄는 위대한 조국을 위하여 자기의 모든것을 이바지하자 // 지부생활.－1955,(18).－1－4

3089 전체 애국농민들이여「三정」에 의하여 좋은 량곡을 용약 국가에 팔자 // 지부생활.－1955,(22).－60－63

3090 우리는 사영사업에 대한 개조사업을 어떻게 해왔는가 / 권춘택 // 지부생활.－1956,(3).－38－40

3091 선전방법의 다양성 // 지부생활.－1956,(9).－35－36

3092 우경보수사상투쟁중의 선전사업을 더한층 강화하자 // 지부생활.－1956,(9).－9－11

3093 우경보수사상에 대한 투쟁을 어떻게 전개하겠는가 // 지부생활.－1956,(9).－12－15

3094 재경무역계통에는 우경보수사상이 없단 말인가 // 지부생활.－1956,(9).－5－8

3095 합리화건의운동을 전개한 전후 // 지부생활.－1956,(9).－16－18

3096 평의비교를 제때에 잘하자 // 지부생활.－1956,(10).－33－35

3097 향을 건립한후 간부에 대한 사상교육을 강화해야 한다 // 지부생활.－1956,(10).－28－31

3098 도문철로가무단의 위법란기현상은 어떻게 조성되였는가 // 지부생활.－1956,(12).－5－8

3099 왕성청의 리기주의사상행위 / 비금성 // 지부

생활. − 1956,(12). − 19 − 20

3100 27공장에 존재한 문제는 무엇을 설명하는가 / 어덕생(于德生) // 지부생활. − 1957,(13). − 35 − 38

3101 령도일군들은 체력로동에 적극 참가하자 // 지부생활. − 1957,(15). − 25 − 28

3102 체력로동의 로력적성과 / 최흥록 // 지부생활. − 1957,(15). − 23 − 24

3103 권리정지처분을 받은후 / 김경학 // 지부생활. − 1957,(22). − 32

3104 석창준은 무엇 때문에 자기의 근본을 잊었는가 / 최흥록 // 지부생활. − 1957,(22). − 21 − 23

3105 우리는 근본을 절대 잊을수 없다 / 리희일 // 지부생활. − 1957,(23). − 18 − 19

3106 정사운동중에서 간부의 정풍을 심입전개해야 한다 // 지부생활. − 1958,(5). − 37 − 39

3107 《흰기》란 모자를 함부로 씌워서는 안된다 // 지부생활. − 1958,(5). − 28 − 29

3108 두가지 결과 // 지부생활. − 1959,(7). − 26

3109 사상문제가 해결되니 로동열의도 자연히 드높아졌다 / 림종빈 // 지부생활. − 1959,(7). − 13 − 14

3110 악전고투와 휴정 // 지부생활. − 1959,(7). − 15 − 17

3111 악전고투하는데의 효과적인 길 / 리광실 // 지부생활. − 1959,(7). − 18 − 19

3112 말타고 꽃구경 // 지부생활. − 1959,(12). − 41

3113 당은 나의 어머니 / 최죽송 // 지부생활. − 1959,(19). − 48 − 51

3114 우경을 반대하고 열의를 다내자 // 지부생활. − 1959,(21). − 57 − 59

3115 조국의 어디에서나 3대 기'발이 휘날린다: 《북경 − 조국참관단》가상활동 / 심금섭 // 지부생활. − 1960,(1). − 23

3116 선진을 따라배우며 선진을 따라잡는 운동을 크게 일으키자 / 리산 // 지부생활. − 1960,(6). − 28 − 31

3117 정치사상공작의 경상화,제도화를 견지하는 좋은 형식,좋은 방법 // 지부생활. − 1960,(6). − 36 − 41

3118 창조적으로《4발》경험을 추광하여 사회주의사상진지를 공고확대하자 // 지부생활. − 1960,(6). − 32

3119 《작은것과 토방법》을 홀시할수 없다 // 지부생활. − 1960,(8). − 44 − 46

3120 공산주의로동태도로 공산주의 새 후대를 배양 // 지부생활. − 1960,(9). − 44 − 46

3121 기술혁명과 사상혁명 / 오덕 // 지부생활. − 1960,(11). − 2 − 9

3122 일을 잘하려면 사상공작이 앞서야 한다 / 오광용 // 지부생활. − 1960,(11). − 29 − 32

3123 일은 사람이 할탓에 있다 // 지부생활. − 1960,(12). − 28 − 34

3124 거대한 력량 빛나는 승리 / 김동기;오영작;산창여 // 지부생활. − 1961,(2). − 40 − 43

3125 10대 창의를 계속 심입관철하여 당전의 생산 공작 학습을 추동하자 // 지부생활. − 1961,(3). − 44 − 49

3126 로일결합의 원칙을 참답게 집행하자 // 지부생활. − 1961,(4). − 40 − 41

3127 일체는 실제로부터 출발하는 실사구시적인 작풍을 견지하자 // 연변. − 1961,(5). − 22 − 25

3128 천보산 광산 동풍갱 제2공구에서 사상 공작을 전개한 경험 / 제환영 // 연변. − 1961,(6). − 24 − 25

3129 간고 분투하는 정신을 계속 발양하자:당의 탄생 40주년에 제하여 / 요흔 // 연변. − 1961,(7). − 20 − 23

3130 당의 호소에 향응하여 적극적으로 새로운 학습 운동에 뛰여 들자 / 김형욱 // 연변. − 1961,(8). − 33

3131 풍부한 지식으로 우리의 두뇌를 무장해야 한다 / 한언 // 연변. − 1961,(8). − 34

3132 학습은 개인의 일이 아니다 / 간봉 // 연변. − 1961,(8). − 35

3133 학습하려면 완강한 혁명 의력이 있어야 한다 / 리순 // 연변. − 1961,(8). − 34

3134 투쟁은 곧 행복이다 / 감봉 // 연변. - 1961,(11). - 13 - 15

3135 학습을 잘 하고 본령을 제고하여 사회주의 건설에 공헌하자! / 김성우 // 연변. - 1961,(11). - 21 - 23

3136 ≪로동하지 않는 자는 먹지 말라≫는 것은 어떤 의미인가? // 연변. - 1961,(12). - 26

3137 리상과 현실 / 김해연 // 연변. - 1961,(12). - 25

3138 무한한 신심으로 잠시적인 곤난을 전승하자 / 원청 // 연변. - 1961,(12). - 6 - 7

3139 ≪작은 집≫과 ≪큰 집≫ / 유영 // 연변. - 1961,(12). - 20

3140 전심 전의로 인민을 위하여 복무하자 / 김익헌 // 연변. - 1962,(3). - 2 - 4

3141 어떻게 지식 청년들을 향촌 건설에 적극 참가시켰는가? / 중공 대흥구 인민 공사 룡수 생산대대 지부 위원회 // 연변. - 1962,(6). - 13 - 15

3142 간고한 것을 두려워 하고서는 혁명할 수 없다 / 김춘 // 연변. - 1962,(9). - 30

3143 학습에서 가장 귀중한것 - 결심과 견지:홍희복 동무의 학습 경험을 소 개함 / 추강 // 연변. - 1963,(1). - 27 - 29

3144 집체주의 사상을 견정히 수립하려면 / 김익헌 // 연변. - 1963,(3). - 28 - 29

3145 청년들과 무산 계급 립장을 수립할 문제에 대하여 말함 / 비금성 // 연변. - 1963,(4). - 13 - 14

3146 그들은 직공 군중에게 어떻게 계급 교육을 진행했는가 / 대석선;종윤 // 연변. - 1963,(5). - 15 - 17

3147 무산 계급 사상 의식 수양을 강화하여 뢰봉식의 훌륭한 전사로 되자 / 리휘 // 연변. - 1963,(5). - 7 - 10

3148 청년들과 숭고한 생활 목적에 대하여 말함 / 김문보 // 연변. - 1963,(5). - 2 - 6

3149 간부가 로동에 참가하면 어떤 좋은 점이 있는가? // 연변. - 1963,(7). - 10 - 11

3150 혁명적 정신으로 맑스 - 레닌주의, 모 택동 사상을 학습하자 / 리휘 // 연변. - 1963,(7). - 5 - 9

3151 로동 인민의 본색을 확보하는 주요한 도경 / 정수산 // 연변. - 1963,(8). - 6 - 7

3152 왜 사회주의 사상은 자발적으로 산생될수 없다고 하는가? // 연변. - 1963,(8). - 28

3153 로동 · 자각 · 견지 / 리학윤 // 연변. - 1963,(9). - 10 - 11

3154 1964년의 위대한 전투 임무를 맞이하자 / 요흔 // 연변. - 1964,(1). - 2 - 4

3155 네개 제1이란 무엇이며 산 사상을 틀어쥐는 열개 경험은 어떤 것인 가? // 연변. - 1964,(2). - 26

3156 반복적으로 학습하고 반복적으로 실천하여 걸음마다 신입시켰다 // 지부생활. - 1964,(4). - 31 - 37

3157 귀중한 것은 견지 또 견지 / 김옥희 // 연변. - 1964,(5). - 17

3158 ≪당해 치기≫ / 명진 // 연변. - 1964,(5). - 24 - 25

3159 무산 계급 감정을 가져야 학습을 잘 할 수 있다 / 림명희 // 연변. - 1964,(5). - 18

3160 문제는 잘 학습하지 않은 데 있었다 / 엄창진 // 연변. - 1964,(5). - 16 - 17

3161 비기고 배우고 따라잡고 도와주는 ≪5호≫ 경쟁운동을 계속 심입전개하자 / 장사영 // 지부생활. - 1964,(5). - 1 - 9

3162 심사 숙고하지 않을 수 없는 일 / 송진정 // 연변. - 1964,(5). - 13 - 15

3163 학습하지 못 할 ≪리유≫로 될 수 없다 / 허경상 // 연변. - 1964,(5). - 16

3164 황 순옥 어머니처럼 나도 학습하겠다 / 김금옥 // 연변. - 1964,(5). - 18

3165 황 순옥은 우리 청년들의 훌륭한 본보기 / 리철길 // 연변. - 1964,(5). - 17

3166 대채에서 무엇을 따라배울것인가 // 지부생활. - 1964,(6). - 19 - 21

3167 로동과 전도 / 김문섭 // 연변. - 1964,(6). - 22 - 23

3168 어떻게 해야만 로동도 잘 돌보았고 공작

도 잘 돌보았다고 할수 있는가 / 림봉기 // 지부생활. − 1964,(6). − 15 − 18

3169 어떻게 혁명적정신으로 집체생산로동에 참가할것인가 // 지부생활. − 1964,(6). − 11 − 14

3170 ≪좋은 줄은 아는데……≫ / 우림 // 연변. − 1964,(6). − 23 − 24

3171 ≪태산보다 더 무거운≫사람이 되리라 / 전순애 // 연변. − 1964,(6). − 17 − 18

3172 행복한 회견 / 영천 // 민병의 벗. − 1964,(6). − 37

3173 공작과 로동은 일치하다 / 정기상 // 지부생활. − 1964,(7). − 33 − 34

3174 광석분소점의 혁명적정신을 따라 배우자 // 지부생활. − 1964,(7). − 1 − 4

3175 그가 학습을 잘 할 수 있은 까닭? / 김사섭 // 연변. − 1964,(7). − 19

3176 문제를 가지고 학습한 결과 / 서생 // 연변. − 1964,(7). − 20 − 21

3177 보일라 일도 혁명 사업이다 / 김상욱 // 연변. − 1964,(7). − 22 − 23

3178 생활관을 잘 넘자 // 지부생활. − 1964,(7). − 38 − 41

3179 ≪세가지 환절≫ 운용하고 ≪다섯가지를 락실≫하는것을 틀어쥐고 사상문제를 해결 // 지부생활. − 1964,(7). − 42 − 45

3180 주소 모를 편지를 찾아 주기까지 / 문창순 // 연변. − 1964,(7). − 23 − 24

3181 사람들의 사색을 깊게 하는 하나의 거울 / 송진정 // 지부생활. − 1964,(8). − 16 − 20

3182 학습에서의 자각성 / 윤룡수 // 연변. − 1964,(8). − 6 − 7

3183 학습할수록 눈이 뜨이고 힘이 난다 / 남관설 // 연변. − 1964,(8). − 12

3184 목적있게 생산로동에 참가해야 한다 / 정금성 // 지부생활. − 1964,(9). − 31 − 32

3185 문제에 결부시켜 학습 / 료초강 // 지부생활. − 1964,(9). − 22 − 30

3186 인민을 위해 복무하는 것은 무한하다 / 김옥룡 // 연변. − 1964,(9). − 17

3187 학습과 업무 / 강룡한 // 연변. − 1964,(9). − 23

3188 사상과 생산 / 리두석 // 연변. − 1964,(10). − 27 − 28

3189 손해가 아니라 막대한 소득이 있다 / 홍언산 // 지부생활. − 1964,(10). − 30 − 32

3190 연변의약공사에서는 해방군과 대경의 정치사업경험을 어떻게 학습하고 운용하였는가 // 지부생활. − 1964,(10). − 14 − 20

3191 인민을 위한 일은 모두 영광스럽다 / 최월선 // 연변. − 1964,(10). − 15 − 16

3192 작풍의 개변은 어데서 오는가 / 리해발 // 지부생활. − 1964,(10). − 32 − 34

3193 학습과 하향 / 류희걸 // 연변. − 1964,(10). − 26

3194 결심을 내리고 잘 안배해야 한다 / 양사화 // 지부생활. − 1964,(11). − 30 − 31

3195 광휘로운 사회주의 시대를 반영하기 위하여 적극적으로 창작하자 / 동속 // 연변. − 1964,(11). − 27 − 32

3196 나는 사업과 로동과의 관계를 이렇게 처리하였다 / 김일암 // 지부생활. − 1964,(11). − 29 − 30

3197 싹 / 추강 // 연변. − 1964,(11). − 22 − 24

3198 왕청현 중안공사에서 해방군 대채를 학습하여 비기고 배우고 따라잡고 도와주는 경쟁운동에 대한 령도를 강화 // 지부생활. − 1964,(11). − 5 − 12

3199 우리들의 방법 / 양경길 // 지부생활. − 1964,(11). − 33

3200 잘 안배하기만 한다면 두마리의 고기를 다 잡을수 있다 / 왕헌중 // 지부생활. − 1964,(11). − 31 − 32

3201 주먹치기로부터 일을 조리 있게! / 장인숙 // 연변. − 1964,(11). − 18 − 19

3202 기층간부들이 로동에 참가하도록 조건을 적극 창조하여야 한다 / 축전충 // 지부생활. − 1964,(12). − 31 − 33

3203 해결하려는 문제를 가지고 로동에 참가하였다 / 리복흥 // 지부생활. − 1964,(12). − 34 − 35

3204 막뒤에서의 음모 / 흥동 등 // 민병의 벗. − 1965,(3). − 11 − 15
3205 반대 의견을 옳게 대하자 / 리유렴 // 연변. − 1965,(4). − 25 − 26
3206 붉은 문화실 / 연길현 문화관 // 연변. − 1965,(4). − 40 − 41
3207 산 사상을 틀어쥔 보람 / 장해림;장희영 // 민병의 벗. − 1965,(4). − 10 − 11
3208 3락실을 추진하는 한개 중요한 방면 / 건인 // 민병의 벗. − 1965,(4). − 6 − 7
3209 ≪하나가 둘로 나뉘여지는≫무기로 사상사업을 강화 / 장력 // 민병의 벗. − 1965,(4). − 8 − 9
3210 교오 자만을 일소하고 계속 전진하겠다 / 백동필 // 연변. − 1965,(5). − 16
3211 노력이 곧 천재이다 / 엄증국 // 연변. − 1965,(5). − 24
3212 산 사상 사업을 가일층 강화하자 / 하수 // 연변. − 1965,(5). − 2 − 3
3213 영원히 한 수준에 머물러 있을 수 없다 / 우덕생 // 연변. − 1965,(5). − 15
3214 진정한 영예와 가짜 영예 / 마명태 // 연변. − 1965,(5). − 25
3215 나의 인생을 신농촌 건설에! / 류금희 // 연변. − 1965,(6). − 13 − 14
3216 무거운 짐 / 류헌민 // 연변. − 1965,(6). − 24
3217 사회주의적 신형 농민으로 되자 // 연변. − 1965,(6). − 5 − 6
3218 정치교양의 여덟가지 측면의 내용은 무엇인가? // 민병의 벗. − 1966,(10). − 31
3219 동풍 타고 열의 높여 신심 가득히 미래를 맞이하겠다 / 8.1용광로민병패 // 동북민병. − 1975,(2). − 43 − 44
3220 혁명적단결을 강화하여 더욱 큰 승리를 쟁취하겠다 / 왕청대대민병련 // 동북민병. − 1975,(2). − 42 − 43
3221 고용사상을 타도하자 / 리보문 // 지부생활. − 1975,(4). − 54 − 55
3222 실제에 련계시켜 구체문제를 전문 연구 / 옥성 // 동북민병. − 1975,(5). − 5 − 6
3223 전형실례를 분석하며 잘 학습하여 습득 / 화무 등 // 동북민병. − 1975,(5). − 7 − 9
3224 공산주의의 큰 목표를 가슴속에 지닌채 농촌에 뿌리박고 혁명하겠다 / 장전산 // 동북민병. − 1975,(6). − 28 − 33
3225 새 농촌건설을 위해 공인으로 되지 않고 농민으로 되였다 / 마옥량 // 동북민병. − 1975,(6). − 34 − 37
3226 가정의 소생산사상과 투쟁 / 서수매 // 동북민병. − 1975,(7). − 16 − 21
3227 직권을 리용하여 특수화를 부리지 말자 // 동북민병. − 1975,(7). − 29
3228 끝까지 책임지는 사상을 수립하고 학습반문을 나선 학원들의 재교육을 잘 진행 / 길림성민병판공실 // 동북민병. − 1975,(7). − 36 − 37
3229 공장과 가두가 련계를 맺고 가두를 관리개조 / 장춘시 제2화학공장당총지 // 동북민병. − 1975,(8). − 57 − 59
3230 생동하고 구체적인 사회주의교육을 진행 / 수군;조빈 // 동북민병. − 1975,(12). − 39 − 41
3231 영웅 안테우스의 죽음으로부터 얻어야 할 교훈 / 류예 // 지부생활. − 1980,(1). − 45
3232 초침,집광등,예령 / 리국충;장춘우 // 동북민병. − 1980,(1). − 15 − 16
3233 과학기술일군들을 4화에로 // 지부생활. − 1980,(2). − 2
3234 정치사업의 위력 // 지부생활. − 1980,(3). − 13 − 14
3235 자존심리와 사상정치사업 / 조언군 // 지부생활. − 1980,(4). − 27
3236 기쁨과 다짐 / 송영관 // 지부생활. − 1980,(5). − 42 − 44
3237 흑백을 가르고 시비를 밝혀야 한다 / 림진 // 지부생활. − 1980,(5). − 11 − 36
3238 앞선 새를 떨구지 말라 / 려영암 // 동북민병. − 1980,(6). − 32 − 33
3239 본받지 말아야 할 행실 / 장품 // 지부생활. −

1980,(10). – 19

3240 비판과 ≪3부주의≫ / 김진석 // 지부생활. – 1980,(10). – 24 – 25

3241 큰것과 작은것 / 중저 // 지부생활. – 1980,(10). – 18

3242 사회주의 길을 벗어났다고 할수 있는가 // 지부생활. – 1980,(11). – 39 – 40

3243 류행가요와 류행성감기 / 고걸선 // 동북민병. – 1980,(12). – 26 – 27

3244 사원가정들에 정치사상사업을 진행 // 지부생활. – 1980,(12). – 32

3245 ≪있으면 있는대로 말한다≫는데 대하여 / 우장하 // 지부생활. – 1980,(12). – 45

3246 국가의 곤난을 해결해야만 개인의 근심을 없앨수 있다 / 후국향 // 동북민병. – 1980,(18). – 8 – 9

3247 자기비판 / 주국신 // 동북민병. – 1981,(23 – 24). – 55

3248 고도의 사회주의적정신문명건설을 하여야 한다 // 지부생활. – 1982,(1). – 9

3249 그들은 어떻게 사상정치사업을 하였는가 / 설령 // 지부생활. – 1982,(1). – 19 – 20

3250 사상정치사업을 강화하고 혁명정신을 분발하자 / 전인영 // 지부생활. – 1982,(1). – 10 – 11

3251 사상정치사업을 더욱 강화하자 // 지부생활. – 1982,(2). – 6 – 7

3252 생산책임제를 실시하는 가운데서 사상정치사업을 강화하였다 / 김주학 // 지부생활. – 1982,(2). – 24

3253 왜 사상정치사업을 ≪생명선≫이라고 하는가 / 리덕운 // 지부생활. – 1982,(2). – 13 – 15

3254 혁명정신을 분발해야 한다 / 희개 // 지부생활. – 1982,(2). – 20

3255 ≪관계망≫을 찢어버려야 한다 / 강중조 // 지부생활. – 1982,(3). – 23 – 24

3256 사상사업을 조포하게 하여서는 안된다 / 손덕군 // 지부생활. – 1982,(3). – 27

3257 사상정치사업을 강화하였다 // 지부생활. – 1982,(3). – 12 – 13

3258 ≪인민을 위해 밑지는것을 달갑게 여기는≫ 사상을 튼튼히 수립하자 // 동북민병. – 1982,(3). – 6 – 8

3259 남의 허물만 보지 말고 제허물부터 고치자 / 화군 // 지부생활. – 1982,(4). – 24 – 25

3260 먼저 생산하고 후에 건설해야 한다는데 대하여 / 문달 // 지부생활. – 1982,(5). – 4 – 5

3261 사원공약은 좋다 // 지부생활. – 1982,(5). – 24

3262 사회주의정신문명건설에 대하여 / 백지평 // 지부생활. – 1982,(5). – 9 – 10

3263 전쟁년대의 그 본새로 / 형발명 // 지부생활. – 1982,(5). – 18 – 19

3264 ≪기성사실≫과 바르지 못한 기풍 / 로사충 // 지부생활. – 1982,(6). – 42

3265 민병들은 정신문명을 건설하는 가운데서 선두작용을 놀아야 한다 / 본지론평원 // 동북민병. – 1982,(6). – 16 – 17

3266 의견이 있으면 앞에서 말하자 / 리동수 // 지부생활. – 1982,(6). – 43

3267 사회주의적정신문명건설 강의재료 // 동북민병. – 1982,(7). – 21 – 44

3268 손을 뻗치면 꼭 붙잡히고만다 / 증국 // 지부생활. – 1982,(7). – 12 – 13

3269 착한것을 선양하는것과 악한것을 징벌하는것을 동시에 틀어쥐여야 한다 / 송진정 // 지부생활. – 1982,(7). – 7

3270 공산주의사상교육을 견지해야 한다 // 지부생활. – 1982,(8). – 2 – 3

3271 네가지 계선을 똑똑히 갈라야 한다 / 여헌 // 지부생활. – 1982,(8). – 4 – 5

3272 봄바람은 나를 미로에서 돌아오게 하였다 / 주법 등 // 동북민병. – 1982,(8). – 5 – 8

3273 사랑의 미덕 / 김원범 // 지부생활. – 1982,(8). – 24 – 25

3274 관심,양성 기대 / 황계원 // 지부생활. – 1982,(10). – 30

3275 비김에 대하여 / 서범영 // 지부생활. – 1982,

(10).－16－17
3276 사회주의정신문명과 자본주의정신문명과의 구별점에 대하여/윤괴//지부생활.－1982,(10).－20－21
3277 공산주의사상은 사회주의적정신문명건설의 핵심이다/김성계//지부생활.－1982,(12).－28－29
3278 고도의 사회주의적정신문명을 힘써 건설하자//동북민병.－1982,(21).－24－26
3279 ≪두가지 문명건설≫의 선봉전사가 되자//지부생활.－1983,(1).－2－3
3280 사상정치사업의 위력//지부생활.－1983,(1).－20－21
3281 사회주의적정신문명건설의 선봉으로 되자/주청화//청년생활.－1983,(1).－3－6
3282 상업기업소정돈을 대담하게 틀어쥐여야 한다/채영석//지부생활.－1983,(1).－24－25
3283 농촌의 사상정치사업의 새 국면을 개척하기 위하여 힘쓰자//지부생활.－1983,(2).－5－6
3284 사상실제에 긴밀히 결부시켜 전면적으로 주입하면서 교육하였다/조광원 등//동북민병.－1983,(3).－24－26
3285 사상정치사업을 강화할데 관한 결의//지부생활.－1983,(3).－3－6
3286 농촌사상정치교양자료//지부생활.－1983,(4).－9－14
3287 정신문명건설과 가정/리결사//지부생활.－1983,(4).－30－31
3288 정신적오염과 투쟁하자//문학예술연구.－1983,(4).－1
3289 그들은 어떻게 지식인의 작용을 발휘시켰는가/주점장//지부생활.－1983,(5).－34－35
3290 사상교양을 틀어쥐고 ≪5호가정≫활동을 벌렸다//지부생활.－1983,(5).－21－22
3291 사회주의적정신문명의 꽃 피워가며/임보상//지부생활.－1983,(5).－19－20
3292 한가지를 다투고 한가지를 양보한데로부터 본 정신//동북민병.－1983,(5).－22－23
3293 착오적경향과 바르지 못한 기풍을 극복하기에 힘써야 한다//지부생활.－1983,(6).－2－3
3294 지혜의 힘－문화/류성//지부생활.－1983,(7).－8－9
3295 행위의 준칙－규률/김성계//지부생활.－1983,(8).－18－20
3296 ≪건드리기 어려운것≫을 과감히 건드린다는데 대하여//지부생활.－1983,(10).－13－15
3297 개인을 내세우지 않았다/황단청//지부생활.－1983,(11).－50
3298 앞장서서 부지런히 일하며 부유해지는것과 선봉모범작용을 일으키는것과의 관계에 대하여/김희정//지부생활.－1983,(11).－27－28
3299 책임제를 세우는것은 민병건설을 강화하는 효과적인 조치이다/주승//동북민병.－1983,(19).－28－29
3300 문명단위를 건설하는것은 정신적오염을 제거하는 효과적조치이다//동북민병.－1983,(23).－2－3
3301 문명단위를 평선함에 있어서 높은 표준을 견지하여야 한다/왕경//동북민병.－1984,(13).－27－28
3302 두가지 기능을 정통한 재간둥이로/녕금량//동북민병.－1984,(22).－24－25
3303 전통적도식에 대한 중대한 돌파/관옥생//지부생활.－1985,(4).－22－23
3304 농촌사상정치사업에 대한 조사//지부생활.－1985,(6).－26－28
3305 사상전선에서의 중요한 임무/동경인//지부생활.－1985,(6).－10－12
3306 사상해방의 내재적의미/문해//지부생활.－1985,(6).－45
3307 현대형의 사상관념을 수립하고 제창하자/윤원현//지부생활.－1985,(6).－32
3308 강철의 대오/송철//지부생활.－1985,(7).－54－55
3309 공명원리와 감화교양/남양//지부생활.－1985,(9).－50

3310 과감히 건드려야 한다 / 염려 // 지부생활. - 1985,(9). - 36

3311 관료주의도 범죄행위이다 / 설이 // 지부생활. - 1985,(9). - 34 - 35

3312 불타는 청춘 / 장화평 // 지부생활. - 1985,(9). - 9 - 12

3313 사상정치사업의 새로운 과제 / 왕정원 // 지부생활. - 1985,(9). - 4 - 6

3314 사회주의생활양식의 특점 // 지부생활. - 1985,(10). - 43 - 44

3315 우렁찬 구호 / 사중 // 지부생활. - 1985,(10). - 39

3316 리상교양의 층차성에 대하여 / 양위 // 지부생활. - 1985,(11 - 12). - 100 - 101

3317 리상,규률 교양문답 // 지부생활. - 1985,(11 - 12). - 56 - 75

3318 교차과학을 도입하여 사상정치사업을 강화하자 / 장동휘;만유빈 // 동북민병. - 1986,(1). - 17 - 19

3319 당의 사상정치사업부문의 권위를 적극 수호하여야 한다 // 지부생활. - 1986,(4). - 6 - 9

3320 투쟁속에서 눈부시게 빛나는 《해별》 / 윤효식 // 지부생활. - 1986,(4). - 56 - 57

3321 눈물,사색,웨침 / 리하 // 지부생활. - 1986,(5). - 57 - 58

3322 사상정치사업의 중책을 떠멘 후 // 지부생활. - 1986,(5). - 48 - 49

3323 목전 각급 당정기관에서 참답게 해결해야 할 6개 문제 // 지부생활. - 1986,(6). - 1

3324 소박하여야 할뿐더러 분투정신이 있어야 한다 / 통암 // 지부생활. - 1986,(6). - 58

3325 총서기의 학습정신 / 류건신 // 지부생활. - 1986,(7). - 22 - 23

3326 목전 농촌사상정치사업에 대한 조사 / 공비홍 // 지부생활. - 1986,(8). - 32 - 34

3327 벼슬에 미친 사람의 꿈 / 공전 // 지부생활. - 1986,(8). - 52 - 53

3328 상품경제발전과 사상정치사업 / 일훈 // 지부생활. - 1986,(8). - 30 - 31

3329 《직업병》에 대하여 / 상언 // 지부생활. - 1986,(9). - 56

3330 사상정치사업의 발전추세에 대한 탐구 / 엄병운 // 지부생활. - 1986,(10). - 28 - 30

3331 《4가지》를 소유한 공민을 양성하며 공민의 자질을 높이기에 힘쓰자 / 리정문 // 지부생활. - 1986,(12). - 5 - 9

3332 전 현 인민이 일떠나 고향마을을 다시 건설 / 김윤식 // 지부생활. - 1987,(1). - 14 - 15

3333 리상과 공헌 / 본지론평원 // 동북민병. - 1987,(3). - 14 - 15

3334 새로운 길을 찾아내야겠다 // 지부생활. - 1987,(3). - 41

3335 실업가들에게 있어야 할 기풍과 용기 // 지부생활. - 1987,(3). - 30

3336 사상정치사업의 원칙성 / 남사희 // 지부생활. - 1987,(7). - 29 - 30

3337 로산전선에 보내는 편지 / 계근호 등 // 지부생활. - 1987,(8). - 45

3338 리해와 교양 / 시평 // 지부생활. - 1987,(11). - 26 - 27

3339 사업가운데서 다섯가지 관계를 잘 처리해야 한다 // 지부생활. - 1987,(11). - 1

3340 수사본이 빚어낸 비극 / 우계릉 // 지부생활. - 1987,(11). - 45 - 46

3341 긍정적교양의 열가지 방법 // 지부생활. - 1988,(2). - 46

3342 농촌사상정치사업에서 재인식하여야 할 세가지 문제 / 로옥산 // 지부생활. - 1988,(3). - 17 - 18

3343 《례물포탄》의 습격을 경계해야 한다 / 쟁영 // 동북민병. - 1988,(3). - 25

3344 닫는 말에 채찍질해야 한다 / 왕영산 // 동북민병. - 1988,(4). - 35

3345 로산전선을 찾은 전국소수민족위문단 / 약박 // 지부생활. - 1988,(4). - 55 - 57

3346 대화에서 실말을 하여야 한다 / 리탁 // 동북

민병. - 1988,(5). - 10

3347 심리와 교양방식 / 진명제 // 지부생활. - 1988,(5). - 16 - 17

3348 총리.통역.기자.배우 // 지부생활. - 1988,(5). - 62 - 63

3349 푸른등과 붉은등을 보고 떠오른 련상 / 문흥복 // 지부생활. - 1988,(5). - 27 - 28

3350 토배기디스코행진곡 / 윤서농 // 지부생활. - 1988,(8). - 15 - 22

3351 당면 사람들이 관심하고있는 문제를 두고 // 지부생활. - 1989,(1). - 18 - 20

3352 중국에 정신면에서의 현대화가 없어서는 안된다 / 진지한 다위도 · 월리엄즈 // 지부생활. - 1989,(2). - 35

3353 간고분투를 론함 / 총이 // 민족단결. - 1989,(4). - 6

3354 공무에 충직하는것은 우리의 직책 // 지부생활. - 1989,(6). - 15 - 16

3355 중국에는 사람들의 현대화도 수요된다 // 지부생활. - 1989,(6). - 36

3356 기업소정신은 두가지 문명건설의 넋 // 지부생활. - 1989,(7). - 20 - 22

3357 나의 ≪삼부작≫ / 심천 // 지부생활. - 1989,(8). - 38 - 39

3358 ≪개혁가운데서 범한 오유는 용허해주어야 한다≫는데 대하여 / 왕경국 // 지부생활. - 1989,(11). - 39

3359 철창속에서 깬 꿈 // 지부생활. - 1989,(11). - 18 - 19

3360 ≪토지신≫의 하염없는 눈물 / 고전영 // 지부생활. - 1989,(11). - 25 - 27

3361 개체호들의 돈은 모두 어디로 나갔는가 // 지부생활. - 1989,(12). - 36 - 37

3362 벌금을 마구 안기는 현상을 다스려야 한다 / 갈석 // 지부생활. - 1989,(12). - 46 - 47

3363 어떤 사람들이 비법적으로 부유해졌는가 / 주가양 // 지부생활. - 1989,(12). - 36 - 37

3364 자산계급자유화사조의 주요표현 / 박일훈 // 지부생활. - 1989,(12). - 24 - 25

3365 ≪단기행위≫가 있는 향촌간부들의 병증세 및 산생원인 / 소진흥 // 지부생활. - 1990,(1). - 32 - 33

3366 목전 농촌사상정치사업의 주요내용 / 대주 // 지부생활. - 1990,(1). - 19

3367 ≪강기슭≫에 서있으면서도 / 홍학철 // 지부생활. - 1990,(4). - 30 - 31

3368 뢰봉정신을 부정한 자유화사조의 영향을 철저히 숙청하자 / 본지편집부 // 동북후비군. - 1990,(4). - 9.8

3369 ≪애자병≫을 다스려야 한다 / 남경굉 // 동북후비군. - 1990,(4). - 26

3370 뢰봉을 따라배우는 농후한 분위기를 조성하여야 한다 / 본지편집부 // 동북후비군. - 1990,(5). - 3 - 4

D641 맑스레닌주의, 모택동사상, 등소평리론 학습과 적용

3371 우리는 영원히 당과 모주석을 따라 / 기숙 // 지부생활. - 1958,(1). - 42

3372 맑스 - 레닌주의리론수준을 제고하기에 힘쓰자 / 전인영 // 지부생활. - 1959,(13). - 6 - 10

3373 모택동동지의 기발밑에서 대활보로 전진하자 / 부진성 // 지부생활. - 1960,(4). - 1 - 7

3374 모택동사상학습의 고조를 신속히 일으키자 // 지부생활. - 1960,(4). - 8 - 13

3375 모택동저작에서 주로 무엇을 학습할것인가 // 지부생활. - 1960,(5). - 27 - 30

3376 모주석의 저작을 참답게 학습하여 모택동사상으로 우리의 두뇌를 무장하자 / 요흔 // 지부생활. - 1960,(8). - 2 - 9

3377 모주석의 저작을 학습한 우리들의 체험 // 지부생활. - 1960,(8). - 10 - 12

3378 공농군중의 모주석저작을 학습,연찬하는 군중운동을 적극 령도하자 // 지부생활. - 1960,(11). - 42 - 50

3379 모택동사상으로 두뇌를 무장하며 정책으로 행동의 출발점으로 삼겠다 / 김재관 // 지부생활. – 1961,(1). – 20 – 22

3380 전심전의로 인민을 위하여 복무하겠다 / 리봉산 // 지부생활. – 1961,(1). – 29 – 31

3381 모주석의 저작을 참답게 학습하여 견강한 공산주의전사로 되자 // 지부생활. – 1961,(9). – 52 – 55

3382 농촌사원들을 조직하여 모주석저작을 학습하게 한 체득 // 지부생활. – 1964,(4). – 38 – 43

3383 모주석저작학습열조를 계속 추진시켜 사회주의건설의 새 승리를 영접하자 / 송진정 // 지부생활. – 1964,(4). – 2 – 14

3384 우리 련에서는 어떻게 부대를 조직하여 모주석의 저작을 학습하였는가 / 진금원 // 지부생활. – 1964,(4). – 15 – 30

3385 모택동사상은 나에게 전진할 힘을 주었다 / 왕숙매 // 지부생활. – 1964,(5). – 42 – 48

3386 기관혁명화의 핵심은 두끝을 틀어쥐는데 있다 // 민병의 벗. – 1964,(6). – 10 – 11

3387 모택동사상을 학습하여 자기것으로 만들자 // 지부생활. – 1964,(6). – 44 – 49

3388 모주석로작을 참답게 학습하는것은 혁명화를 실현하는데 있어서의 근본보증이다 / 태춘 // 지부생활. – 1964,(8). – 28 – 31

3389 모주석의 로작을 읽으며 모주석의 말씀을 잘 듣겠다 // 지부생활. – 1964,(8). – 48

3390 해결하려는 문제에 좇아 모주석로작을 학습한 훌륭한 8련의 경험 // 지부생활. – 1964,(8). – 32 – 34

3391 《베쮼을 기념하여》에서 무엇을 학습할것인가 // 지부생활. – 1964,(10). – 40 – 43

3392 학습 필기에서 주의해야 할 점 // 연변. – 1964,(11). – 16

3393 학습 필기의 몇 가지 형식 // 연변. – 1964,(11). – 17

3394 천을 파는 것 역시 혁명 사업이다 / 강려옥 // 연변. – 1964,(11). – 25 – 26

3395 뚫고 들어 가자 / 천수 // 연변. – 1964,(12). – 24 – 25

3396 모주석의 저작에 대한 새로운 느낌:혁명의 성지 연안을 참관하고서 / 박룡수 // 연변. – 1964,(12). – 25

3397 모택동사상의 붉은기를 높이 추켜들고 전진하자 / 전인영 // 지부생활. – 1964,(12). – 1 – 6

3398 우공을 따라배워 혁명적인 우공이 되자 // 지부생활. – 1964,(12). – 41 – 43

3399 학습 보도에서의 세 가지 경험 // 연변. – 1964,(12). – 23

3400 학습에서의 관건은 자각성에 있다 // 연변. – 1964,(12). – 15 – 16

3401 학습은 곧 혁명적 임무이다:모주석 저작 학습을 잘한 단위 서기 – 김동 길 // 연변. – 1964,(12). – 17 – 19

3402 모 택동 사상의 붉은 기를 더욱 높이 추켜 들고 공농업 생산의 대발전 을 촉진시키자! / 요흔 // 연변. – 1965,(1). – 2 – 5

3403 반복 / 군간 // 연변. – 1965,(1). – 24 – 25

3404 《빈농과 하중농이 우세를 차지하게 해야 한다》 // 연변. – 1965,(1). – 14 – 16

3405 소정풍의 방법을 운용하여 모 주석 저작을 학습한 《붉은 九 중대》 // 연변. – 1965,(1). – 6 – 9

3406 왜 반복적으로 학습하려 하지 않는가? / 리명 // 연변. – 1965,(1). – 17 – 18

3407 인민을 위하여 끝까지 복무하겠다 / 황상박 // 연변. – 1965,(1). – 22 – 23

3408 《질 제 1》사상을 수립하였다 / 홍능일 // 연변. – 1965,(1). – 20 – 21

3409 학습 소조장 사업에서의 체득 / 박명옥 // 연변. – 1965,(1). – 18 – 20

3410 학습 시간은 어디에서 오는가? / 황조시;풍복생 // 연변. – 1965,(1). – 23

3411 계급 투쟁에서 억센 전사가 되겠다 / 마옥순 // 연변. – 1965,(3). – 15

3412 심득 문장을 어떻게 쓸 것인가? / 청송 // 연

변. – 1965,(3). – 26 – 27
3413 어떻게 하여야 문제를 해결할 수 있는가 // 연변. – 1965,(3). – 31
3414 이악하게 달라 붙으면 못 할 일이 없다 / 류순애;로재순 // 연변. – 1965,(3). – 16
3415 정확한 인식은 실천에서 올 뿐이다 / 최구태 // 연변. – 1965,(3). – 17 – 18
3416 일은 사람이 하기에 달렸다 / 원경생 // 연변. – 1965,(4). – 11 – 12
3417 자신이 있게 되기까지 / 현도순 // 연변. – 1965,(4). – 10 – 11
3418 정확한 진단과 치료는 실천에서 / 채춘석 // 연변. – 1965,(4). – 10
3419 조사 연구를 잘 하여야 주관주의를 극복할 수 있다 / 채정묵 // 연변. – 1965,(4). – 9
3420 학습과 실용을 결부하겠다 / 전금자 // 연변. – 1965,(4). – 22 – 23
3421 학습의 적 / 송파 // 연변. – 1965,(4). – 24
3422 개인주의를 극복해야 인민을 위해 잘 복무할 수 있다 / 현경희 // 연변. – 1965,(5). – 19 – 20
3423 부단히 경험을 총화, 부단히 전진 / 리남수 // 연변. – 1965,(5). – 13 – 14
3424 인민에게 유익한 사람이 되겠다 / 남경자 // 연변. – 1965,(5). – 18 – 19
3425 황 순옥은 어떻게 학습 보도를 하였는가? / 김사섭 // 연변. – 1965,(5). – 17
3426 모순의 특수성의 원리로 치료 사업을 개진 / 최규환 // 연변. – 1965,(6). – 22 – 23
3427 모순을 찾아 내고 주요 모순을 해결 / 장정웅 // 연변. – 1965,(6). – 23
3428 모주석의 말씀대로 처사하자 / 박만억 등 // 연변. – 1965,(6). – 10 – 12
3429 실천은 더 중요한 학습이다 / 서성남 // 연변. – 1965,(6). – 14 – 15
3430 학습 보도원 사업에서의 체험 / 최형기 // 연변. – 1965,(6). – 25 – 26
3431 우리는 어떻게 ≪모순론≫학습을 지도했는가:연길시 직속 기관 간부들 이 ≪모순론≫을 학습한 정황 / 현학산 // 연변. – 1965,(6). – 26 – 27
3432 지도 일군들은 학습에서 솔선 수범해야 한다 // 연변. – 1965,(6). – 4
3433 뢰봉처럼 모주석저작을 학습활용하자 // 민병의 벗. – 1965,(7). – 2 – 3
3434 제국주의에 대해 어떤 환상이든 가지지 말아야 한다 / 왕립룡 // 민병의 벗. – 1965,(9). – 18 – 19
3435 ≪환상을 버리고 투쟁을 준비하자≫ // 민병의 벗. – 1965,(9). – 13 – 16
3436 어떻게 민병들의 모주석저작학습을 조직하였는가? / 화문한;사천문 // 민병의 벗. – 1965,(10). – 3 – 5.19
3437 소정풍의 방법을 운용하여 모주석저작을 학습활용 // 민병의 벗. – 1965,(11). – 10 – 14
3438 심원한 의의를 띤 대회:심양부대 모주석저작열성자대표대회의 측기 / 덕호;조영 // 민병의 벗. – 1965,(11). – 15 – 17
3439 해방군처럼 모주석저작을 실제적으로 학습활용하자 // 민병의 벗. – 1965,(11). – 7 – 9
3440 멸적기능을 더욱 굳세게 련마하자 // 민병의 벗. – 1965,(12). – 5 – 6
3441 인민전쟁을 학습하자 // 민병의 벗. – 1965,(13). – 17 – 21
3442 모주석의 책을 읽고 모주석의 지시대로 / 장상 // 민병의 벗. – 1965,(14). – 8 – 13
3443 모주석저작을 민병의 가장 근본적인 필수과로 하자 // 민병의 벗. – 1965,(14). – 5 – 7
3444 모주석저작학습경험소개:기본관점을 배우고 기본관점을 활용 / 흑룡강성군구 정치부공작조;할빈군분구공작조 // 민병의 벗. – 1965,(15). – 20 – 23
3445 부대에서 보내온 선물 / 리경기 // 민병의 벗. – 1965,(15). – 26 – 28
3446 수영훈련에서 정치를 돌출히 한 체득 / 심양부대 군중공작부공작조;흑룡강성군구 정치부공작조 // 민병의 벗. – 1965,(15). – 23 – 25
3447 림표동지는 명년도 전군의 다섯가지 사업

원칙을 제기하고 모주석저작을 각항 사업의 최고지시로 삼으라고 지적 // 민병의 벗. – 1966,(1). – 4 – 6

3448 모두가 모택동사상의 선전원이다 / 심군문; 연정 // 민병의 벗. – 1966,(2). – 1 – 19

3449 ≪전쟁의 목적≫을 학습하자:≪지구전에 대하여≫중의 한 절 // 민병의 벗. – 1966,(2). – 26 – 30

3450 정확한 태도,정확한 방법 // 민병의 벗. – 1966,(2). – 10 – 11

3451 붉은 마음 다하여 인민을 위하고 최대의 증오로 원쑤를 족쳤다:맥현득의 모주석저작학습필기초록 // 민병의 벗. – 1966,(4). – 15 – 30

3452 억만 민병들의 모주석저작학습을 대폭적으로 조직하자 // 민병의 벗. – 1966,(5). – 6 – 8

3453 민병들의 모주석저작학습을 조직동원하는것을 모든 사업의 선차적위치에 놓자 // 민병의 벗. – 1966,(6). – 27

3454 실제적으로 학습하고 잘 적용하자 // 민병의 벗. – 1966,(6). – 18 – 19

3455 중국인민해방군 심양부대정치부에 훈춘현무장부에서 민병들의 모주석저작학습을 조직한 경험을 학습하고 보급할데 관한 통지 // 민병의 벗. – 1966,(6). – 16 – 17

3456 구경 누가 권위인가? / 류창은 // 대중과학. – 1966,(7). – 12 – 18

3457 과학의 진정한 주인은 로농병대중들이다 // 대중과학. – 1966,(7). – 18 – 22

3458 모택동사상으로 무장된 로농병대중이 진정한 권위다 / 최죽송 // 대중과학. – 1966,(8). – 25 – 31

3459 인민을 위하여 잘 복무하자면 / 손락의 // 민병의 벗. – 1966,(8). – 31

3460 ≪대중의 생활에 관심을 돌리며 사업방법에 주의를 돌리자≫에 대하여 // 민병의 벗. – 1966,(9). – 18 – 25

3461 인민을 위해 잘 복무하겠다 / 장충계 // 민병의 벗. – 1966,(9). – 14 – 15

3462 인민전쟁 전략전술학습보도 // 민병의 벗. – 1966,(9). – 29 – 30

3463 모주석은 위대한 혁명가이다 // 민병의 벗. – 1966,(13). – 33

3464 모주석이 있으면 희망이 있다 // 민병의 벗. – 1966,(13). – 32 – 33

3465 모택동저작은 아세아 아프리카 인민이 가장 수요하는 무기이다 // 민병의 벗. – 1966,(13). – 32

3466 림표동지가 공업교통전선에서 모주석저작을 실제에 결부시켜 학습활용하는것과 관련하여 써보낸 편지 // 민병의 벗. – 1966,(14). – 40 – 41

3467 무산계급문화대혁명의 지남침:≪연안문예좌담회에서의 강화≫를 다시 발표하는 편집자의 말 / ≪붉은기≫잡지편집부 // 민병의 벗. – 1966,(14). – 35 – 39

3468 ≪중국공산당 전국선전사업회의에서 한 강화≫를 학습하자 // 민병의 벗. – 1966,(15). – 61 – 79

3469 모주석저작을 실제에 결부시켜 학습활용하는 군중운동을 새로운 수준에로 제고하자 / 진석련 // 민병의 벗. – 1966,(16). – 53 – 57

3470 모주석의 훌륭한 전사:류영준 // 민병의 벗. – 1966,(16). – 15 – 21

3471 모택동사상은 나에게 전진의 길을 밝혀주었다:류영준동지의 일기초록 // 민병의 벗. – 1966,(16). – 58 – 71

3472 최고지시의 모범적집행자:류영준 // 민병의 벗. – 1966,(16). – 22 – 30

3473 모주석께서 북경대학 새 교간에 써주신 제사 // 민병의 벗. – 1966,(18). – 3 – 5

3474 림표동지 인민해방군에 지시를 내려 모주석저작을 실제에 결부시켜 학습활용하는 군중운동을 새로운 단계에로 끌어올릴것을 호소 // 민병의 벗. – 1966,(19). – 26 – 31

3475 모주석의 훌륭한 로동자:위봉영 // 민병의 벗. – 1966,(20). – 34 – 37

3476 민병이 모주석저작을 실제에 결부시켜 학습활용하는 군중운동을 새로운 단계에로 끌어올리자 / 심양부대 사령부동원부;정치부군중사업부 // 민병의 벗. – 1966,(20). – 42 – 47.37

3477 철저한 혁명정신을 발양하여 인민전쟁준비를 잘 하련다 / 최해룡 // 민병의 벗. – 1966,(20). – 48 – 61

3478 항상 당의 지시대로 처사하여 훌륭한 공농의 자제병이 되자 / 류연 // 동북민병. – 1975,(2). – 37 – 38

3479 리론과 실천을 결부시켜 잘 학습하고 잘 알아야 한다 // 동북민병. – 1975,(4). – 17 – 22

3480 분망할수록 학습을 더 견지하자 / 진보산 // 동북민병. – 1975,(4). – 52

3481 리론을 학습하여 행동에 옮긴다 // 동북민병. – 1975,(5). – 28 – 38

3482 과송산아래의 새로운 면모 / 본지통신원;본지기자 // 동북민병. – 1975,(6). – 6 – 12

3483 ≪3위1체≫경험을 참답게 보급하자 // 동북민병. – 1975,(6). – 38

3484 반복적으로 학습하면서 애써 구명하였다 / 향규;수복 // 동북민병. – 1975,(9). – 32 – 33

3485 전문제목을 둘러싸고 책을 보며 심도있게 학습 / 주립승 // 동북민병. – 1975,(9). – 34 – 35

3486 불후의 력사적공적 보귀한 정신적재부 // 동북민병. – 1981,(17). – 7 – 12

3487 모택동군사철학사상을 학습하여 새 형세하에서의 민병사업을 잘하자 / 류로명 // 동북민병. – 1982,(15). – 4 – 7

3488 ≪리론을 학습하여 쓸데없다≫는 사상을 극복하였다 / 장헌은 등 // 동북민병. – 1982,(17). – 12

3489 모택동저작을 참답게 학습한다 / 박명식 // 동북민병. – 1982,(17). – 42 – 43

3490 실제에 비추어 리론을 학습시켰다 / 방문희 // 동북민병. – 1982,(17). – 13

3491 학풍을 단정히 하여 리론적토대를 튼튼히 다지자 / 우진흥 // 동북민병. – 1982,(17). – 8 – 10

3492 빛나는 저작 개혁의 강령 / 문흥복 // 지부생활. – 1983,(11). – 25 – 26

3493 모택동사상을 학습하고 정신오염을 견결히 반대하자 // 지부생활. – 1983,(12). – 10 – 12

3494 지도자들이 권력은 인민이 준것이다는 관념을 확립할데 관하여 / 류국군 // 동북후비군. – 1990,(6). – 21 – 23

D642 혁명전통교육

3495 등주임의 사업태도 // 지부생활. – 1955,(18). – 43 – 48

3496 그는 취사원이 아니라 주군장이였다 // 지부생활. – 1958,(2). – 18

3497 로팔로가 다시 돌아왔다 / 신창희 // 지부생활. – 1958,(2). – 20 – 21

3498 주부주석은 담가를 메시였다 // 지부생활. – 1958,(2). – 15 – 16

3499 혁명로영웅 / 아교,연방 // 지부생활. – 1958,(6). – 30 – 32

3500 모주석께서 거름을 메내시였고 주총사령께서 탄알을 메나르셨다 // 지부생활. – 1959,(7). – 32 – 33

3501 보라!우리의 령수들은 얼마나 간고소박했는가를 // 지부생활. – 1959,(14). – 24 – 26

3502 장수영을 따라배우겠다 / 김춘자 // 지부생활. – 1959,(15). – 61

3503 숭고한 우의 / 장국권(張國權) // 지부생활. – 1959,(17). – 31 – 32

3504 새 가정 / 김성기 // 지부생활. – 1959,(20). – 53 – 55

3505 61명의 계급형제를 위하여 // 지부생활. – 1960,(9). – 56 – 62

3506 혁명적 락관주의 정신을 더욱 더 발양하자 // 연변. – 1961,(5). – 29 – 31

3507 계속 드높은 혁명 열의를 확보하자 // 연변. – 1961,(6). – 33 – 34

3508 웅심을 품고 큰 뜻을 세우자 / 리준 // 연변. –

1962,(2). – 12 – 13
3509 근검하게 나라를 건설하며 간고 분투하는 혁명 전통을 발양하자 / 오봉 // 연변. – 1962,(5). – 10 – 12
3510 공청단 동성 공사 위원회에서 청년들에게 계급 교육을 진행한 경험 / 한수도;김동훈 // 연변. – 1963,(4). – 15 – 16
3511 국내외의 계급 투쟁에 적극 참가하여 철저한 혁명 문예 전사로 되자 // 연변. – 1963,(8). – 31 – 34
3512 계급 교육의 경상화에 관하여 // 연변. – 1964,(1). – 18
3513 생활이 향상된 후 / 청송 // 연변. – 1964,(2). – 14 – 15
3514 회억 대비는 계급 교육의 좋은 방법 / 명진 // 연변. – 1964,(2). – 19 – 20
3515 리론 수양과 실천 수양을 강화하여 견강한 혁명 문예 투사로 되자 / 리휘 // 연변. – 1964,(6). – 2 – 5
3516 왜서 총을 사랑해야 하는가?:당을 열애하려면 총을 사랑해야 한다 / 뢰위남 // 민병의 벗. – 1964,(6). – 38 – 40
3517 견강한 혁명 의지를 영원히 확보하자 // 연변. – 1964,(7). – 2
3518 기관의 혁명화에 대하여 / 송파 // 연변. – 1964,(7). – 9
3519 마음은 뜨겁고 머리는 차야 한다 / 이목 // 연변. – 1964,(7). – 10
3520 황순옥동무가 나에게 준 힘 / 김룡걸 // 지부생활. – 1964,(7). – 46 – 47
3521 계급 립장과 인식 / 허경상 // 연변. – 1964,(8). – 22 – 23
3522 청년 사업에서의 두 갈래 로선 // 연변. – 1964,(8). – 21
3523 무산 계급 혁명 후계자가 구비해야 할 다섯 가지 조건 // 연변. – 1964,(9). – 25
3524 ≪적들의 반대를 받는 것은 나쁜 일이 아니라 좋은 일이다≫란 문장의 학습 보도 // 연변. – 1964,(10). – 10 – 12
3525 계급교양을 견지해야 한다 // 지부생활. – 1964,(11). – 1
3526 혁명 계승자 양성 사업에 대한 인식을 단정히 하자 / 리종석 // 연변. – 1964,(11). – 4 – 6
3527 진영귀에게서 따라배울 열가지 // 지부생활. – 1964,(12). – 36 – 37
3528 간고 분투 작풍의 혁명적 의의 // 연변. – 1965,(3). – 8 – 9
3529 계급분석은 ≪거울≫이다 / 려지관 // 민병의 벗. – 1965,(3). – 17 – 18
3530 머리 속에 계급이 있어야 한다 // 연변. – 1965,(3). – 10
3531 빈농,하중농의 훌륭한 딸 / 조서재 // 민병의 벗. – 1965,(3). – 19
3532 ≪중국 사회 각 계급의 분석≫을 학습하고 / 연정 // 연변. – 1965,(3). – 22 – 23
3533 집단의 따뜻한 품속으로 / 후관,세화 // 민병의 벗. – 1965,(3). – 16
3534 혁명적 태도로! / 허춘 // 연변. – 1965,(3). – 25
3535 계급 감정을 가지고 학습하겠다 / 김신춘 // 연변. – 1965,(4). – 22
3536 착취 계급 가정 출신의 청년들은 우리의 단결 대상이다 // 연변. – 1965,(4). – 26
3537 혁명을 위하여 학습하겠다 / 림학송 // 연변. – 1965,(4). – 21
3538 민병전사들 새 이야기 현상모집요강 // 민병의 벗. – 1965,(5). – 28
3539 붉은 5월의 혁명 정신을 발양하여 새로운 생산 고조를 촉진하자 / 석현 제지 공장 종업원 좌담회 // 연변. – 1965,(5). – 4 – 10
3540 시아버지의 총을 물려받아서 / 손문휘;로홍지 // 민병의 벗. – 1965,(5). – 19 – 20
3541 생활속의 계급투쟁 / 동유정 // 민병의 벗. – 1965,(5). – 21
3542 아버지의 말씀을 명심하고 총가목을 바싹 틀어쥐겠다 / 우덕후 // 민병의 벗. – 1965,(6). – 23 – 24

3543 지식 청년들이 농촌으로 내려 가는 것은 영광스러운 혁명적 길이다 // 연변. – 1965,(6). – 7 – 9

3544 해방 후에 학교를 다닌 사람들도 소자산 계급에 속하는가? // 연변. – 1965,(6). – 28 – 29

3545 ≪총가목으로 강산을 수호하자≫ : 초유록 동지가 민병사업을 관심한 사적 // 민병의 벗. – 1966,(7). – 28 – 31

3546 혁명적완강한 정신은 어디에서 왔는가?: 전투영웅 맥현득의 성장과정 // 민병의 벗. – 1966,(7). – 21 – 27

3547 민병을 조직하여 공장내의 계급투쟁을 잘 틀어쥐였다 / 중공길림성화학비료기계부분품공장위원회 // 동북민병. – 1975,(8). – 53 – 56

3548 혁명전통교육을 견지 / 련합보도조 // 동북민병. – 1975,(9). – 39 – 41

3549 장정정신을 학습하여 혁명전통을 계승 / 본지통신원 // 동북민병. – 1975,(11). – 48 – 50

3550 태조가 딸을 교육한 일로부터 / 진옥향 // 동북민병. – 1981,(7). – 13 – 14

3551 항일의 옛 전장 민병의 새 교실 / 한위지; 탕보화 // 동북민병. – 1981,(16). – 7 – 10

3552 새일대들 계속 뢰봉을 따라배우고 로일대들 크나큰 기대를 기탁한다 / 해연 등 // 동북민병. – 1982,(1). – 9 – 10

3553 로혁명가들의 ≪세가지 약장≫ // 지부생활. – 1982,(3). – 15

3554 반백이 되여도 / 초증용 // 지부생활. – 1982,(3). – 18

3555 자기의 집이 무너졌을 때 // 지부생활. – 1982,(3). – 19

3556 <사회주의정신문명의 건설자로> 잔치를 소박하게 / 가문의 // 지부생활. – 1982,(4). – 22

3557 혁명영웅이 어찌하여 사형을 받게 되였는가 / 한성수 // 지부생활. – 1982,(4). – 42

3558 모주석은 늘 절약에 주의를 돌렸다 / 왕문덕 // 지부생활. – 1982,(5). – 34 – 35

3559 당을 위하여 외동아들을 팔았다 // 지부생활. – 1982,(7). – 38

3560 뢰물을 거절 // 지부생활. – 1982,(7). – 42

3561 오옥장동지에 대한 몇가지 토막이야기 / 정사 // 지부생활. – 1982,(7). – 36 – 37

3562 이곳에 내 생명의 뿌리 박혀있다 // 지부생활. – 1982,(7). – 39

3563 지위를 주동적으로 양도한 서특립 // 지부생활. – 1982,(7). – 43

3564 구룡술잔을 되찾은 이야기 // 지부생활. – 1982,(12). – 43

3565 영광스러운 전통을 말해주고 사상상의 부족점을 찾게 한다 // 동북민병. – 1982,(21). – 16 – 17

3566 건국초기의 당내생활로부터 보아 / 왕택화 // 지부생활. – 1983,(1). – 29

3567 손목시계 한개 / 봉문 // 지부생활. – 1983,(1). – 41

3568 텔레비죤 한대 // 지부생활. – 1983,(1). – 40

3569 추호의 사리도 도모하지 않고 // 지부생활. – 1983,(8). – 26

3570 주백유동지를 따라배울데 대한 중앙령도동지들의 제사 // 지부생활. – 1983,(9). – 6 – 9

3571 고상한 풍모 // 지부생활. – 1983,(11). – 48 – 49

3572 설흔두해 후에 찾은 영웅 / 대적성 // 지부생활. – 1985,(5). – 40 – 41

3573 난 죽지 않아 / 리송덕 // 지부생활. – 1985,(6). – 57 – 60

3574 장학량이 혁명의 후대들의 출국학습을 도와주었다 // 지부생활, – 1985,(6). – 63

3575 부부의 본보기 / 방명 // 지부생활. – 1985,(7). – 38 – 41

3576 진의장군과 석로인 // 지부생활. – 1985,(9). – 49

3577 한 진짜 ≪말몰이군≫ // 지부생활. – 1985,(9). – 43 – 48

3578 닭 한마리 / 효휘 // 지부생활. – 1985,(10). – 54

3579 대담히 진실을 말한 리립삼 / 겸여 // 지부생활. – 1985,(10). – 55 – 57

3580 주총사령이 신을 헌납 / 왕조겸 // 지부생활. – 1985,(11 – 12). – 122 – 123

3581 림백거와 등자회동지의 아들이 바뀐 이야기 // 지부생활. – 1986,(1). – 59

3582 정률성과 정설송에 대한 이야기 // 지부생활. – 1986,(1). – 60 – 61

3583 혁명전통교양의 계승과 창조적발전 / 왕정원 // 지부생활. – 1986,(4). – 10 – 12

3584 진정한 감정 뜨거운 사랑 // 지부생활. – 1986,(5). – 58 – 60

3585 ≪나라의 보배≫를 귀중히 여겨야 한다 / 쟁영 // 동북민병. – 1987,(7 – 8). – 27

3586 리대소를 따라 교수대에 오른 녀영웅 / 포문걸 // 지부생활. – 1987,(7). – 39

3587 맥현득과 그의 안해 / 등영걸 // 지부생활. – 1987,(7). – 46 – 50

3588 로산전선전투영웅들의 사적을 학습하고서 // 지부생활. – 1987,(11). – 28 – 29

3589 고향에 깃든 정:왕진동지가 고향을 돌아본 이야기 / 당백번 // 지부생활. – 1988,(3). – 39 – 42

3590 아들을 판 성위서기 부부 / 류예 // 지부생활. – 1988,(6). – 37 – 38

3591 서특림과 그의 농민안해 // 지부생활. – 1989,(5). –

3592 혁명의 어머니 / 목청 // 지부생활. – 1989,(7). – 34 – 36

3593 위훈떨친 고향의 건아들 // 지부생활. – 1989,(8). – 31 – 34

3594 ≪나는 공산주의를 신봉한다≫ / 회용 // 지부생활. – 1989,(11). – 14 – 15

3595 자수한 리백춘을 관대하게 처리 // 지부생활. – 1990,(1). – 36

D643 형세교육, 국정교육

3596 미장「공동방어조약」을 견결히 반대하고 대만을 해방하기 위하여 끝까지 분투하자 / 본사편집실 // 지부생활. – 1955,(1). – 5 – 9

3597 미장≪공동방어조약≫의 침략음모를 실제행동으로 적발 반격하자 / 지부생활편집실 // 지부생활. – 1955,(1). – 1 – 4

3598 교활한 파괴활동 // 지부생활. – 1955,(19). – 37 – 41

3599 력사사실로부터 본 제국주의종이범의 본질 // 지부생활. – 1958,(6). – 37 – 39

3600 미국침략자들은 우리의 반면교원으로 되고있다 // 지부생활. – 1958,(6). – 34 – 36

3601 제국주의에 대하여 고도로 경각성을 높이자 // 지부생활. – 1961,(2). – 47 – 51

3602 길림성 제2차민병대표회의에서 전 성 민병들에게 보내는 편지 // 민병의 벗. – 1964,(9). – 31 – 32

3603 원자탄은 ≪병민은 승리의 근본이다≫는 진리를 절대 개변시키지 못한다 / 왕상림 // 민병의 벗. – 1965,(3). – 20 – 21

3604 원자탄이 있는데 왜서 민병을 꾸리는가?: 민병의 전략적지위를 정확히 인식할데 대한 토론 // 민병의 벗. – 1965,(3). – 20

3605 빈농 하중농들은 총가목을 바싹 틀어쥐여야 한다 // 민병의 벗. – 1965,(5). – 10 – 11

3606 허심히 따라배워 백배의 경각성을 확보하자 // 민병의 벗. – 1965,(5). – 6 – 7

3607 민병을 대폭적으로 꾸리는것은 침략전쟁에 대처하는 중요한 준비이다 / 리보심 // 민병의 벗. – 1965,(6). – 27 – 28

3608 인민전쟁사상은 영원히 때가 지나지 않는다 / 장흥무 // 민병의 벗. – 1965,(6). – 25 – 26

3609 현 시기에 민병을 크게 꾸려야 하거니와 미래에도 민병을 크게 꾸려야 한다 // 민병의 벗. – 1965,(9). – 20 – 22

3610 어떤 신식무기가 나타나든간에 민병을 대폭적으로 꾸려야 한다:≪원자탄이 있는데 왜서 민병을 꾸리는가?≫좌담기록 // 민병의 벗. – 1965,(12). – 17 – 21

3611 사람과 무기의 관계를 정확히 인식해야만 민병의 전략적지위를 정확히 인식할수 있다 /

편집부 // 민병의 벗. - 1965,(13). - 12 - 16

3612 세가지 관계를 해결하고 세가지 사업을 잘했다:심양시 야련공장 실험실에서 전시준비 교양을 진행한 경험 / 심양부대 군중공작부공작조;료녕성군구 정치부공작조 // 민병의 벗. - 1965,(14). - 21 - 24

3613 정세를 똑똑히 인식하고 경각성을 높여 전시준비를 잘하자:어떻게 국제정세를 인식할 것인가? // 민병의 벗. - 1966,(1). - 10 - 24

3614 사상맹아를 틀어쥐고 전시준비교양을 강화 / 연길현 무장부통신조 // 민병의 벗. - 1966,(3). - 21 - 22

3615 해방군전군정치사업회의에서 전군에 호소: 계속 정치를 돌출히 하며 모택동사상으로 일체를 통솔하자,전시준비를 강화하며 미제의 침략을 분쇄할 준비를 잘하자 // 민병의 벗. - 1966,(3). - 3 - 7

3616 무쇠의 손아귀와 철같은 기률 / 민병집근소분대 // 동북민병. - 1975,(5). - 53 - 54

3617 무산계급전정리론을 참답게 학습하여 상해민병건설경험을 가일층 락실하자 / 본지평론원 // 동북민병. - 1975,(6). - 2 - 5

3618 형세가 좋을수록 전쟁준비를 잊지 말아야 한다 / 림병;목지민 // 동북민병. - 1975,(6). - 49 - 51

3619 리론학습의 새 성과 초원민병의 새 면모 / 우란오르거러 // 동북민병. - 1975,(7). - 22 - 25

3620 혁명리론으로 현실투쟁을 지도 / 심연청 // 동북민병. - 1975,(8). - 19 - 27

3621 중국에 대한 신로짜리의 침략죄행 / 호부림;오경원 // 동북민병. - 1980,(7). - 41 - 43

3622 《정신식량》을 귀중히 여겨야 한다 / 왕강휘 // 동북민병. - 1981,(13). - 8

3623 《로동으로 무장을 꾸리는》 활동을 심입발전시키자 / 왕작진;수군 // 동북민병. - 1986,(4). - 13 - 14

3624 《미국의 소리》선전수법에 대한 해부 / 리륜 // 지부생활. - 1989,(9). - 42

3625 전민국방교육에서 응당 세가지 편향을 바로잡아야 한다 / 곡수충 // 동북후비군. - 1989,(11 - 12). - 23 - 24

3626 농촌의 국방교육을 홀시할수 없다 / 혁광유 등 // 동북후비군. - 1990,(7). - 10

3627 국방교육의 목적성과 현실성을 돌출히 하여야 한다 / 왕정춘;우경준 // 동북후비군. - 1990,(8). - 17 - 18

3628 농민들의 국방관념이 약해지는 문제를 시급히 해결하여야 한다 / 시만림;초백추 // 동북후비군. - 1990,(8). - 24

3629 효과적인 조치를 취하여 국방교육을 깊이있게 진행하였다 / 류문귀 // 동북후비군. - 1990,(11 - 12). - 54

D647 국제주의교육, 애국주의교육

3630 애국주의와 집체주의의 기'발을 높이 추켜들자 / 장진발 // 연변. - 1962,(2). - 2 - 5

3631 애국주의와 국제주의 / 미숙문 // 연변. - 1962,(12). - 6 - 8

3632 빛나는 국제주의정신 숭고한 공산주의품덕 // 지부생활. - 1964,(1 - 2). - 10 - 14

3633 교육적 의의가 큰 생동한 일과 / 장국현 // 연변. - 1964,(2). - 5 - 6

3634 애국주의와 국제주의:《민족전쟁에 있어서의 중국공산당의 지위》중의 한 장절 // 민병의 벗. - 1965,(10). - 15 - 19

3635 무산계급전정을 공고히 하기 위하여 영용히 싸운 전사 / 련합조사조 // 동북민병. - 1975,(6). - 13 - 22

3636 중공중앙군위에서 명령을 발표하여 심양부대 모 부 정찰련에 《지진재해와 싸워이긴 애민모범련》영예칭호를 수여 // 동북민병. - 1975,(8). - 2 - 3

3637 방천민병련에서 애국주의교육을 진행 / 조광원;김진춘 // 동북민병. - 1981,(17). - 41 - 42

3638 뢰봉과 영웅들을 따라배워 애국주의열정을 드높이다 / 목민 등 // 동북민병. - 1982,(18). - 4

3639 애국주의교육강의재료 // 동북민병. – 1982, (18). – 6 – 33

3640 애국주의교육을 깊이있게 벌리자 // 동북민병. – 1982,(18). – 2 – 3

3641 고상한 애국주의정신 / 리상규 // 지부생활. – 1983,(1). – 12 – 13

3642 충성하고 견정한 애국자로 되자 / 주위화 // 지부생활. – 1983,(11). – 22 – 24

3643 영웅들의 진지를 교실로 삼아 고향을 사랑하도록 민병들을 교육 / 학의 등 // 동북민병. – 1983,(19). – 18 – 19

3644 근대사를 학습시켜 나라에 보답하려는 포부를 지니게 하였다 / 조은청 // 동북민병. – 1983, (20). – 29

3645 애국열정을 드높여 나라에 충성하게 하였다 / 주립승;려무 // 동북민병. – 1983,(20). – 26 – 27

3646 농촌민병들의 특점에 좇아 애국주의교육을 진행하였다 // 동북민병. – 1984,(3). – 29 – 30

3647 민병들속에서 애국주의교육을 깊이있게 벌릴데 대한 결정을 지었다 / 류리달 // 동북민병. – 1984,(3). – 25

3648 애국주의교육을 생동활발하게 벌려 민병들의 애국주의각성을 끊임없이 높였다 // 동북민병. – 1984,(3). – 26 – 29

3649 농촌을 사랑하는 사상을 수립시켰다 / 심군선 // 동북민병. – 1984,(5). – 10 – 12

3650 조국을 사랑하고 고향을 사랑하여 장성기슭의 면모를 개변시킨다 / 리수삼 등 // 동북민병. – 1984,(5). – 9 – 10

3651 지방혁명사교육은 애국주의교육의 한가지 훌륭한 형식이다 / 류본조 // 동북민병. – 1984, (5). – 12 – 13

3652 5애교육강의재료 / 연변군분구정치부 // 동북민병. – 1984,(8). – 35 – 42

3653 애국주의교육단신(8편) / 형공풍 등 // 동북민병. – 1984,(9). – 31 – 32

3654 료녕성 민병애국주의교육에서 초보적인 효과를 보았다 / 요광발 등 // 동북민병. – 1984, (12). – 7 – 8

3655 애국주의교육에서 류의하여야 할 몇가지 문제 / 좌금 // 동북민병. – 1984,(12). – 16 – 19

3656 애국주의교육에서는 목적성있게 사상매듭을 풀어주어야 한다 / 류구주 // 동북민병. – 1984, (15). – 12 – 13

3657 애국주의교육은 나를 새롭게 리상의 돛을 올리게 하였다 / 심궁 // 동북민병. – 1984,(17). – 6 – 7

3658 조국을 사랑하고 나라에 보답하려면 우선 나라를 알아야 한다 / 류검흔 // 동북민병. – 1984,(21). – 29 – 30

3659 애국주의정신을 발양하여 조국을 건설하고 보위하기 위해 기여하자 // 동북민병. – 1987, (6). – 26 – 30

3660 국제주의전사 장울화 // 지부생활. – 1988, (1). – 24 – 30

D648 도덕교육

3661 영예복원군인에 대한 교육단결사업을 참답게 잘하자 // 지부생활. – 1957,(10). – 22 – 25`

3662 혁명적락관주의정신을 더욱 더 발양하자 // 연변. – 1961,(1). – 29 – 31

3663 일을 공정하게 처리해야 한다 // 연변. – 1961, (8). – 25 – 27

3664 공산주의 도덕이란 무엇인가? / 리희일 // 연변. – 1963,(6). – 15 – 17

3665 무엇 때문에 공산주의 도덕을 배양해야 하며 그의 기본 요구는 무엇 인가 // 연변. – 1963,(7). – 24 – 27

3666 무엇 때문에 공산주의 도덕을 양성해야 하며 그의 기본 요구는 무엇 인가 // 연변. – 1963,(8). – 25 – 27

3667 무엇 때문에 공산주의 도덕을 양성해야 하며 그의 기본 요구는 무엇 인가 // 연변. – 1963,(9). – 28 – 29

3668 무엇 때문에 공산주의 도덕을 양성해야 하

며 그의 기본 요구는 무엇인 가 // 연변. − 1963,(11). − 25 − 26

3669 어떻게 공산주의 도덕을 양성할 것인가 // 연변. − 1963,(12). − 26 − 27

3670 례의 / 연병 // 연변. − 1964,(9). − 24

3671 모주석께 감사드린다 / 하문영 // 민병의 벗. − 1964,(11). − 33

3672 국가에 돌렸다 / 우진영 // 민병의 벗. − 1965,(4). − 28

3673 일편단심 국가를 위한다 / 왕서발;등광우 // 민병의 벗. − 1965,(4). − 26 − 27

3674 로동에서 앞장서는 민병중대장 / 해여 등 // 민병의 벗. − 1965,(6). − 3 − 8

3675 뢰봉의 길을 따라 / 룡사군 등 // 민병의 벗. − 1965,(7). − 3 − 6

3676 뢰봉의 정신을 이어받은 ≪뢰봉분대≫ / 곽석후 등 // 민병의 벗. − 1965,(7). − 8 − 11

3677 왕걸의 정신 곳곳에서 빛 뿌린다 // 민병의 벗. − 1966,(2). − 20 − 21

3678 한평생 좋은 일을 하자 // 민병의 벗. − 1966,(2). − 21

3679 강철전사 − 맥현득 // 민병의 벗. − 1966,(3). − 18 − 20

3680 신심과 힘의 원천 / 진소득 // 민병의 벗. − 1966,(9). − 15 − 17

3681 모택동시대의 위대한 전사 / 송임궁 // 민병의 벗. − 1966,(16). − 50 − 52

3682 중공심양군구위원회의 류영준동지를 따라배우는 활동을 전개할데 관한 결정 // 민병의 벗. − 1966,(16). − 38 − 41

3683 중공중앙동북국의 류영준동지를 따라배울데 관한 통지 // 민병의 벗. − 1966,(16). − 34 − 37

3684 해방군전사 채영상 영용하게 몸을 바쳐 붉은 위병을 가득 실은 렬차를 구원 // 민병의 벗. − 1966,(20). − 38 − 41

3685 총정치부에서 전 군 및 민병들에게 채영상동지를 따라배울것을 호소 // 민병의 벗. − 1966,(21). − 27 − 29

3686 모든 행동 지휘에 복종 // 동북민병. − 1975,(5). − 55

3687 자각적으로 계속 혁명하는 선봉전사 / 련합조사조 // 동북민병. − 1975,(5). − 15 − 21

3688 끓는 피를 바쳐 인민을 위하는 사람 / ≪단동일보≫기자;보도조 // 동북민병. − 1975,(6). − 23 − 27

3689 인민전사의 본색을 영원히 확보하는 로전사 / 본지통신원 // 동북민병. − 1975,(7). − 10 − 15

3690 혁명을 위하여 방향판을 잘 장악하자 // 동북민병. − 1975,(8). − 28 − 32

3691 산구를 개조하는 녀맹장 / 본지통신원 // 동북민병. − 1975,(9). − 45 − 48

3692 울타리를 뽑아버린 이야기 / 창도현민병지휘부보도조 // 동북민병. − 1975,(9). − 36 − 38

3693 공산주의정신을 배양 / 훈춘현무장부보도조 // 동북민병. − 1975,(10). − 54 − 56

3694 비평을 성근히 접수 / 초영장 // 동북민병. − 1975,(10). − 49

3695 도도한 황해에서 친인을 구원 / 장국충 등 // 동북민병. − 1980,(1). − 7

3696 좋은 사람,좋은 일(4편) / 왕길상 등 // 동북민병. − 1980,(3). − 20

3697 모를 뽑아올리지 말고 육성하여야 한다 / 리국충 // 동북민병. − 1980,(4). − 16 − 17

3698 곡장강:헌신적으로 렬화와 박투 / 성옥기;안경철 // 동북민병. − 1980,(5). − 45

3699 당년에 창업할 때보다도 더 이악스레 / 무보충;리경파 // 동북민병. − 1980,(5). − 12

3700 려객들을 위해 열정껏 봉사 / 관우;성례 // 동북민병. − 1980,(5). − 11

3701 뢰봉정신으로 민병을 교육 / 오명지;리수강 // 동북민병. − 1980,(5). − 10 − 11

3702 서안평:위험을 무릅쓰고 전우를 구원 / 김진춘;박성국 // 동북민병. − 1980,(5). − 44

3703 공산주의전사 사운봉동지를 따라배우자 // 지부생활. − 1980,(6). − 15

3704 사운봉동지의 일기발취 // 지부생활. − 1980,

(6).－16－17
3705 충고의 말(3편) / 정유의 // 동북민병.－1980,(6).－36
3706 억센 기능은 땀흘린 보람 / 오사본 // 동북민병.－1980,(8).－34－35
3707 부평초.련뿌리.밀썰물 / 리재본 // 동북민병.－1980,(12).－38
3708 심문기록으로부터 떠오른 생각 / 류계화;리우명 // 동북민병.－1980,(12).－12－13
3709 개인의 진보를 정확히 대하자 / 경강 // 동북민병.－1980,(13).－16－17
3710 뢰봉과 영웅들을 따라배워 참된 고락관을 수립 / 정계주 등 // 동북민병.－1980,(13).－11－12
3711 연찬하기만 하면 훌륭한 성과를 올릴수 있다 / 문상 // 동북민병.－1980,(14).－3－4
3712 직종이 좋아야 전도가 있게 된다 / 윤유 // 동북민병.－1980,(14).－4－5
3713 한탄하지 말고 분투해야 한다 / 광문희 // 동북민병.－1980,(14).－2－3
3714 한 한족사원을 살리기 위해 / 김광수 // 동북민병.－1980,(14).－46－47
3715 혁명적영웅주의정신으로 집체재산을 구원 / 황학룡 // 동북민병.－1980,(14).－44
3716 남의 행복을 위해 사업하는 그 기쁨 한없다 / 조춘령 // 동북민병.－1980,(15).－8－9
3717 영웅을 회억하며 자신을 대조하다 / 강춘우;진유세 // 동북민병.－1980,(15).－15
3718 풍격을 발양하여 다시 공사장에로 / 선경유 // 동북민병.－1980,(15).－17
3719 행복은 인민들에게 복을 빚어주는데 있다 / 왕수인 // 동북민병.－1980,(15).－6－7
3720 혁명풍격을 발양해야 한다 / 청우 // 동북민병.－1980,(15).－18
3721 극성스레 사업하는 련장 / 권혁근;최석주 // 동북민병.－1980,(16).－44－46
3722 녀민병 왕옥하 풍격이 높아 남을 방조하는데서 기쁨을 느끼다 / 김홍문;곽장우 // 동북민병.－1980,(16).－27
3723 땀물로 리상의 꽃을 가꾸었다 / 조영흥 // 동북민병.－1980,(16).－18－20
3724 ≪래일은 무슨 래일≫에 대하여 / 강홍도 // 동북민병.－1980,(16).－33
3725 리상의 돛을 다시 올렸다 / 호충혜 // 동북민병.－1980,(16).－16－18
3726 본직사업에 안착해야 리상이 빛을 뿌리게 된다 / 양군 // 동북민병.－1980,(16).－20－21
3727 혁명인생관교육중에서(3편) / 국상　등 // 동북민병.－1980,(16).－23－26
3728 땀으로 전도의 길을 열어야 한다 / 장봉연 // 동북민병.－1980,(17).－20－22
3729 시간과 생명 / 리혜 // 동북민병.－1980,(17).－28－29
3730 ≪생활≫에 대한 짧은 소견 / 랭보륜 // 동북민병.－1980,(18).－30
3731 직종이 나빠도 전도가 있게 된다 / 리춘산 // 동북민병.－1980,(18).－14
3732 총스위치를 넣으니 불빛 밝다 / 류봉춘 등 // 동북민병.－1980,(18).－2－4
3733 손박 범죄자와 완강히 박투하여 표창을 받아 / 진세평;진후옥 // 동북민병.－1980(19).－26
3734 우수삼 렬화속에서 무기를 구해내여 3등공을 받다 / 류춘래;류시 // 동북민병.－1980,(19).－26
3735 좋은 일 꽃펴난다 / 한명숙 // 동북민병.－1980,(19).－41－42
3736 봉사성이 높은 반연신 례물을 사절 / 조원화;해연 // 동북민병.－1980,(20).－8
3737 락타산기슭의 꽃떨기 / 중문 등 // 동북민병.－1980,(21).－43－44
3738 밤중의 ≪배달≫ / 김광수 // 동북민병.－1980,(21).－45－46
3739 사람에게 리상이 없으면 안된다 / 오광 // 동북민병.－1980,(21).－30－32
3740 사람은 살아서 좋은 이름을 남겨야 한다 / 홍안 // 동북민병.－1980,(21).－32－33
3741 정신을 가다듬고 새 사람이 되자 / 소진재 //

동북민병. - 1980,(21). - 28 - 30
3742 자신을 엄격히 교육해야 한다 / 호유봉 // 동북민병. - 1980,(22). - 19 - 20
3743 간부들이 곤난에 처했을 때 / 류진효 // 동북민병. - 1980,(23). - 13 - 14
3744 훌륭한 민병군계원 / 장충택 // 동북민병. - 1980,(23). - 40 - 43
3745 몽골족전사 민병을 구원하여 공을 세우다 / 마지민 // 동북민병. - 1980,(24). - 2
3746 승리는 탐색하는 사람에게 속한다 // 동북민병. - 1980,(24). - 15 - 19
3747 어제날에는 패권주의자와 영용히 싸우고 오늘날에는 4화를 위해 부지런히 일한다 / 조내량;서석방 // 동북민병. - 1981,(1). - 22 - 23
3748 혈연적동포간의 두터운 정 / 남경굉 등 // 동북민병. - 1981,(1). - 27 - 30
3749 뢰봉정신은 영원히 빛을 뿌릴것이다 / 리명 // 청년생활. - 1981,(3). - 14 - 15
3750 민병은 솔선적으로 ≪고생도 죽음도 두려워하지 않는≫ 정신을 발양해야 한다 // 동북민병. - 1981,(4). - 8 - 9
3751 비암5대 민병들 뢰봉을 따라배운다 / 차상우 // 동북민병. - 1981,(4). - 42
3752 뢰봉식의 훌륭한 민병 방경래 / 련합조사조 // 동북민병. - 1981,(5). - 15 - 22
3753 ≪뢰봉식의 훌륭한 민병≫방경래렬사를 따라배우는 활동을 벌릴데 관한 결정 / 흑룡강성군구 // 동북민병. - 1981,(5). - 11 - 12
3754 방경래렬사명명대회 조주에서 거행 / 류현발;단금림 // 동북민병. - 1981,(5). - 8 - 10
3755 정신문명을 건설하는 촉진파로 되기에 힘쓰자 // 동북민병. - 1981,(5). - 13 - 14
3756 과외시간을 리용하여 공헌하다 / 고상 // 동북민병. - 1981,(7). - 10
3757 매대의 새기풍 / 김홍문;진월 // 동북민병. - 1981,(7). - 9 - 10
3758 영용하게 깡패놈들과 싸워 동지를 구원 / 장충택;장굉문 // 동북민병. - 1981,(7). - 43
3759 접시값에 깃든 사연 / 리동준 // 동북민병. - 1981,(7). - 44
3760 고귀한 정신 // 동북민병. - 1981,(8). - 19
3761 국민의 책임에 대하여 / 정소림 // 동북민병. - 1981,(8). - 25 - 26
3762 뢰봉을 따라배워 새 기풍을 수립한다 / 김진춘 // 동북민병. - 1981,(8). - 43 - 44
3763 봄기운이 무르익는 렬차에서 / 해연 등 // 동북민병. - 1981,(8). - 8 - 12
3764 불타는 마음 / 오춘산;왕암 // 동북민병. - 1981,(8). - 15 - 17
3765 청산의 초병 / 곽안 // 동북민병. - 1981,(8). - 22 - 24
3766 8년간 의무리발원으로 / 한룡철 // 동북민병. - 1981,(8). - 46
3767 떳떳이 선진을 따라배우고 실속있게 좋은 일을 한다 / 봉지중;최아림 // 동북민병. - 1981,(9). - 8
3768 방경래를 따라배우는 활동월활동을 벌린다 / 조영문 // 동북민병. - 1981,(9). - 9
3769 방경래를 따라배워 뜨거운 마음으로 인민을 위한다 / 호현무 // 동북민병. - 1981,(9). - 5 - 7
3770 위험한 시각에… / 정원청;양덕령 // 동북민병. - 1981,(9). - 10 - 11
3771 ≪특별전선≫으로부터 전해온 이야기묶음 / 영흥 등 // 동북민병. - 1981,(9). - 25 - 28
3772 혁명을 위해 선뜻이 중책을 짊어지겠다 / 장환군;왕성려 // 동북민병. - 1981,(9). - 7
3773 ≪똑똑이와 멍청이≫에 대하여 / 최소평 // 동북민병. - 1981,(10). - 20 - 21
3774 문명꽃이 활짝 피여난 광산 / 리재본 등 // 동북민병. - 1981,(10). - 8 - 12
3775 배려를 힘으로 바꾸기 바란다 // 동북민병. - 1981,(10). - 16
3776 부유한 새농촌을 건설하기 위해 / 루순 // 동북민병. - 1981,(10). - 6 - 7
3777 아름다움을 소유한 민병들 / 정소림 // 동북민병. - 1981,(10). - 17 - 19

3778 한 민병의 생명을 위해 / 신료;금수 // 동북민병. – 1981,(10). – 13 – 169

3779 그가 생전이라면 무슨 말을 했을가? / 서장유;송걸 // 동북민병. – 1981,(11). – 26 – 28

3780 개인의 득실을 따지지 않고 자각적으로 일을 찾아하는 민병:조홍상 / 도문시 보도원학습반 // 동북민병. – 1981,(12). – 42 – 43

3781 누가 이 아름다운 생활을 꾸려놓았는가? / 호헌무;정유의 // 동북민병. – 1981,(12). – 25 – 28

3782 당의 배려밑에 고향을 새롭게 건설하였다 / 범가대대민병련 // 동북민병. – 1981,(12). – 31 – 32

3783 무엇이 ≪능력≫인가? // 동북민병. – 1981,(12). – 22

3784 앓는 몸으로 남을 위해 복무한다 / 김림;홍빈 // 동북민병. – 1981,(12). – 23 – 24

3785 마음속의 젖차물을 해방군전사들에게 드리다 / 리충신 // 동북민병. – 1981,(14). – 20 – 21

3786 사랑 / 허세종 // 동북민병. – 1981,(14). – 16

3787 분초를 다툴줄 알아야 한다 / 주춘생 // 동북민병. – 1981,(16). – 23 – 24

3788 모범민병패장:림홍옥 / 향삼 등 // 동북민병. – 1981,(17). – 2 – 6

3789 봄누에마냥 은실을 토한 사람 / 정변 등 // 동북민병. – 1981,(18). – 4 – 8

3790 외롭게 불한당과 박투한 민병간부:정송교 / 리승렬;박명식 // 동북민병. – 1981,(18). – 44

3791 인민에게 유익한 사람으로 되여야 한다 // 동북민병. – 1981,(18). – 8

3792 곤난앞에서 실망하지 말아야 하고 결심이 있어야 하며 사업심이 있어야 한다 // 동북민병. – 1981,(20). – 14 – 15

3793 사용세대를 위해 직책을 다하고 그릇된 기풍에 물젖지 않는다 / 곡배승 등 // 동북민병. – 1981,(20). – 21 – 24

3794 여러 사람이 노력하고 나로부터 시작하자 // 동북민병. – 1981,(20). – 24

3795 8시간외의 시간에 대하여 / 왕덕지 // 동북민병. – 1981,(20). – 19 – 20

3796 ≪일천공 하루밤≫ / 왕충구 // 동북민병. – 1981,(22). – 10 – 11

3797 그는 계속 싸우고있다 / 효림 // 동북민병. – 1982,(1). – 24 – 26

3798 ≪훌륭한 일자리≫를 버리고 ≪고생≫을 맡아하다 / 제문백 // 동북민병. – 1982,(1). – 6

3799 두만강얼음물에 뛰여들어 / 김민옥 // 동북민병. – 1982,(4). – 44 – 45

3800 허영심에 들뜨면 화를 입게 된다 / 희문 // 동북민병. – 1982,(6). – 18 – 19

3801 군중들을 위해 열가지 좋은 일을 하였다 / 봉기;광호 // 동북민병. – 1982,(7). – 58 – 59

3802 기술을 배워 군중들의 근심을 덜어주다 / 부수회 등 // 동북민병. – 1982,(7). – 8 – 9

3803 여러가지 형식으로 성세를 일으키고 사소한 일로부터 효과를 보고있다 / 양방 등 // 동북민병. – 1982,(7). – 15 – 16

3804 로인을 존경하고 현인을 존중해야 한다 / 선경유 // 동북민병. – 1982,(8). – 11 – 12

3805 그의 고상한 지조를 찬미하고 그의 혁명정신을 따라배우자 // 동북민병. – 1982,(12). – 16

3806 림해에 몸을 두고도 사리를 도모하지 않다 / 왕지방 등 // 동북민병. – 1982,(12). – 11 – 12

3807 사상이 교육받자 행동이 따라간다 / 리해화 // 동북민병. – 1982,(12). – 17

3808 사심을 가지고는 좋은 일을 할수 없다 / 류만승 // 동북민병. – 1982,(12). – 20 – 21

3809 산지대에 뿌리박고 무장사업을 하다 / 범중부 등 // 동북민병. – 1982,(12). – 10 – 11

3810 동지간의 단결은 무엇보다도 더 보귀한것이다 / 효춘 // 동북민병. – 1982,(14). – 16 – 17

3811 민병들 황해에서 전사를 구원 / 당정충;진미운 // 동북민병. – 1982,(14). – 12

3812 ≪뢰봉을 따라배우려면 <머저리정신>이 있어야 한다≫ / 지학군 // 동북민병. – 1982, (16). – 29 – 30

3813 이야기모임에서 피여난 한묶음의 꽃 / 남경광 등 // 동북민병. – 1982,(16). – 24 – 28

3814 평소에 사업을 잘 락실하여야만 긴급한 고비에 선뜻이 나설수 있다 / 왕강휘;교영화 // 동북민병. – 1982,(16). – 14 – 15
3815 친형제맞잡이 / 제연청 등 // 동북민병. – 1982,(19). – 31 – 32
3816 공산주의는 현실생활속에 있다 / 정광승 // 동북민병. – 1982,(20). – 4 – 5
3817 공산주의를 웃던 동무 원대한 리상을 수립 / 주경림 // 동북민병. – 1982,(20). – 22
3818 공산주의사상교육이란 이 핵심을 단단히 틀어쥐여야 한다 / 김홍문 // 동북민병. – 1982,(20). – 8 – 9
3819 남의 일에 발벗고나서는 사람 / 림배영 // 동북민병. – 1982,(20). – 23 – 28
3820 마음속에 공산주의란 밝은 등불을 켜야 한다 // 동북민병. – 1982,(20). – 21 – 22
3821 주변의 좋은 사람,좋은 일로 공산주의사상교육을 진행 / 라종발 등 // 동북민병. – 1982,(20). – 6 – 7
3822 그는 언제나 위험한 일에 선뜻 나선다 / 손보귀 등 // 동북민병. – 1982,(21). – 21 – 22
3823 헌신적정신은 숭고한 리상에서 온다 // 동북민병. – 1982,(21). – 11
3824 공산주의사상교육을 대폭 벌려 한세대 또 한세대의 사회주의적 새 사람들을 육성해내자 / 리덕생 // 동북민병. – 1982,(22). – 2 – 6
3825 리운길동무를 따라배울것을 호소 // 동북민병. – 1983,(2). – 25 – 26
3826 한 민병의 아름다운 소행 / 김일;김길송 // 동북민병. – 1983,(3). – 43
3827 군중들이 지어준 별호 사방에 미명 떨친다 (3편) / 곽장우 등 // 동북민병. – 1983,(4). – 28 – 33
3828 그가 한 좋은 일들 진주처럼 반짝인다 / 예음송 // 동북민병. – 1983,(4). – 25 – 26
3829 기간민병 리조우 녀청년을 구출하기 위해 영용히 몸바쳤다 / 마죽림 등 // 동북민병. – 1983,(4). – 27
3830 남을 도와주는것을 락으로 삼고 새 기풍을 수립한 류아범 / 손향전 등 // 동북민병. – 1983,(5). – 12 – 14
3831 의의있게 살았고 가치있게 죽었다 / 조진명 등 // 동북민병. – 1983,(5). – 2 – 8
3832 대공무사한 정신을 발양하여 뢰봉식전임무장간부로 되기에 힘쓰겠다 / 가쌍의 // 동북민병. – 1983,(7). – 17 – 20
3833 《뢰봉반》의 대표 경험을 소개 / 장귀침 // 동북민병. – 1983,(7). – 24
3834 영웅들 기꺼이 한자리에 모여 서로 따라배우며 면려하다 / 장귀침 // 동북민병. – 1983,(7). – 21 – 23
3835 뢰봉의 발자취를 따라서 // 동북민병. – 1983,(8). – 27 – 28
3836 망화구무장부 심양부대로부터 계속 뢰봉을 따라배우는 기준병으로 수립 / 남경광 등 // 동북민병. – 1983,(8). – 23 – 24
3837 전심전력 인민을 위하여 복무하는 취지를 견지하자 / 설령 // 지부생활. – 1983,(8). – 23
3838 인민군대에서 육성한 인재들 4화건설에서 솜씨를 피우다 // 동북민병. – 1983,(4). – 5 – 11
3839 혁명적영웅주의교육을 진행하여 고생과 피로를 두려워하는 사상을 해결하였다 / 심양시 유탁액공장 // 동북민병. – 1983,(10). – 8
3840 손님들에게 따사로움을 안겨주다 / 장위군 // 동북민병. – 1983,(15). – 26 – 27
3841 특수정황에 처한 사람들이 또 특수정황에 부딪쳤을 때… (6편) // 동북민병. – 1983,(15). – 10 – 16
3842 사람을 분발케 하는 《거울비추기》활동 / 손수영 등 // 동북민병. – 1983,(16). – 35 – 36
3843 청렴한 《관리》는 집안일도 바르게 처리할수 있다 / 림배영 등 // 동북민병. – 1983,(16). – 21 – 25
3844 관직은 없어도 직책을 다한다 / 왕강휘 등 // 동북민병. – 1983,(18). – 26 – 30
3845 민병청년들로부터 훌륭한 지기로 불리우는 장소란 / 리현당 등 // 동북민병. – 1983,(18). –

15－16

3846 ≪기특한 위생원처녀≫ / 차상우 // 동북민병. －1983,(21).－42

3847 돈을 쥐고서 나라부터 생각한다 / 김광일 // 동북민병.－1983,(21).－40

3848 헌신적으로 놀란 말을 붙잡아 사경에 처한 사람을 구하다 / 전유성 // 동북민병.－1983,(21).－41

3849 민병을 찬양하는 감사신들 / 오요림 등 // 동북민병.－1983,(23).－20－25

3850 헌신적으로 렬화와 싸워 국가재산을 보호 / 리명식 // 동북민병.－1984,(4).－42

3851 뢰봉의 발자취 따라 / 류지청 // 동북민병.－1984,(7).－24

3852 위험에 처한 자제병을 구원하였다 / 단원원;왕옥상 // 동북민병.－1984,(10).－15－16

3853 진합과 함께 임무를 집행한 민병 풍경귀 표창을 받았다 / 집무 // 동북민병.－1984,(11).－36

3854 큰물이 졌을 때 어린이를 구원한 민병들 / 남현빈 등 // 동북민병.－1984,(15).－41－43

3855 총소리는 전투명령 / 김광일 // 동북민병.－1984,(20).－47

3856 ≪질풍≫속의≪억센 풀≫이 되자 / 위군 // 동북민병.－1984,(24).－35－36

3857 총명도 바르게 써야 한다 / 려영암 // 동북민병.－1985,(5－6).－34

3858 리상과 규률 // 지부생활.－1985,(9).－39

3859 빈곤호를 부추기는 중임을 떠메자 // 동북민병.－1986,(2).－22

3860 개인리익과 개인주의 / 류호 // 지부생활.－1986,(5).－46－47

3861 한가정의 딱한 사정을 헤아려 / 차성우 // 동북민병.－1986,(5).－23

3862 따스한 손길 / 박룡길 // 동북민병.－1986,(6).－30

3863 게걸이 든 ≪물고기≫가 잘 물린다 / 감발 // 동북민병.－1986,(7).－26

3864 열성껏 군중을 위해 봉사하는 개체호 / 상춘명;왕세정 // 동북민병.－1986,(7).－31

3865 공무일군에 대한 교양을 강화하여 직업부정기풍을 바로잡자 / 왕정원 // 지부생활.－1986,(8).－9－11

3866 리상,현실과 의무 / 리정문 // 지부생활.－1985,(8).－16－19

3867 대학교입학시험에서 미끄러진후… / 최점인 // 동북민병.－1986,(9).－23

3868 렬화의 시련앞에서 / 장건민;임국서 // 동북민병.－1986,(9).－8

3869 강역촌 다섯민병 홍수에 뛰여들어 / 백운봉 // 동북민병.－1986,(10).－16－17

3870 4화에 기여하며 군기를 빛내자 / 남경광 // 동북민병.－1986,(10).－9－11

3871 홍기하에 큰물이 졌을 때 / 리영철 // 동북민병.－1986,(10).－17

3872 다시 놓여진 나무다리 / 김동화 // 동북민병.－1986,(11).－25

3873 국경선의 ≪치안병≫ / 장영흥;리수림 // 동북민병.－1986,(12).－21－22

3874 모범공산당원 박순자동지를 따라배우는 활동을 벌릴데 관한 종공연변주위의 결정 // 지부생활.－1986,(12).－4

3875 황금몽에 대한 소감 / 감발 // 동북민병.－1986,(12).－25

3876 길을 외끼지 말자 / 남경굉 // 동북민병.－1987,(1).－24

3877 의로운 일에 선뜻 나서는 정신을 찬미한다 / 경굉 // 동북민병.－1987,(3).－18

3878 위험을 무릅쓰고 놀란 말과 박투한 용사 / 김재관 // 동북민병.－1987,(5).－20

3879 규률과 직책 / 엄대위 // 연변녀성.－1987,(6).－48－50

3880 독안에 든 쥐 / 왕진산 // 동북민병.－1987,(10).－41

3881 의롭지 못한 재물을 탐내지 말아야 한다 / 쟁영 // 동북민병.－1987,(10).－27

3882 ≪과일보호신≫ / 원지영 // 동북민병.－1987,

(11). − 20
3883 작전기념메달 12개 / 리광무;권동광 // 동북민병. − 1987,(11). − 35 − 36
3884 용감하게 소녀를 구하였다 / 왕학문 // 동북민병. − 1987,(11). − 28
3885 의롭지 못한 돈은 사람을 망친다 / 쟁영 // 동북민병. − 1987,(11). − 19 − 20
3886 고향건설에 힘바치는 제대군인 / 박철산 // 동북민병. − 1988,(2). − 11 − 12
3887 용감한 운전수처녀 / 왕래춘 // 동북민병. − 1988,(2). − 45
3888 교육방법을 고쳐 3개 고리를 잘 틀어쥐다 / 룡수경 // 동북민병. − 1988,(3). − 19
3889 자기의 일터에서 공산주의를 실천하게 하다 / 주숙원;종초극 // 동북민병. − 1988,(3). − 18 − 19
3890 뢰봉식의 훌륭한 민병 / 류상영 // 동북민병. − 1988,(5). − 36.38
3891 남의 사정을 잘 봐주는 녀민병 / 립강 등 // 동북민병. − 1988,(11). − 23 − 24
3892 한 민병의 ABC / 방화;손효홍 // 동북민병. − 1988,(12). − 6
3893 사수계에게≪모범전임무장간부≫칭호를 수여할데 관한 중공길림성위,길림성인민정부의 결정 // 동북후비군. − 1989,(1). − 8
3894 새로운 일터에서 적응되려면 // 대중과학. − 1989,(5). − 59
3895 혁명렬사기념비와 토지신사당의 대조적인 운명 // 민족단결. − 1989,(5). − 52 − 53
3896 절대 기계적으로 모방하지 말아야 한다 / 남남 // 동북후비군. − 1989,(8). − 26
3897 자기를 다스려 백성을 편안하게 해야 한다 / 경굉 // 동북후비군. − 1989,(9). − 16 − 17
3898 새 시기에 뢰봉을 따라배우는 활동을 벌리는 중대한 의의 / 리명춘;강정명 // 동북후비군. − 1990,(1). − 22 − 25
3899 무엇때문에 뢰봉정신이 여기를 떠나지 않았는가? / 왕학의 // 동북후비군. − 1990,(3). − 5 − 6
3900 뢰봉은 청년들의 영원한 본보기이다 / 오국청;리암 // 동북후비군. − 1990,(3). − 4.3
3901 뢰봉정신을 발양하여 국방후비력의 정치상의 영원한 합격을 담보하자 // 동북후비군. − 1990,(3). − 8 − 9
3902 뢰봉학습활동을 힘써 새로운 수준에로 발전시키자 / 장정선 // 동북후비군. − 1990,(3). − 7.6
3903 군구의 전국인대대표들 뢰봉을 따라배울데 관하여 지적 / 장춘우 등 // 동북후비군. − 1990,(5). − 5 − 8
3904 뢰봉을 따라배워 새 시대의 선봉이 되자 / 강광자 // 연변녀성. − 1990,(5). − 1
3905 뢰봉정신을 발양하자 / 김석인 // 청년생활. − 1990,(5). − 2
3906 ≪군대에 가는걸 겁낼것 없다≫ / 라운군 // 동북후비군. − 1990,(7). − 48
3907 샘물이 철철 넘치는 원류 / 요광발;장정선 // 동북후비군. − 1990,(7). − 11 − 12
3908 철길에서 사람을 구원 / 김재관 // 동북후비군. − 1990,(7). − 22
3909 올기강반에서 전해온 미담 / 박종률 // 동북후비군. − 1990,(9). − 24
3910 진극용이 세 어린이를 구원 / 리수문;수국금 // 동북후비군. − 1990,(9). − 25
3911 의로운 일에 선뜻이 나선 젊은이 / 왕세걸 // 동북후비군. − 1990,(10). − 19

D65 정치운동, 정치사건

3912 반혁명분자는 우리를 해쳤어요 / 여요미 // 소년아동. − 1955,(8). − 2
3913 반혁명분자를 깨끗이 없애버리자 // 소년아동. − 1955,(8). − 1
3914 고강 요수석의 반당련맹을 분쇄한것은 공산당과 전국인민의 대 승리이다 / 주명 // 지부생활. − 1955,(9). − 4 − 11
3915 우리는 반혁명분자를 엄격히 처벌하기 바랍니다 / 류련호 등 // 소년아동. − 1955,(9). − 1

3916 호풍,반혁명집단을 견결히 분쇄하자! / 장락평 그림 // 소년아동. − 1955,(9). − 1

3917 각지에서 호풍반혁명집단을 엄격히 징벌할것을 요구 // 지부생활. − 1955,(12). − 55

3918 호풍반혁명진단을 철저히 분쇄하기 위하여 투쟁하자 // 지부생활. − 1955,(12). − 49 − 51

3919 호풍은 어떻게 반혁명활동을 진행하였는가 // 지부생활. − 1955,(12). − 47 − 49

3920 경각성을 제고하여 숨어있는 일체 반혁명분자를 철저히 숙청하자 / 편집부 // 지부생활. − 1955,(13 − 14). − 11 − 16

3921 숨어있는 일체 반혁명분자를 견결히 철저히 깨끗이 전부 숙청하기 위하여 투쟁하자 / 편집부 // 지부생활. − 1955,(15). − 30 − 36

3922 목전 상업계통의 반탐오 반절도 학습성과를 공고히 할데 대한 몇가지 의견 / 정수산 // 지부생활. − 1955,(18). − 42 − 45

3923 반혁명분자는 우리의 가장 흉악한 원쑤이다 우리는 반드시 그를 견결히 숙청해야만 한다! // 지부생활. − 1955,(19). − 18 − 24

3924 왕희중사건으로부터 우리는 어떤 교훈을 접수할것인가? // 지부생활. − 1955,(19). − 25 − 28

3925 「우」적경향과 보수사상을 극복하겠다 / 유완식 // 지부생활. − 1955,(23). − 12 − 13

3926 四一二반혁명정변 // 지부생활. − 1957,(6). − 40 − 43

3927 로동자들의 분노에 찬 웨침 // 지부생활. − 1957,(13). − 15 − 16

3928 우파분자들의 론조는 엉터리없다 / 장룡욱 // 지부생활. − 1957,(13). − 24

3929 우파분자들의 발광적진공을 견결히 물리치자 // 지부생활. − 1957,(13). − 10 − 14

3930 우파분자들의 유론을 철두철미하게 분쇄해야 한다 / 신현모 // 지부생활. − 1957,(13). − 19 − 20

3931 과거와 현재 / 리수동 // 지부생활. − 1957,(14). − 26 − 27

3932 좌파와 우파를 어떻게 식별할것인가 // 지부생활. − 1957,(15). − 13 − 14

3933 반우파투쟁 선전제강 // 지부생활. − 1957, (16). − 24 − 40

3934 반우파투쟁은 정치상 사상상의 위대한 사회주의혁명이다 / 박룡수 // 지부생활. − 1957, (18). − 5 − 9

3935 왜 당내에도 우파분자가 출현되는가 // 지부생활. − 1957,(18). − 17 − 19

3936 우파의 음모궤계를 분쇄하고 반우파투쟁을 끝까지 진행하자 / 손상명 // 지부생활. − 1957, (18). − 10 − 14

3937 반우파투쟁은 증산절약운동을 추동했다 / 최홍묵 // 지부생활. − 1957,(19). − 37 − 38

3938 반우파투쟁의 최전선에서 / 해조 // 지부생활. − 1957,(19). − 13 − 14

3939 우경마비사상을 극복하고 경각성을 높이자 / 오상헌 // 지부생활. − 1957,(19). − 31 − 32

3940 우파분자들의 진면모는 폭로되고야 말것이다 / 변영춘 // 지부생활. − 1957,(19). − 11 − 12

3941 평범하지 않은 소조회의 // 지부생활. − 1957, (19). − 21 − 23

3942 포스타의 전렬에서 / 손기영 // 지부생활. − 1957,(19). − 17

3943 기업에서의 정돈과 사회주의교육운동을 어떻게 전개할것인가 / 어덕생(于德生) // 지부생활. − 1957,(20). − 14 − 19

3944 사회주의립장과 반사회주의립장 / 오동준 // 지부생활. − 1957,(20). − 7 − 10

3945 정풍과 사회주의교육운동에서 공산당원은 어떻게 해야 하는가 // 지부생활. − 1957,(20). − 3 − 6

3946 공광기업에 있어서의 정풍과 사회주의교육운동 / 김태섭 // 지부생활. − 1957,(22). − 7 − 9

3947 당과 사회주의를 보위하기 위하여 / 전홍률 // 지부생활. − 1957,(22). − 27

3948 정풍과 반우파투쟁중에서 예비당원에 대한 교육고찰사업을 세심히 심입진행하자 // 지부생활. − 1957,(22). − 28 − 31

3949 ≪정풍중에서도 우리의 기발이요≫최룡준// 지부생활.－1957,(24).－43
3950 정풍중에서의 공산당원 맹경복/정수산(程秀山)//지부생활.－1957,(24).－42－43
3951 서장은 신생에로 달리며 간섭자들은 꼭 실패하고말것이다//지부생활.－1959,(11).－34－40
3952 여섯가지를 생각하고 여섯가지를 보고 여섯가지를 결합하다/왕반영//지부생활.－1960,(1).－16－20
3953 우경을 반대하고 열의를 북돋우어 계속 전면적으로 약진/심형철//교육통신.－1960,(1).－24
3954 우경을 철저히 반대하고 열의를 북돋우어 금년의 더욱 큰 약진을 쟁취하기 위하여 분투하자/김명한//대중과학.－1960, (1).－1－4
3955 포산을 호에 떨구려는것의 실질/야초//지부생활.－1960,(1).－20－23
3956 계급이 소멸될 때까지 민병을 꾸려야 한다/장숙아//민병의 벗.－1965,(3).－22
3957 계급의 고통을 잊지 않는다/왕경화;왕일철//민병의 벗.－1965,(7).－7
3958 근본을 틀어쥐고 행동에 옮겼다/조양군분구 정치부공작조//민병의 벗.－1965,(14).－25－27
3959 눈을 똑바로 뜨고 진짜와 가짜를 식별하자/하명//대중과학.－1966,(6).－8－12
3960 반당,반사회주의의 검은선에 불질하자/고거//대중과학.－1966,(6).－2－7
3961 사람들의 정신세계를 촉동하는 대혁명//대중과학.－1966,(7).－8－11
3962 온갖 잡귀신을 쓸어버리자//대중과학.－1966,(7).－2－7
3963 무산계급문화대혁명경축군중대회에서 한 림표동지의 연설//대중과학.－1966,(9).－40－43
3964 무산계급문화대혁명경축군중대회에서 한 주은래동지의 연설//대중과학.－1966,(9).－44－47
3965 왜서 심중에 파악이 없는가/원성보//민병의 벗.－1966,(9).－10－11
3966 중국공산당중앙위원회의 무산계급문화대혁명에 관한 결정//대중과학.－1966,(9).－18－39
3967 ≪삼가촌≫을 평함:≪연산야화≫,≪삼가촌잡기≫의 반동적본질/요문원//민병의 벗.－1966,(11).－1－39
3968 모택동사상의 위대한 붉은 기치를 높이 들고 무산계급문화대혁명을 끝까지 진행하자: 문화대혁명에 관한 선전교양요점//민병의 벗.－1966,(12).－33－62
3969 주양의 수정주의문예강령을 반박한다/무계연//민병의 벗.－1966,(15).－42－60
3970 모주석께서 백만 혁명대중과 함께 무산계급문화대혁명을 경축//민병의 벗.－1966,(17).－4－13
3971 모주석께서 50만 붉은 위병과 혁명적교원, 학생들을 접견하셨다//민병의 벗.－1966,(18).－7－15
3972 외지에서 북경에 온 혁명적교원과 학생들을 접견하는 대회에서 한 림표동지의 연설//민병의 벗.－1966,(18).－16－17
3973 외지에서 북경에 온 혁명적교원과 학생들을 접견하는 대회에서 한 주은래동지의 연설//민병의 벗.－1966,(18).－18－20
3974 모주석께서 또 한번 백만 혁명적꼬마맹장들을 접견//민병의 벗.－1966,(19).－16－21
3975 모주석께서 백50만 행진대군을 검열//민병의 벗.－1966,(19).－2－9
3976 모택동사상이 우리의 전투를 지휘:321 11 무산계급혁명영웅주의시추대 용사들이 불바다속에서 목숨으로 싸운 이야기//민병의 벗.－1966,(19).－39－47
3977 전국 각지에서 북경에 온 혁명적교원과 학생들을 접견하는 대회에서 한 림표동지의 연설//민병의 벗.－1966,(19).－22－24
3978 전국 각지에서 북경에 온 혁명적교원과 학생들을 접견하는 대회에서 한 주은래동지의

연설 // 민병의 벗. - 1966,(19). - 24 - 27
3979 모주석께서 제4차로 혁명적꼬마맹장 150만명을 접견하셨다 // 민병의 벗. - 1966,(20). - 6 - 9
3980 모주석께서 제6차로 문화혁명대군을 검열 // 민병의 벗. - 1966,(20). - 10 - 14
3981 모주석께서 선후하여 1천여만명 혁명적꼬마맹장을 접견 // 민병의 벗. - 1966,(21). - 6 - 11
3982 모택동사상을 대대적으로 수립하는 새 기원 // 민병의 벗. - 1966,(21). - 12.29
3983 꼬마맹장들이 요부를 붙잡다 / 강국민;류신덕 // 동북민병. - 1975,(1). - 32.34
3984 사평공격전으로부터 본≪1점2면전술≫의 실질 / 장작방 // 동북민병. - 1975,(1). - 14 - 15
3985 의식형태령역의 투쟁에서 앞장에 선다 / 련합조사조 // 동북민병. - 1975,(1). - 18 - 24
3986 특수한 전투 / 부홍영 // 동북민병. - 1975,(1). - 27 - 31
3987 한낱 중요한 임무 / 할빈제1전기로공장 집근민병소분대 // 동북민병. - 1975,(1). - 25 - 26
3988 험요한 루산관 철벽같다 말라 오늘은 대활보로 다시 넘노라 / 련귀 등 // 동북민병. - 1975,(1). - 8 - 13
3989 림표와 공구를 비판하는것은 장기적인 전투임무이다 / 영재;극성 // 동북민병. - 1975,(2). - 40
3990 무산계급전정을 공고히 하기 위하여 영용히 싸우겠다 / 서금옥 // 동북민병. - 1975,(2). - 44 - 45
3991 림표반당집단의 사회적기초를 론함 / 요문원 // 동북민병. - 1975,(3). - 26 - 41
3992 무산계급전정을 공고히 하기 위하여 자각적으로 싸우겠다 / 해천래 // 동북민병. - 1975,(3). - 54 - 57
3993 무산계급전정을 공고히 하기 위해 민병을 잘 꾸려야 한다 // 동북민병. - 1975,(3). - 47 - 50
3994 무산계급전정을 공고히 하는 임무를 기층에 락실 / 공인민병소분대 // 동북민병. - 1975,(3). - 51 - 53
3995 무산계급전정에 관한 리론을 잘 학습하겠다 / 고평원 // 동북민병. - 1975,(3). - 75 - 76
3996 계급투쟁의 앞장에서 과감히 돌진하고 과감히 투쟁하자 / 한옥복 // 동북민병. - 1975,(4). - 50 - 51
3997 무산계급전정에 관한 리론을 참답게 학습하여 민병건설을 강화 / 룡민빙 // 동북민병. - 1975,(4). - 23 - 26
3998 복벽의 위험성이 의연히 존재한다 / 민병련평론조 // 동북민병. - 1975,(4). - 49.51
3999 사탕포탄에 반격을 가하자 / 윤아현 // 동북민병. - 1975,(4). - 53
4000 자산계급에 대한 전면적전정을 론함 / 장춘교 // 동북민병. - 1975,(4). - 2 - 16
4001 자산계급적법권사상을 자각적으로 제거 / 리승룡 // 동북민병. - 1975,(4). - 31 - 38
4002 조사연구를 강화하면서 무산계급전정에 관한 리론을 잘 학습 / 련합보도조 // 동북민병. - 1975,(4). - 27 - 30.38
4003 투쟁중에서 투쟁철학을 학습 / 본지통신원;본지기자 // 동북민병. - 1975,(4). - 39 - 48
4004 끼따무전투로부터 본≪1점2면전술≫의 반동실질 / 량진흥 등 // 동북민병. - 1975,(6). - 59.61
4005 력사를 외곡하지 못한다 / 길림성 회덕현 홍성대대민병련 // 동북민병. - 1975,(6). - 60 - 61.63
4006 사실은 가장 유력한 비판이다 / 료녕성 범고현 수수하자대대민병련 // 동북민병. - 1975,(6). - 62 - 63
4007 무산계급전정리론을 지침으로 삼아 가두에 대한 개조공작을 잘 진행 / 안강제2강판공장 민병소분대 // 동북민병. - 1975,(7). - 6 - 9.15
4008 무엇때문에 집체화를 실시한 후에도 자본주의가 산생되는가 / 룡호빙,심동민 // 동북민병. - 1975,(7). - 2 - 5
4009 복벽미치광이의 얼뜬 잠꼬대는 영원히 실현될수 없다 / 전강자대대민병련 대비판소조 // 동북민병. - 1975,(8). - 46 - 47

4010 사회계급투쟁에 적극 참가하여 무산계급 전정을 공고히 하자 / 심양송릉기계공장 무장부리론학습소조 // 동북민병. – 1975,(9). – 29 – 31
4011 수도경축대회에서 한 오덕동지의 강화 // 연변문예. – 1976,(11). – 4 – 5
4012 ≪4인패≫가 모주석을 미친듯이 반대한 철증 / 중공 장춘영화촬영소위원회 // 연변문예. – 1976,(12). – 8 – 10
4013 사회주의신생사물을 열정적으로 지지하자 / 유동 // 동북민병. – 1975,(12). – 22 – 27
4014 류소기동지의 업적은 력사에 길이 빛나리라 / 심양방직공장무장부 // 동북민병. – 1980,(6). – 3 – 4
4015 빛나는 제사는 나의 전진을 고무한다 / 윤국량 // 동북민병. – 1980,(6). – 5
4016 ≪4대≫를 취소하면 안정단결에 유리하다 / 료녕대학민병사 // 동북민병. – 1980,(6). – 7
4017 자산계급자유화사조는 문화대혁명에 대한 반동이며 외래자산계급사상의 침식이라는 말을 어떻게 리해해야 하는가 / 세평 // 지부생활. – 1982,(6). – 41
4018 서동이 13년전에≪문화대혁명≫을 부정 // 지부생활. – 1985,(1). – 57
4019 ≪문화대혁명≫을 철저히 부정하여야 한다 // 지부생활. – 1985,(5). – 4 – 6
4020 ≪문화대혁명≫중에서 나타난 군중조직에 대하여 / 윤평 // 지부생활. – 1985,(7). – 4 – 5
4021 ≪문화혁명≫의 실질과 그 위해성에 대하여 / 김영만 // 지부생활. – 1985,(8). – 6 – 8
4022 ≪9.13≫의 새벽 // 지부생활. – 1985,(9). – 60 – 61
4023 ≪문화대혁명≫중의 몇개 대사건의 진상 // 지부생활. – 1985,(9). – 13 – 17
4024 ≪림표와 공자를 비판하는≫운동의 진상 // 지부생활. – 1986,(2). – 29 – 34
4025 광명과 암흑의 겨룸 // 지부생활. – 1986,(8). – 62
4026 봉건주의잔재의 영향을 가셔낼데 대하여 / 리정문 // 지부생활. – 1988,(3). – 5 – 8
4027 10월의 봄우뢰 / 기회신 // 지부생활. – 1989,(4). – 33 – 36
4028 당중앙의 결책을 견결히 옹호하며 반혁명폭란을 견결히 진압하자 // 동북후비군. – 1989,(7). – 3 – 4
4029 6.3, 6.4반혁명폭란의 진상 // 지부생활. – 1989,(8). – 20 – 25
4030 이번의 투쟁성격 엄중성을 똑똑히 인식해야 한다 / 리정문 // 지부생활. – 1989,(8). – 15 – 19
4031 잊지 말아야 할 보편적진리 / 진야평 // 지부생활. – 1989,(11). – 5 – 7
4032 국외에 도망쳐간≪동란영재≫들의 처지 // 지부생활. – 1990,(6). – 7 – 8
4033 ≪류청산—장자선사건≫의 주요 적발인을 찾아서 / 범석 // 지부생활. – 1990,(7). – 38 – 39

D66 계급구조와 사회구조

4034 농촌에서의 당의 계급정책을 정확히 전면적으로 관철하자 // 지부생활. – 1955,(5). – 6 – 11
4035 당의 농촌에서의 계급정책을 정확하게 관철,집행하자 // 지부생활. – 1955,(5). – 1 – 5
4036 중공 신흥향총지에서 계급정책을 관철,집행하는 가운데의 문제 / 김익헌 // 지부생활. – 1955,(8). – 31 – 34
4037 합작화운동가운데서 반혁명분자들의 파괴활동을 견결히 방지하자 / 하익삼 // 지부생활. – 1955,(22). – 49 – 51
4038 자산계급에 대한 ≪속매≫정책이란 무엇인가 / 료개륭 // 지부생활. – 1956,(3). – 28 – 36
4039 지식분자에 대한 당의 정책을 집행한 몇가지 체득 / 왕희성 // 교육통신. – 1956,(3). – 9 – 10
4040 지식분자를 존중하는 사회적기풍을 수립하자 / 배국 // 지부생활. – 1957,(1). – 26 – 30
4041 인민내부의 모순을 어떻게 인식할것인가 // 지부생활. – 1957,(11). – 2 – 7
4042 성질이 같지 않은 두가지 모순 // 지부생활. –

1957,(13). – 34

4043 인민내부의 모순을 어떻게 인식하며 처리할 것인가 // 지부생활. – 1957,(13). – 28 – 33

4044 해결할수 있는 모순은 즉시 해결한다 / 해조 // 지부생활. – 1957,(13). – 39 – 40

4045 ≪단결—비판—단결≫—인민내부의 모순을 처리하는 기본적방법 // 지부생활. – 1957,(15). – 15 – 22

4046 형형색색의 자산계급개인주의를 철저히 비판해야 한다 / 요흔 // 지부생활. – 1959,(23 – 24). – 50 – 58

4047 계급분석은 때가 지난 것이 아니다 / 주정발 // 지부생활. – 1960,(1). – 28 – 29

4048 부유중농의 사상과 똑똑히 계선을 나누자 // 지부생활. – 1960,(5). – 41 – 44

4049 계급로선에 관한 문답 // 지부생활. – 1964,(3). – 34 – 36

4050 튼튼한 립장,용감한 투쟁 / 주소당 // 지부생활. – 1964,(3). – 37 – 39

4051 계급분석의 방법을 학습장악하자 // 지부생활. – 1964,(9). – 45

4052 옛말에도 계급투쟁이 있다 / 손해정 // 지부생활. – 1964,(11). – 42 – 43

4053 계급투쟁앞에서 그 어떤 수작에도 넘어가지 않는다 / 진운봉 // 지부생활. – 1964,(12). – 38 – 40

4054 성질이 부동한 두가지 모순을 엄격히 구분하겠다 / 고영절 // 동북민병. – 1975,(3). – 77 – 78

4055 목전 우리 나라의 계급상황과 계급투쟁문제에 관한 문답 / 부위 // 지부생활. – 1980,(1). – 21 – 25

4056 개인경제를 발전시키는것은 자본주의를 발전시키는것이 아닌가 / 소려 // 지부생활. – 1980,(12). – 44

4057 그들의 성분과 출신을 무엇이라고 써넣어야 하는가 // 지부생활. – 1982,(1). – 38

4058 개인호에서 조수를 두는것과 착취제도가 소멸되였다는것과의 관계에 대하여 / 륙환 // 지부생활. – 1982,(2). – 38 – 39

4059 새로운 시기 부식과 반부식간의 투쟁을 어떻게 인식할것인가? // 동북민병. – 1982,(9). – 2 – 5

4060 자본주의부식의 객관필연성을 똑똑히 인식하고 3중전회이래의 당의 로선,방침,정책을 굳게 믿자 // 동북민병. – 1982,(11). – 51 – 59

4061 근본상으로부터 자본주의사상의 부식을 식별,배격하는 능력을 높여 부식되지 않고 물들지 않는 견강한 전사로 되자 // 동북민병. – 1982,(12). – 28 – 32

4062 지식인을 정확히 대하자 / 설령 // 지부생활. – 1983,(3). – 18 – 19

4063 비로동수입이 착취인가 아닌가 // 지부생활. – 1988,(5). – 8 – 9

4064 우리 나라 현 단계의 계급투쟁을 정확히 인식하여야 한다 // 지부생활. – 1983,(5). – 29 – 30

4065 지식 및 지식인에 대한 당의 방침 / 주당위 통전부 // 지부생활. – 1988,(6). – 46 – 47

4066 놀라운 수자 // 지부생활. – 1988,(11). – 53

D669 사회생활과 사회문제

4067 술에 정신이 팔린 사람 // 지부생활. – 1957,(5). – 43

4068 피로써 맺어진 형제 / 리국진 // 지부생활. – 1960,(6). – 55 – 57

4069 자녀들의 승학과 생산로동에 참가하는 문제를 정확히 대하자 / 량정봉 // 연변. – 1961,(2). – 5 – 6

4070 살림 살이를 근검하게 / 상준 // 연변. – 1962,(2). – 34

4071 형란과 렬속할머니 / 적복은 // 민병의 벗. – 1964,(11). – 32 – 33

4072 미더운 구원의 손길 / 리창역 // 지부생활. – 1980,(1). – 38 – 40

4073 김염의 사랑 / 관세무;강수남 // 동북민병. – 1980,(2). – 28 – 32

4074 안정.학습.4개현대화/ 진휘// 청년생활.－1980,(2).－31

4075 친아들맞잡이 / 란옥천 // 동북민병.－1980,(2).－6

4076 지조편// 동북민병.－1980,(3).－19

4077 무시무시한 총사고/ 장축상 등// 동북민병.－1980,(8).－29－31

4078 드놀지 않는 진실한 사랑/ 김대현;오재윤// 동북민병.－1980,(11).－44－46

4079 로인을 학대한 서발의부부를 법적으로 제재/ 류상범;조보옥// 동북민병.－1980,(19).－27

4080 안개를 헤치고 광명에로 내달려야 한다/ 곡덕수;김홍문// 동북민병.－1980,(20).－27－28

4081 전우들,앞을 내다보라!/ 리련제// 동북민병.－1980,(20).－30－31

4082 류할머니 마음속에 핀 《진달래꽃》/ 최영 등// 동북민병.－1980,(21).－11－12

4083 사랑을 금전에 얽매지 말아야 한다/ 조지// 동북민병.－1980,(21).－34－35

4084 내가 애인을 고른 표준/ 장평// 동북민병.－1980,(22).－13－14

4085 잔치에 《네가지 세간》을 요구한 처녀/ 우경운;운진파// 동북민병.－1980,(22).－7－18

4086 첫사랑을 시작할 때/ 윤경부;왕본성// 동북민병.－1980,(22).－11－13

4087 세 제대전사의 혼사/ 림지휘;장춘우// 동북민병.－1980,(24).－10－14

4088 괴이한 부부// 동북민병.－1981,(4).－39

4089 결혼식을 할 때/ 양건영// 동북민병.－1981,(5).－32－33

4090 빌어온 신부/ 위광희// 동북민병.－1981,(7).－29－33

4091 그는 어째서 찬양을 받는가?/ 황우;진명// 동북민병.－1981,(13).－22－24

4092 친아들맞잡이/ 장복군// 동북민병.－1981,(15).－13－14

4093 가정을 꾸린 후에 국가를 잊지 않는다/ 선경유// 동북민병.－1981,(17).－16－17

4094 《늙은이들의 말》을 많이 들어야 한다/ 조험봉;우강// 동북민병.－1981,(17).－20－21

4095 생산책임제가 가정도덕관계에 새 변화를 가져다주었다/ 고걸선// 동북민병.－1982,(2).－2－6

4096 명인들의 잔치/ 검흔 등// 동북민병.－1982,(3).－33

4097 주련을 붙여 례물을 사절하다/ 간제// 동북민병.－1982,(4).－31

4098 민병련장과 가무/ 오계진// 동북민병.－1982,(7).－5－7

4099 사심없는 찬사 티없는 거울// 동북민병.－1982,(7).－7

4100 외로운 로인을 위해 혼사를 세번 그만두다/ 고걸선 등// 동북민병.－1982,(7).－9－10

4101 그는 처녀들의 사랑을 받아야 한다// 동북민병.－1982,(8).－4

4102 어머니를 모시자니 배우자를 얻기 어렵다/ 허홍안 등// 동북민병.－1982,(8).－2－4

4103 두터운 정/ 진봉명;려리충// 동북민병.－1982,(11).－33－40

4104 다정한 부부의 사의/ 조영부// 동북민병.－1982,(12).－6－7

4105 불구로 된 한 민병의 웃음소리/ 림배영// 동북민병.－1982,(12).－4－5

4106 선뜻이 살림집을 양도하다/ 곡덕수 등// 동북민병.－1982,(12).－12－13

4107 죽으려던 처녀가 새 생명을 가지다/ 고현정// 동북민병.－1982,(12).－14－15

4108 한 보통가정의 환락/ 군해;빈화// 동북민병.－1982,(12).－8

4109 그는 왜 자기의 새색시를 죽였는가?/ 김홍문 등// 동북민병.－1982,(14).－25

4110 누가 이 가정을 망쳐먹었는가?// 동북민병.－1982,(14).－26

4111 거절/ 소복항 등// 동북민병.－1982,(15).－16－17

4112 선이섬의 다섯 선녀/ 남경굉;곽안// 동북민

병. – 1982,(17). – 18 – 19
4113 리증언이 잔치때문에 돈과 재물을 훔쳐 신방에 들지 못하고 감옥에 들어가다 / 예음송 // 동북민병. – 1982,(21). – 22 – 23
4114 열세사람으로부터 삼백륙십세대로 / 길정; 구무 // 동북민병. – 1982,(21). – 12 – 13
4115 ≪강습소≫는 나의 시름거리를 덜어주었다 / 서계방 // 동북민병. – 1983,(2). – 31
4116 도박이 나에게 가져다준 악과 / 김영 // 은하수. – 1983,(2). – 53
4117 도박의 내막 // 대중과학. – 1983,(3). – 42 – 43
4118 실족한 처녀의 눈물겨운 자백서 / 조효파; 장평 // 은하수. – 1983,(3). – 59 – 62
4119 지나친 오락은 도박이다 / 왕조생 // 은하수. – 1983,(3). – 76
4120 빚을 다투고 유산을 양보하다 / 류점무 등 // 동북민병. – 1983,(5). – 21 – 22
4121 사돈보기를 하지 않고 잔치를 소박하게 하다 / 차상우 // 동북민병. – 1983,(5). – 41
4122 솔선적으로 따사로움을 병자네 집에 가져다준 서암과 왕홍 / 장세민 // 동북민병. – 1983,(5). – 15 – 16
4123 웃음과 울음을 파는 사람 / 리길 편역 // 은하수. – 1983,(6). – 46
4124 자신이 깨끗하고 신변도 깨끗하게(3편) / 리광무 등 // 동북민병. – 1983,(12). – 20 – 25
4125 서로 도와주는 가운데서 사랑을 맺다 / 준정 등 // 동북민병. – 1983,(15). – 19 – 20
4126 나는 배우자를 얻지 못하여 고민한다 / 리효동 // 동북민병. – 1983,(16). – 14 – 15
4127 문명촌에서 온 희소식 / 단금림 등 // 동북민병. – 1983,(16). – 16 – 20
4128 ≪몇푼따기≫도 도박인가? / 왕충구 등 // 동북민병. – 1983,(21). – 15
4129 작은 구멍을 막지 않으면 큰 구멍이 생긴다 // 동북민병. – 1983,(21). – 16
4130 류춘생이 ≪류춘풍≫으로 불리운다 / 왕충구 // 동북민병. – 1983,(22). – 33 – 34
4131 결혼후에 사랑이 더 깊어지게 하려면 / 담진 // 연변녀성. – 1984,(1). – 13
4132 구심력과 원심력 / 진강 // 연변녀성. – 1984,(1). – 15
4133 남편을 대할 때 // 연변녀성. – 1984,(1). – 28
4134 맏이 둘째와 막냉이 / 김명 편역 // 은하수. – 1984,(1). – 59 – 60
4135 ≪번개식≫혼인의 악과 / 호효회 // 연변녀성. – 1984,(1). – 36.59
4136 벌이 다르면 성혼할수 없는가? / 가문 // 동북민병. – 1984,(1). – 31 – 32
4137 우리의 련애생활 / 왕월 // 연변녀성. – 1984,(1). – 37
4138 함부로 속뽑이를 하다가는 / 호민;류정정 // 연변녀성. – 1984,(1). – 58
4139 가정의 열가지 특점 // 연변녀성. – 1984,(2). – 42
4140 부부간의 분쟁을 가라앉히려면 / 위평 // 연변녀성. – 1984,(2). – 41 – 42
4141 어처구니없는 ≪사랑≫교역 / 채금원;조정문 // 연변녀성. – 1984,(2). – 10 – 12
4142 언제나 한마음 / 마춘매;로증걸 // 연변녀성. – 1984,(2). – 12 – 14
4143 처음으로 련인의 집에 갔을 때 / 량강건 // 연변녀성. – 1984,(2). – 40
4144 누가 사랑을 고백한다면 / 송천 // 연변녀성. – 1984,(3). – 17 – 18
4145 술주정의 내막 // 대중과학. – 1984,(3). – 42 – 43
4146 훌륭한 안해로 되려면 / 도국상 // 연변녀성. – 1984,(3). – 44 – 45
4147 가정방문에서 뒤문거래를 하여서는 안된다 / 기무 // 동북민병. – 1984,(4). – 37
4148 뿌리가 깊어야 잎이 무성하다 / 조로 // 연변녀성. – 1984,(4). – 38 – 39
4149 실련을 당해도 락망하지 말자 / 진군 // 연변녀성. – 1984,(4). – 20 – 22
4150 어찌하여 련애자유를 잃게 될가요? / 장원

명 // 연변녀성. - 1984,(4). - 53.56
4151 청첩을 받고서 / 근가민 // 연변녀성. - 1984,(4). - 19
4152 나의 남편 / 강진화 // 연변녀성. - 1984,(5). - 15 - 17
4153 난 사랑의 길에서 고통스레 배회했댔어요 / 청음 // 연변녀성. - 1984,(5). - 38 - 39
4154 두 거울 / 신문 // 연변녀성. - 1984,(5). - 21 - 24
4155 받는 사랑 주는 정 / 최춘자;박장길 // 연변녀성. - 1984,(5). - 12 - 14
4156 배우자선택과 밝은 눈 / 주로 // 연변녀성. - 1984,(5). - 29 - 31
4157 성은 달라도 / 진위웅 // 연변녀성. - 1984,(5). - 9 - 11
4158 우정과 사랑 / 길전인 // 연변녀성. - 1984,(5). - 40 - 43
4159 가장 훌륭한 받침점 / 류명 // 연변녀성. - 1984,(6). - 34 - 37
4160 고부가 화목해야 온 집안에 웃음이 넘친다 / 조로 // 연변녀성. - 1984,(6). - 40 - 41
4161 그 처녀의 오산 / 윤지평 // 연변녀성. - 1984,(6). - 32 - 33
4162 미루는 습성을 고치려면 / 류송;남목 // 은하수. - 1984,(6). - 74 - 75
4163 배우자선택에서의 처녀들의 심리 / 련자 // 연변녀성. - 1984,(6). - 20 - 22
4164 봄을 맞은 진달래마냥 / 박철산;오기활 // 동북민병. - 1984,(6). - 38 - 39
4165 불행한 남편과 불행한 안해 / 황인 // 연변녀성. - 1984,(6). - 13 - 14
4166 사동서 시어머니를 ≪앗다≫ / 화개;궁강 // 연변녀성. - 1984,(6). - 49 - 50
4167 우리는 이렇게 화목해졌다 / 화장인 // 연변녀성. - 1984,(6). - 59 - 60
4168 인생에 귀한이는 쟁우이다 / 진가민 // 동북민병. - 1984,(6). - 29 - 30
4169 청소년들이 죄를 범하게 되는 몇개 요소 / 오촉 // 은하수. - 1984,(6). - 30 - 31
4170 서령의 세가지 변화 / 남경굉 등 // 동북민병. - 1984,(7). - 16 - 19
4171 ≪혼례≫+≪장례≫=비극 / 강림파 등 // 동북민병. - 1984,(8). - 10 - 12
4172 비 한방울,눈 한송이의 작용을 홀시할수 없다 / 동지신 // 동북민병. - 1984,(9). - 38 - 39
4173 후진방조교양대 후진청년들을 돌려세웠다 / 왕암;곡배승 // 동북민병. - 1984,(9). - 29 - 30
4174 집집마다에 기쁨을 안겨주었다 / 장해산 // 동북민병. - 1984,(11). - 19 - 20
4175 잔치날을 앞두고 / 왕강휘 // 동북민병. - 1984,(13). - 28
4176 오늘날의 대채와 대채사람들 // 동북민병. - 1984,(15). - 28
4177 조자양 가정형편과 개인기호를 소개 // 동북민병. - 1984,(16). - 31
4178 청혼 // 동북민병. - 1984,(17). - 29
4179 배우자를 고르는 표준 / 최흥국 // 동북민병. - 1984,(18). - 33 - 34
4180 고부사이가 화목하지 않을 때 시누이는 / 료굉문 // 동북민병. - 1984,(21). - 31 - 33
4181 남편이 화상을 입은 후 / 왕덕승 // 동북민병. - 1984,(21). - 34
4182 이야기를 나눌 때 삼가해야 할 열가지 / 왕진발 // 동북민병. - 1984,(21). - 13
4183 혼례식에서 가진 영화초대회 / 장동복 // 동북민병. - 1984,(22). - 22
4184 비굴하지도 거만하지도 자만하지도 조급해하지도 말아야 한다 // 동북민병. - 1984,(24). - 35
4185 치정으로 하여 빚어진 비극 / 배장철 // 동북민병. - 1984,(24). - 24 - 26
4186 ≪꽃주인이≫≪꽃≫을 짓밟다 / 김홍문;경위 // 동북민병. - 1985,(1). - 17 - 20
4187 남의 맘 제맘 짚어 / 황인 // 연변녀성. - 1985,(1). - 14 - 15
4188 미래 생활의 이모저모 / 장야 // 은하수. - 1985,(1). - 23
4189 배우자선택에서의 총각들의 심리 / 왕서광 //

연변녀성. — 1985,(1). — 32 — 33

4190 처녀의 마음을 알려면 / 사원 // 은하수. — 1985,(1). — 31

4191 파란 많은 인생의 길에서:한 문학청년에게 드림 / 임수보 // 은하수. — 1985,(1). — 3

4192 한 도박군의 참회 / 김홍필 정리 // 은하수. — 1985,(1). — 55 — 57

4193 가정이 화목하려면 / 장기량 // 연변녀성. — 1985,(2). — 5 — 6

4194 도박에 끌려 심연에 빠지지 않도록 조심하여야 한다 // 동북민병. — 1985,(2). — 25

4195 도박판에서 피고석으로 / 조문걸 등 // 동북민병. — 1985,(2). — 23 — 25

4196 련애에서 삼가하여야 할 열가지 / 진유방; 손장가 // 동북민병. — 1985,(2). — 38

4197 리혼한 한 녀인의 고백서 // 연변녀성. — 1985,(2). — 28 — 29

4198 몇가지 부부 류형 / 류달림 // 연변녀성. — 1985,(2). — 37 — 39

4199 부부간에 이가 맞지 않을 때 어쩌면 좋은가요? / 손육민 // 동북민병. — 1985,(2). — 30 — 31

4200 생기지 말았어야 할 인명사고 / 조운복 // 동북민병. — 1985,(2). — 28 — 29

4201 《어서 돌아오세요,어머님》 // 연변녀성. — 1985,(2). — 46 — 47

4202 유식한 시어머니와 나 / 계부화 // 연변녀성. — 1985,(2). — 61 — 63

4203 호박으로 맺은 사랑 / 관서서;범영무 // 동북민병. — 1985,(2). — 32 — 33

4204 소녀들을 유린한 《비파귀신》 / 제철남 // 동북민병. — 1985,(3). — 25 — 27

4205 충성으로 씻어버린 사랑의 치욕 / 방건문 // 연변녀성. — 1985,(3). — 54 — 55

4206 파란 많은 사랑의 길 / 은영 // 연변녀성. — 1985,(3). — 50 — 53

4207 행복은 쟁취해야 해요 / 황국어;왕소괴 // 연변녀성. — 1985,(3). — 9

4208 혼례이자 장례 / 광문 // 연변녀성. — 1985,(3). — 10 — 11

4209 결혼생활의 첫 고개 / 한국청 // 연변녀성. — 1985,(4). — 11 — 13

4210 남편의 안해와 안해의 남편 / 호사승 // 연변녀성. — 1985,(4). — 9 — 10

4211 《삼성가정》의 래력 / 류생 등 // 동북민병. — 1985,(4). — 24 — 25

4212 재취한 후 / 제철남 // 동북민병. — 1985,(4). — 26 — 27

4213 정은 미소한데서 주고받는다 / 조로 // 연변녀성. — 1985,(4). — 27 — 28

4214 《처방》 / 연철묵 // 연변녀성. — 1985,(4). — 65

4215 청소년들의 위법범죄에 대한 조사 / 리화만 // 지부생활. — 1985,(4). — 24 — 25

4216 총명한 남편 / 오연 // 연변녀성. — 1985,(4). — 21

4217 혼인형태의 변화발전 / 하신희 // 청년생활. — 1985,(4). — 16

4218 《경제적두뇌》가 있어야 한다 / 내거 // 은하수. — 1985,(5). — 61

4219 남편이 돈을 잃은 뒤 / 림영 // 은하수. — 1985,(5). — 62

4220 동무자신의 애정을 측정해보시라 / 책변 // 동북민병. — 1985,(5 — 6). — 40 — 41

4221 련인이 제일 꺼리는 결함은 어떤것인가? / 왕택충 // 동북민병. — 1985,(5 — 6). — 53 — 54

4222 목전 농촌청년들의 특점 // 은하수. — 1985,(5). — 12

4223 배우자선택에서 외적미만 추구하지 말아야 한다 // 동북민병. — 1985,(5 — 6). — 38 — 40

4224 선심의 예술 / IAR월랴 // 연변녀성. — 1985,(5). — 19 — 21

4225 영화배우들의 고통과 쾌락 // 은하수. — 1985,(5). — 48

4226 젊은 총각과 할머니와의 혼사 // 은하수. — 1985,(5). — 59

4227 지식결구의 변화 // 은하수. — 1985,(5). — 6

4228 청소년들의 범죄행위의 징조 // 은하수. —

1985,(5). − 34 − 36
4229 춘영이의 죽음 / 장모충;진대연 // 은하수. − 1985,(5). − 13 − 15
4230 충고 / 해성 // 연변녀성. − 1985,(5). − 61 − 62
4231 희망이냐 훼멸이냐:한 석사연구생에 대한 이야기 // 은하수. − 1985,(5). − 42 − 45
4232 가정변주곡 / 왕해림 // 연변녀성. − 1985,(6). − 62 − 63
4233 군서방을 붙잡으려다가 / 최준 편역 // 은하수. − 1985,(6). − 46
4234 나와 딸애 / 강곤 // 연변녀성. − 1985,(6). − 10 − 12
4235 남편을≪다스리는≫ 방법:안해들의 비밀 / 바우 편역 // 은하수. − 1985,(6). − 13 − 14
4236 벼랑에 이르러서야 / 장중 // 연변녀성. − 1985,(6). − 15 − 18
4237 ≪성≫을 바꾼 어머니 / 리은화 // 연변녀성. − 1985,(6). − 25 − 29
4238 소비는 랑비가 아니다 // 은하수. − 1985,(6). − 4
4239 재혼자들이 알아야 할바 / 은하 편역 // 은하수. − 1985,(6). − 47 − 48
4240 처녀여,정신차리라 / 탕걸 // 연변녀성. − 1985,(6). − 67 − 69
4241 청혼은 신성한것 / 문군 // 연변녀성. − 1985,(6). − 39
4242 행복한 가정 꾸미기 / 남선 // 연변녀성. − 1985,(6). − 13 − 14
4243 사회생활가운데서의 빠른것과 늦은것 / 범로 // 지부생활. − 1985,(7). − 34 − 35
4244 의심증에서 온 검은 그림자 / 한신 // 은하수. − 1985,(7). − 31 − 32
4245 존경받는 시어머니로 되려면 / 해성 // 은하수. − 1985,(7). − 33
4246 깨여진 ≪비너스≫조각상 / 장범;문력 // 은하수. − 1985,(8). − 13 − 15
4247 년풍땅에 피여난 참된 사랑의 꽃 / 리덕권 // 은하수. − 1985,(8). − 24 − 27
4248 무도장에서의 사교술 / 바우 편역 // 은하수. − 1985,(8). − 58
4249 가정에서의 아버지의 권위 / 김민 편역 // 은하수. − 1985,(9). − 43 − 44
4250 부자들의 고민 / 기정 // 은하수. − 1985,(9). − 55
4251 도적의 미소 / 김민 번역 // 은하수. − 1985,(10). − 33
4252 그는 왜 안해를 죽였는가? / 이수 // 은하수. − 1985,(11). − 47
4253 그대여,짝사랑의 고민에서 벗어나시라! // 은하수. − 1985,(11). − 34
4254 남편을 데리고 재가 // 은하수. − 1985,(11). − 48
4255 사랑의 비극 / 은하 편역 // 은하수. − 1985,(11). − 23 − 25
4256 갈라진 다음의 맘속말 / 강영수 // 은하수. − 1985,(12). − 55
4257 남을 어떻게 찬양할것인가? // 은하수. − 1985,(12). − 37
4258 엉큼한 사나이 / 김민 편역 // 은하수. − 1985,(12). − 39 − 41
4259 80년대의 풍격 / 륙흠의 // 은하수. − 1985,(12). − 2
4260 사색을 자아내는 5편의 일기 / 구력 // 동북민병. − 1986,(1). − 26 − 28
4261 세가지를 잘못했다 / 측지 // 동북민병. − 1986,(1). − 36
4262 10년이나 끌어온 리혼사건 / 편금장 // 연변녀성. − 1986,(1). − 58 − 59
4263 영예뒤의 고뇌 / 사열 // 연변녀성. − 1986,(1). − 53 − 55
4264 첫 련애편지로 하여 맛본 달고 쓴 맛 / 효운 // 연변녀성. − 1986,(1). − 37 − 38
4265 츄피트의 화살에 맞았을 때 / 금리 // 동북민병. − 1986,(1). − 25
4266 남편이나 안해쪽에서 생기는 외도행위에 대한 분석 // 연변녀성. − 1986,(2). − 57 − 59

4267 ≪모범남편≫을 만들려다가 / 정문 // 연변녀성. – 1986,(2). – 28 – 29

4268 부부싸움 // 연변녀성. – 1986,(2). – 63 – 64

4269 부부싸움은 칼로 물베기 / 애지옥 // 연변녀성. – 1986,(2). – 52 – 53

4270 실련한 후 / 부백과 // 동북민병. – 1986,(2). – 44 – 45

4271 안해의 비밀 / 리가 // 연변녀성. – 1986,(2). – 26 – 27

4272 애정에서 충돌이 생겼을 때 / 강해천 // 연변녀성. – 1986,(2). – 15 – 16

4273 젊은이여,그 생각을 돌리라! / 류명 // 연변녀성. – 1986,(2). – 11 – 14

4274 ≪제3자≫≪제2자≫≪제1자≫ / 위진 // 연변녀성. – 1986,(2). – 40 – 45

4275 나의 계모 // 연변녀성. – 1986,(3). – 7

4276 누가 귀국해야 하는가? / 려영문 // 연변녀성. – 1986,(3). – 11

4277 부조와 그녀의 죽음 // 연변녀성. – 1986,(3). – 53

4278 잊었던 가감법 / 유강 // 연변녀성. – 1986,(3). – 37

4279 제3자에게는 절대 환락이 있을수 없다 / 주봉명 // 동북민병. – 1986,(3). – 30

4280 한 ≪신녀성≫의 불행 / 장심일 // 연변녀성. – 1986,(3). – 29 – 31

4281 감언리설을 경솔히 믿지 말자 / 지유 // 동북민병. – 1986,(4). – 27

4282 남자인가,녀자인가? / 효리 // 동북민병. – 1986,(4). – 45

4283 마음속의≪우상≫을 버리세요 / 수유 // 동북민병. – 1986,(4). – 28 – 29

4284 상대방을 대하는 정확한 태도 / 금길 // 동북민병. – 1986,(4). – 30

4285 시가손님 접대 / 회옥 // 연변녀성. – 1986,(5). – 14

4286 아,난 어쩌라나요? / 방분 // 연변녀성. – 1986,(5). – 66 – 67

4287 전처에게 하고싶은 말 // 연변녀성. – 1986,(5). – 19 – 21

4288 첫날 밤 / 란사천 // 연변녀성. – 1986,(5).48 – 49

4289 돈궤로 인한 풍파 / 김창석 // 연변녀성. – 1986,(6). – 25 – 27

4290 량심의 천평우에서 / 조위철 // 연변녀성. – 1986,(6). – 63 – 65

4291 부부생활에서의 권태기 / 사군 // 연변녀성. – 1986,(6). – 19 – 20

4292 사랑은 믿음과 신임속에서 커간다 / 진성명 // 연변녀성. – 1986,(6). – 32 – 33

4293 사랑의 갈림길우에서 / 장연 // 연변녀성. – 1986,(6). – 44 – 45

4294 스톡홀름에서의 담화 / 장호 // 연변녀성. – 1986,(6). – 16 – 18

4295 아담의 고충 / 남자 // 연변녀성. – 1986,(6). – 50 – 53

4296 애정의 신호 / 위청 // 대중과학. – 1986,(6). – 27

4297 시누이를 대신해 나선 신부 / 오목일 // 은하수. – 1986,(7). – 39 – 41

4298 무명산골속의 두≪야인≫ / 해선 편역 // 은하수. – 1986,(8). – 44 – 46

4299 때이른 련애에서 느낀 참회 / 중화 // 은하수. – 1986,(9). – 50 – 51

4300 파란 곡절 많은 순희의 사랑 // 대중과학. – 1986,(10). – 32 – 34

4301 그들이 아니였다면… / 리광호 // 동북민병. – 1986,(11). – 9

4302 따르는 총각들을 어떻게 대할것인가? / 수유 // 동북민병. – 1986,(11). – 46

4303 무원칙하게 처리하면 쓴맛을 보게 된다 // 동북민병. – 1986,(11). – 22

4304 중학생들의 흡연에 대한 생각 / 김룡구 // 청년생활. – 1986,(11). – 56 – 57

4305 친손녀의 정으로 / 리영철 // 동북민병. – 1986,(11). – 25

4306 대들보에 목을 매여 자살한 녀인 / 왕충걸 //

지부생활. – 1986,(12). – 54
4307 목전 농촌청년들의 고민 / 김근 // 은하수. – 1986,(12). – 34
4308 부부관계에 해로운 표달방식 열가지 // 동북민병. – 1986,(12). – 45
4309 가정≪소방기≫3부곡 / 설인 // 연변녀성. – 1987,(1). – 20 – 21
4310 구경 누구의 차실인가? / 동옥서 // 연변녀성. – 1987,(1). – 68 – 69
4311 극락세계는 어디에? / 전춘식 // 연변녀성. – 1987,(1). – 7 – 8
4312 기만술에 넘어가지 말자 / 윤쟁 // 연변녀성. – 1987,(1). – 28 – 29
4313 당신의 도량은 어떤지요? / 리명화 // 연변녀성. – 1987,(1). – 27
4314 련애사기군들의 몰골 / 구력 // 동북민병. – 1987,(1). – 36 – 38
4315 범죄원인에 대한 새로운 탐구 // 청년생활. – 1987,(1). – 51
4316 시어머니의 맘을 맞춰주려면 / 바우 편역 // 은하수. – 1987,(1). – 46
4317 심리적공간을 남기자요 / 류달림 // 연변녀성. – 1987,(1). – 10 – 11
4318 애정함정 여덟가지 // 연변녀성. – 1987,(1). – 70 – 71
4319 장미 한송이 // 연변녀성. – 1987,(1). – 9 – 10
4320 첫사랑과 키스 // 대중과학. – 1987,(1). – 28
4321 갓 안해로 된 마음 / 진단연 // 연변녀성. – 1987,(2). – 14 – 15
4322 두 안해의 고백 / 희망 // 연변녀성. – 1987,(2). – 64 – 66
4323 새 살림의≪계획경제≫ / 리춘휘 // 연변녀성. – 1987,(2). – 8
4324 어쩌면 나를 사랑하게 할가요? / 왕연명 // 대중과학. – 1987,(2). – 8 – 9
4325 가정학문 / 김창석 // 연변녀성. – 1987,(3). – 16 – 17
4326 ≪굳은 맹세≫를 조심하자요 // 동북민병. – 1987,(3). – 37
4327 랭정하자!사랑의 단맛에 / 가동서 // 대중과학. – 1987,(3). – 20 – 21
4328 련인대면상식 몇가지 / 잠적 // 동북민병. – 1987,(3). – 48
4329 례단 / 김의영 // 연변녀성. – 1987,(3). – 39
4330 부부싸움의 화술 / 남성진 // 연변녀성. – 1987,(3). – 70 – 72
4331 의뢰성과 독립성 / 대청 // 연변녀성. – 1987,(3). – 29
4332 참된 행복 / 휘림 // 연변녀성. – 1987,(3). – 7 – 9
4333 가정송사를 잘 처리하는 부장 / 황련승;왕립문 // 동북민병. – 1987,(4). – 29 – 30
4334 모녀가 걸은 사랑의 길 / 차진찬;윤영자 // 연변녀성. – 1987,(4). – 69 – 70
4335 복한 만년을 꾸며 드립시다 / 김양미 // 연변녀성. – 1987,(4). – 66 – 68
4336 사랑싸움이란? / 김의영 // 연변녀성. – 1987,(4). – 55 – 57
4337 생기지 말았어야 할 비극 / 대명 // 지부생활. – 1987,(4). – 46 – 47
4338 혼인대사를 정확히 처리하자 / 쟁명 // 동북민병. – 1987,(4). – 35
4339 마작을 적당히 놀아야 한다 / 왕영산 // 동북민병. – 1987,(5). – 29
4340 밀회 및 밀회수칙 / 밀회 // 연변녀성. – 1987,(5). – 65 – 66
4341 새 풍습 꽃핀다 / 운봉 등 // 동북민병. – 1987,(5). – 11 – 12
4342 애정과 배신의 계곡을 나들며 / 곡란 // 연변녀성. – 1987,(5). – 67 – 78
4343 이름할수 없는 녀인 / 소주 // 연변녀성. – 1987,(5). – 59 – 61
4344 ≪청혼광고≫를 어떻게 대할것인가 / 효명 // 대중과학. – 1987,(5). – 16
4345 그의 마음이 변하였을가요? / 려집 // 동북민병. – 1987,(6). – 35

4346 놀라운 수자 몸서리치는 사실 // 대중과학. – 1987,(6). – 32 – 35

4347 땡,땡:술을 조심하시라 / 권동광;리광무 // 동북민병. – 1987,(6). – 33 – 34

4348 사랑은 깨여져도 / 류경동 // 대중과학. – 1987, (6). – 22

4349 생기지 말았어야 할 비극들 / 제병 // 동북민병. – 1987,(6). – 19

4350 의심이 병이다 / 쟁영 // 동북민병. – 1987, (6). – 21

4351 청혼하는 방식 / 려집 // 동북민병. – 1987, (6). – 34

4352 남을 해치려 들지 말아야 한다 / 철남 // 동북민병. – 1987,(9). – 20

4353 몇몇 농촌대학생의 타락실기 / 서약 // 지부생활. – 1987,(9). – 47 – 48

4354 세탁기가 쌀독으로 변한데 대한 소감 / 류검흔 // 동북민병. – 1987,(9). – 37

4355 《취업경쟁》을 위한 준비가 있어야 / 양관삼 // 은하수. – 1987,(9). – 3 – 6

4356 큰 형님 / 민선 // 지부생활. – 1987,(9). – 9 – 10

4357 특수한 소매점 / 하려명;서극 // 동북민병. – 1987,(10). – 29

4358 특수한 지참품 / 후금복 // 동북민병. – 1987, (10). – 35

4359 골목에서 도적놈을 / 장건민 // 동북민병. – 1987,(11). – 9

4360 나의 풋사랑 / 강문 // 은하수. – 1987,(11). – 17 – 18

4361 산간마을에 불어온 봄바람 / 단금림 // 동북민병. – 1987,(11). – 26 – 27

4362 가슴아픈 《축구시합》 / 김승산 // 연변녀성. – 1988,(2). – 31 – 32

4363 남편의 아량 / 한영숙 // 연변녀성. – 1988, (2). – 55

4364 련인의 일기책을 가만히 본 후 // 동북민병. – 1988,(2). – 47

4365 리해 / 일박 // 연변녀성. – 1988,(2). – 15

4366 못된 부부가 출연한 한막의 추태극 // 은하수. – 1988,(2). – 36 – 37

4367 무대랑과 무송의 처사로부터 // 동북민병. – 1988,(2). – 9

4368 갈림길에서 / 전경업 // 연변녀성. – 1988,(3). – 12

4369 결혼잔치풍을 두고 / 김창화 // 지부생활. – 1988,(3). – 22

4370 부부생활의 한모퉁이 / 김룡 // 연변녀성. – 1988,(3). – 6 – 8

4371 텔레비죤을 사던 날 / 윤봉희 // 연변녀성. – 1988,(3). – 31 – 32

4372 한번 길을 잘못 걸은 탓에 / 금강 // 은하수. – 1988,(3). – 27

4373 기쁜 일인가 나쁜 일인가 / 서화 // 은하수. – 1988,(4). – 34 – 35

4374 달과 해와 별:당대 부부관계일별 / 호발운 // 연변녀성. – 1988,(4). – 22 – 28

4375 배우자를 고르는 새로운 동향 / 리일 편역 // 은하수. – 1988,(4). – 20 – 22

4376 안해에게 / 금경 // 연변녀성. – 1988,(4). – 36

4377 의롭지 못한 돈으로 부자된 자는 형벌에 처해야 한다 / 철남 // 동북민병. – 1988,(4). – 43

4378 정보로 맺어진 사랑 / 장운통;왕래춘 // 동북민병. – 1988,(4). – 8 – 10

4379 깨여진 원앙꿈 / 손정요;림문국 // 동북민병. – 1988,(5). – 24 – 25

4380 랭혹한 결혼식 / 영구 // 연변녀성. – 1988,(5). – 7

4381 사랑의 계절은 영원한것 / 목자 // 연변녀성. – 1988,(5). – 34 – 35

4382 아기자기한 결혼생활 / 오복길 // 연변녀성. – 1988,(5). – 38

4383 애정의 자리바꿈 / 류손달 // 연변녀성. – 1988, (5). – 30 – 31

4384 미혼부부 / 주준생 // 연변녀성. – 1988,(6). – 9

4385 부부《단식투쟁》 / 최옥란 // 연변녀성. – 1988, (6). – 28 – 29

4386 부부간의 말다툼은 얼마든지 피면할수 있

다 / 류창염 // 지부생활. – 1988,(6). – 61 – 62
4387 선택,선택! / 전천 // 연변녀성. – 1988,(6). – 15 – 19
4388 암류 / 손계권 // 동북민병. – 1988,(6). – 26
4389 남편복이 제일 큰 복이예요 / 김길자 // 연변녀성. – 1988,(7). – 19 – 21
4390 녀성들의 질투에 대하여 / 염자 등 // 연변녀성. – 1988,(7). – 30 – 32
4391 능청스러운 내 남편 / 리금란 // 연변녀성. – 1988,(7). – 17 – 18
4392 시어머니의 환심을 사려면 / 구본청 // 연변녀성. – 1988,(7). – 5 – 6
4393 시체에 따르는 그네들 / 황철 편역 // 은하수. – 1988,(7). – 5 – 6
4394 안해의 넓은 아량 / 권영철 // 연변녀성. – 1988,(7). – 16 – 17
4395 잃어버린 청춘 / 호발운 // 연변녀성. – 1988,(7). – 33 – 43
4396 절대 용모에만 반하지 말라 / 쟁영 // 동북민병. – 1988,(7). – 20
4397 하냥 밝은 얼굴 / 리룡득 // 연변녀성. – 1988,(7). – 19
4398 눈내리는 밤 / 성송권 // 연변녀성. – 1988,(8). – 44 – 45
4399 물러서시라,만일 사랑이 없다면! / 시방 // 연변녀성. – 1988,(8). – 11 – 13
4400 성≪개방≫녀자 / 락각;대청 // 연변녀성. – 1988,(8). – 13 – 21
4401 재혼한 부부들에게 // 대중과학. – 1988,(8). – 10 – 11
4402 해소된 위기 / 김미선 // 연변녀성. – 1988,(8). – 43 – 44
4403 가라앉은 사랑의 쪽배 / 여파 // 연변녀성. – 1988,(9). – 22
4404 나를 리해하지 못하는 남편 / 림영 // 연변녀성. – 1988,(9). – 42 – 43
4405 애정의 네가지 특성 / 전소고 // 대중과학. – 1988,(9). – 32 – 33
4406 어떤 사람이 자주 도적맞히는가 // 대중과학. – 1988,(9). – 49 – 50
4407 한마음 한뜻이란? / 번자 // 연변녀성. – 1988,(9). – 60 – 61
4408 남편을 위해 치장하라 / 가명존 // 대중과학. – 1988,(10). – 29
4409 리해 / 리분자 // 연변녀성. – 1988,(10). – 50 – 51
4410 부부가 한방에서 꽃편지를 썼다 / 찬언 // 동북민병. – 1988,(10). – 28
4411 빚어질번한 비극 / 장덕전;접전덕 // 동북민병. – 1988,(10). – 36 – 37
4412 사랑매 / 석문주 // 연변녀성. – 1988,(10). – 51 – 52
4413 서른살후의 혼인 / 마보여 // 대중과학. – 1988,(10). – 42.44
4414 안해가 옛련인과 래왕할 때 어떻게 할것인가? // 동북민병. – 1988,(10). – 33 – 34
4415 오늘의 최부인으로 되지 말아야 / 남남 // 동북민병. – 1988,(10). – 37
4416 흩어진 검은 구름 / 라문 // 연변녀성. – 1988,(10). – 50
4417 감정세계의 은밀한 구석 / 주효군 // 대중과학. – 1988,(11). – 11 – 14
4418 나의 비결 / 송효가 // 연변녀성. – 1988,(11). – 61 – 63
4419 ≪덕성을 갖추면 당할자 없다≫ / 남남 // 동북민병. – 1988,(11). – 15
4420 사랑을 속삭이는 남남녀녀 / 임진 // 연변녀성. – 1988,(11). – 19 – 20
4421 사진 / 왕청현;엄영희 // 연변녀성. – 1988,(11). – 15 – 16
4422 우리의 신혼시절 / 김창석 // 연변녀성. – 1988,(11). – 16 – 17
4423 이런 안해를 만났기에… / 한청 // 연변녀성. – 1988,(11). – 17 – 18
4424 형형색색의 혼외련애 / 조두 // 연변녀성. – 1988,(11). – 26 – 31
4425 나의≪꽁고아가씨≫ / 리종훈 // 연변녀성. –

1988,(12). – 56 – 58
4426 리해와 믿음 / 김명희 // 연변녀성. – 1988,(12). – 59 – 60
4427 미남과 추녀의 사랑 / 안병 // 연변녀성. – 1988,(12). – 17 – 18
4428 새로 생겨난 꼬마귀족 / 강금달 // 대중과학. – 1988,(12). – 22 – 26
4429 약혼녀가 마음이 변하였을 때 // 동북민병. – 1988,(12). – 26 – 27
4430 일시적인 열광과 지나친 련정에 경각성을 / 잠검 // 동북민병. – 1988,(12). – 31
4431 죄인의 안해 / 복금산 // 연변녀성. – 1988,(12). – 58 – 59
4432 탈출기 / 왕봉 // 연변녀성. – 1988,(12). – 19 – 22
4433 화장터에서 다시 만난 련인 / 왕패금 // 연변녀성. – 1988,(12). – 10 – 17
4434 가슴아픈 일 / 리창호;김근상 // 중국조선어문. – 1989,(1). – 9
4435 가정에서의 사나이 / 등의부;뢰정파 // 연변녀성. – 1989,(1). – 40 – 41
4436 그녀는 왜 리혼을 제기했는가 / 해요 // 은하수. – 1989,(1). – 50 – 51
4437 남편을 아들처럼 여기지 말자요 / 상군 // 연변녀성. – 1989,(1). – 60 – 61
4438 련애기간에≪탈선≫행위를 삼가해야 한다 / 예평 // 동북후비군. – 1989,(1). – 18
4439 련인간의 대화에서 주의하여야 할 열가지 // 동북후비군. – 1989,(1). – 26 – 27
4440 빛나는 그 눈길 / 김봉실 // 연변녀성. – 1989,(1). – 11 – 12
4441 세번째 결심 / 리명자 // 연변녀성. – 1989,(1). – 12 – 13
4442 소설 한편 때문에 일어난 황당극 / 조연 편역 // 은하수. – 1989,(1). – 40 – 43
4443 쓰거운 키스 / 진신평 // 동북후비군. – 1989,(1). – 16 – 18
4444 유모아는 부처간생활에서의≪양념≫ // 중국조선어문. – 1989,(1). – 13 – 14
4445 이성의 눈길 / 맹헌명 // 연변녀성. – 1989,(1). – 54.53
4446 처녀가 키작다고 나무랄 때… // 동북후비군. – 1989,(1). – 25 – 26
4447 ≪그랑데령감≫ / 박옥희 // 연변녀성. – 1989,(2). – 51 – 53
4448 기적의 배후에 숨은 비밀 / 라반;주경약 // 민족단결. – 1989,(2). – 55 – 57
4449 다시 돌아온 남편 / 최순희 // 연변녀성. – 1989,(2). – 53 – 54
4450 다 좋은데 / 채송화 // 연변녀성. – 1989,(2). – 50 – 51
4451 도박ABC / 류주영 // 연변녀성. – 1989,(2). – 15 – 16
4452 동란시대의≪유모아≫ / 방시 // 은하수. – 1989,(2). – 52 – 54
4453 사랑과 점유 / 위진 // 대중과학. – 1989,(2). – 18 – 19
4454 선물을 받았을 때 / 미향 // 연변녀성. – 1989,(2). – 7
4455 아들과 재난 / 남남 // 동북후비군. – 1989,(2). – 19
4456 ≪악녀의≫ 훼용기 / 태현 // 은하수. – 1989,(2). – 36 – 38
4457 약혼녀를 따르는 사람이 있을 때 어떻게 할것인가? // 동북후비군. – 1989,(2). – 34 – 35
4458 ≪온돌당원≫ / 금파도 // 연변녀성. – 1989,(2). – 49 – 50
4459 우상은 절로 빛으라 / 리유지 // 연변녀성. – 1989,(2). – 48
4460 첫대면에서 지켜야 할 례절 // 동북후비군. – 1989,(2). – 35
4461 친인을 잃은 사람을 위안할 때 / 바발라 루셀 // 연변녀성. – 1989,(2). – 22 – 23
4462 혼인일화 / 금선 // 연변녀성. – 1989,(2). – 30
4463 감옥에서 돌아온 안해 / 갈서덕 // 연변녀성. – 1989,(3). – 49 – 51
4464 과부사이 / 엽만 구술;장혜 정리 // 연변녀성. –

1989,(3).－30－32
4465 기이한 리혼/ 리홍// 연변녀성.－1989,(3).－33
4466 기자남편/ 리영애// 연변녀성.－1989,(3).－41－42
4467 남성측의≪떠보기≫에 약혼녀가 성을 낼 때// 동북후비군.－1989,(3).－34－35
4468 련애에서 색갈의 작용// 대중과학.－1989,(3).－11
4469 리혼하고싶잖아요 하지만…/ 송림// 연변녀성.－1989,(3).－34－35
4470 보람있게 살려는 안해/ 조위철// 연변녀성.－1989,(3).－42－44
4471 부모들이 늘 말다툼하면?// 소년아동.－1989,(3).－96－99
4472 부처간의 사랑을 한결 달콤히// 대중과학.－1989,(3).－10－11
4473 소녀들의 타락/ 설파 편역// 은하수.－1989,(3).－46－48
4474 안해들이 삼가해야 할 여덟가지/ 남방// 동북후비군.－1989,(3).－25
4475 잔소리 많은 남편/ 최춘희// 연변녀성.－1989,(3).－44－45
4476 처녀들의 인품을 알려면/ 효신// 동북후비군.－1989,(3).－36
4477 효과가 그닥잖은 시험결혼/ 방앙// 연변녀성.－1989,(3).－58
4478 고통으로 바꿔온 안녕/ 리치// 연변녀성.－1989,(4).－51－53
4479 ≪낡은것을 싫어하는≫데 대하여/ 경홍// 동북후비군.－1989,(4).－26
4480 돈 50원/ 윤희언// 연변녀성.－1989,(4).－31－33
4481 로친에게 보내는 편지/ 박운규// 연변녀성.－1989,(4).－57－58
4482 룩순로파 불효자식 죽이다/ 로명의// 은하수.－1989,(4).－16
4483 만연되고있는 성병/ 방세가// 은하수.－1989,(4).－17－25
4484 무던한 안해/ 김은하// 연변녀성.－1989,(4).－58－59
4485 부모가 이웃들과 다투면// 소년아동.－1989,(4).－40－42
4486 부부 단둘의 세계/ 미영// 연변녀성.－1989,(4).－62－63.50
4487 부부≪전쟁≫규칙/ 용천// 동북후비군.－1989,(4).－35
4488 사체실의 부자/ 진군// 은하수.－1989,(4).－45－46
4489 작은것에서의 커다란 행복/ 문정희// 연변녀성.－1989,(4).－3
4490 참회의 눈물// 대중과학.－1989,(4).－61
4491 한 소녀의 참회/ 종유// 소년아동.－1989,(4).－17－19
4492 갸륵한 효성 나의 본보기/ 임종철// 연변녀성.－1989,(5).－52－53
4493 끔찍하게 우려되는 수자/ 일우// 은하수.－1989,(5).－33
4494 례물/ 선달// 연변녀성.－1989,(5).－36.7
4495 마귀가 치근치근 달라붙는다/ 원지명// 은하수.－1989,(5).－2
4496 백만원호를 먹어버린 식객들/ 류요휘// 지부생활.－1989,(5).－21－24
4497 신체접촉의 관계부호/ 다이스몽 모리스// 대중과학.－1989,(5).－50－51
4498 썩 물러가라,담배야!/ 리참화// 연변녀성.－1989,(5).－6－7
4499 안해가 어질어야 남편에게 화가 적다/ 남남// 동북후비군.－1989,(5).－16
4500 안해의 소원/ 박철수// 연변녀성.－1989,(5).－53－54
4501 ≪영웅≫이 범죄분자로/ 장죽림// 은하수.－1989,(5).－60
4502 애정의 촉매제:암시/ 정강// 대중과학.－1989,(5).－26－27
4503 오얏나무/ 김학송// 연변녀성.－1989,(5).－

57－58

4504 외도한 남편을 어떻게 대할것인가 // 은하수.－1989,(5).－13－14

4505 우둥탕 퉁탕!그날은 꼭 싸웠지요 / 윤선숙 // 연변녀성.－1989,(5).－43－44

4506 조혼－허황한 중학생들의 3막극 / 위위 // 은하수.－1989,(5).－20－23

4507 한심한 내기 / 고세명 // 은하수.－1989,(5).－24－30

4508 경종편:한 중학생의 생명<200원 // 민족단결.－1989,(6).－60－61

4509 기울어진≪사랑탑≫:중년지식인가정의 고충 / 팽명연 // 연변녀성.－1989,(6).－34－38

4510 남자친구선택 / 계화 // 연변녀성.－1989,(6).－61

4511 녀연구생의 사랑 / 길리 // 동북후비군.－1989,(6).－37

4512 다시 찾은 사랑 / 김련옥 // 연변녀성.－1989,(6).－58－59

4513 리지의 눈을 뜨자 / 장영회 // 연변녀성.－1989,(6).－2－6

4514 리혼한 K군 / 모응풍 // 연변녀성.－1989,(6).－46－48

4515 만연되고있는 악성온역－절도바람 // 민족단결.－1989,(6).－62－63

4516 미로의 끝 / 하설 // 연변녀성.－1989,(6).－60－61

4517 분풀이가 남긴 사색 / 진려 // 동북후비군.－1989,(6).－36

4518 비교속에 다져지는 사랑 / 한동해 // 연변녀성.－1989,(6).－57－58

4519 색마의 습격에 대처할줄 알아야 한다 / 남남 // 동북후비군.－1989,(6).－33

4520 숫처녀의 비극 / 조충덕 // 연변녀성.－1989,(6).－24－25

4521 천여명이 참가한 대도박안건의 교훈 / 고산 // 민족단결.－1989,(6).－64

4522 친구를 만난 날 / 엄고명 // 연변녀성.－1989,(6).－39－41

4523 타락된≪무용수≫/ 곡자 // 은하수.－1989,(6).－36－38

4524 한≪녀성강자≫의 비밀 / 유연 // 연변녀성.－1989,(6).－32－33

4525 결혼전성생활의 피해자들 / 김영강 // 연변녀성.－1989,(7).－60－61

4526 남편과 정부사이의 녀인 / 장강 // 연변녀성.－1989,(7).－11－14

4527 리혼은 결속이 아니다 // 연변녀성.－1989,(7).－15－17

4528 미운 자랑 / 일녀 // 연변녀성.－1989,(7).－43－44

4529 변함없는 사랑 / 진검 // 동북후비군.－1989,(7).－40

4530 사랑은 믿음과 리해에서… / 김동식 // 연변녀성.－1989,(7).－34－35

4531 서예로 맺은 사랑 / 리수과 // 동북후비군.－1989,(7).－33.32

4532 술에 절은 중국대지 / 장검웅 // 청년생활.－1989,(7).－49－52

4533 싫으면 멀리 하라요 / 리오 // 연변녀성.－1989,(7).－9－10

4534 어머니와 안해사이에 끼워서 / 아탁 // 연변녀성.－1989,(7).－56－57.55

4535 중매군을 통하여 약혼할 때 / 잠천 // 동북후비군.－1989,(7).－40－47

4536 특수한 리혼 / 황금령 // 연변녀성.－1989,(7).－52－55

4537 현대방회 / 류덕량 // 은하수.－1989,(7).－6－9

4538 결혼기념례물 / 김희주 // 연변녀성.－1989,(8).－19

4539 들꽃을 꺾지 말자 / 오인의 // 은하수.－1989,(8).－60－61

4540 들꽃을랑 꺽지 마소 / 금언 // 동북후비군.－1989,(8).－37

4541 려산에서 맺은 사랑 / 리가용 // 연변녀성.－1989,(8).－42－44

4542 저는 한때 인생의 십자가에서 헤매였어요: 한 불행한 녀인의 하소연 / 하소연;허정훈 역 // 대중과학. - 1989,(8). - 12 - 13
4543 그 사람의 안해 // 연변녀성. - 1989,(9). - 42 - 44
4544 기적 / 최춘자 // 연변녀성. - 1989,(9). - 22 - 23
4545 날개 / 리영화 // 연변녀성. - 1989,(9). - 25 - 26
4546 련인간의 대화 / 왕애국 // 동북후비군. - 1989,(9). - 24
4547 뢰물시장 야담 / 사호 // 은하수. - 1989,(9). - 10 - 13
4548 만원호가≪아들을 사≫지 않았다 / 립강;염춘발 // 동북후비군. - 1989,(9). - 26
4549 사꾸라나라의≪검은 내막≫ / 한영 // 대중과학. - 1989,(9). - 38 - 40
4550 스스로 그물에 걸리다 / 강명뢰 // 동북후비군. - 1989,(9). - 15 - 16
4551 싫증나는 녀자 / 리순영 // 연변녀성. - 1989,(9). - 47 - 48
4552 애정검증법 // 대중과학. - 1989,(9). - 9 - 10
4553 20년후에 다시 펼친 일기장 / 오상;리계월 // 연변녀성. - 1989,(9). - 45 - 46
4554 정말 모를 일이웨다 / 변덕근 // 연변녀성. - 1989,(9). - 32 - 33
4555 책시장을 돌아보고 / 류화례 // 지부생활. - 1989,(9). - 32 - 34
4556 가정법 / 최영걸 // 연변녀성. - 1989,(10). - 47
4557 련애혼인문제 열가지 // 동북후비군. - 1989,(10). - 17
4558 시어머니가 배워준 사랑 / 윤향란 // 연변녀성. - 1989,(10). - 46 - 47
4559 아직도 그 커피 유효합니까? / 박미경 // 연변녀성. - 1989,(10). - 27
4560 오해 / 임종성 // 연변녀성. - 1989,(10). - 17
4561 옷장에서 발견된 편지 / 홍동표 // 연변녀성. - 1989,(10). - 41
4562 허황한 광대놀이 / 학지국 // 동북후비군. - 1989,(10). - 18 - 20
4563 원망과 리해의 갈림길 / 려화 // 연변녀성. - 1989,(10). - 32 - 34
4564 934명 남성들이 듣고있는 방송 / 리초원 // 대중과학. - 1989,(11). - 10 - 12
4565 부당한 대비로 인한 비극 / 고원명;장홍군 // 동북후비군. - 1989,(11 - 12). - 33 - 34
4566 소녀들이 왜 류랑생활을 하게 되는가 / 조삼 // 은하수. - 1989,(11). - 54 - 58
4567 아름다운 홍당무우 / 류심무 // 연변녀성. - 1989,(11). - 43
4568 어려운 남자노릇 / 김재호 // 연변녀성. - 1989,(11). - 19
4569 ≪호적없는 아이들≫ / 바우 편역 // 은하수. - 1989,(11). - 22 - 25
4570 가정주부의 고락 / 석용 // 연변녀성. - 1989,(12). - 53 - 54
4571 간부자녀들의 혼인일별 / 조지민 // 연변녀성. - 1989,(12). - 44 - 48
4572 무도장 저쪽은 심연이였다 / 왕안전 // 은하수. - 1989,(12). - 39 - 43
4573 사랑변주곡 / 장엄 // 연변녀성. - 1989,(12). - 49 - 53
4574 시샘할줄 아세요? / 좌려 // 연변녀성. - 1989,(12). - 16 - 18
4575 ≪애정착각≫을 삼가하시라 / 가행년 // 대중과학. - 1989,(12). - 26 - 27
4576 용모와 사랑 / 임범송 // 대중과학. - 1989,(12). - 35 - 36
4577 한 도박군안해의 자술 / 김춘극 // 연변녀성. - 1989,(12). - 56 - 58
4578 황색출판물이 저를 해쳤습니다 / 리혁 // 지부생활. - 1989,(12). - 34 - 35
4579 부부사랑을 두고 / 리언봉 // 연변녀성. - 1990,(1). - 10
4580 조심하라,여기에서 리성은 운다 / 사호 // 은하수. - 1990,(1). - 52 - 55
4581 죽음을 앞두고 벌어진 사랑이야기 / 주명성 // 연변녀성. - 1990,(1). - 54 - 56

4582 촌민소조장에게 주택기지를 비준할 권리가 있는가 / 연검형 // 지부생활. – 1990,(1). – 38
4583 후손들에게 물려줄 중국은… / 엽림 // 청년생활. – 1990,(1). – 26 – 30
4584 고민하고있는 동무들에게 보내는 편지 // 소년아동. – 1990,(2). – 73 – 76
4585 남편이 외도하면 어떻게 할가요? / 엄숙희 // 연변녀성. – 1990,(2). – 51 – 52
4586 련정의 간격 // 은하수. – 1990,(2). – 16 – 19
4587 붉은 초불 영탄곡:중학생들의 생일관념 / 정무건 // 은하수. – 1990,(2). – 10 – 13
4588 세 사나이의 사랑이야기 / 류천청 // 연변녀성. – 1990,(2). – 52 – 55
4589 애초에 잃지 말았을것을 / 원민 // 연변녀성. – 1990,(2). – 15 – 17
4590 쾌락방정식 // 대중과학. – 1990,(2). – 26 – 27
4591 ≪쓸모없는≫남편의 고뇌 / 흡주 // 연변녀성. – 1990,(2). – 27 – 29
4592 가정주부 / 모비 // 연변녀성. – 1990,(3). – 31 – 33
4593 나의 세차례≪리혼≫ / 한국청 // 연변녀성. – 1990,(3). – 40 – 42
4594 림시로동자는 노예가 아니다 // 민족단결. – 1990,(3). – 60 – 61
4595 상대적공간:부부관계의 예술 / 학광익 // 연변녀성. – 1990,(3). – 48 – 49
4596 우연한 취재 / 제린풍 // 연변녀성. – 1990,(3). – 20 – 21
4597 저의 선택은 옳았어요 / 장위 // 연변녀성. – 1990,(3). – 21
4598 ≪황색≫을 견결히 소탕하자 / 남경꾕 // 동북후비군. – 1990,(3). – 27
4599 갈라지는것은 끝장이 아니다 / 양동래 // 은하수. – 1990,(4). – 42
4600 남편이 싫어하는 녀성들 / 로정화 // 연변녀성. – 1990,(4). – 59
4601 녀성들이 싫어하는 남성들 / 로정화 // 연변녀성. – 1990,(4). – 8
4602 녀영웅 마음속에서 울려오는 메아리 / 사봉진 // 연변녀성. – 1990,(4). – 28 – 30
4603 늙은 내외에 대한 생각 / 리녕 // 은하수. – 1990,(4). – 61
4604 사람이 늙으면 고독해진다 / 황경요 // 은하수. – 1990,(4). – 60
4605 사랑은 강요할수 없다 / 리춘영 // 은하수. – 1990,(4). – 36
4606 수상의 남편 / 남정 // 연변녀성. – 1990,(4). – 30
4607 시아버지를 교육한 며느리 / 설풍 편역 // 은하수. – 1990,(4). – 46 – 48
4608 아버님,요즈음 왜 이러세요? // 은하수. – 1990,(4). – 43
4609 약혼녀 / 리상우 // 연변녀성. – 1990,(4). – 22 – 23
4610 총명한 안해는… / 춘도 // 연변녀성. – 1990,(4). – 46
4611 그물에 든 벽돌가마 / 고화 // 은하수. – 1990,(5). – 51 – 52
4612 난 리혼할수 없어요 / 주개화 // 은하수. – 1990,(5). – 42 – 44
4613 녀자애들은 자기를 보호할줄 알아야 한다 / 구만리 // 은하수. – 1990,(5). – 46
4614 눈물젖은 오작교 / 바우 편역 // 은하수. – 1990,(5). – 48 – 50
4615 마지막 감정 / 봉자 // 연변녀성. – 1990,(5). – 49 – 51
4616 백의천사의 고충 / 왕미 // 연변녀성. – 1990,(5). – 55
4617 사랑과 소고기장졸임 / 위로니카 벨토리 // 연변녀성. – 1990,(5). – 39
4618 사람을 홀리는 기만술책 / 만인력 // 은하수. – 1990,(5). – 45
4619 안해의 미소를 위하여 / 양아웅 // 연변녀성. – 1990,(5). – 31
4620 안해의 변덕 / 오범호 // 연변녀성. – 1990, (5). – 24 – 25
4621 잃은 뒤의 후회 / 려명 // 은하수. – 1990,(5). – 34 – 37
4622 원한을 넘어선 사랑 / 장대유 // 연변녀성. –

1990,(5).－52－54
4623 치솔사건/명시비//은하수.－1990,(5).－24－26
4624 감각을 찾다/심연비//연변녀성.－1990,(6).－52－53
4625 김철남일가—예술대가정/김덕균//청년생활.－1990,(6).－2－4
4626 다툼이 잦은 화목한 부부/백광진//연변녀성.－1990,(6).－27
4627 리혼가정의 아이들/강윤추//연변녀성.－1990,(6).－28－30
4628 부모와 자식들사이의 충돌/황토//민족단결.－1990,(6).－57－60
4629 숭고한 모성애/문홍//연변녀성.－1990,(6).－44
4630 어머니/리성//연변녀성.－1990,(6).－39－41
4631 애정은 양보할수 없는것/로로//연변녀성.－1990,(6).－34－37
4632 타락의 길에서 남긴 발자국/왕조민//지부생활.－1990,(6).－35－36
4633 통쾌한 일요일/리수걸//연변녀성.－1990,(6).－45
4634 한 남편의 고백/말빙//연변녀성.－1990,(6).－13－14
4635 해협량안의 열가지 연분//민족단결.－1990,(6).－61－62
4636 감옥에서 쓴 편지/최병철//연변녀성.－1990,(7).－24－25
4637 남자의 거울은 녀자/망일//연변녀성.－1990,(7).－12－13
4638 녀성들이 본 현대 모범아버지/장련//연변녀성.－1990,(7).－8
4639 늦어진 참회/한영규//연변녀성.－1990,(7).－6－8
4640 도시사람들의 혼인정황//은하수.－1990,(7).－33
4641 리혼녀의 고백/봉선화//연변녀성.－1990,(7).－17－18
4642 ≪성쌓기≫놀음이 빚어낸 비극//은하수.－1990,(7).－22－23
4643 세상에 보기 드문≪제1가정≫/하문//연변녀성.－1990,(7).－49
4644 안해의 감화아래서…/한진재//연변녀성.－1990,(7).－43－45
4645 언니의 회답편지//은하수.－1990,(7).－34－35
4646 특수한 시험/광륜//연변녀성.－1990,(7).－13
4647 맏며느리의 고충/리명산//연변녀성.－1990,(8).－23
4648 무도장에서 만난 상대자/채명호//은하수.－1990,(8).－28
4649 사랑을 위한 리혼/리평//연변녀성.－1990,(8).－20－22
4650 안해/사무전//연변녀성.－1990,(8).－16－17
4651 안해와의 밀회/장대위//연변녀성.－1990,(8).－58－59
4652 안해의 심속을 헤아려보는 남편으로//대중과학.－1990,(8).－38－41
4653 자식들에게 적합한 직업을 선택하여 주려면/오일남//은하수.－1990,(8).－34
4654 전라도시아버님/주희옥//연변녀성.－1990,(8).－29－31
4655 타락된 녀안내원/랑걸//은하수.－1990,(8).－16－19
4656 피아노≪열≫에 대한 생각/류사훈//은하수.－1990,(8).－46－47
4657 깨여진≪정부꿈≫/량청령//연변녀성.－1990,(9).－6－7
4658 나의 이웃/곽철//연변녀성.－1990,(9).－24－25
4659 도박군의 끝장/진경파;황건춘//동북후비군.－1990,(9).－16
4660 로인을 존경하는 사람들/곽명준;박명식//동북후비군.－1990,(9).－23－24
4661 무도작풍을 바로잡아야 한다/쟁영//동북후비군.－1990,(9).－34
4662 소년범과 그 부모들/루국영//연변녀성.－

1990,(9).－22－24

4663 시어머니와 나 / 심순 // 연변녀성.－1990,(9).－13－15

4664 안해를 바꾼 희극 // 동북후비군.－1990,(9).－17

4665 안해를 부각하다 / 아혜 // 연변녀성.－1990,(9).－29－30

4666 안해여,고맙소! / 심침 // 연변녀성.－1990,(9).－52－54

4667 잊어야 할 사람 / 리림 // 연변녀성.－1990,(9).－62－63

4668 참회의 눈물 / 리건국 // 동북후비군.－1990,(9).－33－34

4669 체면 / 엽희림 // 연변녀성.－1990,(9).－8

4670 한 외로운 로인을 위하여 / 조명 등 // 동북후비군.－1990,(9).－25

4671 황당한≪협의결혼≫ / 마역군 // 연변녀성.－1990,(9).－11－13

4672 그대의 사랑 초원에 뿌리내리게 / 막몽 // 연변녀성.－1990,(10).－30－32

4673 도박군들에게 하고싶은 말 / 쟁영 // 동북후비군.－1990,(10).－24

4674 도박으로 일생을 망치였다 / 조진우;류명기 // 동북후비군.－1990,(10).－23－24

4675 말하지 않는 부부 / 료건평 // 연변녀성.－1990,(10).－39

4676 세 성병환자의 고백 // 대중과학.－1990,(10).－9－11

4677 아버지 듣고계시나요 // 대중과학.－1990,(10).－27

4678 연분과학 // 대중과학.－1990,(10).－20－21

4679 이른 봄에 진 진달래 / 리창렬 // 연변녀성.－1990,(10).－13－15

4680 자전거도적 // 대중과학.－1990,(10).－11

4681 첫눈에 정이 든 후 / 우지국;황조용 // 동북후비군.－1990,(10).－34

4682 황당한 혼인계약서 / 리련숙 // 연변녀성.－1990,(10).－40－42

4683 간다던 안해 / 리휘 // 연변녀성.－1990,(11).－13－14

4684 ≪고운얼굴≫과 ≪사기군≫ / 쟁영 // 동북후비군.－1990,(11－12).－26

4685 금전의 유혹 / 한국청 // 연변녀성.－1990,(11).－20－22

4686 녀성과 법률 / 허룡석 // 연변녀성.－1990, (11).－31－35

4687 ≪두부서시≫의 혼인 // 동북후비군.－1990,(11－12).－50

4688 리혼의 새로운 조류 / 모휘 // 연변녀성.－1990,(11).－28－30

4689 별식혼례 / 보동니 // 연변녀성.－1990,(11).－43－45

4690 불구자 명철이와 미녀 옥희의 사랑이야기 / 리종우 // 연변녀성.－1990,(11).－15－17

4691 산실밖의 남편들 / 엽용 // 연변녀성.－1990,(11).－38

4692 삼가자촌의 미담 / 포량옥 // 동북후비군.－1990,(11－12).－39

4693 안해여,왜 고맙다는거지? / 진대무 // 연변녀성.－1990,(11).－52－54

4694 ≪전기쥐≫를 소멸하였다 / 왕세걸;황칙곤 // 동북후비군.－1990,(11－12).－12

4695 파아란 마음 / 신경 // 연변녀성.－1990,(11).－6－8

4696 남자의 안속 / 정동 // 연변녀성.－1990,(12).－41－42

4697 남편은 영원히 모를거야 / 최순애 // 연변녀성.－1990,(12).－19

4698 남편의≪딴주머니≫ / 손효병 // 연변녀성.－1990,(12).－29－31

4699 다시한번 독신으로 돼봤으면 / 설병 // 은하수.－1990,(12).－21

4700 두 사람 세계 / 장병화 // 은하수.－1990,(12).－3－7

4701 멍청이엄마 / 주건훈 // 연변녀성.－1990,(12).－20

4702 백색재난 / 은홍 // 은하수. − 1990,(12). − 39 − 43
4703 사체실에 깃든 이야기 / 곽병예 // 은하수. − 1990,(12). − 45 − 49
4704 살림살이도 일종 재미죠 / 주옥 // 연변녀성. − 1990,(12). − 31 − 32
4705 성범죄게시록 / 류효춘;리몽주 // 대중과학. − 1990,(12). − 22 − 25
4706 세심한 남편의 충고 / 추가남 // 연변녀성. − 1990,(12). − 33
4707 좀먹은 령혼이 낳은 악과 / 홍학철 // 지부생활. − 1990,(12). − 41
4708 중혼현상 이모저모 / 강립국 // 연변녀성. − 1990,(12). − 9 − 14

D8 외교, 국제관계

4709 두터운 우의 / 정석 // 소년아동. − 1954,(11). − 1 − 2
4710 잊을수 없는 회견—중국인민령수 모택동 동지의 우리공장 참관을 회상함 / 므.미하일로브 // 지부생활. − 1955,(3). − 6 − 7
4711 중쏘동맹은 원동 및 세계평화보위의 보루다 // 지부생활. − 1955,(3). − 1 − 5
4712 원자무기사용반대 서명운동에 관한 선전제강 // 지부생활. − 1955,(4). − 38 − 41
4713 두가지 주장과 두가지 쓸모:원자능에 대한 쏘련과 미국의 태도 / 려품 // 지부생활. − 1955,(5). − 51 − 53
4714 아세아,아프리카주회의의 목적은 무엇인가 // 지부생활. − 1955,(6). − 53
4715 파리협정 // 지부생활. − 1955,(7). − 55
4716 쏘련의 판매원 // 지부생활. − 1955,(9). − 32 − 33
4717 아세아,아프리카주회의의 중대한 성취 // 지부생활. − 1955,(9). − 51 − 53
4718 구라파주와 세계평화 및 안전을 보장하는 중요한 조치 // 지부생활. − 1955,(10). − 47 − 51
4719 쏘련군은 려순구지구에서 전부 철퇴 귀국 // 지부생활. − 1955,(12). − 54
4720 쏘련 유고슬라비아 담판 종결짓고 선언을 발표 // 지부생활. − 1955,(12). − 54
4721 쏘련정부 4개국수뇌회의 거행에 동의 // 지부생활. − 1955,(12). − 54
4722 쏘련정부 서부독일정부에 외교관계의 건립에 대하여 각서 // 지부생활. − 1955,(12). − 56
4723 쏘일 량국관계의 정상화문제에 대한 담판 정식시작 // 지부생활. − 1955,(12). − 54 − 55
4724 와르샤와조약은 6월 4일부터 효력을 발생한다 // 지부생활. − 1955,(12). − 55
4725 우리 나라를 방문중이던 인도네시아총리 사스트로 아미죠죠 귀국 // 지부생활. − 1955,(12). − 55
4726 쏘일 량국정부 련합성명을 발표 // 지부생활. − 1955,(13 − 14). − 97 − 99
4727 4국정부수뇌회의 / 최덕은 // 지부생활. − 1955,(15). − 57 − 59
4728 제1차 5개년계획시기에 있어서 쏘련인민들이 간고분투한 정신 // 지부생활. − 1955,(15). − 11 − 13
4729 고아수복을 위한 인도인민의 투쟁 // 지부생활. − 1955,(17). − 54
4730 조선인민의 10년래의 투쟁과 혁혁한 성과 // 지부생활. − 1955,(17). − 52 − 53
4731 쏘련 「쓰딸린」집체농장은 어떻게 건립되였는가 / 브.꼬르니로브 // 지부생활. − 1955,(20). − 41 − 43
4732 쏘련령수 아세아 제 국가를 방문 // 지부생활. − 1956,(1). − 50 − 51
4733 구라파주와 세계평화의 담보 // 지부생활. − 1956,(5). − 52 − 55
4734 ≪모리핀≫중독자의 술책 / 김복영 // 지부생활. − 1956,(8). − 43 − 44
4735 아랍국가의 독립을 수호하기 위한 적극적인 절차 // 지부생활. − 1956,(8). − 46 − 49
4736 ≪아이젠하워주의≫는 식민주의의 새 표지다 // 지부생활. − 1957,(3). − 36 − 37
4737 알제리아인민의 영용한 민족해방투쟁 // 지

부생활. – 1957,(6). – 48 – 49

4738 주총리의 친선적방문 // 지부생활. – 1957,(7). – 48 – 49

4739 쏘련은 우리의 진정한 형제다 // 지부생활. – 1957,(9). – 2 – 3

4740 쏘련 7개년계획은 미국을 따라잡는 결정성적인 보조이다 // 지부생활. – 1958,(5). – 30 – 33

4741 중인변계문제의 진상 // 지부생활. – 1959,(20). – 56 – 61

4742 세계에서 제1가는 쏘련의것 // 지부생활. – 1959,(21). – 51 – 54

4743 우리 주 공업에서 꽃핀 쏘련의 선진경험 // 지부생활. – 1959,(21). – 48 – 50

4744 동풍은 세차고 붉은기는 펄럭인다 // 지부생활. – 1960,(2). – 54 – 55

4745 서광은 아프리카주대륙에 비친다 // 지부생활. – 1960,(2). – 57 – 58

4746 아프리카주공인운동은 매진하고있다 // 지부생활. – 1960,(2). – 59 – 60

4747 약진적계획 위대한 목표 // 지부생활. – 1960,(2). – 56

4748 라틴아메리카주 공인운동의 몇개 특점 // 지부생활. – 1960,(3). – 60 – 61

4749 라틴아메리카주의 열화는 료원을 태운다 // 지부생활. – 1960,(3). – 58 – 59

4750 중쏘동맹은 세계평화의 강대한 성새다 // 지부생활. – 1960,(4). – 23 – 29

4751 평화와 전쟁문제에 관하여 // 지부생활. – 1960,(6). – 58 – 61

4752 남조선인민의 반미투쟁을 견결히 지지한다 // 지부생활. – 1960,(10). – 58 – 61

4753 사회주의진영에 대한 미제국주의의 침략과 도발을 반대한다 // 지부생활. – 1960,(11). – 55 – 57

4754 전 세계인민의 공동한 적 미제국주의를 타도하자 // 지부생활. – 1960,(11). – 58 – 61

4755 가나 방문중인 미국흑인지도자 담화를 발표하여 미국흑인의 투쟁을 지지한 모주석성명을 환영 // 민병의 벗. – 1964,(6). – 46

4756 흐루쑈브의 가짜공산주의와 그의 세계사적교훈에 관하여(적요):쏘공중앙의 공개편지를 아홉번째로 평함 / ≪인민일보≫편집부,≪붉은기≫잡지편집부 // 민병의 벗. – 1964,(9). – 2 – 16

4757 월남에 대한 미제의 침략야심 / 림금택 // 대중과학. – 1964,(10). – 23 – 24

4758 중화인민공화국정부성명 // 민병의 벗. – 1965,(5). – 2 – 4

4759 미국이 조종하는 ≪동남아군사동맹≫ // 민병의 벗. – 1965,(7). – 21 – 23

4760 모쓰크바3월회의를 평함 / 인민일보편집부;붉은기잡지편집부 // 민병의 벗. – 1965,(8). – 2 – 19

4761 일본과 남조선이 가조인한 3개 ≪협정≫이란 어떤것인가? // 민병의 벗. – 1965,(9). – 11 – 12

4762 미국의 침략이 계선이 없는이상 우리의 반침략도 계선이 없다 // 대중과학. – 1966,(8). – 16 – 24

4763 중화인민공화국주석 류소기의 성명 // 대중과학. – 1966,(8). – 2 – 5

4764 주총리 미국에 대한 중국의 정책을 천명 // 민병의 벗. – 1966,(10). – 6 – 7

4765 우리 나라 정부 성명을 발표하여 미제가 공공연히 하노이와 하이퐁을 련속 폭격하는데 대해 가장 강력히 규탄:중국이 윁남에 대한 원조는 더욱 그 어떠한 제약과 제한을 받지 않는다 // 민병의 벗. – 1966,(15). – 18 – 21

4766 중국,월남 인민은 하나로 뭉쳐 함께 싸우고 함께 승리하자 / ≪인민일보≫사설 // 민병의 벗. – 1966,(15). – 34 – 37

4767 7억 중국인민은 윁남인민의 뒤'심으로 되려 한다 / ≪인민일보≫사설 // 민병의 벗. – 1966,(15). – 31 – 33

4768 미쏘 두 초대국의 침략본성을 똑똑히 인식하고 반침략전쟁준비를 힘써 잘하자 / 길림성 왕청림업국 림해림장민병영 // 동북민병. – 1975,(10). – 33 – 37

4769 제30차 련합국대회전체회의에서 한 우리

나라 대표단 교관화단장의 발언(요지) // 동북민병. - 1975,(10). - 2 - 16
4770 구라파를 중점으로 쏘미간에 치렬히 쟁탈 / 심청 // 동북민병. - 1975,(11). - 90 - 95
4771 미쏘간의 패권쟁탈은 필연적으로 세계대전을 초래시킨다 // 동북민병. - 1975,(12). - 55 - 59
4772 쏘련은 왜 아프가니스탄을 침점하는가? // 동북민병. - 1980,(3). - 33
4773 쏘련군대가 아프가니스탄에 침입한 사건은 세계의 이목을 끈다 // 동북민병. - 1980,(9). - 22 - 23
4774 쏘련의 확장주의야심에 경각성을 높이자 / 심군민 // 동북민병. - 1980,(11). - 17 - 20
4775 웰남은 무엇때문에 중웰변경에서 새로운 긴장국세를 조작하는가? // 동북민병. - 1980,(14). - 41 - 42
4776 우리 나라에 대한 사회제국주의의 위협이 날따라 증장되고있다 // 동북민병. - 1980,(18). - 31 - 32
4777 오레.이란 고향의 녀민병들 / 양보화 // 동북민병. - 1980,(24). - 8 - 9
4778 국경선 // 대중과학. - 1983,(8). - 28 - 29
4779 미국을 방문하고서 / 곡소 // 지부생활. - 1986,(7). - 55 - 57
4780 중국과 동구라파 5개 나라와의 관계의 새로운 력사 // 지부생활. - 1987,(2). - 63 - 64
4781 지금 우리 당은 얼마되는 외국당과 련계를 갖고있는가 // 지부생활. - 1987,(3). - 55
4782 1987년도 국제정세전망 / 환향 // 지부생활. - 1987,(3). - 44 - 45
4783 중요한것은 행동에 있다 // 지부생활. - 1987,(4). - 58 - 59
4784 서방민주에 대한 시택민의 견해 // 지부생활. - 1987,(5). - 49 - 50
4785 중동을 동란에 빠뜨리고있는 이스라엘 / 방흥 // 지부생활. - 1987,(5). - 62 - 63
4786 세계다극화의 발전추세 / 만광 // 지부생활. - 1987,(6). - 61 - 64
4787 조선의 자주적평화통일을 위하여 / 주극천 // 지부생활. - 1987,(9). - 61 - 62
4788 오늘의 중인변계 // 지부생활. - 1987,(10). - 52 - 53
4789 쏘련10월혁명시기의 홍군《중국퇀》 // 지부생활. - 1987,(11). - 64
4790 국민생활수준이 제일 높은 나라와 제일 낮은 나라들로는 // 지부생활. - 1988,(2). - 48
4791 유고슬라비아 웽그리아에서의 개혁 / 조자평 // 지부생활. - 1988,(2). - 60 - 64
4792 해협량안인민들의 공동지향 / 진서전 // 지부생활. - 1988,(2). - 58 - 59
4793 우리 나라와 세계와의 차이 // 지부생활. - 1988,(3). - 54 - 55
4794 흐루쑈브 브레쥬네브 고르바쵸브와의 회견 / 아멘드하므 // 지부생활. - 1988,(5). - 57 - 58
4795 쏘련에서는 어떻게 공개성원칙을 관철하는가 / 류소민 // 지부생활. - 1988,(7). - 59
4796 이러저러한 나라들 // 지부생활. - 1988,(8). - 63 - 64
4797 중미관계,중쏘관계 처리에서의 우리 나라의 기본립장 / 류정영 // 지부생활. - 1988,(8). - 56 - 57
4798 뻘스까의 상론회의 // 지부생활. - 1988,(10). - 51 - 52
4799 쏘련군철수시 직면하고있는 아프가니스탄국세 / 손영강 // 지부생활. - 1988,(10). - 62 - 63
4800 활약하고있는 쏘련외장 / 담집 // 지부생활. - 1989,(4). - 42
4801 히말라야산에 오른 미국첩보원들 // 대중과학. - 1989,(5). - 19
4802 중쏘변방군의 상봉 / 왕화평 // 지부생활. - 1989,(8). - 42 - 43
4803 중국현대화의 국제환경과 외교전략:현세기 중국내외형세에 대한 연구보고 / 허신 // 대중과학. - 1989,(9). - 20 - 23
4804 중외력사상의 국체와 정체 / 림상 // 지부생활. - 1989,(9). - 47

4805 40년간의 중쏘관계 // 지부생활. – 1989,(11). – 43 – 45

4806 재미조선이민들의 장사비결 // 지부생활. – 1989,(11). – 47

4807 미국과 서방국가들이 연구하고있는 책략 // 지부생활. – 1990,(2). – 46 – 47

4808 동구라파 부분적국가의 나라이름 당이름의 변화 // 지부생활. – 1990,(5). – 36

4809 서방나라들의 사회주의에 대한 ≪평화적변화≫의 전략과 책략 // 지부생활. – 1990,(6). – 47 – 48

4810 새로운 단계에로 발전하고있는 중쏘관계 / 만성재 // 지부생활. – 1990,(7). – 47 – 48

4811 중국의 유엔가담경과 / 임흔 // 지부생활. – 1990,(7). – 35 – 37

4812 유엔회의의 좌석순 // 지부생활. – 1990,(8). – 26

4813 동구라파에서의 반공물결 / 리익진 // 지부생활. – 1990,(10). – 43 – 44

4814 리트바사건 // 지부생활. – 1990,(10). – 35

4815 목전 중국과 웰남간의 관계는 어떠한가 / 당천일 // 지부생활. – 1990,(10). – 47

4816 우리 나라와 남조선관계의 발전동향 // 지부생활. – 1990,(12). – 46 – 48

4817 이라크는 무엇때문에 쿠웨이트를 강점하였는가 // 지부생활. – 1990,(12). – 46 – 48

D9 법률

4818 "중화인민공화국 헌법초안"이 공포되였다 // 소년아동. – 1954,(7). – 2

4819 헌법이란 무엇인가? / 박 // 소년아동. – 1954,(8). – 1 – 3

4820 살인범보다도 흉악하고 방화범보다도 악독하다 / 숙림 // 지부생활. – 1955,(15). – 37 – 42

4821 농업8자헌법에 대하여 / 구성일 // 대중과학. – 1960,(12). – 3 – 5

4822 법제 관념을 강화하여 사회주의 건설을 촉진시키자 / 리창엽 // 연변. – 1962,(1). – 14 – 16

4823 야밤에 도주범을 생포하다 / 할빈철로분국민병지휘부 // 동북민병. – 1975,(1). – 33 – 34

4824 중화인민공화국 헌법 // 동북민병. – 1975,(2). – 3 – 11

4825 헌법수정에 관한 보고 / 장춘교 // 동북민병. – 1975,(2). – 12 – 17

4826 자산계급적법권이란? // 동북민병. – 1975,(4). – 56 – 63

4827 교묘한 ≪미인계≫ / 범사공 등 // 동북민병. – 1980,(1). – 21 – 22

4828 군민이 함께 망나니들을 붙잡다 / 손위 // 동북민병. – 1980,(1). – 25

4829 마땅한 책임 // 동북민병. – 1980,(1). – 26

4830 종적을 따라 추격하다 / 항수발;동홍창 // 동북민병. – 1980,(1). – 24 – 25

4831 지혜롭고 용감하게 도주범을 체포 / 장쌍진 // 동북민병. – 1980,(1). – 23 – 24

4832 한 절도사건의 수사경과 / 동전사 등 // 동북민병. – 1980,(1). – 17 – 20

4833 교육을 잘하여 시비를 구명(외2편) / 윤위 등 // 동북민병. – 1980,(2). – 24 – 27

4834 손성진이 범죄자를 감싸준데서 구류당하다 / 왕세서;류금성 // 동북민병. – 1980,(3). – 29

4835 감옥으로 통하는 길 / 진강 // 지부생활. – 1980,(12). – 20 – 25

4836 동학중의 범죄적사실이 우리에게 주는 교훈 // 지부생활. – 1980,(12). – 25 – 26

4837 삼도인삼장에 무기절도미수안건이 발생 / 관련혜 // 동북민병. – 1980,(12). – 46

4838 7일밤 매복하여 절도범을 붙잡았다 / 주홍운 // 동북민병. – 1980,(14). – 45 – 46

4839 도망친 범죄자를 붙잡다 / 남성룡 // 동북민병. – 1980,(19). – 43 – 44

4840 총을 쏘아 화재를 빚어낸 세 민병의 교훈 / 서국청 // 동북민병. – 1980,(19). – 27

4841 이런 ≪법률집행대≫를 취소해야 한다 / 장인발 // 동북민병. – 1980,(20). – 32 – 33

4842 임신부를 겁탈한 왕한서를 법에 의해 체

포 / 광학 등 // 동북민병. – 1980,(21). – 13
4843 훔친 무기로 사람을 죽이려 한 왕수덕을 사형에 언도 / 왕명문 // 동북민병. – 1980,(21). – 13
4844 한 총절도범의 자백 / 왕국화 등 // 동북민병. – 1980,(23). – 2 – 6
4845 정신문명과 법률규범에 대하여 / 좌련벽;조구래 // 동북민병. – 1981,(7). – 11 – 12
4846 살인미수범을 지혜롭게 붙잡았다 / 장택;렴명 // 동북민병. – 1981,(20). – 42 – 43
4847 절도범을 용감하게 붙잡았다 / 장축택 // 동북민병. – 1981,(20). – 43
4848 위험에 처한 사람을 선뜻이 구하고 법을 어긴 친척을 가만두지 않는다 / 리비 등 // 동북민병. – 1981,(23 – 24). – 15 – 16
4849 몇가지 문제에 관한 법적규정 // 지부생활. – 1982,(4). – 39
4850 목재를 사고파는 가운데서의 위법란기행위 / 훈규위 // 지부생활. – 1982,(4). – 33
4851 경제범죄활동을 타격할데 관한 문답 / 태영길 // 지부생활. – 1982,(6). – 38 – 39
4852 ≪민사소송법≫에 대하여 / 구산 // 지부생활. – 1982,(6). – 39 – 40
4853 수뢰죄란 무엇인가 / 충계 // 지부생활. – 1982,(7). – 33
4854 총 한자루를 빌려준데서 다섯사람이 죽었다 / 양련륜 // 동북민병. – 1982,(7). – 14
4855 경각성높여 살인도주범을 붙잡다 / 최익 // 동북민병. – 1982,(8). – 40
4856 정찰비둘기와 간첩파리 / 장동권 // 대중과학. – 1982,(8). – 49
4857 특별정탐 법의 / 림창호 // 대중과학. – 1982,(8). – 60 – 61
4858 지문과 정찰 / 하웅 // 대중과학. – 1982,(10). – 38 – 39
4859 헌법수정초안에 관한 일부문제 / 목토 // 지부생활. – 1982,(10). – 22 – 23
4860 나뽈레옹의 죽음과 머리카락의 비밀 / 한성일 // 대중과학. – 1983,(1). – 47
4861 ≪강습소≫를 꾸리면 사회치안의 호전을 촉진하게 된다 / 리수안 // 동북민병. – 1983,(2). – 29
4862 변호사제도란? / 장철준 // 청년생활. – 1983,(2). – 59 – 61
4863 새 헌법을 진지하게 학습하고 견결히 집행하자 // 동북민병. – 1983,(2). – 34 – 36
4864 헌법을 앞장서서 선전하고 지킬데 대하여 // 지부생활. – 1983,(3). – 36 – 37
4865 정당한 방위란 무엇인가? / 마영준 // 동북민병. – 1983,(11). – 24
4866 헌법지식문답 // 지부생활. – 1983,(12). – 40 – 41
4867 독직죄를 진 두사람 법에 의해 체포되였다 / 균검 // 동북민병. – 1983,(13 – 14). – 35
4868 법규교육을 홀시하지 말아야 한다 // 동북민병. – 1983,(20). – 41
4869 법적관념이 없어 청춘을 망쳤다 / 조양 // 동북민병. – 1983,(20). – 40 – 41
4870 가명주가 부상당한 몸으로 도적을 붙잡다 / 왕충구;리응과 // 동북민병. – 1983,(22). – 32
4871 가설안이 용감히 불한당과 싸우다 / 양조강 등 // 동북민병. – 1983,(22). – 31 – 32
4872 손영순이 민병들을 거느리고 추격을 하다 / 준록 등 // 동북민병. – 1983,(22). – 31
4873 류부는 황색소설을 베껴서 보고 중독되여 감옥에 들어갔다 / 오검 // 동북민병. – 1983,(24). – 21
4874 양소무는 음탕한 책과 그림을 판각하여 팔아 판결받았다 / 근보충 // 동북민병. – 1983,(24). – 21
4875 변호사를 청하려면 / 김민 // 연변녀성. – 1984,(1). – 52
4876 한 색마의 수치스러운 끝장 / 송춘남 // 연변녀성. – 1984,(1). – 10 – 11
4877 소송을 걸자면 어떤 법률절차를 밟아야 하는지요? / 김민 // 연변녀성. – 1984,(2). – 59
4878 학대죄를 어떻게 리해할것인가? / 엄명 // 연변녀성. – 1984,(3). – 57
4879 중혼죄란? // 연변녀성. – 1984,(4). – 26
4880 제3자가 끼여든것을 어떻게 처리할것인

가? / 설광화 // 연변녀성. – 1984,(5). – 47 – 48

4881 글자없는 소송장 / 정연 // 연변녀성. – 1984,(6). – 37 – 39

4882 치안근무대 범죄자를 타격하여 위풍을 떨쳤다 / 장순고;사은련 // 동북민병. – 1984,(9). – 24

4883 적수공권으로 총을 가진 범죄자를 붙잡았다 / 왕자화;왕왈문 // 동북민병. – 1984,(10). – 13 – 14

4884 주사전자현미경밑에 얼룩진 피자욱 // 대중과학. – 1984,(12). – 30 – 31

4885 법률이란? / 세민 // 동북민병. – 1984,(21). – 48

4886 책문기가 폭력으로 혼인을 강요하다 / 충의 등 // 동북민병. – 1984,(22). – 18 – 20

4887 친척사이에 일어난 살인사건 / 선경유 // 동북민병. – 1984,(23). – 22 – 24

4888 력사상에 몇가지 류형의 법률이 있었는가? / 세민 등 // 동북민병. – 1984,(24). – 34

4889 건달활동죄란? / 심검 // 동북민병. – 1985,(1). – 22 – 23

4890 류무하강반에 맺힌 원한 / 형수령 // 연변녀성. – 1985,(1). – 63 – 69

4891 이런 리혼이 효력이 있습니까? // 연변녀성. – 1985,(1). – 39

4892 절도죄란? / 심검 // 동북민병. – 1985,(2). – 26

4893 ≪정당방위≫의 필요성 / 정곤 // 연변녀성. – 1985,(2). – 52 – 53

4894 ≪중화인민공화국 헌법≫학습요점 // 지부생활. – 1985,(2). – 46 – 52

4895 이 ≪등잔밑≫은 왜 이다지도 어두웠는가 / 량재현 // 지부생활. – 1985,(3). – 24 – 26

4896 전선대 하나때문에 // 연변녀성. – 1985,(3). – 72

4897 공안부문과 배합하여 강간미수범을 나포 / 리일;리상만 // 동북민병. – 1985,(4). – 28 – 29

4898 ≪닭도적을 잡아라≫는 소리를 들은 뒤 / 차상우 // 동북민병. – 1985,(4). – 30

4899 사기죄란? / 심검 // 동북민병. – 1985,(4). – 23

4900 릉욕당한 뒤 / 왕청 // 연변녀성. – 1985,(5). – 59 – 60

4901 보복함해죄에 대하여 / 진보수 // 지부생활. – 1985,(5). – 44 – 45

4902 경제계약분쟁이 생겼을 경우에 / 주계동 // 지부생활. – 1985,(6). – 62

4903 범죄자의 정체를 드러내는 최신기술:레이자의 응용 / 주연 // 대중과학. – 1985,(6). – 3 – 5

4904 현대 생물학과 의학에 의한 곤경에 빠진 서방법률 // 은하수. – 1985,(7). – 29 – 30

4905 공민의 인격존엄을 침범하는 행위와 모욕, 비방죄에 대하여 / 장승 // 지부생활. – 1985,(8). – 39 – 41

4906 죄수인가 천재인가? // 대중과학. – 1985,(8). – 45 – 47

4907 사람마다 법을 알며 법을 잘 지키게 하자 // 지부생활. – 1985,(9). – 27

4908 치명상,중상,경상에 대한 판단 / 예선 // 은하수. – 1985,(9). – 52

4909 목전 투기모리,협잡위법범죄활동의 새 특점 // 지부생활. – 1985,(10). – 40

4910 민법문답 // 지부생활. – 1985,(11 – 12). – 112 – 114

4911 법의와 흔적 / 공록경 // 대중과학. – 1985,(11). – 34 – 35

4912 기소를 면한 살인사건 // 연변녀성. – 1986,(1). – 22

4913 소학교도 법률상식을 학습해야 합니다 / 허문 // 꽃동산. – 1986,(1). – 5 – 7

4914 그는 어찌하여 탐오범으로 되였는가 // 지부생활. – 1986,(2). – 36 – 38

4915 올가미에 걸려든 녀교원 / 소축 // 연변녀성. – 1986,(2). – 48 – 51

4916 이것도 강간죄에 드는가? // 연변녀성. – 1986,(2). – 51

4917 헌법은 우리 나라의 근본대법이다 / 허문 // 꽃동산. – 1986,(2). – 2 – 3

4918 범죄자의 정체를 들어낸 HLA분류법 / 현강 // 대중과학. – 1986,(3). – 44 – 45

4919 법정상속이란?법정상속을 실시하려면… / 마문 // 청년생활. – 1986,(3). – 53

4920 월광스케치 / 김호;마영수 // 연변녀성. – 1986, (3). – 63 – 64

4921 ≪유언상속≫및 우리 나라 상속법에서의 유언방식의 몇가지 / 마문 // 청년생활. – 1986,(3). – 52

4922 중혼죄에 걸린 강사 / 효리 // 연변녀성. – 1986,(3). – 22

4923 가짜뱀이 빚어낸 비극 / 영실 // 꽃동산. – 1986,(4). – 21

4924 당의 규률로 국법을 대신하여서는 안된다 // 지부생활. – 1986,(4). – 48

4925 범죄자인줄 모르고 류숙시켜도 감춰준 죄에 걸리는가 / 륙위민 // 지부생활. – 1986,(4). – 47

4926 온갖 수단으로 탈세하여 구역형에 언도 // 지부생활. – 1986,(4). – 48

4927 전용 금액과 물자를 딴데 쓰면 법에 걸린다 // 지부생활. – 1986,(4). – 49

4928 금전에 부식된 령혼 / 정봉 // 지부생활. – 1986,(5). – 32 – 34

4929 범죄적수단으로 범죄분자를 처리해서는 안된다 / 경문찬 // 지부생활. – 1986,(5). – 45

4930 범죄행위는 개인간의 사사일이 아니다 / 주봉명 // 동북민병. – 1986,(5). – 21

4931 사색을 자아내는 사건 / 직언 // 동북민병. – 1986,(5). – 20

4932 왜 그를 법적으로 처리하는가 / 사서령 // 지부생활. – 1986,(5). – 52 – 53

4933 한 기업가의 진면모 / 성기언 // 지부생활. – 1986,(5). – 36 – 39

4934 고문을 들이대여 공술을 강요하여서는 안된다 / 장철 // 청년생활. – 1986,(6). – 21 – 22

4935 그는 협잡죄를 범하였다 // 지부생활. – 1986, (6). – 46

4936 당면 투기모리활동의 새 형태 // 지부생활. – 1986,(6). – 48

4937 말 한마디로 빚어진 인명사건 / 단금림;류덕인 // 동북민병. – 1986,(6). – 26 – 28

4938 법학기초리론 / 진동 // 지부생활. – 1986,(6). – 42 – 45

4939 속아넘어가도 죄범으로 되는가 // 지부생활. – 1986,(6). – 46 – 47

4940 10년전에 범한 리모모의 강간죄를 소추해야 하는가? // 연변녀성. – 1986,(6). – 27

4941 인민군중이 범인을 공안기관에 붙잡아갈 수 있는가 / 류봉 // 지부생활. – 1986,(6). – 45

4942 권력과 법률의 대결 / 형수령 // 지부생활. – 1986,(7). – 43 – 45

4943 진짜강도와 가짜강도 / 송정헌 // 지부생활. – 1986,(7). – 51 – 52

4944 헌법 / 진동 // 지부생활. – 1986,(7). – 39 – 42

4945 과실로 인한 살인죄에 대하여 // 지부생활. – 1986,(8). – 64

4946 랭동정액과 법률 // 대중과학. – 1986,(8). – 33 – 34

4947 형법 / 진동 // 지부생활. – 1986,(8). – 48 – 50

4948 개인분풀이를 삼가하라 // 지부생활. – 1986, (9). – 58

4949 당성교양을 강화하여 법률집행자각성을 제고 // 지부생활. – 1986,(9). – 9 – 10

4950 돈 10원으로 초래된 비극 / 묘청;최수명 // 동북민병. – 1986,(9). – 26 – 27

4951 법률로써 전문호들의 합법적권익을 보호하였다 / 복군;래춘 // 동북민병. – 1986,(9). – 8

4952 그들은 사기략탈죄에 걸렸다 / 류마의 // 지부생활. – 1986,(10). – 58

4953 탐욕을 부리다가 철컥 / 화정 // 지부생활. – 1986,(10). – 45 – 49

4954 한떨기 꽃때문에 / 고간지 // 지부생활. – 1986, (10). – 57

4955 과실적범죄도 도형에 처해야 한다 / 암명 // 지부생활. – 1986,(12). – 52 – 53

4956 국민가운데의 ≪좀벌레≫들을 없애치우자 / 굉자 // 동북민병. – 1988,(12). – 38

4957 민사소송법 / 연군 // 지부생활. – 1986,(12). – 50 – 51

4958 어머니가 아들의 죄증을 소각했다가 / 초양

// 지부생활. – 1986,(12). – 52
4959 하루밤에 나쁜사람 셋을 붙잡았다 / 강휘 // 동북민병. – 1986,(12). – 20
4960 ≪법≫으로 어머니를 구한 이야기 // 꽃동산. – 1987,(1). – 31
4961 죄없이 찬 수쇄 / 전호 // 연변녀성. – 1987,(1). – 38 – 39
4962 폭도들의 서리찬 비수앞에서 / 류시위;야류 // 연변녀성. – 1987,(1). – 22 – 25
4963 피고인이 증거를 대야 할 책임이 있는가 / 춘영 // 지부생활. – 1987,(1). – 48 – 49
4964 형사사건실례분석 // 지부생활. – 1987,(1). – 49
4965 혼인법 // 지부생활. – 1987,(1). – 30 – 31
4966 경제계약법 // 지부생활. – 1987,(2). – 50 – 51
4967 인륜을 버린 폭행 / 곽안 등 // 동북민병. – 1987,(2). – 16 – 18
4968 자녀는 부모의 사유재산이 아니다 / 련의 // 동북민병. – 1987,(2). – 18
4969 ≪중화인민공화국 토지관리법≫학습문답 // 지부생활. – 1987,(2). – 13 – 17
4970 한 촬영가의 비극 / 배국해 // 지부생활. – 1987,(2). – 35 – 36
4971 공민의 인신권리 민주권리를 침범한 죄란 / 뢰우정 // 지부생활. – 1987,(3). – 39
4972 범죄의 기본특징 / 예계민 // 지부생활. – 1987,(3). – 40
4973 법정에서 / 주종유 // 소년아동. – 1987,(3). – 54 – 56
4974 삼림법 / 김윤 // 지부생활. – 1987,(3). – 36 – 38
4975 정당방위란? // 꽃동산. – 1987,(3). – 26 – 27
4976 ≪회북진소몽≫안건 / 오월;당소걸 // 연변녀성. – 1987,(3). – 24 – 28
4977 ≪도로패왕≫의 말로 / 갈효인 // 지부생활. – 1987,(4). – 38 – 40
4978 롱담이 빚어낸 비극:과실살인죄에 대하여 / 수려 // 연변녀성. – 1987,(4). – 40 – 41
4979 민족구역자치법 // 지부생활. – 1987,(4). – 43 – 45
4980 법률적의식의 각성 // 지부생활. – 1987,(4). – 41
4981 세 망나니와 맞다든 그녀 / 오선화 // 연변녀성. – 1987,(4). – 21 – 22
4982 이렇게 자수하다니 / 성신 // 소년아동. – 1987,(4). – 20
4983 중대한 책임사고죄란 // 지부생활. – 1987,(4). – 42 – 43
4984 돈에 눈독을 들였다가 / 로수경 // 동북민병. – 1987,(5). – 15
4985 리혼자의 중혼죄 / 류광영 // 연변녀성. – 1987,(5). – 79
4986 법률학습을 얼떨떨하게 하지 말아야 한다 / 주봉명 // 동북민병. – 1987,(5). – 27
4987 수뢰죄란? / 송화평 // 동북민병. – 1987,(5). – 15 – 16
4988 유기형 13년에 언도된 아이 / 오소화 // 소년아동. – 1987,(5). – 50 – 52
4989 한심한 수색안건 / 등수휘 // 연변녀성. – 1987,(5). – 38 – 39
4990 그가 범한 강간죄 / 박덕선 // 지부생활. – 1987,(6). – 46
4991 그물에 걸려든 이상한 두사람 / 곽춘효 // 동북민병. – 1987,(6). – 24 – 25
4992 ≪낯가린 강도≫들의 말로 / 제철남 // 동북민병. – 1987,(6). – 23 – 24
4993 범상치 않은 보고서 / 리혜민 // 지부생활. – 1987,(6). – 55 – 57
4994 사취죄와 비법월경죄 / 김종길 // 지부생활. – 1987,(6). – 45
4995 소녀의 꿈을 깨뜨린 수갑 / 오소화 // 소년아동. – 1987,(6). – 81 – 82
4996 준법교양을 강화하고 안정단결을 수호할데 관하여 // 지부생활. – 1987,(6). – 7 – 11
4997 탐오죄와 그 특징 / 방덕선 // 지부생활. – 1987,(6). – 46
4998 치안관리처벌조례 // 지부생활. – 1987,(7). – 54 – 56
4999 망나니와 싸운 소녀 / 수우 // 소년아동. –

1987,(8). − 40 − 41
5000 략탈죄 절도죄 사취죄 / 김종길 // 지부생활. − 1987,(9). − 36 − 37
5001 범죄의 예비 / 위충어 // 지부생활. − 1987,(9). − 37
5002 한차례 방화복수사건의 전말 / 정혁봉;담순창 // 동북민병. − 1987,(9). − 19 − 20
5003 행정사건이란 / 오문혜 // 지부생활. − 1987,(9). − 38
5004 검은 상자의 비밀 / 은홍 // 지부생활. − 1987,(10). − 27 − 30
5005 민사법률행위란 무엇인가 / 최남빈 // 지부생활. − 1987,(10). − 52 − 53
5006 심사숙고해야 할 사취사건 / 주광선 // 지부생활. − 1987,(10). − 31 − 32
5007 우편함의 편지를 태워버린 후 / 여곤 // 소년아동. − 1987,(10). − 35 − 37
5008 정체가 드러난 ≪참모장≫ / 왕래춘 // 동북민병. − 1987,(10). − 41
5009 토지를 보호할데 관한 벌률적조치 / 류소 // 지부생활. − 1987,(10). − 60 − 61
5010 량식창고의 ≪좀벌레≫ / 학지국 // 동북민병. − 1987,(11). − 18 − 19
5011 한 녀죄인의 목소리 // 지부생활. − 1987,(11). − 42 − 43
5012 효험을 잃은 ≪특종려권≫ / 하발창 // 지부생활. − 1987,(11). − 47 − 49
5013 늙은 당나귀를 앞세우고 / 보극;장보시 // 동북민병. − 1988,(1). − 16
5014 리혼을 먼저 제출한쪽에 재산이 적게 차례지는가? / 리련순 // 연변녀성. − 1988,(1). − 18
5015 사람을 정신차리게 하는 비극 / 장상;영무 // 동북민병. − 1988,(1). − 18 − 20
5016 소선대중대장이 범한 죄 / 부민영 // 소년아동. − 1988,(1). − 92 − 95
5017 ≪진향련이 원한을 푼≫ 전설로부터 / 남철 // 동북민병. − 1988,(1). − 20
5018 미련한 표식 / 문성 // 동북민병. − 1988,(2). − 8 − 9
5019 밤중의 겨룸 / 강휘 등 // 동북민병. − 1988,(2). − 12
5020 살인죄란 무엇인가 / 김종길 // 지부생활. − 1988,(2). − 36 − 37
5021 그는 무엇때문에 아들을 죽였는가? / 건군 // 동북민병. − 1988,(3). − 37 − 38
5022 도박죄란 / 김종길 // 지부생활. − 1988,(3). − 33
5023 몸서리치는 사건 // 지부생활. − 1988,(3). − 36 − 38
5024 범죄와 실직의 합류 / 후지홍 // 동북민병. − 1988,(3). − 23 − 24
5025 통닭구이장사의 자멸 // 지부생활. − 1988,(3). − 34 − 36
5026 때늦은 판결 / 우정영 // 지부생활. − 1989,(4). − 30 − 32
5027 법률과 인정의 겨룸 // 지부생활. − 1988,(4). − 50 − 52
5028 법맹이 범죄사건을 취급하였다가 / 장홍국 // 지부생활. − 1988,(5). − 43 − 46
5029 석방? 석방! 석방…… / 추애국;주립헌 // 연변녀성. − 1988,(5). − 10 − 15
5030 수박난전에서 / 법문 // 연변녀성. − 1988,(5). − 32
5031 일주야전투 / 립문;진파 // 동북민병. − 1988,(5). − 22 − 23
5032 학대죄란 / 최근 // 지부생활. − 1988,(5). − 42
5033 요정같은 모녀 / 류홍복 // 연변녀성. − 1988,(6). − 7
5034 이중혼인죄란 / 김종길 // 지부생활. − 1988,(6). − 36
5035 개체공상호에 대한 민법의 보호에 대하여 / 진덕군 // 지부생활. − 1988,(7). − 46 − 48
5036 ≪돈≫잎에서 / 감섬 // 지부생활. − 1988,(7). − 44 − 46
5037 몽두이로 색마를 족쳤다 / 류중평;진리민 // 동북민병. − 1988,(7). − 30

5038 사실상의 혼인이란 // 은하수. - 1988,(7). - 16

5039 범인과의 담화 / 최호 // 지부생활. - 1988,(8). - 44

5040 소도적의 특징 및 그에 대한 방비책 // 지부생활. - 1988,(8). - 64

5041 우표수집열이 오르면서부터 / 종유 // 소년아동. - 1988,(8). - 103

5042 인민대중을 보호하고 개혁대업의 항로를 호위 / 리경파 // 동북민병. - 1988,(8). - 16 - 17

5043 경제법규를 배워 상품경제를 위해 봉사 / 왕문조 // 동북민병. - 1988,(9). - 17

5044 누나가 ≪실종≫된 후 / 소복항;엽선명 // 동북민병. - 1988,(9). - 20 - 22

5045 그물에 걸린 ≪올빼미≫ / 주건중 // 동북민병. - 1988,(10). - 21

5046 ≪귀신≫을 붙잡은 이야기 // 동북민병. - 1988,(10). - 22 - 23

5047 돌멩이로 빚어낸 후과 / 정곤 // 소년아동. - 1988,(10). - 87 - 88

5048 ≪초원법≫과 산간지대경제 / 류문규 // 대중과학. - 1988,(10). - 21

5049 총소리가 울린 후 / 원지화;류옥해 // 동북민병. - 1988,(10). - 22

5050 ≪각시바꿈≫으로 인한 비극 / 리욱걸;양등방 // 동북민병. - 1988,(11). - 25 - 26

5051 마땅한 징벌 / 남평 // 소년아동. - 1988,(11). - 101 - 102

5052 시장의 민병경위대 / 위세광;고군 // 동북민병. - 1988,(11). - 46

5053 자살도 법에 걸리는가? / 한성 // 연변녀성. - 1988,(11). - 38

5054 제지당한 폭파사건 / 장축상 등 // 동북민병. - 1988,(11). - 13 - 15

5055 형사범죄의 새로운 특점 / 요극명 // 지부생활. - 1988,(11). - 41 - 42

5056 멸망된 ≪금룡부대≫ / 장옥림;장명철 // 동북민병. - 1988,(12). - 36 - 38

5057 법률을 보급하는 ≪민간변호사≫들 / 류지 // 동북민병. - 1988,(12). - 39 - 41

5058 ≪안락죽음≫사건이 발생된 후 / 호경경 // 대중과학. - 1988,(12). - 16 - 18

5059 죄악과 사색 / 웅마 // 연변녀성. - 1988,(12). - 5 - 7

5060 송사에서 이긴 두 농민 / 경법 // 지부생활. - 1989,(1). - 37

5061 거짓증명을 한 후 / 라문 // 소년아동. - 1989,(2). - 99 - 100

5062 민족지구의 경제립법에 대하여 / 마학림 // 민족단결. - 1989,(2). - 9 - 10

5063 열 민병이 도적놈을 사로잡았다 / 오극;리경발 // 동북후비군. - 1989,(2). - 22

5064 특수한 비망록 / 오소진 // 민족단결. - 1989,(3). - 60 - 61

5065 금전과 권력이 교합하여 낳은 악성종양:당산 경조실업공사총경리 오건화의 경제범죄활동을 해부한다 / 동회;리문상 // 민족단결. - 1989,(4). - 61 - 64

5066 새벽에 뛰여든 두 불청객 / 왕수옥;정문국 // 동북후비군. - 1989,(4). - 27

5067 잔인한 령혼 / 황귀해 // 동북후비군. - 1989,(4). - 24 - 26

5068 비호죄란 // 지부생활. - 1989,(5). - 42

5069 ≪폭군≫의 죄악상 / 오동장;손량성 // 민족단결. - 1989,(5). - 63 - 64

5070 피고석에 나선 모자 / 설매 // 지부생활. - 1989,(5). - 41 - 42

5071 사람을 죽인 무죄녀인 / 주건의 // 동북후비군. - 1989,(6). - 32 - 33

5072 멋들어진 생포전 / 박청송 // 지부생활. - 1989,(7). - 32 - 33

5073 생기지 말았어야 할 비극 / 손계권;권영사 // 동북후비군. - 1989,(7). - 30 - 32

5074 피못에서 울리는 경종 / 단기서;양선성 // 대중과학. - 1989,(8). - 26 - 28

5075 검거상식 / 최고중 // 지부생활. - 1989,(9). - 31

5076 삼형제가 전력시설을 파괴하여 법적제재를

받았다 / 주건의 // 동북후비군. - 1989,(9). - 31
5077 이것도 ≪강간죄≫인지요 / 최일선 // 지부생활. - 1989,(9). - 31
5078 남을 모르게 하려면 자기가 하지 말아야 / 경굉 // 동북후비군. - 1989,(10). - 20
5079 파출소에서 울린 총소리 / 박청송 // 지부생활. - 1989,(10). - 26 - 27
5080 그녀가 살인을 해? / 양홍단 // 연변녀성. - 1989,(11). - 41 - 42
5081 사회치안수호에 진출 / 류위인;리덕신 // 동북후비군. - 1989,(11 - 12). - 11
5082 ≪3.6≫사건 수사실기 / 마국창 // 동북후비군. - 1989,(11 - 12). - 14 - 18
5083 특색있는 활동 / 단금림 // 동북후비군. - 1989,(11 - 12). - 27
5084 지문이 운명을 결정하는가 // 대중과학. - 1989,(12). - 52
5085 탄백자수,그것만이 유일한 출로이다 / 송군칠 // 지부생활. - 1989,(12). - 34 - 35
5086 공모하여 탐오한 두 공장장 // 지부생활. - 1990,(1). - 36
5087 사사로이 해결할수 없다 / 남경굉 // 동북후비군. - 1990,(1). - 32
5088 수뢰죄란 / 리강화 // 지부생활. - 1990,(1). - 39
5089 1만 2천 7백여원을 삼킨 탐오범 - 리춘복 // 지부생활. - 1990,(1). - 36
5090 자수탄백자 소묘 / 동철휘;왕수방 // 민족단결. - 1990,(1). - 62 - 63
5091 리혼후에 출생한 아기의 부양의무는? // 연변녀성. - 1990,(2). - 39
5092 삼림도벌람벌죄 / 리강화 // 지부생활. - 1990,(2). - 39
5093 인정.사리.법률 / 경굉 // 동북후비군. - 1990,(2). - 27
5094 고의살인죄란 / 리강화 // 지부생활. - 1990,(3). - 30 - 31
5095 귀동자를 보려다가… / 왕설운;왕문조 // 동북후비군. - 1990,(3). - 36
5096 부식된 령혼 / 류명기;왕보덕 // 동북후비군. - 1990,(3). - 26
5097 저의 유산을 수양아들이 상속할수 있는지요 / 주검형 // 지부생활. - 1990,(3). - 32
5098 황혼무렵의 추격전 / 동무정 // 동북후비군. - 1990,(3). - 47 - 48
5099 고의상해죄란 / 리강화 // 지부생활. - 1990,(4). - 41
5100 대로화산의 총소리 / 소복항;요광발 // 동북후비군. - 1990,(4). - 15.14
5101 독자적인 체계 독자적인 특색:민족법제의 내용과 특점 / 오사민 // 민족단결. - 1990,(4). - 41 - 43
5102 법률앞에서 / 왕위화 // 은하수. - 1990,(4). - 26 - 29
5103 법정에 나선 할머니 / 김민 // 꽃동산. - 1990,(4). - 24 - 26
5104 송덕귀의 탐오사건이 주는 계시 / 갈풍 // 지부생활. - 1990,(4). - 39
5105 땅속에 묻힌 원혼 / 양학지 // 연변녀성. - 1990,(5). - 18 - 21
5106 56개 민족의지의 응결:우리 나라의 민족립법 / 오사민 // 민족단결. - 1990,(5). - 26 - 28
5107 240무의 땅을 위한 분쟁 / 장건민 // 은하수. - 1990,(5). - 32 - 33
5108 사실혼인도 법률의 보호를 받는지요 / 주검형 // 지부생활. - 1990,(6). - 32
5109 ≪황색독약≫의 유혹하에 / 고원명 // 동북후비군. - 1990,(6). - 33 - 34
5110 영웅들의 피로 엮어진 위병의 노래 / 왕복전 // 동북후비군. - 1990,(7). - 31 - 32
5111 절도죄란 / 김종길 // 지부생활. - 1990,(7). - 30 - 31
5112 려객운수선의 ≪특별소분대≫ / 효흥 등 // 동북후비군. - 1990,(9). - 8
5113 천년도형 / 박련옥 // 동북후비군. - 1990,(9). - 38
5114 훼멸된 사랑 / 률명원 // 동북후비군. - 1990,(9). - 16 - 17

5115 불한당들과 싸운 삼형제 / 류문귀 // 동북후비군. – 1990,(10). – 20
5116 장물을 팔아준 죄란 무엇인가 / 리강 // 지부생활. – 1990,(10). – 31
5117 특수한 시련 / 준봉;정선 // 동북후비군. – 1990,(10). – 21
5118 향로산기슭의 정찰병 / 주건의 등 // 동북후비군. – 1990,(10). – 22
5119 행동하는 ≪특공대≫ / 정량 // 동북후비군. – 1990,(10). – 20 – 21
5120 ≪녀중위≫의 허황한 꿈 / 강명뢰;로정위 // 동북후비군. – 1990,(11 – 12). – 24 – 25
5121 마작바람에 일생을 망치였다 / 충순 // 동북후비군. – 1990,(11 – 12). – 49
5122 미국에서 심판받은 동방녀성들 / 가녕 // 연변녀성. – 1990,(11). – 9 – 11
5123 5분만에 망나니를 붙잡았다 // 동북후비군. – 1990,(11 – 12). – 12 – 13
5124 임신부가 죽은 비밀 / 분기 // 연변녀성. – 1990,(12). – 36 – 39
5125 외국의 법률기문 / 설국 // 연변녀성. – 1990,(12). – 40

E 군사

E1 세계군사

5126 컨니디 정부의 발광적인 전쟁 준비 // 연변. – 1961,(9). – 28 – 29
5127 미국이 남월을 침략하는 징소리는 갈수록 더 세차게 울리고 있다 / 조우 // 연변. – 1962,(3). – 33 – 34
5128 미국 U – 2형 간첩 비행기 // 연변. – 1962,(10). – 34
5129 항미 애국 투쟁에 일떠선 월남 인민 // 연변. – 1965,(6). – 29 – 30
5130 로므니아의 애국위대 // 동북민병. – 1980,(7). – 40
5131 인질구원≪푸른빛≫행동의 시말 / 명수 // 대중과학. – 1980,(9). – 40 – 42
5132 쏘련은 전쟁준비를 다그친다 // 동북민병. – 1980,(10). – 22
5133 스위스에서 본것… // 동북민병. – 1980,(11). – 32 – 33
5134 2차대전과 수학자들 / 막유 // 대중과학. – 1980,(11). – 40 – 41
5135 워싱톤과 미국민병 / 풍복 // 동북민병. – 1980,(15). – 39 – 40
5136 쏘련은 부단히 군비를 확충하여 전쟁준비를 한다 / 장보유 // 동북민병. – 1981,(23 – 24). – 54 – 55
5137 레다전쟁 / 리주삼 // 대중과학. – 1982,(4). – 34 – 35
5138 쏘련은 캄보쟈와 라오스에 대한 침투에 광분하고있다 // 동북민병. – 1982,(6). – 31 – 32
5139 말빈제도의 풍운 / 양수 // 대중과학. – 1982,(11). – 56 – 57
5140 쏘련과 웰남 결탁하여 못된짓만 한다 // 동북민병. – 1982,(11). – 45
5141 히틀러와 원자탄 / 풍택군 // 대중과학. – 1982,(12). – 16 – 18
5142 쏘련은 국외에 군대를 얼마나 주둔시키고 있는가? // 동북민병. – 1982,(14). – 44
5143 외국국민방위 // 동북민병. – 1982,(16). – 33
5144 아프리카주에 대한 쏘련의 군사적확장 // 동북민병. – 1982,(17). – 31 – 32
5145 순풍을 타서 독일군은 이팔지구를 습격하고 독제습격을 받아 련합군은 군사를 잃고 진지를 빼앗기다 / 가봉산 // 동북민병. – 1982,(23). –

32
5146 공습당하여 동맹군은 철퇴에서 곤경에 빠지고 짙은 안개가 끼여 30만군이 사경에서 벗어나다 / 가봉산 // 동북민병. – 1983,(3). – 29 – 30
5147 전쟁중의 장군과 교수 // 대중과학. – 1983,(5). – 24 – 26
5148 전쟁에 참가한 동물들 // 대중과학. – 1983,(9). – 26 – 28
5149 쏘련은 극동에서의 군사배치를 다그친다 // 동북민병. – 1983,(11). – 22 – 23
5150 교묘하게 매복하여 아프가니스탄군은 천험을 리용하고 협곡에 들어가 쏘련군은 참패를 당하다 // 동북민병. – 1983,(23). – 36
5151 이오도에서의 격전 / 장중남 // 대중과학. – 1984,(1). – 18 – 20
5152 적의 직승기를 족칠데 대하여 / 증국흥 // 동북민병. – 1984,(8). – 29 – 30
5153 핵시설을 갖고있는 나라들 // 동북민병. – 1984,(8). – 31 – 32
5154 가짜락하산병과 진짜락하산병 / 리안화 // 동북민병. – 1984,(9). – 8
5155 아프가니스탄전장의 매복습격전에 대하여 / 증국흥 // 동북민병. – 1985,(3). – 21 – 24
5156 세계 군사상에서의 으뜸 경광 // 동북민병. – 1985,(5 – 6). – 37
5157 세상이 주목하는 미사일경쟁 / 주헌장 // 대중과학. – 1985,(5). – 26 – 28
5158 ≪별세계전쟁≫계획 // 대중과학. – 1985,(10). – 18 – 20
5159 천황의 록음을 쟁탈하는 생사박투 / 강건근 // 대중과학. – 1985,(12). – 32 – 34
5160 별세계전쟁과 레이자무기 // 대중과학. – 1986,(2). – 28 – 29
5161 속죄일전쟁에서 벌어진 일들 / 정국흥 // 동북민병. – 1986,(2). – 23 – 24
5162 기적: 덩케르크에서의 대철퇴 / 화명 // 동북민병. – 1986,(4). – 35 – 37
5163 ≪숨박곡질≫식의 해공중전 / 라양명 // 동북민병. – 1986,(5). – 35 – 36
5164 갈래가 복잡한 레바논민병 / 마준 // 동북민병. – 1987,(1). – 32 – 33
5165 쟈꼬벵파의 창조적발기 / 오경정 // 동북민병. – 1987,(1). – 34 – 35
5166 제1차세계대전 전후 / 오경정 // 동북민병. – 1987,(2). – 28 – 29
5167 련방독일의 예비역제도 / 효주 // 동북민병. – 1987,(3). – 39
5168 유고슬라비아의 한 로인이 탄알을 뱉었다 / 국경 // 동북민병. – 1987,(4). – 48
5169 40년만에 공개된 ≪니시나계획≫ // 대중과학. – 1987,(5). – 18 – 19
5170 루덴도르프와 그의 주장 / 오경정 // 동북민병. – 1987,(6). – 37 – 38
5171 히로시마상공의 버섯구름 / 조창욱 // 대중과학. – 1987,(6). – 6 – 8
5172 후근을 홀시한 한차례 무모한 작전 / 봉산 // 동북민병. – 1987,(7 – 8). – 51 – 52
5173 ≪할시≫함대가 재난당한 전말 / 가봉산 // 동북민병. – 1987,(12). – 45
5174 인도의 제대군인직업강습 / 마준 // 동북민병. – 1988,(3). – 32
5175 미군의 예비역부대 / 장보삼 // 동북민병. – 1988,(7). – 28 – 29
5176 15프랑으로 프랑스를 얻었다 / 라사안 // 동북민병. – 1988,(7). – 45
5177 외국군대의 군관군사칭호등급에 대하여 / 정재기 등 // 동북민병. – 1988,(8). – 31
5178 련방독일의 예비역부대 / 장보삼 // 동북민병. – 1989,(1). – 13 – 14
5179 신비한 전쟁 / 풍헌성 // 대중과학. – 1989,(1). – 18 – 20
5180 U2 형비행기추락사건의 진상 // 대중과학. – 1989,(2). – 16 – 17
5181 기괴한 경찰업무 // 동북후비군. – 1989,(3). – 41
5182 조선의 민병사업 / 류여림 // 동북후비군. – 1989,(3). – 9

5183 제2차세계대전후의 군사충돌 // 동북후비군. – 1989,(4). – 33 – 34

5184 세계각국의 전쟁준비에 관한 수자 // 동북후비군. – 1989,(5). – 24

5185 무인전쟁에서의 4대가족 / 리춘옥 // 대중과학. – 1989,(10). – 59 – 61

5186 미국병영의 녀성들 // 동북후비군. – 1990,(2). – 35 – 36

5187 군사상에서의 세계의 으뜸 / 로고 // 동북후비군. – 1990,(4). – 32

5188 말이 빗나가 탄약고를 잃다 // 동북후비군. – 1990,(5). – 40

5189 묘하게 향수를 리용 // 동북후비군. – 1990,(5). – 40

5190 사경에 몰아넣은 일기 / 춘천 // 동북후비군. – 1990,(5). – 40

5191 전후 국부적전쟁에 대한 회고와 전망 // 동북후비군. – 1990,(5). – 12 – 16

5192 다시 군사대국으로 될수 있는 일본 // 동북후비군. – 1990,(7). – 48

5193 왕년과 다른 미국과 남조선의 ≪협동정신 – 90≫ 연습 / 정금래 // 동북후비군. – 1990,(8). – 37 – 38

5194 히로시마와 나가사끼에서 원자탄폭발에 재난당한 사람이 얼마인가? // 동북후비군. – 1990,(8). – 38

5195 새와 대전한 미국군 / 풍의산 역 // 대중과학. – 1990,(9). – 24 – 25

5196 중동 일부 아랍나라들의 병력 // 동북후비군. – 1990,(9). – 32

5197 쿠웨이트의 국력 // 동북후비군. – 1990,(9). – 32

5198 잡아먹히울번한 부쉬 / 위전선 // 동북후비군. – 1990,(10). – 24

5199 한랭이 히틀러를 구하였다 / 자장 // 동북후비군. – 1990,(10). – 28

E20 건군리론

5200 법률에 의하여 병역에 복무함은 공민의 영예로운 의무다! / 본사 편집실 // 지부생활. – 1955.(1). – 10 – 21

5201 우리 나라 현대화 정규화 국방건설에 있어서의 중요한 조치 // 지부생활. – 1955.(19). – 53 – 56

5202 조국을 보위하는 적극적인 전사로 되라 // 지부생활. – 1956,(2). – 31

5203 나는 영예로운 해방군전사로 되련다 / 윤정현 // 지부생활. – 1956,(4). – 65

5204 전민 개병을 철저히 실현하기 위해 노력하자 // 지부생활. – 1959,(15). – 22 – 24

5205 전국 국민은 경각성을 높여 장개석 비도들의 군사 모험을 분쇄할 준비를 하자 // 연변. – 1962,(7). – 18 – 20

5206 우리 나라에서 첫 원자탄 폭발에 성공 // 민병의 벗. – 1964,(11). – 2 – 6

5207 중국 인민 해방군의 민주주의 제란 무엇인가 // 연변. – 1965,(4). – 27

5208 진정한 금성철벽은 대중이다 / 교수전 // 민병의 벗. – 1965,(4). – 17

5209 한 차례의 전투에서 본 사람의 요소 / 장원회 // 민병의 벗. – 1965,(4). – 15 – 16

5210 우리 나라는 서부지역상공에서 또 원자탄폭발에 성공 // 민병의 벗. – 1965,(11). – 4 – 5

5211 모택동사상의 위대한 붉은 기치를 높이 들고 정치를 돌출히 할데 관한 5항원칙을 견결히 집행하자: 해방군 전군 정치사업회의에서 한 중국인민해방군총정치부주임 소화동지의 보고 // 민병의 벗. – 1966,(4). – 2 – 14

5212 정치와 군사의 관계 / 서극전 // 민병의 벗. – 1966,(5). – 23 – 24

5213 우리 나라에서 열핵재료가 든 핵폭발에 성공 // 민병의 벗. – 1966,(10). – 2 – 5

5214 우리 나라에서 유도탄핵무기발사시험에 성공 // 민병의 벗. – 1966,(20). – 20 – 22

5215 군민이 한집식구처럼 뭉쳐 4화를 건설하자: ≪두가지 옹호≫활동 연설재료 // 동북민병. – 1980,(1). – 10 – 14

5216 뒤에 손써 강한 적을 타승 / 림홍; 국정 // 동북민병. – 1980,(1). – 36 – 37
5217 한점의 불꽃도 료원의 불길로 타오르다 / 하조 // 동북민병. – 1980,(1). – 37
5218 ≪인의≫에 얽매여 유리한 시기를 놓치자 / 림홍; 국정 // 동북민병. – 1980,(2). – 35 – 36
5219 종이장우에서만 군사를 잘 론의하자 / 하조 // 동북민병. – 1980,(2). – 36
5220 ≪90리를 양보≫하고 뒤에 손 써 승전하다 / 림홍; 국정 // 동북민병. – 1980,(3). – 38 – 39
5221 거짓화해계책으로 교오한 군대를 전승 / 림홍; 국정 // 동북민병. – 1980,(4). – 38 – 39
5222 힘을 축적했다가 적들이 기진맥진할 때 공격 / 리가 // 동북민병. – 1980,(5). – 43
5223 팔공산의 초목이 죄다 병사로 보이다 / 신립 // 동북민병. – 1980,(9). – 32
5224 가마를 깨버리고 배를 침몰시키다 / 림홍; 국정 // 동북민병. – 1980,(11). – 38
5225 군대에서 중요한것은 행동이 특별히 신속한것이다 / 자신 // 동북민병. – 1980,(11). – 37
5226 잇따라 풀린다 / 리가 // 동북민병. – 1980,(11). – 37
5227 군기를 눕히고 북소리를 멈추다 // 동북민병. – 1980,(14). – 40
5228 패배했어도 락심하지 않고 국면을 돌려세우다 / 림홍; 국정 // 동북민병. – 1980,(14). – 39 – 40
5229 인민전쟁은 위력이 무궁하다 // 동북민병. – 1981,(2). – 18 – 38
5230 나머지힘이 있다 / 종하 // 동북민병. – 1981,(8). – 34
5231 군사거울 / 채심 // 동북민병. – 1981,(15). – 29 – 30
5232 사기를 북돋우어 적은 병력으로 많은 병력을 타승하다 / 림홍; 국정 // 동북민병. – 1981,(15). – 34
5233 군중의 지지에 의거하여 승전하였다 / 조붕정 // 동북민병. – 1981,(16). – 15 – 17
5234 금낭묘계의 한 래원 / 중박 // 동북민병. – 1981,(17). – 33 – 35
5235 포로병을 우대하여야 한다 / 채심 // 동북민병. – 1982,(2). – 25 – 26
5236 기후와 지리를 알아야 승전하게 된다 / 채심 // 동북민병. – 1982,(9). – 22 – 23
5237 견벽청야 / 진의; 세영 // 동북민병. – 1982,(14). – 33
5238 근대사학습과 반부식교육을 결부시키다 / 고결선; 조은청 // 동북민병. – 1982,(15). – 13
5239 병력을 집중하여 각개 격파하다 / 림홍; 국정 // 동북민병. – 1982,(17). – 36 – 37
5240 철같은 규률이 있어야 승전할수 있다 / 채심 // 동북민병. – 1982,(21). – 41 – 42
5241 군대를 움직임에 있어서 신중하여야 한다 / 채심 // 동북민병. – 1982,(23). – 33 – 34
5242 펜을 총으로 바꾸어 쥐다 / 가봉산; 강보안 // 동북민병. – 1982,(23). – 35
5243 인민군대의 영광스러운 전통을 발양하여 네가지 현대화대업에 솔선적으로 기여하자 // 동북민병. – 1984,(3). – 4 – 7
5244 군영에서 작전책략 세워 천리밖의 군대 승전하게 하다 / 소복항; 왕세만 // 동북민병. – 1984,(9). – 44
5245 병법에서는 기만을 꺼리지 않는다 / 배상청 등 // 동북민병. – 1984,(11). – 25
5246 강군을 건설하려면 토대를 튼튼히 닦아야 한다 // 동북민병. – 1984,(23). – 7
5247 련대건설에 공력을 들이였다 / 수군 등 // 동북민병. – 1984,(23). – 6 – 7
5248 국방건설은 반드시 경제건설을 토대로 하여야 한다 // 동북민병. – 1985,(2). – 2 – 8
5249 민중속에 군대를 두고 후비력건설을 잘하여야 한다 // 동북민병. – 1985,(2). – 9 – 15
5250 경제건설의 큰 국면에 복종하여 후비력건설을 강화하여야 한다 / 장춘우 // 동북민병. – 1986,(2). – 6 – 7
5251 낡은 관념 버리고 새로운 관념 수립하여야 한다 / 한만성; 심사동 // 동북민병. – 1986,(3). – 1
5252 할빈시 당이 무장을 관리하는 100폭의 붉

은기경쟁활동 기꺼운 성과 달성 / 왕정춘 // 동북민병. – 1986,(6). – 10

5253 성질,지위,작용을 정확히 인식하고 사상,실무,작풍건설을 강화하여야 한다 / 광우; 욱재 // 동북민병. – 1986,(7). – 18 – 19

5254 지방 각급 당위와 정부에서 후비력건설에 중시를 돌려야 한다 / 장보인; 황련승 // 동북민병. – 1986,(9). – 19

5255 령도관념을 갱신하고 사업지도를 강화하자 / 본지론평원 // 동북민병. – 1987,(2). – 8 – 9

5256 우리 나라 국방건설지도사상의 전략적전변 // 동북민병. – 1987,(3). – 19 – 21

5257 흑룡강성 후첩성장무장사업에 대한 당의 령도와 후비력건설문제에 언급 / 범영걸; 왕준재 // 동북민병. – 1987,(3). – 3

5258 계획을 잘 세우고 사업을 질서있게 진척시킨다 / 후유침 등 // 동북민병. – 1987,(6). – 3 – 4

5259 국방건설지도사상의 전략적전변을 정확히 리해하여야 한다 / 왕유한 // 동북민병. – 1987,(6). – 2 – 3

5260 당정지도자들은 두가지 관념을 갱신해야 한다 / 왕수본 // 동북민병. – 1987,(6). – 12

5261 문명계통을 건설한 체득 / 마전은; 맹경의 // 동북민병. – 1987,(6). – 13

5262 영광스러운 전통을 발양하여 국방후비력건설을 강화하자 / 류진화 // 동북민병. – 1987,(7 – 8). – 2 – 3

5263 중국특색이 있는 국방후비력을 건설하자 / 군병 // 동북민병. – 1987,(7 – 8). – 16 – 17

5264 영광스러운 대오 성스러운 사명 // 동북민병. – 1987,(9). – 15 – 18

5265 예속관계는 개변되였으나 늦추지 말고 령도를 강화해야 한다 / 진흥인 // 동북민병. – 1987,(9). – 3 – 4

5266 병사를 백성속에 두고 군대로써 사람을 육성하자 / 후유침; 류진륙 // 동북민병. – 1988,(4). – 3 – 4

5267 예비역부대의 ≪3대≫작용에 대하여 / 오영길; 고보근 // 동북민병. – 1988,(4). – 19

5268 국방교육가운데서 근본문제를 해결하는데 류의해야 한다 / 마춘와 // 동북후비군. – 1989,(1). – 6 – 8

5269 ≪3군≫이란? // 동북후비군. – 1989,(3). – 48

5270제도건설을 강화하여 결책수준을 높여야 한다 / 만종주; 왕문조 // 동북후비군. – 1989,(3). – 15 – 16

5271 국방건설의 량호한 환경을 창조하여야 한다 / 부국군 // 동북후비군. – 1989,(4). – 12 – 13

5272 국방교육을 강화할데 관하여 / 장춘우 등 // 동북후비군. – 1989,(5). – 3 – 7

5273 국방현대화건설에서의 지혜로운 처사 / 주재강 // 동북후비군. – 1989,(5). – 11 – 13

5274 국방교육의 흡인력을 증강할데 대한 초보적탐구 / 호애민 // 동북후비군. – 1989,(6). – 8 – 9

5275 국방교육활동을 법률적 형식으로 담보 / 한위지; 고옥봉 // 동북후비군. – 1989,(6). – 9

5276 새 시기 무장사업에서는 전투력표준과 생산력표준의 통일을 견지하여야 한다 // 동북후비군. – 1989,(6). – 3 – 4

5277 형세를 분석하고 정황을 구별하여 국방교육을 일층 심입시키다 / 본지론평원 // 동북후비군. – 1989,(6). – 15

5278 등소평동지의 연설 // 동북후비군. – 1989,(7). – 1

5279 우세를 발휘하여 적극,주동,자각적으로 부대건설을 위해 복무하자 // 동북후비군. – 1989,(9). – 2 – 4

5280 안정단결된 정치적국면을 수호하기 위하여 보다 많이 기여하자 / 본지편집부 // 동북후비군. – 1989,(10). – 2 – 3

5281 인민무장부문에 대한 령도체제의 페단을 시급히 해결하여야 한다 / 조청화 // 동북후비군. – 1989,(10). – 11 – 12

5282 성군구계통의 지위와 작용을 정확히 인식하고 각급당위와 정부의 훌륭한 군사부로 되자 / 왕적행 등 // 동북후비군. – 1989,(11 – 12). – 2 – 3

5283 애국주의정신을 발양하며 군사를 숭상하고 무장을 사랑하는 기풍을 형성 / 류승덕; 곽예 // 동북후비군. – 1989,(11 – 12). – 4 – 5
5284 여러가지 형식으로 국방교육골간을 양성 / 류은운; 조사문 // 동북후비군. – 1989,(11 – 12). – 7
5285 연변의 국방교육사회화기후 형성 / 희춘리; 리경파 // 동북후비군. – 1989,(11 – 12). – 6 – 7
5286 예비역부대의 건설에 관하여 // 동북후비군. – 1989,(11 – 12). – 54 – 56
5287 국방교육에서 주의하여야 할 몇가지 문제 / 마춘와 // 동북후비군. – 1990,(1). – 8 · 10
5288 국방교육은 사회화의 길을 걸어야 한다 / 왕계원; 류광환 // 동북후비군. – 1990,(1). – 34
5289 반드시 지도층의 국방관념을 높여야 한다 / 범영걸 // 동북후비군. – 1990,(2). – 15 · 14
5290 자산계급자유화의 영향을 숙청하고 인민의 국방관념을 가일층 높여야 한다 // 동북후비군. – 1990,(3). – 2 – 3
5291 무장사업에 대한 당의 령도를 강화할데 대하여 / 장천훈 // 동북후비군. – 1990,(10). – 39

E22 정치사업

5292 조국을 보위하는 적극적인 전사로 되라 // 지부생활. – 1956,(1). – 4 – 8
5293 조국보위의 초소에 나선 신전사와 그들의 가족에게 축하를 드린다 // 지부생활. – 1956,(4). 59 – 62
5294 붉은 2중대의 이야기 / 랜진강 // 지부생활. – 1956,(7). – 58 – 64
5295 간고소박하고 근검절약하는 중국인민해방군 // 지부생활. – 1959,(15). – 25
5296 ≪3.8작풍≫은 중국인민해방군의 광영한 전통이다 // 지부생활. – 1961,(4). – 24 – 28
5297 기관혁명화의 길에서: 영예롭게 련속 3년간 4호 무장부 칭호를 쟁취한 연길현무장부를 소개 / 길림성군구정치부 공작조 // 민병의 벗. – 1964,(6). – 2 – 13
5298 인민해방군 정치공작자료 // 지부생활. – 1964,(6). – 5 – 10
5299 해방군정치공작경험소개:.3 · 8작풍 // 민병의 벗. – 1964,(6). – 25 – 27
5300 해방군정치사업경험소개: 중대정치지도원 사업에 대한 여섯가지 요구 // 민병의 벗. – 1964,(11). – 29 – 32
5301 해방군정치사업경험소개: 3대민주 // 민병의 벗. – 1965,(3). – 25 –
5302 드높은 혁명경각성으로 전투준비를 잘하자: 8.1건군절 선전제강 // 민병의 벗. – 1965,(15). – 16 – 19
5303 모택동사상으로 전투준비를 잘하자 / 최중묵 // 민병의 벗. – 1966,(7). – 6 – 9
5304 정치와 군사의 위치를 어떻게 놓아야 하는가? // 민병의 벗. – 1966,(9). – 3 – 7
5305 중국인민해방군총정치부에서 통지를 내여 류영준동지를 선전학습하는 활동을 광범히 전개할 것을 전군에 호소 // 민병의 벗. – 1966,(16). – 31 – 33
5306 우리 군의 종지를 명기하고 인민을 위하여 전심전의로 복무하자 / ≪해방군보≫평론원 // 동북민병. – 1975,(8). – 17 – 18
5307 ≪지진재해와 싸워이긴 애민모범련≫명명대회 심양에서 성대히 거행 // 동북민병. – 1975,(8). – 4 – 6
5308 군민단결의 꽃 / 정자림; 리충신 // 동북민병. – 1980,(1). – 5 – 6
5309 옹군우속,옹정애민공약 / 소조군; 김홍문 // 동북민병. – 1980,(1). – 8 – – 9
5310 한집식구같은 군민의 정 / 려영암 등 // 동북민병. – 1980,(1). – 4 – 5
5311 군중규률을 엄격히 준수하고 군중의 리익을 적극수호 / 로경량; 탕보화 // 동북민병. – 1980,(2). – 7 – 8
5312 기층에 려행식으로 내려가지 말아야 한다 / 단금림; 장춘우 // 동북민병. – 1980,(2). – 15 – 16
5313 분공은 있어도 협력하면서 사업을 전개 /

왕숙충 등 // 동북민병. − 1980,(2). − 10 − 11

5314 옹군우속계절가 / 호헌무 // 동북민병. − 1980,(2). − 2 − 6

5315 친인을 방문하여 우정을 담론 / 사충래 // 동북민병. − 1980,(2). − 8 − 9

5316 렬군속을 방문 / 리증오 // 동북민병. − 1980,(4). − 23

5317 전사의 편지를 읽다 / 리춘복; 장국충 // 동북민병. − 1980,(4). − 22 − 23

5318 ≪무정≫한 부장 / 백성군분구 보도원학습반 // 동북민병. − 1980,(8). − 21 − 24

5319 문화단파(3편) / 주립승 등 // 동북민병. − 1980,(9). − 33

5320 혁명가요를 부르고 감수를 이야기하다 / 류홍의; 류성 // 동북민병. − 1980,(10). − 13 − 14

5321 ≪석자두께의 얼음≫이≪하루의 봄바람≫에 풀릴수 없다 / 왕옥림 // 동북민병. − 1980,(12). − 21

5322 우리의 훌륭한 스승과 유익한 벗에 대하여 / 리박 등 // 동북민병. − 1980,(12). − 28 − 30

5323 ≪외상≫을 치료해주거니와 더욱이는 ≪심병≫을 치료해주어야 한다 / 양근 // 동북민병. − 1980,(12). − 22

5324 처분을 받은 동무들이 보따리를 벗어던지도록 어떻게 도와줄것인가? / 리흥해 등 // 동북민병. − 1980,(12). − 19 − 20

5325 보다 많은 사람들을 락실에 동원하자 // 동북민병. − 1980,(13). − 25

5326 만약 연습이 아니였더면 / 고목 // 동북민병. − 1980,(17). − 27

5327 사상을 해방하여야 한다 // 동북민병. − 1980,(18). − 28

5328 지도자에게도 총을 빌려주지않는다 / 호유봉 // 동북민병. − 1980,(20). − 13

5329 마음이 하나로 이어져있다 / 무연 // 동북민병. − 1980,(24). − 4

5330 신전사들의 성장을 관심 / 리개문 // 동북민병. − 1980,(24). − 6

5331 전사들의 가장을 교육하여 참군한 자녀들 뒤다리를 당기지 않게 한다 / 형만신 // 동북민병. − 1980,(24). − 5 − 6

5332 주동적으로 부대와 배합하여 전사들에 대한 사상사업을 잘한다 / 장상 등 // 동북민병. − 1980,(24). − 3 − 4

5333 영광스러운 전통을 대대로 전하자 // 동북민병. − 1981,(3). − 9 − 36

5334 ≪다섯가지를 지키고 네가지가 아름답게 하여≫새 기풍을 수립하자 / 소옥전; 책만영 // 동북민병. − 1981,(7). − 25

5335 심양부대 열병대회를 성대히 거행 // 동북민병. − 1981,(15). − 7

5336 ≪독립대대≫가≪뢰봉학습소조≫에 들다 / 왕충구 // 동북민병. − 1981,(23 − 24). − 17 − 20

5337 병사들과 고락을 같이 하여야 한다 / 채심 // 동북민병. − 1982,(1). − 38 − 39

5338 제대되여 고향에 돌아온 후 / 리문범 // 동북민병. − 1982,(1). − 42 − 44

5339 ≪강습소를 꾸리는 것은 무장부에서 응당 감당하여야 할 책임이다≫ / 리운길 // 동북민병. − 1982,(2).28 − 29

5340 리득때문에 의무를 잊어서는 안된다 / 왕평충 // 동북민병. − 1982,(2). − 12 − 13

5341 여러가지 형식으로 활동내용을 풍부히 하다 / 최경지 등 // 동북민병. − 1982,(2). − 11

5342 작은것 때문에 큰 것을 잃어서는 안된다 / 왕련군 // 동북민병. − 1982,(2). − 14

5343 개인의 울타리에서만 돌아쳐서는 안된다 / 곽문복 // 동북민병. − 1982,(3). − 12 − 13

5344 자신의 의무를 항상 생각해야 한다 / 왕춘승 // 동북민병. − 1982,(3). − 11 − 12

5345 보도사업을 잘한 동무들에게 공을 기입해주다 / 남경굉 // 동북민병. − 1982,(4). − 30

5346 사상사업을 잘해야 하거니와 실제곤난도 해결해야 한다 // 동북민병. − 1982,(4). − 27

5347 이것도 정치사업의 한가지 형식이다 / 단금림; 라종발 // 동북민병. − 1982,(4). − 25 − 26

5348 인민을 위해 의무를 다하는 것이 가장 영광스럽다 // 동북민병. − 1982,(4). − 8 − 24

5349 모범을 따라배워 투지를 높이고 정신문명건설에서 첨병으로 되자 / 남경광; 해연 // 동북민병. − 1982,(6). − 2 − 3

5350 전사를 거울로 삼아야 한다 / 우점군; 려연귀 // 동북민병. − 1982,(6). − 22

5351 힘써 인민들의 부담을 덜어주자 // 동북민병. − 1982,(8). − 19

5352 한사람에게 배려가 돌려지니 만민의 가슴이 뜨거워난다 // 동북민병. − 1982,(12). − 9

5353 양성교육을 강화하여 병사관념을 증강시키자 / 리귀 // 동북민병. − 1982,(14). − 14 − 15

5354 12차당대회정신을 실속있게 락실한다 / 김휘 등 // 동북민병. − 1982,(19). − 10

5355 그들처럼 개척하면서 전진하자 / 소순; 추장해 // 동북민병. − 1983,(2). − 22 − 24

5356 령도를 강화하고 적극 지지하였다 / 동역가두판사처당위 // 동북민병. − 1983,(2). − 26 − 27

5357 사상공작을 생동활발하게 해야 한다 / 추신실 // 동북민병. − 1983,(6). − 31 − 32

5358 심양부대에서 선진단위; 선진개인대표대회를 소집 / 장귀침 // 동북민병. − 1983,(6). − 8 − 9

5359 료녕성군구 보도사업을 강화할데 관하여 / 남경광 등 // 동북민병. − 1983,(8). − 38 − 40

5360 총포를 다루는 사람도 학식이 있어야 한다 / 왕강휘 // 동북민병. − 1983,(11). − 20 − 21

5361 군민이 함께 정신문명을 건설하는 활동가운데서 / 장세민 등 // 동북민병. − 1983,(13 − 14). − 14 − 15

5362 서로 지원하면서 함께 건설하여 군민의 정이 더 깊어졌다 / 장귀 등 // 동북민병. − 1983,(13 − 14). − 11

5363 리수현에서 6천개의 방조소조를 무었다 / 갈중화; 부작재 // 동북민병. − 1983,(15). − 17 − 18

5364 지도자는 열성적으로 근심과 곤난을 풀어주어야 한다 // 동북민병. − 1983,(18). − 34

5365 로동방조활동을 벌리기 곤난할 때 어떻게 해야 하는가? / 방덕인 등 // 동북민병. − 1983,(19). − 30 − 33

5366 목적성있게 《선문집》을 학습하니 사상문제가 잘 풀린다 / 추적량; 류화평 // 동북민병. − 1983,(20). − 25 − 26

5367 문답형식을 취하여 《선문집》을 학습한다 / 황수화 // 동북민병. − 1983,(20). − 24

5368 인민무장력건설을 강화하는데 있어서의 빛나는 문헌 / 진홍인; 류경 // 동북민병. − 1983,(20). − 13 − 16

5369 인민전쟁이라는 대물림보배를 자손만대 전해가야 한다 / 대성보 // 동북민병. − 1983,(20). − 17 − 19

5370 6분의 1이 훈련에 참가하고 6분의 5가 《전선지원》을 한다 / 장리군; 제문백 // 동북민병. − 1983,(21). − 7 − 9

5371 건전한 서적을 읽으면서 정신적오염을 배격 / 리강 // 동북민병. − 1983,(23). − 8 − 9

5372 유익한 활동을 벌려 정신생활을 풍부히 한다 / 영림 등 // 동북민병. − 1983,(23). − 10 − 11

5373 군민이 함께 문화활동중심을 꾸리였다 / 왕유성; 장길창 // 동북민병. − 1983,(24). − 24

5374 로인의 감격을 자아낸 소행 / 가전무 // 동북민병. − 1983,(24). − 32

5375 리덕생사령원 복원,제대군인들을 초청하여 좌담회를 가졌다 / 류리달; 해연 // 동북민병. − 1984,(3). − 2 − 3

5376 군민이 함께 정신문명을 건설한 경험묶음 // 동북민병. − 1984,(4). − 27 − 36

5377 문명촌건설가운데서 다섯가지일을 솔선적으로 잘하였다 / 류유상; 왕제우 // 동북민병. − 1984,(4). − 39 − 40

5378 심양부대 군민이 함께 정신문명을 건설한데 대한 보고회를 성대히 거행 / 주의방; 장동휘 // 동북민병. − 1984,(4). − 2 − 5

5379 흑판보를 잘 꾸려 정신문명건설을 촉진 / 성송권 // 동북민병. − 1984,(4). − 41

5380 《매복》시키지 말고 과감히 《밑속》을

드러내놓아야 한다 / 양만화; 리기산 // 동북민병. - 1984,(5). - 25 - 26

5381 사격장에서의 불량한 기풍을 막아버려야 한다 / 손욱 // 동북민병. - 1984,(5). - 35 - 36

5382 예비역건설을 강화하여 쾌속반응능력을 높이자 / 조선순 // 동북민병. - 1984,(6). - 2 - 4

5383 풍계휘 련속 3년 3등공을 세웠다 / 장위군 // 동북민병. - 1984,(6). - 33

5384 료녕성군구≪두가지 선진≫경험교환회에서 보내온 소식 / 장홍서 등 // 동북민병. - 1984,(8). - 16 - 18

5385 ≪세가지 교육제도≫의 구체내용은? / 고양 // 동북민병. - 1984,(8). - 27 - 28

5386 업여선전대 사람들을 진보에로 이끈다 / 리승개; 소승거 // 동북민병. - 1984,(9). - 26

5387 영길현에서 141명의 제대군인이 로동모범으로 되었다 / 뢰경화 // 동북민병. - 1984,(9). - 22

5388 의무로동방조대는 참 좋다 / 포량옥 등 // 동북민병. - 1984,(9). - 25 - 26

5389 사업을 대조검사하고 문제를 당정돈전에 시정하면서 락실을 틀어쥐여야 한다 // 동북민병. - 1984,(10). - 3 - 4

5390 자습대학의 학습시간을 어떻게 담보할것인가? / 마준영 등 // 동북민병. - 1984,(10). - 26 - 29

5391 통신수업방법으로 무기보관원을 양성한다 / 충화 // 동북민병. - 1984,(11). - 32

5392 심각한 계시 // 동북민병. - 1984,(12). - 12 - 13

5393 ≪향토교재≫의 편찬에 관하여 / 은명 // 동북민병. - 1984,(21). - 5 - 7

5394 독서강연활동을 벌리면 좋은 점이 많다 / 관안빈 // 동북민병. - 1984,(22). - 10 - 11

5395 한가지 구호를 내걸고 다섯가지 형식을 취하였다 / 란사현 등 // 동북민병. - 1984,(22). - 6 - 7

5396 교재에 진실성,간결성,목적성,령활성,신속성을 체현시켜야 한다 // 동북민병. - 1984,(23). - 16 - 18

5397 효과적인 대책을 대여 예비역부대후비인원을 양성 / 과전명; 손청민 // 동북민병. - 1984,(23). - 7 - 8

5398 군민이 손잡고 철옹성을 쌓았다 / 수군 등 // 동북민병. - 1984,(24). - 6 - 7

5399 밀접히 배합하면서 참모역할을 잘 놀아야 한다 // 동북민병. - 1984,(24). - 7 - 8

5400 쾌속 동원,집결사업에서 평시에≪세가지 고리≫를 잘 틀어쥐여야 한다 / 장현신 등 // 동북민병. - 1985,(1). - 8 - 10

5401 예비역련대의 훈련특점에 비추어 정치사상사업을 잘하였다 / 연수예 // 동북민병. - 1985,(3). - 15 - 18

5402 형식주의를 극복하고 실사구시적으로 사업하여야 한다 / 왕애민; 고걸선 // 동북민병. - 1985,(3). - 6 - 10

5403 군구복원제대군인좌담회에 보낸 리덕생사령원의 편지 // 동북민병. - 1985,(5 - 6). - 3 - 4

5404 군구복원제대군인좌담회에서 한 류진화정위의 연설 // 동북민병. - 1985,(5 - 6). - 5 - 8

5405 군민은 한 집안 / 리용수 // 지부생활. - 1985,(8). - 12 - 13

5406 1985년도 주문리용선진단위,우수통신원 // 동북민병. - 1986,(1). - 47

5407 인계중의 사상정치사업을 참답게 잘하여야 한다 // 동북민병. - 1986,(4). - 2 - 3

5408 류정송사령원 무장부인계사업에 대해 여섯가지를 강조 / 손서귀; 장경영 // 동북민병. - 1986,(5). - 1

5409 월청향인민무장부 ≪동북민병≫잡지 주문사업을 잘 틀어쥐였다 / 박룡길 // 동북민병. - 1986,(5). - 30

5410 현(시)무장부인계사업을 잘할데 대해 요구를 제출 / 방안; 장지위 // 동북민병. - 1986,(5). - 10

5411 새 사람 새 일 / 서서 등 // 동북민병. - 1986,(6). - 37

5412 친자식의 정으로 / 현준걸 // 동북민병. - 1986,(6). - 36

5413 개혁가운데서 강화하고 개혁가운데서 발

전시키자 // 동북민병. – 1986,(7). – 15
5414 예비역부대의 정치사업에 대하여 // 동북민병. – 1986,(7). – 16 – – 17
5415 경향성을 띤 문제를 부단히 잘 해결해야 한다 / 손유신; 전부용 // 동북민병. – 1986,(8). – 6
5416 마음을 한곬으로 주고 힘을 한곳으로 썼다 / 장복군 등 // 동북민병. – 1986,(8). – 8
5417 목전 예비역부대건설에서 주의하여 해결하여야 할 몇가지 문제 / 진흥인 // 동북민병. – 1986,(8). – 11 – 12
5418 수시로 지방의 특점을 고려하여야 한다 / 서진량 // 동북민병. – 1986,(8). – 7
5419 인계된후의 첫걸음을 실속있게 내디디였다 / 하려명;서극 // 동북민병. – 1986,(8). – 9
5420 인계인수후의 초기사업을 잘 틀어쥐였다 / 왕강휘 // 동북민병. – 1986,(8). – 8 – 9
5421 인계후의 무장부를 어떻게 정확히 령도할것인가? / 고협생 // 동북민병. – 1986,(8). – 3 – 4
5422 조직상에서는 갈랐으나 사상상에서는 합하고 사업상에는 가르기도 하고 합하기도 하였다 / 리국동; 김홍문 // 동북민병. – 1986,(8). – 18
5423 종전대로 군사기관의 령도에 복종해야 한다 / 조희룡 // 동북민병. – 1986,(8). – 6 – 7
5424 체제는 달라도 목표는 하나 지도부는 둘이여도 마음은 하나 / 후유침; 리보고 // 동북민병. – 1986,(8). – 10 – 11
5425 ≪한쪽에만 잘 붙으면 된다≫는 사상을 가져서는 안된다 / 선걸 // 동북민병. – 1986,(8). – 5
5426 기층을 틀어쥐고 생산을 둘러싸고 민병을 꾸리였다 / 복명; 사적 // 동북민병. – 1986,(9). – 5
5427 작은 일 깊은 정 / 리경충;장축상 // 동북민병. – 1986,(9). – 18
5428 조사연구성과를 교류하고 지도관계를 바로잡았다 / 장지신;진내조 // 동북민병. – 1986,(9). – 35
5429 사상을 통일하고 당지의 유리한 조건을 리용하여 / 룡무;광춘 // 동북민병. – 1986,(10). – 12 – 13
5430 현상해답경연규칙 // 동북민병. – 1986,(10). – 44
5431 관계를 ≪바로잡는데≫ 공력을 넣어야 한다 / 담순창 // 동북민병. – 1986,(12). – 31
5432 ≪동기과학기술보급≫활동을 벌린 체득 / 흑룡강성군구정치부 // 동북민병. – 1986,(12). – 26 – 27
5433 무장부에서 계속 군대와 지방의 다리작용을 놀게 해야 한다 / 가청강 // 동북민병. – 1986,(12). – 16
5434 ≪군인가족활동소≫를 꾸렸다 / 로경량 등 // 동북민병. – 1987,(1). – 25 – 26
5435 심양군구당위 후비력건설에 새로운 요구제기 // 동북민병. – 1987,(2). – 9
5436 정신문명건설은 사회와 군중의 부담능력에 적응하여야 한다 / 구걸 // 동북민병. – 1987,(2). – 10
5437 정치교육을 활기띠게 할데 대한 단상 / 정수영 // 동북민병. – 1987,(2). – 22 – 23
5438 예비역부대에서 다섯가지 기풍을 크게 제창해야 한다 / 동요혁 // 동북민병. – 1987,(3). – 9
5439 1987년도 예비역부대정신문명건설에서 도덕건설을 돌출하게 잘 틀어쥐여야 한다 // 동북민병. – 1987,(3). – 22 – – 24
5440 개혁을 견지하고 개척하면서 전진하자 / 요광발 // 동북민병. – 1987,(4). – 16 – 17
5441 개혁의 형세에 적응하여 정치교육을 잘 틀어쥐여야 한다 / 곽택유;진내조 // 동북민병. – 1987,(4). – 15
5442 연변예비역수비2퇀에서 온 소식 / 화예 // 동북민병. – 1987,(4). – 14
5443 정확한 방향을 견지하고 선전효과를 높여야 한다 / 춘우;여림 // 동북민병. – 1987,(4). – 3 – 4
5444 두가지 문명건설의 ≪시범점≫을 잘 틀어쥘데 대하여 / 안산군분구정치부 // 동북민병. – 1987,(5). – 6
5445 문명시범점의 작용을 발휘시킬데 대하여 / 본지론평원 // 동북민병. – 1987,(5). – 3 – 4
5446 예비역부대에 열가지 문제를 해결해준다 / 국성혜;강연파 // 동북민병. – 1987,(6). – 5

5447 관계를 순탄히 하여야 사업이 잘된다 / 후유침 등 // 동북민병. – 1987,(7 – 8). – 14 – 15

5448 자각적으로 규률을 지키면서 ≪네가지가 있는≫새 사람으로 되자 / 본지론평원 // 동북민병. – 1987,(7 – 8). – 13

5449 광활한 천지에서 새로운 한페지를 / 주보전;재효문 // 동북민병. – 1987,(9). – 9 – 11

5450 대흥안령산불끄기에 참가한 실천으로부터 / 리몽루;진애군 // 동북민병. – 1987,(9). – 28

5451 ≪로동으로 무장을 꾸리는≫활동에서 정책을 엄격히 집행해야 한다 / 장승례;곽택유 // 동북민병. – 1987,(9). – 7

5452 이중령도에 대한 소견 / 맹경의;손문 // 동북민병. – 1987,(9). – 23

5453 교육을 실속있게 하여 책임을 똑똑히 알게 하였다 / 후유침 // 동북민병. – 1987,(10). – 12 – 13

5454 두가지 문명건설에서의 농촌민병의 작용에 대하여 / 본지론평원 // 동북민병. – 1987,(10). – 10 – 11

5455 우리는 어떻게 ≪예비역활동일≫활동을 벌리였는가? // 동북민병. – 1987,(10). – 13 – 14

5456 과학적으로 지도하는데 공력을 들이여 새로운 길을 개척하였다 / 리홍빈 등 // 동북민병. – 1987,(11). – 36 – 37

5457 중산구무장부 두가지 문명건설시범점을 틀어쥐여 큰 효과를 보았다 / 오극 // 동북민병. – 1987,(11). – 17

5458 높은 표준으로 자체건설을 잘 틀어쥐였다 / 지신 등 // 동북민병. – 1987,(12). – 47

5459 따사로운 손길 / 춘굉 // 동북민병. – 1987,(12). – 15

5460 사회주의초급단계에서의 당의 기본로선에 대한 학습과 교육에 중시를 돌려야 한다 / 본지론평원 // 동북민병. – 1987,(12). – 10 – 11

5461 시험지 두장으로부터 / 진의;해연 // 동북민병. – 1987,(12). – 7 – 8

5462 힘써 사상이 좋고 작풍이 억세고 실무에 능한 예비역간부대오를 건설하자 // 동북민병. – 1987,(12). – 5 – 6

5463 13차당대표대회정신을 지침으로 민병・예비역 정치사업을 잘 계획하자 / 본지론평원 // 동북민병. – 1988,(1). – 3 – 4

5464 1988년도 민병예비역정치사업에 관한 의견 // 동북민병. – 1988,(1). – 2 – 3

5465 90년대의 경제비약을 위해 힘을 모으자 / 본지론평원 // 동북민병. – 1988,(2). – 6 – 7

5466 류정송사령원 민병예비역사업개혁의 심화에 대하여 / 심사동 // 동북민병. – 1988,(3). – 2 – 3

5467 활동을 벌리고 평의조건을 내놓았다 / 광춘 // 동북민병. – 1988,(3). – 7

5468 조직령도를 강화하여 국방교육의 사회화를 촉진하자 / 본지론평원 // 동북민병. – 1988,(5). – 6 – 7

5469 협상대화를 견지하여 문제를 제때에 해결 / 장지신;류명기 // 동북민병. – 1988,(5). – 9 – 10

5470 다양한 방식으로 예임간부들의 군정자질을 높이였다 / 정전영 // 동북민병. – 1988,(6). – 36

5471 조양시에서 무장부건설경험교환회를 열었다 / 백풍군 // 동북민병. – 1988,(6). – 27

5472 군구에서 26개 2급부지도자련석회의를 소집 / 강연파 // 동북민병. – 1988,(8). – 30

5473 군사계통의 직능작용을 충분히 발휘하여 인민무장부문에 대한 령도를 강화하자 // 동북민병. – 1988,(8). – 14 – 15

5474 령도기관으로부터 온 보고 / 장춘우 // 동북민병. – 1988,(8). – 4 – 9

5475 전민교육의 궤도에 올려놓고 인민의 국방의식을 양성 / 리경파 // 동북민병. – 1988,(8). – 10 – 11

5476 개혁경험을 참답게 총화하여 개혁의 심입발전을 지도하자 / 본지론평원 // 동북민병. – 1988,(9). – 12 – 13

5477 국방교육에서 4개 환절을 잘 틀어쥐여야 한다 / 호애민 // 동북민병. – 1988,(9). – 13

5478 무장부도 응당 자체발전의 길을 걸어야 한다 / 리전민;장천방 // 동북민병. – 1988,(9). – 26

5479 생존발전의 길 / 곽춘효 // 동북민병. – 1988,(9). – 4 – 7

5480 국방교육을 잘하려면 네가지 관계를 정확히 처리해야 / 양보자;왕환매 // 동북민병. – 1988,(10). – 25

5481 군사기관에서 무장부정치사업에 대한 령도를 홀시하지 말아야 한다 / 당명원 // 동북민병. – 1988,(11). – 17 – 18

5482 료녕성에서 국방교육을 재빨리 보급 / 상무;광발 // 동북민병. – 1988,(11). – 4 – 5

5483 무장사업에 대한 소감 몇가지 / 조홍림 // 동북민병. – 1988,(11). – 8 · 10

5484 방송텔레비죤우세를 발휘하여 전민 국방교육을 잘 하였다 / 서은혜 // 동북민병. – 1988,(11). – 11 – 12

5485 보급을 틀어쥐고 교육을 사회화하였다 / 우빈;조홍림 // 동북민병. – 1988,(11). – 11

5486 예비역부대사업을 잘하려면 개혁의식을 증강하여야 한다 / 본지론평원 // 동북민병. – 1988,(11). – 6 – 7

5487 ≪인정미≫를 사상정치사업에 / 길우 // 지부생활. – 1988,(11). – 29 – 30

5488 자신의 국방의식을 부단히 높여야 한다 / 묘유리 // 동북민병. – 1988,(11). – 9 – 10

5489 정규군을 줄이면 반드시 후비력을 강화하여야 한다 / 포량옥 // 동북민병. – 1988,(11). – 3

5490 년도사업을 과학적으로 총화하고 계획하여야 한다 / 본지론평원 // 동북민병. – 1988,(12). – 9 – 10

5491 한마음 한뜻으로 경제를 발전시키며 국방을 강화하자 // 동북민병. – 1988,(12). – 2 – 3

5492 국방교육가운데서 기층무장부의 작용을 발휘시키는데 류의해야 한다 / 왕초영;공령후 // 동북후비군. – 1989,(1). – 19

5493 령활한 방법으로 농촌국방교육을 잘하였다 / 예정 // 동북후비군. – 1989,(1). – 15

5494 예임간부로 된 지방인원들이 어떻게 작용을 발휘할것인가? / 류성곤 // 동북후비군. – 1989,(1). – 20

5495 장령현무장부에서 무장간부들에게 형세교육을 진행하였다 / 서해성 // 동북후비군. – 1989,(1). – 40

5496 ≪전투력도 내고 생산력도 내야 한다≫는 표준을 견지하며 예비역건설을 잘하자 / 장삼록;장경빈 // 동북민병. – 1989,(1). – 13

5497 형식이 다양한 국방교육을 진행하였다 / 백문범 // 동북후비군. – 1989,(1). – 15

5498 부대와 배합하여 로병들의 사상사업을 하였다 / 전연 등 // 동북민병. – 1989,(2). – 10

5499 1988년도 무장사업에서의 열가지 대사 / 양충군 // 동북후비군. – 1989,(2). – 7

5500 연수현에서 텔레비죤화형식으로 국방교육 진행 / 연무 // 동북후비군. – 1989,(3). – 10

5501 농촌국방교육에 대한 소견 / 서민;왕극달 // 동북후비군. – 1989,(4). – 13

5502 네가지 결합을 견지하여 국방교육을 잘하였다 / 강소화;왕보권 // 동북후비군. – 1989,(4). – 11

5503 예비역부대의 정치교육은 자체의 특점이 있어야 한다 / 오국청;왕하위 // 동북후비군. – 1989,(4). – 14 – 15

5504 전민 국방교육에서 장기성,중요성,효과성에 류의해야 한다 / 해연 // 동북후비군. – 1989,(4). – 10 – 11

5505 기층무장부를 취소하거나 합병시키는 것이 옳은가 그른가? / 국성혜;진함 // 동북후비군. – 1989,(5). – 8 – 9

5506 인민무장부에서는 부대건설을 위해 복무할데 대한 책임감을 높여야 한다 / 로세승 // 동북후비군. – 1989,(5). – 2 – 3

5507 무장부의 정규화건설에 대한 소견 / 왕헌충;왕영곤 // 동북후비군. – 1989,(6). – 31

5508 전민 국방교육행정법규 세웠다 / 은덕발;박명식 // 동북후비군. – 1989,(6). – 34

5509 ≪군인가족활동소≫를 건립하고 활동을 견지 / 류위민;황인한 // 동북후비군. – 1989,(7). – 6

5510 단동지구에서≪군대,지방정부,군인가족,무장부가 공동히 병사를 양성하는≫활동을 널리 전개 / 곡복귀 // 동북후비군. − 1989,(7). − 4 − 5

5511 부대에 대한 농촌적령청년들의 기대 / 왕술량;리장우 // 동북후비군. − 1989,(7). − 21 − 22

5512 세가지를 위주로 하고 세가지 직능을 발휘하여야 한다 / 마전은 // 동북후비군. − 1989,(7). − 22 − 23

5513 독창적인 국방교육전람실 / 손옥림;백금연 // 동북후비군. − 1989,(8). − 5

5514 림강에 인 옹군열 / 정명봉 // 동북후비군. − 1989,(8). − 3 − 4

5515 문화실을 리용하여 민병국방교육을 강화하였다 / 최상운 // 동북후비군. − 1989,(8). − 29

5516 사상을 통일하고 고심하게 훈련 / 양신평;부춘의 // 동북후비군. − 1989,(8). − 5

5517 새 형세에 적응하여 후비력건설을 강화하자 / 주돈법 // 동북후비군. − 1989,(8). − 2 − 3

5518 언어장애를 극복하고 국방교육을 실속있게 틀어쥐였다 / 강국봉 // 동북후비군. − 1989,(8). − 28

5519 인민무장부는 사회의 안정을 수호하는 가운데서 작용을 충분히 발휘하여야 한다 / 진취 // 동북후비군. − 1989,(8). − 8

5520 진정으로 국방교육을 교육으로 취급해야 한다 // 동북후비군. − 1989,(8). − 27 − 28

5521 료녕성에서 부대의 기층건설을 위해 복무하는 활동 경험교류회 소집 / 요광발 // 동북후비군. − 1989,(9). − 3 − 4

5522 법적수단으로 군인의 합법적권익을 보호한다 / 주건의;임복침 // 동북후비군. − 1989,(9). − 17

5523 실제행동으로 부대의 개혁과 건설을 지지하여야 한다 // 동북후비군. − 1989,(9). − 5 − 6

5524 유수현의 7만민병≪네가지 열애≫활동을 벌렸다 / 량화 // 동북후비군. − 1989,(9). − 24

5525 ≪자체의 형상을 부각하는≫활동 벌려 군중의 신임을 받는다 / 류충평 // 동북후비군. − 1989,(10). − 14 − 15

5526 정치과에 일손이 적고 일이 많은 모순을 해결할데 관한 세가지 건의 / 리지검;양달 // 동북후비군. − 1989,(10). − 12

5527 제대군인 왕군 계엄부대에 책을 선물 / 문성;담군 // 동북후비군. − 1989,(10). − 23

5528 군인가족들에 대한 국방교육을 강화하여 부대건설에 기여 / 강려철 // 동북후비군. − 1989,(11 − 12). − 36

5529 날로 깊어가는 군민의 정 / 김재관;전광일 // 동북후비군. − 1989,(11 − 12). − 44 − 45

5530 동북지구 22개 단위와 15명 개인 영예롭게 수상 / 진함 // 동북후비군. − 1990,(1). − 21

5531 인민무장부의 사상건설을 잘 틀어쥐는데 주의를 돌려야 한다 / 류경쌍 // 동북후비군. − 1990,(1). − 9 − 10

5532 전투력을 기준으로 하여 예비역부대건설을 전면적으로 강화하여야 한다 / 본지론평원 // 동북후비군. − 1990,(1). − 11 − 12

5533 두집을 공평하게 대해야 한다 / 조덕봉 등 // 동북후비군. − 1990,(3). − 16

5534 세가지를 결합시켜 국방교육을 깊이있게 진행 / 조명신;주수과 // 동북후비군. − 1990,(3). − 9

5535 시대는 뢰봉을 부르고 인민은 뢰봉을 수요한다 / 장정선 // 동북후비군. − 1990,(4). − 3 · 5

5536 여러 가지 형식으로 뢰봉정신을 발양하였다 / 무순군분구당위 // 동북후비군. − 1990,(4). − 4 − 5

5537 뢰봉을 따라배우는 활동을 깊이있게 지구적으로 이끌어 나아가야 한다 / ≪중국민병≫론평원 // 동북후비군. − 1990,(6). − 2 − 3

5538 전임무장간부들의 사상상태에 대한 분석과 응당 취하여야 할 대책 / 한화;주귀운 // 동북후비군. − 1990,(7). − 16 − 17

5539 사회주의신념교육을 확고부동하게 잘 틀어쥐여야 한다 / 본지론평원 // 동북후비군. − 1990,(8). − 2 − 3

5540 네가지 의식을 강화하여 련속 3년 1등을 따내였다 / 조흥림 // 동북후비군. − 1990,(10). − 31

5541 사회치안수호에서 마땅히 장악하여야 할 원칙과 조직형식에 대한 탐구 / 진함 // 동북후비군. – 1990,(10). – 12 – 13
5542 적극적으로 부대와 배합하여 신병들에 대한 사상사업을 잘하였다 / 조문걸;류탁 // 동북후비군. – 1990,(10). – 30 – 31
5543 간행물수업에서 세가지를 락착하고 한가지를 높이였다 / 통원보진 통원보촌민병련 // 동북후비군. – 1990,(11 – 12). – 63
5544 관리에 모를 박고 정으로 감화시켰다 / 왕덕청 // 동북후비군. – 1990,(11 – 12). – 32 – 33
5545 6가지 제도를 견지하면서 국방교육을 잘 틀어쥐였다 / 황청갑 등 // 동북후비군. – 1990,(11 – 12). – 3
5546 조동시에서 ≪1개 련대가 5세대를 이끄는≫ 활동을 벌린다 / 허애국;류중평 // 동북후비군. – 1990,(11 – 12). – 34
5547 철봉구당위와 정부에서 무장사업에 중시를 돌린다 / 경정등 // 동북후비군. – 1990,(11 – 12). – 33

E25 국방건설과 전시준비

5548 군사상식:소산,음폐,위장 // 민병의 벗. – 1965,(11). – 29 – 30
5549 무장 도하에 대하여 / 조항곡 // 민병의 벗. – 1965,(14). – 28 – 29
5550 방공상식:공습후과를 제거하는 방법 // 민병의 벗. – 1965,(14). – 30 – 31
5551 수영을 배워 물에서의 자유를 얻자 / 수상 // 민병의 벗. – 1965,(15). – 28 – 29
5552 사상을 해방하고 훈련을 개혁하자 // 동북민병. – 1980,(2). – 20
5553 산지대매복습격전연습의 전후 경과 / 류봉춘 등 // 동북민병. – 1980,(2). – 17 – 19
5554 전장구호기술을 힘써 높이다 / 설굉문 // 동북민병. – 1980,(2). – 22 – 23
5555 군정습제작업활동을 전개한다 / 정치공작과 // 동북민병. – 1980,(18). – 21
5556 ≪특수≫한 특등사수 / 중문등 // 동북민병. – 1980,(18). – 46
5557 농토기본건설가운데서 전장을 잘 건설한다 / 안보신;담내훈 // 동북민병. – 1980,(19). – 20 – 21
5558 기초훈련을 잘 틀어쥐여야 한다 / 리국충 // 동북민병. – 1980,(20). – 21 – 22
5559 지휘원과 전업분대의 훈련을 중점적으로 잘 틀어쥐였다 / 대경시인민무장부 // 동북민병. – 1980,(20). – 17 – 18
5560 훈련장건설을 중시하여야 한다 / 오국림 // 동북민병. – 1981,(1). – 12 – 13
5561 한갈래 강대한 전투력 / 중박 // 동북민병. – 1981,(10). – 32 – 34
5562 엄중한 재해에 직면하여 자체의 힘으로 생산구제를 잘한 선봉들 / 유건민 등 // 동북민병. – 1981,(23 – 24). – 47 – 49
5563 체육과시간에 군사교수를 하였다 / 풍복 등 // 동북민병. – 1984,(14). – 15 – 16
5564 훈련을 교수계획에 넣고 군사교수연구실을 내왔다 / 운화 등 // 동북민병. – 1984,(14). – 14 – 15
5565 초급순환에서 벗어나 합동지휘훈련을 잘 틀어쥐였다 / 장서귀;향자문 // 동북민병. – 1984,(24). – 8 – 9
5566 망규현에서 군대모집,조직정돈,군사훈련을 밀접히 결부시켰다 / 수군;망무 // 동북민병. – 1986,(3). – 17 – 18
5567 예비역부대의 훈련을 절차화할데 대하여 / 정은점 // 동북민병. – 1986,(4). – 16 – 17
5568 백성륙군예비역사에서 ≪룡≫식 훈련법을 실시하였다 / 백군 // 동북민병. – 1986,(6). – 25
5569 예비역부대 전쟁준비철도수송방안의 작성과 락실에 관한 몇가지 짧은 소견 / 소림;항산 // 동북민병. – 1986,(6). – 14 – 15
5570 사상실제에 비추어 국방교육을 진행하였다 / 도계학 등 // 동북민병. – 1986,(7). – 13 – 14
5571 쾌속동원에 관한 몇가지 문제 / 정은점;진

승리 // 동북민병. − 1986,(7). − 20 − 22

5572 7+1>8: 료녕성 학생군사훈련시점수기 / 리영무 // 동북민병. − 1986,(8). − 24

5573 우리 나라 일부 성,시 지도자들 국방대학에 가 군사를 / 효산 // 동북민병. − 1986,(9). − 27

5574 사상실제에 비추어 국방교육을 잘하자 / 통화군분구 // 동북민병. − 1986,(10). − 11

5575 발기서 // 동북민병. − 1986,(11). − 2 − 3

5576 예비역부대의 동원과 집결을 자체를 위주로 해야 한다 / 허중섭 // 동북민병. − 1986,(12). − 17

5577 금년도 군사훈련탄역은 새로운 방법으로 분배한다 / 양락충;곡송 // 동북민병. − 1987,(2). − 35

5578 심양군구 리해파참모장담화를 발표하여 학생군사훈련시점사업을 심화시켜야 한다고 지적 / 량충 // 동북민병. − 1987,(2). − 2 − 3

5579 예비역부대의 훈련임무에 대한 몇가지 의견 / 정은점 등 // 동북민병. − 1987,(3). − 24

5580 힘써 예비역부대의 훈련질을 높여야 한다 / 량충;부춘 // 동북민병. − 1987,(3). − 2 − 3

5581 군사훈련일기 / 곽홍하 // 동북민병. − 1987,(5). − 34

5582 통신수업형식으로 재직훈련 실시 / 왕립문 등 // 동북민병. − 1987,(6). − 5

5583 학생군사훈련시점문제에 관한 본지기자의 물음에 답변 // 동북민병. − 1987,(7 − 8). − 31 − 32

5584 세 사람의 웃음 / 조승인 // 동북민병. − 1987,(9). − 21

5585 실천에 립각하여 한걸음 한걸음 제고시켰다 / 후유침 등 // 동북민병. − 1987,(9). − 8

5586 ≪서천≫에 가서 경험을 배워왔다 / 료군 // 동북민병. − 1987,(10). − 14

5587 전임무장간부훈련을 개혁할데 대하여 / 왕요동;왕한생 // 동북민병. − 1987,(12). − 21 − 22

5588 사회주의초급단계의 실제로부터 출발하여 국방후비력건설을 잘하자 / 운표;충민 // 동북민병. − 1988,(1). − 11 − 12

5589 전임무장간부대오건설을 잘 틀어쥐였다 / 장빙 // 동북민병. − 1988,(1). − 10

5590 개혁의식을 증강하고 평화건설시기에 국방건설을 다그치자 // 동북민병. − 1988,(2). − 17 − 21

5591 과학적전쟁관을 수립하고 평화건설시기에 시종 국방관념을 확보하자 // 동북민병. − 1988,(2). − 22 − 26

5592 전략적전변의 요구에 적응하여 평화시기 국방건설의 생기와 활력을 증강하자 // 동북민병. − 1988,(2). − 27 − 31

5593 헌신적정신을 발양하여 평화건설시기의 국방건설에 힘을 이바지하자 // 동북민병. − 1988,(2). − 32 − 36

5594 금주도자기공장에서 신입공들에게 군정훈련을 / 춘방 등 // 동북민병. − 1988,(4). − 21

5595 신입공들을 훈련시키는 것은 제창할만한 방법이다 / 곽란방 // 동북민병. − 1988,(4). − 22

5596 새 형세하에서의 예비역부대건설을 강화하여야 한다 / 류정송 // 동북민병. − 1988,(6). − 2 − 3

5597 전 인민성 국방교육을 중요한 위치에 놓고 틀어쥐였다 / 평무 // 동북민병. − 1988,(6). − 33

5598 국방교육훈련비징수제도를 실시 / 세굉등 // 동북민병. − 1988,(7). − 16

5599 예비역부대 훈련개혁을 심화하여야 한다 / 양락충 // 동북민병. − 1988,(7). − 2 − 3

5600 훈련기지의 세가지 효과성을 높이였다 / 왕술량;봉조의 // 동북민병. − 1988,(7). − 16 − 17

5601 예비역병원직업학교를 꾸렸다 / 장보인; 김상구 // 동북민병. − 1988,(8). − 21

5602 국방교육을 강화하고 국방관념을 높이자 / 리문경 // 동북민병. − 1988,(9). − 2 − 3

5603 학생군사훈련에서 해결해야 할 몇가지 문제에 대하여 / 류준파;위옥상 // 동북민병. − 1988,(9). − 8 − 9

5604 국방교육을 실제활동과 밀접히 결합시켜야 한다 / 본지론평원 // 동북민병. − 1988,(10). − 1 − 2 · 14

5605 대련군분구에서 학생군사훈련을 잘 틀어쥐였다 // 동북민병. − 1988,(10). − 47

5606 매하구시에서 국방교육을 각급간부의 임

기목표,일터책임제와 련계시켰다 / 명기 // 동북민병. - 1988,(11). - 12

5607 예비역부대의 군사훈련개혁에 대하여 / 양락충 // 동북민병. - 1988,(12). - 7 - 8

5608 국가와 국방 // 동북후비군. - 1989,(3). - 4 - 8

5609 훈련실효에 중시를 돌려 규범화훈련을 잘 하자 / 녕문옥;송욱명 // 동북후비군. - 1989,(4). - 16

5610 전체 인민의 국방관념을 높이는 것은 홀시할수 없는 전략적과제이다 / 전수인 // 동북후비군. - 1989,(6). - 6 - 7

5611 국방정신의 장성을 쌓아야 한다 / 류동번 // 동북후비군. - 1989,(11 - 12). - 9 - 10

5612 국부적전쟁에 대처할 병원동원에 대한 평시의 준비에 관하여 / 소소 // 동북후비군. - 1990,(1). - 5 - 7

5613 대학교군사훈련에서 자체훈련을 위주로 할데 대한 몇가지 견해 // 동북후비군. - 1990,(8). - 27

5614 그래도 군영에 가서 훈련하는 것이 좋다 / 고회유 // 동북후비군. - 1990,(10). - 13

5615 류정송사령원 관전예비군인학교에 교명을 써주었다 / 강경리;박명호 // 동북후비군. - 1990,(10). - 3

5616 국방시설관리사업에서의 몇가지 결합에 대한 소견 / 방헌충;곽회 // 동북후비군. - 1990,(11 - 12). - 9

5617 군정훈련을 강화하여 응급분대의 자질을 높여야 한다 / 조장승 // 동북후비군. - 1990,(11 - 12). - 8

E26 군사제도

5618 관리 교양의 5개 원칙 // 민병의 벗. - 1965,(7). - 24 - 27

5619 왜서 전사의 현역기한을 연장하는가? // 민병의 벗. - 1965,(7). - 27 - 28

5620 우리 군의 군사 직함취소에 대하여 // 민병의 벗. - 1965,(13). - 20 - 21

5621 전직무장간부건설가운데의 새 문제를 해결하다 / 제광지; 단금림 // 동북민병. - 1980,(11). - 4 - 5

5622 수화지구처럼 전직무장간부들의 직무급을 명확히 해야 한다 / 왕춘부 // 동북민병. - 1980,(14). - 32

5623 전직무장간부를 조동시킬 때 상급군사부문의 의견을 청취해야 한다 / 엽영재 // 동북민병. - 1980,(16). - 32

5624 큰힘을 들여 전직무장간부대오건설을 강화해야 한다 / 장의군 // 동북민병. - 1980,(16). - 30 - 31

5625 전직무장간부대오건설을 절실히 강화하자 // 동북민병. - 1980,(18). - 17 - 18

5626 전직무장간부를 배비하는 질량관을 잘 틀어쥐다 / 정학지 등 // 동북민병. - 1980,(18). - 22

5627 정기적으로 전직무장간부를 ≪친정집≫에 청한다 / 엽영재 // 동북민병. - 1980,(18). - 19 - 20

5628 흑룡강성 대부분 지구에서 전직무장간부들의 직무급을 명확히 하였다 / 탕보화; 리경파 // 동북민병. - 1981,(14). - 26 - 27

5629 ≪세가지≫를 잘 장악하여 질량을 확보 / 진영년; 왕국화 // 동북민병. - 1981,(17). - 23 - 24

5630 여섯가지 표준을 내놓고 검사험수한다 / 청우 // 동북민병. - 1981,(17). - 25

5631 열의를 식히지 말고 북돋우어야 한다 / 본지론평원 // 동북민병. - 1981,(18). - 30 - 31

5632 길림시에서 전직무장간부대오건설을 강화할데 대한 여섯가지 결정을 지었다 / 비소원 // 동북민병. - 1981,(22). - 23 - 24

5633 모범전직무장간부를 따라 배우는 활동을 전개 / 상청 // 동북민병. - 1981,(22). - 43

5634 전업,복원,제대 등 명사를 람용하지 말아야 한다 / 류원생; 원장명 등 // 동북민병. - 1981,(22). - 32 - 33

5635 무장부와 보위,인민방위부문을 합병시킬수 있는가? // 동북민병. - 1982,(12). - 23

5636 복원,제대 군인의 영광스러운 사명 / 본지론평원 // 동북민병. – 1983,(4). – 12 – 13
5637 군령문제에 대한 해답 / 왕풍 등 // 동북민병. – 1983,(10). – 30 – 31
5638 백성시부장부 전임무장간부선발방법을 개혁 / 사현 등 // 동북민병. – 1983,(11). – 13 – 14
5639 효과적인 조치를 대여 전임무장간부대오건설을 강화 / 범충부 // 동북민병. – 1983,(22). – 13 – 14
5640 돈화림업국에서 복원,제대군인들의 작용을 충분히 발휘시킨다 / 류유상;곽학의 // 동북민병. – 1984,(9). – 21
5641 그 어떤 조치도 좋은 사람을 등용하기보다 못하다 / 두진영 // 동북민병. – 1984,(11). – 31
5642 새 병역법은 국방건설을 강화하는 중요한 담보이다 / 조선순 // 동북민병. – 1984,(13). – 2 – 5
5643 병역법을 참답게 학습관철하여 우리 군의 후비력건설을 강화하기 위해 기여하자 / 정세창 // 동북민병. – 1984,(14). – 10 – 12
5644 제대군인들 각급 지도부에 배치받았다 / 리청파 등 // 동북민병. – 1984,(15). – 25
5645 초빙된 무장간부들은 어떻게 자비심을 극복할것인가? / 범홍등 // 동북민병. – 1984,(15). – 16 – 19
5646 복원군인,제대군인,전업군인 이 세개 개념을 어떻게 구분할것인가? / 리무 // 동북민병. – 1984,(19). – 23
5647 실제에 결부시켜 병역법을 학습하고 구체적조치를 제정하여 락실을 촉진 / 요광발 등 // 동북민병. – 1984,(19). – 21 – 22
5648 교오향 제대군인들에 대해≪세가지 우선≫을 실행 / 동청림;주금전 // 동북민병. – 1984,(22). – 17
5649 합격된 간부로 결원을 보충하고 잘 관리하는 한편 양성에 큰 공력을 들이였다 / 수군등 // 동북민병. – 1984,(22). – 2 – 4
5650 인원을 넉넉히 배치하여야 하며 책임을 명확히 하고 권력을 주어야 한다 / 심동민 등 // 동북민병. – 1984,(23). – 4 – 5
5651 전임무장간부사업계약제를 실시 / 하군등 // 동북민병. – 1984,(23). – 2
5652 병역을 거절하여 진경리 처벌당했다 / 진의 // 동북민병. – 1984,(24). – 19
5653 령도체제를 개혁하고 령도관계를 바로잡았다 / 광발등 // 동북민병. – 1985,(1). – 2 – 5
5654 조국을 사랑하며 자각적으로 병역의무를 리행하여야 한다 // 동북민병. – 1985,(2). – 16 – 22
5655 간부대오건설로부터 착수하여 예비역사업을 추진하였다 / 란사현 등 // 동북민병. – 1985,(3). – 14 – 15
5656 쌍료현 전임무장간부년령,지식구성의 개변에 중시를 돌렸다 / 손승리 등 // 동북민병. – 1985,(5 – 6). – 21 – 22
5657 예임간부대오의 비례구성을 합리하게 조절하였다 / 도계학;권동광 // 동북민병. – 1986,(8). – 19
5658 사격장밖의 무도한 저격 / 공립조 // 동북민병. – 1986,(9). – 26
5659 예비역부대 지방간부의 작용을 충분히 발휘시켰다 / 금석 // 동북민병. – 1986,(9). – 39
5660 구당위 령도하에서의 당위사업제도를 견지하여야 한다 / 황인한 // 동북민병. – 1986,(10). – 26
5661 당위와 정부의 직책을 명확히 해야 한다 / 장소현 // 동북민병. – 1986,(10). – 25
5662 무장부 기관당지부의 사업은 구기관당위의 사업보조를 따라야 한다 / 전진국 // 동북민병. – 1986,(10). – 26
5663 서기책임제를 견지하고 두 당위의 작용을 잘 발휘시키야 한다 / 고명태 // 동북민병. – 1986,(10). – 24
5664 우세를 발휘하고 전통을 계승하며 기능을 장악하여야 한다 / 필성운 // 동북민병. – 1986,(10). – 25 – 26
5665 량용인재양성사업에서의 무장부문의 작용에 대한 소견 / 려지 // 동북민병. – 1986,(11). – 7 – 8
5666 새로 온 간부들을 양성하기에 류의하였다 /

로보춘;맹번보 // 동북민병. − 1986,(11). − 17 − 18

5667 예비역간부를 합리하게 예임시켜야 한다 / 서국청 // 동북민병. − 1986,(11). − 8 − 9

5668 현,시,구 인민무장간부의 복장을 어떻게 개혁하는가? / 국성혜 등 // 동북민병. − 1986,(11). − 23

5669 힘써 조건을 창조하여 무장사업을 지지한다 / 봉림;청년 // 동북민병. − 1986,(11). − 24

5670 인민무장부간부관리잠정방법 / 명산등 // 동북민병. − 1987,(1). − 9

5671 전임무장간부속에서 인재를 선발하는데 중시를 돌렸다 / 한지위;경덕재 // 동북민병. − 1987,(1). − 12

5672 전임무장간부의 대우문제를 명확히 규정 / 리리군 // 동북민병. − 1987,(3). − 12

5673 제대군인강습을 잘 틀어쥐여 좋은 효과를 보았다 / 안동수 // 동북민병. − 1987,(4). − 18

5674 인민무장간부의 참신한 형상을 수립하자 / 류복규 // 동북민병. − 1987,(5). − 13 − 14

5675 령도예술문제를 절실히 해결해야 한다 / 제홍희 // 동북민병. − 1987,(6). − 12

5676 금년도 군대모집사업에 열가지 요구제기 / 진함등 // 동북민병. − 1987,(10). − 6

5677 길림성에서 군대모집사업의 새 방도를 적극 탐색 / 장우;리해도 // 동북민병. − 1987,(10). − 6 − 7

5678 무장부들에서 해결을 고대하는 문제들을 명확히 규정 / 길사동 // 동북민병. − 1987,(10). − 8

5679 부대의 요구에 맞는 병원을 수송 / 진정화;왕건군 // 동북민병. − 1987,(10). − 8

5680 효과를 앞세우고 개혁 / 계보산;양계록 // 동북민병. − 1987,(10). − 7

5681 간부들의 자질을 높여야 부대가 생기로 차넘치게 된다 / 후유침 등 // 동북민병. − 1987,(11). − 10

5682 길림성에서 편제대로 예비역부대를 사용 / 리경파 // 동북민병. − 1987,(12). − 9 − 10

5683 법에 따라 병역의무를 리행하자 // 동북민병. − 1987,(12). − 30 − 32

5684 예임간부사업에서 목표관리를 실시할데 대한 소견 / 장보화 // 동북민병. − 1988,(1). − 13 − 14

5685 동구현 54명 제대군인을 보안대원으로 / 정혁봉 // 동북민병. − 1988,(4). − 17

5686 예비역부대의 서류보관사업에 대하여 / 허효겸 // 동북민병. − 1988,(4). − 18

5687 어떻게 전임무장간부대오건설을 강화할것인가? / 고문진;고지국 // 동북민병. − 1988,(5). − 11 − 12

5688 인민무장부지도부건설을 강화할 문제에 대한 탐구 / 리건신;강충 // 동북민병. − 1988,(5). − 12

5689 기층무장부를 스스로 취소하거나 합병시키지 말아야 한다 // 동북민병. − 1988,(6). − 11

5690 단동시의 몇가지 규정 / 오혜민 // 동북민병. − 1988,(6). − 11 − 12

5691 무장부문설치에 관한 천박한 견해 / 류만보 // 동북민병. − 1988,(6). − 12

5692 무장사업은 인재를 길러내고 전임무장간부는 전도가 있다 / 마리;교충산 // 동북민병. − 1988,(6). − 8

5693 새 형세에 적응하여 병역사업개혁을 심화시켰다 / 고문 // 동북민병. − 1988,(6). − 3 − 4

5694 점차적으로 예비역부대간부사업을 규범화하여야 한다 // 동북민병. − 1988,(6). − 7 − 8

5695 체제개혁후의 새 정황에 적응하여 인민무장간부관리를 강화하였다 / 정국군;강춘우 // 동북민병. − 1988,(6). − 9 − 10

5696 국민당의 상장은 얼마나 되는가? / 이찬조 // 동북민병. − 1988,(7). − 48

5697 개혁가운데서 기층무장부를 함부로 합병하거나 취소할수 있는가? // 동북민병. − 1988,(7). − 13

5698 중외군사칭호사화 / 재기 등 // 동북민병. − 1988,(7). − 27

5699 릉하구무장부 공장장에게 제1부장을 겸임시키는 제도를 실시 / 리군 등 // 동북민병. − 1988,(8). − 17 − 18

5700 무장부문이 기구개혁에 직면한데 관한 호

소와 사색 / 후전좌;사양 // 동북민병. – 1988,(8). – 12 – 13

5701 전업부호를 달기에 앞서 사상,규률,작풍건설을 잘 틀어쥐였다 / 마리;김재관 // 동북민병. – 1988,(8). – 3

5702 훈련기지를 리용하여 과학기술을 보급 / 관무 // 동북민병. – 1988,(8). – 48

5703 이곳의 전임무장간부들은 왜 환영받는가 / 관봉정 // 동북민병. – 1988,(9). – 9 – 10

5704 예비역부대에 현역간부를 배치하는 문제에 대하여 / 종주;춘조 // 동북민병. – 1988,(9). – 3

5705 예비역사업을 가일층 개혁할데 대한 세가지 건의 / 왕수지 // 동북민병. – 1988,(9). – 23

5706 전임무장간부들에게 전문 무장사업을 할수 있는 조건을 마련해주어야 한다 / 장문경 // 동북민병. – 1988,(9). – 19

5707 전임무장간부등용에서 무장부가 주요한 작용을 / 률건신 // 동북민병. – 1988,(9). – 23

5708 계동현에서 전임무장간부관리방법을 개혁 / 우빈 // 동북민병. – 1988,(10). – 16 – 17

5709 상벌조치를 제정하고 목표관리를 실시한다 / 설위 // 동북민병. – 1988,(10). – 15

5710 인민무장부 정치과에 일손이 적고 할일이 많을 때 어떻게 할것인가? / 반지여;량화 // 동북민병. – 1988,(10.) – 15

5711 자질에 따라 등용하고 업적에 따라 상벌한다 / 백승상 // 동북민병. – 1988,(10). – 17

5712 무장간부의 년령로화에 중시를 돌려야 한다 / 장문해 // 동북민병. – 1988,(11). – 47

5713 새 형세하에서의 예비역부대간부대오건설을 강화하자 / 대학강 // 동북민병. – 1988,(11). – 2 – 3

5714 초점,광점,흥분점을 틀어쥐였다 / 거곤등 // 동북민병. – 1988,(11). – 5

5715 편제대로 부대를 사용한 초보적경험 / 순진강;양벽해 // 동북민병. – 1988,(11). – 27

5716 기층무장부의 설치와 전임무장간부의 배치를 잘 틀어쥐였다 / 범경;종극의 // 동북민병. – 1988,(12). – 10

5717 농촌병원모집비례가 확보되지 않는 문제에 대하여 중시를 돌려야 한다 / 리유공;왕계초 // 동북민병. – 1988,(12). – 3

5718 어떻게 전임무장간부대오의 최적화조합을 실현할것인가? / 분복신;왕복청 // 동북민병. – 1988,(12). – 20

5719 1989년도 군대모집준비사업의 몇가지 구체문제에 관한 통지를 하달 / 장지위 // 동북후비군. – 1989,(1). – 14

5720 군대모집사업의 조직과 실시 / 심양군구 사령부 동원부 // 동북후비군. – 1989,(2). – 8 – 10

5721 길림성에서 지구간 군대모집사업개혁 검열회보연구토론회의 소집 / 제홍희 // 동북후비군. – 1989,(2). – 6

5722 료원시에서 인민무장간부들의 전도에 중시 돌린다 / 리경충;장축상 // 동북후비군. – 1989,(2). – 15 – 16

5723 예임간부들이 작용을 발휘하려면? / 동요혁 // 동북후비군. – 1989,(3). – 14

5724 올해 군대모집에서 반드시 신병의 질담보를 첫 자리에 놓아야 한다 // 동북후비군. – 1989,(3). – 3

5725 웃물이 맑으니 아래물도 맑다 / 왕래춘;장복군 // 동북후비군. – 1989,(3). – 18 – 19

5726 전임무장간부들이 세가지 경향을 극복하도록 하는데 류의해야 한다 / 종점지 // 동북후비군. – 1989,(3). – 21

5727 제대전업기술병 축적기지건설을 잘하여 병원동원잠재력을 증강하자 / 남계상 등 // 동북후비군. – 1989,(3). – 12 – 13

5728 진정으로 신병의 질을 담보하여야 한다 / 심군민 // 동북후비군. – 1989,(3). – 11

5729 완비한 무장관리제도를 시급히 세워야 한다 / 조옥보;장항재 // 동북후비군. – 1989,(6). – 26

5730 군대를 모집한후의 단상 / 왕술량;류휘영 // 동북후비군. – 1989,(8). – 17 – 18

5731 관계를 바로잡음에 있어서 실제곤난을 많

이 해결해주는 것이 중요하다 / 양신;렴계파 // 동북후비군. － 1989,(8). － 24 · 23
5732 료양현에서 군공장려제도 실시 / 조건의;임조 // 동북후비군. － 1989.(8). － 15
5733 유상병역제를 실행할데 대한 몇가지 건의 / 왕귀근 // 동북후비군. － 1989,(8). － 11
5734 무엇때문에 전임무장간부직함평의가 감감무소식인가 // 동북후비군. － 1989,(9). － 47
5735 ≪삼위일체≫의 예임간부관리기제를 건립할데 대한 초보적탐구 / 도서산 // 동북후비군. － 1989,(9). － 32
5736 성과가 있고 환영받는 전임무장간부대오를 건설하기까지 / 관봉정;장복군 // 동북후비군. － 1989,(9). － 18 － 22
5737 우홍구에서 군대모집,우대무휼,공동육성,직업배치를 밀접히 련결시켰다 / 왕술량 // 동북후비군. － 1989,(9). － 23 － 24
5738 예비역퇀당위의 수장분공책임제에 대한 소견 / 강립파;려언림 // 동북후비군. － 1989,(10). － 22
5739 ≪계약무장≫들의 근심을 풀어줄 때가 되였다 / 장항재;오림군 // 동북후비군. － 1989,(11 － 12). － 22
5740 국가와 군대의 안정을 담보하는 큰 국면으로부터 출발하여 신병의 질을 확보하자 / 성혜등 // 동북후비군. － 1990,(2). － 1
5741 사업실적련계제도를 부단히 완벽화하였다 // 동북후비군. － 1990,(2). － 8
5742 여러가지 형식을 취하여 예임간부들에 대한 고찰검정사업을 잘 틀어쥐였다 // 동북후비군. － 1990,(2). － 7
5743 예비역부대간부대오건설을 강화하여 총이 믿음직한 사람의 손에 장악되도록 담보하여야 한다 / 왕청도 // 동북후비군. － 1990,(2). － 3 － 4
5744 제약기제를 건전히 하여 ≪예임간부로 예임간부를 관리하는≫사업을 촉진하였다 // 동북후비군. － 1990,(2). － 5
5745 조절, 배치사업을 참답게 하여 예임간부대오의 구성을 합리화하였다 // 동북후비군. － 1990,(2). － 6
5746 무장부문의 사업지위를 높이는데 류의 / 단금림;류중평 // 동북후비군. － 1990,(3). － 18
5747 처벌조례를 제정하여 병역복무에서의 준법관념을 강화 / 범경부 // 동북후비군. － 1990,(3). － 15
5748 당면 무장부건설에 대한 새 규정을 내왔다 / 진함 // 동북후비군. － 1990,(4). － 33
5749 로남향에서 새 우대무휼정책을 실시 / 왕취우;선경유 // 동북후비군. － 1990,(4). － 28
5750 무장부인계의 득실에 대한 소견 / 왕학문 // 동북후비군. － 1990,(4). － 16
5751 당위의 령도를 견지하고 당정이 공동히 틀어쥐여야 한다 / 왕문겸 // 동북후비군. － 1990,(5). － 29 － 30
5752 인민무장간부들에게 고민이 많다 / 우항곤;당옥신 // 동북후비군. － 1990,(5). － 16
5753 1988년 9월에 군사칭호를 수여받은 17명 상장들의 리력 // 지부생활. － 1990,(5). － 41 － 44
5754 ≪내적소모≫를 근절하고 합력을 증가 / 류의 // 동북후비군. － 1990,(6). － 20
5755 ≪로무장≫들을 타당하게 배치할데 대한 생각 / 오문파;류방 // 동북후비군. － 1990,(6). － 25
5756 무장부를 락선간부를 배치하는 자리로 삼지 말아야 한다 / 류은운 // 동북후비군. － 1990,(6). － 3
5757 전임무장간부들도 현(구)인민무장간부들의 로임대우를 향수하여야 한다 / 백문룡 // 동북후비군. － 1990,(6). － 25
5758 예비군인학교탄생기 / 황휘 // 동북후비군. － 1990,(7). － 30
5759 예비역부대당위건설에 대한 탐구와 사고 / 조덕봉;전옥충 // 동북후비군. － 1990,(7). － 28 － 29
5760 전임무장간부들이 전문무장사업을 하지 못하는 문제와 그 해결책 / 곽경판;왕붕 // 동북후비군. － 1990,(7). － 17 － 18
5761 대와현에서 인민무장간부들에게 출로를 / 하준림 // 동북후비군. － 1990,(8). － 25

5762 예비모집대상의 확정,고찰과 양성에 대한 약간한 견해 / 천창도;김재관 // 동북후비군. - 1990,(8). - 23

5763 인민무장간부의 기술직함은 언제 평의하는가 / 장건평 // 동북후비군. - 1990,(8). - 27

5764 전임무장간부대오건설을 중시 / 장복기 // 동북후비군. - 1990,(8). - 18

5765 길림시 기업소무장부 다시 당위서렬에 / 왕래춘;리애국 // 동북후비군. - 1990,(9). - 10

5766 법에 따라 군사시설을 보호하고 국가의 장구한 안전을 확보하자 / 류세주 등 // 동북후비군. - 1990,(9). - 18 - 20

5767 신병의 질을 담보하기 위한 토대를 튼튼히 닦아야 한다 / 본지론평원 // 동북후비군. - 1990,(9). - 2 - 3

5768 의무병들에 대하여 ≪저당금≫제도를 실시하면 좋은 점이 많다 / 봉귀재 // 동북후비군. - 1990,(9). - 27

5769 정치심사관을 잘 지켜 해마다 훌륭한 병사를 수송 / 주중권;장쌍업 // 동북후비군. - 1990,(9). - 27

5770 현(구)인민무장간부관리사용에 관하여 / 왕유합 // 동북후비군. - 1990,(9). - 26

5771 무장간부복장발급에서 시급히 해결해야 할 몇가지 문제 / 단걸;왕세충 // 동북후비군. - 1990,(10). - 32

5772 우대무휼사업을 규범화,제도화 관리에 / 동덕지;마군 // 동북후비군. - 1990,(10). - 5 - 6

5773 입대전의 양성과 고찰사업을 깊이있게 세심하게 실속있게 하여야 한다 / 본지론평원 // 동북후비군. - 1990,(10). - 2 - 3

5774 전임무장간부들에 대한 양성,사용에 중시를 돌린다 / 요진화;왕렬렬 // 동북후비군. - 1990,(10). - 32

5775 신병의 질을 담보하는 마지막관을 잘 지켜야 한다 / 본지론평원 // 동북후비군. - 1990,(11 - 12). - 2 - 3

5776 인민무장간부들의 군사자질을 높일데 대한 세가지 의견 / 맹진원;리운무 // 동북후비군. - 1990,(11 - 12). - 11

5777 인민무장간부의 임직년령에 대한 사고 / 장사희;동위강 // 동북후비군. - 1990,(11 - 12). - 9

5778 예임참모대오건설을 강화할데 대한 소견 / 진옥산 // 동북후비군. - 1990,(11 - 12). - 10

5779 전임무장간부들의 열성을 무장사업에로 / 맹유계;정점밤 // 동북후비군. - 1990,(11 - 12). - 39

5780 파언현에서 전임무장간부관리사업에 대한 네가지 규정을 지었다 / 정경균 등 // 동북후비군. - 1990,(11 - 12). - 54

5781 현구무장부 정치간부대오건설의 현상태와 대책에 대하여 / 장문해 // 동북후비군. - 1990,(11 - 12). - 7 - 8

E28 민병

5782 민병의 단개,소분대의 전술훈련을 어떻게 할것인가 / 오형모 // 대중과학. - 1960,(5). - 47

5783 병종소개 / 오형환 // 대중과학. - 1960,(8). - 2 - 5

5784 모주석군사사상의 붉은기를 높이 추켜들고 민병건설을 강화하기 위하여 분투하자 // 지부생활. - 1960,(10). - 39 - 41

5785 모택동군사사상을 학습하고 민병의 전력적지위에 대한 인식을 제고하자 // 지부생활. - 1961,(1). - 52 - 56

5786 제국주의의 침략 음모에 경각성을 높이며 민병 건설을 강화하자 / 장기 지 // 연변. - 1961,(8). - 2 - 4

5787 중국 인민 해방군의 영웅 분투하는 광영한 전통을 계승 발양하자 / 조남 기 // 연변. - 1962,(8). - 17 - 19

5788 민병의 작용을 충분히 인식하고 민병 건설을 더욱 강화하자 / 진표 // 연변. - 1963,(8). - 2 - 3

5789 곽흥복의 교수방법을 보급하는 활동가운데서 어떤 점들을 틀어쥐여야 하는가? / 료녕

성 군구사령부 작전훈련처 // 민병의 벗. – 1964,(6). – 21 – 24

5790 인민무장의 한폭의 붉은기:하북성 무극현 곽장민병영을 소개 / 리정걸;오석규 // 민병의 벗. – 1964,(6). – 14 – 20

5791 총과 인감의 관계 / 우보문 // 민병의 벗. – 1964,(6). – 41 – 42

5792 민병에 대한 사상 정치 교양 사업을 강화하자 // 연변. – 1964,(8). – 2

5793 전투 준비 태세를 갖춘 민병 중대 / 연변 군분구 정치부 // 연변. – 1964,(8). – 3 – 7

5794 길림성 제2차민병대표회의 페막 // 민병의 벗. – 1964,(9). – 29 – 30

5795 세가지 관계를 정확히 처리하여 민병사업의 락실을 추진시키자! / 풍기 // 민병의 벗. – 1964,(11). – 26 – 28

5796 적이 칼을 갈 때 우리도 칼을 갈아야 한다 / 풍엽 // 민병의 벗. – 1964,(11). – 37 – 40

5797 전국 각지에 문포되여 있는 억만민병의 힘은 무궁무진하다 // 민병의 벗. – 1964,(11). – 10 – 12

5798 전시준비를 강화하여 민병사업 3락실을 실현하기 위해 노력하자 / 왕가도 // 민병의 벗. – 1964,(11). – 13 – 17

5799 총가목을 억세게 장악 / 장익 등 // 민병의 벗. – 1964,(11). – 18 – 22

5800 총을 사랑하는 처녀:녀 기간민병장 숙근이 사격기량을 련마한 이야기 / 로래순;황건업 // 민병의 벗. – 1964,(11). – 44 – 45

5801 민병 건설을 강화하려면 인식을 제고하여야 한다 / 리희춘;박을겸 // 연변. – 1964,(12). – 12 – 15

5802 중공중앙동북국에서 극동현위에서 민병사업을 령도한 경험을 보급 // 민병의 벗. – 1965,(3). – 6 – 9

5803 굳센 기량을 련마하기 위해 / 진수창 // 민병의 벗. – 1965,(4). – 12

5804 자각적으로 민병건설의 임무를 짊어지다 / 릉소농 // 민병의 벗. – 1965,(4). – 2 – 4

5805 행복할수록 총을 더 잊지 말아야 한다 / 장춘우 // 민병의 벗. – 1965,(5). – 24 – 25

5806 민병지도일군들을 솔선적으로 집단로동에 참가해야 한다 // 민병의 벗. – 1965,(6). – 2 – 3

5807 공사무장부부장 장흥무동지 일부 기층단위의 민병사업이 락실되지 않는 원인을 제출 // 민병의 벗. – 1965,(8). – 21 – 24

5808 하나가 둘로 나뉘여지는 관점으로 민병사업을 대해야 한다 // 민병의 벗. – 1965,(8). – 20 – 21

5809 민병의 전략적지위문제가 해결되기전에 민병사업을 락실시킬수 없다 / 왕걸 // 민병의 벗. – 1965,(9). – 23 – 25

5810 정치를 돌출히 하고 형세 교육을 강화하며 모택동사상으로 민병의 두뇌를 무장시키자 / 류전련 // 민병의 벗 – 1965,(9). – 2 – 4

5811 정신원자탄을 첫 자리에 놓아야 한다 / 류연봉 // 민병의 벗. – 1965,(10). – 26 – 28

5812 사상무기를 장악하고 투쟁정세를 똑똑히 인식 / 소기 등 // 민병의 벗. – 1965,(11). – 24 – 25

5813 실제 행동으로 미제를 항격하고 윁남을 지원하자 // 민병의 벗. – 1965,(11). – 23 – 24

5814 정치를 돌출히 하여 민병기층건설을 강화하며 3락실 선진단위 창조운동을 적극 전개하자 // 민병의 벗. – 1965,(11). – 18 – 19

5815 정치를 홀시하니 선진이 후진으로 되고 정치를 돌출히 하니 후진이 선진으로 되였다 / 손문휘 등 // 민병의 벗. – 1965,(11). – 20 – 22

5816 세계를 내다보며 굳센 기능을 련마 / 소경리 // 민병의 벗. – 1965,(12). – 9 – 10

5817 야영에서 정치를 돌출히 했다 / 심군선 // 민병의 벗. – 1965,(12). – 13 – 14

5818 원자탄이 있는데 왜서 민병을 꾸리는가?: 편자의 말 // 민병의 벗. – 1965,(12). – 15 – 16

5819 전시의 수요로부터 출발하여 여러가지 굳센기능을 련마 / 소기 등 // 민병의 벗. – 1965,(12). – 6 – 8 · 12

5820 현 정세에 결부하여 군사야영활동을 대폭

적으로 전개하자 // 민병의 벗. – 1965,(12). – 11 – 12

5821 모택동사상의 배육밑에:신심,용기,힘의 원천 / 장해림 // 민병의 벗. – 1965,(14). – 14 – 16

5822 정책에 좇아 민병간부를 선발 배비해야 한다 / 무순군분구공작조 // 민병의 벗. – 1965,(14). – 17 – 20

5823 ≪짝지어 도와주는≫활동을 잘 전개하여 3락실을 추진시키자 // 민병의 벗. – 1965,(15). – 4 – 5

5824 민병사업에서 반드시 정치를 돌출히 하고 사람에 대한 사상사업을 잘해야 한다:광주부대에서 소집한 민병사업좌담회의 석상에서의 서향전동지의 중요한 지시

5825 모택동사상으로 민병훈련을 지도 / 서위국 // 민병의 벗. – 1966,(5). – 22 – 23

5826 정치를 돌출히 하는 것은 민병전설의 근본이다:훈춘현 무장부에서 정치를 돌출히 할 문제를 좌담 / 조약 등 // 민병의 벗. – 1966,(5). – 9 – 13

5827 정치사업이 첫째이다 / 최경당 // 민병의 벗. – 1966,(5). – 20 – 21

5828 모택동사상의 위대한 붉은기치를 높이 들고 민병사업가운데서 정치를 돌출히 하기 위해 분투하자 / 서립청 // 민병의 벗. – 1966,(6). – 2 – 15

5829 인민무장사업의 근본적인 길 / 리만석 // 민병의 벗. – 1966,(6). – 29 – 30

5830 민병련에 심입하여 5항원칙을 선전 // 민병의 벗. – 1966,(7). – 4 – 5

5831 견정불이하게 정치를 돌출히 하고 모택동사상으로 민병을 꾸리자:심양부대 제9차민병사업좌담회 측기 / 정훈; 수창 // 민병의 벗. – 1966,(8). – 2 – 7

5832 민병사업의 근본은 무엇인가 / 곽봉 // 민병의 벗. – 1966,(9). – 8 – 9

5833 정치와 군사의 관계는 어떤 관계인가?: ≪민병사업에서 어떻게 정치를 돌출히 할것인가?≫의 토론 // 민병의 벗. – 1966,(9). – 2 – 3

5834 새로운 진지에서의 새로운 전투 / 경민 // 동북민병. – 1975,(3). – 65 – 74

5835 무산계급전정의 리론을 잘 학습하고 상해민병건설경험을 락실 / 영락대대민병련 // 동북민병. – 1975,(5). – 45 – 47

5836 민병건설을 강화하여 무산계급전정을 공고히 하겠다 / 량화; 양경국 // 동북민병. – 1975,(5). – 2 – 4

5837 투쟁의 수요에 적응하여 조직건설을 잘하자 / 래고종합 // 동북민병. – 1975,(6). – 41 · 43

5838 혁명리론을 학습하여 민병훈련을 잘하자 / 심군민 // 동북민병. – 1975,(7). – 41 – 43

5839 당의 기본로선을 명기하고 상해민병건설경험을 보급 / 본지통신원 // 동북민병. – 1975,(9). – 21 – 24

5840 당의 령도를 견지하여 민병건설을 강화 / 중공계서시위 // 동북민병. – 1975,(9). – 25 – 28

5841 렬사의 총을 굳게 잡고있는 혁명일가 / 관툰공사보도조 // 동북민병. – 1976,(9). – 58 – 60

5842 전투강위에 다시 나선 여섯아주머니들 / 려무 // 동북민병. – 1975,(9). – 61 · 63

5843 민병의 자체건설을 강화한 몇가지 작법 / 사평시제1인쇄공장당지부 // 동북민병. – 1975,(10). – 44 – 47

5844 민병들을 동원하여 4화를 건설하게하는 길을 넓히자 / 양방;리충 // 동북민병. – 1980,(1). – 34 – 35

5845 성위 77호문건을 학습관철하여 민병사업에 대한 당의 령도를 강화하겠다 / 도문시화학공장당지부 // 동북민병. – 1980,(1). – 44 – 45

5846 생산건설을 잘하는 것을 민병사업의 주요한 내용으로 삼아 틀어쥐자 / 조덕봉 등 // 동북민병. – 1980,(2). – 13 – 15

5847 민병들을 발동하여 4화건설을 하는 훌륭한 형식 / 사천문;초춘 // 동북민병. – 1980,(4). – 9 – 10

5848 의뢰하지 않고 중복하지 않고 홀로 하지

않는다 / 류봉춘 등 // 동북민병. – 1980,(4). – 11 – 13
5849 방천대대민병련에서 작전임무에 좇아 중점을 틀어쥐고 훈련 / 손안명;전상정 // 동북민병. – 1980,(6). – 47 – 48
5850 5중전회정신을 락실하여 4화를 에워싸고 민병을 꾸리겠다 / 장발 등 // 동북민병. – 1980,(6). – 8 – 9
5851 중공훈춘현위에서 민병사업대면적≪3락실≫현지회를 소집 / 류흥택 // 동북민병. – 1980,(6). – 45 – 46
5852 ≪힘써 로무능수로 되며 훌륭한 민병으로 되자≫는 교육을 벌릴데 관한 통지 // 동북민병. – 1980,(6). – 11
5853 류주석의 교시를 다시 학습하고 민병건설을 힘써 잘하겠다 / 진제 등 // 동북민병. – 1980,(7). – 11 – 12
5854 사상을 해방하고 새 길을 열었다 / 류명흠 등 // 동북민병. – 1980,(8). – 8 – 10
5855 전 주 민병정치사업좌담회소집 / 희봉기 등 // 동북민병. – 1980,(8). – 44 – 45
5856 작업조를 내온후 민병사업에 나타난 문제들을 잘 해결해야 한다 / 장의군;왕춘부 // 동북민병. – 1980,(9). – 13 – 14
5857 당지의 생동한 교재로 혁명리상교육을 하다 / 고패영; 장리군 // 동북민병. – 1980,(10). – 9 – 10
5858 민병들의 현실사상에 비추어 무산계급사상을 수립하고 자산계급사상을 타파하는 투쟁을 벌린다 / 탕보화;축평 // 동북민병. – 1980,(10). – 2 – 6
5859 민병무기를 엄격히 관리하자 / 한태악 // 동북민병. – 1980,(10). – 43 – 45
5860 혁명적인생관교육을 중시해야 한다 // 동북민병. – 1980,(10). – 7 – 8
5861 현대매복습격전의 몇가지 특점 / 증국흥 // 동북민병. – 1980,(10). – 23 – 26
5862 오유를 범한 민병들을 어떻게 옳바른 길로 인도할것인가? / 백성군분구보도원학습반 // 동북민병. – 1980,(11). – 9 – 13
5863 민병무기관리를 강화하여 사고예방사업을 잘하자 / 심동장 // 동북민병. – 1980,(12). – 11 – 12
5864 민병매복습격전에 관한 문제 / 장보삼 // 동북민병. – 1980,(12). – 31 – 34
5865 전선을 줄이고 중점을 틀어쥐다 / 호헌무;장축상 // 동북민병. – 1980,(12). – 8 – 9
5866 조절,개혁과 개현을 따라배우는 것은 모순되지 않는다 / 진서상 // 동북민병. – 1980,(12). – 9 – 10
5867 당위에 훌륭한 계책을 많이 내놓고 큰 공력을 들여 락실을 단단히 틀어쥐다 / 리시수 등 // 동북민병. – 1980,(13). – 18 – 21
5868 멸적의 기능을 련마한 민병들 / 한태악 // 동북민병. – 1980,(13). – 43 – 44
5869 높은 수준을 견지하고 락실을 반복적으로 틀어쥐자 // 동북민병. – 1980,(14). – 24
5870 락실한후에도 계속 락실하여 새로운 발걸음을 내디딘다 / 리수문 등 // 동북민병. – 1980,(14). – 19 – 24
5871 시기를 틀어쥐고 훈련을 안배하며 백방으로 훈련질을 높이다 / 리시수 등 // 동북민병. – 1980,(14). – 15 – 18
5872 미래유격전의 몇가지 전법 / 부희영 // 동북민병. – 1980,(15). – 36 – 38
5873 쌍승대대당지부에서 경향성문제를 틀어쥐고 혁명적인생관교육을 벌린다 / 필경고 등 // 동북민병. – 1980,(15). – 43 – 44
5874 태자하반의 씩씩한 민병들 / 서국강 // 동북민병. – 1980,(15). – 19 – 21
5875 무기관리면의 또 하나의 교훈 / 김일남 // 동북민병. – 1980,(17). – 46
5876 ≪민병매복습격전에 관한 문제≫에 대하여 / 증국흥 등 // 동북민병. – 1980,(17). – 31 – 32
5877 민병사업에 대한 구체령도를 강화 / 김원범 // 동북민병. – 1980,(18). – 44 – 45
5878 과감히 탐색하여 새길을 개척 / 왕양; 심동

민 // 동북민병. – 1980,(19). – 10 – 12

5879 민병조직의 생산돌격대역할을 계속 발휘시켜야 한다 / 원상무 등 // 동북민병. – 1980,(19). – 22 – 25

5880 개현경험을 보급하여 민병건설을 촉진하자 / 진서상 // 동북민병. – 1980,(20). – 9 – 10

5881 4화를 건설하며 보위하자 // 동북민병. – 1981,(2). – 4 – 17

5882 정치상에서 무조건적으로 당중앙과의 일치성을 확보해야 한다 / 반홍운 // 동북민병. – 1981,(3). – 2 – 4

5883 의무를 리행하여 훌륭한 민병으로 되자 // 동북민병. – 1981,(4). – 10 – 32

5884 총정치부에서 ≪민병정치교육을 강화할데 관한 의견≫을 발부 // 동북민병. – 1981,(4). – 2 – 3

5885 새 형세하에서의 민병사업을 절실히 잘하자 / 본지특약론평원 // 동북민병. – 1981,(5). – 5 – 7

5886 중앙사업회의정신을 관철하여 민병사업조절개혁을 잘하자 / 수훈 등 // 동북민병. – 1981,(5). – 2 – 4

5887 민병사업에서도 ≪좌≫적영향을 숙청해야 한다 / 리수문;리시수 // 동북민병. – 1981,(8). – 2 – 3

5888 민병정치교육의 임무를 명확히 하고 민병정치교육에 대한 령도를 강화하자 / 류충화 등 // 동북민병. – 1981,(11). – 41 – 45

5889 당이 이끄는 방향을 따라 민병건설을 가을층 잘하자 / 리덕생 // 동북민병. – 1981,(12). – 2 – 9

5890 조국의 령토를 보다 깨끗이 하려고 / 종성의 등 // 동북민병. – 1981,(13). – 27 – 30

5891 집중훈련가운데서의 정치사업에서 여섯가지를 잘 틀어쥐여야 한다 / 탕보화;리경파 // 동북민병. – 1981,(13). – 15 – 17

5892 민병무기기술보편검사사업을 절실히 잘하자 / 본지특약론평원 // 동북민병. – 1981,(14). – 31 – 32

5893 민병조직조절사업을 참답게 잘하자 / 연군동 // 동북민병. – 1981,(14). – 40 – 43

5894 로무겸비한 훌륭한 민병으로 되기에 힘쓰자 / 강금쌍 // 동북민병. – 1981,(16). – 26 – 29

5895 정치사업을 잘하여 민병건설을 추동하자 // 동북민병. – 1981,(16). – 2 – 6

5896 연약하고 산만한 표현을 렬거하고 정치사업을 강화할 조치를 제정 / 고현청 // 동북민병. – 1981,(18). – 2 – 3

5897 위축정서를 극복하고 민병정치사업을 강화하자 / 류봉춘 // 동북민병. – 1981,(20). – 16 – 18

5898 민병무기장비관리선진단위를 표창 / 심동장 // 동북민병. – 1981,(22). – 2

5899 교실밖에서도 교육을 받게하고 오락활동에서 부식을 방지하게 한다 / 왕세창;임복침 // 동북민병. – 1981,(23 – 24). – 11 – 12

5900 민병군사훈련에 대한 조절,개혁을 계속 잘하여야 한다 // 동북민병. – 1981,(23 – 24). – 21 – 24

5901 민병전업분대건설을 강화하자 / 요광발 // 동북민병. – 1981,(23 – 24). – 33 – 34

5902 인민을 위해 밑지는 것을 달갑게 여기며 혁명정신을 분발시켜 민병을 잘 꾸리자 / 왕강휘; 리중서 // 동북민병. – 1981,(23 – 24). – 3 – 5

5903 민병들을 정신문명을 건설하는 영광스러운 표병으로 되기에 힘써야 한다 // 동북민병. – 1982,(2). – 11 – 12

5904 전직무장간대오건설을 강화하여 새 형세하에서의 민병사업을 잘하자 / 희충광 // 동북민병. – 1982,(2). – 37 – 39

5905 민병들에게 정치과 강의를 함에 있어서 다섯가지를 금지하여야 한다 / 허홍안 // 동북민병. – 1982,(3). – 27 – 28

5906 료녕성군구당위와 길림성군구당위 주요한 정력으로 민병사업을 잘하기로 결정 / 원상무 등 // 동북민병. – 1982,(6). – 24 – 25

5907 민병무기보수전업분대의 조직건설문제에 대하여 / 류향문 // 동북민병. – 1982,(6). – 30

5908 훈련시간을 집중적으로 사용하는것과 분

산적으로 사용하는것의 리로운 점과 해로운 점에 대한 분석/양락충//동북민병.－1982,(7).－47－48
5909 길림성군구에서 좌담회를 열고 민병정신문명활동을 깊이 벌릴데 관한 문제를 연구/기군//동북민병.－1982,(9).－10－11
5910 료녕성군구에서 전화회의를 열고 민병문명례절활동을 경상화할데 관한 다섯가지 의견을 제기/초남//동북민병.－1982,(9).－11－12
5911 리덕생사령원 기층민병무기고를 검사/주춘생//동북민병.－1982,(11).－12
5912 민병무기보편검사사업을 바싹 잘 틀어쥐자/심계민//동북민병.－1982,(11).－44
5913 12차당대회정신을 지침으로 공산주의사상교육을 돌출하게 잘 틀어쥐여야 한다/양칙국//동북민병.－1982,(19).－21－23
5914 정신문명건설을 사상분야에 침투시키자/왕애민 등//동북민병.－1982,(19).－23－24
5915 ≪협상가격민병≫과 공산주의/진륭유//동북민병.－1982,(19).－19－20
5916 훌륭한 8련에서 ≪귀중한 례물≫을 부쳐오고 민병련에서 ≪훌륭한 전통≫을 발양하다/려사;흔문//동북민병.－1982,(20).－19－20
5917 정신문명을 건설하는 한가지 중요한 도경/강효초;하우발//동북민병.－1982,(22).－7－10
5918 민병련장의 겸직문제에 대한 천박한 견해/무장//동북민병.－1982,(23).－25－26
5919 전 주적으로 1983년도의 민병간부훈련이 전부 끝났다/박승덕//동북민병.－1983,(1).－39－40
5920 1983년도 민병군사훈련문제해답/심양부대사령부동원부//동북민병.－1983,(1).－10－13
5921 12차당대회정신에 부합되는 훌륭한 계획을 세우자/본지론평원//동북민병.－1983,(2).－32－33
5922 민병사업의 새로운 국면을 개척할 문제에 대하여 연구/손대발;주춘생//동북민병.－1983,(3).－2－4
5923 호도거리를 실시한후의 민병사업을 연구하는데 주의를 돌려야 한다/위유민//동북민병.－1983,(3).－9－10
5924 1982년도 동북지구민병건설의 열가지 대사//동북민병.－1983,(4).－14－15
5925 새 형세를 바싹 따라 민병사업의 새 국면을 개척해야 한다/단문상 등//동북민병.－1983,(6).－25－26
5926 민병사업형세가 아주 좋은 일곱가지 주요표현//동북민병.－1983,(8).－8－11
5927 심양부대에서 민병사업회의를 소집//동북민병.－1983,(8).－6－7
5928 ≪좌≫적영향을 청리하고 개혁방침을 관철하면서 민병사업의 새 국면을 힘써 개척하자/리덕생//동북민병.－1983,(8).－2－5
5929 1983년도 민병사업의 주요임무//동북민병.－1983,(8).－10－12
5930 당이 무장을 관리하는 우량한 전통을 발양하여 민병사업의 새로운 국면을 개척하기에 힘쓰자/조남기//동북민병.－1983,(12).－2－4
5931 전 주 민병전업병훈련회보표 연길에서 진행되였다/연동민//동북민병.－1983,(13－14).－52－53
5932 금주에서 예비역민병군사연습과 열병식을 성대히 거행/주춘생 등//동북민병.－1983,(16).－10－11
5933 전국 민병포병현지경험교환회가 눈강지구에서 열렸다/리경파//동북민병.－1983,(18).－2－3
5934 실사구시의 관점을 견지하여 민병사업을 힘써 잘하자/정세창 등//동북민병.－1983,(19).－26－27
5935 경제건설을 둘러싸고 민병사업을 잘하자/류희민//동북민병.－1983,(20).－20－21
5936 개혁방침을 관철하여 ≪두가지 문명≫건설을 잘 틀어쥐고 민병건설의 새로운 국면을 개척하자//동북민병.－1983,(22).－2－6
5937 학생들속에서 군사훈련을 전개할데 관하

여 / 송향수 // 동북민병. - 1983,(22). - 7 - 8

5938 솔선적으로 문명촌(문명단위)을 건설하는 선진민병련(패,반)평선조건 // 동북민병. - 1983,(23). - 6 - 7

5939 인민전쟁사상을 견지하여 새 형세하에서의 민병건설을 강화하자 / 정검예;류동번 // 동북민병. - 1983,(24). - 2 - 8

5940 정력적으로 민병을 조직하여 솔선적으로 정신문명건설에 참가하게 하자 / 조선순;장모 // 동북민병. - 1984,(4). - 6 - 9

5941 전 동북지구 민병,예비역사업의 새 국면을 가일층 개척하자 / 형서성 등 // 동북민병. - 1984,(6). - 4 - 5

5942 모두들 새형세에 적응하여 민병사업을 잘하는 문제를 연구하자 // 동북민병. - 1984,(9). - 7 - 8

5943 새 병역법을 참답게 학습,관철하여 민병과 예비역 건설을 강화하자 / 류동번 // 동북민병. - 1984,(13). - 6 - 8

5944 농촌의 상품경제를 발전시키는 가운데서 민병들의 골간작용에 중시를 돌려야 한다 / 려관도 // 동북민병. - 1984 ,(15). - 10 - 11

5945 도거리책임제를 실시한후 생산가운데서의 민병의 작용을 어떻게 발휘시킬것인가? // 동북민병. - 1984,(16). - 18

5946 인민무장간부래원을 해결할데 대한 구상 / 조남기 // 동북민병. - 1984,(18). - 11 - 13

5947 변강을 건설하는 생력군 변강을 보위하는 전투대 / 연군정;희봉기 // 동북민병. - 1984,(19). - 41 - 443

5948 심양군구 1985년도 민병조직정돈사업에 새로운 요구 제기 / 국성혜 // 동북민병. - 1984,(22). - 8 - 9

5949 년초의 요구 년말의 성과 / 양위;료조선 // 동북민병. - 1984,(24). - 15 - 16

5950 민병정치과교수에서 삼가야 할 열가지 / 은명 // 동북민병. - 1984,(24). - 21 - 23

5951 1984년도 동북지구 민병,예비역 군사훈련 ≪다섯가지 능력≫을 높이였다 / 심동훈 // 동북민병. - 1985,(1). - 5 - 7

5952 경제건설을 둘러싸고 민병,예비역 사업을 벌려야 한다 / 양계승 // 동북민병. - 1985,(3). - 12 - 13

5953 통화지구 무장전선으로부터 전해온 새 소식 / 신덕지;류춘래 // 동북민병. - 1985,(3). - 2 - 5

5954 민병,예비역 사업개혁을 진일보 잘하자 / 조선순 // 동북민병. - 1985,(4). - 3 - 8

5955 경제건설을 중심으로 하여 후비력건설을 강화하여야 한다 / 연정선 // 동북민병. - 1986,(1). - 3

5956 류정송사령원 민병예비역사업을 가일층 잘할데 대해 5가지 의견을 제출 / 장경영 // 동북민병. - 1986,(1). - 4 - 5

5957 민병과 예비역을 결합시키는 제도 및 예비역부대에 적극 참가할데 대하여 / 변수예;진택 // 동북민병. - 1986,(4). - 18 - 19

5958 ≪좌≫적사상영향을 숙청하고 군중의 부담을 힘써 덜어주자 / 옥종환 // 동북민병. - 1986,(4). - 15 - 16

5959 힘써 민병예비역사업의 새로운 국면을 개척하여야 한다 / 국성혜 // 동북민병. - 1986,(4). - 11

5960 길림군분구 목표관리 실시하여 경험 모색 // 동북민병. - 1986,(6). - 4 - 5

5961 동북지구 민병예비역사업 조절,개혁속에서 전진 / 심사동;심정군 // 동북민병. - 1986,(6). - 11

5962 목표관리를 실시함에 있어서 네가지 환절을 잘 틀어쥐여야 한다 / 길림화학공업공사 정유공장무장부 // 동북민병. - 1986,(6). - 6 - 7

5963 목표관리를 실시함에 있어서 사업효률을 높여야 한다 / 길림시선영구무장부 // 동북민병. - 1986,(6). - 7 - 8

5964 목표관리를 실시함에 있어서 서슴없이 무거운 짐을 골라져야 한다 / 길림종이공장무장부 // 동북민병. - 1986,(6). - 8 - 9

5965 새 시기 민병사업의 방도문제의 대하여 /

리인량 // 동북민병. – 1986,(6). – 13

5966 민병정치교육형식의 개혁에 대한 나의 견해 / 후유침 // 동북민병. – 1986,(7). – 22 – 23

5967 민병의 정신문명건설활동을 과학적으로 지도할데 대하여 / 정수영 // 동북민병. – 1986,(8). – 13 – 14

5968 경제개혁가운데서의 민병의 작용을 남김없이 발휘시키자 / 종성의;리위국 // 동북민병. – 1986,(9). – 11 – 12

5969 민병정치사업을 개혁하며 자각적으로 경제건설의 큰 국면을 위해 복무하자 / 부춘국 // 동북민병. – 1986,(9). – 4 – 5

5970 새 형세하에서의 변방민병정치사업에 관하여 / 부준상 // 동북민병. – 1986,(11). – 4 – 6

5971 목전 민병조직조절에서 중점적으로 해결해야 할 몇가지 문제 / 심양군구사령부동원부조직동원처 // 동북민병. – 1987,(1). – 10 – 11

5972 1987년도 민병사상정치사업요점 / 심양군구정치부군중사업부 // 동북민병. – 1987,(1). – 2 – 3

5973 새 방침의 지도밑에 민병사업≪3락실≫을 잘 틀어쥐자 / 국성혜 // 동북민병. – 1987,(2). – 34 – 35

5974 올해의 민병,예비역부대와 학생군사훈련에 관하여 // 동북민병. – 1987,(2). – 11 – 12

5975 1986년도 동북지구민병사업에서의 열가지 대사 // 동북민병. – 1987,(2). – 3

5976 10년래 료녕성민병사업에서 이룩한 빛나는 성과 // 동북민병. – 1987,(4). – 17 – 18

5977 전략적전변에 적응하여 민병예비역건설을 강화하자 / 류정송 // 동북민병. – 1987,(4). – 2 – 3

5978 목전 민병사업에서 세가지 관계를 잘 처리하여야 한다 / 요광발 // 동북민병. – 1987,(5). – 5 – 6

5979 문화가 있는 민병대오를 건설하여야 한다 / 본지론평원 // 동북민병. – 1987,(6). – 6 – 7

5980 쟁론을 일으킨 민병정치교육의 새로운 형식 / 민청;복침 // 동북민병. – 1987,(6). – 10 – 11

5981 민병사상정치사업의 네가지 경험을 총화 // 동북민병. – 1987,(7 – 8). – 52

5982 민병정치교육조사수기 / 왕성본 // 동북민병. – 1987,(7 – 8). – 28 – 29

5983 ≪네가지 관념≫을 계속 확고히 수립하고 민병예비역사업을 잘하자 / 류정송 // 동북민병. – 1987,(9). – 2 – 3

5984 빈곤호부축을 두가지 문명건설에서의 민병의 중요임무로 삼고 잘 틀어쥐여야 한다 / 본지론평원 // 동북민병. – 1987,(9). – 5 – 6

5985 두가지 문명건설에서의 민병,예비역부대의 지위와 작용에 대하여 / 본지론평원 // 동북민병. – 1987,(11). – 3 – 4

5986 동북지구의 민병,예비역사업 조절,개혁거쳐 뚜렷한 성과 이룩 / 성혜 등 // 동북민병. – 1987,(12). – 3 – 4

5987 민병들을 적극 조직하여 료북의 개발과 건설에 기여 / 윤성 // 동북민병. – 1987,(12). – 40 – 41

5988 민병,예비역부대와 학생군사훈련개혁을 진일보 잘하여야 한다 // 동북민병. – 1988,(1). – 7 – 9

5989 심양군구 1988년도 민병,예비역 사업요점 // 동북민병. – 1988,(1). – 5 – 6

5990 민병,예비역은 과학기술치부의 주력으로 되어야 한다 / 임돈량;류지 // 동북민병. – 1988,(2). – 3 – 4

5991 향진기업소 민병들의 작용을 발휘시키는데 주의를 돌려야 한다 / 본지론평원 // 동북민병. – 1988,(6). – 5 – 6

5992 민병과학기술골간들의 기술직함을 평의하기로 결정 / 장축상;전만화 // 동북민병. – 1988,(7). – 15

5993 민병무기탄약에 대한 안전관리를 강화할것을 요구 / 진함 // 동북민병. – 1988,(7). – 3

5994 변방민병의 병영주둔훈련에 대한 초보적탐구 / 동요혁;양희청 // 동북민병. – 1988,(7). – 14 – 15

5995 선진창조활동을 깊이있게 벌려 민병예비역건설을 크게 강화하자 / 본지론평원 // 동북민병. – 1988,(7). – 11 – 12

5996 경쟁기제를 민병사업에 도입하였다 / 임국서 // 동북민병. – 1988,(8). – 19 – 20

5997 도시민병,예비역부대정치사업개혁에 관한 몇가지 문제 / 백문중 // 동북민병. – 1988,(8). – 2 – 3

5998 민병들을 조직하여 사회치안을 종합적으로 다스렸다 / 리계방 // 동북민병. – 1988,(8). – 20

5999 빈곤호부축사업에 대한 초보적탐구 / 소수상;류봉정 // 동북민병. – 1988,(9). – 7

6000 새로운 특점에 적응하여 민병조직편성을 립체화하였다 / 왕전문;백영신 // 동북민병. – 1988,(10). – 24 – 25

6001 광산의 생산을 둘러싸고 민병조직정돈사업을 개혁하였다 / 강국봉 // 동북민병. – 1988,(12). – 13 – 14

6002 심양군구 1989년도 민병,예비역부대 사업요점 / 심사동 // 동북후비군. – 1989,(1). – 2 – 3

6003 세가지를 전환시켜≪로동으로 무장을 꾸리는≫활동을 심화하여야 한다 / 당옥범;장무규 // 동북후비군. – 1989,(1). – 21

6004 1989년도 민병,예비역부대 정치사업에 관한 의견 / 총정치부군중사업부 // 동북후비군. – 1989,(1). – 4 – 5

6005 민병,예비역인원가운데서 국방교육을 강화할데 관한 중공중앙선전부와 총정치부의 통지 // 동북후비군. – 1989,(2). – 2 – 3

6006 시기를 놓치지 말고 형세교육을 잘 틀어쥐자 / 심군민 // 동북후비군. – 1989,(2). – 11 – 12

6007 1989년도 민병,예비역부대 군사훈련사업에 관한 의견 / 심양군구 사령부 동원부 // 동북후비군. – 1989,(2). – 4 – 5

6008 심양군구에서 륙해변방민병건설에 관하여 중요지시발부 / 인량등 // 동북후비군. – 1989,(3). – 2 – 3

6009 인식을 높이고 민병군사훈련을 잘 틀어쥐여야 한다 / 왕수지 // 동북후비군. – 1989,(3). – 17

6010 민병,예비역인원들에 대한 국방교육을 깊이있게 잘할데 관한 심양군구의 의견 / 심정군 // 동북후비군. – 1989,(4). – 2 – 3

6011 사회치안유지에서 민병들의 위병역할을 발휘시켰다 / 김재관;김동학 // 동북후비군. – 1989,(4). – 21 – 22

6012 군구사령부 통지를 내여 민병무기탄약관리를 강화할것을 요구 / 진함 // 동북후비군. – 1989,(7). – 13

6013 변방의 민병훈련개혁에 관한 몇가지 탐구 / 류경쌍;범영걸 // 동북후비군. – 1989,(7). – 1 – 213

6014 민병무기안전관리에서 네가지 관계를 잘 처리하여야 한다 / 국성혜;양충군 // 동북후비군. – 1989,(8). – 7 – 8

6015 민병조직건설문제에 관하여 // 동북후비군. – 1989,(9). – 11 – 14

6016 동북지구의 민병예비역사업 10년조절개혁의 성과 / 성혜 등 // 동북후비군. – 1989,(10). – 4 – 6

6017 민병사상정치사업을 약화시키지 말아야 한다 / 관봉화; 윤생 // 동북후비군. – 1989,(11 – 12). – 21 – 22

6018 민병,예비역의 기층건설을 강화하여야 한다 / 류국군 // 동북후비군. – 1989,(11 – 12). – 19 – 20

6019 민병사상정치사업에 자체의 특색이 있어야 한다 / 왕환매 // 동북후비군. – 1990,(1). – 33 · 32

6020 심양군구 1990년도 민병예비역사업의견 / 심양군구사령부동원부 // 동북후비군. – 1990,(1). – 2 – 3

6021 1990년도 민병예비역정치사업의견 / 심양군구정치부군중사업부 // 동북후비군. – 1990,(1). – 3 – 4

6022 전진촌에서 민병사업규범화관리를 실시한 몇가지 방법 / 주옥 등 // 동북후비군. – 1990,(3). – 17

6023 민병,예비역부대에 대한 형세교육을 중시,강화하여야 한다 / 본지론평원 // 동북후비군. – 1990,(4). – 17 – 18

6024 책임감을 증강하고 민병무기장비관리수준을 높여야 한다 / 고문 // 동북후비군. – 1990,(4). – 1

6025 기업소의 민병예비역사업에 대한 령도를

강화하자 / 류예 // 동북후비군. - 1990,(5). - 30 - 31
6026 안정을 중심으로 민병,예비역사업을 잘하여야 한다 / 리인량 // 동북후비군. - 1990,(5). - 2 · 4
6027 민병,예비역은 사회의 안정을 위해 기여하여야 한다 / 당홍강 // 동북후비군. - 1990,(6). - 10
6028 민병과 예비역에도 응당 자체의 ≪명절≫과 영예칭호가 있어야 한다 / 대덕림;양덕령 // 동북후비군. - 1990,(7). - 30
6029 민병들이 국가중점공사건설을 위해 공헌 // 동북후비군. - 1990,(7). - 27
6030 민병,예비역의 정치건설에 대한 선전을 강화하여야 한다 // 동북후비군. - 1990,(7). - 2 - 3
6031 ≪3락실≫을 중점으로 기층민병련건설을 강화 / 룡무정 // 동북후비군. - 1990,(7). - 29
6032 민병군사훈련의 질을 어떻게 높일것인가? / 경유충;방거례 // 동북후비군. - 1990,(9). - 22
6033 변경지구의 민병훈련을 개혁하여야 한다 / 손숭우 // 동북후비군. - 1990,(10). - 13

E29 군사사(전쟁사, 건군사)

6034 5년래 동남해안에서의 중국인민해방군의 종합 전파 // 소년아동. - 1954,(10). - 7
6035 평형관대전 / 은건 // 지부생활. - 1955,(16). - 49 - 52
6036 동남연해군민 또 일곱무리의 미장 무장특무를 섬멸 // 민병의 벗. - 1965,(5). - 5
6037 황해에서 원쑤를 섬멸 // 민병의 벗. - 1965,(5). - 8 - 9
6038 우표에 반영된 군대력사 / 주남 // 동북민병. - 1981,(16). - 31
6039 중국인민해방군략사 // 동북민병. - 1982,(14). - 18 - 19
6040 금주요새공격전 / 손기;원위 // 동북민병. - 1983,(19). - 12 - 15
6041 승리사를 돌이켜보게 하여 애국심을 불러일으켰다 / 류진륙 등 // 동북민병. - 1983,(19). - 15 - 17
6042 예비역인원과 예비역부대란? / 역빙 // 동북민병. - 1984,(23). - 8 - 9
6043 우리 나라 군사상에서의 으뜸 / 경광 // 동북민병. - 1984,(22). - 28
6044 립체전쟁 // 동북민병. - 1985,(2). - 39
6045 현대화저격 / 우재양;정옥민 // 대중과학. - 1985,(10). - 22 - 23
6046 독담 영웅 // 지부생활. - 1986,(2). - 13 - 15
6047 예비역부대의 편성원칙과 임무 및 민병조직,현역부대와의 주요구별 / 변수예;진택 // 동북민병. - 1986,(3). - 9
6048 35년래 동북지구 인민무장부의 10대공헌 // 동북민병. - 1986,(4). - 12 - 13
6049 적응되면 생존하고 적응되지 못하면 멸망한다 / 오경정 // 동북민병. - 1987,(3). - 40 - 41
6050 장하여라,송죽같은 그 절개! / 박창송 // 동북민병. - 1987,(7 - 8). - 49 - 50
6051 반동정책을 실시한 필연적결과 / 오경정 // 동북민병. - 1987,(12). - 28 - 29
6052 길림성군구에서 ≪예비역부대년대기≫를 편찬한다 / 한화영;왕수경 // 동북민병. - 1988,(8). - 43
6053 새 중국이 창건된 후 치른 반침략전쟁 // 지부생활. - 1988,(10). - 57
6054 력사에 대한 회고와 현실에 대한 사고 / 은립연 // 동북민병. - 1988,(11). - 16 · 18
6055 ≪옛군가≫의 자취 // 동북후비군. - 1989,(3). - 48
6056 잊을수 없는 3영의 전투나날 / 오형모 // 동북후비군. - 1989,(6). - 22 - 26
6057 우리 나라의 국방사 // 동북후비군. - 1989,(7). - 24 - 29
6058 무인전쟁에서의 4대가족 / 리춘옥 // 대중과학. - 1989,(11). - 60 - 61
6059 공개적으로 돌입하였다 / 사세학 // 동북후비군. - 1990,(2). - 36
6060 사,려,퇀,영의 유래 // 동북후비군. - 1990,

(5).－40

6061 우리 군에서 제일 먼저 편성된 군단 / 수동승 // 동북후비군.－1990,(11－12).－64

E8 전략, 전역, 전술

6062 방공상식 / 최금석 // 대중과학.－1959,(7).－36－38

6063 몇가지 전술명사해석 // 민병의 벗.－1966,(2).－22

6064 옛길을 고집하지 말고 새길을 다투어 탐색하자 / 왕희태 // 동북민병.－1980,(7).－18－19

6065 파괴습격전에 대한 몇가지 생각 / 진적민 등 // 동북민병.－1980,(18).－35－38

6066 현대전쟁에서의 지뢰전의 운용 / 가봉산 // 동북민병.－1980,(20).－24－26

6067 나의 견해를 재언급하여 / 장보삼 // 동북민병.－1980,(21).－26－27

6068 매복습격전가운데서의 반매복습격 / 증국흥 // 동북민병.－1980,(21).－22－25

6069 민병파괴습격전훈련을 조직한 체득 / 리치상;서경덕 // 동북민병.－1980,(22).－5－6

6070 야밤에 청화욕을 습격 / 종성의 등 // 동북민병.－1980,(22).－2－4

6071 적군의 후근보장계통과 교통운수선을 파괴할데 대하여 / 남경굉;리봉초 // 동북민병.－1980,(23).－9－11

6072 유격전훈련을 돌출히 한다 / 총락천;남해군 // 동북민병.－1981,(2).－40

6073 지뢰전을 한켠으로 밀어놓아서는 안된다 / 증국흥 // 동북민병.－1981,(10).－22－23

6074 한차례의 습격전에서 얻은 계발 / 증국흥 // 동북민병.－1981,(18).－24－25

6075 도시민병의 살상전에 대하여 / 손고 // 동북민병.－1981,(20).－2－3

6076 산림지대의 유격작전문제에 대한 소견 / 증국흥 // 동북민병.－1982,(15).－34－35

6077 외국군대를 료해하고 지형을 익숙히 하며 절차를 장악하고 협동을 잘하다 / 조락당 등 // 동북민병.－1982,(23).－4－5

6078 침략자들의 간담을 서늘케하는 습격전 / 우극;감악 // 동북민병.－1982,(23).－11－12

6079 유격전을 산지대에만 국한시키지 말아야 한다 / 오덕형 // 동북민병.－1983,(6).－33

6080 포격:현대유격전의 훌륭한 전법 / 증국흥 // 동북민병.－1983,(9).－32－33

6081 폭우를 만나 미국군은 곤경에 빠지고 풍향이 바뀌여 워싱톤은 구사일생하다 / 가봉산 // 동북민병.－1983,(15).－37－38

6082 멋들어진 습격전 / 장세민 // 동북민병.－1984,(15).－20－22

6083 《참새전》 / 마극정 등 // 동북민병.－1986,(1).－48

6084 지뢰전 // 동북민병.－1986,(2).－47

6085 갱도전 / 진의 등 // 동북민병.－1986,(3).－47

6086 생포전 / 진의 등 // 동북민병.－1986,(4).－47

6087 포위견제전 / 진의 등 // 동북민병.－1986,(5).－47

6088 매복습격전 / 곽보순 등 // 동북민병.－1986,(6).－47

6089 파괴습격전 / 진의 등 // 동북민병.－1986,(7).－47

6090 련합방위전 / 진의 등 // 동북민병.－1986,(8).－47

6091 견벽청야전 / 진의 등 // 동북민병.－1986,(9).－47

6092 수상유격전 // 동북민병.－1986,(10).－48

6093 심리전 / 진의등 // 동북민병.－1986,(11).－47

6094 동굴전 / 진의등 // 동북민병.－1986,(12).－47

6095 실력과 속도의 대결 / 오경정 // 동북민병.－1987,(5).－33－34

6096 군사지휘의 중추신경계통 / 가봉산 // 동북민병.－1988,(11).－32・35

6097 현대전쟁으로부터 본 미래유격전의 특점 / 추장해 // 동북후비군.－1990,(1).－26・25

6098 점호를 지혜롭게 팠다 / 손흔 // 동북후비군.－

1990,(2).－3

E9 군사기술

6099 대포의 가족들 / 장수방 // 대중과학.－1958,(8).－18－19
6100 보병총의 사격요령 / 전진 // 대중과학.－1958,(8).－14－15
6101 해군함정 / 록령(鹿令) // 대중과학.－1958,(8).－16－17
6102 보총상식 / 허현룡 // 대중과학.－1959,(2).－46－47
6103 발사의 과학 // 대중과학.－1959,(3).－39－40
6104 경기관총의 사격요령에 대하여 / 유병활 // 대중과학.－1959,(7).－39－40
6105 무엇때문에 총을 똑같이 묘준하여도 사격마다 다른자리에 맞는가 / 서영출 // 대중과학.－1960,(6).－47
6106 민병보병무기 실탄사격규칙과 성적평정 // 대중과학.－1960,(6).－46
6107 어떻게 표측과 묘준점을 선택하는가 / 서영출 // 대중과학.－1960,(6).－46－47
6108 폭파기술의 응용 / 서운경(徐雲庚) // 대중과학.－1960,(11).－19－21
6109 공중목표를 찾는 방법 // 민병의 벗.－1964,(6).－43－44
6110 권총 / 김인철 // 대중과학.－1964,(12).－28－29
6111 각종 총알을 혼돈하여 쓸수 있습니까? // 민병의 벗.－1965,(3).－30
6112 군사지식:겨울의 기온이 사격에 주는 영향 / 량지강 // 민병의 벗.－1965,(3).－29
6113 군사지식:돌격할 때 수류탄을 뿌리면 자신에게 위험하지 않는가? // 민병의 벗.－1965,(4).－29－30
6114 ≪무쇠수박≫을 제작 / 왕영순 // 민병의 벗.－1965,(4).－21
6115 군사지식:왜서 총 구멍을 막지 말아야 하는가? // 민병의 벗.－1965,(5).－29－30
6116 보총사격에 대한 몇가지 해답 // 민병의 벗.－1965,(7).－29－30
6117 ≪부식≫유도탄 // 민병의 벗.－1965,(8).－31
6118 왜서 이따금 탄알깍지에 금이 설거나 탄알깍지 뒤부분이 동강나는가?
6119 군사지식:사격할 때 왜서 호흡을 정지하는가? // 민병의 벗.－1965,(9).－29－30
6120 방공상식:비행기의 종류,역할 및 식별방법 // 민병의 벗.－1965,(12).－27－29
6121 적기를 어떻게 사격할것인가? / 익군 // 대중과학.－1965,(12).－38
6122 방공상식:대공사격 // 민병의 벗.－1965,(13).－28－30
6123 무장도하를 련습할 때 대용기재를 쓰자 / 심복창 // 민병의 벗.－1965,(15).－29・12
6124 적의 락하산병을 어떻게 쏠것인가? / 익군 // 대중과학.－1966,(1).－47－48
6125 창격술 련마에 대하여 / 왕도명 // 민병의 벗.－1966,(1).－25－42
6126 군사지식:대공사격에 대하여 / 증국홍 // 민병의 벗.－1966,(3).－28－31
6127 바람이 사격에 주는 영향 / 최금석 // 대중과학.－1966,(5).－40－41
6128 고저각도가 사격에 주는 영향 / 최금석 // 대중과학.－1966,(7).－66－67
6129 땅크를 자체로 만들어 훈련을 진행 / 왕청현무장부보도원학습반 // 동북민병.－1975,(9).－54－57
6130 화포와 기재를 어떻게 보관하고 보양하는가? // 동북민병.－1975,(12).－60－63
6131 반땅크지뢰 문답 / 동훈 // 동북민병.－1980,(1).－38－40
6132 관례를 타파하고 고사포를 대수리 / 란규 // 동북민병.－1980,(4).－31－32
6133 보잘것없는 설비로 큰일을 해내자 // 동북민병.－1980,(4).－32
6134 륙대공유도탄 // 동북민병.－1980,(7).－32－33
6135 중자탄에 대하여 / 가봉산 // 동북민병.－1980,

(9). – 27 – 29
6136 총의 수명은 얼마나 긴가? / 정순 // 동북민병. – 1980,(9). – 30
6137 탄알을 쓰지 않고 총을 교정하는 방법 / 진리원 // 동북민병. – 1980,(10). – 27 – 29
6138 사격에 관한 학문 / 주효천 // 동북민병. – 1980,(11). – 30 – 31
6139 어떻게 보병무기로 땅크를 족칠것인가? / 문화리 // 동북민병. – 1980,(11). – 28 – 29
6140 운반탄도로케트 / 곽옥란 // 동북민병. – 1980,(11). – 14 – 16
6141 바다우의 비행장 // 대중과학. – 1980,(12). – 8
6142 1965년식 82미리무후좌력포 / 조방호 // 동북민병. – 1980,(13). – 35 – 38
6143 당면의 선직적인 ≪총≫과 ≪탄알≫ / 전극현 // 동북민병. – 1980,(15). – 34 – 35
6144 공중구령 / 왕헌충 // 동북민병. – 1980,(17). – 33
6145 다용도직승비행기 / 왕결 // 동북민병. – 1980,(17). – 33
6146 현대군용비행기의 종류 // 동북민병. – 1980,(18). – 33 – 34
6147 만포:고대의 시한탄 / 장조청 // 동북민병. – 1980,(20). – 23
6148 방독면구를 어떻게 사용할것인가 // 동북민병. – 1980,(22). – 10
6149 ≪새 박격포≫의 유래 / 류군 // 동북민병. – 1980,(23). – 45 – 46
6150 불발탄을 어떻게? // 동북민병. – 1980,(24). – 37 – 38
6151 세가지를 족치고 세가지를 방어하기 // 동북민병. – 1981,(1). – 40 – 43
6152 탄알을 쓰지 않고 총을 교정하는 방법의 유관문제에 대한 답복 / 진리원 // 동북민병. – 1981,(5). – 28
6153 어떻게 보병무기로 비행기를 족칠것인가? / 장규강 // 동북민병. – 1981,(7). – 27 – 28
6154 해빛아래서 어떻게 사격할것인가? / 주효천 // 동북민병. – 1981,(7). – 28
6155 탄투의 형태에 대하여 / 주법 // 동북민병. – 1981,(8). – 31 – 32
6156 탄알에 왜 여러가지 색깔의 ≪모자≫를 씌웠는가? // 동북민병. – 1981,(9). – 23 – 24
6157 총은 왜 ≪목이 굵어지는≫병에 걸리는가? / 송계선 // 동북민병. – 1981,(10). – 24
6158 탄약기수란 무엇인가? / 전능 // 동북민병. – 1981,(10). – 25
6159 유도탄의 자술 / 곽옥란 // 동북민병. – 1981,(11). – 33 – 34
6160 고사포로 우박을 쫓을 때 제때에 포신을 바꾸어야 한다 / 란규 // 동북민병. – 1981,(13). – 30
6161 탄알화약으로 병을 치료할수 없다 / 화우산 // 동북민병. – 1981,(16). – 34
6162 열운작탄 / 효천 // 동북민병. – 1981,(17). – 29
6163 용감반장갑탄 / 주문 // 동북민병. – 1981,(17). – 29 – 30
6164 열정적인 ≪포의사≫들 / 란규 // 동북민병. – 1981,(18). – 21 – 22
6165 열여덟가지 무예란 / 최척;리준도 // 동북민병. – 1981,(20). – 4
6166 ≪문외한≫이 ≪고사포전문가≫로 / 해연;추명탁 // 동북민병. – 1981,(22). – 24 – 26
6167 자작무기전문가:륙보생 / 고양 // 동북민병. – 1981,(22). – 7
6168 고사포는 노호한다 / 고현정;고계천 // 동북민병. – 1981,(23 – 24). – 29 – 30
6169 영원히 사라지지 않는 전파 / 왕극 // 동북민병. – 1981,(23 – 24). – 25 – 28
6170 마음대로 화전통을 없애다가 상망사고를 빚어내다 / 란규 등 // 동북민병. – 1982,(4). – 2 – 3
6171 페품탄약의 처리방법 / 공요람 // 동북민병. – 1982,(4). – 6 – 7
6172 기묘한 신식무기 // 대중과학. – 1982,(5). – 5 – 6
6173 운무폭탄 // 대중과학. – 1982,(9) – 21
6174 신기한 기상전쟁 // 대중과학. – 1982.(10). – 32 – 33

6175 군민이 함께 통신선로를 보호 / 진광원;주건중 // 동북민병. − 1982,(14). − 12 − 13
6176 포다이야에 표기된 번호 / 김우발 // 동북민병. − 1982,(14). − 34
6177 실탄사격을 할 때 불발탄이 생기면 어떻게 처리하는가? // 동북민병. − 1982,(15). − 38
6178 연막탄은 고무배를 태워 구멍을 내고 조하빈은 양어장에 빠져 목숨을 잃다 / 왕미산 등 // 동북민병. − 1982,(16). − 32
6179 포탄을 어떻게 보관,사용할것인가? / 전극현 // 동북민병. − 1982,(16). − 23
6180 포사격후 왜 포신강을 제때에 닦아야 하는가? / 전능 // 동북민병. − 1982,(17). − 33
6181 호가공사민병들 또 민간지뢰를 연구제작하였다 / 강립파 // 동북민병. − 1982,(19). − 33 − 34
6182 군사상식 // 동북민병. − 1982,(21). − 39 − 40
6183 ≪공룡≫역을 놀며≪공룡을 길들이는≫기능을 고심히 련마하다 / 류화평 등 // 동북민병. − 1982,(23). − 2 − 4
6184 그물식폭파역꾸레미로 땅크를 족치는 새 방법을 탐색해냈다 / 왕옥재 등 // 동북민병. − 1982,(23). − 6 − 7
6185 유도탄전쟁과 유격전 / 료양;국흥 // 동북민병. − 1982,(23). − 9 − 10
6186 조작규정을 위반하여 폭발사고를 빚어냈다 / 범문민 등 // 동북민병. − 1982,(23). − 30 − 32
6187 기이한 반땅크무기;≪개지뢰≫ // 대중과학. − 1983,(1). − 34 − 35
6188 ≪거스러미≫의 작용에 대하여 / 왕수원 등 // 동북민병. − 1983,(5). − 30 − 31
6189 새로운 총 몇가지 / 곽정원 // 대중과학. − 1983,(7). − 40 − 41
6190 ≪수리개≫계획대로 독일군은 ≪안개의 도시≫를 폭격하고 회오리를 만나 전략성공습은 헛물을 켜다 / 가봉산 // 동북민병. − 1983,(7). − 33 − 34
6191 흑색화약을 어떻게 보간해야 안전한가? / 영덕 // 동북민병. − 1983,(7). − 34 − 35
6192 ≪介≫자형 실탄뿌리기은페호 / 고문학 // 동북민병. − 1983,(8). − 41
6193 ≪폭파대왕≫사옥문 / 리준도 등 // 동북민병. − 1983,(9). − 34 − 35
6194 화학권총 // 대중과학. − 1983,(10). − 7
6195 사격련습을 할 때 왜 과녁아래기슭을 묘준하게 하는가? // 동북민병. − 1983,(13 − 14). − 41 − 43
6196 위풍떨친 민병포반 / 준주 // 동북민병. − 1983,(13 − 14). − 56 − 57
6197 훈련에서 명포수되여 전장에서 위훈떨치라 / 고걸선 등 // 동북민병. − 1983,(18). − 8 − 12
6198 37미리고사포사격을 할 때 왜 포탄이 한발씩 남는가? / 남해 // 동북민병. − 1983,(19). − 34
6199 교묘하게 배치하여 념군은 수투지구에 매복하고 지형에 의거하여 고루채이북에서 승전하다 / 가봉산 // 동북민병. − 1983,(22). − 39
6200 겨울철무기사용상식 / 하지조 등 // 동북민병. − 1983,(23). − 28 − 29
6201 자그마한 거미덕으로 전쟁국면을 돌려세우다 / 가봉산 등 // 동북민병. − 1984,(1). − 29 − 30
6202 식수조림과 그 군사적 리용에 대하여 / 곽백동 // 동북민병. − 1984,(9). − 40
6203 권총탄을 보충에 재워넣으면 왜 발사될수 있는가? / 최보산 // 동북민병. − 1984,(10). − 34
6204 적외선과 전쟁 // 대중과학. − 1984,(11). − 24 − 25
6205 사격한후 터지지 않은 포탄을 타당하게 처리하여야 한다 / 하경충 등 // 동북민병. − 1984,(12). − 30 − 31
6206 40로케트탄이 목표물을 맞혔는데 왜 터지지 않는가? / 장군 // 동북민병. − 1984,(12). − 31
6207 고사기관총훈련에서는 대공사격을 위주로 해야 한다 / 진영국 // 동북민병. − 1984,(19). − 38
6208 반자동보총실탄사격시에 퇴피되지 않는 원인 / 공번희 // 동북민병. − 1984,(19). − 36 − 39
6209 어떻게 하면 총탄을 절약하면서 총을 잘 교정할수 있는가? / 임국재 // 동북민병. − 1984,

(19). − 35 − 36

6210 반땅크용사:군견 / 조가락 // 동북민병. − 1984,(21). − 26

6211 적함을 불사른 해빛 / 리영 // 동북민병. − 1984,(21). − 26

6212 총탄을 얼마나 쏘아야 총신이 못쓰게 되는가? // 동북민병. − 1984,(21). − 24

6213 리론사속과 실제사속은 어떻게 다른가? / 리애무 // 동북민병. − 1984,(22). − 30

6214 총기름통을 나누기 / 장보정 // 동북민병. − 1984,(22). − 30

6215 왜 총알이 목표물을 명중하였을 때 출구가 입구보다 큰가? // 동북민병. − 1984,(23). − 27

6216 경기관총과 중기관총은 어떻게 구별되는가? // 동북민병. − 1984,(24). − 10 − 11

6217 지상포훈련내용을 개혁하여 ≪네가지가 많고 네가지가 적은≫문제를 해결하였다 / 유내문;소수상 // 동북민병. − 1984,(24). − 13 − 14

6218 서부독일의 GII무각탄보총 / 동춘발 // 동북민병. − 1985,(1). − 13 − 14

6219 태평양전쟁과 태풍 // 대중과학. − 1985,(3). − 42 − 44

6220 뇌를 가진 포알 / 라행춘 // 대중과학. − 1985,(4). − 33 − 34

6221 공탄사용에서 주의해야 할 점 / 리영덕 // 동북민병. − 1985,(5 − 6). − 35

6222 신기한 ≪총≫ // 대중과학. − 1985,(11). − 32

6223 우리 나라 인민경찰의 ≪신식무기≫ / 구의 // 동북민병. − 1986,(7). − 14

6224 하늘을 날 수 있는 런닝샤쯔식 항공기 / 욱집 // 동북민병. − 1986,(9). − 12

6225 다양한 총 / 주봉기 // 동북민병. − 1986,(10). − 34

6226 현대군용비행기 // 대중과학. − 1987,(3). − 34 − 35

6227 방생학과 군사 / 가봉산 // 동북민병. − 1987,(5). − 14

6228 기상지식과 군사행동 / 곽만영 // 동북민병. − 1987,(12). − 46

6229 세계에서 대포의 제일 // 대중과학. − 1988,(9). − 29

6230 ≪안개전≫ // 대중과학. − 1989,(8). − 48 − 49

6231 슬그머니 발전하고있는 은신무기 / 가봉산 // 동북후비군. − 1989,(9). − 41 − 42

6232 ≪37고사포협동훈련레이자모의기재≫대련에서 감정에 통과 / 전귀성;곡송 // 동북후비군. − 1989,(10). − 15

6233 공중대지상반땅크유도탄 // 대중과학. − 1990,(2). − 31

6234 점호를 지혜롭게 팠다 / 손흔 // 동북후비군. − 1990,(2). − 30

6235 목표물을 찾은 유도탄 / 왕평재 // 동북후비군. − 1990,(4). − 18

6236 방탄유리가 탄알을 막는 비밀 / 하우빈 // 동북후비군. − 1990,(10). − 17

F 경제

F0 경제학

6237 가치 법칙이란 무엇인가 // 연변. − 1961,(9). − 30 − 31

6238 수량 분석을 배워 정책 계선에 주의하자 / 소성 // 연변. − 1962,(10). − 32 − 33

6239 확대 재생산 // 연변. − 1962,(10). − 11

6240 반드시 민주적으로 사를 꾸리고 민주적으로 대를 꾸려야 한다 / 주덕해 // 연변. − 1963,(4). − 2 − 3

6241 당의 공상업에 대한 정책을 견결히 관철 집행해야 한다 / 남흥렬 // 연변. – 1963,(8). – 4 – 5
6242 무엇 때문에 생산 자료의 사회주의 공유제는 자본주의 사유제의 기초 에 서 자발적으로 산생될 수 없는가? // 연변. – 1963,(9). – 20 – 21
6243 몇가지 경제리론문제에 관하여 / 환향 // 청년생활. – 1980,(2). – 27 – 30
6244 왜 로동에 따라 분배하는것을 사회주의적분배원칙이라 하는가 / 조언론 // 지부생활. – 1980,(11). – 38
6245 현대화필수과목:경제효과학 / 류여임 // 대중과학. – 1981,(3). – 10 – 11
6246 사회주의사회의 로동에 따라 분배하는 제도에 대하여 // 지부생할. – 1982,(4). – 13
6247 사회주의제도하에서의 상품과 화폐에 대하여 // 지부생활. – 1982,(5). – 7 – 8
6248 사회주의제도하에서의 가치법칙 // 지부생활. – 1982,(6). – 27
6249 사회주의경제문제에 관한 문답 / 악천 // 지부생활. – 1982,(8). – 20 – 21
6250 평균주의의 다섯가지 해로운 점 / 신장 // 지부생활. – 1983,(5). – 39 – 40
6251 로동에 따라 분배하는 원칙을 정확히 대하자 / 설령 // 지부생활. – 1983,(6). – 4 – 5
6252 지력개발을 전략적돌파구로 / 황방의 // 대중과학. – 1984,(11). – 6 – 7
6253 사회주의의근본과업은 생산력을 발전시키는것이다 / 왕의림 // 지부생활. – 1985,(1). – 21 – 23
6254 사회주의적경제는 상품경제발전에서의 가장 높은 단계이다 / 주건화 // 지부생활. – 1986,(4). – 25 – 26
6255 자금시장 / 조석안 // 지부생활. – 1987,(4). – 26
6256 생산력규준의 기본속성 / 현일선 // 지부생활. – 1988,(2). – 7 – 8
6257 상품의 가격차이와 한가지 상품의 여러가지 가격 / 문빈 // 지부생활. – 1988,(5). – 35 – 36
6258 새로운 정황 새로운 문제 및 가치법칙 // 지부생활. – 1988,(7). – 33 – 34
6259 가치법칙이란 // 지부생활. – 1988,(10). – 14
6260 돈을 버는것이 생산력을 발전시키는것인가 // 지부생활. – 1988,(10). – 31
6261 사회주의적 상품경제의 새로운 질서에는 응당 어떤 내용이 포함되여야 하는가 // 지부생활. – 1988,(11). – 13
6262 시장점유률과 그 예측방법 / 윤석걸 // 대중과학. – 1989,(4). – 18 – 20

F1 세계 각국 경제개황, 경제사, 경제지리

6263 쏘련이 7개년 계획의 첫해에 취득한 새로운 성취들 // 대중과학. – 1959,(12). – 6 – 7
6264 유고슬라비야 성시 경제의 자본주의적 세화 // 연변. – 1963,(2). – 26 – 28
6265 표준화와 현대화 / 최배욱;리종철 // 대중과학. – 1979,(11). – 40 – 41
6266 누가 오늘날의 ≪흰 새끼룡≫인가 / 허홍안 등 // 동북민병. – 1980,(1). – 31 – 33
6267 외국 경제학자들의 건의 // 대중과학. – 1980,(12). – 15
6268 영국은 왜서 경제장성이 더딘가 / 척덕여;리요위 // 대중과학. – 1981,(5). – 40 – 41
6269 세계상의 가난한 나라와 부유한 나라 // 대중과학. – 1983,(10). – 44 – 45
6270 신흥공업과 미국경제 / 정보충 // 대중과학. – 1983,(12). – 42
6271 일본의 주택정황 / 장신진;리애평 // 대중과학. – 1986,(5). – 12 – 13
6272 세계상의 특이한 도시들 / 리영 // 대중과학. – 1986,(9). – 44 – 45
6273 일본에서는 어떻게 기술을 인입하였는가 // 대중과학. – 1986,(9). – 25
6274 남조선의 경제변화 // 은하수. – 1986,(12). – 59
6275 쏘련농업의 가정도맡기 // 대중과학. – 1988,(7). – 26 – 27
6276 서방 몇개 나라들의 로임가치 비교 // 지부생활. – 1988,(10). – 57

6277 남조선,대만,향항.싱가포르의 경제발전 // 대중과학. - 1988,(11). - 15 - 17

6278 남조선경제발전이 주는 계시 / 백녕 // 민족단결. - 1989,(3). - 46 - 48

6279 미국인들의 경제적두뇌 / 허락송 // 청년생활. - 1989,(4). - 33

6280 이딸리아 남부지역개발이 주는 계시 / 동경면 // 민족단결. - 1989,(4). - 11 - 14

6281 정신적고무에 중시를 돌리는 일본기업가들 // 지부생활. - 1989,(5). - 32 - 33

6282 세계 5대도시의 놀라운 소비지출 // 대중과학. - 1989,(7). - 15 - 16

6283 급속히 해외로 발전하고있는 일본경제 / 려서암 // 대중과학. - 1990,(6). - 39 - 40

6284 발달한 나라의 퇴직제도 // 대중과학. - 1990,(7). - 30 - 31

6285 돈은 만능보배가 아니다 / (미국)대위 래슨 // 은하수. - 1990,(10). - 12 - 13

F12 중국경제

6286 새로운 인민페의 발행을 열렬히 옹호하자 // 지부생활. - 1955,(4). - 50 - 53

6287 보람찬 한해 / 허분숙 // 소년아동. - 1955,(12). - 1 - 2

6288 어째서 1955년의 국가경제건설공채를 발행하는가? // 지부생활. - 1955,(13). - 48 - 49

6289 5개년 계획을 전면적으로 앞당겨 완수하며 초과 완수하기 위하여 분투하자 // 지부생활. - 1956,(2). - 1 - 7

6290 모두들 공채를 사자 // 지부생활. - 1956,(3). - 48

6291 전국 사영공상업의 호수는 얼마나 되며 그들의 자금은 얼마나 되는가 // 지부생활. - 1956,(3). - 37

6292 국가상업계획의 완성을 위하여 / 강순금 // 지부생활. - 1956,(5). - 9 - 10

6293 동무!동무는 5개년 계획을 어떻게 앞당겨 완성하렵니까 // 지부생활. - 1956,(5). - 5

6294 로동경쟁을 가일층 심입 전개하여 5개년 계획을 앞당겨 완성하기 위해 분투하자 // 지부생활. - 1956,(5). - 11 - 13

62955 개년 계획을 1년 4개월 앞당겨 완성하겠다 / 김문승 // 지부생활. - 1956,(5). - 6 - 7

6296 제1차 5개년 계획을 앞당겨 완성하기 위하여 분투하자 / 최채 // 지부생활. - 1956,(5). - 1 - 4

6297 철도운수효률의 제고를 위하여 / 현세봉 // 지부생활. - 1956,(5). - 8 - 9

6298 인민의 물질생활은 대대적으로 향상되였다 / 김인숙 // 지부생활. - 1957,(13). - 18

6299 그들은 어떻게 5개년 계획을 1년 4개월 앞당겨 완성하려고 규획했는가 / 방동선 // 지부생활. - 1956,(6). - 25 - 27

6300 번영하라 나의 고향 연변이여 // 지부생활. - 1957,(16). - 10 - 19

6301 심각한 변화.거대한 성취 / 리희일 // 지부생활. - 1957,(16). - 1 - 9

6302 종업원들의 생활수준은 제고되였다 // 지부생활. - 1957,(23). - 13

6303 목전 집체소유제의 적극성에 대하여 충분한 평가를 해야 한다 // 지부생활. - 1959,(9). - 32 - 34

6304 1959년 국민경제계획 - 1959년 국가예산 // 지부생활. - 1959,(11). - 8 - 9

6305 금년도 국가계획을 어떻게 완성할것인가 // 지부생활. - 1959,(20). - 44

6306 상업계통왕기 공작문답 // 지부생활. - 1959,(20). - 51 - 52

6307 1959년의 국민경제계획은 계속 약진하는 계획이다 // 지부생활. - 1959,(20). - 39 - 43

6308 웅대한 금년도 국민경제계획을 실현하기 위하여 앞으로 // 지부생활. - 1960,(8). - 19 - 24

6309 세폭의 붉은기를 높이 추켜들고 증산 절약 운동을 심입 전개하자! / 전인 영 // 연변. - 1961,(5). - 6 - 9

6310 기본 로동일 제도란 무엇인가? / 부문업 //

연변. - 1961,(8). - 30 - 31
6311 기술 인원의 작용을 충분히 발휘시켜야 한다 / 조덕신 // 연변. - 1961,(12). - 8 - 10
6312 조정, 공고, 충실, 제고의 방침을 더욱 잘 관철 집행하자 / 방중 // 연변. - 1961,(12). - 2 - 5
6313 안로 분배에 대한 몇 개 인식 문제 / 치중, 정치 // 연변. - 1962,(1). - 25 - 27
6314 책임제를 건전히 해야 한다 / 벽파 // 연변. - 1962,(1). - 17 - 18
6315 공업 생산중의 협작에 대하여 / 벽파 // 연변. - 1962,(2). - 14
6316 각진 소능과 안로 분배와의 관계 // 연변. - 1962,(4). - 16
6317 조정을 중심으로 한 ≪8자≫방침을 정확히 인식하자 // 연변. - 1962, (7) . - 32 - 34
6318 공고한 민족 단결, 번영하는 산간 마을:유민 생산 대대의 10년래 성취 / 손상명 // 연변. - 1962,(8). - 25 - 27
6319 위대한 조국의 변강 - 연변 / 박숙 // 연변. - 1962,(8). - 31 - 32
6320 금년도의 수익 분배 중에서 각진 소능, 안로분배의 원칙을 참답게 관철 집행하자 / 리상석 // 연변. - 1962,(10). - 6 - 9
6321 기초와 주도 / 백성철;김사섭 // 연변. - 1962, (11). - 18
6322 애국주의 정신을 발양하여 증산 절약 운동을 착실하게 전개하자 / 전인 영 // 연변. - 1962,(12). - 2 - 5
6323 국민 경제 발전 총방침을 정확히 인식하고 견결히 관철 집행하자 // 연변. - 1963,(1). - 16 - 18
6324 공업 부문의 공작을 농업을 기초로 하는 궤도에 전이시켜야 한다는 것을 어떻게 리해할 것인가? // 연변. - 1963,(2). - 13 - 14
6325 어떻게 로동 경색을 전개하였는가?:연길시 침직창에서 로동 경색을 전개한 초보 경험 / 연변 총공회 생산부 // 연변. - 1963,(2). - 15 - 16
6326 ≪각진 소능, 안로 분배≫의 사회주의 분배원칙을 정확히 관철하기 위 하여 / 연농군 // 연변. - 1963,(3). - 24 - 27
6327 근검하게 기업을 꾸리는 방침을 참답게 관철하자 // 연변. - 1963,(5). - 13 - 14
6328 ≪각진 소능≫과 ≪안로 분배≫의 관계를 정확히 인식하자 / 리명 // 연변. - 1963,(10). - 14
6329 연길시의 15년 / 김기석 // 연변. - 1964,(10). - 4 - 7
6330 우리 나라 국민경제 전면적으로 호전 // 민병의 벗. - 1964,(11). - 7 - 9
6331 우리 나라 국민경제가 온당하게 발전하는 길에 들어섰다 // 지부생활. - 1982,(1). - 32 - 33
6332 당과 국가의 혜택으로 몇년래 인민들의 생활 점차 개선 // 지부생활. - 1982,(6). - 34
6333 온당하게 전진하고 건전하게 발전한 3년 / 왕계요 // 지부생활. - 1982,(7). - 27 - 28
6334 자랑찬 30년 // 지부생활. - 1982,(9). - 10 - 11
6335 경제건설의 웅위로운 목표를 실현할수 있는 유리한 조건 // 동북민병. - 1982,(20). - 12 - 13
6336 공농업생산의 발전속도 // 지부생활. - 1983, (2). - 18 - 19
6337 경제 발전속도 // 대중과학. - 1983,(5). - 5 - 6
6338 왜 세금상납방법으로 고치는가 // 지부생활. - 1983,(5). - 26
6339 개체경제를 발전시키는데 대하여 / 태춘 // 지부생활. - 1983,(7). - 36
6340 전반적국면의 견지에서 리해관계를 가늠하자 / 호흠선 // 지부생활. - 1983,(8). - 34 - 35
6341 ≪1978 - 1982≫의 10대 중요성과 // 지부생활. - 1983,(8). - 16 - 17
6342 상해와 전국 / 소봉 // 대중과학. - 1983,(11). - 24
6343 개혁을 잘하는 실제행동으로 건국 35돐을 맞이하자 // 동북민병. - 1984,(18). - 39 - 47
6344 인민생활에 기꺼운 변화가 일어났다 // 동북민병. - 1984,(18). - 31 - 32
6345 향항사람들의 소비특점 // 동북민병. - 1985, (4). - 40
6346 기술상품의 특수성 / 양계승 // 지부생활. -

1985,(7).－42－43

6347 신속히 발전하고있는 우리 나라의 민항사업 / 유천호 // 대중과학.－1985,(7).－8－9

6348 우리 나라의 연해개방도시와 현대화건설 / 진영 // 대중과학.－1985,(8).－3－4

6349 낡은 경제체제를 타파해야 한다 // 지부생활.－1985,(9).－31

6350 3산업에 대한 분할 // 지부생활.－1985,(9).－64

6351 심수의 로임정황 / 림설령 편집 // 은하수.－1985,(9).－27

6352 10가지 ≪좌≫적 경제체재관념 // 지부생활.－1985,(9).－63

6353 중국의 개혁이 자본주의를 초래하게 되는가 // 지부생활.－1985,(9).－62

6354 향항사람들의 장사수단 / 관한 // 은하수.－1985,(9).－61－62

6355 치부하려면 치부비결을 알아야 한다 // 은하수.－1985,(10).－21

6356 장백산의 자랑 // 지부생활.－1986,(1).－58

6357 개혁은 좋다 / 조승인;곽유리 // 동북민병.－1986,(3).－31－32

6358 오문 개황 // 지부생활.－1986,(4).－62

6359 금후 5년동안의 도시식료품 소비추세 // 동북면병.－1986,(7).－38

6360 상품경제에 대한 대화 / 남양 // 지부생활.－1986,(8).－44－46

6361 페허우에 새로 일떠선 당산 / 류준증 // 대중과학.－1986,(11).－32－34

6362 ≪인구당 천딸라≫란 / 변계 // 지부생활.－1986,(12).－29

6363 농업을 강화하는 것은 국민경제를 발전시키는 중요한 전략적위치에 / 조자양 // 지부생활.－1987,(5).－1

6364 3년안에 인구당수입 근 5배로 / 현일선 // 지부생활.－1987,(6).－12－13

6365 락후한 관념을 전변시키고 안도현의 경제발전을 추진 / 허전수 // 지부생활.－1987,(7).－14－16

6366 우리 나라 경제체제개혁에서 거둔 10가지 성취 // 지부생활.－1987,(7).－35

6367 연변을 더욱 아름답고 살기좋은 락원으로 건설하자 / 황재림 // 지부생활.－1987,(9).－4－7

6368 90년대의 3대 생활용품 / 전룡 // 동북민병.－1987,(10).－36

6369 대만경제가 빨리 발전하게 된 원인 // 지부생활.－1987,(11).－62

6370 개체경제를 어떻게 볼것인가 / 설이 // 지부생활.－1988,(2).－14－15

6371 개혁의 중점과 물가문제 // 지부생활.－1988,(2).－5

6372 솔선적으로 상품경제를 발전시키며 4화건설의 큰 국면을 위해 힘써 복무하자 / 본지론평원 // 동북민병.－1988,(3).－21－22

6373 우리 나라의 7대구역 경제집단 // 지부생활.－1988,(3).－54

6374 자체로 꾸리는 민간금용복무공사 / 상중 // 지부생활.－1988,(3).－52－53

6375 국내외 경제동태:중국농촌신탁투자공사 설립 // 지부생활.－1988,(5).－26

6376 치부한 후 돈을 어떻게 쓸것인가 / 류달림 // 은하수.－1988,(6).－45－46

6377 생산력규준에 대한 학습토론을 심화시켜 우리 주 경제건설의 발걸음을 다그치자 / 김광수 // 지부생활.－1988,(7).－15－16

6378 오늘의 몽골 / 왕의민 // 지부생활.－1988,(7).－57－58

6379 상품경제를 발전시키는 것은 우리 나라 개혁의 가장 중요한 내용 // 지부생활.－1988,(9).－1

6380 사람들의 주목을 끄는 화제－물가개혁 / 진봉휘 // 지부생활.－1988,(10).－12－14

6381 개혁의 10년래 경제리론면에서 생긴 중대한 돌파 // 지부생활.－1988,(11).－9

6382 물가의 충격 / 맹기 // 은하수.－1988,(11).－3－7

6383 앞으로도 가격이 계속 오르는가/장정상//지부생활.－1988,(11).－58

6384 현상태를 똑똑히 알아야 한다//청년생활.－1988,(12).－13

6385 반드시 중국을 중시해야 한다/유종훈//민족단결.－1989,(1).－50－51

6386 소수민족경제관념의 현대화에 대하여/진림//민족단결.－1989,(1).－14－16

6387 회음지구의 가정경제/송홍강//민족단결.－1989,(1).－17－20

6388 민족자치지방의 국민경제건설 및 사회발전의 빛나는 성과(1949－1989):국가민족사무위원회 경제사//민족단결.－1989,(2).－3－5

6389 중국의 ≪가난≫을 어떻게 볼것인가/고적//민족단결.－1989,(2).－6－8

6390 놀라운 수입차이 홀시할수 없는 사회적현상/소해//대중과학.－1989,(3).－8－9

6391 목전 경제사업의 중점과 목표//지부생활.－1989,(3).－4

6392 ≪빈곤선≫에 대한 사색:한 빈곤향의 정형으로부터 본 사회주의 초급단계의 저층차문화의 특징/송복천//민족단결.－1989,(3).－33－35

6393 ≪40근짜리 간부≫와 나눈 이야기/명장//지부생활.－1989,(3).－15－17

6394 통화팽창의 열가지 위해성//지부생활.－1989,(3).－9

6395 후룬베르맹개발시험구의 전망/랑립흥//민족단결.－1989,(3).－6－8

6396 락후한 민족지구에서는 주로 개체경제를 발전시켜야 한다/양서발//민족단결.－1989,(4).－28－30

6397 ≪사회주의상품경제의 새로운 질서≫란/리방//지부생활.－1989,(4).－48

6398 인류.사회.자연의 조화:소수민족지구의 경제발전과 자연생태환경과의 관계에 대하여/왕문장;맹연연//민족단결.－1989,(4).－8－10

6399 장백산기슭의 명주:연길시/리성//민족단결.－1989,(4).－15－18

6400 전국은 다섯가지 류형의 경제구역으로 나뉜다//민족단결.－1989,(4).－56－57

6401 통화팽창 물가인상 저금//지부생활.－1989,(4).－9－10

6402 경제발전속도가 빠른것은 기쁜일인가 아니면 근심되는 일인가//지부생활.－1989,(5).－14

6403 개혁의 풍랑속에서 전진하고 있는 민족지구경제/일림//민족단결.－1989,(5).－6－9

6404 ≪금밥통≫은 어디에 있는가/장동량//민족단결.－1989,(5).－28－29

6405 개혁가운데서 자기단속기제를 세워야 한다/유장;림걸//민족단결.－1989,(6).－13

6406 동진서출 좌우개방/림학의//민족단결.－1989,(6).－14－16

6407 발전중에 있는 안도현 경제/남상복//지부생활.－1989,(6).－8－9

6408 분배!시장!!물가!!!//대중과학.－1989,(8).－14－16

6409 경계하시라－개인경영의 내리막 걸음을/일우 편역//은하수.－1989,(12).－21－23

6410 가난퇴치총공격전의 나팔소리:전국 소수민족지구 가난퇴치사업회의측기/시극검//민족단결.－1990,(1).－4－6

6411 과잉로력의 출로는 어디에 있는가:민족지구의 과잉로력문제에 대하여/종남//민족단결.－1990,(1).－33－35

6412 날따라 변모하고있는 해남조선족향/리운선//민족단결.－1990,(1).－13－14

6413 민족자치지방의 국민경제건설 및 사회발전의 빛나는 성과(1949－1989)//민족단결.－1990,(1).－7－9

6414 빈궁우환록/정실//민족단결.－1990,(1).－10－12

6415 40년간 우리 나라 경제과학기술발전에서 이룩한 중대한 성과//대중과학.－1990,(1).－3－5

6416 중국의 ≪가난≫을 어떻게 볼것인가/고적//민족단결.－1990,(3).－15－18

6417 가정소비조절의 필요성 / 하방신 // 은하수. – 1990,(4). – 51 – 52

6418 벼락부자로 된 ≪개체호≫들의 비밀 / 강산 // 은하수. – 1990,(4). – 49 – 50

6419 ≪일인당년간국민총생산액 300딸라≫설에 대한 분석 / 유권역;리소강 // 민족단결. – 1990,(4). – 5 – 8

6420 가난한 사치:중국사회생활의 괴이한 현상 / 운횡 // 민족단결. – 1990,(5). – 37 – 40

6421 현대화를 위한 지구전 // 대중과학. – 1990,(5). – 3 – 7

6422 민족경제학:개척과 발전의 10년 / 중문 // 민족단결. – 1990,(6). – 12 – 14

6423 보다 높은 차원에서 사회분배가 불공평한 문제를 해결해야 한다 // 민족단결. – 1990,(6). – 26 – 29

6424 인도 · 조력 · 추진:소수민족농민들을 상품경재에 참가시킬데 대하여 / 려가염 // 민족단결. – 1990,(6). – 15 – 17

6425 상업경영에서 상품구입량의 예측 / 윤석걸 // 대중과학. – 1990,(7). – 60 – 61

6426 현대화를 위한 지구전 // 대중과학. – 1990,(7). – 9 – 12

6427 경쟁의 앞장에 선 초병 / 남두형 // 대중과학. – 1990,(10). – 40 – 42

F3 농업경제

6428 농업생산합작사에서는 로동경쟁을 전개해야 한다 // 지부생활. – 1955,(1). – 36 – 39

6429 공급판매합작사 사업문답 // 지부생활. – 1955,(2). – 43 – 46

6430 농업생산합작사는 로동일을 어떻게 계산하는가 // 지부생활. – 1955,(2). – 39 – 41

6431 농업생산합작사의 분배원칙 // 지부생활. – 1955,(3). – 30 – 32

6432 농업의 사회주의적개조의 방침절차 문제에 대하여 // 지부생활. – 1955,(3). – 22 – 24

6433 외기술혁신 구호를 취소하는가 // 지부생활. – 1955,(7). – 50

6434 농촌의 증산절약운동을 전개하자 // 지부생활. – 1957,(5). – 22 – 24

6435 우리 나라 산구의 풍부한 특산물 / 장요화(張耀華) // 대중과학. – 1958,(4). – 16 – 18

6436 강철,량식을 중심으로 한 우리 주 생산임무를 완성하기 위하여 분투할데 관한 결의 // 대중과학. – 1959,(1). – 8

6437 영성작업구에서 공공식당을 꾸린 경험 // 대중과학. – 1959,(1). – 45 – 46

6438 우경을 철저히 반대하며 열의를 북돋우어 1960년의 량식생산임무를 완성하기 위해 분투하자 / 황중건 // 지부생활. – 1959,(23 – 24). – 90 – 95

6439 농업의 4화에 대하여 // 대중과학. – 1960,(2). – 1 – 2

6440 대대적으로 종합리용하여 성향의 다종경영을 발전시키자 / 지성우 // 대중과학. – 1960,(8). – 1

6441 량식을 강으로한 증산절약운동을 더욱 심입 전개하자 / 김승렬 // 대중과학. – 1960,(10). – 1 – 2

6442 농업과학기술의 고봉을 향하여 맹진하겠다 / 최죽송 // 지부생활. – 1961,(1). – 42 – 43

6443 농업을 기초로하는 방침을 견결히 관철하여 농업을 대대적으로 영위하고 량식을 대폭적으로 생산하겠다 / 김시룡 // 지부생활. – 1961,(1). – 40 – 42

6444 당의 호소를 받들고 금년도 농업생산의 계속적약진을 쟁취하기 위해 분투하겠다 / 송인준 // 지부생활. – 1961,(1). – 44

6445 천방 백계를 다하여 농업의 풍수를 쟁취하자! / 요 흔 // 연변. – 1961,(5). – 3 – 6

6446 광활한 천지에서 성장하는 청년일대 / 송복전 등 // 연변. – 1961,(6). – 40 – 44

6447 사원이 자류지와 가정 부업을 경영하는 문제에 대하여 // 연변. – 1961, (6). – 13 – 14

6448 평공 기공:이는 안로 분배의 원칙을 실시

하는 기초다 // 연변. － 1961, (6). － 16

6449 농업을 기초로 하는 사상을 견정히 수립하자 // 연변. － 1961,(7). － 29 － 31

6450 소단락 계획을 잘 세워 농업 생산을 힘차게 추동하자 / 신창희 // 연변. － 1961,(7). － 27 － 28

6451 증산의 황금 시기를 튼튼히 틀어잡고 하서 초포산 운동을 심입 전개하자 / 김승렬 // 연변. － 1961,(7). － 24 － 26

6452 과서 시기를 틀어 잡고 부업 생산을 적극 발전시키자 / 남명학 // 연변. － 1961,(8). － 5 － 8

6453 ≪분배할 수 있는 총수입≫이란 무엇인가? // 연변. － 1961,(8). － 32

6454 인민 공사의 우월성을 정확히 인식하자 // 연변. － 1961,(8). － 11 － 13

6455 ≪소포공≫제를 실행한 후 / 리산 // 연변. － 1961,(9). － 24 － 25

6456 어째서 등가 교환을 실행해야 하는가? / 양영박 // 연변. － 1961,(9). － 32 － 33

6457 인민 공사의 각항 정책을 정확히 인식하자(一) // 연변. － 1961,(9). － 13 － 16

6458 인민 공사의 각항 정책을 정확히 인식하자(二) // 연변. － 1961,(10). － 24 － 25

6459 당의 정책을 정확히 관철하여 량식 징구 임무를 제때에 완성하자 // 연변. － 1961,(11). － 2 － 3

6460 금년의 농업 풍수를 쟁취하기 위하여 분투하자! / 요흔 // 연변. － 1962,(1). － 11 － 13

6461 두가지 방법, 두가지 결과 / 리산, 천순 // 연변. － 1962,(1). － 28 － 31

6462 자력 갱생은 우리의 생산생활의 기본 립각점 / 우영도 // 연변. － 1962,(3). － 7 － 8

6463 농촌 인민 공사 생산대의 금년도 수익 분배 공작을 잘하자 / 연농군 // 연변. － 1962,(10). － 15 － 17

6464 동신 생산대대 제3,4생산대에서는 금년도의 수익 분배 방안을 어떻게 제정하였는가? / 최봉련;남수홍 // 연변. － 1962,(10). － 10 － 11

6465 환영받는 산구의 공소사 / 김윤 // 연변. － 1962,(11). － 12 － 14

6466 집체 경제의 해'살은 산간 마을을 비춘다: 신툰자 생산대대의 발전 개모를 소개함 / 김문하 // 연변. － 1962,(12). － 20 － 21

6467 정암촌의 변천 / 랑서신 // 연변. － 1963,(1). － 19 － 21

6468 위대한 1963년을 맞으면서 / 요흔 // 연변. － 1963,(1). － 6 － 9

6469 금년도의 농업 풍수를 쟁취하기 위하여 춘경 준비를 잘 틀어 쥐자 / 리상석 // 연변. － 1963,(2). － 2 － 6

6470 농촌에서의 사회주의 진지를 공고히 하는 것은 우리들의 광영한 임무 / 수운 // 연변. － 1963,(2). － 5 － 7

6471 시기를 놓치지 말고 전년의 주동을 쟁취하자 / 리준 // 연변. － 1963,(2). － 10 － 11

6472 열의를 북돋우어 금년도의 농업 풍수를 쟁취하기 위하여 분투하자 / 황두천 // 연변. － 1963,(2). － 8 － 10

6473 농업 생산에 있어서의 사람들의 주관 능동성 / 김승렬 // 연변. － 1964,(3). － 14 － 16

6474 집체주의 정신과 집체 생산의 적극성 / 문파 // 연변. － 1963,(3). － 16 － 18

6475 작업의 질량과 진도 / 벽파 // 연변. － 1963, (4). － 23

6476 춘경 전투의 승리를 확보하기 위하여 분투하자 / 화민 // 연변. － 1963,(4). － 4 － 7

6477 근검하게 대를 꾸리는 기풍을 수립하자 / 연농군 // 연변. － 1963,(6). － 6 － 8

6478 그들은 어떻게 대를 근검하게 꾸렸는가?: 훈춘현 량수 공사 량수 대대 제 7대의 경험 소개 / 라룡수 등 // 연변. － 1963,(6). － 9 － 11

6479 농업 전선에서의 지식 청년들 / 리준;추강 // 연변. － 1963,(6). － 23 － 26

6480 숭선 인민 공사의 과거와 오늘 / 명진 // 연변. － 1963,(7). － 16 － 18

6481 사원들의 사회주의 각오는 크게 제고되였다 / 홍증남 // 연변. － 1963,(9). － 8 － 9

6482 인민 공사의 위대한 생명력 / 리한청 // 연변. − 1963,(9). − 5 − 7

6483 금년도의 수익 분배 공작을 잘 하여야 한다 / 김승렬 // 연변. − 1963,(10). − 11 − 13

6484 농촌 분소점의 본보기 / 해옥봉 // 연변. − 1964,(6). − 8 − 10

6485 ≪공든 탑이 무너지랴≫ / 초문선 // 연변. − 1964,(8). − 25 − 26

6486 수입 분배 사업에서 틀어 쥐여야 할 몇가지 문제 / 풍지성 // 연변. − 1964, (11). − 2 − 3

6487 천안문을 바라보며 / 신창희 // 연변. − 1964,(11). − 19 − 20

6488 농업 생산의 경험을 잘 총화하고 명년도 생산 고조를 맞이 하자 / 김명한 // 연변. − 1964,(12). − 2 − 5

6489 최고봉에 올랐는가? / 전택룡;김호준 // 연변. − 1965,(3). − 24

6490 두 갈래 로선 간의 투쟁을 벼리로 경영 관리 사업을 강화하자 / 김승렬 // 연변. − 1965,(4). − 2 − 4

6491 국외 농업현대화의 세가지 류형 / 왕극해 // 대중과학. − 1979,(10). − 2 − 3

6492 농촌 새마을을 어떻게 건설할것인가 / 제건촌 // 대중과학. − 1979,(12). − 4 − 5

6493 자청하여 대장이 된 후 / 장해산 // 동북민병. − 1980,(5). − 13 − 14

6494 정당한 가정부업을 하여 / 정화통 // 동북민병. − 1980,(5). − 14

6495 큰집이 잘살면 작은집도 잘 살게 된다 / 곡배승;왕국지 / 동북민병. − 1980,(5). − 15

6496 당의 경제정책을 락실하는 촉진파로 되자 // 동북민병. − 1980,(23). − 14

6497 집체부유화에서 골간으로 되어 1천딸라관을 돌파 / 로지원;탕보화 // 동북민병. − 1980,(23). − 12 − 13

6498 작황지수란 무엇인가 / 김희성 // 대중과학. − 1981,(3). − 11

6499 당의 정책이 가난뿌리를 뽑아주었다 / 한다치대대민병련 // 동북민병. − 1981,(12). − 33 − 34

6500 당의 해살아래 방천은 발전한다 / 강태원 // 동북민병. − 1981,(12). − 29 − 30

6501 전업호의 발전방향에 대하여 / 여국요 // 지부생활. − 1983,(6). − 16

6502 전업호의 발전은 농촌경제발전의 중요한 길이다 / 마서정 // 지부생활. − 1983,(6). − 1 − 15

6503 ≪호도거리≫생산책임제는 민병사업에 많은 유리한 조건을 창조해주었다. / 조풍동 등 // 동북민병. − 1983,(6). − 20 − 24

6504 민병련장 전창호 과학적으로 농사를 지어 부유해졌다 / 김만창 // 동북민병. − 1983,(9). − 40

6505 우리 성 경제분야에 대풍작,대증장 첩보 날린다 // 동북민병. − 1984,(3). − 43 − 47

6506 기간민병 왕련우:치부의 길에서 뜨락또르 마력을 낸다 / 김광일 // 동북민병. − 1984,(15). − 39

6507 농업분야에서 세계를 크게 놀래우는 기적이 나타났다 // 동북민병. − 1984,(18). − 30

6508 아무런 장끼도 없는 사람은 어떻게 해야 부유해질수 있는가? // 동북민병. − 1984,(19). − 16 − 18

6509 량용인재 농촌건설에서 은을 낸다 / 단연제;리민 // 동북민병. − 1984,(20). − 27 − 29

6510 11개성,시에 경제정보련락망을 건립 / 회빈 등 // 동북민병. − 1984,(22). − 23

6511 3년동안에 6만원을 수입한 비결 / 고걸선;정사토 // 동북민병. − 1985,(1). − 31 − 32

6512 정신적멍에를 벗어버리고 농촌상품경제를 발전시키자 // 지부생활. − 1985,(6). − 8 − 9

6513 그들은 어찌하여 부유해졌는가? / 리여 // 대중과학. − 1985,(7). − 3 − 5

6514 상품생산을 발전시켜야만 농촌이 번영해질수 있다 / 홍룡 // 지부생활. − 1985,(7). − 11 − 13

6515 ≪페물≫속에 금이 있다 / 리진천 // 동북민병. − 1986,(2). − 7

6516 지식에 의거하여 치부한 젊은이 / 계학문;묘제 // 동북민병. − 1986,(4). − 19

6517 치부의 길을 열어주었다 / 임정발 // 동북민

병. - 1986,(4). - 10
6518 우리 나라 농촌경제의 특점 / 하진곤 // 대중과학. - 1986,(7). - 26 - 27
6519 량곡생산과 더불어 다종경영을 폭넓게 / 박룡길 // 동북민병. - 1986,(8). - 31
6520 마군 ≪녹쓴 자물쇠≫를 열었다 // 동북민병. - 1987,(5). - 7 - 8
6521 빈곤호부축단신 / 길림성군구정치부 // 동북민병. - 1987,(5). - 10
6522 리식없이 빈곤호들에게 자금을 대주었다 / 고청학;강국봉 // 동북민병. - 1987,(7 - 8). - 12
6523 ≪증산절약,수입증가,지출감소≫활동을 벌려 경제적효과성을 높이였다 / 김재관 // 동북민병. - 1987,(7 - 8). - 32
6524 8년간의 대전변 / 소북 // 지부생활. - 1987,(10). - 10 - 11
6525 가난한 사람과 불구자들을 치부에로 이끄는 리전인 / 온지강;주동평 // 동북민병. - 1987,(11). - 39
6526 더 큰 담력으로 농촌개혁을 떠밀고 나가자:농촌기업소의 출로를 치렬한 경쟁속에서 찾아야 한다 // 지부생활. - 1988,(1). - 5 - 9
6527 도급에서 삼가해야 할 열가지 문제 / 손효량 // 지부생활. - 1988,(5). - 32 - 34
6528 ≪부화기≫와 ≪물뽐프≫리론 // 지부생활. - 1988,(5). - 30 - 31
6529 농촌경영 열가지 비결 / 초결 // 지부생활. - 1989,(2). - 8
6530 그들의 치부한 경험 // 대중과학. - 1989,(3). - 49
6531 농촌경제정책 문답 // 지부생활. - 1989,(3). - 13
6532 흉년에도 원기를 잃지 않게 하였다 / 고원등 // 동북민병 - 1986,(4). - 11
6533 빈곤호에 대한 ≪수혈≫을 ≪조혈≫로 / 극무 // 동북민병. - 1988,(3). - 10
6534 공동치부의 선줄군 / 우빈 // 동북민병. - 1988,(5). - 26
6535 큰 시장에 눈길을 돌리는 뜨락경제 / 곽춘효;범경부 // 동북민병. - 1988,(12). - 30 - 31
6536 과학적영농으로 치부한 마인상 / 류필수 // 민족단결. - 1989,(2). - 21 - 22
6537 실제문제를 해결하는데 모를 박아야 한다 / 조문걸 // 동북후비군. - 1989,(3). - 16
6538 보람찬 25성상 / 관치승 // 대중과학. - 1989,(5). - 58
6539 우리 주 농업생산발전문제에 대하여 // 대중과학. - 1989,(5). - 30 - 32
6540 량곡생산에 대한 사색 / 룡문충;양수방 // 민족단결. - 1989,(6). - 16 - 18
6541 민병과학기술치부활동에서 세가지를 전화시키는데 류의하여야 한다 / 조문걸 // 동북후비군. - 1989,(8). - 10 - 11
6542 기계로 농사지어 한해에 알곡 60톤을 / 왕본덕;류명기 // 동북후비군. - 1989,(9). - 25
6543 인분더미에서 찾은 돈벌이 구멍수 / 김영근 // 대중과학. - 1989,(12). - 34 - 35
6544 경작지도급제를 완벽화하는 원칙과 주요방법 // 지부생활. - 1990,(2). - 32 - 33
6545 치부의 길에서 청춘을 빛내는 젊은이 / 박초란 // 동북후비군. - 1990,(2). - 24
6546 쌍증쌍절활동을 힘있게 벌려 / 엄기철 // 동북후비군. - 1990,(3). - 27
6547 작은 뜨락에서 큰돈을 번다 / 류의 // 동북후비군. - 1990,(3). - 25 · 24
6548 농촌사회와 기층정권의 위기 // 민족단결. - 1990,(1). - 60 - 61
6549 도급제에 나타난 새로운 문제 / 양진전 // 민족단결. - 1990,(1). - 36 - 38
6550 백색혁명:빈궁지구의 ≪량식공정≫진행실기 / 리소림;리초 // 민족단결. - 1990,(3). - 19 - 21
6551 개혁을 심화하는 가운데서 도급제를 더욱 완벽화해야 한다 / 백보옥 // 민족단결. - 1990,(4). - 38 - 40
6552 인삼꽃 곱게 피는 마을 / 렴광현 // 민족단결. - 1990,(6). - 40 - 41

6553 21세기 세계농업발전의 주도적 추세 / 등광해 // 대중과학. – 1990,(8). – 6 – 8

6554 과학기술로 농민들에게 복을 마련해준다 / 효림 // 동북후비군. – 1990,(10). – 4 · 6

F4 공업경제

6555 영광을 계속 지니고 국가에 더욱 큰 공헌을 하련다 / 연변제지공장 로동자 등 // 지부생활. – 1955,(1). – 43 – 44

6556 우리의 영구한 행복을 위하여 // 지부생활. – 1955,(3). – 25 – 27

6557 총로선 광망아래 새로 일어서는 연변지방공업 / 김태섭 // 대중과학. – 1958,(7). – 7

6558 당의 민족정책의 광망하에서 얻어진 기술혁신 기술혁명의 보람찬 열매 / 박영선 // 대중과학. – 1960,(9). – 5 – 6

6559 일본의 강철공업 // 대중과학. – 1982,(6). – 8 – 9

6560 우리 나라의 기업관리 / 류문옥 // 대중과학. – 1982,(10). – 13

6561 인재의 발굴과 기업소의 흥망 / 덕앙;복충 // 대중과학. – 1983,(2). – 10 – 11

6562 석유수출국조직과 석유가격 // 대중과학. – 1983,(6). – 5

6563 우리 나라의 석유자원 // 대중과학. – 1983,(6). – 24 – 25

6564 팽창중의 지식공업 // 대중과학. – 1983,(7). – 19

6565 공업분야에서 인심을 흥분시키는 개선가를 울리였다 // 동북민병. – 1984,(18). – 29 – 30

6566 도맡은 공장에 곤난호를 우선적으로 배치하였다 / 김광일 // 동북민병. – 1984,(22). – 42 – 43

6567 우주공업개발에 대한 1000년 예측 / 진성 // 대중과학. – 1986,(3). – 3 – 5

6568 향진기업사업에 대한 령도를 강화하자 / 장진발 // 지부생활. – 1987,(3). – 4 – 7

6569 화룡림업국 / 정해룡 // 지부생활. – 1987,(4). – 64

6570 기꺼운 발전 자랑찬 성과 / 송영관 // 지부생활. – 1987,(6). – 64

6571 연변건축공사가 걸어온 35년 / 류금강 // 지부생활. – 1987,(9). – 64

6572 가정공장을 꾸림에 있어서의 조건 / 성춘도 // 지부생활. – 1987,(10). – 54

6573 개혁의 나래를 펼치고있는 연변빠스공장 / 리춘 // 지부생활. – 1987,(10). – 64

6574 임대기업 일별 / 황창주 // 지부생활. – 1988,(1). – 10 – 12

6575 연길담배공장 / 박승연 // 지부생활. – 1988,(5). – 64

6576 우리 주 전민소유기업소개혁에 대한 생각 / 김룡한 // 지부생활. – 1988,(7). – 18 – 20

6577 나래치고있는 연변건축설계원 / 연설 // 지부생활. – 1988,(9). – 64

6578 연길시환우급수설비공장 // 지부생활. – 1988,(10). – 64

6579 개혁속에서 전진하고있는 훈춘시목재공사 / 강운우 // 지부생활. – 1988,(11). – 64

6580 기업소가 성공할 수 있는 8대비결 // 대중과학. – 1989,(4). – 11

6581 대,중기업소의 제1부장제는 좋은 점이 많다 / 증국흥 등 // 동북후비군. – 1989,(5). – 10

6582 중국의 사영경제 / 방평 // 민족단결. – 1989,(5). – 30 – 31

6583 향진기업의 보람찬 10년 // 대중과학. – 1989,(5). – 14 – 15

6584 로동력조합우질화를 실행할 때 로동자들의 권익을 수호해야 한다 // 대중과학. – 1989,(6). – 38 – 39

6585 기업소의 단기행위와 그 원인 // 대중과학. – 1989,(8). – 34 – 35

6586 발전하고있는 연길시계량기공장 // 지부생활. – 1989,(11). – 48

6587 비약적으로 발전하고 있는 룡정시량식기름가공공장 / 룡실 // 지부생활. – 1989,(12). – 48

6588 향진기업소의 제일 // 대중과학. – 1990,(7). – 17

F7 무역경제

6589 참답게 당의 정책을 관철하여 성향 물자 교류를 더욱 잘 활약시키자 / 남학 출 // 연변. - 1961,(10). - 20 - 23
6590 경영 관리를 개선하고 복무 질량을 제고: 연길시 제1백화 상점에서 ≪5포 4정 1장≫제도를 실행한 초보 경험 / 리기철 등 // 연변. - 1962,(5). - 23 - 25
6591 질량 제고와 책임감 / 리준 // 연변. - 1962,(5). - 44
6592 세 폭의 붉은 기를 높이 추켜 들고 상업 공작을 더욱 잘 하자 / 최 희택 // 연변. - 1963,(1). - 13 - 15
6593 상업 공작의 교량 작용을 충분히 발휘하자 // 연변. - 1963,(6). - 20 - 21
6594 상업 일'군들의 삼 대 관점 수립에 관하여 / 해옥봉 // 연변. - 1964,(6). - 6 - 7
6595 벼리 / 김명철 // 연변. - 1965,(4). - 23 - 24
6596 175만원의 유래 / 조원파 // 동북민병. - 1980,(16). - 11 - 13
6597 포장혁명 // 대중과학. - 1983,(4). - 6 - 7
6598 생산돌격대 밤도와 수출고무신을 만들었다송영관 // 동북민병. - 1984,(9). - 23 - 24
6599 고객자체선택상점 / 임안태 // 대중과학. - 1984,(12). - 3 - 5
6600 제대군인 송가명 무역중심리사장으로 당선되였다 / 리정산 // 동북민병. - 1984,(16). - 16
6601 시장예측 / 림강 // 대중과학. - 1985,(8). - 18 - 19
6602 코카콜라의 비밀 // 대중과학. - 1985,(11). - 33
6603 시장연구에 대하여 / 림강 // 대중과학. - 1986,(4). - 28 - 29
6604 고사리수출에서 나서는 새로운 문제 // 지부생활. - 1986,(7). - 64
6605 회복 발전중에 있는 중쏘경제무역 // 지부생활. - 1987,(1). - 61
6606 흥미있는 술집 / 잠용 // 동북민병. - 1987,(2). - 46
6607 날따라 활기띠고 있는 중쏘변경무역 / 장지견 // 지부생활. - 1988,(11). - 54 - 55
6608 동북에서 으뜸가는 연길서시장 / 왕덕원 // 지부생활. - 1988,(12). - 64
6609 국제로무시장에서 할약하는 길림사람들 / 리귀 // 지부생활. - 1989,(1). - 46 - 47
6610 외국상인들의 같지 않은 담판풍격 // 대중과학. - 1989,(2). - 54
6611 장사길에 나선 머로족녀성들 / 아봉 // 민족단결. - 1989,(4). - 46
6612 시련에 직면한 할빈시민족무역기업체의 개혁 / 시극검 // 민족단결. - 1989,(5). - 24 - 27
6613 개혁개방의 한길에서 나래치는 연길시백화공사백화도매소 / 연백 // 지부생활. - 1989,(8). - 48
6614 무엇을 하면 치부할수 있는가 / 두유덕 // 대중과학. - 1989,(8). - 8 - 10
6615 개인매점의 경영비결 / 지영 // 대중과학. - 1989,(9). - 12 - 14
6616 외국상품소비열을 두고 / 양리과 // 지부생활. - 1989,(9). - 29 - 30
6617 물품구매에서 ≪위험≫을 줄이려면 // 대중과학. - 1990,(2). - 23
6618 민족무역발전에 대한 탐구 / 정천 // 민족단결. - 1990,(5). - 23 - 25
6619 아세아시장을 점령하려는 서양권연상인들 // 대중과학. - 1990,(11). - 18 - 19

F84 보험

6620 보험이란 무엇인가 // 대중과학. - 1989,(2). - 20 - 21
6621 보험과 생활 // 대중과학. - 1989,(3). - 14 - 15
6622 가정재산보험 // 대중과학. - 1989,(4). - 21
6623 로년생활에 근심더는 집체기업소 종업원 퇴직금 통일보험 // 대중과학. - 1989,(5). - 61
6624 농촌보험 / 박경호 // 대중과학. - 1989,(6). - 10

－11

6625 주보험공사 조맹부경리 본사기자의 물음에 답복 // 지부생활.－1989,(7).－42－43

6626 농촌로력인신보험에 관한 문답 // 지부생활.－1989,(8).－47－48

6627 인신보험 / 박경호 // 대중과학.－1989,(9).－43

6628 기업소재산보험에 적극 참가하자 // 지부생활.－1989,(10).－38

6629 흥미있는 국내외 보험 / 채룡수 // 대중과학.－1989,(10).－35

6630 보험에 대한 인식을 바로잡자 / 강광주 // 지부생활.－1989,(11).－15

6631 연변경제진흥에 기여한 보험사업 / 허인혁 // 지부생활.－1989,(12).－46－47

6632 치안일군인신의외상해보험 / 박경호 // 대중과학.－1989,(12).－15

6633 날따라 발전하고있는 연변의 대외보험 / 박경호 // 대중과학.－1990,(3).－53

6634 보험공사에서는 어떤 재해손실방지검사를 하는가 / 박영수;박경호 // 대중과학.－1990,(5).－52

6635 판이한 차이 / 강광주 // 지부생활.－1990,(6).－43

G 문화, 과학, 교육, 체육

G2 정보와 지식전달

6636 중공 흑룡강성위 선전부 흑룡강성 민족사무위원회 본지의 발행사업을 중시하라고 지시 // 지부생활.－1955,(23).－56

6637 발행사업을 전개할데 대한 금후의 의견을 제출 // 지부생활.－1956,(6).－58

6638 조선문신문, 간행물 발행사업을 가일층 강화할데 관하여 // 지부생활.－1956,(6).－57

6639 《대중과학》의 전투성에 대하여 / 리희일 // 대중과학.－1958,(1).－3－5

6640 편자와 독자는 공동히 협력하여 잡지를 잘 꾸리자 / 량희 // 대중과학.－1958,(1).－2－3

6641 간행물에서 보고 느낀 몇 가지 / 송기순 // 연변.－1963,(1).－47－48

6642 문화 예술 공작은 농촌을 위해 더욱 잘 복무해야 한다 // 연변.－1963,(5).－27－30

6643 발행사업을 잘하자 / 마조문 // 민병의 벗.－1965,(4).－24

6644 중공중앙에서 모주석저작을 다그쳐 대량출판키로 결정 // 민병의 벗.－1966,(17).－40－41

6645 간행물을 잘 주문, 리용하여 민병건설을 촉진 / 류흥택 // 동북민병.－1980,(7).－46

6646 미더운 의무발행원 / 김진춘 // 동북민병.－1982,(1).－44

6647 《중국민병》은 민병전통교육의 훌륭한 교재이다 / 중병 // 동북민병.－1983,(16).－42

6648 《중국민병》10월부터 전국적으로 공개발행 / 방아전 등 // 동북민병.－1984,(14).－8－9

6649 《군대지방 량용인재의 벗》이 곧 독자들과 대면하게 된다 / 암석 // 동북민병.－1984,(16).－11

6650 개혁에 모를 박고 새 전란을 꾸려 지도성, 지식성,취미성,봉사성을 높이련다 // 동북민병.－1984,(17).－30

6651 잡지사를 도와 발행사업을 잘하련다 / 등명 // 동북민병.－1985,(3).－31

6652 1979년이래 출판된 문예단행본들 // 문학과 예술.－1985,(5).－77－79

6653 녀성출판사 / 만희 // 연변녀성.－1986,(1).－30

6654 소식보도:제1차 전국소년아동 《음향듣고 이야기엮기》현상활동 흑룡강성 수상식이 할빈시에서 성대히 거행 // 꽃동산. – 1986,(6). – 31

6655 세계상의 특이한 박물관 // 대중과학. – 1986,(11). – 18 – 19

6656 세계에서 제일 큰 체육박물관 // 소년아동. – 1988,(5). – 108 – 111

6657 광복전 중국에서 공산주의자들에 의해 발간된 조선문신문간행물 / 최상철 // 민족단결. – 1989,(2). – 47 – 49

6658 전파를 타고 30여성상:중앙조선말방송이 걸어온 길 / 황봉석 // 민족단결. – 1989,(2). – 20 – 23

6659 북경에서 《중국조선족력사발자취총서》 제3권 발행식 거행 // 민족단결. – 1990,(3). – 30

6660 소수민족문자신문간행물을 적극 부축해주어야 한다 / 류춘경 // 민족단결. – 1990,(3). – 59

6661 중국의 목소리 – 베이징 조선말방송:중국국제방송국 조선말방송개시 40돐에 즈음하여 / 류장 // 민족단결. – 1990,(3). – 22 – 24

6662 《총서》편찬의 어제와 오늘 / 반룡해 // 민족단결. – 1990,(3). – 31 – 32

6663 송화강반에 피여난 《도라지꽃》 / 김홍란 // 민족단결. – 1990,(4). – 35 – 37

6664 가지각색의 군사박물관 / 가보성 // 동북후비군. – 1990,(8). – 48

G3 과학, 과학연구

6665 중국과학기술협회 탄생 // 대중과학. – 1958,(11 – 12). – 1 – 3

6666 거대한 성취 광영한 임무 / 요흔 // 대중과학. – 1959,(1). – 1 – 6

6667 군중성적과학기술사업을 광범히 전개하며, 건국 10주년 과학기술헌례운동을 전개할데 관한 결의 // 대중과학. – 1959,(1). – 7

6668 우리 성 과학기술사업을 진일보 전개할데 관한 결의 // 대중과학. – 1959,(2). – 1 – 3

6669 우경을 반대하고 열의를 다내여 과학기술공작에서 계속 약진하자 / 최병조 // 대중과학. – 1959,(12). – 4 – 5

6670 과학기술연구공작을 가일층 발전제고시켜 1960년도의 우리 주 국민경제계획의 승리적 완성을 위하여 분투하자 / 증연숙(曾延淑) // 대중과학. – 1960,(1). – 5 – 6

6671 모택동사상과 저작을 참답게 학습하여 현대과학기술의 고봉에 오르자 // 대중과학. – 1960,(3). – 1 – 3

6672 과학연구공작은 힘껏 농업을 지원해야 한다 / 증연숙(曾延淑) // 대중과학. – 1960,(12). – 1 – 2

6673 1964년 북경과학토론회 // 대중과학. – 1964,(10). – 2

6674 과학실험의 총결을 어떻게 쓸것인가? / 박창일 // 대중과학. – 1964,(11). – 7 – 9

6675 과학보급사업에 대한 주총리의 배려 // 대중과학. – 1980,(1). – 2 – 3

6676 연구의 왕국 벨전화실험실 / 엄육당 // 대중과학. – 1980,(9). – 10 – 11

6677 관찰.사색.발명 // 대중과학. – 1980,(11). – 18 – 20

6678 과학시대의 새로운 개념 / 위이성 // 대중과학. – 1981,(3). – 19

6679 기술직함에 관한 문답 / 방효정 // 대중과학. – 1981,(6). – 44 – 45

6680 만하탄공정내막 / 채문 // 대중과학. – 1981,(8). – 48 – 51

6681 의심스러운 생각 / (일본)다나가 사네 // 대중과학. – 1981,(9). – 34 – 36

6682 특허란 무엇인가? // 대중과학. – 1982,(1). – 24 – 25

6683 기회와 발견 // 대중과학. – 1982,(2). – 30 – 31

6684 과학에서의 페설 / 라문파 // 대중과학. – 1982,(2). – 4 – 6

6685 세계과학기술발전간사 // 대중과학. – 1982,(2). – 32 – 34

6686 일본 청소년과학기술작품 몇가지 // 대중과학. – 1982,(2). – 46 – 47

6687 과학연구에 희망을 건 일본 / (영국)피터 말시 // 대중과학. – 1982,(3). – 8 – 9

6688 발명가들의 새 구상 / 우림 // 대중과학. – 1982,(9). – 14 – 16

6689 지식적시화 // 대중과학. – 1982,(9). – 26 – 27

6690 새로 일떠선 과학학 / 조북망 // 대중과학. – 1982,(12). – 2 – 4

6691 전망 / 장페 글;조자학 그림 // 대중과학. – 1982,(12). – 32 – 33

6692 간단한 발명창조법:결함렬거법 // 대중과학. – 1983,(4). – 5

6693 80년대에 점령할 과학고지 / 필동해 // 대중과학. – 1983,(4). – 3 – 4

6694 1982년 노벨상수상자 / 임정권 // 대중과학. – 1983,(5). – 3 – 4

6695 개인발명창조의 활무대 / 방경융 // 대중과학. – 1983,(6). – 12 – 13

6696 발명의 운명 / 방경융 // 대중과학. – 1983,(8). – 38 – 39

6697 기술조합 / 왕립청 // 대중과학. – 1983,(10). – 12

6698 미래의 30년 // 대중과학. – 1983,(10). – 32 – 33

6699 과학기술과 정보자료 / 김효정 // 대중과학. – 1983,(11). – 5

6700 중점보급 40항과학기술성과 // 대중과학. – 1983,(11). – 13

6701 수학자의 최고상금 / 리증숙 // 대중과학. – 1983,(12). – 10

6702 ≪패배자≫의 공로 / 허상림 // 대중과학. – 1984,(1). – 36 – 37

6703 과학사업과 우정 / 갈정 // 대중과학. – 1984,(3). – 16 – 17

6704 현대산업혁명의 동향 // 대중과학. – 1984,(3). – 3 – 4

6705 새로운 기술혁명을 맞이하자 / 위평 // 연변녀성. – 1984,(4). – 3 – 4

6706 과학과 기술은 어떻게 다른가 / 왕혜농 // 대중과학. – 1984,(5). – 22

6707 새날의 시작 / 홍택룡 // 대중과학. – 1984,(5). – 40 – 43

6708 과학의 전연에서 // 대중과학. – 1984,(7). – 10 – 12

6709 일본에서의 발명창조열 // 대중과학. – 1984,(7). – 40 – 41

6710 제4차산업혁명 // 대중과학. – 1984,(7). – 3 – 5

6711 누가 첫 과학자인가? // 대중과학. – 1984,(9). – 17

6712 ≪애기≫과학자에 대한 이야기 // 대중과학. – 1984,(9). – 11

6713 빛나는 로정 보람찬 성과:발랄히 발전하고 있는 우리 나라 과학기술사업 / 장등의 // 대중과학. – 1984,(10). – 3 – 5

6714 과학자들의 우연한 기회 / 가인 // 대중과학. – 1984,(11). – 30 – 31

6715 새로운 변두리학과:지식공학 // 대중과학. – 1984,(11). – 3 – 4

6716 정보와 정보화사회 // 문학과 예술. – 1985,(1). – 67

6717 우리 나라 우표에 오른 과학자들 / 일화 // 대중과학. – 1985,(2). – 39 – 41

6718 말을 알아듣는 기계사람 // 꽃동산. – 1985,(3). – 28

6719 ≪과학자의 기본소질≫에 대한 수양을 높여야 한다 / 종화 // 동북민병. – 1985,(4). – 41

6720 시대의 선률에서 울려퍼지는 과학의 진주 / 김영근 // 대중과학. – 1985,(4). – 44 – 45

6721 정보가 없는 곳과 넘어나는 곳 / 잠제명 // 대중과학. – 1985,(4). – 32 – 33

6722 80년대의 열가지 관건적기술 / 리인호 // 대중과학. – 1985,(4). – 3 – 4

6723 우주비행원의 빵 // 꽃동산. – 1985,(5). – 14 – 15

6724 인체내에서 식물이 자랐어요 // 꽃동산. –

1985,(5).－28
6725 정보시대의 정보전// 대중과학.－1985,(5).－12－14
6726 피뢰침을 발견한 프랭클린// 꽃동산.－1985,(5).－24－25
6727 세계의 기계사람// 꽃동산.－1985,(6).－
6728 특허공보를 찾는 간이법/ 리종군// 대중과학.－1985,(6).－10－12
6729 우리 나라의 첫 기술시장/ 정봉// 대중과학.－1985,(9).－30－31
6730 위생지로부터 인기된 발견/ 단풍// 대중과학.－1985,(9).－29
6731 우리 나라의 첫 과학도시:중관촌// 대중과학.－1985,(10).－6－7
6732 정보쟁탈전/ 방혁// 대중과학.－1985,(10).－14－15
6733 기이한 소문:동물을 ≪판결≫/ 김기석// 꽃동산.－1986,(1).－20－21
6734 꿈세계// 은하수.－1986,(1).－34－36
6735 2100년의 우리 나라 과학기술/ 양유철;감사준// 대중과학.－1986,(1).－36－37
6736 중국사람의 성씨로 이름지은 과학기술성과/ 손지호// 꽃동산.－1986,(1).－7
6737 본세기의 면모를 개변시킨 10대 발명// 대중과학.－1986,(2).－32－34
6738 사진에서 수집한 정보// 청년생활.－1986,(2).－44
6739 성냥을 발명한 찰리 쏘리아// 꽃동산.－1986,(2).－31
6740 미래의 기계사람/ 방비 저;춘일 역// 꽃동산.－1986,(3).－13－14
6741 세계견문:특수하게 큰 지렁이// 꽃동산.－1986,(3).－21
6742 이상한 버드나무/ 전유정 저;순호 역// 꽃동산.－1986,(3).－30－31
6743 세계의 과학기술관사업 개황/ 가진// 대중과학.－1986,(4).－3－4
6744 노래하는 백사장// 꽃동산.－1986,(5).－31
6745 상처에 바르는 ≪고무풀≫// 꽃동산.－1986,(5).－30
6746 미국의 ≪소년법정≫// 꽃동산.－1986,(6).－14
6747 ≪영구기관≫발명바람// 대중과학.－1986,(6).－20
6748 80년대 신기술령역에서 이룩한 성과// 대중과학.－1986,(6).－3－5
6749 8억농민의 자랑// 대중과학.－1986,(7).－25
6750 잘못 수여한 노벨상// 대중과학.－1986,(9).－7
6751 현대과학에서의 10가지 수수께끼// 대중과학.－1986,(9).－38－39
6752 오스펜 ≪발명사고 8대법칙≫실례풀이/ 전위// 대중과학.－1986,(10).－24－26
6753 조국의 자랑// 대중과학.－1986,(12).－12－13
6754 남극에는 과학고찰소가 얼마나 있는가// 소년아동.－1987,(1).－87
6755 노벨상을 받은 녀성들// 연변녀성.－1987,(1).－66
6756 웅대한 포부 불타는 정열/ 윤종주등// 대중과학.－1987,(1).－4－6
6757 21세기에 가면?// 꽃동산.－1987,(1).－21
6758 최신 세계과학기술성과// 대중과학.－1987,(1).－8－9
6759 비를 불러오는 호수/ 왕래영// 꽃동산.－1987,(2).－23
6760 2100년 사람들의 생활 및 기타// 대중과학.－1987,(2).－3－5
6761 녀성의 지력우세/ 고지견// 대중과학.－1987,(3).－14
6762 본세기에 일어난 중대한 기술참안// 대중과학.－1987,(3).－24－25
6763 전자계산기소녀/ 임호// 연변녀성.－1987,(4).－15
6764 기술시장/ 왕품제// 지부생활.－1987,(5).－44
6765 남성과 녀성의 지력차이// 대중과학.－1987,

(6). − 11

6766 2050년의 달도시 / 김명 // 꽃동산. − 1988,(2). − 25 − 26

6767 빛에네르기치솔 // 꽃동산. − 1988,(3). − 25

6768 계절에 따라 방향이 바뀌는 주택 / 언조 // 꽃동산. − 1988,(4). − 17

6769 세계과학기술발전의 새로운 동태 / 지정수 // 지부생활. − 1988,(4). − 62 − 63

6770 미래의 도시 / 평부 // 꽃동산. − 1988,(5). − 16 − 17

6771 선진창조활동을 벌려 과학기술치부의 발전을 추진 / 서학춘 // 동북민병. − 1988,(7). − 17

6772 ≪구명물통≫의 탄생 / 풍휘 // 소년아동. − 1988,(8). − 19 − 23

6773 력사적으로 밝혀지지 않은 비밀 // 대중과학. − 1988,(8). − 18 − 20

6774 2200년후에 내린 정확한 결론 // 대중과학. − 1988,(10). − 32 − 34

6775 성공의 비결 / 리난 // 대중과학. − 1988,(11). − 7 − 9

6776 성공의 계기 / 곽흔신 // 소년아동. − 1989,(1). − 3 − 6

6777 신기한 작탄 / 류매적 // 꽃동산. − 1989,(2). − 9

6778 역향발명법이란 / 오철호 // 대중과학. − 1989,(2). − 23

6779 지식축적의 예술 // 대중과학. − 1989,(2). − 15

6780 총명한 인형아기 // 소년아동. − 1989,(2). − 120 − 122

6781 1988년도 세계 10대 과학기술성과 // 대중과학. − 1989,(3). − 3

6782 달우에 있는 신비한 폭격기 // 지부생활. − 1989,(4). − 47

6783 아동우주공항쎈타 / 김민 // 꽃동산. − 1989,(4). − 15

6784 외국소년들의 과학기술보급활동 / 리순원 // 꽃동산. − 1989,(6). − 9

6785 미국과학계에서 있은 두차례의 추태극 // 대중과학. − 1989,(7). − 39

6786 세계기문 // 은하수. − 1989,(9). − 60

6787 21세기 과학기술발전예측 // 은하수. − 1989,(9). − 57

6788 세계에서 제일 큰 초 // 소년아동. − 1989,(11). − 114 − 116

6789 현시대 발명가의 왕 // 대중과학. − 1989,(11). − 13

6790 1900 − 1976년 세계 과학기술발명사 // 대중과학. − 1990,(1). − 9

6791 프랑스의 아동자동차경기구락부 // 꽃동산. − 1990,(1). − 19

6792 1989년도 세계 10대 과학기술뉴스 // 대중과학. − 1990,(3). − 3

6793 나무도서관 // 소년아동. − 1990,(4). − 107 − 110

6794 6대주 아동대표 남극주로 / 주훈강 // 꽃동산. − 1990,(4). − 32

6795 새 제품개발에 류의할 일곱가지 / 김길산 // 대중과학. − 1990,(4). − 12 − 13

6796 화산폭발을 예측할수 있는 꽃 // 소년아동. − 1990,(9). − 75 − 79

6797 A+B⇔C발명법 // 대중과학. − 1990,(9). − 12 − 13

6798 F⇔발명법 / 조유의 // 대중과학. − 1990,(10). − 51 − 53

6799 전매특허권은 어떻게 신청하는가 // 대중과학. − 1990,(11). − 6 − 7

6800 A⇔α발명법 / 조유의 // 대중과학. − 1990,(11). − 52 − 53

6801 미국의 과학기술성과 장려제도 // 대중과학. − 1990,(12). − 42 − 44

6802 미래 25년 새 기술 새 제품 전망 // 대중과학. − 1990,(12). − 19 − 20

G4 교육

G40 교육학

6803 교수과정에서의 학생의 사유발전 / (쓰웰드

로브쓰끄시)E.뻬뜨로와 // 교육통신. - 1954,(1). - 42 - 49

6804 학생의 영예:학생의 수칙에 관한 담화 / E.H.볼리야꼬브 // 교육통신. - 1954,(1). - 33 - 36

6805 력사과교수에서 어떻게 직관성원칙을 운용할것인가?:뿌쉬낀교수의 중학력사과 교수에 대한 의견을 학습한 초보체득 / 허대진 // 교육통신. - 1954,(3). - 29 - 31

6806 유기체와 그 생활조건과의 통일에 관한 개념의 형성 / 엔.이.사뽀쉬니꼬브 저;지희권 역 // 교육통신. - 1954,(6). - 39 - 44

6807 학생들에 대한 농업로동의 교양적의의 / (쏘련)B.H.폐또로와 // 교육통신. - 1954,(6). - 13 - 15

6808 실용주의의 교육 목적론에 대한 비판 // 교육통신. - 1956,(3). - 43 - 47

6809 승학하는 것과 생산 로동에 참가하는 것은 모두 영광스러운 일이다 / 김 문보 // 연변. - 1962,(6). - 8 - 12

6810 교육의 본질 / 한진옥 // 연변교육. - 1980,(1). - 5 - 19

6811 아동들의 주의발전에 관하여 / 신동욱 // 연변교육. - 1980,(1). - 20 - 23

6812 까이로브의 ≪교육학≫에 대하여 / 허청선 // 연변교육. - 1980,(2). - 12 - 15

6813 교수의 제원칙에 관하여 / 허청선 // 연변교육. - 1980,(4). - 8 - 11

6814 아동들의 사유 및 언어의 발전에 관하여 / 신동욱 // 연변교육. - 1980,(5). - 16 - 19

6815 지식을 배우는것과 능력발전 / 정연호 // 연변교육. - 1980,(5). - 20 - 22

6816 레.브.잔꼬브의 교수론사상 // 연변교육. - 1980,(6). - 58 - 61

6817 학습흥취에 대하여 / 주본 // 연변교육. - 1980,(6). - 55

6818 교육은 잠재한 최대의 생산력이다 / 지원순 // 연변교육. - 1980,(7). - 2 - 5

6819 ≪발전교수≫론 탐구 / 한영렬 // 연변교육. - 1980,(8). - 6 - 7

6820 수업시간내의 생활 / (쏘련)레.브.단꼬브 // 연변교육. - 1980,(11). - 56 - 60

6821 교육목적과 방침에 대하여 / 박동춘 // 연변교육. - 1981,(4). - 6 - 8

6822 지력에 대한 부동한 견해 / 정불시 // 대중과학. - 1981,(4). - 36 - 37

6823 교원들에게 드리는 건의 백가지 / (쏘련)브.아.쑤호므리쓰끼 // 연변교육. - 1981.(8). - 53 - 55

6824 어린이들을 인도하여 자각적으로 오유를 시정하도록 해야 한다 / (쏘련)브.아.쑤호므리쓰끼 // 연변교육. - 1981,(12). - 59 - 61

6825 학교의 규률교육을 론함 / 주본;왕유방 // 연변교육. - 1982,(4). - 7 - 9

6826 취미와 지망;간단한 지망측정법 // 대중과학. - 1982,(5). - 10 - 12

6827 지력발전에 대한 생각 / 남일성 // 연변교육. - 1982,(7). - 20 - 23

6828 로동교양의 내용과 과업 // 연변교육. - 1983,(2). - 56

6829 발견법 // 연변교육. - 1983,(3). - 54 - 55

6830 기억의 생리적기초와 학습에 대한 지도 / 김대사 // 연변교육. - 1983,(6). - 14 - 15

6831 ≪엄≫해야 함을 론함 / 리현수 // 연변교육. - 1983,(6). - 62 - 63

6832 교육적재능이란 무엇인가 // 연변교육. - 1983,(7). - 54

6833 목전의 교수에는 ≪5가지가 많고 5가지가 적다≫ // 연변교육. - 1983,(9). - 55

6834 교육의 여러가지 사회적공능 // 연변교육. - 1983,(10). - 44

6835 교육법칙에는 어떤 내용들이 포괄되는가 // 연변교육. - 1983,(11). - 51

6836 ≪입학생비률≫,≪온정된 학생비률≫,≪졸업생비률≫이란? // 연변교육. - 1983,(11). - 50

6837 ≪립체교육≫이란 무엇인가? // 연변교육. - 1983,(12). - 46

6838 까이로브와 잔꼬브의 교수원칙의 차별 //

연변교육. − 1984,(4). − 54 − 55

6839 개념의 정의방식 // 연변교육. − 1984,(5). − 50

6840 정의를 내리는 규칙 // 연변교육. − 1984,(6). − 52 − 53

6841 학생의 지능발전 / 구금숙 // 연변교육. − 1984,(6). − 15 − 16

6842 아동의 상상력배양 // 연변교육. − 1984,(7). − 50 − 51

6843 아동의 창조성적사유능력 배양 // 연변교육. − 1984,(7). − 52

6844 글을 대비적으로 읽히고 인간에 대하여 인식을 깊이 하게 하는 지도 / (일본)구로가와 미노루 // 연변교육. − 1984,(9). − 58 − 59

6845 ≪둘째류형의 수업≫을 조직하여 학생들의 지력발전을 촉진하자 / 기병남 // 연변교육. − 1984,(9). − 13 − 14

6846 ≪자신심≫의 작용 // 연변교육. − 1984,(9). − 54

6847 ≪둘째류형수업≫의 지위와 역할 / 리현수 // 연변교육. − 1984,(11). − 6

6848 학생들은 어떤 교양방법을 싫어하는가? / 신철호 // 연변교육. − 1985,(1). − 47

6849 쑤호무린스끼가 학생들의 사유력발전을 론함 / 요광지 // 연변교육. − 1985,(2). − 60 − 61

6850 쑤호무린스끼가 교원의 교수안준비를 론함 / (쏘련)B.와시렌꼬 // 연변교육. − 1985,(3). − 56 − 57

6851 현대교수론의 기본관점 // 연변교육. − 1985,(3). − 54

6852 아동들이 갖추어야 할 기본적인 도덕소양: 쑤호무린스끼의 아동도덕소양에 대한 간단한 소개 / 박실근 // 연변교육. − 1985,(5). − 7 − 9

6853 왕몽이 교육문제를 론함 − 어릴적부터 창조력을 배양하자 // 연변교육. − 1985,(6). − 57

6854 실내교수에는 참된 정신생활이 있어야한다:잔꼬브의 실내교수사상연구 / 뢰유평 // 연변교육. − 1985,(7). − 34 − 35

6855 두가지형식의 교수의 결합 / 최련향 // 연변교육. − 1985,(8). − 47 − 49

6856 교육의 악성적순환 // 연변교육. − 1985,(9). − 59

6857 교육이 ≪세가지를 대상해야 한다≫는데 대한 소견 // 연변교육. − 1985,(9). − 10 − 12

6858 ≪결정≫을 참답게 학습하고 적극적인 조치를 대여 의무교육을 실시하여야 한다 / 박인춘 // 연변교육. − 1985,(11). − 3 − 7

6859 현대교수리론발전의 특점과 추세 // 연변교육. − 1985,(11). − 51

6860 미래교육의 발전추향 // 연변교육. − 1985,(12). − 31

6861 추동력, 응집력, 정신적기둥 // 연변교육. − 1985,(12). − 9 − 11

6862 교수사상의 현대화 // 중국조선족교육. − 1986,(1). − 73 − 74

6863 사회정보와 학교교육 // 중국조선족교육. − 1986,(1). − 71

6864 중소학교 교수원리 / 류문수;왕광우 편집 // 중국조선족교육. − 1986,(1). − 67 − 68

6865 계통론, 정보론, 조종론과 교육 / 리춘록 // 중국조선족교육. − 1986,(2). − 14 − 16

6866 소학생들의 창조적사유의 주요한 특징 // 중국조선족교육. − ,1986(2). − 71

6867 비지능적요소를 키우는데 중시를 돌려야 한다 // 중국조선족교육. − 1986,(3). − 72

6868 중학생들의 지력을 발전시키려면 // 중국조선족교육. − 1986,(3). − 72

6869 학부형교육학 / 쑤호믈린스끼 // 중국조선족교육. − 1986,(3). − 78 − 80

6870 기억력을 키우는 몇가지 방법 // 조선어문. − 1986,(4). − 62 − 63

6871 우리 나라 교육의 10대 위기 // 중국조선족교육. − 1986,(5). − 71 − 72

6872 소학교원 자습자답시험문제:조선어문부분 // 중국조선족교육. − 1986,(6). − 15 − 19

6873 전통적교육과 현대적교육 // 중국조선족교육. − 1986,(6). − 68 − 69

6874 ≪지식의 폭발≫과≪지식의 로쇠화≫란 사이비한 개념이다 // 중국조선족교육. − 1986,(9). − 79 − 80
6875 교수사상을 바로 잡고 교수의 기본기능훈련을 강화하자 / 김재률 // 중국조선족교육. − 1986,(10 − 11). − 3 − 4
6876 천가구교수 기초교육을 론함 // 중국조선족교육. − 1986,(10 − 11). − 155
6877 교실수업에서의 귀한 정보를 정확히 처리해야 한다 / 관국보 // 중국조선족교육. − 1987,(2). − 55
6878 교육사상이 바르지 못하게 되는 원인 // 중국조선족교육. − 1987,(2). − 75 − 76
6879 교육사상이 바르지 못한것과 일방적으로 진학률을 추구하는것 // 중국조선족교육. − 1987,(2). − 75
6880 학생의 책상자리와 대뇌의 사유 // 중국조선어문. − 1987,(3). − 59
6881 교원의 주도적역할을 부정하는 론점에 대한 분석 // 중국조선족교육. − 1987,(4). − 79 − 80
6882 무엇때문에 교원의 자녀들은 그 대다수가 학업성적이 수수한가 // 중국조선족교육. − 1987,(4). − 80
6883 전통교수론과 현대교수론 / 리춘록 // 중국조선족교육. − 1987,(4). − 9 − 10
6884 민족교육과 민족교육학 / 강영덕 // 중국조선족교육. − 1987,(5). − 16 − 17
6885 소학교원 자습자답시험 교육학참고답안 // 중국조선족교육. − 1987,(5). − 9 − 13
6886 학생들에게 론리적사유력을 키워주기 위하여 / 김영자 // 중국조선족교육. − 1987,(5). − 51 − 52
6887 까일로브의 ≪기본지식≫론과 부르너의≪기본구조≫론의 공통점과 구별점 // 중국조선족교육. − 1987,(7 − 8). − 155
6888 ≪연변조선족교육사≫ / 민교문 // 중국조선족교육. − 1987,(7 − 8). − 159 − 160
6889 지력발전에 관한 디즈테르베그의 관점을 론함 / 주국인 // 중국조선족교육. − 1987,(9). − 77 − 80
6890 초중교원 자습자답시험문제 // 중국조선족교육. − 1987,(9). − 7 − 16
6891 까이로브가 책임지고 편집한 ≪교육학≫에 대한 재평가 / 진병문 // 중국조선족교육. − 1987,(10). − 13 − 16
6892 너무 일찍 입학하면 해로운 점이 더 많다 // 중국조선족교육. − 1987,(10). − 72
6893 전통적교수론에 대한 분석 / 림봉산 // 중국조선족교육. − 1987,(11). − 13
6894 낡은 제마, 새로운 탐구:인재시교에 대한 천박한 견해 / 오건침 // 중국조선족교육. − 1988,(1). − 10 − 11
6895 잔꼬브의 교수론사상 / 원예악 // 중국조선족교육. − 1988,(4). − 78 − 79
6896 하급학년생들의 발산적사유력을 키우기 위한 훈련 / 강철송 // 중국조선족교육. − 1988,(4). − 51 − 55
6897 교수경험의 리론화문제 / 류남현 // 중국조선족교육. − 1988,(5). − 13 − 15
6898 합작교육학 // 중국조선족교육. − 1988,(5). − 78 − 80
6899 교육연구에서 ≪배우는것≫에 대한 연구를 중요시해야 한다 // 중국조선족교육. − 1988,(6). − 73 − 74
6900 소학교원 교육학학습문답 // 중국조선족교육. − 1988,(6). − 20
6901 언어훈련과 창조성교양에 대하여 / 륙계춘 // 중국조선족교육. − 1988,(7). − 29 − 31
6902 국내외의 다섯가지 교수법 // 중국조선족교육. − 1988,(8). − 73
6903 사유력을 키우는 방법 / 팽숙분 // 중국조선족교육. − 1989,(4). − 46 − 49
6904 꼬로치꼬부교수 합작교육에 대해 담화를 발표 // 중국조선족교육. − 1989,(7 − 8). − 37 − 39
6905 대 교육관 // 중국조선족교육. − 1989,(7 − 8). − 149 − 150

6906 ≪대 교육≫관념 // 중국조선족교육. – 1989,(7 – 8). – 149

6907 잔꼬브의 ≪정도를 높여 교수를 진행하는≫원칙을 평함 / 우광원 // 중국조선족교육. – 1989,(9). – 77 – 79

6908 목하 국외의 3대 교수파벌 // 중국조선족교육. – 1989,(11). – 73

6909 교원자질제고를 틀어쥐고 교수질을 높였다 / 한일 // 중국조선족교육. – 1990,(1 – 2). – 5 – 6

6910 교육목표분류학:제1분책 지식령역 / (미국)BS 브룸 등 편찬 // 중국조선족교육. – 1990,(1 – 2). – 132 – 134

6911 ≪사생합작교수법≫ / 진화화 // 중국조선족교육. – 1990,(3). – 78 – 80

6912 목하 우리 나라 수학교육의 발전추세 / 봉량의 // 중국조선족교육. – 1990,(6). – 56 – 58

6913 지력요소와 비지력요소에 대하여 / 김영주 // 중국조선족교육. – 1990,(6). – 8 – 9

6914 우리 나라 중소학교 교수모식에 대한 시험적탐구 / 오야현 // 중국조선족교육. – 1990,(7 – 8). – 38 – 41

6915 기초교육개념에 대한 인식 / 등순 // 중국조선족교육. – 1990,(12). – 22 – 23

G41 사상정치교육, 덕육

6916 어떻게 학생에 대한 자각적규률교육을 진행하였는가? / 최금덕 // 교육통신. – 1954,(1). – 13 – 15

6917 목전 학생사상정황 보고 // 교육통신. – 1954,(3). – 15 – 16

6918 우리는 어떻게 정치 학습을 령도하였는가? // 교육통신. – 1954,(3). – 13 – 14

6919 학습을 잘하려면 단독공작을 잘해야 한다 / (쏘련)뿌쉬낀 // 교육통신. – 1954,(3). – 32 – 38

6920 단 3중 총지에서 사상정치교육을 진행한 몇개 경험 / 한원철 // 교육통신. – 1954,(4). – 10 – 12

6921 소선대공작에서의 초보적경험 / 배태률;심형철 // 교육통신. – 1954,(4). – 13 – 14

6922 총로선학습을 더욱 심입하여 애국주의교육을 잘 진행하자 / 권태준 // 교육통신. – 1954,(4). – 5 – 7

6923 로동을 사랑하자 / 김철범 // 소년아동. – 1954,(5). – 5 – 6

6924 룡정 제1초중 졸업반학생들의 사상동태와 금후 교육에 관한 몇개 의견 // 교육통신. – 1954,(5). – 20 – 21

6925 중,소학교에서 로동교육을 진행할데 관한 문제 // 교육통신. – 1954,(5). – 1 – 4

6926 고중졸업생의 승학에 관한 사상교양을 진행할데 대한 통지 // 교육통신. – 1954,(6). – 4 – 5

6927 공산주의도덕의 정신으로 젊은 세대들을 교양할데 관한 문제와 이.웨.쓰딸린 / 느.이.볼드레브 // 교육통신. – 1954,(6). – 6 – 12

6928 졸업반학생의 사상동태에 근거하여 어떻게 교육하였는가 / 황영욱 // 교육통신. – 1954,(6). – 19 – 20

6929 학생들에게 집단주의교양을 진행한 약간한 경험 // 교육통신. – 1954,(6). – 21 – 23

6930 로동생산에 참가하는것은 광명하고 원대한 전도가 있다 // 소년아동. – 1954,(7). – 3 – 4

6931 학생들에 대한 방간반특의 교양 // 교육통신. – 1956,(3). – 11 – 14

6932 락관정서를 신속히 극복하고 졸업생에 대한 사상교양을 강화하자 // 교육통신. – 1956,(6). – 5

6933 연길시제2초중에서 정치사상교양과 기본생산기술교육을 진행한 정황 // 교육통신. – 1956,(6). – 39 – 44

6934 ≪세폭의 붉은기≫가 아동들의 심령에서 휘날리게 하자 / 왕용은 // 교육통신. – 1960,(1). – 17 – 18

6935 학생들에 대한 공산주의 도덕 품질 교양 사업에서 얻은 약간한 체득 / 심 영철 // 연변. – 1962,(11). – 26 – 27

6936 승학과 로동 / 김해연 // 연변. – 1963,(6). – 26 – 27

6937 인민 교사의 령혼을 빛나게 하는 등탑 / 곽제신 // 연변. – 1963,(11). – 9

6938 학생들에게 계급 교육을 강화하여야 한다 / 리광림 // 연변. – 1963,(12). – 14 – 15

6939 학습 분위기와 정치 분위기 / 리근중 // 연변. – 1963,(12). – 10 – 11

6940 청소년들에 대한 공산주의도덕교양을 강화하자 / 최수산 // 연변교육. – 1980,(2). – 8 – 10

6941 청소년들을 정확하게 인도해야 한다:인도영화 《류랑자》를 두고 / 김진석 // 연변교육. – 1980,(3). – 7 – 8

6942 졸업생에 대한 사업을 잘하자 / 리용눌 // 연변교육. – 1980,(4). – 2 – 4

6943 《후진생》교양에 대한 소감 / 김진석 // 연변교육. – 1980,(6). – 15 – 16

6944 신시대의 청소년사상품성교양문제 / 박동춘 // 연변교육. – 1980,(9). – 2 – 6

6945 학교에서의 정치사상사업에 대한 몇가지 의견 // 연변교육. – 1980,(10). – 2 – 5

6946 봉건주의의 유령을 쓸어버리자 / 사엽신;오이업 // 연변교육. – 1980,(11). – 9 – 12

6947 《실족》한 녀학생을 구해내였다 / 김종남 // 연변교육. – 1980,(11). – 8

6948 정치사상교양의 과정과 원칙 / 한진옥 // 연변교육. – 1980,(11). – 17 – 20

6949 청소년들의 특점을 장악하여 학생들에 대한 사상정치사업을 잘하자 / 양점전 // 연변교육. – 1980,(11). – 2 – 4

6950 중소학교학생들에게 미육교양을 잘하여야 한다 / 리광수 // 연변교육. – 1981,(1). – 6 – 7

6951 공산주의도덕교양을 강화하자 / 김재률 // 연변교육. – 1981,(3). – 5 – 8

6952 조선족청소년교양의 과학화를 론함 / 정연호 // 연변교육. – 1981,(4). – 9 – 13

6953 우리는 어떻게 학생들에게 애국주의교양을 진행하였는가 / 팽일만 // 연변교육. – 1981,(6). – 5 – 8

6954 품성도 학습도 몸단련도 뢰봉식으로 / 리송수 // 연변교육. – 1981,(6). – 3 – 4

6955 정치사상사업의 견강한 보루:연변1중 5학년 8반 단지부의 두세가지 일 / 김진길 // 연변교육. – 1981,(7). – 3 – 4

6956 해이하고 연약한 상태를 극복하고 학교의 사상정치교양사업을 강화,개선하자 // 연변교육. – 1981,(12). – 3 – 7

6957 학위제사업에 관하여서와 학교에서의 사상정치교양사업을 강화할데 대한 보고 // 연변교육. – 1982,(1). – 3 – 7

6958 학생들에 대한 로동교양을 강화하자 / 류주봉 / 연변교육. – 1982,(2). – 21

6959 공산주의도덕교양을 강화하였다 // 연변교육. – 1982,(3). – 10

6960 사상교양을 조포하게 해서는 효과를 볼수 없다 / 정성철 // 연변교육. – 1982,(4). – 5

6961 사상정치사업을 강화 / 신영복 // 연변교육. – 1982,(11). – 10 – 12

6962 글을 가르치는 문제와 사람을 육성하는 문제에 관하여 / 반포존 // 연변교육. – 1982,(12). – 29 – 31

6963 혁명적리상교육을 벌려 공산주의 새 사람을 육성 / 조개령 등 // 동북민병. – 1982,(16). – 5 – 7

6964 사상교양도 《예방》을 위주로 해야 한다 / 리혜성 // 연변교육. – 1983,(2). – 7 – 8

6965 《최우수소대》활동은 좋다 / 박경희 // 연변교육. – 1983,(3). – 14 – 16

6966 소선대지도원 좌담 // 연변교육. – 1983,(6). – 5 – 7

6967 공청단이 소년선봉대를 이끄는 전통을 발양하여 // 연변교육. – 1983,(7).4 – 6 –

6968 범죄심리와 학생교양 / 오용식 // 연변교육. – 1983,(7). – 10 – 12

6969 아동들의 도덕품성의 형성과정 및 교양 / 강철송 // 연변교육. – 1983,(7). – 7 – 9

6970 유익한 활동,초보적인 성과 / 리춘혁 // 연변교육. – 1983,(8). – 7 – 9

6971 교수질제고에서 노는 세계관교양의 역할 // 연변교육. – 1983,(10). – 44 – 45

6972 사상정치사업을 강화함으로써 학교의 각항 사업을 추진시키자 // 중국조선족교육. – 1983,(11). – 5

6973 애국주의교양을 억세게 틀어쥐고 잘 틀어쥐자 / 한영렬 // 연변교육. – 1983,(12). – 7 – 8

6974 도덕교양에 관한 몇가지 요구 / (쏘련)쑤호무린스끼 // 연변교육. – 1984,(1). – 52

6975 어린이들을 선의적으로 대하여야 한다 // 연변교육. – 1984,(1). – 51

6976 사유품성의 배양 // 연변교육. – 1984,(2). – 60

6977 사상분야에 어떤 정신적오염들이 나타났는가 // 연변교육. – 1984,(3). – 48

6978 성지식교양과 성도덕교양을 강화해야 한다 // 연변교육. – 1984,(3). – 49

6979 새학기 공청단, 소선대 사업에 대하여 / 신봉철 // 연변교육. – 1984,(3). – 7 – 8

6980 어떻게 로동을 사랑하게끔 학생들을 교양할것인가 / (쏘련)쑤호무린스끼 // 연변교육. – 1984,(3). – 50 – 53

6981 사상정치사업을 강화하여 정신적오염을 배격하였다 // 연변교육. – 1984,(4). – 5 – 6

6982 애국주의교양을 더욱 깊이있게, 더욱 구체적으로 진행하자 / 김재률 // 연변교육. – 1984,(4). – 3 – 4

6983 학교는 영원히 견정하고 정확한 정치방향을 첫자리에 놓아야 한다 / 리송수 // 연변교육. – 1984,(5). – 3 – 4

6984 조선어문교수와 애국주의교양 / 김미자 // 연변교육. – 1984,(7). – 19 – 20

6985 력사교수와 애국주의교양 / 서덕교 // 연변교육. – 1984,(9). – 37 – 39

6986 새로운 력사시기의 중학생의 사상특점 / 리의여;토조위;우정 // 연변교육. – 1984,(11). – 39 – 41

6987 사상정치교양과 지력자원개발 / 위수생 // 연변교육. – 1984,(12). – 9 – 11

6988 애국주의교양을 변강어린이들의 특점에 맞게 / 박경희 // 연변교육. – 1984,(12). – 3

6989 마땅히 갖추어야 할 사유적품성 // 연변교육. – 1985,(1). – 61

6990 엽성도 사람들의 모범이 되는 문제를 론함 // 연변교육. – 1985,(2). – 55

6991 학생회사업경험 / 리종옥;조성웅 // 연변교육. – 1985,(4). – 3 – 4

6992 21세기를 대상하여 공산주의 새 세대를 힘써 양성하자 / 조성웅 // 연변교육. – 1985,(6). – 3 – 4

6993 학급간부를 어떻게 양성할것인가 / 리영덕 // 연변교육. – 1985,(6). – 5

6994 소선대지도원의 창조적정신의 기본특징 // 연변교육. – 1985,(10). – 59 – 60

6995 사랑과 신임은 가장 훌륭한 교양이다 / 최정옥 // 연변교육. – 1985,(12). – 49 – 51

6996 사상교양사업에 어떤 ≪좌≫적영향과 낡은 관념이 존재하고있는가? // 중국조선족교육. – 1986,(1). – 72 – 73

6997 학교의 사상정치사업을 강화하고 개선하자 / 리정문 // 중국조선족교육. – 1986,(3). – 5 – 7

6998 리상교양은 하나의 계통적인 공사이다 // 중국조선족교육. – 1986,(4). – 65

6999 새로운 시기 학교의 공청단사상정치사업을 어떻게 진행할것인가 / 김상철 // 중국조선족교육. – 1986,(5). – 3

7000 ≪구슬≫을 ≪보배≫로 되게 하려면 / 리영조 // 중국조선족교육. – 1986,(7). – 135 – 136

7001 학생들의 사상발전변화의 새로운 특점 // 중국조선족교육. – 1986,(9). – 79

7002 사상교양에서도 정확한 교육사상을 세워야 한다 // 중국조선족교육. – 1986,(10 – 11). – 156

7003 사상정치교양에서 취해야 할 몇가지 방법 / 최광준 // 중국조선족교육. – 1987,(1). – 9 – 11

7004 도덕교양에서도 능력배양에 류의해야 한다

/ 리만금 // 중국조선족교육. – 1987,(6). – 10 – 13
7005 사상품성교양을 개진한 몇가지 경험 // 중국조선족교육. – 1987,(7 – 8). – 6 – 8
7006 새로운 시기 학교의 사상정치교양사업에 대하여 / 조영춘 // 중국조선족교육. – 1987,(7 – 8). – 11 – 15
7007 우리는 어떻게 4가지 기본원칙을 견지하고 자산계급자유화를 반대하는 선전교양활동을 전개하였는가 / 김진권 // 중국조선족교육. – 1987,(7 – 8). – 3 – 5
7008 중국조선족의 교육전통과 혁명전통에 대하여 / 조원섭; 박상렬 // 중국조선족교육. – 1987,(9). – 20
7009 청춘기교양을 시험적으로 진행 / 량미성 // 중국조선족교육. – 1987,(9). – 58 – 60
7010 근공검학은 사회주의교육의 중요한 구성부분이다 // 중국조선족교육. – 1987,(12). – 78
7011 로동교양은 소학교로부터 대학에 이르기까지 모두 틀어쥐여야 한다 // 중국조선족교육. – 1988,(1). – 19 – 20
7012 중소학교학생들에게 간고소박한 사상교양을 강화해야 한다 // 중국조선족교육. – 1988,(1). – 73
7013 학생들을 이끌어 잘못을 고치게 하는데서 틀어쥐여야 할 4개 고리 // 중국조선족교육. – 1988,(1). – 74
7014 새로운 시기 학교의 사상정치사업을 강화할데 대하여 / 장길송 // 중국조선족교육. – 1988,(4). – 10 – 12
7015 《사회주의초급단계》에 관한 리론교양 / 장경동 // 중국조선족교육. – 1988,(5). – 30 – 31
7016 중학생들과의 담화기교를 두고 / 최영 // 중국조선어문. – 1988,(5). – 31 – 33
7017 아동,청년기의 성문제 / (일본)후지모도 쥰산 // 중국조선족교육. – 1988,(6). – 70 – 72
7018 중학생련애에서 본 심리적약점과 청춘기심리건강교양 / 박룡수 // 중국조선족교육. – 1988,(6). – 68 – 69
7019 학교의 사상정치사업을 잘 틀어쥘데 대한 몇개 문제 / 장길송 // 중국조선족교육. – 1988,(6). – 8 – 9
7020 중소학교사상정치교양사업을 가일층 강화하고 개선하자 / 김광수 // 중국조선족교육. – 1988,(9). – 6 – 7
7021 중소학교의 덕육사업을 강화하고 개선하자 // 중국조선족교육. – 1988,(9). – 7 – 9
7022 개혁,개방의 새로운 정세에 수응하여 사상정치사업의 새로운 길을 모색 탐구하였다 / 차철주 // 중국조선족교육. – 1988,(10). – 8 – 10
7023 도량이 넓은 사람이 되자 // 소년아동. – 1988,(12). – 68 – 69
7024 표현으로 인사할때 // 소년아동. – 1988,(12). – 70 – 71
7025 중소학덕육사업을 가일층 강화하자 / 장영식 // 중국조선족교육. – 1989,(5). – 3 – 4
7026 민주주의의식과 비권력요소문제 / 김충섭 // 중국조선족교육. – 1989,(7). – 19
7027 영화교양에 충분한 중시를 돌려야 한다 / 장영식 // 중국조선족교육. – 1989,(7). – 30 – 31
7028 덕육은 전방위적모순에 직면하였다 // 중국조선족교육. – 1989,(9). – 75
7029 어문교수에서의 사상교양의 세가지 특점 / 맹서성 // 중국조선족교육. – 1989,(12). – 28 – 30
7030 민족자아의식과 그에 대한 교양 / 강영덕 // 중국조선족교육. – 1990,(1 – 2). – 12 – 13
7031 뢰봉,뢰녕을 따라배우는 활동을 활발히 벌리자 / 김영주 // 중국조선족교육. – 1990,(5). – 5 – 6
7032 전국의 청소년 모두가 뢰봉동지를 따라배우자 / 양상곤 // 중국조선족교육. – 1990,(5). – 3 – 4
7033 《3애》교양에 대하여 / 리흥길 // 중국조선족교육. – 1990,(6). – 10 – 11
7034 새세대의 양성사업을 잘 틀어쥐였다 / 원국벽 // 중국조선족교육. – 1990,(6). – 4 – 5
7035 어떻게 수학교수에 사상품성교양을 침투

시킬것인가 / 장옥순 // 중국조선족교육. - 1990,(6). - 40 - 41

7036 직업학교의 특점에 좇아 사상정치교양을 진행 / 장결 // 중국조선족교육. - 1990,(6). - 17 - 18

7037 학습에서 뒤떨어지면? // 소년아동. - 1990,(6). - 51

7038 행위규범지도를 이렇게 / 장백록 // 중국조선족교육. - 1990,(6). - 21 - 22

7039 사상품성교양에서 학생들의 수요와 그 조절 / 류하수 // 중국조선족교육. - 1990,(9). - 7 - 8

7040 인식을 높이고 령도를 강화하여 중소학덕육사업의 새로운 국면을 열어놓자:전주 중소학덕육사업회의에서 한 엄증국부주장의 연설(발취) // 중국조선족교육. - 1990,(9). - 3 - 6

7041 중소학덕육사업을 개선, 강화할데 관한 몇가지 조치 / 황창수 // 중국조선족교육. - 1990,(11). - 23 - 26

7042 지육과 덕육의 호상 침투문제 / 리만금 // 중국조선족교육. - 1990,(11). - 27 - 28

7043 사상품성교양에서의 감화의 의의와 작용 / 장선희;천홍범 // 중국조선족교육. - 1990,(12). - 34

G42 교수리론

7044 수업준비를 잘하여 표준있게 교수하며 표준에 의거하여 학생의 지식질량을 정확하게 평정하자 / 권태준 // 교육통신. - 1954,(1). - 10 - 12

7045 교원을 단결하고 질량을 제고시켜 교수를 개진한 경험 // 교육통신. - 1954,(2). - 4 - 7

7046 상반년 과외활동을 진행한 초보 성적 및 경험 / 강수원 // 교육통신. - 1954,(2). - 40 - 43

7047 쏘련선진교육경험을 학습하여 반주임사업을 개진한 약간의 수확 // 교육통신. - 1954,(2). - 37 - 40

7048 나는 신교재를 강수하기전에 어떻게 문제를 제기하였는가? // 교육통신. - 1954,(3). - 39 - 44

7049 수업준비에 대한 총결 // 교육통신. - 1954,(3). - 24 - 26

7050 신교원의 교수질량제고를 위하여 진행한 약간의 경험 // 교육통신. - 1954,(3). - 6 - 8

7051 학기중간 수업준비 총결 // 교육통신. - 1954,(3). - 22 - 23

7052 선진교육경험을 학습하여 학교사업을 개진한 약간의 수확 / 김창걸 // 교육통신. - 1954,(5). - 27 - 29

7053 전국 중등교육회의 정신을 학습한 몇가지 초보체득 / 박병섭 // 교육통신. - 1954,(5). - 16 - 19

7054 교도공작중에서 얻은 초보체험 / 방주헌 // 교육통신. - 1954,(6). - 25 - 26

7055 어째서 교육과 교수과정에 있어서 아동의 흥미를 돌봐야 하는가?이와《아동중심주의》교육주장과 어떤 다른 점이 있는가? // 교육통신. - 1956,(3). - 48 - 49

7056 발취교재 취급에 대한 몇가지 문제 / 원시희 // 교육통신. - 1956,(4). - 28 - 30

7057 학생의 사유계발을 중심으로하여 교수방법을 개진한 경험 / 리상선 // 교육통신. - 1956,(4). - 34 - 36

7058 12년교육사업 원경규획 // 교육통신. - 1956,(6). - 2 - 4

7059 사자를 배양 제고하여 교학질량을 제고 / 진보평;안상준 // 교육통신. - 1960,(1). - 11 - 12

7060 업여교육을 힘써 틀어쥔 체득 // 연변교육. - 1980,(1). - 8 - 10

7061 집합론초보지식 및 중소학교 수학교과서에서의 그의 침투 / 최인묵 // 연변교육. - 1980,(2). - 22 - 26

7062 교수과정과 인식과정 / 허청선 // 연변교육. - 1980,(3). - 9 - 12

7063 아동들의 상상능력의 발전과 배양문제에 관하여 / 신동욱 // 연변교육. - 1980,(3). - 13 - 15

7064 아동들의 사유 및 언어의 발전에 대하여 /

신동욱 // 연변교육. − 1980,(4). − 12 − 14
7065 지식을 배우는것과 능력발전 / 정연호 // 연변교육. − 1980,(4). − 15 − 16
7066 교수방법과 그의 응용 / 천홍범 // 연변교육. − 1980,(7). − 17 − 20
7067 수업시간내의 생활 / (쏘련)레.브.잔꼬브 // 연변교육. − 1980,(9). − 56 − 58
7068 수업과 그에 대한 요구 / 천홍범 // 연변교육. − 1980,(9). − 11 − 13
7069 머리를 쓸수록 좋아진다 / 김종국 // 연변교육. − 1980,(10). − 63
7070 학생의 능력배양에 관하여 / 로석련 // 연변교육. − 1980,(11). − 21 − 23
7071 복술지도를 잘하려면… / 손창석 // 연변교육. − 1980,(12). − 19 − 20
7072 교수과정에서 학생의 사유능력을 발전시키자 / 황하석 // 연변교육. − 1981,(1). − 42 − 44
7073 능력배양에 착안점을 두고 / 강응천 // 연변교육. − 1981,(2). − 36 − 37
7074 학생성적을 전면적으로 검사하고서 / 김지복;송영철 // 연변교육. − 1981,(4). − 12 − 15
7075 관찰능력을 배양하자 / 주창권 // 연변교육. − 1981,(8). − 10 − 12
7076 한시간의 수업을 어떻게 잘할것인가 / 려이현 // 연변교육. − 1981,(8). − 13 − 15
7077 알맹이지식을 가르치고 많이 련습시켜야 한다 / 전운봉 // 연변교육. − 1981,(9). − 17 − 18
7078 확률론초보지식과 그의 교수 / 최인묵 // 연변교육. − 1981,(12). − 43 − 47
7079 강독교수에서의 몇가지 상용적방법 / 리수범 // 연변교육. − 1982,(1). − 18 − 19
7080 교수참관상식 / 전충록 // 연변교육. − 1982,(2). − 33 − 34
7081 교수지도사상을 바로잡고 교수질을 제고시켰다 // 연변교육. − 1982,(4). − 12 − 13
7082 교수방법을 개진하기에 힘썼다 / 강응천 // 연변교육. − 1982,(5). − 30 − 33
7083 교수사업을 강화 / 조영춘 // 연변교육. − 1982,(5). − 11 − 13
7084 ≪발견법≫을 수학교수에 적용한 약간의 체득 / 류경자 // 연변교육. − 1982,(5). − 32 − 35
7085 빠반스끼 열가지 교수원칙을 론함 / 왕의고 // 연변교육. − 1982,(5). − 57 − 59
7086 교수가운데서 뇌생리위생의 원칙을 준수해야 한다 / 김대사 // 연변교육. − 1982,(9). − 36 − 38
7087 학생의 사유기능을 충분히 발휘시키자 / 최준 // 연변교육. − 1982,(10). − 33
7088 과정안을 어떻게 짤것인가 // 연변교육. − 1982,(11). − 60
7089 학습성적을 대비평가하는 활동을 벌리지 말자 / 박창극 // 연변교육. − 1982,(12). − 63
7090 계발식담화 // 연변교육. − 1983,(1). − 43 − 44
7091 교수조직에 대하여 / 박금룡 // 연변교육. − 1983,(1). − 12 − 14
7092 구역별연구수업은 좋은 점이 많다 / 전운봉 // 연변교육. − 1983,(1). − 63
7093 독서능력의 배양을 지력발전과 결합시켜야 한다 / 고혜영;마봉명 // 연변교육. − 1983,(1). − 40 − 42
7094 우리는 어떻게 교수관리를 강화하였는가 / 리옥매 // 연변교육. − 1983,(1). − 9 − 11
7095 ≪교수안재검열≫에 대하여 // 연변교육. − 1983,(3). − 57
7096 교육질을 높이려면… // 연변교육. − 1983,(3). − 9 − 11
7097 사유능력의 배양에 대하여 / 주창권 // 연변교육. − 1983,(3). − 17 − 18
7098 새학기사업계획(초안) // 연변교육. − 1983,(3). − 11 − 13
7099 소학교교육사업을 개선,강화할데 대하여 / 한영렬 // 연변교육. − 1983,(3). − 3 − 5
7100 이런 훈계방법은 삼가해야 한다 // 연변교육. − 1983,(6). − 58 − 59
7101 복식교수에서는 시간을 더욱 아껴야 한다 // 연변교육. − 1983,(7). − 54

7102 옛이야기의 특점과 그 교수에서 주의할 점들 / 전복록 // 연변교육. - 1983,(7). - 51 - 52
7103 6가지 기억방법 // 연변교육. - 1983,(7). - 55
7104 주입식교수방법을 개혁하자 / 려숙상 // 연변교육. - 1983,(7). - 50 - 51
7105 학습내용은 일정한 정도로 어려워야 한다 // 연변교육. - 1983,(7). - 55
7106 강의기교 // 연변교육. - 1983,(8). - 52
7107 례제교수에서 세가지를 경계해야 한다 // 연변교육. - 1983,(8). - 52 - 53
7108 ≪5개 고리≫에 속박되여서는 안된다 // 연변교육. - 1983,(8). - 53
7109 가장 훌륭한 실내수업방식 // 연변교육. - 1983,(9). - 55
7110 교수사업에서 지식전수와 지력발전을 틀어쥘데 대하여 / 최집길 // 연변교육. - 1983,(9). - 10 - 12
7111 창발력을 발전시키는 10개 요점 // 연변교육. - 1983,(9). - 54
7112 교수에서 ≪도급제≫의 방법을 그대로 옮겨다 써서는 안된다 // 연변교육. - 1983,(10). - 44
7113 수업시간의 언어예술에 중시를 돌리자 // 연변교육. - 1983,(10). - 45
7114 물음설정에서 주의할 몇가지 / 남일성 // 연변교육. - 1983,(11). - 16 - 17
7115 실내수업의 류형에 대한 연구 // 연변교육. - 1983,(12). - 46
7116 어떻게 심리학을 응용하여 한시간의 수업을 분석할것인가? // 연변교육. - 1983,(12). - 47
7117 교수개혁에서의 새로운 경로 // 연변교육. - 1984,(1). - 50
7118 ≪발견법≫을 적용한 정황과 약간의 체득 / 손창석 // 연변교육. - 1984,(1). - 26 - 28
7119 ≪5단교수법≫을 령활하게 응용하자 // 연변교육. - 1984,(1). - 51
7120 우리는 아이의 지력을 개발하는데 관심을 돌렸다 // 연변교육. - 1984,(1). - 50
7121 과정표를 작성한 체득 / 두사선 // 연변교육. - 1984,(2). - 10 - 11
7122 어떻게 학생들의 학습흥취를 배양할것인가 / 진광애 // 연변교육. - 1984,(2). - 48 - 49
7123 우리 나라의 특색을 구현하는 교수원칙 // 연변교육. - 1984,(2). - 60
7124 학습의 주동권을 학생에게 주어야 한다 / 라순숙 // 연변교육. - 1984,(2). - 23 - 24
7125 교수수기를 잘 쓰자 // 연변교육. - 1984,(3). - 49
7126 성적을 발양하고 계속 전진하자 / 박승일 // 연변교육. - 1984,(3). - 3 - 5
7127 자습능력을 위한 한차례의 수업 / 엄룡국 // 연변교육. - 1984,(3). - 58 - 59
7128 과내외에서 무엇을? 어떻게? // 연변교육. - 1984,(4). - 1 - 32
7129 교수과정에서 어떻게 학생들의 주의를 집중시킬것인가 / 리한성 // 연변교육. - 1984,(4). - 10 - 11
7130 어떻게 기억력을 증강할것인가 // 연변교육. - 1984,(4). - 54 - 55
7131 가장 우월한 실내수업구성:소학교교수개혁동태 // 연변교육. - 1984,(5). - 48
7132 교수에서의 귀환에 대하여 // 연변교육. - 1984,(5). - 49
7133 교수의 두번째 경로를 개척 // 연변교육. - 1984,(5). - 48 - 49
7134 강의할 때 삼가해야 할 열가지 // 연변교육. - 1984,(6). - 54
7135 교수사업의 시대적요구와 당면 실제정황에 대한 소감:≪과내외에서 무엇을? 어떻게?≫를 읽고서 / 주예화 // 연변교육. - 1984,(6). - 47
7136 교수후기에 대한 생각 / 김무길 // 연변교육. - 1984,(6). - 45 - 46
7137 ≪수업을 시작≫하는 열가지 방법 // 연변교육. - 1984,(6). - 55
7138 학문연구에 관한 건의 // 연변교육. - 1984,(6). - 54 - 55
7139 ≪공개수업≫을 두고 / 한룡삼 // 연변교육.

－1984,(7).－46－47

7140 교육법칙에 맞게…:≪과내외에서 무엇을? 어떻게?≫를 학습하고서 / 김영자 // 연변교육.－1984,(7).－49

7141 지력과 지력시험 // .연변교육.－1984,(7).－57－58

7142 교풍의 작용과 배양 // 연변교육.－1984,(8).－54

7143 노릴점을 틀어쥐고 / 장창만 // 연변교육.－1984,(8).－22－24

7144 ≪실내수업질문≫에서는 제마음대로 하는 것을 극복해야 한다 // 연변교육.－1984,(8).－55

7145 우리가 취한 몇가지 조치 // 연변교육.－1984,(8).－8－9

7146 인격요소와 지력발전 / 연변교육.－1984,(8).－54

7147 칠판글의 제형식 / 허하룡 // 연변교육.－1984,(8).－47－49

7148 복습수업에서 어떤 례제와 련습문제를 선택하여 취급할것인가? // 연변교육.－1984,(9).－53－54

7149 시험문제를 내는데 대한 ≪3가지 요구≫ // 연변교육.－1984,(9).－55

7150 능력배양은 흥취로부터 시작된다 / 신춘자 // 연변교육.－1984,(10).－20－21

7151 가장 훌륭한 실내수업의 특점 // 연변교육.－1984,(11).－58

7152 실내수업의 구성미를 강구해야 한다 // 연변교육.－1984,(11).－59

7153 교수질분석을 어떻게 진행할것인가? // 연변교육.－1984,(12).－50

7154 교양방법의 네개 전변을 실현하자 // 연변교육.－1984,(12).－50

7155 목하 교수지도사상상에 존재하는 몇개 문제 / 림봉산 // 연변교육.－1984,(12).－4－5

7156 실내수업언어의 ≪일곱가지 성질≫ // 연변교육.－1984,(12).－51

7157 실내수업을 평가하는 표준 // 연변교육.－1984,(12).－51

7158 ≪열처리≫를 하지 말아야 한다 / 리혜성 // 연변교육.－1984,(12).－6

7159 현대적 교수관과 학생관이란? // 연변교육.－1984,(12).－50

7160 학교의 지도일군들은 참관을 할 때 어떤 점에 주의를 돌려야 하는가? // 연변교육.－1985,(1).－61

7161 능력의 개간지:숙제를 론함 / 김철석 // 연변교육.－1985,(2).－49－51

7162 도숙범의 가장 보귀한 경험 // 연변교육.－1985,(2).－55

7163 교수개혁을 둘러싸고 진행한 한차례의 교수연구 / 허하룡 // 연변교육.－1985,(3).－10－11

7164 교수방법을 개진하기 위한 한개 조치 / 박수신 // 연변교육.－1985,(3).－6－7

7165 교수법이 고비를 넘은 규준 // 연변교육.－1985,(3).－53－54

7166 교육을 적극 개혁하며 교수질을 힘써 높이자 / 박인훈 // 연변교육.－1985,(3).－3－5

7167 네가지 교수방법체계 // 연변교육.－1985,(3).－53

7168 법제과교수를 아동들의 심리적특성에 맞게 / 리인숙 // 연변교육.－1985,(3).－13

7169 ≪사유수업≫에 대한 초보적인 시험 / 현금옥 // 연변교육.－1985,(3).－43－44

7170 실내교수개혁중에서 / 정광호 // 연변교육.－1985,(3).－17

7171 실내수업개혁에서 제기되는 두개 문제 // 연변교육.－1985,(3).－52

7172 실내수업구성개혁과 자습능력의 배양 // 연변교육.－1985,(3).－53

7173 ≪세가지를 대상해야 한다≫는것과 중학교육개혁 // 연변교육.－1985,(3).－52

7174 화룡현 학령전교육개혁에 대하여 / 최정숙 // 연변교육.－1985,(3).－26

7175 과외활동의 원칙 // 연변교육.－1985,(4).－61

7176 실험가운데서 능력을 배양하여야 한다 //

연변교육.－1985,(4).－62

7177 학습에서의 성공과 실패 // 연변교육.－1985,(4).－60

7178 학생들이 지식을 축적하는 4개 단계 // 연변교육.－1985,(4).－60

7179 학생들의 학습흥취의 배양 // 연변교육.－1985,(4).－60

7180 기초가 박약한 학급에서도 ≪자습지도실험교수≫를 할수 있다 / 단혜약 // 연변교육.－1985,(5).－23－25

7181 ≪둘째류형수업≫을 개척함에 있어서 세개 관계를 잘 처리해야 한다 // 연변교육.－1985,(6).－56

7182 목하 실내수업구조개혁의 네가지 특점 // 연변교육.－1985,(6).－57

7183 변론수업:학생들의 지능을 발전시킬수 있는 일종 훌륭한 형식 // 연변교육.－1985,(6).－57

7184 실내교수에는 참된 정신적생활이 있어야 한다:잔꼬브의 실내교수사상연구 // 연변교육.－1985,(6).－8－9

7185 학생들을 련습시킬 때 주의해야 할 몇가지 // 연변교육.－1985,(6).－57

7186 교수기구사업을 강화하여 교수질제고를 위해 더 잘 복무하자 / 왕신범 // 연변교육.－1985,(7).－31－33

7187 교육사상을 바로 잡고 교수개혁을 추진하자 / 박기봉 // 연변교육.－1985,(7).－3－4

7188 단원교수법의 3개 고리 // 연변교육.－1985,(7).－56－57

7189 ≪둘째류형수업≫의 특점 // 연변교육.－1985,(7).－56

7190 어광원이 소학교부터 경제과를 설치하는 건의를 제기 // 연변교육.－1985,(7).－55－56

7191 교수개혁과 개척형인재의 배양 / 기병남 // 연변교육.－1985,(8).－3－41

7192 목전 실내수업구조개혁의 4개 특점 // 연변교육.－1985,(8).－52

7193 아동들의 사고력을 키워주기 위한 지도 / 오영식 // 연변교육.－1985,(8).－6－7

7194 자질향상의 6년간 / 정봉자 // 연변교육.－1985,(8).－55

7195 창조적교육의 교수원칙, 과정과 교재 // 연변교육.－1985,(8).－53

7196 기억의 법칙에 따라 학생들의 기억력을 높이자 / 손휘 // 연변교육.－1985,(9).－13－15

7197 농촌중학교개혁의 지도사상 // 연변교육.－1985,(9).－58

7198 장승선이 교육개혁을 론함 // 연변교육.－1985,(9).－58－59

7199 천진시 제58중학교에서 시험제도를 개혁 // 연변교육.－1985,(9).－58

7200 학생들이 문제를 많이 제기하도록 고무격려해야 한다 / 육룡 // 연변교육.－1985,(9).－64

7201 학생들의 창발성을 배양하기 위하여 // 연변교육.－1985,(9).－59

7202 교육개혁의 정신으로 생산실습을 잘 조직 / 박증술 // 연변교육.－1985,(10).－50

7203 기억의 법칙에 좇아 학생들의 기억력을 높이자 / 손효휘 // 연변교육.－1985,(10).－11－12

7204 복습에서 학생들에게 사유적품성을 키워줄 문제 / 필금순 // 연변교육.－1985,(10).－48－49

7205 수학계발식교수의 일곱가지 형식 // 연변교육.－1985,(10).－60

7206 교수시험을 중요시해야 한다 // 연변교육.－1985,(11).－51

7207 교수활동가운데서 참답게 학생들의 자습능력을 배양하자 / 김재률 // 연변교육.－1985,(11).－6－9

7208 창조력을 저애하는 다섯가지 큰 적 // 연변교육.－1985,(11).－52

7209 학생들에게 창조적사유력을 키워주기 위하여 / 려경의 // 연변교육.－1985,(11).－33－36

7210 실내교수에서의 물음의 제출 / 최경순 // 연변교육.－1985,(12).－52

7211 중소학과정의 개혁 // 연변교육.－1985,(12).－32

7212 중점학교는 ≪종신제≫를 실시할수 없다 // 연변교육. − 1985,(12). − 31 − 32

7213 천진시 남개중학교에서 시험제도를 개혁 // 연변교육. − 1985,(12). − 32

7214 ≪학생에 대하여 많이 연구하여야 합니다≫:특급교원 위서생방문기에서 // 연변교육. − 1985,(12). − 20 − 21

7215 강연의 다섯가지 기본류형 // 중국조선족교육. − 1986,(1). − 74

7216 ≪교원의 강의가 많은것이 아직도 주요한 문제입니다≫ // 중국조선족교육. − 1986,(1). − 35

7217 담임교원이 장악해야 할 학생에 관한 자료 // 중국조선족교육. − 1986,(1). − 73

7218 5개 절차의 교수법 // 중국조선족교육. − 1986,(1). − 73

7219 조선족중소학교 학제개혁에 대한 생각 / 남일성 // 중국조선족교육. − 1986,(1). − 14 − 16

7220 중소학교교원들은 교수연구에 참가하여야 한다 // 중국조선족교육. − 1986,(1). − 74

7221 학생들의 해답에 대한 교원의 귀환력을 높여야 한다 // 중국조선족교육. − 1986,(1). − 71

7222 수업중에서 학생들의 심리상태를 잘 틀어쥐자 / 박성실 // 중국조선족교육. − 1986,(2). − 64

7223 적극 조건을 창조하여 미형전자두뇌의 학습활동을 벌렸다 / 렴재성 // 중국조선족교육. − 1986,(2). − 56 − 57

7224 교육사업에 존재하는 문제 // 중국조선족교육. − 1986,(3). − 71

7225 개혁, 변법 교수에서 주어야 할 몇개 관점 / 배형진 // 중국조선족교육. − 1986,(3). − 47

7226 왕몽이 학생들의 창조력을 키우는 문제에 대하여 언급 // 중국조선족교육. − 1986,(3). − 73

7227 물음제기에서 삼가해야 할 4가지 // 중국조선족교육. − 1986,(4). − 67 − 68

7228 세가지를 똑똑히 강의하고 세가지에 모를 박고 세가지를 개변하는것 // 중국조선족교육. − 1986,(4). − 66

7229 진부한 재래의 사상과 교수방법을 개혁해야 한다 // 중국조선족교육. − 1986,(4). − 66

7230 통계초보의 교수에 대한 건의 / 최인묵 // 중국조선족교육. − 1986,(4). − 58 − 60

7231 학생들에게 창조적능력을 키워주는 방법 // 중국조선족교육. − 1986,(4). − 65

7232 학생의 창조력배양에 관하여 / 손효휘 // 중국조선족교육. − 1986,(4). − 20 − 22

7233 ≪둘째류형의수업≫,≪과외활동≫ 및 기타 / 임룡철 // 중국조선족교육. − 1986,(6). − 75 − 76

7234 어린이들의 학습열정을 압제하는 요소 // 중국조선족교육. − 1986,(6). − 69

7235 교수법개혁에서 실내수업구성을 연구 // 중국조선족교육. − 1986,(7). − 139

7236 ≪질문법≫에 관하여 // 중국조선족교육. − 1986,(7). − 64 − 67

7237 학생들에게 어떤 능력을 키워주어야 하는가? // 중국조선족교육. − 1986,(7). − 141

7238 ≪제2수업≫과 ≪제2경로≫ // 중국조선족교육. − 1986,(9). − 80

7239 학생들의 발산적사유력을 키우는데 모를 박고 / 김해순 // 중국조선족교육. − 1986,(12). − 52 − 53

7240 ≪자아경쟁≫과 후진학생교양 / 오영창 // 중국조선족교육. − 1987,(1). − 76

7241 진학률을 정확히 대하는것과 진학률을 일면적으로 추구하는것 // 중국조선족교육. − 1987,(1). − 73

7242 학생들의 사유가 령활성, 다면성을 가지게… / 백충렬 // 중국조선족교육. − 1987,(1). − 48 − 50

7243 교수능률을 높이기 위해 취한 몇가지 방법 / 김정자 // 중국조선족교육. − 1987,(2). − 50

7244 실내수업과 과외활동에 대한 소견 / 류서생 // 중국조선족교육. − 1987,(2). − 34 − 36

7245 중학교육개혁의 시험 / / 중국조선족교육. − 1987,(5). − 75

7246 보통교육과학연구에 존재하는 4개의 박약한 고리 // 중국조선족교육. − 1987,(6). − 76

7247 도서리용률을 높여 교수사업을 위해 복무 / 김명범 // 중국조선족교육. – 1987,(7 – 8). – 27
7248 비결은 어디에 있는가 / 김세욱;허석보 // 중국조선족교육. – 1987,(7 – 8). – 41 – 42
7249 성과를 따낸 비결 / 최련향 // 중국조선족교육. – 1987,(7 – 8). – 37 – 40
7250 시사과교수개혁에서 얻은 약간의 체득 / 김주호 // 중국조선족교육. – 1987,(7 – 8). – 81 – 83
7251 중소학교실용통계지식강좌 / 남철 // 중국조선족교육. – 1987,(7 – 8). – 32
7252 현대교수사상으로 수정사업을 개혁하자 / 전두만 // 중국조선족교육. – 1987,(7 – 8). – 82 – 84
7253 以煉爲主的課堂結构初探 / 이상만;김광수(李相万; 金光洙) // 중국조선족교육. – 1987,(9). – 40 – 41
7254 교수사업을 지도한 약간의 체득 / 김춘산 // 중국조선족교육. – 1987,(10). – 6
7255 전통적교수론에 대한 분석 / 림봉산 // 중국조선족교육. – 1987,(10). – 11 – 12
7256 지력발전에 관한 디즈테르베그의 관점을 론함 / 주국인 // 중국조선족교육. – 1987,(10). – 76
7257 특출한 학생을 발견하고 양성하는것도 학교의 중요한 과업의 하나이다 / 량정길 // 중국조선족교육. – 1987,(10). – 5
7258 현대 10대 교수법 // 중국조선족교육. – 1987,(10). – 70
7259 出路在于改革: 參加黑龍江省朝鮮族小學第一輪"注音識字, 提前讀寫"實驗驗收工作報告 / 림해(林海) // 중국조선족교육. – 1987,(10). – 39 – 40
7260 要珍惜學生創造性思維的火花 / 장순진(張舜進) // 중국조선족교육. – 1987,(10). – 38
7261 ≪3상교류≫의 교재분석 / 림영수 // 중국조선족교육. – 1987,(11). – 60 – 61
7262 전국적으로 보통교육의 총체적개혁에서 취하고있는 4가지 류형의 형식 // 중국조선족교육. – 1987,(11). – 75
7263 조선족초중의 학제를 개혁하여야 한다 / 박인훈 // 중국조선족교육. – 1987,(11). – 17 – 18
7264 중학교육의 총체적인 개혁실험에 대한 탐구 // 중국조선족교육. – 1987,(11). – 74
7265 량적관계에 대한 발산적사유훈련 / 전정숙 // 중국조선족교육. – 1987,(12). – 52 – 54
7266 比教法教學初探 / 오인섭(吳仁燮) // 중국조선족교육. – 1987,(12). – 44 – 46
7267 당면 교육평가에서 나타난 경향성적문제들 / 리혜성 // 중국조선족교육. – 1988,(1). – 7 – 9
7268 교연조체제를 학년조체제로 고치는것이 좋다 // 중국조선족교육. – 1988,(2). – 69 – 70
7269 당면 국외의 중소학교 학과목개혁추세 / 황명환 // 중국조선족교육. – 1988,(2). – 78 – 80
7270 중학교와 소학교의 교수가 련관이 안되는 원인 // 중국조선족교육. – 1988,(2). – 70 – 71
7271 무엇때문에 조선족학생들의 리과성적이 뒤지는가 / 권종식 // 중국조선족교육. – 1988,(3). – 13 – 14
7272 ≪6단계.수업구조≫에 대한 몇가지 생각 / 리화순 // 중국조선족교육. – 1988,(3). – 44 – 45
7273 징벌의 몇가지 형식 // 중국조선족교육. – 1988,(3). – 75
7274 탐구성실험을 기초로 하는 계발식교수방법 / 리광호 // 중국조선족교육. – 1988,(3). – 60 – 61
7275 소학교육에서 ≪10가지가 많고 10가지가 적은것≫를 신속히 개혁해야 한다 // 중국조선족교육. – 1988,(5). – 71 – 72
7276 학생들의 훌륭한 학습방법과 습관을 배양하자 // 중국조선족교육. – 1988,(5). – 72
7277 현대교수론과 전통적교수론의 6가지 근본적구별 // 중국조선족교육. – 1988,(5). – 70 – 71
7278 조선족교육에 대한 연구와 개혁문제를 둘러싸고 / 박태수 // 중국조선족교육. – 1988,(7). – 16 – 17
7279 ≪순환식교수제도≫의 폐단에 대하여 / 모영부 // 중국조선족교육. – 1988,(8). – 66
7280 언어훈련과 창조성교양에 대하여 / 륙계춘 // 중국조선족교육. – 1988,(8). – 31 – 32

7281 ≪우수수업을 내놓는것≫은 교원들이 실무수준을 높이는 좋은 방법이다 // 중국조선족교육. − 1988,(8). − 74
7282 어떻게 아이들의 학습성적을 끊임없이 제고시키겠는가 // 중국조선족교육. − 1988,(9). − 76
7283 조건을 개선하여 교육질을 높였다 / 허승률 // 중국조선족교육. − 1988,(9). − 10
7284 중학생의 기억력을 어떻게 높일것인가 // 중국조선족교육. − 1988,(9). − 77
7285 교수개혁중의 세개 착오적인 구호를 평함 // 중국조선족교육. − 1988,(10). − 74 − 75
7286 사로와 중심사상간의 관계를 론함 / 최철룡 // 중국조선족교육. − 1988,(10). − 27 − 28
7287 주제반회의 내용과 형식에 대하여 / 륙동춘 // 중국조선족교육. − 1988,(10). − 11 − 12
7288 교수사업보존문서를 어떻게 작성할것인가 / 석웅걸 // 중국조선족교육. − 1988,(11). − 7
7289 발견교수법의 응용에서 신중하자 // 중국조선족교육. − 1988,(11). − 76
7290 창조형개성의 특점 // 중국조선족교육. − 1988,(11). − 76
7291 학생들의 성적이 좋지 못한 몇가지 원인 // 중국조선족교육. − 1988,(11). − 78
7292 교육질을 높이면서 단일화경향을 극복하여야 한다 // 중국조선족교육. − 1988,(12). − 19
7293 주지하는바와 같이 … / 윤혁교 // 중국조선어문. − 1989,(1). − 6 − 7
7294 학교에서 지식지력경연을 어떻게 조직할것인가? / 황봉주 // 중국조선족교육. − 1989,(1). − 36 − 37
7295 교수중점을 돌출히 하는 10가지 방법 // 중국조선족교육. − 1989,(3). − 22 − 23
7296 실내수업에서 교재의 구조 및 그 기능을 충분히 리용하고 발휘시킬데 대하여 / 강홍진 // 중국조선족교육. − 1989,(3). − 41 − 44
7297 학교조건을 개선하여 교육질을 높였다 // 중국조선족교육. − 1989,(3). − 3 − 4
7298 교수과정에서의 주도와 주체를 론함 / 화장경;정오창 // 중국조선족교육. − 1989,(4). − 9 − 11
7299 교육,경제 일체화의 사상을 확립하고 교육개혁의 심화발전을 촉진하자 / 양점전 // 중국조선족교육. − 1989,(4). − 7 − 8
7300 산재지구조선족학교의 교수연구사업에 대한 단상 / 임룡봉 // 중국조선족교육. − 1989,(4). − 13
7301 실내수업에서 개진해야 할 10가지 방법 / 등만 // 중국조선족교육. − 1989,(4). − 78 − 80
7302 우리 나라 교육사업은 개혁가운데서 전진하고 있다 // 중국조선족교육. − 1989,(4). − 73
7303 교육개혁의 특점과 추세 // 중국조선족교육. − 1989,(5). − 77
7304 당면 교육개혁에 대한 나의 소견 / 김영주 // 중국조선족교육. − 1989,(5). − 5
7305 창조력을 양성하는 15가지 방법 // 중국조선족교육. − 1989,(5). − 75 − 76
7306 거시적교육연구에서 마땅히 치중하여 해결해야 할 약간한 문제 // 중국조선족교육. − 1989,(7 − 8). − 151 − 152
7307 교수일선에 깊이 들어가 교수관리를 잘 틀어쥐였다 / 김순옥 // 중국조선족교육. − 1989,(7 − 8). − 15 − 16
7308 교양필기의 효과 / 악규향 // 중국조선족교육. − 1989,(7 − 8). − 45 − 47
7309 상상력훈련의 몇가지 방법 / 전상태 // 중국조선족교육. − 1989,(7 − 8). − 38 − 39
7310 수학시험제도개혁을 탐구 // 중국조선족교육. − 1989,(7 − 8). − 150
7311 중소학교의 교육과학연구를 어떻게 깊이 있게 진행할것인가 / 리혜성 // 중국조선족교육. − 1989,(7 − 8). − 35 − 36
7312 창조성상상력을 배양하는 방법 몇가지 / 황전법 // 중국조선족교육. − 1989,(7 − 8). − 76 − 78
7313 총체적으로 교수수준을 높이는것은 교수관리의 기본적인 출발점 // 중국조선족교육. − 1989,(7 − 8). − 13 − 14
7314 과정안을 집행하여 교수질을 높이자 / 류남

소 // 중국조선족교육. – 1989,(9). – 44 – 47
7315 교수방법을 개혁하여 교수질을 제고 / 김광남;남궁복 // 중국조선족교육. – 1989,(9). – 4 – 6
7316 소학 강독교수구조개혁에 대한 초보적탐구 / 최철룡 // 중국조선족교육. – 1989,(9). – 20 – 22
7317 교수사상의 과학화 // 중국조선족교육. – 1989,(10). – 75
7318 교육의 기능과 목적에 대한 검토 // 중국조선족교육. – 1989,(10). – 76
7319 기억력을 제고하는 10가지 방법 // 중국조선족교육. – 1989,(10). – 76
7320 학과론쟁점설정에 대한 소감 / 윤금옥 // 중국조선족교육. – 1989,(11). – 31 – 32
7321 학생들에게 학습방법을 가르쳐주어야 한다 / 진욱성 // 중국조선족교육. – 1989,(11). – 78 – 80
7322 례제교수의 방도 및 그 우수화 // 중국조선족교육. – 1989,(12). – 77
7323 목표교수에서 취한 4개 기본절차 / 박상현 // 중국조선족교육. – 1990,(1 – 2). – 91 – 92
7324 정적,동적 상태의 개념에 대한 교수 / 조인숙 // 중국조선족교육. – 1990,(1 – 2). – 45
7325 학생들의 사유력배양에 모를 박고 / 김춘옥 // 중국조선족교육. – 1990,(1 – 2). – 50 – 51
7326 《학습방법》과를 설치할데 대하여 / 허하룡 // 중국조선족교육. – 1990,(1 – 2). – 129 – 131
7327 한시간 수업목표에 좇아 학습방법 지도 / 반송천 // 중국조선족교육. – 1990,(1 – 2). – 46 – 49
7328 立志改革, 搞好新編教材的總体設計 / 림해 // 중국조선족교육. – 1990,(1 – 2). – 66 – 70
7329 틀어막는것과 소통시키는것 / 윤지간 // 중국조선족교육. – 1990,(3). – 9
7330 分析想象表現形式, 培養學生想象能力 / 한명웅 // 중국조선족교육. – 1990,(3). – 35 – 37
7331 문체별지식전수로부터 본 능력배양 / 박룡옥 // 중국조선족교육. – 1990,(4). – 29 – 30
7332 새지식전수후의 련습 / 권옥분 // 중국조선족교육. – 1990,(4). – 51 – 52
7333 출제는 학생실정에 맞아야 한다 / 허영찬 // 중국조선족교육. – 1990,(4). – 71 – 72
7334 학생들이 훌륭한 사유적품성을 기르게 하기 위하여 / 김명한 // 중국조선족교육. – 1990,(4). – 53 – 55
7335 要善于運用比較大法 / 원룡국(元龍國) // 중국조선족교육. – 1990,(5). – 42 – 43
7336 복습지도를 보다 실속있게 진행하자 / 한종만 // 중국조선족교육. – 1990,(6). – 30 – 33
7337 실내수업에서의 4개 원칙 / (영국)부레언,시든 // 중국조선족교육. – 1990,(6). – 70 – 71
7338 여러가지 지력리론과 최우수학습방식 / 하혜현 // 중국조선족교육. – 1990,(6). – 79 – 80
7339 과문에 대해 총체적분석을 진행하는 기본방법과 과정 / 소혜민 // 중국조선족교육. – 1990,(7 – 8). – 62 – 65
7340 복식교수에 대한 소견 / 김봉학 // 중국조선족교육. – 1990,(7 – 8). – 34
7341 사상정치과의 몇가지 상용적교수류형 / 김승운 // 중국조선족교육. – 1990,(7 – 8). – 85 – 86
7342 《집비둘기》교수에서 목표교수원리를 적용 / 박혜숙 // 중국조선족교육. – 1990,(7 – 8). – 109 – 110
7343 국내외신형교수법소개 / 서세증 // 중국조선족교육. – 1990,(9). – 80
7344 학생들의 학습적극성을 불러일으켜주었다 / 최련향 // 중국조선족교육. – 1990,(9). – 17 – 18
7345 論双語育整理改革的原責 / 림평택(林平澤) // 중국조선족교육. – 1990,(9). – 47 – 49
7346 민족학교의 교수개혁에 대하여 / 김기만 // 중국조선족교육. – 1990,(10). – 12 – 13
7347 淺論"一科多法"与目標教學 / 리거(李炬) // 중국조선족교육. – 1990,(10). – 44 – 45
7348 국내외 신형교수법개람 / 서세증 // 중국조선족교육. – 1990,(11). – 77 – 78
7349 학생들의 비지력요소의 발전에 대하여 / 현금옥 // 중국조선족교육. – 1990,(11). – 52 – 54
7350 교수에서 관점, 능력, 각성의 통일을 견지

할데 관하여 / 김주호 // 중국조선족교육. – 1990,(12). – 24

7351 론쟁점설정의 몇개 형식 / 현태석 // 중국조선족교육. – 1990,(12). – 54

7352 비지력요소를 계발하여 자작업의 질을 제고 / 어달성 // 중국조선족교육. – 1990,(12). – 35 – 37

7353 진정 주입식교수의 울타리에서 벗어나려면 / 태산 // 중국조선족교육. – 1990,(12). – 20 – 21

7354 학생들의 자습능력배양에서 얻은 체득 / 림금순 // 중국조선족교육. – 1990,(12). – 46

G43 전기화교육

7355 전기화교수에 대한 관리사업 / 김련옥 // 연변교육. – 1985,(5). – 5

7356 전기화교수는 교수질제고에 리롭다 / 곽려화 // 연변교육. – 1985,(10). – 52 – 53

7357 조건을 적극 마련하여 전자계산기과를 설치하였다 / 김천유 // 중국조선족교육. – 1986,(3). – 8

7358 중학교의 계산기교육과 관계되는 몇가지 문제 / 김숙자 // 중국조선족교육. – 1986,(3). – 52 – 54

7359 전자계산기를 교수사업에 적용 / 김천유 // 중국조선족교육. – 1987,(6). – 6 – 7

7360 電化教學中的几点体會 / 孫風琴 // 중국조선족교육. – 1990,(10). – 25

7361 계산기보조수업으로 교수교양의 질을 제고 / 김천유 // 중국조선족교육. – 1990,(12). – 8 – 10

G44 교육심리학

7362 환등교수와 아동심리 / 왕신범 // 연변교육. – 1980,(11). – 53 – 55

7363 교수심리학을 학습하고 응용한 약간의 체득 / 최두혁 // 연변교육. – 1982,(11). – 15 – 18

7364 기억력을 제고하려면? / 주국용 // 은하수. – 1983,(4). – 18 – 19

7365 기억을 잘하려면 / 강윤철 // 대중과학. – 1983,(6). – 54

7366 교원의 개성과 학생들의 심리건강 // 연변교육. – 1984,(2). – 60

7367 유아의 심리특점 // 연변교육. – 1984,(4). – 12 – 13

7368 우수한 아동과 학생을 감별하는 심리학적 준칙 // 연변교육. – 1984,(8). – 55

7369 유치원교원의 심리적특성 / 김순애 // 연변교육. – 1985,(8). – 8 – 9

7370 아동심리학 / (일본)하다노이소꼬 // 중국조선족교육. – 1986,(1). – 75 – 77

7371 《굼뜬 사유형》학생 // 중국조선족교육. – 1986,(2). – 71 – 72

7372 식자교수를 소학생의 심리특점에 맞게 / 정공식 // 중국조선족교육. – 1986,(2). – 21

7373 어문교수심리학에 관한 담화 // 중국조선족교육. – 1986,(2). – 30 – 32

7374 교원의 정서에 대하여 / 오영창 // 중국조선족교육. – 1986,(4). – 57

7375 소학생심리에 관한 문답 // 중국조선족교육. – 1986,(4). – 8 – 9

7376 어린이의 일곱가지 천부 / 사림 // 연변녀성. – 1987,(1). – 11

7377 아동들의 심리특점에 맞게 환등편을 만들어야 한다 / 최영 // 중국조선족교육. – 1987,(3). – 72 – 73

7378 초중교원 자습자답시험문제:심리학부분문제 // 중국조선족교육. – 1987,(6). – 17 – 22

7379 수업에서 나타나는 심리학현상 / 장만 // 중국조선족교육. – 1987,(7 – 8). – 47 – 49

7380 중학생들의 역심리에 대한 분석 / 장련휘;류만석 // 중국조선족교육. – 1987,(7 – 8). – 9 – 10

7381 소년기학생들의 글짓기심리과정에 대한 초보적탐구 / 김균 // 중국조선족교육. – 1987,(11). – 31 – 32

7382 외자식의 심리적특점과 가정교양 / 림송준

// 중국조선족교육. – 1987,(11). – 21 – 22

7383 소학교 하급학년생들의 심리적특점과 발산적사유능력의 배양 / 한정자 // 중국조선족교육. – 1988,(2). – 20

7384 중학교장을 선발할 때 심리적소질에 대한 고찰을 중요시해야 한다 // 중국조선족교육. – 1988,(3). – 74

7385 사생사이의 최우수심리영향을 창조하자 // 중국조선족교육. – 1988,(5). – 72

7386 사생의 감정소통에 영향을 끼치는 10개 요소 // 중국조선족교육. – 1988,(5). – 72

7387 소학교원 심리학학습문답 // 중국조선족교육. – 1988,(9). – 18 – 20

7388 어린이에게 가장 위대한 례물인 자존심을 키워주어야 한다 / 젬스.도브센 // 중국조선족교육. – 1989,(5). – 78 – 80

7389 어떻게 부동한 성격의 어린이들을 교육할 것인가 // 중국조선족교육. – 1989,(7 – 8). – 15

7390 교원의 교수풍격이 형성되는 심리조건 / 최집길 // 중국조선족교육. – 1990,(1 – 2). – 147 – 149

7391 어문교수심리학 / 한종만 // 중국조선족교육. – 1990,(7 – 8). – 44

7392 후진생에 대한 교양사업 / 최동식 // 중국조선족교육. – 1990,(7 – 8). – 29 – 30

G45 교사와 학생

7393 나의 반 보도공작중 학부형과의 련계를 어떻게 하였는가 / 차녕호 // 교육통신. – 1954,(1). – 20 – 22

7394 반주임공작 초보총결 // 교육통신. – 1954,(1). – 16 – 19

7395 반주임공작경험 / 최진협 // 교육통신. – 1954,(3). – 19 – 21

7396 한학기간 반주임사업에서 얻은 초보경험 / 김정하 // 교육통신. – 1954,(4). – 15 – 16

7397 학부형회의 총결 // 교육통신. – 1954,(5). – 35 – 36

7398 녀성교원을 이렇게 교양, 제고하고있다 // 교육통신. – 1956,(4). – 47 – 49

7399 아침위생검사 경험 // 교육통신. – 1956,(6). – 48 – 50

7400 교사의 로력적 열매 / 리광순 // 연변. – 1962,(11). – 24 – 25

7401 보편적으로 사람들의 존경을 받는 교원 / 육균 // 연변교육. – 1980,(2). – 57 – 60

7402 후진생교양에 대한 몇가지 체득 / 리종이 // 연변교육. – 1980,(5). – 4 – 7

7403 후진생에 대한 사업을 강화하자 / 주봉산 // 연변교육. – 1980,(5). – 2 – 3

7404 인민교사의 빛나는 본보기 / 장금손 // 연변교육. – 1980,(6). – 3 – 7

7405 여생을 당의 교육사업에 다 바치리 / 김유훈 // 연변교육. – 1980,(7). – 5 – 8

7406 교원의 언어 / 김동춘 // 연변교육. – 1980,(10). – 49 – 50

7407 교장으로 된후 / 소철 // 연변교육. – 1981,(3). – 9 – 13

7408 쑤호므리쓰끼의 교장사업경험담 // 연변교육. – 1981,(5). – 47 – 51

7409 북경시 중학교담임교원 사업조례 // 연변교육. – 1981,(6). – 9 – 10

7410 자랑하고싶은 나의 스승 / 남창혁 // 연변교육. – 1981,(6). – 58 – 59

7411 연길시2중 교직원 및 로동자 공을 세우는 조건 // 연변교육. – 1981,(7). – 9 – 10

7412 학부형과 보조를 맞추어 / 최정옥 // 연변교육. – 1981,(8). – 8 – 9

7413 교원들의 실무자질을 높이기 위하여 / 김영길 // 연변교육. – 1981,(11). – 12 – 13

7414 학생을 사랑하는것은 교원의 미덕이다 / 양점전 // 연변교육. – 1981,(12). – 22 – 24

7415 교원들의 실무수준을 제고 // 연변교육. – 1982,(2). – 14 – 15

7416 소학교교원에게 응당 있어야 할 수양 / 련건생 // 연변교육. – 1982,(3). – 39 – 41

7417 담임교원사업상식 / 림목 // 연변교육. - 1982,(4). - 10 - 11

7418 과외농학과교원들이 갖추어야 할 조건 / 김달원 // 연변교육. - 1982,(5). - 14 - 15

7419 교원의 자아수양에 대하여 / 정해철 // 연변교육. - 1982,(5). - 3 - 5

7420 교원은 지식축적을 중시해야 한다 / 진역민 // 연변교육. - 1982,(6). - 16 - 17

7421 교원의 마음과 지혜 // 연변교육. - 1982,(6). - 58

7422 여생을 당의 민족교육사업에 바치겠다 / 랑지균 // 연변교육. - 1982,(9). - 21

7423 존경받는 산골교원:장백조선족자치현 따언칸즈소학교 김태순에 대한 이야기 // 연변교육. - 1982,(10). - 3 - 7

7424 산촌에 뿌리박고 당의 교육사업에 충성하였다 / 양계영 // 연변교육. - 1982,(11). - 17 - 19

7425 소학교교원들에 대한 무한한 신뢰 / 라정숙 // 연변교육. - 1982,(12). - 25

7426 소선대원들이 집에서 하여야 할 일 // 연변교육. - 1983,(1). - 15 - 18

7427 교원이란 어떤 사람인가 // 연변교육. - 1983,(2). - 60 - 63

7428 교원이 경계해야 할 열가지 // 연변교육. - 1983,(3). - 56

7429 교원은 마땅히 전 사회의 중시와 존중을 받아야 한다 // 연변교육. - 1983,(7). - 3

7430 교원의 언어수양 // 연변교육. - 1983,(9). - 55

7431 우리 학교에서 제정한 담임교원사업조례 // 연변교육. - 1984,(2). - 8 - 10

7432 소학교 수학교원들의 래고중에서 / 홍복자 // 연변교육. - 1984,(3). - 17 - 18

7433 수업시간에 취해야 할 교원의 행동 // 연변교육. - 1984,(3). - 48 - 49

7434 교원의 ≪에네르기≫를 론함 // 연변교육. - 1984,(5). - 48

7435 교원의 사랑이 어린이들의 마음속에 흘러들게 하자 // 연변교육. - 1984,(6). - 55

7436 세상에서 가장 깨끗한 마음을 키워주고저 / 리인숙 // 연변교육. - 1984,(6). - 7 - 10

7437 아이들은 부모에 대하여 어떤 요구가 있는가 // 연변교육. - 1984,(6). - 55

7438 통신학습으로 교원의 자질을 제고 // 연변교육. - 1984,(6). - 10

7439 자애로운 어머니의 마음으로 / 허혜숙 // 연변교육. - 1984,(7). - 7 - 8

7440 교원수준 제고되여 교육효과 높아지네 / 왕헌각;추명탁 // 동북민병. - 1984,(8). - 19

7441 교원의 직업도덕 // 연변교육. - 1984,(8). - 54 - 55

7442 어린이를 사랑하는것은 사상품성교양의 기점이다 / 모매회 // 연변교육. - 1984,(8). - 6 - 7

7443 학교교육과 가정교양을 결합시켰다 // 연변교육. - 1984,(8). - 10 - 13

7444 학생들을 시간의 주인으로 되게 한다 // 연변교육. - 1984,(8). - 57 - 58

7445 교원들의 글짓기경연을 벌린다 // 연변교육. - 1984,(9). - 60

7446 담임교원은 가정교양을 잘 틀어쥘줄 알아야 한다 / 최정옥 // 연변교육. - 1984,(10). - 15 - 17

7447 잊을수 없는 행복의 시각 / 최순희;권기순 // 연변교육. - 1984,(10). - 3

7448 담임교원사업경험 몇가지 / 김금란 // 연변교육. - 1984,(12). - 7 - 8

7449 담임교원사업을 어떻게 개혁할것인가? // 연변교육. - 1985,(1). - 60

7450 소선대지도원이 갖추어야 할 수양 몇가지 / 마문숙 // 연변교육. - 1985,(1). - 3

7451 알뜰한 살림군 // 연변교육. - 1985,(1). - 54

7452 창조형의 교원 // 연변교육. - 1985,(1). - 60 - 61

7453 걸출한 소년을 감별하는 표준 // 연변교육. - 1985,(3). - 58 - 59

7454 담임교원사업경험 몇가지 / 김무길 // 연변교육. - 1985,(3). - 8 - 9

7455 담임교원이 삼가해야 할 몇가지 / 허봉철 //

연변교육. − 1985,(3). − 7

7456 어머니로 되여…:리선옥교원이 뒤진 학생을 이끌어준 이야기 / 김춘산 // 연변교육. − 1985,(3). − 28

7457 우리의 학부형사업경험 / 리병원 // 연변교육. − 1985,(3). − 9 − 11

7458 학생들이 배움의 주체가 되여:리정숙교원의 ≪둘째류형수업≫실기 // 연변교육. − 1985,(3). − 23 − 24

7459 훌륭한 교원의 열두가지 소질 // 연변교육. − 1985,(4). − 61 − 62

7460 교원과 학생 관계의 구조를 개혁해야 한다 // 연변교육. − 1985,(6). − 56 − 57

7461 인민의 교육사업에 끝없이 충직한 원예사 / 리춘혁 // 연변교육. − 1985,(6). − 10 − 12

7462 교원들의 기본소양훈련을 강화 // 연변교육. − 1985,(7). − 6 − 7

7463 교원의 ≪자유시간≫ // 연변교육. − 1985,(7). − 55

7464 강의와 교원담화 // 연변교육. − 1985,(8). − 56 − 58

7465 교원은 어떻게 성대를 보호할것인가 // 연변교육. − 1985,(8). − 52

7466 생동하고 특색있는 학부형회의 / 오도부 // 연변교육. − 1985,(8). − 5

7467 청년교원은 자기의 교수필기가 있어야 한다 // 연변교육. − 1985,(8). − 52

7468 훌륭한 학생의 새로운 표준 // 연변교육. − 1985,(8). − 52

7469 교원의 주도적작용이 어디에 있는가 // 연변교육. − 1985,(9). − 63

7470 담임교원사업에서 열가지를 삼가해야 한다 // 연변교육. − 1985,(9). − 60

7471 가정과 학생 학습의 관계 // 연변교육. − 1985,(10). − 59

7472 교원의 신체보건방법 // 연변교육. − 1985,(10). − 59

7473 지식인가정교양의 폐단 // 연변교육. − 1985,(10). − 58 − 59

7474 탄광학교에 뿌리를 박고 / 진수명 // 연변교육. − 1985,(11). − 11

7475 해방전후 우리 나라의 교원절 // 연변교육. − 1985,(11). − 53 − 54

7476 학급담임교원의 사업에 대하여 / (오문)진묘경 // 연변교육. − 1985,(12). − 12 − 14

7477 꿈도 희망도 기쁨도 모두 다 어린이들을 위하여:전국 우수담임교원 리순금교원의 사적 / 강영식 // 중국조선족교육. − 1986,(1). − 18 − 19

7478 나는 보통중학교의 학생 / 혜영중 // 중국조선족교육. − 1986,(1). − 80

7479 시대가 요구하는 인재를 양성하는 길에서 / 김장숙 // 중국조선족교육. − 1986,(1). − 22 − 24

7480 교원의 언어수양 / 서영빈 // 중국조선족교육. − 1986,(2). − 65 − 67

7481 학부형이 학교에 와서 강좌를 한다 // 중국조선족교육. − 1986,(2). − 70

7482 교원의 숭고한 직책을 소중히 여기자 / 장영식 // 중국조선족교육. − 1986,(3). − 69 − 70

7483 산골녀교원 / 문금희 // 꽃동산. − 1986,(3). − 18 − 19

7484 나는 어째서 교원사업을 택하게 되였는가 / 뾰뜨르G베이덜러 // 중국조선족교육. − 1986,(5). − 68 − 69

7485 연변의 농촌중학교교원 대렬상황에 대하여 // 중국조선족교육. − 1986,(5). − 3 − 7

7486 조선어문교원과 정감 / 마송학 // 중국조선족교육. − 1986,(5). − 65

7487 교원의 교양위트에 대하여 / 오영창 // 중국조선족교육. − 1986,(7). − 128

7488 교원직업의 류형 // 중국조선족교육. − 1986,(7). − 139

7489 조선족학교에 뿌리박은 한족녀교원:임수운 // 중국조선족교육. − 1986,(7). − 6 − 7

7490 학부형사업을 어떻게 개선할것인가 / 최정환 // 중국조선족교육. − 1986,(7). − 8 − 9

7491 담임교원사업에서 얻은 약간한 체득 / 장상

숙 // 중국조선족교육. – 1986,(9). – 7 – 8

7492 조선어문 교원대오 건설의 중요성과 긴박성 / 정순옥 // 중국조선족교육. – 1986,(10 – 11). – 5 – 6

7493 ≪학부형학교≫를 잘 꾸릴데 대한 몇가지 건의 / 미계산;리윤금;경수란 // 중국조선족교육. – 1986,(12). – 79

7494 담임교원으로서 갖추어야 할 자질 // 중국조선족교육. – 1987,(1). – 74 – 75

7495 떳떳한 인민교원이 되겠다 / 왕계초 // 중국조선족교육. – 1987,(1). – 5 – 8

7496 학급담임교원은 마땅히 미육탐구자로 되여야 한다 // 중국조선족교육. – 1987,(1). – 75

7497 교수질제고와 교원의 교수소질 / 림경환 // 중국조선족교육. – 1987,(2). – 27

7498 교원은 반드시 11가지 능력을 소유해야 한다 // 중국조선족교육. – 1987,(2). – 76 – 77

7499 담임교원사업에서 장악해야 할 몇가지 원칙과 방법 / 양덕인 // 중국조선족교육. – 1987,(2). – 4 – 6

7500 초중학급담임교원사업에서 학과목담임교원들과의 련계를 잘해야 한다 / 최정옥 // 중국조선족교육. – 1987,(2). – 3

7501 교원의 직업도덕에 대하여 / 황창수 // 중국조선족교육. – 1987,(3). – 3 – 4

7502 학교교원이 ≪4가지 기본원칙≫을 떠나서는 안된다 // 중국조선족교육. – 1987,(5). – 3 – 4

7503 교원의 일관적인 품성에 대하여 / 오영창 // 중국조선족교육. – 1987,(7 – 8). – 153

7504 보급할만한 경험:학부형학교 / 송수 // 중국조선족교육. – 1987,(7 – 8). – 23 – 24

7505 리상적인 담임교원이 되려면… // 중국조선족교육. – 1987,(9). – 75

7506 선생님을 피하는 학생 / 변흔 // 소년아동. – 1987,(9). – 66

7507 공산주의사상교양을 강화하여 자각적으로 몸바쳐 일하는 교원대오를 건설하였다 // 중국조선족교육. – 1987,(11). – 6 – 9

7508 담임교원의 기본기능 // 중국조선족교육. – 1987,(11). – 76

7509 중소학교원들은 과학연구과제를 어떻게 선택해야 하는가? // 중국조선족교육. – 1987,(11). – 74

7510 교원은 어떻게 위신을 수립할것인가? // 중국조선족교육. – 1987,(12). – 78

7511 담임교원의 담화예술 / 김기련 // 중국조선어문. – 1988,(2). – 7 – 8

7512 청년교원양성사업을 강화 / 전성길 // 중국조선족교육. – 1988,(2). – 3

7513 학부형학교를 농촌실정에 맞게 / 김상곤 // 중국조선족교육. – 1988,(2). – 4 – 5

7514 교원들의 사업배치를 잘하자 / 송영철 // 중국조선족교육. – 1988,(3). – 6

7515 나의 담임교원사업≪준칙≫ / 위창헌 // 중국조선족교육. – 1988,(4). – 13 – 14

7516 불구학생의 ≪어머니≫로 되여 / 최문 // 중국조선족교육. – 1988,(4). – 15

7517 피타는 노력, 주렁진 열매:전성자교원의 사업에서 / 리춘혁 // 중국조선족교육. – 1988,(5). – 11 – 13

7518 한 농촌중학교 교장이 걸어온 길 / 서청룡 // 중국조선족교육. – 1988,(6). – 79 – 80

7519 학급담임 ≪가정방문≫의 담화기교 // 중국조선족교육. – 1988,(7). – 77

7520 한 어머니의 일기에서 받은 계시 / 곽문무 // 중국조선족교육. – 1988,(8). – 9 – 10

7521 조선족학생들의 한어학습을 위하여:리무동교원의 교수사업에서 / 리주산 // 중국조선족교육. – 1988,(9). – 15 – 16

7522 청년교원들은 어떻게 위신을 수립할것인가 // 중국조선족교육. – 1988,(10). – 75 – 76

7523 교원의 과업은 가장 영광스러운 과업이다:마까렌꼬 교원에 대해 론함 / 리정인 // 중국조선족교육. – 1989,(3). – 76 – 80

7524 물음과 대답;학부형회의 강좌조직 참고용 // 중국조선족교육. – 1989,(3). – 5 – 6

7525 품성과교원의 언어 // 중국조선족교육.－1989,(3).－72
7526 교원이 학생들로하여금 나쁜 행위를 산생하게 하는 몇가지 원인 // 중국조선족교육.－1989,(5).－77
7527 교원의 풍채 // 중국조선족교육.－1989,(5).－76－77
7528 21세기 교원들이 마땅히 소유해야 할 8대의식 // 중국조선족교육.－1989,(5).－75
7529 창조형교원이란? // 중국조선족교육.－1989,(5).－75
7530 교원의 주도와 학생들의 주체를 밀몰아론할수 없다 // 중국조선족교육.－1989,(7－8).－150－151
7531 교원의 주도적작용을 발휘하는 몇가지 방법 / 김봉남 // 중국조선족교육.－1989,(7－8).－110－111
7532 현대형체육교원이 갖추어야 할 능력 / 박영섭;김동석 // 중국조선족교육.－1989,(7－8).－28－29
7533 교원들의 종합적문화소질 배양 // 중국조선족교육.－1989,(10).－75
7534 교원은 마땅히 우수한 품성의 소유자여야 한다 / 전춘식 // 중국조선족교육.－1989,(10).－74
7535 교원의 주도적역할 발휘를 두고 / 김순월;권중환;한윤호 // 중국조선족교육.－1989,(10).－31－32
7536 우리 학교에서 제정한 담임교원사업조례 // 중국조선족교육.－1989,(10).－8－9
7537 읽기에서 교원과 학생간 사로의 련계 / 장세일 // 중국조선족교육.－1989,(10).－23－24
7538 학급담임교원이 사람을 관리하고 양성하는 방도 // 중국조선족교육.－1989,(11).－71
7539 락후생전변사업에 대한 단상 / 전정희 // 중국조선족교육.－1990,(1－2).－10－11
7540 나는 조선어문교원이다 / 김동진 // 중국조선어문.－1990,(2).－29－31
7541 가정방문에서 받은 참회 / 리명은 // 중국조선어문.－1990,(4).－39
7542 학교에 가서 지켜야 할 례절 // 소년아동.－1990,(6).－80－81
7543 담임교원은 학생을 꾸준히 교양하는 정신을 수립해야 / 진유신 // 중국조선족교육.－1990,(7－8).－31－33
7544 학생을 사랑하는것은 인민교원의 기본품성 / 허재혁 // 중국조선족교육.－1990,(7－8).－148

G47 학교관리

7545 학교체육사업에 대한 학교행정의 령도를 절실히 강화하여야 한다 / 장 // 교육통신.－1954,(1).－3－6
7546 단3중 총지에서 건강상황을 개진한 몇개 체험 // 교육통신.－1954,(2).－10－12
7547 교원을 단결하여 교수의 질을 제고하기 위해 노력하자 / 박병섭 // 교육통신.－1954,(3).－4－5
7548 도문중학교에서 사상정치교육을 진행하여 학습을 추동한 몇개 경험 / 리동식 // 교육통신.－1954,(3).－17－18
7549 반급집체를 어떻게 잘 관리할것인가? / (미국) // 연변교육.－1980,(4).－58－59
7550 학교공장을 잘 꾸려 학교 교육사업의 발전을 촉진하였다 // 연변교육.－1981,(2).－52－53
7551 학교의 훌륭한 살림군 / 김응철 // 연변교육.－1981,(5).－45－46
7552 학교를 경영하는 지도사상을 단정히 하자 // 연변교육.－1981,(8).－3－6
7553 근공검학을 잘 전개한 보람 / 정성운 // 연변교육.－1981,(10).－56
7554 우리는 어떻게 위생보건사업을 진행하였는가 / 강철송 // 연변교육.－1981,(10).－54－55
7555 학교공장을 잘 꾸려 교육발전을 추진시켰다 / 리일수 // 연변교육.－1981,(11).－16
7556 학교의 안정단결을 강화 / 지신성 // 연변교육.－1982,(1).－12－15

7557 새학기 학교사업계획 // 연변교육. - 1982,(2). - 22 - 24

7558 인식을 높이고 령도를 강화하여 초중을 잘 꾸리겠다 // 연변교육. - 1982,(2). - 9 - 10

7559 학교운영지도사상을 바로잡자 // 연변교육. - 1982,(2). - 16 - 20

7560 농촌중학교에 뿌리를 박고 / 리춘혁 // 연변교육. - 1982,(7). - 8 - 10

7561 조선족학교와 조선어 / 김규필 // 연변교육. - 1982,(10). - 6 - 9

7562 중심소학교의 작용을 충분히 발휘시켰다 / 김창헌 // 연변교육. - 1982,(10). - 9 - 12

7563 학교에서 마땅히 해야 할 몇가지 교수보존문서 // 연변교육. - 1982,(11). - 61

7564 어떻게 교장사업을 평가할것인가 // 연변교육. - 1983,(1). - 52 - 53

7565 교원들의 부분적로임으로 가변로임제를 실행하였다 // 연변교육. - 1983,(4). - 45

7566 교원들의 편리를 위해 6가지 일을 해놓았다 // 연변교육. - 1983,(4). - 51 - 52

7567 교장은 개학전, 개학초와 학기중, 학기말에 마땅히 어떤 사업을 잘 틀어쥐여야 하는가 / 당감경 // 연변교육. - 1983,(5). - 5 - 6

7568 교무주임의 주되는 직책범위는 어떤것인가 / 리건국 // 연변교육. - 1983,(6). - 9 - 10

7569 교장은 어떤 소양을 갖추어야 하는가 // 연변교육. - 1983,(6). - 58

7570 대대총지도원은 어떻게 중대지도원들의 훌륭한 참모로 될것인가? / 리만금 // 연변교육. - 1983,(6). - 8 - 10

7571 우리는 어떻게 중심학교의 작용을 발휘하였는가 / 김윤직 // 연변교육. - 1983,(9). - 7 - 11

7572 전면적으로 혼란한것을 바로잡은 첫 목소리 / 주동순 // 연변교육. - 1983,(9). - 3 - 6

7573 학교지도부의 집단적구조 // 연변교육. - 1983,(9). - 54

7574 학교를 꾸리는데 있어서의 강유력한 무기 / 라정숙 // 연변교육. - 1983,(10). - 5 - 7

7575 유목촌당지부는 학교의 훌륭한 뒤심으로 되고있다 / 박명하 // 연변교육. - 1983,(12). - 11

7576 우리 지도부의 몇개 간단한 규칙 / 서정화 // 연변교육. - 1984,(1). - 9 - 10

7577 교장은 마땅히 어떤 관리소질을 갖추어야 하는가 // 연변교육. - 1984,(2). - 61

7578 초중사업을 강화한 몇가지 체득 // 연변교육. - 1984,(4). - 8 - 9

7579 소학생들의 특점에 알맞게 공장을 꾸렸다 / 김동준;리춘혁 // 연변교육. - 1984,(5). - 5 - 6

7580 초중사업을 실질적으로 틀어쥐자 / 안장발 // 연변교육. - 1984,(7). - 10 - 13

7581 교장의 6대 권력 // 연변교육. - 1984,(10). - 56

7582 관리제도는 개혁함에 있어서 반드시 4개의 관건적인 문제를 해결하여야 한다 // 연변교육. - 1985,(1). - 61

7583 중학교장으로서 반드시 갖추어야 할 기본기능 // 연변교육. - 1985,(1). - 61

7584 학교를 창립하는 길에서 / 리주산 // 연변교육. - 1985,(1). - 6 - 7

7585 학교목표관리의 내용과 실시 / 리춘록 // 연변교육. - 1985,(1). - 4 - 5

7586 중심소학교의 지도적역할을 발휘하기에 힘썼다 // 연변교육. - 1985,(2). - 5 - 7

7587 교육개혁을 적극적이면서도 온당하게 과감하면서도 과학적으로 떠밀고나가야 한다 / 김광춘 // 연변교육. - 1985,(3). - 3 - 4

7588 북산소학교에서 남아도는 인원의 사업배치를 잘하였다 / 김련숙 // 연변교육. - 1985,(3). - 38

7589 승선향에서 교육사업을 잘 틀어쥐고있다 // 연변교육. - 1985,(3). - 6

7590 인식을 높이고 농업중학교를 잘 꾸렸다 // 연변교육. - 1985,(3). - 11 - 12

7591 지도일군은 교수개혁의 앞장에 서야 한다 / 김인수 // 연변교육. - 1985,(3). - 5

7592 학교령도체제를 개혁하였다 / 위민 // 연변교육. - 1985,(3). - 9

7593 학교사업의 개혁을 바싹 틀어쥐였다 / 박윤수 // 연변교육. – 1985,(3). – 7 – 8

7594 교장은 어떤 능력을 가져야 하는가? // 연변교육. – 1985,(4). – 60

7595 학생회사업경험 / 리종옥;조성웅 // 연변교육. – 1985,(5). – 3 – 4

7596 교수능수 평의선발활동을 벌려 교수사업을 추동하였다 / 김명제 // 연변교육. – 1985,(6). – 6 – 7

7597 진학률만 추구하는 편향을 바로잡았다 / 김등림 // 연변교육. – 1985,(7). – 5

7598 책임제를 실시하는 네가지 방법 // 연변교육. – 1985,(8). – 52 – 53

7599 교원들의 자질제고를 틀어쥐였다 / 박인선 // 연변교육. – 1985,(10). – 36

7600 창조형교장이 마땅히 갖추어야 할 심리적 소질 // 연변교육. – 1985,(11). – 51 – 52

7601 내몽골자치구조선족교육의 실태와 금후 의견 / 현철호 // 중국조선족교육. – 1986,(1). – 11 – 12

7602 교원들의 실무수준제고를 틀어쥐였다 / 리점선 // 중국조선족교육. – 1986,(2). – 8

7603 교장들의 교수개혁을 대하는 류형 // 중국조선족교육. – 1986,(3). – 71

7604 사회에 의거하여 학교를 더 잘 꾸렸다 / 진영자 // 중국조선족교육. – 1986,(5). – 5

7605 훈춘현제2중학교 당지부에서 리상, 전도교양을 구체화하여 진행 / 량정길 // 중국조선족교육. – 1986,(5). – 4

7606 새로운 형세하에서의 종업원교육의 과제 / 최익 // 중국조선족교육. – 1986,(12). – 18 – 19

7607 기숙사를 세우면 학교를 꾸리는데 리롭다 / 김옥순 // 중국조선족교육. – 1987,(2). – 9 – 10

7608 산재지구의 소학교를 합병하는것은 학교운영에 리롭다 / 신성권 // 중국조선족교육. – 1987,(4). – 12

7609 교장이 맡고있는 배역과 그 역할 // 중국조선족교육. – 1987,(6). – 75

7610 신임교장으로서의 맡은바 사업을 어떻게 잘할것인가 / 리혜성 // 중국조선족교육. – 1987,(6). – 3 – 5

7611 교장사업에 대한 몇가지 건의 / 왕영명 // 중국조선족교육. – 1987,(7 – 8). – 22

7612 학교사업에서의 귀환원리의 응용 / 리현수 // 중국조선족교육. – 1987,(7 – 8). – 20 – 21

7613 교장을 어떻게 평가할것인가 // 중국조선족교육. – 1987,(9). – 75

7614 교장책임제를 실시한후 / 동병렬 // 중국조선족교육. – 1987,(9). – 3 – 4

7615 기숙제학교를 꾸려 민족교육발전을 적극추진 // 중국조선족교육. – 1987,(12). – 17 – 18

7616 민족교육을 발전시키며 기숙제민족학교를 잘 꾸렸다 // 중국조선족교육. – 1988,(1). – 12 – 14

7617 우리는 어떻게 농촌기숙제학교를 꾸렸는가 // 중국조선족교육. – 1988,(1). – 15 – 17

7618 사상사업을 교원실정에 맞게 / 김운숙 // 중국조선족교육. – 1988,(5). – 6 – 8

7619 교장은 과학적으로 자기의 사업을 잘 배치해야 한다 // 중국조선족교육. – 1988,(7). – 76

7620 학생식당을 《4화》에로 / 박귀진 // 중국조선족교육. – 1988,(7). – 13 – 15

7621 동명향에서 촌학교를 합병한후 기숙사를 잘 꾸리고있다 / 최승 // 중국조선족교육. – 1988,(8). – 4

7622 학교관리를 강화한 다섯가지 조치 / 김태섭 // 중국조선족교육. – 1988,(9). – 71 – 72

7623 교실을 어떻게 꾸릴것인가 / 박성원 // 중국조선족교육. – 1988,(10). – 69

7624 교장은 세가지를 잘해야 한다 // 중국조선족교육. – 1988,(10). – 76

7625 어떻게 교장사업을 잘할것인가 // 중국조선족교육. – 1988,(11). – 76

7626 학교에서 당, 행정사이 지도관계를 정확히 처리할데 대하여 / 장옥순 // 중국조선족교육. – 1988,(11). – 3 – 4

7627 학교 행정관리사업의 표준 // 중국조선족교

육. − 1988,(11). − 77
7628 ≪경제≫기제를 학교에 도입하는것은 부당하다 // 중국조선족교육. − 1988,(12). − 73 − 74
7629 농촌소학교에서 어떻게 당지경제발전을 위해 복무할것인가 // 중국조선족교육. − 1989,(4). − 74
7630 지도자사업을 맡아하면서 생각되는 몇가지 / 김광춘 // 중국조선족교육. − 1989,(4). − 3 − 5
7631 특수조치의 하나:장춘시 관성구 조선족소학교의 통학빼스를 두고 / 윤혁교 // 중국조선어문. − 1989,(4). − 21 − 22
7632 교수일선에 깊이 들어가 교수관리를 잘 틀어쥐였다 / 김순옥 // 중국조선족교육. − 1989,(7). − 15 − 16
7633 민족학교를 잘 경영하는 근본방도는 개혁을 심화하는것이다 // 중국조선족교육. − 1989,(7). − 10 − 12
7634 신형의 학교에 대한 소개:쏘련≪합작교육학≫대표들의 제4차좌담회 기록요점 / 백고 // 중국조선족교육. − 1989,(7 − 8). − 157 − 160
7635 우리 학교에서는 어떻게 교장책임제를 실시하였는가 / 박수빈 // 중국조선족교육. − 1989,(7 − 8). − 6 − 9
7636 학교운영조건을 개선하여 교육질을 높였다 / 박재생 // 중국조선족교육. − 1989,(7). − 17 − 18
7637 학교의 과학적관리를 강화하여 조선족교육질을 힘써 높이다 // 중국조선족교육. − 1989,(7 − 8). − 3 − 7
7638 교장책임제의 리론적근거 // 중국조선족교육. − 1989,(11). − 71
7639 교장책임제를 실시할수 있는 조건 // 중국조선족교육. − 1989,(12). − 76
7640 교장책임제를 실시함에 있어서의 몇가지 요점 // 중국조선족교육. − 1989,(12). − 76
7641 넓은 범위에서 교수교양의 질을 크게 높이기 위해 초중을 힘써 잘 꾸리자 / 황창수 // 중국조선족교육. − 1989,(12). − 3 − 5
7642 초중을 잘 꾸리려면 반드시 몇가지를 잘 해결해야 한다 // 중국조선족교육. − 1989,(12). − 76
7643 개혁에 발맞추어 근공검학에서 성과를 취득 / 리종규 // 중국조선족교육. − 1990,(1 − 2). − 124 − 126
7644 교수, 과학기술복무, 생산과 경영을 틀어쥐고 학교운영양식을 개혁 / 오수현 // 중국조선족교육. − 1990,(1 − 2). − 31 − 32
7645 구체실정에 맞게 대책을 세우고 간고분투하여 학교면모를 개변시켰다 / 박동호 // 중국조선족교육. − 1990,(1 − 2). − 127 − 128
7646 교수지도에서 교장이 해야 할 몇가지 일 / 허진 // 중국조선족교육. − 1990,(3). − 3 − 4
7647 기숙제학교를 잘 운영하는것은 민족교육을 춰세우는 중요한 담보 / 박일환 // 중국조선족교육. − 1990,(4). − 3 − 4
7648 농촌중학교에서의 뜨락경제전업반 운영 / 형립재 // 중국조선족교육. − 1990,(4). − 77
7649 배초구진에서 당지 실정에 맞게 교육을 운영 / 왕영명 // 중국조선족교육. − 1990,(5). − 7 − 8
7650 교풍건설에서 틀어쥐여야 할 몇가지 / 한창희 // 중국조선족교육. − 1990,(7 − 8). − 32 − 33
7651 빛나는 력사 자랑찬 40성상:룡정고중 창립 40돐에 즈음하여 / 주천울 // 중국조선족교육. − 1990,(7 − 8). − 3 − 5
7652 교원들의 적극성을 동원한 보람 / 김봉금 // 중국조선족교육. − 1990,(11). − 3 − 4
7653 MFH학교관리법 / 전성길 // 중국조선족교육. − 1990,(12). − 4 − 7

G51 세계교육사업

7654 로씨야 쏘베트련방사회주의공화국 교육상의 학생가정작업의 과중한 부담을 제거할데 관한 명령 // 교육통신. − 1954,(2). − 8 − 9
7655 교육사업에 관한 쓰딸린의 위대한 지시를 학습하자 // 교육통신. − 1954,(4). − 1 − 3
7656 공산주의도덕의 정신으로 젊은 세대들을

배양할데 관한 문제와 이.웨.쓰딸린 / 느.이.볼드례브 // 교육통신. − 1954,(5). − 9 − 15

7657 5 − 7학년삐오네르들에 대한 사상정치교양사업 / 브.까쓰삐나 // 교육통신. − 1954,(5). − 37 − 43

7658 가장 행복한 쏘련의 삐오네르 // 소년아동. − 1954,(6). − 9 − 11

7659 보통교육학교의 생산 참관 / (쏘련)И.Я.까씨쯔끼 // 교육통신. − 1954,(6). − 16 − 18

7660 쏘련방문시찰의 경과와 수확 // 교육통신. − 1956,(4). − 11 − 14

7661 중,소학교교원 방쏘대표단의 보고를 참답게 연구하여 쏘련선진경험을 학습하기에 노력하자 // 교육통신. − 1956,(4). − 7 − 10

7662 쏘련고찰방문에 관한 총보고 // 교육통신. − 1956,(5). − 1 − 17

7663 쏘련 보통학교에서는 종합기술교육을 어떻게 실시하는가 // 교육통신. − 1956,(5). − 18 − 31

7664 쏘련 소학교의 수공로동과 // 교육통신. − 1956,(5). − 39 − 44

7665 쏘련 학교의 학급교수 // 교육통신. − 1956,(5). − 32 − 39

7666 쏘련 보통학교의 교장령도사업 // 교육통신. − 1956,(6). − 6 − 22

7667 쏘련 보통학교의 사상교양사업 // 교육통신. − 1956,(6). − 23 − 38

7668 미국의 대학교들에서 류행되는 SQ3R학습방법 // 연변교육. − 1982,(12). − 55

7669 입학전에 꼭 배워야 할것들 / (일본)하다노이소브 // 연변교육. − 1983,(3). − 58 − 60

7670 쏘련의 작문교수 / (쏘련)뜨.아.라듸젠스까야 등 // 연변교육. − 1983,(4). − 55 − 57

7671 미국 대학생의 근공검학 / 장건 // 대중과학. − 1983,(6). − 16

7672 일본사람이 일본교육을 론함 // 연변교육. − 1983,(9). − 56 − 57

7673 전자계산기와 교육을 받은 사람 / (미국)E.C.베클리 // 대중과학. − 1984,(3). − 22

7674 미국 포웰부교수의 소학교 수학교수리론및 실천에 대한 소개 / 고송기 // 연변교육. − 1985,(1). − 31 − 35

7675 미국에서 중학교장을 시험치는 표준 // 연변교육. − 1985,(3). − 59

7676 유엔에서 기초과학분류를 공포 // 연변교육. − 1985,(10). − 60

7677 학교리사회:꾸바 중,소학교교육관리체제의 개혁 // 연변교육. − 1985,(10). − 61

7678 국외의 몇가지 교수법 // 연변교육. − 1985,(11). − 53

7679 바반스끼가 목전 쏘련의 보통학교교수사업을 개진할 기본방침에 대하여 언급 / 진욱성 편역 // 중국조선족교육. − 1986,(1). − 78 − 79

7680 프랑스 소학교에서의 강독교수 // 중국조선족교육. − 1986,(1). − 69 − 70

7681 쏘련 중학교의 계산기교수 // 중국조선족교육. − 1986,(3). − 74

7682 외국의 소학교들에서는 어문교수를 통해 어떻게 능력을 키우는가? // 중국조선족교육. − 1986,(5). − 73

7683 어린이들에게 즐거움을! / (쏘련)쌀와 알렉싼드르위치 아모 나스웨리 // 중국조선족교육. − 1986,(7). − 145 − 149

7684 여러 나라(지구)들에서 의무교육을 실시한 통계자료 // 중국조선족교육. − 1986,(10 − 11). − 155

7685 쏘련 중소학교에서 교수질을 제고시킨 새로운 조치 / 곽석기 // 중국조선족교육. − 1986,(12). − 76 − 78

7686 국외의무교육의 발전추세 // 중국조선족교육. − 1987,(1). − 75 − 76

7687 외국의 어문교수방법개혁에 대한 개략적 소개 // 중국조선족교육. − 1987,(2). − 40

7688 일본 소학교어문교수 소개 / 서광흥 // 중국조선족교육. − 1987,(3). − 79 − 80

7689 일본에서의 ≪창조성교육≫리론에 대한 연구 // 중국조선족교육. − 1987,(3). − 76

7690 일본의 직업교육으로부터 본 우리 나라 직업교육의 전망 / 박춘기 // 중국조선족교육.－1987,(3).－16－17
7691 목하 발달한 나라들에서의 교육평가 발전추세 // 중국조선족교육.－1987,(4).－78
7692 쏘련 학교들에서의 미육 // 중국조선족교육.－1987,(5).－76－77
7693 오스트랄리아, 뉴질랜드 교육견문 / 리명록 // 중국조선족교육.－1987,(5).－78－79
7694 조선민주주의인민공화국의 학교의 직관교수와 교편물 / 손계림 // 중국조선족교육.－1987,(10).－77－78
7695 세계 여러 나라에서 선생님들을 존경하는 모습 // 소년아동.－1988,(1).－115－118
7696 당면 국외의 중소학교 학과목개혁추세 / 황명환 // 중국조선족교육.－1988,(3).－79－80
7697 국외의 소학교 수학교수방법의 개혁 // 중국조선족교육.－1988,(9).－75
7698 미국 중소학교에서 교수질을 제고하기 위하여 취한 교수조직수단 // 중국조선족교육.－1988,(9).－76
7699 쏘련 교육개혁에서의 세개 문제 // 중국조선족교육.－1988,(9).－76
7700 남조선에서 교육의 전략적작용을 중시 // 중국조선족교육.－1988,(10).－76
7701 당대 세계의 교육개혁 // 중국조선족교육.－1988,(10).－76
7702 쏘련의 중학생로동교양 // 중국조선족교육.－1988,(10).－21
7703 ≪창조성시범과≫:교수에서의 쏘련교원들의 탐구 // 중국조선족교육.－1988,(10).－77－78
7704 글짓기과정의 원리와 지도책략:외국의 작문교수연구동태에 대한 간단한 소개 / 리성 // 중국조선족교육.－1988,(12).－77－80
7705 세계 교육의 발전동향 // 중국조선족교육.－1989,(3).－72－73
7706 미국 소학교교수의 특점 // 중국조선족교육.－1989,(4).－75
7707 미국 어문교수견문 / 류국정 // 중국조선족교육.－1989,(4).－76－79
7708 미국의 초등과 중등 교육개혁의 동향 // 중국조선족교육.－1989,(4).－75
7709 일본 중소학교 체육교수의 특점 // 중국조선족교육.－1989,(5).－76
7710 문제풀이교수:미국 목전 수학교수의 새로운 동향 // 중국조선족교육.－1989,(9).－76
7711 쏘련에서 개성이 전면적이고도 조화적으로 발전하도록 교육하는것을 중요시 // 중국조선족교육.－1989,(9).－76
7712 구라파 중등교육과정개혁의 태세 // 중국조선족교육.－1989,(10).－77
7713 미국 중, 소학교의 성교양 / 종이준 // 중국조선족교육.－1989,(10).－79－80
7714 21세기 미국교육의 발전추세 // 중국조선족교육.－1989,(10).－77
7715 중국과 미국 유아예술교육의 비교 // 중국조선족교육.－1989,(10).－76－77
7716 련방독일의 중, 소학교 교육일별 // 중국조선족교육.－1989,(11).－75－77
7717 목전 외국의 교수방법발전에서의 몇가지 특점 / 장리휘 // 중국조선족교육.－1989,(12).－78－80
7718 다종다양한 교양활동:일본 중소학교의 자연교실에 관하여 / 류취영 // 중국조선족교육.－1990,(1－2).－157－159
7719 목전 외국의 교수발전에서의 몇가지 특점 / 장리휘 // 중국조선족교육.－1990,(1－2).－155－156
7720 미국 교육개혁의 새 동향 및 곤경 / 방전화 // 중국조선족교육.－1990,(7－8).－158－160

G52 중국교육사업

7721 학생들의 학습부담이 과중하게 된 원인과 해결할데 관한 초보적 의견 // 교육통신.－1954,(2).－13－16

7722 중학교육사업은 과도시기총로선을 위하여 적극적으로 복무해야 한다 // 교육통신. – 1954,(3). – 1 – 3
7723 북경사범대학 식물학연구교수 실습 // 교육통신. – 1954,(4). – 43 – 47
7724 총로선 총임무 학습중에서 얻은 몇개 수확 / 오상준 // 교육통신. – 1954,(4). – 7 – 9
7725 사지조의 과거 로동생산교육에 대한 초보검사 // 교육통신. – 1954,(5). – 24 – 26
7726 총로선의 광망하에서의 목전 민족교육사업 // 교육통신. – 1954,(5). – 5 – 8
7727 총로선의 정신으로써 우리 교원들의 교육사상을 검사한 초보자료 // 교육통신. – 1954,(5). – 22 – 23
7728 초중, 고소졸업생을 적극 지도하여 생산에 참가하며 승학하게 하자 // 교육통신. – 1954,(6). – 1 – 3
7729 연변조선민족자치구 인민정부로부터 중국소년선봉대 평안촌 졸업생소대에게 보내는 격려의 답장 // 소년아동. – 1954,(7). – 14 – 16
7730 "6.1기념작품모집"입선자 발표 // 소년아동. – 1954,(8). – 20
7731 교원을 단결개조하는 사업에 관한 천진시 1중의 경험 // 교육통신. – 1956,(3). – 3 – 8
7732 학급활동을 농업의 합작화운동과 결합한 초보적 경험 / 허대진 // 교육통신. – 1956,(3). – 15 – 18
7733 생기발랄하게 교육건설의 고조를 영접하자 // 교육통신. – 1956,(4). – 1 – 4
7734 우리의 소년공장 // 교육통신. – 1956,(4). – 23 – 24
7735 전면발전교육의 몇개 문제에 관하여 // 교육통신. – 1956,(4). – 25 – 27
7736 전반적의무교육을 실현하기 위해 분투하자 // 교육통신. – 1956,(4). – 5 – 6
7737 길림성 중점소학교사업의 기본총결과 금후 임무 // 교육통신. – 1956,(5). – 45 – 52
7738 교육사업규획의 실현을 위하여 // 교육통신. – 1956,(6). – 1 – 2
7739 몇가지 수자대비 / 오경묵 // 지부생활. – 1957,(23). – 16 – 17
7740 교육혁명의 붉은기를 높이 추켜들고 농업중학을 가일층 공고 제고 발전시키자 // 교육통신. – 1960,(1). – 6 – 8
7741 농업중학에 대한 령도를 강화하자 // 교육통신. – 1960,(1). – 13
7742 교육혁명의 방향을 개변시켜서는 안된다 / 북경대학;청화대학 대비판조 // 동북민병. – 1975,(12). – 2 – 21
7743 로농업여교육을 힘써 발전시키자 // 연변교육. – 1980,(1). – 5 – 8
7744 진리규준문제보충토론을 참답게 전개하여야 한다 / 양점전 // 연변교육. – 1980,(1). – 2 – 4
7745 근공검학의 방향을 견지하여 교육사업을 추진 / 차상우 // 연변교육. – 1980,(2). – 11
7746 중소학교교육은 전체 학생들에게 낯을 돌려야 한다 / 장남상 // 연변교육. – 1980,(2). – 2 – 5
7747 학습을 잘하는것=? 학습×시간 / 장윤생 // 연변교육. – 1980,(4). – 56
7748 내가 받은 계시 / 천홍범 // 연변교육. – 1980,(6). – 56 – 57
7749 새 장정의 한길에서 // 연변교육. – 1980,(8). – 10
7750 ≪8자≫방침을 관철하여 교육사업을 발전시키자 // 연변교육. – 1980,(8). – 2 – 5
7751 민족교육에 관한 몇가지 문제 / 강영덕 // 연변교육. – 1980,(10). – 6 – 8
7752 본 지방실제로부터 출발하여 근공검학을 잘하겠다 // 연변교육. – 1980,(12). – 8
7753 재정부문에서는 학교의 근공검학을 지지하여야 한다 // 연변교육. – 1980,(12). – 7 – 8
7754 전면발전방침을 관철하여 교육질을 제고하자 / 장승선 // 연변교육. – 1980,(12). – 2 – 6
7755 소학생들의 부담을 절실히 경감시키자 // 연변교육. – 1981,(7). – 7 – 9
7756 좌적영향을 숙청하고 민족교육을 발전시

키자 / 주문위 // 연변교육. – 1981,(10). – 3 – 6
7757 우리 성 조선족교육의 현상태와 당면한 과업 / 리병철 // 연변교육. – 1981,(11). – 3 – 5
7758 당의 교육방침을 진지하게 학습하고 전면적으로 관철하자 / 장건 // 연변교육. – 1981,(12). – 6 – 9
7759 ≪결의≫를 잘 학습하고 당의 교육방침을 전면적으로 관철하자 / 리용눌 // 연변교육. – 1982,(1). – 8 – 10
7760 올해 고등학교 학생모집에는 어떤 새로운 규정이 있는가? / 조승 // 연변교육. – 1982,(1). – 9 – 12
7761 학교운영지도사상을 바로잡고 당의 교육방침을 전면적으로 관철하여 교육질을 착실히 높이자 // 연변교육. – 1982,(2). – 3 – 8
7762 민족교육의 특점에 주의하여 교육사업을 잘하자 / 오승원 // 연변교육. – 1982,(3). – 6 – 9
7763 민족정책을 참답게 관철집행하여 민족교육, 민족어문을 발전시키자 // 연변교육. – 1982,(3). – 3 – 5
7764 중등교육결구개혁에서의 몇개 문제 / 류육신;리정화 // 연변교육. – 1982,(4). – 14 – 16
7765 교육부판공청통지:북경시교육국의 ≪소학생의 학습부담이 과중한 문제를 해결할데 관한 몇가지 규정≫을 반포할데 관한 통지 // 연변교육. – 1982,(8). – 5 – 6
7766 교재의 편집출판과 사용에 관하여 / 지원순 // 연변교육. – 1982,(9). – 19 – 20
7767 민족교육의 질적수준을 높이기 위하여 분투하자 // 연변교육. – 1982,(9). – 3 – 5
7768 우리 주 민족교육의 30년 // 연변교육. – 1982,(9). – 6 – 11
7769 조선족중등사범교육의 30년 / 최태호 // 연변교육. – 1982,(9). – 17 – 18
7770 민족교육의 질을 높이기 위하여 // 연변교육. – 1982,(10). – 15 – 18
7771 변강의 민족교육을 발전시켜 더 많은 건설인재를 양성하겠다 // 연변교육. – 1982,(10). – 39 – 42
7772 교육사업을 발전시킴에 있어서 기초교육으로부터 틀어쥐여야 한다 // 연변교육. – 1982,(11). – 61
7773 모택동교육사상은 하나의 과학적인 체계이다 // 연변교육. – 1982,(11). – 60 – 61
7774 신근한 로동, 숭고한 사업 / 허상룡 // 연변교육. – 1982,(11). – 6 – 7
7775 제12차당대표대회의 문헌을 참답게 학습하며 교육사업의 새로운 국면을 개척하자 / 김영만 // 연변교육. – 1982,(11). – 3 – 5
7776 친절한 배려, 지대한 고무 / 주창권 // 연변교육. – 1982,(11). – 4 – 5
7777 교육은 두개 문명건설의 전제이다 / 김영학 // 연변교육. – 1982,(12). – 22 – 23
7778 12차당대회정신을 진지하게 학습하고 관철하여 교육사업의 새 국면을 힘써 개척하자 // 연변교육. – 1982,(12). – 8 – 13
7779 전주 교육계통 선진집체, 우수교원 대표대회에서 한 중공연변주위 제1서기 조남기동지의 연설 // 연변교육. – 1982,(12). – 3 – 9
7780 자기가 손수 지어보는것이 좋다 / 최일연 // 연변교육. – 1983,(1). – 21 – 23
7781 학교를 꾸리는 사상을 바로잡고 농촌교육을 개혁하자 / 장승선 // 연변교육. – 1983,(1). – 3 – 7
7782 학교사업의 새 국면을 열어놓기 위하여 // 연변교육. – 1983,(1). – 6 – 8
7783 근공검학활동을 당지 실정에 알맞게 / 정해철 // 연변교육. – 1983,(2). – 9 – 10
7784 우리 주 중등교육구조개혁사업을 더한층 잘해나가자 / 금중학 // 연변교육. – 1983,(2). – 3 – 5
7785 농촌학생들가운데 나타난 새로운 특점을 연구하여야 한다 // 연변교육. – 1983,(3). – 56
7786 호도거리생산책임제를 실시한후 농촌교육중에서 나타난 새로운 문제를 제때에 해결하였다 // 연변교육. – 1983,(3). – 6 – 8

7787 사회주의대가정의 따사로운 품속에서 / 류계진;예화춘 // 연변교육. – 1983,(4). – 58 – 59

7788 교육개혁의 촉진파로 되여야 한다 // 연변교육. – 1983,(5). – 3 – 5

7789 농업현대화건설의 수요에 적응되게 농촌교육에 대한 개혁사업을 잘하자 / 양점전 // 연변교육. – 1983,(6). – 11 – 13

7790 우리 주 소선대사업의 새로운 국면을 개척하기 위해 힘써 분투하자 / 신봉철 // 연변교육. – 1983,(6). – 3 – 4

7791 지식이동을 중시해야 한다 // 연변교육. – 1983,(6). – 58 – 59

7792 농촌학교교육사업을 참답게 잘 틀어쥐자 // 연변교육. – 1983,(8). – 3 – 4

7793 상해 육재중학교에서 시험제도를 개혁 // 연변교육. – 1983,(8). – 53

7794 교육과 과학을 중시하고 지력투자를 늘이자 / 위람 // 연변교육. – 1983,(10). – 3 – 5

7795 전 주 농촌중심소학교장회에서 한 주 교육국국장 리용눌동지의 연설(적요) // 연변교육. – 1983,(10). – 6 – 9

7796 중심학교의 작용을 발휘하여 교수질을 제고하였다 // 연변교육. – 1983,(10). – 5 – 7

7797 농촌교육개혁의 10대 과업 // 연변교육. – 1983,(11). – 50

7798 10억 인민의 지력을 개발하는 위대한 사업 / 리상지 // 연변교육. – 1983,(11). – 3 – 4

7799 보통중학교의 교육질을 제고시킬데 관한 교육부의 몇가지 의견 // 연변교육. – 1983,(12). – 3 – 6

7800 교수질제고에 모를 박고 교원과 학생의 부담을 경감시켰다:반석현 연통산진조선족소학교를 찾아서 / 박규영;장금손 // 연변교육. – 1984,(3). – 61 – 62

7801 민족교육사업에서 뛰여난 성과를 올린 한족교원 리무통선생 // 연변교육. – 1984,(3). – 60

7802 반석현 조선족교육의 발전과 전망 // 연변교육. – 1984,(3). – 56 – 57

7803 정신적오염을 배척할데 대한 장문송동지의 연설 // 연변교육. – 1984,(3). – 6

7804 력사적교훈과 시대적요구 / 남일성 // 연변교육. – 1984,(4). – 16 – 17

7805 민족인재의 요람 / 김세걸 // 대중과학. – 1984,(4). – 6 – 7

7806 촌학교에서도 가히 교수질을 높일수 있다 / 전인룡 // 연변교육. – 1984,(4). – 7

7807 사범교육에 대하여 / 엽성도 // 연변교육. – 1984,(5). – 52 – 54

7808 연변조선족교육의 과거, 현재와 장래 // 연변교육. – 1984,(6). – 3 – 6

7809 중학생들의 과중한 학습부담을 반드시 경감시켜야 한다 / 장문송 // 연변교육. – 1984,(6). – 11 – 12

7810 개혁가운데서 우리 주 교육사업의 새로운 국면을 열어놓자 // 연변교육. – 1984,(8). – 4 – 5

7811 《세가지에 낯을 돌리는것》은 모든 학교의 방향이다 // 연변교육. – 1984,(8). – 3

7812 실내교수를 반드시 개혁하여야 한다 / 허진 // 연변교육. – 1984,(8). – 44 – 45

7813 개혁을 억세게 틀어쥐고 민족인재를 힘써 양성하련다 // 연변교육. – 1984,(9). – 3 – 6

7814 백의천사를 양성하는 요람 // 대중과학. – 1984,(9). – 44 – 45

7815 새로운 기술혁명과 교육개혁 / 황도남 // 연변교육. – 1984,(9). – 9 – 10

7816 개혁중에서 연변의 교육을 진흥시키자 // 연변교육. – 1984,(10). – 4 – 8

7817 교육개혁을 요구하는 중학생들의 강렬한 목소리 // 연변교육. – 1984,(10).58 –

7818 날로 번영하는 연변제1중학교 / 한종만 // 연변교육. – 1984,(10).12 – 14 –

7819 보통교육개혁에 관련되는 약간의 문제에 대한 중공연변주위, 주인민정부의 결정 // 연변교육. – 1984,(10). – 9 – 13

7820 서안 중가촌소학교에서 관리제도를 개혁하였다 // 연변교육. – 1984,(10). – 56

7821 개혁의 정신으로 우리 성 조선족교육사업을 발전시키자 / 최홍수 // 연변교육. - 1984,(11). - 3 - 5

7822 ≪세가지를 대상하는것≫은 교육개혁의 지침이다 / 장승선 // 연변교육. - 1984,(11). - 35 - 36

7823 항주시교육국 9개 면에서 개혁을 실시 // 연변교육. - 1984,(11). - 37 - 38

7824 교육개혁의 앞장에서 전진하는 라자구직업고중 // 연변교육. - 1985,(5). - 42 - 43

7825 선진을 평하고 선출할 때 마땅히 무엇을 중요한 의거로 삼아야 하는가 // 연변교육. - 1985,(6). - 57 - 58

7826 소학교 교무개혁방안 // 연변교육. - 1985,(6). - 56

7827 신입생이 아직 학교문에 들어서지도 않았는데 벌써 졸업배치가 끝난셈 // 연변교육. - 1985,(6). - 13

7828 실속있는 작풍을 제창하자 / 원미자 // 연변교육. - 1985,(7). - 41 - 43

7829 전 사회적으로 교육을 중요시하고 교원을 존경하자 / 리정문 // 연변교육. - 1985,(9). - 3 - 4

7830 ≪결정≫을 진지하게 학습하고 철저히 관철하자 / 한영렬 // 연변교육. - 1985,(10). - 3 - 4

7831 인식을 높이고 지도를 강화하여 민족교육사업발전을 추진시켰다 / 설계인 // 연변교육. - 1985,(12). - 46 - 47

7832 ≪세가지를 대상해야 한다≫는것을 지도방침으로 하여 과외활동을 적극 벌렸다:항주시 중학교과외활동경험소개 / 응상해 // 중국조선족교육. - 1986,(1). - 20 - 21

7833 령도를 강화하여 교육체제개혁사업의 순리로운 진행을 담보하자 / 리명륵 // 중국조선족교육. - 1986,(2). - 4 - 6

7834 축하와 희망 / 리덕수 // 중국조선족교육. - 1986,(2). - 3

7835 조선족중등교육개혁에 관한 약간한 견해 / 조영춘 // 중국조선족교육. - 1986,(3). - 9 - 10

7836 ≪결정≫을 참답게 학습하고 교육을 개혁하자:≪결정≫을 학습한 체득 / 박인훈 // 중국조선족교육. - 1986,(4). - 3 - 5

7837 상서토가족묘족자치주교육견문 / 김철학;안봉섭;강영덕 // 중국조선족교육. - 1986,(4). - 69

7838 우리 나라 중학생정치과 설치가 초보적으로 확정되였다 // 중국조선족교육. - 1986,(5). - 73

7839 문제, 곤난, 개혁, 실천:소형좌담회 기록 // 중국조선족교육. - 1986,(6). - 12 - 14

7840 새로운 시기의 교육방침에 대한 표시서술 // 중국조선족교육. - 1986,(6). - 68

7841 연변조선족자치주중등교육개혁에 관한 몇가지 생각 / 최빈자 // 중국조선족교육. - 1986,(7). - 5 - 7

7842 ≪자습자답시험≫과 학습주동성:길림성 왕청현 배초구진 제2소학교를 찾아서 / 장금송 // 중국조선족교육. - 1986,(7). - 14 - 17

7843 학습부담을 덜어주라고 류불년이 지적 // 중국조선족교육. - 1986,(7). - 139

7844 보통교육개혁의 중점은 무엇인가? // 중국조선족교육. - 1986,(9). - 78

7845 영광스러운 직책, 력사의 중임:두번째 교사절에 즈음하여 / 손홍상 // 중국조선족교육. - 1986,(9). - 3 - 5

7846 학생들의 학습부담을 덜어줄데 대한 문제 // 중국조선족교육. - 1986,(9). - 78

7847 9년제의무교육실시에서 해결해야 할 문제 // 중국조선족교육. - 1986,(10 - 11). - 155

7848 국가에서 앞으로 조치를 대여 소수민족교육을 지원하게 된다 // 중국조선족교육. - 1986,(10 - 11). - 155 - 156

7849 농촌소학교원양성사업에 대한 건의 // 중국조선족교육. - 1986,(10 - 11). - 157

7850 잡거지구의 조선족교육사업에 대한 몇가지 생각 / 박세영 // 중국조선족교육. - 1986,(10 - 11). - 9 - 10

7851 교수사상을 전환하는것은 교수개혁의 관건이다 / 김명제 // 중국조선족교육. - 1986,(12).

－14－15

7852 교육개혁에서 첫째로 되는 중요한 문제는 학교운영지도사상을 바로 잡는것이다 // 중국조선족교육. －1986,(12). －72

7853 어떻게 소학교졸업생을 도와 중학교환경에 적응하게 할것인가 // 중국조선족교육. －1986,(12). －73

7854 조건을 적극 마련하여 9년제의무교육을 실시하자 / 김성만 // 중국조선족교육. －1986,(12). －12－13

7855 ≪제7차 5개년계획≫기간 중소학교 교육과학연구의 중점항목 // 중국조선족교육. －1986,(12). －72

7856 ≪결의≫를 진지하게 학습하고 철저히 관철하자 / 한영렬 // 중국조선족교육. －1987,(1). －3－4

7857 교육사상을 바로잡는 문제에 대한 토론 // 중국조선족교육. －1987,(1). －73－74

7858 민족교육의 출로는 개혁에 있다 / 김영주 // 중국조선족교육. －1987,(1). －12－13

7859 중등사범학교 정치과교수의 특점에 대하여 / 한룡삼 // 중국조선족교육. －1987,(1). －21

7860 인식, 정성, 노력과 성과 / 김춘자 // 중국조선족교육. －1987,(2). －32－33

7861 교수개혁과 인재양성 / 리상화 // 중국조선족교육. －1987,(3). －8－9

7862 훈춘현 제2중학교에서 교수질제고에 힘쓴다 / 량정길 // 중국조선족교육. －1987,(3). －5

7863 흔주지구에서 중학교에서 조목을 나누고 분류를 하는 백점제교수평의법을 실시 // 중국조선족교육. －1987,(3). －78

7864 의무교육을 보급하는 중대한 의의 // 중국조선족교육. －1987,(4). －78

7865 일방적으로 진학률을 추구하는것을 극복하려면 교육구조를 개혁하여야 한다 // 중국조선족교육. －1987,(4). －78

7866 자산계급자유화를 반대하고 ≪4가지를 소유한≫인재를 힘써 양성하자 / 양점전 // 중국조선족교육. －1987,(4). －3－5

7867 마땅히 교육과 경제의 관계로부터 문제를 보아야 한다 // 중국조선족교육. －1987,(5). －76

7868 어문교수개혁으로 전반 교육개혁을 추진 // 중국조선족교육. －1987,(5). －29－30

7869 교육관념을 갱신하여 교육을 개혁하고 사범교육의 질을 높이자 / 최태호 // 중국조선족교육. －1987,(6). －27－28

7870 어문교수개혁으로 전반 교육개혁을 추진 // 중국조선족교육. －1987,(6). －40－42

7871 왕명달부주임이 중학교육개혁에 대해 언급 // 중국조선족교육. －1987,(6). －74

7872 초중에서의 글짓기교수개혁을 두고 / 려언 // 중국조선족교육. －1987,(6). －38－39

7873 각지의 중소학교들에서 ≪5.4≫학제실험을 확대하게 된다 // 중국조선족교육. －1987,(7－8). －155

7874 관념을 갱신하고 경향성을 극복하면서 교육의 전반적개혁을 잘하자 / 김재률 // 중국조선족교육. －1987,(7－8). －16－19

7875 국내외중소학교수방법개혁의 현상태 // 중국조선족교육. －1987,(7－8). －156

7876 근공검학이 은을 낸다 / 량정길 // 중국조선족교육. －1987,(7－8). －19

7877 중소학교원들의 중심임무는 ≪네가지를 갖춘≫새로운 사람을 양성하는것이라고 왕진이 지적 // 중국조선족교육. －1987,(7－8). －155

7878 교육개혁에서 6개 면의 사업을 잘해야 한다고 양해파가 지적 // 중국조선족교육. －1987,(9). －74

7879 중학교에서 실천교육활동을 광범위하게 벌려야 한다고 제기 // 중국조선족교육. －1987,(9). －74

7880 교육법칙에 따라 교육을 틀어쥐여야 한다 / 리용 // 중국조선족교육. －1987,(10). －9－10

7881 농촌소학교에서 당년 혹은 한해 건너 학생을 모집하는 제도를 령활성있게 시행할것을 건의 // 중국조선족교육. －1987,(10). －70

7882 ≪일방적으로 진학률을 추구하는 문제≫를 어떻게 시정할것인가 / 류빈 // 중국조선족교육. – 1987,(10). – 3 – 4
7883 중소학교육의 몇개 문제에 관하여 / 하동창 // 중국조선족교육. – 1987,(11). – 3 – 4
7884 할빈시에서 중학교평가표준을 시행하게 된다 // 중국조선족교육. – 1987,(11). – 75
7885 소수민족지구에서 9년제의무교육을 실시하는 문제에 대한 몇가지 소견 / 장명심;최빈자 // 중국조선족교육. – 1987,(12). – 13 – 14
7886 중소학교육의 몇개 문제에 관하여:9년제의무교육 각 학과목교수요강의 원고통일회의에서 한 연설 / 하동창 // 중국조선족교육. – 1987,(12). – 4 – 6
7887 특수한 조치, 뚜렷한 성과 / 학경당 // 중국조선족교육. – 1987,(12). – 15 – 16
7888 강유력한 실제적조치가 있어야 한다:길림성 잡거지구 민족어문 민족교육의 실태와 관련하여 / 윤혁교 // 중국조선어문. – 1988,(1). – 16 – 19
7889 ≪결정≫을 학습관철하여 민족교육사업을 더욱 빨리 발전시키고 4개 현대화 건설인재를 힘써 양성하자 / 박승일 // 중국조선족교육. – 1988,(1). – 7 – 10
7890 국가교육위원회와 하북성에서 련합으로 농촌교육개혁실험을 벌렸다 // 중국조선족교육. – 1988,(1). – 73
7891 생기가 차넘치는 우리 나라 교육사업 // 중국조선족교육. – 1988,(1). – 72
7892 중소학교의 전일제교육개혁에서 주의를 돌려 해결해야 할 몇개 문제 // 중국조선족교육. – 1988,(1). – 72
7893 제 민족의 언어문자를 계승발전시키려면 제 민족의 학교를 잘 꾸려야 한다 / 조용식 // 중국조선어문. – 1988,(1). – 14 – 15
7894 교육방침을 전면적으로 관철하며 로동기술교육을 강화하였다 / 기병남 // 중국조선족교육. – 1988,(2). – 6 – 7
7895 어떻게 교육개혁을 심화할것인가 // 중국조선족교육. – 1988,(2). – 69
7896 중국수학회에 대한 간단한 소개 // 중국조선족교육. – 1988,(2). – 71
7897 특수한 조치를 취하여 민족교육사업을 발전시켰다 / 장건 // 중국조선족교육. – 1988,(2). – 12 – 15
7898 넓은 범위에서 교육질을 높이기 위하여:상해시 제25중학교에서 교육개혁을 깊이있게 진행 // 중국조선족교육. – 1988,(3). – 7
7899 당의 민족정책을 관철하며 민족교육사업을 힘써 발전시켰다 // 중국조선족교육. – 1988,(3). – 10 – 12
7900 산재지구와 잡거지구의 민족교육사업을 강화할데 관한 보고 // 중국조선족교육. – 1988,(3). – 3 – 5
7901 중학교에서 이중임무를 제기하는것은 좋지 않다 // 중국조선족교육. – 1988,(3). – 74
7902 학생들의 학업부담을 덜고 교수질을 높이기 위한 조치 // 중국조선족교육. – 1988,(3). – 78
7903 농촌교육개혁을 심화하는데 있어서의 두가지 문제 // 중국조선족교육. – 1988,(4). – 73
7904 농촌교육을 개혁하는것은 민족의 진흥과 관계되는 대사이다 // 중국조선족교육. – 1988,(4). – 72
7905 농촌중학교에서 어떻게 농촌에 얼굴을 돌릴것인가 // 중국조선족교육. – 1988,(4). – 73
7906 중소학교교원들의 로동특점을 충분히 인식하고 리해하자 / 하동창 // 중국조선족교육. – 1988,(4). – 3 – 5
7907 초중을 잘 꾸려 넓은 범위에서 교육질을 높여야 한다 // 중국조선족교육. – 1988,(4). – 72
7908 백년대계에서 교육이 근본이다 / 정중병 // 중국조선족교육. – 1988,(5). – 3 – 4
7909 새로운 시기 로동교육의 범위 // 중국조선족교육. – 1988,(5). – 70
7910 중소학교에서는 로동과교수를 참답게 진행해야 한다 / 리광수 // 중국조선족교육. – 1988,

(5). − 22 − 24

7911 중소학교학생들의 일주일간과 하루동안의 학습능력변화에 대한 조사 / 동시단 // 중국조선족교육. − 1988,(5). − 16 − 19

7912 개혁가운데서 더한층 발전을 가져온 우리 나라 교육사업 // 중국조선족교육. − 1988,(6). − 72

7913 농촌교육은 어떻게 당지 경제를 위해 복무할것인가 // 중국조선족교육. − 1988,(6). − 72

7914 농촌교육은 주로 당지 건설을 위해 복무해야 한다 / 하동창 // 중국조선족교육. − 1988,(6). − 5 − 7

7915 농촌초중에서 중퇴생이 생기는 원인에 대한 분석 // 중국조선족교육. − 1988,(6). − 72 − 73

7916 학교 각항 사업에서 개혁을 진행 // 중국조선족교육. − 1988,(6). − 10 − 11

7917 교육개혁을 심화하는것과 교육리론연구의 돌파 // 중국조선족교육. − 1988,(7). − 76

7918 국정에 발을 붙이고 교육사업을 해야 한다 // 중국조선족교육. − 1988,(7). − 75

7919 연변조선어문교수에 대한 사적고찰 / 임룡철 // 중국조선족교육. − 1988,(7). − 18 − 19

7920 중점을 틀어쥐고 깊이있게 학습하자 / 리정문 // 중국조선족교육. − 1988,(7). − 3 − 6

7921 사회의 발전은 중학생의 직업관념 중점을 전이시킬것을 요구 / 장영춘 // 중국조선족교육. − 1988,(8). − 17 − 18

7922 조선족교육에 대한 연구와 개혁문제를 둘러싸고 / 박태수 // 중국조선족교육. − 1988,(8). − 11

7923 학생부담을 경감시키는 조치 // 중국조선족교육. − 1988,(8). − 74

7924 민족교육개혁을 심화하여 민족지구의 경제를 진흥시키자 / 장봉섭 // 중국조선족교육. − 1988,(9). − 13 − 15

7925 13차당대표대회정신을 학습하여 소학교어문교수개혁을 심화하자 / 원미자 // 중국조선족교육. − 1988,(9). − 27 − 28

7926 일부 나라들의 고등학교 시험제도 // 대중과학. − 1988,(9). − 47

7927 중소학교에서는 주로 근공검학을 발전시켜야 한다 // 중국조선족교육. − 1988,(9). − 75

7928 관건을 틀어쥐고 종합적으로 다스리자:일방적으로 진학률을 추구하는 경향을 론함 // 중국조선족교육. − 1988,(10). − 3 − 5

7929 민족교육개혁을 심화하여 민족지구의 경제를 진흥시키자 / 장봉섭 // 중국조선족교육. − 1988,(10). − 19 − 20

7930 민족교육개혁좌담회에서의 연설 / 라창진 // 중국조선족교육. − 1988,(10). − 15 − 18

7931 어문교재개혁은 시급하다 / 성부춘 // 중국조선족교육. − 1988,(10). − 68

7932 우리 나라 교육이 직면한 문제 및 대책 // 중국조선족교육. − 1988,(10). − 74

7933 사회주의상품경제의식에 대한 교양을 강화하자 / 리홍길 // 중국조선족교육. − 1988,(11). − 12 − 13

7934 우리 현 농촌학교교육에 관한 소견 / 왕영명 // 중국조선족교육. − 1988,(11). − 5 − 6

7935 교육개혁을 심화하여 교육사업발전템포를 다그치자 / 박승일 // 중국조선족교육. − 1988,(12). − 6

7936 교육은 제품경제의 영향에서 벗어나야 한다고 리철영이 지적 // 중국조선족교육. − 1988,(12). − 72

7937 농촌교육을 개혁하고 발전시켜 농업생산과 농업경제의 발전을 다그치자 // 중국조선족교육. − 1988,(12). − 72

7938 류희림이 일방적으로 진학률을 추구하는 경향을 극복할데 대해 담론 // 중국조선족교육. − 1988,(12). − 72 − 73

7939 우리 성 조선족 학전교육과 직업기술교육사업의 본보기 / 김완룡 // 중국조선족교육. − 1988,(12). − 16 − 18

7940 중소학교의 접속사업을 잘하자 // 중국조선족교육. − 1988,(12). − 74

7941 학교지도일군의 소양과 작풍을 론함 / 리숙청 // 중국조선족교육. − 1988,(12). − 20 − 21

7942 민족인재의 양성기지:중앙민족학원 조선어문강좌 // 민족단결. - 1989,(1). - 26 - 27

7943 조선청년들의 숨결이 깃든 학교:북경시 옛 사립로하중학교를 찾아서 / 전홍렬 // 민족단결. - 1989,(1). - 30 - 32

7944 농업과학기술인재의 요람:연변농학원 / 박기병 // 민족단결. - 1989,(2). - 15 - 17

7945 발전하고있는 연변의 조선족교육 / 김인철 // 민족단결. - 1989,(3). - 40 - 41

7946 민족교육문화를 떳떳이 계승발전시키는 망화촌겨레들 / 차재영 // 중국조선어문 - 1989,(4). - 4 - 5

7947 흑룡강조선족아동지력개발기금회 제1차 작문콩클수상자명단 // 꽃동산. - 1989,(4). - 17

7948 유력한 조치를 취하여 중소학생들이 류실되는것을 단호히 제지시켜야 한다고 허동창이 지적 // 중국조선족교육. - 1989,(4). - 73

7949 동북의 첫 기숙제소학교:망화조선족소학교 / 차재영 // 민족단결. - 1989,(5). - 38 - 41

7950 1988년 우리 나라 교육통계 // 중국조선족교육. - 1989,(5). - 75

7951 민족학교를 잘 경영하는 근본방도는 개혁을 심화하는것이다 // 중국조선족교육. - 1989,(7 - 8). - 10 - 12

7952 우리 학교 재정부기전업 학생들의 직업기능강습 / 손진당;호일민 // 중국조선족교육. - 1989,(7 - 8). - 46 - 47

7953 중소학교의 교육과학연구를 어떻게 깊이 있게 진행할것인가 / 리혜성 // 중국조선족교육. - 1989,(7 - 8). - 35 - 36

7954 학교의 과학적관리를 강화하여 조선족교육질을 힘써 높이자 // 중국조선족교육. - 1989,(7 - 8). - 3 - 7

7955 의무교육보급의 국제성경험 // 중국조선족교육. - 1989,(7 - 8). - 152

7956 교육사업을 중요시하는 등소평동지의 전략적사상을 학습하고 체득하자 // 중국조선족교육. - 1989,(9). - 75

7957 산재지구의 민족교육체제관리에 대하여 / 최기창 // 중국조선족교육. - 1989,(9). - 13 - 14

7958 산재지구조선족학생들의 성적이 낮아지는 원인은? / 장문철 // 중국조선족교육. - 1989,(9). - 7

7959 우리 나라 표준화시험의 발전추세 // 중국조선족교육. - 1989,(9). - 74

7960 중소학관리체제개혁은 아직도 완벽화할것이 수요된다 // 중국조선족교육. - 1989,(9). - 74

7961 근공검학에 대한 정부의 령도를 강화 // 중국조선족교육. - 1989,(10). - 19 - 21

7962 크낙한 실책, 침통한 교훈 / 리정문 // 중국조선족교육. - 1989,(10). - 3 - 5

7963 도시 보통고중의 《위축》을 해결하는 조치 // 중국조선족교육. - 1989,(11). - 71 - 72

7964 세계 중등교육이 직면한 이중도전 // 중국조선족교육. - 1989,(11). - 73

7965 학교교육에서 민족특점에 류의하였다 / 김영배 // 중국조선족교육. - 1989,(11). - 3 - 4

7966 교육의 과거와 미래에 대하여 랭정히 사고하자 / 장승선 // 중국조선족교육. - 1990,(1 - 2). - 3 - 4

7967 민족진흥의 한길로 매진하는 북경조선어학교 / 전홍렬 // 민족단결. - 1990,(1). - 28 - 30

7968 화룡림업국 자녀제2소학교 학생작품특집: 아름다운 우리 학교 / 심연림 // 소년아동. - 1990,(2). - 95 - 128

7969 조선족 인민대표와 정협위원들 북경조선어학교을 참관 // 민족단결. - 1990,(3). - 49

7970 길림지구의 조선족교육 / 남동복 // 민족단결. - 1990,(4). - 32 - 34

7971 흑룡강조선족아동지력개발기금회 제2차 작문콩클수상자 명단 // 꽃동산. - 1990,(4). - 2

7972 민족교육사업을 강화하는것과 관계되는 몇개 문제에 대한 의견 / 한영렬 // 중국조선족교육. - 1990,(5). - 10 - 13

7973 학생들의 중퇴현상은 무엇을 설명하는가 / 리광인 // 대중과학. - 1990,(5). - 18 - 22

7974 목전 중국조선족교육에 존재하는 문제 및 그 원인 / 박태수 // 민족단결. – 1990,(6). – 8 – 12

7975 우리 나라의 실정에 결부시켜 민족교육을 진흥시키자:국가 민족사무위원회교육사 부사장 사계황 본사기자의 물음에 답복 / 류증림 // 민족단결. – 1990,(6). – 33 – 35

7976 우리 민족의 앞장을 끌고있는 북경대학 조선문화연구소 / 태평무 // 민족단결. – 1990,(6). – 18 – 21

7977 우리 나라 민족교육과학연구의 발전을 다그칠데 대한 약간의 소견 / 최빈자 // 중국조선족교육. – 1990,(7 – 8). – 42 – 43

7978 교육은 반드시 사회주의방향을 견지해야 한다 / 장영식 // 중국조선족교육. – 1990,(9). – 11 – 12

7979 소학교학전반의 교양, 교수사업을 강화하자 / 박인훈 // 중국조선족교육. – 1990,(10). – 3 – 4

7980 민족학교의 교수개혁에 대하여 / 김기만 // 중국조선족교육. – 1990,(11). – 33 – 35

G61 학령전교육, 유아교육

7981 어린이들의 결함을 어떻게 바로 잡을것인가 // 대중과학. – 1959,(6). – 44 – 45

7982 학교전교육:외국에서 주목하는 과제 // 연변교육. – 1980,(1). – 61 – 64

7983 아동들의 감각, 지각 능력배양과 직관교수에 대한 심리분석 / 신동욱 // 연변교육. – 1980,(2). – 16 – 19

7984 학교전 아동글자교재에 대한 교수건의 / 남순희 // 연변교육. – 1980,(2). – 20 – 21

7985 어린이의 건강과 유치원체육 / 민영숙 // 대중과학. – 1980,(5). – 2 – 3

7986 오리와 가마우지의 먹이 찾기 / 진아명;주약정 // 연변교육. – 1980,(6). – 57

7987 학교전아동의 글자교수에 관하여 / 전옥란;황수복 // 연변교육. – 1980,(6). – 8 – 10

7988 유치원에서의 언어교육과 식자교육문제 / 김련순 // 연변교육. – 1980,(7). – 11 – 13

7989 학교전아동들의 불량한 행위를 어떻게 대할것인가 / 범승연 // 연변교육. – 1981,(5). – 15 – 16

7990 새싹을 키우는 마음 / 윤태호 // 연변교육. – 1981,(6). – 15 – 18

7991 유치원아동들의 호상관계를 검사한 정황 / 차룡일;김분선;지은숙 // 연변교육. – 1981,(9). – 55 – 56

7992 어린이들을 놀래우지 말자 // 연변교육. – 1981,(10). – 57

7993 우리 유치원에서 진행한 언어교양 / 전태순 // 연변교육. – 1981,(10). – 13 – 14

7994 조기교양의 착안점과 몇가지 방법 / 천흥범 // 연변교육. – 1981,(12). – 19 – 21

7995 어린이들에 대한 체육교양과 어머니 / 최승희 // 대중과학. – 1982,(5). – 46 – 47

7996 지력의 대문을 열어주기 위하여 / 박정희 // 연변교육. – 1982,(6). – 9 – 10

7997 어린이들에 대한 수학계몽 / 조량 // 은하수. – 1982,(7). – 75 – 76

7998 《유치원교육요강》을 참답게 학습하고 시행하자 / 교덕봉 // 연변교육. – 1982,(7). – 11 – 12

7999 학령전아동들에 대한 성교육 / 우영명 // 은하수. – 1982,(7). – 79

8000 어린이에게 걸음마를 배워주기 / 동서지 // 은하수. – 1982,(8). – 71 – 72

8001 유희:유아기어린이들이 세계를 인식하는 경로 / 김순애 // 연변교육. – 1982,(8). – 17 – 19

8002 《지혜로운 토끼》교수실기:화룡현 동성공사 해란대대유치원 맹향란교원의 교수참관실기 및 평어 / 최정숙;윤태호 // 연변교육. – 1982,(11). – 19 – 22

8003 어린이들의 학습을 어떻게 지도할것인가 / 주겸 // 은하수. – 1982,(12). – 70 – 72

8004 《과일동산 꾸리는 의좋은 형제》:연길현 제1유치원 정영애선생의 진흙수공과 교수실기 및 평어 / 리죽순;윤태호 // 연변교육. – 1983,(2).

－11－13

8005 동화의 특성과 교수방법에 대한 탐구/장영태//연변교육.－1983,(2).－52－54

8006 류창하게 읽는 능력을 키우기 위하여/장금순//연변교육.－1983,(2).－15

8007 식자교수에서의 기억력과 관찰력의 배양/신춘자//연변교육.－1983,(2).－14

8008 동요, 동시 및 그것들에 대한 교수/김두천//연변교육.－1983,(3).－50－51

8009 어린애에게 글을 어떻게 가르칠것인가?/김재유//은하수.－1983,(4).－25

8010 호도거리생산책임제를 실시하여도 유아교육사업은 잘하여야 한다//연변교육.－1983,(4).－8－9

8011 유치원교원의 언어수양과 언어교양/최순옥//연변교육.－1983,(6).－16－17

8012 유치원체육교수에 대하여/김송암//연변교육.－1983,(7).－13－14

8013 어린이들의 몇가지 능력배양에 중시를 돌려야 한다/중정서//연변교육.－1983,(10).－10－12

8014 동화와 옛이야기 구연을 어떻게 지도할것인가/김욱//연변교육.－1983,(11).－54－55

8015 어린이들에게 놀 시간을 많이 주자/왕보희//연변교육.－1983,(11).－59

8016 아동들이 자연을 인식하는 의의//연변교육.－1983,(12).－46－47

8017 조기교육중에서의 놀이감유희의 작용/풍몽화//연변교육.－1983,(12).－12－13

8018 아이들의 호기심으로 그들의 지능을 발전시키자/자우//은하수.－1984,(2).－50

8019 어린이들 성격상의 다섯가지 경향/김감//은하수.－1984,(2－3).－95

8020 어린이지력시험방법//연변교육.－1984,(2).－61

8021 학교전교육의 중요한 의의//연변교육.－1984,(2).－12－15

8022 아이들의 천재적재질을 제때에 발견하여야 한다/요득흥//은하수.－1984,(6).－77

8023 어린이들의 지력을 발전시키는 일부 방법//연변교육.－1984,(6).－54

8024 유치원의 위생보건사업//연변교육.－1984,(6).－13－14

8025 아동의 창조성적사유력의 배양//연변교육.－1984,(8).－50－53

8026 어떻게 하면 합격된 유치원교원으로 될수 있는가:조계화동지의 래신에 대한 답복//연변교육.－1984,(8).－16

8027 어린이에게도 성숙된 요소가 있다/우소문//은하수.－1984,(8).－70

8028 나라의 기둥감을 키우는 긍지를 안고/김련순//연변교육.－1984,(9).－7－8

8029 어린이와 놀이감/효서//은하수.－1984,(9).－80

8030 조기교양에서의 지능발전/오영식//연변교육.－1984,(9).－15－17

8031 유아교양에서의 다섯가지 요령//연변교육.－1984,(10).－56

8032 유아에 대한 도덕교양의 의의와 과업/로악진//연변교육.－1984,(10).－22－23

8033 조선말 말하기지도/허창환//연변교육.－1984,(10).－27

8034 유치원 소반어린이들의 구두표달능력 배양/한금옥//연변교육.－1984,(11).－15

8035 어려서부터 조선말을 잘하도록:반석현조선족유치원 장분조선생의 교수실기 /최철룡//연변교육.－1984,(12).－12－13

8036 어린이들에 대한 교양에서 홀시할수 없는 몇개 문제/리현수//연변교육.－1985,(1).－12－13

8037 유치원교수에서의 직관교편물의 리용/김순애//연변교육.－1985,(1).－10－11

8038 유아사유의 령활성을 훈련하는 여덟가지 방법//연변교육.－1985,(2).－54

8039 유치원에서 어휘지도를 어떻게 할것인가/최순옥//연변교육.－1985,(2).－8－10

8040 수공과:종이접기 / 박향숙 // 연변교육. – 1985,(3). – 14
8041 학전반어린이들의 입말훈련 / 최옥선 // 연변교육. – 1985,(3). – 13
8042 생일날의 비극 // 은하수. – 1985,(4). – 15 – 16
8043 세살전어린애에 대한 교양 요점 // 은하수. – 1985,(4). – 23
8044 유치원에서의 그림보고 말하기 지도 / 엄금단 // 연변교육. – 1985,(10). – 38 – 39
8045 창조력의 어린싹을 애호하여야 한다 // 연변교육. – 1985,(11). – 52 – 53
8046 산재지구유치원어린이들의 조선말배우기 / 권순교 // 연변교육. – 1985,(12). – 50 – 51
8047 어린이들에게 성교육을 진행할데 대하여 / 원복순 // 청년생활. – 1986,(1). – 60
8048 유희교수를 어떻게 조직할것인가 / 리정현 // 중국조선족교육. – 1986,(5). – 62
8049 유아교양관리 사업개혁에 대한 소견 / 류극위 // 중국조선족교육. – 1986,(10 – 11). – 10 – 11
8050 어린이들의 특점에 맞게 유치원수업을 조직하자 / 김정자 // 중국조선족교육. – 1986,(12). – 20 – 21
8051 유년기와 소년기 어린이들에 대한 동화구연지도 / 김두천 // 중국조선족교육. – 1987,(1). – 66 – 67
8052 유치원대반어린이들의 지력훈련 몇가지 / 렴정숙 // 중국조선족교육. – 1987,(1). – 18 – 19
8053 어린이의 지력발전:학부형들께 드리는 몇가지 건의 // 중국조선족교육. – 1987,(1). – 77 – 79
8054 유아의 집단주의관념배양 교양활동 900가지 례 / 려무첨 // 중국조선족교육. – 1987,(2). – 13 – 15
8055 유희≪청개구리≫를 놀아봅시다 / 허복순 // 중국조선족교육. – 1987,(2). – 16 – 17
8056 조기교양은 아동지력을 개발하는 중요한 조치이다 / 왕화흥 // 중국조선족교육. – 1987,(3). – 13 – 14
8057 학령초기아동의 창조적사유와 말틀교수 / 박혜옥 // 중국조선족교육. – 1987,(3). – 20 – 21
8058 유아교양사업이 성패여부를 두고 / 윤혜자 // 중국조선족교육. – 1987,(4). – 23
8059 조기교양이 아동의 지력을 뛰여나게 발전시킬수 있는가 / 한도 // 중국조선족교육. – 1987,(4). – 6 – 8
8060 유치원용글자교과서 ≪조선말≫사용에 관하여 / 임창길 // 중국조선족교육. – 1987,(5). – 19 – 20
8061 암산능력배양의 한가지 경로:화투놀이유희 / 김련화 // 중국조선족교육. – 1987,(6). – 30 – 31
8062 유치원어린이들의 조기지력개발에 모를 박고 / 김정렬 // 중국조선족교육. – 1987,(7 – 8). – 43 – 46
8063 ≪자랑시간≫을 조직하여 어린이들에게 사상품성교양을 진행 / 윤혜자 // 중국조선족교육. – 1987,(9). – 24
8064 유치원교원대렬의 안정사업을 틀어쥐고 / 문영재 // 중국조선족교육. – 1987,(10). – 20
8065 종합식교수는 어린이들의 특점에 가장 알맞는 교수형식 / 박향란 // 중국조선족교육. – 1987,(11). – 25 – 26
8066 유치원에서의 체육유희 / 오봉래 // 중국조선족교육. – 1987,(12). – 24
8067 들놀이를 통하여 4계절의 특징을 관찰 / 최순자 // 중국조선족교육. – 1988,(1). – 20
8068 상식과교수에서의 관찰의 중요성 / 김순선 // 중국조선족교육. – 1988,(1). – 18
8069 미술과교수에서 얻은 체득 / 정영애 // 중국조선족교육. – 1988,(2). – 19
8070 산재지구에서의 유아시기언어교양에 대하여 / 박규영 // 중국조선어문. – 1988,(2). – 22 – 24
8071 어린이의 습관과 의지배양은 학령전으로부터 시작하여야 한다 // 중국조선족교육. – 1988,(2). – 75 – 77
8072 향, 진 유치원교원양성기지:유치원교원 과외학교 / 양련순 // 중국조선족교육. – 1988,(2). – 16 – 18

8073 수 6을 둘러싸고 진행된 종합식교수 / 박정희 // 중국조선족교육. - 1988,(3). - 15 - 16
8074 아이가 자기절로 잘못을 빌게 하여야 한다 // 중국조선족교육. - 1988,(4). - 74
8075 유치원 자유활동시간에 이야기유희를 설정 / 조순청 // 중국조선족교육. - 1988,(4). - 23
8076 동심에 맞는 가요를 창작하려면 / 림혜숙 // 중국조선족교육. - 1988,(5). - 27 - 29
8077 유치원의 상식과 ≪달≫에 대한 교수 / 김순일 // 중국조선족교육. - 1988,(5). - 25 - 26
8078 유치원교육에 대한 학부형들의 요구 // 중국조선족교육. - 1988,(6). - 74
8079 애들에게 재미나는 이야기를:유치원 ≪언어교재≫보충용 // 중국조선족교육. - 1988,(8). - 16 - 17
8080 어린이지능발전에서의 악기훈련의 역할 / 권수주 // 중국조선족교육. - 1988,(9). - 17 - 18
8081 환등교수 ≪청개구리≫ / 정영애 // 중국조선족교육. - 1988,(10). - 25
8082 학전반에서의 구두어표달능력배양 / 최건용; 김봉자 // 중국조선족교육. - 1988,(11). - 19 - 20
8083 학전반에서 조선말회화고비를 넘겨준 경험 / 박춘경등 // 중국조선족교육. - 1988,(11). - 32 - 33
8084 어떻게 학령전어린이들에게 수를 인식시켰는가 / 강정숙; 김정숙 // 중국조선족교육. - 1988,(12). - 25
8085 어린이들의 심신건강을 보장하려면 / 번영 // 은하수. - 1989,(1). - 15
8086 그림을 보고 말하기의 훈련방법 // 중국조선족교육. - 1989,(3). - 75
8087 학교전교육의 소학화는 어린이들의 성장에 영향을 끼친다 // 중국조선족교육. - 1989,(3). - 74 - 75
8088 학령전어린이들의 언어기초를 ≪자모화투≫놀이로 / 계옥단 // 중국조선어문. - 1989,(3). - 30 - 32
8089 아동교육의 성인화를 두고 / 권동필 // 중국조선족교육. - 1989,(3). - 27
8090 야외관찰을 통한 어휘학습지도를 이렇게 / 전애촌 // 중국조선어문. - 1989,(4). - 27 - 28
8091 애들에게 재미나는 이야기를:유치원≪언어교재≫보충용 // 중국조선족교육. - 1989,(4). - 14 - 15
8092 식자교수를 보다 빠르고도 효과적으로 / 김영희 // 중국조선족교육. - 1989,(5). - 18 - 19
8093 식자교수에서의 방법론적요구를 두고 / 김영옥 // 중국조선족교육. - 1989,(5). - 20 - 22
8094 상상이야기는 어린이들에게 리상의 씨앗을 뿌려줄수 있다 / 전순애 // 중국조선족교육. - 1989,(7). - 44
8095 학전반의 수학교수에서 채색나무토막을 리용 / 엄란;김복동 // 중국조선족교육. - 1989,(7). - 43
8096 교양필기를 씀으로써 유아교양질을 제고 // 중국조선족교육. - 1989,(9). - 15 - 16
8097 훌륭한 첫시작 / 손벽진 // 중국조선족교육. - 1989,(9). - 17 - 18
8098 ≪내심있게 가르치다≫를 두고 떠오르는 생각 / 왕인덕 // 중국조선족교육. - 1989,(10). - 16
8099 아이들은 어루만져야 더 총명해진다 / 경애 // 은하수. - 1989,(10). - 19
8100 유치원교양원 교양필기:교원은 교원다와야 한다 / 왕소평 // 중국조선족교육. - 1989,(10). - 15 - 16
8101 매개 교양의 기회를 아껴야 한다 / 유창가 // 중국조선족교육. - 1989,(12). - 14
8102 사랑과 응석 / 엽려방 // 중국조선족교육. - 1989,(12). - 13 - 14
8103 유치원교양원 교양필기:실습에서의 사소한 일 / 주림홍 // 중국조선족교육. - 1989,(12). - 13
8104 학전반교수에서 주의력을 배양 / 김해숙 // 중국조선족교육. - 1989,(12). - 15 - 17
8105 당면 외국유아교육개혁에서 받은 계발 / 오건침 // 중국조선족교육. - 1990,(1 - 2). - 26 - 30
8106 유아들에 대한 사상품성교양 / 추건화 // 중

국조선족교육. – 1990,(1 – 2). – 38 – 39

8107 유치원음악교수에서의 감상과에 대하여 / 전순애 // 중국조선족교육. – 1990,(1 – 2). – 25

8108 어린이들의 환심을 사는 합격된 유치원교양원으로 되자 / 설봉;왕위 // 중국조선족교육. – 1990,(3). – 8

8109 유치원어린이들에 대한 품성교양 // 중국조선족교육. – 1990,(4). – 10 – 11

8110 유치원어린이들에 대한 음감, 절주감 훈련 / 김덕윤 // 중국조선족교육. – 1990,(5). – 18

8111 《아빠엄마를 존경해요》교수과정의 리론적탐구 / 량계홍 // 중국조선족교육. – 1990,(6). – 19 – 20

8112 유아교육의 12가지 지표 / 강정남 // 은하수. – 1990,(6). – 36 – 38

8113 계산과교수에서 사유의 굴신성을 배양 / 김선희 // 중국조선족교육. – 1990,(7 – 8). – 46 – 47

8114 한 교원의 《교양필기》 / 왕계분 // 중국조선족교육. – 1990,(7 – 8). – 48 – 50

8115 유치원교양원 교양필기 / 손성죽 등 // 중국조선족교육. – 1990,(9). – 19 – 20

8116 교훈 / 우지청 // 중국조선족교육. – 1990,(11). – 31

8117 어리면 꼭 양보를 받아야 하는가 / 적설명 // 중국조선족교육. – 1990,(11). – 30

G62 초등교육

8118 《소학교 과정안》에 관한 두개 문제 // 교육통신. – 1956,(4). – 15 – 17

8119 소학교의 수공로동 / И.Y.로산노브 // 교육통신. – 1956,(4). – 18 – 20

8120 수공로동과 실시중의 몇가지 체득 // 교육통신. – 1956,(4). – 21 – 23

8121 학교 관리공작을 잘하는 삼봉소학교 / 추영춘 // 연변. – 1962,(10). – 29 – 31

8122 사회주의 교육 운동 가운데서 반드시 잘 해결하여야 할 중요한 한 개 문제 / 화민 // 연변. – 1964,(2). – 2 – 4

8123 소학생의 주의발전의 특점 / 오봉강 // 연변교육. – 1980,(1). – 24 – 27

8124 환등교수에서의 초보적경험 / 최재률 // 연변교육. – 1980,(4). – 52 – 53

8125 소학생들의 기억발전의 특점과 교수 / 해생 // 연변교육. – 1980,(6). – 11 – 14

8126 어떻게 보도원사업을 잘할것인가? / 류원장 // 연변교육. – 1980,(8). – 11 – 13

8127 학생들에 대한 보건위생교육을 강화하자 / 김철수 // 연변교육. – 1980,(10). – 51 – 55

8128 환등교수에서 은을 낸 처녀교원 / 리영선 // 연변교육. – 1980,(11). – 7

8129 피로전술과 고압수단에서 해방되고 단위시간내의 교수효률을 높이자 / 박춘옥 // 연변교육. – 1981,(1). – 52 – 55

8130 한차례 실속있는 교수연구활동:연길현소학교 교수연구활동소개 / 남은식;장금손 // 연변교육. – 1981,(2). – 31 – 32

8131 아동들의 관찰능력배양 / 이건량 // 연변교육. – 1981,(3). – 32 – 34

8132 뢰봉정신을 꽃피운 보람 / 리영철;허정근 // 연변교육. – 1981,(5). – 2 – 4

8133 소학생들의 론리사유능력배양:교수실례와 그에 대한 간단한 분석 / 곽척진 // 연변교육. – 1981,(5). – 43 – 44

8134 교수지도사업에서 얻은 약간의 체득 // 연변교육. – 1981,(9). – 9 – 11

8135 소학생의 상상발전의 특점 / 봉강 // 연변교육. – 1981,(9). – 6 – 9

8136 어린이들의 아름다운 심령을 부각 / 고봉 // 연변교육. – 1981,(10). – 9 – 12

8137 몸과 마음 다 바쳐 / 정만석;조원제;리송수 // 연변교육. – 1981,(11). – 6 – 9

8138 문명례절교양도 아동들의 특점에 알맞게 // 연변교육. – 1981,(11). – 42 – 43

8139 소선대사업에서 혁명전통교양을 강화하였다 / 김순동 // 연변교육. – 1981,(11). – 11

8140 후진학급이 우수학급으로 / 배희자 // 연변교육. - 1981,(11). - 10

8141 소학교 1학년생들에 대한 예습조직 / 리추자 // 연변교육. - 1981,(12). - 25 - 27

8142 소선대활동의 교육성과 흥취성에 대하여 / 로장화 // 연변교육. - 1982,(1). - 15 - 17

8143 소학교수학교수와 사유능력의 배양 / 만정기 // 연변교육. - 1982,(1). - 38 - 39

8144 실내수업의 질을 높이기 위하여 / 김춘산 // 연변교육. - 1982,(1). - 40 - 42

8145 소학생들의 정감배양 / 전은성 // 연변교육. - 1982,(2). - 31 - 32

8146 강독교수에서의 몇가지 상용적방법 / 리수범 // 연변교육. - 1982,(3). - 44 - 46

8147 교수사업을 지도한 체득 / 김순옥 // 연변교육. - 1982,(3). - 8

8148 구두어훈련을 강화하였다 / 임영자 // 연변교육. - 1982,(3). - 13 - 14

8149 예습을 지도하여 학생들을 학습에서의 주인으로 되게 하였다 / 리정자 // 연변교육. - 1982,(3). - 11 - 12

8150 우리는 문예활동을 이렇게 견지하였다 / 김홍미 // 연변교육. - 1982,(3). - 35

8151 소학생들에게 리상교육을 진행한 약간의 체득 / 원혜숙 // 연변교육. - 1982,(5). - 7 - 10

8152 하급학년에서 주의력을 배양한 약간의 체득 / 채정숙 // 연변교육. - 1982,(5). - 15 - 17

8153 망각의 법칙에 따라 복습을 지도 / 김경숙; 림충석 // 연변교육. - 1982,(7). - 13 - 14

8154 아동교양사업에서 얻은 약간한 체득 / 리만금 // 연변교육. - 1982,(7). - 5 - 7

8155 우리는 어떻게 《문명례절》활동을 벌리였는가 / 강철송 // 연변교육. - 1982,(8). - 7 - 8

8156 전체 소년아동이 입대한후의 소선대활동 / 리광수 // 연변교육. - 1982,(8). - 12 - 13

8157 한시간의 수업을 보고 / 장영화 // 연변교육. - 1982,(8). - 38 - 39

8158 흥취의 발전에 대하여 / 김지복 // 연변교육. - 1982,(8). - 14 - 16

8159 뢰봉을 따라배우는것도 아동들의 년령특점에 알맞게 / 박경희 // 연변교육. - 1982,(9). - 31 - 32

8160 전 학급 학생들에게 집체주의사상을 키워주기까지 / 김분순 // 연변교육. - 1982,(10). - 47 - 48

8161 학생들에게 혁명적리상교양을 진행하였다 / 리인숙 // 연변교육. - 1982,(10). - 45 - 46

8162 교수사업을 지도한 약간의 체득 / 림충석 // 연변교육. - 1982,(12). - 23 - 24

8163 예습:락후생지도에서의 효과적인 방법 / 리명수 // 연변교육. - 1983,(1). - 31 - 32

8164 형상적교수방법은 좋다 / 김춘실 // 연변교육. - 1983,(5). - 7 - 9

8165 련습에서의 두가지 효과적인 방법 / 권옥분 // 연변교육. - 1983,(6). - 23 - 25

8166 독범교수의 일반적과정과 방법 // 연변교육. - 1983,(7). - 44 - 47

8167 숙제검열은 다지기절차에서 / 림충석 // 연변교육. - 1983,(7). - 49

8168 부지런하고 배우기를 즐기는 모범 // 연변교육. - 1983,(9). - 54

8169 수업시간내의 련습에 대한 조직과 지도 / 김련옥 // 연변교육. - 1983,(9). - 18 - 19

8170 표양과 비판에 대하여 / 박창극 // 연변교육. - 1983,(11). - 10 - 11

8171 어린이들의 심령속에 조국애의 씨앗을 심어주기 위하여 / 심옥섭 // 연변교육. - 1984,(1). - 5 - 6

8172 애국주의교양을 강화한 몇가지 체득 / 송영철 // 연변교육. - 1984,(2). - 3 - 4

8173 새 지식을 가르치는 수업시간내의 련습 / 동세춘 // 연변교육. - 1984,(3). - 19

8174 학생들의 관찰력을 키우기 위해 힘썼다 / 김영자 // 연변교육. - 1984,(4). - 35 - 36

8175 오른손의 규칙과 왼손의 규칙의 다른점 / 조송준 // 연변교육. - 1984,(6). - 32

8176 점수에 매달리지 말자 / 매집 // 은하수. − 1984,(6). − 63

8177 학생들의 사유력을 키우기 위하여 / 허혜숙 // 연변교육. − 1984,(6). − 29 − 31

8178 강독방법지도와 자습능력지도 / 김순옥 // 연변교육. − 1984,(10). − 25 − 26

8179 소학교원이 ≪교재, 교수법≫고비를 넘도록 촉진하는 몇가지 사업 // 연변교육. − 1984,(10). − 57

8180 우리의 학생과외독서활동 / 강금단 // 연변교육. − 1984,(12). − 57

8181 과외독서에 대한 지도 몇가지 / 방옥분 // 연변교육. − 1985,(1). − 50

8182 학생과외활동은 좋다:왕청진 제2소학교를 찾아서 / 최상철 // 연변교육. − 1985,(1). − 51

8183 낡은 교수방법을 고쳐 / 송영월 // 연변교육. − 1985,(3). − 31

8184 ≪소년과학정보≫와 지력배양 / 리옥녀 // 연변교육. − 1985,(3). − 52

8185 소선대활동을 실속있게 / 박인숙 // 연변교육. − 1985,(3). − 25

8186 우리 학교의 ≪둘째 류형수업≫ / 리기옥 // 연변교육. − 1985,(3). − 10 − 11

8187 학생과외활동을 강화 / 김숙자 // 연변교육. − 1985,(3). − 40

8188 학생들의 사유를 활약시키려면 / 김영옥 // 연변교육. − 1985,(3). − 15

8189 ≪사랑스러운 조국≫벽보활동을 조직 / 김홍걸 // 연변교육. − 1985,(6). − 20

8190 실속있는 작풍을 제창하자 / 원미자 // 연변교육. − 1985,(6). − 21 − 22

8191 소선대활돌을 다양하게 / 전정숙 // 연변교육. − 1985,(12). − 48

8192 수업의 생기는 어디서 왔는가:한 녀교원의 수업을 견학하고 / 김천복 // 연변교육. − 1985,(12). − 35

8193 지력발전을 촉진하는 둘째류형수업 / 정기철 // 연변교육. − 1985,(12). − 63

8194 새 과문 유도담화의 몇가지 / 림충석 // 중국조선족교육. − 1986,(3). − 21

8195 어려서부터 사유훈련을 / 신금자 // 중국조선족교육. − 1986,(4). − 29

8196 어떻게 학생들의 창조성사유를 키울것인가 / 손정군 // 중국조선족교육. − 1986,(5). − 50 − 52

8197 소학생들의 리상교양에 대하여 / 손문익 // 중국조선족교육. − 1986,(6). − 6 − 7

8198 학생들에게 적극적인 사유품성을 형성시켜주기 위하여 / 지희숙 // 중국조선족교육. − 1986,(6). − 50 − 51

8199 학생의 기질특점과 교양방법 / 박성근 // 중국조선족교육. − 1986,(7). − 42 − 43

8200 활기띠고있는 수놓이 써클활동 / 김성덕 // 중국조선족교육. − 1986,(7). − 120 − 121

8201 이채를 띤 특수한 ≪교수안≫ / 신금자;리만송 // 중국조선족교육. − 1986,(10 − 11). − 12 − 14

8202 소학교 실험학급 실내수업에서 인재시교를 관철한 몇가지 방법 // 중국조선족교육. − 1987,(3). − 77

8203 소학교 1학년생들의 자습습관 양성 / 김영숙 // 중국조선족교육. − 1987,(3). − 24 − 25

8204 어린이들의 발명제작활동을 계속 벌려나가야 한다 / 장춘원 // 중국조선족교육. − 1987,(4). − 65 − 67

8205 과외활동과 실내수업 / 주발증 // 중국조선족교육. − 1987,(5). − 70

8206 과외활동의 한가지 좋은 형식:학생신문꾸리기 / 윤금옥 // 중국조선족교육. − 1987,(7 − 8). − 140 − 141

8207 교수질평가에 대한 몇가지 소견 // 중국조선족교육. − 1987,(7 − 8). − 57

8208 농촌소학교에서의 약한 고리:≪부과≫교수 / 전홍일 // 중국조선족교육. − 1987,(7 − 8). − 154

8209 로동관념을 양성하고 로동습관을 길러주었다 // 중국조선족교육. − 1987,(7 − 8). − 158

8210 소학교 하급학년생들에 대한 음고개념전수 / 허순자 // 중국조선족교육. − 1987,(7 − 8). − 33

8211 소학교 하급학년에서의 관찰력양성 / 김철수 // 중국조선족교육. – 1987,(7 – 8). – 79 – 80

8212 45분의 교수에서 학생들의 학습적극성을 동원 / 김희자 // 중국조선족교육. – 1987,(7 – 8). – 113 – 114

8213 一自學, 二輔導, 三鞏固 : 新教學程式初探 / 리증호(李承搞) // 중국조선족교육. – 1987,(7 – 8). – 90 – 101

8214 칠판글지도로 사유력을 제고 / 최영자 // 중국조선족교육. – 1987,(9). – 28 – 29

8215 학생들의 좌석을 정하는 학문 // 중국조선족교육. – 1987,(9). – 76

8216 학습흥미의 역할과 그 배양 / 남일성 // 중국조선족교육. – 1987,(9). – 22 – 23

8217 실내수업의 총체적관념을 론함 / 곽옥산 // 중국조선족교육. – 1987,(10). – 32 – 33

8218 중소학교 실용통계 지식강좌 / 남철 // 중국조선족교육. – 1987,(11). – 14 – 16

8219 교재비용과 학생들의 실제에 근거하여 교수방법을 선택 적용하였다 / 김순자 // 중국조선족교육. – 1987,(12). – 50 – 51

8220 시대발전의 수요에 수응하여 소선대사업을 개진 / 장희옥 // 중국조선족교육. – 1987,(12). – 9 – 10

8221 취미는 지력개발의 금열쇠 / 박광숙 // 중국조선족교육. – 1987,(12). – 30

8222 과학기술 학습시간을 이렇게 / 한금자 // 중국조선족교육. – 1988,(1). – 68 – 69

8223 삽화와 능력양성 / 조옥녀 // 중국조선족교육. – 1988,(1). – 25

8224 과문에 대한 리해를 총체를 포착하는데로부터 / 최명숙; 권중환 // 중국조선족교육. – 1988,(3). – 22 – 23

8225 록화교수를 통한 능력배양 / 최길록 // 중국조선족교육. – 1988,(3). – 23 – 25

8226 소학교의 로동과교수에 대하여 / 리경후 // 중국조선족교육. – 1988,(4). – 20 – 22

8227 어떻게 학생들이 사유하도록 유도할것인가 / 계영화 // 중국조선족교육. – 1988,(4). – 49 – 50

8228 우리는 어떻게 교수관리를 틀어쥐였는가 / 리종성; 차수조 // 중국조선족교육. – 1988,(4). – 16 – 19

8229 소학교 1학년생들에게도 사유계발을 / 김봉근 // 중국조선족교육. – 1988,(5). – 32

8230 소학생들의 자아교양능력양성 / 리용천 // 중국조선족교육. – 1988,(5). – 5 – 7

8231 새로 배운 지식의 공고화를 위한 기본훈련에서 취한 방법 / 김계순 // 중국조선족교육. – 1988,(7). – 46

8232 《소학교수요강》의 특점을 장악하자 // 중국조선족교육. – 1988,(8). – 74

8233 소학생들의 《전부 입대》를 두고 / 정형섭 // 중국조선족교육. – 1988,(10). – 57

8234 소학교 6학년생들의 심리변화에 대한 탐구 / 리용천; 리문자 // 중국조선족교육. – 1988,(11). – 11 – 13

8235 질문+사고=능력 / 권영식 // 중국조선족교육. – 1988,(11). – 21

8236 소학단계에서의 로동교양을 이렇게 / 오인숙 // 중국조선족교육. – 1988,(12). – 24

8237 어린이들의 특점에 맞게 로동교양을 진행 / 윤혜자 // 중국조선족교육. – 1989,(3). – 7

8238 실험교수를 참답게 조직 / 김태국 // 중국조선족교육. – 1989,(4). – 56 – 57

8239 아이들 잘못을 일깨워주려면 / 동순주 // 중국조선족교육. – 1989,(4). – 30

8240 학생들과의 담화에서 좋은 효과를 거두려면 / 권정옥 // 중국조선족교육. – 1989,(4). – 28 – 29

8241 소학생 의지, 품격형성 / 김기덕 // 중국조선족교육. – 1989,(7 – 8). – 54 – 56

8242 훈련경로를 개척해야 한다 / 주일관 // 중국조선족교육. – 1989,(7 – 8). – 81 – 85

8243 소학생들의 과중한 부담의 위해성과 그 해결대책 // 중국조선족교육. – 1989,(10). – 76

8244 학생들을 주체로 하는것을 둘러싸고 교수

방법을 개진 / 김춘산 // 중국조선족교육. − 1989,(10). − 49 − 50

8245 《듣기능력 키워가자요》교수실기 / 림충석 정리 // 중국조선족교육. − 1989,(12). − 23 − 24

8246 소년기학생들의 생장특징을 장악하고 교양사업을 강화하자 / 김영춘;정국서 // 중국조선족교육. − 1989,(12). − 9 − 10

8247 목하 소학교육에 존재하는 몇가지 문제에 대한 단상 / 허재혁 // 중국조선족교육. − 1990,(1 − 2). − 144

8248 수학실내수업의 질을 높인 체득 / 무옥전 // 중국조선족교육. − 1990,(1 − 2). − 82 − 86

8249 수업시간내의 학생작업에 대하여 / 김주휘 // 중국조선어문. − 1990,(4). − 38 − 39

8250 저급학년 실내수업 이끌기를 두고 / 김선옥;최선애 // 중국조선어문. − 1990,(5). − 19 − 20

8251 교수목표관리 실험측기 / 최인순;김향옥 // 중국조선족교육. − 1990,(7 − 8). − 56 − 58

8252 小學生習作自我修改的初步探討 / 강룡운 // 중국조선족교육. − 1990,(9). − 33 − 34

8253 《소제작,소발명,소론문》활동을 벌려 창조력을 배양 / 도박생 // 중국조선족교육. − 1990,(10). − 74 − 75

8254 로동교양 경험 몇가지 / 신춘화 // 중국조선족교육. − 1990,(11). − 22

8255 자습능력을 배양하여 교수질을 높였다 / 리윤자 // 중국조선족교육. − 1990,(11). − 16

G623.1 정치

8256 소학교사상품성과의 교수요강, 교재좌담회에서 한 왕혜덕동지의 연설 // 연변교육. − 1982,(1). − 3 − 8

8257 소학교사상품성과의 교수요강, 교재 좌담회요지 // 연변교육. − 1982,(1). − 1 − 2

8258 한시간의 생동한 품성교양교수:상해시 모범담임교원 모배뢰선생의 교수실기 및 평어 / 고봉 // 연변교육. − 1982,(8). − 9 − 11

8259 1년래 소학교에서 사상품성과를 설치한 초보적경험 / 팽운 // 연변교육. − 1982,(11). − 7 − 9

8260 소학교사상품성과의 숙제를 어떻게 낼것인가 / 림옥 // 연변교육. − 1983,(7). − 15 − 16

8261 《소학교사상품성과 교수요강》학습체득 // 연변교육. − 1983,(10).12 − 13 −

8262 사상품성과 교수를 통하여 락후생을 전변시켰다 / 리인숙 // 연변교육. − 1983,(11). − 12 − 13

8263 시간을 아끼자:사상품성과 교수실기 / 김봉익 // 연변교육. − 1984,(2). − 17 − 19

8264 글 한자라도 참답게 쓰자요:김춘실교원의 사상품성과 교수실기 / 하룡 // 연변교육. − 1984,(3). − 12 − 13

8265 아동품성교양에서의 《4중연주》 // 연변교육. − 1984,(9). − 53

8266 《우리는 조국을 사랑합시다》:사상품성과 교수실기 / 김봉익 // 연변교육. − 1984,(9). − 19 − 21

8267 사상품성과에서 어떻게 시험을 칠것인가 // 연변교육. − 1984,(10). − 57

8268 어린이를 사랑하는것은 사상품성교양의 기점이다 / 모배뢰 // 연변교육. − 1984,(10). − 18 − 19

8269 《덕육》에 포함되여있는 뜻 // 연변교육. − 1985,(2). − 54

8270 사상품성과교수에서도 실천성 원칙을 / 김봉익 // 연변교육. − 1985,(10). − 37 − 39

8271 사상품성과교수에서의 3개 절차 / 리기옥 // 중국조선족교육. − 1986,(1). − 25 − 27

8272 소학교1학년 《사상품성과》교수에서 얻은 약간한 체득 / 강철송;조선숙 // 중국조선족교육. − 1986,(5). − 24

8273 우리는 법제교양을 이렇게 하였다 // 현택선 // 중국조선족교육. − 1986,(5). − 26

8274 사상품성과교수에서의 삽화취급에 대하여 / 김봉익 // 중국조선족교육. − 1986,(7). − 48

8275 소학교법제과교수에서 주의해야 할 몇개 문제 // 중국조선족교육. − 1986,(7). − 137

8276 사상품성과교수의 효과성을 높이자면 // 중국조선족교육. －1987,(1). －74

8277 ≪소학교사상품성과교수요강≫을 참답게 학습하자 / 황하석 // 중국조선족교육. －1987,(1). －19－20

8278 동심을 낚는 이야기로 사상품성과교수를 더욱 재미나게 / 김기덕 // 중국조선족교육. －1987,(5). －22

8279 사상품성과교수에서 인식과 행동의 통일 원칙을 견지 / 조선숙 // 중국조선족교육. －1987,(7－8). －77－78

8280 품성교양을 각종 활동과 각 학과목의 교수에 내포시켜야 한다 // 중국조선족교육. －1987,(10). －71

8281 도해법을 정치과교수에 도입 / 조현철 // 중국조선족교육. －1987,(11). －28

8282 사상품성과의 수업전 활동에 대하여 / 김봉익 // 중국조선족교육. －1987,(11). －2

8283 사상품성과교수실기 / 정훈 // 중국조선족교육. －1988,(4). －27－29

8284 미육교양의 새로운 천지를 개척하기까지 / 리용부 // 중국조선족교육. －1988,(5). －21－23

8285 어떻게 소학교 사상품성과교수를 잘할것인가 // 중국조선족교육. －1988,(10). －75

8286 사상품성과보충교재 사용에 대하여 / 김봉익 // 중국조선족교육. －1989,(3). －8

8287 소학생들에 대한 품성교양을 이렇게 / 황하 // 중국조선족교육. －1989,(5). －17

8288 사상품성과교수에서 취미성을 / 박순자 // 중국조선족교육. －1989,(11). －17

8289 어린이들의 심리특점에 맞게 품성과 교수를 / 손운추 // 중국조선족교육. －1989,(11). －15－16

8290 사상품성과교수에서 취한 몇가지 방법 / 김례호 // 중국조선족교육. －1990,(1－2). －33

8291 사상정치과의 교수평가에 대하여 / 김승운 // 중국조선족교육. －1990,(3). －10－13

8292 소학생사상품성형성과정과 사상품성과 교수절차문제 / 리철수 // 중국조선족교육. －1990,(5). －21－22

8293 하급학년 사상품성과 교수에서의 ≪행위지도형≫ 교수구조 / 최상국 // 중국조선족교육. －1990,(5). －23－24

8294 사상품성과교수에서의 정경설정 / 김영자 // 중국조선족교육. －1990,(7－8). －71－72

8295 경쟁기세를 사상정치과교수에 도입 / 김명자 // 중국조선족교육. －1990,(9). －43－44

8296 사상품성과 교수에서의 물음 설정 / 강정자 // 중국조선족교육. －1990,(10). －17

8297 사상품성과에서의 ≪둘째 류형수업≫ / 송순옥 // 중국조선족교육. －1990,(12). －31

G623.2 어문(한어)

8298 堅持双語制提高教學質量 / 김항옥;윤성문(金恒玉;尹成文) // 중국조선족교육. －1986, (2). －33

8299 小學朝鮮語文、漢語文"相補相成, 提前讀寫"實驗情況介紹 / 황약산(黃若山) // 중국조선족교육. －1986,(2). －37－39

8300 一九八六年延吉市小學畢業考試漢語卷 // 소년아동. －1987,(5). －76－78

8301 從課文入手收益多 / 임수운(任秀云) // 중국조선족교육. －1987,(7－8). －94

8302 "露面"訓練帶來的變化 / 방금순(方今順) // 중국조선족교육. －1987,(7－8). －95－96

8303 加强語段教學, 爲寫作打下堅實的基础 / 오동숙(吳東淑) // 중국조선족교육. －1987,(7－8). －102－103

8304 作文与作文教學試論作文的提前指導 / 리거(李炬) // 중국조선족교육. －1987,(7－8). －104－105

8305 漢語文課教學整体改革初探 / 마준유(馬俊儒) // 중국조선족교육. －1987,(7－8). －97－99

8306 例談低年級朗讀教學中學生思維能力的培養 / 리복순(李福順) // 중국조선족교육. －1987,(9). －37

8307 小學漢語文識字教學綜合訓練法一例 / 김희

전(金熙田) // 중국조선족교육. – 1987,(9). – 42

8308 虛詞中的一点做法 / 최영순;박혜자(崔英子；朴惠子) // 중국조선족교육. – 1987,(9). – 34

8309 作文与作文教學 // 중국조선족교육. – 1987,(9). – 43

8310 對延邊漢語文教學的管見 / 서인국(徐仁國) // 중국조선족교육. – 1987,(10). – 36 – 37

8311 注重詞的語法功能的一点嘗試 / 리정도(李情濤) // 중국조선족교육. – 1987,(10). – 35

8312 想一想, 說一說, 寫一寫：開展積极的思維活動, 進行創造性的語言訓練 / 강룡운(姜龍云) // 중국조선족교육. – 1987,(12). – 47

8313 第一輪："拼音學話, 注音識字, 提前讀寫"實驗班畢業測査分析報告 / 리병택 // 중국조선족교육. – 1990,(5). – 47 – 48

8314 一堂別開生面的說寫課 / 김옥선 // 중국조선족교육. – 1990,(5). – 45 – 46

8315 閱讀教學与說寫能力的培養 / 김명숙 // 중국조선족교육. – 1990,(5). – 44

8316 對≪課文會話≫教材的几点看法 / 최영순 // 중국조선족교육. – 1990,(6). – 36

8317 漢語文作文中的不自覺興趣、自覺興趣和鞏固興趣：談談漢語文作文教學的一点嘗試 / 장순복 // 중국조선족교육. – 1990,(7 – 8). – 8 – 9

8318 記一次別開生面的課外活動 / 신명희(申明姬) // 중국조선족교육. – 1990,(7 – 8). – 70 – 71

8319 漫談口語訓練 / 김성휘 // 중국조선족교육. – 1990,(7 – 8). – 69

8320 小學漢語文第九冊板書設計 / 강순자;리순애(姜順子;李順愛) // 중국조선족교육. – 1990,(7 – 8). – 66 – 68

8321 說話訓練初談 / 리정자;리미화(李貞子；李美花) // 중국조선족교육. – 1990,(11). – 14 – 15

8322 淺談彔音手段在漢語文教學中的几点功能 / 리용천(李涌川) // 중국조선족교육. – 1990,(12). – 41 – 42

8323 抓住文章標題, 帶動課文講讀 / 송명옥(宋明玉) // 중국조선족교육. – 1990,(12). – 43 – 44

G623.29 소수민족어문(조선어문)

8324 목전 어문교수개혁중의 몇개 문제 // 교육통신. – 1954,(2). – 27 – 36

8325 어문교수개혁중의 편향을 규정하자 // 교육통신. – 1954,(2). – 3

8326 조선어 2학년 하학기 교수강령 // 교육통신. – 1954,(4). – 17 – 18

8327 2학년 조선어교재 ≪옥문≫을 어떻게 장악하였는가 / 유수옥 // 교육통신. – 1954,(5). – 30 – 32

8328 인물형상을 분석하는데로부터 과문의 주제사상을 찾아내였다 / 주화남 // 교육통신. – 1956,(4). – 37 – 38

8329 조선어 기말복습조직에 대한 몇가지 소감 / 서룡출 // 교육통신. – 1956,(6). – 45 – 47

8330 소학교어휘교수에 대하여 / 정만석 // 연변교육. – 1980,(1). – 28 – 29

8331 조선어문교수실기 // 연변교육. – 1980,(1). – 34 – 36

8332 교수안 일례:꽃파는 처녀 // 연변교육. – 1980,(3). – 16 – 21

8333 나는 어떻게 작문지도를 하였는가? / 윤영숙 // 연변교육. – 1980,(6). – 19 – 20

8334 ≪문장성분가리기≫로 반급활동을 조직 / 조인숙 // 연변교육. – 1980,(7). – 8 – 10

8335 소학교 조선어문과에서의 읽고 리해하는 능력의 발전 / 최두혁 // 연변교육. – 1980,(8). – 20 – 22

8336 ≪수술대를 지켜≫교수소감 // 연변교육. – 1980,(9). – 16 – 20

8337 저급학년 작문교수에 대하여 / 왕유성 // 연변교육. – 1980,(9). – 21 – 22

8338 소학교 어휘교수에서의 몇가지 체득 / 김복만 // 연변교육. – 1980,(10). – 22 – 23

8339 면대하여 수정한 작문 일례 / 왕유성 // 연변교육. – 1980,(11). – 26 – 27

8340 조선어문교수의 질적제고를 위하여 나도

한마디! // 연변교육. – 1980,(12). – 21 – 22
8341 글의 구성 교수방법의 초보적탐구 / 원혜숙 // 연변교육. – 1981,(2). – 32 – 35
8342 랑독교수 개진에 대한 몇가지 시도 / 리인숙 // 연변교육. – 1981,(2). – 37 – 38
8343 소학교 고급학년 조선어문교재 편찬의도 // 연변교육. – 1981,(3). – 20 – 23
8344 조선국어교수실기 // 연변교육. – 1981,(4). – 58 – 60
8345 조선어문실내수업체계를 고칠데 대한 생각 / 엄룡국 // 연변교육. – 1981,(5). – 17
8346 작문지도를 착실하게 해야 한다:소학교에서의 명제작문지도에 대하여 / 정만석;김순희 // 연변교육. – 1981,(6). – 26 – 28
8347 작문교수를 보고서 / 김두천;전복록 // 연변교육. – 1981,(7). – 22 – 23
8348 작문교수에서 받은 몇가지 계시 / 주창권 // 연변교육. – 1981,(7). – 21
8349 한차례 작문교수의 준비과정과 교수흐름 / 원혜숙 // 연변교육. – 1981,(7). – 14 – 20
8350 글자교수의 체계와 방법 / 리정룡 // 연변교육. – 1981,(8). – 16 – 17
8351 어문학습과 지력훈련 / 중혜 // 연변교육. – 1981,(11). – 46 – 47
8352 조선어문교수사업의 이모저모 // 연변교육. – 1981,(11). – 18 – 23
8353 소학교 하급학년에서의 쓰기훈련 // 연변교육. – 1981,(12). – 26 – 28
8354 소학교 하급학년에서의 작문지도에 관하여 / 김두천 // 연변교육. – 1982,(1). – 27 – 28
8355 짧은 문장 학습필기를 어떻게 지도하였는가 / 조인숙 // 연변교육. – 1982,(1). – 25 – 26
8356 조선어문과교수에서 학생들의 학습흥취를 높여주어야 한다 / 남일성 // 연변교육. – 1982,(2). – 35 – 36
8357 소학교조선어문교재의 ≪과제≫및≪련습≫에 대한 문법적고찰 / 김두천 // 연변교육. – 1982,(5). – 20 – 22
8358 습작례문교수에 대한 탐구 / 리정숙 // 연변교육. – 1982,(6). – 20 – 21
8359 동요동시읊기를 어떻게 지도할것인가 / 우복순 // 연변교육. – 1982,(7). – 15 – 17
8360 열독교수와 글짓기를 결합시킨 약간의 체득 / 방영자 // 연변교육. – 1982,(7). – 18 – 20
8361 소학교 2학년에서의 어휘교수 / 신삼덕 // 연변교육. – 1982,(8). – 25 – 26
8362 강독교수에서 글의 얽음새에 대한 교수를 잘해야 한다 / 전영순 // 연변교육. – 1982,(9). – 42 – 45
8363 문답과정에서의 말하기훈련에 중시를 돌려야 한다 / 최복은 // 연변교육. – 1982,(9). – 39 – 41
8364 단문짓기 훈련지도 / 임경훈 // 연변교육. – 1982,(10). – 21 – 22
8365 실제로부터 출발하여 두개 어문의 수준을 높였다 // 연변교육. – 1982,(10). – 12 – 15
8366 하급학년 어린이들에 대한 랑독지도 / 김옥춘 // 연변교육. – 1982,(10). – 19 – 21
8367 소학교조선어문교재의 복술교수를 론함 / 김천 // 연변교육. – 1982,(11). – 23 – 25
8368 소학생들의 조선어문수준을 실속있게 높여야 한다 / 한종만 // 연변교육. – 1982,(11). – 56 – 57
8369 소학교어문교수법 / 고혜영;마봉명 // 연변교육. – 1982,(12). – 56 – 59
8370 연길시 초중입학 조선어문시험지를 보고서 / 리동화 // 연변교육. – 1982,(12). – 46 – 47
8371 조선어문과에서의 표현독지도 / 정만석 // 연변교육. – 1983,(2). – 16 – 17
8372 소학교조선어문의 상식과 취급에서 류의할 몇가지 문제 / 허길자 // 연변교육. – 1983,(3). – 19 – 22
8373 자작능력제고의 한가지 좋은 방법;일기쓰기 / 오영자 // 연변교육. – 1983,(3). – 23 – 25
8374 소학교 문장성분가리기교수에서 주의할 문제 / 리규을 // 연변교육. – 1983,(4). – 14 – 16
8375 소학교 우화교재취급에 대하여 / 전복록 //

연변교육. − 1983,(4). − 46 − 47

8376 교수에서 아동소설취급에 대한 초보적 탐구 / 허길자 // 연변교육. − 1983,(5). − 40 − 42

8377 랑독과 묵독 // 연변교육. − 1983,(5). − 46 − 48

8378 학생의 자립적독서습관의 양성을 위하여 / 박순실 // 연변교육. − 1983,(5). − 15 − 16

8379 학생들의 분단능력을 어떻게 길러줄것인가 / 김천 // 연변교육. − 1983,(6). − 18 − 20

8380 독법교수와 작문짓기를 결합한 약간의 체득 / 남호범 // 연변교육. − 1983,(7). − 19

8381 조선어문교수에서의 주체처리 / 허신자 // 연변교육. − 1983,(7). − 16 − 18

8382 소학교 독법교수의 방법 // 연변교육. − 1983,(8). − 34 − 35

8383 어문교수에서의 상상력의 배양 / 김영숙 // 연변교육. − 1983,(8). − 15 − 16

8384 문제와 원인:소학교조선어문교수방법개진을 위한 초보적탐구 / 김천복 // 연변교육. − 1983,(9). − 15 − 17

8385 문체별로 교수한 약간의 체득 / 신금자 // 연변교육. − 1983,(10). − 14 − 15

8386 부동한 문체의 과문에 대한 교수 // 연변교육. − 1983,(10). − 47 − 49

8387 소학교 조선어문교수에서의 응용문취급에 대하여 / 김천복 // 연변교육. − 1983,(12). − 16 − 17

8388 하급학년 조선어문교수에서의 기초지식전수와 능력배양 / 신춘자 // 연변교육. − 1983,(12). − 14 − 15

8389 글짓기를 위한 관찰력의 배양 / 최영자 // 연변교육. − 1984,(1). − 16 − 19

8390 소학교 3학년에서의 글짓기지도 몇가지 / 방옥분 // 연변교육. − 1984,(1). − 15

8391 학생작문지도용 교원본보기글 // 연변교육. − 1984,(1). − 59 − 62

8392 과외독서에 대한 지도 / / 연변교육. − 1984,(2). − 50 − 52

8393 속담에 대한 교수 / 허순옥 // 연변교육. − 1984,(2). − 19 − 20

8394 글짓기교수의 성질, 과업과 요구 // 연변교육. − 1984,(3). − 46 − 47

8395 소학교 졸업학년에서의 조선어문복습지도 / 리은실 // 연변교육. − 1984,(3). − 35 − 37

8396 유익한 계시:조선어문실내수업을 보고서 / 마송학 // 연변교육. − 1984,(3). − 10 − 11

8397 동요 동시 짓기 지도와 훈련 / 강금단 // 연변교육. − 1984,(4). − 18 − 20

8398 작문교수의 기본원칙 // 연변교육. − 1984,(4). − 50

8399 그림보고 글짓기 수업실기 / 박영실 // 연변교육. − 1984,(5). − 20 − 21

8400 실내 글짓기수업에서의 관찰력배양 / 황정자 // 연변교육. − 1984,(5). − 16 − 17

8401 글짓기교수에서 사물을 관찰분석하는 능력의 배양 // 연변교육. − 1984,(6). − 48 − 51

8402 소학교 조선어문교수의 근본적임무를 두고 / 길일 // 연변교육. − 1984,(6). − 19

8403 소학생들의 품사가리기를 도와주고저 // 연변교육. − 1984,(7). − 21 − 22

8404 글을 대비적으로 읽히고 인간에 대하여 인식을 깊이 하게 하는 지도 / (일본)구로가와미노루 // 연변교육. − 1984,(8). − 62 − 63

8405 글짓기교수를 하나의 독립적학과로! // 연변교육. − 1984,(8). − 57

8406 랑독지도에서 지켜야 할 몇가지 / 김영설 // 연변교육. − 1984,(8). − 20 − 23

8407 어문교수와 관련되는 문제에 대한 토론 // 연변교육. − 1984,(8). − 1 − 32

8408 그림보고 말하기의 지도 / 박정자 // 연변교육. − 1984,(9). − 23

8409 산거지구 하급학년 조선어문교수에서의 말틀교수 / 정만석 // 연변교육. − 1984,(9). − 26 − 28

8410 학생글짓기와 본보기글 / 김영숙 // 연변교육. − 1984,(9). − 21 − 22

8411 아동의 단문짓기, 글엮기 능력배양 // 연변교육. − 1984,(10). − 54

8412 독법교수중 과문분석에만 치우치는 편향 /

김근환 // 연변교육. － 1984,(11). － 16 － 17
8413 소학교 6학년 문장성분가리기 지도 / 리규을 // 연변교육. － 1984,(11). － 9 － 10
8414 소학교 1학년생들의 학기초 조선어문과에 대한 지도 / 리추자 // 연변교육. － 1984,(12). － 15 － 16
8415 어문과에서의 언어교수의 위치와 역할 / 리윤규 // 연변교육. － 1985,(1). － 15 － 16
8416 조선어의 받침발음교수를 이렇게 했다 / 김정숙;김걸 // 연변교육. － 1985,(1). － 14
8417 단문짓기지도 / 장창만 // 연변교육. － 1985,(2). － 16 － 19
8418 랑독에서의 휴지처리 / 김영설 // 연변교육. － 1985,(2). － 12 － 13
8419 새로 발견된 도행지의 ≪아동교양력사재료≫ // 연변교육. － 1985,(2). － 54
8420 수수께끼와 수수께끼교수에 대하여 / 임창길 // 연변교육. － 1985,(2). － 10 － 11
8421 작문교수법 // 연변교육. － 1985,(2). － 1 － 32
8422 조선어문과의 흥미배양에 관한 소감 / 윤경희 // 연변교육. － 1985,(2). － 14 － 15
8423 글짓기교수안을 어떻게 짤것인가? / 왕유성 // 연변교육. － 1985,(3). － 32 － 35
8424 복습지도도 실천면에 주의:소학교 6학년 조선어문복습지도에서 / 허순옥 // 연변교육. － 1985,(3). － 30 － 31
8425 어문과의 교수안짜기 // 연변교육. － 1985,(3). － 49 － 50
8426 조선어문 식자수업구성에 대한 탐구 / 김춘실 // 연변교육. － 1985,(3). － 16
8427 그림보고 글짓기 우수작문 입선자명단 // 꽃동산. － 1985,(4). － 25
8428 단어학습에서의 아동의 사유특점 및 그 리용 / 김춘자 // 연변교육. － 1985,(4). － 6 － 8
8429 명사술어와 그 상관성분 / 지룡 // 조선어 학습과 연구. － 1985,(4). － 26 － 28
8430 어문과의 교수안짜기와 칠판글설계 // 연변교육. － 1985,(4). － 49 － 51
8431 어문교수에서의 관찰에 대한 지도 / 리주호 // 연변교육. － 1985,(4). － 11 － 12
8432 계통적인 작문교수연구활동을 벌려서 2년 // 연변교육. － 1985,(5). － 54 － 55
8433 ≪작문수정이란 도대체 어떤 일인가≫ // 연변교육. － 1985,(5). － 62
8434 글짓기에서 느낀바 / 김보옥 // 연변교육. － 1985,(6). － 52
8435 소학교 하급학년에서의 글짓기 / 박영실 // 연변교육. － 1985,(6). － 17 － 18
8436 조선어문과의 받침교수 / 김옥춘 // 연변교육. － 1985,(6). － 16 － 17
8437 조선어문학습에서의 길동무:≪조선말소사전≫ / 정정숙 // 연변교육. － 1985,(6). － 59
8438 경산학교의 어문개혁과 관련하여 // 연변교육. － 1985,(7). － 57
8439 관찰력배양과 토막글짓기지도 / 원철봉 // 연변교육. － 1985,(7). － 10 － 11
8440 소학교 어문교원의 직책과 요구 // 연변교육. － 1985,(7). － 58 － 60
8441 소학교 1학년에서의 말틀교수 / 박순실 // 연변교육. － 1985,(8). － 12
8442 어문과에서 자작업을 개혁해본 일부 시도 // 연변교육. － 1985,(8). － 54
8443 내가 만약 이 과문을 가르친다면…:과문 ≪완까≫의 교수타산 / 허신자 // 연변교육. － 1985,(9). － 19
8444 ≪성냥파는 처녀애≫교수설계 / 리은실 // 연변교육. － 1985,(9). － 20 － 21
8445 흥취있는 과외활동으로 어문능력 제고 / 손진숙 // 연변교육. － 1985,(9). － 52 － 53
8446 과문 ≪황계광≫교수설계 / 윤창환 // 연변교육. － 1985,(10). － 15 － 17
8447 교과서를 읽게 하여 자습능력을 배양 / 박애선 // 연변교육. － 1985,(10). － 42 － 43
8448 ≪조그마한 귤등≫교수설계 / 허하룡 // 연변교육. － 1985,(10). － 13 － 14
8449 나는 어떻게 학생들의 관찰필기를 지도했

는가 / 석준수 // 중국조선족교육. – 1986,(1). – 33 – 34

8450 소학교 어문교수개혁에서 나타난 새로운 정황:강서 정강산, 북경 육재학교, 할빈의 부분적동지들과의 담화 / 원미자 // 중국조선족교육. – 1986,(1). – 36 – 87

8451 《큰 봇나무》교수에서 / 신금자 // 중국조선족교육. – 1986,(1). – 31 – 32

8452 계통론의 통일체리론이 《3종 어문》과 교수개혁에 준 계시 / 황종식 // 중국조선족교육. – 1986,(2). – 11 – 13

8453 과문 《봄》에 대한 교수 / 리만송 // 중국조선족교육. – 1986,(2). – 26 – 27

8454 《락타와 양》(제4권) 교수설계 / 김춘산 // 중국조선족교육. – 1986,(2). – 28 – 29

8455 소학교 하급학년에서의 말하기 훈련 / 박룡산 // 중국조선족교육. – 1986,(2). – 20

8456 과외써클활동에서 얻은 체득 몇가지 / 유계순 // 중국조선족교육. – 1986,(3). – 55 – 56

8457 소학교 조선어문교수에서의 삽화취급 / 김영주 // 중국조선족교육. – 1986,(3). – 19 – 20

8458 어문교수와 상상구의 개척 // 중국조선족교육. – 1986,(3). – 73

8459 글짓기수업에서의 상상력배양 / 황정자 // 중국조선족교육. – 1986,(5). – 29 – 30

8460 《삐용이와 갈갈이》교수설계 / 김영숙 // 중국조선족교육. – 1986,(5). – 35 – 37

8461 소학교 어문교수를 개혁할데 관한 9가지 의견 / 대보운;도울문 // 중국조선족교육. – 1986,(5). – 33 – 34

8462 문장짓기능력제고를 위한 기본훈련 몇가지 / 김근환 // 중국조선족교육. – 1986,(6). – 41 – 42

8463 소학교 조선어문교수에서의 삽화취급 / 김춘자 // 중국조선족교육. – 1986,(7). – 54 – 55

8464 조선어문교수실천중의 문제들 / 윤창환;원혜숙;남순희 // 중국조선족교육. – 1986,(7). – 57 – 60

8465 《사시절의 노래》교수설계 / 황정자 // 중국조선족교육. – 1986,(12). – 33

8466 소학교 저급단계 어문과에서의 쾌락교수법 // 중국조선족교육. – 1986,(12). – 73

8467 소학교 하급학년 조선어문교수에서의 본딴말의 역할 / 박준순 // 중국조선족교육. – 1986,(12). – 26 – 27

8468 // 중국조선족교육. – 1986,(12). – 35

8469 어휘해석을 똑똑히 하자 / 김일파 // 중국조선족교육. – 1986,(12). – 32

8470 중학교 시교수를 두고 / 마송학 // 중국조선어문. – 1987,(1). – 44 – 46

8471 조선어문교수에서의 형상과 감정 / 림련숙 // 중국조선족교육. – 1987,(2). – 25 – 26

8472 과문분석에 대한 소견 / 윤인숙 // 중국조선족교육. – 1987,(3). – 22 – 23

8473 줄여쓰기에 대한 지도에서 얻은 약간한 체득 / 안봉숙 // 중국조선어문. – 1987,(3). – 36

8474 그림보고글짓기교수에서의 상상력 배양 / 리민순 // 중국조선족교육. – 1987,(4). – 30

8475 소학교어문교수에서는 아동의 인식발전을 중요시해야 한다 / 원미자 // 중국조선족교육. – 1987,(4). – 31 – 33

8476 실내수업에서의 이끌기 / 김춘자 // 중국조선어문. – 1987,(4). – 45 – 47

8477 소학교 하급학년생들에 대한 정확독지도 / 김계순 // 중국조선족교육. – 1987,(5). – 23

8478 소학교졸업반 조선어문모의시험문제 // 소년아동. – 1987,(6). – 89

8479 어떤 면에서 단문짓기를 이끌고 수정할것인가 / 리만송 // 중국조선족교육. – 1987,(6). – 34 – 35

8480 우리 집 수탉 / 리봉 // 꽃동산. – 1987,(6). – 29

8481 1학년식자교수에서의 토막경험 두가지 / 최금자 // 중국조선족교육. – 1987,(6). – 33

8482 재미있는 도형련상작문 // 꽃동산. – 1987,(6). – 10 – 11

8483 중소학교 어문교재중의 과학지식설명문 / 소화 // 중국조선족교육. – 1987,(7 – 8). – 93

8484 글짓기에서 흥미를 불러일으킬 문제 / 김두천 // 중국조선족교육. - 1987,(9). - 26 - 27

8485 당면 소학교어문교수의 발전추세 / 고혜영 // 중국조선족교육. - 1987,(9). - 32 - 34

8486 소학교고급학년 조선어문과에서의 사유력배양 / 리만금 // 중국조선족교육. - 1987,(9). - 25 - 27

8487 소학교어문교수개혁의 실험에 대한 리론적 탐구 / 전본나;고항리 // 중국조선족교육. - 1987,(9). - 35 - 36

8488 소학교중급학년 조선어문 교수흐름과 수업구조에 대한 생각 / 박길성 // 중국조선족교육. - 1987,(10). - 24 - 25

8489 소학교의 그림을 보고 작문짓기교수 / (싱가포르)정소영 // 중국조선족교육. - 1987,(11). - 79 - 80

8490 어문자습능력을 배양하기 위한 조치 몇가지 / 최봉호 // 중국조선족교육. - 1987,(11). - 29 - 30

8491 입말능력배양을 돌파구로 / 김춘자 // 중국조선족교육. - 1987,(11). - 19 - 20

8492 재료형글짓기지도 / 박도균;허일륜 // 중국조선족교육. - 1987,(11). - 33 - 36

8493 설명문교재를 취급하면서 생각된바 / 진영자 // 중국조선족교육. - 1987,(12). - 33 - 34

8494 소학교글짓기교수의 새로운 체계 // 중국조선족교육. - 1988,(1). - 31 - 32

8495 조선어문수업구성에 대한 생각 / 허인숙 // 중국조선족교육. - 1988,(1). - 26 - 27

8496 하급학년 말하기교수에 대한 실험 // 중국조선족교육. - 1988,(1). - 23 - 24

8497 소학생들의 글짓기소질제고를 두고 / 신현철 // 중국조선족교육. - 1988,(2). - 23 - 24

8498 소학교 조선어문 교수평가표준을 어떻게? / 리주산 // 중국조선족교육. - 1988,(2). - 8 - 9

8499 소학교의 글짓기교수를 개혁할데 대한 몇개 문제 / 고종달 // 중국조선족교육. - 1988,(3). - 28 - 29

8500 흑룡강성 소학교조선어문 ≪말틀교수≫실험에 관한 조사보고 // 중국조선어문. - 1988,(3). - 8 - 11

8501 하급학년 조선어문교수에서의 사유력배양 / 정만석 // 중국조선족교육. - 1988,(4). - 28 - 29

8502 소학교어문의 총체성개혁을 론함 / 원미자 // 중국조선족교육. - 1988,(5). - 26

8503 어문교수에서의 랑독표현에 대하여 / 김춘자 // 중국조선어문. - 1988,(5). - 24 - 27

8504 기본기교에 의한 랑독실천 / 김춘자 // 중국조선어문. - 1988,(6). - 19 - 22

8505 사물을 반복적으로 관찰해야 한다 / 서영림 // 소년아동. - 1988,(6). - 50 - 54

8506 소학교 조선어문교과서중의 시어의 매력 / 연일춘 // 중국조선어문. - 1988,(6). - 26 - 28

8507 소학교 1 - 2학년생들에 대한 글짓기지도 / 김두천 // 중국조선족교육. - 1988,(7). - 24 - 25

8508 자음≪ㄹ≫에 대한 교수 / 김화 // 중국조선족교육. - 1988,(7). - 17

8509 조선어문교수와 학생의 학습정서 / 계진수 // 중국조선족교육. - 1988,(7). - 26 - 27

8510 조선어문교수의 총체적개혁에 대한 단상 / 리윤철 // 중국조선족교육. - 1988,(7). - 27 - 28

8511 강독과 글짓기 교수의 유기적결합을 두고 / 정순녀 // 중국조선족교육. - 1988,(8). - 23 - 25

8512 소학생들이 글감을 잘 고르게 하려면 / 최창흘 // 중국조선족교육. - 1988,(8). - 22

8513 어문교수개혁의 기본원칙, 요구 및 중점 / 김재률 // 중국조선족교육. - 1988,(8). - 36

8514 흑룡강성 소학교하급학년 조선어문 ≪말틀교수≫ 실험보고 / 정만석;김순희 // 중국조선족교육. - 1988,(8). - 33 - 35

8515 조선어문교수에서의 학생사고력 배양:과문≪뚱뚱보와 말라꽹이≫를 교수하면서 느낀바 / 주정중 // 중국조선족교육. - 1988,(9). - 25 - 26

8516 어문교수와 학생심리:위서생교원의 한시간 실험교수에 대한 탐구 // 중국조선족교육. - 1988,(10). - 30 - 32

8517 조선어문식자교수에서의 취미교수활동 / 신춘자;김종순 // 중국조선족교육. – 1988,(10). – 26 – 27

8518 글짓기교수의 과학화문제 / 장영태 // 중국조선족교육. – 1988,(11). – 26 – 27

8519 소학교조선어문 3년간의 개혁실험정황회보 / 전철범 // 중국조선족교육. – 1988,(11). – 34 – 36

8520 조선어문과에서의 복습제강짜기 / 조인숙 // 중국조선족교육. – 1988,(11). – 28

8521 소학교에서의 그림보고 글짓기 / 최영자 // 중국조선족교육. – 1988,(12). – 29 – 30

8522 소학교 조선어문교수에서의 미육교양 / 조룡수 // 중국조선족교육. – 1988,(12). – 28

8523 설명문교수에서 환등을 리용 / 손인숙;리후남 // 중국조선족교육. – 1989,(3). – 13 – 15

8524 실용문훈련 10가지 / 김철석 // 중국조선족교육. – 1989,(3). – 20 – 21

8525 작문≪고마운 아주머니≫수정과 실기 // 중국조선족교육. – 1989,(3). – 16 – 17

8526 조선어문과에서의 ≪총체 – 부분 – 총체≫ 교수절차 / 곽필순 // 중국조선족교육. – 1989,(3). – 18 – 19

8527 소학교 어문교수의 총체성교수에 대한 리론적탐구 / 양기 // 중국조선족교육. – 1989,(4). – 23 – 24

8528 소학교 조선어문과의 특수한 위치와 개혁의 절박성 / 남일성 // 중국조선족교육. – 1989,(4). – 28

8529 소학교 조선어문교수개혁에서 시급히 해결해야 할 두가지 / 김태섭 // 중국조선족교육. – 1989,(4). – 26 – 27

8530 언어표달능력의 제고과정은 바로 사유력제고의 과정 / 정정옥;신춘자 // 중국조선족교육. – 1989,(4). – 16 – 17

8531 소학교 조선어문교수는 우선 목적성을 명확하게 / 김근환 // 중국조선족교육. – 1989,(5). – 32 – 33

8532 계발, 비교, 분석:설명문교수의 질적제고를 두고 / 리금옥; 김춘자 // 중국조선족교육. – 1989,(7 · 8). – 40 – 42

8533 글의 짜임새에 대한 교수 / 남계옥;전영수 // 중국조선족교육. – 1989,(7). – 66 – 69

8534 설명문의 교수에 대하여 / 김두천 // 중국조선족교육. – 1989,(7). – 59 – 61

8535 소학교 조선어문과에서 말하기능력제고에 모를 박고 / 최영자;전영수 // 중국조선족교육. – 1989,(7). – 56 – 58

8536 소학교 조선어문기초지식의 범주, 체계 및 취급과정 / 김옥춘 // 중국조선족교육. – 1989,(7). – 62 – 65

8537 1학년학생들의 일기 // 소년아동. – 1989,(7). – 88 – 90

8538 ≪과외독서선문집≫을 실내수업에 끌어들여 / 채순희;김미화 // 중국조선족교육. – 1989,(9). – 22

8539 소학교 작문교수에 존재하고있는 문제와 개진의견 / 반자유 // 중국조선족교육. – 1989,(9). – 31 – 33

8540 1학년에서 어음변화현상을 이렇게 / 김명화 // 중국조선족교육. – 1989,(9). – 19

8541 작문교수는 마땅히 현실사회생활에 낮을 돌려야 한다 / 주일관 // 중국조선족교육. – 1989,(9). – 29 – 30

8542 구두표달능력배양을 위한 탐구와 실천 / 김순옥 // 중국조선족교육. – 1989,(10). – 29 – 30

8543 소학교에서의 글짓기수업지도 / 진영자 // 중국조선족교육. – 1989,(10). – 22

8544 그림보고말하기훈련을 틀어쥐고 / 남금순 // 중국조선족교육. – 1989,(11). – 20

8545 시청각교수수단과 설명문수업 / 김선자;김명옥 // 중국조선족교육. – 1989,(11). – 21 – 23

8546 일곱가지 어휘풀이방법 / 최영자 // 중국조선족교육. – 1989,(12). – 18 – 19

8547 하급학년작문, 강독교수에서≪관찰고비≫를 잘 넘길 문제 / 최련숙 // 중국조선족교육. –

1989,(12).－21－22
8548 관찰일기쓰기를 류별로 지도 / 왕합청 // 중국조선족교육.－1990,(1－2).－56
8549 우수화순서설계:작문교수 개혁정보 / 주일관 // 중국조선족교육.－1990,(1－2).－52－55
8550 이야기글에서의 인물형상분석 / 윤명화 // 중국조선족교육.－1990,(1－2).－48－49
8551 읽기교수를 통하여 사유력 배양 / 최순희 // 중국조선족교육.－1990,(1－2).－36－39
8552 ≪중심있고 구체적으로 씁시다≫작문교수 실기 / 박화;박정희 // 중국조선족교육.－1990,(1－2).－40－44
8553 교수참고서는 학생들이 열어보아서는 안될≪판도라의 상자≫인가? / 안진영 // 중국조선족교육.－1990,(2).－40－41
8554 과문≪공공장소에서 례절을 지켜야 한다≫교수실기 / 최향순;송영철 // 중국조선족교육.－1990,(3).－12－13
8555 과문≪아빠엄마를 존경해요≫교수실기 / 김룡운;량계홍 // 중국조선족교육.－1990,(3).－14－16
8556 소학교작문교수체계에 대한 인식 및 몇가지 보충의견 / 김순옥 // 중국조선족교육.－1990,(3).－25－26
8557 소학교 조선어문제12권 실용표준화 련습문제 / 박길성;황정자 // 중국조선족교육.－1990,(3).－17－21
8558 소학교 어문교수책임제의 총체적구성 / 조경서 // 중국조선족교육.－1990,(3).－29
8559 소학생어문능력의 형성과 발전을 론함 / 염수명 // 중국조선족교육.－1990,(3).－22－24
8560 10년제의무교육 ≪소학교조선어문 교수요강에 대하여≫ / 김동춘 // 중국조선족교육.－1990,(3).－68－70
8561 조선어문교수의 총체적개혁실험정황 / 김순복 // 중국조선족교육.－1990,(3).－26－28
8562 총체적훈련관점으로 어문교수류형을 개혁 / 우문금 // 중국조선족교육.－1990,(3).－30－32
8563 감정에네르기의 전화:≪어머니의 조수가 되자요≫ 교수실기 / 김기덕 // 중국조선족교육.－1990,(4).－13－16
8564 과문≪조국을 록화하자≫교수실기 / 한인숙;송영철 // 중국조선족교육.－1990,(4).－19－21
8565 소학교 강독교수에서의 사유력 배양훈련 / 권복순 // 중국조선족교육.－1990,(4).－28
8566 소학교 1학년에서의 글짓기지도 / 강해옥 // 중국조선족교육.－1990,(5).－27－28
8567 소학생글짓기를 지도한 약간한 경험 / 김영순 // 중국조선어문.－1990,(5).－16－17
8568 실용표준화련습문제 / 박길성;황정자 // 중국조선족교육.－1990,(5).－29－33
8569 ≪행복한 생활이 쉽게 얻어진것이 아니다≫교수실기 / 방옥분;송영철 // 중국조선족교육.－1990,(5).－25－26
8570 과문≪구체적으로 씁시다≫교수실천 // 중국조선족교육.－1990,(6).－23－24
8571 그림보고글짓기 지도를 이렇게 / 림충석;리춘화 // 중국조선어문.－1990,(6).－42
8572 문자문제의 교수에 대하여 / 김걸 // 중국조선족교육.－1990,(6).－42－43
8573 소학교 하급학년 글짓기의 원류 / 엄해월 // 중국조선족교육.－1990,(6).－25－27
8574 소학교 작문교수체계에 대한 인식 및 몇가지 보충의견 / 김순옥;김은희 // 중국조선족교육.－1990,(6).－28－29
8575 소학교 조선어문시험방법개혁실험 / 연길시 연신소학교 교도처 // 중국조선족교육.－1990,(6).－33－35
8576 우리 말 모르는 어린이들에게 우리 말을 가르친 체득 / 장해석;김병애 // 중국조선어문.－1990,(6).－44
8577 소학교 조선어문제11권 실용표준화 련습문제 / 박길성;황정자 // 중국조선족교육.－1990,(7－8).－123－127
8578 식자교수질제고에 대한 생각 / 최길록 // 중국조선족교육.－1990,(7·8).－59－61

8579 하급학년에서의 학생관찰력배양 / 리선자 // 중국조선족교육. – 1990,(7 – 8). – 53 – 54

8580 학생들의 글짓기능력제고를 위하여 / 김미화 // 중국조선족교육. – 1990,(7 · 8). – 55

8581 과문분석에서 중점을 돌출히 할 문제 / 정순녀 // 중국조선족교육. – 1990,(9). – 29 – 31

8582 《남을 존경해야 한다》교수실기 / 송영철; 방옥분 // 중국조선족교육. – 1990,(9). – 21 – 24

8583 소학교 고급학년 어문목표교수 방법연구 / 정기량 // 중국조선족교육. – 1990,(9). – 30 – 32

8584 조선어문교수에서의 입말훈련 / 리정희; 최응엽 // 중국조선족교육. – 1990,(9). – 28

8585 조선어문교수에서의 흥취문제 / 황정자 // 중국조선족교육. – 1990,(9). – 25 – 27

8586 그림보고 말하기, 글짓기 / 신금자 // 중국조선족교육. – 1990,(10). – 69 – 70

8587 소학교 어문학습지도교수법 (도학식)탐구 / 장광원 // 중국조선족교육. – 1990,(10). – 23 – 2

8588 진실한 글을 쓰게끔 지도 / 황영희 // 중국조선족교육. – 1990,(10). – 18 – 19

8589 하급학년생들의 말하기능력을 배양하고저 / 백광순 // 중국조선족교육. – 1990,(10). – 20

8590 과문《로정교를 삽시에 탈취하였다》교수실기 / 류봉환; 김룡운 // 중국조선족교육. – 1990,(11). – 12 – 13

8591 동화과문교수에서의 표현독의 작용 / 천명선 // 중국조선족교육. – 1990,(11). – 9 – 10

8592 설명문교수를 실외관찰과 결부시켜 / 김어금 // 중국조선족교육. – 1990,(11). – 36 – 37

8593 식자교수단계에서의 입말훈련 / 장춘자 // 중국조선족교육. – 1990,(11). – 7 – 8

8594 《용감하고 활발해요》교수실기 / 김룡운; 량계홍 // 중국조선족교육. – 1990,(11). – 5 – 6

8595 입말로 글말을 이끌어 / 최영옥 // 중국조선족교육. – 1990,(11). – 11

8596 강독교수에서의 물음설정 / 김옥선 // 중국조선족교육. – 1990,(12). – 36 – 37

8597 그림보고 말하기, 글짓기 / 신금자 // 중국조선족교육. – 1990,(12). – 70 – 72

G623.4 력사, 지리

8598 지리 복습의 몇가지 경험 // 소년아동. – 1954,(4). – 25

8599 자연력사지리를 학습하지 않아도 좋은가? // 소년아동. – 1954,(5). – 24

8600 소학교 력사교과서에 대한 소개 / 황해룡 // 연변교육. – 1981(8). – 43 – 45

8601 소학교 력사교과서 중점과문분석 / 양유준; 양위병 // 연변교육. – 1982,(4). – 56 – 58

8602 소학교 력사(하권) 교수안참고서 / 엄지량; 리룡경 // 연변교육. – 1982,(7). – 49 – 52

8603 중국행정구를 이렇게 교수해 보았다 / 김정숙 // 연변교육. – 1982,(8). – 44

8604 소학교 지리교수참고자료 // 연변교육. – 1982,(11). – 51 – 52

8605 소학교 력사수업실기: 훈춘진 제2소학교 김신옥교원의 교수를 보면서 / 장금손 정리 // 연변교육. – 1983,(9). – 23 – 25

8606 소학교 지리과교수에서 애국주의교양을 진행한 체득 / 태동철 // 연변교육. – 1984,(4).37 – 38

8607 성공적으로 진행된 력사과수업의 규준 // 연변교육. – 1984,(5). – 49

8608 소학교력사과 교수준비에 대한 몇가지 / 황해룡 // 연변교육. – 1984,(8). – 33 – 34

8609 소학교력사 복습지도 / 태춘호 // 연변교육. – 1985,(3). – 36

8610 《지도발견법》을 적용한 교수시험 / 박혜숙 // 연변교육. – 1985,(11). – 23 – 25

8611 지리교수에서의 지리적개념전수 / 김호림 // 중국조선족교육. – 1987,(7 – 8). – 136

8612 력사교수에서 학생들의 흥미를 불러일으킬 문제 / 심영숙 // 중국조선족교육. – 1987,(9). – 21 – 22

8613 소학교 력사과의 3개 절차 교수법 / 강기정 // 중국조선족교육. – 1989,(7 – 8). – 27

8614 지도읽기, 지도에 써넣기 분석문제련습해답 / 최영준 // 중국조선족교육. – 1990,(1 – 2). – 115 – 117

8615 지리과 교수에서의 3단계법 학습지도 / 허응한 // 중국조선족교육. – 1990,(1 – 2). – 112 – 114

8616 지리과 교수에서의 학습흥미문제 / 김옥자 // 중국조선족교육. – 1990,(5). – 71 – 73

G623.5 수학

8617 우리 학교의 산수연구교수는 왜 잘되였는가? // 교육통신. – 1954,(2). – 17 – 18

8618 수학교수에서 5계단 채점법을 적용한 초보 경험 // 교육통신. – 1954,(4). – 27 – 30

8619 산수배우기는 어려운가 / 조은택 // 소년아동. – 1954,(6). – 16 – 17

8620 수학교수에서 정치사상교양을 어떻게 진행할것인가? // 교육통신. – 1956,(3). – 29 – 36

8621 소학교 수학기초지식문답 / 엽지전 // 연변교육. – 1980,(4). – 25

8622 소학교 수학에서의 계산능력배양에 관하여 / 주언신 // 연변교육. – 1980,(5). – 26 – 27

8623 수학숙제지도에서의 몇가지 문제 / 손창석 // 연변교육. – 1980,(5). – 28 – 29

8624 응용문제풀이 능력제고 / 채정숙 // 연변교육. – 1980,(7). – 36 – 37

8625 한 응용문제를 여러가지 문제로 변형하는 훈련 / 김련옥 // 연변교육. – 1980,(7). – 37 – 38

8626 빠른 산법의 탐구 // 연변교육. – 1980,(8). – 55

8627 수학시간을 활약시키는 방법 // 연변교육. – 1980,(8). – 35 – 38

8628 소학교 수학개념교수 / 손창석 // 연변교육. – 1980,(9). – 23 – 24

8629 암산유희 / 리예란 // 연변교육. – 1980,(11). – 41

8630 ≪소수의 곱하기≫주산방법을 개진할데대하여 / 리규진 // 연변교육. – 1981,(1). – 30 – 31

8631 저급학년 응용문제교수에서의 선분도해 / 손창석 // 연변교육. – 1981,(2). – 17 – 18

8632 수학개념교수에서 얻은 약간의 체득 / 김련옥 // 연변교육. – 1981,(3). – 31

8633 분수의 크기를 비교하는 한가지 간편한 방법 // 연변교육. – 1981,(4). – 27

8634 소학교 수학교수안 일례 / 종혜령 // 연변교육. – 1981,(4). – 25 – 26

8635 소학교 수학교수안 일례 / 김춘산 // 연변교육. – 1981,(5). – 30 – 31

8636 암산련습에 대한 몇가지 체득 / 손창석 // 연변교육. – 1981,(6). – 37 – 38

8637 수학과에서의 능력배양문제 / 한가구 // 연변교육. – 1981,(7). – 39 – 42

8638 학생들의 계산능력배양: 여러 자리수를 두자리수로 나누기 교수탐구 / 안경숙 // 연변교육. – 1981,(7). – 33 – 35

8639 소학교 수학교수개혁의 탐구 / 유명균;주옥인 // 연변교육. – 1981,(8). – 27 – 28

8640 암산훈련에서 사용한 몇가지 방법 / 김학범 // 연변교육. – 1981,(9). – 18 – 20

8641 응용문제교수에서 얻은 몇가지 체득 / 김종기 // 연변교육. – 1981,(10). – 28 – 29

8642 ≪두 운산으로 푸는 더하기 덜기 응용문제≫교수에 대하여 / 김현익 // 연변교육. – 1981,(11). – 49 – 51

8643 소학교 1학년수학교수 체득 / 장분옥 // 연변교육. – 1981,(11). – 31 – 32

8644 소학교 수학교과서에 제기된 몇가지 간편한 계산 / 한후익 // 연변교육. – 1981,(12). – 36 – 39

8645 소학교 수학교수에서 주의해야 할 몇개문제 / 주학전 // 연변교육. – 1981,(12). – 40 – 42

8646 사칙계산 검산방법 / 김순녀 // 연변교육. – 1982,(2). – 42 – 43

8647 소학교 수학교수에서 구두표달훈련을 진행한 정황 / 허혜숙 // 연변교육. – 1982,(3). – 47 – 48

8648 소학교 수학교수안 일례 / 김련옥 // 연변교육. − 1982,(4). − 37 − 39
8649 소학교 하급학년의 응용문제교수에 관하여 / 연용문 // 연변교육. − 1982,(4). − 31 − 33
8650 산수과에서 창발성을 배양하는 지도의 착안점 // 연변교육. − 1982,(6). − 33 − 36
8651 학생들의 계산능력배양에 힘썼다 / 안경식 // 연변교육. − 1982,(6). − 30 − 32
8652 소학교수학교수에서 어떻게 교과서의 작용을 잘 발휘시킬것인가 / 연용문 // 연변교육. − 1982,(7). − 28 − 30
8653 소학교하급학년의 수학교과서를 어떻게 수정하였는가 / 리윤천 // 연변교육. − 1982,(7). − 31 − 33
8654 나는≪1≫을 이렇게 가르쳤다 / 조인숙 // 연변교육. − 1982,(8). − 37
8655 한시간의 복합응용문제 수업 / 최봉선 // 연변교육. − 1982,(9). − 49 − 50
8656 ≪비와 그 성질≫교수체득 / 남동탁 // 연변교육. − 1982,(10). − 27 − 29
8657 ≪분수의 사칙응용문제≫복습지도 / 손창석; 홍만식 // 연변교육. − 1982,(11). − 34 − 37
8658 소학교 수학교수안 일례 / 김련옥 // 연변교육. − 1982,(11). − 37 − 39
8659 연길시소학교수학 진학통일시험에 대하여 / 김광손;김장춘 // 연변교육. − 1982,(12). − 48 − 50
8660 분수와 소수의 혼합계산을 어떻게 하면 비교적 간편한가 // 연변교육. − 1983,(2). − 34
8661 1학년 응용문제 교수에서의 사유능력배양 / 최금자 // 연변교육. − 1983,(2). − 28 − 30
8662 ≪두 자리수에 두 자리수를 더하기≫수업 / 오영숙 // 연변교육. − 1983,(3). − 40 − 41
8663 소학교 수학교수안 일례 / 최란숙 // 연변교육. − 1983,(3). − 38 − 39
8664 비례응용문제 교수체득 / 안경식 // 연변교육. − 1983,(4). − 25 − 27
8665 소학교 수학기초지식교수에서의 비교법의 응용 / 손창석 // 연변교육. − 1983,(5). − 26 − 28
8666 1학년 ≪곱하기응용문제≫교수 체득 / 김만길 // 연변교육. − 1983,(5). − 29
8667 락후생들의 계산능력을 높인 약간의 체득 / 정순철 // 연변교육. − 1983,(6). − 26 − 27
8668 소학교 수학의 교수과정 // 연변교육. − 1983,(6). − 56 − 57
8669 꽃잎모향의 기하도형의 면적을 계산하기 / 김월금 // 연변교육. − 1983,(7). − 22
8670 ≪한 수가 다른 한 수의 몇배인가를 구하는 응용문제≫교수체득 / 김영자 // 연변교육. − 1983,(7). − 20 − 21
8671 ≪분수에 분수를 곱하기≫교수에서 / 류경자 // 연변교육. − 1983,(8). − 17 − 18
8672 최대공약수와 최소공배수를 나는 이렇게 가르쳤다 / 조인숙 // 연변교육. − 1983,(8). − 19
8673 지식성적응용문제 / 동세춘 // 연변교육. − 1983,(10). − 17 − 18
8674 소학교 수학의 교수과정 // 연변교육. − 1983,(11). − 47 − 49
8675 암산의 작용과 훈련방법에 대한 몇가지 소견 / 김창현 // 연변교육. − 1983,(11). − 18 − 21
8676 소학교 수학교수에서의 사상교양 // 중국조선족교육. − 1983,(12). − 77
8677 소학교 수학복습련습문제 / 정의춘; 리규진 // 연변교육. − 1984,(2). − 38 − 40
8678 ≪수의 완제≫교수에 대한 몇가지 생각 / 강철송 // 연변교육. − 1984,(3). − 20 − 21
8679 분수의 사칙응용문제를 풀이하는 련습 / 안영철 // 연변교육. − 1984,(4). − 25 − 26
8680 소학교 수학론리지식강좌 // 연변교육. − 1984,(4). − 51
8681 그 2900의 일의 자리의 수를 구하기와 그 응용 / 김해춘 // 연변교육. − 1984,(7). − 23 − 25
8682 20까지에서의 더하기와 덜기 암산교수에 대하여 / 김덕현 // 연변교육. − 1984,(7). − 30 − 31
8683 더하기의 한가지 검산방법을 더 배워주었다 / 안심자 // 연변교육. − 1984,(8). − 15
8684 수학학습취미를 배양한 몇가지 체득 / 손창

석 // 연변교육. − 1984,(8). − 26 − 28

8685 ≪분수응용문제≫의 교수에 대한 소견 / 김춘산 // 연변교육. − 1984,(9). − 31 − 32

8686 소학교 수학교수에서의 계산능력배양 / 강철송 // 연변교육. − 1984,(10). − 35 − 37

8687 나는 어떻게 소학교수학과를 가르쳤는가 / 마심란 // 연변교육. − 1984,(11). − 42 − 44

8688 분수응용문제교수에서 선분그림을 리용한 체득 / 김동욱 // 연변교육. − 1984,(11). − 26 − 28

8689 소학교 수학교수에 대한 관견 / 백충렬 // 연변교육. − 1984,(11). − 29 − 31

8690 소학교 수학교수개혁에 대한 탐구 / 마심란 // 연변교육. − 1984,(12). − 19 − 21

8691 소학교 수학교수에서 선분그림을 리용한 체득 / 조경희 // 연변교육. − 1984,(12). − 22 − 25

8692 수학과에서 ≪시험교수법≫을 적용한 약간의 체득 / 태순자 // 연변교육. − 1985,(1). − 29 − 30

8693 정경을 꾸미는것과 학생의 사유 / 손창석 // 연변교육. − 1985,(1). − 28 − 29

8694 소학교수학교수에서 앞뒤를 잘 고려해야 한다 / 동세춘 // 연변교육. − 1985,(2). − 30 − 32

8695 완수단순응용문제의 교수에 대한 요구 / 김창현 // 연변교육. − 1985,(2). − 27 − 30

8696 가법운산에서의≪0≫의 특점과 그 응용 / 리상길 // 연변교육. − 1985,(3). − 44 − 45

8697 분수응용문제교수에서 취한 방법 / 박경자 // 연변교육. − 1985,(3). − 41

8698 소학교≪수학≫ 제7권 ≪2.응용문제 례5≫의 교수실기 // 연변교육. − 1985,(3). − 40 − 43

8699 응용문제교수에서 학생들의 론리적사유력을 배양한 몇가지 방법 / 김봉학 // 연변교육. − 1985,(3). − 37 − 39

8700 응용문제교수에서 학생들의 사고의 길을 넓혔다 / 송춘희 // 연변교육. − 1985,(3). − 20

8701 소학교 수학교수에서≪발견법≫을 적용 / 정영 // 연변교육. − 1985,(4). − 12 − 14

8702 분수응용문제에 대한 교수에서 / 전경자 // 연변교육. − 1985,(6). − 32 − 33

8703 소학교 수학교수방법에 대한 개혁 // 연변교육. − 1985,(6). − 34

8704 하급학년에서≪3산결합≫교수실험을 진행한 일부 정황 / 허태익 // 연변교육. − 1985,(7). − 21 − 22

8705 수학교수에서의 학생들의 자습능력배양 / 김옥선 // 연변교육. − 1985,(8). − 30 − 31

8706 하급학년 수학교수에서≪시험교수법≫을 적용 / 권옥분 // 연변교육. − 1985,(8). − 28 − 31

8707 실내수업구조개혁에 대한 초보적시험 / 리일자 // 연변교육. − 1985,(9). − 34 − 36

8708 응용문제의 조건이나 물음을 보충하는 련습 / 장분옥 // 연변교육. − 1985,(11). − 32 − 33

8709 분수의 개념교수에서 취한 방법 / 문규선 // 연변교육. − 1985,(12). − 54

8710 비와 비례의 응용문제교수에서 얻은 체득 / 송영월 // 연변교육. − 1985,(12). − 56 − 57

8711 수학공식의 내적요소에 주의를 돌려야 한다 / 윤옥선 // 연변교육. − 1985,(12). − 58

8712 두 운산으로 푸는 응용문제교수에서 얻은 체득 / 윤정란 // 중국조선족교육. − 1986,(1). − 45 − 47

8713 소학생들의 수학지식탐구과정에 대한 지도 / 손창석 // 중국조선족교육. − 1986,(1). − 48 − 50

8714 소학교 수학교수에서 학생들의 창조성사유를 키울 문제 / 송숙지 // 중국조선족교육. − 1986,(2). − 46 − 49

8715 수학교수에서 학생자습과 교원계발을 결합시켰다 / 김련옥 // 중국조선족교육. − 1986,(2). − 42 − 44

8716 퍼센트응용문제교수에서 취한 방법 / 강효명 // 중국조선족교육. − 1986,(2). − 45 − 47

8717 소학교 3.4학년의 수학교수에 대한 몇가지 / 김부 // 중국조선족교육. − 1986,(3). − 37 − 38

8718 소학교 수학개념교수에 대한 소견 / 강철송 // 중국조선족교육. − 1986,(3). − 35 − 36

8719 수학문제풀이에서의 ≪선택≫ / 왕량휘저; 강의 역 // 꽃동산. − 1986,(3). − 22

8720 특이한 수학문제 // 꽃동산. — 1986,(3). — 10

8721 학생들의 문제풀이 능력을 키우기 위하여 / 강임석 // 중국조선족교육. — 1986,(5). — 47 — 49

8722 소학교 수학교수에서 어떻게 련습을 설계 조직할것인가 / 신동호 // 중국조선족교육. — 1986,(6). — 48 — 49

8723 수학문제풀이에서의 가설법 / 리수덕 // 꽃동산. — 1986,(6). — 9 — 10

8724 소학교 1학년수학≪둘째류형의 수업≫실기 // 중국조선족교육. — 1986,(7). — 117 — 119

8725 ≪수의 완제≫에 대한 교수를 나는 이렇게 설계 조직하였다 / 조인숙 // 중국조선족교육. — 1986,(12). — 51

8726 수학과의 교수준비에 대한 관견 / 김주형 // 중국조선족교육. — 1986,(12). — 60

8727 ≪웃자리에서 꿔오는 덜기≫교수에서 / 오복순 // 중국조선족교육. — 1986,(12). — 50

8728 목전 소학교 수학교수에서의 몇가지 편향 / 안병철 // 중국조선족교육. — 1987,(1). — 51 — 52

8729 분수와 퍼센트의 응용문제교수에서 얻은 체득 / 리목룡 // 중국조선족교육. — 1987,(1). — 53 — 54

8730 분수응용문제교수에서 얻은 체득 / 안경식 // 중국조선족교육. — 1987,(2). — 51 — 52

8731 수학에서의 창조적사유형식에 대한 단상 / 천재권 // 중국조선족교육. — 1987,(2). — 53 — 54

8732 소학교 수학과의 교수준비에 대한 생각 / 김영주 // 중국조선족교육. — 1987,(3). — 44 — 45

8733 수자암기훈련으로 기억력 키우다 // 중국조선어문. — 1987,(3). — 61

8734 재미있는 암산방법 // 중국조선족교육. — 1987,(3). — 78

8735 하급학년 응용문제교수에서 일부 수학사상을 전수할 문제 / 오동운 // 중국조선족교육. — 1987,(3). — 42 — 43

8736 구구에 대한 교수에서≪발견법≫을 적용 / 조옥녀 // 중국조선족교육. — 1987,(4). — 48 — 49

8737 수학교수에서 학생들의 형편에 따라 같지 않은 요구를 제기 / 김봉학 // 중국조선족교육. — 1987,(4). — 46 — 47

8738 응용문제교수에서의 몇개 문제 / 리규진 // 중국조선족교육. — 1987,(4). — 50 — 53

8739 ≪분수의 크기의 비교≫의 교수에서 취한 방법 / 김금옥 // 중국조선족교육. — 1987,(5). — 46 — 48

8740 수학교수에서 환등을 리용하여 교수효과를 높였다 / 김련옥 // 중국조선족교육. — 1987,(5). — 49 — 50

8741 나는 원 도표에 대한 교수를 이렇게 하였다 / 조인숙 // 중국조선족교육. — 1987,(7 — 8). — 111

8742 백분비와 관계되는 한가지 계산 / 장기만 // 중국조선족교육. — 1987,(7 — 8). — 118

8743 복소수의 삼각형식을 변형하여 삼각함수와 관계되는 문제를 풀이하기 / 요은화 // 중국조선족교육. — 1987,(7 — 8). — 108 — 110

8744 소학교 수학교수에서의 련상법의 응용 / 손창석 // 중국조선족교육. — 1987,(7 — 8). — 106 — 107

8745 수학교수에서의 사상교양 // 중국조선족교육. — 1987,(7 — 8). — 157

8746 수학교수와 학생들의 사유적품성배양 및 능력발전 / 리종률 // 중국조선족교육. — 1987,(7 — 8). — 115 — 117

8747 언어사유능력을 높여 수학교수질을 제고 // 중국조선족교육. — 1987,(7 — 8). — 158

8748 특수한 두 진분수(또는 가분수)의 크기를 비교하는 간단한 방법 / 김옥명 // 중국조선족교육. — 1987,(7 — 8). — 112

8749 간편한 운산의 여덟가지 기본류형 // 중국조선족교육. — 1987,(9). — 76

8750 계산문제에 대한 련습에서 취한 10가지 형식 / 조경옥 // 중국조선족교육. — 1987,(9). — 48 — 49

8751 ≪두 운산으로 푸는 더하기, 덜기 응용문제≫의 교수 / 박채련 // 중국조선족교육. — 1987,

(9).－46－47
8752 수학교수개혁에 대한 초보적 탐구 / 홍복자 // 중국조선족교육.－1987,(9).－44－45
8753 계산문제에 대한 교수와 학생들의 응용문제풀이 능력배양 // 중국조선족교육.－1987,(10).－44－45
8754 두 자리수,세 자리수로 나누기에서 상을 시험하는 몇가지 방법 / 전정숙 // 중국조선족교육.－1987,(10).－48－49
8755 《수의 완제》부분의 련습 / 윤명화 // 중국조선족교육.－1987,(10).－46－47
8756 학생들의 검산능력을 키우는데 주의를 돌려야 한다 / 김영식 // 중국조선족교육.－1987,(10).－50－53
8757 로그수의 가수, 지표 및 진수 / 강수일 // 중국조선족교육.－1987,(11).－59
8758 복합응용문제를 능숙히 풀이하기 위한 기초적훈련 / 정정자 // 중국조선족교육.－1987,(11).－51－53
8759 비교적 복잡한 분수의 곱하기,나누기 응용문제 / 김룡만 // 중국조선족교육.－1987,(11).－49－50
8760 수렬의 린접한 항의 관계식을 알고 그 일반항의 공식을 구하기 / 리성활 // 중국조선족교육.－1987,(11).－55－58
8761 학생들이 수학학습에 취미를 가지게 하였다 / 전춘자 // 중국조선족교육.－1987,(11).－54
8762 《곱하기응용문제》의 교수에서 / 김영자 // 중국조선족교육.－1988,(1).－56－59
8763 정비례관계,반비례관계를 판단하기 / 김량숙 // 중국조선족교육.－1988,(1).－52
8764 복합응용문제교수에서 취한 방법 / 신영호 // 중국조선족교육.－1988,(2).－49－50
8765 학생들의 응용문제 풀이능력을 높이기 위하여 / 박봉렬 // 중국조선족교육.－1988,(2).－47－48
8766 고급학년의 수학교수에서 주의해야 할 몇개 문제 / 박경자 // 중국조선족교육.－1988,(3).－47－48
8767 응용문제교수에서 취한 방법 / 홍덕만 // 중국조선족교육.－1988,(3).－46－47
8768 1학년 수학교수에서의 구두표달훈련 / 김정숙 // 중국조선족교육.－1988,(5).－47－49
8769 혼합계산문제의 교수에서 취한 방법 / 김계순 // 중국조선족교육.－1988,(5).－48－49
8770 사유를 계발하는것은 수학교수의 초점 / 서동여 // 중국조선족교육.－1988,(6).－53－54
8771 수학교수에서 《실내교수목표분류법》을 적용 / 한정옥 // 중국조선족교육.－1988,(6).－48－49
8772 응용문제교수에서의 문제심사 능력배양 / 전정숙 // 중국조선족교육.－1988,(6).－45－47
8773 고급학년 수학과의 실내수업구조에 대한 초보적탐구 / 김정숙 // 중국조선족교육.－1988,(7).－47－49
8774 6학년수학련습문제 / 봉운;마충영;악이귀 // 중국조선족교육.－1988,(7).－48－49
8775 분수의 곱하기와 나누기,정반비례에 대한 교수에서 취한 방법 / 김태구 // 중국조선족교육.－1988,(8).－50
8776 소인수분해하는 한가지 방법 / 리정호 // 중국조선족교육.－1988,(8).－37－38
8777 소학교 수학과에서의 《교실수업 목표분류 및 효과 귀환》 / 김부 // 중국조선족교육.－1988,(9).－49－51
8778 수학교수에서의 몇가지 계발방식 // 중국조선족교육.－1988,(9).－77
8779 여러 자리수의 더하기를 암산으로 빨리하는 방법 / 김순녀 // 중국조선족교육.－1988,(9).－51
8780 분수응용문제에서의 대비분석법 / 계만호 // 중국조선족교육.－1988,(10).－52－53
8781 소학교 수학교재에 어떤 집합사상이 침루되였는가? / 차도광 // 중국조선족교육.－1988,(10).－48－51
8782 한가지 꽃잎모양의 도형의 면적을 구하는

공식 / 리수만 // 중국조선족교육. – 1988,(10). – 54

8783 분자가 1인 두 기약분수의 중간에 있는 분수를 빨리 구하는 방법 / 김순녀 // 중국조선족교육. – 1988,(11). – 56

8784 소학교 수학교원들의 래고중에서: 한 수가 다른 한수로 완제됨을 빨리 판단하는 한가지 방법 / 리정호 // 중국조선족교육. – 1988,(11). – 55

8785 수학기초지식교수를 질적으로 보장하려면 / 양병학 // 중국조선족교육. – 1988,(11). – 51 – 53

8786 하급학년에서의 수학적언어표달능력의 배양 / 김순자 // 중국조선족교육. – 1988,(11). – 53 – 54

8787 수학문제풀이에서의 4개 절차 / 김걸 // 중국조선족교육. – 1988,(12). – 53 – 55

8788 수학용어《소수》와 《소수》의 표기를 달리 / 리석준 // 중국조선족교육. – 1989,(2). – 17

8789 수학 주말회고수업에 대한 시험 // 중국조선족교육. – 1989,(3). – 74

8790 중소학교 수학교수의 접속문제에 대한 소견 / 홍혜숙 // 중국조선족교육. – 1989,(3). – 39 – 40

8791 퍼센트응용문제를 나는 이렇게 가르쳤다 / 리갑철 // 중국조선족교육. – 1989,(3). – 37 – 38

8792 분수,퍼센트 응용문제의 량적관계를 습득시키는 훈련 / 최복선 // 중국조선족교육. – 1989,(4). – 39 – 40

8793 1학년 학생들의 응용문제풀이 능력을 키우기 위하여 / 정영 // 중국조선족교육. – 1989,(4). – 41 – 42

8794 마심란의 《두 운산으로 푸는 응용문제》 교수의 새 수업류형 // 중국조선족교육. – 1989,(5). – 48 – 49

8795 분수응용문제교수에서의 발산적사유훈련 / 김영숙 // 중국조선족교육. – 1989,(5). – 44 – 46

8796 학생들의 측점단위에 대한 표상을 가지게 해야 한다 // 강철송 // 중국조선족교육. – 1989,(5). – 47

8797 단순응용문제에 관계되는 기본훈련 / 채미선 // 중국조선족교육. – 1989,(7). – 98 – 99

8798 응용문제교수에서의 말하기 훈련 / 양병학 // 중국조선족교육. – 1989,(7). – 102 – 103

8799 한 수보다 몇이 큰(또는 작은)수를 구하는 응용문제의 교수에서 / 장춘향 // 중국조선족교육. – 1989,(7). – 104

8800 수학교수에서 어떻게 련습문제를 설계하고 련습을 조직 지도할것인가 / 김걸 // 중국조선족교육. – 1989,(9). – 48 – 50

8801 소학교 수학에서의 교수방법과 학습방법의 관계에 대한 초보적탐구 / 교영결 // 중국조선족교육. – 1989,(10). – 54 – 56

8802 응용문제교수에서 취한 방법 / 주정숙 // 중국조선족교육. – 1989,(10). – 51 – 53

8803 《상이 변하지 않는 성질》부분의 련습문제설계 / 윤명화 // 중국조선족교육. – 1989,(11). – 47 – 48

8804 수학과교수에서 질문할 때 마땅히 주의해야 할 문제 // 중국조선족교육. – 1989,(11). – 72 – 73

8805 수학련습문제설계에 대한 생각 / 리창섭 // 중국조선족교육. – 1989,(11). – 46 – 47

8806 수학실내수업의 질을 높인 체득 / 무옥전 // 중국조선족교육. – 1989,(11). – 49 – 52

8807 서로 소되는 수를 판단하는 여섯가지 방법 / 허룡남 // 중국조선족교육. – 1989,(12). – 43

8808 수학과 새 지식의 전수에서의 자습제강 / 리금덕 // 중국조선족교육. – 1989,(12). – 49 – 50

8809 수학문제풀이 능력배양에 대한 옅은 소견 / 류주봉 // 중국조선족교육. – 1989,(12). – 59 – 61

8810 수학실내수업의 질을 높인 체득 / 무옥전 // 중국조선족교육. – 1989,(12). – 51 – 54

8811 소학교수학교과서를 정확히 사용할데 대한 소견 / 강철송 // 중국조선족교육. – 1990,(1 – 2). – 78 – 79

8812 소학교 수학수업시간에 하는 교원의 질문 / 소음화 // 중국조선족교육. – 1990,(1 – 2). – 87 – 89

8813 응용문제교수에서의 발산적사유력의 배양 / 고영자 // 중국조선족교육. – 1990,(1 – 2). – 80 – 81

8814 분수의 크기를 알아내는 간단한 방법 // 소년아동. – 1990,(3). – 115

8815 소학교 수학교수방법선택에 대한 소견 / 박선학 // 중국조선족교육. – 1990,(3). – 44 – 45

8816 수자규률 // 소년아동. – 1990,(3). – 126 – 127

8817 ≪이 문제를 어떻게 풀가요≫의 답 // 소년아동. – 1990,(3). – 116

8818 종합분석문제 및 해답요령 / 한종만 // 중국조선어문. – 1990,(3). – 49 – 53

8819 순환소수를 분수로 고치는 간단한 방법 // 중국조선족교육. – 1990,(4). – 65

8820 공약수에 대한 교수에서 취한 방법 / 윤주철 // 중국조선족교육. – 1990,(5). – 56 – 57

8821 ≪대정3각형≫ 및 그 응용 / 김길송 // 중국조선족교육. – 1990,(5). – 60 – 61

8822 번분수를 간단히 하는 방범 / 김창균 // 중국조선족교육. – 1990,(5). – 57 – 58

8823 분수응용문제를 나는 이렇게 가르쳤다 / 리향화 // 중국조선족교육. – 1990,(5). – 53 – 55

8824 수학교수와 변증법적유물론 교양 / 리국보 // 중국조선족교육. – 1990,(5). – 59 – 61

8825 분수의 사칙혼합계산문제에 대한 교수 / 강철송 // 중국조선족교육. – 1990,(6). – 37 – 39

8826 나누기개념교수에서 취한 방법 / 최봉자 // 중국조선족교육. – 1990,(7 – 8). – 73 – 74

8827 ≪두 자리수를 한 자리수로 나누기≫ 교수설계 / 리영화 // 중국조선족교육. – 1990,(7 – 8). – 136 – 137

8828 ≪상의 끝에 0이 있는 두자리수로 나누기≫ 교수설계 / 김련옥 // 중국조선족교육. – 1990, (7 – 8). – 142 – 143

8829 ≪소수에 완수를 곱하기≫ 교수설계 / 최복선 // 중국조선족교육. – 1990,(7 – 8). – 140 – 142

8830 수학교수에서의 학습흥취배양 / 전금녀 // 중국조선족교육. – 1990,(7 – 8). – 77 – 78

8831 ≪한 수를 분수로 나누기≫ 교수설계 / 김영순 // 중국조선족교육. – 1990,(7 – 8). – 138 – 139

8832 ≪분모가 같지 않은 분수의 더하기와 덜기 // 중국조선족교육. – 1990,(9). – 35 – 37

8833 분수응용문제교수애서의 사유적훈련 / 강종환 // 중국조선족교육. – 1990,(9). – 38 – 40

8834 소학교수학개념병집에 대한 협의 진단 / 주효현 // 중국조선족교육. – 1990,(9). – 69 – 70

8835 두 운산으로 푸는 응용문제 교수에서 취한 방법 / 유춘자 // 중국조선족교육. – 1990,(10). – 29 – 31

8836 소학교 수학개념병집에 대한 협의 진단 / 주효현 // 중국조선족교육. – 1990,(10). – 32 – 35

8837 소학교 1학년수학과외활동설계 / 김영희 // 중국조선족교육. – 1990,(10). – 71 – 73

8838 응용문제풀이 과정의 최우수화에 대한 소견 / 전정숙 // 중국조선족교육. – 1990,(10). – 26 – 28

8839 개념교수에서 얻은 약간의 체득 / 성민자 // 중국조선족교육. – 1990,(11). – 39

8840 ≪중소학교 수학교수요강≫의 조절에 관하여 / 온옥온 // 중국조선족교육. – 1990,(11). – 66 – 67

8841 넓은 범위에서 소학교 수학교수질을 높인 몇가지 방법 / 조경방 // 중국조선족교육. – 1990, (12). – 49 – 50

8842 명수의 개념에 대하여 / 강철송 // 중국조선족교육. – 1990,(12). – 45

G623.6 자연상식

8843 동식물 채집도구와 표본을 만드는 법 / 신상준 // 소년아동. – 1954,(8). – 27 – 30

8844 조선어문교재중의 자연상식과문교수에 대하여 / 박영순 // 연변교육. – 1981,(5). – 18

8845 자연상식과교수에서 실험을 강화하였다 / 채명숙 // 연변교육. – 1981,(11). – 33 – 34

8846 소학교자연교수안 일례 / 장영화 // 연변교육. – 1983,(3). – 42 – 43

8847 자연과교수를 강화한 몇가지 조치와 방법 / 김복만 // 연변교육. – 1983,(9). – 20 – 22

8848 종자발아관찰 // 연변교육. – 1983,(11). – 14 – 15

8849 자연과에 대한 학습흥취의 배양 / 박경숙 // 연변교육. – 1984,(7). – 34 – 35

8850 자연과에서의 몇가지 교수방법 / 차상주 // 연변교육. – 1985,(3). – 34 – 35

8851 자연과교수에서 과외활동을 벌렸다 / 김해옥 // 연변교육. – 1985,(6). – 43

8852 자연과에서 직관교수를 강화하였다 / 전영희 // 연변교육. – 1985,(11). – 31

8853 자연과교원이 반드시 갖추어야 할 조건 // 중국조선족교육. – 1986,(2). – 71

8854 자연과와 과학기술활동을 서로 결합시킨 시험 // 중국조선족교육. – 1986,(3). – 74

8855 자연과에서 학생들의 관찰력을 키우자면… / 김해옥 // 중국조선족교육. – 1986,(4). – 49 – 50

8856 자연교수에서 학생들의 사유력을 키우기에 힘썼다 / 리성수 // 중국조선족교육. – 1986,(6). – 62 – 63

8857 자연과의 시험을 개진하였다 / 한원필;차상주 // 중국조선족교육. – 1986,(12). – 58 – 59

8858 자연과에서 학생들의 학습취미를 배양한 몇가지 체득 / 윤영자 // 중국조선족교육. – 1987,(2). – 64 – 65

8859 자연교수에서 얻은 약간의 체득 / 김만욱 // 중국조선족교육. – 1987,(7 – 8). – 123 – 124

8860 자연교수에서 학생들의 창조적소질을 키울문제 // 중국조선족교육. – 1987,(10). – 72

8861 소학교 1학년자연상식교수에서의 능력배양 / 지기석 // 중국조선족교육. – 1988,(11). – 64 – 65

8862 ≪자연선택학설≫교수에서 똑똑히 설명해야 할 몇개 문제 / 왕석안 // 중국조선족교육. – 1990,(1.2). – 108 – 112

8863 자연교수에서의 학생들의 관찰력배양 / 장덕영 // 중국조선족교육. – 1990,(7 – 8). – 81 – 82

8864 자연 제3권 제19과 교수체득 / 류동권 // 중국조선족교육. – 1990,(7 – 8). – 79 – 80

8865 자연과에서의 토론식교수법적용 / 류정옥 // 중국조선족교육. – 1990,(11). – 17

8866 자연과 칠판글의 몇가지 형식 / 심동하;최철순 // 중국조선족교육. – 1990,(11). – 40 – 42

8867 자연과에서 학생관찰을 참답게 조직 / 차명자 // 중국조선족교육. – 1990,(12). – 47 – 48

G623.7 미육(음악.미술)

8868 도화과를 홀시할수 있겠는가? / 윤정석 // 소년아동. – 1954,(10). – 13 – 14

8869 중소학교음악교육문제에 관하여 // 연변교육. – 1980,(2). – 6 – 7

8870 도화교수를 중시하자 // 연변교육. – 1980,(3). – 55

8871 식물압착표본제작법 / 김한 역 // 연변교육. – 1980,(10). – 54 – 56

8872 발성련습지도와 음악감상교수에 대하여 / 김민수 // 연변교육. – 1981,(4). – 28 – 29

8873 미술과교수에서의 몇가지 문제 / 조룡천 // 연변교육. – 1981,(8). –47 – 49

8874 중소학교 미술감상교수에 대하여 / 박기건 // 연변교육. – 1982,(6). – 44 – 46

8875 우리 학교에서는 미술과를 중시하였다 / 유계순 // 연변교육. – 1982,(11). – 46 – 47

8876 미술교수의 질적제고를 위하여 / 려금순 // 연변교육. – 1983,(4). – 36 – 37

8877 음악교수에서 어떻게 창가기교를 훈련시킬것인가 / 허순자 // 연변교육. – 1983,(6). – 28 – 30

8878 미술교수를 중시하자 / 황두일 // 연변교육. – 1983,(8). – 54

8879 중소학교 미술교수요령 / 림무웅 // 연변교육. – 1983,(10). – 19 – 20

8880 음악교수에서의 시창훈련에 대하여 / 김득

진 // 연변교육. − 1984,(3). − 27 − 28
8881 사생화교수에서 주의할 점 / 황두일 // 연변교육. − 1984,(5). − 33
8882 1학년어린이들에게 사상지도를 진행한 체득 / 차순애 // 연변교육. − 1984,(6). − 33 − 34
8883 소학교음악교수에서 주의해야 할 몇가지 문제 / 김민수 // 연변교육. − 1984,(12). − 31 − 32
8884 우리는 어떻게 미술과교수를 진행하였는가 // 연변교육. − 1985,(1). − 46 − 47
8885 음악감상교수에서 얻은 약간한 체득 / 김영숙 // 연변교육. − 1985,(3). − 24
8886 양성,중성,음성 모음가리기 / 서상렬 // 연변교육. − 1985,(4). − 46 − 47
8887 5선보를 빨리 보게 하려면 / 김인준 // 연변교육. − 1985,(7). − 28 − 29
8888 하급학년 노래교수에서의 교편물의 리용 / 리근식 // 연변교육. − 1985,(9). − 50 − 51
8889 사생화교수에서 관찰력배양의 중요성 / 황두일 // 연변교육. − 1985,(11). − 37
8890 음악은 어린이들을 더욱 총명하게 한다 / 유혜경 // 연변교육. − 1985,(12). − 29
8891 음악교수에서의 기초지식전수와 기본기능제고에 대하여 / 최철수 // 중국조선족교육. − 1986,(3). − 48 − 51
8892 소학생들에게 노래짓기를 지도한 약간의 체득 / 정근포 // 중국조선족교육. − 1986,(5). − 63
8893 어떻게 어린이들에게 4분 소리표와 8분 소리표를 장악시켰는가 / 허순자 // 중국조선족교육. − 1986,(7). − 115
8894 아동화창작지도에 대하여 / 황두일 // 중국조선족교육. − 1987,(1). − 65
8895 음악과의 시험제도를 계획하여야 한다 / 정근포 // 중국조선족교육. − 1987,(3). − 41
8896 수채화교수에 대하여 / 전광길 // 중국조선족교육. − 1987,(5). − 66 − 67
8897 ≪올프음악교수체계≫에 대하여 / 리경득 // 중국조선족교육. − 1987,(7 − 8). − 137
8898 만화를≪변증법적유물론상식≫교수에 / 김상룡 // 중국조선족교육. − 1987,(10). − 22 − 23
8899 소학교에서 미술숙제를 취급한 약간의 체득 / 김성덕 // 중국조선족교육. − 1987,(11). − 62
8900 미술창작지도에서 얻은체득 몇가지 / 장세영 // 중국조선족교육. − 1988,(3). − 66
8901 소학교 1학년생들의 그림관찰 / 리어금 // 중국조선족교육. − 1988,(3). − 21
8902 소학교 하급학년에서의 음악종합능력배양 / 채태범 // 중국조선족교육. − 1988,(3). − 64 − 65
8903 미술교수에서 얻은 몇가지 체득 / 문금단 // 중국조선족교육. − 1988,(4). − 64
8904 새의 표본을 만드는 방법 / 장춘원 // 중국조선족교육. − 1988,(5). − 57 − 59
8905 창가교수와 학생들의 변성에 대하여 / 박기성 // 중국조선족교육. − 1988,(5). − 63 − 64
8906 악보지식을 쉽고도 공고히 장악시키려면 / 진혜란 // 중국조선족교육. − 1988,(7). − 67 − 69
8907 수채화교수에서 중요시해야 할 몇개 문제 / 안광응 // 중국조선족교육. − 1988,(8). − 61 − 62
8908 음악과에서의 절주교수 / 김을섭 // 중국조선족교육. − 1988,(9). − 66
8909 두성창을 소학교음악교수에 / 차순애 // 중국조선족교육. − 1988,(12). − 61 − 63
8910 소학교 하급학년미술교수에서 제기되는 몇가지 문제 / 리영숙 // 중국조선족교육. − 1989,(3). − 61 − 62
8911 하급학년음악교수에서 노래정서에 춤동작을 결합 / 김문자 // 중국조선족교육. − 1989,(3). − 59 − 60
8912 미술교수와 사유력배양 / 김보옥 // 중국조선족교육. − 1989,(4). − 63 − 64
8913 음악기본기능배양에서의 몇가지 / 김민수 // 중국조선족교육. − 1989,(7 − 8). − 133 − 134
8914 음악써클활동을 벌린 약간한 체득 / 최명식 // 중국조선족교육. − 1989,(7 − 8). − 135 − 137
8915 하급학년 음악교수에서≪반복비교식교수법≫응용 / 리철수 // 중국조선족교육. − 1989,(9). − 68 − 69

8916 벽보글을 어떻게 쓸것인가 // 소년아동. －1989,(10). －62－65

8917 음악감상과에 대한 생각 / 김영춘 // 중국조선족교육. －1990,(1－2). －121－122

8918 쑥대뿌리에 깃든 미 / 박태준 // 중국조선족교육. －1990,(4). －63－64

8919 노래교수와 아동심리 / 김창복 // 중국조선족교육. －1990,(7－8). －83－84

8920 발성에서의 소리모임점과 코소리 / 박응준 // 중국조선족교육. －1990,(7－8). －118

8921 수채화교수에서의 몇개 문제 / 신태룡 // 중국조선족교육. －1990,(7－8). －112－113

8922 중소학교 음악교수에서의 가요반주 / 김영희 // 중국조선족교육. －1990,(9). －41－43

8923 미술교수에서의 능력배양 / 황두일 // 중국조선족교육. －1990,(10). －34－35

8924 도안지식전수와 능력배양 / 정성옥 // 중국조선족교육. －1990,(11). －19－21

8925 창가교수에서 유희, 춤을 결합시켜 창작, 연기능력을 배양 / 리순자 // 중국조선족교육. －1990,(11). －18

G624 교재, 과문, 학생참고서

8926 전일제 10년제학교 소학교수학 제6권교수참고서 // 연변교육. －1980,(1). －51－54

8927 소학교 수학제3권사고문제 답안 / 엽지전 // 연변교육. －1981,(1). －32

8928 5년제소학교과서≪수학≫제2권의 수정에 대한 설명 / 류숙옥;장월선 // 연변교육. －1983,(4). －38－41

8929 5년제소학교과서≪수학≫제4권의 수정에 대한 설명 / 진수봉 // 연변교육. －1983,(4). －41－45

8930 전일제학교 소학교과서 조선어문 6학년 상학기용 참고자료 // 연변교육. －1983,(6). －48－51

8931 소학교 6학년 조선어문보충교재 설명 / 리정룡 // 연변교육. －1983,(7). －41－43

8932 소학교 조선어문 6학년상학기용 참고자료 / 리정룡 // 연변교육. －1983,(8). －38－40

8933 소학교 졸업생들을 위한 조선어문련습문제 / 박인선;박길성 // 연변교육. －1984,(2). －37

8934 소학교 조선어문 6학년 하학기용 참고자료 // 연변교육. －1985,(1). －48－49

8935 소학교 조선어문 6학년 후학기용 참고자료 // 연변교육. －1985,(2). －44－46

8936 판단선택문제를 해답하기 / 동세춘 // 연변교육. －1985,(9). －31－33

8937 소학교과서 조선어문련습 제2권 해답 // 중국조선족교육. －1987,(3). －64－67

8938 1986년 연길시 소학교졸업시험 조선어문시험문제 // 소년아동. －1987,(3). －77－79

8939 화룡현과 룡정현의 1986년 소학교졸업시험 산수시험문제 // 소년아동. －1987,(3). －85－87

8940 소학교교과서 조선어문련습 제1권 해답 // 중국조선족교육. －1987,(9). －64－66

8941 시제:소학교5학년후학기 조선어문시험문제 // 소년아동. －1987,(12). －89－92

8942 1986년도 복주시 초중입학시험 수학시험문제 // 소년아동. －1988,(3). －55－59

8943 1987년도 연길시 소학교졸업반 조선어문시험문제 // 소년아동. －1988,(4). －123－125

8944 1987年延吉市小學畢業考試漢語文試題 // 소년아동. －1988,(5). －105－107

8945 소학교졸업반 수학모의시험문제 // 소년아동. －1988,(6). －107－109

8946 소학교졸업반 조선어문모의시험문제 // 소년아동. －1988,(6). －110－113

8947 小學畢業生漢語文模擬考試題 // 소년아동. －1988,(6). －114－118

8948 새로편찬한≪자연1학년 상권≫에 대한 설명 / 전홍림 // 중국조선족교육. －1988,(8). －63－65

8949 1989년 소학교졸업반 수학모의시험문제 / 차도광 // 소년아동. －1989,(5). －95－900

8950 소학교졸업반 조선어문 모의시험문제 // 소년아동. - 1989,(6). - 121 - 124

8951 조선어문지식지력 경연문제 / 황봉주 출제 // 중국조선어문. - 1990,(6). - 47

8952 關于小學漢語文教材的修訂說明及修改后的第五冊練習題參考答案 / 영홍(虹咏) // 중국조선족교육. - 1990,(7 - 8). - 128 - 135

G63 중등교육

8953 주음부호 교수에 대하여 / 종인 // 교육통신. - 1954,(1). - 28 - 30

8954 실물환등은 어떻게 제작하는가? / 김광숙 // 교육통신. - 1954,(2). - 36 - 37

8955 교수중에서의 몇가지 체험 / 김형선 // 교육통신. - 1954,(5). - 33 - 34

8956 우리 조의 교재내용 연구 // 교육통신. - 1956,(3). - 22 - 24

8957 암송을 잘 시킬데 대하여 나도 한마디! / 리광춘 // 연변교육. - 1980,(1). - 57

8958 교수준비가운데서 나는 어떻게 중점범위를 설정했는가? / 김영익 // 연변교육. - 1980,(2). - 36 - 38

8959 영예와 책임 / 김학남 // 연변교육. - 1980,(4). - 6

8960 주제반회를 어떻게 조직할것인가 / 강계윤 // 연변교육. - 1980,(6). - 17 - 18

8961 복건성 보통중학교 3호학생과 선진반급 평의 방법 // 연변교육. - 1980,(11). - 13 - 16

8962 지력발전에 주의를 돌리고 교수방법을 개진하여야 한다:한차례 화학과 공개수업을 마치고서 / 김명숙 // 연변교육. - 1981,(1). - 36 - 37

8963 어떻게 학생들의 실험기능을 배양할것인가 / 김학남 // 연변교육. - 1981,(5). - 32 - 35

8964 차근히 깨우치면서 / 허성철 // 연변교육. - 1981,(8). - 7

8965 환등을 리용하여 교수효과를 높였다 / 허일선 // 연변교육. - 1981,(8). - 45 - 47

8966 수업시간에 하는 교원의 질문 / 허창식 // 연변교육. - 1981,(9). - 27 - 28

8967 나는 후진학생을 이렇게 교양하였다 / 김운숙 // 연변교육. - 1981,(10). - 7

8968 시험과 복습 / 최상해 // 연변교육. - 1981,(10). - 48 - 49

8969 학생들의 사유력을 배양하기 위하여 / 최동춘 // 연변교육. - 1981,(11). - 37 - 39

8970 여기에는 비결이 없는가?;대학입학시험 응시생들에게 / 최상해 // 청년생활. - 1982,(1). - 5 - 6

8971 피타는 노력,풍만한 열매 / 강오금; 리문혁 // 연변교육. - 1982,(3). - 9

8972 같은 한 단락의 내용을 두고 / 현규삼 // 연변교육. - 1982,(4). - 50

8973 계발식대화교수법 / 김파 // 연변교육. - 1982,(4). - 51 - 53

8974 평시 교수도 이렇게 되였으면… / 리남진 // 연변교육. - 1982,(7). - 64

8975 강독교수에서의 단항훈련 / 김봉금 // 연변교육. - 1982,(8). - 27 - 29

8976 조건판단을 론함 / 장봉현 // 연변교육. - 1982,(10). - 31 - 32

8977 실내수업에서 어떻게 가장 훌륭한 교수조건을 창조할것인가 / 현봉석 // 연변교육. - 1983,(2). - 35 - 36

8978 미처 생각지 못한 일 / 왕로요 // 연변교육. - 1983,(3). - 61 - 62

8979 실험실건설을 바싹 틀어쥐고 실험교수를 강화하였다 // 연변교육. - 1983,(3). - 47 - 49

8980 사유능력의 배양에 대하여 / 주창권 // 연변교육. - 1983,(4). - 10 - 11

8981 졸업반의 교수교양사업을 강화 / 조영춘 // 연변교육. - 1983,(4). - 6 - 9

8982 각종 류형의 과문의 교수 // 연변교육. - 1983,(9). - 48 - 50

8983 련습을 통해 학생들의 사유력을 제고시켰다 / 김재호 // 연변교육. - 1983,(12). - 24 - 28

8984 사상교양을 강화하고 정신적 오염을 배격하였다 // 연변교육. – 1984,(2). – 5 – 8

8985 ≪부침조건≫의 교수에 대하여 / 리정섭 // 연변교육. – 1984,(5). – 31 – 32

8986 한 복습문제의 답안으로부터 생각한것 / 허창식 // 연변교육. – 1984,(6). – 27

8987 물음과 사유 / 류남현 // 연변교육. – 1984,(7). – 12 – 14

8988 미육교양에 중시를 돌리자 / 리경화 // 연변교육. – 1984,(8). – 45 – 46

8989 학생의 정감조절이 교수효과에 대해 일으키는 영향 / 김용해 // 연변교육. – 1984,(8). – 12 – 13

8990 한 복습문제의 역명제와 그 응용 / 리신규 // 연변교육. – 1984,(10). – 41 – 42

8991 과당예습에 대한 소견 / 전복선 // 연변교육. – 1984,(11). – 13 – 14

8992 새로운 교수체계에서 본 중소학교 학생들의 과외활동 / 강동옥 // 연변교육. – 1984,(12). – 55 – 56

8993 학생의 학습부담과 맥박변화 / 김숙자 // 연변교육. – 1984,(12). – 43 – 44

8994 교수방법을 개진하기에 힘썼다 / 김경중 // 연변교육. – 1985,(3). – 42

8995 본 민족어로 수업하여 교수질을 높였다 / 박수빈 // 연변교육. – 1985,(3). – 12

8996 실내수업에서 학생들의 호상 학습과 토론 / 허창환 // 연변교육. – 1985,(3). – 18

8997 실험교수에 대한 소견 / 안재근 // 연변교육. – 1985,(3). – 22

8998 지식의≪자대≫를 학생들에게 주자 / 리진숙; 김향숙 // 연변교육. – 1985,(3). – 14

8999 ≪자습지도실험교수≫: 기초가 박약한 학급에서도 ≪자습지도실험교수≫를 할수있다 / 단혜약 // 연변교육. – 1985,(4). – 23 – 25

9000 탐구, 연구토론법교수에 대한 실험 / 김종기 // 연변교육. – 1985,(4). – 33 – 35

9001 교수에서의 질문의 계발성 / 리동희 // 연변교육. – 1985,(8). – 13

9002 새로운 시기 중학교 사상정치사업의 새로운 내용 // 연변교육. – 1985,(8). – 52

9003 학생들의 자습과 토론을 결부시키는 교수방법을 적용하였다 / 리영금 // 연변교육. – 1985,(9). – 37 – 38

9004 ≪도학식≫교수법에 대한 시험 // 연변교육. – 1985,(10). – 22 – 24

9005 초중생교양에 존재하는 몇가지 문제 / 최상철 // 연변교육. – 1985,(10). – 34 – 35

9006 추동력, 응집력, 정신적기둥: 곽소동지 청년들에 대한 사상정치교양사업을 론함 // 연변교육. – 1985,(11). – 12

9007 실내수업의 밀도를 높이려면 / 류남현 // 중국조선족교육. – 1986,(1). – 65 – 66

9008 改革課堂結构的一点嘗試 / 계봉오(桂風梧) // 중국조선족교육. – 1986,(1). – 41 – 42

9009 激發學生興趣的一些做法 / 김상기(金相基) // 중국조선족교육. – 1986,(1). – 39

9010 重視信息 取長補短 / 박종부(朴鐘富) // 중국조선족교육. – 1986,(1). – 38

9011 강독교수와 학생예습의 결합 / 최안나 // 중국조선족교육. – 1986,(2). – 22 – 23

9012 한차례 비교적 성공적인 학급활동 / 최계옥 // 중국조선족교육. – 1986,(2). – 7

9013 강독교수에서 자습능력을 배양 // 중국조선족교육. – 1986,(4). – 70 – 72

9014 ≪도약식≫교수법으로≪가치법칙의 기본내용과 표현형태≫를 교수한 체험 / 류만석 // 중국조선족교육. – 1986,(4). – 24 – 26

9015 브롬수를 교수내용으로한 둘째 류형의 수업 / 박룡관 // 중국조선족교육. – 1986,(4). – 44 – 46

9016 학생들의 사고의 길을 넓혀주기에 힘썼다 / 곽구 // 중국조선족교육. – 1986,(4). – 41 – 43

9017 학생들의 취미를 불러일으키는데 모를 박고 / 조정애 // 중국조선족교육. – 1986,(5). – 54

9018 분석능력배양에서의 몇가지 착안점 / 권수

만 // 중국조선족교육. – 1986,(6). – 45
9019 ≪발견법≫의 초보적적용에서 얻은 약간의 체득 / 현금옥 // 중국조선족교육. – 1986,(7). – 101 – 102
9020 일부 중학생들이 련애하는 문제를 어떻게 대할것인가 / 김환 // 중국조선족교육. – 1986,(7). – 12 – 15
9021 ≪주도≫로되는 관건은… / 전복선 // 중국조선족교육. – 1986,(7). – 56
9022 초중학생들속에 나타나고있는 몇개 경향에 주의를 돌리자 // 중국조선족교육. – 1986,(7). – 137 – 138
9023 학생들에게 필요한 모험정신을 키워주자 / 김룡구 // 중국조선족교육. – 1986,(7). – 129
9024 계발식에 대한 단상 / 주병식 // 중국조선족교육. – 1986,(10 – 11). – 149
9025 중학생들이 당면하게 가장 골머리를 앓는 10가지 일 // 중국조선족교육. – 1986,(10 – 11). – 156
9026 중학생들이 봉착한 또 다른 10대 고뇌 // 중국조선족교육. – 1986,(10 – 11). – 157
9027 중점중학교학생들에 대한 사상정치교양사업을 강화하자 / 리용 // 중국조선족교육. – 1986,(12). – 3 – 4
9028 학급집단건설에서 얻은 약간한 체득 / 리은란 // 중국조선족교육. – 1986,(12). – 7 – 9
9029 교수중점을 틀어쥘 문제를 두고 / 함희철 // 중국조선족교육. – 1987,(1). – 24 – 25
9030 상상력의 배양훈련 // 중국조선족교육. – 1987,(1). – 32 – 33
9031 학생사유계발을 위한 몇가지 방도 / 안영숙 // 중국조선족교육. – 1987,(2). – 28 – 29
9032 취미배양으로부터 시작하여 지식욕을 불러일으켰다 / 강근순 // 중국조선족교육. – 1987,(3). – 59 – 62
9033 계발,유도의 한개 측면 / 량승필 // 중국조선족교육. – 1987,(4). – 29
9034 담화,인도,수업시간 활성화 / 장경동 // 중국조선족교육. – 1987,(4). – 26 – 27
9035 도약교수에서의 허리펴기 교수 / 김휘 // 중국조선족교육. – 1987,(4). – 62 – 63
9036 학생품행평가에서 량적관리를 실시할 문제 / 기병남 // 중국조선족교육. – 1987,(4). – 11
9037 중소학교 실용통계지식 강좌 / 남철 // 중국조선족교육. – 1987,(9). – 17 – 19
9038 극좌표의 선택적용 / 박명화 // 중국조선족교육. – 1987,(12). – 55 – 56
9039 지식을 장악하고 응용하는 능력을 배양 / 한룡삼 // 중국조선족교육. – 1987,(12). – 22 – 23
9040 초중에서의 시초교육 // 중국조선족교육. – 1987,(12). – 77
9041 학생들의 주체적 역할을 발휘 / 장상숙 // 중국조선족교육. – 1987,(12). – 34 – 36
9042 원인은 어디에 있는가? / 박태춘 // 중국조선족교육. – 1988,(1). – 3 – 4
9043 45분교수와 10분 업간휴식 / 김선녀 // 중국조선족교육. – 1988,(2). – 61
9044 발산적 사유력과 지식의 량 / 조영춘 // 중국조선족교육. – 1988,(3). – 49 – 51
9045 나의≪3대규률 8항주의≫ // 중국조선족교육. – 1988,(4). – 73 – 74
9046 물음을 이렇게 설정하니 / 창영재 // 중국조선족교육. – 1988,(4). – 33 – 34
9047 쓰기 지도 및 그 훈련방법 / 차룡주 // 중국조선어문. – 1988,(4). – 34 – 35
9048 정치교원도 유모아적인 품성을 갖추어야 한다 // 중국조선족교육. – 1988,(4). – 74
9049 사회의 발전은 중학생의 직업관념중점을 전이시킬것을 요구 / 장영춘 // 중국조선족교육. – 1988,(7). – 30 – 31
9050 ≪실험을 기초로 하는 인도탐구법≫에 대한 초보적 탐구 / 차영숙 // 중국조선족교육. – 1988,(7). – 57 – 58
9051 담화예술에서의 다층차성 문제 / 김원도 // 중국조선족교육. – 1988,(8). – 7 – 8
9052 ≪동력정형≫의 형성과 ≪조건반사≫의

작용에 의한 교양문제 / 김철석 // 중국조선족교육. – 1988,(10). – 22

9053 초중생들의 련애문제 및 그에 대한 교양 / 박건국 // 중국조선족교육. – 1988,(10). – 6 – 9

9054 명제형식을 풍부하게 / 주일관 // 중국조선족교육. – 1988,(11). – 37

9055 창조적 실험으로 학생들의 사유력을 발전시켰다 / 정청룡 // 중국조선족교육. – 1988,(11). – 62 – 63

9056 중학생들의 구술능력을 키워주려면 / 최련향 // 중국조선족어문. – 1989,(2). – 45

9057 선택문제 풀이지도 / 리춘삼 // 중국조선족교육. – 1989,(3). – 10 – 12

9058 지난해 고등학교 입학시험응시생들은 어떤 전업에 열중했는가 // 중국조선족교육. – 1989,(3). – 72

9059 잊을수 없는 목소리들 / 최련향 // 중국조선족교육. – 1989,(4). – 52 – 53

9060 교원의 주도적 작용을 발휘하는 몇가지 방법 / 김봉남 // 중국조선족교육. – 1989,(7). – 110 – 111

9061 ≪자습지도법≫교수실험총화보고 / 리수옥 // 중국조선족교육. – 1989,(7). – 107 – 110

9062 총체적으로 교수수준을 높이는것은 교수관리의 기본적인 출발점 // 중국조선족교육. – 1989,(7). – 13 – 14

9063 한 개 류형 문제의 증명방법 / 신영걸;김부수 // 중국조선족교육. – 1989,(7.8). – 105 – 106

9064 ≪교수후기≫,≪검열수정후기≫쓰기를 견지 / 전명이 // 중국조선족교육. – 1989,(9). – 57 – 59

9065 실내수업에서의 교원의 역할 / 김명애 // 중국조선족교육. – 1989,(9). – 27 – 28

9066 초중교수에서 시급히 연구해야 할 과제 // 중국조선족교육. – 1989,(9). – 75 – 76

9067 교수와 생산실습기지의 종합적효능을 발휘시켰다 / 희홍 // 중국조선족교육. – 1989,(10). – 17 – 18

9068 학생들의 지능개발과 능력배양 / 안경식 // 중국조선족교육. – 1989,(10). – 12

9069 우리 중학교 리과교육에서 존재하는 8가지 폐단 // 중국조선족교육. – 1989,(11). – 72

9070 중학생들의 때이른 련애문제 / 최동식 // 중국조선족교육. – 1989,(11). – 5 – 7

9071 귀한 정보수집방법 및 그 효과 / 홍선옥 // 중국조선족교육. – 1989,(12). – 31 – 32

9072 우리는 어떻게 덕육사업을 틀어쥐였는가 / 강영철;김국범 // 중국조선족교육. – 1989,(12). – 6 – 7

9073 중학생들에 대한 나라의식교양을 중요시하자 // 중국조선족교육. – 1989,(12). – 77

9074 한 중학생의 질문 / 풍뢰 // 은하수. – 1989,(12). – 19 – 20

9075 우리들의 정신기둥 / 한욱 // 은하수. – 1990,(5). – 61 – 63

9076 과외활동을 잘 조직하려면 / 김승길 // 중국조선족교육. – 1990,(7 – 8). – 28

9077 피타는 노력,보람찬 성과:왕청현 제5중학교 수학교연조의 사업에서 / 리춘혁 // 중국조선족교육. – 1990,(10). – 5 – 8

9078 試談漢語文教學中的思想政治教育 / 최은록 // 중국조선족교육. – 1990,(10). – 42 – 43

9079 중학교덕육사업에서 해결해야 할 몇가지 문제 / 태산 // 중국조선족교육. – 1990,(12). – 10 – 11

9080 중학교 열람실을 잘 꾸리자 / 장석순 // 중국조선족교육. – 1990,(12). – 25 – 26

G633.2 정치

9081 정치과교학에서 리론과 실제를 련계 // 교육통신. – 1960,(1). – 14 – 16

9082 정치시험채점을 마치고 / 김승운 // 연변교육. – 1980,(12). – 42 – 43

9083 정치사상교양의 경로의 방법 / 허청선 // 연변교육. – 1981,(1). – 8 – 10

9084 고중졸업반의 사상사업을 잘 하였다 / 백산 // 연변교육. − 1981,(4). − 5
9085 정치사상사업의 진지를 지켜 / 최정희;리송수 // 연변교육. − 1981,(4). − 2 − 4
9086 학생들의 사상맥박을 틀어쥐고 / 지기석 // 연변교육. − 1981,(5). − 5 − 7
9087 ≪정치경제학상식≫교수도표운용 / 전정명;심배덕 // 연변교육. − 1981,(6). − 34 − 36
9088 정치과의 지위을 바로잡고 정치과의 교수를 강화하자 / 강룡 // 연변교육. − 1981,(6). − 14 − 16
9089 정치과교수를 재미나고 알기 쉽게:화룡현제2중학교 김장춘교원의 교수를 참관하고서 / 김파;김광춘 // 연변교육. − 1981,(9). − 11 − 13
9090 정치시험 정황분석 / 김파 // 연변교육. − 1981,(12). − 49 − 50
9091 졸업반의 담임교원사업에서 사상정치교양을 앞세웠다 / 최상해 // 연변교육. − 1982,(1). − 11
9092 정치과교수법 지상토론 // 연변교육. − 1982,(2). − 27 − 28
9093 정치과교수에서 얻은 몇가지 체득 / 한룡삼 // 연변교육. − 1982,(5). − 46 − 47
9094 정치과교수안짜기에 대하여 / 리일룡 // 연변교육. − 1982,(6). − 47 − 49
9095 정치과교수에 대한 지도를 강화한 몇가지 경험 // 연변교육. − 1982,(7). − 3 − 5
9096 정치과교수준비시 교과서 읽기와 처리에 대하여 / 김파 // 연변교육. − 1983,(5). − 10 − 11
9097 정치과에서의 까다로운 문제해답 / 리춘삼 // 연변교육. − 1983,(12). − 18 − 19
9098 철학과교수를 통하여 공산주의 리상교양을 진행한 체득 / 김주호 // 연변교육. − 1984,(1). − 13 − 14
9099 정치과교수를 통하여 사상정치교양을 진행한 몇가지 체득 / 리근중 // 연변교육. − 1984,(5). − 11 − 13
9100 정치과에서의 단원복습취급에 대하여 / 최칠성 // 연변교육. − 1984,(7). − 17 − 18
9101 정치과교수에서의 읽기지도에 대하여 / 김파 // 연변교육. − 1984,(8). − 17 − 19
9102 정치과교수에서 어떻게 리론과 실제를 결부시킬것인가 / 리선희 // 연변교육. − 1984,(11). − 51 − 52
9103 정치과교수에서의 도표의 응용 / 김룡구 // 연변교육. − 1984,(12). − 14
9104 정치과교수에서 어떻게 리론과 실제를 결부시킬것인가 / 한룡삼 // 연변교육. − 1985,(3). − 15 − 16
9105 ≪3단교수법에≫ 대한 약간한 체득 / 리선희 // 연변교육. − 1985,(6). − 14 − 15
9106 정치과에서도 ≪둘째 류형의 수업≫을 / 왕운생 // 연변교육. − 1985,(7). − 36 − 38
9107 정치과교수개혁에 대한 몇가지 생각 / 오기찬 // 연변교육. − 1985,(8). − 10 − 11
9108 정치과교수조직에서의 몇가지 절차 / 김춘선 // 연변교육. − 1985,(11). − 13 − 14
9109 대학입학시험 정치시험문제분석과 정치과교수개혁에 대한 생각 / 리춘삼 // 중국조선족교육. − 1986,(3). − 57 − 58
9110 ≪경제체제개혁에 관한 몇가지 문제≫교수요점 / 리춘삼 // 중국조선족교육. − 1986,(7). − 49 − 51
9111 ≪경제체제개혁에 관한 몇가지 문제≫교수요점 // 중국조선족교육. − 1986,(10 − 11). − 114 − 116
9112 정치과교수에서의 칠판글형식에 대하여 / 장계순 // 중국조선족교육. − 1987,(2). − 24
9113 현행 중학교정치교재로 어떻게 사상정치과개혁의 과업을 완수할것인가 / 류만석 // 중국조선족교육. − 1987,(2). − 21 − 23
9114 학생능력배양에 대한 관견:≪변증법적유물론상식≫교수에서 얻은 계시 / 김두수 // 중국조선족교육. − 1987,(6). − 37 − 38
9115 어떻게 정치과시험에서도 사상정치교양을 관통시킬것인가 / 장경동 // 중국조선족교육. − 1987,(12). − 31 − 32

9116 정치과시험개혁에서 얻은 몇가지 체득 / 장경동 // 중국조선족교육. – 1988,(1). – 21 – 22

9117 정치과교수효과에 영향이 미치는 일부 사회심리요소 / 사민덕 // 중국조선족교육. – 1988,(2). – 21 – 22

9118 정치과개념교수를 이렇게 / 황정숙 // 중국조선족교육. – 1988,(4). – 24 – 25

9119 정치과교수개혁면에서 해결해야 할 문제 / 리일룡 // 중국조선족교육. – 1988,(4). – 25 – 26

9120 사상정치과에서의 소론문 평의 선발활동 / 김승운 // 중국조선족교육. – 1988,(8). – 19 – 21

9121 정치과교수안준비에 대하여 / 최춘자 // 중국조선족교육. – 1988,(9). – 21 – 23

9122 중학교정치과교수개혁의 추세 // 중국조선족교육. – 1988,(11). – 76

9123 《법률상식》과 교수에서 그림을 응용 / 리란숙 // 중국조선족교육. – 1989,(7 – 8). – 53

9124 시청각교수수단을 사상정치과교수에 도입 / 로숙자 // 중국조선족교육. – 1989,(12). – 20

9125 《자본주의적재생산》과문교수를 이렇게 / 허길 // 중국조선족교육. – 1990,(1 – 2). – 34

9126 정치과교수에 《의문설정법》을 도입 / 김금옥 // 중국조선족교육. – 1990,(1 – 2). – 35

9127 《공민의 기본권리와 의무》 과문교수 / 장경동 // 중국조선족교육. – 1990,(7 – 8). – 87 – 88

G633.3 어문(한어)

9128 在漢語文教學中該不該處理章法和寫作知識 / 리병택(李炳澤) // 중국조선족교육. – 1987,(9). – 38 – 39

9129 把路引對,才能事半功倍：漫談高考漢語文總夏習指導工作 / 김은하(金銀河) // 중국조선족교육. – 1987,(11). – 45

9130 談漢語文教學中的審美教育 / 김시선(金時善) // 중국조선족교육. – 1987,(11). – 43 – 44

9131 作文与作文教學,材料,思路,語言：作文教學斷想 / 리성률(李圣律) // 중국조선족교육. – 1987,(11). – 46

9132 抓五个方面的教學, 爲寫作打下基础 / 김명숙(金明淑) // 중국조선족교육. – 1987,(11). – 39 – 40

9133 單音詞"要"的意義和用法 / 최인건;리수전(崔仁健;李守田) // 중국조선족교육. – 1987,(12). – 48 – 49

9134 課文分析中的空制過程初探 / 배달수 // 중국조선족교육. – 1987,(12). – 43

9135 作文与作文教學：景物描寫教學一得 / 주해금(朱海今) // 중국조선족교육. – 1987,(12). – 64 – 65

9136 作文与作文教學：因材施教, 培養作文能力 / 오인섭(吳仁燮) // 중국조선족교육. – 1986,(1). – 43 – 44

9137 概括叙述与体具叙述 / 리성률(李圣律) // 중국조선족교육. – 1986,(2). – 40 – 41

9138 要學好《决定》精神, 轉移漢語文教材, 教學的重点 / 림해(林海) // 중국조선족교육. – 1986,(2). – 36 – 37

9139 造句指導"八法" / 송청암(宋靑岩) // 중국조선족교육. – 1986,(2). – 34 – 35

9140 漢語口語水平与朝鮮族學生升入漢族大學听課問題在于 / 임임 // 중국조선족교육. – 1990,(1 – 2). – 60

9141 塑造良好的漢語文知識結构 / 오영창 // 중국조선족교육. – 1990,(1 – 2). – 58 – 59

9142 運用整体性原理組織漢語文課堂教學的做法 / 김상기;안성숙 // 중국조선족교육. – 1990,(1 – 2). – 61 – 62

9143 終身教育思想与漢語文教學 / 리거(李炬) // 중국조선족교육. – 1990,(1 – 2). – 63 – 66

9144 作文与作文教學 / 남설매 // 중국조선족교육. – 1990,(1 – 2). – 75

9145 仿寫《种魚》一文的教學設計 / 김월매 // 중국조선족교육. – 1990,(3). – 33

9146 對一道試題的質疑 / 오영창 // 중국조선족교육. – 1990,(3). – 34

9147 初中一年級漢語文教學改革實驗初探 / 길림성

연변민족교육개혁사무실 // 중국조선족교육. - 1990,(3). - 38 - 40

9148 作文与作文教學 / 김룡주(金龍舟) // 중국조선족교육. - 1990,(3). - 41 - 42

9149 關于“在”字介賓短語在句中的位置問題 / 최익용 // 중국조선족교육. - 1990,(4). - 34 - 35

9150 漢語文整体改革實驗報告 / 최향란;유계선;배달수 // 중국조선족교육. - 1990,(4). - 38 - 40

9151 開展漢語文課第二課堂活動, 促使使學生全面成長 / 리금란;차수조(李錦蘭;車壽祚) // 중국조선족교육. - 1990,(4). - 32

9152 提高學生口頭表達能力的几点做法 / 맹영금 // 중국조선족교육. - 1990,(4). - 36 - 37

9153 “羊肉串”句型教學嘗試 / 허봉순(許風順) // 중국조선족교육. - 1990,(4). - 33 - 35

9154 作文講評探視 / 진백영(陳白鷹) // 중국조선족교육. - 1990,(4). - 41 - 42

9155 提高學生會話能力的几点嘗試 / 김영애 // 중국조선족교육. - 1990,(5). - 49 - 50

9156 漢語文“五課型”教學法實驗報告 / 김정;김영만;전일련(金淨; 金永漫; 全一煉) // 중국조선족교육. - 1990,(6). - 50 - 53

9157 例談會話教學的一些作法 / 최례동(崔禮東) // 중국조선족교육. - 1990,(6). - 49 - 51

9158 略談篇章教學中的板書設計 / 리창룡 // 중국조선족교육. - 1990,(6). - 48

9159 短語教學的点滴体會 / 최춘희(崔春姬) // 중국조선족교육. - 1990,(7 - 8). - 96 - 97

9160 ≪作文与作文教學≫談作文考試臨場訓練 / 권오진;리갑진(權伍震;李甲振) // 중국조선족교육. - 1990,(9). - 50 - 51

9161 淺談漢語文教學中興趣的培養 / 남궁봉(南宮風) // 중국조선족교육. - 1990,(10). - 46 - 47

9162 關于概括中心思想的几个問題 / 리창룡 // 중국조선족교육. - 1990,(11). - 49

9163 談“整体 - 部分 - 整体”法 / 김은하 // 중국조선족교육. - 1990,(11). - 46

9164 自批自改實效大 / 기봉식(奇奉植) // 중국조선족교육. - 1990,(11). - 50

9165 讓“說”走進高中漢語文課堂 / 배극령(裴克玲) // 중국조선족교육. - 1990,(12). - 14 - 15

9166 語段教學應從學生的實際出發 / 채성순(蔡成荀) // 중국조선족교육. - 1990,(12). - 56 - 57

G633.39 중국소수민족어문 (조선문)

9167 조선어 교수에서의 몇가지 체득 / 심상직 // 교육통신. - 1954,(4). - 19 - 21

9168 작문지도에 대한 경험 / 강철 // 교육통신. - 1956,(3). - 25 - 28

9169 작문지도에 대한 몇가지 의견 / 문형식 // 교육통신. - 1956,(4). - 31 - 33

9170 서정산문교수에 대한 몇가지 생각 / 조희천 // 연변교육. - 1980,(1). - 30 - 33

9171 중학교 조선어문교수에 대한 몇가지 건의 / 리정문 // 연변교육. - 1980,(2). - 31 - 32

9172 중학교조선어문교수에서의 소설작품분석에 대하여 / 원호천 // 연변교육. - 1980,(4). - 17 - 19

9173 고등학교입학시험중의 어문출제로부터 중학교어문교수를 론함 / 반조명 // 연변교육. - 1980,(5). - 30 - 32

9174 관찰과 작문: 작문지도에서 어떻게 관찰능력을 배양하였는가? / 리만송 // 연변교육. - 1980,(6). - 21 - 24

9175 문장의 병집형태 / 한종만; 하찬호 // 연변교육. - 1980,(6). - 33 - 35

9176 어문교수에서 열독지도를 강화하자 / 최상철 // 연변교육. - 1980,(7). - 27 - 29

9177 문법술어대조 / 허동진 // 연변교육. - 1980,(8). - 53 - 54

9178 조선어문교수법의 리론적 기초에 관하여 / 허하룡 // 연변교육. - 1980,(8). - 23 - 25

9179 조선어문교수의 질적제고를 위하여 나도 한마디: // 연변교육. - 1980,(11). - 24 - 25

9180 ≪닭알그리기≫를 읽고서 / 왕연풍 // 연변교육. - 1980,(12). - 44

9181 ≪닭알그리기를 읽고서≫를 평함 / 장수강 // 연변교육. – 1980,(12). – 45
9182 민족고전작품교수에서 제기되는 몇가지 문제 / 원호천 // 연변교육. – 1980,(12). – 16 – 18
9183 극을 기서문으로 고쳐쓰기 / 박일석 // 연변교육. – 1981,(1). – 49 – 52
9184 단어복습에서의 한 두가지 / 최상해 // 연변교육. – 1981,(1). – 45 – 46
9185 서술과 묘사의 각도에 대하여:기서작문지도에서 응당 류의해야 할 문제 / 김창석 // 연변교육. – 1981,(3). – 24 – 26
9186 작문지도를 실속있게, 다양하게! / 유재환 // 연변교육. – 1981,(4). – 30 – 33
9187 서정산문의 결구분석에 대하여 / 리순희 // 연변교육. – 1981,(6). – 24 – 26
9188 교재열독훈련을 강화하였다 / 림호웅 // 연변교육. – 1981,(7). – 35 – 37
9189 학생작문평의에서의 몇가지 시도 / 송춘자 // 연변교육. – 1981,(9). – 43
9190 인물형상분석에서 중점을 잡을데 대하여 / 정순옥 // 연변교육. – 1981,(11). – 43 – 45
9191 고중조선어문의 수업체계를 고칠데 대하여 / 김민성 // 연변교육. – 1982,(3). – 18 – 19
9192 조선어문과의 특점에 따라 기초지식교수를 강화하였다 / 신현옥 // 연변교육. – 1982,(3). – 15 – 17
9193 단어해석에 관하여 / 류남현 // 연변교육. – 1982,(4). – 21 – 25
9194 ≪토끼전≫을 교수하고 느낀바 / 주정중 // 연변교육. – 1982,(4). – 48
9195 조선어문교수에서 중점을 돌출하게 할데 대하여 // 연변교육. – 1982,(5). – 18 – 19
9196 조선어문의 교수효률을 높이기 위하여 / 김두호 // 연변교육. – 1982,(6). – 22 – 23
9197 표현력이 풍부한 어휘의 뜻풀이에 모를 박고 / 리금순 // 연변교육. – 1982,(6). – 18 – 19
9198 작문지도에서 학생들의 론리적 사유능력을 발전시킬데 대하여 / 유재환 // 연변교육. – 1982,(7). – 23 – 25
9199 명제작문에서 사색의 길을 개척하자 / 리만송 // 연변교육. – 1982,(8). – 22 – 24
9200 중학교 조선어문교재의 30년 / 김동춘 // 연변교육. – 1982,(9). – 11 – 13
9201 소설작품에서의 인물형상분석 / 라순숙 // 연변교육. – 1982,(10). – 23 – 24
9202 조선어문교수에서의 미적교양 / 방학철 // 연변교육. – 1982,(11). – 26 – 27
9203 설명문과 그 교수에 대하여 / 리정룡 // 연변교육. – 1983,(1). – 45
9204 어떻게 가르쳐야 합니까? / 태형백 // 조선어학습과 연구. – 1983,(1). – 46 – 47
9205 작문교수에서의 몇개 절차문제 / 전복선 // 연변교육. – 1983,(1). – 18 – 20
9206 글짓기교수에서의 제강짜기 / 박일석 // 연변교육. – 1983,(2). – 18 – 19
9207 어휘교수와 구절교수 / 고혜영; 마봉명 // 연변교육. – 1983,(2). – 46 – 48
9208 작문교수에서의 몇개 절차문제 / 전복선 // 연변교육. – 1983,(2). – 20 – 21
9209 독범교수와 토막글짓기의 결합을 두고 / 최순선 // 연변교육. – 1983,(3). – 12 – 13
9210 중학교문법교재를 따로 편찬하는것이 좋겠다 / 전봉학 // 연변교육. – 1983,(3). – 49
9211 글의 짜임새에 대한 교수 / 고혜영;마봉명 // 연변교육. – 1983,(4). – 52 – 53
9212 작문지도에서 현상능력을 발전시킬문제에 대하여 / 유재환 // 연변교육. – 1983,(4). – 17 – 18
9213 미적교양과 조선어문교수 / 김영훈 // 연변교육. – 1983,(5). – 17 – 18
9214 어문교수에서의 랑독의 역할 / 김춘자 // 연변교육. – 1983,(5). – 12 – 14
9215 기행문교재취급에 대하여 / 박재한 // 연변교육. – 1983,(6). – 21 – 22
9216 부사의 표현적효과와 조선어문교수 / 리금순 // 연변교육. – 1983,(6). – 39 – 41
9217 초중1학년 학생들의 작문을 지도하면서 /

김길일 // 연변교육. – 1983,(6). – 37 – 38
9218 강독교수와 작문짓기와의 뉴대 / 강룡권 // 연변교육. – 1983,(7). – 23 – 24
9219 인물형상분석에서 틀어쥐여야 할 몇가지 / 강영준 // 연변교육. – 1983,(7). – 25 – 26
9220 학생작문지도용 교원본보기글 // 연변교육. – 1983,(7). – 62 – 63
9221 조선어문과에서 예습은 좋은 점이 많다 / 박기훈 // 연변교육. – 1983,(9). – 36 – 37
9222 작문수정에서의 적극적인 방법과 그 일례 / 김근환 // 연변교육. – 1983,(10). – 27 – 30
9223 명제작문에서 제목분석를 잘해야 한다 / 한일 // 연변교육. – 1983,(11). – 21
9224 부동한 문체의 과문에 대한 교수 // 연변교육. – 1983,(11). – 45 – 46
9225 작문시험정황분석과 금후의 의견 / 전승문 // 연변교육. – 1983,(11). – 39 – 41
9226 부동한 문체에 대한 교수 // 연변교육. – 1984,(1). – 39
9227 학생작문지도에서 얻은 약간의 체득 / 김길일 // 연변교육. – 1984,(1). – 18 – 20
9228 조선어문교수에서의 도표의 응용 / 리하진 // 연변교육. – 1984,(2). – 26 – 27
9229 어문교수의 새로운 국면을 힘써 개척하자 / 장승선 // 연변교육. – 1984,(4). – 14 – 15
9230 강독교수에서의 제목분석 / 현태석 // 연변교육. – 1984,(5). – 14 – 15
9231 교과서를 읽도록 학생들을 이끌었다 / 김명란 // 연변교육. – 1984,(5). – 26 – 27
9232 설명문교수에서 주의 할 몇가지 문제 / 한련문 // 연변교육. – 1984,(5). – 18 – 19
9233 서정시에서의 감정구조분석:≪시골길≫교수일례 / 리진숙 // 연변교육. – 1984,(6). – 22 – 23
9234 규정어의 쓰임과 표현에서 류의할 몇가지 / 신옥균 // 연변교육. – 1984,(7). – 45 – 47
9235 지식전수와 사상정치교양의 통일을 두고: 전옥순선생님의 조선어문교수를 보고서 / 최철룡 // 연변교육. – 1984,(8). – 25 – 27
9236 구절분석법의 몇가지 / 박금석 // 연변교육. – 1984,(9). – 24 – 25
9237 글짓기에서 세부묘사에 대한 지도 / 장영식 // 연변교육. – 1984,(10). – 24
9238 대격토≪을, 를≫에 의하여 표현되는 보어와 상황어 가리기 / 서상렬 // 연변교육. – 1984,(10). – 48
9239 강독교수의 중점설계를 글짓기에 두어야 한다 / 권수만 // 연변교육. – 1984,(11). – 11
9240 독후감 쓰기 지도 / 리복철 // 연변교육. – 1984,(11). – 12
9241 론설문의 엄밀한 론리적 짜임새 / 리금순 // 연변교육. – 1984,(11). – 18 – 19
9242 문맥을 분석하는 방법과 미학적교양 / 리준기 // 연변교육. – 1984,(12). – 17 – 18
9243 명제작문에 대한 지도 // 연변교육. – 1985,(1). – 55 – 57
9244 조선어문과의 흥미배양에 관한 소감 / 윤경희 // 연변교육. – 1985,(1). – 18 – 19
9245 편폭이 긴 문예문취급에 대한 단상 / 주정중 // 연변교육. – 1985,(1). – 17
9246 문장성분교수에서의 능력배양 / 송춘자 // 조선어 학습과 연구, – 1985,(2). – 29 – 31
9247 작문의 수정과 평의 // 연변교육. – 1985,(2). – 51 – 53
9248 학생글짓기지도에서의 몇개 ≪실례≫ / 최련옥 // 연변교육. – 1985,(2). – 18 – 19
9249 개혁의 정신으로 조선어문교수를 조직 / 최명자 // 연변교육. – 1985,(3). – 21
9250 조선어문과의 성질과 교수목적을 두고:중소학교 조선어문과의 성질과 교수목적에 대한 나의 리해 / 구금숙 // 연변교육. – 1985,(3). – 19 – 20
9251 조선어문교수개혁에 대한 소견 / 리준기 // 연변교육. – 1985,(3). – 22
9252 학생실례와 과문의 특점으로부터:과문≪구렝이와 족제비≫를 수업하고서 / 김복순 // 연변교육. – 1985,(3). – 33

9253 계통적인 작문교수연구활동을 벌려서 2년 // 연변교육. - 1985,(4). - 54 - 55

9254 문장성분가리기 능력배양 / 안영숙 // 연변교육. - 1985,(4). - 44 - 45

9255 조선어문교수에서의 비교법의 응용 / 렴송자 // 연변교육. - 1985,(4). - 9 - 10

9256 1985년도 전국고등학교입학 료녕성 조선어문시험문제와 그 답안 // 조선어 학습과 연구. - 1985,(4). - 50 - 55

9257 양성, 중성, 음성 모음 가리기 / 서상렬 // 연변교육. - 1985,(5). - 46 - 47

9258 조선어문교수에서의 비교법의 응용 / 렴송자 // 연변교육. - 1985,(5). - 9 - 10

9259 교수중점을 놓치지 말고 :≪사형장에서의 결혼식≫을 교수하고서 / 장영식 // 연변교육. - 1985,(6). - 19 - 20

9260 어문교수안쓰기와 칠판글 설계 // 연변교육. - 1985,(6). - 54 - 55

9261 글짓기에 대한 초보적탐구 / 리병우 // 연변교육. - 1985,(7). - 13 - 14

9262 ≪사고문제의 제기법을 두고≫ / 김복겸 // 연변교육. - 1985,(7). - 39 - 40

9263 작문교수의 개진에 대하여 / 최이암 // 연변교육. - 1985,(7). - 12

9264 고중복습단계에서의 조선어문교수 / 리남림 // 연변교육. - 1985,(8). - 14

9265 내가 만약 이 과문을 가르친다면…≪5월 31일 소낙비속에서≫교수설계 / 권수만 // 연변교육. - 1985,(8). - 15 - 16

9266 예술작품교수에서 / 장세일 // 연변교육. - 1985,(9). - 17 - 18

9267 허구와 상상력배양 / 김철석 // 연변교육. - 1985,(9). - 14 - 16

9268 과문≪카멜레온≫의 도해식칠판글 / 정현자 // 연변교육. - 1985,(11). - 22 - 23

9269 글짓기지도에서의 학생창조력의 배양 / 박일석 // 연변교육. - 1985,(10). - 40 - 41

9270 작문을 학생들 자체로 수정 / 최원련 // 연변교육. - 1985,(10). - 43

9271 고중 조선어문총복습지도에서:≪작품분석비교표≫만들기 / 김민성 // 연변교육. - 1985,(12). - 55

9272 과문≪축복≫을 교수할 때 / 유재환 // 연변교육. - 1985,(12). - 18 - 19

9273 조선어문과의 분석에서의 취미성 문제 / 리송자 // 연변교육. - 1985,(12). - 53

9274 문법을 되도록 알기 쉽게:문장성분가리기 / 일연 // 중국조선족교육. - 1986,(1). - 29

9275 소설교수에서 환경묘사취급에 대하여 / 김영훈 // 중국조선족교육. - 1986,(1). - 28 - 29

9276 학생들의 문장능력을 키워주는 지름길 / 김만석;김순희 // 중국조선족교육. - 1986,(1). - 30 - 31

9277 소설교수에서의 환경묘사취급에 대하여 / 김영훈 // 중국조선족교육. - 1986,(2). - 24 - 25

9278 과문≪녀차장과 청년≫을 이렇게 교수하려는데 / 안영숙 // 중국조선족교육. - 1986,(3). - 24

9279 작문지도를 어떻게 할것인가? / 김길일 // 중국조선족교육. - 1986,(3). - 24 - 26

9280 어휘교수의 방법문제 / 신현옥 // 중국조선족교육. - 1986,(3). - 22 - 23

9281 ≪청소년수양≫과에서 제창할만한 일기쓰기 / 김정옥 // 중국조선족교육. - 1986,(3). - 17 - 18

9282 그림보고 글짓기와 능력배양 / 최련향 // 중국조선족교육. - 1986,(4). - 27 - 28

9283 산재지구학교들에서의 조선어문법 교수실태를 보고 / 전선 // 조선어문. - 1986,(4). - 38 - 41

9284 우리는 조선어문써클활동을 이렇게 하고 있다 / 최기자 // 조선어문. - 1986,(4). - 35 - 37

9285 작문교수의 12가지 기본경험 // 중국조선족교육. - 1986,(4). - 67

9286 문학작품교수일별 / 현태석 // 중국조선족교육. - 1986,(5). - 31 - 32

9287 ≪맺는 말≫교수도 잘하자 / 리선희 // 중국조선족교육. - 1986,(5). - 25 - 26

9288 언어실천활동을 강화하여 학생들의 어문능력을 제고 // 중국조선족교육. - 1986,(6). - 47
9289 조선어복습에서의 흥미문제 / 김복겸 // 중국조선족교육. - 1986,(6). - 43 - 44
9290 고중 조선어문교수에서의 외국작품에 대한 취급 / 리경화 // 중국조선족교육. - 1986,(7 - 8). - 66 - 67
9291 초중조선어문교수개혁을 둘러싸고: 길림성 룡정현 제5중학교 교원들과의 좌담기록 // 중국조선족교육. - 1986,(7 - 8). - 61 - 63
9292 힘있는 첫발자국: 연변제1사범학교 재학생들의 습작품에서 // 중국조선족교육. - 1986,(7 - 8). - 153 - 160
9293 과문에 결부시켜 지식단문을 강의 / 방금숙 // 중국조선족교육. - 1986,(9). - 54
9294 강독교수와 작문교수의 유기적결합 / 김숙자 // 중국조선족교육. - 1986,(10 - 11). - 116 - 117
9295 《뚱뚱보와 말라꽹이》의 교수설계 / 허봉철 // 중국조선족교육. - 1986,(10 - 11). - 131 - 132
9296 조선어기준문제를 론함 / 리윤규 // 중국조선족교육. - 1986,(10 - 11). - 128 - 130
9297 조선어문과에서의 자습필기지도 / 장해룡 // 중국조선족교육. - 1986,(10 - 11). - 118
9298 초중조선어문 글짓기 교수방안 / 최기자 // 중국조선족교육. - 1986,(10 - 11). - 121 - 127
9299 조선어의 토를 비교적 쉽게 기억시키려면 / 최영남 // 중국조선족교육. - 1986,(12). - 28
9300 기서문의 개념 및 습작 / 최상철 // 중국조선어문. - 1987,(1). - 47 - 49
9301 어문교수에서의 학습심리 / 리주호 // 중국조선족교육. - 1987,(1). - 22 - 23
9302 어문교수에서의 환등수단사용의 리론적 및 실천적근거 / 김은자 // 중국조선족교육. - 1987,(1). - 26 - 28
9303 우리 학교 조선어문 과외활동의 이모저모 / 박정희 // 중국조선어문. - 1987,(1). - 51 - 52
9304 대학교입학시험에서 작문성적의 질적제고를 위한 방도 / 김만석 // 중국조선어문. - 1987,(3). - 33 - 36
9305 주격토《가, 이》와 관련된 문장성분 / 서상렬 // 중국조선족교육. - 1987,(3). - 25 - 26
9306 초급중학교에서 어휘를 어떻게 가르치면 좋은가? / 김헌 // 중국조선어문. - 1987,(3). - 37 - 38
9307 글짓기에서의 제목에 대하여 / 강송훈 // 중국조선족교육. - 1987,(4). - 28
9308 설명문교수에서의 짜임새에 대한 분석 / 김만길 // 중국조선족교육. - 1987,(5). - 24
9309 작문평의에서도 학생들의 주동성을 발휘시켜야한다 / 김정련 // 중국조선족교육. - 1987,(5). - 26 - 27
9310 제목분석의 몇가지 방법 / 권수만 // 중국조선족교육. - 1987,(5). - 25 - 27
9311 수사학적감탄과 서정시: 과문《주총리시여,어디에 계십니까?》를 가르치면서 / 주정중 // 중국조선족교육. - 1987,(6). - 36
9312 조선어문을 대학입학시험과목에 넣지 않아 되는가? / 최윤갑 // 중국조선어문. - 1987,(6). - 3 - 4
9313 고중 1학년 신편 조선어문 교과서1 - 12과 교수후기 / 김민성 // 중국조선족교육. - 1987,(7 - 8). - 70
9314 과문《아버지의 뒤모습》에서의 몇차례의 눈물 / 리춘자 // 중국조선족교육. - 1987,(7 - 8). - 87
9315 민족고전작품교수에서의 강독교수와 작문교수의 결합을 두고 / 김복겸 // 중국조선족교육. - 1987,(7 - 8). - 85 - 86
9316 작문교수의 4개 기본절차에 대한 거시적 투시 / 김영림 // 중국조선족교육. - 1987,(7 - 8). - 75 - 76
9317 중학교어문의 실내교수 개혁에 대한 초보적 탐구 / 반보명 // 중국조선족교육. - 1987,(7 - 8). - 88 - 90
9318 초중에서의 글짓기 교수개혁을 두고 / 려언 // 중국조선족교육. - 1987,(7 - 8). - 91 - 92

9319 당면 초중어문교수의 개혁 문제를 론함 / 장전종 // 중국조선족교육. – 1987,(12). – 39 – 40

9320 중국고대시가의 해제방법 몇가지 / 김은복 // 중국조선족교육. – 1987,(12). – 35 – 36

9321 랑독에서의 형상적기교에 대한 지도 / 김련화 // 중국조선어문. – 1988,(1). – 32 – 33

9322 어문교원과 교수용어 / 김춘자 // 중국조선어문. – 1988,(1). – 34 – 35

9323 조선어문교수개혁을 론함 / 박기봉 // 중국조선족교육. – 1988,(1). – 28 – 30

9324 당면 초중어문교수의 개혁을 론함 / 장전종 // 중국조선족교육. – 1988,(2). – 30

9325 련상에 대하여 / 김기련 // 중국조선족교육. – 1988,(2). – 26 – 27

9326 수사법교수에서 주의해야 할 몇가지 문제 / 김동진 // 중국조선어문. – 1988,(2). – 43 – 44

9327 조선어문교수에서의 물음설정 / 김해금 // 중국조선족교육. – 1988,(2). – 25 – 27

9328 고중에서 왜≪조선어문≫을 가르쳐야 하는가? / 남일성 // 중국조선어문. – 1988,(3). – 4 – 7

9329 글감고르기에서 사로를 개척하는≪비결≫ / 김장혁 // 중국조선족교육. – 1988,(3). – 25 – 26

9330 ≪당신의 만약 이 제목으로 글을 짓는다면≫으로부터:글짓기교수에 대한 소감 / 주권 // 중국조선족교육. – 1988,(3). – 30 – 31

9331 조선어문교수에서의 새 과문에로 이끌기 담화 / 마송학 // 중국조선족교육. – 1988,(3). – 27

9332 과문≪맹세≫교수설계 / 리만송 // 중국조선족교육. – 1988,(4). – 30

9333 ≪마지막 수업≫의 교수를 준비하여 / 김동진 // 중국조선어문. – 1988,(4). – 36 – 37

9334 문학사적체계지식전수와 교수방법의 다양화 / 김만수 // 중국조선족교육. – 1988,(4). – 31 – 32

9335 조선족보통교육분야에서의 두가지 어문과 문제에 대하여 / 리광림 // 중국조선어문. – 1988,(4). – 14 – 16

9336 조선족학교 교수질제고와 조선이문과 / 최상해 // 중국조선어문. – 1988,(4). – 32 – 34

9337 연변 조선어문교수에 대한 사적고찰 / 임룡철 // 중국조선족교육. – 1988,(5). – 18. – 20

9338 조선어문교수를 통한 상상력배양 / 최련향 // 중국조선족교육. – 1988,(5). – 33 – 37

9339 한개 재료에 의한 몇가지 작문짓기련습문제설계 / 석동일 // 중국조선어문 – 1988,(5). – 28 – 30

9340 강독교수에서의 의문설정 / 정국기 // 중국조선족교육. – 1988,(6). – 31. – 33

9341 경험문쓰기에 대하여 / 성무춘 // 중국조선족교육. – 1988,(6). – 29 – 30

9342 과문≪려지꿀≫교수를 이렇게 / 서정자 // 중국조선족교육. – 1988,(6). – 25 – 27

9343 조선어문교수에서의 사상품성교양 / 김춘자 // 중국조선족교육. – 1988,(6). – 17 – 18

9344 경험문 쓰기에 대하여 / 성부춘 // 중국조선족교육. – 1988,(7). – 32 – 34

9345 어떻게 초중생들의 습작수준을 높일것인가 / 곽원덕 // 중국조선족교육. – 1988,(8). – 24 – 25

9346 글짓기교수의 과학화문제 / 장영태 // 중국조선족교육. – 1988,(9). – 24 – 25

9347 조선어문의 총체적수업을 론함 / 홍선옥 // 중국조선족교육. – 1988,(11). – 29 – 30

9348 품사가리기교수에서의 효과적인 방법 / 신동수 // 중국조선족교육. – 1988,(11). – 22 – 24

9349 과내론쟁 – 어문교수가 새 령역에로 나아가는 층계 / 진가;주기민;포지신 // 중국조선족교육. – 1988,(12). – 31

9350 어문과에서의 기본교수류형 / 위지성 // 중국조선족교육. – 1988,(12). – 32 – 33

9351 조선어문교수개혁실험보고(1984,9 – 1987,6) / 리학철 // 중국조선족교육. – 1988,(12). – 38 – 40

9352 과문≪목걸이≫교수실기 // 중국조선족교육. – 1989,(3). – 23 – 26

9353 빨리읽기능력의 양성을 두고 / 김동진 // 중국조선어문. – 1989,(3). – 33 – 34

9354 중학생 기서문쓰기지도를 이렇게 / 한정길 // 중국조선어문. – 1989,(3). – 35 – 36

9355 시험작문 복습과 지도 / 한종만 // 중국조선어문. – 1989,(4). – 44 – 48

9356 초상묘사능력을 키우는 훈련방법 / 차룡주 // 중국조선어문. – 1989,(4). – 23 – 26

9357 초중조선어문 제5권 칠판을 설계 / 리춘자 // 중국조선족교육. – 1989,(4). – 21 – 21

9358 글짓기지도에서의 상상력배양 / 리경화 // 중국조선족교육. – 1989,(7 – 8). – 73 – 75

9359 계발,비교,분석: 설명문교수의 질적제고를 두고 / 리금옥; 김춘자 // 중국조선족교육. – 1989,(7 – 8). – 40 – 42

9360 과문의 다양한 과도방법들 / 주정중 // 중국조선족교육. – 1989,(7 – 8). – 70 – 72

9361 ≪동사활용류형가≫와≪동사음편가≫ / 전정화 // 중국조선족교육. – 1989,(7 – 8). – 97

9362 창조적작문교수에 대한 시도와 실천 / 정일여 // 중국조선족교육. – 1989,(7 – 8). – 79 – 80

9363 동북3성 초중조선어문교수연구토론회 좌담요지 / 권중환;한윤호 정리 // 중국조선족교육. – 1989,(9). – 25 – 26

9364 초중조선어문칠판글설계 / 리천민 // 중국조선족교육. – 1989,(9). – 23 – 24

9365 작문교수는 마땅히 현실 사회생활에 낯을 돌려야 한다 / 주일관 // 중국조선족교육. – 1989,(10). – 33 – 34

9366 초중단계 수사지식교수에서의 비교법 / 김기종 // 중국조선족교육. – 1989,(10). – 24 – 25

9367 기서문교수에서의 칠판글설계문제 / 신순옥 // 중국조선족교육. – 1989,(11). – 18 – 19

9368 ≪마지막수업≫교수에서는 이런것들을 / 서정자 // 중국조선족교육. – 1989,(11). – 24 – 25

9369 작문의 명제방식에 대한 개혁을 론함 / 주국화 // 중국조선족교육. – 1989,(12). – 33 – 35

9370 조선어문교수에서의 심미교양문제 / 림종대 // 중국조선족교육. – 1989,(12). – 25 – 27

9371 복습에서의 세개 고리 – 검열, 련습, 귀납음미 / 김종철 // 중국조선족교육. – 1990,(1 – 2). – 93 – 94

9372 ≪우표의 탄생≫교수목표 및 교수흐름 설계 / 허봉철 // 중국조선족교육. – 1990,(1 – 2). – 57 – 59

9373 고중에서의 어휘교수 / 김복겸 // 중국조선족교육. – 1990,(6). – 46 – 47

9374 과문≪계림의 풍경≫, ≪락화생≫ 교수요점 / 최상해 // 중국조선족교육. – 1990,(7 – 8). – 121 – 122

9375 글짓기 지도도 학생들의 심리특점에 알맞게 / 정현자 // 중국조선족교육. – 1990,(7 – 8). – 91 – 92

9376 론설문의 복습 / 홍선옥 // 중국조선족교육. – 1990,(7 – 8). – 93 – 95

9377 ≪읽기,계발,강의,훈련≫교수법에 대한 초보적탐구 / 김영남 // 중국조선족교육. – 1990,(7 – 8). – 20 – 21

9378 중학생작문훈련에 대한 단상 / 송영호 // 중국조선족교육. – 1990,(7 – 8). – 89 – 90

9379 론설문의 다각도분석훈련 / 리경화 // 중국조선족교육. – 1990,(9), – 45 – 46

9380 조선어문교수에서의 록음교수의 역할 / 김은자 // 중국조선족교육. – 1990,(10). – 38 – 39

9381 어문교수에서의 지식전수와 인재육성 / 김정순 // 중국조선족교육. – 1990,(11). – 43 – 44

9382 조선어문교수에서의 사상교양의 위치 / 김장선 // 중국조선족교육. – 1990,(11). – 45

9383 어문교수에서의 창조성사유의 배양 / 주작인 // 중국조선족교육. – 1990,(12). – 39 – 40

9384 작문채점에서의 과학성문제 / 차수남 // 중국조선족교육. – 1990,(12). – 12 – 13

G633.4 외국어

9385 일본어단어교수의 질을 높이자 / 송주호 // 연변교육. – 1980,(6). – 31 – 32

9386 일어교수임무를 배로! // 연변교육. – 1980,

(8).－8

9387 일본어한자의 독법에서 틀리기 쉬운 몇가지 / 전병권 // 연변교육.－1981,(5).－40－42

9388 동사≪いる≫와≪ある≫,조동사いる≫와≪ある≫의 사용에 대하여 / 송주호 // 연변교육.－1981,(10).－47

9389 일본어교수는 현대일본어로 / 박창극 // 연변교육.－1981,(10).－46

9390 일본어의 ≪拍≫에 대하여 / 리학재 // 연변교육.－1981,(11).－30

9391 일본어교수의 방법에 대하여 / 리주산 // 연변교육.－1981,(12).－35

9392 일본어교수의 질을 높였다 / 김영식 // 연변교육.－1982,(3).－32－34

9393 어떻게 외국어단어의 기억효과를 높일것인가 / 손청송 // 연변교육.－1982,(4).－45－47

9394 격조사≪に≫에 대하여 / 리학재 // 연변교육.－1982,(5).－37－38

9395 일본어 단어교수의 방법을 개진하자 / 리주산 // 연변교육.－1982,(10).－28－30

9396 1학년 일본어 교수에서는 기초를 잘 닦아주어야 한다 / 정득천 // 연변교육.－1983,(2).－40－42

9397 한자밑에 붙이는 일본어의 읽기표기달기에서 제기되는 문제 / 송주호 // 연변교육.－1983,(5).－38－39

9398 외국어학습에서의 단어기억 / 라계문 // 대중과학.－1983,(9).－11－12

9399 신편≪초중일어 제1권≫에 대하여 / 전병권 // 연변교육.－1984,(10).－51－53

9400 초중일어교과서에 대한 설명 / 전병권 // 연변교육.－1985,(8).－42－45

9401 초중≪일본어≫의 ≪련습문제≫ / 전병권 // 연변교육.－1985,(9).－55－57

9402 일어과교수개혁을 위한 시험 / 박용호 // 연변교육.－1985,(12).－61－62

9403 대격토≪을 / 를≫에 대응되는≪を、に、が、の、で≫ / 리학재 // 중국조선족교육.－1986,(2).－58－60

9404 일어과교수개혁에서의 첫 걸음은? / 석중일 // 중국조선족교육.－1986,(4).－51

9405 초중일본어의 단어교수에서 얻은 약간한 체득 / 남창빈 // 중국조선족교육.－1986,(6).－64

9406 격조사≪に≫와 여격토≪에≫교수체득 / 류영란 // 중국조선족교육.－1986,(7).－112－113

9407 외국어교수법개혁의 발전동향 / 전병권 // 중국조선족교육.－1986,(7).－143－144

9408 일본어단어를 이렇게 기억하면 / 박춘금 // 중국조선족교육.－1986,(12).－48－49

9409 ≪~なくて≫와 ≪~ないで≫의 사용에 대하여 / 송주호 // 중국조선족교육.－1987,(1).－46－47

9410 조선족학교에서의 외국어과목설치에 대하여 / 김신홍 // 중국조선족교육.－1987,(4).－16－17

9411 형용동사의미≪だ≫와 체언+≪だ≫의 구별 / 김종묵 // 중국조선족교육.－1987,(4).－44－45

9412 일본어에서 한가지 단어를 한자로 적는 경우와 가나로 적는 경우 / 석중일 // 중국조선족교육.－1987,(5).－44－45

9413 일본어교수에서의 글짓기지도에 대하여 / 장창만 // 중국조선족교육.－1987,(7－8).－129－132

9414 일본어의 발음과 몇가지 어음현상 / 김생금 // 중국조선족교육.－1987,(7－8).－116－119

9415 ≪に≫의 5가지 음소 / 리학재 // 중국조선족교육.－1987,(7－8).－133－135

9416 ≪일본어 교수요강≫ / 전병권 // 중국조선족교육.－1987,(10).－61－62

9417 「もの、こと、の」의 의미상에서의 서로 다른점에 대하여 / 김창권 // 중국조선족교육.－1987,(12).－59－62

9418 일본어 5단활용동사 련용형의 음편현상에 대한 교수 / 박창범 // 중국조선족교육.－1988,(1).－49－51

9419 일본인음성테프의 히어팅으로 읽기와 회화

능력을 제고 / 김과태 // 중국조선족교육. – 1988,(1). – 50 – 51

9420 잡거지구학생들의 일어수준을 높인 몇가지 체득 / 리동수 // 중국조선족교육. – 1988,(3). – 42 – 43

9421 일어한자중 두가지 이상의 훈독으로 읽는 한자 / 석중일 // 중국조선족교육. – 1988,(5). – 45 – 46

9422 일어동음이의어의 악센트 련습문장110례 / 박재흥 // 중국조선족교육. – 1988,(6). – 42 – 45

9423 류의어≪いよいよ、ますます、だんだん、いっそう≫의 활용 / 정득천 // 중국조선족교육. – 1988,(7). – 35 – 37

9424 일어한자교수를 잘하자 / 량정모 // 중국조선족교육. – 1988,(8). – 48 – 49

9425 일어에서 특별한 독법으로 읽는 숙어 / 최창영 // 중국조선족교육. – 1988,(9). – 47 – 48

9426 일어교수구조에 대하여 / 석중일 // 중국조선족교육. – 1988,(10). – 47

9427 일어의 류의어와 동음어에 대하여 / 리주산 // 중국조선족교육. – 1988,(11). – 38 – 40

9428 외국어교수에서도 심미교양을 진행해야 한다 / 리만 // 중국조선족교육. – 1988,(12). – 50 – 52

9429 ≪やる≫와 ≪れる≫의 구별 / 리춘성 // 중국조선족교육. – 1989,(4). – 38

9430 일어교수에서 듣기,말하기 훈련을 강화할데 대하여 / 리주산 // 중국조선족교육. – 1989,(5). – 43 – 45

9431 ≪동사활용류형가≫와 ≪동사음편가≫ / 정정화 // 중국조선족교육. – 1989,(7 – 8). – 97

9432 일본어에서의 몇가지 인사말의 용법에 대하여 / 리동철 // 중국조선족교육. – 1989,(7 – 8). – 100 – 103

9433 외국어학습과 기억과의 관계 / 임도현 // 중국조선족교육. – 1989,(10). – 48

9434 일어와 조선어보조적동사의 대응관계에 대하여 / 리재학 // 중국조선족교육. – 1989,(12). – 47 – 49

9435 초중일어교수에서 듣기 말하기를 앞세우고 / 리태수 // 중국조선족교육. – 1990,(1 – 2). – 76 – 77

9436 ≪ほど≫와 ≪くらい≫의 공통점과 차이점 / 리학재 // 중국조선족교육. – 1990,(3). – 43

9437 초중 1학년 첫학기 일어교수에서의 효과적조치 / 김기남 // 중국조선족교육. – 1990,(4). – 43 – 44

9438 혼돈하기 쉬운 일본어 접두사 접미사 / 조위철 // 중국조선족교육. – 1990,(5). – 51 – 52

9439 일본어한자어휘의 발음에 대하여 / 지하련 // 중국조선족교육. – 1990,(6). – 54 – 55

9440 일어학습에서의 흥미배양 / 허경애 // 중국조선족교육. – 1990,(7 – 8). – 10 – 11

G633.5 력사. 지리

9441 력사교수에서의 몇개 경험 / 송관섭 // 교육통신 – 1954,(1) – 23 – 26

9442 지리교수에서 학생들의 적극성을 어떻게 계발시켰는가? / 지리조 // 교육통신 – 1954,(1) – 26 – 27

9443 나의 력사교수의 수업준비 / 리종락 // 교육통신 – 1954, (2) – 19 – 21

9444 일부 력사문제에 대하여 어떻게 보아야 할것인가 // 교육통신 – 1954,(4) – 33 – 38

9445 력사학의 특성,임무 및 력사교원의 수양문제 // 교육통신 – 1954,(5) – 44 – 49

9446 ≪중국근대간사≫교수참고제강 // 교육통신 – 1956,(4) – 39 – 44

9447 력사과총복습에 관한 몇가지 문제 / 차문석 // 연변교육. – 1980,(4). – 33 – 36

9448 지리과교수에서 얻은 약간의 체득 / 림상욱 // 연변교육. – 1980,(5). – 43 – 45

9449 중학교력사교수질을 제고시키자 / 엽서종 // 연변교육. – 1980,(6). – 36 – 39

9450 지리교수에서의 표시도의 응용 / 박희익 //

연변교육. − 1980,(9). − 36 − 37

9451 력사시험 채점으로부터 본 몇가지 문제 / 김구춘 // 연변교육. − 1980,(11). − 46 − 49

9452 지리과교수에 대한 조언 / 류충걸 // 연변교육. − 1980,(12). − 46 − 48

9453 력사상식을 잘 기억하려면 / 주소경 // 청년생활. − 1981,(2). − 24

9454 력사과에서의 계발식교수방법 / 강룡범 // 연변교육. − 1981,(3). − 37 − 38

9455 력사인물을 평가함에 있어서:신편 초중≪중국력사≫고대사부분에서의 력사인물평가에 대하여 / 황해홍 // 연변교육. − 1981,(5). − 38 − 39

9456 지도에서의 방위판단 / 김호림 // 연변교육. − 1981,(7). − 47 − 48

9457 지리명사 해석 / 류팽야 // 연변교육. − 1981,(9). − 53 − 54

9458 력사과에서의 도표,도해의 응용 / 강룡범 // 연변교육. − 1981,(10). − 40 − 42

9459 지리명사 해석 / 류팽야 // 연변교육. − 1981,(12). − 58

9460 력사과교수를 통하여 애국주의 교양을 참답게 진행하자 / 리영 // 연변교육. − 1982,(1). − 35 − 37

9461 력사과교수평의 표준에 대한 설명 / 리정부 // 연변교육. − 1982,(9). − 54 − 56

9462 지형모형의 제작 / 리진근 // 연변교육. − 1982,(11). − 43

9463 지리과기초지식교수를 론함 / 전송림 // 연변교육. − 1983,(2). − 37 − 39

9464 력사과에서의 독립적자작업 / 김홍걸 // 연변교육. − 1983,(5). − 36 − 37

9465 지구의 사용에서의 동작에 대하여 / 리영철 // 연변교육. − 1983,(10). − 31 − 33

9466 력사과교수에서 애국주의 등 교양을 진행한 약간의 체득 / 최태호 // 연변교육. − 1983,(11). − 8 − 9

9467 력사과교수에서의 애국주의 교양 // 연변교육. − 1984,(1). − 7 − 9

9468 항성일과 태양일,항성월과 삭망월의 구별 / 신송월 // 연변교육. − 1984,(1). − 38

9469 지리과에서의 강독지도 / 한수산 // 연변교육. − 1985,(3). − 37 − 39

9470 력사과실내교수의 효과를 두고 / 강인숙 // 연변교육. − 1985,(4). − 38 − 39

9471 중국근대사의 교수과정에 애국주의 교양을 강화 / 박종연 // 연변교육. − 1985,(6). − 44

9472 지리교수에서의 몇가지 도해법 / 박송덕 // 연변교육. − 1985,(6). − 45 − 48

9473 초중≪중국지리≫하권 개편설명 // 연변교육. − 1985,(8). − 40 − 41

9474 부분적지리명사의 유래와 뜻 // 중국조선족교육. − 1986,(1) − 61

9475 지리과교수에서의 사유력과 독자적탐구력의 배양 / 허응한 // 중국조선족교육. − 1986,(4) − 52 − 53

9476 지리교수에서의 비교분석법의 응용 / 한수산 // 중국조선족교육. − 1986,(5) − 60 − 61

9477 지리과에서의 교수법칙의 응용 / 허응한 // 중국조선족교육. − 1987,(1) − 64

9478 지리교수에서의 교재처리와 교수방법 / 신동혁 // 중국조선족교육. − 1987,(2) − 61 − 62

9479 력사과교수에서의 기억력의 증진 / 박월선 // 중국조선족교육. − 1987,(4) − 58

9480 고중지리교수에서의 도표의 리용 / 리설봉 // 중국조선족교육. − 1987,(5) − 62 − 67

9481 력사사건을 어떻게 기억할것인가 / 토정중 // 중국조선족교육. − 1987,(7 − 8) − 134 − 135

9482 지리과문≪지구의 운동≫에 대한 복습 / 양봉제 // 중국조선족교육. − 1987,(7 − 8) − 124 − 125

9483 력사과교수에서 학생들의 지식과 재능을 개척하자 / 장건초 // 중국조선족교육. − 1987,(10) − 59 − 60

9484 향토지리교재편찬에 대하여 / 황상렬 // 중국조선족교육. − 1987,(12) − 57 − 58

9485 력사교수에서의 읽기에 대한 지도 / 김동규

// 중국조선족교육. - 1988,(3) - 61
9486 지리교수에서의 지도종합훈련 / 리설봉 // 중국조선족교육. - 1988,(3) - 62 - 63
9487 력사년대기억법 / 홍조종 // 중국조선족교육. - 1988,(6) - 55 - 57
9488 력사과에서의 도해식칠판글 / 박금해 // 중국조선족교육. - 1988,(7) - 60 - 61
9489 민족사에 대한 교양과 애국주의 사상배양 / 리은란 // 중국조선족교육. - 1988,(7) - 14 - 15
9490 중학지리 새 교수요강에 대한 설명 / 신송월;윤상국 // 중국조선족교육. - 1988,(7) - 62 - 63
9491 옳바르게 써야 할 몇개 지리명사 / 남원우 // 중국조선족교육. - 1988,(11) - 72
9492 지도읽기,지도에 써넣기 분석문제련습 / 최영훈 // 중국조선족교육. - 1989,(3) - 55 - 58
9493 지리과에서의 몇가지 교구제작소개 / 리설봉;박학철 // 중국조선족교육. - 1989,(7 - 8) - 125 - 126
9494 별하늘이 나타나는 주기의 계산 / 리명철 // 중국조선족교육. - 1989,(9) - 62 - 63
9495 력사과 학습의 몇가지 방법 / 왕원휘 // 중국조선족교육. - 1990,(1 - 2) - 118 - 120
9496 력사교수를 통한 애국주의 교양 / 김동국 // 중국조선족교육. - 1990,(3) - 65
9497 ≪대기압의 측정≫을 이렇게 / 김호춘 // 중국조선족교육. - 1990,(6) - 59
9498 력사교수에서의 민족문제 취급 / 박철훈 // 중국조선족교육. - 1990,(7 - 8) - 24 - 25
9499 력사인물에 대한 평가문제 / 안장원 // 중국조선족교육. - 1990,(7 - 8) - 22 - 23
9500 지리과에서의 과외활동을 조직 / 최진수 // 중국조선족교육. - 1990,(7 - 8) - 26 - 27
9501 지리수업에서의 국정교양을 론함 / 진이수 // 중국조선족교육. - 1990,(7 - 8) - 114 - 117
9502 ≪초중지리≫(신편)에 대한 소개 / 남원우 // 중국조선족교육. - 1990,(11) - 68 - 70

G633.6 수학

9503 방정식교수중에서 얻은 초보경험 / 유금성 // 교육통신. - 1954,(1). - 30 - 32
9504 기하정리의 증명에 관하여 / 까 · 까 · 렘브께 // 교육통신. - 1954,(3). - 45 - 49
9505 중학교수학교수의 사상성과 그의 교육적 의의 / 니 · 웨르또그라드쓰끼 // 교육통신. - 1954,(4). - 39 - 42
9506 중학수학교수강령에 대한 몇개 체득 / 리광림 // 교육통신. - 1954,(6). - 32 - 35
9507 계산척의 제작과 운용 // 교육통신. - 1956,(3). - 37 - 42
9508 한가지 간이한 계산방법 / 장철운 // 연변교육. - 1980,(1). - 37
9509 십자승법으로 2원2차다항식을 분해하는 두가지 방법 / 황봉룡 // 연변교육. - 1980,(2). - 27
9510 절대치교수에 관하여 / 철미 // 연변교육. - 1980,(3). - 31 - 32
9511 코싸인정리의 몇가지 증명방법 / 황수철 // 연변교육. - 1980,(3). - 29 - 30
9512 함수의 정의역을 구하는 계산문제 / 김송해 // 연변교육. - 1980,(4). - 21 - 24
9513 한개 혹은 몇개 로그수의 값을 알고 다른 한 로그수의 값을 구하기 / 김성빈 // 연변교육. - 1980,(5). - 33 - 35
9514 삼각법과 기하문제 // 연변교육. - 1980,(6). - 40 - 44
9515 1원고차부등식의 해법 / 리상길 // 연변교육. - 1980,(7). - 51 - 54
9516 평면기하교수에서의 몇가지 체득 / 홍가훈 // 연변교육. - 1980,(8). - 31 - 34
9517 삼각함수의 극치문제 / 김송해 // 연변교육. - 1980,(9). - 25 - 28
9518 방정식을 세워 푸는 수학응용문제의 해법 / 리태관;송승호 // 연변교육. - 1980,(10). - 24 - 26
9519 수학시험에 대한 소감 / 황태진;김광손 // 연변교육. - 1980,(10). - 38 - 39

9520 삼각형의 면적상등에 관한 문제 / 김성빈 // 연변교육. - 1980,(11). - 33 - 35

9521 1981년도 고중졸업반 수학교수에 대한 건의 / 최인묵 // 연변교육. - 1980,(12). - 49

9522 보조선을 긋는 문제에 대한 관견 // 연변교육. - 1981,(1). - 25 - 29

9523 어떻게 대수총복습을 할것인가 / 김석용 // 연변교육. - 1981,(2). - 41 - 46

9524 중학교수학교수에서도 환등을 리용할수 있는가 / 리태관 // 연변교육. - 1981,(3). - 56

9525 해석기하총복습에 관하여 / 황태진 // 연변교육. - 1981,(3). - 42 - 46

9526 삼각총복습지도에서 얻은 약간의 체득 / 류미옥 // 연변교육. - 1981,(4). - 39 - 43

9527 몇가지 검산방법 / 리승주 // 연변교육. - 1981,(5). - 36 - 37

9528 함수의 치역을 구하는 몇가지 방법 / 김광손 // 연변교육. - 1981,(5). - 28 - 29

9529 부등식의 증명방법 // 연변교육. - 1981,(6). - 39 - 42

9530 수학교수방법 한두가지 // 연변교육. - 1981,(7). - 37 - 39

9531 변화률에 관한 응용문제풀이 / 김범진 // 연변교육. - 1981,(8). - 38 - 40

9532 방정식을 세워 푸는 응용문제교수에서의 몇개 문제 / 리태관 // 연변교육. - 1981,(9). - 24 - 28

9533 기하초보지식의 교수 / 리자웅 // 연변교육. - 1981,(10). - 30 - 31

9534 벡토르삼각형법 및 그의 응용 / 황도남 // 연변교육. - 1981,(10). - 34 - 37

9535 수학과에서 어떻게 련습을 지도할것인가 / 춘추 // 연변교육. - 1981,(10). - 31 - 34

9536 문제와 건의:수학시험지를 채점하고서 / 박수남;김송해 // 연변교육. - 1981,(11). - 52 - 53

9537 대수방정식에 의한 용해도의 계산 / 강웅걸 // 연변교육. - 1982,(1). - 50 - 51

9538 수학교수에서 교편물을 사용한 약간의 체득 / 주예화 // 연변교육. - 1982,(1). - 43 - 45

9539 1원2차방정식의 근과 관련되는 문제 / 장성군 // 연변교육. - 1982,(2). - 44 - 46

9540 ≪도함수와 미분≫부분의 복습에 관하여 / 문걸 // 연변교육. - 1982,(3). - 49 - 51

9541 1원2차방정식의 풀이기교 / 리상길 // 대중과학. - 1982,(3). - 22 - 23

9542 초중수학교수질제고를 위하여 / 류시정 // 연변교육. - 1982,(3). - 25

9543 수렬의 일반항의 공식과 처음 n개항들의 합을 구하는 문제 / 김송해 // 연변교육. - 1982,(4). - 34 - 36

9544 직선의 매개 변수방정식 및 그 응용 / 김광복 // 연변교육. - 1982,(5). - 39 - 42

9545 간편히 계산하는 몇가지 방법 / 리승주 // 연변교육. - 1982,(6). - 37 - 38

9546 삼각대입법으로 대수문제를 푸는 몇개 례 / 김해춘;리태관 // 연변교육. - 1982,(7). - 34 - 37

9547 주어진 조건에 의하여 대수식의 값을 구하기 / 변국산 // 연변교육. - 1982,(8). - 35 - 36

9548 수학문제풀이능력을 배양하기 위하여 / 최대섭 // 연변교육. - 1982,(9). - 47 - 49

9549 수학교수에서의 례제선택 / 강홍진 // 연변교육. - 1982,(10). - 53 - 54

9550 올해 고중,중등사범 수학입학시험에 대하여 / 황태진 // 연변교육. - 1982,(11). - 58 - 59

9551 ≪일정한 값≫과 관계되는 기하문제의 증명 / 장철운 // 연변교육. - 1982,(12). - 39 - 41

9552 완전평방의 공식과 그 응용 / 리상길 // 연변교육. - 1983,(1). - 33 - 35

9553 분수방정식의 몇가지 풀이방법 / 양병학 // 연변교육. - 1983,(2). - 31 - 33

9554 비례되는 선분에 관한 기하증명문제 / 박현철 // 연변교육. - 1983,(3). - 35 - 39

9555 재미있는 수학문제 / 김호성 // 대중과학. - 1983,(4). - 54

9556 초중2학년 기하교수에 대한 몇가지 생각 / 황태진 // 연변교육. - 1983,(4). - 28 - 31

9557 평면기하교수에서 얻은 약간의 체득 / 장창길 // 연변교육. – 1983,(5). – 30 – 32

9558 기하문제풀이에서의 한가지 방법 / 허흥섭 // 연변교육. – 1983,(6). – 41 – 42

9559 삼각함수의 련승적의 값을 구하는 몇가지 방법 / 황인수 // 연변교육. – 1983,(6). – 43 – 44

9560 평면기하교수에서의 몇가지 련습방법 / 홍가훈 // 연변교육. – 1983,(7). – 27 – 29

9561 초중1학년의 대수교수에 대한 인식 / 최인묵 // 연변교육. – 1983,(8). – 27 – 29

9562 같은 끝변을 가지는 각들의 집합을 간단히 표시하기 / 장성군 // 연변교육. – 1983,(9). – 42 – 43

9563 초중수학교수질제고를 위한 연구과제 // 연변교육. – 1983,(9). – 63

9564 초중수학에서의 학생학습성적분화에 대한 몇가지 생각 / 백충렬 // 연변교육. – 1983,(9). – 38 – 41

9565 물음설정에 대한 몇가지 생각 / 김영숙 // 연변교육. – 1983,(10). – 15 – 16

9566 삼각함수값의 크기비교와 관련되는 문제 / 김범진 // 연변교육. – 1983,(10). – 34 – 35

9567 ≪원자에네르기≫의 교수에서 류의해야 할 몇가지 / 전만영 // 연변교육. – 1984,(1). – 31 – 32

9568 초중수학교수에 대한 나의 몇가지 생각 / 박룡철 // 연변교육. – 1984,(1). – 29 – 30

9569 선분의 비례식을 증명하는 몇가지 방법 / 김범진 // 연변교육. – 1984,(2). – 28 – 30

9570 1원2차방정식의 근과 관계되는 문제 / 허흥섭 // 연변교육. – 1984,(3). – 22 – 23

9571 초중대수총복습련습문제 // 연변교육. – 1984,(3). – 42 – 45

9572 밀도 및 그 교수 / 오영희 // 연변교육. – 1984,(4). – 27

9573 초중대수 기본훈련문제 // 연변교육. – 1984,(4). – 28 – 31

9574 함수의 그라프의 응용 / 변국산 // 연변교육. – 1984,(4). – 21 – 24

9575 ≪간단한 방정식≫, ≪비와 비례≫의 복습에 대한 건의 및 련습문제 / 김창현 // 연변교육. – 1984,(5). – 22 – 25

9576 초중≪기하≫복습련습문제 / 김재호 // 연변교육. – 1984,(5). – 28 – 31

9577 비를 간단히 하는 방법 / 안호범 // 연변교육. – 1984,(6). – 28

9578 원추곡선문제풀이에서 계산량을 줄이는 방법 / 최대섭 // 연변교육. – 1984,(6). – 24 – 26

9579 기하문제풀이에서의 보조선긋기와 분석법의 응용 / 황양근 // 연변교육. – 1984,(7). – 26 – 29

9580 나는 혼합물에 관한 응용문제를 이렇게 가르쳤다 / 최영리 // 연변교육. – 1984,(8). – 29

9581 1원1차방정식으로 풀이되는 응용문제의 한가지 분석방법 – 렬거법 / 림승철 // 연변교육. – 1984,(8). – 30 – 31

9582 고중수학교과서 제3권의 몇가지 내용에 대한 교수건의 / 장성군 // 연변교육. – 1984,(9). – 33 – 35

9583 초중대수 제1권의 응용문제교수와 관련하여 / 라복민 // 연변교육. – 1984,(9). – 29 – 30

9584 몇가지 함수의 극치를 구하는 방법 / 김동술 // 연변교육. – 1984,(10). – 37 – 40

9585 구고수와 그 응용 / 권청길 // 연변교육. – 1984,(11). – 32 – 33

9586 미분법으로 일부 부등식을 증명하기 / 강룡학 // 연변교육. – 1984,(12). – 29

9587 평면기하에서의 보조선긋기 / 김광해 // 연변교육. – 1984,(12). – 26 – 28

9588 역삼각함수의 일부 증명문제와 관련하여 / 정창걸 // 연변교육. – 1985,(1). – 40 – 41

9589 초중1학년의 대수교수질을 높이기 위하여 / 전금면 // 연변교육. – 1985,(1). – 36 – 39

9590 수학교수에서 학생들의 교과서읽기를 지도한 체득 / 안정숙 // 연변교육. – 1985,(2). – 33 – 34

9591 한 해석기하문제의 증명 / 김문길 // 연변교육. – 1985,(2). – 35

9592 수학교수에서 학생들이 교과서를 잘 읽게

해야 한다 / 안영수 // 연변교육. – 1985,(3). – 21

9593 초중수학교수에서의 능력배양 // 연변교육. – 1985,(3). – 54

9594 기하초보지식교수에 대한 몇가지 생각 / 강철송 // 연변교육. – 1985,(4). – 15 – 17

9595 수학답안선택문제의 풀이방법 / 변국산 // 연변교육. – 1985,(4). – 19 – 22

9596 한 기하련습문제에 대한 생각 / 라복민 // 연변교육. – 1985,(4). – 18 – 19

9597 수학답안선택문제의 풀이방법 / 변국산 // 연변교육. – 1985,(5). – 19 – 22

9598 승법운산에서의 1의 특점과 그 응용 / 리상길 // 연변교육. – 1985,(6). – 35 – 36

9599 평면기하학적방법으로 평면해석기하문제를 풀이하기 / 한동혁 // 연변교육. – 1985,(6). – 37 – 39

9600 고중대수교수에서 쓸수 있는 직관물 / 허창식 // 연변교육. – 1985,(7). – 23 – 26

9601 초중수학교수질을 높일 문제와 관련하여 / 장효달 // 연변교육. – 1985,(7). – 43 – 46

9602 공식(Cπ / 2 – a)와 관련하여 / 허석진 // 연변교육. – 1985,(8). – 36 – 37

9603 수학교수질을 높이기 위하여 / 홍갑선 // 연변교육. – 1985,(8). – 32 – 33

9604 초중수학교수에서의 능력배양 / 정영선 // 연변교육. – 1985,(8). – 34 – 35

9605 초중1학년 대수교수에서 추리를 중요시해야 한다 / 리명산 // 연변교육. – 1985,(9). – 38 – 40

9606 한개 문제를 여러모로 변형하여 풀이하기 / 김범진 // 연변교육. – 1985,(9). – 41 – 43

9607 ≪원추곡선의 점선과 법선≫의 교수에 대한 생각 / 박병대 // 연변교육. – 1985,(11). – 49 – 50

9608 점의 궤적과 관계되는 약간의 문제 / 리광수 // 연변교육. – 1985,(11). – 29 – 30

9609 수학에서의 중요한 한가지 증명방법 – 귀유법 / 장성군 // 연변교육. – 1985,(12). – 27 – 28

9610 1원2차방정식의 근의 판별식의 응용 / 라염배;류명란 // 연변교육. – 1985,(12). – 24 – 26

9611 무리부등식의 풀이에서 주의할 한가지 문제 / 박병대 // 중국조선족교육. – 1986,(1). – 51 – 52

9612 초중대수교수에서의 변증법적유물론교양 / 리석준 // 중국조선족교육. – 1986,(1). – 53 – 57

9613 수학문제풀이에서는 문제의 특점을 잘 관찰분석해야 한다 / 변국산 // 중국조선족교육. – 1986,(2). – 50 – 53

9614 평면기하에서≪단원교수법≫을 적용 / 김창식 // 중국조선족교육. – 1986,(2). – 54 – 55

9615 원추곡선의 극좌표방정식에 대한 교수에서 주의해야 할 몇가지 / 김영규 // 중국조선족교육. – 1986,(3). – 41 – 43

9616 수학적귀납법의 응용에서 나타나는 몇가지 착오 / 허창식 // 중국조선족교육. – 1986,(4). – 39 – 40

9617 ≪삼각에서의 평방의 차의 공식≫및 그 응용 / 라복민;조명동 // 중국조선족교육. – 1986,(5). – 58 – 61

9618 특수한 3각형을 판정하는 몇가지 방법 / 남성일 // 중국조선족교육. – 1986,(5). – 55 – 56

9619 실수의 절대치 및 그 성질 // 중국조선족교육. – 1986,(6). – 56 – 57

9620 어기는 두 직선사이의 거리를 구하는 한가지 간편한 방법 / 김동술 // 중국조선족교육. – 1986,(6). – 52 – 55

9621 평면기하증명문제에서 어떻게 보조선을 그을것인가 / 박창혁 // 중국조선족교육. – 1986,(6). – 58 – 59

9622 매개변수를 리용하여 궤적의 방정식을 구하기 / 강룡학 // 중국조선족교육. – 1986,(7). – 95 – 97

9623 복소수의 모듈의 극치를 구하기 / 최광선 // 중국조선족교육. – 1986,(7). – 105 – 107

9624 초중수학교수에서≪6단계단원교수법≫을 적용 / 김동만;허재길 // 중국조선족교육. – 1986,(7). – 92 – 94

9625 평면기하에서의 한가지 류형의 문제 / 정재신 // 중국조선족교육. - 1986,(7). - 98 - 90

9626 수학문제풀이에서의 판별식의 응용 / 김해춘 // 중국조선족교육. - 1986,(9). - 67 - 68

9627 수학문제풀이에서의 한가지 사고방법 - 구조법 / 리선산 // 중국조선족교육. - 1986,(9). - 63 - 66

9628 우리는 대수과외써클활동을 이렇게 벌렸다 / 곽구;강명규 // 중국조선족교육. - 1986,(9). - 74 - 75

9629 부등식 a2≥a및 그 교수 / 리용구 // 중국조선족교육. - 1986,(10 - 11). - 143 - 144

9630 수학문제풀이에서 은폐된 조건을 찾기 / 라승식 // 중국조선족교육. - 1986,(10 - 11). - 139 - 141

9631 평면기하에서≪중점≫이란 조건이 주어진 문제 / 김재호 // 중국조선족교육. - 1986,(10 - 11). - 137 - 138

9632 수학과에서의 능력배양에 대한 생각 / 최인묵 // 중국조선족교육. - 1986,(12). - 56 - 58

9633 ≪후진학급≫의 수학교수에서 얻은 몇가지 체득 / 윤보옥 // 중국조선족교육. - 1986,(12). - 54 - 55

9634 기하교수에서 사고문제를 알심들여 만들었다 / 안정숙 // 중국조선족교육. - 1987,(1). - 60

9635 수학선택문제를 어떻게 해답할것인가 / 조병학;장성군 // 중국조선족교육. - 1987,(1). - 55 - 57

9636 일부 특수수렬의 합을 구하는 한가지 / 박신호 // 중국조선족교육. - 1987,(1). - 58 - 59

9637 복합함수의 단조성,함수의 치역을 구하는 몇가지 방법 / 한동혁 // 중국조선족교육. - 1987,(2). - 59 - 61

9638 ≪종합법으로 부등식을 증명하기≫교수에서 / 왕봉금 // 중국조선족교육. - 1987,(2). - 56 - 58

9639 기하초보지식교수에서의 능력배양 / 강철송 // 중국조선족교육. - 1987,(3). - 46 - 48

9640 무순시 주중당이 처음으로 창조한 수학교수법 // 중국조선족교육. - 1987,(3). - 78

9641 수렬의 일반항의 공식을 구하는 몇가지 방법 / 변국산 // 중국조선족교육. - 1987,(3). - 49 - 53

9642 한가지 류형의 기하 증명문제 / 박창혁 // 중국조선족교육. - 1987,(3). - 54 - 57

9643 2차함수의 해석식을 구하기 / 전봉철 // 중국조선족교육. - 1987,(4). - 52 - 54

9644 한 련습문제의 증명 및 결론의 응용 / 남성일 // 중국조선족교육. - 1987,(4). - 55 - 57

9645 순렬의 총수의 합의 공식과 그 응용 / 박병대 // 중국조선족교육. - 1987,(5). - 57 - 58

9646 수렬의 일반항의 공식을 구하는 몇가지 방법 / 한동혁 // 중국조선족교육. - 1987,(6). - 61 - 65

9647 수학개념교수에서 얻은 몇가지 체득 / 조정자 // 중국조선족교육. - 1987,(6). - 53 - 56

9648 일반3각형의 풀이에서 해의 정황을 판단하기 / 심창림 // 중국조선족교육. - 1987,(6). - 57 - 58

9649 일부 부등식의 간단한 풀이방법 / 안창화 // 중국조선족교육. - 1987,(6). - 59

9650 평면기하련습문제 / 김태호 // 중국조선족교육. - 1987,(6). - 60 - 61

9651 평면기하교수에서 어떻게 학생들을 적극 사유하게 할것인가 / 리춘희 // 중국조선족교육. - 1987,(9). - 50 - 52

9652 평면기하에서의 메닐로스정리을 립체기하에 적용 / 진병무 // 중국조선족교육. - 1987,(9). - 53 - 55

9653 초중1학년에서 중소학교의 수학교수가 맞물리게 해야 한다 / 박룡철 // 중국조선족교육. - 1987,(10). - 54 - 55

9654 초중2학년 수학경색을 조직 지도한 체득 / 최용문 // 중국조선족교육. - 1987,(11). - 63 - 64

9655 고중입학시험 수학시험지에 대한 분석으로부터 받은 계발 / 박기원;장성군 // 중국조선

족교육. − 1987,(12). − 66 − 68

9656 삼각함수의 적의 형태와 합,차의 형태를 서로 전화시키는 공식 / 강칠봉 // 중국조선족교육. − 1988,(1). − 58 − 59

9657 수와 형을 결부시키는 문제풀이 방법 / 리룡일 // 중국조선족교육. − 1988,(1). − 60 − 63

9658 함수의 최대치,최소치를 구하기 / 류상모 // 중국조선족교육. − 1988,(1). − 53 − 55

9659 조합항등식을 증명하는 몇가지 방법 / 김광률 // 중국조선족교육. − 1988,(2). − 51 − 54

9660 한가지 류형의 평면기하증명문제 / 김재호 // 중국조선족교육. − 1988,(2). − 55 − 57

9661 삼각대입법으로 대수문제를 풀이하기 / 남성일 // 중국조선족교육. − 1988,(3). − 54 − 56

9662 일부 대수식의 부르기와 쓰기에 대한 단상 / 도창호 // 중국조선족교육. − 1988,(3). − 53

9663 수와 형을 결부하여 문제를 풀이하는 일례 / 박성원 // 중국조선족교육. − 1988,(4). − 54 − 55

9664 한 기하명제 및 그 응용 / 임덕원 // 중국조선족교육. − 1988,(4). − 56 − 57

9665 수학문제풀이에서의 관찰과 련상 / 변국산 // 중국조선족교육. − 1988,(5). − 50 − 53

9666 일부 특수수렬의 합을 구하는 방법 / 류상모 // 중국조선족교육. − 1988,(5). − 53 − 54

9667 판별식법으로 함수의 극치를 구할 때 주의할 점 / 배수농 // 중국조선족교육. − 1988,(6). − 51 − 53

9668 혼동하기 쉬운 비례배분문제와 정비례문제 / 김일남 // 중국조선족교육. − 1988,(6). − 50

9669 어기는 두 직선의 공통수직선을 찾기 / 리상희 // 중국조선족교육. − 1988,(7). − 50 − 51

9670 1원고차부등식의 한가지 해법 / 배죽필 // 중국조선족교육. − 1988,(7). − 52 − 53

9671 근식의 개념자체에 규정되여있는 조건을 홀시해서는 안된다 / 왕봉금 // 중국조선족교육. − 1988,(8). − 51 − 52

9672 2차함수의 폐구간에서의 최대치와 최소치 / 한동혁; 채용; 주체림 // 중국조선족교육. − 1988,(8). − 53 − 57

9673 등차수렬과 등비수렬의 성질 및 그 응용 / 오을송 // 중국조선족교육. − 1988,(9). − 58 − 59

9674 1원2차방정식의 근의 판별식의 응용과 관련하여 / 리성활 // 중국조선족교육. − 1988,(9). − 54 − 57

9675 한가지 류형 분수방정식의 근과 계수사이의 관계 / 곽구 // 중국조선족교육. − 1988,(9). − 52 − 54

9676 초중2학년 대수의 개념교수에 대하여 / 방덕빈 // 중국조선족교육. − 1988,(10). − 58 − 59

9677 3각형의 중간선에 관한 정리를 묘하게 응용하기 / 홍가훈 // 중국조선족교육. − 1988,(11). − 57 − 59

9678 수학교수에서의 사상정치교양 / 주희돈 // 중국조선족교육. − 1988,(12). − 54 − 55

9679 판별식,근과 계수의 관계의 응용과 관련하여 / 김용철 // 중국조선족교육. − 1988,(12). − 56 − 57

9680 문제풀이에서 늘 쓰는 몇가지 변형 / 조춘상 // 중국조선족교육. − 1989,(3). − 45 − 47

9681 일부 조건에서 대수식의 값을 구하기 / 정춘학 // 중국조선족교육. − 1989,(3). − 47 − 48

9682 수학에서의 기본사상방법에 대한 교수를 강화 / 김호성 // 중국조선족교육. − 1989,(4). − 43 − 45

9683 수학교수에서의 사유력배양 / 전봉철 // 중국조선족교육. − 1989,(5). − 50 − 53

9684 중학수학경연활동을 활발히 벌려 민족인재양성사업에 기여 / 최인묵 // 중국조선족교육. − 1989,(5). − 54 − 56

9685 기하교수에서 학생들의 학습취미를 불러일으키기에 힘썼다 / 한정희 // 중국조선족교육. − 1989,(7 − 8). − 24 − 26

9686 한개 류형 문제의 증명방법 / 신명철;김부수 // 중국조선족교육. − 1989,(7 − 8). − 105 − 106

9687 고중1학년의 수학교수는 반드시 ≪3개 비약≫에 수응해야 한다 / 동창삼 // 중국조선족교

육. – 1989,(9). – 51 – 54

9688 응용문제교수에서 취한 몇가지 방법 / 김영자 // 중국조선족교육. – 1989,(9). – 46 – 47

9689 함수의 정의에 대하여 / 한성문 // 중국조선족교육. – 1989,(9). – 55 – 56

9690 흔들이시계와 관계되는 계산문제 / 리석할 // 중국조선족교육. – 1989,(9). – 60 – 61

9691 수학교수에서의 계통비우원리의 응용 / 리춘희 // 중국조선족교육. – 1989,(10). – 57 – 59

9692 1원2차방정식의 실수근의 위치에 관계되는 문제 / 김광률 // 중국조선족교육. – 1989,(10). – 60 – 61

9693 립체기하교수에서의 공간상상력배양 / 오경호 // 중국조선족교육. – 1989,(11). – 53 – 55

9694 평면기하문제에 대한 음미와 사유력배양 / 량정모 // 중국조선족교육. – 1989,(11). – 56 – 59

9695 두 점사이의 거리의 공식의 묘용 / 송정하 // 중국조선족교육. – 1989,(12). – 55 – 56

9696 수렬의 일반항의 공식을 구하기 / 김길봉 // 중국조선족교육. – 1990,(1 – 2). – 88 – 90

9697 중요한 부등식a2+b2≥2ab의 확충 및 그 응용 / 리동원 // 중국조선족교육. – 1990,(1 – 2). – 95 – 96

9698 련습설계의 기본경로와 방법 / 등진춘 // 중국조선족교육. – 1990,(3). – 46 – 48

9699 수학교수에서≪자습지도법≫을 적용한 정황 및 효과 / 황수권 // 중국조선족교육. – 1990,(3). – 57 – 58

9700 어기는 두 직선사이의 거리를 구하는 몇가지 방법 / 리옥금;김동국 // 중국조선족교육. – 1990,(3). – 51 – 54

9701 1원1차방정식을 세워 푸는 응용문제의 교수에 대하여 / 김명준 // 중국조선족교육. – 1990,(3). – 59 – 61

9702 총복습에서 계통론의 원리를 응용하여 총체적련습을 조직 / 조경옥 // 중국조선족교육. – 1990,(3). – 49 – 50

9703 수학개념형성에서의 련속사유과정 / 안호범 // 중국조선족교육. – 1990,(4). – 49 – 50

9704 순행문제와 역행문제 및 그 훈련층차 / 강홍진 // 중국조선족교육. – 1990,(4). – 45 – 48

9705 초중 대수목표교수에 대한 초보적탐구 / 학경강 // 중국조선족교육. – 1990,(4). – 56 – 57

9706 수학교수안을 잘 짜려면 / 태승춘 // 중국조선족교육. – 1990,(6). – 60 – 63

9707 평면기하문제풀이에서의 몇개 문제 / 한주용 // 중국조선족교육. – 1990,(7 – 8). – 90 – 102

9708 평면기하입문교수에서의 론리적 사유력 배양 / 서웅택 // 중국조선족교육. – 1990,(7 – 8). – 103 – 106

9709 평면해석기하에서 좌표축의 신축변환 및 응용 / 김은수 // 중국조선족교육. – 1990,(7 – 8). – 12 – 15

9710 수학문제풀이에서의 관찰과 련상 / 리신규 // 중국조선족교육. – 1990,(9). – 52 – 55

9711 ≪평행직선≫부분을 나는 이렇게 처리하였다 / 김희자 // 중국조선족교육. – 1990,(10). – 52

9712 한 기본정리의 증명과 평면기하의 종합성 복습 / 허의순 // 중국조선족교육. – 1990,(10). – 49 – 52

9713 1원2차방정식의 두개 성질 및 그 응용 / 장기만 // 중국조선족교육. – 1990,(11). – 51

9714 등비정리 증명방법의 응용 / 전봉철 // 중국조선족교육. – 1990,(12). – 58 – 59

9715 부등식증명에서 단위원의 응용 / 임덕원 // 중국조선족교육. – 1990,(12). – 60

G633.7 물리

9716 물리 및 화학 교수의 련계에 관하여 / (모스크바)게 · 뻬 · 다위돕쓰끼 저;지희권 역 // 교육통신. – 1954,(1). – 37 – 41

9717 물리교수경험 / 유 · 아 · 까르뻬쓰끼 저;지희권 중역 // 교육통신. – 1954,(2). – 44 – 50

9718 물리교수강령(초안)을 학습한 초보체험 / 김광숙 // 교육통신. – 1954,(4). – 31 – 32

9719 물리교수에서 학생들의 자각성과 적극성을 발휘시키기 위하여 주의를 돌려본 몇개 경험 / 김학남 // 교육통신. – 1954,(4). – 25 – 26
9720 질량과 무게 / 오일역 // 교육통신. – 1954,(4). – 48 – 49
9721 물리교수중에 있어서의 수업준비와 교수안작성 / 오일 역 // 교육통신. – 1954,(6). – 45 – 49
9722 물리성적고검에 대한 초보체험 / 김광숙 // 교육통신. – 1954,(6). – 29 – 31
9723 힘의 평형과 물체의 평형 / 남철 // 연변교육. – 1980,(1). – 38 – 41
9724 물리시험지에서 본 몇가지 문제 / 리기덕; 황도남 // 연변교육. – 1980,(2). – 33 – 34
9725 운동량보존의 법칙 및 그의 적용범위 / 리덕활 // 연변교육. – 1980,(4). – 28 – 32
9726 마찰력 및 그에 관한 문제풀이 / 리호철 // 연변교육. – 1980,(5). – 36 – 39
9727 전류의 공률 및 그에 관한 응용문제 / 황도남 // 연변교육. – 1980,(6). – 45 – 48
9728 점을 찍는 계시장치의 제작방법 // 연변교육. – 1980,(7). – 39 – 40
9729 력학문제의 부동한 풀이법 / 리덕활 // 연변교육. – 1980,(8). – 39 – 42
9730 물리시험정황분석 // 연변교육. – 1980,(10). – 40 – 43
9731 등변속도운동의 법칙에 대한 연구 / 렴룡학 // 연변교육. – 1980,(11). – 42 – 43
9732 감응전동력에 관한 지식전수와 문제풀이능력배양 / 남철 // 연변교육. – 1980,(12). – 35 – 36
9733 물리기초지식이 현대과학기술에 응용되는 몇가지 례 / 윤헌무;한태환 // 연변교육. – 1981,(1). – 33 – 35
9734 물리교수에서의 능력배양문제 / 리사창 // 연변교육. – 1981,(3). – 35 – 37
9735 물리교과서에 나오는 과학자소개 // 연변교육. – 1981,(5). – 55 – 56
9736 중학교물리교수에 관한 조사보고 // 연변교육. – 1981,(6). – 43 – 45
9737 마찰력에 관하여 / 리주삼 // 연변교육. – 1981,(8). – 32 – 34
9738 지구자전편향력의 응용 / 최춘근 // 연변교육. – 1981,(10). – 43 – 45
9739 어떻게 물리개념에 대한 복습지도를 잘할것인가 // / 연변교육. – 1981,(11). – 35 – 36
9740 물리교수에서 학생들의 능력을 배양한 체험 / 김천유 // 연변교육. – 1982,(1). – 45 – 49
9741 물리실험과 학생능력배양 / 주우근 // 연변교육. – 1982,(3). – 26 – 29
9742 전기회로도(초중부분)교수가운데의 몇개 문제 / 김영순 // 연변교육. – 1982,(3). – 30 – 31
9743 물리문제풀이지도에 대하여 / 오덕안 // 연변교육. – 1982,(4). – 39 – 41
9744 뉴톤의 제3법칙에 대한 분석 / 윤헌무 // 연변교육. – 1982,(8). – 40 – 43
9745 ≪쥴의 법칙≫연시실험에 대하여 / 허원묵 // 연변교육. – 1982,(9). – 51
9746 감응전동력과 로렌쯔힘 / 김하철 // 연변교육. – 1982,(10). – 55 – 56
9747 초중물리교수정황을 조사하고서 // 연변교육. – 1982,(11). – 40 – 42
9748 물리를 잘 학습하려면 / 한동린 // 대중과학. – 1983,(4). – 54
9749 전기학교수에서의 그림사용에 대하여 / 황도남 // 연변교육. – 1983,(4). – 32 – 35
9750 몇가지 물리개념문제 / 전홍림 // 연변교육. – 1982,(5). – 33 – 35
9751 물리문제를 분석하는 훈련 / 안용남 // 연변교육. – 1983,(6). – 45 – 49
9752 동일직선상에서의 조화진동의 합성 / 전만명 // 연변교육. – 1983,(8). – 32 – 33
9753 ≪원자가≫부분의 교수체득 / 황동수 // 연변교육. – 1983,(8). – 25 – 26
9754 고중입학 물리시험정황에 대한 간단한 분석 / 렴재성 // 연변교육. – 1983,(10). – 42 – 43
9755 ≪압력과 압력의 세기≫교수실기 / 윤헌무; 김용균 // 연변교육. – 1983,(11). – 33 – 36

9756 물리문제풀이에 대한 옅은 견해 / 장해파 // 연변교육. − 1983,(12). − 29 − 30
9757 물리문제풀이를 지도한 체득 / 최기석 // 연변교육. − 1984,(3). − 24 − 26
9758 초중물리교재를 어떻게 분석할것인가 / 동수강 // 연변교육. − 1984,(7). − 32 − 33
9759 비열에 대한 간단한 분석 / 윤헌무;김용군 // 연변교육. − 1984,(9). − 36
9760 두개 량의 비로 표시되는 물리량 / 유인룡 // 연변교육. − 1984,(10). − 43 − 45
9761 초중물리교수에서의 탐구성실험에 관하여 / 윤걸 // 연변교육. − 1984,(11). − 45 − 46
9762 일종 전기회로 및 그 계산 / 리덕활 // 연변교육. − 1985,(1). − 41 − 43
9763 중학교물리교수에서 새 지식을 인입하는 몇가지 / 허덕명;왕종예 // 연변교육. − 1985,(2). − 36 − 38
9764 몇가지 물리실험기구의 제작방법 / 박대석 // 연변교육. − 1985,(6). − 41 − 42
9765 초중물리≪마찰≫단원의 교수준비에 대한 문답 / 김성률;장해파 // 연변교육. − 1985,(7). − 47 − 48
9766 물리교수의 개진을 위해 취한 몇가지 방법 / 오정숙 // 연변교육. − 1985,(8). − 38 − 40
9767 초중물리복습교수의 조직 / 장봉춘 // 연변교육. − 1985,(9). − 44 − 45
9768 초중물리 머리말교수를 어떻게 조직할것인가 / 장해파 // 연변교육. − 1985,(10). − 51 − 53
9769 물리교수개혁의 주도적사상 // 연변교육. − 1985,(12). − 32
9770 ≪전압≫을 어떻게 교수할것인가 / 최기석 // 연변교육. − 1985,(12). − 59 − 61
9771 압력과 중력의 구별 및 상호관계 / 김룡종 // 중국조선족교육. − 1986,(1). − 56 − 58
9772 초중물리교수에서의 관찰력배양 / 방금찬 // 중국조선족교육. − 1986,(3). − 44 − 45
9773 물리교수에서 주의력을 배양한 체득 / 오정숙 // 중국조선족교육. − 1986,(4). − 47 − 48
9774 힘의 평형 및 그 교수 / 방룡남 // 중국조선족교육. − 1986,(6). − 61 − 65
9775 불균일한 회로에서의 옴의 법칙의 응용 / 함영태 // 중국조선족교육. − 1986,(7). − 103 − 104
9776 환등으로≪히드라에 대한 관찰≫실험을… / 허충권 // 중국조선족교육. − 1986,(7). − 110
9777 힘의 평형 및 그 교수 / 방룡남 // 중국조선족교육. − 1986,(7). − 116
9778 물리교수방법의 개혁을 계속 실속있게 진행해나가자 / 한태환 // 중국조선족교육. − 1986,(9). − 69 − 70
9779 초중물리교수에서의 관찰과 실험의 작용 / 리엽령 // 중국조선족교육. − 1986,(10 − 11). − 145
9780 핵반응에서의 에네르기계산방법 / 유인룡 // 중국조선족교육. − 1986,(12). − 61 − 62
9781 물리선택문제의 작성방법에 대하여 / 김성률;장해파 // 중국조선족교육. − 1987,(1). − 61 − 63
9782 ≪불균일한 회로에서의 옴의 법칙의 응용≫을 읽고서 / 권종식 // 중국조선족교육. − 1987,(2). − 63 − 65
9783 물리교수에서 45분의 수업능률을 높이려면… / 성의 // 중국조선족교육. − 1987,(3). − 57 − 58
9784 물리교수와 학생들의 관찰력배양 / 김종기 // 중국조선족교육. − 1987,(6). − 66 − 67
9785 초중물리교수에서의 비교법의 응용 / 조송준 // 중국조선족교육. − 1987,(7 − 8). − 119 − 120
9786 초중의 물리성적이 낮은 학생들을 론함 / 방모 // 중국조선족교육. − 1987,(9). − 57 − 59
9787 물리교수에서의 환등의 리용과 지력배양 / 양덕운 // 중국조선족교육. − 1988,(1). − 64
9788 물리교수와 모의실험 / 김린유 // 중국조선족교육. − 1988,(1). − 65 − 66
9789 중학생들의 물리학습에서의 사유법칙과 사유장애에 대한 심리적분석 / 교제평 // 중국조선족교육. − 1988,(5). − 55 − 56
9790 물리학에서의 정,또는 부의 부호의 의미 / 허병묵 // 중국조선족교육. − 1988,(6). − 32 − 33
9791 운동량보존의 법칙에 대한 몇가지 / 최수복

// 중국조선족교육. - 1988,(7). - 55 - 57

9792 태양높이측정기 / 최옥분 // 중국조선족교육. - 1988,(7). - 59

9793 물리문제심사를 어떻게 할것인가 / 장해파; 김성률 // 중국조선족교육. - 1988,(9). - 60 - 61

9794 초중물리개념구조를 론함 / 유인룡 // 중국조선족교육. - 1988,(10). - 60 - 61

9795 물리법칙과 수학식 / 맹원조 // 중국조선족교육. - 1988,(11). - 60 - 61

9796 렌쯔의 법칙을 어떻게 가르칠것인가 / 리춘남 // 중국조선족교육. - 1988,(12). - 58 - 59

9797 물리천평과 그 령민도 / 장상빈 // 중국조선족교육. - 1989,(3). - 49 - 50

9798 어떻게 물리실험의 정확도를 높일것인가 / 전만영 // 중국조선족교육. - 1989,(4). - 53 - 55

9799 초중물리학과 교육에서의 총체성을 론함 / 박려풍; 렴재성; 김영철 // 중국조선족교육. - 1989,(5). - 57 - 59

9800 부력문제의 풀이법 / 유인룡 // 중국조선족교육. - 1989,(7 - 8). - 114 - 115

9801 물리선택문제를 어떻게 해답할것인가 / 김종기 // 중국조선족교육. - 1989,(10). - 62 - 64

9802 물리학에서의 극치의 응용 / 조송준 // 중국조선족교육. - 1990,(1 - 2). - 99 - 101

9803 초중물리선택문제의 풀이법 / 유인룡 // 중국조선족교육. - 1990,(1 - 2). - 97 - 98

9804 물리학습에서 류의해야 할 몇가지 / 김웅범 // 중국조선족교육. - 1990,(5). - 62 - 63

9805 물리과에서 목표교수를 실시한 정황 / 지장훈 // 중국조선족교육. - 1990,(7 - 8). - 16

9806 운동,변화의 관점을 교수에 관통시켜 론리적사유력을 배양 / 김정숙 // 중국조선족교육. - 1990,(7 - 8). - 75 - 76

9807 전지조의 설계를 둘러싸고 / 권종식 // 중국조선족교육. - 1990,(7 - 8). - 107 - 108

9808 물리연시시험의 효과를 높이기 위한 몇가지 조치 / 윤금순 // 중국조선족교육. - 1990,(9). - 61 - 62

9809 물리에서 극치문제를 풀이하는 몇가지 방법 / 김철 // 중국조선족교육. - 1990,(10). - 53 - 56

9810 물리교수에서 어떻게 련습문제를 선택하고 만들것인가 / 어수매 // 중국조선족교육. - 1990,(12). - 61 - 62

G633.8 화학

9811 화학 과외활동 공작경험 / 리상선 // 교육통신. - 1954,(6). - 26 - 28

9812 몇가지 간이실험기구의 제작법 및 그의 리용 / 로서 // 연변교육. - 1980,(1). - 42 - 45

9813 수험생들의 화학시험지에 대한 나의 소감 / 강희근 // 연변교육. - 1980,(2). - 35

9814 리화학실험실을 잘 꾸렸다 / 장수상;정해철 // 연변교육. - 1980,(3). - 53 - 54

9815 산화 - 환원반응중의 몇개 문제에 대하여 / 리상을 // 연변교육. - 1980,(4). - 26 - 27

9816 이성체에 관하여 / 김관영 // 연변교육. - 1980,(5). - 40 - 42

9817 화학계산중의 한 통용식 / 김룡구 // 연변교육. - 1980,(6). - 49 - 50

9818 우리는 이렇게 화학실험실을 관리하였다 / 최룡선 // 연변교육. - 1980,(7). - 41 - 43

9819 몇개 화학기본개념에 관하여 / 문학수 // 연변교육. - 1980,(8). - 43 - 44

9820 원소의 원자가개념에 관하여 / 원동국;리상선 // 연변교육. - 1980,(9). - 33 - 35

9821 화학평형이동에 대한 압력의 세기의 영향실험 / 로서 // 연변교육. - 1980,(10). - 33 - 35

9822 화학시험에 대한 관견 / 리명구 // 연변교육. - 1980,(11). - 49 - 51

9823 중학교의 화학평형리론에 관하여 / 련봉우 // 연변교육. - 1980,(12). - 37 - 41

9824 화학교수법칙탐구:교수효률을 높이기 위한 몇가지 실험소개 / 로서 // 연변교육. - 1981,(2). - 26 - 30

9825 화학교수법칙탐구:유기화학교수에서의 약

간한 체득 / 현봉석 // 연변교육. — 1981,(5). — 34 — 35
9826 화학실험지도 / 림동혁 // 연변교육. — 1981,(6). — 46 — 47
9827 어떻게 산화환원반응의 생성물을 정확히 쓸 것인가 / 리상을 // 연변교육. — 1981,(7). — 46 — 47
9828 유리관세공기본조작방법 / 최룡선 // 연변교육. — 1981,(8). — 35 — 37
9829 화학과에서의 학생능력배양 / 리상선 // 연변교육. — 1981,(10). — 37 — 39
9830 화학시험에 대한 몇가지 생각 / 강웅걸 / 연변교육. — 1981,(10). — 50 — 51
9831 화학평형리론의 몇가지 응용 / 려경의 // 연변교육. — 1982,(2). — 50 — 51
9832 화학개념교수에서 얻은 약간의 체득 / 조정렬 // 연변교육. — 1982,(7). — 39 — 42
9833 내가 자작한 전기화학실험기구 / 김관영 // 연변교육. — 1982,(8). — 54 — 55
9834 화학련습문제의 취급 / 림동혁 // 연변교육. — 1983,(1). — 36
9835 능력배양을 위한 화학련습문제 / 육신 // 대중과학. — 1983,(4). — 54 — 55
9836 초중《화학》《머리말》부분의 교수에 대한 한가지 건의 / 신동화 // 연변교육. — 1983,(7). — 21
9837 초중《화학》의 일부 연시실험에 대한 개진과 보충 / 김태국 // 연변교육. — 1983,(10). — 38 — 39
9838 고중입학시험 화학시험정황에 대한 간단한 분석 / 로서 // 연변교육. — 1984,(1). — 45 — 46
9839 화학교수에서 계발식과 발견법을 적용할 문제 / 려경의 // 연변교육. — 1984,(1). — 33 — 35
9840 화학실험실건설을 다그치고 실험교수를 강화하였다 / 림봉산 // 연변교육. — 1984,(2). — 46 — 47
9841 소금의 포화용액을 전기분해하는 연시실험 // 연변교육. — 1984,(8). — 43
9842 《교질의 성질》중의 몇개 연시실험에 대한 약간의 개진 / 장선일 // 연변교육. — 1984,(9). — 40
9843 화학에서 기계적기억을 강화하는 한가지 방법 // 연변교육. — 1984,(11) — 47 — 49
9844 화학과에서의 토론식교수법 / 려경의 // 연변교육. — 1985,(1). — 43 — 45
9845 무기산을 명명하는 방법 / 김관영 // 연변교육. — 1985,(2). — 39 — 40
9846 나는 금속의 활성도계렬을 이렇게 가르쳤다 / 박창극 // 연변교육. — 1985,(3). — 45 — 47
9847 이산화류황과 염소의 표백작용 / 박영찬 // 연변교육. — 1985,(3). — 57
9848 이산화질소와 브롬증기의 감별 / 로서 // 연변교육. — 1985,(3). — 46
9849 화학실험 지도 / 김려국 // 연변교육. — 1985,(3). — 50
9850 수소의 성질실험의 개진 / 김생금 // 연변교육. — 1985,(4). — 40 — 41
9851 초중화학교수에서 취한 두가지 방법 / 주순옥 // 연변교육. — 1985,(4). — 36 — 38
9852 초중화학과에서의 몇가지 보충연시실험 / 김태국 // 연변교육. — 1985,(6). — 49 — 50
9853 화학교수에서의 교원의 주도적작용 / 리명구 // 연변교육. — 1985,(7). — 49 — 51
9854 동과 질산의 반응에서 나타나는 용액의 색갈에 대한 분석 / 박룡관 // 연변교육. — 1985,(8). — 46
9855 화학용어교수에서 얻은 약간의 체득 / 리만수 // 연변교육. — 1985,(9). — 46 — 48
9856 나는 고중3학년의 화학교수를 이렇게 하였다 / 위동묵 // 연변교육. — 1985,(10). — 46 — 47
9857 화학실험지도:류화수소에 의한 실내공기오염방지 // 연변교육. — 1985,(10). — 25
9858 목탄으로 산화동을 환원시키는 실험의 개진 / 악연 // 연변교육. — 1985,(11). — 14
9859 고중화학총복습지도에서《3론》을 초보적으로 적용한 체득 / 현봉석 // 중국조선족교육. — 1986,(1). — 59 — 60

9860 산화－환원반응의 방정식을 쉽게 평형시키는 방법 / 박영찬 // 중국조선족교육. －1986,(3). －46

9861 류화수소의 성질에 대한 실험 / 홍순길 // 중국조선족교육. －1986,(5). －64

9862 화학교수에서 학생들의 교과서읽기능력을 키운 약간의 체득 / 김주호 // 중국조선족교육. －1986,(6). －60－63

9863 화학교수에서 학생들의 학습취미를 배양한 몇가지 체득 / 리경해 // 중국조선족교육. －1986,(7). －106－109

9864 초중화학교수에서≪3단계교수법≫을 적용 / 리만수 // 중국조선족교육. －1986,(9). －71－73

9865 ≪싸이폰현상≫을 응용하여 랭각실험장치를 개진 / 김관영 // 중국조선족교육. －1986,(10－11). －146

9866 중학교화학교수에서≪화학사교육≫에 중시를 돌리자 / 류벽거 // 중국조선족교육. －1986,(12). －80

9867 초중≪화학≫의 일부 연시실험에 대한 개진 / 왕문승;김태국 // 중국조선족교육. －1987,(1). －68－69

9868 재미있는 화학소실험 / 리창극 // 중국조선족교육. －1987,(3). －63

9869 ≪화학평형에 대한 온도의 영향≫실험 / 유철흡 // 중국조선족교육. －1987,(6). －29

9870 실험실에서 산을 제조하는 원리와 방법 / 박룡관 // 중국조선족교육. －1987,(7－8). －149－152

9871 ≪이산화탄소≫를 나는 이렇게 가르쳤다 / 정용환 // 중국조선족교육. －1987,(7－8). －121－123

9872 ≪산화－환원반응≫과 관계되는 몇개 술어 / 심태복 // 중국조선족교육. －1987,(9). －56

9873 ≪할로겐화수소 안정성의 비교≫실험 / 림동혁 // 중국조선족교육. －1987,(9). －63

9874 초중화학 일부 연시실험장치의 개진 / 리창극 // 중국조선족교육. －1987,(11). －65－66

9875 염소에 대한 실험의 개진 / 왕지우;손림림 // 중국조선족교육. －1988,(2). －63

9876 ≪일산화탄소의 환원성≫연시실험의 개진 / 김태국;리근희 // 중국조선족교육. －1988,(2). －62

9877 ≪나트륨과 물의 반응≫실험 / 홍순길 // 중국조선족교육. －1988,(3). －68

9878 ≪비열≫의 연시실험기구를 개진 / 송경섭;리응식 // 중국조선족교육. －1988,(3). －67

9879 유기물질의 성질과 산화환원반응 / 허광연 // 중국조선족교육. －1988,(3). －51－60

9880 중학교화학에서 나오는 일부 과학자들에 대한 간단한 소개 / 최병현 // 중국조선족교육. －1988,(3). －52

9881 염소의 성질에 대한 두가지 실험 / 최병철 // 중국조선족교육. －1988,(4). －65

9882 산소－아세틸렌혼합기체의 제조 및 폭발에 관한 보충실험 / 김태국 // 중국조선족교육. －1988,(5). －65

9883 화학교수에서의 교원의 주도적작용과 학생의 주체적작용 / 려경의 // 중국조선족교육. －1988,(5). －59－61

9884 ≪에틸렌의 제조와 성질≫실험장치의 개진 / 김관영 // 중국조선족교육. －1988,(6). －58

9885 ≪에틸알콜의 산화에 의한 아세트알데히드의 생성≫실험의 개진 / 주재선;김태국 // 중국조선족교육. －1988,(7). －66

9886 화학교수에서의 교원시범표현의 작용과 몇가지 연시방법 / 김태종 // 중국조선족교육. －1988,(7). －64－65

9887 화학실내수업에서≪여섯단계식≫교수방법을 적용 / 리경해 // 중국조선족교육. －1988,(8). －58－59

9888 두가지 화학실험의 개진 / 김태국 // 중국조선족교육. －1988,(9). －61－62

9889 화학실험교수에서 얻은 몇가지 체득 / 류영옥 // 중국조선족교육. －1988,(9). －63－64

9890 ≪틴달현상≫의 연시실험에 대한 개진 / 김설준 // 중국조선족교육. －1988,(10). －63

9891 화학실험복습에서 얻은 약간의 체득 / 최순희;류영옥 // 중국조선족교육. － 1988,(12). － 64
9892 중학교화학교수개혁의 방향 // 중국조선족교육. － 1989,(3). － 73 － 74
9893 ≪용액≫계산문제교수에 대한 초보적탐구 / 정청룡;리만수 // 중국조선족교육. － 1989,(5). － 59 － 61
9894 ≪산화－환원반응≫표시법에 관한 몇가지 문제 / 김영남 // 중국조선족교육. － 1989,(7 － 8). － 121 － 122
9895 원소와 화합물지식의 교수에 대한 단상 / 리명구 // 중국조선족교육. － 1989,(7 － 8). － 116 － 119
9896 화학실험에서의 건조관의 응용 / 김태국 // 중국조선족교육. － 1989,(7 － 8). － 136 － 138
9897 초중화학지식전수를 이렇게 하였다 / 김영춘;정인자 // 중국조선족교육. － 1989,(10). － 64 － 65
9898 화학개념과 리론을 인입하는 몇가지 방법 / 리명구 // 중국조선족교육. － 1989,(11). － 62 － 63
9899 화학방정식을 평형시키는 한가지 방법 / 김태국 // 중국조선족교육. － 1989,(12). － 61 － 63
9900 화학방정식을 평형시키는 한가지 방법－미지수법 / 렴세철 // 중국조선족교육. － 1990,(1 － 2). － 102 － 104
9901 몇가지 화학실험에 대한 개진 / 김태국 // 중국조선족교육. － 1990,(3). － 66 － 67
9902 화학계산에서의 십자승법의 한가지 응용 / 렴세철 // 중국조선족교육. － 1990,(3). － 64
9903 초중 화학실험에서 나타나는 몇가지 착오 / 한량숙;김계순 // 중국조선족교육. － 1990,(4). － 58
9904 몇가지 화학실험에 대한 개진 / 한량숙 // 중국조선족교육. － 1990,(5). － 72 － 73
9905 초중화학개념교수에서 중시를 돌려야 할 몇개 문제 / 리명구 // 중국조선족교육. － 1990,(5). － 64 － 66
9906 초중≪화학≫의 몇가지 연시실험 / 김계순 // 중국조선족교육. － 1990,(6). － 69
9907 ≪수산화알루미늄의 량성≫교수에서 얻은 몇가지 체득 / 전문익 // 중국조선족교육. － 1990,(7 － 8). － 18 － 19
9908 한 문제를 몇가지 방법으로 풀이하기 / 김태국 // 중국조선족교육. － 1990,(9). － 55 － 57
9909 몇개 화학실험에 대한 개진 / 김태국;리근희;오정희 // 중국조선족교육. － 1990,(10). － 66 － 67
9910 ≪탄소와 농류산의 반응≫실험방법 / 렴세철;황인자 // 중국조선족교육. － 1990,(11). － 58
9911 계수를 1이라고 가정하고 화학방정식을 평형시키는 방법 / 김길송 // 중국조선족교육. － 1990,(12). － 63
9912 화학연시실험 / (카나다)D,A,한린르스 // 중국조선족교육. － 1990,(12). － 66 － 67

G633.91 생물

9913 생물과목교수질을 제고시킨 약간의 체득 / 왕영명 // 연변교육. － 1980,(2). － 28 － 30
9914 생물학교수에서의 그림 / 김성오 // 연변교육. － 1980,(3). － 36 － 37
9915 생물실험에 대한 조직과 지도 / 왕명명 // 연변교육. － 1980,(11). － 44 － 46
9916 생물총복습지도가운데의 몇개 문제 / 왕명명 // 연변교육. － 1981,(4). － 36 － 38
9917 소형척추동물골격투명표본의 제작법 / 정금주 // 연변교육. － 1981,(5). － 40 － 41
9918 유전법칙에 관한 문제풀이 일례 / 손철수 // 연변교육. － 1981,(6). － 52
9919 유전의 기본법칙 및 그의 응용 / 김성오 // 연변교육. － 1981,(6). － 50 － 51
9920 생물교수에서의 환등의 리용 / 강계운;왕해량;김명근 // 연변교육. － 1981,(8). － 41 － 42
9921 생물시험정황소개 / 김성오;김광준 // 연변교육. － 1981,(12). － 53 － 55
9922 생물교수용괘도와 그림의 리용 / 문호순 // 연변교육. － 1982,(1). － 52 － 53

9923 어떻게 고중생물총복습을 지도할것인가/허철안// 연변교육. - 1982,(3). - 52 - 54

9924 생물과목에서의 직관교수/허청일// 연변교육. - 1982,(4). - 43 - 44

9925 곤충건제표본의 제작/손철수// 연변교육. - 1982,(6). - 41 - 43

9926 척추동물의 혈관에 주사하는 방법/정금주// 연변교육. - 1983,(1). - 38 - 39

9927 우리는 어떻게 생물실험실을 꾸몄는가// 연변교육. - 1983,(2). - 43 - 45

9928 생물과교수에서 겉그림을 사용한 몇가지 체득/최증숙// 연변교육. - 1983,(9). - 47

9929 동물골격표본의 제작/왕명명// 연변교육. - 1983,(10). - 40 - 41

9930 조류동물의 박제표본제작방법/손철수// 연변교육. - 1983,(11). - 37 - 38

9931 생물과의 교수준비에 대하여/허청일// 연변교육. - 1984,(1). - 36 - 37

9932 ≪유사분렬≫의 교수에 대한 소견/허춘학// 연변교육. - 1984,(10). - 45 - 46

9933 식물학교수에 대한 몇가지 소견/왕영명// 연변교육. - 1985,(2). - 41 - 43

9934 식물학과외활동을 벌린 경험// 연변교육. - 1985,(8). - 48 - 49

9935 나는 어떻게 생물표본을 채집하였는가/김경희// 연변교육. - 1985,(10). - 54 - 55

9936 고등학교입학시험 생물시험문제에 대한 소견/박성봉// 중국조선족교육. - 1986,(3). - 59 - 60

9937 생물과외활동을 활발히 벌렸다/길정순;리창세// 중국조선족교육. - 1986,(4). - 55 - 56

9938 ≪식물의 생명활동의 조설≫의 교수/조정자// 중국조선족교육. - 1986,(7). - 111

9939 생물실험교수를 질적으로 보장하려면/장선옥// 중국조선족교육. - 1986,(10 - 11). - 120

9940 생물교수에서 도표법을 적용/리숙자// 중국조선족교육. - 1986,(12). - 63 - 65

9941 초중생물교수에서≪단원연구교수법≫을 적용/박정봉;리순선;마경옥// 중국조선족교육. - 1987,(2). - 66 - 67

9942 자작한 몇가지 동물순환계통모형소개/림병국// 중국조선족교육. - 1987,(5). - 71 - 73

9943 식물학교수에서 칠판그림을 리용/김영춘// 중국조선족교육. - 1987,(6). - 68 - 69

9944 생물학교수에서 학생들의 사유력을 키운 약간의 체득/최충섭// 중국조선족교육. - 1987,(10). - 57 - 58

9945 생물학교수에서 애국주의교양을 진행/강동춘// 중국조선족교육. - 1988,(5). - 62

9946 생물교과서에 나오는 과학자들에 대한 간단한 소개/박정봉// 중국조선족교육. - 1988,(6). - 61

9947 생물교수과정에 학생들의 학습취미를 배양할 문제/우국성// 중국조선족교육. - 1988,(8). - 60 - 61

9948 생물학개념교수에 대한 초보적탐구/최정호// 중국조선족교육. - 1988,(9). - 65

9949 몇가지 식물학실험에 대한 개진/허철안// 중국조선족교육. - 1988,(10). - 66

9950 생물학교수에서 학습취미를 배양한 약간의 체득/장두욱// 중국조선족교육. - 1988,(10). - 62 - 63

9951 동물학복습을 참답게 조직/김영춘// 중국조선족교육. - 1988,(12). - 60

9952 생물교수에도 미육이 있다// 중국조선족교육. - 1989,(3). - 73

9953 생물학교수질을 전면적으로 높일데 대하여/박정봉;박경숙// 중국조선족교육. - 1989,(3). - 54

9954 생물학과에서의 중학생능력배양을 론함/엽패민// 중국조선족교육. - 1989,(4). - 61 - 63

9955 생물학교수에서≪정보리론≫을 적용할데 대하여/문호순// 중국조선족교육. - 1989,(7 - 8). - 118 - 120

9956 생물학교수에서 학생들의 사유력을 배양/장의재// 중국조선족교육. - 1989,(10). - 66 - 69

9957 식물진화의 법칙을 어떻게 가르칠것인가/

무온여 // 중국조선족교육. – 1989,(11). – 64 – 65
9958 생물학교원들의 실험경연을 조직 / 류벽거 // 중국조선족교육. – 1989,(12). – 64 – 65
9959 당지실정에 맞게 생물학교수를 조직 / 왕동정 // 중국조선족교육. – 1990,(1 – 2). – 104 – 105
9960 생물학시험방법에 대한 초보적탐구 / 박혜숙 // 중국조선족교육. – 1990,(1 – 2). – 106 – 108
9961 ≪형질에 대한 겐의 지배≫교수에서 얻은 약간의 체득 / 장의재 // 중국조선족교육. – 1990,(3). – 62 – 63
9962 생물교수에서의 흥취의 작용 및 실시원칙 / 마금생 // 중국조선족교육. – 1990,(5). – 67 – 69
9963 생물학에서의 기본기능배양을 론함 / 왕동정 // 중국조선족교육. – 1990,(10). – 57 – 58
9964 생물학교원의 창조성로동을 론함 / 류벽거 // 중국조선족교육. – 1990,(12). – 64 – 65

G633.92 생리, 위생

9965 초중1학년하반기 위생상식의 교수 문제 / 임수득 // 교육통신. – 1956,(3). – 19 – 21
9966 ≪생리위생≫복습지도에 대하여 / 왕영명 // 연변교육. – 1982,(5). – 43 – 44
9967 ≪생식과 발육≫의 교수에 대한 탐구 / 리순선;박정봉 // 연변교육. – 1985,(3). – 46 – 48
9968 ≪인체의 혈액순환≫모형 / 리숙자 // 중국조선족교육. – 1988,(10). – 65
9969 청소년학생들에게 청춘기위생교양을 잘 진행하자 / 류병일 // 중국조선족교육. – 1986,(10). – 158
9970 변성기에 어떻게 목청을 보호할것인가 / 김덕윤 // 중국조선족교육. – 1988,(11). – 66
9971 생리위생교수에서 사유력을 배양한 약간의 체득 / 남계순 // 중국조선족교육. – 1990,(7 – 8). – 111 – 113
9972 생리위생교수에서 기억효과를 높이는 몇가지 방법 / 김명봉 // 중국조선족교육. – 1990,(12). – 18 – 19

G634 교재, 과문, 보충교재

9973 초중어문보충교재에 대한 일부 설명 // 교육통신. – 1954,(6). – 36 – 38
9974 ≪267호감방≫교수참고자료 / 주소월 // 연변교육. – 1980,(2). – 50 – 53
9975 ≪일본어≫제1권 교수참고자료 // 연변교육. – 1980,(9). – 45 – 48
9976 ≪닭알그리기≫를 읽고서:1980년 대학시험어문작문답안 / 왕연풍 // 청년생활. – 1981,(1). – 11 – 12
9977 정치복습지도 / 김승운 // 연변교육. – 1981,(1). – 47 – 48
9978 물리총복습재료 // 연변교육. – 1981,(2). – 47 – 51
9979 화학계산부분의 총복습지도 / 로서 // 연변교육. – 1981,(4). – 50 – 52
9980 물리시험정황분석 / 리상락 // 연변교육. – 1981,(11). – 54 – 56
9981 1982년대학입학시험 수학문제와 참고답안 // 대중과학. – 1982,(10). – 18 – 21
9982 작년도 고등학교응시생 작문시험과 관련하여 / 최삼룡 // 조선어 학습과 연구. – 1983,(1). – 41 – 42
9983 작년도 고등학교응시생 조선어문시험문제를 어떻게 볼것인가? / 박상봉 // 조선어 학습과 연구. – 1983,(1). – 40 – 41
9984 출제시에 고려한것들:1982년 길림성 고중, 중등전문학교 조선어문시험문제를 내고서 / 박성천 // 연변교육. – 1983,(1). – 49 – 51
9985 1983년 대학입학시험 길림성조선어문시험성적과 관련하여 / 허동진 // 조선어 학습과 연구. – 1983,(4). – 42 – 44
9986 1983년 대학입학시험 흑룡강성조선어문시험성적정황에 대한 분석 / 정만석 // 조선어 학습과 연구. – 1983,(4). – 38 – 41
9987 1983년 대학조선어문입학시험답안을 보고 // 조선어 학습과 연구. – 1983,(4). – 45

9988 초중물리련습문제 // 연변교육. – 1983,(9). – 44 – 46

9989 고중입학수학시험정황에 대한 간단한 분석 / 리태관 // 연변교육. – 1983,(11). – 42 – 44

9990 초중입학시험 수학시험지를 채점하고 / 정의춘 // 연변교육. – 1983,(12). – 38 – 40

9991 1983년도 고급중학조선어문입학시험답안지를 보고 / 최상해 // 조선어 학습과 연구. – 1984,(1). – 35 – 37

9992 1983년 초급중학조선어문입학시험성적을 보고 / 박인선;박길성 // 조선어 학습과 연구. – 1984,(1). – 38 – 39

9993 출제의도,시제분석 및 건의 / 윤창환 // 연변교육. – 1984,(1). – 43 – 44

9994 초중물리련습문제 // 연변교육. – 1984,(2). – 41 – 45

9995 길림성조선어문시험문제와 그 답안 // 조선어 학습과 연구. – 1984,(4). – 60 – 64

9996 료녕성조선어문시험문제와 그 답안 // 조선어 학습과 연구. – 1984,(4). – 52 – 59

9997 1984년도 전국고등학교입학 조선어문시험문제 흑룡강성조선어문시험문제와 그 답안 // 조선어 학습과 연구. – 1984,(4). – 45 – 51

9998 신편 초중조선어문제1책 편집설명 / 김동춘 // 연변교육 . – 1984,(7). – 54 – 56

9999 1984년 전 주 중학생화학실험경쟁(필답)문제 및 참고답안(고중1학년) // 연변교육. – 1984,(12). – 40 – 42

10000 초중물리답안선택문제의 몇가지 해답방법 / 장해파;오수원 // 연변교육. – 1984,(12). – 30

10001 1984년도 길림성고중입학조선어문시험문제와 그 답안 // 조선어 학습과 연구. – 1985,(1). – 19 – 21

10002 1984년도 흑룡강성고중입학조선어문시험문제와 그 답안 // 조선어 학습과 연구. – 1985,(1). – 22 – 23

10003 금년도 고등학교응시생작문 3편 // 조선어 학습과 연구. – 1985,(3). – 51 – 54

10004 금년도 전국고등학교입학 길림성조선어문시험문제와 그 답안 // 조선어 학습과 연구. – 1985,(3). – 47 – 51

10005 초중물리에서의 문답문제해답 / 김영순 // 연변교육. – 1985,(3). – 32

10006 1985년도 전국고등학교입학 흑룡강성조선어문 시험문제와 그 답안 // 조선어 학습과 연구. – 1985,(4). – 56 – 64

10007 지식과 능력간의 관계를 두고:1984년 우리 현 초중,고중 조선어문입학시험답안을 보고서 / 김규필 // 연변교육. – 1985,(6). – 53 – 55

10008 고중입학시험 물리시험지에 대한 분석 / 리정섭 // 연변교육. – 1985,(11). – 55 – 57

10009 고중입학조선어문시험문제를 내고서 / 최상해;김경호 // 중국조선족교육. – 1986,(1). – 63 – 64

10010 중학교조선어문시험출제를 두고 / 전승문 // 조선어문. – 1986,(2). – 38 – 40

10011 1986년도 전국 고등학교입학 길림성조선어문시험문제와 그 답안 // 조선어문. – 1986,(3). – 51 – 57

10012 1986년도 전국 고등학교입학 료녕성조선어문시험문제와 그 답안 // 조선어문. – 1986,(3). – 45 – 50

10013 1986년도 전국 고등학교입학 흑룡강성조선어문시험문제와 그 답안 // 조선어문– 1986,(3). – 58 – 64

10014 정치과교수참고자료:재미있는 실례분석 // 중국조선족교육. – 1986,(7 – 8). – 52 – 53

10015 고중물리련습문제 / 김성률;장해파 // 중국조선족교육. – 1987,(4). – 59 – 61

10016 1987년 고등학교입학 길림성조선어문시험문제와 그 답안 // 중국조선족교육. – 1987,(4). – 70 – 80

10017 평면기하련습문제 / 김재호 // 중국조선족교육. – 1987,(5). – 52 – 56

10018 1987년 고등학교입학 료녕성조선어문시험문제와 그 답안 // 중국조선족교육. – 1987,(6).

－58－64

10019 1987년 길림성 고중입학물리시험성적분석 / 림영수; 렴춘선 // 중국조선족교육.－1987,(12).－69－70

10020 조선어문지력경연문제 // 중국조선족교육.－1988,(1).－36

10021 1987년 전국고등학교입학시험생물시험문제에 대한 소견 / 류벽거 // 중국조선족교육.－1988,(1).－67－69

10022 1987년 길림성대학입학시험 조선어작문에 대한 분석 / 김선파 // 중국조선족교육.－1988,(2).－45－50

10023 초급중학교 조선어문지력경연문제 // 중국조선족교육.－1988,(2).－41

10024 1988년 고등학교입학조선어문 모의시험문제와 참고답안 // 중국조선족교육.－1988,(3).－58－61

10025 고중생들의 조선어문실력을 높이는데다 모를 박자:전국대학교입학시험 길림성 조선어문시험문제와 시험답안에 대한 분석 / 한종만 // 중국조선족교육.－1989,(1).－58－60

10026 초급중학교지식지력경연문제 // 중국조선족교육.－1989,(2).－46

10027 1988년 전국 보통고등학교 입학시험 흑룡강성조선어문시험답안분석 / 차수남 // 중국조선족교육.－1989,(4).－49－51

10028 편지쓰기시험에서 나타난 문제들:1989년 길림성대학입학시험 작문채점을 마치고 / 김선파 // 중국조선어문.－1989,(6).－29－32

10029 1989년 길림성대학입학시험조선어문시험문제와 수험생답안에 대한 분석 // 중국조선어문.－1990,(1).－53－55

10030 초중3학년 조선어문총복습을 어떻게 조직지도할것인가? / 권동필 // 중국조선어문.－1990,(3).－53－57

G7 각급교육

10031 중등학교졸업생 사상정황 / 김기하 // 교육통신.－1954,(1).－7－9

10032 중등학교공작회의정신을 학습한 나의 초보체득 / 장원필 // 교육통신.－1954,(6).－24

10033 연변 대학 문학 교학중의 몇가지 문제에 대하여 / 중공 연변 대학 어문 지부 위원회 // 연변문학.－1959,(1).－49－53

10034 돈화현의 농시민업여교육은 계속 약진하고 있다 / 김신홍 // 교육통신.－1960,(1).－25

10035 신형 초급농업기술인재배양의 요람 / 리광림;손유문 // 교육통신.－1960,(1).－9－11

10036 통신교육을 더 잘 꾸리자 / 정동일 // 연변교육.－1980,(7).－14－16

10037 통신학습을 바싹 틀어쥐였다 // 연변교육.－1983,(5).－53－54

10038 통신교수에서의 학원들의 자습과 교원의 강의 / 박영섭 // 연변교육.－1984,(2).－15－16

10039 로인교육 / (미국)아씨모브 // 대중과학.－1984,(5).－23

10040 민병 고서 자체로 전자기술학교를 꾸렸다 / 장강 // 동북민병.－1984,(15).－14

10041 교육개혁의 앞장에서 전진하는 라자구직업고중 // 연변교육.－1985,(4).－42－43

10042 야학교에서 인재를 육성하니 과학의≪꽃향기≫ 온 촌에 차넘친다 / 련합공작조 // 동북민병.－1985,(5－6).－23－25

10043 우리 성의 조선족중등교육을 적극적으로 개혁하자 / 장봉섭 // 연변교육.－1985,(10).－6－8

10044 우리는 어떻게 직업기술교육을 틀어쥐였는가 / 계성덕 // 연변교육.－1985,(12).－64

10045 조선족성인교육중의 몇가지 문제 / 최무익 // 중국조선족교육.－1986,(1).－16－17

10046 리붕부총리 텔레비죤대학을 언급 / 진우 // 동북민병.－1986,(5).－45

10047 전업을 잘 설치하는것은 농촌직업중학교가 발전을 가져올수 있는 관건이다 // 중국조선족교육.－1986,(5).－73

10048 보통중학교에서 어떻게 직업기술교육을 실시할것인가? // 중국조선족교육.－1986,(7).－

138
10049 농촌의 직업교육을 발전시키며 잘 운영할 수 있는 길 // 중국조선족교육. – 1987,(10). – 71
10050 직업교육은 반드시 당지실정에 맞게 해야 한다 / 김영춘 // 중국조선족교육. – 1988,(3). – 17 – 20
10051 직업중학교관리에서 마땅히 지켜야 할 원칙 // 중국조선족교육. – 1988,(8). – 75
10052 직업중학관리의 몇가지 형식 및 원칙 // 중국조선족교육. – 1988,(8). – 75
10053 우리 학교 재정부기전업학생들의 직업기능강습 / 손진당;호일민 // 중국조선족교육. – 1989,(7). – 46 – 47
10054 직업기술강습을 강화하여 실습교수의 질을 높혔다 / 홍미련 // 중국조선족교육. – 1989,(12). – 16 – 17
10055 직업고중학생들 마음속의 리상적인 학급담임교원 / 수암;리금순 // 중국조선족교육. – 1990,(5). – 19 – 20
10056 직업학교의 특점에 좇아 정치사상교양을 진행 / 장결 // 중국조선족교육. – 1990,(7 – 8). – 157 – 159

G78 가정교육

10057 자녀들의 승학과 생산 로동에 참가하는 문제를 정확히 대하자 / 량정봉 // 연변. – 1961,(6). – 5 – 6
10058 자식을 착실하게 교양 / 리축록 // 지부생활. – 1980,(1). – 41 – 42
10059 귀염둥이를 나라의 기둥감으로 / 고지방 // 대중과학. – 1980,(7). – 14 – 15
10060 아동교양에서의 부모의 위치 / 김진산 // 청년생활. – 1981,(1). – 39 – 40
10061 여섯살까지의 아이지력교양 / (일본)마쯔하라 다쯔야 // 대중과학. – 1982,(1). – 9 – 11
10062 모성애와 어린이의 성격 / 류금화 // 은하수. – 1982,(8). – 68
10063 아이들이 부모에게 대드는 원인은 / 고금명 // 은하수. – 1983,(1). – 37 – 38
10064 아이를 키우는 비결 / (미국)마야 페잉스 // 은하수. – 1983,(2). – 58
10065 엽성도선생께서 손녀의 글을 수정해주다 / 여심언 // 연변교육. – 1983,(2). – 56 – 57
10066 어린애의 교양을 두고 / 리석군 // 은하수. – 1983,(6). – 10 – 11
10067 자식을 귀엽다고 어루만지기만 하면 // 대중과학. – 1983,(9). – 29
10068 가정교양에서도 모범 / 류내빈 // 지부생활. – 1983,(10). – 29
10069 그 애는 왜 일찍 총명해질수 있었는가? / 항지충 // 연변녀성. – 1984,(1). – 14
10070 녀자애들은 인형이나 가지고 놀아야 할가요? / 고효명 // 연변녀성. – 1984,(1). – 51 – 52
10071 딸애가 사춘기에 들어섰을 때 / 경순 // 연변녀성. – 1984,(1). – 27 – 28
10072 부모에 대한 자식들의 요구 // 연변녀성. – 1984,(1). – 57
10073 조용조용 타이릅시다 / 감사걸 // 연변녀성. – 1984,(1). – 57
10074 타당치 못한 여덟가지 자녀교양방식 // 연변녀성. – 1984,(1). – 7
10075 모성애와 범죄 / 고대립 // 연변녀성. – 1984,(2). – 63
10076 아이들을 대할 때 // 연변녀성. – 1984,(2). – 14
10077 어머니의 명세서 // 연변녀성. – 1984,(2). – 2
10078 우리는 이렇게 아이들을 길렀습니다 / 양기가;왕안기 // . 연변녀성 – 1984,(2). – 43 – 45
10079 칼 웨트가 자식을 교육한 경험 / 은하수 // 연변녀성. – 1984,(2). – 67
10080 아이들의 환심을 사는 어머니 / 조국당 // 연변녀성. – 1984,(3). – 32 – 34
10081 아이들의 입학전 준비를 잘 시키자 / 만방 // 연변녀성. – 1984,(3). – 58
10082 아이들의 수학골을 틔워주자면? / (카나다)

윌스 // 연변녀성. – 1984,(4). – 63
10083 아이들의 환심을 사는 아버지 / 조국당 // 연변녀성. – 1984,(4). – 32 – 34
10084 아이들이 제 밸대로 하면 어떻게 할가요? / 양도 // 연변녀성. – 1984,(5). – 37
10085 아이들의 ≪반항기≫를 어떻게 대할것인가? // 연변녀성. – 1984,(5). – 52
10086 어린이들이 밥먹을 때 삼가해야 할 열가지 / 김용 // 연변녀성. – 1984,(5). – 20
10087 녀자애들에 대한 교육을 더욱 중시하자 // 은하수. – 1984,(6). – 17
10088 돈 2전을 두고 / 옥매 // 연변녀성. – 1984,(6). – 11 – 12
10089 아이들의 완고한 나쁜 습성을 고치려면 / 개림 // 은하수. – 1984,(6). – 23
10090 어린이들의 기억력을 높여주자 / 김시해 // 연변녀성. – 1984,(6). – 52 – 53
10091 자식들과 같이 독서를 합시다 / 진모 // 연변녀성. – 1984,(6). – 48 – 49
10092 아이들의 심정을 알아주어야 한다 // 은하수. – 1984,(7). – 64
10093 젊은이들의 권리에 대하여:부모들에게 드리는 편지 / 진민 편역 // 은하수. – 1984,(7). – 60 – 61
10094 어린이의 학습적극성을 불러 일으키자 / 격광 // 은하수. – 1984,(9). – 79
10095 아이들의 글씨와 부모의 정성 / 허길자 // 연변녀성. – 1985,(1). – 61 – 62
10096 자식의 성의식이 싹틀 때 / 종청 // 연변녀성. – 1985,(1). – 79 – 80
10097 ≪승표≫는 나쁜것이 아니다 / 락선휘 // 연변녀성. – 1985,(2). – 57
10098 어머니 그건 사랑이 아니예요 / 향전서 // 연변녀성. – 1985,(2). – 64 – 65
10099 자식들에게 줘야 할 선물 / 잠옥 // 연변녀성. – 1985,(2). – 14 – 15
10100 자식들에 대한 엄격한 요구 / 주지홍 // 은하수. – 1985,(2). – 19
10101 아이들에게 이야기해주는 법도 배우세요 / 죤 웨버스트 // 연변녀성. – 1985,(4). – 20 – 21
10102 아이들이 말을 실컷 하도록 / 수목 // 연변녀성. – 1985,(4). – 34 – 35
10103 애야,난 널 사랑한단다 / 미시양 // 연변녀성. – 1985,(5). – 9
10104 딸애의 소질을 키워주기까지 / 리정희 // 연변녀성. – 1985,(6). – 69 – 70
10105 어머니들이 알아야 할바 // 은하수. – 1985,(11). – 29
10106 위험한 신호 // 은하수. – 1985,(11). – 29
10107 자식의 일거일동에 주의를 돌리자 / 장문화 // 연변녀성. – 1986,(1). – 20
10108 아이들 생일을 어떻게 쇠줄가? / 소기 // 연변녀성. – 1986,(2). – 39
10109 어머니답게 꾸짖자요 / 요다 아끼라 // 연변녀성. – 1986,(2). – 10
10110 딸애가 열네살이 되면 / 혜혜 // 연변녀성. – 1986,(3). – 23
10111 재미있는 조기교양 / 전춘애 // 연변녀성. – 1986,(3). – 65
10112 80년대 자격있는 어머니로 되자 / 지옥련 등 // 연변녀성. – 1986,(5). – 61 – 63
10113 누굴 탓하랴 / 장보사 // 연변녀성. – 1986,(6). – 70
10114 딸애는 왜 외할아버지를 따르는가 / 대교령 // 연변녀성. – 1986,(6). – 59
10115 딸의 열여덟돐 생일에 / 림고 // 연변녀성. – 1986,(6). – 10 – 11
10116 자녀교양에서의 부모의 태도와 자녀의 성격 // 동북민병. – 1986,(6). – 43
10117 80년대 자격있는 어머니로 되자 / 김령미 등 // 연변녀성. – 1986,(6). – 67 – 70
10118 어린애에게 글을 배워주는것이 조기교육인가 // 대중과학. – 1986,(7). – 22 – 23
10119 학령전어린이교양 20가지 // 대중과학. – 1986,(8). – 40 – 41
10120 가정영향과 명인 // 연변녀성. – 1987,(1). –

46

10121 부모들이여 조심하시라 / 김인걸 // 연변녀성. - 1987,(1). - 26 - 27

10122 부모의 책임 // 연변녀성. - 1987,(1). - 54

10123 어린이들의 장끼를 어떻게 발견할것인가? // 대중과학. - 1987,(1). - 41

10124 웃물이 맑아야 아래물이 맑다 / 근건명 // 연변녀성. - 1987,(1). - 54 - 55

10125 청소년들의 성문제 // 대중과학. - 1987,(1). - 38 - 39

10126 교훈 / 주저청 // 연변녀성. - 1987,(2). - 29

10127 우리 집 아이들의≪보관서류≫ / 왕상정 // 연변녀성. - 1987,(2). - 5

10128 홍철이의 심사 / 곽성현 // 연변녀성. - 1987,(2). - 26

10129 언어교양에서의 어머니의 작용 / 김춘자 // 연변녀성. - 1987,(3). - 30 - 31

10130 훈계의 예술 / 오화 // 연변녀성. - 1987,(3). - 34

10131 눈먼 모성애 / 전춘실 // 연변녀성. - 1987,(4). - 23 - 24

10132 부모가 위신을 세우자면 / 도희 // 연변녀성. - 1987,(4). - 24

10133 부모들은 애들의 맘을 맞춰줘야 한다 / 리태일 // 대중과학. - 1987,(4). - 15

10134 자녀교양≪밀방≫ / 권서영 // 연변녀성. - 1987,(4). - 49

10135 스스로 자기를 낮잡아보지 말자 / 서소명 // 연변녀성. - 1987,(5). - 6

10136 동심 / 류매 // 연변녀성. - 1987,(6). - 5

10137 두 모자의 대화 / 곽문현;한몽 // 연변녀성. - 1988,(2). - 28 - 31

10138 설매의 종이배 / 강백룡 // 연변녀성. - 1988,(2). - 10

10139 우표수집을 둘러싸고 / 안화 // 연변녀성. - 1988,(2). - 27

10140 외자식을 꼬마황제로 키우지 말자 / 장숙당 // 지부생활. - 1988,(2). - 37 - 38

10141 어머니의 충고 / 범홍 // 연변녀성. - 1988,(5). - 54

10142 부자간의 학문 / 진다림 // 연변녀성. - 1988,(7). - 62

10143 어린이교통사고 // 대중과학. - 1988,(8). - 9

10144 돈 1원 / 최순자 // 연변녀성. - 1988,(11). - 53 - 54

10145 가정,부모와 어린이의 정신위생 / 최복자 // 대중과학. - 1988,(12). - 50

10146 어머니의 혈형과 자녀교양형식 // 대중과학. - 1988,(12). - 53

10147 명인과 그의 어머니 // 대중과학. - 1989,(1). - 7

10148 어린이지능개발을 위한 어머니교실 // 대중과학. - 1989,(1). - 53 - 54

10149 어머니 품 / 조위철 // 연변녀성. - 1989,(1). - 48 - 49

10150 학부형학교 / 손매 // 연변녀성. - 1989,(1). - 57 - 58

10151 ≪다음엔 좀 더 잘해보자≫ / 서봉연 // 연변녀성. - 1989,(2). - 44

10152 아버지는 성내지 않아요 / 량빙심 // 꽃동산. - 1989,(2). - 29

10153 아이들을 비판하는 좋은 방법 / 왕장춘 // 대중과학. - 1989,(2). - 29

10154 아이들이 잠을 제대로 자지 못하면 // 대중과학. - 1989,(2). - 36

10155 어머니 무턱대고 나무람 마세요 / 왕혜진 // 꽃동산. - 1989,(2). - 2 - 3

10156 중학생을 얼마나 관심했는가 검사해보세요 // 대중과학. - 1989,(2). - 37

10157 설득력 있는 밀회 / 성상자 // 연변녀성. - 1989,(3). - 5

10158 아버지의 말씀 / 김경환 // 꽃동산. - 1989,(3). - 30 - 31

10159 어려서부터 수학적사고력을 // 대중과학. - 1989,(3). - 12 - 13

10160 어머니 전 담배를 떼렵니다 / 황수기 // 연

변녀성. － 1989,(3). － 39 － 40
10161 꼬마가야금수의 어머니 / 김금환 // 연변녀성. － 1989,(4). － 55 － 57
10162 리해를 바라는 마음 / 김문 // 연변녀성. － 1989,(4). － 53 － 54
10163 어머니와 나는 잘못을 뉘우쳤어요 / 장회민 // 꽃동산. － 1989,(4). － 18 － 19
10164 어머니의 선물 / 룡평 // 연변녀성. － 1989,(4). － 34 － 35
10165 고집이 센 아이를 어떻게 대할가요? // 연변녀성. － 1989,(5). － 58
10166 아이가 수모를 당했을 때 // 대중과학. － 1989,(5). － 29
10167 아이들의 웨침속에서 받은 계시 // 대중과학. － 1989,(5). － 16 － 17
10168 아이에게 이야기를 들려줄 때 / 류현역 // 대중과학. － 1989,(5). － 28 － 29
10169 어린이를 용서하자요 / 신연식 // 연변녀성. － 1989,(5). － 46
10170 어머니언어의 중요성 // 대중과학. － 1989,(5). － 38
10171 자녀교양법에 대한 소견 / 정경광 // 동북후비군. － 1989,(5). － 40 － 41
10172 노벨상수상자와 조기가정교육 // 대중과학. － 1989,(6). － 12 － 13
10173 유치원에 다니기 싫어하는 어린이 // 대중과학. － 1989,(8). － 7
10174 ≪어린 황제≫들의 변화 / 곽춘효 // 동북후비군. － 1989,(9). － 40.42
10175 공부하기 싫어하는 어린이 // 대중과학. － 1989,(10). － 42
10176 까만 함 / 조위 // 연변녀성. － 1989,(10). － 34
10177 외국지도자들의 자식들 / 효조 // 연변녀성. － 1989,(10). － 37 － 38
10178 자식들이 말대꾸하면 어째야 하는가? // 은하수. － 1989,(10). － 21
10179 기회를 놓치지 말라요 / 아레사제인 // 연변녀성. － 1989,(11). － 56
10180 당신은 자격있는 부모인가요 // 대중과학. － 1989,(12). － 51
10181 아이가 물건을 망그러뜨렸을 때 // 대중과학. － 1989,(12). － 10
10182 ≪꼬마음악가≫어머니들에게 / 김영희 // 연변녀성. － 1990,(1). － 25
10183 아이들을 귀엽다고만 해서야 / 김련희 // 대중과학. － 1990,(1). － 46
10184 애의 마음 상하게 말자요 // 대중과학. － 1990,(1). － 35
10185 왜 어떤 중학생들은 부모를 싫어하는가 // 대중과학. － 1990,(1). － 14 － 15
10186 자식이 직업을 택할 때 // 대중과학. － 1990,(1). － 49 － 50
10187 훌륭한 아버지가 되자 / 신연식 // 연변녀성. － 1990,(1). － 13
10188 아이들과 손님 사이 / 장평 // 은하수. － 1990,(2). － 56 － 57
10189 아이들을 책망하는 학문 / 송근 // 은하수. － 1990,(3). － 62 － 63
10190 그는 왜 기로에 들어섰는가? / 명산 // 은하수. － 1990,(4). － 14
10191 그릇된 자녀교양에 대하여 / 리춘련 // 연변녀성. － 1990,(4). － 6 － 8
10192 16만원 세배돈이 자아낸 우려 / 왕림 // 연변녀성. － 1990,(4). － 57
10193 아이들의 사유를 계발시키려면 // 대중과학. － 1990,(4). － 24 － 26
10194 어린아이들의 화풍병에 주의를 돌려야 한다 / 고원 // 은하수. － 1990,(4). － 24
10195 파란 가위 일기책 / 림택빈 // 연변녀성. － 1990,(4). － 47 － 48
10196 훌륭한 아버지로 되는 비결 / 왕령서 // 연변녀성. － 1990,(4). － 54
10197 나쁜 친구를 사귀지 말자 / 금석 // 은하수. － 1990,(5). － 47
10198 독한 모성애 / 김민 // 연변녀성. － 1990,(5). － 9 － 10

10199 머리를 잘 쓴 프뤼디 // 연변녀성. – 1990,(5). – 10

10200 아이들에게 사랑의 분위기를 / 등의부 // 연변녀성. – 1990,(5). – 38

10201 아이들에게 실말을 하자 / 장책 // 연변녀성. – 1990,(5). – 32 – 33

10202 장군과 예술인 / 조위철 // 연변녀성. – 1990,(5). – 7 – 8

10203 어머니,괴로와 마세요 / (미국)모리 클자한 // 연변녀성. – 1990,(6). – 31 – 32

10204 용서하세요,아들아! / 윤영자 // 연변녀성. – 1990,(6). – 11 – 12

10205 가정교육의 새로운 견해 / 광한 // 은하수. – 1990,(8). – 43 – 45

10206 당신의 가정기분은 아이의 성장에 알맞는가 / 류청 // 은하수. – 1990,(8). – 48

10207 딸애를 보육원으로 보내던 날 / 지숙자 // 연변녀성. – 1990,(8). – 36

10208 아들놈의 용돈 / 련자 // 연변녀성. – 1990,(8). – 11

10209 어떤 애들이 거짓말을 잘 할가요? / 동중의 // 연변녀성. – 1990,(8). – 19

10210 외자식교양에서의 자질구레한 일들 // 대중과학. – 1990,(8). – 10 – 12

10211 자녀교양준칙 27가지 / 시조 // 은하수. – 1990,(8). – 11

10212 ≪엄마,난 어데서 왔나요?≫ / 지숙자 // 연변녀성. – 1990,(9). – 20 – 21

10213 아이들은 무슨 이야기를 좋아할가요? / 소로 // 연변녀성. – 1990,(9). – 5

10214 아이들이 부모에게 드리는 비망록 // 은하수. – 1990,(9). – 47

10215 어린이들의 글공부도 분에 맞게 // 대중과학. – 1990,(9). – 57

10216 어린이들의 돈지갑 / 증추봉 // 연변녀성. – 1990,(9). – 32 – 33

10217 일부러 아이들을 고생시키자 // 은하수. – 1990,(9). – 62

10218 자녀교양에서 얻은 나의 몇가지 체득 // 대중과학. – 1990,(9). – 6 – 7

10219 도리도리,짝짝궁! / 리일호 // 연변녀성. – 1990,(10). – 59 – 60

10220 몇살에 피아노를 배우면 제일 좋은가? / 하천경 // 연변녀성. – 1990,(10). – 6

10221 부모가 자식에게 진 빚 / 감감 // 연변녀성. – 1990,(10). – 50 – 51

10222 어머니 저를 고무해주세요 // 대중과학. – 1990,(10). – 27

10223 자식에게 한평생 사용할≪례물≫을 … / (미국)룬 스타프드 빌 // 연변녀성. – 1990,(10). – 32 – 33

10224 나는 신체언어를 좋아한다 / 춘천 // 연변녀성. – 1990,(11). – 5

10225 어린이의 조기지력 배양 // 연변녀성. – 1990,(11). – 42

10226 개성에 따르는 교양방법 // 대중과학. – 1990,(12). – 34 – 35

10227 살림살이도 배워줘야죠 / 상려홍 // 연변녀성. – 1990,(12). – 44

G79 자습

10228 독서의 ≪고≫와 ≪락≫ / 방리 // 연변. – 1961,(12). – 27

10229 자학의 길 / 추강 // 연변. – 1962,(9). – 31 – 32

10230 독서필기의 몇가지 방법 / 홍림;독신 // 청년생활. – 1981,(1). – 19

10231 자학과 자습은 성공의 길 / 진사익;여진봉 // 대중과학. – 1981,(7). – 2 – 3

10232 자습지도교수에 대하여 / 김상봉 // 연변교육. – 1981,(11). – 14 – 15

10233 독서에서 지켜야 할 세가지 / 탕보화 // 동북민병. – 1981,(13). – 20 – 21

10234 자습하여 인재로 된 실례들 / 양가삼 // 지부생활. – 1982,(3). – 21

10235 학습능력배양에 관하여 / 오점방 // 연변교육. – 1982,(4). – 17 – 18

10236 자습능력배양에서 얻은 약간의 체득 / 강정자;림충석 // 연변교육. – 1982,(5). – 22 – 23

10237 유효한 독서법 / 한욱 // 은하수. – 1982,(8). – 65

10238 자학자습을 어떻게 할것인가 / 진심오 // 은하수. – 1982,(9). – 78 – 79

10239 외국어를 학습하려면 / 김일 // 은하수. – 1982,(12). – 53

10240 자습시간과 학습효과 / (영국)마레쎈 // 청년생활. – 1983,(1). – 72

10241 열가지 기억법 / 성패림 // 청년생활. – 1983,(2). – 63 – 64

10242 중학생배움터 // 대중과학. – 1983,(3). – 54 – 55

10243 책을 벗으로 / (영국)쌔물 스맬스 // 은하수. – 1983,(6). – 4

10244 자습과목을 어떻게 선택할것인가 // 대중과학. – 1983,(8). – 6 – 7

10245 과외독서지도에서는≪5가지를 주어야 한다≫ // 연변교육. – 1983,(10). – 45

10246 과외복습에 대하여 / 공성행 // 연변교육. – 1983,(11). – 56 – 58

10247 자습의 기초를 잘 닦아주어야 한다 / 리주호 // 연변교육. – 1984,(2). – 21 – 22

10248 책을 빨리 보려면:사색이 앞서는 방법 / 요중화 // 은하수. – 1984,(2). – 89

10249 기분과 학습효과 / 양초민 // 은하수. – 1984,(4 – 5). – 94

10250 명작을 어떻게 읽을것인가? / 주홍 편역 // 은하수. – 1984,(4 – 5). – 96

10251 학습에서 삼가할 열가지 // 은하수. – 1984,(4 – 5). – 95

10252 물음에도 학문이 있다 / 양삼 // 은하수. – 1984,(6). – 55

10253 자습에서 주의할 열가지 / 홍춘 // 은하수. – 1984,(7). – 47

10254 자학자의 24시간 // 대중과학. – 1984,(7). – 28 – 29

10255 자습방법에 대하여 / 호옥경 // 은하수. – 1984,(8). – 78

10256 좋은 학습방법 – 요점따기 / 곽금상 // 은하수. – 1984,(8). – 6

10257 학생들에게 자습기초를 닦아주기 / 한정자 // 연변교육. – 1984,(11). – 7 – 8

10258 분류하여 독서하면 효과가 좋다 / 중발 // 동북민병. – 1984,(22). – 32

10259 학생의 자습능력배양 / 위서생 // 연변교육. – 1985,(1). – 7 – 11

10260 견지,지도,성과:과외독서독보활동을 진행한 후의 체득 / 김금자 // 연변교육. – 1985,(2). – 47 – 48

10261 어떻게 자기의 아이로하여금 책을 즐겨보게 할것인가 // 연변교육. – 1985,(3). – 59

10262 자기의 자습능력을 알려면 // 대중과학. – 1985,(8). – 22 – 23

10263 한가지 효과적인 학습방법 / (미국)하리맨더스 // 은하수. – 1985,(8). – 3

10264 예습에 대한 시험보고 / 왕염추 // 연변교육. – 1985,(10). – 44 – 47

10265 학생들의 자습능력을 배양하는 6개 층차 // 연변교육. – 1985,(10). – 58

10266 순서점진의 원칙으로 자습능력을 배양 / 김영숙 // 연변교육. – 1985,(11). – 17 – 18

10267 자습의 기초를 닦아준 약간한 체득 / 유진숙 // 연변교육. – 1985,(11). – 19 – 21

10268 교수활동가운데서 참답게 학생들의 자습능력을 배양하자 / 김재률 // 연변교육. – 1985,(12). – 6 – 8

10269 학생자습능력의 배양 / 최순옥 // 연변교육. – 1985,(12). – 15

10270 교수활동가운데서 참답게 학생들의 자습능력을 배양하자 / 김재률 // 중국조선족교육. – 1986,(1). – 12 – 13

10271 학생들의 자습능력을 키우기 위해 취한

몇가지 방법 / 김혜숙 // 중국조선족교육. – 1986,(3). – 39 – 40

10272 소학교 하급학년생들의 자습능력배양 / 김옥춘 // 중국조선족교육. – 1986,(5). – 27 – 28

10273 독서에서 삼가야 할 세가지 / 서서;영무 // 동북민병. – 1986,(7). – 17

10274 학생들에게 자습능력을 키워주기 위하여 / 김순애 // 중국조선족교육. – 1986,(7). – 90 – 91

10275 어떻게 책을 읽어야 할가요? // 꽃동산. – 1987,(1). – 10

10276 늙어서 배운 일어공부 / 조명숙 // 연변녀성. – 1987,(2). – 62 – 63

10277 일기쓰는 열가지 방법 / 황서문 // 꽃동산. – 1987,(3). – 24 – 25

10278 나는 어떻게 과외독서를 즐기게 되였는가? / 구계지 // 꽃동산. – 1987,(4). – 13

10279 대중적자습활동을 벌려 자질을 제고 // 중국조선족교육. – 1987,(7 – 8). – 25 – 27

10280 談談學生在自學中自編習題的若干階段 / 림평택(林平澤) // 중국조선족교육. – 1987,(11). – 41 – 42

10281 기억력을 증강시키는 방법 / 장금종 // 꽃동산. – 1988,(6). – 15

10282 읽기지도를 앞세우고 자습능력을 배양 / 리순덕 // 중국조선족교육. – 1988,(6). – 23 – 24

10283 자습능력배양을 틀어쥐고 교수를 진행 / 박정희 // 중국조선족교육. – 1988,(9). – 31 – 33

10284 자습능력배양에서의 비지력요소의 역할 / 방학철 // 중국조선족교육. – 1988,(10). – 29 – 31

10285 자습능력배양에 대한 두어가지 생각 / 김홍수 // 중국조선족교육. – 1990,(1 – 2) – 145 – 146

10286 제일 좋은 기억방법 / 리계란 // 꽃동산. – 1990,(1). – 27

10287 과외독서를 잘하려면 // 소년아동. – 1990,(4). – 82

10288 학습방법을 가르치는것은 능력양성의 핵심적요소 / 윤금옥 // 중국조선어문. – 1990,(4). – 21 – 25

10289 ≪학습방법≫과를 설치할데 대하여 / 허하룡 // 중국조선족교육. – 1990,(5). – 74 – 75

10290 학생 자습습관과 능력배양 / 남계옥;전영수 // 중국조선족교육. – 1990,(7 – 8). – 51 – 52

10291 왕립정의 가정문화실 / 고암;보상 // 동북후비군. – 1990,(11 – 12). – 34

G8 체육

10292 배구운동원의 조약력을 어떻게 제고할것인가 / 어시개(于時愷) // 대중과학. – 1959,(6). – 23 – 24

10293 어떻게 고도자세를 선택할것인가 / 우봉영(郵鳳榮) // 대중과학. – 1959,(6). – 25 – 26

10294 넓이 뛰기의 요령 / 모건(莫健) // 대중과학. – 1959,(8). – 38 – 39

10295 배구의 몇가지 써브기술 / 오염 편역 // 대중과학. – 1959,(8). – 39

10296 탁구운동의 기본기초 / 부기방 // 대중과학. – 1959,(10). – 29 – 30

10297 속도스케트의 기본기술 / 길성룡 // 대중과학. – 1959,(12). – 30 – 32

10298 추위와 체육운동 / 장동한 // 대중과학. – 1959,(12). – 24 – 25

10299 스케트경기에서의 몇가지 전술 / 길성룡 // 대중과학. – 1960,(1). – 34 – 35

10300 로위제단련 / 조택룡 // 대중과학. – 1960,(4). – 37 – 38

10301 로위제단련 / 리상덕 // 대중과학. – 1960,(5). – 43

10302 동기체육 / 한연구 // 대중과학. – 1960,(12). – 42

10303 축구경기에서의 속도 / 리광수 // 대중과학. – 1964,(10). – 19

10304 속도스케트활주 기술상의 기본요소 / 최근식 // 대중과학. – 1964,(11). – 23 – 24

10305수영에 대한 문답 // 민병의 벗. – 1965,(13). – 25 – 27

10306 평영에 대하여 // 민병의 벗. – 1965,(15). – 27

10307 축구애호자들과 경기장 / 손중천 // 대중과학. – 1966,(5). – 50 – 51

10308 륙상경기장의 선을 어떻게 긋겠는가? / 최근식 // 대중과학. – 1966,(6). – 62 – 63

10309 먼거리달리기 / 서장경 // 대중과학. – 1979,(11). – 46

10310 올림픽대회의 유래와 발전 / 곽걸;왕증명 // 청년생활. – 1980,(2). – 93 – 95

10311 체육교수의 목적과 교수방법에 대하여 / 리정현 // 연변교육. – 1980,(3). – 33 – 35

10312 ≪수업시간마다 단련시키는것≫을 견지하자 / 리정현 // 연변교육. – 1980,(6). – 55

10313 애기체조 / 조본준 // 대중과학. – 1981,(1). – 36

10314 체육과교수에서의 순환식련습방법에 대하여 / 리종옥 // 연변교육. – 1981,(7). – 49

10315 현대의 축구경기를 어떻게 관람할것인가? / 황흥달 // 대중과학. – 1981,(10). – 32 – 35

10316 운동원의 영양과 꽃가루 / 윤학주 // 대중과학. – 1982,(1). – 19

10317 우리는 어떻게 체육위생사업을 전개하였는가 // 연변교육. – 1982,(2). – 11 – 13

10318 세계녀자축구 / 윤학주 // 대중과학. – 1982,(3). – 28

10319 체육교수를 더욱 높은 고도에로 / 정태복 // 연변교육. – 1982,(11). – 44

10320 체육사업을 더욱 실속있게 / 김대봉 // 연변교육. – 1982,(11). – 44 – 45

10321 오늘의 세계마라손경기 / 윤학주 // 대중과학. – 1983,(3). – 40 – 41

10322 체육교수와 미적교양 / 리정현 // 연변교육. – 1983,(3). – 44 – 45

10323 축구에서의 전면적인 공방전술과 공방전법 / 송천식 // 청년생활. – 1983,(3). – 77 – 79

10324 그네뛰기 / 민영숙 // 대중과학. – 1983,(4). – 30 – 31

10325 연변의 축구운동 / 최동섭;리정엽 // 대중과학. – 1983,(5). – 12 – 13

10326 씨름기술 / 강영길;윤학주 // 대중과학. – 1983,(7). – 32 – 33

10327 체육교수에서 준비부분을 잘 조직해야 한다 / 동영근 // 연변교육. – 1983,(10). – 63

10328 건강미체조 / 민영숙;김민영 // 대중과학. – 1983,(11). – 32 – 34

10329 ≪국가체육단련표준≫에 도달하기 위하여 // 연변교육. – 1983,(11). – 22

10330 력사상의≪공중교예≫ / 진소조 // 대중과학. – 1984,(1). – 44 – 45

10331 연변배구운동의 어제와 오늘 / 장창진 // 청년생활. – 1984,(5). – 5 – 8

10332 올림픽경기대회상식 // 대중과학. – 1984,(7). – 24 – 26

10333 중학교체육교수경쟁활동을 벌린데서 얻은 체득 / 현성범 // 연변교육. – 1984,(7). – 36

10334 부부체조 / 강윤철 // 대중과학. – 1984,(9). – 30 – 31

10335 체육교수를 소학생의 심리특점에 맞게 / 김송암 // 연변교육. – 1984,(10). – 47

10336 시골마을의 가정운동장 / 리숙분 // 동북민병. – 1984,(19). – 20

10337 체조명장:리월구 / 선경유 // 동북민병. – 1984,(21). – 28

10338 중국탁구협회 장칙동에게 기념품을 증정 / 경유 // 동북민병. – 1984,(22). – 33

10339 겨울철체육교수 / 강호웅 // 연변교육. – 1985,(3). – 39

10340 키를 크게 하는 현수운동 // 대중과학. – 1985,(5). – 32 – 33

10341 물스키와 파도타기 / 윤학주 // 대중과학. – 1985,(6). – 22 – 23

10342 세계 7대 체육관 // 은하수. – 1985,(6). – 34

10343 체육유희를 실내수업에 도입한 몇가지 실례 / 리동활 // 연변교육. – 1985,(7). – 26 – 27

10344 녀학생예술체조교수에서 제기되는 몇가

지 문제 / 김옥순 // 연변교육. – 1985,(8). – 49
10345 우매한≪결투≫ // 은하수. – 1985,(9). – 54
10346 축구일화 // 은하수. – 1985,(9). – 50
10347 동무에게 수요되는 체육은? // 은하수. – 1985,(11). – 64
10348 체육과교수안을 어떻게 쓸것인가 / 리정현 // 중국조선족교육. – 1986,(4). – 54
10349 어린이들의 심리적특점에 맞는 유희식체육과 / 홍성임 // 중국조선족교육. – 1986,(5). – 10
10350 의자체조 / 방인권 // 대중과학. – 1986,(5). – 14 – 16
10351 이딸리아팀이 중국팀을 초청한 내막 / 일평 // 동북민병. – 1986,(5). – 37
10352 국내축구경기에서의 새로운 규정 / 전명호 // 대중과학. – 1986,(6). – 26
10353 아동체육교수의 기본목적은 무엇인가 // 중국조선족교육. – 1986,(7). – 114
10354 정구운동 / 장창진 // 대중과학. – 1986,(7). – 30 – 31
10355 장기에 관하여 / 김송암 // 대중과학. – 1986,(11). – 49
10356 트럼프유희속에 숨은 수학 / 최대섭 // 대중과학. – 1986,(11). – 34
10357 축구계의 5대류파 // 은하수. – 1987,(4). – 57
10358 세계체육왕국 / 영무 // 동북민병. – 1987,(6). – 46
10359 문구운동 / 조택룡 // 대중과학. – 1987,(7). – 48 – 49
10360 전일제조선족중,소학교 체육교수요강에 대한 설명 / 리정현 // 중국조선족교육. – 1987,(9). – 67 – 68
10361 체육수업을 학생들의 심리적특점에 맞게 / 리창식 // 중국조선족교육. – 1987,(12). – 63
10362 녀학생들에 대한 체육교수 / 리남진 // 중국조선족교육. – 1988,(1). – 30
10363 올림픽운동대회 // 소년아동. – 1988,(1). – 111 – 113
10364 올림픽운동대회에 나선 첫 중국선수 // 소년아동. – 1988,(1). – 113 – 114
10365 소학교 하급학년생들이 즐기는 체육유희교수 / 김영자 // 중국조선족교육. – 1988,(2). – 60
10366 ≪국제씨름≫의 규범에 대하여 / 송천식 // 중국조선어문. – 1988,(4). – 31
10367 권투 / 윤재오 // 청년생활. – 1988,(4). – 28 – 30
10368 체육수업에서의≪주의≫법칙의 응용 / 김원갑 // 중국조선족교육. – 1988,(4). – 62 – 63
10369 아세아에서의 첫 올림픽경기대회 // 소년아동. – 1988,(5). – 51 – 52
10370 올림픽운동회경기종목의 어제와 오늘 / 장창진 // 은하수. – 1988,(6). – 48 – 50
10371 최초에 올림픽경기에 참가한 조선사람 / 장창진 // 소년아동. – 1988,(6). – 99
10372 제24차올림픽경기대회의 이모저모 / 장창진 // 소년아동. – 1988,(7). – 121 – 123
10373 체육강국과 올림픽운동회 / 김휘 // 청년생활. – 1988,(7). – 57 – 58
10374 24차올림픽경기대회종목소개 / 장창진 // 대중과학. – 1988,(7). – 28 – 29
10375 현대형체육교원이 갖추어야 할 능력 / 박영섭;김동석 // 중국조선족교육. – 1989,(7). – 28 – 29
10376 력차 올림픽경기대회(여름철)개황표 // 소년아동. – 1988,(8). – 115
10377 ≪0≫의 기록을 돌파 / 조택룡 // 대중과학. – 1988,(9). – 52 – 54
10378 올림픽경기대회 / 장창진 // 청년생활. – 1988,(9). – 56 – 57
10379 올림픽경기대회의 선서의식 // 소년아동. – 1988,(9). – 112
10380 중국과 올림픽운동회 / 장창진 // 청년생활. – 1988,(10). – 50 – 51
10381 축구유엔에서의 룡호상박 / 장혜덕 // 대중과학. – 1988,(11). – 57 – 60
10382 올림픽경기대회금메달의 물결 // 소년아동. – 1989,(1). – 75 – 77

10383 소년힘장수로부터 올림픽우승자로 / 공망설 // 소년아동. - 1989,(5). - 106 - 111
10384 연변의 축구운동 / 김룡철 // 대중과학. - 1989,(5). - 5 - 6
10385 연변의 녀자배구운동의 어제와 오늘 / 장창진 // 민족단결. - 1989,(6). - 37 - 38
10386 장대높이뛰기명수 붑까 // 소년아동. - 1989,(6). - 104 - 107
10387 소아마비환자가 금메달을 / 장창진 // 소년아동. - 1989,(7). - 96 - 97
10388 체육교수에서≪여섯가지 교수형태≫의 응용 / 서지룡 // 중국조선족교육. - 1989,(7 - 8). - 132
10389 중국체육계의 내막 해부 / 전옥표 // 청년생활. - 1989,(8). - 3 - 8
10390 마라손경기에서 상을 탄 녀자애 // 소년아동. - 1989,(9). - 118 - 119
10391 서울에서 북경에로:90북경아세아올림픽경기대회에 앞서 // 대중과학. - 1989,(9). - 34 - 36
10392 학생들의 신체소질 민감기를 잘 틀어쥐자 / 림남근 // 중국조선족교육. - 1989,(9). - 73
10393 제일 야만적인 경기종목 // 소년아동. - 1989,(10). - 121 - 123
10394 현대5종경기 / 계일덕 // 소년아동. - 1989,(10). - 110 - 112
10395 청소년아령체조 / (쏘련)삐드로브 // 대중과학. - 1989,(12). - 24 - 26
10396 체육과교수에서의≪열가지≫ / 백진회 // 중국조선족교육. - 1989,(12). - 71 - 72
10397 체육과교수조직형식에 대한 새로운 탐구 / 장배기 // 중국조선족교육. - 1990,(1 - 2). - 123 - 125
10398 녀자높이뛰기명수 코스타데노바 // 소년아동. - 1990,(3). - 103 - 106
10399 민족체육에서의≪첫번째≫ / 오지평;김지추 // 민족단결. - 1990,(4). - 49
10400 아세아경기대회의 유래 / 윤재오 // 민족단결. - 1990,(4). - 60 - 61
10401 아세아운동회 / 장창진 // 대중과학. - 1990,(4). - 6 - 9
10402 북경아세아운동회에서의 륙상경기전망 // 대중과학. - 1990,(5). - 27 - 29
10403 최건과 아세아체육경기대회 / 위민 // 민족단결. - 1990,(5). - 31 - 32
10404 태권도 // 소년아동. - 1990,(5). - 116 - 117
10405 중국의 컴퓨터가 아세아운동회에로 / 강병 // 대중과학. - 1990,(6). - 6 - 8
10406 지능발전을 돕는 몇가지 학습유희 / 최영자 // 중국조선족교육. - 1990,(6). - 67 - 68
10407 체육교수를 소년아동의 심리특점에 맞게 / 리창식 // 중국조선족교육. - 1990,(6). - 44 - 45
10408 아세아인민의 신뢰에 보답하기 위하여: 제11차아세아체육경기대회 주최실기 // 민족단결. - 1990,(6). - 5 - 7
10409 우리 나라 소수민족들의 전통적인 체육활동 // 민족단결. - 1990,(6). - 45 - 47
10410 다가오는 아세아운동회 / 경중 // 은하수. - 1990,(7). - 5 - 7
10411 서울은 금메달을 얼마 요구하는가 // 대중과학. - 1990,(7). - 20 - 23
10412 우리 나라와 아세아운동회 / 장창진 // 은하수. - 1990,(7). - 2 - 4
10413 제11차아세아경기대회의 이모저모 / 장창진 // 소년아동. - 1990,(7). - 114 - 115
10414 중화의 넋 / 장사결 // 연변녀성. - 1990,(7). - 50 - 52
10415 체조교수에서의 보호와 보조 / 주문호 // 중국조선족교육. - 1990,(7 - 8). - 119 - 120
10416 북경아세아경기대회 금메달수 // 소년아동. - 1990,(8). - 114
10417 제11차아세아경기대회 휘장 // 소년아동. - 1990,(8). - 114
10418 체육시설이 가장 많은 도시 // 소년아동. - 1990,(8). - 115
10419 아세아운동회 금메달으뜸 // 소년아동. - 1990,(9). - 77 - 79

10420 애국의 불씨 불멸의 홰불 / 김호철 // 지부생활. − 1990,(10). − 10 − 13

10421 체육교수를 아동의 생리,심리특점에 맞게 / 김성룡 // 중국조선족교육. − 1990,(10). − 36 − 37

10422 텔레비죤중계방송과 현대올림픽운동회 / 김균 // 대중과학. − 1990,(11). − 56 − 57

10423 ≪달리기≫교수안설계 / 리정엽;박경희 // 중국조선족교육. − 1990,(12). − 55 − 57

H 언어, 문자

H0 언어학

10424 언어를 옳바르게 쓰자 / 김진용 // 연변문예. − 1978,(8). − 58

10425 례절과 언어생활 / 최상해 // 청년생활. − 1980,(1). − 61

10426 례절바른 말을 쓰도록 / 김동춘 // 연변교육. − 1980,(1). − 55 − 56

10427 우리 말에 대한 생각 / 먼지 // 장백산. − 1980,(2). − 165 − 166

10428 수학교원의 언어 / 부세구 // 연변교육. − 1980,(12). − 29 − 30

10429 례절바른 말을 쓰자 / 최상해 // 청년생활. − 1981,(2). − 42

10430 연변조선족자치주 제2차조선어문사업회의에서 한 전인영동지의 연설 // 연변교육. − 1981,(2). − 2 − 4

10431 한 토막의 대화로부터… / 김순애 // 연변교육. − 1981,(6). − 60

10432 우리 글자의 창제에 대하여 / 리득춘 // 청년생활. − 1982,(1). − 24 − 26

10433 중편소설≪규중비사≫의 언어사용에 대하여 / 문룡일 // 문학예술연구. − 1982,(4). − 26 − 31

10434 체육구령과 체육교수용어를 옳게 쓰자 / 리정현 // 연변교육. − 1982,(4). − 46 − 47

10435 규범화된 말을 잘 배우며 널리 써야 한다 // 조선어 학습과 연구. − 1983,(1). − 37

10436 두가지 언어병용에 대한 정의 // 조선어 학습과 연구. − 1983,(1). − 58 − 59

10437 사투리를 버리고 표준말을 씁시다 // 조선어 학습과 연구. − 1983,(1). − 35 − 36

10438 우리 말과 글을 힘써 배우고 사용하며 발전시키자 / 리희일 // 조선어 학습과 연구. − 1983,(1). − 4 − 7

10439 우리말 실력시험 // 조선어 학습과 연구. − 1983,(1). − 24

10440 우리말, 우리글: 문학예술과 언어 / 리욱 // 조선어 학습과 연구. − 1983,(1). − 7

10441 우리말 학습과 우리말 표달에 대하여:방송≪과학할아버지와 꽃분이≫에서의 화술체험을 두고 / 김창순 // 조선어 학습과 연구. − 1983,(1). − 48 − 50

10442 우리 민족이 번영발전하자면 우리말을 계승발전시켜야 한다 / 리태훈 // 조선어 학습과 연구. − 1983,(1). − 11 − 14

10443 이런 말은 쓰지 맙시다 / 김성운 // 조선어 학습과 연구. − 1983,(1). − 39

10444 자연과학을 전공해도 우리말을 잘 배워야 한다 / 김종천 // 조선어 학습과 연구. − 1983,(1). − 45 − 46

10445 조선어사용인수에 대하여 / 장흥권 // 조선어 학습과 연구. − 1983,(1). − 60

10446 현대조선어연구사에 대한 고찰 / 허동진 // 조선어 학습과 연구. − 1983,(1). − 20 − 23

10447 나의 가정언어생활을 두고 / 김성순 // 조선어 학습과 연구. – 1983,(2). – 35 – 36
10448 사람이 말하는 목적은 몇가지나 되는가? / 철호 // 조선어 학습과 연구. – 1983,(2). – 51
10449 언어와 얼굴주름살 / 주영 // 조선어 학습과 연구. – 1983,(2). – 38
10450 언어학의 분과에 대하여 / 조일석 // 조선어 학습과 연구. – 1983,(2). – 54 – 55
10451 ≪천당의 언어≫와 ≪뱀의 언어≫ / 남일송 // 조선어 학습과 연구. – 1983,(2). – 20
10452 품위있는 인사말을! / 김경훈 // 조선어 학습과 연구. – 1983,(2). – 37
10453 학생언어교양과 관련한 토막생각 / 최영 // 조선어 학습과 연구. – 1983,(2). – 42 – 43
10454 ≪제말로 가르쳐야 잘 가르칠수 있고 제말로 배워야 잘 배울수 있다≫ / 김창걸 // 조선어학습과 연구. – 1983,(3) – 14 – 15
10455 해방후의 조선어연구에 대한 고찰 / 허동진 // 조선어 학습과 연구. – 1983,(3). – 32 – 35
10456 사회언어학이란 무엇인가? / 렴광호 // 조선어 학습과 연구. – 1983,(4). – 46 – 47
10457 언어(말)와 문자(글)의 관계는 어떠한가? // 연변교육. – 1983,(4). – 48 – 50
10458 교수용어를 잘 다듬어 쓰자 / 최집길 // 연변교육. – 1983,(7). – 56 – 57
10459 가정마다에서 훌륭한 언어기풍을 / 김경훈 // 조선어 학습과 연구. – 1984,(1). – 32 – 33
10460 독자와 편집부 / 전병선 정리 // 조선어 학습과 연구. – 1984,(1). – 40 – 41
10461 동무들사이의 인사말 / 안안 // 조선어 학습과 연구. – 1984,(1). – 33 – 34
10462 우리말을 옳게 씁시다 // 조선어 학습과 연구. – 1984,(1). – 35
10463 부부간에 지켜야 할 말차림 / 심군 // 조선어 학습과 연구. – 1984,(2). – 32 – 33
10464 시체를 따르려면 표준말로! / 리계수 // 조선어 학습과 연구. – 1984,(2). – 23
10465 신문에서의 언어사용과 관련하여 / 최검 // 조선어 학습과 연구. – 1984,(2). – 20 – 22
10466 언어와 도덕수양 / 김효정 // 조선어 학습과 연구. – 1984,(2). – 26
10467 우리 학교에서의 조선어문과의 위치 / 최태호 // 조선어 학습과 연구. – 1984,(2). – 36 – 38
10468 우연한 목격 치미는 생각 / 김주철 // 조선어 학습과 연구. – 1984,(2). – 24
10469 제 민족어를 떳떳이 쓰자 / 동광 // 조선어 학습과 연구. – 1984,(2). – 27 – 28
10470 조선족학교의 모든 교직원들은 조선말사용에서 본보기로 되여야 한다 / 장동권 // 조선어 학습과 연구. – 1984,(2). – 39 – 40
10471 청년들의 언어생활을 두고 / 정호원 // 조선어 학습과 연구. – 1984,(2). – 25
10472 탓하지 못할 오해 / 창국 // 조선어 학습과 연구. – 1984,(2). – 27
10473 표현이 풍부한 우리말을 두고 / 최영 // 조선어 학습과 연구. – 1984,(2). – 17 – 18
10474 중학생언어교육에 대하여 / 장지공 // 조선어 학습과 연구. – 1984,(3). – 40 – 42
10475 고운 말과 미운 말 / 설영 // 조선어 학습과 연구. – 1984,(4). – 24 – 25
10476 유치원에서의 우리말 교양 / 김영설 // 조선어 학습과 연구. – 1984,(4). – 27 – 28
10477 인사말 // 연변녀성. – 1984,(4). – 61
10478 몸짓언어 / 최수 // 은하수. – 1984,(7). – 27 – 28
10479 단위 도장과 간판을 두고 / 김성순 // 조선어 학습과 연구. – 1985,(1). – 9 – 10
10480 본간 84년 3호의≪우리말 실력시험≫해답 // 조선어 학습과 연구. – 1985,(1). – 31
10481 서방사람들의 언어례절 // 조선어 학습과 연구. – 1985,(1). – 16 – 18
10482 우리 말과 글을 떳떳이 쓰자 / 정란 // 조선어 학습과 연구. – 1985,(1). – 42 – 43
10483 웃사람을 대하는 말 // 연변녀성. – 1985,(1). – 24
10484 학생들의 언어생활실태에 대한 조사기 / 함

형도 // 조선어 학습과 연구. – 1985,(1). – 26 – 27

10485 반주임의 언어예술을 두고 / 사덕전 // 조선어 학습과 연구. – 1985,(2). – 25 – 26

10486 전호의 ≪우리말 실력시험≫해답 // 조선어 학습과 연구. – 1985,(2). – 32 – 33

10487 민족교육과 조선어문교수 / 강원식 // 조선어 학습과 연구. – 1985,(3). – 14 – 15

10488 본호의 ≪우리말 실력시험≫해답 // 조선어 학습과 연구. – 1985,(3). – 62

10489 부모책임을 다하려는 일념으로… / 림근숙 // 조선어 학습과 연구. – 1985,(3). – 13 – 14

10490 아이를 어느 학교에 보내는가 하는 문제를 두고 / 륙춘화 // 조선어 학습과 연구. – 1985,(3). – 17 – 18

10491 ≪언어병≫의사 / 문옥란 // 조선어 학습과 연구. – 1985,(3). – 43 – 44

10492 우리 말과 글을 계승발전시키자면… / 김봉하 // 조선어 학습과 연구. – 1985,(3). – 7 – 9

10493 할빈시조선족들의 조선말사용실태에 대한 조사 / 박종호;조귀순;최희수 // 조선어 학습과 연구. – 1985,(3). – 3 – 7

10494 규범적인 말을 쓰자 / 최란 // 조선어 학습과 연구. – 1985,(4). – 42 – 43

10495 매대앞에서 생긴 일 / 김점순 // 조선어 학습과 연구. – 1985,(4). – 46 – 47

10496 언어와 인격 / 정영순 // 조선어 학습과 연구. – 1985,(4). – 47

10497 우리 말과 글을 잘 배워야 한다 / 김순희 // 조선어 학습과 연구. – 1985,(4). – 45

10498 우리말 우리글 빛내여가자 / 최창륵 // 조선어 학습과 연구. – 1985,(4). – 44

10499 우리말 좋아요 / 전룡철 // 조선어 학습과 연구. – 1985,(4). – 49

10500 참회의 눈물 / 리영 // 조선어 학습과 연구. – 1985,(4). – 48 – 49

10501 할아버지의 가르치심 / 김화 // 조선어 학습과 연구. – 1985,(4). – 43 – 44

10502 교원들은 언어사용에서 본보기로 되여야 한다 / 김길일 // 조선어문. – 1986,(1). – 55 – 56

10503 북경 조선말강습반에 대한 이야기 / 서영섭 // 조선어문. – 1986,(1). – 7 – 9

10504 우리말 출판물들에서의 언어사용을 보고 / 허태렬 // 조선어문. – 1986,(1). – 23 – 28

10505 일본에서의 조선어 학습 및 연구 / 장흥권 // 조선어문. – 1986,(1). – 57 – 59

10506 소쉬르와 공시언어학 / 권기영 // 조선어문. – 1986,(2). – 30 – 31

10507 우리 시의 조선어문사업에 대하여 / 리주호 // 조선어문. – 1986,(2). – 22 – 23

10508 제말 찾은 기쁨 한량 없어요 / 김영순 // 조선어문. – 1986,(2). – 19 – 20

10509 제 민족말을 사랑하며 지켜가는 사람들 // 조선어문. – 1986,(2). – 18 – 19

10510 로씨야와 쏘련에서의 조선어 학습 및 연구 / 장흥권 // 조선어문. – 1986,(3). – 40 – 44

10511 구라파 여러 나라들에서의 조선어 학습 및 연구 / 장흥권 // 조선어문. – 1986,(4). – 58 – 61

10512 친척간의 말차림을 두고 / 김효정 // 조선어문. – 1986,(4). – 23 – 25

10513 소학교수학교원의 언어사용문제를 두고 / 강철송 // 중국조선족교육. – 1986,(7). – 125 – 127

10514 조선어문교수중 언어면에 나서는 몇가지 문제:조선족이 산거한 지방을 두고 / 박규영 // 중국조선족교육. – 1986,(12). – 29 – 31

10515 반석진 조선족들의 언어사용실태와 그에 대한 생각 / 박규영 // 중국조선어문. – 1987,(1 – 2). – 41 – 43

10516 부부사이에 말을 어떻게 하여야 하는가? / 방지태 // 중국조선어문. – 1987,(1 – 2). – 53 – 54

10517 언어적측면에서 본 판소리계소설의 근대적특색 / 김호웅 // 중국조선어문. – 1987,(1 – 2). – 62 – 66

10518 우리 글에 대한 찬양 // 중국조선어문. – 1987,(1 – 2). – 78

10519 우리 나라에서의 조선어연구 / 류은종 // 중국조선어문. – 1987,(1 – 2). – 67 – 70

10520 조선글이 걸어온 길 / 리억철;전병선 // 중국조선어문. - 1987,(1 - 2). - 26 - 30

10521 조선문 DOS계통을 연구제작 // 중국조선어문. - 1987,(1 - 2). - 75

10522 중국조선어사정위원회 설립 // 중국조선어문. - 1987,(1 - 2). - 74

10523 카나다와 미국에서의 조선어 학습 및 연구 / 장흥권 // 중국조선족어문. - 1987,(1 - 2). - 71 - 73

10524 해묵은 론쟁 다시 불붙는다:남조선어문동태 // 중국조선어문. - 1987,(1 - 2). - 74

10525 말과 인품 // 중국조선어문. - 1987,(3). - 3

10526 생활언어와 무대언어의 차이 / 최수만 // 중국조선어문. - 1987,(3). - 43 - 44

10527 언어병치료실 / 최검 // 중국조선어문. - 1987,(3). - 28

10528 인식을 높이고 령도를 강화하며 조선어문사업을 잘하여 우리 주 두가지 문명건설의 발전을 추진시키자 / 장진발 // 중국조선어문. - 1987,(3). - 5 - 8

10529 조선족자치주답게 조선말과 조선글을:연변에서 제3차조선어문사업회의 소집 // 중국조선어문. - 1987,(3). - 4

10530 중학생들의 언어례절법사용실태 / 렴광호 // 중국조선어문. - 1987,(3). - 62 - 64

10531 편지문답 // 중국조선어문. - 1987,(3). - 26

10532 ≪고기가 탐나거던 그물을 떠라≫ - 잡거지구민족유치원건설의 절박성을 념두에 두고 / 윤혁교 // 중국조선어문. - 1987,(4). - 10 - 12

10533 교원의 언어소양을 두고 / 최룡률 // 중국조선어문. - 1987,(4). - 43 - 44

10534 방송언어실태와 관련한 몇가지 생각 / 로주철 // 중국조선어문. - 1987,(4). - 61 - 63

10535 자녀에게 제 말과 글을 배워주고저 // 중국조선어문. - 1987,(4). - 4

10536 창해일속 돋보이는 겨레의 얼 꽃피는 우리말 - 안산시조선족들의 언어사용상황을 요약하여 / 문봉출 // 중국조선어문. - 1987,(4). - 13 - 14

10537 특색있게 단 제목들 - ≪연변일보≫, ≪길림신문≫제목글을 보고서 / 신옥균 // 중국조선어문. - 1987,(4). - 54 - 56

10538 녀성언어의 매력에 대하여 / 요아평 // 중국조선어문. - 1987,(6). - 23 - 26

10539 우리 말과 글을 위한 투쟁 - - 훈춘고등학교 ≪조선문예보급회≫의 시말 / 최석승 // 중국조선어문. - 1987,(6). - 35 - 38

10540 후대들을 위해 과단한 조치를! - - 할빈시조선족제1중학교 조선어문실태를 두고 / 김봉숙 // 중국조선어문. - 1987,(6). - 5 - 7

10541 시간에 대한 말과 태도 // 중국조선어문. - 1988,(1). - 63

10542 쏘련의 조선사람들의 조선어 학습 및 연구 / 장흥권 // 중국조선어문. - 1988,(1). - 56 - 59

10543 언어예술의 매력 // 중국조선어문. - 1988,(1). - 64

10544 하지 말아야 할 말들 / 최영수 // 중국조선어문. - 1988,(1). - 21 - 22

10545 간판 · 민족간부 · 얼 / 강효삼 // 중국조선어문. - 1988,(2). - 20 - 21

10546 옳바른 말본새로 / 리국순 // 중국조선어문. - 1988,(2). - 64

10547 조선어의 형성 / 최윤갑 // 중국조선어문. - 1988,(2). - 29 - 33

10548 출판물에서의 우리말 서사규범을 두고 / 윤국광 // 중국조선어문. - 1988,(2). - 19 - 20

10549 표현이 풍부한 우리말 // 중국조선어문. - 1988,(2). - 58

10550 교수언어의 제 특점 // 중국조선어문. - 1988,(3). - 40

10551 남을 속이고 자기를 속이는 일:보도기사에서의 시간을 나타내는 말의 사용을 두고 / 최창범 // 중국조선어문. - 1988,(3). - 41

10552 사회언어학이란? // 중국조선어문. - 1988,(3). - 15

10553 우리 말과 글이 없어질 변두리에 이른

현상에 마땅한 중시를! 과단한 조치를!! 시원한 해결을!!! // 중국조선어문. – 1988,(3). – 24

10554 조선어문사업의 법적담보 / 최만복 // 중국조선어문. – 1988,(3). – 18 – 21

10555 꽃말 // 중국조선어문. – 1988,(4). – 29

10556 민족적자부심을 가지고 우리 말과 글을 사랑하자요 / 김화 // 중국조선어문. – 1988,(4). – 44

10557 일부 출판물에서 본 옥에 티 / 김규필 // 중국조선어문. – 1988,(4). – 26 – 27

10558 대외개방과 조선말외래어의 새 발전 / 김성수 // 중국조선어문. – 1988,(4). – 9 – 10

10559 조선어연구에서의 새로운 성과:≪중세조선어문법≫을 읽고서 / 리득춘 // 중국조선어문. – 1988,(4). – 47 – 49

10560 고대 조선어 / 최윤갑 // 중국조선어문. – 1988,(5). – 14 – 17

10561 당대 언어학과 그 분과 / 권기영 // 중국조선어문. – 1988,(5). – 59 – 61

10562 대화공간거리에 대하여 / 최명식 // 중국조선어문. – 1988,(5). – 34 – 37

10563 방송언어의 특성에 대하여 / 박천균 // 중국조선어문. – 1988,(5). – 43 – 46

10564 체스꼬슬로벤스꼬에서의 조선어 학습 및 연구 / 장흥권 // 중국조선어문. – 1988,(5). – 56 – 58

10565 동화에서의 형상적인 말의 사용 // 소년아동. – 1988,(6). – 58 – 60

10566 련애중에 말은 어떻게 // 중국조선어문. – 1988,(6). – 29 – 33

10567 연변의 이중언어사용에서의 혼합적현상과 그 폐단에 대하여 / 권기영 // 중국조선어문. – 1988,(6). – 3 – 6

10568 전기중세조선어 / 최윤갑 // 중국조선어문. – 1988,(6). – 14 – 17

10569 온 교실에 곱고 부드러운 우리 말이 차넘치게 / 김련화 // 중국조선족교육. – 1988,(8). – 29 – 30

10570 고운 말 미운 말 / 김학철 // 중국조선어문. – 1989,(1). – 32 – 33

10571 사회언어생활에서의 일부 호칭 / 김효정 // 중국조선어문. – 1989,(1). – 10 – 12

10572 사회언어학의 발생과 발전 및 그 전망 / 권기영 // 중국조선어문. – 1989,(1). – 55 – 57

10573 일본에서의 조선어연구 / (일본)우메다 히로유끼 // 중국조선어문. – 1989,(1). – 51 – 54

10574 후기중세 조선어 / 최윤갑 // 중국조선어문. – 1989,(1). – 22 – 25

10575 건의 / 김천석 // 중국조선어문. – 1989,(2). – 39

10576 근대조선어 / 최윤갑 // 중국조선어문. – 1989,(2). – 9 – 12

10577 ≪근본상 없어요≫는 한어식조선말 / 김미자 // 중국조선어문. – 1989,(2). – 20

10578 말과 글을 옳게 다듬어쓰자:동화시집≪신비한 세계≫를 보고서 / 김한글 // 중국조선어문. – 1989,(2). – 31 – 34

10579 벨지끄의 언어문제 / 장동권 // 중국조선어문. – 1989,(2). – 60

10580 아버지와 말을 어떻게?: 아버지와의 언어충돌을 퇴치하자면 // 중국조선어문. – 1989,(2). – 25 – 28

10581 우리말을 바로 쓰는 우리 후대양성에 모를 박아야 한다 / 권기영 // 중국조선어문. – 1989,(2). – 5 – 8

10582 조선에서의 조선어연구 / 허동진 // 중국조선어문. – 1989,(2). – 21 – 24

10583 당신의 언어는 간결하지요 // 중국조선어문. – 1989,(3). – 60

10584 조선족중학교의 교수용어에 대한 소감 / 리동선 // 중국조선어문. – 1989,(3). – 37 – 38

10585 현대조선어 / 최윤갑 // 중국조선어문. – 1989,(3). – 9 – 10

10586 생각되는바가 있어 / 김헌 // 중국조선어문. – 1989,(4). – 19 – 20

10587 연변의 이중언어현상특점 / 렴광호 // 중국조선어문. – 1989,(4). – 6 – 8

10588 유감천만 / 김철룡 // 중국조선어문. – 1989,(4). – 18

10589 조선어가 걸어온 길 / 전병선 // 민족단결. – 1989,(4). – 48 – 49

10590 한마디 말이라도 소홀히 할수 없는 까닭은 / 김춘자 // 중국조선어문. – 1989,(4). – 16 – 17

10591 곱고 부드러운 우리말 / 강효삼 // 중국조선어문. – 1989,(5). – 31

10592 사유의 도구는 언어뿐인가? // 중국조선어문. – 1989,(5). – 54

10593 사람들의 말만 언어라 할수 없다 // 중국조선어문. – 1989,(5). – 53

10594 언어의 특유한 기능 // 중국조선어문. – 1989,(5). – 23

10595 연길시에서의 자치주조선어문사업조례의 관철실시를 두고 / 주진우 // 중국조선어문. – 1989,(5). – 6 – 8

10596 조선어학습에 관한 몇가지 견해 / 왕봉환 // 중국조선어문. – 1989,(5). – 9 – 10

10597 ≪언어유적≫이란? // 중국조선어문. – 1989,(6). – 48

10598 우리 나라 언어실제로부터 출발한 사회언어학을 연구하여야 한다 / 진건민;진장태 // 중국조선어문. – 1989,(6). – 21

10599 울지도 웃지도 못할 일 / 김학철 // 중국조선어문. – 1989,(6). – 9

10600 60년전의 절절한 목소리 / 정규렬 // 중국조선어문. – 1989,(6). – 49 – 50

10601 조선어의 국제적위망 / 주장수 // 민족단결. – 1989,(6). – 59

10602 조한이중언어교육의 역할과 의의 / 남일성 // 중국조선어문. – 1989,(6). – 24 – 28

10603 최근 남조선어학계의 동태 / 허경룡 // 중국조선어문. – 1989,(6). – 47 – 48

10604 우리말 우리 글 / 최금화 // 소년아동. – 1989,(8). – 1

10605 대만에서의 조선학연구 / 윤진;최건 편역 // 중국조선어문. – 1990,(1). – 52

10606 룡정시 조양천진 룡포촌 조한 두 민족의 이중언어사용상황통계 / 최길원 // 중국조선어문. – 1990,(1). – 35 – 36

10607 민족의 얼 키우고저 / 김철룡 // 중국조선어문. – 1990,(1). – 9 – 10

10608 산재지구조선어문사업의 미더운 뒤심 / 윤혁교 // 중국조선어문. – 1990,(1). – 4 – 8

10609 언어례절교양은 어려서부터 / 김금자 // 중국조선어문. – 1990,(1). – 50

10610 흑룡강성조선족들의 이중언어사용실태 / 허덕행;박태수 // 중국조선어문. – 1990,(1). – 36 – 38

10611 사교춤을 출 때 지켜야 할 언어례절 / 장영희 // 중국조선어문. – 1990,(2). – 25 – 26

10612 조의방문 가서 어떻게 말해야 하는가?: 상가집에 가서의 처사를 두고 / 최일영 // 중국조선어문. – 1990,(2). – 27 – 28

10613 대화자는 말을 귀담아들어야 한다 / 주재헌 편역 // 중국조선어문. – 1990,(3). – 26 – 27

10614 동북3성조선어문사업협의령도소조 회의요지 // 중국조선어문. – 1990,(3). – 4 – 5

10615 돈화시조선어사용실태에 대한 소견 / 김창진 // 중국조선어문. – 1990,(3). – 6 – 8

10616 우리말 어족찾기 // 중국조선어문. – 1990,(3). – 41

10617 우리말을 살리세 / 최기자 // 중국조선어문. – 1990,(3). – 28 – 30

10618 조선어에 반영된 우리 민족의 문화적 표현과 심리적 소질 / 권기영 // 중국조선어문. – 1990,(3). – 8 – 12

10619 희랍신화에 나오는 고유명사의 우리말 표기에 대하여 / 박창화 // 중국조선어문. – 1990,(3). – 58 – 59

10620 말을 잘하려면 말을 명심해들어야 한다 // 중국조선어문. – 1990,(4). – 33 – 34

10621 바른말사용기풍을 확립해야 / 리춘렬;김어금 // 중국조선어문. – 1990,(4). – 40 – 41

10622 우리 학생들의 가정언어환경을 두고 / 리

명 // 중국조선어문. - 1990,(4). - 37

10623 전화를 걸 때 지켜야 할 언어례절 / 장동권 // 중국조선어문. - 1990,(4). - 29

10624 조선어구두어연구에서의 새로운 성과 / 권오선 // 중국조선어문. - 1990,(4). - 14 - 15

10625 존중하여야 존중을 받고 순종시킬수도 있다 / 최현순 편역 // 중국조선어문. - 1990,(4). - 30 - 32

10626 프랑스에서의 조선학연구 / 윤건 편역 // 중국조선어문. - 1990,(4). - 54 - 55

10627 미국에서의 조선학연구 / 윤건 편역 // 중국조선어문. - 1990,(5). - 57 - 59

10628 고객심리와 언어사용 / 양증강 // 중국조선어문. - 1990,(6). - 29

10629 기이한 휘파람언어 // 중국조선어문. - 1990,(6). - 62

10630 말에는 목적이 있어야 합니다 / 장월영;최명식 // 중국조선어문. - 1990,(6). - 24 - 28

10631 ≪민족어맹≫을 최대한으로 줄이자 / 강영덕 // 중국조선어문. - 1990,(6). - 4 - 9

10632 성적과 문제 / 리홍규 // 중국조선어문. - 1990,(6). - 38 - 40

10633 언어환경의 사회언어학적 분류 / 배정호 // 중국조선어문. - 1990,(6). - 19 - 21

10634 장춘시에서 ≪민족어맹≫퇴치에 힘쓴다 / 리설송 / 중국조선어문. - 1990,(6). - 9 - 10

H01 어음학

10635 말먹는 버릇을 어떻게 고치겠는가 / 고서금 // 대중과학. - 1958,(5). - 37

10636 조선말표준발음법의 몇가지 문제 / 김상원 // 연변교육. - 1980,(7). - 45 - 46

10637 까다롭고 어려운 조선말 발음지도 / 심희섭 // 연변교육. - 1980,(11). - 52

10638 ≪(애기를)안다≫와 ≪(글을)안다≫는 왜 발음이 같지 않는가? // 조선어 학습과 연구. - 1983,(2). - 44 - 45

10639 력사적어음변화 ㅎ→ㅇ(제로)교체의 조건 / 량환택 // 조선어 학습과 연구. - 1983,(4). - 44

10640 우리말의 표준말억양 / 조영 // 조선어 학습과 연구. - 1983,(4). - 32

10641 입말과 발음 // 조선어 학습과 연구. - 1983,(4). - 29 - 30

10642 어음론에서 말하는 악음이란 무엇이며 소음이란 무엇인가? // 연변교육. - 1983,(6). - 51 - 52

10643 우리말 자음의 된소리는 어떻게 발음되는가? // 연변교육. - 1983,(8). - 55

10644 ≪音讀≫에서의 ≪P≫음 / 리학재 // 연변교육. - 1983,(8). - 30 - 31

10645 유성자음이란 무엇인가? // 연변교육. - 1983,(9). - 53

10646 음절이란 무엇인가? // 연변교육. - 1983,(12). - 55 - 56

10647 모음조화에서의 ≪와≫와 ≪워≫의 구별 / 신옥균 // 조선어 학습과 연구. - 1984,(1). - 21 - 22

10648 알아둡시다:두개이상의 음절로 된 단어에서 음절계선은 어디서 끊어지는가 // 연변교육. - 1984,(1). - 49

10649 우리말 한자어발음에서의 소리길이에 대하여 / 림근숙;박종호 // 조선어 학습과 연구. - 1984,(1). - 18 - 20

10650 입말과 속도 // 조선어 학습과 연구. - 1984,(1). - 28 - 30

10651 받침은 언제나 음절의 끝소리로 되는가 // 연변교육. - 1984,(2). - 56

10652 음운이란 / 전학석 // 조선어 학습과 연구. - 1984,(2). - 54 - 59

10653 입말과 끊기 // 조선어 학습과 연구. - 1984,(2). - 15 - 16

10654 모음사이에 된소리가 있을 경우의 음절계선문제 / 심희섭 // 조선어 학습과 연구. - 1984,(3). - 23 - 24

10655 입말과 억양 // 조선어 학습과 연구. - 1984,

(3). – 34 – 35
10656 모음조화란 무엇인가 // 연변교육. – 1984,(4). – 52 – 53
10657 입말과 소리빛갈 / 최준영 // 조선어 학습과 연구. – 1985,(1). – 62 – 63
10658 국제음성자모에 대하여 / 차광일 // 조선어문. – 1986,(2). – 3 – 9
10659 새세대들에 대한 우리말 발음교육을 더 힘있게 밀고나가자 / 서방흥 // 조선어문. – 1986,(2). – 35 – 37
10660 유향자음과 순한 소리가 어울릴 때의 된 소리현상 / 지룡 // 조선어문. – 1986,(4). – 42
10661 ≪ㅇ≫의 음운변화가 형태음소론적방면에 남긴 흔적 / 김주영 // 중국조선어문. – 1987,(3). – 14 – 19
10662 주의하여야 할 1자 2음 한자들 / 허태일 // 중국조선어문. – 1987,(3). – 48 – 49
10663 음성학적측면에서 본 조선말음절발음의 장단 / 최수만 // 중국조선어문. – 1988,(1). – 12 – 13
10664 리조후반기 조선국문책에 반영된 ≪ˋ≫음의 변화에 대하여 / 김병운 // 중국조선어문. – 1989,(2). – 12 – 16
10665 어음동화와 모음조화의 관계에 대하여 / 권오선 // 중국조선어문. – 1989,(4). – 3 – 5
10666 말더듬증환자에게 / 리빈 // 대중과학. – 1989,(12). – 17
10667 받침소리와 기본받침의 차이 / 소풍 // 중국조선족교육. – 1990,(1 – 2). – 137 – 138
10668 모음의 배렬순서를 기억하는 방법 / 김창룡 // 중국조선어문. – 1990,(5). – 18

H019 랑송법, 강연술

10669 시랑송지도 / 김무길 // 연변교육. – 1980,(3). – 22 – 25
10670 청소년학생들의 문예작품읽기를 잘 이끌어주자 / 리순덕 // 연변교육. – 1983,(4). – 63
10671 쾌속독서에 대하여 // 연변교육. – 1983,(7). – 55
10672 랑독과 이야기의 구별점에 대하여 / 남일성 // 연변교육. – 1983,(8). – 58 – 59
10673 말을 잘하려면 어떻게 하여야 하는가?: 외국언어거장들의 론술로부터 본 언어표달의 열가지 표준 // 조선어 학습과 연구. – 1984,(1). – 51
10674 서특립이 손녀에게 가르쳐준 독서방법 / 진산매 // 연변녀성. – 1984,(1). – 9
10675 교원의 언어기능에 대하여 / 주덕무 // 조선어 학습과 연구. – 1984,(2). – 41
10676 유모아의 힘 / 주사림 // 은하수. – 1984,(2). – 66
10677 교수언어와 그 훈련방법 / 왕송천 // 조선어 학습과 연구. – 1984,(3). – 46 – 47
10678 방송에서의 감정처리에 대하여 / 김영설 // 조선어 학습과 연구. – 1984,(3). – 56 – 59
10679 랑독에서 그릇된 소리사용을 극복하자 / 서방흥 // 연변교육. – 1984,(10). – 49
10680 중소학교랑독,랑송대회를 보고 / 룡파;조영 // 조선어 학습과 연구. – 1985,(1). – 24 – 25
10681 파도식독서법 / 원진 // 동북민병. – 1985,(1). – 35
10682 단어발음지도와 관련한 걸그림 // 조선어 학습과 연구. – 1985,(2). – 34
10683 말재간을 늘이려면 / 배영 // 조선어 학습과 연구. – 1985,(2). – 27
10684 방송원과 표준발음 / 서방흥 // 조선어 학습과 연구. – 1985,(2). – 16 – 17
10685 어떻게 학생들에게 랑독능력을 높여줄것인가? // 연변교육. – 1985,(10). – 60
10686 시랑송에서 내용에 따르는 정서적인 표현을 하려면 / 김영설 // 연변교육. – 1985,(12). – 16 – 17
10687 한 서방기자의 질문에 준 주총리의 묘한 답변 // 조선어문. – 1986,(1). – 10
10688 웅변 웅변원고 웅변술 / 김만석 // 중국조선어문. – 1987,(4). – 58 – 60
10689 방송에서의 억양처리를 두고 / 서방흥 //

중국조선어문. – 1988,(1). – 40 – 41

10690 랑독의 일반개황 / 김춘자 // 중국조선어문. – 1988,(3). – 12 – 14

10691 랑독의 기본기교 / 김춘자 // 중국조선어문. – 1988,(4). – 37 – 40

10692 랑독에서의 지름길 / 검역 // 중국조선어문. – 1989,(1). – 35

10693 중학생들의 구술능력을 키워주려면 / 최련향 // 중국조선어문. – 1989,(2). – 45 – 49

10694 말밖의 말은 어떻게 나타나는가? // 중국조선어문. – 1989,(4). – 14 – 15

10695 대화에서 여섯가지를 류의해야 / 주헌 편역 // 중국조선어문. – 1989,(5). – 32 – 33

10696 량요성의 절묘한 반문에 외국기자 어안이 벙벙 // 중국조선어문. – 1989,(6). – 34

10697 ≪뢰봉정신≫과 관련한 재미나는 대화 // 중국조선어문. – 1989,(6). – 34

10698 마옥상의 인기를 끈 답변 // 중국조선어문. – 1989,(6). – 33

10699 방송원들의 첫 걸음을 두고 / 서방홍 // 중국조선어문. – 1989,(6). – 35 – 36

10700 교원의 이야기속도 / 리창룡 // 중국조선어문. – 1990,(2). – 38 – 39

10701 베이컨이 담화예술에 언급 // 중국조선어문. – 1990,(2). – 37

10702 빨리 읽기지도와 그 훈련 / 김동진 // 중국조선어문. – 1990,(3). – 31 – 33

10703 열독교수에서 학생들의 심리적장애를 어떻게 제거할것인가? / 김동진 // 중국조선어문. – 1990,(4). – 26 – 28

10704 소식보도화술과 관련한 몇개 문제 / 박청죽 // 중국조선어문. – 1990,(5). – 30 – 32

10705 우스개말을 하는 기교 / 주헌 편역 // 중국조선어문. – 1990,(5). – 24

10706 유모아가 안겨주는 세가지≪귀맛≫ // 중국조선어문. – 1990,(5). – 26

10707 ≪조선말하기활동≫을 벌려 / 윤찬섭 // 중국조선어문. – 1990,(5). – 55

10708 조소 풍자에 대처하는 기교 / 최영 편역 // 중국조선어문. – 1990,(5). – 27 – 29

10709 이야기의 관건적대목을 틀어쥐고 / 리영애 // 중국조선족교육. – 1990,(6). – 14

10710 조선말끊기에 대하여 / 김영설 // 중국조선어문. – 1990,(6). – 63 – 64

10711 묘한 말 – – 궁지에서 빠져나오는 열쇠 / 왕조룡 // 은하수. – 1990,(12). – 2

H02 문자학

10712 어째서 이렇게 적는지요? // 연변교육. – 1980,(9). – 63

10713 우리 민족의 고유한 문자가 만들어지기 전에 문자생활을 어떻게 하였는가? // 연변교육. – 1983,(5). – 43 – 45

10714 발음위치에 따라 자음을 몇가지 갈래로 나누는가 // 연변교육. – 1983,(11). – 52 – 53

10715 조선문자 훈민정음의 창제에 대하여:훈민정음창제 540주년에 제하여 / 최윤갑 // 조선어 학습과 연구. – 1984,(1). – 1 – 4

10716 한자는 구경 몇자나 되는가? // 조선어 학습과 연구. – 1984,(1). – 62

10717 ≪훈몽자회≫ / 허태일 // 조선어 학습과 연구. – 1984,(2). – 52 – 53

10718 ≪훈민정음≫창제이전의 조선어서사수단에 대하여:≪훈민정음≫창제를 기념하여 / 리득춘 // 조선어 학습과 연구. – 1984,(3). – 11 – 15

10719 현대조선어의 음절자에 대한 고찰 / 김진용 // 조선어 학습과 연구. – 1984,(4). – 7 – 12

10720 철자법에서의 오유의 류형과 시정방법 / 김두천 // 연변교육. – 1984,(6). – 17 – 19

10721 틀리기 쉬운 철자 / 강봉춘 // 연변교육. – 1984,(8). – 56

10722 우리 글자의 우세를 발휘하자 / 남일성 // 연변교육. – 1985,(1). – 52 – 53

10723 조선어자모와 국제음성기호와의 대조 / 차광일 // 조선어 학습과 연구. – 1985,(4). – 7 – 13

10724 우리 글자를 어떻게 가르칠것인가 / 김두천 // 연변교육. − 1985,(11). − 15 − 16
10725 우리글에 한자를 섞어쓰자는데 대하여 / 김형복 // 조선어문. − 1986,(4). − 3 − 7
10726 조선말속기법에 대한 초보적탐구 / 김광원;조해화 // 조선어문. − 1986,(4). − 14
10727 정보화시대에 쓰일문자 / 최명수 // 대중과학. − 1987,(1). − 62
10728 조한문혼용주장은 때 지난 생각 / 리윤규 // 중국조선어문. − 1987,(1). − 35 − 38
10729 조선의 문자생활 / 최윤갑 // 중국조선어문. − 1988,(4). − 11 − 13
10730 조선어자모의 이름을 처음으로 달아준 사람 // 중국조선어문. − 1988,(5). − 55
10731 간판에 대한 생각 / 리헌 // 중국조선어문. − 1989,(3). − 24 − 25
10732 《훈민정음》창제이후 조선글자체계의 변화발전 / 김영옥 // 중국조선어문. − 1989,(3). − 16 − 19
10733 한글이란 // 중국조선어문. − 1989,(5). − 55
10734 훈민정음기원의 이설 하도기원론 / 리득춘 // 중국조선어문. − 1989,(5). − 11 − 16
10735 《훈민정음》창제자문제 / 허동진 // 중국조선어문. − 1990,(1). − 21 − 23
10736 출판물에서의 서사규범을 두고 몇마디 / 윤국광 // 중국조선어문. − 1990,(3). − 59 − 61
10737 리두의 발생과 그 성격 / 최윤갑 // 중국조선어문. − 1990,(6). − 11 − 14

H03 의미론, 어휘론

10738 단어의 정확한 선택과 사용 / 현근 // 연변. − 1963,(2). − 29
10739 유일어 선택을 위한 작가의 노력 / 서일권 // 연변. − 1963,(3). − 47
10740 《XXX 기차대》로 부터 / 칠성 // 연변. − 1963,(3). − 34
10741 한'자어 사용에 대한 몇 가지 문제 / 현근 // 연변. − 1963,(4). − 31
10742 보다 정확한 언어를 사용해야 한다 / 문창덕 // 연변. − 1963,(9). − 47 − 48
10743 외국속담 // 소년아동. − 1980,(1). − 26
10744 뜻을 똑 바로 알고 써야 할 단어와 그 표현 / 최창범 // 연변교육. − 1981,(3). − 51 − 54
10745 수수께끼의 조성수법과 표현특징 / 한진건 // 조선어 학습과 연구. − 1983,(2). − 10 − 14
10746 옳게 쓰이는 단어를 함부로 고쳐쓰지 말자 // 김창해 // 조선어 학습과 연구. − 1983,(2). − 52 − 53
10747 우리말의 외래어에 대하여 / 장흥권 // 조선어 학습과 연구. − 1983,(2). − 3 − 9
10748 남새이름을 옳게 씁시다 // 조선어 학습과 연구. − 1983,(3). − 13
10749 《그녀》란 말은 과연 써불만한 말인가? / 황해 // 조선어 학습과 연구. − 1983,(4). − 24 − 25
10750 《그녀》란 말을 받아들여야 하지 않겠는가? / 김관웅 // 조선어 학습과 연구. − 1983,(4). − 25
10751 아세아나라들의 수도명칭어원 / 한진건 // 조선어 학습과 연구. − 1983,(4). − 57 − 58
10752 단어의 표현적효과를 높이려면 / 최상해 // 청년생활. − 1983,(6). − 21 − 22
10753 범하기 쉬운 오유 // 대중과학. − 1983,(9). − 30 − 31
10754 《좇다》,《좋다》,《쫓다》,《쫒다》는 각각 어떻게 달리 쓰이는가? // 조선어 학습과 연구. − 1984,(1). − 58 − 59
10755 자존심과 자부심 // 연변녀성. − 1984,(2). − 6
10756 가사에서의 어휘사용과 관련한 몇가지 생각 / 현금석 // 조선어 학습과 연구. − 1984,(3). − 25 − 26
10757 외래어표기의 이모저모 / 김파 // 조선어 학습과 연구. − 1984,(3). − 27 − 30
10758 한자어략어의 조성법 및 그 사용 / 장광군 // 조선어 학습과 연구. − 1985,(1). − 34 − 35
10759 어휘량과 지능발전 // 조선어 학습과 연구.

－1985,(2).－21
10760 조선어 성구적한자어의 특성 / 김해수 // 조선어 학습과 연구.－1985,(2).－9－12
10761 애들의 어휘량증가속도 // 조선어 학습과 연구.－1985,(3).－35
10762 조선말체육용어의 사용과 관련하여 / 송천식 // 조선어 학습과 연구.－1985,(4).－3－7
10763 섞갈리기 쉬운 단어 // 연변교육.－1985,(9).－43
10764 간행물의 어휘사용실태에 대한 고찰 / 전봉락 // 조선어문.－1986,(1).－28－32
10765 조선어문교과서에 쓰인 일부 단어에 대한 생각 / 신현옥 // 조선어문.－1986,(1).－32－34
10766 틀리기 쉬운 일상용어 // 중국조선족교육.－1986,(1).－62－63
10767 연변의 만어지명과 그 뜻 / 박석균 // 조선어문.－1986,(2).－60－63
10768 성구와 속담의 구별 / 계성건 // 조선어문.－1986,(3).－19－20
10769 익살 해학 야유 풍자 / 전병선 // 조선어문.－1986,(3).－27－29
10770 ≪돋치다≫와≪돋히다≫를 옳게 골라쓰자 / 최무삼 // 조선어문.－1986,(4).－14
10771 성구,속담,격언,리언,경구,명언 / 병선 // 조선어문.－1986,(4).－45－47
10772 우리말 한자어휘에 대한 고찰 / 렴광호 // 조선어문.－1986,(4).－12－13
10773 우리 언어생활에서의 외래어사용을 두고 / 리동철 // 조선어문.－1986,(4).－26－27
10774 이런 새말들을 받아들여씁시다 // 조선어문.－1986,(4).－22－23
10775 교육분야에서 쓰이는 말 // 중국조선어문.－1987,(1).－77
10776 어휘수첩 // 문학과 예술.－1987,(1).－90
10777 경제분야에서 쓰이는 말 // 중국조선어문.－1987,(3).－24
10778 ≪독불장군 없다≫가 문장병집인가? / 최상해 // 중국조선어문,－1987,(3).－27
10779 우리말에 외래어를 함부로 섞어쓰지 말았으면 / 박균 // 중국조선어문.－1987,(3).－29
10780 일본어에 차용된 조선말어휘≪김치≫ / 민홍 // 중국조선어문.－1987,(4).－67－68
10781 ≪정읍사≫,≪서경별곡≫,≪청산별곡≫의 난해어구에 대하여 / 리득춘 // 중국조선어문.－1987,(4).－48－51
10782 ≪독불장군 없다≫를 받아들일수 없다 / 최룡률 // 중국조선어문.－1987,(6).－20
10783 어휘교수 어휘습득과 관련하여 / 최희숙; 리규 // 중국조선어문.－1988,(1).－25－27
10784 ≪자칫하면≫과 ≪하마트면≫을 어떻게 구별할가요? / 최룡률 // 중국조선어문.－1988,(2).－42－43
10785 한자어사용에서의 몇가지 문제 / 최기천 // 중국조선어문.－1988,(2).－14－18
10786 규범해써야 할 몇가지 단어 / 박석균 // 중국조선어문.－1988,(4).－28－29
10787 류의미단어와 종의미단어사이의 상대성관계와 계렬성관계 / 방학철 // 중국조선어문.－1988,(4).－7－8
10788 속담유래 2편 / 리룡득 // 중국조선어문.－1988,(4).－54－55
10789 ≪조선말속담분류집≫의 편찬특점과 사회적가치에 대하여 / 전학석 // 중국조선어문.－1988,(4).－50
10790 속담을 잘못 써서 생긴 풍파 / 안진영 // 중국조선어문.－1988,(5).－18
10791 ≪알락달락≫의 구조에 대한 고찰 / 김순배 // 중국조선어문.－1988,(5).－9－13
10792 ≪청산별곡≫의 ≪사 · 미≫에 대하여 / 최희수 // 중국조선어문.－1988,(6).－58－59
10793 ≪잠그다≫와 ≪채우다≫,≪가요≫와≪노래≫ // 소년아동.－1988,(7).－112
10794 ≪체육≫과 ≪스포츠≫,≪낯익다≫와≪눈익다≫ // 소년아동.－1988,(9).－77
10795 ≪강잉하다≫와 ≪강직하다≫,≪창조≫와 ≪창시≫ // 소년아동.－1988,(10).－89

10796 《많다》와 《적다》,《크다》와 《작다》 // 소년아동. – 1988,(11). – 35
10797 옳바르게 써야 할 몇개 지리명사 / 남원우 // 중국조선족교육. – 1988,(12). – 68
10798 《전야》와 《들》,《들판》,《벌》,《벌판》,《뜰》 // 소년아동. – 1988,(12). – 99
10799 고유어성구의 의미론적특성 / 류은종 // 중국조선어문. – 1989,(1). – 26 – 29
10800 동사와 형용사의 구별적표식 / 문창덕 // 중국조선어문. – 1989,(1). – 30 – 31
10801 《러》와 《려》의 구별 // 중국조선어문. – 1989,(1). – 21
10802 《얇다》와 《엷다》,《격분》과 《분격》 // 소년아동. – 1989,(1). – 55
10803 어휘와 표현에 대한 풀이의 절차와 방법 / 차룡주 // 중국조선어문. – 1989,(1). – 40
10804 조선어다의어의 의미체계에 대하여 / 장광군 // 중국조선어문. – 1989,(1). – 17 – 21
10805 《필》과 《호》에 대한 생각 / 박태형 // 중국조선어문. – 1989,(1). – 16
10806 수학용어 《소수》 (素數) 와 《소수》 (小數) 의 표기를 달리 / 리석준 // 중국조선어문. – 1989,(2). – 17
10807 한어로부터 새 단어를 받아들이는 원칙과 방법에 대하여 / 리억철 // 중국조선어문. – 1989,(2). – 40 – 44
10808 과문에 나오는 과학술어해석 / 박인선;박길성;리대송 // 중국조선어문. – 1989,(3). – 67 – 69
10809 알맞게 가려씁니다 / 윤광 // 중국조선어문. – 1989,(3). – 29 – 30
10810 《까츄샤》란 말은? // 중국조선어문. – 1989,(4). – 15
10811 명인들의 명언록 // 중국조선어문. – 1989,(5). – 43
10812 새가 가지를 가려앉듯 단어도 적합한 자리에 / 신옥균 // 중국조선어문. – 1989,(5). – 40
10813 조선어략어의 조성법 / 척보량 // 중국조선어문. – 1989,(5). – 24 – 27
10814 빛깔형용사의 형상적의미구조에 대하여 / 강보유 // 중국조선어문. – 1989,(6). – 4 – 8
10815 반의어에 대하여 / 류은종 // 중국조선어문. – 1990,(1). – 11 – 15
10816 《인사=소리》? / 신균 // 중국조선어문. – 1990,(1). – 57
10817 《가리키다》《가르치다》와 《각양각색》《다양한》 // 소년아동. – 1990,(2). – 60
10818 뜻 반대말의 기준설정과 그 갈래 / 리휘부 // 중국조선어문. – 1990,(2). – 23 – 24
10819 사회적요소로부터 본 조선어와 한어의 호칭 / 최건 // 중국조선어문. – 1990,(2). – 17 – 20
10820 세계명언 // 중국조선어문. – 1990,(2). – 58
10821 《내다 / 나다》의 의미적 고찰:한어와의 관련속에서 / 최건 // 중국조선어문. – 1990,(3). – 18 – 22
10822 반의어를 어떻게 가려잡을것인가 / 문창덕 // 중국조선어문. – 1990,(3). – 61
10823 《살뜰하다》와 《살틀하다》 // 소년아동. – 1990,(3). – 102
10824 속담의 형태구조적특성과 그 기능에 대하여 / 류은종 // 중국조선어문. – 1990,(3). – 13 – 18
10825 조선어어휘론문답 / 전병선 // 중국조선족교육. – 1990,(3). – 75 – 76
10826 해방후 직접옮김법에 의한 일부 단어의 뜻변화 / 최경남 // 중국조선어문. – 1990,(3). – 23 – 25
10827 《진중하다》와 《심중하다》의 뜻차이 // 소년아동. – 1990,(4). – 115
10828 해방이후 한어의 영향하에 조선어단어의 뜻변화와 비규범적 뜻사용 / 김기종 // 중국조선어문. – 1990,(4). – 4 – 8
10829 우리말 성구의 특성 / 리영순 // 중국조선어문. – 1990,(5). – 9 – 11
10830 다듬은 말 처리세칙 // 중국조선어문. – 1990,(6). – 22 – 23
10831 《불구대천》과 《철천지》,《인산인해》와 《장사진》 // 소년아동. – 1990,(6). – 109

10832 해방이후 방언어휘에 의한 조선어 동의어체계의 정밀화와 풍부화 / 김기종 // 중국조선어문. – 1990,(6). – 15 – 18

10833 ≪O · K≫의 함의 // 은하수. – 1990,(10). – 18

H04 문법론

10834 혼동하기 쉬운 토 / 김송 // 연변. – 1963,(6). – 31

10835 ≪소년 아동≫에서 본 몇 가지 언어 문제 / 서일권 // 연변. – 1963,(7). – 33 – 34

10836 의성 – 의태어를 바르게 쓰자 / 민수;인걸 // 연변. – 1963,(11). – 48

10837 말차림이 가지는 특성을 살려쓸데 대하여 / 류은종 // 연변교육. – 1980,(3). – 49 – 52

10838 문법술어대조 / 허동진 // 연변교육. – 1980,(7). – 47

10839 관형사에 대하여 / 류은종 // 연변교육. – 1981,(1). – 38 – 39

10840 병집있는 어구를 고치기 / 고준 // 연변교육. – 1981,(6). – 55

10841 문장성분가리기에서의 한 두가지 / 전복선 // 연변교육. – 1982,(4). – 20

10842 동사와 형용사의 차이에 대하여 / 전충록 // 연변교육. – 1982,(5). – 54 – 55

10843 군토, 군말을 없앱시다 / 김일파 // 조선어 학습과 연구. – 1983,(1). – 38

10844 띄여쓰기규범을 배우기 쉽고 장악하기 쉽게… / 김철범 // 조선어 학습과 연구. – 1983,(1). – 33 – 34

10845 복수토≪들≫의 결합적특성과 의미표현에 대하여 / 전병선 // 조선어 학습과 연구. – 1983,(1). – 30 – 32

10846 언어구조의 층차성과 문장의 층차적분석에 대하여 / 최윤갑 // 조선어 학습과 연구. – 1983,(1). – 15 – 19

10847 우리말 단위명사 / 최창범 // 조선어 학습과 연구. – 1983,(1). – 61 – 62

10848 전통문법이란 무엇이며 구조주의란 무엇인가? / 김진용 // 조선어 학습과 연구. – 1983,(1). – 56 – 57

10849 조선어단어형태조성법에 대하여 / 류패림 // 조선어 학습과 연구. – 1983,(1). – 25 – 29

10850 조선어문시험문제에서 본 문장성분가리기 및 기타 / 리찬산 // 연변교육. – 1983,(1). – 48

10851 현행≪조선말띄여쓰기≫에 대한 나의 소감 / 최영희 // 조선어 학습과 연구. – 1983,(1). – 33

10852 론리적범주와 문법적범주의 상호관계에 대하여 / 정경언 // 조선어 학습과 연구. – 1983,(2). – 23 – 27

10853 ≪이≫도 결합모음이 아니겠는가? / 리여천 // 조선어 학습과 연구. – 1983,(2). – 27 – 28

10854 단어의 구성을 층차에 따라 분석하여야 한다 / 전봉락 // 조선어 학습과 연구. – 1983,(3). – 30 – 32

10855 문장성분의 단위문제 / 류은종 // 연변교육. – 1983,(3). – 26 – 28

10856 문장의 주성분문제에 대하여 / 리귀배 // 조선어 학습과 연구. – 1983,(3). – 17 – 23

10857 부사의 뒤붙이 ≪ – 이≫와 ≪ – 히≫의 사용 / 함희철 // 조선어 학습과 연구. – 1983,(3). – 35 – 37

10858 주격토 ≪ – 가≫,≪ – 어≫가 붙는 단어는 모두 주어로 되는가? / 심희섭 // 조선어 학습과 연구. – 1983,(3). – 37 – 38

10859 규정어의 확대와 전환 / 최윤갑 // 조선어 학습과 연구. – 1983,(4). – 8 – 13

10860 단일문과 복합문,각종 복합문들의 구별에 대하여 / 남홍수 // 조선어 학습과 연구. – 1983,(4). – 18 – 19

10861 신문기사제목은 어휘 – 문법적규범에 맞게 / 윤재윤 // 조선어 학습과 연구. – 1983,(4). – 20 – 23

10862 ≪않다≫의 형태변화에 대하여 / 리운선 // 조선어 학습과 연구. – 1983,(4). – 26

10863 인명의 끝소리가 받침소리인 경우에 나타나는 [ㅇ]에 대하여 / 조일권 // 조선어 학습과 연구. – 1983,(4). – 14 – 16

10864 문장짜기에서 문법상의 병집을 어떻게 바로 잡을것인가 / 리성경 // 연변교육. – 1983,(8). – 20 – 21

10865 수적의미를 나타내는 명사와 수량수사의 구별 / 전병선 // 연변교육. – 1983,(10). – 46

10866 접속어사용을 보고서 / 리만송 // 연변교육. – 1983,(11). – 30 – 33

10867 여격토 ≪에≫에 의하여 표현되는 문장성분 / 박림식 // 연변교육. – 1983,(12). – 23

10868 ≪덧붙이합침법≫과 ≪토첨가법≫을 따로 설정할데 대한 견해를 읽고 / 전봉락 // 조선어 학습과 연구. – 1984,(1). – 12 – 14

10869 접미사 ≪적≫이 붙은 단어의 품사소속 문제 / 장광군 // 조선어 학습과 연구. – 1984,(1). – 14 – 17

10870 조선어의 격체계와 격형태에 대하여 / 리귀배 // 조선어 학습과 연구. – 1984,(1). – 4 – 7

10871 토의 단의성과 다의성 문제에 대하여 / 류패림 // 조선어 학습과 연구. – 1984,(1). – 7 – 11

10872 대명사가 속격규정어를 가지는 현상에 대하여 / 김석현 // 조선어 학습과 연구. – 1984,(2). – 19 – 20

10873 사역의미와 피동의미에 의한 조선어동사의 분류에 대하여 / 정경언 // 조선어 학습과 연구. – 1984,(2). – 9 – 14

10874 잔재토에 대하여: 잔재토의 개념과 문법적특성 / 류패림 // 조선어 학습과 연구. – 1984,(2). – 3 – 6

10875 ≪ – 뜨리 – ≫가 뒤붙이라면? / 김순배 // 조선어 학습과 연구. – 1984,(3). – 21 – 22

10876 바꿈토≪ㅁ / 음≫,≪기≫와 접미사≪ㅁ / 음≫,≪기≫를 어떻게 가릴것인가? / 정경언 // 조선어 학습과 연구. – 1984,(3). – 51 – 53

10877 토 ≪ – 한테≫,≪ – 한테서≫,≪ – 더러≫의 쓰임에 대하여 / 신균 // 조선어 학습과 연구. – 1984,(3). – 31 – 32

10878 여격토≪에≫,대격토≪를 / 을≫에 의하여 표현된 보어와 상황어의 구별 / 전선 // 조선어 학습과연구. – 1984,(4). – 22 – 23

10879 호칭어를 바르게 써야 한다 / 렴광호 // 조선어 학습과 연구. – 1984,(4). – 26 – 27

10880 확대된 성분을 어떻게 가릴것인가 / 전병선 // 조선어 학습과 연구. – 1984,(4). – 13 – 17

10881 상관계를 옳게 표현하여야 한다 / 신옥균 // 조선어 학습과 연구. – 1985,(1). – 36

10882 조선어문법의 핵심은 토: 차광일선생님이 쓴≪조선어토분류≫를 보고서 / 전선 // 조선어 학습과 연구. – 1985,(1). – 32

10883 토에 의한 문법적의미의 표현방식에 대하여(1):표현방식의 종류와 그 문법적 기능 / 류패림 // 조선어 학습과 연구. – 1985,(1). – 3 – 8

10884 받침≪ㅆ≫의 용법에 대하여 / 임창길 // 조선어 학습과 연구. – 1985,(2). – 17 – 18

10885 중세조선어 ≪상≫접미사의 본질적기능 / 정경언 // 조선어 학습과 연구. – 1985,(2). – 3 – 9

10886 초기구격형태에 대한 고찰 / 렴광호 // 조선어 학습과 연구. – 1985,(2). – 13 – 15

10887 토≪아≫와 ≪어≫의 구별 / 기형 // 조선어 학습과 연구. – 1985,(2). – 19 – 20

10888 단일문의 종류와 그 구별적특성 / 전병선 // 조선어 학습과 연구. – 1985,(3). – 25 – 28

10889 ≪…라는게≫의 쓰임을 두고 / 허분적 // 조선어 학습과 연구. – 1985,(3). – 32

10890 우리말 토와 그 분류 // 조선어 학습과 연구. – 1985,(3). – 63

10891 토에 의한 문법적의미의 표현방식에 대하여(2):매 부류의 토에 따르는 표현방식의 구비정도 / 류패림 // 조선어 학습과 연구. – 1985,(3). – 19 – 25

10892 접속술어에 대하여 / 리귀배 // 조선어 학습과 연구. – 1985,(4). – 18 – 22

10893 토에 의한 문법적의미의 표현방식에 대하여(3):문법적의미의 표현방식을 밝혀내는 리

론적의의 / 류패림 // 조선어 학습과 연구. − 1985,(4). − 14 − 18

10894 문법을 되도록 알기쉽게: 자동사와 타동사 // 연변교육. − 1985,(8). − 50

10895 문법을 되도록 알기 쉽게 :문장성분가리기 // 연변교육. − 1985,(10). − 21

10896 문법을 되도록 알기 쉽게 :꾸밈토≪러≫와 ≪려≫의구별 // 연변교육. − 1985,(11). − 38 − 39

10897 부사와 상징사의 기원에 대하여 / 권순남 // 조선어문. − 1986,(1). − 17 − 19

10898 조선어문법에서 문장군을 문법적단위로 설정할데 대하여 / 전병선 // 조선어문. − 1986,(1). − 12 − 17

10899 허사처리에서 주의를 돌려야 할 몇가지 문제 / 최기천 // 조선어문. − 1986,(1). − 43 − 46

10900 남조선에서 새로 나온 고등학교 문법교과서 − ≪문법≫ / 최순희 // 조선어문. − 1986,(2). − 27 − 30

10901 도움토 ≪마저≫를 옳게 씁시다 / 황성문 // 조선어문. − 1986,(2). − 15

10902 우리말실력시험 // 조선어문. − 1986,(2). − 42 − 43

10903 조선말계칭범주에 대하여 / 최명식 // 조선어문. − 1986,(2). − 10 − 13

10904 우리 나라의 조선어문법구조면에 나타난 경향을 두고 / 허동진 // 조선어문. − 1986,(3). − 3 − 8

10905 형태부의 분류와 단어의 구조에 대하여 / 류패림 // 조선어문. − 1986,(3). − 9 − 13

10906 문법의 종류에 대하여 / 차광일 // 조선어문. − 1986,(4). − 50 − 53

10907 받침교체에 의한 의성 − 의태어의 의미적 뉴안스에 대하여 / 장하도 // 조선어문. − 1986,(4). − 8 − 11

10908 토의 류형을 쉽게 가르려면 / 최영남 // 조선어문. − 1986,(4). − 43

10909 띄여쓰기에 대한 물음과 대답 / 황화선 // 중국조선족교육. − 1986,(7). − 124 − 125

10910 접미사 ≪적≫의 발음에 대하여 / 서방홍 // 중국조선어문. − 1987,(1). − 23 − 25

10911 조선어평가문의 구조와 그 특성 / 리세룡; 진복곤 // 중국조선어문. − 1987,(1). − 31

10912 차원적형태의 정의에 대하여: 문법형태의 차원적구조에 대한 연구 / 류패림 // 중국조선어문. − 1987,(1). − 18 − 22

10913 단문짓기와 글짓기 사이에 ≪풀이표≫를 긋자 / 김동진 // 중국조선어문. − 1987,(3). − 38

10914 어순배렬에서 류의할 몇가지 / 신옥균 // 중국조선어문. − 1987,(3). − 32 − 33

10915 띄여쓰기를 옳바르게 / 김룡수 // 중국조선어문. − 1987,(4). − 56 − 57

10916 부사와 용언이외 품사들의 결합 / 지룡 // 중국조선어문. − 1987,(4). − 32 − 33

10917 종결술어의 시칭에 대하여 / 김영희 // 중국조선어문. − 1987,(4). − 25 − 27

10918 하강적단어결합에 대하여 / 최윤갑 // 중국조선어문. − 1987,(4). − 15 − 18

10919 조선어토의 본질 / 차광일 // 중국조선어문. − 1987,(6). − 12 − 16

10920 조선어문법 900가지 문답 / 전병선 // 중국조선족교육. − 1987,(10). − 73

10921 기본받침에 대하여 / 임창길 // 중국조선어문. − 1988,(1). − 30 − 31

10922 단어와 토를 옳바르게 씁시다 / 황화선 // 중국조선족교육. − 1988,(1). − 76 − 77

10923 문장의 계층적분석과 그 분석방법에 대하여 / 전병선 // 중국조선어문. − 1988,(1). − 7 − 11

10924 조선어에서의 접요사문제 / 장광군 // 중국조선어문. − 1988,(2). − 37 − 40

10925 주어와 주제어 문제 / 허동진 // 중국조선어문. − 1988,(2). − 34 − 36

10926 명사냐 부사냐? / 김동희 // 중국조선어문. − 1988,(3). − 37

10927 의성의태어를 옳바로 쓰자 / 조희천 // 중국조선어문. − 1988,(4). − 59 − 60

10928 접속어를 정확하게 / 신옥균 // 중국조선어

문. – 1988,(4). – 30
10929 조선어에서 문법적수범주를 표현하는 문법적 수법과 수단 / 김기종 // 중국조선어문. – 1988,(4). – 3 – 7
10930 보어와 상황어의 구별적표식에 대하여 / 김미자 // 중국조선어문. – 1988,(5). – 3 – 8
10931 의미소분석법 / 김동익 // 중국조선어문. – 1988,(5). – 19 – 23
10932 섞갈리기 쉬운 품사가리기 / 최희수 // 중국조선족교육. – 1988,(9). – 22 – 23
10933 ≪구≫란? // 중국조선어문. – 1989,(2). – 55
10934 일부 문장부호들의 특수한 용법 / 정경호 // 중국조선어문. – 1989,(2). – 18 – 19
10935 ≪에게≫와 ≪에게서≫의 구별 // 중국조선어문. – 1989,(2). – 55
10936 주어와 술어를 바로 맞물리자 / 신옥균 // 중국조선어문. – 1989,(2). – 34
10937 단락에 대하여 / 전병선 // 중국조선어문. – 1989,(3). – 11 – 15
10938 단어와 토를 옳바르게 씁시다 / 황화선 // 중국조선족교육. – 1989,(3). – 65 – 66
10939 조선어접사의 식별적특성과 그 기능에 대하여 / 허동진 // 중국조선어문. – 1989,(5). – 18 – 24
10940 조선어문장성분화의 과학적기준을 심화시키는데서 나서는 몇가지 문제: 보어와 상황어의 기준을 중심으로 하여 / 심상국 // 중국조선어문. – 1989,(6). – 17
10941 대화에서의 격토쓰임에 대한 고찰 / 최명식 // 중국조선어문. – 1990,(1). – 16 – 20
10942 론리적성분화에서 제기되는 몇가지 문제 / 전병선 // 중국조선어문. – 1990,(1). – 24 – 27
10943 문장의 련결수법과 그 리용 / 박천균 // 중국조선어문. – 1990,(2). – 8 – 11
10944 빛갈형용사의 결합적특성 / 강보유 // 중국조선어문. – 1990,(2). – 12 – 16
10945 잘못 표기되고있는 외래어고유명사 / 장동권 // 중국조선어문. – 1990,(2). – 42 – 45
10946 존칭토 ≪시≫를 바로 쓰려면 / 무빈홍 // 중국조선어문. – 1990,(4). – 16
10947 권유식의 형성에 대하여 / 렴광호 // 중국조선어문. – 1990,(5). – 12 – 15
10948 명사냐 수사냐 / 전봉락 // 중국조선어문. – 1990,(5). – 8
10949 문장성분들의 긴밀도에 대하여 / 전병선 // 중국조선어문. – 1990,(5). – 4 – 7

H05 습작학, 수사학

10950 로신 선생은 창작을 어떻게 대하였는가 / 허광평 // 연변. – 1961,(10). – 47 – 48
10951 문장의 간결성에 대하여 / 유설 // 연변. – 1963,(5). – 32
10952 문법에 맞게 문장을 쓰자 / 김해 // 연변. – 1963,(8). – 34
10953 감상문쓰기 // 연변교육. – 1980,(3). – 62
10954 고쳐쓰기에 대하여 // 연변교육. – 1980,(3). – 59 – 61
10955 주제의 포착방법 // 연변교육. – 1981,(5). – 60 – 61
10956 학생작문들에서의 언어구사를 보고 / 김순희 // 조선어 학습과 연구. – 1983,(2). – 39 – 41
10957 섞갈리기 쉬운 몇가지 수사법의 구별 / 전병선 // 조선어 학습과 연구. – 1983,(3). – 24 – 27
10958 학생들이 개성적이고도 살진 글을 쓰게 하자 / 김만석 // 조선어 학습과 연구. – 1983,(4). – 34 – 37
10959 의론문의 론증방법에 대하여 / 한영준 // 연변교육. – 1983,(9). – 33 – 35
10960 읽음새분석을 보다 효과적으로 / 김춘자 // 연변교육. – 1983,(12). – 20 – 22
10961 외래어와 문장부호 / 장흥권 // 조선어 학습과 연구. – 1984,(1). – 22 – 24
10962 우리말 례절차림과 문체론적수법 / 전병선 // 조선어 학습과 연구. – 1984,(2). – 30 – 31
10963 일부 작품들로부터 본 의성 – 의태어의

사용실태 / 장하도 // 조선어 학습과 연구. - 1984, (2). - 7 - 9

10964 동무의 문장은 어째 발표되지 못할가요? / 상금 // 연변녀성. - 1984,(3). - 62 - 63

10965 자료를 수집,정리,축적하는 면에서 본 재미 / 왕수림 // 동북민병. - 1984,(13). - 31 - 32

10966 문장분석법에 대하여 / 허동진 // 조선어 학습과 연구. - 1985,(1). - 45 - 50

10967 문장분석에서 연구되여야 할 몇가지 문제 / 전병선 // 조선어 학습과 연구. - 1985,(1). - 56 - 62

10968 편집자와 문자소양 / 윤국광 // 조선어 학습과 연구. - 1985,(1). - 51 - 52

10969 문체론의 기원과 발전 / 최응구 // 조선어문. - 1986,(1). - 20 - 22

10970 명제작문에서 제목분석을 어떻게 지도할것인가 / 리민순 // 조선어문. - 1986,(2). - 32 - 34

10971 혁명가요의 언어구사에 대하여 / 김준길 // 조선어문. - 1986,(2). - 12 - 15

10972 현대문체론과 그 류파 / 최응구 // 조선어문. - 1986,(2). - 24 - 26

10973 문체론의 류형 / 최응구 // 조선어문. - 1986, (3). - 21 - 23

10974 보도기사의 제목에 대하여 / 윤재윤 // 조선어문. - 1986,(3). - 20

10975 중국에서의 문체론연구 / 최응구 // 조선어문. - 1986,(4). - 19 - 21

10976 모호한 언어와 그 문체론적기능에 대하여:모호성리론과 조선어에서 모호한 언어의 사용 / 량오진 // 중국조선어문. - 1987,(1 - 2). - 13 - 17

10977 알기 쉽고 리치에 맞는 글을 / 최창범 // 중국조선어문. - 1987,(3). - 30 - 31

10978 재치있는 비판 // 중국조선어문. - 1987,(3). - 25

10979 친절한 부름말은 사랑과 성공의 비결 / 최명식 // 중국조선어문. - 1988,(2). - 5 - 6

10980 문장분석을 어떻게 할것인가? / 한종만 // 중국조선어문. - 1988,(3). - 53 - 57

10981 신문보도에서 흔히 쓰는 몇가지 수사법에 대한 고찰 / 최상철 // 중국조선어문. - 1988, (3). - 38 - 40

10982 에돌림말의 표현효과 / 범유수 // 중국조선어문. - 1988,(3). - 25 - 27

10983 정보적관계에 의한 문장들의 련결에 대하여 / 전병선 // 중국조선어문. - 1988,(6). - 7 - 13

10984 묘사력을 어떻게 키워줄것인가? / 리민순 // 중국조선어문. - 1989,(1). - 38 - 39

10985 일부 문장부호들의 특수한 용법 / 정경호 // 중국조선어문. - 1989,(2). - 18 - 19

10986 같은 값이면… / 김학철 // 중국조선어문. - 1989,(3). - 49 - 50

10987 아차 실수! / 최검 // 중국조선어문. - 1989, (3). - 55

10988 우리말 수사법에 ≪천호법≫을 / 김일남 // 중국조선어문. - 1989,(3). - 20

10989 입말에서 보조적수단들의 리용 / 김기종 // 중국조선어문. - 1989,(3). - 5 - 8

10990 문장부호의 수사학적 활용 / 김기종 // 중국조선어문. - 1989,(5). - 10 - 16

10991 신문언어 :신문법칙에 따라 ≪신문언어≫ 특성을 더듬어보면서 / 김주철 // 중국조선어문. - 1989,(5). - 35 - 39

10992 신문보도와 언어 / 박천규 // 중국조선어문. - 1989,(6). - 18 - 21

10993 혼동하기 쉬운 수사법의 구별 / 장문철 // 중국조선어문. - 1990,(3). - 35 - 36

10994 서술문으로 의문적물음을 나타내는 경우에 대하여 / 김선파 // 중국조선어문. - 1990,(4). - 12 - 13

10995 기서문제목분석의 엄밀성에 대하여 / 신현철 // 중국조선어문. - 1990,(5). - 21 - 22

10996 수기를 어떻게 쓸것인가? / 로주철 // 중국조선어문. - 1990,(5). - 33 - 34

10997 수필언어의 몇가지 특성 / 김경석 // 중국조선어문. - 1990,(5). - 35 - 38

10998 문장에서 서로 맞물려야 할 단어와 표현들 / 화옥 // 중국조선어문. – 1990,(6). – 36 – 38

H059 번역학

10999 번역문들에서 보여지는 몇가지 폐단에 대하여 / 박석균 // 조선어 학습과 연구. – 1983,(1). – 50 – 53

11000 한조번역에서의 혈후어의 처리에 대하여 / 장의원 // 조선어 학습과 연구. – 1983,(1). – 53 – 56

11001 번역문에서의 단어들의 맞물림 / 리룡해 // 조선어 학습과 연구. – 1983,(2). – 48 – 51

11002 한조번역에서의 우리말 어휘사용에 대하여 / 리영 // 조선어 학습과 연구. – 1983,(2). – 45 – 47

11003 길림성 한조번역간부대오의 실정과 관련한 몇가지 생각 / 안성호;리룡해 // 조선어 학습과 연구. – 1983,(3). – 10 – 13

11004 단어뜻을 옳게 포착하고 번역하여야 한다 / 원종섭 // 조선어 학습과 연구. – 1983,(3). – 59 – 61

11005 번역과 원문리해 / 김창남 // 조선어 학습과 연구. – 1983,(3). – 56 – 59

11006 번역문화유산을 깊이 연구하여 번역의 질을 높이자 / 김현대 // 조선어 학습과 연구. – 1983,(3). – 52 – 55

11007 규정어가 달린 명사번역에서의 접두사화 처리문제 / 윤효식 // 조선어 학습과 연구. – 1983,(4). – 48 – 50

11008 영화대본번역에서 제기되는 몇가지 문제 / 김성일 // 조선어 학습과 연구. – 1983,(4). – 54 – 56

11009 제2차 한어어휘번역통일안 // 조선어 학습과 연구. – 1983,(4). – 59 – 62

11010 한어의 보조적품사≪和≫의 번역에 대하여 / 리영 // 조선어 학습과 연구. – 1983,(4). – 51 – 52

11011 사실주의 번역론:N.카스킨의 번역리론에 대한 개략적인 소개 / 채의 // 조선어 학습과 연구. – 1984,(1). – 46 – 50

11012 외국말을 모르는 외국문번역자 // 조선어 학습과 연구. – 1984,(1). – 54

11013 통역에 대하여 / 권병록 // 조선어 학습과 연구. – 1984,(1). – 44 – 46

11014 겸어식문장에서의 ≪使≫의 번역에 대하여 / 김장록 // 조선어 학습과 연구. – 1984,(2). – 33 – 35

11015 한어의 판단동사 ≪是≫의 번역에 대하여 / 남광철;리룡해 // 조선어 학습과 연구. – 1984,(2). – 42 – 44

11016 한조영화술어대조표 / 오복길 // 조선어 학습과 연구. – 1984,(2). – 49 – 51

11017 고대한어에서의 년령별칭과 관련한 번역 / 김중기 // 조선어 학습과 연구. – 1984,(3). – 58 – 61

11018 번역문제에 대한 쏘련번역계의 토론 / 사조균 // 조선어 학습과 연구. – 1984,(4). – 36 – 39

11019 동사를 잘 번역하면 련꽃처럼 아름다우리: 문예작품에서의 동사번역문제와 관련하여 / 윤효식 // 조선어 학습과 연구. – 1985,(1). – 53 – 55

11020 한어규정어의 번역문제에 대하여 / 리억철 // 조선어 학습과 연구. – 1985,(2). – 46 – 50

11021 한조번역에서의 규정어의 위치와 성분에 대하여 / 허분적 // 조선어 학습과 연구. – 1985,(2). – 51 – 56

11022 역문어휘선택에서의 고유어와 한자어:윤효식선생의 론문을 읽고 / 장의원 // 조선어 학습과 연구. – 1985,(3). – 59 – 62

11023 조선어와 한어의 각이한 특성을 두고 / 김파 // 조선어 학습과 연구. – 1985,(3). – 56 – 59

11024 국내지명번역에서의 일부 문제에 대하여 / 한득춘 // 조선어문. – 1986,(1). – 38 – 39

11025 원문의 뜻을 옳게 포착하는것은 번역에서의 선결조건 / 박복선 // 조선어문. – 1986,(1). – 47 – 49

11026 한조 두 언어에서 비확대,확대규정어가 나란히 놓일 때의 위치적특성 / 태평무 // 조선어문. – 1986,(1). – 40 – 42

11027 번역에서의 의성의태어처리 / 윤효식 // 조선어문. – 1986,(2). – 46 – 48

11028 우리말의 몇가지 한자어와 한어와의 대비 / 최덕은 // 조선어문. – 1986,(2). – 52 – 56

11029 현대한어에서의 ≪–A≫≪–A–A≫의 번역에 대하여 / 김성우 // 조선어문. – 1986,(2). – 49 – 51

11030 도꾜외국어대학 교수 간노히로오미 일본어와 조선어의 관계를 탐구하여 // 조선어문. – 1986,(4). – 54

11031 법률용어번역에 대한 약간한 의견 / 지희권 // 조선어문. – 1986,(4). – 28 – 34

11032 연설문번역에 있어서의 ≪달≫과 ≪아≫에 대하여 / 리룡해 // 중국조선어문. – 1987,(3). – 45 – 48

11033 오역을 정확히 대하여야 한다 / (일본)가와사끼 호오죠;최영수 중역 // 중국조선어문. – 1987,(3). – 50 – 51

11034 번역준칙 ≪신,달,아≫에 대하여 / 주조상 // 중국조선어문. – 1987,(4). – 64 – 66

11035 번역리론의 적용과 정확한 번역에 대하여 / 최덕은 // 중국조선어문. – 1987,(6). – 44 – 48

11036 한조번역에서 략어의 사용에 대하여 / 리영 // 중국조선어문. – 1987,(6). – 49 – 51

11037 번역학을 건립하여야 한다 / 담대희 // 중국조선어문. – 1988,(1). – 45 – 47

11038 지명번역사용에 대한 몇가지 / 최충은 // 중국조선어문. – 1988,(5). – 38

11039 번역에서의 문장부호사용에 대하여 / 최기천 // 중국조선어문. – 1989,(1). – 48 – 50

11040 한조번역에서 동사를 축으로 하는 단어결합형식을 적극 살려쓸데 대하여 / 오수자 // 중국조선어문. – 1989,(2). – 35 – 39

11041 문학작품번역과 언어예술에 대한 초보적탐구 / 최검 // 중국조선어문. – 1989,(4). – 36

11042 영화,텔레비죤극 배음대본번역의 특성 / 정학문 // 중국조선어문. – 1989,(4). – 39

11043 문학번역과 형상사유 / 장의원 // 문학과 예술. – 1989,(6). – 51 – 54

11044 번역과 사유 / 장의원 // 중국조선어문. – 1989,(6). – 37 – 40

11045 한조체육교수용어대조표 / 장창진;김휘 // 중국조선족교육. – 1989,(10). – 72 – 73

11046 일어와 조선어 보조적동사의 대응관계에 대하여 / 리학재 // 중국조선족교육. – 1989,(11). – 33 – 35

11047 소설번역탐구 / 류원무 // 중국조선어문. – 1990,(4). – 48 – 53

11048 한조번역수준을 한층 더 높일 문제와 관련하여 / 최덕은 // 중국조선어문. – 1990,(5). – 39 – 43

H06 사전학

11049 ≪조선말소사전≫을 어떻게 사용할것인가? / 박상일 // 연변교육. – 1981,(5). – 57 – 58

11050 우리말 사전편찬에 대한 몇가지 소견 / 김영환 // 중국조선어문. – 1987,(4). – 22 – 24

H07 방언학

11051 우리나라에서의 조선어방언토의 사용실태 / 리윤규 // 조선어 학습과 연구. – 1983,(3). – 39 – 43

11052 무순지구조선어방언의 음운적특성 / 원정희;김봉 // 조선어 학습과 연구. – 1984,(1). – 24 – 25

11053 방언이란? // 중국조선어문. – 1989,(2). – 59

11054 함경도방언계칭의 사회언어학적연구 / 배정호 // 중국조선어문. – 1990,(4). – 9 – 11

H087 수리언어학

11055 수리언어학이란 / 렴광호 // 조선어 학습과

연구. − 1984,(2). − 60 − 61
11056 조선글컴퓨터화를 위한 글자판시안에 대하여 / 김숙자 // 조선어문. − 1986,(1). − 3 − 6

H1 한어

11057 적극적으로 한어를 학습 장악하자 // 연변. − 1961,(9). − 17 − 18
11058 漢字部首的源與流 / 李敏盛 // 중국조선족교육. − 1990,(1 − 2). − 71 − 74

H2 중국소수민족언어

11059 광서쫭족어문사업실적 / 리광림;방창국 // 중국조선어문. − 1988,(2). − 25 − 28
11060 우리나라 소수민족언어선전망 // 민족단결. − 1989,(2). − 33
11061 중국의 소수민족언어쟁책과 민족어사용현황 / 장흥권 // 민족단결. − 1989,(2). − 40 − 43

H3 상용외국어

11062 당대의 국제어 − 영어ABC / 채일석 // 연변교육. − 1980,(9). − 54 − 55
11063 영어와 오늘의 세계 / 여사웅 // 대중과학. − 1984,(5). − 13
11064 외국속담 / 조만렬 // 연변녀성. − 1985,(1). − 35
11065 영어의 현상태와 그 개혁동태 / 왕흥가 // 조선어 학습과 연구. − 1985,(3). − 34 − 35
11066 어려서부터 영어를 / 풍택군 // 대중과학. − 1985,(9). − 20 − 21
11067 외국인 이름과 성씨의 배렬순서 // 중국조선어문, − 1990,(4). − 56 − 58
11068 여러 가지 언어들에서의 동물의 울음소리 // 중국조선어문. − 1990,(5). − 59

H9 국제보조언어

11069 희망자의 언어 − 세계어 / 려사군;왕애춘 // 조선어 학습과 연구. − 1983,(1). − 63 − 64

I 문학

I0 문학리론

11070 文藝小常識 / 編輯部 // 연변문예. − 1951,(창간호). − 13
11071 文化館에서 業餘劇團을 어떻게 組織領導할것인가 / 廉浩烈 // 연변문예. − 1951,(창간호). − 36
11072 詩의 眞實性 / 金蓮淑 // 연변문예. − 1951,(2). − 13
11073 文藝小常識 / 編輯部 // 연변문예. − 1951,(2). − 19
11074 延邊群衆文藝의 더 큰 발전을 위하여 / 崔采 // 연변문예. − 1951,(3). − 5 − 8
11075 사회주의적 사실주의에 대한 몇가지 문제 / 풍설봉 // 연변문예 − 1954,(2). − 22 − 25
11076 민간 구전 문학을 연구하는 과업을 정확히 진행하자 // 연변문예. − 1954, − (3).11 − 12
11077 ≪생활체험≫과 ≪재료수집≫ / 백창화;구영문 // 연변문예. − 1955,(7). − 19 − 20
11078 문학의 당성을 강화하자 / 류백우 // 연변문예. − 1955,(11). − 2 − 7
11079 전형문제에 대한 초보적 리해:중국작가

협회창작위원회 리론비평조에서 개최한 전형 문제좌담회에서의 발언 / 림묵함 // 연변문예. – 1956,(8). – 1 – 8

11080 예술특징에 관한 문제 / 장망 // 연변문예. – 1956,(9). – 46 – 53

11081 민화와 민요에 대하여 // 연변문예. – 1956, (10). – 63 – 64

11082 문학의 전형성에 대한 몇가지 체득 / 설인 // 아리랑. – 1957,(3). – 20 – 26

11083 문학 술어 해설 / 편집부 // 아리랑. – 1957, (4). – 40

11084 과학 동화에 대하여 / 대민 // 아리랑. – 1957, (6). – 40 – 44

11085 문예 대오중의 우경사상을 반대하자 // 아리랑. – 1957,(8). – 1 – 4

11086 문예와 정치 / 리홍규 // 아리랑. – 1957,(11). – 8 – 9

11087 사실과 허구에 대하여 / (쏘련)쎄르게이 싸르따꼬브 // 아리랑. – 1958,(7). – 53 – 62

11088 계승과 부정 / 림묵함 // 연변문학. – 1959, (9). – 44 – 46

11089 당의 령도를 견지하고 공농병을 위해 복무하는 문예 방향을 관철하자 / 국 경추 // 연변. – 1961,(5). – 10 – 15

11090 정치와 문예 / 김재호 // 연변. – 1961,(12). – 17 – 19

11091 문예 창작의 번영을 위하여 / 김재호 // 연변. – 1962,(3). – 13 – 14

11092 문학에 반영된 유가와 법가간의 투쟁 / 황천 // 연변문예. – 1975,(2).41 – 46

11093 문예작품의 전형성에 대하여 / 연중문 // 연변문예. – 1975,(3). – 46 – 48

11094 문예작품은 생활에서 오며 또 생활보다 높아야 한다 / 연중문 // 연변문예, – 1975.(6). – 55 – 55

11095 전형을 부각하려면 실제생활로부터 출발하여야 한다 / 사촌 // 연변문예. – 1977,(7). – 60 – 63

11096 예술풍격에 대하여 / 왕조문 // 연변문예. – 1978,(1). – 60 – 61

11097 모주석께서 시에 대하여 진의동지에게 하신 편지 // 연변문예.1978,(2). – 3 – 4

11098 문학의 진실성과 우리의 창작 / 정판룡 // 문학예술연구. – 1980,(1). – 8 – 10

11099 중국조선족문학개황 / 권철;조성일 // 연변문예. – 1980,(1). – 54 – 59

11100 혁명적사실주의전통과 우리의 소설창작 / 정판룡 // 연변문예. – 1980,(1). – 50 – 53

11101 예술적형상에 대하여 / 현룡순 // 문학예술연구. – 1980,(2). – 5 – 9

11102 문예창작과 문예비평 / 강장희 // 연변문예. – 1980,(3). – 64

11103 몇가지 리론문제로부터:몇가지 리론문제에 관하여 / 진황매 // 문학예술연구. – 1980,(6). – 4 – 13

11104 목전 문예리론연구사업중의 몇개 문제 // 문학예술연구. – 1980,(6).2 – 3

11105 문예작품의 예술전형 / 현룡순 // 연변문예. – 1980,(6). – 14 – 17

11106 문학예술의 진실성과 생활의 진실 / 서일권 // 문학예술연구. – 1980,(6).17 – 19

11107 예술의 진실에 대한 생각 / 전국권 // 연변문예. – 1980,(7). – 58

11108 예술적전형과 ≪다수≫,≪주류≫ 및 기타 / 두서영 // 문학예술연구. – 1980,(7). – 39 – 48

11109 민족적특성연구에서 제기되는 몇가지 문제 / 허휘훈 // 문학예술연구. – 1980,(11). – 2 – 6

11110 쿨베이와 사실주의 / 김화병 // 문학예술연구. – 1980,(11.12).7 – 8

11111 외국문학류파에 대한 간단한 소개 / 조첩 // 문학예술연구. – 1981,(1). – 51

11112 자연주의류파에 대한 간단한 소개 / 산수 // 문학예술연구. – 1981,(1). – 54 – 56

11113 사회주의 새 인물을 부각할데 대한 토론 // 문학예술연구. – 1982,(2). – 30 – 32

11114 예술전형창조에서의 전형화과정 / 현룡순

// 문학예술연구. – 1982,(2). – 41 – 44
11115 문예평론에서 제기되는 몇가지 문제 / 박창윤 // 문학예술연구. – 1982,(3). – 29 – 31
11116 자연주의 // 문학예술연구. – 1982(3). – 49 – 51
11117 상징주의 / 서일권 // 문학예술연구. – 1982,(4).37 – 39
11118 서양문학에서의 현대성의 예술특징 / 풍한진 // 문학예술연구. – 1982,(4). – 12 – 19
11119 ≪강화≫와 해방전쟁시기 조선민족문예 / 리정문 // 연변문예. – 1982,(9).63 – 66
11120 문학과 언어 / 김철 // 조선어 학습과 연구. – 1983,(1). – 10
11121 조선족구전문학개관 / 조성일 // 문학예술연구. – 1983,(1) – 33 – 43
11122 새시기의 문학과 인간성,인도주의와의 관계에 관한 학술토론회 발언 요점 // 문학예술연구. – 1983,(2). – 1 – 4
11123 비교문학에 대하여 / 김화병 // 은하수. – 1983,(4). – 71 – 72
11124 예술평론과 평론예술 // 문학예술연구.1983,(4). – 49 – 50
11125 창작소감 / 리근전 // 문학예술연구. – 1983,(4). – 27 – 33
11126 문학평론에 대한 소감 / 김봉웅 // 연변문예.1983,(7). – 44 – 45
11127 문학예술의 근본방향 / 최삼룡 // 연변문예. – 1983,(12). – 39
11128 조선족문예대사기 // 문학예술연구. – 1984,(1) – 45 – 47
11129 조선족쉐익스피어여,나오라 / 김파 // 장백산. – 1984,(1). – 147 – 153
11130 창작실천에서 쌓은 경험:주 창작회의에서 한 발언 / 최삼명 // 문학예술연구. – 1984,(1). – 52 – 56
11131 ≪문학개론≫자학시험복습요점 // 문학과 예술. – 1984,(2). – 25 – 26
11132 소수민족 문학수준을 하루빨리 제고시키자 / 마라친부 // 장백산. – 1984,(4). – 247 – 249
11133 시대의 용광로에서 감정을 불태워 / 리단초 // 장백산. – 1984,(4). – 204 – 206
11134 ≪개혁제재의 문학≫에 관한 학술토론회 진행 // 문학과 예술. – 1985,(1). – 30 – 31
11135 최근년의 우리 나라 문학연구의 특점과 추세 // 문학과 예술. – 1985,(4). – 61
11136 문학에 대한 단상 / 한원국 // 문학과 예술. – 1985,(5). – 38 – 39
11137 소설창작중의 경향성을 두고 / 차룡순 // 문학과 예술. – 1985,(5). – 40 – 45
11138 황당파문학 // 문학과 예술. – 1985,(5). – 91
11139 우리 나라 추리소설은 왜 발전하지 못하고 있는가? // 문학과 예술. – 1985,(6). – 77
11140 창작자유에 대한 레닌의 론술 // 천지. – 1985,(9). – 59 – 61
11141 구성예술의 탐구와 혁신 / 현동언 // 문학과 예술. – 1986,(1). – 7 – 10
11142 근 현대 조선족문학연구에 대하여 / 한금옥 // 문학과 예술. – 1986,(1). – 14 – 17
11143 문학연구사유공간의 개척과 발전 // 문학과 예술. – 1986,(1) – 85 – 87
11144 문학평론에서의 새로운 돌파 // 문학과 예술. – 1986,(1). – 84 – 85
11145 상징주의 / 장영륜 // 문학과 예술. – 1986,(1). – 56 – 59
11146 소설관념의 변화와 리론연구 // 문학과 예술. – 1986,(1). – 87
11147 새로운 력사시기의 조선족문화 / 조성일 // 문학과 예술. – 1986,(1) – 19 – 28
11148 장편소설의 예술적 탐색에서의 새로운 추세 / 류제 // 문학과 예술. – 1986,(1) – 70 – 74
11149 새시기 중국시가 발전의 일각 / 전국권 // 문학과 예술. – 1986,(2). – 20 – 22
11150 문학은 시대의 맥박과 함께 뛰여야 / ≪광명일보≫에서 // 문학과 예술. – 1986,(3). – 34
11151 시대성 · 다양성 · 민족성 / 리상각 // 문학과 예술. – 1986,(3). – 8 – 9

11152 우리 문학평론의 폐단/김봉웅//문학과 예술.－1986,(3).－9－10

11153 전통과 혁신문제/김봉웅//도라지.－1986,(4).－79－80

11154 조선족문학발전에 대한 거시적 투시/조성일//문학과 예술.－1986,(4).－4－8

11155 총체구성상에서 본 당대문학의 몇가지 변화//문학과 예술.－1986,(4).－65－66

11156 당대 사회심리와 문학창작/허휘훈//문학과 예술.－1986,(5).－48－49

11157 문예심리학에 대한 생각/김화병//문학과 예술.－1986,(5).－17－18

11158 문학의 주체의식의 각성과 문학평론의 사명/최삼룡//문학과 예술.－1986,(5)－43－45

11159 조선족시단의 현좌표와 발전기류/산천//문학과 예술.－1986,(5).－4－5

11160 문학에서의 성의식의 표현문제/현동언//천지.－1986,(12).－86－87

11161 사실주의에 대한 소감/김월성//천지.－1986,(12).－80－81

11162 문학평론방법의 다양화/전국권//천지.－1987,(1).－92－93

11163 시대는 조선족문학의 비약을 부른다//문학과 예술.－1987,(1).－65－67

11164 정신분석학과 문학의 관계/김화병//도라지.－1987,(1).－69－72

11165 사실주의에 대한 생각/리상각//문학과 예술.－1987,(3).－28－29

11166 전통문화와 우리의 자세/김용식//문학과 예술.－1987.(3).－11－12

11167 나의《사실주의》/장자룡//문학과 예술.－1987,(4).－48－49

11168 문학의 실태와 반성/김훈//문학과 예술.－1987,(4).－50

11169 문학은 사회생활의 반영이다/최희수//천지.－1987,(5).－94－96

11170 우리 소설창작에서의 초월식 의의 산생과 발전/현동언//문학과 예술.－1987,(9－10)－25－27

11171 조선고전문학의 민족적특성/김하명//문학과 예술.－1987,(9－10).－9－13

11172 문학 본체론//문학과 예술.－1988,((1).－91

11173 민족문학의 오늘에 대한 부감//문학과 예술.－1988,(1)－13－16

11174 민족성격은 《혼연일체》상태를 이루어야//문학과 예술.－1988,(1).－80

11175 병리학적현상과 문학적투시//문학과 예술.－1988,(1).－46

11176 우리 문학에 앞서 우리 민족을/장경숙//문학과 예술.－1988,(1).－8－10

11177 전통의식,당대의식 및 민주의식의 관계/방룡남//문학과 예술.－1988,(1).－4－7

11178 개혁문학평론에 대한 사고//문학과 예술.－1988,(2).－59

11179 문학평론에서의 허황한 리론적사변//문학과 예술.－1988,(2).－83

11180 칭키스칸과 민족성과 실용주의/한창희//천지.－1988,(2).－48－49

11181 표현주의와 카프카의 문학//문학과 예술.－1988,(2).－93－95

11182 모호문예학//문학과 예술.－1988,(3).－85

11183 문예부호학//문학과 예술.－1988,(3).－85

11184 새시기 문학에 대한 외국문학의 영향//문학과 예술.－1988,(3).－80

11185 소설의 성묘사에서 주의할 몇가지//문학과 예술.－1988,(3).－80

11186 인류학적문예학//문학과 예술.－1988,(3).－85

11187 중국조선족당대문학개론:1949－1983/조성일//문학과 예술.－1988,(3).－4－14

11188 개혁제재문학은/리국문//문학과 예술.－1988,(4).－65

11189 류재복이 현대주의를 언급//문학과 예술.－1988,(4).－83

11190 문학의《내성화》문제에 대한 쟁명//문

학과 예술.－1988,(4).－50－51
11191 문예와 개혁 / 장기하 // 장백산.1988,(4).－175－176
11192 실존주의와 싸르뜨르의 문학 // 문학과 예술.－1988,(4).－71－73
11193 근년래 사실주의에 대한 몇가지 제기법 // 문학과 예술.－1988,(5).－94
11194 문학은 민족정신의 훈련장 // 문학과 예술.－1988,(5).－54－55
11195 문화의 수용과 그 능력 / 주선 // 문학과 예술.－1988,(5).－4－7
11196 ≪북향회≫의 전말 / 권철 // 문학과 예술.－1988,(5).－64－67
11197 새시기 구전문학의 변화 // 문학과 예술.－1988,(5).－93
11198 순문학이 신문화 상업화의 앞에서 // 문학과 예술.－1988,(5).－93
11199 리태후와 류재복 문학을 담론 // 문학과 예술.－1988,(6).－69－72
11200 문학이 세가지 방향에로 류실 // 문학과 예술.－1988,(6).－95
11201 시의 불안과 선택:비사실주의 시에 대한 사색 // 문학과 예술.－1988,(6).－33－36
11202 실화문학의 11가지 새로운 류형 // 문학과 예술.－1988,(6)－94
11203 중국에서의 조선문학의 전파와 연구 / 서일권;정판룡 // 문학과 예술.－1988,(6).－4－8
11204 경험문쓰기에 대하여 / 성부춘 // 중국조선족교육.－1988,(8).－26－28
11205 격정과 랭정:비평심리의 기본연구 / 허승호 // 장백산.－1989,(2).－112－117
11206 두가지 전형관과 기타 / 최일천 // 문학과 예술.－1989,(2).－35－37
11207 문예심리분석과 ≪반역자≫ / 주정길 // 문학과 예술.－1989,(2).－64－65
11208 민담정리에 대하여 몇가지 / 김권 // 문학과 예술.－1989,(2).－75
11209 비교문학 / 서일권 // 문학과 예술.－1989,(2).－78－80
11210 사실주의와 철학에서의 반영론을 동등시할수 없다 // 문학과 예술.－1989,(2).－76
11211 중국당대문학이 방황하게 된것은 // 문학과 예술.－1989,(2).－77
11212 리별 · 유감 / 서영빈 // 문학과 예술.－1989,(3).－66－67
11213 ≪문학은 인간학이다≫는 오유적인 명제 // 문학과 예술.－1989,(3).－77
11214 사실주의란 도대체 어떤것인가:≪문학과 예술≫편집부에 보내는 편지 / 리휘 // 문학과 예술.－1989,(3).－43
11215 사실주의에 대한 옅은 검토:리휘동무에게 보내는 편지 / 전성호 // 문학과 예술.－1989,(3).－43－46
11216 사실주의의 시조는 발자끄가 아니다 // 문학과 예술.－1989,(3).－77
11217 내가 보는 우리 조선족문단의 몇가지 폐단 / 한국청 // 문학과 예술.－1989,(4).－66
11218 외국학자들이 본 중국의 새시기 문학 // 문학과 예술.－1989,(4).－48－50
11219 변태심리의 문학적진단 / 전광하 // 문학과 예술.－1989,(5).－75
11220 ≪사회주의 사실주의≫개념에 대하여 // 문학과 예술.－1989,(5).－71
11221 조선족문학의 새 지평을 위하여 / 조성일 // 문학과 예술.－1989,(6).－4－9
11222 민간문학의 기능가치에 대하여 // 예술세계.－1990,(1).－24－25
11223 민족문화에 대한 반성과 자기비판의식 / 최웅권 // 문학과 예술.－1990,(1).－16－19
11224 중국조선족당대문학 비평 / 김문학 // 문학과 예술.－1990,(1).－6－12
11225 당대 조선족문학의 새로운 현상:≪자아의식≫의 발굴 / 엄정자 // 문학과 예술.－1990,(2).－30－33
11226 문학에서의 민족성과 현대성의 통일 / 임범송 // 문학과 예술.－1990,(2).－11－12

11227 민간문학의 집체성과 구두성에 대한 재인식 / 연민 // 예술세계. – 1990,(2). – 56 – 58

11228 ≪민족화≫와 민족의≪심미동화≫ / 방철웅 // 문학과 예술. – 1990,(2). – 80

11229 전통문화와 문화전통은 두개 부동한 개념 // 문학과 예술. – 1990,(2). – 79

11230 조선어문학의 양상과 전망 / 허룡구 // 문학과 예술. – 1990,(2). – 33 – 36

11231 조선족문예년대기 // 문학과 예술. – 1990,(2). – 76 – 79

11232 당대 중국문학조류의 세가지 부동한 방향 // 문학과 예술. – 1990,(3). – 79

11233 새로운 시기 문학에서의 사실주의 특징 // 문학과 예술. – 1990,(3). – 79

11234 당대문학 두가지 부동한 방향에로 // 문학과 예술. – 1990,(4). – 77

11235 수필에 대하여 몇가지 / 최상철 // 문학과 예술. – 1990,(5). – 40 – 41

11236 현실포옹의 주체적문화:흉내문학성향을 경계하며 / 장정일 // 문학과 예술. – 1990,(5). – 4 – 7

11237 문예비평계에 대한 사고 / 김월성 // 천지. – 1990,(6). – 47 – 48

11238 북방시단의 현좌표와 기류 // 문학과 예술.1990, – (6). – 60 – 62

11239 인간성의 어두운 구석 / 림성 // 천지. – 1990,(6).60 – 61

11240 맑스 – 레닌주의와 우리의 작가 / 김대현 // 천지. – 1990,(9). – 45

11241 모택동문예사상의 지위와 의의 / 김진석 // 천지. – 1990,(9). – 46

11242 문예창작과 반영론 / 장정일 // 천지. – 1990,(9). – 42

11243 생활은 문학예술의 토양 / 허동철 // 천지. – 1990,(9). – 43

103 문예사업일군

11244 黨을 노래하며 黨의 偉大한 形象을 創造하자:中國共産黨의 三十週年을 紀念하면서 / 白石 // 연변문예. – 1951,(2). – 8 – 10

11245 國慶節두돐맞는 文藝人들의 決心 // 연변문예. – 1951,(4). – 9

11246 生活體驗記 / 鄕泉 // 연변문예. – 1951,(5). – 23 – 24

11247 ≪작가의 세계관과 창작≫ / 소명 // 연변문예. – 1955,(10). – 64 – 67

11248 인민이 수요로하는 작가가 되겠다 / 황봉룡 // 연변문예. – 1956,(5). – 51 – 53

11249 청년작가들이 갖추어야 할 수양:전국청년문학창작자 회의에서의 보고 / 로사 // 연변문예. – 1956,(6). – 3 – 21

11250 작가의 세계관에 대하여 / 원천리 // 연변문학. – 1960,(2). – 11 – 12

11251 사상개조문제에 대한 몇가지 체득 / 박효 // 연변문학. – 1960,(7). – 5 – 8

11252 거대한 고무 / 권철 // 연변문학. – 1960,(9). – 43 – 44

11253 문예 공작자들은 혁명화의 길에서 영용히 전진하자! / 제도 // 연변. – 1964,(9). – 28 – 29

11254 당의 기본로선으로 창작사업을 지도하자: 혁명적본보기극을 학습한 약간한 체득 / 진택원 // 연변문예. – 1974,(11). – 58 – 61

11255 모순의 격화와 영웅성격의 심화:혁명적본보기극 학습필기 / 리경신 // 연변문예. – 1974,(12). – 60 – 62

11256 생활중의 모순과 투쟁을 전형화하자:모주석의 문예창작에서의 전형화원칙을 학습하고 / 초란 // 연변문예. – 1974,(12). – 5 – 9

11257 공농과 결합하는 길로 계속 나아가자:≪연안문예좌담회에서 한 강좌≫를 학습하고 / 초란 // 연변문예. – 1975,(7). – 4 – 7

11258 시를 론함에 경전이 있게 되었다:≪모주석께서 시에 대하여 진의동지에게 하신 편지≫를 학습하고서 / 장극가 // 연변문예. – 1978,(2). – 5 – 7

11259 나의 습작≪상처≫에 대하여 / 로신화 //

연변문예. – 1978,(12). – 52 – 55

1126 생활,진실,효과 / 황봉룡 // 연변문예. – 1980,(5) – 49 – 52

11261 외국명작가들의 창작습관 // 문학예술연구. – 1980,(6) – 13

11262 정령과 그의 작품 / 풍하웅 // 문학예술연구. – 1980,(7) – 32 – 38

11263 ≪개조≫에 대한 생각 / 룡세수 // 연변문예. – 1982,(1). – 55 – 56

11264 ≪연안문예좌담회에서 한 강화≫를 다시 학습하고 / 김운일 // 문학예술연구. – 1982,(2). – 1 – 7

11265 작가 김택영 / 박충록 // 문학예술연구. – 1982,(4). – 1 – 4

11266 나의 창작 체득:≪어둠을 뚫고≫의 독자의 물음에 대한 답복 / 윤일산 // 은하수. – 1982,(10). – 62 – 66

11267 한평생 당과 인민을 위해 붓을 들겠다 / 최군호 // 은하수. – 1982,(12). – 43

11268 ≪고난의 년대 ≫를 쓰게 된 동기와 경과 / 리근전 // 문학예술연구. – 1983,(1). – 50 – 52

11269 작가들의 생활체험에서 제기되는 몇가지 문제 / 왕렬 // 문학예술연구. – 1983,(1). – 4 – 6

11270 작가는 박식가로 / 전국권 // 연변문예. – 1983,(7). – 42 – 43

11271 극본≪사촌언니≫를 쓰고 / 오흥진 // 문학과 예술. – 1983,(9 – 10). – 54 – 55

11272 ≪문학편람≫의 편찬자 조철군 / 교영화 등 // 동북민병. – 1983,(18). – 31 – 32

11273 해방전 일부 문인들의 활동에 대한 회고 / 김파 // 문학예술연구. – 1984,(1). – 76 – 79

11274 고난속에서 헤여나온 나날:나는 어떻게 소설을 썼는가 / 김송죽 // 은하수. – 1984,(2). – 35 – 38

11275 신인들에게 주는 나의 창작경험 / 아 파제예브 // 장백산. – 1984,(2). – 212 – 221

11276 인민은 문예일군의 어머니: – ≪등소평선문집≫을 학습하고서 / 임범송 // 연변문예. – 1984,(2). – 46 – 48

11277 붓을 들게 된 동기 / 최린학 // 장백산. – 1984,(3). – 208 – 210

11278 조선족작가들의 력사적사명 / 한창희 // 장백산. – 1984,(4) – 250 – 255

11279 단추의 무늬 / 김파 // 송화강, – 1984,(5). – 46

11280 처세술과 인격 / 박설 // 송화강. – 1984,(5). – 46

11281 ≪꼬마작가≫류공 / 연오;묘제 // 동북민병. – 1984,(9). – 33

11282 작가의 철학적안목 / 장정일 // 문학과 예술. – 1985,(1).39 – 40

11283 대듀마의 선거 경쟁 삐라 // 문학과 예술. – 1985,(2). – 70 – 71

11284 특별기자증 / 삼공 // 동북민병. – 1985,(2). – 36

11285 가도가도 올리막길 / 김성휘 // 문학과 예술. – 1985,(3). – 4 – 9

11286 그는 무엇때문에 사직하였는가?:청년작가 로신화를 찾아서 // 문학과 예술. – 1985,(3). – 31

11287 력사를 통한 민족의 넋을 / 문학과 예술. – 1985,(3). – 70 – 72

11288 노력과 품성 / 로베르트 슈만 // 문학과 예술. – 1985,(4). – 84

11289 체쓰코슬로벤스꼬시인 사이페르트 // 문학과 예술. – 1985,(4). – 56

11290 편집자는 박식가로…… / 김학철 // 문학과 예술. – 1985,(4). – 32 – 33

11291 공격.비방.조소에 대한 가차없는 반격 마야꼽쓰끼의 신랄하기 그지없는 유모아 // 문학과 예술. – 1985,(5). – 94

11292 작가들의 담량 / 김학길 // 문학과 예술. – 1986,(5). – 6 – 7

11293 쟈코런던의 비극 / 촉생 // 문학과 예술. – 1985,(5). – 86 – 87

11294 겁내는 작가에게는… / 남홍수 // 문학과 예술. – 1986,(6). – 13

11295 고귀한 령혼을 부르며:시인 윤동주의 묘지앞에서 / 박동철 // 문학과 예술. – 1985,(6). – 61 – 62

11296 문학의 한길에서 걸어온 발자취 / 박창묵 // 문학과 예술. – 1986,(4). – 45 – 48

11297 북경에서의 용식선생 / 림원춘 // 문학과 예술. – 1986,(4). – 49

11298 사실주의 작가 김창걸 / 현룡순 // 문학과 예술. – 1986,(5). – 23 – 25

11299 조선족현대문학의 선구자 김창걸 / 정판룡 // 문학과 예술. – 1986,(5). – 21 – 22

11300 ≪조그마한 귤등≫창작 경과 / 빙심 // 중국조선족교육. – 1986,(6). – 46

11301 한 녀류작가 / 김학철 // 천지. – 1986,(6). – 8 – 9

11302 ≪당원등기표≫의 창작에 관하여 / 준청 // 중국조선족교육. – 1986,(7). – 68 – 72

11303 우리 향토문학의 개척자 / 권철 // 천지. – 1986,(8). – 12 – 16

11304 내가≪나리꽃≫을 쓰게된 경과 / 여지견 // 중국조선족교육. – 1986,(12). – 34 – 35

11305 문학가의 유언 / ≪강산보≫에서 // 문학과 예술. – 1987,(1). – 23

11306 생활속으로 깊이 파고들어:≪보통로동자≫의 창작담 // 중국조선족교육. – 1887,(2). – 37 – 39

11307 ≪추억≫과 나의 길 / 김정호 // 문학과 예술. – 1987,(4). – 80 – 81

11308 과학에 뒤떨어지는 것은 작가의 비극 // 문학과 예술. – 1988,(1). – 80

11309 대시인의 특징 // 문학과 예술. – 1988,(1). – 80

11310 우리의 수필가들을! / 임효원 // 문학과 예술. – 1988,(2). – 81 – 83

11311 우리의 작가들은… / 김룡운 // 문학과 예술. – 1988,(2). – 87 – 88

11312 대듀마도 자기 작품을 다 읽지 못했다 // 문학과 예술. – 1988,(3). – 34

11313 로사의 련애편지 // 문학과 예술. – 1988,(3). – 37

11314 문창남의 인간과 문학 / 김종수 // 도라지. – 1988,(3). – 69 – 74

11315 가발를 내던지는 바하 // 문학과 예술. – 1988,(4). – 45

11316 실화문학작가 리유의 사고 // 문학과 예술. – 1988,(5). – 92

11317 ≪인간학개념공부노트≫를 내놓고서 / 리혜선 // 문학과 예술. – 1988,(5). – 45 – 46

11318 아버지의 시비를 보면서 / 리선호 // 문학과 예술. – 1988,(6). – 29

11319 감옥죄수가 작가로 // 문학과 예술. – 1989,(1). – 27

11320 나의 문예좌우명 / 김학철 // 문학과 예술. – 1989,(1). – 1

11321 문학창작의 첫걸음을 더듬어보며 / 채택룡 // 문학과 예술. – 1989,(1). – 65 – 66

11322 아랍문학에 영예를 안아온 나지프마브쯔 // 문학과 예술. – 1989,(1). – 75

11323 작가들도 일정한 자연과학지식을 / 리수봉 // 문학과 예술. – 1989,(1). – 21

11324 ≪공백의 세계≫에서 온 시인 / 김인덕 // 문학과 예술. – 1989,(3). – 62 – 63

11325 작가와 사상 / 김봉웅 // 천지. – 1989,(8). – 62

11326 ≪녀인들의 마음≫을 내여놓고… / 류재순 // 도라지. – 1990,(1). – 51

11327 작가의 주체의식과 사회책임감 // 문학과 예술. – 1990,(2). – 79

11328 시인이 남긴 발자취:김성휘 작품년보 / 김순금 // 문학과 예술. – 1990,(3). – 6 – 7

11329 시인께서는 영영 고향의 품으로 가시였다 / 리혜선 // 문학과 예술. – 1990,(4). – 12 – 14

11330 작가들에게 영구성생활 체험기지를 // 문학과 예술. – 1990,(4). – 76 – 77

I04 문학창작론

11331 創作과 生活에 對하여 / 丁玲 // 연변문예.

－1951,(창간호).－46－48
11332 劇作中에 存在한 몇가지問題 // 연변문예. －1951,(창간호).－43－45
11333 내 創作思想을 檢討 / 金禮三 // 연변문예. －1951,(4).－16
11334 作品의 政治思想性을 加强해야한다 / 文克 // 연변문예.－1951,(4).－26－27
11335 새 人物描寫에 대한 몇가지意見 / 嶮嶺 // 연변문예.－1951,(6).－19－20
11336 創作에 秘訣이 있는가?:文學創作常識을내면서 / 蕭殷 // 연변문예.－1951,(6).－15
11337 창작실천과 생활체험 // 연변문예.－1954,(4).－48－52
11338 아동문학창작에 대한 몇가지 의견 / 최형동 // 연변문예.－1954,(6).－14－17
11339 ≪제재선택≫에 관하여 / 소예(蘇予) // 연변문예.－1955,(7).－54－58
11340 희곡을 어떻게 배울것인가? / 박태영 // 연변문예.－1955,(7).－45－53
11341 무엇을 쓸것인가? / 리홍규 // 연변문예.－1955,(9).－25－28
11342 민간이야기의 수집연구에 관하여 / 가람 // 연변문예.－1955,(9).－42－45
11343 가사를 어떻게 쓸것인가? / 이사꼬브쓰끼 // 연변문예.－1955,(10).－53－57
11344 ≪한 메이메이≫에 관한 답복 / 마봉 // 연변문예.－1955,(10).－49－52
11345 예술의 기교에 관하여: 전국청년문학창작자회의에서의 보고 / 모순 // 연변문예.－1956,(7).－1－13
11346 문학 창작의 광활한 길:중국 작가 협회 연변분회 성립에 제하여 // 연변문예.－1956,(9).－1－2
11347 극본창작에 대한 몇가지 소감 / 황봉룡 // 연변문예.－1956,(12).－56－65
11348 창작의 길 / 康濯 // 아리랑.－1957,(1).－67－70
11349 공식화 개념화 문제에 관한 몇가지 해로운 관점 / 陳亞丁 // 아리랑.－1957,(5).－63－70
11350 소설≪연안 보위≫창작 과정에 대하여 / 黎白 // 아리랑.－1957,(5).－40－43
11351 시 창작에 대한 지상 좌담 // 아리랑.－1957,(5).－28－32
11352 연변의 창작에서 제기되는 민족어 규범화 문제 / 김창걸 // 아리랑.－1957,(7).－32－35
11353 시가 창작을 건강한 길로 인도하자:장춘시 시가 창작자 좌담회에서의 발언 / 송진정 // 아리랑.－1958,(3).－20
11354 단막극 창작에 대하여 / 왕분;김해민 // 아리랑.－1958,(5).－61－65
11355 문학가의 기교에 대하여 / (쏘련)바체쓸라브 쉬슈꼬브 // 아리랑.－1958,(6).－68－73
11356 무엇을 쓸것인가 / 리근전 // 연변문학.－1959,(1).－27－28
11357 소소설에 대하여 / 인위 // 연변문학.－1959,(1).－58－59
11358 혁명적 현실주의와 혁명적 랑만주의의 결합에 대하여 / 주무경 // 연변문학.－1959,(1).－54－55
11359 천진시에서 공장사를 쓴 몇가지 경험:천진시≪공장사≫편찬 활동 참관 학습 필기 / 리행복 // 연변문학.－1959,(2).－27－30
11360 목전 창작중의 몇개 문제: ≪인민 문학≫편자의 물음에 주는 대답 / 곽말약 // 연변문학.－1959,(3).－8－15
11361 어떻게 항일 로 간부들을 협조하여 항일회억록을 썼는가? / 권철 // 연변문학.－1959,(5).－45－48
11362 창작상의 몇개 문제:중국 작가 협회 창작공작 좌담회에서의 발언 / 모순 // 연변문학.－1959,(5).－6－11
11363 혁명적 사실주의와 혁명적 랑만주의의 결합 / 허호일 // 연변문학.－1959,(5).－49－51
11364 ≪창작에서 제기되는 민족어≫에 대한 나의 견해 / 유수옥 // 연변문학.－1959,(6).－57－58

11365 시가 창작에 대한 회상 / 리욱 // 연변문학. – 1959,,(8). – 39 – 41

11366 혁명 이야기를 어떻게 정리하는가 // 연변문학. – 1959,(12). – 72

11367 창작과 재능의 관계에 대하여 / 모순 // 연변문학. – 1960,(1). – 7 – 12

11368 혁명선배들의 빛나는 정신의 광망아래: 몇편의 단편소설 창작과정에 대하여 / 왕원견 // 연변문학. – 1960,(7). – 58 – 65

11369 세부 묘사의 진실성에 관하여 / 천추암 // 연변. – 1963,(1). – 34 – 35

11370 작가적 발견 / 허호일 // 연변. – 1963,(1). – 34

11371 참다운 ≪광부≫가 되자 / 황상박 // 연변. – 1963,(1). – 35

11372 화극 ≪장백의 아들≫의 창작 경과 / 황봉룡 // 연변. – 1963,(7). – 44 – 46

11373 ≪중간 인물을 쓰자≫는 주장의 위해성 // 연변. – 1965,(1). – 43 – 46

11374 소 전린 동무는 무엇 때문에 리상적 영웅 인물을 쓰는 것을 반대하는 가? / 조금량 // 연변. – 1965,(4). – 42 – 46

11375 우리는 어떻게 업여 창작을 하였는가? // 연변. – 1965,(5). – 44 – 45

11376 문예작품의 심도문제에 대하여 / 초란 // 연변문예. – 1975,(1). – 4 – 7

11377 혁명적현실주의와 혁명적랑만주의가 서로 결합된 창작방법에 대하여 / 연중문 // 연변문예. – 1975,(5). – 51 – 54

11378 혁명적본보기극을 창작의 시범으로 삼아야한다 / 연중문 // 연변문예. – 1975,(7). – 45 – 47

11379 중대한 제재를 틀어쥐자 / 연중문 // 연변문예. – 1975,(9). – 49 – 50

11380 음악성이 풍부한 가사를 쓰자 / 김덕균 // 연변문예. – 1977,(4). – 63

11381 소재 제재 체재 // 연변문예. – 1978,(1). – 63

11382 생활에 깊이 파고들자 / 박화 // 연변문예. – 1978,(2). – 60 – 61

11383 중간상태의 인물을 묘사하는것과 ≪중간인물≫론간의 계선을 가르자 / 염숙 // 연변문예. – 1978,(2). – 58 – 59

11384 단편소설의 인물부각 및 기타 / 리준 // 연변문예. – 1978,(3). – 62 – 63

11385 제재에 관하여 / 림묵함 // 연변문예. – 1978,(5). – 3 – 4

11386 서정시에서 산문화의 경향을 극복하자 / 류원무 // 연변문예. – 1978,(7). – 48 – 50

11387 인물창조에 대하여 / 한수동 // 연변문예. – 1978,(10). – 46 – 47

11388 실화문학의 진실성에 대하여 / 최석승 // 연변문예. – 1979,(3). – 50

11389 산 인물을 쓰자 / 최상철 // 연변문예. – 1979,(4). – 57 – 59

11390 가사창작에서 형상의 날개를… / 전국권 // 연변문예. – 1979,(5). – 53 – 55

11391 시에 대한 생각 / 조성일 // 연변문예. – 1979,(6). – 47 – 50

11392 어린이들이 즐겨부르는 동요를 쓰자 / 김선파 // 연변문예. – 1979,(6). – 58 – 60

11393 제재의 주차에 대하여 / 강장희 // 연변문예. – 1979,(6). – 62 – 63

11394 창작동태소개 // 문학예술연구. – 1980,(1). – 32 – 34

11395 단편소설의 슈제트를 론함 / 왕영위 // 문학예술연구. – 1980,(2). – 20 – 22

11396 잘 째인 글을 씁시다 / 연변교육. – 1980,(2). – 61 – 63

11397 창작에 대한 단상 / 김순기 // 문학예술연구. – 1980,(2). – 14 – 19

11398 선진인물을 쓰는데 대한 생각 / 애약 // 연변문예. – 1980,(4). – 61 – 62

11399 가사의 산문화를 극복하자 / 박화 // 연변문예. – 1980,(7). – 56 – 57

11400 세부묘사와 그 중요한 의의 / 서일권 // 문학예술연구. – 1980,(8). – 24 – 26

11401 단편소설의 창작기교에 대하여 / 왕몽; 김

득만 역 // 연변문예. – 1980,(9). – 56 – 57
11402 감상문을 어떻게 쓸것인가? / 김만석 // 연변교육. – 1980,(10). – 34 – 37
11403 시의 운명을 두고 / 박화 // 문학예술연구. – 1980,(10). – 12 – 16
11404 시창작에 관한 편지 / 리상각 // 문학예술연구. – 1980,(10). – 17 – 29
11405 인물의 개성에 관하여 / 소은 // 문학예술연구. – 1980,(10). – 30 – 31
11406 령감에 대한 단상 / 김운일 // 문학예술연구. – 1980,(11 – 12). – 15 – 18
11407 인물성격부각에 대하여 / 현동언 // 문학예술연구. – 1980,(11 – 12). – 9 – 15
11408 주제의 확정에 대하여 / 부전로 // 청년생활. – 1981,(1). – 16 – 18
11409 글과 재료 / 부전로 // 청년생활. – 1981,(2). – 21 – 23
11410 당전 아동문학창작에서 제기되는 몇개 문제 / 김진석 // 문학예술연구. – 1981,(2). – 34 – 36
11411 구성에 대하여 / 부전로 // 청년생활. – 1981,(3). – 22 – 24
11412 문학작품에서의 환상적 요소에 대하여 / 김봉웅 // 청년생활. – 1981,(3) – 25 – 27
11413 문학작품의 주제에 대하여 / 김봉웅 // 문학예술연구. – 1981,(4). – 1 – 6
11414 진실만이 보석처럼 빛을 뿌린다:≪하고싶던 말≫창작과정에서의 약간한 소망 / 정세봉 // 연변문예. – 1981,(4). – 62 – 64
11415 혁명가요≪호메가≫창작과정을 회상하여 / 류동호 // 연변문예. – 1981,(4). – 59 – 61
11416 인물형상과 그 진실성에 대하여 / 차광호 // 문학예술연구. – 1981,(4). – 7 – 12
11417 슈제트발전의 합법칙성에 대하여 / 현동언 // 연변문예. – 1981,(5). – 55 – 57
11418 제재에 대한 단상 / 림연 // 연변문예. – 1981,(6). – 52 – 53
11419 새로운 인간형상창조에 대한 생각 / 리정문 // 연변문예. – 1981,(7). – 55 – 57
11420 긍정적주인공의 형상창조에 대하여 / 현동언 // 연변문예. – 1981,(10). – 55 – 56
11421 주제와 형상의 유기적인 통일: 윤림호동무의 단편소설들을 읽고서 / 김봉웅 // 연변문예. – 1981,(11). – 48 – 51
11422 문학작품의 애정묘사에 관한 토론 // 문학예술연구. – 1982,(1). – 1 – 9
11423 생활속으로 / 김길련 // 연변문예. – 1982,(1). – 57
11424 수필에 대한 단상 / 강장희 // 연변문예. – 1982,(1). – 31
11425 애정제재와 애정묘사에 대한 평론 종술 // 문학예술연구. – 1982,(1). – 20 – 22
11426 소설에 대하여 / 왕몽 // 장백산. – 1982,(2). – 105 – 107
11427 시에서의 토 / 전국권 // 도라지. – 1982,(2). – 70 – 74
11428 창작여담 / 김철 // 문학예술연구. – 1983,(2). – 50 – 60
11429 하고싶은 말 / 김봉웅 // 장백산. – 1982,(2). – 100 – 104
11430 문학작품에서 언어구사의 형상성 문제 / 리선한 // 연변문예. – 1982,(3). – 48 – 49
11431 문학청년들에게 / 소은 // 장백산. – 1982,(3). – 119 – 121
11432 복사와 창조 / 산천 // 송화강. – 1982,(3). – 57 – 59
11433 소설창작에서 제기되는 몇가지 문제 / 김봉웅 // 도라지. – 1982,(3).68 – 75
11434 시인, 생활, 서정 / 임효원 // 장백산. – 1982,(3). – 122 – 124
11435 임효원과 그의 창작도로에 대하여 / 김동훈 // 문학예술연구. – 1982,(3). – 6 – 12
11436 결구주의를 분석한 몇가지 실례 // 문학예술연구. – 1982,(4). – 20 – 24
11437 문학작품의 구성과 슈제트에 대하여 / 김봉웅 // 장백산. – 1982,(4). – 105 – 110
11438 애정묘사에 대하여 / 김화병 // 도라지. –

1982,(4). − 77 − 79

11439 문예창작의 질을 제고하려면 현실생활에 심입해야 한다 / 정룡수 // 연변문예. − 1982,(5). − 8 − 11

11440 소설의 엮음과 흐름 / 금이 // 연변문예. − 1982,(6). − 55 − 56

11441 시맛과 함축성 / 산천 // 송화강. − 1982,(6). − 61 − 62

11442 소설을 쓰려면: 문학창작담 / 애무 // 은하수. − 1982,(8). − 54 − 55

11443 어떻게 하여야 좋은 작품을 써낼수 있는가: 문학창작담 / 애무 // 은하수. − 1982,(8). − 55 − 58

11444 인물성격의 창조에 대하여: 단편소설창작에 있어서의 기교문제 / 김봉웅 // 연변문예. − 1982,(9). − 67 − 70

11445 인물의 개성을 어떻게 부각할것인가: 문학창작담 3 / 애무 // 은하수. − 1982,(9). − 32 − 34

11446 인물의 언어를 어떻게 조직할것인가: 문학창작담 4 / 애무 // 은하수. − 1982,(9). − 35 − 38

11447 창작에서의 주요한 조건은 무엇인가: 문학창작담 5 / 애무 // 은하수. − 1982,(10). − 74 − 76

11448 평범한 이야기를 재미있게 써야 한다: 문학창작담 6 / 애무 // 은하수. − 1982,(10). − 76 − 77

11449 어떻게 배경을 쓸것인가: 문학창작담 7 / 애무 // 은하수. − 1982,(11). − 63 − 65

11450 일기를 쓰는데로부터 시작 / 왕보생 // 은하수. − 1982,(11). − 66

11451 소설의 구성수법에 대한 생각: 장편소설 ≪어둠을 뚫고≫에서 받은 계시 / 김봉웅 // 은하수. − 1982,(12). − 60 − 63

11452 어떻게 첫머리를 뗄것인가: 문학창작담 8 애무 // 은하수. − 1982,(12). − 54

11453 주제, 대강, 장면전환: 문학창작담 9 / 애무 // 은하수. − 1982,(12). − 55 − 56

11454 문학의 경기병 − 보고문학 / 김길련 // 문학예술연구. − 1983,(2). − 36 − 37

11455 문학창작과 생활체험 / 림원춘 // 문학예술연구. − 1983,(2). − 65 − 69

11456 문예창작의 기교를 어떻게 얻을것인가 / 애무 // 장백산. − 1983,(2). − 104 − 106

11457 비교문학에 대하여 / 서일권 // 문학예술연구. − 1983,(2). − 45 − 49

11458 의식의 흐름 소설 // 문학예술연구. − 1983,(2). − 30

11459 더 실감이 나는 작품을 // 문학예술연구. − 1983,(3). − 54 − 57

11460 똘스또이와 창작문제 / (조선)박영근 // 문학예술연구. − 1983,(3). − 74 − 80

11461 문학론 3편 / 박화 // 장백산. − 1983,(3 − 4). − 201 − 207

11462 세부와 그 묘사에 대하여 / 김봉웅 // 문학예술연구. − 1983,(3). − 14 − 17

11463 초상묘사에 대한 생각 / 철인 // 연변문예. − 1983,(3). − 66

11464 소설은 생활에 대한 발견이고 발전이여야 한다 / 류원무 // 문학예술연구. − 1983,(4). − 42 − 48

11465 소설에서의 인물분석 / 박성천 // 연변교육. − 1983,(8). − 22 − 24

11466 짧은 소설의 예술적매력 / 현동언 // 연변문예. − 1983,(8). − 67 − 68

11467 창작과 기교 / 김철 // 연변문예. − 1983,(10). − 50 − 54

11468 구전설화와 재창조에 관하여 / 김용식 // 문학과 예술. − 1984,(1). − 55 − 61

11469 ≪복잡한 성격≫문제에 관한 토론 // 문학과 예술. − 1984,(1). − 34 − 37

11470 사건 인물 전형 / 김봉웅 // 문학과 예술. − 1984,(1). − 18 − 22

11471 소설의 넋은 어디에 있는가 / 장자룡 // 문학과 예술. − 1984,(1). − 84 − 88

11472 소설의 절주미 / 김경훈 // 문학과 예술. − 1984,(1). − 29 − 33

11473 시창작에서 얻은 몇가지 체득 / 리욱 // 문학과 예술. − 1984,(1). − 62 − 66

11474 소설에 대하여 / 김봉웅 // 도라지. – 1984,(2). – 71 – 76
11475 문학수첩 / 애무 // 장백산. – 1984,(3). – 211 – 224
11476 초상묘사에 대한 단상 / 강효근 // 송화강. – 1984,(3). – 58 – 59
11477 동기, 착상 및 주제 / 김봉웅 // 은하수. – 1984,(6). – 56 – 59
11478 소설을 어떻게 쓸것인가? / 최삼룡 // 청년생활. – 1984,(6). – 24 – 26
11479 진실성 문제 / 리상각 // 은하수. – 1984,(6). – 60
11480 인물, 사상, 슈제트 / 리상각 // 은하수. – 1984,(7). – 16 – 17
11481 주제에 대하여 / 허광일 // 은하수. – 1984,(7). – 43 – 44
11482 서정시와 그 작시법 / 리욱 // 은하수. – 1984,(8). – 58 – 60
11483 시간과 공간 처리문제 / 리상각 // 은하수. – 1984,(8). – 61
11484 몇가지 예술수법 / 리상각 // 은하수. – 1984,(9). – 67 – 68
11485 언어 풍격 / 리상각 // 은하수. – 1984,(11 – 12). – 55 – 56
11486 형상의 직접성과 간접성 / 김해룡 // 은하수. – 1984,(11 – 12). – 61 – 63
11487 몇몇 작가의 독특한 창작습관 / 제철남 // 동북민병. – 1984,(21). – 37
11488 가요 창작에서의 선률성문제 / 김덕윤 // 문학과 예술. – 1985,(1). – 22 – 25
11489 봄묘사 // 조선어 학습과 연구. – 1985,(1). – 18
11490 상징적수법의 사용과 그 효과 – 단편소설 ≪마지막 사냥≫을 읽고 / 리상범 // 문학과 예술. – 1985,(1). – 65 – 66
11491 소설창작에서의 소묘의 재능 / 왕창정 // 문학과 예술. – 1985,(1). – 63 – 65
11492 시대적의의를 띤 중대한 제재를… / 리광순 // 문학과 예술. – 1985,(1). – 82
11493 시창작만담 / 김파 // 천지. – 1985,(1). – 73 – 76
11494 주제와 형상에 대한 생각 / 방룡남 // 문학과 예술. – 1985,(1). – 81
11495 시에 대한 편지 / 리삼월 // 송화강. – 1985,(2). – 54 – 55
11496 로사의 창작비결 / 왕경산 // 동북민병. – 1985,(2). – 35
11497 여름묘사 // 조선어 학습과 연구. – 1985,(2). – 45
11498 패설 문학이란? // 문학과 예술. – 1985,(2). – 33
11499 소설의 기본격조 / 풍기재 // 문학과 예술. – 1985,(3). – 73
11500 중편소설구성의 새형태 // 문학과 예술. – 1985,(3). – 75
11501 시에 대한 몇가지 생각 / 황장석 // 도라지. – 1985,(4). – 67 – 69
11502 늘 쓰이는 세갈래의 작문선색 // 문학과 예술. – 1985,(5). – 96
11503 묘사의 각도와 절주 / 김봉웅 // 도라지. – 1985,(5). – 52 – 54
11504 문예정보와 문예창작 // 문학과 예술. – 1985,(5). – 45
11505 가시돋힌 글도 썼으면 / 김용식 // 문학과 예술. – 1985,(6). – 57
11506 소설의 공백 / 풍기재 // 문학과 예술. – 1985,(6). – 21 – 23
11507 쏘나타 // 문학과 예술. – 1985,(6). – 35
11508 쏘나타 형식 // 문학과 예술. – 1985,(6). – 35
11509 제재와 문학의≪당대성≫ // 문학과 예술. – 1985,(6). – 75
11510 청년제재창작에서의 몇가지 문제 // 문학과 예술. – 1985,(6). – 74 – 75
11511 형상창조의 독창성에 대한 단상: 달의 형상묘사를 두고 / 김파 // 문학과 예술. – 1985,(6). – 56 – 57

11512 ≪주제≫,≪주제사상≫,≪중심≫과 ≪중심사상≫ // 연변교육.－1985,(9).－60

11513 소설의 매력 / 김기형 // 천지.－1985,(11).－88－90

11514 소설의 용량 / 풍기재 // 문학과 예술.－1986,(1).－64－65

11515 소설창작에 대한 몇가지 생각 / 최상철 // 문학과 예술.－1986,(1).－11－14

11516 연구해볼만한 몇가지 문제 / 문학과 예술.－1986,(1).－79－83

11517 애정제재소설에서의 새로운 돌파 / 리광순 // 천지.－1986,(1).－86－88

11518 ≪성격조합론≫의 총체적구상에 대하여 / 류재복 // 문학과 예술.－1986,(2).－32－37

11519 소설의 예술적 경지 / 풍기재 // 문학과 예술.－1986,(2).－63－64

11520 여름에 대한 묘사 // 조선어문.－1986,(2).－57－59

11521 가을에 대한 묘사 // 조선어문.－1986,(3).－17－18

11522 시창작의 비결에 관하여 / 리복 // 천지.－1986,(3).－51－53

11523 겨울에 대한 묘사 // 조선어문.－1986,(4).－55－56

11524 인간에 대한 다층차적 엮음식 표현≪종고루≫의 창작을 두고 / 류심무 글; 리암 역 // 문학과 예술.－1986,(4).－77－78

11525 문학번역도 은을 내야지 // 문학과 예술.－1986,(5).－88－89

11526 작품을 좀 더 실감이 나게 / 류홍식 // 문학과 예술.－1986,(5).－37

11527 ≪사랑문학≫으로 돼야 하나? / 김장혁 // 문학과 예술.－1986,(6).－12

11528 아동소설창작의 제재범위 / 김만석 // 천지.－1986,(6).－82－84

11529 나도 몇마디 / 김봉웅 // 천지.－1987,(1).－90－91

11530 수필문학의 ABC / 한창희 // 도라지.－1987,(1).－73－76

11531 현대시 창작 입문 // 문학과 예술.－1987,(1).－76－79

11532 현대의식과 문학창작 / 임범송 // 천지.－1987,(1).－76－77

11533 가사문학에서의 서정의 주체성과 서사성 / 리장수 // 문학과 예술.－1987,(2).－4－6

11534 수필의 언어와 형태적특성 / 한창희 // 도라지.－1987,(2).－73－76

11535 교수론문을 어떻게 쓸것인가 / 정성범 // 중국조선족교육.－1987,(3).－69－70

11536 수필이란 / 성숙 // 문학과 예술.－1987,(3).－27

11537 놀부의 심술묘사에 쓰인 속담 // 문학과 예술.－1987,(4).－31

11538 창작에서의 모범성문제를 두고: 우리 문단의 폐단을 겯든다 / 금성 // 문학과 예술.－1987,(4).－32－34

11539 녀자초상묘사 // 중국조선어문.－1987,(6).－52

11540 국외에서의 작문의 새 분류법 // 중국조선족교육.－1987,(9).－29

11541 당대 서방문학의 일반적 예술특징 / 엽정방 // 문학과 예술.－1987,(9－10).－71

11542 소설창작에서의≪내성화≫경향 // 문학과 예술.－1987,(9－10).－65

11543 작문명제에 대하여 / 김철석 // 중국조선족교육.－1987,(9).－30－31

11544 아동소설은 재미있게 / 리광순 // 문학과 예술.－1987,(9－10).－51－52

11545 산문의 기본요소에 대하여 / 한영준 // 중국조선족교육.－1987,(10).－29

11546 소설창작에서의 흡인력 없는 서두 / 왕립운 // 은하수.－1987,(10).－31－33

11547 재료형글짓기 지도 / 박도균; 허일륜 // 중국조선족교육.－1987,(10).－27－28

11548 소설제재의 개척과 확충을 두고 / 고신일 // 천지.－1987,(11).－63－65

11549 소설창작에서의 슈제트의 도식화에 대하여 / 왕립운 // 은하수. - 1987,(11). - 29 - 32
11550 생활맛이 풍기는 그런 시를! / 리종권 // 천지. - 1987,(11). - 65
11551 사고, 탐색, 추구 // 문학과 예술. - 1987,(11 - 12). - 49 - 50
11552 유미주의 // 문학과 예술. - 1987,(11 - 12). - 96
11553 남자초상묘사 // 중국조선어문. - 1988,(1). - 60 - 61
11554 녀성형상창조에서의 새로운 발견 / 조일남 // 문학과 예술. - 1988,(1). - 51 - 52
11555 령감은 취재에서 게으른 손님을 환영하지 않는다 / 체르늬쉽쓰끼 // 문학과 예술. - 1988,(1). - 1
11556 시의 창작예술 / 전국권 // 문학과 예술. - 1988,(1). - 72 - 74
11557 인물의 개성에 대하여 / 왕립운 // 은하수. - 1988,(1). - 36 - 38
11558 전기문학은≪진실≫을 추구해야 // 문학과 예술. - 1988,(1). - 81
11559 태양향 과외문학창작조의 경험 / 김영선 // 문학과 예술. - 1988,(1). - 95
11560 문학명제8조 / 리장춘 수집 // 송화강. - 1988,(2). - 23
11561 빛이 없는 언어에 관하여 / 왕립운 // 은하수. - 1988,(2). - 48 - 50
11562 창조에 대하여 / 풍예재 // 예술세계. - 1988,(2). - 94 - 95
11563 폐단많은 인물묘사 / 리춘윤 // 문학과 예술. - 1988,(2). - 69
11564 도시의식과 문학창작 / 장정일 // 문학과 예술. - 1988,(3). - 38 - 40
11565 소설에 대한 단상 / 김봉웅 // 송화강. - 1988,(3). - 55 - 56
11566 심리묘사 // 중국조선어문. - 1988,(3). - 47
11567 생활실감이 약한 병집에 관하여 / 왕림운 // 은하수. - 1988,(3). - 59 - 61
11568 나는 작문≪누구의 탓일가요?≫를 어떻게 썼는가? / 로정숙 // 중국조선어문. - 1988,(4). - 45
11569 시의 창작예술 / 전국권 // 문학과 예술. - 1988,(4). - 68 - 70
11570 반소설 // 문학과 예술. - 1988,(5). - 96
11571 소설 창작을 두고 // 문학과 예술. - 1988,(5). - 76 - 78
11572 실기소설 // 문학과 예술. - 1988,(5). - 96
11573 심리소설 // 중국조선어문. - 1988,(5). - 96
11574 인물묘사에 대한 단상 / 김봉웅 // 장백산. - 1988,(5). - 136 - 137
11575 문학류파, 창작방법, 스찔 / 최청룡 // 문학과 예술. - 1988,(6). - 44 - 45
11576 사실의 함축과 서술의 공백 // 문학과 예술. - 1988,(6). - 96
11577 성격묘사 // 중국조선어문. - 1988,(6). - 57
11578 글짓기와 생활실천가운데서 개성적인 자료를 축적하여야 한다 / 서영림 // 소년아동. - 1988,(7). - 85 - 90
11579 소설에 대한 단상: 작가의 시험문제를 두고 / 김봉웅 // 은하수. - 1988,(8). - 54 - 55
11580 나의 창작 / 김재국 // 문학과 예술. - 1989,(2). - 38 - 40
11581 글을 짧게, 그 비결은? / 최창범 // 중국조선어문. - 1989,(3). - 27 - 28
11582 성격묘사 // 중국조선어문. - 1989,(3). - 34
11583 시단을 선도한 문체형식 / 산천 // 문학과 예술. - 1989,(5). - 9 - 13
11584 간고한 작업 - 문학형식의 창조 / 김종수 // 문학과 예술. - 1989,(6). - 32 - 35
11585 론문습작에서의 열가지 요령 // 중국조선어문. - 1989,(6). - 54 - 55
11586 생명체험 - 일종 새로운 창작론관점 // 문학과 예술. - 1989,(6). - 79
11587 설명문의 묘사와 기서문의 묘사 / 김미자 // 중국조선어문. - 1989,(6). - 23 - 24
11588 성격형상 / 김학철 // 장백산. - 1989,(6). -

110－113

11589 일기를 어떻게 쓸것인가 // 소년아동.－1989,(6).－89－93

11590 감상문을 어떻게 쓸것인가 // 소년아동.－1989,(7).－70－73

11591 독서필기를 어떻게 할것인가 // 소년아동.－1989,(7).－74－81

11592 독후감을 어떻게 쓰는가요? // 소년아동.－1989,(8).－62－66

11593 령감의 산생에 대하여 / 대언 // 은하수.－1989,(11).－61－62

11594 거리가 멀어짐은… / 양자민 // 천지.－1990,(1).－61－63

11595 사실주의와 후 사실주의가 창작경향에서의 구별 // 문학과 예술.－1990,(1).－79

11596 몇개 산문문체의 개념에 대하여 / 최상철 // 중국조선어문.－1990,(2).－32－33

11597 소설을 어떻게 쓸것인가 / 송상옥 // 장백산.－1990,(2).－136－140

11598 시조에 관하여 / 한춘섭 // 도라지.－1990,(2).－60－67

11599 편지를 어떻게 쓸것인가? / 권정옥 // 중국조선어문.－1990,(2).－35－37

11600 감상문을 어떻게 쓸것인가? / 권경혁 // 중국조선어문.－1990,(3).－34

11601 극문학 폐단 몇가지 / 김해룡 // 예술세계.－1990,(3).－39－40

11602 글짓기 흥취를 키우려면 / 김인학 // 중국조선어문.－1990,(3).－37－38

11603 방문기를 어떻게 쓸것인가 // 소년아동.－1990,(3).－44－46

11604 주말 문답 / 장위 // 장백산.－1990,(3).－120－121

11605 토막설명문쓰기 지도는 이런 방법으로 / 황영희 // 중국조선어문.－1990,(3).－39－40

11606 나는 작문지도를 이렇게 하였다: 작문강평수업에서 얻은 약간한 체득 / 박문 // 중국조선어문.－1990,(4).－17－20

11607 문학창작의 첫걸음 / 리근전 // 장백산.－1990,(4).－77－81

11608 수필을 어떻게 쓸것인가? / 로주철 // 중국조선어문.－1990,(4).－45－47

11609 뒤늦게 탄 걸음마 / 류원무 // 장백산.－1990,(5).－113－118

11610 토막글짓기지도를 이렇게 / 허신자 // 중국조선어문.－1990,(5).－22－23

11611 글짓기지도는 평시훈련에 모를 박아야 한다 / 김현우; 최상해 // 중국조선어문.－1990,(6).－33－36

11612 실화를 어떻게 쓸것인가? / 로주철 // 중국조선어문.－1990,(6).－54－56

11613 측면묘사의 미묘성 / 오익순 // 중국조선어문.－1990,(6).－48

11614 시대적 정신이 빛나는 예술형상을 창조하자: 선진인물의 형상창조에 대한 사고 / 임범송 // 천지.－1990,(11).－54－59

11615 취미습작 지도 / 박경자; 원혜숙 // 중국조선어문.－1990,(12).－38

I1 세계문학

11616 농업생산합작사 사람들 / 라스쩬 · 뽀마끄 // 연변문예.－1954,(2).－31－35

11617 밤에 잠자지 않는 이 / 엠 · 이오환 // 소년아동.－1954,(5).－3－4

11618 논밭에서 사랑하는 사람을 생각한다 / 찐유춘 // 연변문예.－1954,(6).－26－27

11619 박쥐 / 한중모 역 // 소년아동.－1954,(9).－26

11620 화톳불은 타오른다 / 유리이 야꼬불레브 // 소년아동.－1955,(7).－1－2

11621 ≪검은 승냥이≫를 쫓아서 / 요 · 루끄로브쓰끼 // 소년아동.－1955,(11).－20－21

11622 신비한 텔레비죤 / 아 · 드네쁘로브 // 대중과학.－1959,(8).－41－43

11623 여섯개 성냥가지 / 아르까찌 · 쓰뜨루까츠

끼; 보리쓰・쓰뜨루까츠끼 // 대중과학. − 1959,(9). − 44 − 47
11624 설산에 솟는 붉은 해 / 우・누즈베꼬브 // 연변문학. − 1960,(8). − 38 − 41
11625 분노에 찬 운전수의 눈'길 / 원우 // 연변. − 1963,(3). − 46
11626 ≪쇠파리≫는 어떠한 예술형상인가 / 성지위 // 연변문예. − 1978,(11). − 41 − 42
11627 한 간호원의 후반생 // 대중과학. − 1980,(3). − 46 − 48
11628 단방에 두놈을 / 이바녜쓰 저; 김동 중역 // 연변문예. − 1981,(5). − 33 − 34
11629 장수하는 비결 / 최호동 역 // 장백산. − 1983,(1). − 119
11630 진실한 인간 / 김파 // 송화강. − 1983,(3). − 60
11631 고향에 돌아온 귀부인 / 두룬마트 // 송화강. − 1983,(5). − 42 − 50
11632 17년을 기다린 혼인 // 송화강. − 1983,(5). − 23
11633 ≪잠간만 기다릴수 없는가?≫ // 송화강. − 1983,(5). − 58
11634 스웨덴문학과 노벨문학장금 // 문학예술연구. − 1984,(1). − 51
11635 심해에서 찾아낸 유물 / 조 로제브 // 대중과학. − 1984,(3). − 45 − 49
11636 죽음을 1년 앞두고 // 연변녀성. − 1984,(5). − 25 − 28
11637 세월은 흘러가도 / 위나무노 // 연변녀성. − 1984,(6). − 55 − 57
11638 3.000딸라의 상금을 탄 현상응모작품 / 위군 // 동북민병. − 1984,(22). − 35
11639 100년간 실종되였던 신부 // 연변녀성. − 1985,(1). − 56 − 57
11640 양지쪽 안락의자 / 사노 히라시 // 장백산. − 1985,(1). − 162 − 176
11641 외국아동 유모아 / 복학철 // 꽃동산. − 1985,(1). − 12
11642 진주 박힌 구두 // 연변녀성. − 1985,(1). − 77 − 79
11643 한 은행가가 쓴 장편소설≪록색의 왕≫이 구미나라들에서 가장 널리 잘 팔리는 책으로 되였다 / 산석 역 // 문학과 예술. − 1985,(2). − 68 − 69
11644 생활의 웨침 / K함순 // 송화강. − 1983,(3). − 36 − 39
11645 사신과 박투한 기록 / 흐트리낀 // 연변녀성. − 1985,(3). − 63 − 66
11646 증조모가 쓴 책 / 빠멜라헨넬 // 연변녀성. − 1985,(3). − 31 − 33
11647 법정에 나선 아버지카로스・부로산 // 꽃동산. − 1985,(5). − 2 − 5
11648 뿌쉬낀의 결투에 관한 새로운 해석 // 문학과 예술. − 1985,(5). − 82 − 83
11649 엘로이즈 // 연변녀성. − 1985,(5). − 40 − 43
11650 장려한 죄행 // 연변녀성. − 1985,(5). − 22 − 23
11651 택시에서 남긴 장미꽃 / 아 폰 크루쎈샤트나 // 도라지. − 1985,(5). − 67 − 77
11652 어머니의 시 / 카 메스트랄 // 은하수. − 1985,(8). − 40 − 41
11653 ≪마리아≫호사건 // 대중과학. − 1985,(11). − 28 − 30
11654 실패한 정형수술 / 지니 레노쯔 // 연변녀성. − 1986,(1). − 40 − 43
11655 어찌 물러설수 있으랴! / 와 미첼로 // 연변녀성. − 1986,(1). − 55 − 57
11656 옛 성새의 밤 // 연변녀성. − 1986,(1). − 38 − 39
11657 육식벌 // 연변녀성. − 1986,(1). − 11
11658 홀아비 / (브라질)몬데루・레바트 // 천지. − 1986,(1). − 94 − 96
11659 ≪돌계집≫ / 누에만 // 청년생활. − 1986,(2). − 41 − 44
11660 생명을 구원한 소설책 / 손자모 // 연변녀성. − 1986,(2). − 29

11661 세계에서 제일 긴 장편소설/≪문예보≫에서// 문학과 예술.－1986,(2).－94
11662 자식낳이를 못하는 사람느엘만// 천지.－1988,(2).－62－70
11663 정탐가의 시조 빅또크/제임스 스튜어트 고든// 청년생활.－1986,(2).－49－51
11664 아드레이 모리아의≪황천길≫/문연필// 문학과 예술.－1986,(3).－82－83
11665 케네디보관서류 비밀 쟁탈전/이평// 동북민병.－1986,(4).－40－42
11666 굶어죽은 모델 마르셀 피송/한순// 연변녀성.－1986,(5).－34－35
11667 라지프를 위해서라면…/쏘냐// 연변녀성.－1986,(5).－28－29
11668 쉑스피어와 살결검은 녀인// 문학과 예술.－1986,(5).－26－27
11669 ≪어머닐 죽게 할수 없어요≫/엘렌 란진// 연변녀성.－1986,(5).－50－51
11670 웨라의 앵두빛 옷/아쓰마까렌꼬// 연변녀성.－1986,(5).－68－69
11671 죤의 탈가/석양// 연변녀성.－1986,(5).－15－18
11672 첫날밤/로뻬크하낌 작; 리영수 중역// 문학과 예술.－1986,(5).－9－15
11673 신혼의 밤/포트타우피크·하킴// 천지.－1986,(10).－91－96
11674 쌍지노// 소년아동.－1987,(1).－33－40
11675 아뉴의 새 학교/세쯔 샤임사르 호끄// 소년아동.－1987,(3).－10－20
11676 어머니의 고난일/라이비// 연변녀성.－1987,(3).－74－78·48
11677 피라미트밑에서 일어난 사건/강휘// 동북민병.－1987,(3).－32－35
11678 거짓말/수라// 연변녀성.－1987,(4).－30－31
11679 삶도 책임감있게/무닐너수프// 연변녀성.－1987,(4).－61－62
11680 씨오더라의 애정// 천지.－1987,(4).－93－94
11681 첫 사랑/쇼롬알로함// 천지.－1987,(4).－65
11682 생일날라이비// 천지.－1987,(5).－60－65
11683 콩 한알/스즈끼다께지// 연변녀성.－1987,(5).－34－35
11684 신비로운 전화// 꽃동산.－1987,(6).－2－5
11685 짜리아터와 스마이라// 천지.－1987,(10).－67－69
11686 괴상한 전화/메리쯔 이크바르// 청년생활.－1987,(11).－17－18
11687 새벽의 죽음/워·쏘엔카시선// 문학과 예술.－1987,(11－12).－61－63
11688 나비아가씨/석해// 동북민병.－1988,(1).－28－30
11689 마귀삼각/올레스트 핑토// 연변녀성.－1988,(1).－26－27
11690 마귀의 걸작/장효림// 동북민병.－1988,(1).－31－32
11691 사랑의 부활/톰 안드센// 연변녀성.－1988,(1).－28
11692 올가미/송도// 동북민병.－1988,(1).－23－25
11693 휘트먼과 그의 시/금력// 문학과 예술.－1988,(1).－43
11694 불행한 임신/난디미트라 작; 한정화 중역// 도라지.－1988,(2).－31－36
11695 쓰레기와 오얏 바꾸기// 천지.－1988,(2).－61
11696 티보일가/개성// 동북민병.－1988,(2).－42－45
11697 미인계에 걸려든 기요원/아청// 동북민병.－1988,(3).－29－31
11698 익기전에는…/로맹·롤랑// 문학과 예술.－1988,(3).－1
11699 중앙정보국의 꾸바사람/매붕// 동북민병.－1988,(3).－11－13
11700 피, 눈물과 미소/니흐쌍아푸뚜 꾸뚜스 작; 리재익 중역// 문학과 예술.－1988,(3).－18－29

11701 토끼와 코끼리 // 꽃동산. – 1988,(3). – 14 – 15
11702 ≪황당파≫희곡과 사무엘 베케트의 극 // 문학과 예술. – 1988,(3). – 93 – 95
11703 ≪흰고래 모비 딕≫에 대하여 / 김하 // 은하수. – 1988,(3). – 48 – 49
11704 리켓가 13번지의 망령 / 죤슨 // 연변녀성. – 1988,(4). – 28 – 29
11705 조제프A · 브로드스끼와 그의 시 / 금혁 // 문학과 예술. – 1988,(4). – 45
11706 1987년 노벨문학상 수상자 조제프 A · 브토드스끼 시 3수 / 조제프A · 브토드시끼 // 문학과 예술. – 1988,(4). – 43 – 44
11707 무단결석한 날 / 쌍베로 // 꽃동산. – 1988,(5). – 4 – 6
11708 애정 참회록 / 싸이네나크 // 청년생활. – 1988,(5). – 56 – 58
11709 염소와 코끼리의 먹기내기 // 꽃동산. – 1988,(5). – 24 – 25
11710 예브도신꼬와 그의 시 // 문학과 예술. – 1988,(6). – 30 – 31
11711 편지 / 유소프 시바이 // 청년생활. – 1988,(6). – 31 – 34
11712 부엉이를 이긴 까마귀 / 라 아나이트 // 소년아동. – 1988,(7). – 10
11713 홍의녀간첩 / 애린 · 그리프스 // 동북민병. – 1988,(7). – 37 – 43
11714 딱친구 / 죤 · W · 만슐 // 연변녀성. – 1988,(8). – 30 – 31
11715 베일 쓴 녀자망령 // 연변녀성. – 1988,(8). – 41 – 42
11716 예까쩨리나 녀화의 춤 동무 / 청군 // 연변녀성. – 1988,(8). – 46 – 52
11717 총명한 시중군 // 소년아동. – 1988,(8). – 10 – 18
11718 말따의 간첩그림자 / 레라르 · 드 · 비리애 // 동북민병. – 1988,(9). – 40 – 46
11719 도박키스 / 아룬 마세르 // 은하수. – 1988,(10). – 24 – 28
11720 미모의 녀간첩 / 엘렌그리페스 // 연변녀성. – 1988,(10). – 44 – 49
11721 진짜통수와 가짜통수 / 아배 // 동북민병. – 1988,(10). – 26 – 28
11722 녀간첩왕 / 종의 // 동북민병. – 1988,(11). – 33 – 35
11723 안해는 제일 훌륭한 청중이다 / 카내키부인 // 연변녀성. – 1988,(11). – 24 – 25
11724 ≪하이디≫독서감상 / 김명희; 리권도 // 소년아동. – 1988,(11). – 28 – 34
11725 야밤의 살인범 // 대중과학. – 1988,(12). – 19
11726 엘리자베트 브라우닝 / 은비 // 연변녀성. – 1988,(12). – 46 – 49
11727 녀간첩 베디 · 소브 / 굉자 // 동북후비군. – 1989,(2). – 30 – 32
11728 공원 데쌍 / 리석현 // 장백산. – 1989,(4). – 90 – 91
11729 불행한 임신 / 단디미트라 // 천지. – 1989,(4). – 40 – 45
11730 개가 신부의 적수로 / 천악 // 연변녀성. – 1989,(5). – 14
11731 아짜아짜한 순간 / 말리히긴스 // 연변녀성. – 1989,(6). – 40 – 45
11732 기계페로 살아온 녀성 / 로쟌느 // 연변녀성. – 1989,(9). – 50 – 55
11733 울금향전기 // 연변녀성. – 1989,(9). – 27 – 32
11734 음모책동자 외눈상좌 / 위세걸 // 대중과학. – 1989,(10). – 44 – 45
11735 사랑의 힘 / 제이스털러 // 연변녀성. – 1989,(11). – 53 – 55
11736 폭군 / 나지프 메하뵈쯔 // 은하수. – 1989,(11). – 48 – 51
11737 면사포를 쓴 녀인 / 알; 미스라티 // 은하수. – 1990,(1). – 14 – 18
11738 압록강 호텔에서(외1수) / 양명득 // 장백산. – 1990,(1). – 119
11739 하루살이 임금님 / 안데르센 넥쇼 // 은하수.

－1990,(2).－32－36

11740 하쎄·쎄라 1989년도 노벨문학상을// 문학과 예술.－1990,(3).－78

11741 배후에서 본 노벨문학상/ 쥴 이스프마크 // 문학과 예술.－1990,(4).－52－55

11742 생명과 의학의 기적/ 왕영창// 연변녀성.－1990,(4).－31－33

11743 승냥이호수/ 헨리 케이트 저; 량우 중역 // 송화강.－1990,(4).－22－29

11744 승리할수 있은 용기/ 죠르쥬 프너스톤// 연변녀성.－1990,(5).－46－47

11745 헤명웨이는 왜 한발을 들고 글을 썼는가 // 문학과 예술.－1990,(5).－77

11746 흑인의 자유/ 흐앤·드라시·루쎌로// 천지.－1990,(6).－56－59

11747 금상아// 소년아동.－1990,(8).－79－83

11748 코카인왕의 말로/ 왕위진// 연변녀성.－1990,(8).－53－56

11749 력사공부/ 브랭크 오콘놀// 은하수.－1990,(9).－54－62

11750 로보트미인/ 호시 싱이찌// 대중과학.－1990,(10).－4－5

11751 아마존강에서의 혈전/ 김영근// 대중과학.－1990,(10).－34－38

11752 아다모끼거부기/ 리건// 소년아동.－1990,(11).－91－92

11753 코끼리와 누렁이/ 리건// 소년아동.－1990,(11).－89－90

11754 화장무도회 모험기/ 홍홍// 연변녀성.－1990,(11).－18－22

I2 중국문학

11755 연변예술축전은 우리에게 무엇을 밝혀 주었는가?/ 金東久// 연변문예.－1951,(3).－9－11

11756 ≪연변문예≫창간에 제하여/ 배극// 연변문예.－1954,(1).－1－4

11757 소년아동에 대한 의견, 희망// 소년아동.－1954,(4).－7

11758 중국문학예술련합회주석단과 중국작가협회주석단 확대회의 결의// 연변문예.－1955,(7).－2

11759 호풍반혁명집단을 성토하는 연변문예계 좌담회에서의 결의문// 연변문예.－1955,(7).－3

11760 중국공산당 전국대표회의의 결의를 참답게 학습하여 문학예술사업의 당성을 증강하기 위해 투쟁하자/ ≪문예보≫사론// 연변문예.－1955,(8).－2－6

11761 문예공작자들이여 창작로동을 긴장히 하자: 제1차 5개년계획의 체택에 제하여// 연변문예.－1955,(10).－2－4

11762 소년아동 독물을 대량으로 창작, 출판, 발행하자/ ≪인민일보≫사설// 연변문예.－1955,(11).－27－30

11763 군중 업여 문예 발전의 전면 규획에 발맞추자/ 김순기// 연변문예.－1956,(1).－2－4

11764 대대적으로 군중성적인 문학 예술 창작 운동을 전개하자// 연변문예.－1956,(2).－5－7

11765 몇가지 의견/ 리홍규// 연변문예.－1956,(2).－19－22

11766 사회주의 문학 건설의 임무:중국 작가 협회 제2차 리사회 회의(확대)에서의 보고(요지)/ 주양// 연변문예.－1956,(5).－5－22

11767 형제민족 문학사업에 관한 보고: 중국작가협회 제2차 리사회의에서의 보고(요지)/ 로사// 연변문예.－1956,(5).－23－31

11768 중앙이 소수 민족에게 준 관심(一):회의에 참가하고 돌아와서의 보고/ 리홍규// 연변문예.－1956,(6).－22－25

11769 나의 소감 몇 가지:회의에 참가하고 돌아와서의 보고/ 리홍규// 연변문예.－1956,(7).－14－19

11770 전형 문제에 대한 초보적 리해:중국 작가 협회 창작 위원회 리론 비평조에서 개최한 전형 문제 좌담회에서의 발언/ 림묵함// 연변문예.－1956,(8).－1－8

11771 몇년래 연변의 문학창작정황과 중국작가협회 연변분회의 임무 / 배극 // 연변문예. – 1956,(10). – 12 – 18

11772 조국화원의 한떨기 꽃으로 피여라: 중국작가협회 연변분회 성립대회에서 한 축사 / 강탁(康濯) // 연변문예. – 1956,(10). – 5 – 11

11773 문예상의 괴물을 청산하자!:당의 제8차 전국 대표대회의 페막을 축하하여 // 연변문예. – 1956,(11). – 1 – 5

11774 민족 문학 유산을 계승 발전 시키는 면에서 본≪연변 문예≫:중국 작가협회 연변분회 성립을 맞으며 / 한광춘 // 아리랑. – 1957,(1). – 49 – 57

11775 개념화 공식화에 대하여 / 최정연 // 아리랑. – 1957,(2). – 1 – 2

11776 농촌 현실과 우리 문학: ≪아버지의 비밀≫과 ≪처녀의 래방≫을 중심으로 / 허호일 // 아리랑. – 1957,(4). – 34 – 38

11777 문예 일군들은 단결하여 로농병을 위해 복무하자:연변 문예계 좌담회에서한 주 덕해 동지의 발언요지 // 아리랑. – 1957,(7). – 1 – 3

11778 편집부와 작가와의 단결을 강화하자 // 아리랑. – 1957,(7). – 47 – 51

11779 도적놈이 불이야 / 주홍성 // 아리랑. – 1957,(9). – 5

11780 ≪개고기≫의 음모 / 박상일 // 아리랑. – 1957,(10). – 13 – 14

11781 ≪개성 해방≫론 / 허호일 // 아리랑. – 1957,(10). – 6

11782 ≪귀환병≫의 독소를 론함 / 리근전 // 아리랑. – 1957,(10). – 15 – 17

11783 꼬리 없는 개 / 림휘 // 아리랑. – 1957,(10). – 6

11784 반우파 투쟁에 총궐기하여 연변 문학의 장성 발전을 담보하자 // 아리랑. – 1957,(10). – 1 – 2

11785 ≪심각한 문예 리론가≫ / 최형동 // 아리랑. – 1957,(10). – 8 – 9

11786 주제 없는 주제 / 고철 // 아리랑. – 1957,(10). – 9 – 10

11787 ≪초목편≫과 그의 절찬자 / 룡섭 // 아리랑. – 1957,(10). – 10 – 12

11788 최 정연의≪사회관≫과 ≪문학관≫ / 주무경 // 아리랑. – 1957,(10). – 7 – 8

11789 복벽 화도(畵圖). – / 홍성도 // 아리랑. – 1957,(11). – 9

11790 ≪아리랑≫에 드리는 글 / 박일민 // 아리랑. – 1957,(11). – 21 – 22

11791 위선자의≪령혼론≫ / 창준 // 아리랑. – 1957,(11). – 9 – 11

11792 ≪자유≫의 선명한 대비 / 려근택 // 아리랑. – 1957,(11). – 12

11793 최정연이 주장하는≪인간성≫ / 권철 // 아리랑. – 1957,(11). – 11 – 12

11794 ≪귀환병≫의 추잡한 잉태 과정 / 홍성도 // 아리랑. – 1957,(12). – 12 – 14

11795 김 동구의≪인간학≫ / 김태갑 // 아리랑. – 1957,(12). – 22 – 23

11796 반당 집단의 생명은 길지 않다! / 서헌 // 아리랑. – 1957,(12). – 17 – 19

11797 소위≪갈등론≫의 실질 / 김문수 // 아리랑. – 1957,(12). – 25 – 26

11798 소위≪공식화 개념화의 근원≫:몇몇 우파의 언론을 반박함 / 주홍성 // 아리랑. – 1957,(12). – 53 – 57

11799 소위≪령혼≫이 득실거리는 파지:최정연과 그의 추종자들의 작품에 대하여 / 림휘 // 아리랑. – 1957,(12). – 8 – 11

11800 음험한≪복수심≫ / 임호 // 아리랑. – 1957,(12). – 5 – 8

11801 ≪의협 문인≫ / 박경식,김도권 // 아리랑. – 1957,(12). – 23 – 25

11802 최정연의 문예 사상 / 리홍규 // 아리랑. – 1957,(12). – 1 – 5

11803 패잔병의 후예:최 정연의 반동 문예 리론을 반박함 / 최형동 // 아리랑. – 1957,(12). – 14

－17

11804 당내 우파분자 주 선우의 정체 / 주무경 // 아리랑.－1958,(1).－32－35

11805 반동 무대의 총붕괴:김 동구의 반동 활동 / 김해진 // 아리랑.－1958,(1).－35－38

11806 작가의 립장 / 한수동 // 아리랑.－1958,(1).－38－39

11807 최 정연의 반동적 동기:작가협회 령도권을 탈취하려는 7항 강령을 폭로 함 / 김창석 // 아리랑.－1958,(1).－40－43

11808 최 정연은 청년들을≪뜨개소≫로 되게 선동했다 / 리행복 // 아리랑.－1958,(1).－43－45

11809 독품 장사 김학철 / 류성근 // 아리랑.－1958,(2).－60－61

11810 맑스주의 세계관과 작가:우파들의 몇가지 반 맑스주의적 론점에 대하여 / 권철 // 아리랑.－1958,(2).－38－41

11811 배 다른 쌍동이 / 허대진 // 아리랑.－1958,(2).－21－24

11812 ≪뿌리 박은 터≫에 대하여 / 김종국 // 아리랑.－1958,(2).－61

11813 ≪서리≫의 독소 / 박월봉 // 아리랑.－1958,(2).－61－62

11814 김 학철의≪고민≫ / 한수동 // 아리랑.－1958,(3).－41－43

11815 ≪돼지장≫과 ≪사주≫:독자들의 반향을 종합함 // 아리랑.－1958,(3).－44－47

11816 주 선우의 립장과 붓끝: 시집≪잊을 수 없는 녀인들≫에 대하여 / 철봉 // 아리랑.－1958,(3).－31－34

11817 천만리에서 날아온 독충:우파분자 김 용식의 반동 언행록 / 리행복 // 아리랑.－1958,(3).－63－66

11818 ≪탈곡장에서≫의 해부도 / 김창걸 // 아리랑.－1958,(4).－37－39

11819 반당 집단의 당내 대리인 김순기 / 홍성도 // 아리랑.－1958,(5).－66－69

11820 ≪순결한 심령의 소유자≫:김 학철의≪승리의 기록≫, ≪군공 메달≫의 독소 / 주홍성 // 아리랑.－1958,(5).－70－71

11821 다시 비판함 // 아리랑.－1958,(6).－20

11822 왕 실미의≪개나리 꽃≫ / 림묵함 // 아리랑.－1958,(6).－21－27

11823 칼을 품은 자의≪기쁨≫ / 민요 // 아리랑.－1958,(6).－67

11824 ≪교장의 행복관≫에 표현된 작자의 반동 사상 / 리동을 등 // 아리랑.－1958,(11,12).－90－92

11825 반동 작가 김 학철의 자화상 / 철봉 // 아리랑.－1958,(11,12).－89－90

11826 창작 태도와 창작 계획 / 리욱 // 연변문학.－1959,(1).－32－34

11827 평론 사업을 활발히 전개하며 연변 문학사 편찬을 완성한다 / 권철 // 연변문학.－1959,(1).－30－32

11828 군중문예 창작의 보급과 제고문제 / 한준광 // 연변문학.－1959,(4).－4－5

11829 번영하는 연변의 아동 문학 / 최형동 // 연변문학.－1959,(5).－41－43

11830 창작의 번영을 위하여:중국 작가협회 연변분회 제2차 회원대회에서 한 보고 요지 / 리희일 // 연변문학.－1959,(5).－2－5

11831 민족 문학 유산, 민족 형식, 민족 풍격에 관하여 // 연변문학.－1959,(9).－1－2

11832 연변 문학의 동년 시절 / 임효원 // 연변문학.－1959,(9).－54－55

11833 번역 문학을 회상하여 / 현남극 // 연변문학.－1959,(10).－53－55

11834 빛나는 10년 // 연변문학.－1959,(10).－1－2

11835 문학이 걸어 온 10년 / 소전린 // 연변문학.－1959,(11).－1－15

11836 침통한 교훈 / 편집부 // 연변문학.－1959,(11).－62－65

11837 모택동사상을 학습하여 문예의 보다 큰 약진을 쟁취하자! / 사설 // 연변문학.－1960,(3).－7－10

11838 사화주의문학예술의 길: 중국문학예술공작자 제3차 대표대회에서 진술한 중국문학예술계련합회 부주석 주양의 보고 // 연변문학. − 1960,(8). − 10 − 12

11839 우리 나라 사회주의문학예술의 더욱 큰 약진을 쟁취하기 위해 분투하자: 중국문학예술공작자 제3차 대표대회 개막사 / 곽말약 // 연변문학. − 1960,(8). − 6 − 9

11840 전국문학예술공작자 제3차 대표대회에서 륙정일 중공중앙과 국무원을 대표하여 축사 // 연변문학. − 1960,(8). − 1 − 5

11841 당의 민족정책의 광망하에서 연변의 문학사업은 약진하고 있다: 중국작가협회 제3차 리사회에서 한 발언 / 권철 // 연변문학. − 1960,(9). − 12 − 15

11842 전국 제3차 문예공작자대표대회 결의 // 연변문학. − 1960,(9). − 4

11843 우리 나라 사회주의문학예술의 도로: 1960년 7월 22일 중국문학예술공작자 제3차 대표대회에서의 보고 / 주양 // 연변문학. − 1960,(10). − 1 − 12

11844 소수민족문학공작에 관한 보고: 중국작가협회 제3차 리사회회의에서 한 보고 / 로사 // 연변문학. − 1960,(12). − 1 − 13

11845 ≪연변 문예≫제2차(단편소설, 가사)응모를 끝내면서 / 중국 작가 협회 연변 분회≪연변≫잡지편집부 // 연변. − 1965,(10). − 46 − 48

11846 연변문예 제2기 제3차 전체위원(확대)회의 결의 // 연변문학. − 1978,(12). − 3 − 4

11847 ≪장백산≫(조문판)을 내오며서 / 편집부 // 장백산. − 1980,(1). − 1 − 2

11848 ≪청년생활≫의 발간에 제하여 / 공청단 연변주위 // 청년생활. − 1980,(1). − 3

11849 실현된 숙망, 크낙한 기대:≪장백산≫조문판 창간호의 출판을 둘러싸고 / 송정환 // 장백산. − 1980,(2). − 150 − 152

11850 장백산에 피여난 한떨기 꽃송이:≪장백산≫조문판 발행을 열렬히 축하한다 / 김기형 // 장백산. − 1980,(2). − 153 − 158

11851 불타는 결의, 빛나는 전망: 시 창작좌담회 실기 / 본지기자 // 연변문예. − 1980,(5). − 2 − 5

11852 소수민족문예간행물 편집회의 개황 / 본지기사 // 연변문예. − 1980,(5). − 53 − 54

11853 장백현 접대소조 명단 // 장백산. − 1981,(3 − 4). − 33

11854 조선족 문학예술 활동정황 // 문학예술연구. − 1981,(3). − 39 − 46

11855 통화지구 조선족문학공작자협회 창립 // 장백산. − 1981,(3 − 4). − 4 − 5

11856 통화지구 조선족문학공작자협회 창립대회에서 한 총결보고 / 김내상 // 장백산. − 1981,(3 − 4). − 17 − 18

11857 통화지구 조선족문학공작자협회 창립대회 주석단 명단 // 장백산. − 1981,(3 − 4). − 33

11858 통하지구 조선족문학공작협회 규약 // 장백산. − 1981,(3 − 4). − 35 − 36

11859 통화지구 조선족문학공작자협회 창립대회에서 한 연설 / 김인호 // 장백산. − 1981,(3 − 4). − 7

11860 통화지구 조선족문학공작자협회 창립대회에서 한 연설 / 전수옥 // 장백산. − 1981,(3 − 4). − 6 − 7

11861 통화지구 조선족문학공작협회 제1차 리사회 주석, 부주석, 비서, 상무리사, 리사 명단 // 장백산. − 1981,(3 − 4). − 34

11862 통화지구 조선족의 사회주의문학을 힘써 발전, 번영시키자(사업보고) / 남영전 // 장백산. − 1981,(3 − 4). − 8 − 17

11863 정령동지 문예문제를 담론: 1981년 8월 10일 중국작가협회 연변분회에서 소집한 보고회의에서의 연설요지 // 연변문예. − 1981,(12). − 18 − 23

11864 통화지구 조선족문학공작자협회 제1기 제2차리사(확대)회의가 열렸다 // 장백산. − 1982,(3). − 125

11865 분발하여 일떠나 더 큰 기여를 하자: 연변문련 제3기 3차위원회 확대회의 소집 // 연변문예. － 1982,(4). － 35

11866 우리의 민족문예사업의 번영과 발전을 위하여 더욱 힘쓰자: 모택동동지의 론작≪연안문예좌담회에서 한 강화≫발표 40돐에 즈음하여 / 김영만 // 연변문예. － 1982,(5). － 3 － 7

11867 가무의 고양에서: (연변조선족자치주창립 30돐 경축활동에 참가하고) / 오효방 // 연변문예. － 1983,(1). － 61 － 65

11868 연변조선족자치주 제3차 문학예술 일군 대표대회 개막사 / 정룡수 // 연변문예. － 1983,(2). － 4 － 5

11869 연변조선족자치주 제3차 문학예술 일군 대표대회 축사 / 조룡호 // 연변문예. － 1983,(2). － 6 － 9

11870 연변조선족자치주 제3차 문학예술 일군 대표대회 폐막사 / 김철 // 연변문예. － 1983,(2). － 22 － 23

11871 한결같이 일떠나 사회주의적문예의 새로운 국면을 개척하기 위하여 분투하자:(연변조선족자치주 제3차 문학예술일군대표대회 사업보고) / 장일만 // 연변문예. － 1983,(2). － 9 － 21

11872 새로운 임무(협회 제1기 4차 리사회의 사업보고) / 남영전 // 장백산. － 1985,(1). － 184 － 185

11873 통화지구 조선족문학공작자협회 제1기 제3차 리사(확대)회의에서 한 축사 / 양계비 // 장백산. － 1984,(1). － 155 － 156

11874 ≪문학과 예술≫창간 축하모임이 있었다 // 문학과 예술. － 1985,(2). － 58

11875 소수민족문학사에 관한 대형총서 편찬에 착수 / 산석 역 // 문학과 예술. － 1985,(2). － 71

11876 중국농촌사와 문학사에 나타난 신생사물 / 촉진선; 양명 // 문학과 예술. － 1985,(2). － 64 － 65

11877 중국작가협회 제4차 회원대표대회에 출석한 조선족대표들: 1984년 12월 28일 － 1985년 1월5일 // 문학과 예술. － 1985(3). － 68 － 69

11878 감사, 축하, 희망:≪천지≫신년호를 보고서 / 리도영 // 천지. － 1985,(4). － 66 － 68

11879 시대와 문학평론: 당대문학평론 좌담회 개막사 / 조성일 // 문학과 예술. － 1985,(6). － 4 － 7

11880 중국작가협회연변분회 제5차 회원대표대회에 드리는 축사 / 라창진 // 천지. － 1986,(2). － 3 － 6

11881 300호를 선물한≪천지≫를 축하하여 / 리정문 // 천지. － 1986,(5). － 6 － 7

11882 조선족문학창작의 번영을 위해: －≪천지≫창간 35돐과 출판 300호에 즈음하여 / 라창진 // 천지. － 1986,(5). － 4 － 5

11883 ≪천지≫의 기상을 온 누리에… / 조성일 // 천지. － 1986,(5). － 10

11884 조선족문학의 새로운 위치를 확립하는 잡지도 / 신상걸 // 장백산. － 1986,(6). － 6

11885 목전 문학의 추구:≪당대문학강습반≫에서 왕몽동지가 한 연설의 일부 요지 // 은하수. － 1986,(9). － 34

11886 청년문학도들이여, 필봉을 더욱 벼리자: 제1차 동북3성 중청년소설가≪은하수≫문필회를 끝마치면서 // 은하수. － 1986,(9). － 3 － 4

11887 빛나는 로정:≪도라지≫창간 열돐에 즈음하여 / ≪도라지≫잡지사 // 도라지. － 1987,(3). － 4

11888 10년 － 력사의 순간:≪도라지≫창간 열돐에 즈음하여 / 신상걸 // 도라지. － 1987,(3). － 3

11889 ≪도라지≫열돐맞이 기념회 성황리에 / 대회비서처 // 도라지. － 1987,(5). － 36 － 37

11890 ≪중국조선족교육≫보도요점 // 중국조선족교육. － 1987,(5). － 80

11891 공목동지의 탄생 75주년 경축활동에 보낸 애청동지의 편지 / 애청 // 장백산. － 1988,(3). － 127

11892 흑룡강시인군에 대한 력사적회고:1950년대 － 1980년대 / 리삼월 // 문학과 예술. － 1988,(3). － 15 － 16

11893 사회를 료해하고 기간물의 개혁을 심화시키자: 전성 문예기간물선독간담회 기요 / 길

림성 신문출판국기간처 // 송화강. – 1988,(4). – 63 – 64

11894 30살, 립신의 나이: 본지 창간30돐을 기념하여 / 본지편집부 // 동북민병. – 1988,(10). – 2 – 3

11895 회고와 전망: 본 잡지 창간40돐을 기념하여 // 중국조선족교육. – 1988,(12). – 3 – 5

11896 중국문련 제5차대표대회에서 한 축사 / 호계림 // 예술세계. – 1989,(1). – 4 – 7

11897 창간사 // 민족단결. – 1989,(1). – 4 – 5

11898 힘과 사랑의 옹골샘:조선문판≪민족단결≫잡지의 창간을 환호하여 / 김철 // 민족단결. – 1989,(1). – 8

11899 민족이 부여한 작가적과업: – 중국조선족중년작가좌담회 발언 요지 // 도라지. – 1990,(1). – 47 – 50

11900 남조선 중국조선족작가작품집 출간현황 // 문학과 예술. – 1990,(3). – 78

11901 ≪민요연구≫제1차 중국소수민족문학연구과상을 // 문학과 예술. – 1990,(3). – 78

11902 빛나는 40성상:≪소년아동≫창간 40돐에 즈음하여 / 김득순 // 소년아동. – 1990,(5). – 3 – 4

11903 ≪소년아동≫ 40돐≪새싹≫컵 글짓기현상모집 입선작품 특집:≪폭포≫ / 김춘남 // 소년아동. – 1990,(5). – 5 – 67

11904 ≪은하수≫루계 100호를 펴내면서 / 김성우 // 은하수. – 1990,(10). – 2 – 3

11905 겨레의 얼이 여울치는 광장:≪은하수≫창간 100호기념에 즈음하여 / 조성일 // 은하수. – 1990,(11). – 3 – 4

11906 ≪은하수≫여 영원하라 / 리장수 // 은하수. – 1990,(11). – 6 – 7

11907 ≪은하수≫창간 100호에 드리는 축사 / 황기철 // 은하수. – 1990,(11). – 7

11908 ≪은하수≫ – 황홀한 꿈의 강 / 리상각 // 은하수. – 1990,(11). – 5

I200 방침정책

11909 우리文藝工作者들은 反革命鎭壓에 總蹶起하자 // 연변문예. – 1951,(창간호). – 9

11910 文藝形式을 通하여 反革命鎭壓을 廣汎히 宣傳하자 // 연변문예. – 1951,(창간호). – 8

11911 延邊의 愛國主義的 文藝運動을 널리展開하자 / 東久 // 연변문예. – 1951,(창간호). – 10 – 13

11912 獻詞 / 崔采 // 연변문예. – 1951,(2). – 7

11913 新中國과 愛國主義를 表現시키자 / 艾青 // 연변문예. – 1951,(4). – 5 – 7

11914 毛澤東思想을 학습하고 로농병의 文藝方向을 관철하기 위하여 노력하자!:文藝報社論 // 연변문예. – 1951,(5). – 3 – 4

11915 과도기에 있어서의 국가의 총로선과 문학예술의 창작임무 // 연변문예. – 1954,(2). – 1 – 4

11916 감우(甘雨) – 비평 / 태평양 // 연변문예. – 1954,(7). – 3 – 5

11917 ≪악몽≫에서 깨여났다 / 신문림 // 연변문예. – 1955,(7). – 17 – 18

11918 호풍 그대의 주인은 누군가? / 조우 // 연변문예. – 1955,(7). – 8 – 11

11919 호풍반혁명집단을 견결히 철저히 분쇄하자: 적은 어디에 있는가 / 정령 // 연변문예. – 1955,(7). – 4 – 6

11920 우리는 단호히 싸워야 한다! / 리홍규 // 연변문예. – 1955,(8). – 7 – 8

11921 혁명을 일관적으로 반대하여 온 호풍 / 하가괴 // 연변문예. – 1955,(8). – 14 – 26

11922 성실한 로동을 위하여: 허진 동무의≪물병≫에 대하여 // 연변문예. – 1955,(10). – 71

11923 작가, 예술가들은 농촌에 들어가자 / ≪인민일보≫사설 // 연변문예. – 1955,(12). – 2 – 3

11924 작가, 예술가와 개인숭배 / 양이 // 연변문예. – 1955,(12). – 3 – 5

11925 대대적으로 군중성적인 문학예술 창작운동을 전개하자 // 연변문예. – 1956,(2). – 5 – 7

11926 몇가지 의견 / 리홍규 // 연변문예. – 1956,

(2).－19－22

11927 문학 전선의 새 전사들이여, 앞으로! // 연변문예.－1956,(5).－1－4

11928 사회주의 문학건설의 임무: 중국작가협회 제2차 리사회회의에서의 보고 / 주양 // 연변문예.－1956,(5).－5－22

11929 중앙이 소수민족에게 준 관심 / 리홍규 // 연변문예.－1956,(6).－22－23

11930 최근 시기의 중요한 임무 // 연변문예.－1956,(6).－1－2

11931 나의 소감 몇가지: 회의에 참가하고 돌아와서의 보고 / 리홍규 // 연변문예.－1956,(7).－14－19

11932 반동적 부르죠아 작가들의 반혁명문학활동의 죄행 / 김명수 // 연변문예.－1956,(8).－43－57

11933 백화 만발, 백가 쟁명: ≪문예보≫사설 // 연변문예.－1956,(9).－3－8

11934 ≪백화만발, 백가쟁명≫에 대한 나의 소견 / 박태홍 // 연변문예.－1956,(12).－29－33

11935 몇가지 오유적 론점에 대하여 / 리철록 등 // 아리랑.－1957,(5).－43－45

11936 소위≪란숙기≫ / 김성휘 // 아리랑.－1957,(5).－45

11937 대담하게 개방하고 쟁명하자 // 아리랑.－1957,(6).－1－2

11938 연변 문예계의 엄숙한 전투적 과업 // 아리랑.－1957,(11).－1－3

11939 ≪명작 한책 주의≫를 론박함 / 임호 // 아리랑.－1958,(1).－27－31

11940 사회주의 문예 로선을 견결히 보위하자! // 아리랑.－1958,(1).－1－4

11941 우리의 검토, 우리의 결심 / 본간 편집부 // 아리랑.－1958,(1).－66－68

11942 로동 계급의 강대한 문예 대렬이 있어야 한다 // 아리랑.－1958,(2).－1－3

11943 사회주의적 사실주의와 수정주의 / 박상봉 // 아리랑.－1958,(2).－42－45

11944 문학 대 풍수의 길 // 아리랑.－1958,(5).－1－2

11945 오늘을 위하여 옛것을! / 주홍성 // 아리랑.－1958,(7).－51－52

11946 총로선을 관철하여 문예 창작을 번영시키자 // 아리랑.－1958,(7).－2－4

11947 당신들의 첩보를 기다린다:6월 28일 연변 문예계 대회에서의 강화 / 모순 // 아리랑.－1958,(8).－2－5

11948 문학 창작의 혁명적 대전환 // 아리랑.－1958,(9).－3－5

11949 민간 문예 사업을 강화하자 // 아리랑.－1958,(9).－1－2

11950 문학 위성을 올리자! // 아리랑.－1958,(11,12).－3－5

11951 백만 떨기의 꽃을 활짝 피우리라 / 최하협 // 연변문학.－1959,(1).－29－30

11952 전당 전민적 창작 운동을 전개하자 // 연변문학.－1959,(1).－2－4

11953 문학 예술의 더욱 큰 약진을 쟁취하자 // 연변문학.－1959,(2).－2－4

11954 좋은 작품을 많이, 빨리! // 연변문학.－1959,(4).－2－3

11955 꽃은 더 향기롭게, 사람은 더 아름답게 / 기사 // 연변문학.－1959,(6).－38－44

11956 당의 문예 로선을 보위하며 대약진과 민족 단결을 노래하자 // 연변문학.－1959,(12).－4－6

11957 우경을 반대하고 열의를 내여 대약진을 노래하기 위해 창작하자 / 동속 // 연변문학.－1959,(12).－7－10

11958 총로선의 붉은 기를 높이 들고 문예 창작의 고조를 일으키자 / 왕유 // 연변문학.－1959,(12).－11－12

11959 ≪단련해야지≫와 인민내부모순의 반영에 관하여: 한 좌담회에서의 발언 / 왕서언 // 연변문학.－1959,(7).－46－50

11960 ≪구두의 력사≫의 력사 / 금이 // 연변문

학. − 1959,(10). − 58

11961 김학철의≪고민≫ / 한수동 // 연변문학. − 1959,(10). − 41 − 43

11962 ≪차순기≫의 노복 / 김증손 // 연변문학. − 1959,(10). − 59

11963 천만리에서 날아온 독충: 우파분자 김용식의 반동언행록 / 리행복 // 연변문학. − 1959,(10). − 63 − 66

11964 문학이 걸어 온 10년 / 소전린 // 연변문학. − 1959,(11). − 1 − 15

11965 침통한 교훈 / 편집부 // 연변문학. − 1959,(11). − 62 − 65

11966 당의 문예로선을 보위하며 대약진과 민족단결을 노래하자 // 연변문학. − 1959,(12). − 4 − 6

11967 우경을 반대하고 열의를 내여 대약진을 노래하기 위해 창작하자 / 동속 // 연변문학. − 1959,(12). − 7 − 10

11968 총로선의 붉은기를 높이 들고 문예창작의 고조를 일으키자 / 왕유 // 연변문예. − 1959,(12). − 11 − 12

11969 사상창작의 쌍풍수를 쟁취하자 / 사론 // 연변문학. − 1960,(1). − 5 − 6

11970 모택동문예사상 학습고조를 일으키자 / 왕유 // 연변문학. − 1960,(3). − 12 − 14

11971 모택동사상으로 무장하여 문예의 보다 큰 풍작을 거두기 위해 분투하자 / 문회보사론 // 연변문학. − 1960,(3). − 1 − 6

11972 리하림동지의 론조를 반박함 / 장광년 // 연변문학. − 1960,(4). − 57 − 64

11973 최대의 열정으로 기술혁신과 기술혁명운동을 신속히 반영하자 // 연변문학. − 1960,(4). − 6 − 7

11974 파인의≪인성론≫에 대한 비판 / 요문원 // 연변문학. − 1960,(5). − 53 − 64

11975 모택동사상의 붉은기를 높이 추켜들고 문교공작의 지속적약진을 실현하기 위하여 분투하자 / 요흔 // 연변문학. − 1960,(6). − 1 − 11

11976 위대한 모택동사상은 민족예술의 꽃을 날로 번영창성시키고 있다 / 요흔 // 연변문학. − 1960,(7). − 1 − 4

11977 ≪꾀꼴새의 사랑가≫의 반동성 / 김서권 // 연변문학. − 1960,(10). − 32 − 35

11978 리홍규의≪진실≫: 단편소설≪개선≫을 비판하여 / 박효 // 연변문학. − 1960,(11). − 3 − 5

11979 ≪동피사냥≫은 독초다 / 박일 // 연변문학. − 1960,(12). − 52 − 53

11980 당의 령도를 견지하고 공농병을 위해 복무하는 문예방향을 관철하자 / 국경추 // 연변. − 1961,(1). − 10 − 15

11981 리홍규의 반동적 문예관 / 권철 // 연변문학. − 1961,(1). − 50 − 55

11982 시비를 철저히 갈라야 한다:≪이 비평이 옳은가?≫를 둘러 싸고 / 리행복 // 연변문학. − 1961,(1). − 56 − 58

11983 우리의 광영한 임무 / 양문원 // 연변문학. − 1961,(1). − 2 − 3

11984 전투적 봄을 영접하자 / 요흔 // 연변문학. − 1961,(1). − 1

11985 생산일선에 심입하여 창작활동을 힘써 전개하자 / 증연숙 // 연변문학. − 1961,(2). − 2 − 4

11986 반혁명수정주의로선을 위해 복무한 나쁜 작품 / 서홍병 등 // 연변문예. − 1974,(8). − 55 − 59

11987 요귀와 허울 / 남주길 // 연변문예. − 1974,(8). − 52 − 53

11988 ≪유유히 흐르는 곡통하≫를 비판함 / 연변대학중문계 조문전업 대비판소조 // 연변문예. − 1974,(8). − 60 − 63

11989 어느 교육로선을 위해 찬가를 부른것인가?: 상극≪원예사의 노래≫를 평함 / 초란 // 연변문예. − 1974,(9). − 4 − 7

11990 ≪참상≫의 요해처는 ≪전쟁공포론≫이다 / 강장희 // 연변문예. − 1974,(9). − 62 − 63

11991 시대의 전고를 높이 울리며 공농병의 영웅인물을 노래하자 / 류원무 // 연변문예. − 1974,(11). − 55 − 58

11992 웃는 낯과 공구의 설교 / 최상철 // 연변문예. – 1974,(11). – 46 – 49

11993 소설창작에서 당의 기본로선을 견지하자 / 연대중문계평론조 // 연변문예. – 1975,(2). – 36 – 40

11994 무산계급영웅인물을 부각하는것은 사회주의문예의 근본임무이다 / 연중문 // 연변문예. – 1975,(4). – 50 – 52

11995 무산계급전정을 공고히 하고 강화하기 위하여 창작하자 / 광문평 // 연변문예. – 1975,(6). – 15 – 19

11996 혁명적문예공작자는 반드시 무산계급세계관을 수립하여야 한다 / 연중문 // 연변문예. – 1975,(8). – 38 – 40

11997 ≪수호전≫에 대하여 / 로신 // 동북민병. – 1975,(9). – 8

11998 ≪수호전≫에 대한 평론을 전개하자 / ≪인민일보≫사론 // 동북민병. – 1975,(9). – 2 – 3

11999 ≪수호전≫에 대한 평론에 중시를 돌리자 / ≪붉은기≫잡지단평 // 동북민병. – 1975,(9). – 4 – 7

12000 인민들로 하여금 투항파를 알게 해야 한다 / 방암량 // 동북민병. – 1975,(9). – 8 – 16

12001 최근 몇년래≪수호전≫평론에 대한 간단한 소개 // 동북민병. – 1975,(9). – 17 – 20

12002 력사적경험을 총결하여 투항파를 식별하고 반대하자 // 동북민병. – 1975,(10). – 30 – 32

12003 송강은 농민혁명의 반역자이다 / 려숙금 // 동북민병. – 1975,(10). – 27 – 29

12004 ≪수호전≫에 대한 평론을 전개하자 / ≪인민일보≫사론 // 동북민병. – 1975,(10). – 4 – 5

12005 투항파를 식별하고 수정주의에 대하여 경각성을 높이자 / 통군 // 동북민병. – 1975,(10). – 17 – 22

12006 투항파의 추악한 몰골을 똑똑히 인식하자 / 백경군 // 동북민병. – 1975,(10). – 25 – 27

12007 ≪하늘의 뜻대로 도를 행하는것≫은 농민기의를 진압하는것이다 / 장위동; 우구재 // 동북민병. – 1975,(10). – 23 – 24

12008 ≪수호전≫에 대한 평론을 심입전개하자 / 정판룡 // 연변문예. – 1975,(12). – 22 – 26

12009 이른바≪농민의 구간성≫을 반박한다 / 선무 // 동북민병. – 1975,(12).49 – 51

12010 탐관만 반대하고 황제를 반대하지 않은 실질을 똑똑히 인식하자 / 금무; 려군 // 동북민병. – 1975,(12). – 45 – 48

12011 하늘의 뜻대로 도를 행한다는것은 농민혁명에 대한 반동이다 / 길림탄소공창 304차간 민병련 // 동북민병. – 1975,(12).42 – 44

12012 혁명적본보기극의 경험을 참답게 학습하자 / 홍신 // 연변문예. – 1976,(2).53 – 54

12013 위대한 시대의 전투적시편을 더 많이 쓰자 / 연중문 // 연변문예. – 1976,(3). – 56 – 58

12014 문예혁명을 견지하며 우경번안풍에 반격을 가하자 / 초란 // 연변문예. – 1976,(4). – 3 – 7

12015 혁명적문예는 반드시 계급투쟁을 기본고리로 하여야 한다 / 연중문 // 연변문예. – 1976,(4). – 47 – 49

12016 사회주의 문예창작의 중대한 과제 / 연중문 // 연변문예. – 1976,(6). – 61 – 62

12017 등소평을 심도있게 비판하며 문예혁명을 견지하자: ≪연안문예 좌담회에서 한 강화≫를 학습하고 / 초란 // 연변문예. – 1976,(7). – 47 – 49

12018 빛나는 력사적문헌 / 임평 // 연변문예. – 1976,(12). – 5 – 7

12019 ≪백화제방, 백가쟁명≫의 방침을 참답게 관철하자 / 임범송 // 연변문예. – 1977,(3). – 61 – 63

12020 ≪세가지를 돌출히 하는≫창작원칙의 반동실질 / 림휘 // 연변문예. – 1977,(4). – 61 – 62

12021 ≪4인패≫의 자화상 – 강도 / 장정일 // 연변문예. – 1977,(5). – 59 – 60

12022 높이 솟은 기념비를 무너뜨리지 못한다: ≪공백론≫을 규탄함 / 뢰응당 // 연변문예. – 1977,(8). – 59 – 60

12023 수정주의문예로선의 검은 기발:≪4인패≫의≪근본임무론≫을 비판함 / 지문평 // 연변문예. - 1977,(8). - 54 - 58

12024 모주석의 문예로선의 위대한 기치를 높이 추켜들고 영용히 전진하자 / 문평 // 연변문예. - 1977,(11). - 49 - 55

12025 혁명문예를 교살하는 반혁명살인도:≪문예에서 검은선이 전정하였다≫는 론조를 반박하여 / 정판룡; 임범송 // 연변문예. - 1978,(4). - 52 - 54

12026 사회주의문예를 힘써 번영시켜 새로운 시기의 총적임무실현을 위하여 공헌하자 / 장일민 // 연변문예. - 1978,(7). - 3 - 7

12027 이것은 비렬한 작법이다 / 설백 // 연변문예. - 1978,(7). - 51

12028 모주석의 문예사상의 위대한 기치를 높이 들고 사회주의문예창작을 번영시키자 / 리휘 // 연변문예. - 1978,(12). - 5 - 14

12029 사상을 해방하고 우리 주의 문예사업을 재빨리 발전시키자 / 장일민 // 연변문예. - 1978,(12). - 15 - 23

12030 생활을 대담히 간섭하며 문예의 질을 높이자! // 문학예술연구. - 1980,(1). - 35 - 37

12031 사회생활에서의 새 문제를 반영할데 대한 연구와 토론 / 향천 // 문학예술연구. - 1980,(3). - 2 - 10

12032 생활은 부른다 / 양지걸 // 문학예술연구. - 1980,(3). - 23 - 24

12033 역시 우가 물을 다스린데 대하여 / 류선무 // 동북민병. - 1980,(3). - 30 - 31

12034 무엇을 위하여 폭로할것인가? / 사초 // 문학예술연구. - 1980,(4). - 37 - 39

12035 사고해 볼 문제에 대하여 / 김해연 // 문학예술연구. - 1980,(4). - 18 - 19

12036 적극적인 방향에로 인도해야 한다 / 우민 // 문학예술연구. - 1980,(4). - 39 - 41

12037 주양동지의 연설 // 문학예술연구. - 1980,(4). - 2 - 8

12038 총적인 경향은 좋지 못하다 / 림삼 // 문학예술연구. - 1980,(4). - 35 - 37

12039 하연동지의 연설 // 문학예술연구. - 1980,(4). - 9 - 12

12040 진일보 사상을 해방하고 평론사업을 활발히 전개하자 // 문학예술연구. - 1980,(5). - 2 - 3

12041 앞으로는 어떻게 해야 하는가?: 한 작가의 고민 / 선학봉 // 문학예술연구. - 1980,(11 - 12). - 34 - 39

12042 우리의 문학제재는 넓고넓다 / 호요방 // 장백산. - 1981,(1). - 120 - 122

12043 연변문예계의 발자취(1964 - 1966) // 문학예술연구. - 1981,(2). - 59 - 66

12044 날따라 꽃피는 조선족문학 / 조성일 // 문학예술연구. - 1982,(3). - 1 - 5

12045 력사가 우리에게 부여한 책임 / 남영전 // 장백산. - 1982,(3). - 126 - 129

12046 사회주의정신문명건설에서 문학예술의 작용을 힘써 발휘하자 / 국산림 // 도라지. - 1982,(4). - 3 - 4

12047 당적관념을 높일데 대하여 / 장일민 // 연변문예. - 1982,(6). - 3 - 5

12048 맑스주의문예평론을 힘써 진행하자 / 임범송 // 은하수. - 1982,(7). - 61 - 65

12049 민족문학을 번영, 발전시키자 / 마라친부 // 연변문예. - 1982,(11). - 59 - 63

12050 대중문화사업을 잘하여 정신문명건설에 이바지하자 / 리휘 // 도라지. - 1983,(1). - 2 - 4

12051 시대의 목소리와 시대의 주인공을 힘써 부각하자 / 최상철 // 은하수. - 1983,(1). - 25 - 28

12052 우리의 문학은 어디로 나아가야하는가 / 풍복 // 문학예술연구. - 1983,(1). - 1 - 3

12053 문예의 민족화 문제를 토론 // 문학예술연구. - 1983,(2). - 73 - 74

12054 80년대 봄날의 뚜려한 발자욱:≪장백산≫시문학의 기꺼운 성과 / 문봉; 산천 // 장백산. - 1983(2). - 107 - 112

12055 문예사업의 새로운 국면을 개척하기 위

하여 힘쓰자 / 김영만 // 연변문예. – 1983,(5). – 2 – 5

12056 당의 문예방향을 견지하고 민족문예를 번영시키자 / 리세영 // 도라지. – 1984,(1). – 4 – 6

12057 민족진흥의 새노래: 합비에서 열린 회의를 두고 / 리영생 // 문학과 예술. – 1984,(1). – 72 – 75

12058 변증법적 관점으로 문예사업을 지도하자 / 김종명 // 장백산. – 1984,(1). – 7 – 9

12059 신심을 북돋우어 새로운 승리를 전취하자 / 남영전 // 장백산. – 1984,(1). – 157 – 161

12060 정신적오염을 가시고 방지하자 / 소승량 // 장백산. – 1984,(1). – 4 – 6

12061 ≪두가지를 위하는≫방향을 견지하여 사회주의문예를 발전시키자 / 양학원 // 도라지. – 1984,(3). – 4 – 6

12062 시단의 목소리: 시문학창작좌담회에서 // 연변문예. – 1984,(7). – 74 – 75

12063 농촌제재의 창작에 대한 새로운 견해 // 문학과 예술. – 1985,(1). – 57 – 58

12064 토론해볼만한 탐구 / 소송년 // 문학과 예술. – 1985,(1). – 77 – 78

12065 이런 탐구는 할바가 아니다 / 려명 // 문학과 예술. – 1985,(1). – 78

12066 일상적인 일에서 신기한것을 보였다 / 장유덕 // 문학과 예술. – 1985,(1). – 79

12067 개혁시대와 창작사상문제 / 리정문 // 천지. – 1985,(2). – 4 – 7

12068 중국문학은 새로운 도전에 직면 // 문학과 예술. – 1985,(3). – 35

12069 또다시≪계몽운동≫의 물결을 / 차룡순 // 문학과 예술. – 1985,(4). – 36 – 37

12070 반대곡조도 부르게 하자 / 김용식 // 문학과 예술. – 1985,(4). – 33 – 34

12071 조상들은 말했다 / 최자 // 문학과 예술. – 1985,(4). – 1

12072 두만강 여울소리: 좌담회 발언요지 // 문학과 예술. – 1985,(5). – 49 – 56

12073 시인의 발돋음 시가의 몸부림:≪두만강 여울소리≫시가 좌담회종술 // 문학과 예술. – 1985,(5). – 46 – 48

12074 조상들은 말했다 / 김정희 // 문학과 예술. – 1985,(5). – 1

12075 겨레의 자랑 – ≪장백산≫ / 리종섭 // 장백산. – 1985,(6). – 9

12076 더 높은 단계에로 / 양계비 // 장백산. – 1985,(6). – 6

12077 마음의 뜨거운 고백 / 박화 // 장백산. – 1985,(6). – 5

12078 문예평론도 혁신을! / 림성 // 문학과 예술. – 1985,(6). – 11 – 12

12079 문학잡지의 새로운 동향 // 문학과 예술. – 1985,(6). – 75 – 76

12080 민족의 어여쁜 얼굴로 / 리선근 // 장백산. – 1985,(6). – 7

12081 전국 문학의 천평우에 우리 조선족문학을 올려놓자 / 림원춘 // 문학과 예술. – 1985,(6). – 8 – 10

12082 조상들은 말했다 / 박지원 // 문학과 예술. – 1985,(6). – 1

12083 중국문예계에서의 한차례 새로운 쟁영 // 문학과 예술. – 1985,(6). – 74

12084 지나온 창업의 걸음 자랑차지만 걸어갈 분투의 래일 더욱 자랑차리라 / 박문봉 // 장백산. – 1985,(6). – 8

12085 한집식구처럼, 형제처럼 / 리상각 // 장백산. – 1985,(6). – 4

12086 위대한 우리 시대를 반영하자 / 김성계 // 천지. – 1985,(7). – 3 – 4

12087 친선의 모임 단결의 뉴대 // 천지. – 1985,(11). – 48 – 49

12088 나의 축하 / 마라친부 // 장백산. – 1986,(1). – 3

12089 새시대에 더욱 많은 새 작품을 / 편집부 // 천지. – 1986,(1). – 3 – 4

12090 우리 겨레문학의 새로운 리정비 // 천지.

－1986,(1).－47
12091 조선족문학의 진흥을 위하여 / 정판룡 // 문학과 예술.－1986,(1).－4－6
12092 백화는 두루 피여야 한다 / 김룡운 // 송화강.－1986,(2).－48－49
12093 2차문학과 라지오텔레비죤 // 문학과 예술.－1986,(2).－94
12094 좀 더 강한 충격파를 / 김철 // 장백산.－1986,(2).－3－4
12095 평론사업의 새로운 국면을 개척하자 / 임범송 // 문학과 예술.－1986,(2).－17－19
12096 너도나도 문학의 길로 / 남홍수 // 문학과 예술.－1986,(3).－90
12097 시대, 예술, 정보 / 풍기재 // 문학과 예술.－1986,(3).－71－74
12098 우리 시단의 묘포장－연길시 청년시회 / 석화 // 문학과 예술.－1986,(3).－67－70
12099 ≪장백산≫을 더 활짝 꽃피우자 / 김영준 // 장백산.－1986,(3).－3－4
12100 나의 상급: 김해진주필과 함께 20여년 / 리상각 // 천지.－1986,(5).－16－18
12101 떳떳이 걸어온 길 / 진원순 // 천지.－1986,(5).－12
12102 변천의 35년 / 김학철 // 천지.－1986,(5).－15
12103 아,≪아리랑≫ / 임효원 // 천지.－1986,(5).－13－14
12104 희만찬 축원 / 허경룡 // 천지.－1986,(5).－11
12105 교육제재의 공백을 두고 / 김동식 // 문학과 예술.－1986,(6).－12
12106 맏형님의 35돐 생일잔치에 / 남영전 // 천지.－1986,(6).－3－4
12107 무제 / 한수동 // 천지.－1986,(6).－7
12108 ≪북두성≫의 마음 / 허승호 // 천지.－1986,(6).－6
12109 우리 민족문학의 번영을 위하여 / 김봉웅 // 도라지.－1986,(6).－72－76
12110 천지물처럼 영원히 / 신상걸 // 천지.－1986,(6).－5－6
12111 ≪천지≫여, 길이 번영창성하라 / 리삼월 // 천지.－1986,(6).－4－5
12112 감격 회상 희망 / 최정연 // 천지.－1986,(8).－7
12113 리지와 정감의 모순세계를 헤쳐 / 림성 // 천지.－1986,(8).－65－67
12114 우리 문단을 키우는 감로수 / 금천 // 천지.－1986,(8).－46－47
12115 작가들의 집 / 최채 // 천지.－1986,(8).－5
12116 회고와 전망 / 리근전 // 천지.－1986,(8).－3－4
12117 흘러간 노트를 펼치면서 / 리희일 // 천지.－1986,(8).－6
12118 더 높은 봉우리에로 / 김동기 // 천지.－1986,(9).－5－6
12119 마를줄 모르는 샘물처럼 / 리덕수 // 천지.－1986,(9).－3－4
12120 질적앙양의 새로운 계기 / 장정일 // 천지.－1986,(12).－84－85
12121 축하와 희망 / 하경지 // 천지.－1986,(12).－3－4
12122 현대의식의 각성을 두고 / 림연 // 천지.－1986,(12).－82－83
12123 당전의 문학엔 무엇이 결핍한가 // 문학과 예술.－1987,(1).－67
12124 문학관념을 갱신하자 / 최삼룡 // 천지.－1987,(1).－74－75
12125 문학의≪뿌리 찾기≫ / ≪문학보≫에서 // 문학과 예술.－1987,(1).－21
12126 문학은 성학이 아니다 / 박정근 // 문학과 예술.－1987,(1).－29
12127 우리의 얼굴을! / 류원무 // 문학과 예술.－1987,(2).－60－61
12128 조선족예술의 진흥을 위하여 / 박영일 // 문학과 예술.－1987,(2).－58－59
12129 사회주의 문예방향을 견지하자 / 편집부 //

천지. – 1987,(4). – 4

12130 통감 / 문학과 예술. – 1987,(4). – 77

12131 조선족문단의 다원화추세: 통화작가들이 보여준 모범 / 한창희 // 천지. – 1987,(12). – 50 – 53

12132 여기서《북방문학》이 테프를 끊었다 // 문학과 예술. – 1988,(1). – 28 – 29

12133 우리 문학의 좌표계를 어디에 / 조성일 // 문학과 예술. – 1988,(1). – 6 – 9

12134 학자와 평론가들 새해 일력 펼치면서 // 문학과 예술. – 1988,(1). – 4 – 5

12135 해방전쟁시기의 흑룡강성조선족문학 / 서명훈 // 문학과 예술. – 1988,(1). – 24 – 27

12136 도덕의 목적도 인간을 해방하는데있다 / 송충남 // 문학과 예술. – 1988,(2). – 65 – 67

12137 봄도시에 떠오른 별 –《북두성》최정수 // 문학과 예술. – 1988,(2). – 80

12138 사색과 탐구 /《도라지》편집부 // 도라지. – 1988,(2). – 54 – 55

12139 우리 민족의 전통문학과 문학전통의 관계로부터 받은 계시 / 김성호 // 예술세계. – 1988,(2). – 81 – 86

12140 유감스럽다 / 장국동 // 문학과 예술. – 1988,(2). – 67

12141 개혁제재문학은 심화되여야 / 포창 // 문학과 예술. – 1988,(3). – 57 – 58

12142 독자들이 보고있는 우리 문단 // 문학과 예술. – 1988,(3). – 96

12143 문화체제개혁의 발걸음을 다그쳐야 // 문학과 예술. – 1988,(3). – 88

12144 시대가 문인들을 버렸는가? 아니면… // 문학과 예술. – 1988,(3). – 71

12145 《개혁문학》에 왜 돌파가 없는가 // 문학과 예술. – 1988,(4). – 84

12146 리원길 선생님께 보내는 편지 / 손룡호 // 문학과 예술. – 1988,(4). – 80 – 81

12147 손룡호동무에게 보내는 편지 / 리원길 // 문학과 예술. – 1988,(4). – 80 – 83

12148 순수문학작가는 갈수록 줄어들듯: 주향전의 예측 // 문학과 예술. – 1988,(4). – 84 – 85

12149 중국에는 현대주의 문학운동이 없다 // 문학과 예술. – 1988,(5). – 95

12150 책머리에 / 리계향 // 문학과 예술. – 1988,(6). – 37

12151 사상을 가일층 해방하고 연변문예를 번영시키자 / 라창진 // 천지. – 1988,(7). – 34 – 35

12152 력사는 사실주의를 주류로 선택할것이다 // 문학과 예술. – 1989,(1). – 75

12153 문학상품화를 두고 // 문학과 예술. – 1989,(1). – 75

12154 복잡한 심정 / 김학철 // 문학과 예술. – 1989,(1). – 56 – 57

12155 당대문학에 대한 독자들의 수요 // 문학과 예술. – 1989,(2). – 77

12156 반성 / 허승호 // 문학과 예술. – 1989,(2). – 29

12157 생태평형문제 / 김태갑 // 문학과 예술. – 1989,(2). – 28

12158 민족문화의 현대화에 대하여 / 장대년 // 은하수. – 1989,(3). – 24 – 26

12159 사회적착오 자아의 탈출 / 방룡남 // 문학과 예술. – 1989,(3). – 4 – 6

12160 중국조선족문화의 반성 / 김문학 // 문학과 예술. – 1989,(3). – 16 – 25

12161 1988년의 포창 자기를 담론 / 포창 // 문학과 예술. – 1989,(3). – 64 – 67

12162 당전 문예비평계의 6가지 문화현상 // 문학과 예술. – 1989,(4). – 77

12163 시인의 령전에 심지를 함께 모아 // 문학과 예술. – 1989,(4). – 51

12164 《현대문학》서《중국교포문학특집》을 // 문학과 예술. – 1989,(4). – 76

12165 당대에 문학거인산생 불가능 // 문학과 예술. – 1989,(5). – 71

12166 중쏘 문학평론잡지 우호관계 건립 // 문학과 예술. – 1989,(5). – 71

12167 새로운 시기 당의 문예방침정책에 대한 리해 / 정문 // 천지. – 1989,(11). – 20 – 24

12168 민족문화유산에 대한 력사적반성문제: 우리 민족문단의 새로운 경향과 이에 대한 약간의 사색 / 김성호 // 은하수. – 1989,(12). – 3 – 9

12169 력사의 교훈을 잊지 말자 / 장형 // 예술세계. – 1990,(1). – 16 – 17

12170 관념의 갱신과 강화 / 모봉 // 은하수. – 1990,(2). – 2

12171 미주 동북부 조선인문인협회 뉴욕서 // 문학과 예술. – 1990,(2). – 78

12172 독자들의 사랑속에서 걸어온 10년 / 황기철 // 청년생활. – 1990,(3). – 6 – 7

12173 ≪송화강≫물줄기 따라 // 문학과 예술. – 1990,(3). – 56 – 59

12174 문예방향과≪백화만발,백가쟁명≫방침: ≪등소평문예를 론함≫을 학습하고서 / 한명철 // 문학과 예술. – 1990,(4). – 4 – 6

12175 문예평론의 새 국면을 위한 사고 / 임범송 // 예술세계. – 1990,(4). – 21 – 24

12176 새로운 시기 10년문예의 반성 // 문학과 예술. – 1990,(4). – 77

I207 문학평론과 연구

12177 「武訓傳」에 對한 批評 / 李弘奎 // 연변문예. – 1951,(창간호). – 47

12178 「五四」紀念延吉市學生美術展覽會를 마치고 / 民牛 // 연변문예. – 1951,(창간호). – 32 – 34

12179 김학철작 장편소설≪해란강아 말하라!≫ 제1부에 대하여 / 월메 // 연변문예. – 1954,(3). – 29 – 20

12180 평범한 현실 생활에서 취재하자: 김학철 동무의 최근 작품 몇편을 중심으로 / 황일초 // 연변문예. – 1954,(7). – 6 – 9

12181 호풍반혁명집단의≪시≫의 실질 / 장극가 // 연변문예. – 1955,(11). – 30 – 35

12182 ≪해란강아 말하라≫에 대한 우리들의 의견 / 개산툰 제지공장구락부 // 연변문예. – 1955,(12). – 33 – 40

12183 진실하고 생동하고 선명하게 쓰자: 최근의 두 단편에 대하여 / 김문수 // 연변문예. – 1956,(1). – 40 – 43

12184 우리 희곡들에 대한 몇가지 소감 / 최정연 // 연변문예. – 1956,(2). – 36 – 40

12185 『춘향전』무대 뒤에서 / 리영 // 연변문예. – 1956,(2). – 41 – 45

12186 ≪나루터의 쑹 령감≫을 읽고 / 고생 // 연변문예. – 1956,(4). – 69

12187 새로운 생활과 진실한 서정 / 서헌 // 연변문예. – 1956,(4). – 46 – 49

12188 발표되지 않은 한편의 시에 대하여 / 김창석 // 연변문예. – 1956,(8). – 39 – 42

12189 아동 작품에서의 도식주의를 반대하고 교양적 효과에 주의하자 / 리광순 // 연변문예. – 1956,(9). – 68 – 70

12190 시의 감성적 형상:전국 청년 문학 창작자 회의에서 한 발언중의 1부분 / 袁水拍 // 연변문예. – 1956,(11). – 49 – 55

12191 희곡≪피려던 꽃은 피고야 말았다≫를 읽고서 / 최문 // 아리랑. – 1957,(4). – 30 – 34

12192 가곡에 대한 몇가지 소감 / 허세록,채택룡 // 아리랑. – 1957,(5). – 19 – 21

12193 ≪괴상한 휴가≫에 대한 독자의 반향 // 아리랑. – 1957,(5). – 37 – 40

12194 민담≪회과≫에 대하여 / 한광춘 // 아리랑. – 1957,(5). – 16 – 18

12195 ≪차순기≫와 나와의 갈래 / 김순기 // 아리랑. – 1957,(6). – 51 – 53

12196 ≪귀환병≫을 읽고서 / 박상일 // 아리랑. – 1957,(7). – 37 – 38

12197 길순이와 철호에 대하여 / 박월봉 // 아리랑. – 1957,(7). – 35 – 36

12198 나는 길순이를 사랑한다 / 리광순 // 아리랑. – 1957,(7). – 36 – 37

12199 생활을 더욱 심오하게 인식 / 황옥금 // 아

리랑. – 1957,(7). – 40

12200 시 문학의 일보 전진을 위하여: ≪아리랑≫에 실린 몇 편의 시를 중심으로 / 박충록 // 아리랑. – 1957,(7). – 41 – 46

12201 작품의 교양적 의의를 높이자!: ≪진정한 이야기≫와 ≪눈 내리는 밤≫에 대하여 / 전철죽 // 아리랑. – 1957,(7). – 38 – 40

12202 철호는 영웅답지 못하다 / 최종해 // 아리랑. – 1957,(7). – 38

12203 ≪귀환병≫의 비극에 대하여 / 김도권,박경식 // 아리랑. – 1957,(8). – 52 – 54

12204 나의 견해 / 최종해 // 아리랑. – 1957,(8). – 50

12205 단막극≪김 원장 일가≫를 읽고 / 림휘 // 아리랑. – 1957,(8). – 46 – 49

12206 ≪문학의 전형성에 대한 몇가지 체득≫을 보고 / 리호원 // 아리랑. – 1957,(8). – 51

12207 생활의 진실과 예술의 진실:최현숙의 몇개 작품을 읽고서 / 민요,한준 // 아리랑. – 1957,(8). – 33 – 38

12208 실 없는 산보 / 리상각 // 아리랑. – 1957,(8). – 50 – 51

12209 조룡남의≪단시 2수≫ / 권철,박상봉 // 아리랑. – 1957,(8). – 11 – 13

12210 몇 편의 서정시를 읽고서 / 조성일 // 아리랑. – 1957,(9). – 64 – 69

12211 모순된 론점 / 한원국 // 아리랑. – 1957,(9). – 58 – 60

12212 ≪잊을 수 없는 녀인≫을 찾아서 / 리령호 // 아리랑. – 1957,(9). – 70 – 72

12213 작자의 립장:김동구 작 ≪개고기≫를 읽고 / 박금숙 // 아리랑. – 1957,(9). – 58

12214 참 괴상한 요구지요! / 순길 // 아리랑. – 1957,(9). – 60

12215 ≪괴상한 휴가≫를 다시 말함 / 박관우 // 아리랑. – 1957,(10). – 61 – 64

12216 그렇게도≪컴컴≫했던가? / 돌쇠 // 아리랑. – 1957,(10). – 65

12217 김 동구 작≪개고기≫의 인물 – ≪비서≫의 형상과 관련한 몇개 문제에 대하여 / 주홍성 // 아리랑. – 1957,(10). – 18 – 22

12218 당 정책의 외곡: 시≪불꽃≫을 평함 / 김태갑 // 아리랑. – 1957,(10). – 65 – 66

12219 ≪불꽃≫의 비밀 / 한원국 // 아리랑. – 1957,(10). – 66 – 67

12220 독소가 가득한 소설 – ≪해란강아, 말하라!≫ / 량환준 // 아리랑. – 1957,(11). – 26 – 33

12221 박 령감의 비극적 운명에 대하여 / 현근 // 아리랑. – 1957,(11). – 51 – 52

12222 천봉의≪량심≫ / 김용식 // 아리랑. – 1957,(11). – 49 – 50

12223 ≪초불≫을 끄시오 / 김태갑 // 아리랑. – 1957,(11). – 50 – 51

12224 향기롭지 못한 꽃 – ≪버림받은 생명≫ / 박찬수,강효근 // 아리랑. – 1957,(11). – 52 – 53

12225 그렇게도 혼란했던가? / 리회성 // 아리랑. – 1957,(12). – 60

12226 ≪불꽃≫에 대한 분격의 목소리 // 아리랑. – 1957,(12). – 61

12227 ≪싸움 끝에 드는 정≫을 읽고 / 박형석 // 아리랑. – 1957,(12). – 60 – 61

12228 ≪잊을 수 없는 녀인≫ / 박상봉,권철 // 아리랑. – 1957,(12). – 40 – 42

12229 반동 작품 – ≪소나기≫ / 최호 // 아리랑. – 1958,(1). – 63 – 65

12230 약진하는 조국에 드리는 선물: ≪창작선집≫에 수록된 시편을 읽고 / 박충록 // 아리랑. – 1958,(1). – 22 – 26

12231 ≪해란강아, 말하라!≫의 반동성 / 리근전 // 아리랑. – 1958,(1). – 57 – 62

12232 ≪돼지장≫의 반 인민성 / 주홍성 // 아리랑. – 1958,(2). – 17 – 20

12233 ≪뚱알라 애가≫ / 최석승 // 아리랑. – 1958,(2). – 64

12234 반동 삐라 – ≪사주≫ / 최형동 // 아리랑. – 1958,(2). – 13 – 16

12235 ≪승냥이≫ / 김성휘 // 아리랑. – 1958,(2). –

63－64

12236 ≪일일 일사≫는 누구를 풍자했는가? / 심희섭 // 아리랑.－1958,(2).－57－59

12237 ≪구두의 력사≫의 력사 / 금이 // 아리랑.－1958,(3).－58

12238 ≪재담≫의 사상성을 높이자! / 박인규 // 아리랑.－1958,(3).－60

12239 ≪차 순기≫의 노복 / 김증손 // 아리랑.－1958,(3).－59

12240 김학철의 반동 작품에 대한 농민들의 분격 // 아리랑.－1958,(4).－44－47

12241 외곡된 형상－≪석양의 녀인≫ / 석승 // 아리랑.－1958,(4).－42－43

12242 왜 괴상한 요구인가? / 리동욱 // 아리랑.－1958,(4).－43

12243 김 학철의 반동 작품에 대한 로동자들의 분격 // 아리랑.－1958,(6).－58－60

12244 ≪소나기≫의 반동성 / 리박 등 // 아리랑.－1958,(6).－64－66

12245 왜 노발 대발하느냐?: ≪92전 짜리 파리≫의 비평을 둘러 싸고 / 김성렬 // 아리랑.－1958,(6).－61－63

12246 로동자, 농민의 시를 읽고 / 권철,박상봉 // 아리랑.－1958,(8).－42－43

12247 ≪숭선향 민가≫를 읽고 / 김현근 // 아리랑.－1958,(11,12).－84－88

12248 ≪승리의 날≫에는 어떤 문제가 있는가? / 순길 // 아리랑.－1958,(11,12).－92

12249 ≪김 승길 선생≫은 나의 본 보기 / 신정보 // 연변문학.－1959,(1).－56－57

12250 좋은 작품－뒤돌골의 변천 / 박형락 // 아리랑.－1959,(1).－56

12251 농촌 현실의 진실한 반영: ≪쉬돌골의 변천≫과 ≪세호마을의 전망≫을 읽고 / 김현근 // 연변문학.－1959,(2).－55－56

12252 ≪약진 일가≫를 읽고 / 김창욱 // 연변문학.－1959,(2).－58

12253 한편의 진실한 산문 / 한원국 // 연변문학.－1959,(2).－57－58

12254 ≪가던 길에 들은 말≫을 읽고 / 신호섭 // 연변문학.－1959,(3).－50－51

12255 대학생의 새 면모 / 림원춘 // 연변문학.－1959,(3).－49－50

12256 ≪념원≫에 대한 몇가지 의견 / 박권 // 연변문학.－1959,(4).－46－47

12257 당면 시가 중의 중요한 문제 / 곽말약 // 연변문학.－1959,(4).－6－11

12258 ≪대약진 응모≫작품들에 대하여 / 본사기자 // 연변문학.－1959,(4).－44－46

12259 우리의 현실과 소소설 / 김현근 // 연변문학.－1959,(4).－47－48

12260 독초는 매 버려야 한다 / 동민 // 연변문학.－1959,(6).－55－56

12261 ≪단련 해야지≫와 인민 내부 모순의 반영에 관하여:한 좌담회에서의 발언 / 왕서언 // 연변문학.－1959,(7).－46－50

12262 ≪담요 한장≫을 읽고 / 김정남 // 연변문학.－1959,(8).－43

12263 ≪동피 사냥≫과 나의 감수 / 임효원 // 연변문학.－1959,(8).－5－6

12264 이 비평이 옳은가?: ≪교장의 행복관≫, ≪승리의 날≫에 대한 비평에 관하여 / 김인철 // 연변문학.－1959,(8).－44－46

12265 ≪호랑이≫의 형상 / 봉철 // 연변문학.－1959,(8).－47－48

12266 해답을 대신하여:<우체원의 하루>등을 중심으로 / 리홍규 // 연변문학.－1959,(8).－1－4

12267 ≪교장의 행복관≫에 대한 나의 견해 / 림원춘 // 연변문학.－1959,(9).－51－52

12268 나에게 준 격려:단편소설≪격려≫를 읽고 / 정덕교 // 연변문학.－1959,(9).－42－43

12269 이 비평이 옳은가?:≪교장의 행복관≫을 다시 보고서 / 김종수 등 // 연변문학.－1959,(9).－49－50

12270 지나친 비평 / 류성근 // 연변문학.－1959,(9).－53

12271 형상이 잘 되였다 / 강장희 // 연변문학. – 1959,(9). – 53

12272 감명 깊은《연변의 서정시》/ 마염 // 연변문학. – 1959,(10). – 35 – 36

12273 주선우의 립장과 붓끝: 시집《잊을수 없는 녀인들》에 대하여 / 철봉 // 연변문학. – 1959,(10). – 31

12274 감명 깊은 작품 / 초어 // 연변문학. – 1959,(11). – 47

12275 연극《장백의 아들》을 보고 / 리백설 // 연변문학. – 1959,(11). – 61 – 62

12276 두보의《병거행》/ 소월고 // 연변문학. – 1959,(12). – 45 – 47

12277 빛나는 전통, 심오한 교육:혁명 회억록을 읽고서 / 강장희 // 연변문학. – 1959,(12). – 68 – 69

12278 참된 인간의 형상:《사막에서의 조난》에 대하여 / 류성근 // 연변문학. – 1959,(12). – 70 – 71

12279 《쉬우지 못하는 손》을 읽고 / 로사 // 연변문학. – 1961,(1). – 41 – 42

12280 《경운기》의 사상의의 / 황말 // 연변문학. – 1961,(2). – 41 – 44

12281 숭고한 리상, 불패의 힘:《혁명의 씨앗》을 읽고 / 김문수 // 연변문학. – 1961,(2). – 45 – 47

12282 시의 시대, 시대의 시 / 리계; 문첩 // 연변문학. – 1961,(2). – 38 – 40

12283 《숙질간》을 읽고 / 권철 // 연변. – 1961,(9). – 47 – 48

12284 공산당원의 형상:희곡 《장백의 아들》을 읽고서 / 정판룡 // 연변. – 1962,(7). – 42 – 44

12285 태양 례찬:당과 모 주석을 구가한 몇 편의 시를 읽고 / 권철 // 연변. – 1962,(10). – 35 – 36

12286 생동한 농촌 생활의 화폭 / 정판룡 // 연변. – 1962,(12). – 34 – 35

12287 화극 감상 편단 / 림휘 // 연변. – 1963,(2). – 47 – 48

12288 초점 문제 / 리백설 // 연변. – 1963,(3). – 48

12289 가사의 몇 가지 특점 / 김덕균 // 연변. – 1963,(4). – 47 – 48

12290 인민 공사 집체 경제의 공고 과정은 첨예한 계급 투쟁의 과정이다:화 극 《예조리 령감》을 보고 / 김승렬 // 연변. – 1963,(4). – 46 – 47

12291 시조에 대하여:일현 동무에게 보내는 회신 / 현남극 // 연변. – 1963,(6). – 47 – 48

12292 평극 《붉은 자매》창작중에서의 체득 / 주효파 // 연변. – 1963,(6). – 44 – 46

12293 산문 – 이 예리한 무기를 충분히 사용하자 / 대은윤 // 연변. – 1963,(9). – 30 – 33

12294 나의 소감:《연변》잡지 4월 호에 실린 봄을 노래한 시가 작품을 중 심으로 / 박석균 // 연변. – 1964,(6). – 42 – 44

12295 신형 농민에 대한 구가:《가라지 매》와 《대통 령감》을 읽고 / 박일 // 연변. – 1964,(7). – 38 – 39

12296 《태평 서방》의 《태평 타령》/ 판룡 // 연변. – 1964,(7). – 40

12297 《나의 소감》에 대한 소감 / 서일권 // 연변. – 1964,(8). – 41 – 43

12298 《나의 소감》에 대한 몇 가지 의견 / 송정환 // 연변. – 1964,(9). – 43 – 44

12299 단막극 《5 · 1절 전야》에 대하여 / 박상봉 // 연변. – 1964,(10). – 42 – 43

12300 시와 생활 및 작자의 감정:시 《봄을 키우는 사람들》을 중심으로 / 김희 // 연변. – 1964,(12). – 41 – 44

12301 자산 계급적 인도주의에 대한 미화:영화 《이른 봄 2월》중의 소간 추의 형상을 재차 평함 / 리희범 // 연변. – 1964,(12). – 27 – 32

12302 본보기 / 강장희 // 연변. – 1965,(4). – 39

12303 홍 사장과 《나》/ 리남림 // 연변. – 1965,(4). – 39

12304 혁명적 시가창작에서의 새 성과: 보고시 《서사에서의 싸움》을 읽고서 / 로풍; 소채 // 연변문예. – 1974,(8). – 37 – 41

12305 《림해의 매》를 비판함 / 연길시건축재료공장 공인평론조 // 연변문예. – 1975,(4). – 48

－49
12306 ≪수호전≫을 평함/축방명//연변문예.－1975,(10).－8－13
12307 문화대혁명전≪수호전≫연구에서의 각종 부동한 의견에 대한 종합자료//연변문예.－1975,(11).－47－51
12308 ≪수호전≫120회 기본경개//연변문예.－1975,(11).－31－46
12309 국화시와 국화회/류림//연변문예.－1975,(12).－32－33
12310 ≪수호전≫에서의 송강의 시사를 평함/여척군//연변문예.－1975,(12).－27－31
12311 ≪수호전≫에서 묘사된 리규/손손//연변문예.－1976,(1).－53－59
12312 1975년도의 응모작품을 평함/연길현팔도공사 공농병평론소조//연변문예.－1976,(1).－60－62
12313 공농병영웅인물을 힘써 부각하자: 지난해≪연변문예≫에 발표된 보고문학을 읽고/강장희; 임범송//연변문예.－1976,(3).－59－61
12314 대채정신 송가를 높이 부르자: 연길현, 안도현의 신민가특집을 읽고서/연변대학 중문계 조문73급 공농병학원 평론소조//연변문예.－1976,(4).－50－53
12315 새로운 인물, 생신한 주제:≪난류가 흐른다≫를 읽고/황광필//연변문예.－1977,(5).－55－56
12316 집중, 개괄된 시적형상/최명석//연변문예.－1977,(6).－58－59
12317 서정시의 날개를 펼치자/김성휘//연변문예.－1977,(8).－29
12318 ≪청산에 넘치는 석양빛 황홀하여라≫: 경애하는 엽부주석의 칠언률시≪팔순에 소감을 적었노라≫를 기꺼이 읽고서/상궁//연변문예.－1977,(9).－14－15
12319 전투의 노래, 생활의 노래/류원무//연변문예.－1977,(12).－56－58
12320 인물형상의 창조와 갈등:≪림해의 풍파≫를 읽고/류원무//연변문예.－1978,(2).－54－57
12321 ≪기름방울≫에서 받은 계시/정덕교//연변문예.－1978,(4).－51
12322 동북항일무장투쟁에 대한 송가: 희곡≪장백의 아들≫을 다시 읽고서/권철; 정판룡//연변문예.－1978,(5).－48－51
12323 소설에서의 인물형상창조에 관하여/현룡순//연변문예.－1978,(6).－54－58
12324 호연의≪서사의 아들딸≫을 평함/리빙지//연변문예.－1978,(6).－49－53
12325 ≪동틀무렵≫이 이룩한 예술적 성과/정철 등//연변문예.－1978,(10).－48－50
12326 생신한 한떨기 꽃: 단편소설≪상처≫에 대하여/오강//연변문예.－1978,(11).－40－41
12327 ≪꽃분이와 이쁜이≫의 미/리광순//연변문예.－1979,(2).－51
12328 ≪꽃노을≫의 인물창조에 관하여/김기형//연변문예.－1979,(3).－47－49
12329 단편소설≪원혼이 된 나≫를 읽고서//연변문예.－1979,(5).－51－52
12330 구경 누구를 썼는가:≪여보시오 랑군, 그래서는 안되오≫를 쓰게 된 경과/섭문복//문학예술 연구.－1980,(1).－21－23
12331 ≪난 어쩌면 좋아요?≫를 놓고 제기된 문제/한수동//문학예술 연구.－1980,(1).－17－20
12332 문예의 당성원칙을 외곡하지 말라: 단평≪<송덕>과<패덕>에 관하여≫를 반박하여/리정문//문학예술연구.－1980,(1).－14－16
12333 ≪사주≫를 다시 평함/리홍규/문학예술연구.－1980,(1).－11－13
12334 ≪인간과 요지≫의≪관계≫와≪관계망≫에 대하여//문학예술연구.－1980,(1).－28－31
12335 나래 펼친 우리의 시문학/전국권//연변문예.－1980,(2).－53－59
12336 민간문학과 수집, 정리 사업에 대하여/김형직//장백산.－1980,(2).－147－148
12337 생활과 리상: 교공장장의 형상을 어떻게

섭새겠는가? / 장자룡 // 문학예술 연구. - 1980, (2). - 23 - 25

12338 어째서 안전감문제가 제기되는가? / 류심무 // 문학예술연구. - 1980,(2). - 26 - 30

12339 작품의 사회적효과를 고려하여야 한다: 문예평론의 최근 동태 // 문학예술 연구. - 1980, (2). - 35 - 36

12340 장백산에 피여난 꽃:《장백산》제1기를 읽고서 / 김동선 // 장백산. - 1980,(2). - 107

12341 《참회》의 슈제트구성 특점 / 최상철 // 문학예술연구. - 1980,(2). - 10 - 13

12342 활짝꽃피라, 인민창작이여:《장백산》에 발표된 민간이야기를 두고 / 리룡득 // 장백산. - 1980,(2). - 163 - 164

12343 《번뇌자의 웃음》이 영화계에 일으킨 파문 / 한원국 // 문학예술연구. - 1980,(3). - 15 - 19

12344 분노는 시인을 낳는다: 풍자시의 미학적 의의에 대하여 / 장정일 // 연변문예. - 1980,(3). - 62 - 63

12345 작자의 경향성과 인물형상: 리만호동무의 작품을 보고서 / 김기형 // 문학예술연구. - 1980,(3). - 11 - 14

12346 폭넓은 화폭, 향토의 서정: 장편서사시《장백산아 이야기하라》를 읽고 / 임범송 // 연변문예. - 1980,(3). - 51

12347 문예리론에서 쟁론된 문제: 1979년 문예연구동태 // 문학예술연구. - 1980,(4). - 42 - 48

12348 씨나리오《사회의 당안》에 대한 토론 // 문학예술연구. - 1980,(4). - 32 - 34

12349 작품의 진질성과 예술적효과:《과거를 묻고싶지 않아요》를읽고 / 김봉웅 // 문학예술연구. - 1980,(4). - 13 - 17

12350 《과거를 묻고싶지 않아요》는 성과가 주요하다 / 강장희 // 문학예술연구. - 1980,(5). - 33 - 35

12351 《관동별곡》언어구사 / 김기종 // 문학예술연구. - 1980,(5). - 11 - 19

12352 《그를 구하라》창작과정에 떠오른 생각 / 조국경 // 문학예술연구. - 1980,(5). - 30 - 32

12353 《장백산아 이야기하라》의 서정특색 / 최삼룡 // 문학예술연구. - 1980,(5). - 18 - 24

12354 《관작루에 올라서》를 읊고 / 김용식 // 문학예술연구. - 1980,(6). - 31 - 33

12355 생활, 진실 및 작가의 사회적 직책 / 김동훈 // 문학예술연구. - 1980,(6). - 24 - 28

12356 재담에 대한 소감 / 리장손 // 문학예술연구. - 1980,(6). - 28 - 30

12357 조선족구전설화에 대한 개략적인 고찰 / 조성일 // 문학예술연구. - 1980,(6). - 32 - 40

12358 목하 소설창작을 두고 떠오른 생각 / 차중남 // 문학예술연구. - 1980,(7). - 15 - 18

12359 소박하고 아름다운 인간의 승리: 단편소설《하고싶던 말》을 읽고서 / 박창윤; 장정일 // 연변문예. - 1980,(7). - 51 - 53

12360 《시어머니》에서 작가의 미학적 추구 / 김기형 // 연변문예. - 1980,(7). - 54 - 55

12361 창화의 전변으로부터 본 화실의 형상 / 방학철 // 문학예술연구. - 1980,(7). - 24 - 26

12362 리상각의 서정시: 시집《샘물이 흐른다》를 읽고 / 최응구; 리용식 // 연변문예. - 1980,(8). - 50 - 53

12363 정열의 시인 진지한 탐구: 시집《샘물이 흐른다》를 읽고 / 전국권 // 문학예술연구. - 1980,(8). - 17 - 24

12364 감격적인 시적대상과 사상의 비상: 자기의 시에 대한 맑스의 자기 비판을 읽고 / 최삼룡 // 문학예술연구. - 1980,(9). - 7 - 11

12365 나의 느낌 / 현규동 // 문학예술연구. - 1980, (9). - 12

12366 마음의 노래를 써야 한다: 《아, 민들레…》를 읽고서 / 허룡구 // 문학예술연구. - 1980, (9). - 13 - 16

12367 백발의 시인, 청춘의 가수 / 전국권 // 연변문예. - 1980,(9). - 52 - 55

12368 《향가》와 그의 문학사적위치: 조선고전시가에 대한 력사적고찰 / 허문섭 // 문학예술

연구. - 1980,(9). - 21 - 26

12369 임효원 서정시의 특점 / 최삼룡 // 연변문예. - 1980,(10). - 47 - 50

12370 ≪국장과 <나리꽃>≫을 읽고서 / 대은윤 // 연변문예. - 1980,(11). - 51 - 53

12371 시조문학략론: 조선고전시가에 대한 력사적 고찰 / 허문섭 // 문학예술연구. - 1980,(11 - 12). - 43 - 52

12372 인간성과 인정미에 대한 대담한 탐구: 단편소설≪투사의 슬픔≫과≪포로≫를 두고 / 전국권 // 문학예술연구. - 1980,(11 - 12). - 30 - 33

12373 제재에 대한 생각: 료녕단편소설집≪딸의 고민≫에서 받은 계시 / 김기형 // 문학예술연구. - 1980,(11 - 12). - 25 - 29

12374 림원춘단편소설창작의 몇개 특점: 단편소설집≪꽃노을≫을 읽고 / 김기형 // 연변문예. - 1980,(12). - 44 - 47

12375 사상을 해방하여 우리의 시대를 진실하게 표현하자 / 주양 // 장백산. - 1981,(1). - 123 - 125

12376 ≪새별전≫의 민족적 특성:≪새별절≫연구 / 최삼룡 // 문학예술연구. - 1981,(1). - 20 - 34

12377 서시시≪새별전≫에서의 시인의 탐구 / 최응구 // 연변문예. - 1981,(1). - 51 - 54

12378 소설에 표현된 인간성 / 현룡순 // 연변문예. - 1981,(1). - 46 - 50

12379 조선족민간문학연구에서의 보귀한 자료: ≪연변민간문학집≫을 읽고 / 한금옥 // 문학예술연구. - 1981,(1). - 47 - 50

12380 한편의 훌륭한 작문 / 장수강 // 청년생활. - 1981,(1). - 12

12381 ≪해란강아 말하라≫의 인민성 / 김화병; 최용린 // 문학예술연구. - 1981,(1). - 12 - 20

12382 ≪국장과<나리꽃>≫의 인물형상 / 최홍일 // 연변문예. - 1981,(2). - 50 - 51

12383 서정시에≪나≫를! / 전국권 // 연변문예. - 1981,(2). - 55 - 57

12384 시의 서정성을 더욱 높일데 대하여 / 임범송 // 연변문예. - 1981,(2). - 52 - 54

12385 전통적민요에 대한 사적고찰 / 조성일 // 문학예술연구. - 1981,(2). - 1 - 11

12386 ≪망각을 위한 악수≫와 시대적 조류 / 김도권; 박경석 // 연변문예. - 1981,(3). - 48 - 51

12387 ≪빛나는 거울≫을 보고 느낀 몇개 문제 / 신철호 // 연변문예. - 1981,(3). - 54 - 55

12388 순실이의 형상에 대하여 / 현춘산 // 연변문예. - 1981,(3). - 52 - 53

12389 ≪아, 사과배여≫에서의 성격창조에 대하여 / 차종렬 // 연변문예. - 1981,(3). - 51 - 52

12390 인간도덕의 생동한 교과서 / 리성웅 // 연변문예. - 1981,(3). - 53 - 54

12391 김소월의 시문학에 대하여 / 박충록 // 문학예술연구. - 1981,(4). - 13 - 20

12392 소설에서의 애정문제 / 최봉석 // 연변문예. - 1981,(5). - 52 - 54

12393 ≪동란과 인간≫의 인물형상 / 현완애 // 연변문예. - 1981,(6). - 54

12394 ≪아, 사과배여≫는 참 잘 썼다 / 서영희 // 연변문예. - 1981,(6). - 55 - 56

12395 이런 관점을 동의할수 없다 / 복창문 // 연변문예. - 1981,(6). - 56

12396 ≪동란과 인간≫에 표현된 인간의 량심 / 김동혁 // 연변문예. - 1981,(8). - 64

12397 꽃같이 향기롭고 그윽하여라 / 척적광 // 연변문예. - 1981,(9). - 49 - 53

12398 개별적인것에 대한 진지한 탐구: 서광억의 단편소설들을 읽고 / 장정일 // 연변문예. - 1981,(10). - 52 - 54

12399 생활의 노래, 시대의 감정: 신인들의 시편들을 읽고 / 전국권 // 연변문예. - 1981,(12). - 50 - 52

12400 경호가 더 마음에 든다: 장편소설≪어둠을 뚫고≫를 읽고 / 김길련 // 문학예술연구. - 1982,(1). - 17 - 19

12401 날따라 개화발전하는 단편소설: 단편소설집≪불타는 백사장≫을 읽고 / 박창윤 // 문학예술연구. - 1982,(1). - 10 - 16

12402 시에 대한 생각 / 박화 // 문학예술연구. – 1982,(1). – 42 – 48

12403 ≪악수≫의 계시:소설≪망각을 위한 악수≫,≪아, 너는…≫,≪구촌조카≫를 평함 / 림연 // 문학예술연구. – 1982,(1). – 23 – 31

12404 주제와 성격:≪대중문예≫에 발표된 소설들을 읽고서 / 고신일 // 대중문예. – 1982,(1). – 74 – 48

12405 해방전 문학의 일모 / 리상각 // 문학예술연구. – 1982,(1). – 56 – 64

12406 도라지꽃을 피울때가지: 단편소설≪도라지꽃≫창작담 / 림원춘 // 문학예술연구. – 1981,(2). – 39 – 42

12407 들으면 들을수록 부르고싶은 노래 / 리준 // 문학예술연구. – 1981,(2). – 37 – 38

12408 새 인간의 풍만한 형상: 김경석시집 ≪파란수건≫을 읽고 / 임범송 // 연변문예. – 1982,(2). – 53 – 56

12409 생활의 토양을 뚫고나온 새싹: 김호웅의 단편소설들을 읽고 / 최상철 // 문학예술연구. – 1982,(2). – 20 – 24

12410 ≪술고래 남편≫을 읽고 / 상민 // 장백산. – 1982,(2). – 108 – 110

12411 인물의 내면세계를 깊이 파고 들자: 최근년간에 발표된 단편소설들에 대한 소감 / 김봉웅 // 문학예술연구. – 1982,(2). – 9 – 17

12412 단편소설창작에서의 새로운 성과: 최근에 발표된 신인들의 소설을 읽고서 / 현동언 // 연변문예. – 1982,(3). – 45 – 48

12413 명언아닌 명언을 두고(외1편) / 강효삼 // 송화강. – 1982,(3). – 58 – 61

12414 백화원에 피여난 꽃송이들(1980 – 1981) // 문학예술연구. – 1982,(3). – 45 – 48

12415 창가에 대한 약간한 고찰 / 리정문 // 문학예술연구. – 1982,(3). – 32 – 40

12416 ≪해토 무렵≫의 슈제트와 인물형상 / 김운일 // 문학예술연구. – 1982,(3). – 13 – 19

12417 시대감과 주제사상: 장편소설≪범바위≫를 수개하면서 / 리근전 // 문학예술연구. – 1982,(4). – 34 – 37

12418 시의 화원에 피여난 진달래: 김철의 서정시에 구현된 민족특색 / 조성일 // 연변문예. – 1982,(4). – 52 – 56

12419 해방전쟁시기의 조선족시가 문학 / 강련숙 // 문학예술연구. – 1982,(4). – 46 – 52

12420 이렇게 꾸며도 실감이 나는가?: 단편소설≪효성≫을 읽고 / 림연 // 연변문예. – 1982,(5). – 49

12421 인물형상의 개성화를 위한 노력: 윤일산의 장편소설≪어둠을 뚫고≫를 읽고 / 김봉웅 // 송화강. – 1982,(5). – 49 – 52

12422 단편소설≪투사≫에서 보여준 인물형상과 예술특점 / 박문일 // 송화강. – 1982,(6). – 60 – 61

12423 수필에 관한≪수필≫/ 최상철 // 연변문예. – 1982,(6). – 56 – 57

12424 홀시할수 없는 제재: 단편소설≪효성≫을 읽고 / 김병활 // 연변문예. – 1982,(6). – 58 – 59

12425 어머니를 기쁘게 하자: 단편소설≪조과부와 그의 아들≫을 읽고서 / 송영관 // 은하수. – 1982,(8). – 59

12426 짧은 형식, 함축된 내용 / 김진; 리란 // 연변문예. – 1982,(8). – 78 – 79

12427 시론 / 전국권 // 연변문예. – 1982,(10). – 70 – 73

12428 시와 시대정신 / 최봉석 // 연변문예. – 1982,(12). – 67 – 69

12429 그 녀는 울고 있다: 단편소설≪그 녀는 울고 있다≫를 읽고서 / 한윤호 // 도라지. – 1983,(1). – 73 – 77

12430 그 녀는 웃을 권리가 있다 / 정양 // 도라지. – 1983,(1). – 77 – 80

12431 ≪나의 형님≫에서 거둔 성과 / 리여천 // 장백산. – 1983,(1). – 123 – 124

12432 눈물없이 읽을수 없는 시:≪사람찾는 광고≫를 읽고 / 산천 // 도라지. – 1983,(1). – 82 – 83

12433 ≪문심조룡·신사≫역해 / 김해 // 문학예술연구. − 1983,(1). − 63 − 66
12434 보다 넓게, 보다 깊게, 보다 우람차게 / 리장수 // 송화강. − 1983,(1). − 58 − 59
12435 시≪밭둔덕≫을 둘러싼 한 차례의 쟁론 / 강련숙 // 문학예술연구. − 1983,(1). − 69 − 73
12436 작품의 매력: 단편소설≪김선달 전변기≫를 읽고 / 홍천룡 // 도라지. − 1983,(1). − 80 − 81
12437 진실성이 결여된 미란 있을수 없다: 단편소설≪뜨거운 눈물≫독후감 / 장정일 // 문학예술연구. − 1983,(1). − 74 − 77
12438 ≪효성≫의 사상주제적 빈약성 / 김동훈 // 문학예술연구. − 1983,(1). − 21 − 24
12439 리욱과 그의 시창작에 대하여 / 전국권 // 문학예술연구. − 1983,(2). − 5 − 53
12440 ≪몽당치마≫의 계시와 미학적탐구 / 김동훈 // 문학예술연구. − 1983,(2). − 14 − 17
12441 생활의 정취, 시대의 숨결:≪도라지≫에 실린 82년이래 시를 중심으로 / 전국권 // 도라지. − 1983,(2). − 73 − 75
12442 임효원의≪마음의 지평선≫ / 최응구; 최영자 // 문학예술연구. − 1983,(2). − 23 − 29
12443 ≪곰뜯개령감≫의 오유적경향을 평함 / 리암 // 문학예술연구. − 1983,(3). − 1 − 6
12444 내가 보는 조선족문단 미숙한 생각 / 윤정삼 // 문학과 예술. − 1986,(3). − 10
12445 무성하라 애어린≪봇나무≫: 박화시집을 읽고 / 최삼룡 // 문학예술연구. − 1983,(3). − 7 − 13
12446 문학언어의 표현성을 높이자 / 최재우 // 연변문예. − 1983,(3). − 63
12447 민요의 수집과 정리사업 / 조성일 // 문학예술연구. − 1983,(3). − 51 − 54
12448 새로운 돌파를 위해 노력하자: − 지난해≪송화강≫에 실린 현실을 반영한 단편소설을 읽고서 / 리묵 // 송화강. − 1983,(3). − 58 − 60
12449 서정시에 대한 단상: 류문홍동무의 시를 읊고서 / 허룡구 // 은하수. − 1983,(3). − 25 − 26
12450 소설작품의 현대성에 대한여 / 김봉웅 // 도라지. − 1983,(3). − 68 − 71
12451 시에 대한 생각 / 현완왜 // 송화강. − 1983,(3). − 62
12452 아동문학의 언어에 대한 몇가지 소견 / 김춘자 // 도라지. − 1983,(3). − 72 − 74
12453 예술적감수와 시의 서정성 / 산천 // 송화강. − 1983,(3). − 61
12454 참된 청년들의 심오한 형상 / 강홍수 // 연변문예. − 1983,(3). − 64 − 65
12455 창작에서의 생활과 탐구 / 김천 // 연변문예. − 1983,(3). − 58 − 62
12456 농촌생활의 진실한 화폭:단편소설≪변천≫을 읽고 / 김경훈 // 문학예술연구. − 1983,(4). − 23 − 26
12457 동요동시에서도 철리성을 담아보려는 참된 시도 / 김창석 // 문학예술연구. − 1983,(4). − 17 − 19
12458 생활의 토양을 뚫고 나온 건실한 싹 / 최원련 // 문학예술연구. − 1983,(4). − 22
12459 서정시≪리상≫을 읽고 / 김파 // 문학예술연구. − 1983,(4). − 15 − 17
12460 소설≪금반지≫의 주인공 형상에 대하여 / 허휘훈 // 은하수. − 1983,(4). − 68 − 70
12461 숲속에 울린 서정의 메아리 / 철인 // 문학예술연구. − 1983,(4). − 20 − 22
12462 장편소설≪고난의 년대≫의 사상예술적 특색 / 조성일 // 연변문예. − 1983,(4). − 63 − 68
12463 전국간행물에 발표된 조선족작품들 / 김순금 // 문학예술연구. − 1983,(4). − 61 − 64
12464 절박한 사회적문제를 틀어 쥐고 / 정몽호 // 문학예술연구. − 1983,(4). − 14 − 15
12465 제재선택에서 본 김파의 풍격 / 리광순 // 문학예술연구. − 1983,(4). − 19 − 20
12466 사람을 감동시키는 형상: 소설≪8백메터 깊이에서≫에 대하여 / 리청천 // 은하수. − 1983,(5). − 36 − 39
12467 시대의 락오자의 형상: − 정세봉의 단편소설≪농촌점경≫을 읽고 / 장정일 // 연변문예.

－1983,(6).－38－39

12468 인정세태에서 발굴된 정신적미:－단편소설≪몽당치마≫에서 / 현동언 // 연변문예.－1983,(6).－52－54

12469 절정과 내리막길 / 한춘 // 송화강.－1983,(6).－58－59

12470 집체적영웅주의의 송가:－단편소설≪8백메터 지하막장에서≫를 읽고 / 황익용 // 송화강.－1983,(6).－57－58

12471 ≪삼문리의<전설>≫은 우리에게 무엇을 말해주는가 / 리홍동 // 지부생활.－1983,(8).－27

12472 박은 단편소설의 예술적특징 / 임윤덕 // 연변문예.－1983,(10).－46－49

12473 진락평의 사적으로부터 말해보자:≪진락평이 자녀들에게 남겨준 유산≫을 읽고 / 김국범 // 연변교육.－1983,(10).－59－60

12474 ≪곰 뜯개령감≫의 인물형상에 대하여 / 리암 // 연변문예.－1983,(11).－59－62

12475 고신일소설작품의 언어특점 / 엄정자 // 도라지.－1984,(1).－74－76

12476 새싹을 가꾸는 마음으로: 단편소설≪땅의 소원≫을 읽고 / 류동호 // 문학예술연구.－1984,(1).－26－30

12477 생활, 인간, 사상: 단편소설≪박씨부인≫을 읽고 / 최상철 // 문학예술연구.－1984,(1).－21－25

12478 서사무가≪성주본풀이≫를 론함 / 조성일 // 문학과 예술.－1984,(1).－10－17

12479 소설≪개를 잡은 사람≫의 사상예술성에 대하여 / 리장수 // 은하수.－1984,(1).－67－70

12480 시의 탐구와 견인력: 허홍식의 시초≪나의 노래≫를 읽고 / 강장희 // 문학예술연구.－1984,(1).－17－20

12481 인간성의 탐구에서 제기되는 문제: 윤림호의≪투사의 슬픔≫을 중심으로 / 김동훈 // 문학예술연구.－1984,(1).－31－39

12482 작품의 경향성과 사회적효과: 시≪만일 나에게 그런 권한이 있다면≫을 두고 / 김경훈 // 문학예술연구.－1984,(1).－40－43

12483 환희와 련상:－시인소설 일별 / 장정일 // 연변문예.－1984,(1).－50－53

12484 리조시대 녀류작품－규방가사 / 신정숙 // 장백산.－1984,(2).－207－219

12485 리원길소설의 민족적색채: 단편소설집≪백성의 마음≫의 특징 / 현동언 // 문학과 예술.－1984,(2).－13－15

12486 ≪몽당치마≫의 언어특색 / 리윤규 // 문학과 예술.－1984,(2).－19－21

12487 새로운 현실과 예술적탐구:－단편소설≪로지서≫를 읽고 / 임윤덕 // 연변문예.－1984,(2).－54－56

12488 서정시≪파랑새≫의 감화력 / 김춘자 // 도라지.－1984,(2).－76－77

12489 도라지에 실린 몇편의 수필을 론함 / 강장희 // 도라지.－1984,(3).－72－74

12490 ≪량심의 평행선≫에 대한 소견 / 허승호 // 송화강.－1984,(3).－60－62

12491 륜리도덕소설에서 보여준 사상적높이 / 강홍수 // 도라지.－1984,(3).－68－71

12492 삶의 신조를 안고:－단편소설≪인생의 비밀≫을 읽고서 / 허승호 // 연변문예.－1984,(3).－67－68

12493 ≪장백산≫제1기를 본 두 독자의 대화 / 최재우 // 장백산.－1984,(3).－203－207

12494 혈육의 정, 인정의 미: 단편소설≪이붓딸의 일기책≫을 읽고 / 임평 // 송화강.－1984,(3).－55－57

12495 송정환과 그의 서정시 / 전국권 // 연변문예.－1984,(4).－43－45

12496 시와 상상 / 산천 // 송화강.－1984,(4).－50－51

12497 터지는 격정, 쏟아지는 진정: 문창남의 시에 대하여 / 전국권 // 도라지.－1984,(4).－71－75

12498 형상의 힘:≪흘러간 달무리≫를 읽고 / 허승호 // 도라지.－1984,(4).－76－77

12499 새시대의 사랑의 멜로디/엄정자//도라지.－1984,(5).－74－76

12500 소설문단의 몇가지 문제/최홍일//연변문예.－1984,(5).－49－51

12501 가벼운 수심, 달콤한 웃음:≪오늘도 또 토요일≫을 읽고/지송년//은하수.－1984,(6).－62

12502 개혁의 선줄군 형상/김운일//송화강.－1984,(6).－60－62

12503 생활에 대한 예술적탐구:－리원길 단편소설의 창작특점/현동언//연변문예.－1984,(6).－76－80

12504 현실생활에 뿌리박고…/정문준//연변문예.－1984,(6).－53

12505 한 로동자작가의 선물: 리만호의 단편집≪공장장의 하루≫를 읽고//연변문예.－1984,(8).－56－58

12506 용기와 힘을 주는 시를/리종형//연변문예.－1984,(9).－47

12507 단시에 대한 소감/박룡석//연변문예.－1984,(10).－61

12508 발견과 심도: 단편소설≪앞뒤집사이≫에서 받은 계시/김운일//연변문예.－1984,(10).－58－60

12509 ≪열과 랭≫의 철리성/강홍수//연변문예.－1984,(11).－79－80

12510 참된 애국적인 민족시인으로서의 김소월의 시: 그의 저항시창작을 중심으로/전국권//은하수.－1984,(11－12).－35－39

12511 촌민의 신작≪호박꽃≫을 읽고/최재우//은하수.－1984,(11－12).－40－43

12512 굵직한 작품을 위해 몇마디/강호근//문학과 예술.－1985,(1).－40－41

12513 ≪농민 소설가≫리웅/김봉웅//문학과 예술.－1985,(1).－33－35

12514 리원길 소설의 민족적 색채－단편소설집≪백설의 마음≫의 특징/현동언//문학과 예술.－1985,(1).－13－15

12515 ≪몽당치마≫의 언어특색/리윤규//문학과 예술.－1985,(1).－19－21

12516 세계에서 가장 짧은 편지로부터…/전국권//송화강.－1985,(1).－57－58

12517 시와 민들레/문창남//문학과 예술.－1985,(1).－41－42

12518 웃음의 가치와 매력은 어디?/강장희//장백산.－1985,(1).－177－179

12519 장자룡의 새작품≪연조비가≫의 유래/문학과 예술.－1985,(1).－35

12520 흑색유모아/김성호//문학과 예술.－1985,(1).－88－89

12521 그림의 감정//문학과 예술.－1985,(2).－32

12522 독자들과 함께 깨치고싶다/모지성//문학과 예술.－1985,(2).－51

12523 매력있는≪봄≫의 찬미가: 서정시≪봄의 색갈≫독후감/전국권//은하수.－1985,(2).－49－50

12524 시에서 새로운 돌파를//문학과 예술.－1985,(2).－19－21

12525 진정의 소용돌이//문학과 예술.－1985,(2).－55－58

12526 함축한다 하며 리해할수 없게 써서는 안된다/림초평//문학과 예술.－1985,(2).－50

12527 희망과 타락이 엉킨속에서 본 인간의 운명/김순호//송화강.－1985,(2).－63－64

12528 림원춘 소설의 민족특색/장춘식//문학과 예술.－1985,(3).－36－39

12529 명작에 나오는 린색한들//문학과 예술.－1985,(3).－32－34

12530 사랑의 멜로디: 가요≪사랑은 영원히≫를 두고//문학과 예술.－1985,(3).－95

12531 새로운 탐구와 예술적성취: 단편소설≪구름송이≫를 읽고/김원도//도라지.－1985,(3).－63－65

12532 ≪세대주네 패거리≫를 읽고/한수동//장백산.－1985,(3).－148

12533 소설관의 전통과 혁신/현룡순//문학과

예술. − 1985,(3). − 10 − 18

12534 ≪울고웃는 사람들≫에 대한 생각 / 전성호 // 문학과 예술. − 1985,(3). − 28 − 31

12535 조선족설화에서의 호랑이 / 한금옥 // 문학과 예술. − 1985,(3). − 19 − 24

12536 ≪마지막 사냥≫에 대한 평론을 두고 / 광순 // 문학과 예술. − 1985,(4). − 59 − 61

12537 부채형으로 펼쳐진 시단의 길:≪희망의 메아리≫독후감 / 산천 // 송화강. − 1985,(4). − 53 − 55

12538 사랑과 충성의 송가:≪꿈에 본 얼굴≫을 읽고 / 현동언 // 천지. − 1985,(4). − 71 − 73

12539 새 생활에 대한 진지한 탐구: 단편소설≪오이꽃≫의 사상성과 예술성에 대하여 / 서영빈 // 도라지. − 1985,(4). − 62 − 66

12540 생활에 사랑과 꽃이 없어서는 안된다:≪함박꽃≫을 소개함 // 문학과 예술. − 1985,(4). − 92 − 93

12541 소설의 눈 / 풍기재 // 문학과 예술. − 1985,(4). − 50 − 52

12542 시에 대한 단상 / 리삼월 // 문학과 예술. − 1985,(4). − 19

12543 오명수와 그의 단편소설≪갯마을≫ / 최삼룡 // 문학과 예술. − 1985,(4). − 18

12544 요설은이 싱가포르에서 력사소설을 언급 / 문학과 예술. − 1985,(4). − 55

12545 이 글은 재목부터 이목을 끈다 / 한명준 // 문학과 예술. − 1985,(4). − 95

12546 장편소설도 평론을… / 김송죽 // 문학과 예술. − 1985,(4). − 34 − 35

12547 정의 흐름: 수상작품≪아, 삿갓봉≫을 감상하고 / 김파 // 송화강. − 1985,(4). − 56 − 58

12548 강렬한 반향과 물의를 일으킨 소설:≪오늘밤의 달은 밝구나≫에 대한 독자들의 편지 // 연변교육. − 1985,(5). − 63 − 64

12549 력사소설≪설랑자≫의 현실적의식 / 최삼룡 // 문학과 예술. − 1985,(5). − 4 − 7

12550 볼수록 매력있는 소설 / 번신 // 문학과 예술. − 1985,(5). − 57 − 61

12551 ≪사발가≫의 내용과 제목 / 명일 // 문학과 예술. − 1985,(5). − 73

12552 ≪삶의 여운≫의 여운: 단편소설≪삶의 여운≫의 형상창조에서 이룩한 성과 / 방학철 // 문학과 예술. − 1985,(5). − 7 − 9

12553 생활의 모퉁이에서 발굴된 시대적문제:≪도라지≫에 발표된 몇편의 소설을 읽고 / 현동언 // 도라지. − 1985,(5). − 55 − 59

12554 소설의 각도 / 풍기재 // 문학과 예술. − 1985,(5). − 68 − 69

12555 시의 사상감정의 미묘함을 간단히 론평한다 / 리규보 // 문학과 예술. − 1985,(5). − 95 − 96

12556 참신한 주제와 예술적기교:≪천지≫1월호 소설을 읽고 / 허승호 // 천지. − 1985,(5). − 60 − 61

12557 강렬한 반향과 물의를 일으킨 소설:≪오늘밤의 달은 밝구나≫에 대한 독자들의 편지 // 연변교육. − 1985,(6). − 62 − 64

12558 단편소설≪심술궂은 사나이≫를 읽고 / 광순 // 송화강. − 1985,(6). − 37

12559 마끼무라 히로시와 서정서사시≪간도빨지산의 노래≫ / 정판룡 // 장백산. − 1985,(6). − 142 − 146

12560 물밑의 소용돌이: 단편소설≪사라져가는 그녀의 모습≫을 보고 // 도라지. − 1985,(6). − 55 − 58

12561 벽소설 단상 / 류언교 // 문학과 예술. − 1985,(6). − 82

12562 시에 대한 소감 / 김효란 // 천지. − 1985,(6). − 70

12563 중편소설≪규중비사≫의 예술성과 / 김도권; 박경식 // 문학과 예술. − 1985,(6). − 30 − 35

12564 최상의≪시점≫을 탐색하는데 힘쓰자 / 손표은; 진효영 // 문학과 예술. − 1985,(6). − 94 − 95

12565 현진건과 그의 단편소설≪운수좋은 날≫ / 최삼룡 // 문학과 예술. − 1985,(6). − 20

12566 나는 이렇게 본다: 쟁명소설≪웃는 볼우물≫에 대한 토론// 천지.－1985,(8).－83－85
12567 풍자시에 대한 소감/ 김룡운// 천지.－1985,(8).－88－89
12568 ≪말편자를 달다리에 박아서야 되겠는가≫:≪고봉에 톺아오르려면 소년시기가 보귀하거니≫의 오유// 연변교육.－1985,(9).－22
12569 진지한 노력, 희망찬 미래: 시집≪칠색무지개≫를 읽고/ 전국권// 은하수.－1985,(10).－46－50
12570 생활보다 높고 아름다운 문학을: 단편소설≪웃는 볼우물≫에 대하여/ 임윤덕// 천지.－1985,(11).－91－94
12571 시인의 스찔과 그의 서정시를: 시집≪칠색무지개≫를 두고/ 강장희// 은하수.－1985,(11).－53－55
12572 난해시의 페단/ 리종형// 천지.－1985,(12).－79
12573 ≪명화≫가 왜 웃음거리로 되였는가－세부묘사의 진실성을 두고/ 강영식// 문학과 예술.－1986,(1).－18
12574 붉어지는 얼굴, 다져지는 마음/ 박선석// 장백산.－1986,(1).－73
12575 새로운 륜리도덕관에 대한 탐색/ 김도권; 박경식// 천지.－1986,(1).－83－86
12576 선조의 숨소리/ 김창흡// 문학과 예술.－1986,(1).－1
12577 애정제재소설에서의 새로운 돌파/ 리광순// 천지.－1986,(1).－86－87
12578 인물성격부각과 예술적탐구:≪은하수≫근간의 소설을 읽고서/ 현동언// 은하수.－1986,(1).－55－58
12579 장편력사소설≪장길산≫에 대하여/ 언목// 장백산.－1986,(1).－152－153
12580 적라라한≪미치광이≫자화상－≪미치광이≫를 읽고서/ 지가// 문학과 예술.－1986,(1).－92－93
12581 ≪태풍≫에 대하여/ 설인// 문학과 예술.－1986,(1).－76－79
12582 김리석과 그의 단편소설≪실비명≫/ 최삼명// 문학과 예술.－1986,(2).－16
12583 대학생들은 이렇게……/ 윤송봉// 문학과 예술.－1986,(2).－2
12584 ≪뭉둥이≫와≪방공굴≫/ 유재환// 문학과 예술.－1986,(2).－11
12585 불타는 애정과 비분이 슴배인 들국화: 단편소설≪길숲의 들국화≫를 보고/ 김원도// 도라지.－1986,(2).－62－67
12586 생을 확인하는 절차로/ 한춘// 장백산.－1986,(2).－73
12587 생활의 줍－진실을/ 고신일// 장백산.－1986,(2).－74
12588 선조의 숨소리/ 리수광// 문학과 예술.－1986,(2).－1
12589 소설≪목걸이≫에 대한 단상/ 룡정고중 3학년 박성진; 박성호// 문학과 예술.－1986,(2).－92－93
12590 시의 길을 더 넓고 더 다양하게:≪도라지≫실린 신인들의 시를 읽고/ 산천// 도라지.－1986,(2).－68－72
12591 실패작인가 아니면 성공작인가?≪한녀인과 하나반사나이의 이야기≫에 대한 쟁명종술/ 문학과 예술.－1986,(2).－38
12592 ≪싸우는 밀림≫이 다시 볕을 보는때에/ 권철// 문학과 예술.－1986,(2).－91－92
12593 영예, 번뇌, 다짐/ 김성휘// 문학과 예술.－1986,(2).－53－58
12594 주소없는 편지/ 박화// 장백산.－1986,(2).－68－72
12595 철갑신들메를…/ 문창남// 장백산.－1986,(2).－74
12596 귀중한 시험 대담한 탐색－텔레비죤예술영화≪새별≫의 방백문제/ 김진석// 문학과 예술.－1986,(3).－84－85
12597 김훈 소설의 문학 공간/ 최삼룡// 문학과 예술.－1986,(3).－26－32

12598 내가 보는 조선족문단 나도 세마디 / 리운룡 // 문학과 예술. - 1986,(3). - 11

12599 단편소설≪아무데나봐 형님≫에 대하여 / 문연필 // 문학과 예술. - 1986,(3). - 21

12600 동화≪백양나무아씨와 소나무아씨≫에 대한 독서토론회 / 룡정현5중 독서평론써클원들 // 문학과 예술. - 1986,(3). - 92 - 94

12601 먼저 파헤쳐보고 도로 묻어두자:≪해빛아래 그늘진 곳≫을 읽고 / 류빈안 // 은하수. - 1986,(3). - 19 - 21

12602 배역슈제트 인물형상 - 사회학적견지에서 본≪짓밟힌 정조≫ / 금성 // 문학과 예술. - 1986,(3). - 43 - 48

12603 빛나는 령혼의 웃음: 중편소설≪인간세태를 읽고≫김원도 // 장백산. - 1986,(3). - 126 - 127

12604 새로운 력사시기 중국소설문학류파와 류형에 대한 고찰 / 김동훈 // 문학과 예술. - 1986,(3). - 22 - 25

12605 새로운 인간관계의 성공적인 탐구: 소설≪가을에 떠나간 처녀들≫을 읽고 / 한광천 // 송화강. - 1986,(3). - 60 - 61

12606 선조의 숨소리 / 최자 // 문학과 예술. - 1986,(3). - 1

12607 소설가 림원춘과 하고 싶은 말 / 최응구 // 문학과 예술. - 1986,(3). - 4 - 7

12608 시대의 도전에 직면한 문예평론: 새롭게 인식해야 할 문예평론을 두고 / 리장수 // 송화강. - 1986,(3). - 57 - 59

12609 이러한 쟁명이 쉬임없기를… / 문학과 예술. - 1986,(3). - 48

12610 작가의 체험과 사색의 깊이: 중편소설≪인간세태≫를 읽고 / 김봉웅 // 장백산. - 1986,(3). - 123 - 125

12611 지나친 로파심 / 한점 // 문학과 예술. - 1986,(3). - 94

12612 각이한 시적추구는 무엇을 말해주는가: 두 청년시인의 시초를 읽고 / 리파 // 송화강. - 1986,(4). - 56 - 57

12613 뜬소문의 안과 밖 - 단편소설≪열살씩 줄이면≫을 읽고 / 금력 // 문학과 예술. - 1986,(4). - 21

12614 룡호가의 민들레꽃 - 정세봉과 그의 소설 / 김호근 // 문학과 예술. - 1986,(4). - 40 - 43

12615 류심무의 장편소설≪종고루≫의 경개 / 문학과 예술. - 1986,(4). - 79

12616 선조의 숨소리 / 정약용 // 문학과 예술. - 1986,(4). - 1

12617 소설에서의 선과 악:≪도라지≫86년 제1기의 소설들을 보고 // 도라지. - 1986,(4). - 73 - 78

12618 손은 심령의 두번째 창문 / 문학과 예술. - 1986,(4). - 33

12619 시에 대해 몇마디 / 전국권 // 문학과 예술. - 1986,(4). - 24 - 26

12620 신랄한 아이로니: 단편소설≪정치교원 리상덕≫을 읽고 / 김봉웅 // 송화강. - 1986,(4). - 62 - 63

12621 우리 문단의≪생태 불균형≫ / 장정일 // 문학과 예술. - 1986,(4). - 22 - 24

12622 우리도 한마디씩 / 문학과 예술. - 1986,(4). - 27

12623 제일 짧은 잡문 // 문학과 예술. - 1986,(4). - 39

12624 해탈한≪넋≫, 숭고한≪고백≫ - 강효삼의≪해탈≫을 읽고 / 김룡운 // 문학과 예술. - 1986,(4). - 69 - 70

12625 가요≪살구나무≫의 매력 / 적송 // 문학과 예술. - 1986,(5). - 62

12626 ≪감상시≫에 대한 감상 / 산천 // 천지. - 1986,(5). - 84 - 85

12627 남평마을의 목소리 // 문학과 예술. - 1986,(5). - 7 - 8 // 문학과 예술. - 1986,(5). - 7 - 8

12628 당대 문학평론의 발전추세에 대한 사고 / 임범송 // 도라지. - 1986,(5). - 74 - 76

12629 대담한 시도, 기꺼운 성과 - ≪추억≫에

대하여 / 김성우 // 문학과 예술. - 1986,(5). - 64 - 66

12630 문학속의 인생을 엿봅시다:≪도라지≫에 발표된 몇편의 소설중에서 안해들의 형상 / 허승호 // 도라지. - 1986,(5). - 71 - 74

12631 미적매력과 민족적얼의 서정적융합 - 산문시≪아, 백두산≫을 읽고 / 임범송 // 장백산. - 1986,(5). - 153 - 155

12632 변화되고 있는 청년독자들의 심미관념 / 중국청년보에서 // 문학과 예술. - 1986,(5). - 19

12633 비교관념을 세워야 한다 / 림연 // 문학과 예술. - 1986,(5). - 46 - 47

12634 소설의 흡인력과 미적향수 - 중편소설≪피와 운명≫을 두고 / 강장희 // 장백산. - 1986,(5). - 156 - 159

12635 신채호의 시(유고)를 두고 / 김병민 // 문학과 예술. - 1986,(5). - 33 - 36

12636 진정한 사랑에 대한 찬가 / 일별 // 문학과 예술. - 1986,(5). - 16

12637 ≪한 당원의 자살≫의 차실 / 류동호 // 문학과 예술. - 1986,(5). - 79 - 80

12638 감탄사≪오!≫≪아!≫와 김정호의 시≪추억≫ / 리삼월 // 문학과 예술. - 1986,(6). - 57 - 59

12639 교원들의 낯에 먹칠을 했다 / 한몽 // 문학과 예술. - 1986,(6). - 92

12640 그는 인간으로서의 군인이였다 / 일별 // 문학과 예술. - 1986,(6). - 24 - 25

12641 단편소설≪평화, 감탄표≫를 읽고 / 일별 // 문학과 예술. - 1986,(6). - 78

12642 리원길 소설의 예술특점 / 림성 // 문학과 예술. - 1986,(6). - 42 - 43

12643 문학평론이여, 줄기차게 앞으로!: 페막사를 대신하여 / 전국권 // 문학과 예술. - 1986,(6). - 28 - 29

12644 변형 // 문학과 예술. - 1986,(6). - 96

12645 빛을 보게 된 고인의 유작 / 황봉룡 // 문학과 예술. - 1986,(6). - 54 - 56

12646 선조의 숨소리 / 김정희 // 문학과 예술. - 1986,(6). - 1

12647 시의 명절을 가꾸어가기 위하여 / 조룡남 // 문학과 예술. - 1986,(6). - 60 - 61

12648 심미적가치로부터 본 소설평론의 당대의식 / 현동언 // 문학과 예술. - 1986,(6). - 26 - 27

12649 여울목을 벗어난 시단의 움직임 // 문학과 예술. - 1986,(6). - 62 - 63

12650 우리 서정시의 가능성 - 조룡남의 경우 / 최삼룡 // 장백산. - 1986,(6). - 147 - 152

12651 읽는 재미와 이미지씹기 / 김경훈 // 문학과 예술. - 1986,(6). - 82 - 85

12652 작가의 시점문제: 윤림호의 최근 작품들을 읽고 / 김봉웅 // 문학과 예술. - 1986,(6). - 38 - 41

12653 당에 대한 생각 / 김성휘 // 지부생활. - 1986,(7). - 58

12654 사랑의 도덕과 도덕적인 사랑 / 송춘남 // 천지. - 1986,(7). - 72 - 73

12655 소설지위의 변화 / 소정 // 은하수. - 1986,(7). - 31

12656 실화문학의 실태와 사명 / 최삼룡 // 천지. - 1986,(7). - 68 - 71

12657 영애는 어떤 현대파녀성인가? / 허련순 // 천지. - 1986,(7). - 73 - 74

12658 악과의 뿌리 / 류빈안 // 은하수. - 1986,(9). - 13 - 14

12659 시인과 시를두고:≪두만강여울소리≫시문학탐구회에 참가하여 / 조성일 // 천지. - 1986,(10). - 37

12660 난해시의 변호 / 산천 // 천지. - 1986,(11). - 85 - 89

12661 윤림호와 그의 작품: 소설집≪투사의 슬픔≫을 읽고 / 주동률 // 은하수. - 1986,(11). - 30 - 34

12662 거짓말같다 / 흑룡강성 녕안현와룡향근로촌 주금숙 // 문학과 예술. - 1987,(1). - 95

12663 김소월시의 운률특성 - 반복률 / 림금산 //

중국조선어문. - 1987,(1). - 59 - 61
12664 단편소설≪락엽≫과 성심리묘사: 윤림호의 소설을 읽고 / 김화병 // 송화강. - 1987,(1). - 57 - 59
12665 단편소설≪작은 정류소≫를 읽고 / 송생귀 // 문학과 예술. - 1987,(1). - 82 - 83
12666 락천적이고 진취적인 생의 멜로디 / 장정일 // 문학과 예술. - 1987,(1). - 6 - 8
12667 리광수와 그의 단편소설≪가실≫ / 김봉웅 // 도라지. - 1987,(1). - 46 - 47
12668 북방시단의 새 풍경선:≪송화강≫잡지 청년시인 신작독후감 / 산천 // 송화강. - 1987,(1). - 61 - 63
12669 소설≪락엽≫의 이미지를 두고 / 조성일 // 문학과 예술. - 1987,(1). - 24 - 26
12670 시와 시인에 대한 생각 / 김동진 // 문학과 예술. - 1987,(1). - 27
12671 시적상상의 예리화 / 문창남 // 문학과 예술. - 1987,(1). - 49 - 50
12672 시≪추억≫에 대한 소감 / 김월성 // 문학과 예술. - 1987,(1). - 30 - 32
12673 우애의 노래 - 단편소설≪긴량하에서 맺어진 사랑≫을 읽고 / 곽건모 // 문학과 예술. - 1987,(1). - 22 - 23
12674 ≪은하수≫1986년도 소설에 대한 단상 / 김성우 // 은하수. - 1987,(1). - 37 - 39
12675 자유로운 쟁명의 분위기 - 청년소설가 윤림호에게 보내는 편지 / 문학과 예술. - 1987,(1). - 46
12676 작가의 사상과 비판의식: 고신일의 근작 중편소설들을 읽고 / 김원도 // 도라지. - 1987,(1). - 65 - 68
12677 초사실주의와≪죽지 말아야 할 화가≫ // 문학과 예술. - 1987,(1). - 45
12678 평론가 김봉웅선생님께 - 보내는 회답편지 / 문학과 예술. - 1987,(1). - 47 - 48
12679 한토막의 눈물겨운 비극 / 장화화 // 문학과 예술. - 1987,(1). - 36
12680 가요≪수양버들≫이 준 계시 / 남희철 // 문학과 예술. - 1987,(2). - 31
12681 각성하고 있는 우리의 소설문학: 흑룡강성의 잡지와 신문에 발표된 1986년의 소설을 두고 / 리장수 // 송화강. - 1987,(2). - 57 - 59
12682 김동인과 단편소설≪감자≫에 대하여 / 김봉웅 // 도라지. - 1987,(2). - 68 - 69
12683 김성휘선생과의 20분 / 본지기자 // 문학과 예술. - 1987,(2). - 28
12684 나는 이런 시를 즐긴다 / 최성자 // 문학과 예술. - 1987,(2). - 46
12685 단편소설≪기아예술가≫를 읽고 / 일별 // 문학과 예술. - 1987,(2). - 38 - 39
12686 단편소설≪한가녀≫를 읽고 / 일별 // 문학과 예술. - 1987,(2). - 70
12687 당대 실화소설의 미학적특징 / 리운박 // 문학과 예술. - 1987,(2). - 7 - 8
12688 대지에 부는 바람은 그냥 후더운데: 소설≪눈내리는 날≫에 대하여 / 손빈 // 문학과 예술. - 1987,(2). - 23 - 24
12689 ≪리해시≫와 ≪난해시≫ / 문산 // 문학과 예술. - 1987,(2). - 47
12690 시관념갱신과 시평 / 박화 // 문학과 예술. - 1987,(2). - 25 - 27
12691 시짓기 어려움의 두가지 양상 - ≪나그네≫와 ≪인생≫의 경우 / 김경훈 // 장백산. - 1987,(2). - 173 - 175
12692 인물성격부각에서의 새로운 돌파:≪도라지≫에 발표된 몇편의 소설을 두고 / 현동언 // 도라지. - 1987,(2). - 51 - 55
12693 재담의 표현수법 / 성숙 // 문학과 예술. - 1987,(2). - 95
12694 중편소설≪<정신병리학 연구>≫의 사변성 / 현동언 // 문학과 예술. - 1987,(2). - 42 - 43
12695 진실한 생활화폭: 단편소설≪올케와 백치오빠≫를 읽고 / 최상해 // 문학과 예술. - 1987, (2). - 44
12696 한몽동무에게 / 김은철 // 문학과 예술. -

1987,(2).－45－46

12697 ≪꿈의 발자취≫를 둘러싸고∥문학과 예술.－1987,(3).－59

12698 당대 서방문학의 일반적 예술특징∥문학과 예술.－1987,(3).－58

12699 문예혁신에서의 부분적 청년들의 내재적 모순∥문학과 예술.－1987,(3).－56－57

12700 새시기 문학의 첫 십년간의 네가지 모순∥문학과 예술.－1987,(3).－56

12701 새시기 소설발전의 추세∥문학과 예술.－1987,(3).－56

12702 생활을 진실하게 그렸다/강영준∥문학과 예술.－1987,(3).－51

12703 심령에 대한 탐색과 탐색하는 심령－신시기 10년 소설에 대한 고찰/김종명∥장백산.－1987,(3).－168－175

12704 애정제재를 론함: 소설≪산촌의 단풍≫을 읽고/김화병∥문학과 예술.－1987,(3).－48－50

12705 작가의 비판적의식과 개방적 자태: 윤림호의 근작들을 보고/김원도∥문학과 예술.－1987,(3).－43－44

12706 장지민동지에게 ∥문학과 예술.－1987,(3).－52

12707 조선족효행민담을 두고/김금자∥문학과 예술.－1987,(3).－25－27

12708 ≪추억≫의 예술성과/산천∥문학과 예술.－1987,(3).－45－48

12709 충성심에 대한 인간의 참회/김병활∥은하수.－1987,(3).－61－64

12710 ≪해란강대혈안≫을≪승리의 혈사≫로/강련순∥문학과 예술.－1987,(3).－80

12711 ≪해란강아 말하라≫의 력사적진실성/방룡남∥문학과 예술.－1987,(3).－30－33

12712 현진건과 그의 단편소설≪불≫/김봉웅∥도라지.－1987,(3).－57－58

12713 황당한 색채를 띤 소설∥문학과 예술.－1987,(3).－79

12714 ≪괴상한 시≫의 합리성/정몽호∥문학과 예술.－1987,(4).－30－31

12715 라도향과 그의 단편소설≪물레방아≫/김봉웅∥도라지.－1987,(4).－71－72

12716 모대기고 있는 소설문단/김봉웅∥문학과 예술.－1987,(4).－27－29

12717 문창남의 인간과 문학: 수필집≪동집게≫를 놓고/최삼룡∥은하수.－1987,(4).－59－62

12718 민족현대파 녀성/장지민∥문학과 예술.－1987,(4).－51－53

12719 새로운 시도, 기꺼운 성과: 실화≪굴뚝에 맺힌 감회≫에 대하여/김만석∥천지.－1987,(4).－95－96

12720 소설언어/김학철∥중국조선어문.－1987,(4).－52－54

12721 신녀성의 심리륜곽:≪사랑이란 이상야릇해≫를 읽고/과천∥문학과 예술.－1987,(4).－87

12722 ≪짧을수록 더 깊은 내용을≫: 헤밍웨이의 소설≪인디안인 열사탑≫을 두고/강의서∥문학과 예술.－1987,(4).－44－47

12723 프로이트 학설과 예술∥문학과 예술.－1987,(4).－68－69

12724 한춘동무의≪미학적편지≫에 대한 생각/김월성∥문학과 예술.－1987,(4).－64－67

12725 가야하에 깃든 사랑/림무웅∥천지.－1987,(5).－92－93

12726 겉치장보다 속치장을 잘하라: 서해 최학송선생창작과 더불어/채택룡∥천지.－1987,(5).－51－52

12727 나의 견해/리룡섭∥천지.－1987,(5).－45－46

12728 렴상섭과 그의 단편소설≪두 파산≫/김봉웅∥도라지.－1987,(5).－54－55

12729 민족의 토양속에 뿌리박은 싱싱한 도라지 꽃:≪격류속에서≫에 실은 소설작품들/김기형∥도라지.－1987,(6).－56－59

12730 사나이의 인생탐구: 중편소설≪남자와

사나이≫를 평함 / 허승호 // 장백산. – 1987,(6). – 133 – 137

12731 시 창작에 대한 약간의 느낌 / 김성휘 // 도라지. – 1987,(6). – 60

12732 천리봉에 깃을 튼 새들 / 림원춘 // 도라지. – 1987,(6). – 61 – 62

12733 프로이드의 심리갈등설을 그려낸 소설 ≪신비한 길≫ / 김화병 // 송화강. – 1987,(6). – 61 – 63

12734 ≪그녀의 이야기≫를 두고 // 문학과 예술. – 1987,(9 – 10). – 23 – 24

12735 두만강여울소리는 오늘도 높다 // 문학과 예술. – 1987,(9 – 10). – 53 – 54

12736 모리무라 세이이찌의 단편소설≪간사한 독계≫ // 문학과 예술. – 1987,(9 – 10). – 47

12737 ≪부중대장과 그의 벗들≫의 인물형상 / 김만석 // 문학과 예술. – 1987,(9 – 10). – 48 – 50

12738 사랑의 송가:≪입장권≫을 평함 / 백의기 // 문학과 예술. – 1987,(9 – 10). – 96

12739 작자 윤림호에게 하고 싶은 말:≪선녀포의 전설≫을 읽고 // 문학과 예술. – 1987,(9 – 10). – 28 – 29

12740 김학철선생의 신념과 탐구 / 김기형 // 문학과 예술. – 1987,(11 – 12). – 47 – 48

12741 단편소설≪믿기 어려운 일≫을 읽고서 / 손룡호 // 문학과 예술. – 1987,(11 – 12). – 94 – 95

12742 덧붙이는 말: 졸작≪한 당원의 자살≫에 대하여 / 리원길 // 문학과 예술. – 1987,(11 – 12). – 63 – 65

12743 ≪리별≫을 두고 몇마디 / 여송원 // 문학과 예술. – 1987,(11 – 12). – 93

12744 ≪<무릉도원> 계시록≫이 주는 계시 / 최삼룡 // 천지. – 1987,(11). – 61 – 62

12745 문학창작은 마땅히 형상으로 성공을 보아야 한다:≪장난꾸러기≫에 대한 천박한 분석 // 문학과 예술. – 1987,(11 – 12). – 77

12746 민담 사상내용의 종교적 색채를 두고 / 허창환 // 문학과 예술. – 1987,(11 – 12). – 4 – 6

12747 바람에 스치우는 별을 지켜: 시인 윤동주와 그의 시를 두고 / 리해산 // 천지. – 1987,(12). – 30 – 32

12748 비유기능의 질적돌파를! / 문창남 // 문학과 예술. – 1987,(11 – 12). – 19 – 20

12749 새로운 돌파구를 찾기 위한 모지름:≪북두성≫제3호의 소설특집을 보고 / 최삼룡 // 문학과 예술. – 1987,(11 – 12). – 11 – 15

12750 우리 문단에서의 한 현상 / 금성 // 문학과 예술. – 1987,(11 – 12). – 16 – 18

12751 ≪유서깊은 더기≫를 읽고 / 권해범 // 문학과 예술. – 1987,(11 – 12). – 40

12752 잊을수 없는 고향땅:≪유서깊은 더기≫ 독후감 / 조병신 // 문학과 예술. – 1987,(11 – 12). – 42

12753 ≪파묻은 사랑≫을 보고 / 문학과 예술. – 1987,(11 – 12). – 52 – 53

12754 ≪하고싶은 말은 실로 많습니다≫ / 백두 // 문학과 예술. – 1987,(11 – 12). – 43

12755 ≪회귀점≫이 갖는 상승지향: 장시≪꿈의 발자취≫의 경우 / 금서 // 문학과 예술. – 1987,(11 – 12). – 21 – 24

12756 후 현대주의와≪모자마술≫ / 일별 // 문학과 예술. – 1987,(11 – 12). – 59 – 60

12757 그녀에게 살길을 열어 주어야 / 류홍식 // 문학과 예술. – 1988,(1). – 35 – 37

12758 끈끈한 삶 그 진한 목소리: 문창남의 수필집≪동집게≫에 대하여 / 전정환 // 문학과 예술. – 1988,(1). – 38 – 40

12759 미학적견지에서 본 우리 극문학의 문제점들 / 김해룡 // 문학과 예술. – 1988,(1). – 35 – 37

12760 민족의 렬근성에 대한 자각적인 반성: 장편소설≪봄물≫을 평함 / 김월성 // 문학과 예술. – 1988,(1). – 13 – 16

12761 북방 일곱 시인의 어제와 오늘 / 리홍규 // 문학과 예술. – 1988,(1). – 26 – 30

12762 성스러운 마음, 진정어린 조언:≪봄물≫ 독자좌담회 발언요지 // 문학과 예술. – 1988,(1).

−11−12
12763 소소설≪눈≫을 두고 / 릉중 // 문학과 예술. −1988,(1). −93
12764 시체만 따르려 하지 말자 // 문학과 예술. −1988,(1). −82
12765 우리 문학과≪울타리≫ / 홍만호 // 문학과 예술. −1988,(1). −10−12
12766 조이스의 단편소설≪한곡조의 두단락≫ // 문학과 예술. −1988,(1). −67−68
12767 조이스의≪율리시이즈≫ // 문학과 예술. −1988,(1). −87−88
12768 중국조선족의 첫 소년월간잡지≪카톨릭소년≫ / 김만석 // 문학과 예술. −1988,(1). −83−84
12769 중국현대작가들에 의하여 창조된 조선애국자의 형상 / 박룡산 // 문학과 예술. −1988,(1). −30−34
12770 춘옥이의 형상에 대하여 / 김길련 // 문학과 예술. −1988,(1). −38−39
12771 최서해와 그의 창작 / 김봉웅 // 도라지. −1988,(1). −60−61
12772 최서해와 현진건의 소설언어 비교 / 송성만 // 중국조선어문. −1988,(1). −48−50
12773 평형을 잃은 애정가치: −소설≪2월 30일 그날≫을 두고 / 김원도 // 도라지. −1988,(1). −89−91
12774 폭포와 무지개의 시− 호소의 시를 론함 / 방청 // 장백산. −1988,(1). −173−176
12775 피의 추억으로 쌓아올린 기념비 / 리선근 // 문학과 예술. −1988,(1). −85−86
12776 한춘의 시탐구 / 리장수 // 문학과 예술. −1988,(1). −31−34
12777 날아오르는 새무리의 실체는 무엇인가 / 김경훈 // 장백산. −1988,(2). −130−135
12778 립각점과 초월의식− 소수민족문학창작의 새로운 과제 / 백숭인 // 장백산. −1988,(2). −3−11
12779 사랑에서 보여준 녀성의식의 각성:≪도라지≫에 실린 세 녀성작자의 단편소설을 읽고 / 김운일 // 도라지. −1988,(2). −71−74
12780 새 녀인상을 찾는 기쁨:≪도라지≫에 실린 두편의 소설을 두고 / 김원도 // 도라지. −1988,(2). −63−65
12781 새시기 북방조선족 시 문학의 행정 // 박문봉 // 송화강. −1988,(2). −60−64
12782 생활: 웃음 · 사색 · 추구 / 한원국 // 문학과 예술. −1988,(2). −48−49
12783 우리의 전통문화가 낳은 룡 / 황유복 // 도라지. −1988,(2). −59−63
12784 윤동주선생의 평생과 그의 시 / 김만석 // 소년어동. −1988,(2). −86−91
12785 조국의 지도를 바라보며 / 류산증 // 지부생활. −1988,(2). −50−51
12786 태양시사와 그 웨침 // 문학과 예술. −1988,(2). −46−48
12787 필연적인 충돌과 너그러운 리해 / 문연필 // 문학과 예술. −1988,(2). −78−79
12788 그녀는 왜 사랑을 얻지 못했는가 / 고봉 // 문학과 예술. −1988,(3). −50−51
12789 그들의 죽음을 슬퍼한다: 지난해≪천지≫ 잡지 로령제재소설 일별 / 조일남 // 문학과 예술. −1988,(3). −44−46
12790 낡은 전통관념에 대한 도전 / 김룡운 // 송화강. −1988,(3). −56−58
12791 내가 보는 오늘날의 시단 / 공목 // 문학과 예술. −1988,(3). −127−128
12792 단편소설≪피눈물과 미소≫에 대하여 / 일별 // 문학과 예술. −1988,(3). −29
12793 단편소설≪한 녀학생≫의 사회적효과 / 김선파 // 문학과 예술. −1988,(3). −47−49
12794 바람에 스러진 별 하나 그리며: 시인 윤동주의 옛 자취를 더듬는다 // 문학과 예술. −1988,(3). −64
12795 소설의 거리관념− 창작심리와 구독심리 / 허승호 // 장백산. −1988,(3). −129−132
12796 시평에 대한 사고 / 박화 // 도라지. −1988,

(3). - 67 - 68

12797 신정과 그의 시문학: 시집≪아목루≫를 중심으로 / 김동훈 // 문학과 예술. - 1988,(3). - 40 - 43

12798 조명희와 그의 문학 / 김봉웅 // 도라지. - 1988,(3). - 74 - 77

12799 진달래의 매력:≪당대조선단편소설집≫서언 / 조성일 // 천지. - 1988,(3). - 59 - 64

12800 현대청년의 인격추구:≪흰구름의 고향≫중의 인물형상에 대하여 / 리중화 // 문학과 예술. - 1988,(3). - 92

12801 관료기풍에 대한 질책 / 최일천 // 문학과 예술. - 1988,(4). - 48 - 49

12802 김성휘시의 향토성과 민족의식 / 리상범 // 문학과 예술. - 1988,(4). - 31 - 34

12803 ≪다툼≫의 예술추구 / 적송 // 문학과 예술. - 1988,(4). - 42

12804 ≪렬차원 조야≫에 대한 소감 / 일별 // 문학과 예술. - 1988,(4). - 60

12805 산문과 시 사이: 연변시단 다섯 중년시인 근작시를 두고 / 한광천 // 문학과 예술. - 1988,(4). - 35 - 37

12806 새 시기 녀성문학의 미학적경향 / 김종수 // 장백산. - 1988,(4). - 169 - 174

12807 심각한 상징 심원한 의의≪메리의 죽음≫을 두고 / 김해룡 // 문학과 예술. - 1988,(4). - 29 - 30

12808 역반심리의 미학적세계: 몇편의 단편소설을 두고 / 김원도 // 송화강. - 1988,(4). - 57 - 61

12809 우리의 소설문단을 두고 / 림성 // 문학과 예술. - 1988,(4). - 8 - 10

12810 울며 웃으며 자란 꿈 / 문광훈 // 도라지. - 1988,(4). - 71 - 74

12811 ≪장난≫속에 반사된 민족의식: 박선석의 단편소설≪장난과 법≫을 읽고 / 윤림호 // 송화강. - 1988,(4). - 62

12812 장편소설≪환남사변≫경개 // 문학과 예술. - 1988,(4). - 86 - 89

12813 전통과 현실: 우리 소설발전에 대한 부동한 견해들 // 문학과 예술. - 1988,(4). - 39

12814 프로이트의사의 오진 / 일문 // 문학과 예술. - 1988,(4). - 11 - 13

12815 현진건의 창작자세와 문학세계 / 최삼룡 // 문학과 예술. - 1988,(4). - 14 - 17

12816 형상의 철리와 비유의 원리:≪봄날의 장례≫를 례든다 / 금성 // 천지. - 1988,(4). - 78 - 79

12817 ≪고난의 년대≫에 대한 본체론적사고 / 김동활 // 문학과 예술. - 1988,(5). - 31 - 33

12818 괴상한 로천수리부 / 풍걸영 작; 김덕부 역 // 문학과 예술. - 1988,(5). - 37 - 44

12819 금전만능, 향락주의, 참사랑: 단편소설≪나쁜녀자≫를 읽은 소감 / 남설 // 문학과 예술. - 1988,(5). - 30

12820 낡은X, 높은 산과 세대적 갈등: 김재국의 두편 소설을 두고 / 림성 // 문학과 예술. - 1988,(5). - 8 - 10

12821 남다른 소설이였다 / 조성희 // 문학과 예술. - 1988,(5). - 47

12822 ≪도라지≫가 펼쳐놓은 문학세계: 금년 상반년 단편소설들을 읽고 / 전성호 // 도라지. - 1988,(5). - 70 - 74

12823 장편소설≪쇠퇴와 번영≫(상권) / 경개 // 문학과 예술. - 1988,(5). - 84 - 85

12824 형상화한 분노 과감한 시도:≪인간학개념공부노트≫를 읽고 / 김흠 // 문학과 예술. - 1988,(5). - 48 - 49

12825 ≪격정시대≫ - 숭고한 인생의 뽀에마 / 장정일 // 문학과 예술. - 1988,(6). - 12 - 16

12826 과학동화 창작에서 걸린 몇가지 문제: 장두욱의 과학동화작품을 보고서 / 김만석 // 도라지. - 1988,(6). - 74 - 77

12827 땅에 대한 시도 / 일분 // 문학과 예술. - 1988,(6). - 25

12828 리욱시비가 주는 계시 / 정판룡 // 문학과 예술. - 1988,(6). - 26

12829 문창남소설의 인성의식에 대한 사고 / 채

미화 // 문학과 예술. - 1988,(6). - 62 - 64
12830 윤림호소설로부터 말해본다: 문학전형에 대한 나의 리해 / 리묵 // 문학과 예술. - 1988,(6). - 60 - 61
12831 1 - 6월의≪천지≫려행: 룡정문학 청년보름회 // 문학과 예술. - 1988,(6). - 65 - 66
12832 프로이드의 심리갈등설을 그려낸 소설≪신비한 길≫ / 김화병 // 송화강. - 1988,(6). - 61 - 63
12833 항일유격구의 아동문학 / 김만석 // 문학과 예술. - 1988,(6). - 46 - 48
12834 진실한 목소리 열렬한 추구: 소설집≪바다가에서 만난 녀인≫을 읽고 / 김영화 // 천지. - 1988,(9). - 35 - 39
12835 강성의 청이한 가야금소리: 문창남 수필집≪동집게≫를 읽고서 / 장정일 // 은하수. - 1988,(10). - 38 - 41
12836 쟁명, 귀환 // 허승호 // 천지. - 1988,(10). - 64 - 65
12837 감정의 깊이, 시어의 립체미: 시인 정몽호, 김파의 시풍격을 두고 // 천지. - 1989,(1). - 58 - 59
12838 만해 한룡운의 시적세계 / 박충록 // 문학과 예술. - 1989,(1). - 32 - 33
12839 민족시인으로서의 남영전: 시집≪푸른 꿈≫을 읽고 / 마정 // 장백산. - 1989,(1). - 135 - 138
12840 북방시단 이 거목 / 산천 // 송화강. - 1989,(1). - 62 - 64
12841 10년, 문화의 소용돌이속에서 / 최삼룡 // 문학과 예술. - 1989,(1). - 6 - 7
12842 외롭게 대화하는자: 윤동주론 / 김경훈 // 문학과 예술. - 1989,(1). - 35 - 38
12843 원시희소설의 넉두리 / 김원도 // 도라지. - 1989,(1). - 75 - 80
12844 죽음의 유혹:≪뻐꾹새소리≫에서 본 죽음의식 / 림영금 // 문학과 예술. - 1989,(1). - 60 - 62
12845 진실과 진정 / 일문 // 문학과 예술. - 1989,(1). - 80
12846 7 - 12월의≪천지≫려행 // 문학과 예술. - 1989,(1). - 63 - 64
12847 말과 글을 옳게 다듬어 쓰자: 동화시집≪신비한 세계≫를 보고서 / 김한 글 // 중국조선어문. - 1989,(2). - 31 - 34
12848 문학평론의 다원화에 대한 생각 / 임범송 // 문학과 예술. - 1989,(2). - 62 - 64
12849 사회의 부조리에 대한 고발 / 소제 // 문학과 예술. - 1989,(2). - 1989,(2). - 49
12850 생명의식, 민족의 생존상태:≪리향≫에서 알아본다 / 현동언 // 문학과 예술. - 1989,(2). - 4 - 5
12851 성숙되고있는 우리 소설: 1988년 우리성 소설창작에 대한 략찰 / 김룡운 // 송화강. - 1989,(2). - 54 - 58
12852 소설≪비단치마≫가 내비친 각광의 이모저모 / 최균선 // 문학과 예술. - 1989,(2). - 13
12853 송화호의 비단치마: 류재순의 소설창작에 대한 고찰 / 림원춘 // 도라지. - 1989,(2). - 50 - 54
12854 실화문학산책: 1988년≪천지≫실화문학작품 일별 / 장정일 // 천지. - 1989,(2). - 68 - 70
12855 ≪싹트는 대지≫로부터 보게 되는≪쪽박문화≫의 비극 / 금성 // 문학과 예술. - 1989,(2). - 6 - 9
12856 엉뚱한 수법의 시도: 소설≪생활의 흐름≫을 보고 / 남설 // 문학과 예술. - 1989,(2). - 23
12857 우리 문학의 그제, 어제와 오늘 / 장춘식 // 민족단결. - 1989,(2). - 30 - 32
12858 임효원의 인생자세와 시탐구 / 최삼룡 // 문학과 예술. - 1989,(2). - 32 - 34
12859 정길운선생과 그가 정리한 민담 / 박창묵 // 예술세계. - 1989,(2). - 37 - 40
12860 ≪재만조선시인집≫으로부터 본 민족의식 / 리상범 // 문학과 예술. - 1989,(2). - 24 - 27
12861 참된 인간들의 고민: 김학철 단편소설의

인물성격 일별/리광일//문학과 예술.－1989,(2).－10－12

12862 그 시인의 길과 생각: 재일동포 시인 최화국씨와의 대담//송화강.－1989,(3).－57－59

12863 멀고도 가까운 웨침/금경//문학과 예술.－1989,(3).－12

12864 생명실현의 지긋한 연습/한광천//문학과 예술.－1989,(3).－60－61

12865 생활이야기 문학이야기/조일남//문학과 예술.－1989,(3).－41－42

12866 슬픈 자화상: 소설≪껍데기≫를 읽고서/초군//문학과 예술.－1989,(3).－33－36

12867 시집≪고향은 언제나 내 가슴속에≫머리말/신동욱//천지.－1989,(3).－53－55

12868 오늘의 삶의 과거적이미지: 남영진 시집≪푸른 꿈≫에서/금력//문학과 예술.－1989,(3).－38－40

12869 지난해 소설에 내비친 교정/김원도//문학과 예술.－1989,(3).－13－15

12870 풍경에 대상화된 인간심리세계의 감정화: 북방시단의 서정시 몇수를 읽고/임범송//송화강.－1989,(3).－60－63

12871 ≪현대문학≫서 김학철 소설을 론함//문학과 예술.－1989,(3).－76

12872 동시창작에서의 새로운 추구:≪연≫을 쓴 두 시인의 경우/함송죽//문학과 예술.－1989,(4).－67－68

12873 떠도는 혼이 바라는 한 두가지: 허설시≪함성≫(외2수)에 대하여/금경//문학과 예술.－1989,(4).－41－42

12874 륙사의 시가창작을 론함/김영규//문학과 예술.－1989,(4).－44－46

12875 ≪만물조응≫으로부터 본 상징주의 문학//문학과 예술.－1989,(4).－39

12876 바다－시의 요람/엄정자//문학과 예술.－1989,(4).－64－65

12877 ≪장백산≫(근년)려행//문학과 예술.－1989,(4).－69－70

12878 진지한 탐구 시적 호소력: 김응준시집≪별찌≫를 두고/채미화//문학과 예술.－1989,(4).－8－10

12879 창작에서의≪문창남현상≫을 두고/금성//문학과 예술.－1989,(4).－4－7

12880 황석영과 그의 중단편소설에 대하여/채미화//도라지.－1989,(4).－59－63

12881 극문학에 존재하는 몇가지 문제/김월성//문학과 예술.－1989,(5).－18－21

12882 ≪나≫는 어떤 사람인가/오대룡//문학과 예술.－1989,(5).－75－76

12883 문학의≪주의≫에 대한 소감/김철호//문학과 예술.－1989,(5).－50－51

12884 북방시단의 망향시에 대한 고찰/한춘//송화강.－1989,(5).－52－55

12885 비탈린 넋의 넉두리: 소설≪퍼렁살구≫에 대하여/김룡식//문학과 예술.－1989,(5).－44－45

12886 사회부조리 병든 인생/황병락//문학과 예술.－1989,(5).－3－74

12887 산천의 두개 관점을 두고/리일송//문학과 예술.－1989,(5).－49－50

12888 상징의 예술적효과: 림원춘의≪진눈까비≫에 비추어/류대식//문학과 예술.－1989,(5).－42－44

12889 새로운 미의식 독특한 미학적 특성: 소설≪외나무다리≫에 대하여/오상순//문학과 예술.－1989,(5).－25－27

12890 승인받아야 할 심리/적송//문학과 예술.－1989,(5).－20

12891 시대의 제시·슬픈·인물성격의 완성//문학과 예술.－1989,(5).－74

12892 신선한 감각의 시/리삼월//천지.－1989,(5).－56－57

12893 ≪실락자≫의 생명송가/최균선//문학과 예술.－1989,(5).－79－80

12894 엄숙한 주제 황당한 예술: 중편소설≪범과 사람≫을 두고//문학과 예술.－1989,(5).－

14－16

12895 인간의 자연본체의 회귀에 대한 사고/주정길//문학과 예술.－1989,(5).－77－78

12896 인생비극에 대한 예술적탐구/현동언//도라지.－1989,(5).－35－38

12897 자연의 서정적인식과 겨레통합을 전망하는 시세계: 리상각시집≪두루미≫를 부쳐/신동욱//문학과 예술.－1989,(5).－21－24

12898 작품이≪조산아≫이냐 평론이≪류산아≫이냐: 장막희극≪그 총각과 택시아가씨≫의 평론들을 두고//문학과 예술.－1989,(5).－36－38

12899 철문은 열리지 않을것이다: 소설≪동굴속의 향연≫을 읽고/김득희//문학과 예술.－1989,(5).－52

12900 최근년의 소설문학을 두고/박룡남//문학과 예술.－1989,(5).－46－48

12901 근년래 문학평론의 부족//문학과 예술.－1989,(6).－79

12902 김성호 황당소설의 주제와 예술기교를 평함/김룡길//은하수.－1989,(6).－39－41

12903 김학철작품의 문체론적특성/장학규//문학과 예술.－1989,(6).－68－69

12904 문화적반성－개혁문학의 심화:≪도라지≫최근 소설을 읽고/김종수//도라지.－1989,(6).－56－60

12905 불조화속의 조화 배척속의 포옹: 소설≪나의 령혼≫에 비친 미학세계/김룡운//문학과 예술.－1989,(6).－14－17

12906 수필≪떡갈나무≫의 매력/전성호//송화강.－1989,(6).－63－64

12907 시가의 이미지 비교:≪산꽃≫과≪5월의 감각≫을 두고/허룡구//문학과 예술.－1989,(6).－54－56

12908 실체와 허상의 사이: 제1차 북방시인상 6명 수상자 작품을 두고/금력//문학과 예술.－1989,(6).－74－75

12909 악에 죽음 당한≪비둘기≫:소설≪비둘기야 날아가라≫를 보고//문학과 예술.－1989,(6).－73

12910 20－30년대 현대시의 대표적 두 양상/김경훈//문학과 예술.－1989,(6).－36－40

12911 진정한≪무감각≫에로의 시: 김경식의≪파멸편≫계렬식 의미/김동활//문학과 예술.－1989,(6).－70－71

12912 현대인의 인격에 대한 발굴과 찬양/최삼룡//천지.－1989,(6).－47－49

12913 현시기 애정소설의 륜리적투시/김원도//문학과 예술.－1989,(6).－10－14

12914 단편소설≪락화류수≫를 읽고/신철국//은하수.－1989,(8).－7

12915 인물형상창조에서의 탐구적 노력: 윤림호의 단편소설≪고향에 온 손님≫을 보고/김선파//천지.－1989,(9).－60－61

12916 예술적창조와 언어구사: 소설≪이브의 여운≫을 읽고/김종수//천지.－1989,(12).－68－70

12917 간도이주민의 수난의 력사를 반영한 안수길의 해방전소설/박상봉//문학과 예술.－1990,(1).－39－45

12918 산재마을과 현재 우리 문학의 상징: 우리 소설의 경우/조일남//문학과 예술.－1990,(1).－13－16

12919 소설문단발전을 념두에 두고//문학과 예술.－1990,(1).－62－66

12920 소설집≪녀인들의 마음≫에 비친 류재순의 문학경향/김원도//도라지.－1990,(1).－52－58

12921 시조의 작시법적고찰/박화//장백산.－1990,(1).－130－138

12922 10년간의 문학비평//문학과 예술.－1990,(1).－78

12923 예술언어전달력과 우리의 소설문학/금성//문학과 예술.－1990,(1).－26－29

12924 기나라사람과 우리의 실화작가들: 1989년≪천지≫실화문학작품 일별/림성//천지.－1990,(2).－64－67

12925 류재순과 그의 애정소설: 소설집≪녀인들의 마음≫을 읽고 / 전성호 // 문학과 예술. - 1990,(2). - 17 - 20

12926 리성적인테리의 예술적사색: 김학철의 잡문을 펼쳐본다 / 장정일 // 문학과 예술. - 1990,(2). - 7 - 10

12927 문학평단의 새 발돋음:≪신인평론문학≫상 시상식에 곁들여 / 조성일 // 문학과 예술. - 1990,(2). - 4 - 6

12928 상징세계의 생명의식: 청년시인 리임원의 시창작에 대하여 / 리상범 // 문학과 예술. - 1990,(2). - 14 - 17

12929 ≪설야≫가 주은 열매 / 남설 // 문학과 예술. - 1990,(2). - 21

12930 잃은 땅에 대한 성토 / 전설 // 문학과 예술. - 1990,(2). - 29

12931 ≪짝사랑≫이 세워준 기념비: 조룡남시집≪그 언덕에 묻고온 이름≫을 펼치고 / 리복 // 문학과 예술. - 1990,(2). - 38 - 40

12932 피어린 삶과 력사의 고백 / 초군 // 문학과 예술. - 1990,(2). - 37

12933 내 품속에 양옥집 하나가: 수필에 대한 수필 / 김문학 // 문학과 예술. - 1990,(3). - 18 - 19

12934 드팀없는 신념, 꿋꿋한 인생: 김학철선생님과의 문학대화 // 문학과 예술. - 1990,(3). - 50 - 55

12935 만담, 재담의 예술특징에 대한 사색 / 차대균 // 예술세계. - 1990,(3). - 55 - 57

12936 생동한 인물형상: 단편소설≪피박골≫을 읽고 / 김주봉 // 예술세계. - 1990,(3). - 10 - 11

12937 생명의 좌절과 재생에 대한 시: 시집≪그 언덕에 묻고온 이름≫을 평함 / 최삼룡 // 문학과 예술. - 1990,(3). - 14 - 17

12938 시대와 인간에 대한 탐구: 지난해≪천지≫의 소설들을 읽고 / 최상철 // 천지. - 1990,(3). - 53 - 57

12939 우광훈, 너는 누구냐: 단편소설집≪메리의 죽음≫으로부터 본다 / 금성 // 문학과 예술. - 1990,(3). - 8 - 13

12940 윤동주시에 반연된 의식차원에 대하여 / 리원 // 문학과 예술. - 1990,(3). - 32 - 34

12941 채만식과 그의 풍자문학 / 김봉웅 // 도라지. - 1990,(3). - 43 - 45

12942 고향의 서정 민족의 시인: 김성휘의 시세계 / 전국권 // 문학과 예술. - 1990,(4). - 6 - 12

12943 김소래의 노래에 대하여 / 최태호 // 장백산. - 1990,(4). - 98 - 102

12944 당대 연변조선족가사문학의 시대적 특징 / 남희풍 // 예술세계. - 1990,(4). - 25 - 27

12945 력사에서 인간을 파내고 있는 리원길 / 목자 // 문학과 예술. - 1990,(4). - 15 - 18

12946 리원길의 장편소설≪설야≫의 언어구사에 대하여 / 태휘 // 문학과 예술. - 1990,(4). - 23 - 27

12947 ≪설야≫가 말해주는것: 새시기 우리 장편소설발전과정에서 알아본다 / 조일남 // 문학과 예술. - 1990,(4). - 19 - 23

12948 젊은 세대들 운명에 대한 진지한 탐구: 김재국의 최근 소설창작에 대하여 / 김병활 // 도라지. - 1990,(4). - 52 - 56

12949 토막난 인생을 이어보려는 노력: 조룡남시에 내비친 상실감 / 박정웅 // 문학과 예술. - 1990,(4). - 36 - 37

12950 콩크리트문화와 우리 문학의 사명: 겸하여 김재국의≪뿌리잃은 도시≫를 평함 / 장춘식 // 송화강. - 1990,(4). - 55 - 57

12951 김창걸작 단편소설≪청공≫을 보고 / 박충록 // 문학과 예술. - 1990,(5). - 31

12952 녀성문학의 의식세계 일별 / 김경훈 // 문학과 예술. - 1990,(5). - 12 - 16

12953 문학작품에 있어서의 언어의 작용: 김재국과 리선희 소설언어에 대한 분석을 중심으로 / 함송죽 // 문학과 예술. - 1990,(5). - 17 - 19

12954 사랑의 시, 서정의 시: 김성휘≪사랑이여, 너는 무엇이길래≫ / 서동훈 // 문학과 예술. - 1990,(5). - 48

12955 선명한 인간성과 언어상:≪그날해는 짧았다≫를 두고 / 김원도 // 장백산. – 1990,(5). – 109 – 112

12956 ≪송화강≫물결우에 울린 비극의 2중주 / 김룡운 // 송화강. – 1990,(5). – 62 – 64

12957 시의 감정과 시의 직각성: 김춘산 시의 경우 / 리홍규 // 문학과 예술. – 1990,(5). – 50 – 52

12958 시인의 정직과 정직한 시인: 시≪어떤 하루≫와≪잔≫을 두고 / 금력 // 문학과 예술. – 1990,(5). – 37

12959 연변조선족문학예술의 어제와 오늘 / 장일민 // 문학과 예술. – 1990,(5). – 32 – 35

12960 장하다, 석천수 / 남희철 // 도라지. – 1990,(5). – 60 – 64

12961 홀로 부른 이중창: 리화숙의 단편소설집≪샘골에 둔 마음≫을 읽고 / 금성 // 문학과 예술. – 1990,(5). – 8 – 12

12962 녀성 의식발굴에서의 한정화소설의 득실에 대하여 / 엄정자 // 장백산. – 1990,(6). – 99 – 101

12963 30년대 중국조선민족 소설문학에 대한 고찰 / 현룡순 // 문학과 예술. – 1990,(6). – 48 – 51

12964 조룡남 애정시의 정감표현기교 / 허룡구 // 은하수. – 1990,(6). – 48 – 49

12965 해방전 우리 겨레문학평론의 일단 / 박충록 // 문학과 예술. – 1990,(6). – 42 – 48

12966 조선인민에 대한 깊은 동정:≪조선의 밤울음≫을 읊으면서 / 최룡수 // 천지. – 1990,(9). – 36 – 37

12967 자아팽창의 폐단 / 최룡관 // 천지. – 1990,(10). – 64 – 67

12968 장편소설≪여름밤≫의 예술성과와 부족점: 벗 박철규의≪여름밤≫을 보고 / 윤림호 // 은하수. – 1990,(10). – 22 – 26

12969 백두의 얼을 노래한 시 / 리상각 // 천지. – 1990,(11). – 24 – 25

12970 외국사람들이 묘사한 근대 조선사람들의 형상 / 김성호 // 은하수. – 1990,(11). – 38 – 43

12971 그는 이런 사람이였다: 윤명철과 그의 소설집≪눈물≫을 두고 / 전성호 // 천지. – 1990,(12). – 56 – 60

I210 로신저작 및 연구

12972 魯迅을 紀念하며 魯迅을 學習하자:東北文藝界 魯迅紀念大會席上에서의 講話 / 李卓然 // 연변문예. – 1951,(5). – 5 – 6

12973 위대한 작가 로신 // 연변문예. – 1955,(11). – 63 – 64

12974 풍파 / 로신 // 연변문예. – 1956,(9). – 9 – 19

12975 ≪풍파≫에 대하여 / 심인강 // 연변문예. – 1956,(9). – 20 – 25

12976 로신의 유지를 계승발양하여 연변의 문학창작의 번영시기를 맞이하자 // 연변문예. – 1956,(10). – 1 – 4

12977 립론(立論) / 로신 // 연변문예. – 1956,(10). – 21

12978 희망 / 로신 // 연변문예. – 1956,(10). – 19 – 20

12979 로신의 잡문:로신 서거 21주년을 기념하여 / 권철 // 아리랑. – 1957,(10). – 41 – 45

12980 류 화진 군을 기념하여 / 魯迅 // 아리랑. – 1957,(10). – 39 – 40

12981 로신과 제국주의: 로신서거 24주년을 기념하여 / 리다운 // 연변문예. – 1960,(11). – 42 – 44

12982 로신전 / 석일가 // 연변문예. – 1976,(10). – 60 – 64

12983 ≪완전무결할것을 요구≫한데 대한 로신의 비판 / 류재복 // 연변문예. – 1977,(2). – 90 – 92

12984 꾸준하게 학습한 로신 // 소년아동. – 1980,(5). – 3 – 5

12985 ≪광인일기≫를 론함 / 공란곡 // 문학예술연구. – 1980,(9). – 35 – 40

12986 로신의 생활과 예술에 관한 론술을 읽고 / 오공정 // 문학예술연구. – 1981,(3). – 1 – 5

12987 로신과 조선사람 / 리정문 // 연변문예. –

1981,(10). − 48 − 51

12988 로신과 리발사 // 장백산. − 1982,(2). − 110

12989 로신 // 장백산. − 1982,(4). − 110

12990 문예비평에서의 로신의 실사구시정신을 따라배우자 // 문학예술연구. − 1983,(1). − 19 − 20

12991 로신일화 / 김창대 // 송화강. − 1984,(2). − 59 − 60

12992 로신과 주작인 / 주건인 // 연변문예. − 1984,(9). − 51

12993 로신이 그림을 사다(외2편) // 동북민병. − 1986,(4). − 34

12994 로신의 혼인관과 애정생활 / 김병활 // 은하수. − 1990,(6). − 13 − 17

12995 나의 절렬관 / 로신 // 은하수. − 1990,(8). − 53 − 57

I22 시가

12996 나같은농민에게도 / 崔允甲 // 연변문예. − 1951,(창간호). − 39

12997 나는 자랑한다 / 崔亨東 // 연변문예. − 1951,(창간호). − 38

12998 마을의 交換手 / 任鎬 // 연변문예. − 1951,(창간호). − 11

12999 마음쾌하여라 / 老雷作;李旭譯 // 연변문예. − 1951,(창간호). − 21

13000 『모범호조조』 / 金學錬 // 연변문예. − 1951,(창간호). − 39

13001 밤일 / 馬相郁 // 연변문예. − 1951,(창간호). − 38

13002 선반기앞에서 / 金禮三 // 연변문예. − 1951,(창간호). − 14

13003 順아:조선전쟁에서 어버이를 잃은 順에게 / 鄭恩珠 // 연변문예. − 1951,(창간호). − 30

13004 인민의 눈을 벗어못난다 / 金淳基 // 연변문예. − 1951,(창간호). − 22 − 26

13005 인민은 이렇게 외친다 / 鄭宗革 // 연변문예. − 1951,(창간호). − 37

13006 戰友:中朝人民의 友誼를 노래함 / 雪人 // 연변문예. − 1951,(창간호). − 15

13007 재무덤에도 붉은기휘날려라:어느전사의편지에서 / 金暢哲 // 연변문예. − 1951,(창간호). − 35

13008 풍산의 포탄으로 / 李潤花 // 연변문예. − 1951,(창간호). − 37

13009 光榮의 길 / 張興福 // 연변문예. − 1951,(2). − 25

13010 毛澤東은 우리의太陽 / 夏葵作;李旭譯 // 연변문예. − 1951,(2). − 11

13011 毛主席햇발비쳐 눈부셔라 / 金禮三 // 연변문예. − 1951,(2). − 17

13012 붉은 샘물:나는獻血했소 / 崔錫昇 // 연변문예. − 1951,(2). − 27

13013 애국헌납드높이 / 金章哲 // 연변문예. − 1951,(2). − 27

13014 영예를 지닌 사람들 / 민학송 // 연변문예. − 1951,(2). − 26

13015 오늘의 행복 / 李潤花 // 연변문예. − 1951,(2). − 26

13016 우러러믿어워라: 「七一」三十週年을 맞는 어떤農民의 決心 / 蔡澤龍 // 연변문예. − 1951,(2). − 12

13017 우리의 빛나는 모주석 / 늘봄 // 연변문예. − 1951,(2). − 24

13018 『잊을수 없는 그때를 생각코』 / 朴龍萬 // 연변문예. − 1951,(2). − 24

13019 「七月의붉은기 人民의 자랑으로 휘날려라」 / 金暢哲 // 연변문예. − 1951,(2). − 22

13020 太陽을 우러러 / 리행복 // 연변문예. − 1951,(2). − 26

13021 행복을 지니고 투쟁을 부른다 / 鄭宗革 // 연변문예. − 1951,(2). − 25

13022 故 朝鮮人民의詩人 趙基天同志에게 / 鍾紅作;文克譯 // 연변문예. − 1951,(3). − 27

13023 朝鮮의 땅위에서 / 魯藜作;李紅譯 // 연변문예. − 1951,(3). − 12 − 13

13024 애국증산의불꽃 / 趙龍男 // 연변문예. − 1951,

(3).－32
13025 그뜻을 받아이여 / 金曙暎 // 연변문예.－1951,(4).－17
13026 오늘 또 우리는 다짐한다 / 金禮三 // 연변문예.－1951,(4).－14
13027 祖國을 지키는 戰士 / 田丁 作;許逸 譯 // 연변문예.－1951,(4).－21
13028 祖國을 노래하자 / 王莘作;文克譯 // 연변문예.－1951,(4).－8
13029 나아가라! 영용한 조선인민군 / 張浦家 // 연변문예.－1951,(5).－21
13030 十月의 붉은廣場 / 艾青作;任曉原譯 // 연변문예.－1951,(5).－10－12
13031 十月의 빛을 따라 / 鄭宗革 // 연변문예.－1951,(5).－30
13032 우리의 祖國 / 三川 // 연변문예.－1951,(5).－24
13033 採炭하는 동무 / 崔忠 // 연변문예.－1951,(5).－30
13034 그한놈에게도 죽음을 주리라 / 金禮三 // 연변문예.－1951,(6).－14
13035 남먼저 바쳐야지 / 李英玉 // 연변문예.－1951,(6).－25
13036 더 큰 영광을 / 金昌南 // 연변문예.－1951,(6).－18
13037 사랑하는 사람들이여 / 朱英 // 연변문예.－1951,(6).－26
13038 알뜰한 공량으로 / 蔡澤龍 // 연변문예.－1951,(6).－16
13039 일분간이라도 잊을수 없다 / 綠原 作;伯鳩嶺 譯 // 연변문예.－1951,(6).－21
13040 중국 인민 지원군 / 趙龍男 // 연변문예.－1951,(6).－36
13041 궁전을 지을 때도 / 주선우 // 연변문예.－1954,(1).－24
13042 당이 가리키는 길을 따라 / 박룡만 // 연변문예.－1954,(1).－7－8
13043 등대 / 리욱 // 연변문예.－1954,(1).－6－7
13044 모주석을 노래함 / 왕로구(王老九) 저;김철 역 // 연변문예.－1954,(1).－5
13045 북경으로 가는 처녀 / 리종암 // 연변문예.－1954,(2).－18－19
13046 선민증 / 김철 // 연변문예.－1954,(2).－16－17
13047 위대한 <결론가> / 임효원 // 연변문예.－1954,(2).－29－30
13048 화선에서 드리는 새해의 축하 / 엄진 // 연변문예.－1954,(2).－19－20
13049 북경:장편시≪모택동의 딸≫중에서 // 연변문예.－1954,(3).－27－28
13050 위대한 인류의 태양:쓰딸린 서거 1주년 기념 송시 / 리욱 // 연변문예.－1954,(3).－7－10
13051 마음은 언제나 / 김순기 // 연변문예.－1954,(4).－16－17
13052 평범한 일 / 말앙(末央) // 연변문예.－1954,(4).－18－20
13053 해란강반에서 / 남악 // 연변문예.－1954,(4).－21－22
13054 웬 일인지 / 희명(熙明) // 연변문예.－1954,(5).－20
13055 전사의 마음 / 윤제선 // 연변문예.－1954,(6).－12－13
13056 처녀들은 노래를 부른다 / 임효원 // 연변문예.－1954,(6).－10－11
13057 고향의 봄 / 황옥금 // 연변문예.－1955,(7).－14－15
13058 나의 자동차 / 조영일 // 연변문예.－1955,(7).－33
13059 념원 / 김응준 // 연변문예.－1954,(7).－29
13060 동방에 황금빛 태양 솟아오르다 / 장가(張苛) // 연변문예.－1954,(7).－2
13061 어머니 / 윤광주 // 연변문예.－1955,(7).－13
13062 인민의 손길:공비치료를 노래함 / 김동호 // 연변문예.－1955,(7).－16
13063 해란강반의 봄철 / 리욱 // 연변문예.－1955,(7).－12

13064 헌법 초안의 노래 / 채초생 // 연변문예. – 1954,(7). – 1
13065 귀분이 / 임효원 // 연변문예. – 1955,(8). – 27
13066 우리는 전로공 / 김학 // 연변문예. – 1955,(8). – 28 – 30
13067 량식의 공소 / 최순 // 연변문예. – 1955,(9). – 41
13068 청송 두그루 / 서헌 // 연변문예. – 1955,(9). – 20 – 22
13069 당신께 전합니다:전선의 남편에게 보내는 안해의 편지에서 / 김창석 // 연변문예. – 1955,(10). – 6 – 7
13070 형제들과 더불어 천안문 앞에서 / 김순기 // 연변문예. – 1955,(10). – 5
13071 호미바위 아래 / 김철 // 연변문예. – 1955,(10). – 8
13072 가자 / 주선우 // 연변문예. – 1955,(11). – 11 – 12
13073 지경돌 / 김철 // 연변문예. – 1955,(11). – 26
13074 풍년의 노래 / 김용식 // 연변문예. – 1955,(11). – 12
13075 모주석의 초상화 / 박응조 // 연변문예. – 1955,(12). – 7
13076 북대황의 밤 / 남태순 // 연변문예. – 1955,(12). – 8
13077 오월의 초소에서 / 조종훈 // 연변문예. – 1955,(12). – 62
13078 응달도 밝아진다 / 김순기 // 연변문예. – 1955,(12). – 6
13079 농촌은 전진한다 / 운생 // 연변문예. – 1956,(1). – 5 – 6
13080 뜨락또르 운전사 / 김대규 // 연변문예. – 1956,(1). – 6
13081 북산 처녀(민요) / 최정연 // 연변문예. – 1956,(1). – 43
13082 10.1의 북경 / 황옥금 // 연변문예. – 1956,(1). – 37 – 38
13083 싸우리라 – 새 고향을 위하여 / 마송학 // 연변문예. – 1956,(1). – 38 – 39
13084 엄마:전쟁이란 무어얘요?:시카코의 나라에서 / 조룡남 // 연변문예. – 1956,(1). – 39
13085 나아간다! / 운생 // 연변문예. – 1956,(2). – 8
13086 승리의 전진 / 김성휘 // 연변문예. – 1956,(2). – 10 – 11
13087 아버지와 아들의 이야기 / 조룡남 // 연변문예. – 1956,(2). – 11
13088 어머니 / 임효원 // 연변문예. – 1956,(2). – 34 – 35
13089 언덕받이에 논물이 흐른다 / 김창석 // 연변문예. – 1956,(2). – 9
13090 배달부 / 한태악 // 연변문예. – 1956,(3). – 10
13091 사회주의 승리 만세:연길시 사회주의 승리 경축 련환 대회에서 / 김순기 // 연변문예. – 1956,(3). – 2 – 3
13092 새 날의 아침을 맞으며 / 김학 // 연변문예. – 1956,(3). – 7 – 8
13093 새벽의 고조! / 리욱 // 연변문예. – 1956,(3). – 11 – 16
13094 황하송 / 박일화 // 연변문예. – 1956,(3). – 4 – 6
13095 가고가고 또 가고 싶은 길 / 림현갑 // 연변문예. – 1956,(4). – 35
13096 녀사원 / 전간;김영춘 역 // 연변문예. – 1956,(4). – 14
13097 논두렁 / 전경 // 연변문예. – 1956,(4). – 34
13098 동천은 밝아 / 김수봉 // 연변문예. – 1956,(4). – 33 – 34
13099 새 명절 / 김동호 // 연변문예. – 1956,(4). – 12
13100 전공의 노래 / 박송록 // 연변문예. – 1956,(4). – 13 – 14
13101 그대에게 경례를 드리노라, 연변이여! / 라흐멘돌라 // 연변문예. – 1956,(5). – 32
13102 붉은 기발 청년 생산 대원들 / 김관세 // 연변문예. – 1956,(5). – 38 – 39
13103 새봄 / 윤용수 // 연변문예. – 1956,(5). – 37

13104 선지공과 포장공 / 김창활 // 연변문예. - 1956,(5). - 39
13105 5.1의 노래 / 황옥금 // 연변문예. - 1956,(5). - 35 - 36
13106 ≪타마샤≫:그리운 벗에게 / 임효원 // 연변문예. - 1956,(5). - 33 - 34
13107 농장 꾸린 봄 기쁘네 / 최영복 // 연변문예. - 1956,(6). - 70
13108 입쌀 / 요제빠싼 // 연변문예. - 1956,(6). - 46 - 48
13109 종달새야 / 김달원 // 연변문예. - 1956,(6). - 70
13110 해란강반의 처녀에게 드리노라 / 우마르하쯔 // 연변문예. - 1956,(6). - 49 - 50
13111 고백하리라 / 김성휘 // 연변문예. - 1956,(7). - 42
13112 좋다:우리 함께 살자! / 김대규 // 연변문예. - 1956,(7). - 34
13113 가련한 소녀:이태리 방화 미술가 작품 전람회를 보고 / 김순기 // 연변문예. - 1956,(8). - 16 - 17
13114 꽃 / 림종호 // 연변문예. - 1956,(8). - 34
13115 살구꽃 수놓은 장미색 손수건 / 김향란 // 연변문예. - 1956,(8). - 32 - 33
13116 어머니와 아기:어머니들은 아이들을 보호하기 위하여 전쟁을 반대한다 / 리욱 // 연변문예. - 1956,(8). - 14 - 25
13117 어쩐 일인지? / 김관세 // 연변문예. - 1956,(8). - 43
13118 파란 댕기 / 주선우 // 연변문예. - 1956,(8). - 18
13119 행복 / 김대규 // 연변문예. - 1956,(8). - 33
13120 당비:한 의사의 수기에서 / 김례삼 // 연변문예. - 1956,(9). - 26
13121 배나무를 심으네 / 리욱 // 연변문예. - 1956,(9). - 27 - 28
13122 청춘 / 손영근 // 연변문예. - 1956,(9). - 28
13123 개울 물 / 김성철 // 연변문예. - 1956,(10). - 65
13124 나의 와씰레 / 김철 // 연변문예. - 1956,(10). - 51 - 53
13125 두만강의 달밤 / 師田手 // 연변문예. - 1956,(10). - 22 - 24
13126 샘물은 흘러가라 / 임효원 // 연변문예. - 1956,(10). - 54
13127 아침 / 리상각 // 연변문예. - 1956,(10). - 26
13128 왕처녀 시집가네 / 김인준 // 연변문예. - 1956,(10). - 53
13129 제1자동차공장 로동자들에게 / 김순기 // 연변문예. - 1956,(10). - 25 - 26
13130 내 마을의 9월:욜다스, 아비브라에게 / 서헌 // 연변문예. - 1956,(11). - 27 - 28
13131 쑤에즈에 자유의 기발 휘날린다 / 최준 // 연변문예. - 1956,(11). - 6 - 7
13132 우애 / 윤광주 // 연변문예. - 1956,(11). - 30
13133 처녀와 련꽃 / 김운봉 // 연변문예. - 1956,(11). - 29
13134 풍경화 / 설인 // 연변문예. - 1956,(11). - 24 - 26
13135 해란강,너 혁명의 요람이여 / 고심(高深) // 연변문예. - 1956,(11). - 8 - 10
13136 라이러와 룽무춰:장족 민간 전설 / 딴정꿍부 // 연변문예. - 1956,(12). - 1 - 12
13137 벽돌공의 노래 / 김학 // 연변문예. - 1956,(12). - 28
13138 생활의 주인이라오 / 리행복 // 연변문예. - 1956,(12). - 26
13139 초원의 가수 / 김대규 // 연변문예. - 1956,(12). - 27
13140 굴원 ≪애영≫의 역문 / 현남극 // 아리랑. - 1957,(1). - 47 - 48
13141 나의 사랑하는 터빙기와 함께 / 윤용수 // 아리랑. - 1957,(1). - 21
13142 날 따라 경사로다 / 김창석 // 아리랑. - 1957,(1). - 31 - 33
13143 부르하트 강 / 설인 // 아리랑. - 1957,(1). - 18

13144 빨리 말해요! / 김광엽 // 아리랑. – 1957,(1). – 20
13145 사람마다 맑고 깊은 영원한 사랑을…… / 안성갑 // 아리랑. – 1957,(1). – 18
13146 서장에서 온 형제들 / 리욱 // 아리랑. – 1957,(1). – 19
13147 ≪아리랑≫ – 영원한 노래 / 서헌 // 아리랑. – 1957,(1). – 2
13148 첫 아기 / 황옥금 // 아리랑. – 1957,(1). – 20
13149 해란강 / 임효원 // 아리랑. – 1957,(1). – 19
13150 강철의 새 노래:제1 자동차 공장에서 / 조룡남 // 아리랑. – 1957,(2). – 26
13151 노래외 1수 / 김태갑 // 아리랑. – 1957,(2). – 25
13152 변방군에게 / 尹一之 // 아리랑. – 1957,(2). – 3
13153 봄노래 / 윤광주 // 아리랑. – 1957,(2). – 28
13154 봄 아가씨 / 김철 // 아리랑. – 1957,(2). – 24 – 25
13155 생활에도 청춘을 바칠 때는 왔다:우리의 ≪견우 직녀≫들에게 / 김창석 // 아리랑. – 1957,(2). – 23
13156 아 산딸기는 익어 가건만 / 임효원 // 아리랑. – 1957,(2). – 10
13157 잊을수 없는 녀인 / 주선우 // 아리랑. – 1957,(2). – 22
13158 자동차 제조공의 노래 / 박생대 // 아리랑. – 1957,(2). – 26
13159 잘 있으라 초소여!:제대 군인의 수기에서 / 조종훈 // 아리랑. – 1957,(2). – 27
13160 한강가의 고아들아!:내 솜옷 대신 이 노래를 보낸다 / 리욱 // 아리랑. – 1957,(2). – 23 – 24
13161 한악부(漢樂府)와 고시(古詩)19수 / 현남극 // 아리랑. – 1957,(2). – 29 – 30
13162 행군 / 尹一之 // 아리랑. – 1957,(2). – 3
13163 내 그대에게 인사를 드리노라(외1수) / 胡昭;임효원 // 아리랑. – 1957,(3). – 27
13164 내 생명 / 주선우 // 아리랑. – 1957,(3). – 28
13165 노을 / 김영대 // 아리랑. – 1957,(3). – 52
13166 민가선 / 리근전 // 아리랑. – 1957,(3). – 34 – 35
13167 빨래하는 처녀(외1수) / 리상각 // 아리랑. – 1957,(3). – 47
13168 송화강 / 김용식 // 아리랑. – 1957,(3). – 30
13169 심청아! 춘향아!:중국 방문 조선 국립 민족 예술극단에게 드림 / 김창석 // 아리랑. – 1957,(3). – 29 – 30
13170 안심 하시라요 / 계성건 // 아리랑. – 1957,(3). – 59
13171 조식(曹植)의 시 두편 / 현남극 // 아리랑. – 1957,(3). – 53 – 54
13172 진달래 / 리행복 // 아리랑. – 1957,(3). – 31
13173 처녀 생산대장 / 홍성도 // 아리랑. – 1957,(3). – 30
13174 홀애비 신세가 웬일인가 / 김철 // 아리랑. – 1957,(3). – 30 – 31
13175 길짱구 / 임효원 // 아리랑. – 1957,(4). – 39
13176 들 국화 피네 / 리삼월 // 아리랑. – 1957,(4). – 58
13177 만년의 노래:연길시 로인 악대에게 드림 / 佟明光 // 아리랑. – 1957,(4). – 13
13178 봄은 어디에 / 설인 // 아리랑. – 1957,(4). – 12
13179 서정 서곡 / 리욱 // 아리랑. – 1957,(4). – 11
13180 어머니의 마음 / 김철 // 아리랑. – 1957,(4). – 13
13181 진달래 꽃 / 채택룡 // 아리랑. – 1957,(4). – 11
13182 첫 분배 / 김관세 // 아리랑. – 1957,(4). – 39 – 40
13183 춘경 / 김병기 // 아리랑. – 1957,(4). – 6
13184 풀의 혼사 이야기 / 김태희 // 아리랑. – 1957,-(4). – 20 – 21
13185 고원의 새봄 / 윤광주 // 아리랑. – 1957,(5). – 2
13186 고향이여, 번영하라! / 김청학 // 아리랑. – 1957,(5). – 15
13187 앵두 네알(외2수) / 김철 // 아리랑. – 1957,(5). – 18

13188 어제와 오늘 / 서헌 // 아리랑. – 1957,(5). – 3
13189 용광로야! / 김학 // 아리랑. – 1957,(5). – 1
13190 젊은이 노래 / 리호원 // 아리랑. – 1957,(5). – 21
13191 진정한 이야기:어머니에게 드리는 노래 / 김창석 // 아리랑. – 1957,(5). – 36
13192 첫 굴뚝 / 윤용수 // 아리랑. – 1957,(5). – 2
13193 축배 / 조룡남 // 아리랑. – 1957,(5). – 17
13194 탄부의 이야기 / 리행복 // 아리랑. – 1957,(5). – 3 – 4
13195 퉁소 부는 로인 / 임효원 // 아리랑. – 1957,(5). – 15
13196 단시 2수 / 조룡남 // 아리랑. – 1957,(6). – 63
13197 빨간 들창 / 주선우 // 아리랑. – 1957,(6). – 50
13198 안해의 노래 / 김창석 // 아리랑. – 1957,(6). – 63
13199 찬양이 당신을 피하더라도 / 리룡익 // 아리랑. – 1957,(6). – 53
13200 평화의 요람 곁에서 / 천봉 // 아리랑. – 1957,(6). – 50
13201 내 고향의 봄 / 금진의 // 아리랑. – 1957,(7). – 26
13202 비암산에서 / 안성갑 // 아리랑. – 1957,(7). – 22
13203 석양의 녀인 / 민마 // 아리랑. – 1957,(7). – 29
13204 ≪자 옜다!≫:항일 선렬에 드리는 노래 / 김례삼 // 아리랑. – 1957,(7). – 4
13205 천만에:생활을 허위로 대하는 사람에게 / 김득준 // 아리랑. – 1957,(7). – 24
13206 첫 일을 나가는 날(외1수) / 김성철 // 아리랑. – 1957,(7). – 8
13207 탐스러운 열매 맺어오리라!:졸업을 앞 두고 / 황춘산 // 아리랑. – 1957,(7). – 72
13208 희망의≪마하선≫은 간다 / 백남 // 아리랑. – 1957,(7). – 25
13209 그런 꿈 꾸지도 마오! / 리종암 // 아리랑. – 1957,(8). – 41
13210 눈동자 / 胡昭 // 아리랑. – 1957,(8). – 40
13211 대접 / 윤광주 // 아리랑. – 1957,(8). – 39 – 40
13212 독부 리승만에게 / 리진세 // 아리랑. – 1957,(8). – 10
13213 목단강의 노래 / 윤일 // 아리랑. – 1957,(8). – 8
13214 밭갈이 가는 길(외2수) / 리상각 // 아리랑. – 1957,(8). – 5 – 6
13215 별 / 김대규 // 아리랑. – 1957,(8). – 9
13216 봄이 온 고향(외1수) / 운생 // 아리랑. – 1957,(8). – 9 – 10
13217 북대황 삼경(三景) / 김용식 // 아리랑. – 1957,(8). – 5
13218 북대황의 노래 / 백남 // 아리랑. – 1957,(8). – 6 – 7
13219 불꽃 / 민혁 // 아리랑. – 1957,(8). – 40
13220 산 / 리욱 // 아리랑. – 1957,(8). – 39
13221 선반공의 마음 / 철민 // 아리랑. – 1957,(8). – 8
13222 은 제비 / 윤용수 // 아리랑. – 1957,(8). – 39
13223 처녀의 심사란다 / 김문협 // 아리랑. – 1957,(8). – 41
13224 트럭아! 달려라(외1수) / 김인준 // 아리랑. – 1957,(8). – 23
13225 항미 원조 시초 / 리삼월 // 아리랑. – 1957,(8). – 7
13226 개고리 / 김유훈 // 아리랑. – 1957,(9). – 4
13227 고추 밭 이야기 / 김응준 // 아리랑. – 1957,(9). – 33
13228 뉴욕의 거리 / 리종형 // 아리랑. – 1957,(9). – 31
13229 도연명(陶淵明)의 시 네수 / 현남극 // 아리랑. – 1957,(9). – 44 – 45
13230 뚱알라 애가 / 조룡남 // 아리랑. – 1957,(9). – 66
13231 량심에 충실 할 때 / 천봉 // 아리랑. – 1957,(9). – 53
13232 산림 시 2수 / 최종해 // 아리랑. – 1957,(9). – 33

13233 생명의 감로수(외1수):눈보라 사납던 북간의 나날에서 / 김철 // 아리랑. – 1957,(9). – 30 – 31
13234 스승된 영광 속에서 / 설인 // 아리랑. – 1957,(9). – 29 – 30
13235 시내물 / 김성휘 // 아리랑. – 1957,(9). – 32
13236 아름다운 옛말 / 리욱 // 아리랑. – 1957,(9). – 21
13237 양몰이 / 김창휘 // 아리랑. – 1957,(9). – 32
13238 우리의 화원 / 서헌 // 아리랑. – 1957,(9). – 3 – 4
13239 초불 / 김화 // 아리랑. – 1957,(9). – 57
13240 항일 가사 // 아리랑. – 1957,(9). – 28
13241 고백 / 윤용수 // 아리랑. – 1957,(10). – 55
13242 꽃밭에 기여든 놈들아:우파 원형도(右派原形圖) / 리욱 // 아리랑. – 1957,(10). – 3
13243 나의 청춘 꽃피리라! / 리삼월 // 아리랑. – 1957,(10). – 24
13244 내고향 금파도 / 김동호 // 아리랑. – 1957,(10). – 69
13245 내 조국의 생일에 / 김응준 // 아리랑. – 1957,(10). – 25
13246 너는 우파다 / 현남극 // 아리랑. – 1957,(10). – 5
13247 민요선 // 아리랑. – 1957,(10). – 46 – 47
13248 벽시 2수 / 리행복 // 아리랑. – 1957,(10). – 5
13249 세벌 논김 다 매고(외1수) / 리상각 // 아리랑. – 1957,(10). – 49
13250 우파선생 고민은 왜! / 임효원 // 아리랑. – 1957,(10). – 4
13251 전고 / 김창석 // 아리랑. – 1957,(10). – 4
13252 젊은 무용가 / 김득복 // 아리랑. – 1957,(10). – 49
13253 조국의 아침 / 김철 // 아리랑. – 1957,(10). – 23 – 24
13254 ≪귀환병≫의 뒤골목 / 김창석 // 아리랑. – 1957,(11). – 4
13255 뉘라서 우리 살림 지난 날만 못하다드냐? / 명진 // 아리랑. – 1957,(11). – 7
13256 무리 / 서헌 // 아리랑. – 1957,(11). – 6
13257 붉은 기 / 고창립 // 아리랑. – 1957,(11). – 33
13258 사랑하는 향토로 오라!:귀향한 청년이 자기의 동무에게 준 편지에서 / 리욱 // 아리랑. – 1957,(11). – 41
13259 서정시의 시대적 목소리를 높이기 위하여 / 허호일 // 아리랑. – 1957,(11). – 54 – 58
13260 우리들의 분노 / 설인 // 아리랑. – 1957,(11). – 5 – 6
13261 원앙새, 원앙새 / 임효원 // 아리랑. – 1957,(11). – 40
13262 태양이여 빛나라! / 정경룡 // 아리랑. – 1957,(11). – 7
13263 꽃피는 마을 / 운생 // 아리랑. – 1957,(12). – 27
13264 나는 연변으로 왔노라!(외1수) / 張天民 // 아리랑. – 1957,(12). – 30
13265 나는 좋더라 / 최명숙 // 아리랑. – 1957,(12). – 29
13266 돌바위 산 / 김현철 // 아리랑. – 1957,(12). – 28
13267 련시조:우파 분자들에게 주노라 / 황금성 // 아리랑. – 1957,(12). – 21
13268 무성한 구월의 밤에 / 임효원 // 아리랑. – 1957,(12). – 27
13269 사격 명령(외2수) / 김철 // 아리랑. – 1957,(12). – 20 – 21
13270 산간 일경 / 윤광주 // 아리랑. – 1957,(12). – 29
13271 새 메나리 / 김창석 // 아리랑. – 1957,(12). – 28
13272 시조 2수 / 차녕호 // 아리랑. – 1957,(12). – 30
13273 참된 행복을 여기서 찾으리 / 김영수 // 아리랑. – 1957,(12). – 28
13274 청년 개간대의 노래 / 리행복 // 아리랑. – 1957,(12). – 29
13275 그리워라 나의 산향이여 / 황옥금 // 아리

랑. – 1958,(1). – 11
13276 미래의 녀 기사 / 해월 // 아리랑. – 1958,(1). – 20
13277 벌목부의 노래 / 김인준 // 아리랑. – 1958,(1). – 21
13278 새로운 맹세:광산 로동자들에게 드림 / 서헌 // 아리랑. – 1958,(1). – 19
13279 새벽 길 / 운생 // 아리랑. – 1958,(1). – 45
13280 아름다운 조국! / 리욱 // 아리랑. – 1958,(1). – 18
13281 종이는 파도 친다 / 한문기 // 아리랑. – 1958,(1). – 20
13282 주정탑 / 윤기옥 // 아리랑. – 1958,(1). – 21
13283 参观所感(참관 소감) / 김명욱 // 아리랑. – 1958,(1). – 19 – 20
13284 新年獻詩(새 해에 드림) / 현남극 // 아리랑. – 1958,(1). – 18
13285 곤난을 뚫고 진군하자 / 곽소천 // 아리랑. – 1958,(2). – 4 – 7
13286 봄을 싣고 온다 / 리삼월 // 아리랑. – 1958,(2). – 9
13287 새 길 / 윤용수 // 아리랑. – 1958,(2). – 28
13288 시인(2수) / 임효원 // 아리랑. – 1958,(2). – 9
13289 오래 살리라(외1수):한 늙은 사원의 이야기 / 운생 // 아리랑. – 1958,(2). – 11
13290 정자 나무(외1수) / 김철 // 아리랑. – 1958,(2). – 10
13291 조국이 부를 때 / 윤광주 // 아리랑. – 1958,(2). – 8 – 9
13292 해바라기(외1수) / 리욱 // 아리랑. – 1958,(2). – 12
13293 높이라! 세찬 목소리: ≪연변 일보≫한 문판에 드림 / 심기련 // 아리랑. – 1958,(3). – 25
13294 뻐스는 달린다 / 석하연 // 아리랑. – 1958,(3). – 22
13295 산향으로 간다 / 배수지 // 아리랑. – 1958,(3). – 22
13296 살기 좋은 두메 마을 / 철민 // 아리랑. – 1958,(3). – 23
13297 어머니 / 황옥금 // 아리랑. – 1958,(3). – 25
13298 위대한 호소 받들고 / 렴춘자 // 아리랑. – 1958,(3). – 53
13299 조선족 처녀(3수) / 장천민 // 아리랑. – 1958,(3). – 23
13300 탄부(외1수) / 김정호 // 아리랑. – 1958,(3). – 21 – 22
13301 해란강반에 띄우노라 / 이스테우・누숩베꼬브 // 아리랑. – 1958,(3). – 24
13302 환영 / 김상화 // 아리랑. – 1958,(3). – 23
13303 회답 / 한문기 // 아리랑. – 1958,(3). – 21
13304 갈무는 새 거리여라! / 왕승동 // 아리랑. – 1958,(4). – 24 – 26
13305 건설장의 밤 / 신철 // 아리랑. – 1958,(4). – 4
13306 담배 한 대 참 / 김철 // 아리랑. – 1958,(4). – 5
13307 돌격대원의 기발 / 한영록 // 아리랑. – 1958,(4). – 3
13308 새 기록 / 한문기 // 아리랑. – 1958,(4). – 4
13309 선녀들도 부러웁게 / 김응준 // 아리랑. – 1958,(4). – 3
13310 왜 이다지도 가슴이 벅차냐! / 김정호 // 아리랑. – 1958,(4). – 29
13311 운탄공의 노래 / 전수길 // 아리랑. – 1958,(4). – 4
13312 은하수 / 김만수 // 아리랑. – 1958,(4). – 5
13313 자랑스런 수자 / 김어금 // 아리랑. – 1958,(4). – 2
13314 장하다 증기여 / 리동규 // 아리랑. – 1958,(4). – 3
13315 전기공 / 정은주 // 아리랑. – 1958,(4). – 36
13316 카나다야 자랑마라 / 최군필 // 아리랑. – 1958,(4). – 4
13317 평범한 사람들(외1수) / 윤용수 // 아리랑. – 1958,(4). – 2
13318 금점군의 손자 / 서헌 // 아리랑. – 1958,(5). – 30 – 32
13319 기상 나팔(외3수) / 마정 // 아리랑. – 1958,

(5). − 15

13320 농촌 구락부 / 장세걸 // 아리랑. − 1958,(5). − 13

13321 땁 / 김기범 // 아리랑. − 1958,(5). − 10

13322 모내기 노래 / 리룡연 // 아리랑. − 1958,(5). − 12

13323 봄밤 / 지효순 // 아리랑. − 1958,(5). − 9

13324 산을 옮겨 둑을 쌓네 / 백춘명 // 아리랑. − 1958,(5). − 10

13325 살기 좋은 곳 / 신은균 // 아리랑. − 1958,(5). − 13

13326 아름다운 이야기 / 리행복 // 아리랑. − 1958, (5). − 12

13327 우리 목동 / 주병식 // 아리랑. − 1958,(5). − 11

13328 장백산 / 리욱 // 아리랑. − 1958,(5). − 14

13329 좋구나!(외 3수) / 박종현 // 아리랑. − 1958, (5). − 11

13330 편지 / 주필충 // 아리랑. − 1958,(5). − 13

13331 하늘 아래 첫 보둑 / 전석풍 // 아리랑. − 1958,(5). − 10

13332 고향길 / 김강철 // 아리랑. − 1958,(6). − 7

13333 그 날을 기다려 주오 / 박달 // 아리랑. − 1958,(6). − 30

13334 나는 로동의 전사다 / 신철 // 아리랑. − 1958, (6). − 28

13335 단련하리(외1수) / 박종현 // 아리랑. − 1958, (6). − 28

13336 뜨거운 마음으로(외1수) / 김응준 // 아리랑. − 1958,(6). − 29

13337 렬차는 달린다 / 김락균 // 아리랑. − 1958, (6). − 29

13338 마을에 온 새 사원 / 김태규 // 아리랑. − 1958,(6). − 7

13339 밭가는 로인(외1수) / 운생 // 아리랑. − 1958, (6). − 30

13340 ≪봄 아가씨≫는 언약대로(외1수) / 리욱 // 아리랑. − 1958,(6). − 31

13341 아름다운 내 고향 / 전복록 // 아리랑. − 1958, (6). − 31

13342 양 정우 장군을 추도함:18년 후 장례에 제하여 / 주보중 // 아리랑. − 1958,(6). − 18

13343 오곡 백과 무르익게 하리라 / 전수길 // 아리랑. − 1958,(6). − 28

13344 우리와 함께 / 윤제선 // 아리랑. − 1958,(6). − 7

13345 중, 선 민족 련합가:양 정우 장군 유서 / 양정우;현남극 // 아리랑. − 1958,(6). − 19

13346 대황구를 노래한다 / 김영춘 // 아리랑. − 1958, (7). − 49

13347 떼목이 흐른다 / 임효원 // 아리랑. − 1958, (7). − 48

13348 벽시 10수 / 서헌 // 아리랑. − 1958,(7). − 16

13349 보물이 흐릅니다 / 로병덕 // 아리랑. − 1958, (7). − 19

13350 사람과 시간(외6수) / 전간 // 아리랑. − 1958, (7). − 17

13351 세월을 앞당기는 사람들!:공회 회원 대표 대회에서 / 리욱 // 아리랑. − 1958,(7). − 47

13352 약진의 불길 타오른다! / 운생 // 아리랑. − 1958,(7). − 19

13353 장강의 여울 소리도 들리네 / 리종형 // 아리랑. − 1958,(7). − 18

13354 전원 시조(4수) / 차녕호 // 아리랑. − 1958, (7). − 19

13355 지원서(외3수) / 김성휘 // 아리랑. − 1958,(7). − 50

13356 창조의 노래(3수) / 윤용수 // 아리랑. − 1958, (7). − 18

13357 첫 아들 / 림호 // 아리랑. − 1958,(7). − 47

13358 초원의 아침 / 리삼월 // 아리랑. − 1958,(7). − 18

13359 항전의 노래:항일전쟁시기의 노래 // 아리랑. − 1958,(7). − 31 − 32

13360 가야하, 고향의 강아! / 김화 // 아리랑. − 1958, (8). − 47

13361 고향을 찾아서 / 박인춘 // 아리랑. – 1958,(8). – 47
13362 공산당 모 주석 만만세(외1수) / 차용국 // 아리랑. – 1958,(8). – 8
13363 공산당의 말씀대로 / 서헌 // 아리랑. – 1958, (8). – 47
13364 공산주의가 눈 앞에 왔네 / 김순복 // 아리랑. – 1958,(8). – 7
13365 기관차는 총로선 / 리만송 // 아리랑. – 1958, (8). – 12
13366 기적 / 박성태 // 아리랑. – 1958,(8). – 9
13367 길가는 젊은이 / 윤정석 // 아리랑. – 1958,(8). – 45
13368 꽃피는 우리 마을 / 홍순천 // 아리랑. – 1958, (8). – 48
13369 나물 캐려 가세 / 박정숙,최신명 // 아리랑. – 1958,(8). – 10
13370 내 고향 / 김성휘 // 아리랑. – 1958,(8). – 46
13371 논둑감세 / 김영훈 // 아리랑. – 1958,(8). – 10
13372 당에 / 차녕호 // 아리랑. – 1958,(8). – 8
13373 덕망가(德望歌) / 서홍범 // 아리랑. – 1958, (8). – 6
13374 등대 / 안도현 보광사 사원들 // 아리랑. – 1958,(8). – 8
13375 류별공의 노래 / 리금천 // 아리랑. – 1958, (8). – 44
13376 모내기 / 김종락 // 아리랑. – 1958,(8). – 8
13377 모 주석은 우리 구성 / 김성희 // 아리랑. – 1958,(8). – 7
13378 뭉친 힘 못할 일 없다네 / 오성 // 아리랑. – 1958,(8). – 11
13379 밭에서 해와 달 본다(외2수) / 왕청진 로인 독보조 // 아리랑. – 1958,(8). – 11
13380 번영하는 내고향 / 윤제선 // 아리랑. – 1958, (8). – 12
13381 북소리 둥둥 / 서헌 // 아리랑. – 1958,(8). – 47
13382 붉은 기 날린다 / 서헌 // 아리랑. – 1958,(8). – 47
13383 붉은 기 휘날리네 / 리금천 // 아리랑. – 1958, (8). – 44
13384 사원의 노래 / 박해록 // 아리랑. – 1958,(8). – 10
13385 산골 마을의 목동 / 리신덕 // 아리랑. – 1958,- (8). – 46
13386 새 농부가 / 김창화 // 아리랑. – 1958,(8). – 9
13387 새 십진가 / 리혁 // 아리랑. – 1958,(8). – 6
13388 생산 약진가 / 리후봉 // 아리랑. – 1958,(8). – 6
13389 시조 2수 / 최석현 // 아리랑. – 1958,(8). – 8
13390 아리랑 얼시구 사회주의로다 / 황백하 // 아리랑. – 1958,(8). – 7
13391 악전 고투하세 / 박진식 // 아리랑. – 1958,(8). – 10
13392 약진하는 변강 / 금성 // 아리랑. – 1958,(8). – 45
13393 어찌랍니까 / 김성휘 // 아리랑. – 1958,(8). – 46
13394 엮은 지혜 뭉친 힘 이르는 곳에 / 윤정석 // 아리랑. – 1958,(8). – 45
13395 외딸 애기 / 림택준 // 아리랑. – 1958,(8). – 11
13396 우리는 사회주의 건설의 촉진파 / 김재호 // 아리랑. – 1958,(8). – 12
13397 우리는 젊은 폭파수 / 김대원 // 아리랑. – 1958,(8). – 44
13398 우리 마을 살기 좋네 / 김화 // 아리랑. – 1958,(8). – 47
13399 장백산아 장백산 / 호윤병 // 아리랑. – 1958, (9). – 13
13400 전진하는 내 조국 / 석하연 // 아리랑. – 1958, (8). – 44
13401 졸업증 / 김소향 // 아리랑. – 1958,(8). – 45
13402 천대 만손 살아 가세 / 안도현 보광사 사원들 // 아리랑. – 1958,(8). – 12
13403 총로선 / 김선일 // 아리랑. – 1958,(8). – 7
13404 총로선(외2수) / 박덕춘 // 아리랑. – 1958,(8). – 7
13405 총로선의 기발아래 / 림천 // 아리랑. – 1958,

(8).－45

13406 총로선의 노래 / 김성휘 // 아리랑.－1958,(8).－46

13407 평 아리랑(외1수) / 량재태 // 아리랑.－1958,(8).－9

13408 풍년 타령 / 김철준 // 아리랑.－1958,(8).－48

13409 행복의 락원 / 안도현 보광사 사원들 // 아리랑.－1958,(8).－10

13410 행복이 왔네 / 리황훈 // 아리랑.－1958,(8).－48

13411 황금 산 / 최성룡 // 아리랑.－1958,(8).－11

13412 걸기를 놓네 / 차종할 // 아리랑.－1958,(9).－20

13413 검정 황소 / 박명준 // 아리랑.－1958,(9).－9

13414 경치 좋은 원봉사 / 김옥별 // 아리랑.－1958,(9).－8

13415 고마웁소 공산당이 / 조분옥;김창석 // 아리랑.－1958,(9).－7

13416 곳마다 기계소리 울린다 / 수운승 // 아리랑.－1958,(9).－12

13417 공산당 / 로국록 // 아리랑.－1958,(9).－21

13418 공산당은 우리의 구성 / 조석유 // 아리랑.－1958,(9).－11

13419 공산당은 태양이오 / 김옥순 // 아리랑.－1958,(9).－14

13420 공산당은 행복을 갖다 줬네 / 전옥인 // 아리랑.－1958,(9).－6

13421 공산당의 령도 자랑일세 / 리창욱 // 아리랑.－1958,(9).－21

13422 공산당의 빛발 / 김태호 // 아리랑.－1958,(9).－7

13423 공산당의 은덕 / 림정숙 // 아리랑.－1958,(9).－16

13424 공산당의 은덕 / 방한규 // 아리랑.－1958,(9).－18

13425 공산당의 은혜 다 말할 수 없네 / 수운승 // 아리랑.－1958,(9).－11

13426 광평벌 / 홍동식 // 아리랑.－1958,(9).－8

13427 구멍바위 / 려룡택 // 아리랑.－1958,(9).－15

13428 금빛을 낸다네 / 전망영 // 아리랑.－1958,(9).－17

13429 나는 자랑하오 / 조옥금 // 아리랑.－1958,(9).－21

13430 나도 탈테요 / 박명준 // 아리랑.－1958,(9).－10

13431 나의 마음 한량없네 / 전금녀 // 아리랑.－1958,(9).－22

13432 내 나라를 자랑하네 / 리하상 // 아리랑.－1958,(9).－6

13433 논밭에는 누런 물결이 출렁이네 / 호학문 // 아리랑.－1958,(9).－12

13434 농민의 힘 비길소냐 / 리하상 // 아리랑.－1958,(9).－8

13435 농부 거동 보소 / 한응호 // 아리랑.－1958,(9).－7

13436 농부네들 들어보소 / 김형섭 // 아리랑.－1958,(9).－24

13437 농촌에 나온 기쁨 / 림초연 // 아리랑.－1958,(9).－10

13438 높은산에 물을 끌어 올린다 / 호개죽 // 아리랑.－1958,(9).－12

13439 누구의 은덕 / 엄영숙 // 아리랑.－1958,(9).－20

13440 눈 가는 곳 어디나 우리 사 논이라네 / 랑유병 // 아리랑.－1958,(9).－11

13441 늙은이 젊어만가네 / 강복록 // 아리랑.－1958,(9).－19

13442 당의 령도 좋을시구 / 남치수 // 아리랑.－1958,(9).－14

13443 동무에게 권하는 시 / 박명수 // 아리랑.－1958,(9).－24

13444 동풍이 분다 / 박명준 // 아리랑.－1958,(9).－7

13445 두가지 보배 / 차순애 // 아리랑.－1958,(9).－7

13446 두만강수야 내기하자 / 엄영순 // 아리랑. - 1958,(9). - 8
13447 두만강아 너의 힘 장하도다 / 홍동식 // 아리랑. - 1958,(9). - 18
13448 두만강의 노래 / 김창학 // 아리랑. - 1958,(9). - 14
13449 들어만 봐라 / 전창혁 // 아리랑. - 1958,(9). - 22
13450 등대 / 김복순 // 아리랑. - 1958,(9). - 14
13451 등대 / 박정자 // 아리랑. - 1958,(9). - 14
13452 뜨락또르 / 최련단 // 아리랑. - 1958,(9). - 21
13453 로동가 / 김태호 // 아리랑. - 1958,(9). - 15
13454 록비 / 김송자 // 아리랑. - 1958,(9). - 17
13455 록비산 이루세 / 리경섭 // 아리랑. - 1958,(9). - 19
13456 마중가자 / 한은수 // 아리랑. - 1958,(9). - 18
13457 만년 행복 주렁졌네 / 리학윤 // 아리랑. - 1958,(9). - 15
13458 만석동 / 림춘성 // 아리랑. - 1958,(9). - 15
13459 맹서하여 배워가면… / 김옥별 // 아리랑. - 1958,(9). - 8
13460 모두 뭉쳐 일 잘하세 / 채보금 // 아리랑. - 1958,(9). - 18
13461 목도 대장 힘이 솟네 / 장동하 // 아리랑. - 1958,(9). - 17
13462 문맹을 퇴치하네 / 장국부 // 아리랑. - 1958,(9). - 12
13463 뭉친 열의 / 리학윤 // 아리랑. - 1958,(9). - 15
13464 뭉친 힘 / 리태률 // 아리랑. - 1958,(9). - 16
13465 민가 쓰는 할머니 / 강청원 // 아리랑. - 1958,(9). - 17
13466 민가를 부르며 민가를 쓰네 / 장흠화 // 아리랑. - 1958,(9). - 12
13467 민가를 쓰세 / 동경화 // 아리랑. - 1958,(9). - 9
13468 뱅돌 / 김흥선 // 아리랑. - 1958,(9). - 20
13469 보름달 / 고인자 // 아리랑. - 1958,(9). - 20
13470 보리 가을 / 리만복 // 아리랑. - 1958,(9). - 18
13471 분노의 웨침 / 김성묵 // 아리랑. - 1958,(9). - 8
13472 붉은기 은덕일세 / 리하원 // 아리랑. - 1958,(9). - 19
13473 붉은 해 / 고인자 // 아리랑. - 1958,(9). - 20
13474 사람마다 힘을 내고 약진 하세 / 허영춘 // 아리랑. - 1958,(9). - 23
13475 사람 부족 타령 / 리태운 // 아리랑. - 1958,(9). - 22
13476 사양원 할아버지 / 동경화 // 아리랑. - 1958,(9). - 18
13477 사회주의 건설하세 / 설정순 // 아리랑. - 1958,(9). - 23
13478 사회주의 만만세! / 허채련 // 아리랑. - 1958,(9). - 17
13479 사회주의 만발했네 / 김창순 // 아리랑. - 1958,(9). - 14
13480 산골의 변천 / 리하상 // 아리랑. - 1958,(9). - 10
13481 산촌 공업 / 리하상 // 아리랑. - 1958,(9). - 17
13482 살기 좋은 우리 농업사 / 전주하 // 아리랑. - 1958,(9). - 21
13483 새벽 사람 / 박명준 // 아리랑. - 1958,(9). - 9
13484 새잡이 능수 / 리남칠 // 아리랑. - 1958,(9). - 9
13485 생활 / 최경무 // 아리랑. - 1958,(9). - 23
13486 성에 타고 도깡박네 / 박동을 // 아리랑. - 1958,(9). - 18
13487 시조 / 박명준 // 아리랑. - 1958,(9). - 9
13488 아름다운 꽃 / 김창순 // 아리랑. - 1958,(9). - 14
13489 아름다운 내고향 / 리하상 // 아리랑. - 1958,(9). - 8
13490 앞장 선 새 사원 / 리태률 // 아리랑. - 1958,(9). - 16
13491 애축 / 리학윤 // 아리랑. - 1958,(9). - 19
13492 약진 / 김동산 // 아리랑. - 1958,(9). - 16
13493 약진 / 종옥 // 아리랑. - 1958,(9). - 21
13494 약진의 노래 / 김동산 // 아리랑. - 1958,(9).

－16
13495 어절시구 좋다네 / 김국봉 // 아리랑.－1958,(9).－23
13496 우리는 태양도 이긴다네 / 홍봉녀 // 아리랑.－1958,(9).－6
13497 우리 마을 / 리하상 // 아리랑.－1958,(9).－10
13498 우리 살림 / 설정순 // 아리랑.－1958,(9).－22
13499 우리 손에 달렸다오 / 최정송 // 아리랑.－1958,(9).－18
13500 우리 자랑 노래 하세 / 허호진 // 아리랑.－1958,(9).－16
13501 우리 행복 참말 좋다 / 김복순;동금순 // 아리랑.－1958,(9).－17
13502 우리 힘 무궁무진 / 전인수 // 아리랑.－1958,(9).－24
13503 우리 힘은 두려운것 없다 / 림춘성 // 아리랑.－1958,(9).－16
13504 우리 힘이 장하도다 / 림초연 // 아리랑.－1958,(9).－7
13505 웃음일세 / 허영춘 // 아리랑.－1958,(9).－20
13506 은하가 천벌에 떨어졌는가 하노라 / 방대규 // 아리랑.－1958,(9).－13
13507 인민의 힘 / 리하상 // 아리랑.－1958,(9).－6
13508 일밭에서 애기보고 / 리윤홍 // 아리랑.－1958,(9).－19
13509 일하면서 배우세 / 권옥선 // 아리랑.－1958,(9).－22
13510 자장가 / 임사월 // 아리랑.－1958,(9).－21
13511 잠들 깨세 / 조경일 // 아리랑.－1958,(9).－24
13512 장백산 / 김주원 // 아리랑.－1958,(9).－19
13513 전기 오는 날에 / 리하상 // 아리랑.－1958,(9).－17
13514 젊은 목도군 / 리학윤 // 아리랑.－1958,(9).－19
13515 점심 날라 먹인 보람 / 허영;홍성도 // 아리랑.－1958,(9).－18
13516 조림 / 차순애 // 아리랑.－1958,(9).－10
13517 좋구 좋네 / 허호진 // 아리랑.－1958,(9).－19
13518 중국에는 공산당이 있다 / 장흠화 // 아리랑.－1958,(9).－11
13519 채벌공 노래 / 리하원 // 아리랑.－1958,(9).－19
13520 철소가 왔소 / 김흥묵 // 아리랑.－1958,(9).－16
13521 청춘된 자랑 / 박명준 // 아리랑.－1958,(9).－9
13522 총로선은 태양과 같다 / 수원승 // 아리랑.－1958,(9).－11
13523 총로선이 비치니 / 호학문 // 아리랑.－1958,(9).－11
13524 추비운동 / 설정순 // 아리랑.－1958,(9).－20
13525 추비 타령 / 박명준 // 아리랑.－1958,(9).－9
13526 춤 / 김동산 // 아리랑.－1958,(9).－16
13527 춤 추고 노래한다 / 최창호 // 아리랑.－1958,(9).－8
13528 평화를 노래한다 / 윤봉석 // 아리랑.－1958,(9).－21
13529 풍년가 / 김창렬 // 아리랑.－1958,(9).－23
13530 풍년나락 춤을 추네 / 허호진 // 아리랑.－1958,(9).－19
13531 풍년 들었다오 / 김련옥 // 아리랑.－1958,(9).－10
13532 풍년 맞이 노래 / 리경섭 // 아리랑.－1958,(9).－6
13533 하늘아래 첫고장 / 허영춘 // 아리랑.－1958,(9).－22
13534 한시 한수 / 리재순 // 아리랑.－1958,(9).－13
13535 한해가 몇 해를 따라 잡네 / 호학문 // 아리랑.－1958,(9).－11
13536 할머니의 말 / 리태원 // 아리랑.－1958,(9).－17
13537 할아버지 / 박명준 // 아리랑.－1958,(9).－10
13538 합작화의 힘 크네 / 양영신 // 아리랑.－1958,(9).－12

13539 행복이 왔네 / 강복록 // 아리랑. - 1958,(9). - 20
13540 행복한 오늘 / 양영신 // 아리랑. - 1958,(9). - 11
13541 홍기하 류벌가 / 최운학 // 아리랑. - 1958,(9). - 15
13542 홍기하 물이 거꾸로 흐르게 하리라 / 호윤덕 // 아리랑. - 1958,(9). - 12
13543 회의에 가보세 / 최경무 // 아리랑. - 1958,(9). - 22
13544 힘껏 부르자 / 김채봉 // 아리랑. - 1958,(9). - 23
13545 가을 / 리량섭 // 아리랑. - 1958,(10). - 39
13546 경사 타령 / 리종석 // 아리랑. - 1958,(10). - 36
13547 경축하세 인민 공사 / 리봉규 // 아리랑. - 1958,(10). - 31
13548 고집불통 / 민학송 // 아리랑. - 1958,(10). - 35
13549 공산당이 우리를 령도하고있네 / 하명안 // 아리랑. - 1958,(10). - 36
13550 공산주의 들어가네 / 여승구;성귀석 // 아리랑. - 1958,(10). - 29
13551 공산주의 큰 길에로 / 한웅걸 // 아리랑. - 1958,(10). - 31
13552 공장 / 박흥률 // 아리랑. - 1958,(10). - 39
13553 공장의 밤 / 박득춘 // 아리랑. - 1958,(10). - 34
13554 과수원 / 수길 // 아리랑. - 1958,(10). - 31
13555 근공 검학 / 김한역 // 아리랑. - 1958,(10). - 30
13556 글자풀이 / 손수길 // 아리랑. - 1958,(10). - 30
13557 글자풀이 / 리승배 // 아리랑. - 1958,(10). - 35
13558 길든 홍수 / 창철 // 아리랑. - 1958,(10). - 30
13559 꿩도 먹고 알도 먹네 / 김철수 // 아리랑. - 1958,(10). - 33
13560 네고개 / 성귀석 // 아리랑. - 1958,(10). - 33
13561 노적가리 쌓으세 / 남룡성 // 아리랑. - 1958,(10). - 35
13562 달구지 / 주해일 // 아리랑. - 1958,(10). - 33
13563 닭들아 홰친다만 / 리만송 // 아리랑. - 1958,(10). - 32
13564 닭아 / 주해일 // 아리랑. - 1958,(10). - 35
13565 당을 따라 / 강효근 // 아리랑. - 1958,(10). - 35
13566 동풍은 세차게 부네 / 박득춘 // 아리랑. - 1958,(10). - 29
13567 로동과 학습 / 김종근 // 아리랑. - 1958,(10). - 29
13568 로동자로 되였네 / 허창률 // 아리랑. - 1958,(10). - 39
13569 록비산 / 박흥률 // 아리랑. - 1958,(10). - 34
13570 모택동 저작을 학습하자 / 최치경 // 아리랑. - 1958,(10). - 38
13571 문화 혁명이 일어났네 / 하명안 // 아리랑. - 1958,(10). - 38
13572 미제 날강도야 물러가라! / 임효원 // 아리랑. - 1958,(10). - 29
13573 민가 3수 / 김한역 // 아리랑. - 1958,(10). - 39
13574 민가 쓰기 / 려근택 // 아리랑. - 1958,(10). - 39
13575 보물고가 네로구나 // 아리랑. - 1958,(10). - 38
13576 부녀 소원 실현됐네 / 백복녀 // 아리랑. - 1958,(10). - 39
13577 붉고도 전공했네 / 리규식 // 아리랑. - 1958,(10). - 33
13578 비료공장 / 백복녀 // 아리랑. - 1958,(10). - 35
13579 사원님네 장수로세 / 박은 // 아리랑. - 1958,(10). - 38
13580 수리화하자 / 차송봉 // 아리랑. - 1958,(10). - 35
13581 신 월령가 / 장호림 // 아리랑. - 1958,(10). - 37
13582 심산 바위 / 민학송 // 아리랑. - 1958,(10). - 31
13583 아름다운 산간 마을 / 태상록 // 아리랑. -

1958,(10). − 32
13584 약초 캐기 / 최천 // 아리랑. − 1958,(10). − 38
13585 어허둥둥 좋을시구 / 리병배 // 아리랑. − 1958,(10). − 37
13586 열의 / 김증복 // 아리랑. − 1958,(10). − 30
13587 옥수수 / 리규식 // 아리랑. − 1958,(10). − 39
13588 옥황상제 울고 간다 / 신학산 // 아리랑. − 1958,(10). − 29
13589 우력 화차 / 김철수 // 아리랑. − 1958,(10). − 34
13590 우리기쁨 한량없네 / 김시룡 // 아리랑. − 1958,(10). − 34
13591 우리의 힘 / 리룡득 // 아리랑. − 1958,(10). − 32
13592 우리 식당 / 최현숙 // 아리랑. − 1958,(10). − 33
13593 우리 집 / 최신명 // 아리랑. − 1958,(10). − 31
13594 우리 함께 춤을 추자 / 장호림 // 아리랑. − 1958,(10). − 39
13595 우리 행복 다람다람 / 남 // 아리랑. − 1958,(10). − 29
13596 인민 공사 / 백복녀 // 아리랑. − 1958,(10). − 33
13597 인민 공사 나타나니 / 려근택 // 아리랑. − 1958,(10). − 29
13598 인민 공사 일어섰네 / 김철수 // 아리랑. − 1958,(10). − 34
13599 인민공사 좋구좋다 / 허홍석 // 아리랑. − 1958,(10). − 30
13600 저수지 / 장백철 // 아리랑. − 1958,(10). − 31
13601 전등 / 김철수 // 아리랑. − 1958,(10). − 34
13602 좋구 좋다 / 김성녀 // 아리랑. − 1958,(10). − 33
13603 지상락원 일어서네 / 남룡성 // 아리랑. − 1958,(10). − 32
13604 추수 노래 / 박형락 // 아리랑. − 1958,(10). − 32
13605 탐사 대원 / 박홍률 // 아리랑. − 1958,(10). − 33
13606 풀무공의 노래 // 아리랑. − 1958,(10). − 38
13607 풍년새 / 박홍률 // 아리랑. − 1958,(10). − 35
13608 풍년 세월 좋을시구 / 리옥란 // 아리랑. − 1958,(10). − 32
13609 피였네 피였네 / 허동춘 // 아리랑. − 1958,(10). − 36
13610 해해마다 풍수라네 / 박홍률 // 아리랑. − 1958,(10). − 33
13611 황금산 / 공원식 // 아리랑. − 1958,(10). − 30
13612 회갑년에 모범됐네 / 장호림 // 아리랑. − 1958,(10). − 37
13613 강철원수 나갑신다 / 류은종 // 아리랑. − 1958,(11,12). − 6
13614 강철 원수의 대령을 축하하네 / 史忠云 // 아리랑. − 1958,(11,12). − 7
13615 강철위성 떠올랐네 / 최룡해 // 아리랑. − 1958,(11,12). − 6
13616 강철이 있어야 한다 / 김충근 // 아리랑. − 1958,(11,12). − 7
13617 공산당 령도아래 / 배성부 // 아리랑. − 1958,(11,12). − 70
13618 근심 걱정 없어 좋네 / 유동열 // 아리랑. − 1958,(11,12). − 69
13619 기적 / 차상범 // 아리랑. − 1958,(11,12). − 68
13620 꽃밭 / 김성 // 아리랑. − 1958,(11,12). − 68
13621 끝이 없다네 / 김인하 // 아리랑. − 1958,(11,12). − 7
13622 내자랑을 들어보소 / 김순자 // 아리랑. − 1958,(11,12). − 69
13623 년년풍수 맞이하세 / 김승필 // 아리랑. − 1958,(11,12). − 58
13624 늙었다고 한탄마소 / 김란옥 // 아리랑. − 1958,(11,12). − 69
13625 다래의 희망 / 김영춘 // 아리랑. − 1958,(11,12). − 68
13626 동풍 송가 / 암파 // 아리랑. − 1958,(11,12). − 70
13627 두 거인의 악수 / 리욱 // 아리랑. − 1958,

(11,12).－66
13628 변혁일세 / 려명 // 아리랑.－1958,(11,12).－41
13629 별 / 황성 // 아리랑.－1958,(11,12).－68
13630 별나라로 오르리라/ 류은종// 아리랑.－1958,(11,12).－58
13631 보모 / 박경자 // 아리랑.－1958,(11,12).－80
13632 불 / 황춘옥 // 아리랑.－1958,(11,12).－6
13633 삶의 기쁨 / 김호산 // 아리랑.－1958,(11,12).－70
13634 소원 / 량룡연 // 아리랑.－1958,(11,12).－68
13635 손자랑 / 송칠송 // 아리랑.－1958,(11,12).－68
13636 쇠물을 내고 부른 노래 / 김성휘 // 아리랑.－1958,(11,12).－31
13637 수확기 / 리향 // 아리랑.－1958,(11,12).－58
13638 시간과 경쟁하네 / 류인권 // 아리랑.－1958,(11,12).－7
13639 신농법 / 리향 // 아리랑.－1958,(11,12).－68
13640 심경 / 정국초 // 아리랑.－1958,(11,12).－41
13641 심경 임무 완수하세 / 김용선 // 아리랑.－1958,(11,12).－41
13642 심경하세 / 배은수 // 아리랑.－1958,(11,12).－41
13643 십만근도 넘쳐내리 / 리룡득 // 아리랑.－1958,(11,12).－70
13644 안오던 비 / 김재규 // 아리랑.－1958,(11,12).－69
13645 열매 맺네 / 리정숙 // 아리랑.－1958,(11,12).－69
13646 열의 / 지승웅 // 아리랑.－1958,(11,12).－41
13647 영웅 천지 / 안택만 // 아리랑.－1958,(11,12).－70
13648 옥토 파도 // 아리랑.－1958,(11,12).－41
13649 왕 주임을 찾으려면 / 김병규 // 아리랑.－1958,(11,12).－68
13650 용광로를 떠나구 싶지 않네 / 류인권 // 아리랑.－1958,(11,12).－6
13651 용로와 함께 / 리응모 // 아리랑.－1958,(11,12).－6
13652 용해공 얼굴마다 웃음일세 / 李桂英 // 아리랑.－1958,(11,12).－7
13653 우리 생활 건설하자 / 정승빈 // 아리랑.－1958,(11,12).－7
13654 워싱톤의 종이범 / 리성섭 // 아리랑.－1958,(11,12).－69
13655 위문 선전대 / 허안 // 아리랑.－1958,(11,12).－6
13656 이런걸 생각했다네 / 림학선 // 아리랑.－1958,(11,12).－70
13657 인민공사 좋고좋네 / 김미옥 // 아리랑.－1958,(11,12).－70
13658 자랑 / 박재근 // 아리랑.－1958,(11,12).－48
13659 장하도다 우리의 힘 / 김해룡 // 아리랑.－1958,(11,12).－70
13660 저 강물이 마를지언정 / 지해운 // 아리랑.－1958,(11,12).－6
13661 조국의 변강에서:팔복 청년 철도 건설자들에게 / 김정호 // 아리랑.－1958,(11,12).－67
13662 지상 천국 동평일세 / 차남일 // 아리랑.－1958,(11,12).－68
13663 처녀의 마음 / 윤태삼 // 아리랑.－1958,(11,12).－55
13664 최신 지도를 그리는 이들께 / 임효원 // 아리랑.－1958,(11,12).－66
13665 풍년 / 주명숙 // 아리랑.－1958,(11,12).－58
13666 풍년 / 최선금 // 아리랑.－1958,(11,12).－58
13667 풍년가을 성수나네 / 손정철 // 아리랑.－1958,(11,12).－58
13668 하늘과 땅 / 차녕호 // 아리랑.－1958,(11,12).－69
13669 하늘아래 뫼리로세 / 김기종 // 아리랑.－1958,(11,12).－58
13670 할아버지의 기쁨 / 김소향 // 아리랑.－1958,(11,12).－67
13671 향민 유진기 / 趙建佐 // 아리랑.－1958,(11,12).－7

13672 호호 하하 / 김해석 // 아리랑. - 1958,(11,12). -58

13673 화염 / 리득춘 // 아리랑. - 1958,(11,12). - 7

13674 가나다라 / 손수길 // 연변문학. - 1959,(1). - 25

13675 구름우에 솟아올라 / 락현 // 연변문학. -1959,(1). -24

13676 글을 지으세 / 리재원 // 연변문학. - 1959,(1). -26

13677 금은이 빛을 잃네 / 장수천 // 연변문학. - 1959,(1). -24

13678 당을 따라 전진한다 / 박득춘 // 연변문학. - 1959,(1). - 25

13679 미영이 쩔-쩔 / 박득춘 // 연변문학. -1959,(1). -25

13680 밭갈이 노래 / 리근영 // 연변문학. -1959,(1). -25

13681 보모품에 안겨노네 / 박흥률 // 연변문학. - 1959,(1). - 25

13682 새해풍년 눈앞일세 / 고복순 // 연변문학. - 1959,(1). - 25

13683 시조 2수 / 한원국 // 연변문학. -1959,(1). - 26

13684 심경 십진가 / 윤상범 // 연변문학. -1959,(1). -26

13685 심경열의 삼복일세 / 리룡득 // 연변문학. - 1959,(1). -24

13686 어머니 급해마소 / 리룡득 // 연변문학. -1959,(1). -24

13687 엄마한테 자랑하네 / 박흥률 // 연변문학. - 1959,(1). - 25

13688 우리열의 당할소냐 / 리황룡 // 연변문학. - 1959,(1). - 26

13689 좋구 좋네 / 강정국 // 연변문학. - 1959,(1). - 26

13690 지성 / 박찬태 // 연변문학. - 1959,(1). - 25

13691 창의서 / 김재유 // 연변문학. -1959,(1). -25

13692 첩보싣고 날아가네 / 허영덕 // 연변문학. -1959,(1). - 26

13693 70리 거도 / 최영훈 // 연변문학. - 1959,(1). -24

13694 기러기야 / 차남일 // 연변문학. - 1959,(2). -25-26

13695 당위 서기 / 김응준 // 연변문학. -1959,(2). -49

13696 당의 령도 / 김재천 // 연변문학. - 1959,(2). -25

13697 동풍 / 리재옥 // 연변문학. - 1959,(2). -25

13698 목탄 / 김만석 // 연변문학. - 1959,(2). -26

13699 반농반군 무장대 / 강문옥 // 연변문학. -1959,-(2). -26

13700 봄 / 박동권 // 연변문학. - 1959,(2). -26

13701 불굴의 영웅 / 김현철 // 연변문학. -1959,(2). -49

13702 우리힘을 자랑하오 / 김히동 // 연변문학. - 1959,(2). -26

13703 원정대여 어서가자! / 김철 // 연변문학. - 1959,(2). -48

13704 인민공사 자랑 / 고종걸 // 연변문학. -1959,(2). -26

13705 자장가 / 리향 // 연변문학. - 1959,(2). -26

13706 종의범 / 김창순 // 연변문학. - 1959,(2). -26

13707 하남 기행 시초 / 리행복 // 연변문학. -1959,(2). -49

13708 꽃 / 김옥순 // 연변문학. - 1959,(3). -43

13709 꽃봉오리 / 곽관호 // 연변문학. -1959,(3). -43

13710 농업 헌법 관철하세 / 김성수 // 연변문학. - 1959,(3). -42

13711 로동 / 리근영 // 연변문학. - 1959,(3). -42

13712 만근 사상 / 김영걸 // 연변문학. - 1959,(3). -43

13713 불로초 / 최영선 // 연변문학. -1959,(3). -43

13714 붉은 기야 / 조성 // 연변문학. -1959,(3). -43

13715 비료관을 넘으세 / 박동본 // 연변문학. -1959,(3). -43

13716 비료산 / 리달종 // 연변문학. - 1959,(3). - 42
13717 옛말하겠네 / 리달종 // 연변문학. - 1959,(3). - 42
13718 인민공사 공업화 / 량재태 // 연변문학. - 1959, (3). - 43
13719 인조석유 / 엄광호 // 연변문학. - 1959,(3). - 42
13720 자랑찬 수리화 / 손춘식 // 연변문학. - 1959, (3). - 43
13721 탈곡 / 리문호 // 연변문학. - 1959,(3). - 43
13722 팔복선의 노래 / 김경린 // 연변문학. - 1959, (3). - 22
13723 호림방화 잘하세 / 허금석 // 연변문학. - 1959, (3). - 42
13724 금파도 / 리종근 // 연변문학. - 1959,(4). - 30
13725 나의 조국 / 운생 // 연변문학. - 1959,(4). - 32
13726 로동 / 김상락 // 연변문학. - 1959,(4). - 32
13727 복원 군인의 노래 / 리태수 // 연변문학. - 1959,(4). - 33
13728 봄 노래(2수) / 김철 // 연변문학. - 1959,(4). - 34
13729 봄 노래 부르네(외1수) / 리행복 // 연변문학. - 1959,(4). - 31
13730 빨리 씨뿌리세 / 박종현 // 연변문학. - 1959, (4). - 30
13731 사랑하는 고향 / 함진호 // 연변문학. - 1959, (4). - 32
13732 새싹 / 리성희 // 연변문학. - 1959,(4). - 30
13733 신혼 부부 / 최기일 // 연변문학. - 1959,(4). - 30
13734 약진하는 북대황(외1수) / 김창석 // 연변문학. - 1959,(4). - 31
13735 여덟개 태양 / 김득만 // 연변문학. - 1959,(4). - 30
13736 우리 세상 / 리승길 // 연변문학. - 1959,(4). - 30
13737 인민공사 꾸려지니 / 준호 // 연변문학. - 1959, (4). - 30
13738 인민공사 좋구좋네 / 김삼철 // 연변문학. - 1959,(4). - 32
13739 일만오백억근의 노래 / 운생 // 연변문학. - 1959,(4). - 30
13740 자랑 / 허룡구 // 연변문학. - 1959,(4). - 33
13741 조국 대문 고수하세 / 서악 // 연변문학. - 1959,(4). - 30
13742 지각질 / 허성 // 연변문학. - 1959,(4). - 30
13743 높이 웨친다 / 유철길 // 연변문학. - 1959,(5). - 13
13744 노래(외1수) / 김성휘 // 연변문학. - 1959,(5). - 17
13745 노래하노라, 나의 일터를! / 김정호 // 연변문학. - 1959,(5). - 11
13746 동풍 / 박흥률 // 연변문학. - 1959,(5). - 15
13747 동풍 찬송(외1수) / 리오상 // 연변문학. - 1959,(5). - 15
13748 려객 / 박경자 // 연변문학. - 1959,(5). - 15
13749 모 주석은 우리 구성 / 김성희 // 연변문학. - 1959,(5). - 39
13750 봄 / 신학봉 // 연변문학. - 1959,(5). - 15
13751 비료 / 김경수 // 연변문학. - 1959,(5). - 14
13752 사랑하는 아이들께 / 문설향 // 연변문학. - 1959,(5). - 48
13753 삼대 재해 정복했네 / 전영수 // 연변문학. - 1959,(5). - 14
13754 연변 산천가 / 장동운 // 연변문학. - 1959,(5). - 14
13755 오색의 대하 / 싸오우 // 연변문학. - 1959,(5). - 12
13756 5월 행진곡 // 연변문학. - 1959,(5). - 12
13757 우리의 자랑 / 황백하 // 연변문학. - 1959,(5). - 14
13758 위대한 태양 경애하는 모 주석 / 임효원 // 연변문학. - 1959,(5). - 14
13759 지상 천당 / 김광석 // 연변문학. - 1959,(5). - 39

13760 하발령 / 김철 // 연변문학. – 1959,(5). – 16
13761 동풍 타고 앞으로! / 주필충 // 연변문학. – 1959,(6). – 26
13762 모내기 시편 / 허영룡 // 연변문학. – 1959,(6). – 27
13763 봄빛이 어렸네(외2수) / 리욱 // 연변문학. – 1959,(6). – 28
13764 수림은 나의 동지(시 3수) / 임효원 // 연변문학. – 1959,(6). – 23 – 25
13765 50에 젊어 짐이…… / 리근영 // 연변문학. – 1959,(6). – 27
13766 청춘의 기개 떨쳐(외1수) / 박종현 // 연변문학. – 1959,(6). – 25
13767 취사원 / 김성규 // 연변문학. – 1959,(6). – 27
13768 행복원은 좋구나 / 박형락 // 연변문학. – 1959,-(6). –25
13769 확성기 / 진우만 // 연변문학. – 1959,(6). – 26
13770 가마니 짜기 / 고수남 // 연변문학. – 1959,(7). – 13
13771 가을 / 하천 // 연변문학. – 1959,(7). – 13
13772 거인 / 김성휘 // 연변문학. – 1959,(7). – 13
13773 공동식당 좋을시구 / 성귀석 // 연변문학. – 1959,(7). – 12
13774 귀중한 례물 / 김학 // 연변문예. – 1959,(7). – 14
13775 단시 2수 / 석하연 // 연변문학. – 1959,(7). – 28
13776 당의 기발아래:민가 24수 / 박영준 등 // 연변문예. – 1959,(7). – 11 – 13
13777 뜨락또르 달리오 / 리태원 // 연변문학. – 1959,(7). – 12
13778 ≪마 – 마≫ / 김성휘 // 연변문예. – 1959,(7). – 15
13779 모주석 / 장만련 // 연변문예. – 1959,(7). – 15
13780 모주석께 감사하세 / 박영준 // 연변문학. – 1959,(7). – 11
13781 무지개 / 김선자 // 연변문학. – 1959,(7). – 12
13782 뭉친 힘이 태산일세 / 리달종 // 연변문학. – 1959,(7). – 13
13783 민간예술 꽃이 피네 / 김소향 // 연변문학. – 1959,(7). – 13
13784 별이 되고 전기 되고 / 임효원 // 연변문학. – 1959,(7). – 12 – 13
13785 비길소냐 / 김영순 // 연변문학. – 1959,(7). – 12
13786 사회주의 봄 / 정세채 // 연변문학. – 1959,(7). – 11 – 12
13787 생일날 / 최채금 // 연변문학. – 1959,(7). – 11
13788 아침 방목 / 리규식 // 연변문학. – 1959,(7). – 13
13789 약진의 기수 시3수 / 한원국 // 연변문학. – 1959,(7). – 42
13790 얼마라도 좋다 / 김중복 // 연변문학. – 1959,(7). – 12
13791 영웅의 노래 / 박성태 // 연변문학. – 1959,(7). – 12
13792 영원한 추억 / 김철 // 연변문예. – 1959,(7). – 16 – 18
13793 우리 집 / 최신명 // 연변문학. – 1959,(7). – 12
13794 은룡 금룡 / 리룡득 // 연변문학. – 1959,(7). – 13
13795 인민공사 좋구좋다 / 김시룡 // 연변문학. – 1959,(7). – 11
13796 자장가 / 박경식 // 연변문학. – 1959,(7). – 13
13797 채광공 / 금석 // 연변문학. – 1959,(7). – 13
13798 천잔 만잔 드린다네 / 하명안 // 연변문학. – 1959,(7). – 12
13799 해돋았네 / 리홍규 // 연변문학. – 1959,(7). – 11
13800 행복의 꽃 만발했네 / 오선자 // 연변문학. – 1959,(7). – 11
13801 가랑비 내리는 새벽 / 임효원 // 연변문학. – 1959,(8). – 10
13802 당은 나에게(외1편) / 설인 // 연변문학. – 1959,(8). – 38
13803 새 마을(시3수) / 김려수 // 연변문학. – 1959,

(8). − 10
13804 송별:예북(予北)의 어느 마을에서 / 완장경 // 연변문학. − 1959,(8). − 8 − 9
13805 장백산 밀림 속에서 / 주필충 // 연변문학. − 1959,(8). − 11
13806 전간 벽시 // 연변문학. − 1959,(8). − 7
13807 전사, 어머니께 맹세합니다 / 장만련 // 연변문학. − 1959,(8). − 33
13808 전사의 노래(외1수) / 유철길 // 연변문학. − 1959,(8). − 11
13809 조선 전선에 이러한 사람이 있다 / 리영 // 연변문학. − 1959,(8). − 9
13810 초병 / 양명 // 연변문학. − 1959,(8). − 27
13811 할아버지 / 황상박 // 연변문학. − 1959,(8). − 27
13812 고향길 / 김학 // 연변문학. − 1959,(9). − 30 − 31
13813 도도한 물결:의학부 졸업생들에게 드림 / 김창석 // 연변문학. − 1959,(9). − 33 − 37
13814 로영의 노래 / 리조린 // 연변문학. − 1959,(9). − 14 − 15
13815 산간 마을에서 / 김철웅 // 연변문학. − 1959,(9). − 32
13816 시 한수 / 방지민 // 연변문학. − 1959,(9). − 14
13817 어머니께 / 리소석 // 연변문학. − 1959,(9). − 15
13818 항일 투사 찬가 / 김철수 // 연변문학. − 1959,(9). − 40 − 41
13819 혁신자 / 박상철 // 연변문학. − 1959,(9). − 41
13820 대약진 만만세(외3수) / 리욱 // 연변문학. − 1959,(10). − 39
13821 민족 단결의 꽃 아름답게 붉으리라:건국 10주년에 드리노라 / 자형 // 연변문학. − 1959,(10). − 13 − 14
13822 어머니 / 황옥금 // 연변문예. − 1959,(10). − 25
13823 영광스러운 나의 조국:건국 10주년에 드림 / 임효원 // 연변문학. − 1959,(10). − 3 − 8
13824 위대한 호소 받들고 / 렴춘자 // 연변문예. − 1959,(10). − 53
13825 조국찬송 / 문창덕 // 연변문학. − 1959,(10). − 12
13826 천추 만대 길이 번영하라 / 김철 // 연변문학. − 1959,(10). − 9 − 11
13827 첩보와 기적으로 차 넘치라! / 박종현 // 연변문학. − 1959,(10). − 11
13828 항일 시초(2수) / 양제중 // 연변문학. − 1959,(10). − 14
13829 견우직녀 놀라뛰네 / 리병배 // 연변문학. − 1959,(11). − 19
13830 경신벌의 노래 / 리남극 // 연변문학. − 1959,(11). − 20
13831 공산당의 덕분일세 / 리룡득 // 연변문학. − 1959,(11). − 16
13832 권령감 / 권룡주 // 연변문학. − 1959,(11). − 21
13833 그 날 밤도 우리는 들었노라 / 김성휘 // 연변문학. − 1959,(11). − 52
13834 기쁨 / 조기순 // 연변문학. − 1959,(11). − 21
13835 나의 산향,어머니의 품 / 김성휘 // 연변문예. − 1959,(11). − 52
13836 달려라,렬차여 울려라,노래여 / 허영룡 // 연변문예. − 1959,(11). − 50
13837 들끓는 농학원에서 / 박상철 // 연변문예. − 1959,(11). − 49
13838 로인초상:단시2수 / 길철웅 // 연변문예. − 1959,(11). − 48
13839 밀가을 돌격 / 김례삼 // 연변문예. − 1959,(11). 51
13840 버들골 / 박화 // 연변문학. − 1959,(11). − 18
13841 북을 치세 춤을 추세 / 리룡득 // 연변문학. − 1959,(11). − 18
13842 사랑하는 나의 동무:어느 대학생의 수기에서 / 김경석 // 연변문학. − 1959,(11). − 53
13843 사원들은 영웅호걸 / 정창환 // 연변문학. − 1959,(11). − 19
13844 사회주의 노래하네 / 리병배 // 연변문학. − 1959,(11). − 19

13845 사회주의 큰길이네 / 남상대 // 연변문학. – 1959,(11). – 20
13846 약진은 모든 사람에게 / 마상욱 // 연변문학. – 1959,(11). – 54 – 56
13847 어절시고 힘을 내세 / 리룡득 // 연변문학. – 1959,(11). – 16
13848 열의충천 약진하네 / 정창환 // 연변문학. – 1959,(11). – 19
13849 영원히 당을 따르리라 / 조해종 // 연변문학. – 1959,(11). – 16
13850 인민 공사의 노래 / 김소향 // 연변문학. – 1959,(11). – 18
13851 인민공사 만세:만가 23수 / 리룡득 // 연변문학. – 1959,(11). – 16 – 21
13852 인민공사 자랑도 많네:동성 인민공사를 노래함 / 리황훈 // 연변문학. – 1959,(11). – 17
13853 인민공사 좋구좋네 / 하성운 // 연변문학. – 1959,(11). – 16
13854 인쇄공의 자랑(단시 2수) / 류성근 // 연변문학. – 1959,(11). – 51
13855 일년만에 찾아오니 / 박재호 // 연변문학. – 1959,(11). – 19
13856 집체 식당 / 박춘자 // 연변문학. – 1959,(11). – 21
13857 풍년 가을 / 김태욱 // 연변문학. – 1959,(11). – 21
13858 풍년 가을 / 동운 // 연변문학. – 1959,(11). – 21
13859 풍년 가을 어서 하세 / 리현우 // 연변문학. – 1959,(11). – 19
13860 풍년가 / 박화 // 연변문학. – 1959,(11). – 18
13861 풍년맞은 공사마을 / 한원국 // 연변문예. – 1959,(11). – 48
13862 황금산 // 연변문학. – 1959,(11). – 21
13863 경쟁 도표 볼제(외1수) / 양제중 // 연변문학. – 1959,(12). – 12
13864 고향벌 / 문창덕 // 연변문학. – 1959,(12). – 19
13865 공량수레 몰고 / 허영룡 // 연변문학. – 1959,(12). – 18
13866 그 총각 입대하네 / 장만련 // 연변문학. – 1959,(12). – 41
13867 대학교수 / 한기호 // 연변문학. – 1959,(12). – 19 – 20
13868 병거행 / 두보 // 연변문학. – 1959,(12). – 44
13869 사람마다 희희락락 / 최현 // 연변문학. – 1959,(12). – 20
13870 산촌의 벼풍수 / 김철웅 // 연변문학. – 1959,(12). – 18
13871 선진자인 옥녀 동무 / 한금단 // 연변문학. – 1959,(12). – 20
13872 수리대원의 노래 / 장동운 // 연변문학. – 1959,(12). – 21
13873 수리타령 / 리황훈 // 연변문학. – 1959,(12). – 21
13874 약진의 밤 / 권동활 // 연변문학. – 1959,(12). – 20
13875 우주로케트를 노래함 / 동일호 // 연변문학. – 1959,(12). – 25
13876 인민 공사 힘이 크네 / 강기수 // 연변문학. – 1959,(12). – 20
13877 절지공의 기쁨 / 허춘자 // 연변문학. – 1959,(12). – 20
13878 좋은 거름 장만하세 / 동훈 // 연변문학. – 1959,(12). – 41
13879 주 로케트를 노래함 / 동일호 // 연변문학. – 1959,(12). – 25
13880 추수의 노래 / 엄상준 // 연변문학. – 1959,(12). – 21
13881 풍년가을 걷이 / 리백설 // 연변문학. – 1959,(12). – 19
13882 풍년가을 돌아왔네 / 박일래 // 연변문학. – 1959,(12). – 21
13883 풍년 맞이 / 권종환 // 연변문학. – 1959,(12). – 20
13884 풍년쌀 / 금새 // 연변문학. – 1959,(12). – 20
13885 홰불 / 리삼월 // 연변문학. – 1959,(12). – 18

13886 내 고향 자랑 / 박일석 // 연변문학. – 1960,(1). – 56
13887 두 소년 / 한원국 // 연변문학. – 1960,(1). – 55
13888 령,길 / 김명준 // 연변문학. – 1960,(1). – 54
13889 바다 / 마정 // 연변문학. – 1960,(1). – 54
13890 사회주의 붉은 룡선타고 / 송정환 // 연변문학. – 1960,(1). – 25
13891 새해여! / 박상철 // 연변문학. – 1960,(1). – 22
13892 약진하는 내 조국 / 황상박 // 연변문학. – 1960,(1). – 24 – 25
13893 영광을 공인계급에게! / 김창석 // 연변문학. – 1960,(1). – 53 – 54
13894 영웅이 돌아왔네 / 유문흥 // 연변문학. – 1960,(1). – 55
13895 영춘곡 / 최명숙 // 연변문학. – 1960,(1). – 23
13896 처녀사양원 / 함덕인 // 연변문학. – 1960,(1). – 56
13897 현위서기의 랑만주의 / 곽소천 // 연변문학. – 1960,(1). – 50 – 52
13898 고원의 돈사에서:외1수 / 전서향 // 연변문학. – 1960,(2). – 3
13899 나의 까스또바는 달린다 / 박상철 // 연변문학. – 1960,(2). – 27
13900 더욱더 자랑스럽다! / 파도 // 연변문학. – 1960,(2). – 25
13901 리발사의 기쁨 / 최송덕 // 연변문학. – 1960,(2). – 26
13902 오시라,고동하 푸른물이여 / 김철웅 // 연변문학. – 1960,(2). – 27
13903 이동공정대 / 최동영 // 연변문학. – 1960,(2). – 26
13904 조국송가 / 한북평 // 연변문학. – 1960,(2). – 38 – 41
13905 해바라기 / 김설봉 // 연변문학. – 1960,(2). – 42 – 43
13906 고향 / 신창호 // 연변문학. – 1960,(3). – 37
13907 3.8송가 / 하명안 // 연변문학. – 1960,(3). – 36
13908 왕청민가 / 리보옥 등 // 연변문학. – 1960,(3). – 16 – 21
13909 푸른섬광속의 처녀 / 파도 // 연변문학. – 1960,(3). – 37
13910 학습반으로 / 김철웅 // 연변문학. – 1960,(3). – 36
13911 공사의 일가 / 장지민 // 연변문학. – 1960,(4). – 51 – 52
13912 모주석만세 / ≪홍기가요≫에서 // 연변문학. – 1960,(4). – 4 – 5
13913 바다의 초병:외1수 / 박흥률 // 연변문학. – 1960,(4). – 49
13914 일터에서 만나면… / 박종현 // 연변문학. – 1960,(4). – 49
13915 청춘의 일터:외1수 / 전서향 // 연변문학. – 1960,(4). – 50
13916 강철의 련대 / 김철웅 // 연변문학. – 1960,(5). – 41
13917 그대처럼 살리라 / 허룡빈;리동근 // 연변문학. – 1960,(5). – 38 – 39
13918 삼대 적사공 / 배비 // 연변문학. – 1960,(5). – 39
13919 5월의 광장으로 / 박상철 // 연변문학. – 1960,(5). – 41
13920 차간에 훌륭한 처녀가 있네:외1수 / 장충상 // 연변문학. – 1960,(5). – 48
13921 채탄공의 노래:외1수 / 장동운 // 연변문학. – 1960,(5). – 40
13922 혁신의 불길 / 황상박 // 연변문학. – 1960,(5). – 52
13923 학생민가 // 연변문학. – 1960,(6). – 57 – 58
13924 당원의 손 / 려원 // 연변문학. – 1960,(7). – 32 – 35
13925 동산마루에 붉은 태양 / 강호혁 // 연변문학. – 1960,(7). – 14
13926 만민의 태양 / 김철 // 연변문학. – 1960,(7). – 30 – 31
13927 모주석께 드리는 노래 / 엄상준 // 연변문학. – 1960,(7). – 14

13928 모주석의 저작 / 한기호 // 연변문학. －1960,(7). －31
13929 강성의 노래 / 리오로 // 연변문학. －1960,(8). －53
13930 거리의 새 노래 / 김영무 // 연변문학. －1960,(8). －45
13931 내고향 수력방아 / 리병배 // 연변문학. －1960,(8). －54
13932 로톼장 / 황문평;손종일 // 연변문학. －1960,(8). －42
13933 모내기노래 / 허정향 // 연변문학. －1960,(8). －54
13934 반의 보배 / 건훈 // 연변문학. －1960,(8). －43
13935 빛나라 평화,정의의 날창이여 / 박상철 // 연변문학. －1960,(8). －44
13936 얼시구나 좋네 / 김석환 // 연변문학. －1960,(8). －53
13937 금빛해살이 넘쳐나네 / 리행복 // 연변문학. －1960,(9). －16－17
13938 단결의 빛발 / 로평 // 연변문학. －1960,(9). －19
13939 연변찬가 / 증연숙 // 연변문학. －1960,(9). －16
13940 태양은 모주석의 창가에서 솟아 오른다 / 김창석 // 연변문학. －1960,(9). －18
13941 하나의 념원 / 리삼월 // 연변문학. －1960,(9). －17
13942 내 고향 / 김철 // 연변문학. －1960,(10). －63
13943 만무 과수원을 위하여 / 박상철 // 연변문학. －1960,(10). －55
13944 성을 쌓노라:외1수 / 양윤겸 // 연변문학. －1960,(10). －59
13945 왔다!뜨거운 손길이 / 리두송 // 연변문학. －1960,(10). －56
13946 패주:외1수 / 호준인 // 연변문학. －1960,(10). －62
13947 거울앞에서 / 전복록 // 연변문학. －1960,(11). －11
13948 나는 가리라 / 김성휘 // 연변문학. －1960,(11). －10
13949 따뜻한 손길 / 허성 // 연변문학. －1960,(11). －11
13950 뜨락또르 운전수 / 박영 // 연변문학. －1960,(11). －11
13951 산동처녀 / 김수국 // 연변문학. －1960,(11). －12
13952 현위서기 / 전서향 // 연변문학. －1960,(11). －26
13953 노래하자 조국:형제민족시선 / 로제바싼 등 // 연변문학. －1960,(12). －40－42
13954 승리의 기치:모택동선집 제4권을 노래하여 / 미앙 // 연변문학. －1960,(12). －39
13955 세차게 돌아라,조 탈곡기야 / 허룡철 // 연변문학. －1960,(12). －43
13956 광활한 천지에서 / 김철 // 연변문학. －1961,(1). －13
13957 교사의 노래 / 화동사범대학 학생집체창작 // 연변문학. －1961,(1). －14－15
13958 길 / 리경락 정리 // 연변문학. －1961,(1). －49
13959 나는 인민의 아들 / 동세택 // 연변. －1961,(1). －40
13960 당의 말 / 김철 // 연변. －1961,(1). －32
13961 마음속에 새겨둔 이 모시오리다 / 김창석 // 연변. －1961,(1). －33
13962 북 / 림천 // 연변문학. －1961,(1). －14
13963 ≪북대황≫시초 / 박일석 // 연변문학. －1961,(1). －46－47
13964 산촌:외1수 / 류경림 // 연변문학. －1961,(1). －48
13965 새해의 선물 / 김성휘 // 연변문학. －1961,(1). －45
13966 영춘곡 / 로평 // 연변문학. －1961,(1). －43－44
13967 중국의 대지는 부른다 / 곽말약 // 연변문학. －1961,(1). －12－13
13968 지부서기어머니 / 하명안 // 연변. －1961,(1). －33

13969 향우원의 노래 / 박화 // 연변문학. －1961,(1). －48
13970 혁명의 장정은 끝이 없어라 / 가중평 // 연변. －1961,(1). －38
13971 그이 말씀 어디서나 들리네 / 한원국 // 연변. －1961,(2). －38
13972 내 장백산에 섰노라 / 김성휘 // 연변. －1961,(2). －39
13973 뚱팡홍 / 김철 // 연변문학. －1961,(2). －5
13974 산촌의 첫 호궁:외1수 / 로평 // 연변문학. －1961,(2). －12
13975 싸우는 큐바 / 원수박 등 // 연변문학. －1961,(2). －34－37
13976 은제비는 텅거리 사막우에 날아예네 / 주우명 // 연변문학. －1961,(2). －7
13977 자랑많은 화룡 / 리병배 // 연변문학. －1961,(2). －53
13978 진군나팔 / 전간 // 연변문학. －1961,(2). －8－9
13979 친애하는 나의 조국이여! / 리택수 // 연변문학. －1961,(2). －6
13980 태양송가 / 김태갑 // 연변. －1961,(2). －39
13981 푸른 싹:5수 / 김창석 // 연변문학. －1961,(2). －10－11
13982 나는 인민의 아들 / 동세택 // 연변. －1961,(5). －40
13983 당의 말 / 김철 // 연변. －1961,(5). －32
13984 마음 속에 새겨둔 이 모시오리다 / 김창석 // 연변. －1961,(5). －33
13985 인민 공사 만세! / 돌파 // 연변. －1961,(5). －39
13986 접생원 / 주필충 // 연변. －1961,(5). －39
13987 지부 서기 어머니 / 하명안 // 연변. －1961,(5). －33
13988 풍수의 씨앗을 뿌리세 / 리오로 // 연변. －1961,(5). －36
13989 혁명의 장정은 끝이 없어라:연안 작풍을 노래함 / 가중평 // 연변. －1961, (5). －38
13990 그이 말씀 어디서나 들리네 / 한원국 // 연변. －1961,(6). －38
13991 내 장백산에 섰노라 / 김성휘 // 연변. －1961,(6). －39
13992 태양 송가 / 김태갑 // 연변. －1961,(6). －39
13993 가장 고귀한 이름 / 박상철 // 연변. －1961,(7). －42
13994 혁명 렬사 시선 (시 4수) / 하명한 등 // 연변. －1961,(7). －40－41
13995 기상 초병 / 김철 // 연변. －1961,(9). －44
13996 나는 이 고장에 살겠노라:농촌에 돌아온 중학생 수기에서 / 김성휘 // 연변. －1961,(9). －45
13997 모주석을 노래한다 / 강호혁 // 연변. －1961,(9). －44
13998 밀 수확의 계절에 / 김경석 // 연변. －1961,(9). －46
13999 세전'별의 노래 / 한원국 // 연변. －1961,(9). －45
14000 전투의 화살되리 / 리삼월 // 연변. －1961,(9). －44
14001 풍년 가을 성시난다 / 김연호 // 연변. －1961,(9). －45
14002 강물에 떼'목이 흐르네 / 도이 // 연변. －1961,(10). －45
14003 산간 마을에 피여난 민족 단결의 꽃 / 리산;리상각 // 연변. －1961,(10). －39－44
14004 언덕에 샘물이 흐르네 // 연변. －1961,(10). －46
14005 조국의 기'발이여! / 김창석 // 연변. －1961,(10). －45
14006 황금 파도 / 리대령 // 연변. －1961,(10). －46－47
14007 다리 / 윤태삼 // 연변. －1961,(11). －42
14008 당의 참된 아들 되고저 / 성문 // 연변. －1961,(11). －36
14009 류벌공의 노래 / 장동운 // 연변. －1961,(11). －40
14010 봉황새 날아예는 꽃 편지를…… / 김성휘

// 연변. – 1961,(11). – 41

14011 우리 마을 처녀가 제일 좋아요 / 김인학 // 연변. – 1961,(11). – 41

14012 일편단심 / 강호혁 // 연변. – 1961,(11). – 42

14013 풍토서정 (3수) / 김철 // 연변. – 1961,(11). – 39

14014 강안 마을 / 김철 // 연변. – 1962,(1). – 39

14015 기차표 / 김창석 // 연변. – 1962,(1). – 40

14016 꽃피는 공소부 / 황상박 // 연변. – 1962,(1). – 37

14017 나의 고향 / 리욱 // 연변. – 1962,(1). – 38

14018 농촌 산곡 / 차녕호 // 연변. – 1962,(1). – 38

14019 늙은 사냥군 / 주필충 // 연변. – 1962,(1). – 39

14020 당에 충성하려는 것! / 박덕준 // 연변. – 1962,(1). – 38

14021 산구의 정든 마을에서 / 김경석 // 연변. – 1962,(1). – 40

14022 수리개의 사랑 (외 2수) / 루핑 // 연변. – 1962,(1). – 36

14023 신년송 / 현남극 // 연변. – 1962,(1). – 34

14024 아, 휘황한 새해의 아침이여! / 리대령 // 연변. – 1962,(1). – 34 – 35

14025 조국 / 전복록 // 연변. – 1962,(1). – 37

14026 호림원 아바이 / 임효원 // 연변. – 1962,(1). – 35

14027 고향 사람 / 김성휘 // 연변. – 1962,(2). – 41

14028 가을밤 / 리상각 // 연변. – 1962,(2). – 44

14029 교두의 신호등 / 김수국 // 연변. – 1962,(2). – 44

14030 대지는 깨여난다! / 박인락 // 연변. – 1962,(2). – 41 – 42

14031 로동일 / 리삼월 // 연변. – 1962,(2). – 43

14032 민가 2수 / 김연호 // 연변. – 1962,(2). – 42

14033 산촌의 기쁨 / 리행복 // 연변. – 1962,(2). – 42 – 43

14034 숲속의 오솔길 / 주필충 // 연변. – 1962,(2). – 44

14035 해란강반의 녀인들:3 · 8국제 로동 부녀절에 드리는 노래 / 중국 작가 협회 연변 분회 시분과 집체작 // 연변. – 1962,(3). – 37 – 42

14036 나래 엮는 아가씨들 / 김연호 // 연변. – 1962,(4). – 42

14037 내고향 / 강호혁 // 연변. – 1962,(4). – 43

14038 달려라, 뜨락또르여! / 황상박 // 연변. – 1962,(4). – 41

14039 불'빛 / 심희섭 // 연변. – 1962,(4). – 42

14040 이 벌에 풍년 들면 / 신학산 // 연변. – 1962,(4). – 42

14041 첫비 / 리재학 // 연변. – 1962,(4). – 43

14042 나의 사랑하는 자동총 / 전장룡 // 연변. – 1962,(5). – 47

14043 봄의 서정 / 리동석 // 연변. – 1962,(5). – 47

14044 석호리 / 두보 // 연변. – 1962,(5). – 31

14045 식수요 / 최채금 // 연변. – 1962,(5). – 48

14046 5월의 노래 / 황상박 // 연변. – 1962,(5). – 45

14047 장백산과 해란강에 드림 / 유장예 // 연변. – 1962,(5). – 46

14048 처녀야 / 서광억 // 연변. – 1962,(5). – 46

14049 탄부의 마음 / 리두송 // 연변. – 1962,(5). – 48

14050 해란강반의 봄 타령 // / 연변. – 1962,(5). – 박룡갑

14051 행복 / 김운일 // 연변. – 1962,(5). – 45

14052 나는 대지의 시인이다 / 리재학 // 연변. – 1962,(6). – 42

14053 동시 3수 / 리행복 // 연변. – 1962,(6). – 39

14054 둥근 달님 / 정룡만 // 연변. – 1962,(6). – 39

14055 만무 과원에서 / 박상철 // 연변. – 1962,(6). – 41

14056 아침 합창단 / 윤광주 // 연변. – 1962,(6). – 41

14057 우리 대장 / 김중복 // 연변. – 1962,(6). – 40

14058 푸른 모판 / 황상박 // 연변. – 1962,(6). – 43

14059 할아버지의 마음 / 한원국 // 연변. – 1962,(6). – 42

14060 행복한 어린것들아! / 윤태삼 // 연변. – 1962,(6). – 40

14061 녀 인쇄공들에게 드리는 노래 / 자형 // 연

변. – 1962,(7). – 44
14062 모주석 따라 전진하리라 / 김연호 // 연변. – 1962,(7). – 40
14063 모주석의 뜻을 받아 / 강호혁 // 연변. – 1962,(7). – 40
14064 모주석이 전국을 돌아보시네 // 연변. – 1962,(7). – 40
14065 벌목부의 작은 집 / 주필충 // 연변. – 1962,(7). – 39
14066 원한에 사무쳐 장 개석 비도를 규탄한다 // 연변. – 1962,(7). – 21
14067 접생원 / 최하규 // 연변. – 1962,(7). – 39
14068 회인당 / 나 · 싸인쵸크트 // 연변. – 1962,(7). – 41
14069 나팔소리 / 최삼호 // 연변. – 1962,(8). – 43
14070 아기의 이름 / 김경석 // 연변. – 1962,(8). – 43
14071 올테면 오라! / 임효원 // 연변. – 1962,(8). – 38
14072 전사의 마음 / 장지명 // 연변. – 1962,(8). – 38
14073 나루'터 / 김철 // 연변. – 1962,(9). – 36 – 37
14074 배낭 / 리해산 // 연변. – 1962,(9). – 38
14075 새벽'길 / 최삼호 // 연변. – 1962,(9). – 39
14076 옥중의 노래 / 김태갑 // 연변. – 1962,(9). – 37 – 38
14077 잊을 수 없는 날 / 김응준 // 연변. – 1962,(9). – 39
14078 제재 창에서 / 김청천 // 연변. – 1962,(9). – 39
14079 태양 송가 / 리두송 // 연변. – 1962,(9). – 38
14080 밀림 속의 옹달샘 / 한원국 // 연변. – 1962,(10). – 39
14081 연변의 어머니 / 유장예 // 연변. – 1962,(10). – 40
14082 우리는 위대한 중국의 청년이다 / 리백설 // 연변. – 1962,(10). – 40
14083 장백의 제비:산림 탐사원에게 / 주필충 // 연변. – 1962,(10). – 40
14084 귀향시초 / 김운일 // 연변. – 1962,(11). – 41
14085 산간 마을의 녀 교사 / 김득만 // 연변. – 1962,(11). – 40
14086 장백산 폭포 / 박화 // 연변. – 1962,(11). – 40
14087 홍기하 / 김응준 // 연변. – 1962,(11). – 37
14088 황금계절 / 리백설 // 연변. – 1962,(11). – 38 – 39
14089 회계원 (외1수) / 황상박 // 연변. – 1962,(11). – 39 – 40
14090 큐바와 함께 / 주필충 // 연변. – 1962,(12). – 44
14091 탈곡장 (외1수) / 김연호 // 연변. – 1962,(12). – 45
14092 항전의 나날에 / 김경석 // 연변. – 1962,(12). – 44 – 45
14093 메아리 / 최하규 // 연변. – 1963,(1). – 38
14094 수의 아바이 / 한원국 // 연변. – 1963,(1). – 37 – 38
14095 전망의 봄 / 리두송 // 연변. – 1963,(1). – 36
14096 총결 짓는 날 (외1수) / 김학 // 연변. – 1963,(1). – 36 – 37
14097 나리꽃 / 리삼월 // 연변. – 1963,(2). – 37
14098 아기야 / 윤진우 // 연변. – 1963,(2). – 37
14099 운전수 / 김응준 // 연변. – 1963,(2). – 36
14100 조국 기행 시초 (3수) / 김철 // 연변. – 1963,(2). – 34 – 35
14101 출근 길에서 / 전운봉 // 연변. – 1963,(2). – 36 – 37
14102 함지박 / 김수국 // 연변. – 1963,(2). – 36
14103 꽃수레 // 연변. – 1963,(3). – 35
14104 다듬이 소리 / 한원국 // 연변. – 1963,(3). – 37
14105 소나무 / 김창석 // 연변. – 1963,(3). – 35
14106 이도백하 서정 / 박화 // 연변. – 1963,(3). – 38
14107 출비 / 계귀민 // 연변. – 1963,(3). – 36
14108 풍구타령 / 최동영 // 연변. – 1963,(3). – 36
14109 할머니들 종자 고루네 / 김연호 // 연변. – 1963,(3). – 37
14110 곤륜산을 가르는 한 자루 보검 / 곽말약 // 연변. – 1963,(4). – 32
14111 뢰봉시초 // 연변. – 1963,(4). – 33
14112 봄노래 / 김학 // 연변. – 1963,(4). – 33
14113 봄이 나는 좋아요 / 김동호 // 연변. – 1963,(4).

−34
14114 선종 / 강호혁 // 연변. − 1963,(4). − 34
14115 어머니 / 윤진우 // 연변. − 1963,(4). − 35
14116 전사의 편지 / 최삼호 // 연변. −1963,(4). −35
14117 화물차 / 김청천 // 연변. − 1963,(4). − 33
14118 고향아 / 문준 // 연변. − 1963,(5). − 36
14119 과수원 / 박화 // 연변. − 1963,(5). − 37
14120 구름'골의 메아리 / 김수국 // 연변. −1963,(5). −35
14121 내가 밭갈이 한다 / 한해 // 연변. −1963,(5). −35
14122 때가 왔다 / 김록산 // 연변. − 1963,(5). − 36
14123 아들의 마음 / 김월성 // 연변. −1963,(5). −36
14124 아름답다, 산향이여 // 연변. −1963,(5). −37
14125 탄광 시초 / 김경석 // 연변. − 1963,(5). − 33 − 34
14126 가마야 / 강호혁 // 연변. − 1963,(6). − 41
14127 나의 노래 / 황장석 // 연변. − 1963,(6). − 40
14128 내'물 / 주해금 // 연변. − 1963,(6). − 41
14129 사양원의 마음 / 서광억 // 연변. −1963,(6). − 40
14130 경박호 시초 / 하명안 // 연변. −1963,(7). −38 −39
14131 밀 씨앗 / 김례삼 // 연변. − 1963,(7). − 37
14132 새벽 / 허홍식 // 연변. − 1963,(7). − 39
14133 영광의 길 / 리행복 // 연변. − 1963,(7). − 35 − 36
14134 차마 진정 못 떠나겠소 / 김성휘 // 연변. − 1963,(7). − 36
14135 포도 세 송이 / 김태갑 // 연변. − 1963,(7). − 37 − 38
14136 다시 그립던 곳에서:고중 졸업생의 수기에서 / 전서향 // 연변. − 1963,(8). − 42
14137 뚱방홍 / 설인 // 연변. − 1963,(8). − 42
14138 벗이여 / 서광억 // 연변. − 1963,(8). − 43
14139 시조 한 묶음 / 리근영;김일 // 연변. −1963, (8). −43
14140 행복에 겨울수록 잊을 수 없소 / 김창석 // 연변. − 1963,(8). − 41
14141 노래 / 리백설 // 연변. − 1963,(9). − 39
14142 목장의 처녀 / 한춘야 // 연변. − 1963,(9). − 40 − 41
14143 밤은 깊고 깊어 / 주해금 // 연변. − 1963,(9). − 41
14144 보리'고개 / 황상박 // 연변. − 1963,(9). − 40
14145 형제 / 리삼월 // 연변. − 1963,(9). − 39
14146 모 택동 시대에 사는 긍지를 자랑하노라 / (몽고족) 나 · 싸인쵸크트 // 연변. −1963,(10). −28
14147 위대한 나의 조국 / 김경석 // 연변. − 1963, (10). − 27 − 28
14148 공량 수레 / 리대령 // 연변. −1963,(11). −45 −46
14149 낫을 갑니다 / 신영화 // 연변. − 1963,(11). − 45
14150 돌베개 / 김례삼 // 연변. − 1963,(11). − 46
14151 보살만:귀로에 숭선을 방문하고 / 로청 // 연변. − 1963,(11). − 29
14152 숭선에서 / 허대진 // 연변. − 1963,(11). − 29
14153 시조 3수 / 리근영 // 연변. − 1963,(11). − 47
14154 일 할 때로다 / 김수국 // 연변. − 1963,(11). − 46
14155 잊을 수 없노라 / 김완섭 // 연변. −1963,(11). −47
14156 장백산 (외1수) / 양윤 // 연변. −1963,(11). − 29
14157 장백산 가는 길에 / 허대진 // 연변. −1963, (11). −28
14158 장백산에 올라 / 양윤 // 연변. −1963,(11). − 27
14159 장백산에 올라 (외1수) / 서춘복 // 연변. − 1963,(11). − 28
14160 장백산에 올라 영웅을 생각하여 (외1수) / 김명욱 // 연변. − 1963,(11). − 27
14161 풍년 / 한기호 // 연변. − 1963,(11). − 45
14162 나더러 무엇을 애기하라오 / 김성휘 // 연

변. − 1963,(12). − 41
14163 룡포의 새각시 / 김문수 // 연변. − 1963,(12). − 40 − 41
14164 불멸의 노래 / 김제 // 연변. − 1964,(1). − 27
14165 노도:영용한 파나마 인민에게 / 리백설 // 연변. − 1964,(2). − 31
14166 불멸의 전설 / 김철 // 연변. − 1964,(2). − 27 − 30
14167 싸워라 파나마! / 김태갑 // 연변. − 1964,(2). − 30 − 31
14168 피로 맺은 형제 / 리행복 // 연변. − 1964,(2). − 29
14169 대지에 봄이 왔다 / 리행복 // 연변. −1964, (4). −29
14170 봄을 키우는 사람들 / 김철 // 연변. −1964, (4). −27 −28
14171 봄의 행렬:봄을 이고 떨쳐 나선 성시 녀인들에게 / 김성휘 // 연변. − 1964,(4). − 30
14172 산향의 봄 / 김경석 // 연변. − 1964,(4). − 30 − 31
14173 조국의 아침 / 임효원 // 연변. −1964,(4). −27
14174 쪽박새 / 박화 // 연변. − 1964,(4). − 33
14175 천 짜는 복이 / 김태갑 // 연변. −1964,(4). − 32 − 33
14176 교원의 영예 / 한기호 // 연변. − 1964,(6). − 39 − 40
14177 뜨락또르 몰고 / 윤태삼 // 연변. − 1964,(6). − 38 − 39
14178 료원 참관 소감 / 허대진 // 연변. − 1964,(6). − 37
14179 서기 초상 / 리근영 // 연변. − 1964,(6). − 36
14180 쌀되박 / 차룡순 // 연변. − 1964,(6). − 38
14181 연두봉 / 전광국 // 연변. − 1964,(6). − 39
14182 인쇄공 처녀 / 류성근 // 연변. −1964,(6). −40
14183 일제 통치 시기에 참살된 료원 탄부들의 무덤을 찾아서 / 김창걸 // 연변. − 1964,(6). − 37
14184 일편 단심 / 박화 // 연변. − 1964,(6). − 36
14185 제 일선의 나팔수:전국 모범 우체원 리호천 동무를 노래함 / 황상박 // 연변. − 1964,(6). − 41
14186 지난날을 회억하고 오늘 행복 노래한다 / 태상록 // 연변. − 1964,(6). − 41
14187 할머니 / 주해금 // 연변. − 1964,(6). − 36
14188 백의 전사 / 김창규 // 연변. − 1964,(7). − 44
14189 기관차 / 조병택 // 연변. − 1964,(8). − 38
14190 수 놓는 밤 / 김경석 // 연변. − 1964,(8). − 37 − 38
14191 우리는 농촌 청년 / 김학 // 연변. − 1964,(8). − 36 − 37
14192 가을의 아침 / 리옥자 // 연변. −1964,(9). −32
14193 당 지부 서기 / 구중삼 // 연변. − 1964,(9). − 32
14194 들으라, 우리의 장엄한 성명을 / 김례삼 // 연변. − 1964,(9). − 26 − 27
14195 련화동 / 신재호 // 연변. − 1964,(9). − 30
14196 마선생 / 김응준 // 연변. − 1964,(9). − 30
14197 용수 관리원 / 김연호 // 연변. − 1964,(9). − 30 − 31
14198 월남 인민과 함께 / 리백설 // 연변. −1964, (9). −27
14199 지상 락원 이루리 / 리주을 // 연변. −1964, (9). −31
14200 초원 / 전운봉 // 연변. − 1964,(9). − 32
14201 침범 못한다! / 김철 // 연변. − 1964,(9). − 26
14202 황금 수레 모는 처녀 / 김광섭 // 연변. −1964, (9). − 32
14203 희열 / 최영석 // 연변. − 1964,(9). − 31
14204 모 택동 사상의 붉은 기 높이 들고 / 송정환 // 연변. − 1964,(10). − 41
14205 변방 전사의 노래 / 최동혁 // 연변. − 1964, (10). − 48
14206 시조 2수 / 리근영 // 연변. − 1964,(10). − 34
14207 영광이 있으라 조국이여! / 한원국 // 연변. − 1964,(10). − 30
14208 찬란한 아침에 / 박화 // 연변. −1964,(10). − 30 −31

14209 황금 가을 / 강호혁 // 연변. －1964,(10). －31
14210 경애하는 모주석 / 임효원 // 연변. －1964,(11). －36
14211 교환수의 자랑 (외1수) / 리룡득 // 연변. －1964,(11). －36
14212 배나무 동산 / 박일석 // 연변. －1964,(11). －38
14213 변강의 민병 / 김응준 // 연변. －1964,(11). －37
14214 운전수의 노래 / 엄상준 // 연변. －1964,(11). －37
14215 청림의 ≪기러기≫ / 김수국 // 연변. －1964,(11). －38
14216 계승자의 노래 / 남홍수 // 연변. －1964,(12). －37
14217 내 나라 / 김성휘 // 연변. －1964,(12). －37
14218 우리 태양 모 주석 / 김동호 // 연변. －1964,(12). －37
14219 내 고향 만보'벌이여 / 전서향 // 연변. －1965,(1). －36
14220 농촌 청년 행진곡 / 황장석 // 연변. －1965,(1). －36
14221 로전사의 마음 (외1수) / 한원국 // 연변. －1965,(1). －35
14222 민병의 노래 / 김룡호 // 연변. －1965,(1). －36
14223 청년들아 앞으로 / 리영수 // 연변. －1965,(1). －35
14224 빈농 하중농의 노래 / 박일석 // 연변. －1965,(2). －32
14225 해란강반의 젊은이들 / 김동경 // 연변. －1965,(2). －32
14226 경쟁판 / 리률 // 연변. －1965,(3). －39
14227 논갈이 / 박덕준 // 연변. －1965,(3). －39
14228 민병 중대장 / 황상박 // 연변. －1965,(3). －38
14229 보초선의 밤 / 리명 // 연변. －1965,(3). －45
14230 유지 온상 모판에서 / 서광억 // 연변. －1965,(3). －48
14231 투쟁의 노래 / 정선 // 연변. －1965,(3). －38
14232 끝까지 혁명하리 / 강호혁 // 연변. －1965,(4). －34
14233 나는 농민이다 / 정도룡 // 연변. －1965,(4). －48
14234 사회주의 새 농촌 / 김두천 // 연변. －1965,(4). －34
14235 산촌의 새벽 // 연변. －1965,(4). －35
14236 수리 건설 전투장 (외1수) / 전서향 // 연변. －1965,(4). －35
14237 단시 2수 / 조소정 // 연변. －1965,(5). －34
14238 불'길 / 리만호 // 연변. －1965,(5). －34
14239 삼대 혁명 기'발 높이 / 최현 // 연변. －1965,(5). －31
14240 과학 실험 좋구좋네 / 태길 // 연변. －1965,(6). －40
14241 광활한 천지에서 / 최영학 // 연변. －1965,(6). －41－42
14242 구수하 제방을 노래한다 / 김영선 // 연변. －1965,(6). －42
14243 나는 농민이다 / 정도룡 // 연변. －1965,(6). －48
14244 나의 총이여! / 송가필 // 민병의 벗. －1965,(6). －8
14245 미제는 월남에서 물러가라 / 리백설 // 연변. －1965,(6). －36
14246 벌목부의 노래 / 한동해 // 연변. －1965,(6). －40
14247 세차게 타오르라, 항미의 불'길이여! / 김경석 // 연변. －1965,(6). －35
14248 전우들아 높이 들자 혁명의 기'발을 / 최동혁 // 연변. －1965,(6). －40
14249 청춘을 농촌에 / 김두천 // 연변. －1965,(6). －40
14250 강철의 성벽 / 김욱 // 연변문예. －1974,(8). －51
14251 변강의 초병 / 허흥성 // 연변문예. －1974,(8). －50
14252 서사군도 조국의 섬이여 / 최건 // 연변문

예. – 1974,(8). – 51
14253 서사에서의 싸움/ 장영매// 연변문예. –1974,(8). –3 –13
14254 순라/ 전태균// 연변문예. – 1974,(8). – 50
14255 가야하의 새노래/ 강길// 연변문예. –1974,(9). – 59
14256 혁명열의 더욱 높네/ 김금녀// 연변문예. – 1974,(9). – 59
14257 공농병은 혁명의 주력군/ 장승록// 연변문예. –1974,(11). – 11 – 12
14258 공사당위서기:외1수/ 김파// 연변문예. –1974,(11). – 12 – 13
14259 우리네 대장/ 전태균// 연변문예. – 1974,(11). – 14 – 15
14260 단죄한다,림표의 자산계급군사로선을/ 최룡관// 연변문예. – 1974,(12). – 33
14261 나의 착암기/ 한태운// 연변문예. –1975,(1). –30
14262 붉은 광공/ 황광필// 연변문예. –1975,(1). –50 –52
14263 아침해살 눈부신 거리/ 류성근// 연변문예. –1975,(1). –32
14264 용광로 앞에서/ 김호근// 연변문예. –1975,(1). – 29
14265 자랑찬 철로순시원/ 리흥국// 연변문예. –1975,(1). – 31
14266 중남해를 우러러/ 연변와룡강철공장 공인업여창작조// 연변문예. – 1975,(1). – 28 – 29
14267 해안방위의 밤/ 은빈;우명// 동북민병. –1975,(1). –41
14268 힘차게 달리자,기관차여/ 박영운// 연변문예. – 1975,(1). – 30 – 31
14269 근본대법 좋구좋네/ 최성락;김상범// 동북민병. – 1975,(2). – 47
14270 불길이 타오른다/ 김경석// 연변문예. –1975,(2). – 34 – 35
14271 인민대표의 영광을 지니고/ 황장석// 연변문예. –1975,(2). –18
14272 환호한다 봄우뢰를/ 김파// 동북민병. –1975,(2). –46 –47
14273 광활한 천지에서/ 차순복// 연변문예. –1975,(3). – 41
14274 녀채석공/ 김대현// 연변문예. –1975,(3). –42
14275 선로원처녀/ 최제영// 연변문예. – 1975,(3). – 42
14276 가야하강반에서/ 김창규// 연변문예. –1975,(4). – 13
14277 노호하는 산촌의 밤/ 김명남// 연변문예. – 1975,(4). – 13
14278 현위서기의 가방/ 김응준// 연변문예. –1975,(4). – 12
14279 광활한 천지에서 일기 쓰노라/ 차순복// 연변문예. – 1975,(5). – 49
14280 뜨락또르 몰고/ 리영복// 연변문예. –1975,(5). –49
14281 할머니 본보기극노래 부르네/ 위정// 연변문예. – 1975,(5). – 63
14282 흐르라 쇠물이여/ 김성휘// 연변문예. –1975,(5). –29
14283 장백산촌의 경사/ 최봉석// 연변문예. –1975,(6). – 14
14284 집체호의 봄/ 김욱// 연변문예. –1975,(6). – 14
14285 당이 부르는 곳으로/ 김창규// 연변문예. – 1975,(7). – 10
14286 룡산의 불로송/ 박룡석// 연변문예. –1975,(7). –25
14287 영원히 모주석따라/ 김호근// 연변문예. – 1975,(7). – 9
14288 이 목표 위하여/ 림연// 연변문예. – 1975,(7). – 11
14289 인민대회당송가/ 김파// 연변문예. –1975,(7). –8
14290 천군만마 일떠났네/ 최문섭// 연변문예. – 1975,(7). – 11
14291 나는 공사의 논물관리원/ 리영복// 연변문

예. − 1975,(8). − 15

14292 그 언제나 새로운 전초에 있어라 / 최문섭 // 연변문예. − 1975,(10). − 33

14293 당위서기 / 황장석 // 연변문예. − 1975,(10). − 31

14294 리론보도원 / 박송월 // 연변문예. − 1975,(10). − 34

14295 모주석께 드리는 노래 / 황광필 // 연변문예. − 1975,(10). − 30

14296 우리네 로스푸 / 리성진 // 연변문예. − 1975, (10). − 33 − 34

14297 해연 / 한경석 // 연변문예. − 1975,(10). − 32

14298 바위산에 강남대풍 안아왔다오 / 강길 // 연변문예. − 1975,(11). − 15

14299 별은 빛난다 / 림연 // 연변문예. − 1975,(11). − 18

14300 약진골의 아들 / 최삼룡 // 연변문예. − 1975, (11). − 14

14301 우리네 로서기 / 조혜선 // 연변문예. − 1975, (11). − 17

14302 조국이여,그대를 위해:외1수 / 한태운 // 연변문예. − 1975,(11). − 16 − 17

14303 나아가자 앞으로 위대한 장정이다 / 박화 // 연변문예. − 1975,(12). − 50 − 51

14304 모주석의 전투명령 높이 받들고 / 김파 // 연변문예. − 1975,(12). − 34

14305 변강의 봄 / 전복록 // 연변문예. − 1975,(12). − 16

14306 산간벽촌의 백의전사 / 박상철 // 연변문예. − 1975,(12). − 52

14307 여랑 싣고 가는 길 / 차순복 // 연변문예. − 1975,(12). − 16

14308 우리네 군장 / 전태균 // 연변문예. − 1975,(12). − 51 − 52

14309 평론하자,≪수호전≫을 / 최룡관 // 연변문예. − 1975,(12). − 34 − 35

14310 대채정신송가:연길현 신민가특집 / 최석린 등 // 연변문예. − 1976,(1). − 3 − 12

14311 이 노래 모주석께 드리옵니다 / 김근총 // 연변문예. − 1976,(1). − 31

14312 고원시초 / 한동해 // 연변문예. − 1976,(2). − 41 − 43

14313 대채정신송가 / 안도현 신민가특집 // 연변문예. − 1976,(2). − 30 − 33

14314 새 사원 / 서광억 // 연변문예. − 1976,(2). − 43

14315 새진군의 신호 / 전운봉 // 연변문예. − 1976, (2). − 41

14316 영원히 간직하노라 태양의 빛발을 / 김파 // 연변문예. − 1976,(2). − 7

14317 공농병학원의 노래 / 김훈 // 연변문예. − 1976, (3). − 10 − 11

14318 노래하노라 혁명위원회를 / 최제영 // 연변문예. − 1976,(3). − 25

14319 대변론의 연단에서 / 리흥국 // 연변문예. − 1976,(3). − 7

14320 빈하중농선전대 김아바이 / 강동학 // 연변문예. − 1976,(3). − 9 − 10

14321 산촌의 흑판보앞에서 / 강길 // 연변문예. − 1976,(3). − 24 − 25

14322 새교단에 올라 / 남흥범 // 연변문예. − 1976, (3). − 11

14323 선반공처녀 / 방복순 // 연변문예. − 1976,(3). − 24

14324 교육혁명전가 높이 부르자 / 허흥선 // 연변문예. − 1976,(4). − 28 − 29

14325 목청껏 환호하노라 혁명적본보기극을 / 형암 // 연변문예. − 1976,(4). − 27

14326 문예혁명의 붉은기발 / 장양 // 연변문예. − 1976,(4). − 27 − 28

14327 산촌의 로우공 / 리영복 // 연변문예. − 1976, (4). − 31 − 32

14328 새농촌의 붉은 싹들 / 리상각 // 연변문예. − 1976,(4). − 41

14329 여기도 전선이다 / 김철 // 연변문예. − 1976, (4). − 42 − 46

14330 저목장의 새기적 / 정문준 // 연변문예. − 1976,

(4). − 32

14331 조국을 록화하자:장남대대 민가선 / 림관동 등 // 연변문예. − 1976,(4). − 39 − 40

14332 종소리 / 강호혁 // 연변문예. − 1976,(4). − 30 − 31

14333 현위서기 제1선에 나섰다 / 박송월 // 연변문예. − 1976,(4). − 30

14334 교육진지 굳게 지켜 / 박명룡 // 연변문예. − 1976,(5). − 10 − 11

14335 나는 당원이다 / 최삼룡 // 연변문예. − 1976,(5). − 15

14336 나젊은 당위서기 / 리재익 // 연변문예. − 1976,(5). − 10

14337 대자보전란 / 리복 // 연변문예. − 1976,(5). − 11 − 12

14338 막장의 하늘에서 싸우리라 / 윤동민 // 연변문예. − 1976,(5). − 14

14339 무산계급문화대혁명 10주년찬가 / 류영덕 등 // 연변문예. − 1976,(5). − 3 − 6

14340 빛나는 ≪5.7≫의 길 / 신창수 // 연변문예. − 1976,(5). − 13

14341 산촌의 녀영업원 / 장옥순 // 연변문예. − 1976,(5). − 17

14342 수리전사의 마음 / 최룡관 // 연변문예. − 1976,(5). − 16

14343 신생사물의 노래 / 최홍일 // 연변문예. − 1976,(5). − 9

14344 저격수아바이 / 박룡석 // 연변문예. − 1976,(5). − 18

14345 조국송:텔레비죤앞에서 / 허충남 // 연변문예. − 1976,(5). − 7 − 8

14346 철로순도공 김아바이 / 김학범 // 연변문예. − 1976,(5). − 13 − 14

14347 폭풍의 대오 나아간다 / 김성휘 // 연변문예. − 1976,(5). − 48 − 50

14348 험한봉에 오르노라 / 홍성빈 // 연변문예. − 1976,(5). − 17 − 18

14349 혁명적본보기극의 영웅들처럼 / 김문 // 연변문예. − 1976,(5). − 12

14350 ≪강화≫의 빛발아래 / 황광필 // 연변문예. − 1976,(6). − 51

14351 권양기의 새주인 / 김경석 // 연변문예. − 1976,(6). − 38 − 39

14352 나젊은 뜨락또르수 / 김우석 // 연변문예. − 1976,(6). − 39

14353 날개를 펼치노라 / 북경대학 중문계 73년급 창작반 공농병학원집체작 // 연변문예. − 1976,(6). − 3 − 7

14354 산촌에 돌아온 대학생:외1수 / 정몽호 // 연변문예. − 1976,(6). − 54

14355 수도공인민병에게 / 리태근 // 연변문예. − 1976,(6). − 23

14355 지식청년전가 / 채미화 // 연변문예. − 1976,(6). − 54

14357 천안문광장에서:수도경위전사의 노래 / 리홍국 // 연변문예. − 1976,(6). − 22

14358 마음의 노래 / 림연 // 연변문예. − 1976,(7). − 6 − 8

14359 모주석께 드리는 노래 / 본지 시가창작학습반 // 연변문예. − 1976,(7). − 3 − 4

14360 빛나라 ≪7.21지시≫여 / 와룡강철공장 공인업여창작조 // 연변문예. − 1976,(7). − 11 − 12

14361 열번째 봄:무산계급문화대혁명 10주년 노래하여 / 박룡석 // 연변문예. − 1976,(7). − 9 − 10

14362 왕스푸의 무쇠손 / 정문준 // 연변문예. − 1976,(7). − 45

14363 장하다 철수야 어서 오너라:한 로빈농의 수기에서 / 김동호 // 연변문예. − 1976,(7). − 46

14364 천안문성루송 / 리종복 // 연변문예. − 1976,(7). − 10 − 11

14365 항시 마음속에 모주석 모시고 / 전병칠 // 연변문예. − 1976,(7). − 5

14366 가슴속에 아침해 지니고 / 한명자 // 연변문예. − 1976,(8). − 5

14367 나도 천안문을 지켜섰노라 / 허홍식 // 연변문예. − 1976,(8). − 52

14368 마음의 고향 / 김창희 // 연변문예. – 1976,(8). – 74

14369 모주석의 만수무강을 축원합니다 / 리유희 // 연변문예. – 1976,(8). – 5

14370 변강의 초병 / 김응준 // 연변문예. – 1976,(8). – 10

14371 소산시초 / 리근전 // 연변문예. – 1976,(8). – 3

14372 소산에서 기념사진 찍습니다 / 최우철 // 연변문예. – 1976,(8). – 5

14373 소산에서 부른 노래 / 전응권 // 연변문예. – 1976,(8). – 3 – 4

14374 소산의 노래 / 동길범 // 연변문예. – 1976,(8). – 4

14375 영원히 써가리라 홍위병일기를 / 황광필 // 연변문예. – 1976,(8). – 53

14376 처녀방목원 / 최호림 // 연변문예. – 1976,(8). – 11

14377 훈춘현 작품선 / 김영일 등 // 연변문예. – 1976,(8). – 8 – 9

14378 결렬의 노래 / 박룡학 // 연변문예. – 1976,(9). – 48 – 49

14379 당에 드리는 송가 / 김영림 // 연변문예. – 1976,(9). – 4 – 6

14380 하향지식청년전가 / 김련순 등 // 연변문예. – 1976,(9). – 37 – 40

14381 더없는 슬픔을 지니고 / 연태룡 // 연변문예. – 1976,(10). – 4

14382 마음속에 새힘을 다지여가네 / 류영기 // 연변문예. – 1976,(10). – 8

14383 세세대대 ≪동방홍≫높이 부르리 / 김성 // 연변문예. – 1976,(10). – 9

14384 슬픈 마음 힘과 바꿔 / 정창환 // 연변문예. – 1976,(10). – 9

14385 심절한 애도의 뜻 지니고 / 허봉철 // 연변문예. – 1976,(10). – 7

14386 연변인민 모주석의 유지 이어나가리 / 김호 // 연변문예. – 1976,(10). – 5 – 6

14387 천안문은 억만인민 마음속에 / 김성휘 // 연변문예. – 1976,(10). – 12 – 13

14388 태양을 영원히 마음속에 / 한태운 // 연변문예. – 1976,(10). – 6 – 7

14389 당산의 노래 / 최삼룡 // 연변문예. – 1976,(11). – 56

14390 ≪동방홍≫노래와 함께 / 림연 // 연변문예. – 1976,(11). – 26 – 27

14391 모주석은 영원히 연변인민 마음속에 / 김경석 // 연변문예. – 1976,(11). – 30

14392 새진군의 길에서 / 최룡관 // 연변문예. – 1976,(11). – 29 – 30

14393 오늘도 그이는 우릴 이끄십니다 / 김휘 // 연변문예. – 1976,(11). – 28

14394 용광로앞에서 / 황하성 // 연변문예. – 1976,(11). – 29

14395 태양의 빛발 영원하리라 / 김근총 // 연변문예. – 1976,(11). – 27 – 28

14396 경축하자 위대한 력사적승리를 / 전필 // 연변문예. – 1976,(12). – 13 – 14

14397 도도한 흐름 / 박화 // 연변문예. – 1976,(12). – 17

14398 로빈농의 마음 / 김문 // 연변문예. – 1976,(12). – 15 – 16

14399 변강홍위병의 맹세 / 리임원 // 연변문예. – 1976,(12). – 17 – 18

14400 빛나는 10월이여 / 리근영 // 연변문예. – 1976,(12). – 14

14401 시대의 거세찬 물결 / 전태균 // 연변문예. – 1976,(12). – 15

14402 청사에 길이 빛날 기념당 / 최봉석 // 연변문예. – 1976,(12). – 11

14403 특대희소식 전해왔네 / 김경학 // 연변문예. – 1976,(12). – 18

14404 화주석을 령수로 모시고 / 허홍식 // 연변문예. – 1976,(12). – 12

14405 새해의 맹세 / 김철 // 연변문예. – 1977,(1). – 26 – 27

14406 행복한 회억:연변대학을 찾아오셨던 경애

하는 주총리를 그리며/ 김욱// 연변문예.－1977,(1).－27－28

14407 화주석께 드리는 노래/ 허봉남// 연변문예.－1977,(1).－4

14408 대채의 길 따라/ 최제영// 연변문예.－1977,(2).－78

14409 모주석의 초상화 우러러/ 양동일// 연변문예.－1977,(2).－51－52

14410 변강의 빈하중농 화주석을 열애합니다/ 박춘식// 연변문예.－1977,(2).－50－51

14411 우리네 작업반/ 리태근// 연변문예.－1977,(2).－80

14412 탈곡장에서/ 리상호// 연변문예.－1977,(2).－79－80

14413 호두산의 흙/ 리복// 연변문예.－1977,(2).－78－79

14414 화주석께 드리는 송가/ 천보산광 공인업여창작조// 연변문예.－1977,(2).－49－50

14415 화주석은 우리와 한 마음/ 서영기// 연변문예.－1977,(2).－51

14416 노래하는 소산거도:외1수/ 정몽호// 연변문예.－1977,(3).－41

14417 돌아라 이동영사기야/ 김욱// 연변문예.－1977,(3).－45

14418 뢰봉은 우리 대오 진두에서/ 황광필// 연변문예.－1977,(3).－17

14419 천안문의 붉은 노을/ 최삼룡// 연변문예.－1977,(3).－44

14420 대경의 붉은기/ 정문준// 연변문예.－1977,(4).－14

14421 들끓는 막장/ 송련춘// 연변문예.－1977,(4).－15

14422 로채탄공/ 리재익// 연변문예.－1977,(4).－16－17

14423 사원들 뜻도 장하여:외1수/ 윤경옥// 연변문예.－1977,(4).－18

14424 삼림조사대원의 노래/ 박룡석// 연변문예.－1977,(4).－17

14425 연안을 다시 찾아/ 엽검영// 연변문예.－1977,(4).－3

14426 교단에 올라서서/ 림연// 연변문예.－1977,(6).－45

14427 원예사의 봄노래/ 리택수// 연변문예.－1977,(6).－44

14428 학생시가선/ 리임원 등// 연변문예.－1977,(6).－48－51

14429 당에 드리는 노래/ 김성휘// 연변문예.－1977,(7).－3

14430 당이 맡겨준 임무/ 김룡범// 연변문예.－1977,(7).－5－6

14431 당이여,자애로운 어머니/ 리상각// 연변문예.－1977,(7).－4－5

14432 림해의 풍파/ 김희철// 연변문예.－1977,(7).－52－59

14433 모주석의 기치 높이 드신 화주석/ 김응준// 연변문예.－1977,(7).－3－4

14434 림해의 풍파/ 김희철// 연변문예.－1977,(8).－18－28

14435 어머니와 전사들/ 정영석// 연변문예.－1977,(8).－17

14436 중국인민해방군 창건 50주년을 기념하여/ 리종복 등// 연변문예.－1977,(8).－7－10

14437 건축공지시초/ 윤경옥// 연변문예.－1977,(9).－29－30

14438 금성철벽/ 전태균// 연변문예.－1977,(9).－37－40

14439 당의 11차대표대회를 열렬히 환호한다/ 최문섭 등// 연변문예.－1977,(9).－16－20

14440 중남해의 불빛/ 림연// 연변문예.－1977,(9).－21－22

14441 탐사대원의 노래/ 홍성빈// 연변문예.－1977,(9).－28

14442 풍자시 2수/ 박화// 연변문예.－1977,(9).－46－47

14443 나도 시위행진대오에 섰노라/ 김득만// 연변문예.－1977,(10).－50

14444 불타는 마음마다 당을 우러러 / 김동호 // 연변문예. – 1977,(10). – 51
14445 시월의 용해장에서 / 송련춘 // 연변문예. – 1977,(10). – 49
14446 당중앙두리에 굳게 뭉쳐 나가자 / 권수만 // 연변문예. – 1977,(11). – 29
14447 불꽃이 핀다 / 김근총 // 연변문예. – 1977,(11). – 31
14448 조국송 / 김철 // 연변문예. – 1977,(11). – 30
14449 교정의 밤 / 김우석 // 연변문예. – 1977,(12). – 53
14450 모주석기념당을 찾아서 / 최룡관 // 연변문예. – 1977,(12). – 45 – 46
14451 모택동사상 만세 / 최제영 // 연변문예. – 1977,(12). – 47 – 48
14452 소산의 집 / 김응룡 // 연변문예. – 1977,(12). – 44 – 45
14453 영원한 충성의 흐름 / 림연 // 연변문예. – 1977,(12). – 46 – 47
14454 풍년노래 / 강영식 // 연변문예. – 1977,(12). – 55
14455 그이처럼 충성하리라 / 림연 // 연변문예. – 1978,(1). – 13 – 14
14456 당에 드리는 노래 / 최홍일 // 연변문예. – 1978,(1). – 53
14457 불멸의 발자국 / 김응준 // 연변문예. – 1978,(1). – 16 – 17
14458 생활의 노래 / 강호혁 // 연변문예. – 1978,(1). – 54
14459 솟아라 대경의 ≪샘≫이여 / 김성휘 // 연변문예. – 1978,(1). – 55 – 57
14460 영원한 미소 / 김인선 // 연변문예. – 1978,(1). – 15
14461 잊을수 없는 그날 / 리창선 // 연변문예. – 1978,(1). – 16
14462 주총리의 품 / 리근영 // 연변문예. – 1978,(1). – 14 – 15
14463 집체호의 어머니 / 문혁 // 연변문예. – 1978,(1). – 52 – 53
14464 모두다 나래 펼쳐 / 김인선 // 연변문예. – 1978,(2). – 47
14465 우화석 / 김욱 // 연변문예. – 1978,(2). – 33
14466 인민교사의 마음 / 최룡관 // 연변문예. – 1978,(2). – 44 – 45
14467 풍년 낟알 손에 들고 / 리장송 // 연변문예. – 1978,(2). – 46 – 47
14468 해빛 넘치는 길: 외1수 / 김수국 // 연변문예. – 1978,(2). – 34 – 35
14469 또다시 새 령마루 넘어 / 김경석 // 연변문예. – 1978,(3). – 32
14470 구름속에 웃음소리 들려오네 / 허흥식 // 연변문예. – 1978,(4). – 40 – 41
14471 룡산의 백병전 / 최제영 // 연변문예. – 1978,(4). – 37
14472 룡왕의 코밑에 정날을 박았구나 / 김창규 // 연변문예. – 1978,(4). – 41
14473 북경기행시: 2수 / 김태갑 // 연변문예. – 1978,(4). – 38
14474 약수동의 샘물 / 리상각 // 연변문예. – 1978,(4). – 44 – 49
14475 옥희야, 너의 정성은 벌방의 더기우베 / 허봉남 // 연변문예. – 1978,(4). – 40
14476 온실에서 / 전복록 // 연변문예. – 1978,(4). – 12
14477 원예사의 봄 / 김우석 // 연변문예. – 1978,(4). – 39 – 40
14478 안강의 해돋이 / 김성휘 // 연변문예. – 1978,(5). – 36
14479 우리 당의 고향집 / 김욱 // 연변문예. – 1978,(5). – 33
14480 원목차 달린다: 외1수 / 정문준 // 연변문예. – 1978,(5). – 36 – 37
14481 황하여, 그대는 어머니 / 임효원 // 연변문예. – 1978,(5). – 33 – 34
14482 가고 가고 가고픈 길 / 김응준 // 연변문예. – 1978,(6). – 32
14483 과학농사 쌀농사: 외1수 / 서광억 // 연변문예.

－1978,(6).－36
14484 ≪광영방≫앞에서 / 김문희 // 연변문예.－1978,(6).－3－4
14485 좋구나 희망찬 공사벌이여 / 김동호 // 연변문예.－1978,(6).－5
14486 총임무실현의 고동마 되여 / 박철 // 연변문예.－1978,(6).－3
14487 어머니당이여 / 김경석 // 연변문예.－1978,(7).－8－9
14488 이 말과 글로 / 설인 // 연변문예.－1978,(7).－9－10
14489 이슬길을 밟으며 / 허봉남 // 연변문예.－1978,(7).－11
14490 할아버지의 소원 / 리영복 // 연변문예.－1978,(7).－40
14491 휴식없는 밤에 / 허흥식 // 연변문예.－1978,(7).－10－11
14492 기다려주세요 어머니 / 문혁 // 연변문예.－1978,(8).－42
14493 나의 레다여 / 림원휘 // 연변문예.－1978,(8).－9
14494 단죄하노라 / 김철 // 연변문예.－1978,(8).－20
14495 상봉의 새봄 / 김례삼 // 연변문예.－1978,(8).－21
14496 옛친우 주덕해동지를 그리노라 / 송임원 // 연변문예.－1978,(8).－3
14497 인조무지개 서네 / 김창규 // 연변문예.－1978,(8).－41
14498 장백의 도라지 / 김우석 // 연변문예.－1978,(8).－40
14499 전사시초 / 리화만 // 연변문예.－1978,(8).－19
14500 주덕해동지에게 드리는 시 / 리휘 // 연변문예.－1978,(8).－3
14501 행복의 샘물 / 김재현 // 연변문예.－1978,(8).－40－41
14502 꽃향기 풍기는 과일밭에서 / 한춘 // 연변문예.－1978,(9).－47
14503 물노래 / 현규동 // 연변문예.－1978,(9).－46
14504 버드나무여 설레여라:외1수 / 최룡관 // 연변문예.－1978,(9).－3
14505 아침노을 붉게 타는 언덕길에서 / 조룡남 // 연변문예.－1978,(9).－47
14506 연변조선족자치주성립 26주년에 / 허대진 // 연변문예.－1978,(9).－4
14507 우리의 주총리 / 임효원 // 연변문예.－1978,-(9).－5
14508 혁명청년의 노래 / 신창수 // 연변문예.－1978,(9).－45－46
14509 고동소리 / 정순금 // 연변문예.－1978,(10).－7
14510 나는 흑룡강사람 / 박철준 // 연변문예.－1978,(10).－5
14511 나의 어머니 / 림승환 // 연변문예.－1978,-(10).－9
14512 네마음 그토록 설레임은… / 허봉남 // 연변문예.－1978,(10).－40
14513 방포탄이 터진다 / 리삼월 // 연변문예.－1978,(10).－11
14514 산촌의 휴식날 / 리영복 // 연변문예.－1978,(10).－40－41
14515 10월의 밤에 꽃핀 이야기 / 주동률 // 연변문예.－1978,(10).－8
14516 입학통지서 / 김욱 // 연변문예.－1978,(10).－43
14517 저수지 앞에서 / 문혁 // 연변문예.－1978,(10).－6
14518 집 / 강효삼 // 연변문예.－1978,(10).－6－7
14519 큰 길을 닦는다 / 리종남 // 연변문예.－1978,(10).－8－9
14520 풍년맞이 / 윤태삼 // 연변문예.－1978,(10).－41
14521 북대황서정:외1수 / 박화 // 연변문예.－1978,(11).－26
14522 신입생들을 맞는 마음 / 김철학 // 연변문예.－1978,(11).－4
14523 일력장을 번질 때 / 한병국 // 연변문예.－

1978,(11).－25

14524 조국송가 / 리욱 // 연변문예.－1978,(11).－3

14525 철기가 / 강장희 // 연변문예.－1978,(11).－30－31

14526 그네 / 전국산 // 연변문예.－1978,(12).－50

14527 소산에서 솟은 태양 영원합니다 // / 연변문예.－1978,(12).－27

14528 오늘도 도하전에 앞장섰구려 / 허봉남 // 연변문예.－1978,(12).－47

14529 장백시초 / 김례삼 // 연변문예.－1978,(12).－47

14530 접힌 날개 다시 펴서 천공만리 날아보자 / 김용식 // 연변문예.－1978,(12).－51

14531 태양송 / 김철 // 연변문예.－1978,(12).－24－25

14532 ≪표준≫ / 강효삼 // 연변문예.－1978,(12).－50

14533 4.5운동의 영웅들을 노래하노라 / 리상각 // 연변문예.－1979,(1).－6

14534 원혼이 된 시인에게 / 송정환 // 연변문예.－1979,(1).－35－36

14535 잊지 못할 가방이여 / 전국권 // 연변문예.－1979,(1).－7

14536 장백산아 이야기하라 / 김성휘 // 연변문예.－1979,(1).－37－43

14537 화주석께 새해의 인사를 드립니다 / 김대현 // 연변문예.－1979,(1).－5

14538 하늘아래 별유천지:백두산 기행 / 김기종 // 연변문예.－1979,(2).－41－42

14539 혁명의 멜대:경애하는 주덕위원장을 그리며 / 김경석 // 연변문예.－1979,(2).－38

14540 조국이여,고속도로 앞으로 / 전태균 // 연변문예.－1979,(3).－3

14541 투사의 사랑 / 송정환 // 연변문예.－1979,(3).－27

14542 꽃삼지:외2수 / 한동오 // 연변문예.－1979,(4).－20

14543 영광이 있으라,나의 대학이여: 연변대학 건교 30돐을 기념하여 / 전정환 // 연변문예.－1979,(4).－31

14544 중국사람 / 황봉룡 // 연변문예.－1979,(4).－16－17

14545 림해는 내고향 / 한원국 // 연변문예.－1979,(5).－27

14546 봄날의 산문시 / 임효원 // 연변문예.－1979,(5).－38

14547 불꽃 / 김호근 // 연변문예.－1979,(5).－37

14548 저목가: 외1수 / 정문준 // 연변문예.－1979,(5).－37

14549 직장에서 쓴 시 / 장경매 // 연변문예.－1979,(5).－39

14550 거룩한 동상 / 송정환 // 연변문예.－1979,(6).－30

14551 교단우의 영원한 신병 / 조룡남 // 연변문예.－1979,(6).－30

14552 나도 이땅의 당당한 주인이요 / 문혁 // 연변문예.－1979,(6).－31

14553 나의 봄 / 김동호 // 연변문예.－1979,(6).－31

14554 단시 3수 / 김파 // 연변문예.－1979,(6).－12

14555 벼이삭 익거들랑 / 김철 // 연변문예.－1979,(6).－35

14556 봄은 찾아 왔구려 / 주동률 // 연변문예.－1979,(6).－11

14557 육모원처녀 / 리임원 // 연변문예.－1979,(6).－11

14558 이곳에서 살리라 / 김경석 // 연변문예.－1979,(6).－61

14559 가을밤 실개천에서 / 리설봉 // 장백산.－1980,(1).－37

14560 경사 / 리승호 // 장백산.－1980,(1).－35

14561 광산의 사랑가 / 림화 // 장백산.－1980,(1).－79

14562 그이들의 거룩한 발자국 따라 / 류시흥 // 장백산.－1980,(1).－162

14563 그 충성 그 절개에 목메여 / 김정호 // 장백산.－1980,(1).－163－164

14564 꽃농사 / 김성 // 장백산. － 1980,(1). － 37
14565 내 고향 / 최홍광 // 장백산. － 1980,(1). － 36
14566 둥글이야 드락또르야 / 배상규 // 장백산. － 1980,(1). － 108
14567 민족시인의 갱생 / 마정 // 장백산. － 1980,(1). － 34
14568 사랑 / 송정환 // 장백산. － 1980,(1). － 20
14569 살구꽃 피였네 / 김재현 // 장백산. － 1980,(1). － 107
14570 살기 좋은 변강마을 / 박성무 // 장백산. － 1980,(1). － 35
14571 새움이 돋았다 / 선우연화 // 장백산. － 1980, (1). － 36
14572 설날 받은 칭찬 / 김덕성 // 장백산. － 1980, (1). － 36
14573 속심의 말 / 황장석 // 장백산. － 1980,(1). － 25 － 26
14574 아, 민들레… / 임효원 // 문학예술연구. － 1980,(1). － 31
14575 어머니와 아기 / 리욱 // 연변문예. － 1980,(1). － 21
14576 여보시오 장군,그래서는 안되오 / 섭문복 // 문학예술연구. － 1980,(1). － 24 － 27
14577 우리는 자랑찬 지질탐사대 / 김건 // 장백산. － 1980,(1). － 108
14578 원앙호 / 남영전 // 장백산. － 1980,(1). － 65 － 69
14579 이런검사원이 있다 / 창은 // 장백산. － 1980,- (1). － 55
14580 인민교원에게 영광이 있으라 / 윤성문 // 장백산. － 1980,(1). － 33
14581 장정의 기발:혁명군사 박물관을 참관하고서 / 조종훈 // 장백산. － 1980,(1). － 164
14582 전선(외2수) / 장홍주 // 장백산. － 1980,(1). － 61
14583 조국의 부름을 안고 / 최영관 // 장백산. － 1980,(1). － 165
14584 학원의 노래 / 정의 // 장백산. － 1980,(1). － 109
14585 행복의 노래 / 마송학 // 장백산. － 1980,(1). － 136 － 141
14586 행복이 그립습니다 / 문창남 // 장백산. － 1980, (1). － 109
14587 향토서정 / 허봉남 // 연변문예. － 1980,(1). － 22 － 23
14588 감자농사 / 김성 // 장백산. － 1980,(2). － 110
14589 강변에서 / 송춘 // 장백산. － 1980,(2). － 48 － 49
14590 거리의 울음소리 / 문혁 // 장백산. － 1980,(2). － 34 － 39
14591 교육가의 서정 / 마송학 // 장백산. － 1980,(2). － 42 － 43
14592 국장들은 이사도 잘 하건만… / 박성 // 장백산. － 1980,(2). － 145 － 146
14593 기쁨이 출렁이네 행복이 넘실대네 / 한춘 // 장백산. － 1980,(2). － 46
14594 꽃같은 처녀에게 황홀히 취할때 / 김선화 // 장백산. － 1980,(2). － 102
14595 년말결산 / 김광 // 장백산. － 1980,(2). － 87
14596 다리 / 김동호 // 장백산. － 1980,(2). － 110
14597 대장의 쪽잠 / 리창영 // 장백산. － 1980,(2). － 132
14598 두더지의 혼사 / 박기준 정리 // 장백산. － 1980,(2). － 103 － 104
14599 릉원의 푸른 소나무 / 김욱 // 장백산. － 1980, (2). － 53
14600 만리장성에 올라서 / 리창인 // 장백산. － 1980, (2). － 96
14601 명절의 기쁨 / 방금손 // 장백산. － 1980,(2). － 140
14602 미덕 / 마리 // 장백산. － 1980,(2). － 97 － 102
14603 민들레 / 윤성문 // 장백산. － 1980,(2). － 49
14604 별들은 무슨 말을 하고있을가 / 김성휘 // 장백산. － 1980,(2). － 45 － 46
14605 비석 / 조종훈 // 장백산. － 1980,(2). － 166
14606 서운한 마음 / 김태복 // 장백산. － 1980,(2).

−121
14607 석탄 / 전태균 // 연변문예. − 1980,(2). − 21
14608 선렬들의 집 / 리상각 // 연변문예. − 1980,(2). −19 − 21
14609 수리개, 호랑이 / 리상각 // 장백산. − 1980,(2). − 112
14610 심산속의 오솔길 / 정철 // 장백산. − 1980,(2). −109
14611 안개 걷히는 그날이 오면(외1수) / 김창대 // 장백산. − 1980,(2). − 47 − 48
14612 우리는 붓을 든 전사 / 리설봉 // 장백산. − 1980,(2). − 75
14613 이불보:30년대 연길감옥에서 김정길녀사가 뜬 이불보 / 문창남 // 장백산. − 1980,(2). − 107 − 108
14614 인삼새의 노래 / 박상춘 // 장백산. − 1980,(2). −111
14615 장백산 노래 / 김응준 // 장백산. − 1980,(2). − 106
14616 장백산기행시초(2수) / 김재현 // 장백산. − 1980,(2). − 105
14617 장백산차(외2수) / 문목 // 장백산. − 1980,(2). −149
14618 제철공 / 황장석 // 장백산. − 1980,(2). − 126
14619 진달래 연분(외1수) / 임효원 // 장백산. − 1980,(2). −47
14620 처녀는 황금가을 반겨요 / 김순호 // 장백산. − 1980,(2). −24
14621 천정기중기공처녀 / 류시홍 // 장백산. − 1980,(2). −135
14622 천지기상참 / 김응 // 장백산. − 1980,(2). − 108
14623 청춘시절(외3수) / 김철 // 장백산. − 1980,(2). −44 − 45
14624 고향에서:외2수 / 송정환 // 연변문예. − 1980,(3). −22
14625 림해의 서정 / 문목 // 연변문예. − 1980,(3). − 24
14626 시골의 서정 / 김성휘 // 연변문예. − 1980,(3). −50
14627 할머니 박을 타네 / 김응준 // 연변문예. − 1980,(3). − 23
14628 산판시초 / 한동오 // 연변문예. − 1980,(4). − 36 − 37
14629 내 마음에 꼭 들었지 / 정문준 // 연변문예. − 1980,(5). − 34
14630 미소. 악수. 동지 / 리행복 // 연변문예. − 1980,(5). − 33
14631 보람찬 그날을 위하여 / 김파 // 연변교육. − 1980,(5). − 29
14632 지성의 꽃 / 김순기 // 연변교육. − 1980,(5). − 61 − 64
14633 석림애가 / 임효원 // 연변문예. − 1980,(6). − 46
14634 고임돌이 되리라 / 김응준 // 연변교육. − 1980,(7). − 64
14635 청춘 / 황장석 // 연변문예. − 1980,(7). − 7
14636 두 처녀 / 김진홍 // 연변문예. − 1980,(8). − 47
14637 민들레꽃 / 송정환 // 연변문예. − 1980,(8). − 47
14638 애정시초 / 리상각 // 연변문예. − 1980,(8). − 48
14639 우리네 도서실은 과학의 샘터 / 권수만 // 연변교육. − 1980,(8). − 30
14640 바다의 사랑 / 김철 // 연변문예. − 1980,(9). − 48 − 49
14641 해가 막 솟아오를 때:외1수 / 김성휘 // 연변문예. − 1980,(9). − 49
14642 그대에겐 이런 일이 없는가 / 안국철 // 연변문예. − 1980,(10). − 25
14643 미래의 당부앞에:첫교단에 오르며 / 리임원 // 연변교육. − 1980,(10). − 62
14644 수박골 / 한경석 // 연변문예. − 1980,(10). − 25
14645 김파 시초: 련인의 눈동자 / 김파 // 연변문예. − 1980,(11). − 27
14646 솜조끼:장정때 한 홍군련장이 전사에게 넘겨준 솜조끼 앞에서 / 문창남 // 연변문예. − 1980,(11). − 43

14647 잘 있느냐,모교의 소나무여 / 김성휘 // 연변교육. – 1980,(11). – 60

14648 전광국 시2수:장백폭포 / 전광국 // 연변문예. – 1980,(11). – 26

14649 조룡남 시6수:모기 / 조룡남 // 연변문예. – 1980,(11). – 24 – 25

14650 최문섭 시초: 눈꽃 / 최문섭 // 연변문예. – 1980,(11). – 25 – 26

14651 최정연 시3수:귀향 / 최정연 // 연변문예. – 1980,(11). – 23 – 24

14652 현규동 시초:참사랑 / 현규동 // 연변문예. – 1980,(11). – 22 – 23

14653 관료주의자에게 / 최흔 // 연변문예. – 1980,(12). – 42 – 43

14654 교단의 높이 / 황장석 // 연변교육. – 1980,(12). – 61

14655 중년의 노래 / 김응준 // 연변문예. – 1980,(12). – 38 – 41

14656 한경석시선:벼이삭 패는 밤 / 한경석 // 연변문예. – 1980,(12). – 24 – 26

14657 언제 어디서나 혁명가요 부른다 / 소옥전 // 동북민병. – 1980,(13). – 15

14658 시 / 박철준;김동환 // 동북민병. – 1980,(22). – 45

14659 고향생각 / 리행복 // 연변문예. – 1981,(1). – 42

14660 눈 꽃 / 함윤옥 // 장백산. – 1981,(1). – 61

14661 단시 2수 / 김창석 // 연변문예. – 1981,(1). – 41

14662 도라지(외1수) / 리승호 // 장백산. – 1981,(1). – 64

14663 동란의 세월에 / 김태갑 // 연변문예. – 1981,(1). – 39

14664 등대 / 박수만 // 장백산. – 1981,(1). – 111

14665 땀을 줏는 대지 / 김철 // 연변문예. – 1981,(1). – 40 – 41

14666 만일 나에게 그런 권한이 있다면 / 황장석 // 연변문예. – 1981,(1). – 44 – 45

14667 박꽃 / 리운룡 // 장백산. – 1981,(1). – 64 – 65

14668 백운봉에서 부르는 노래 / 량사성 // 장백산. – 1981,(1). – 55 – 56

14669 봄노래(4수) / 김정호 // 장백산. – 1981,(1). – 62 – 63

14670 봄 아가씨(외1수) / 류시홍 // 장백산. – 1981,(1). – 63

14671 불사조 / 박화 // 장백산. – 1981,(1). – 59

14672 사색편 / 임효원 // 연변문예. – 1981,(1). – 43

14673 시조 3수 / 최영관 // 장백산. – 1981,(1). – 65

14674 압록강시초 / 김성휘 // 연변문예. – 1981,(1). – 37 – 38

14675 어디로 사라졌더냐,나의 웃음은 / 한춘 // 장백산. – 1981,(1). – 61

14676 영웅의 기상 / 김태갑 // 장백산. – 1981,(1). – 58

14677 옥황산에 올라 / 송정환 // 장백산. – 1981,(1). – 56 – 57

14678 울밑에 핀 봉선화 / 리임원 // 장백산. – 1981,(1). – 65

14679 참 사랑(외1수) / 김경석 // 연변문예. – 1981,(1). – 38

14680 최해룡가사선 / 최해룡 // 연변문예. – 1981,(1). – 18 – 19

14681 희오리바람에 날려간것은(외1수) / 한창희 // 장백산. – 1981,(1). – 60

14682 고향(외2수) / 조룡남 // 장백산. – 1981,(2). – 65

14683 그대는 아시는가요 / 상민 // 장백산. – 1981,(2). – 150

14684 기행시초 / 마정 // 장백산. – 1981,(2). – 63 – 64

14685 도라지꽃(외6수) / 김재현 // 장백산. – 1981,(2). – 61 – 63

14686 ≪로동에 따라 분배≫받네 / 서경수 // 장백산. – 1981,(2). – 68

14687 무제 / 상헌 // 장백산. – 1981,(2). – 81

14688 미소(외2수) / 리승호 // 장백산. – 1981,(2). – 65 – 66

14689 변강의 웃음꽃 / 주뢰 // 장백산. −1981,(2). −59−60
14690 송정환 시선 / 송정환 // 연변문예. −1981,(2). −16−18
14691 수도물 / 김성 // 장백산. −1981,(2). −67−68
14692 베쮼의 동상앞에서(외1수) / 리춘광 // 장백산. −1981,(2). −66−68
14693 변강마을을 찾아 / 척적광 // 장백산. −1981,(2). −58
14694 산간마을에 눈내린다 / 허행 // 장백산. −1981,(2). −54−55
14695 산문시 3수 / 문목 // 장백산. −1981,(2). −81
14696 씨앗 / 손래금 // 연변문예. −1981,(2). −47
14697 언제나 청춘으로 살수 있음은 / 허봉남 // 연변교육. −1981,(2). −59
14698 원예사를 노래하네 / 방태숙 // 장백산. −1981,(2). −76
14699 이거냐 저거냐 / 리상각 // 연변문예. −1981,(2). −46−47
14700 전등불빛밑에서(외2수) / 애엽 // 장백산. −1981,(2). −55−58
14701 천지기상사업소(외3수) / 손수청 // 장백산. −1981,(2). −60−61
14702 천지의 전설 (서사시) / 남영전 // 장백산. −1981,(2). −1−4
14703 활자주조기 / 최룡관 // 장백산. −1981,(2). −76
14704 그물 / 리욱 // 연변문예. −1981,(3). −19
14705 김문회시편 / 김문회 // 연변문예. −1981,(3). −17−19
14706 나의 선언:한 시탐구자의 고백 / 리복 // 연변문예. −1981,(3). −40−41
14707 봄바람 / 리설봉 // 장백산. −1981,(3−4). −73
14708 사랑의 꿈(서사시) / 송정환 // 장백산. −1981,(3−4). −135−139
14709 산삼의 자랑(외1수) / 리연천 // 장백산. −1981,(3−4). −132
14710 산촌의 봄 / 리종복 // 연변문예. −1981,(3). −41
14711 삼룡만 / 방금손 // 장백산. −1981,(3−4). −142
14712 양정우장군의 릉원을 찾아(외4수) / 류시홍 // 장백산. −1981,(3−4). −141−142
14713 장백산기슭에 띄우는 축하의 노래 / 김철 // 장백산. −1981,(3−4). −36−37
14714 장백회의에 오가는 길에서 / 문창남 // 장백산. −1981,(3−4). −38
14715 침묵 / 한병국 // 연변문예. −1981,(3). −55
14716 풀뿌리(외4수) / 전원 // 장백산. −1981,(3−4). −140−141
14717 북경의 노래 / 설인 // 연변문예. −1981,(4). −33
14718 박화시선 / 박화 // 연변문예. −1981,(4). −29−32
14719 성실 / 최룡관 // 연변문예. −1981,(4). −33
14720 옷고름:외1수 / 김동호 // 연변문예. −1981,(4). −35
14721 종다리의 울음:외1수 / 김성휘 // 연변문예. −1981,(4). −34
14722 풍자시 3수 / 김학송 // 연변문예. −1981,(4). −56−57
14723 김진룡단시편 / 김진룡 // 연변문예. −1981,(5). −42−43
14724 김창석시선 / 김창석 // 연변문예. −1981,(5). −35−38
14725 나래엮는 고향의 딸들아 / 문창남 // 연변문예. −1981,(5). −44
14726 봄, 봄이로다! / 리창영 // 연변문예. −1981,(5). −45
14727 붉은 별 / 윤용수 // 연변문예. −1981,(5). −41
14728 정문준시선 / 정문준 // 연변문예. −1981,(5). −39−40
14729 제비 한쌍 / 최정연 // 연변문예. −1981,(5). −45
14730 회전의자 / 김례삼 // 연변문예. −1981,(5). −44
14731 김경석시선 / 김경석 // 연변문예. −1981,(6). −30−32
14732 김욱시초 / 김욱 // 연변문예. −1981,(6). −33

14733 봄노래 / 김훈 // 연변문예. – 1981,(6). – 35
14734 심정호시선 / 심정호 // 연변문예. – 1981,(6). – 34 – 35
14735 하늘높이 날아오르다 / 전세홍 // 연변문예. – 1981,(6). – 38
14736 강이여,푸른 물결이여 / 조룡남 // 연변문예. – 1981,(7). – 43
14737 김태갑시선 / 김태갑 // 연변문예. – 1981,(7). – 33 – 35
14738 리창영시초 / 리창영 // 연변문예. – 1981,(7). – 40
14739 마음의 탑,고향의 언덕아 / 김성휘 // 연변문예. – 1981,(7). – 42 – 43
14740 박재구 시2수 / 박재구 // 연변문예. – 1981,(7). – 38 – 39
14741 보습:외1수 / 김철 // 연변문예. – 1981,(7). – 41 – 42
14742 산골의 진달래 / 김창석 // 연변문예. – 1981,(7). – 41
14743 선생님의 눈 / 조룡남 // 연변교육. – 1981,(7). – 64
14744 허흥식시선 / 허흥식 // 연변문예. – 1981,(7). – 36 – 37
14745 고추,버섯 / 리근영 // 연변문예. – 1981,(8). – 56
14746 고향의 수리개 / 김학 // 연변문예. – 1981,(8). – 53
14747 김응준시선 / 김응준 // 연변문예. – 1981,(8). – 37 – 39
14748 김창규단시편 / 김창규 // 연변문예. – 1981,(8). – 42
14749 나는 몰라라 / 김명희 // 연변문예. – 1981,(8). – 55
14750 동심 / 리삼월 // 연변문예. – 1981,(8). – 56
14751 즐거운 휴식 / 신해월 // 연변문예. – 1981,(8). – 53 – 54
14752 코스모스 / 주동률 // 연변문예. – 1981,(8). – 54
14753 호소시 3수 / 호소 // 연변문예. – 1981,(8). – 40 – 41
14754 환자의 웨침:외1수 / 김희수 // 연변문예. – 1981,(8). – 54 – 55
14755 김학송시편 / 김학송 // 연변문예. – 1981,(9). – 44 – 47
14756 나는 농민이다 / 한경석 // 연변문예. – 1981,(9). – 28 – 29
14757 당원동무 / 김동진 // 연변문예. – 1981,(9). – 27 – 28
14758 당이여, 그대는 / 감학철 // 연변문예. – 1981,(9). – 27
14759 현대화와 우리 자신 / 장학몽 // 연변문예. – 1981,(9). – 30 – 31
14760 땀의 노래 / 김학 // 연변문예. – 1981,(10). – 44 – 46
14761 리행복시선:봄이 온들 / 리행복 // 연변문예. – 1981,(10). – 27 – 29
14762 밤놀이 달놀이 / 리귀남 // 연변문예. – 1981,(10). – 30
14763 방아:외1수 / 리룡득 수집정리 // 연변문예. – 1981,(10). – 31
14764 서호절경 / 임효원 // 연변문예. – 1981,(10). – 46 – 47
14765 쉿, 떠들지 마아 / 한동오 // 연변문예. – 1981,(10). – 30
14766 가을바람 / 김청송 // 연변문예. – 1981,(11). – 41
14767 두 일등처녀 / 김창규 // 연변문예. – 1981,(11). – 30
14768 벽촌의 밤 / 김학송 // 연변문예. – 1981,(11). – 27
14769 샘터 / 권수만 // 연변교육. – 1981,(11). – 36
14770 차별 / 윤승덕 // 연변문예. – 1981,(11). – 51
14771 철길우에서 / 김철학 // 연변문예. – 1981,(11). – 39 – 40
14772 최룡관시선:별 많은 밤에 / 최룡관 // 연변문예. – 1981,(11). – 25 – 27
14773 단시 4수: 논판의 작은 초가집 / 황상박 //

연변문예. – 1981,(12). – 45

14774 밀림아 이야기하라 / 김응룡 // 연변문예. – 1981,(12). – 26 – 28

14775 사시절의 얼굴: 봄 / 강길 // 연변문예. – 1981,(12). – 46 – 47

14776 잘못보았나? / 권수만 // 연변문예. – 1981,(12). – 47

14777 허봉남시첩에서: 공청단행진곡 / 허봉남 // 연변문예. – 1981,(12). – 24 – 26

14778 련병장의 새아침 / 최동일 // 동북민병. – 1981.(23 – 24). – 59

14779 가야금을 타니 백두산이 춤춘다 / 리욱 // 연변문예. – 1982,(1). – 51

14780 꽃쌈지 / 정철 // 연변문예. – 1982,(1). – 32 – 34

14781 구름은 나의 기쁨(외1수) / 김재현 // 장백산. – 1982,(1). – 83 – 84

14782 나사를 조이며 / 김영대 // 대중문예. – 1982,(1).47

14783 내가 이사를 하오:외1수 / 박철준 // 연변문예. – 1982,(1). – 52

14784 내고향의 메아리 / 김학송 // 연변문예. – 1982,(1).35

14785 달빛 아래서 / 상민 // 장백산. – 1982,(1). – 156

14786 려칠성 시선 / 려칠성 // 대중문예. – 1982,(1).21 – 24

14787 묵상: 통화시 양정우장군릉원에서 / 김응준 // 장백산. – 1982,(1). – 81 – 82

14788 바다의 서정 / 김근 // 장백산. – 1982,(1). – 79 – 80

14789 밭고랑:외1수 / 신현산 // 대중문예. – 1982,(1). – 41

14790 백두산에서(외2수) / 마정 // 장백산. – 1982,(1). – 80 – 81

14791 봄눈 / 김광 // 장백산. – 1982,(1). – 129

14792 사색편 / 정철 // 장백산. – 1982,(1). – 84 – 85

14793 송화강의 배 / 김영기 // 대중문예. – 1982,(1). – 24

14794 씨름판에서:외1수 / 김철 // 대중문예. – 1982,(1). – 38

14795 앵앵전 / 원진 // 장백산. – 1982,(1). – 86 – 92

14796 어찌 기다리나:외1수 / 량동섭 // 대중문예. – 1982,(1). – 45 – 46

14797 엿 (외2수) / 김성 // 장백산. – 1982,(1). – 82 – 83

14798 우리 마을 꼬꼬댁 / 강택일 // 장백산. – 1982,(1). – 156

14799 장백에로 (외3수) / 김태갑 // 장백산. – 1982,(1). – 78 – 79

14800 주정뱅이에게 부치는 노래 / 박철준 // 대중문예. – 1982,(1). – 46

14801 진달래 / 조종훈 // 장백산. – 1982,(1). – 63

14802 쪽잠이나 깊이 드세요 / 김혜숙 // 대중문예. – 1982,(1). – 47

14803 포롱도가 삼일만에 죄인을 잡아내다 // 장백산. – 1982,(1). – 94 – 102

14804 피와 땀을 지불하라:청년벗에게 / 김동규 // 장백산. – 1982,(1). – 129

14805 고향의 아침 / 김진룡 // 연변문예. – 1982,(2). – 21

14806 그네 / 왕정 // 장백산. – 1982,(2). – 67

14807 내 고향의 꾀꼴새:한 녀독창가수에게 드림 / 허범 // 송화강. – 1982,(2). – 30

14808 단시3수 / 송정환 // 도라지. – 1982,(2). – 45

14809 례물: 외1수 / 류문홍 // 도라지. – 1982,(2). – 65

14810 류의전 / 리조위 // 장백산. – 1982,(2). – 92 – 99

14811 만세, 시의 생명이여: 외2수 / 김성휘 // 도라지. – 1982,(2). – 44 – 45

14812 매력 / 최경진 // 송화강. – 1982,(2). – 31

14813 백두산 천지 / 황현걸 // 장백산. – 1982,(2). – 71

14814 벗에게 / 한춘 // 장백산. – 1982,(2). – 69

14815 봄꿈 / 리욱일 // 송화강. – 1982,(2). – 12

14816 봄불(외1수) / 박길춘 // 송화강. – 1982,(2). –

29
14817 산우의 구름 / 량사성 // 장백산. − 1982,(2). − 66
14818 생활은 연극, 우리는 배우 / 최호진 // 송화강. − 1982,(2). − 30 − 31
14819 송화호: 외1수 / 리만수 // 도라지. − 1982,(2). − 26 − 27
14820 숫돌 / 허경태 // 송화강. − 1982,(2). − 31
14821 시의 왕국(외2수) / 리승호 // 장백산. − 1982,-(2). − 80
14822 시조2수 / 윤하섭 // 송화강. − 1982,(2). − 32
14823 아, 상록수: 필리핀 기행시초 / 김철 // 연변문예. − 1982,(2). − 48 − 49
14824 완달의 벌목공 / 박철준 // 송화강. − 1982,(2). − 29
14825 웃음 / 강효삼 // 장백산. − 1982,(2). − 72
14826 은하수 / 문창남 // 송화강. − 1982,(2). − 28 − 29
14827 이른 봄(외2수) / 강효삼 // 송화강. − 1982,-(2). − 22
14828 장려금 / 정기수 // 송화강. − 1982,(2). − 32
14829 제발 입만 떼지 말아라 / 김강 // 송화강. − 1982,(2). − 31
14830 조약돌판을 지나며 / 김정호 // 장백산. − 1982,-(2). − 68
14831 진정의 마음에서 / 김창대 // 장백산. − 1982,(2). − 70
14832 책임제로 가꿔가니: 외1수 / 문호 // 도라지. − 1982,(2). − 27
14833 추억 / 리상각 // 송화강. − 1982,(2). − 12
14834 한윤호 시묶음 / 한윤호 // 도라지. − 1982,(2). − 24 − 25
14835 한 탐사대원의 편지 / 황장석 // 장백산. − 1982,(2). − 71
14836 해 저문 내가에서: 외1수 / 김태갑 // 연변문예. − 1982,(2). − 22
14837 흰 머리수건 / 허만석 // 도라지. − 1982,(2). − 26
14838 간판 / 서성학 // 송화강. − 1982,(3). − 41
14839 고향시초 / 박화 // 송화강. − 1982,(3). − 39 − 40
14840 그저 꿈만 같수다 / 김동진 // 송화강. − 1982,(3). − 38
14841 기억: 외1수 / 황장석 // 도라지. − 1982,(3). − 30 − 31
14842 기중기공처녀야 / 황장석 // 송화강. − 1982,(3). − 40 − 41
14843 꽃바람(외1수) / 송정환 // 송화강. − 1982,(3). − 39
14844 꽃피는 시골살림 / 김동진 // 연변문예. − 1982,(3). − 34
14845 단비가 내린다 / 로룡준 // 장백산. − 1982,(3). − 45
14846 달리는 렬차에서 / 마정 // 장백산. − 1982,(3). − 85 − 86
14847 돌절구: 외1수 / 신현산 // 도라지. − 1982,(3). − 50
14848 량산의 이야기 // 장백산. − 1982,(3). − 130 − 151
14849 리와전 / 백행간 // 장백산. − 1982,(3). − 101 − 108
14850 리홍광지대 발자취를 찾아서 / 김재현 // 장백산. − 1982,(3). − 42 − 44
14851 모올산 기행시초 / 변창렬 등 // 도라지. − 1982,(3). − 52
14852 모철에 부치는 시 / 리삼월 // 장백산. − 1982,(3). − 84 − 85
14853 목릉하 / 김강 // 송화강. − 1982,(3). − 38 − 39
14854 물: 외1수 / 윤하룡 // 도라지. − 1982,(3). − 51
14855 봄맞이 / 최문섭 // 연변문예. − 1982,(3). − 33 − 34
14856 봄소나기 지나가고 / 현완왜 // 송화강. − 1982,(3). − 8
14857 봄아가씨 / 김철룡 // 장백산. − 1982,(3). − 44 − 45
14858 빛나는 구슬 / 남상수 // 송화강. − 1982,(3). − 40

14859 빨래터 / 최홍자 // 연변문예. －1982,(3). －32－33
14860 사람찾는 광고:외3수 / 리삼월 // 도라지. －1982,(3). －28－30
14861 사랑의 바다 / 류시흥 // 장백산. －1982,(3). －86
14862 산아,백두산(외4수) / 한창희 // 장백산. －1982,(3). －40－42
14863 생명의 원천(외1수) / 박성자 // 송화강. －1982,(3). －41
14864 서정시 3수: 생활이여,너는… / 박화 // 장백산. －1982,(3). －83－84
14865 안해 / 석두 // 도라지. －1982,(3). －31
14866 애정시 / 김성휘 // 장백산. －1982,(3). －77－81
14867 어린 시절의 추억 / 송정환 // 장백산. －1982,(3). －81－83
14868 요 귀여운것아!:외3수 / 김례삼 // 연변문예. －1982,(3). －31－32
14869 조국,나는 사랑해요 / 류문홍 // 장백산. －1982,(3). －86
14870 차안에서(외1수) / 효문 // 송화강. －1982,(3). －41
14871 해를 마주 보며 / 김성휘 // 송화강. －1982,(3). －15
14872 간밤의 꿈 / 금동춘 // 도라지. －1982,(4). －65
14873 고향의 진달래 / 리승호 // 장백산. －1982,(4). －42－43
14874 교원의 노래 / 허순옥 // 장백산. －1982,(4). －49
14875 그러나 나는… / 리설봉 // 송화강. －1982,(4). －37－38
14876 길짱구 / 홍영 // 송화강. －1982,(4). －11
14877 꽃노래 3수 / 송정환 // 도라지. －1982,(4). －51
14878 나는 농민이다 / 허흥식 // 도라지. －1982,(4). －66
14879 노래하노라,조선민족녀인들 / 박철준 // 도라지. －1982,(4). －52－53
14880 농사군의 마음 / 김문희 // 연변문예. －1982,(4). －49
14881 단심편 / 송정환 // 연변문예. －1982,(4). －48
14882 대지의 큰상 / 류문홍 // 송화강. －1982,(4). －38
14883 마음의 메아리:3수 / 한창희 // 도라지. －1982,(4). －50
14884 문창남 시묶음 / 문창남 // 도라지. －1982,(4). －28－33
14885 물고기잡이 / 김철학 // 도라지. －1982,(4). －53
14886 방아타령 / 호소 // 장백산. －1982,(4). －46－47
14887 산판의 진달래 / 정문준 // 연변문예. －1982,-(4). －13－17
14888 석양 / 리장수 // 송화강. －1982,(4). －19
14889 송아지 / 박찬태 // 송화강. －1982,(4). －38
14890 수직원 처녀 / 리화선 // 송화강. －1982,(4). －39
14891 시련 / 정철 // 장백산. －1982,(4). －75－79
14892 아이참,부끄러워 / 윤하섭 // 송화강. －1982,(4). －39
14893 아침 / 척적광 // 장백산. －1982,(4). －47－48
14894 어머니의 품(외1수) / 리삼월 // 송화강. －1982,(4). －37
14895 여기가 거긴가 / 류시흥 // 장백산. －1982,(4). －44－46
14896 연지 / 포송령 // 장백산. －1982,(4). －32－37
14897 장백산 줄기줄기 / 황희 // 장백산. －1982,(4). －38－40
14898 전야의 첫발자국:외1수 / 한춘 // 도라지. －1982,(4). －52
14899 청산록수 정들어요 / 김응준 // 장백산. －1982,(4). －43－44
14900 파아란 이파리 / 정철 // 송화강. －1982,(4). －39
14901 편집≪직장≫:≪장백산≫의 새로운 발족을 축하하여 / 김파 // 장백산. －1982,(4). －49－50
14902 포도알의 대답(외1수) / 박길춘 // 송화강. －

1982,(4).－39－40
14903 홍두산 단풍숲 / 김성 // 장백산.－1982,(4).－40－42
14904 흰수건 / 안만철 // 송화강.－1982,(4).－37
14905 거울(외1수) / 박화 // 송화강.－1982,(5).－40－41
14906 건설장의 젊은이 / 황장석 // 연변문예.－1982,(5).－40
14907 고향길 / 김성휘 // 송화강.－1982,(5).－40
14908 동경(외2수) / 박길춘 // 송화강.－1982,(5).－41－42
14909 땅.눈동자 / 허흥식 // 연변문예.－1982,(5).－23
14910 바람 세찬 날 / 강효삼 // 송화강.－1982,(5).－37－40
14911 봄이 옵니다 / 리태복 // 송화강.－1982,(5).－42
14912 산중록수 / 전광국 // 연변문예. －1982,(5).－23
14913 전호(외1수) / 김응준 / 송화강.－1982,(5).－42
14914 조룡남시첩에서 / 조룡남 // 연변문예.－1982,(5).－38－40
14915 조상의 꿈 / 류문홍 // 송화강.－1982,(5).－40
14916 해(외3수) / 김동진 // 송화강.－1982,(5).－41
14917 가장 부르고 싶은 이름 / 김철학 // 송화강.－1982,(6).－32
14918 고향의 마지막밤에 / 송정환 // 송화강.－1982,(6).－31－32
14919 고향집에서 / 박길춘 // 송화강.－1982,(6).－52
14920 군복은 벗었지만… / 김강 // 송화강.－1982,-(6).－31
14921 나는 고향의 한그루 백양나무 / 김성휘 // 연변문예.－1982,(6).－43
14922 나팔꽃 / 박련옥 // 송화강.－1982,(6).－34
14923 당이 이끄는 길이라면… / 류문홍 // 송화강.－1982,(6).－33
14924 봄밤 / 문창남 // 연변문예.－1982,(6).－23－26
14925 시간(외1수) / 전승기 // 송화강.－1982,(6).－33
14926 제비이야기 / 홍영 // 송화강.－1982,(6).－33－34
14927 조약돌 / 김파 // 송화강.－1982,(6).－33
14928 축복의 멜로디:외3수 / 김학송 // 연변문예.－1982,(6).－44－45
14929 측량대원의 시첩에서 / 한춘 // 송화강.－1982,(6).－51
14930 탄부의 모자 / 박철준 // 송화강.－1982,(6).－31
14931 해질무렵 / 현규동 // 송화강.－1982,(6).－32
14932 땅과 농사군 / 문파 // 은하수.－1982,(7).－46
14933 렬사들이 남기신 유물:동북렬사기념관에서 / 황상박 // 은하수.－1982,(7).－45
14934 마지막 선을 그어가는데…:외2수 / 전광국 // 연변문예.－1982,(7).－28－29
14935 시골의 사랑 / 신창수 // 연변문예.－1982,(7).－26－27
14936 의사의 량심 / 김창규 // 연변문예.－1982,(7).－24－26
14937 이슬 / 리삼월 // 은하수.－1982,(7).－46－47
14938 황혼(외1수) / 정철 // 은하수.－1982,(7).－47
14939 고향마을시초 / 한동오 // 연변문예.－1982,(8).－23－25
14940 단시3수 / 송정환 // 은하수.－1982,(8).－41
14941 당년의 홍군처럼 싸워가리라 / 홍성빈 // 은하수.－1982,(8).－5
14942 볼우물이 나를 싹 죽여준대도 / 김동호 // 은하수.－1982,(8).－52
14943 사랑의 초소에서 / 김응준 // 연변문예.－1982,-(8).－25
14944 웅위로운 장백산 / 척적광 // 연변문예.－1982,(8).－25－26
14945 청결공의 자랑 / 지효순 // 은하수.－1982,(8).－53

14946 초롱꽃 / 림만철 // 은하수. − 1982,(8). − 65
14947 탐사의 길에서 / 김철학 // 연변문예. − 1982,(8). − 20 − 23
14948 향토의 정 / 류문홍 // 은하수. − 1982,(8). − 52 − 53
14949 고향아 내 노래 듣느냐 / 김성휘 // 은하수. − 1982,(9). − 7 − 8
14950 그분이 살아계신다면 / 김욱 // 연변문예. − 1982,(9). − 20
14951 나도 웃었지 / 윤실근 // 은하수. − 1982,(9). − 15
14952 사랑스런 연변으로 / 현규동 // 연변문예. − 1982,(9). − 21
14953 숲이여, 무성하라 / 최문섭 // 연변문예. − 1982,(9). − 37
14954 시골내기 / 권녕수 // 은하수. − 1982,(9). − 8
14955 신혼부부:외1수 / 박장길 // 연변문예. − 1982,(9). − 52
14956 어머님이 들려준 노래 / 김태갑 // 연변문예. − 1982,(9). − 53
14957 우리 마을에 오셨던 주아바이 / 허범 // 연변문예. − 1982,(9). − 20 − 21
14958 이슬 / 리삼월 // 은하수. − 1982,(9). − 31
14959 첫 작업복 떨쳐입고 / 황장석 // 은하수. − 1982,(9). − 17
14960 청춘이여,그대의 아름다움은… / 한춘 // 은하수. − 1982,(9). − 75 − 76
14961 행복 / 김성휘 // 지부생활. − 1982,(9). − 58 − 59
14962 가슴속에 저절로 불이 붙는걸… / 허봉남 // 은하수. − 1982,(10). − 13
14963 고향길(외1수) / 강효삼 // 은하수. − 1982,(10). − 35 − 38
14964 고향벌 / 김파 // 연변문예. − 1982,(10). − 19
14965 고향의 새 노래 / 김경석 // 연변문예. − 1982,(10). − 20
14966 김장배추 / 박철준 // 은하수. − 1982,(10). − 44
14967 꽃피는 시절에 / 김동진 // 은하수. − 1982,(10). − 23
14968 담장 / 한동해 // 은하수. − 1982,(10). − 37
14969 마음이 간지러워:외1수 / 김창석 // 연변문예. − 1982,(10). − 42
14970 생산대장을 노래합니다 / 한경석 // 연변문예. − 1982,(10). − 41 − 42
14971 세멘트 / 리성비 // 은하수. − 1982,(10). − 42
14972 술타령 // 은하수. − 1982,(10). − 80
14973 어머님 노래를 불러주세요 / 김성휘 // 연변문예. − 1982,(10). − 43
14974 어머님의 바느질 / 신철호 // 은하수. − 1982,(10). − 42
14975 여기서는 − / 김문희 // 연변문예. − 1982,(10). − 57
14976 자장가 / 김창규 // 연변문예. − 1982,(10). − 43
14977 조국 / 김응준 // 연변문예. − 1982,(10). − 18 − 19
14978 가을 / 한경석 // 연변문예. − 1982,(11). − 16
14979 고향사람들 / 김철 // 연변문예. − 1982,(11). − 56 − 58
14980 고향은 언제나 내 가슴속에:외1수 / 정철 // 연변문예. − 1982,(11). − 58
14981 과일나무아래에서 / 김학송 // 연변문예. − 1982,(11). − 45
14982 그대가 쓴 입당청원서 / 리근영 // 연변문예. − 1982,(11). − 5
14983 꽃밭과 전사 / 김철학 // 연변문예. − 1982,(11). − 5
14984 물이 옵니다 / 박장길 // 은하수. − 1982,(11). − 31
14985 버섯따기.새별. 벽계수 / 리상각 // 연변문예. − 1982,(11). − 44 − 45
14986 분필의 노래 / 오현묵 // 은하수. − 1982,(11). − 47
14987 술로써 취하게 만들 줄이야 / 강효삼 // 은하수. − 1982,(11). − 70
14988 쏟아져라 위훈의 금별아 / 안경숙 // 은하수. − 1982,(11). − 20
14989 아이참 어머니두 / 박광일 // 연변문예. − 1982,

(11).－71
14990 아침 / 박철준 // 은하수.－1982,(11).－52－53
14991 어머니 / 리선호 // 연변문예.－1982,(11).－4
14992 옥황산 단풍 / 류문홍 // 은하수.－1982,(11).－53
14993 인생편 / 김응준 // 은하수.－1982,(11).－52
14994 고향길 / 정양 // 은하수.－1982,(12).－34－35
14995 규률이여 초병처럼 서있으라! / 리종형 // 연변문예.－1982,(12).－35
14996 꽃분이가 시집을 가오 / 리덕춘 // 은하수.－1982,(12).－64
14997 변방군과 풍년벌 / 윤하섭 // 은하수.－1982,(12).－49
14998 ≪4해≫를 꾸짖노라 / 김룡운 // 연변문예.－1982,(12).－63
14999 선생님 / 김동진 // 은하수.－1982,(12).－33－34
15000 순라의 밤 / 윤청남 // 은하수.－1982,(12).－35
15001 안개 / 김강 // 연변문예.－1982,(12).－37
15002 온도계 / 김파 // 은하수.－1982,(12).－56
15003 ≪자주 놀러 오너라!≫:외1수 / 김철학 // 연변문예.－1982,(12).－36－37
15004 추녀끝에 피여나는 새 이야기 / 김강 // 은하수.－1982,(12).－19
15005 황금의 대지 / 리창영 // 연변문예.－1982,(12).－36
15006 오각별 / 윤태삼 // 동북민병.－1982,(24).－35
15007 갈증 / 림금산 // 송화강.－1983,(1).－36
15008 곽밥 / 강일덕 // 도라지.－1983,(1).－60
15009 그 다음에 더 취하오 / 김영해 // 도라지.－1983,(1).－56
15010 그 이름 되새길 때마다 / 허범 // 장백산.－1983,(1).－60
15011 금돌이 / 윤영철 // 도라지.－1983,(1).－60
15012 기다리던 편지 / 리정자 // 도라지.－1983,(1).－58－59
15013 꽃물결(외1수) / 김옥 // 송화강.－1983,(1).－36－37
15014 꽃바람 / 김강 // 은하수.－1983,(1).－52
15015 꽃수건 / 백광도 // 은하수.－1983,(1).－38
15016 꿈 / 신철호 // 송화강.－1983,(1).－38
15017 나의 대지 / 동방호 // 연변문예.－1983,(1).－45
15018 내 고향 집안 / 류문홍 // 장백산.－1983,(1).－59－60
15019 녀점원의 미소 / 김학송 // 송화강.－1983,(1).－38
15020 농가의 봄 / 허홍식 // 연변문예.－1983,(1).－41－42
15021 닭알 바구니 / 김인선 // 연변문예.－1983,(1).－42
15022 당의 사랑 안고 / 남창렬 // 도라지.－1983,(1).－55
15023 대렬을 맞추자 / 최문섭 // 연변문예.－1983,(1).－39
15024 들꽃 / 김정호 // 장백산.－1983,(1).－57－58
15025 딸기:외1수 / 허봉남 // 청년생활.－1983,(1).－41
15026 뜨락돌샀노라 / 량원룡 // 도라지.－1983,(1).－55－56
15027 뜻밖의 상봉 / 김옥선 // 도라지.－1983,(1).－59
15028 리별의 사랑(외1수) / 황장석 // 도라지.－1983,(1).－30－32
15029 리삼월 서정시4수 / 리삼월 // 은하수.－1983,(1).－53
15030 마음의 저울 / 류문홍 // 은하수.－1983,(1).－35
15031 매대의 처녀 / 정수길 // 연변문예.－1983,(1).－39
15032 멀리멀리 갔어라(외1수) / 설인 // 도라지.－1983,(1).－30
15033 미래 / 박재근 // 은하수.－1983,(1).－39
15034 미루었던 환갑날 / 진종호 // 도라지.－1983,(1).－57

15035 벼랑우의 진달래 / 황장석 // 송화강. – 1983,(1). – 37

15036 북방의 락조 / 김창석 // 은하수. – 1983,(1). – 24

15037 불야성 / 김파 // 송화강. – 1983,(1). – 20

15038 비는 그치였건만 / 원성철 // 도라지. – 1983,(1). – 57

15039 사랑의 속삭임 / 최균선 // 청년생활. – 1983,(1). – 41 – 42

15040 산호 / (청)포성령 // 장백산. – 1983,(1). – 92 – 97

15041 새벽까치 울던 날 / 박동욱 // 도라지. – 1983,(1). – 52

15042 선녀가 내린다 / 김창석 // 연변문예. – 1983,(1). – 40

15043 시골의 기쁨 / 김동진 // 연변문예. – 1983,(1). – 40 – 41

15044 시내가에서 / 리승호 // 장백산. – 1983,(1). – 58 – 59

15045 시 작품을 불살으다 / 리규보 // 문학예술연구. – 1983,(1). – 43

15046 아,이슬아 / 리명재 // 은라수. – 1983,(1). – 40

15047 애청과 그의 처녀작 및 서정시:상봉 / 애청 // 장백산. – 1983,(1). – 1 – 5

15048 약혼 사탕내라하네 / 박수산 // 도라지. – 1983,(1). – 57 – 58

15049 어머니,걱정마세요 / 신옥란 // 도라지. – 1983,(1). – 58

15050 옹달샘 / 남상수 // 송화강. – 1983,(1). – 36

15051 왜 웃지를 않겠소 / 김학철 // 은하수. – 1983,(1). – 62

15052 욕(외1수) / 김철 // 송화강. – 1983,(1). – 35

15053 우러러보지 말라고… / 김동호 // 송화강. – 1983,(1). – 37

15054 웃음락담 살아보자 / 리룡득 // 송화강. – 1983,(1). – 31

15055 장구춤을 추는 처녀: – 연변예술극장 마당에 일떠선 조각상을 보고 / 왕정 // 연변문예. – 1983,(1). – 44

15056 제목없는 시 / 박화 // 장백산. – 1983,(1). – 55 – 56

15057 종 / 김응준 // 연변문예. – 1983,(1). – 39

15058 진달래 / 박문봉 // 송화강. – 1983,(1). – 35 – 36

15059 청춘들에게 드리는 6현금 / 김파 // 청년생활. – 1983,(1). – 40 – 41

15060 축배 / 허봉남 // 연변문예. – 1983,(1). – 43

15061 친선의 강(외1편) / 문묵 // 연변문예. – 1983,(1). – 45

15062 토장국 / 정문준 // 송화강. – 1983,(1). – 34 – 35

15063 푸른 바람 / 주뢰 // 장백산. – 1983,(1). – 56 – 57

15064 푸른 흐름아 / 임효원 // 연변문예. – 1983,(1). – 43 – 44

15065 풍년든 밤에 / 태룡철 // 도라지. – 1983,(1). – 21

15066 한마음 / 리명 // 연변문예. – 1983,(1). – 42

15067 한해농사 끝냈다 / 박장길 // 송화강. – 1983,(1). – 34

15068 혁명가요 3수 / 리상각 // 송화강. – 1983,(1). – 38

15069 혈전의 발자취 더듬어:장백산 유람길에서 / 김성 // 연변문예. – 1983,(1). – 45 – 46

15070 황소를 분배받고 / 김동걸 // 도라지. – 1983,(1). – 56

15071 가던길에 돌아서서 / 리설봉 // 도라지. – 1983,(2). – 75

15072 가야금 / 김철 // 은하수. – 1983,(2). – 55

15073 고마운 처녀 / 정도현 // 도라지. – 1983,(2). – 33

15074 고향의 옛말(외1수) / 리욱 // 도라지. – 1983,(2). – 63

15075 고향처녀들의 웃음소리 / 석문주 // 송화강. – 1983,(2). – 39

15076 그대 아무리 매섭고 시뚝해도 / 한윤호 // 도라지. – 1983,(2). – 3

15077 기다린다(외3수) / 김성휘 // 도라지. - 1983,(2). - 63
15078 기중기공처녀(외1수) / 임효원 // 도라지. - 1983,(2). - 63
15079 꺼질줄 모르는 모닥불 / 한동오 // 장백산. - 1983,(2). - 59 - 60
15080 내 고향 길림이여(외1수) / 황봉석 // 도라지. - 1983,(2). - 33
15081 내 고향 옛터에서(시초) / 송정환 // 송화강. - 1983,(2). - 35 - 36
15082 내 너를 다시 보는건 / 김동진 // 청년생활. - 1983,(2). - 50
15083 논갈이 / 려칠성 // 도라지. - 1983,(2). - 2
15084 도서관의 노래 / 리광수 // 은하수. - 1983,(2). - 31
15085 리홍광 / 김선화 // 장백산. - 1983,(2). - 59
15086 못 잊어 언제나 / 전영순 // 은하수. - 1983,(2). - 55
15087 몽골포 (외1수) / 장주서 // 도라지. - 1983,(2). - 29 - 30
15088 몽땅 때벗이로다 / 진종호 // 도라지. - 1983, (2). - 30 - 31
15089 무덤과 넋 / 정철 // 송화강. - 1983,(2). - 37 - 38
15090 미인송 / 김철룡 // 장백산. - 1983,(2). - 58 - 59
15091 발 자국 / 리묵 // 송화강. - 1983,(2). - 32
15092 밭머리 / 류시홍 // 장백산. - 1983,(2). - 64 - 65
15093 벼가 익는다 (외1수) / 최룡관 // 송화강. - 1983,(2). - 33
15094 봄 / 정철 // 장백산. - 1983,(2). - 61 - 63
15095 봄바람 (외1수) / 김경석 // 도라지. - 1983, (2). - 21
15096 봄아, 너한테서 내가 본것은 / 허홍식 // 송화강. - 1983,(2). - 36
15097 북방 (외3수) / 김성휘 // 송화강. - 1983,(2). - 34 - 35
15098 생활에 기념비 세우자 / 김춘산 // 은하수. - 1983,(2). - 35
15099 선생님, 우리 선생님 / 리택수 // 연변교육. - 1983,(2). - 55
15100 속삭이는 봄 / 김동호 // 장백산. - 1983,(2). - 63 - 64
15101 솔 잎 (외1수) / 신철호 // 송화강. - 1983,(2). - 39
15102 송화호 서정 (조시) / 류봉림 // 도라지. - 1983,(2). - 32 - 33
15103 수박껍질 / 김태복 // 도라지. - 1983,(2). - 28 - 29
15104 시내물 / 전우 // 은하수. - 1983,(2). - 35
15105 아 가을에‥(외2수) / 김창석 // 송화강. - 1983, (2). - 33 - 34
15106 아모 / (청) 포송령 // 장백산. - 1983,(2). - 87 - 91
15107 안심하세요 친정부모님(외1수) / 황상박 // 송화강. - 1983,(2). - 39
15108 안해여 잠간만 / 윤하룡 // 도라지. - 1983,(2). - 31
15109 언제나 뜨거운 마음 / 리설봉 // 장백산. - 1983,(2). - 65 - 66
15110 여울소리 / 임효원 // 청년생활. - 1983,(2). - 50
15111 오늘 / 김례삼 // 송화강. - 1983,(2). - 36 - 37
15112 오늘은 내가 한턱 낼라우 / 김동진 // 장백산. - 1983,(2). - 66 - 67
15113 울라성 / 신현산 // 도라지. - 1983,(2). - 31
15114 웃음 꽃 피는 마을 / 전두만 // 은하수. - 1983,(2). - 40
15115 장백산의 노래 / 김응준 // 장백산. - 1983,(2). - 56 - 57
15116 진붉은 꿈 / 김강 // 은하수. - 1983,(2). - 18
15117 참아가자요 (외1수) / 리석군 // 도라지. - 1983,(2). - 29
15118 처가 길 / 려칠성 // 도라지. - 1983,(2). - 28
15119 처녀의 마음 / 황송림 // 송화강. - 1983,(2). - 38

15120 천렵놀이 / 전광국 // 청년생활. －1983,(2). －50
15121 철리시 3수 / 박화 // 송화강. －1983,(2). －38
15122 청춘이여, 너는 / 림금산 // 은하수. －1983,(2). －34
15123 태양송 / 윤영애 // 은하수. －1983,(2). －34
15124 파아란 하늘 / 전복선 // 송화강. －1983,(2). －37－38
15125 하고싶은 말 / 김창대 // 장백산. －1983,(2). －66
15126 해돋이 / 김철학 // 장백산. －1983,(2). －57－58
15127 해솟는 직장 / 한득철 // 도라지. －1983,(2). －30
15128 향해를 찾아서 / 우명 // 장백산. －1983,(2). －67－68
15129 희망은 나의 벗 / 최룡범 // 은하수. －1983,-(2). －34－35
15130 거기서 살리라 / 김운일 // 은하수. －1983,(3). －53
15131 고향 / 강효삼 // 송화강. －1983,(3). －40－41
15132 고향의 강변에서 / 김학송 // 청년생활. －1983,(3). －57
15133 고향의 내가에서 / 조룡남 // 연변문예. －1983,-(3). －51
15134 고향의 여울소리 / 임효원 // 송화강. －1983,(3). －17
15135 고향집(외2수) / 박길춘 // 송화강. －1983,(3). －43
15136 기사의 밤 / 리윤동 // 도라지. －1983,(3). －33
15137 꽃밭 / 박정애 // 도라지. －1983,(3). －59
15138 나리꽃 / 김응준 // 은하수. －1983,(3). －72
15139 나의 념원 / 박동욱 // 도라지. －1983,(3). －32
15140 나의 방(외1수) / 김응준 // 송화강. －1983,(3). －41
15141 나팔꽃 / 안만철 // 은하수. －1983,(3). －70
15142 남방에서 읊은 시 / 리상각 // 장백산. －1983,(3－4). －69－71
15143 내 고향의 민들레 / 김파 // 장백산. －1983,(3－4). －129
15144 논한뼘 / 윤하룡 // 도라지. －1983,(3). －31－32
15145 다시불렀소: 렬사묘앞에서 / 김동진 // 송화강. －1983,(3). －35
15146 두보초당 / 차화 // 장백산. －1983,(3－4). －73－74
15147 두터운 은정 / 육호; 금산; 비수 // 장백산. －1983,(3－4). －109－113
15148 딸아 (외2수) / 리상각 // 도라지. －1983,(3). －30
15149 땀과 곡식 / 하정 // 송화강. －1983,(3). －41
15150 만신창의 왕국 / 김파 // 연변문예. －1983,(3). －52
15151 머리채: 리소련렬사가 남긴 머리채 앞에서 / 조종훈 // 장백산. －1983,(3－4). －127
15152 명상 / 전국권 // 연변문예. －1983,(3). －50
15153 묵상편 / 김성휘 // 장백산. －1983,(3－4). －124－125
15154 바람 / 박화 // 은하수. －1983,(3). －48
15155 봄과 이야기한다 / 정몽호 // 송화강. －1983,(3). －42－43
15156 봉선화: 한 항련전사의 수기에서 / 정철 // 장백산. －1983,(3－4). －126－127
15157 삼림지기의 조각상 / 주리 // 장백산. －1983,(3－4). －130
15158 삶을 아름답게 엮어봤으면… / 박련옥 // 송화강. －1983,(3). －42
15159 설방아 / 김성 // 장백산. －1983,(3－4). －128－129
15160 새각시 / 리승호 // 장백산. －1983,(3－4). －128
15161 새벽길 / 김동원 // 도라지. －1983,(3). －31
15162 송화강에 얼음이 녹네 / 김성우 // 송화강. －1983,(3). －42
15163 송화호 천렵놀이 / 리만수 // 도라지. －1983,(3). －33
15164 시조 2수 / 리택수 // 청년생활. －1983,(3). －57
15165 아가의 웃음 (외1수) / 박화 // 도라지. －1983,

(3).－31
15166 아,단풍이여(외1수)/류병강// 도라지.－1983,(3).－29
15167 압록강변에서/리택홍 구술;리창인 정리// 장백산.－1983,(3－4).－116－121
15168 오누이 솔/김흡 정리// 장백산.－1983,(3.4).－122－123
15169 우리는 속삭이네/신현철// 청년생활.－1983,(3).－57
15170 우리 민족/김동진// 은하수.－1983,(3).－37－38
15171 운남풍정/남영전// 장백산.－1983,(3－4).－71－73
15172 웃음소리/김영해// 도라지.－1983,(3).－33
15173 이역만리 타관땅에서/김철// 장백산.－1983,(3－4).－65－69
15174 집떠난 님이여/허순옥// 도라지.－1983,(3).－32
15175 처녀의 마음/김선화// 장백산.－1983,(3－4).－131
15176 친정부모님, 안녕하세요/황상박// 도라지.－1983,(3).－23
15177 코스모스의 기쁨/김기덕// 연변교육.－1983,(3).－43
15178 탄부의 손/정문준// 연변문예.－1983,(3).－51
15179 텁석부리나그네/(당) 두광정// 장백산.－1983,(3－4).－163－167
15180 패말을 박는다/최호진// 송화강.－1983,(3).－40
15181 하루/박화// 은하수.－1983,(3).－58
15182 호박꽃/전승기// 송화강.－1983,(3).－41
15183 환갑상/최문섭// 송화강.－1983,(3).－42
15184 계절풍/전복선/ 송화강.－1983,(4).－46
15185 고기배 (외4수)/리상각// 도라지.－1983,(4).－28－29
15186 고향/금동춘// 도라지.－1983,(4).－3
15187 과원의 사랑/리선호// 송화강.－1983,(4).－47－48
15188 군도를 높이 들고/리상달// 도라지.－1983,(4).－80
15189 그 날이 오면…(외1수)/한창희// 도라지.－1983,(4).－8
15190 그림자 (외3수)/문창남// 도라지.－1983,(4).－31－32
15191 기다리는 마음/김흡// 송화강.－1983,(4).－47
15192 꽃 편지/권수만// 송화강.－1983,(4).－44
15193 나의 노래/허홍식// 연변문예.－1983,(4).－32－33
15194 내 물아/김학송// 도라지.－1983,(4).－2
15195 논벌에서 살고싶소/허봉남// 청년생활.－1983,(4).－32
15196 농촌은 활무대/권영수// 송화강.－1983,(4).－43
15197 대지, 계절/김파// 송화강.－1983,(4).－43
15198 리창영시묶음/리창영// 연변문예.－1983,(4).－30－31
15199 목달개/리호림// 도라지.－1983,(4).－43
15200 물장화,너는 나의 벗/김영실// 송화강.－1983,(4).－44－45
15201 박철준 시2수:당성을 두고:이러고만 있을 때가 아니다/박철준// 은하수.－1983,(4).－24－25
15202 벗에게 (외1수)/김성휘// 도라지.－1983,(4).－6－7
15203 벼꽃/박화// 청년생활.－1983,(4).－32
15204 보슬비.은실비.금실비/리상각// 송화강.－1983,(4).－45
15205 사랑에 대한 이야기/김성휘// 은하수.－1983,(4).－42－44
15206 사막의 꽃/리행복// 연변문예.－1983,(4).－33－35
15207 새싹/차영화// 송화강.－1983,(4).－47
15208 선장 (외2수)/김호근// 도라지.－1983,(4).－30

15209 송화호서정 / 리휘 // 도라지. − 1983,(4). − 5 − 6
15210 약처방 / 김철근 // 은하수. − 1983,(4). − 31
15211 어머니 / 림금산 // 송화강. − 1983,(4). − 47
15212 어진 황소의 이야기 / 최호진 // 송화강. − 1983,(4). − 43 − 44
15213 여기도 꽃동산 / 박철준 // 송화강. − 1983,(4). − 46
15214 은잠자리 / 리장수 // 은하수. − 1983,(4). − 50
15215 의용군 항일가 / 정문선 // 도라지. − 1983,(4). − 80
15216 장백산기행시조 / 효초 // 도라지. − 1983,(4). − 4 − 5
15217 전우 / 문창남 // 송화강. − 1983,(4). − 46 − 47
15218 종달새 (외1수) / 리삼월 // 은하수. − 1983,(4). − 16
15219 참새들의 회의 / 엄정자 // 은하수. − 1983,(4). − 23
15220 8월의 바람(외1수) / 김윤동 // 송화강. − 1983,(4). − 45 − 46
15221 푸른 희망 (외1수) / 정철 // 연변문예. − 1983,(4). − 36
15222 한폭의 그림 (외1수) / 최삼룡 // 도라지. − 1983,(4). − 30 − 31
15223 감자 / 리성철 // 송화강. − 1983,(5). − 41
15224 갑문 / 문창남 // 연변문예. − 1983,(5). − 27
15225 강효삼 시2수: 물소리:아,중년 − 나는 청춘 / 강효삼 // 은하수. − 1983,(5). − 40 − 41
15226 꽃 망울 / 윤정철 // 송화강. − 1983,(5). − 37
15227 막장의 메아리 (외1수) / 정문준 // 연변문예. − 1983,(5). − 26 − 27
15228 발행원 처녀 / 박철 // 은하수. − 1983,(5). − 20
15229 봄날, 대지에서 부른 노래(조시) / 한춘 // 송화강. − 1983,(5). − 38
15230 사랑의 시작과 끝은 / 한창선 // 은하수. − 1983,(5). − 12
15231 산촌의 사진사 / 강룡화 // 송화강. − 1983,(5). − 41
15232 술 / 최호진 // 송화강. − 1983,(5). − 40
15233 숲속에 사람들 / 김철학 // 연변문예. − 1983,(5). − 52 − 53
15234 시에 대한 시 / 박화 // 송화강. − 1983,(5). − 50
15235 신심 / 박룡옥 // 은하수. − 1983,(5). − 7
15236 심장에 불을 지펴라 (외1수) / 리삼월 // 송화강. − 1983,(5). − 39 − 40
15237 아 선생님 / 김규필 // 연변교육. − 1983,(5). − 62
15238 진달래 / 림금산 // 송화강. − 1983,(5). − 41
15239 청춘을 보내며 / 김학송 // 송화강. − 1983,(5). − 41
15240 축복 / 김파 // 송화강. − 1983,(5). − 39
15241 특효약 / 권영수 // 송화강. − 1983,(5). − 39
15242 푸른 생명 / 김동진 // 은하수. − 1983,(5). − 20
15243 해비끝에 비이슬(외1수) / 김춘산 // 송화강. − 1983,(5). − 40 − 41
15244 가야금 타는 처녀 / 전승기 // 송화강. − 1983,(6). − 48
15245 고향이여, 나는 네가 있어 행복하여라 / 박문봉 // 송화강. − 1983,(6). − 46
15246 귀양시초 / 한춘 // 은하수. − 1983,(6). − 50 − 51
15247 기억 / 박길춘 // 은하수. − 1983,(6). − 23
15248 길에서 산다 (외2수) / 김룡호 // 연변문예. − 1983,(6). − 55 − 56
15249 나를 지켜보는 하얀 렬사비(외1수) / 김철학 // 송화강. − 1983,(6). − 45
15250 념원 / 김수림 // 연변문예. − 1983,(6). − 21
15251 량심의 채찍 / 김춘산 // 은하수. − 1983,(6). − 8
15252 류성:외1수 / 임효원. // 천지. − 1983,(6). − 9
15253 먼저 가라 해님아 / 박장길 // 송화강. − 1983,(6). − 50
15254 ≪못난 새끼오리≫ / 신옥녀 // 은하수. − 1983,(6). − 51
15255 무엇이였던가 내가 찾는 그것이(외1수) / 리성비 // 송화강. − 1983,(6). − 48
15256 바다 / 설인 // 은하수. − 1983,(6). − 25
15257 바다물 (외1수) / 김학송 // 송화강. − 1983,-

(6). - 49
15258 봄 (외1수) / 김성휘 // 연변문예. - 1983,(6). - 20
15259 봄 (외1수) / 리창영 // 송화강. - 1983,(6). - 47
15260 시내가에서 / 마송학 // 송화강. - 1983,(6). - 49
15261 아기 / 최화길 // 송화강. - 1983,(6). - 46
15262 애솔나무와 바람 / 조룡남 // 은하수. - 1983,(6). - 23
15263 오늘도 그이는… / 허범 // 연변문예. - 1983,(6). - 21
15264 요것아,내 사랑아 / 윤하섭 // 송화강. - 1983,(6). - 50
15265 이웃사이 / 박찬태 // 송화강. - 1983,(6). - 47
15266 장백산 - 연변의 어머니: 외1수 / 조룡남 // 청년생활. - 1983,(6). - 56
15267 지식이여 내 사랑이여 / 홍성혜 // 은하수. - 1983,(6). - 42
15268 청춘은 푸르다 / 김철 // 청년생활. - 1983,(6). - 49
15269 초불처럼 / 김파 // 연변교육. - 1983,(6). - 20
15270 출근뻐스안에서 / 김동호 // 청년생활. - 1983,(6). - 29
15271 출장갔다 돌아오니(외1수) / 허봉남 // 송화강. - 1983,(6). - 49
15272 하루갈이땅 / 홍영 // 송화강. - 1983,(6). - 45
15273 함께 갈래요(외2수) / 김학송 // 연변문예. - 1983,(6). - 40 - 41
15274 해녀. 무궁화 / 임효원 // 은하수. - 1983,(6). - 21
15275 깨여나는 산간마을 / 김성휘 // 연변문예. - 1983,(7). - 20 - 21
15276 기술원총각 / 정문준 // 연변문예. - 1983,(7). - 67
15277 로 당원의 심정 / 마송학 // 연변문예. - 1983,(7). - 3
15278 미더운 당원 / 김희숙 // 연변문예. - 1983,(7). - 3
15279 별의 마음 / 김문희 // 연변문예. - 1983,(7). - 22
15280 봄산 / 김응준 // 연변문예. - 1983,(7). - 21
15281 봇나무 / 김파 // 연변문예. - 1983,(7). - 22
15282 빛나라 생명의 불꽃이여! / 신장수 // 연변문예. - 1983,(7). - 19
15283 사랑의 새길 / 리창영 // 연변문예. - 1983,(7). - 66
15284 산간의 봄 / 임효원 // 연변문예. - 1983,(7). - 20
15285 새각시의 가슴에는… / 현규동 // 연변문예. - 1983,(7). - 66
15286 생일 쇠는 우리 아가 / 최웅 // 연변문예. - 1983,(7). - 67
15287 세월의 봄 / 김학 // 연변문예. - 1983,(7). - 22
15288 아,당의 품이여 / 김호 // 연변문예. - 1983,(7). - 2
15289 오늘도 아이들은 기다린단다 / 조룡남 // 연변교육. - 1983,(7). - 40
15290 장해적 - 너를 보고 내 다시금 / 윤용수 // 연변문예. - 1983,(7). - 19
15291 처녀승무원 / 최철산 // 연변문예. - 1983,(7). - 67
15292 취쌈 / 오대룡 // 연변문예. - 1983,(7). - 66 - 67
15293 한 당원이 걷는 길은 / 허홍식 // 연변문예. - 1983,(7). - 2
15294 행복의 숨결 / 김창석 // 연변문예. - 1983,(7). - 21
15295 꽃편지는 없어도 / 김대현 // 연변문예. - 1983,(8). - 41
15296 비를 맞으며 (외1수) / 리호림 // 연변문예. - 1983,(8). - 40 - 41
15297 사랑의 멜로디 / 김철 // 연변문예. - 1983,(8). - 17 - 19
15298 초병 (외1수) / 박화 // 연변문예. - 1983,(8). - 40
15299 고요한 가을밤 / 박장길 // 연변문예. - 1983,

(9). - 61

15300 고향의 흙 / 한춘 // 연변문예. - 1983,(9). - 58

15301 산촌의 밤 / 김삼성 // 연변문예. - 1983,(9). - 59

15302 먼산을 바라보면 / 김응준 // 연변교육. - 1983, (9). - 58

15303 빨간 나리꽃 (외1수) / 김응룡 // 연변문예. - 1983,(9). - 35

15304 요 못된 처녀야 (외1수) / 석화 // 연변문예. - 1983,(9). - 61

15305 인생 / 송정환 // 연변문예. - 1983,(9). - 34 - 35

15306 장기판 둥글었구나(외1수) / 허봉남 // 연변문예. - 1983,(9). - 58 - 59

15307 준의시초 / 리상각 // 연변문예. - 1983,(9). - 32 - 34

15308 폭포수 (외1수) / 한창희 // 연변문예. - 1983, (9). - 35

15309 꽃피는 두메산골 / 황봉석 // 연변문예. - 1983, (10). - 43

15310 드린 효성 받는 효성 / 김희숙 // 연변문예. - 1983,(10). - 63

15311 바다의 서정 / 황희 // 연변문예. - 1983,(10). - 40 - 41

15312 애청과 그의 서정시 / 애청 // 연변문예. - 1983,(10). - 2 - 4

15313 이러한 인생은? / 김성우 // 연변문예. - 1983, (10). - 62

15314 조국은 생명입니다 (외1수) / 허흥식 // 연변문예. - 1983,(10). - 42

15315 초불 / 김례삼 // 연변문예. - 1983,(10). - 62

15316 금발머리 녀인: 외1수 / 김동진 // 연변문예. - 1983,(11). - 40

15317 아리랑 / 장동운 // 연변문예. - 1983,(11). - 63 - 67

15318 인민교사 / 박덕준 // 연변교육. - 1983,(11). - 9

15319 청춘과 나: 외2수 / 리욱 // 연변문예. - 1983, (11). - 24 - 25

15320 추억속에 웃는 꽃 / 조룡남 // 연변문예. - 1983,(11). - 40

15321 모택동동지 / 리상각 // 연변문예. - 1983,(12). - 40

15322 세월은 가도가도 / 김응준 // 연변문예. - 1983, (12). - 41

15323 어머니의 사랑 / 김성휘 // 연변문예. - 1983, (12). - 42 - 43

15324 온돌방 / 김철학 // 연변문예. - 1983,(12). - 63

15325 개간자들에게 드리는 노래 / 문창남 // 은하수. - 1984,(1). - 28 - 29

15326 고향시초 / 김성휘 // 송화강. - 1984,(1). - 26 - 27

15327 고향에서 / 리삼월 // 장백산. - 1984,(1). - 93 - 94

15328 고향의 노래 / 김동진 // 송화강. - 1984,(1). - 29 - 30

15329 공목과 그의 시 / 공목 // 장백산. - 1984,(1). - 75 - 78

15330 교원의≪딸≫/ 한경석 // 연변교육. - 1984,(1). - 54

15331 그네 / 김일 // 연변문예. - 1984,(1). - 56 - 57

15332 꿀물 (외1수) / 최만식 // 송화강. - 1984,(1). - 35

15333 나는 농민의 아들: 외1수 / 신현산 // 도라지. - 1984,(1). - 26

15334 농촌서정: 푸른 꿈 / 허흥식 // 송화강. - 1984, (1). - 31 - 32

15335 눈이 내렸네 (외1수) / 리삼월 // 은하수. - 1984,(1). - 28

15336 늪가의 초막 / 진종호 // 도라지. - 1984,(1). - 29

15337 달이 웃어요 별이 웃어요 / 김홍관 // 연변문예. - 1984,(1). - 19

15338 도거리농사시초 / 강효 // 송화강. - 1984,(1). - 30 - 31

15339 두렁길 / 전승기 // 도라지. - 1984,(1). - 28

15340 들풀(외1수) / 현옥희 // 송화강. - 1984,(1). - 35

15341 땅이 웃습니다: 외1수 / 최룡관 // 도라지. －1984,(1).－23－24
15342 떨어질수 없는 나의 동반자 / 홍성표 // 장백산.－1984,(1).－99
15343 뜸북새 / 윤하룡 // 도라지.－1984,(1).－25
15344 로송나무 / 김창대 // 장백산.－1984,(1).－96
15345 리명재 시3수:아,비너스여 / 리명재 // 은하수.－1984,(1).－41－42
15346 마음의 기타줄 (외1수) / 류문홍 // 은하수. －1984,(1).－30
15347 멍석 / 박동욱 // 도라지.－1984,(1).－25
15348 미처 몰랐어요 / 류문홍 // 장백산.－1984,(1). －100－101
15349 바다 / 박장길 // 송화강.－1984,(1).－15
15350 밤대거리 퇴근길 / 박룡석 // 연변문예.－1984,(1).－24
15351 방울소리 / 김정호 // 장백산.－1984,(1).－98－99
15352 변천의 서곡 / 려칠성 // 도라지.－1984,(1). －24－25
15353 봄꿈 / 최춘일 // 송화강.－1984,(1).－15
15354 봄바람에 실려온 서정시 / 한춘 // 장백산. －1984,(1).－88－89
15355 북방의 눈길(외1수) / 리삼월 // 연변문예.－1984,(1).－54
15356 불타는 사연 (시3수) / 김철 // 은하수.－1984,(1).－43
15357 사랑에 앞서 / 리삼월 // 청년생활.－1984,(1). －53
15358 사랑의 비밀 / 김임 // 송화강.－1984,(1).－34
15359 사랑의 품 / 최문섭 // 장백산.－1984,(1).－83－85
15360 산성시초 / 마송학 // 장백산.－1984,(1).－91－92
15361 삼각룡만시초 / 박화 // 장백산.－1984,(1).－90 －91
15362 삽을 가는 아버지 / 박영숙 // 송화강.－1984,(1).－35
15363 상강룡궁절경 / 리상각 // 은하수.－1984,(1).－77－78
15364 새해의 아침에 / 석문주 // 연변문예.－1984,(1).－55
15365 서정시 3수 / 김철 // 송화강.－1984,(1).－25 －26
15366 서정시 묶음:청춘아: 달아: 먹은 마음 곧게 잡고 / 리상각 // 송화강.－1984,(1).－28
15367 수림속에서 주은 시편 / 김응준 // 장백산. －1984,(1).－96－98
15368 시인의 마음은 / 림금산 // 연변문예.－1984,(1).－56
15369 아학의 길 / 최룡국 // 연변문예.－1984,(1).－57
15370 어머님 생각 / 박광익 // 송화강.－1984,(1).－27
15371 우뢰소리 / 홍량호 // 문학예술연구.－1984,(1). －82
15372 잣송이 / 정문준 // 연변문예.－1984,(1).－55
15373 장보러 가는길:외2수 / 김철 // 도라지.－1984,(1).－22－23
15374 재생의 노래 / 최룡만 // 연변문예.－1984,(1).－31－34
15375 저녁 / 박철준 // 연변문예.－1984,(1).－56
15376 조선련락원처녀(우정편) / 호소 // 장백산.－1984,(1).－80－82
15377 중추명월 / 김응준 // 은하수.－1984,(1).－6
15378 철도병시초 / 금동춘 // 도라지.－1984,(1).－27－28
15379 청사에 길이 빛나라 / 김세균.－1984,(1).－54
15380 청춘은… / 김학송 // 송화강.－1984,(1).－15
15381 청춘의 노래 / 김응준 // 청년생활.－1984,(1). －52
15382 초행길 타향길 어려워마오 / 임효원 // 장백산.－1984,(1).－88－89
15383 친구들아 / 김태복 // 도라지.－1984,(1).－26
15384 탐구:한 교원의 수기에서 / 임효원 // 연변

교육. — 1984,(1). — 56
15385 탐색의 초행길에 / 허봉남 // 연변문예. —1984,(1). —55
15386 폭포 / 김철룡 // 장백산. — 1984,(1). — 101
15387 하나의 별로 빛을 낼때 / 강효삼 // 은하수. — 1984,(1). — 42
15388 해와 농군 / 류시홍 // 장백산. —1984,(1). —94 —95
15389 호박꽃: 외1수 / 한춘 // 도라지. —1984,(1). — 23
15390 고목 / 남상수 // 연변문예. — 1984,(2). — 39
15391 고향 / 리승호 // 장백산. —1984,(2). —88 —89
15392 그리울 때면 / 김춘식 // 송화강. —1984,(2). —51
15393 꽃마음 / 하정 // 송화강. — 1984,(2). — 31
15394 나라 주인 되는가봐 / 김태복 // 장백산. — 1984,(2). — 151
15395 나의 국적은 / 김욱 // 장백산. — 1984,(2). — 151 — 152
15396 나의 붓대여 / 리정래 // 도라지. — 1984,(2). — 30
15397 나의 자랑 / 박화 // 청년생활. —1984,(2). —57
15398 나팔꽃 / 장철 // 장백산. —1984,(2). —86 —87
15399 남몰래 피여난 웃음꽃 / 김철학 // 장백산. — 1984,(2). —150
15400 내가 념원하는것은… / 림금산 // 송화강. — 1984,(2). — 31
15401 내 고향은… / 리인범 // 송화강. — 1984,(2). — 29
15402 눈꽃 / 방태길 // 연변문예. — 1984,(2). — 39
15403 눈의 독백 / 리춘옥 // 송화강. —1984,(2). —30
15404 단풍잎 / 김문학 // 송화강. — 1984,(2). — 31
15405 동지 / 리수길 // 송화강. — 1984,(2). — 28
15406 두만강 기슭에서 / 선우철 // 송화강. —1984,(2). — 51
15407 땀 / 곽복 // 송화강. — 1984,(2). — 30
15408 로라차 모는 처녀야 (외1수) / 김응준 // 송화강. — 1984,(2). — 50 — 51
15409 마을의 서정 / 박화 // 도라지. — 1984,(2). — 60 — 61
15410 마음의 기둥 / 김응준 // 연변문예. —1984,(2). —56
15411 밤거리(외1수) / 리창영 // 은하수. —1984,(2 —3). —93
15412 백두산 / 김천 // 연변문예. — 1984,(2). — 56
15413 별 하나 나 하나 / 김철 // 연변문예. —1984,(2). — 40
15414 봄의 난류 / 남상수 // 송화강. —1984,(2). —30
15415 봄의 서정 / 최성호 // 송화강. —1984,(2). —29
15416 사색편 / 김동진 // 장백산. — 1984,(2). — 151
15417 새로 발굴된 김소월의 미발표작 7수 / 김소월 // 문학과 예술. — 1984,(2). — 10 — 12
15418 아, 나는 큰 숲에서 찾았노라 / 손수청 // 장백산. — 1984,(2). — 152 — 153
15419 애정시 (속편) / 김성휘 // 장백산. —1984,(2). —91 —94
15420 애정시 3수 / 송정환 // 도라지. —1984,(2). — 61
15421 우리 님 / 정분녀 // 도라지. — 1984,(2). — 30
15422 인간 / 허성운 // 송화강. — 1984,(2). — 28
15423 장백산마루에서 / 황희 // 장백산. — 1984,(2). — 146 — 148
15424 정양시 4수 / 정양 // 은하수. — 1984,(2). — 48 — 49
15425 조선방문시초 / 한창희 // 장백산. — 1984,(2). — 83 — 84
15426 중조친선의 노래:길림성친선대표단 성원으로 조선을 방문한 느낌 / 리휘 등 // 도라지. — 1984,(2). — 52 — 54
15427 진달래꽃 / 강효삼 // 장백산. —1984,(2). —150
15428 쪼각달:외1수 / 류문홍 // 도라지. — 1984,(2). — 29
15429 천지 / 황장석 // 장백산. — 1984,(2). — 148 — 150
15430 초생달 / 정영걸 // 송화강. — 1984,(2). — 29
15431 태양과 입맞추고 / 류문홍 // 송화강. —1984,-

(2). －27
15432 텔레비마을 / 김학송 // 장백산. －1984,(2). －89－90
15433 페농은 하였어도 / 박수산 // 도라지. －1984,(2). －30
15434 푸른하늘 저끝까지 / 최문섭 // 은하수. －1984,(2). －49
15435 한통의 편지 / 김정섭 // 도라지. －1984,(2). －31
15436 함박눈 / 권진국 // 송화강. －1984,(2). －51
15437 향촌의 여름밤 / 백일승 // 송화강. －1984,(2). －29
15438 허흥식시묶음 / 허흥식 // 연변문예. －1984,(2). －24－25
15439 가난 / 신현산 // 송화강. －1984,(3). －30
15440 가로등 / 김춘산 // 연변문예. －1984,(3). －65－66
15441 감농군의 손 / 리영복 // 연변문예. －1984,(3). －66
15442 겨레의 녀인들 / 김욱 // 도라지. －1984,(3). －31
15443 고향의 강변에서 / 남창렬 // 도라지. －1984,(3). －77
15444 귀틀막의 아침연기 / 최춘일 // 송화강. －1984,(3). －29
15445 꽃 가꾸는 처녀 / 김순자 // 송화강. －1984,(3). －42－43
15446 꿈 / 김영실 정리 // 송화강. －1984,(3). －41
15447 꿈깨는 땅:외1수 / 김경식 // 도라지. －1984,(3). －33
15448 나의 길 / 박화 // 송화강. －1984,(3). －26－27
15449 나의 백두산 / 박화 // 장백산. －1984,(3). －146－148
15450 나의 시골은(외2수) / 김동진 // 송화강. －1984,(3). －25
15451 너희들의 마음에 받들려 / 최문섭 // 연변교육. －1984,(3). －57
15452 누에의 마음 / 리욱 // 도라지. －1984,(3). －30
15453 눈길 / 정몽호 // 송화강. －1984,(3). －29
15454 단시 3수 / 황상백 // 연변문예. －1984,(3). －64－65
15455 담시 / 김영자 // 도라지. －1984,(3). －74
15456 똬리 / 김인선 // 연변문예. －1984,(3). －76
15457 락수물소리 / 강효삼 // 도라지. －1984,(3). －31
15458 만년장수하옵소서 / 리응식 // 장백산. －1984,(3). －154
15459 말뚝을 박는다 / 최룡관 // 송화강. －1984,(3). －26
15460 봄바람(외1수) / 허충남 // 송화강. －1984,(3). －28
15461 북경에서 옛일을 생각하여 / 사간 // 장백산. －1984,(3). －151
15462 뻐꾹새 울때면 / 리성비 // 송화강. －1984,(3). －30
15463 사색의 자취(시초) / 김진 // 송화강. －1984,(3). －29－30
15464 산에 정들어 / 김창규 // 도라지. －1984,(3). －33
15465 산촌의 서정 / 조이삭 // 연변문예. －1984,(3). －64
15466 생활(외1수) / 차영근 // 송화강. －1984,(3). －27
15467 송화강 기슭에서:외2수 / 허흥식 // 도라지. －1984,(3). －31－32
15468 숨쉬는 땅 / 리임원 // 연변문예. －1984,(3). －65
15469 시인에게 / 마정 // 장백산. －1984,(3). －152
15470 신록(외1수) / 리창영 // 송화강. －1984,(3). －28
15471 아기(외1수) / 류문홍 // 연변문예. －1984,(3). －66
15472 아,전선길 / 리삼월 // 연변문예. －1984,(3). －26－29
15473 안테나 / 허충남 // 연변문예. －1984,(3). －20
15474 어머님 / 조용국 // 도라지. －1984,(3). －77
15475 외선공:외2수 / 김철 // 청년생활. －1984,(3).

－50

15476 움트는 사랑 / 조만렬 // 도라지. －1984,(3). －52－53

15477 원경지에서:외1수 / 박동욱 // 도라지. －1984,(3). －35

15478 전야의 주선률 / 한춘 // 송화강. －1984,(3). －27－28

15479 조선방문시초 / 한창희 // 연변문예. －1984,(3). －40－41

15480 조약돌 / 임효원 // 도라지. －1984,(3). －30

15481 첫 보습 박으며:외1수 / 윤하룡 // 도라지. －1984,(3). －34－35

15482 측량대원의 시첩에서 / 한춘 // 장백산. －1984,(3). －148－150

15483 피사리 / 리석군 // 도라지. －1984,(3). －34

15484 할미꽃(외2수) / 송정환 // 연변문예. －1984,(3). －14

15485 갈매기 / 박명선 // 장백산. －1984,(4). －114

15486 갑시다,산으로 / 량동섭 // 도라지. －1984,(4). －61

15487 경박호(외3수) / 리욱 // 송화강. －1984,(4). －43

15488 고향 / 강효삼 // 장백산. －1984,(4). －117

15489 고향:외1수 / 김성휘 // 도라지. －1984,(4). －32－33

15490 나는 농민입니다 / 전승기 // 장백산. －1984,(4). －115

15491 나는 조선족이다 / 김학송 // 도라지. －1984,(4). －2－3

15492 내 고장 통화는 자랑도 많아 / 함진호 // 장백산. －1984,(4). －113

15493 내 땅과 이야기한다 / 김문 // 연변문예. －1984,(4). －62

15494 내 만약 봄바람이라면(외1수) / 김성우 // 송화강. －1984,(4). －41－42

15495 넋의 노래(외1수) / 김성 // 장백산. －1984,(4). －108

15496 농사군의 봄은(외1수) / 정몽호 // 연변문예.1984,(4). －20

15497 다시 보노라:내 고향의 유치원교원에게 / 박장길 // 연변교육. －1984,(4). －38

15498 달 / 박화 // 장백산. －1984,(4). －105

15499 달 / 정몽호 // 장백산. －1984,(4). －105

15500 동년의 꿈아(외2수) / 한병국 // 송화강. －1984,(4). －40－41

15501 두렁길 / 박동욱 // 장백산. －1984,(4). －118

15502 등탑(외1수) / 최룡관 // 장백산. －1984,(4)－112

15503 땀이 하도 좋아서(외2수) / 리승호 // 장백산. －1984,(4). －109

15504 류월의 환상(외2수) / 최영관 // 장백산. －1984,(4). －107－108

15505 림업공의 안해 / 박철 // 연변문예. －1984,(4). －63

15506 바다의 성미 / 임효원 // 장백산. －1984,(4). －105－106

15507 발해왕터 시초 / 장해심 // 송화강. －1984,(4)－42－43

15508 밤비 / 리태학 // 연변문예. －1984,(4)－62

15509 밤이면 밤마다 / 최춘일 // 장백산. －1984,(4). －116

15510 별 / 리창영 // 장백산. －1984,(4). －114

15511 별들을 바라보고 / 표갑록 // 장백산. －1984,(4). －118

15512 봄(외3수) / 김학송 // 연변문예. －1984,(4). －21

15513 봄눈 / 김용강 // 장백산. －1984,(4). －114

15514 봄소식 / 김룡호 // 연변문예. －1984,(4). －21

15515 봄은 영원하여라(외1수) / 김동진 // 연변문예. －1984,(4). －20

15516 봉림고개(외1수) / 최정연 // 송화강. －1984,(4). －36－37

15517 부두에서 역두에서 / 송정환 // 송화강. －1984,(4). －37

15518 불타는 석탄－조국을 그리는 마음 / 곽말약 // 장백산. －1984,(4). －203

15519 산달 / 김성휘 // 장백산. – 1984,(4). – 104

15520 살결은 탔어도 / 류시흥 // 장백산. – 1984,(4). – 113

15521 석탄 / 주자청 // 장백산. – 1984,(4). – 203

15522 석탄과의 대화 / 애청 // 장백산. – 1984,(4). – 203

15523 세월가 / 임효원 // 송화강. – 1984,(4). – 36

15524 써레질: 외2수 / 려칠성 // 도라지. – 1984,(4). – 60 – 61

15525 아, 땅이여 흙이여 / 김동진 // 장백산. – 1984,(4). – 115

15526 아침연기(외1수) / 김학송 // 장백산. – 1984,(4). – 117

15527 안해 / 김성휘 // 송화강. – 1984,(4). – 18

15528 안해 / 남영전 // 송화강. – 1984,(4). – 37 – 38

15529 연변기행 / 량상천 // 연변문예. – 1984,(4). – 63

15530 인삼처녀 / 김성휘 // 은하수. – 1984,(4). – 29 – 30

15531 인생 / 김국삼 // 장백산. – 1984,(4). – 116

15532 잘살아보자, 잘살아… // 박철준 // 은하수. – 1984,(4.5) – 31

15533 잠 잘 자거라, 보배둥아 / 김파 // 은하수. – 1984,(4.5) – 70

15534 장고소리 / 아배 // 장백산. – 1984,(4). – 106 – 107

15535 정든 강변에서 / 문창남 // 도라지. – 1984,(4). – 34 – 36

15536 조국에 드리는 글 / 편도현 // 연변문예. – 1984,(4). – 60 – 61

15537 천산시초 / 정철 // 연변문예. – 1984,(4). – 40 – 41

15538 청춘의 봄은 여기에(외1수) / 허동혁 // 연변문예. – 1984,(4). – 61

15539 추구: 외1수 / 정철 // 청년생활. – 1984,(4). – 49

15540 친구를 만나 / 박철준 // 도라지. – 1984,(4). – 59 – 60

15541 통화기행시초 / 리상각 // 장백산. – 1984,(4). – 110 – 112

15542 통화시포도술공장을 참관하고서 / 김건 // 장백산. – 1984,(4). – 109

15543 해방전 리욱 시 2수 / 리욱 // 장백산. – 1984,(4). – 112 – 113

15544 향촌에서 부른 노래 / 박화 // 연변문예 – 1984,(4). – 64

15545 황금계절 시초 / 김응준 // 송화강. – 1984,(4). – 39 – 40

15546 황혼무렵 / 박철준 // 송화강. – 1984,(4). – 42

15547 고향(외1수) / 리욱 // 연변문예. – 1984,(5). – 11

15548 고향의 멜로디 / 조만렬 // 도라지. – 1984,(5). – 50 – 51

15549 고향이여, 나는 너를 사랑한다 / 강효삼 // 송화강. – 1984,(5).1 – 32

15550 교원의 주름 / 리수길 // 연변교육. – 1984,(5). – 51

15551 나도 씨앗이 되고싶어 / 한창선 // 송화강. – 1984,(5). – 37

15552 내가 받는 사랑 / 박덕준 // 연변문예. – 1984,(5). – 19

15553 논머리에서: 외1수 / 윤하룡 // 도라지. – 1984,(5). – 73

15554 눈꽃(외1수) / 김영실 // 송화강. – 1984,(5). – 35

15555 단야공 / 박수만 // 연변문예. – 1984,(5). – 41

15556 달아, 나의 사랑아 / 김계화 // 송화강. – 1984,(5). – 35

15557 담배맛 / 김진룡 // 연변문예. – 1984,(5). – 39

15558 두메의 동구길: 외1수 / 한병국 // 도라지. – 1984,(5). – 48 – 49

15559 로동자행진곡 / 강장희 // 연변문예. – 1984,(5). – 41

15560 맥주공의 자랑 / 김성수 // 연변문예. – 1984,(5). – 41

15561 밤눈 / 박대한 // 연변문예. – 1984,(5). – 39

15562 밤비(외1수) / 현옥희 // 송화강. – 1984,(5). – 34

15563 빨간 수건 / 박승범 // 연변문예. – 1984,(5). – 39
15564 사랑의 사시절 / 전복록 // 청년생활. – 1984,(5). – 38
15565 산촌의 문화실 / 조상철 // 송화강. – 1984,(5). – 32
15566 송림의 호흡 / 정철 // 송화강. – 1984,(5). – 36 – 37
15567 어머니 사랑 / 리윤동 // 송화강. – 1984,(5). – 33 – 34
15568 오,그대 마음은…: – 시인 리욱선생님 령전에 / 임효원 // 연변문예. – 1984,(5). – 45
15569 오이꽃 / 김순자 // 송화강. – 1984,(5). – 35
15570 진달래(외2수) / 박련옥 // 송화강. – 1984,(5). – 33
15571 탐사대원 그 총각 / 리명 // 연변문예. – 1984,(5). – 41
15572 피에 젖은 추억 / 김철 // 도라지. – 1984,(5). – 17 – 20
15573 하늘의 뭇별속에 / 정문준 // 연변문예. – 1984,(5). – 25
15574 할머니의 치마자락은…(외1수) / 김명옥 // 송화강. – 1984,(5). – 35
15575 황성옛터에서 / 박화 // 도라지. – 1984,(5). – 47 – 48
15576 가야하 너는 무슨 꿈을 꾸느냐 / 김성휘 // 연변문예. – 1984,(6). – 40
15577 고추 / 전승기 // 송화강. – 1984,(6). – 38
15578 교정의 벨소리 / 양동일 // 연변문예. – 1984,(6). – 52
15579 날개 / 김동호 // 송화강. – 1984,(6). – 36 – 37
15580 내 땅에 보습날 박으려 / 권수만 // 은하수. – 1984,(6). – 36
15581 농사군의 이야기 / 김동진 // 은하수. – 1984,(6).32 – 33
15582 대중들이 리해할수 있는 시를… / 심정호 // 연변문예. – 1984,(6). – 53
15583 받아쥔≪계주봉≫ / 최장춘 // 연변문예. – 1984,(6). – 52
15584 봄의 색갈(외2수) / 현옥희 // 은하수. – 1984,(6). – 34
15585 부친님 / 남영전 // 도라지. – 1984,(6). – 44 – 45
15586 부탁 / 황장석 // 송화강. – 1984,(6). – 37 – 38
15587 북소리 / 정철 // 도라지. – 1984,(6). – 47 – 48
15588 불단풍 / 김파 // 은하수. – 1984,(6). – 35
15589 뻐스안에서 뛰는 마음 / 김문희 // 연변문예. – 1984,(6). – 41
15590 산촌의 경사 / 김태갑 // 연변문예. – 1984,(6).42 – 43
15591 새봄행진곡 / 최룡관 // 연변문예. – 1984,(6). – 2 – 3
15592 새집들이 시초 / 한춘 // 송화강. – 1984,(6). – 32 – 33
15593 설레여라 나의 림해 / 김철 // 송화강. – 1984,(6). – 47 – 49
15594 시 만촌 / 임호원 // 연변문예. – 1984,(6). – 7
15595 시골의 주인 / 김응준 // 연변문예. – 1984,(6). – 41 – 42
15596 아, 꽃뻐스 꽃노래 엮어가네:계림조선족향 뻐스개통을 축하하여 / 김강 // 송화강. – 1984,(6). – 37
15597 영원히 아이들속에 / 박룡석 // 연변문예. – 1984,(6) – 52
15598 이땅의 어제와 오늘과 래일을 두고 / 한춘 // 도라지. – 1984,(6). – 45 – 47
15599 인생살이 이모저모 / 박화 // 송화강. – 1984,(6). – 35 – 36
15600 장백산– 우리 어머니(외1수) / 조룡남 // 송화강. – 1984,(6). – 34
15601 종달새야 / 김응준 // 은하수. – 1984,(6). – 37
15602 진짜사랑 / 김응준 // 도라지. – 1984,(6). – 48
15603 초봄에 주은 시 / 리장수 // 은하수. – 1984,(6). – 36 – 37
15604 추억(외1수) / 선우철 // 송화강. – 1984.(6). – 36
15605 태양도(외1수) / 임효원 // 송화강. – 1984,(6).

−34−35
15606 태양이 웃는 거리 / 박화 // 은하수.−1984,(6).−35
15607 한줌의 흙 / 리행복 // 도라지.−1984,(6).−48
15608 까치 우는 아침 / 박동본 // 연변문예.−1984,(7).−64
15609 나젊은 당위서기 / 김창규 // 연변문예.−1984,(7).−44−45
15610 당 그 이름 부르며 / 김학송 // 연변문예.−1984,(7).−30
15611 력사의 층계를 오르며:−혁명렬사박물관에 드림 / 석화 // 연변문예.−1984,(7).−46
15612 령감.희망.실천 / 황회 // 연변문예.−1984,(7).−46
15613 류문홍시 3수 / 류문홍 // 은하수.−1984,(7).−35−36
15614 생명의 별 / 임호원 // 은하수.−1984,(7).−34
15615 아,중화여 / 김동진 // 연변문예.−1984,(7).−44−45
15616 해의 찬미 / 김파 // 은하수.−1984,(7).−42
15617 흰구름 몰아가는 처녀야 / 리태호 // 은하수.−1984,(7).−17
15618 개울에서 / 리창영 // 연변문예.−1984,(8).−54
15619 고향의 품:한 해외동포의 수기에서 / 정몽호 // 은하수.−1984,(8).−46−47
15620 교단에 세워주며 / 리태일 // 연변교육.−1984,(8).−61
15621 군용삽날 / 리호림 // 연면문예.−1984,(8).−31
15622 닭풍년 오리풍년 / 현규동 // 연변문예.−1984,(8).−10
15623 망나니의≪손≫ / 한시은 // 연변문예.−1984,(8).−53
15624 사랑의 문턱 / 김철 // 연변문예.−1984,(8).−31
15625 산촌의 장날 / 황상박 // 연변문예.−1984,(8).−54
15626 식물학자 될래요 / 윤선자 // 연변문예.−1984,(8).−53
15627 우리의 시대 / 김응준 // 연변문예.−1984,(8).−30−31
15628 장백산,연변의 넋이여 / 백호문 // 연변문예.−1984,(8).−52
15629 쪽지 한장 주겠죠 / 최기자 // 연변문예.−1984,(8).−54
15630 천리봉의 진달래 / 어경필 // 연변문예.−1984,(8).−52−53
15631 칠월의 논벌 / 서정호 // 연변문예.−1984,(8).−52
15632 홰를 치는구나 / 정철 // 연변문예.−1984,(8).−54
15633 교양원의 노래 / 김춘복 // 연변문예.−1984,(9).−55
15634 그 무슨 생각을 하고있길래 / 최해룡 // 연변문예.−1984,(9).−54
15635 꽃나비 날아드는곳:−미술공의 수기에서 / 김홍란 // 연변문예.−1984,(9).−53
15636 꿈 많은 세상 / 김학 // 연변문예.−1984,(9).−52
15637 나의 집 / 김인선 // 연변문예.−1984,(9).−37
15638 논물소리 들으며 / 최현 // 연변문예.−1984,(9)−20−21
15639 랑군님 마음 / 렴태선 // 연변문예.−1984,(9).−55
15640 마중길 / 리명 // 연변문예.−1984,(9).−54
15641 버드나무잎에 쓴 노래 / 강길 // 은하수.−1984,(9).−39
15642 북방,어머니 대지여 / 강효삼 // 은하수.−1984,(9).−37−38
15643 사랑의 시편 / 김응준 // 은하수.−1984,(9).−40−41
15644 산매 / 박룡석 // 연변문예.−1984,(9).−53−54
15645 소나무(외2수) / 김성휘 // 연변문예.−1984,(9).−20
15646 어머니의 마음 / 남희철 // 연변문예.−1984,(9).−21

15647 연변을 그리노라: - 친애하는 조선족벗들에게 / 주도 // 연변문예. - 1984,(9). - 21

15648 우리 자랑 통나무 / 김일 // 연변문예. - 1984,(9). - 54

15649 울바자 사이두고 / 오정식 // 연변문예. - 1984,(9). - 53

15650 장백림해 설레인다 / 리선호 // 연변문예. - 1984,(9). - 19

15651 포도원의 서정 / 안종섭 // 연변문예. - 1984,(9). - 53

15652 딸을 보내는 아침 / 조룡남 // 연변문예. - 1984,(10). - 62 - 63

15653 만세 농민 / 한경석 // 연변문예. - 1984,(10). - 62

15654 봇나무숲 설레이는 곳에서 / 박길춘 // 은하수. - 1984,(10). - 36 - 37

15655 서정시 3수 / 량사성 // 연변문예. - 1984,(10). - 64

15656 아침의 노래 / 김일 // 연변문예. - 1984,(10). - 63

15657 영광은 혁신자들에게 / 문창남 // 연변문예. - 1984,(10). - 29 - 30

15658 잘가라 청춘시절이여 / 허봉남 // 연변문예. - 1984,(10). - 62

15659 조국의 가을 / 허흥식 // 연변문예. - 1984,(10). - 32

15660 푸른 꿈 / 최문섭 // 연변문예. - 1984,(10). - 31 - 32

15661 걸음마 / 리상각 // 연변문예. - 1984,(11). - 56 - 57

15662 고향의 하늘아 땅아 / 전춘식 // 연변문예. - 1984,(11). - 42

15663 나의 소 / 윤태삼 // 연변문예. - 1984,(11). - 42

15664 나의 인민 / 허흥식 // 연변문예. - 1984,(11). - 40 - 41

15665 농민의 형상: 외1수 / 리삼월 // 은하수. - 1984,(11 - 12). - 32

15666 당원 / 김철학 // 연변문예. - 1984,(11). - 19 - 20

15667 땀방울 / 박덕준 // 연변문예. - 1984,(11). - 20

15668 목단강의 흐름아 / 김성휘 // 은하수. - 1984,(11 - 12) - 34

15669 부암동의 꿀물 / 전광국 // 연변문예. - 1984,(11). - 41

15670 사랑의 쪽배 / 정호원 // 연변문예. - 1984,(11). - 42 - 43

15671 시골의 가을 / 태룡철 // 연변문예. - 1984,(11). - 43

15672 신을 깁는 아주머니(외1수) / 황장석 // 연변문예. - 1984,(11). - 57

15673 여름밤의 퉁소소리 / 심영 // 연변문예. - 1984,-(11). - 41 - 42

15674 작별: 외2수 / 조령남 // 은하수. - 1984,(11). - 33

15675 행복의 산 / 최균선 // 연변문예. - 1984,(11). - 49

15676 ×××에게 / 송정환 // 연변문예. - 1984,(11). - 56

15677 겨울의 노래 / 강길 // 연변문예. - 1984,(12). - 28

15678 고향의 새노래 / 김경석 // 연변문예. - 1984,(12). - 58

15679 꽃천은 흘러 / 정몽호 // 연변문예. - 1984,(12). - 11

15680 마지막 한줌 흙을 놓으며 / 리임원 // 연변문예. - 1984,(12). - 27 - 28

15681 산촌의 배움터 / 김학송 // 연변문예. - 1984,(12). - 57

15682 삼복 불볕에(외1수) / 임효원 // 연변문예. - 1984,(12). - 56

15683 세인은 두고두고 말하리라 / 김성휘 // 연변문예. - 1984,(12). - 26

15684 시조3수 / 김세균 // 연변문예. - 1984,(12). - 56

15685 잘 가라 1984년이여 / 박장길 // 연변문예. - 1984,(12). - 42

15686 개여울 / 차영화 // 장백산. - 1985,(1). - 111
15687 고추 / 김순자 // 도라지. - 1985,(1). - 66
15688 고추드림 / 김동진 // 송화강. - 1985,(1). - 34 - 35
15689 공개련애편지 / 한창선 // 도라지. - 1985,(1). - 11
15690 군인시절의 수첩에서(2수) / 리삼월 // 장백산. - 1985,(1). - 108
15691 귀뚜라미 / 장선희 // 도라지. - 1985,(1) - 66
15692 꽃 구름 / 허동식 // 송화강. - 1985,(1). - 35
15693 꽃쌈지 / 신영희 / 도라지. - 1985,(1). - 67
15694 나는 청춘(외2수) / 리삼월 // 도라지. - 1985,(1). - 32
15695 나의 농막 / 허흥식 // 도라지. - 1985,(1). - 33
15696 나의 새별아:외2수 / 김응준 // 청년생활. - 1985,(1). - 42
15697 내가 가는 길 / 리호림 // 장백산. - 1985,(1). - 111 - 112
15698 내가에서 / 허흥식 // 장백산. - 1985,(1). - 107 - 108
15699 노래 / 허봉남 // 송화강. - 1985,(1). - 35
15700 노래가락(구전민요) / 최흔 // 장백산. - 1985,(1). - 109
15701 농가의 가을(외1수) / 허흥식 // 송화강. - 1985,(1). - 33
15702 다리미 / 현옥희 // 도라지. - 1985,(1). - 67
15703 력사의 초행길 / 리삼월 // 송화강. - 1985,(1). - 30 - 31
15704 렬사비로 가는 길 / 리임원 // 장백산. - 1985,(1). - 108
15705 모교의 옛터에서 / 마송학 // 장백산. - 1985,(1). - 106
15706 물안개 / 차영화 // 송화강. - 1985,(1). - 34
15707 민들레 / 한춘 // 은하수. - 1985,(1). - 21 - 22
15708 발자욱 / 한동해 // 도라지. - 1985,(1). - 28 - 29
15709 배꽃(외1수) / 박련옥 // 도라지. - 1985,(1). - 67
15710 봄바람 / 석문주 // 장백산. - 1985,(1). - 112
15711 봄잔디 / 김재호 // 장백산. - 1985,(1). - 112
15712 산중저수지에서 / 리성진 // 송화강. - 1985,(1). - 34
15713 산향의 길 / 류문학 // 장백산. - 1985,(1). - 107
15714 새벽 / 김인덕 // 장백산. - 1985,(1). - 110 - 111
15715 소리없이 흘러간 세월은(외1수) / 차영근 // 송화강. - 1985,(1). - 36
15716 송화호 배고동(외3수) / 김성휘 // 도라지. - 1985,(1). - 30 - 31
15717 아름다움 / 김문학 // 송화강. - 1985,(1). - 31
15718 어머니의 얼굴 / 정몽호 // 송화강. - 1985,(1). - 31
15719 어머니 이 딸은 떠나갑니다: 도회지로 일하러 떠나는 한 시골처녀의 수기에서 / 박문봉 // 송화강. - 1985,(1). - 32
15720 웨침소리 / 최룡관 // 은하수. - 1985,(1). - 21
15721 인정을 두고 / 박철준 // 청년생활. - 1985,(1). - 29
15722 잘 가라, 눈아 / 강효삼 // 송화강. - 1985,(1). - 35
15723 제비가 됐으면 / 홍혜숙 // 도라지. - 1985,(1). - 66
15724 지면서도 웃는 꽃 / 주진섭 // 장백산. - 1985,(1). - 112
15725 처녀화가 / 박동욱 // 도라지. - 1985,(1). - 18 - 19
15726 청춘 / 김명옥 // 도라지. - 1985,(1). - 66
15727 취중에 묻은 사색 / 김철 // 천지. - 1985,(1). - 48 - 49
15728 측량사의 사랑시 / 한춘 // 천지. - 1985,(1). - 23
15729 하늘 길 / 현규동 // 도라지. - 1985,(1). - 33
15730 한사코 그때 생각 / 윤하룡 // 장백산. - 1985,(1). - 110
15731 할빈에서 날아온 시 / 리삼월 // 천지. - 1985,(1). - 22
15732 흰 갈매기 / 김파 // 송화강. - 1985,(1). - 34

15733 가야금 / 박길춘 // 송화강. – 1985,(2). – 41
15734 건설자들의 모습(외1수) / 정문준 // 도라지. – 1985,(2). – 53
15735 고향의 나루터 / 신철호 // 장백산. – 1985, (2). – 121
15736 고향친구 / 김응준 // 송화강. – 1985,(2). – 7
15737 그대 / 윤영애 // 장백산. – 1985,(2). – 119
15738 그대는 봄바람,나는요 진달래 / 장흥주 // 송화강. – 1985,(2). – 39
15739 그림자 / 박련옥 // 송화강. – 1985,(2). – 38
15740 나의 목소리 / 전승기 // 장백산. – 1985,(2). – 118 – 119
15741 내 퇴근하고 돌아오며는 / 리선일 // 장백산. – 1985,(2). – 119 – 120
15742 농군들은 땅처럼 살쪄간다 / 김춘산 // 송화강. – 1985,(2). – 42 – 43
15743 눈길 / 백일승 // 송화강. – 1985,(2). – 38
15744 눈보라 길 / 김성우 // 송화강. – 1985,(2). – 44
15745 단시 5수 / 송정환 // 도라지. – 1985,(2). – 28 – 30
15746 닭.책.손 / 한경석 // 은하수. – 1985,(2). – 40
15747 력사의 향취 / 송정환 // 천지. – 1985,(2). – 67
15748 바람 / 류필란 // 은하수. – 1985,(2). – 40
15749 박꽃은 피지 않아도 / 오대룡 // 장백산. – 1985,(2) – 120 – 121
15750 박우물 / 김룡운 // 송화강. – 1985,(2). – 39
15751 밤비 / 박일승 // 은하수. – 1985,(2). – 41
15752 방치소리 / 황일봉 // 장백산. – 1985,(2). – 120
15753 봉선화 / 류시홍 // 장백산. – 1985,(2). – 117
15754 산골에서 온 신입생 / 정철 // 장백산. – 1985, (2). – 115 – 116
15755 삼림탐사대원들이 가는 길 / 천세룡 // 장백산. – 1985,(2). – 121
15756 삼릉하, 나의 강이여 / 정홍준 // 장백산. – 1985,(2). – 117 – 118
15757 손발아,손바닥처럼 커지지 않은 땅아 / 한창선 // 송화강. – 1985,(2). – 42
15758 신념이여,그대 / 박태준 // 장백산. – 1985,(2). – 119
15759 아버지의 꿈 / 리윤범 // 장백산. – 1985,(2). – 120
15760 아치공의 꿈 / 정문준 // 장백산. – 1985,(2). – 158
15761 영원한 메부리 / 정철 // 천지. – 1985,(2). – 32 – 34
15762 이사하던 날 / 김철산 // 장백산. – 1985,(2). – 121
15763 장백의 아름다운 상고대 / 장헌무 // 장백산. – 1985,(2). – 124 – 125
15764 차고동소리 / 남상수 // 송화강. – 1985,(2). – 43
15765 책 펼치는 소리 / 김학송 / 은하수. – 1985, (2). – 41
15766 청춘의 푸른기발 날리며 / 박문봉 // 송화강. – 1985,(2). – 40 – 41
15767 천막을 펴며 / 황장석 // 도라지. – 1985,(2). – 53 – 54
15768 초행길 / 리성비 // 장백산. – 1985,(2). – 131
15769 칠색무지개(외1수) / 김철학 // 도라지. – 1985. (2). – 54
15770 푸른 꿈 / 려칠성 // 도라지. – 1985,(2). – 30
15771 하늘나라에서 주은 노래 / 남영전 // 장백산. – 1985,(2). – 112 – 114
15772 함박눈(외1수) / 신영희 // 송화강. – 1985,(2). – 38
15773 가을비 / 전선녀 // 은하수. – 1985,(3). – 30
15774 고향 / 리승호 // 장백산. – 1985,(3). – 98 – 100
15775 고향의 흙 / 김욱 // 도라지. – 1985,(3). – 36
15776 고향의 흙 / 박장길 // 장백산. – 1985,(3). – 104
15777 고향집 봄 / 연원근 // 장백산. – 1985,(3). – 104
15778 교원의 노래 / 김용강 // 장백산. – 1985,(3). – 106
15779 그믐밤에 오는 눈 (외1수) / 김순자 // 송화강. – 1985,(3). – 47

15780 까치 우는 아침 / 김계화 // 은하수. – 1985,(3). – 30
15781 꽃망울(외4수) / 김명옥 // 송화강. – 1985,(3). – 44
15782 나의 소원 / 강효삼 // 은하수. – 1985,(3). – 30
15783 날것 같습니다: 쳐녀작이 발표된 후 / 남창렬 // 도라지. – 1985,(3) – 59
15784 내 마음 / 리성수 // 장백산. – 1985,(3). – 106
15785 내 만약 달빛이라도 되어… / 임효원 // 도라지. – 1985,(3). – 33 – 34
15786 내 맘속의 종소리 / 최학 // 장백산. – 1985,(3). – 106
15787 농가의 파마실 / 박철준 // 송화강. – 1985,(3). – 46
15788 두렁길 / 류휘 // 장백산. – 1985,(3). – 105 – 106
15789 들꽃 / 김어금 // 장백산. – 1985,(3). – 105
15790 땀 방울 / 김선학 // 장백산. – 1985,(3). – 105
15791 사랑하는 눈동자들아 / 최장춘 // 청년생활. – 1985,(3). – 33
15792 숨쉬는 별 / 리광호 // 장백산. – 1985,(3). – 104
15793 시계소리 / 리명재 // 송화강. – 1985,(3). – 45 – 46
15794 시골밤의 꿈이야기 / 김동호 // 장백산. – 1985,(3). – 102 – 103
15795 시내가에서(외1수) / 김명희 // 도라지. – 1985,(3). – 33
15796 시에 대한 시 / 박화 // 송화강. – 1985,(3). – 45
15797 실버들 / 선우철 // 송화강. – 1985,(3). – 46
15798 심장이 아니고선… / 한경석 // 청년생활. – 1985,(3). – 33
15799 어머니의 체온 / 류문홍 // 송화강. – 1985,(3). – 46
15800 열아홉 고운 꿈 / 김동진 // 송화강. – 1985,(3). – 47
15801 우리 마을 / 박련옥 // 은하수. – 1985,(3). – 31
15802 음식점에서 / 최장춘 // 조선어 학습과 연구. – 1985,(3). – 12
15803 인생(외1수) / 최룡관 // 도라지. – 1985,(3). – 35
15804 정든 님 창문가에 / 차영화 // 청년생활. – 1985,(3). – 33
15805 제발 나가지 마세요 / 박철수 // 도라지. – 1985,(3). – 24
15806 제비온 3월은 / 리근영 // 장백산. – 1985,(3). – 103 – 104
15807 조가비,나무.나(외2수) / 량남 // 송화강. – 1985,(3). – 37 – 38
15808 집안기행시초 / 한춘 // 장백산. – 1985,(3). – 100 – 101
15809 짝사랑 3부곡 / 박찬정 // 장백산. – 1985,(3). – 103
15810 처마밑이 더 따스한줄… / 차영화 // 송화강. – 1985,(3). – 47
15811 철리 4행시 / 박화 // 도라지. – 1985,(3). – 34 – 35
15812 추억(외1수) / 차영화 // 도라지. – 1985,(3). – 32
15813 한 로지서의 참회 / 박룡철 // 도라지. – 1985,(3). – 36
15814 햇병아리 / 박춘화 // 은하수. – 1985,(3). – 30
15815 향토서정 / 김룡호 // 도라지. – 1985,(3). – 49
15816 홍매화: – 한 로민영교원의 수기에서 / 홍용암 // 장백산. – 1985,(3). – 105
15817 흰 두루마기 / 선우철 // 도라지. – 1985,(3). – 58
15818 거리의 선녀 / 조룡남 // 은하수. – 1985,(4). – 11
15819 걷고만 싶은 길 / 정철일 // 도라지. – 1985,(4). – 48
15820 금잔디 피는 산에서 / 김응준 // 은하수. – 1985,(4). – 10
15821 기다리는 봄 / 리문선 // 송화강. – 1985,(4). – 39
15822 나는 강변의 버드나무 / 리삼월 // 은하수.

－1985,(4).－11
15823 나의 기타소리(외1수) / 현옥희 // 도라지.－1985,(4).－47
15824 나의 만년필 / 김량군 // 장백산.－1985,(4).－141
15825 논코물 / 전승기 // 도라지.－1985,(4).－33
15826 농군의 서정 / 리미선 // 장백산.－1985,(4).－140
15827 동둑길 학교 / 박명준 // 장백산.－1985,(4).－141
15828 들꽃 / 최경진 // 장백산.－1985,(4).－141
15829 땅과 함께 숨쉬며 / 차도범 // 장백산.－1985,(4).－140
15830 무명초(외2수) / 최빈 // 도라지.－1985,(4).－48
15831 ≪민성보≫에 발표된 일부 자유시와 시조 // 문학과 예술.－1985,(4).－71－73
15832 백발의 노래 / 김학수 // 장백산.－1985,(4).－140
15833 봄은 어느해부터 / 김동진 // 은하수.－1985,(4).－10－11
15834 북대황에서 날아온 시편 / 리삼월 // 도라지.－1985,(4).－31－32
15835 북방의 봄 / 한창선 // 은하수.－1985,(4).－11
15836 사랑은 고개길(외1수) / 김철학 // 송화강.－1985,(4).－20
15837 사랑의 노래 / 현규동 // 도라지.－1985,(4).－45－47
15838 사막의 노래 / 사간 // 장백산.－1985,(4).－106－108
15839 서헌선생과 그의 시 / 서헌 // 천지.－1985,(4).－48－49
15840 시계소리 / 최철산 // 도라지.－1985,(4).－47－48
15841 시에 대한 단상 / 리삼월 // 문학과 예술.－1985,(4).－19
15842 신선띠 / 리순옥 // 장백산.－1985,(4).－140
15843 안해는 밤의 무게를 받아 들인다 / 한춘 // 도라지.－1985,(4).－32－33
15844 안해의 꿈 / 류문홍 // 도라지.－1985,(4).－66
15845 애정시편 / 박화 // 장백산.－1985,(4).－103－105
15846 유혹 / 김강 // 도라지.－1985,(4).－33
15847 장백의 진달래 / 최경수 // 장백산.－1985,(4).－141
15848 젊은 농사군 / 황장석 // 장백산.－1985,(4).－105－106
15849 참대 / 윤영애 // 장백산.－1985,(4).－141
15850 토장국 / 김동찬 // 장백산.－1985,(4).－141
15851 파아란 원피스 / 림영파 // 도라지.－1985,(4).－66
15852 푸른잎 / 강효삼 // 도라지.－1985,(4).－33
15853 해 / 전승기 // 송화강.－1985,(4).－39
15854 개똥벌레－반디불 / 송정환 // 은하수.－1985,(5).－29
15855 고향 / 박동춘 // 장백산.－1985,(5).－137
15856 구룡연의 폭포소리(외2수) / 한창희 // 송화강.－1985,(5).－48
15857 나는…(외1수) / 박철준 // 송화강.－1985,(5).－50－51
15858 나는 들미나무 / 정문준 // 은하수.－1985,(5).－50
15859 나는 푸른숲을 사랑하노라(외1수) / 리상각 // 송화강.－1985,(5).－46
15860 나는 한 그루 아카시아나무 / 한창선 // 송화강.－1985,(5).－51－52
15861 논고물소리 / 신현산 // 도라지.－1985,(5).－60－61
15862 농막과 함께 나 / 박철준 // 은하수.－1985,(5).－29
15863 들꽃의 조난(외2수) / 강효삼 // 송화강.－1985,(5).－49
15864 땀방울 / 조상철 // 장백산.－1985,(5).－137
15865 따리 / 김기덕 // 장백산.－1985,(5).－137
15866 련인들에게 / 리영복 // 청년생활.－1985,(5).－37

15867 미련한 이 내 행실 그 누구 탓하랴 / 리창구 // 장백산. - 1985,(5). - 138
15868 미술원처녀 / 정문준 // 청년생활. - 1985,(5). - 37
15869 민들레꽃 / 정은석 // 장백산. - 1985,(5). - 138
15870 부모님의 손길입니다(외1수) / 리장수 // 도라지. - 1985,(5). - 60
15871 불멸의 영웅(서사시) / 마송학 // 장백산. - 1985,(5). - 100 - 106
15872 사랑 / 정몽호 // 송화강. - 1985,(5). - 50
15873 사랑이여 너는 무엇이길래 / 김성휘 // 도라지. - 1985,(5). - 21 - 26
15874 산돌림비 / 조상철 // 송화강. - 1985,(5). - 48
15875 석탄 / 백광도 // 장백산. - 1985,(5). - 138
15876 여름의 봄 / 라원성 // 장백산. - 1985,(5). - 138
15877 열람실 / 곽복 // 장백산. - 1985,(5). - 138
15878 좋을 때다 멋있게 살자 / 석화 // 천지. - 1985,(5). - 23
15879 청춘이여!:외1수 / 리임원 // 천지. - 1985,(5). - 33
15880 향토의 아들딸들 / 허홍식 // 청년생활. - 1985,(5). - 37
15881 화산과 빙산(외1수) / 조룡남 // 송화강. - 1985,(5). - 47
15882 거울 / 리성림 / 장백산. - 1985,(6). - 132
15883 고배를 들자 친구야 / 심룡남 // 송화강. - 1985,(6). - 53
15884 고향 / 문창송 // 장백산. - 1985,(6). - 131
15885 기점.종지부.반평생 / 김학송 // 송화강. - 1985,(6). - 57
15886 꽃 / 김응준 // 송화강. - 1985,(6). - 57
15887 나는 민들레꽃 / 홍용남 // 장백산. - 1985,(6). - 130
15888 나는 빨간 치마 / 박문봉 // 은하수. - 1985,(6). - 27
15889 나의 소원 / 전승기 // 장백산. - 1985,(6). - 130
15890 나의 스승은…(외1수) / 리성비 // 송화강. - 1985,(6). - 55
15891 내물따라 / 김신숙 // 은하수. - 1985,(6). - 45
15892 노루골의 삼촌 / 서용활 // 장백산. - 1985,(6). - 132
15893 논머리 한잠 / 윤하룡 // 도라지. - 1985,(6). - 47
15894 눈물로 쓰는 시:한 조선족 향당위서기의 령전에 드림 / 김동진 / 송화강. - 1985,(6). - 51 - 52
15895 도시의 한 세가닥 갈림길목에서 / 박문봉 // 송화강. - 1985,(6). - 58
15896 물방울에 비친 해빛 / 박화 // 송화강. - 1985,(6). - 54 - 55
15897 바다에서 / 한춘 // 송화강. - 1985,(6). - 55 - 56
15898 바라는 마음 / 박련옥 // 송화강. - 1985,(6). - 57 - 58
15899 붉은 단풍잎 / 홍용암 // 은하수. - 1985,(6). - 27
15900 사랑의 애가:가신님을 그리여 / 김응준 // 천지. - 1985,(6). - 69
15901 사랑의 선률 / 김동호 // 은하수. - 1985,(6). - 15
15902 사랑의 선률 / 박화 // 도라지. - 1985,(6). - 27
15903 사랑의 피리 / 조룡남 // 장백산. - 1985,(6). - 98 - 99
15904 생활과 희망 / 박화 // 청년생활. - 1985,(6). - 39
15905 숫처녀의 사랑 / 김철학 // 천지. - 1985,(6). - 68
15906 실련(외3수) / 리승호 // 장백산. - 1985,(6). - 99 - 100
15907 씨름판 / 임효원 // 장백산. - 1985,(6). - 97 - 98
15908 아버지께 / 최룡관 // 청년생활. - 1985,(6). - 34
15909 아침에 저녁에 / 현규동 // 송화강. - 1985,(6). - 53
15910 애들과 함께 살련다 / 신인화 // 장백산. -

1985,(6).－131－132

15911 열두번째 능수버들(외2수) / 김응준 // 도라지.－1985,(6).－27－28

15912 오미자(외1수) / 리영근 // 송화강.－1985,(6).－58

15913 웃음소리 / 신영희 // 송화강.－1985,(6).－56

15914 유람선의 고백(외1수) / 최룡관 // 송화강.－1985,(6).－53－54

15915 윤동주 시 10수 / 윤동주 // 문학과 예술.－1985,(6).－58－60

15916 이름을 쓴다 / 안진영 // 장백산.－1985,(6).－130－131

15917 이야기시 2수 / 리상각 // 도라지.－1985,(6).－28－29

15918 참대(외1수) / 김정호 // 도라지.－1985,(6).－47

15919 처녀애(외1수) / 허연희 // 도라지.－1985,(6).－46－47

15920 처녀의 마음 / 장선희 // 장백산.－1985,(6).－132

15921 키낮은 관목(외3수) / 김재현 // 장백산.－1985,(6).－96－97

15922 해바라기 / 조룡남 // 은하수.－1985,(6).－27

15923 행주치마 / 김학송 // 도라지.－1985,(6).－29

15924 황혼의 종이배 / 주룡 // 장백산.－1985,(6).－132

15925 회포 / 김인선 // 도라지.－1985,(6).－48

15926 깨밭골 녹두밭에서 / 현규동 // 은하수.－1985,(7).－24－25

15927 돈과 술과 꿈과 / 박화 // 천지.－1985,(7).－65

15928 신비로운 샘물 / 김학송 // 은하수.－1985,(7).－24

15929 어머님의 손 / 리성비 // 은하수.－1985,(7).－25

15930 인생길에서 / 류문홍 // 은하수.－1985,(7).－24

15931 초저녁눈 / 차영화 // 은하수.－1985,(7).－25

15932 내가 만약… / 김선녀 // 연변교육.－1985,(8).－61

15933 때늦게 오는 봄은(외1수) / 김문희 // 은하수.－1985,(8).－41

15934 로동모범 초상화 / 최룡관 // 은하수.－1985,(8).－37

15935 자랑하노라 나는 중국사람 / 왕회양 // 천지.－1985,(8).－59

15936 중원유전시초 / 조룡남 // 천지.－1985,(8).－39－40

15937 처녀들에게 드리는 노래 / 정몽호 // 은하수.－1985,(8).－36－37

15938 오, 나의 청춘(외1수) / 김하 // 은하수.－1985,(9).－29

15939 인생은 소설책(외1수) / 석화 // 은하수.－1985,(9).－28－29

15940 종달새(외2수) / 김파 // 은하수.－1985,(9).－28

15941 꽃씨 / 리상각 // 은하수.－1985,(10).－28

15942 생활의 바다로 / 림문호 // 은하수.－1985,(10).－28－29

15943 소원(외1수) / 김인선 // 은하수.－1985,(10).－29

15944 싫어말아주세요 / 신옥녀 // 은하수.－1985,(10).29

15945 오늘이다,오늘 / 박철준 // 은하수.－1985,(10).－16

15946 호소시선:칠현금 / 호소 // 천지.－1985,(10).－80－81

15947 늦가을 단풍 / 김홍일 // 은하수.－1985,(11).－33

15948 모래 / 리성비 // 은하수.－1985,(11).－33

15949 박꽃 / 김칠산 // 은하수.－1985,(11).－32

15950 봇나무 / 차영화 // 은하수.－1985,(11).－33

15951 빨래줄 / 리근석 // 은하수.－1985,(11).－32

15952 사랑:외2수 / 박화 // 천지.－1985,(11).－37

15953 사랑이여 너는 무엇이길래 / 김성휘 // 천지.－1985,(11).－32－36

15954 웃집 영순이 / 량경빈 // 은하수.－1985,(11).

－32
15955 책이여 너는 / 김순자 // 은하수. －1985,(11). －32
15956 나는 하나의 자갈 / 정순금 // 은하수. －1985,(12). －35
15957 나의 발자국 / 김응준 // 연변교육. －1985,(12). －11
15958 나의 소원 / 전승기 // 은하수. －1985,(12). －35
15959 남행 시초 / 김정호 // 천지. －1985,(12). －44－45
15960 력사의 시비공죄는! / 송정환 // 천지. －1985,(12). －18
15961 무제 / 강진수 // 은하수. －1985,(12). －35
15962 백두산 시초 / 강효삼 // 천지. －1985,(12). －49
15963 아, 해돋이 / 리명재 // 은하수. －1985,(12). －34
15964 젊은이에게 / 김성휘 // 은하수. －1985,(12). －34
15965 초롱불 / 김영준 // 은하수. －1985,(12). －35
15966 타향에서 부른 노래 / 김학송 // 천지. －1985,(12). －43
15967 경주:나는 경주김씨 후손이다 / 김학송 // 도라지. －1986,(1). －8
15968 그는 산너머로 간다 / 주뢰 // 장백산. －1986,(1). －132－134
15969 그대들의 눈동자에게 / 림금산 // 장백산. －1986,(1). －135
15970 나는 나입니다 / 석화 // 송화강. －1986,(1). －135
15971 나는 사랑한다 / 김학선 // 장백산. －1986,(1). －136
15972 나는 80년대 청년 / 한창선 // 천지. －1986,(1). －61－62
15973 나의 시 / 박동춘 // 장백산. －1986,(1). －136
15974 나의 청춘 / 김학송 // 송화강. －1986,(1). －37
15975 높이 들자 새해의 축배를:외1수 / 최룡국 // 천지. －1986,(1). －58
15976 다시 찾는 추억 / 김정호 // 장백산. －1986,(1). －135
15977 달래 / 조장연 // 장백산. －1986,(1). －135
15978 대초원 / 차깐 // 천지. －1986,(1). －62－64
15979 도라지(외1수) / 최문섭 // 도라지. －1986,(1). －35
15980 동지가 되도록 춥지 않아 / 리문선 // 송화강. －1986,(1). －26
15981 두렁길 / 최춘일 // 장백산. －1986,(1). －136
15982 로천교실 / 윤하룡 // 도라지. －1986,(1). －37
15983 리별 / 박춘식 // 장백산. －1986,(1). －130
15984 말과 무게 / 김동호 // 도라지. －1986,(1). －34
15985 민들레 / 김순자 // 장백산. －1986,(1). －136
15986 발자국 / 최룡국 // 송화강. －1986,(1). －38
15987 버섯로인 / 김인선 // 장백산. －1986,(1). －134
15988 벼꽃 / 박춘화 // 송화강. －1986,(1). －8
15989 벽계수 / 김인선 // 송화강. －1986,(1). －38
15990 볼우물 / 최춘일 // 도라지. －1986,(1). －36
15991 사랑은 날개 / 김응준 // 송화강. －1986,(1). －26
15992 사슴 한 마리 / 주성화 // 송화강. －1986,(1). －37
15993 새날이 밝아온다 / 리선호 // 천지. －1986,(1). －73
15994 생각 / 김송죽 // 송화강. －1986,(1). －38
15995 생활의 노래: 시초 / 현규동 // 천지. －1986,(1). －55－56
15996 서호의 함박꽃 / 전승기 // 도라지. －1986,(1). －36
15997 성에꽃(외1수) / 강효삼 // 송화강. －1986,(1). －25－26
15998 수리개의 고향에서 / 정철 // 장백산. －1986,(1). －128－130
15999 시골의 보고 / 최룡관 // 천지. －1986,(1). －56－58
16000 시를 읊는 시골소녀 / 리성비 // 송화강. －1986,(1). －37－38

16001 실련자의 웨침 / 김봉선 // 도라지. －1986,(1). －37

16002 아, 그래도… / 김종선 // 장백산. －1986,(1). －136

16003 어머님의 사랑 / 윤영애 // 장백산. －1986,(1). －135

16004 우리는 날아야 한다 / 박문봉 // 천지. －1986,(1). －60－61

16005 장보고 돌아오는 길 / 박철준 // 도라지. －1986,(1). －35

16006 정열의 노래 / 허봉남 // 천지. －1986,(1).59－60

16007 지경뚝 / 리임원 // 송화강. －1986,(1). －38－39

16008 처녀야 너희는 꽃송이일진대 / 석화 // 도라지. －1986,(1). －36

16009 초생달: 외1수 / 김철학 // 청년생활. －1986,(1). －39

16010 통화에서 쪼은 시 / 김응준 // 장백산. －1986,(1). －131－132

16011 한 농부의 형상 / 김훈학 // 송화강. －1986,(1). －26－27

16012 해바라기 / 차화영 // 송화강. －1986,(1). －36

16013 흙 한줌 / 신현산 // 도라지. －1986,(1). －27

16014 갈주패환상 / 김파 // 송화강. －1986,(2). －43

16015 그대의 미소(외1수) / 리인옥 // 도라지. －1986,(2). －35

16016 금잔디 / 김파 // 송화강. －1986,(2). －46

16017 김지하 시선: －시집≪황토≫에서 / 김지하 // 천지. －1986,(2). －81－82

16018 나는 폭포,장백의 폭포수 / 김동호 // 장백산. －1986,(2). －46－47

16019 노을이 지면 / 류문홍 // 송화강. －1986,(2). －45

16020 달(외2수) / 김정호 // 송화강. －1986,(2). －44

16021 달밤에 칭얼대는 개울물소리(외1수) / 한창선 // 송화강. －1986,(2). －44－45

16022 독백 / 전승기 // 송화강. －1986,(2). －27

16023 류창원 서정시 한묶음 / 류창원 // 송화강. －1986,(2). －50

16024 리행복과 그의 시 / 리행복 // 천지. －1986,(2). －38

16025 만년의 메아리: 외4수 / 김욱 // 천지. －1986,(2). －41－42

16026 망설이는 마음 / 김태복 // 도라지. －1986,(2). －72

16027 박씨를 심는 어머니 / 최춘일 // 천지. －1986,(2). －29

16028 박창길 시 묶음 / 박창길 // 천지. －1986,(2). －39－40

16029 밤에 바다는 륙지를 깨우려고 / 허근 // 송화강. －1986,(2). －42

16030 봄길 / 최춘일 // 송화강. －1986,(2). －43

16031 봄의 뽀뿌라(외4수) / 박설매 // 도라지. －1986,(2). －33－35

16032 삶의 샘물 / 김창대 // 장백산. －1986,(2). －48－49

16033 새야 창공높이 날아라 / 리성비 // 천지. －1986,(2). －56

16034 소원 / 최화길 // 송화강. －1986,(2). －45－46

16035 시골서정 / 김성 // 장백산. －1986,(2). －44－45

16036 올리막 내리막 / 정호원 // 송화강. －1986,(2). －27

16037 외로운 섬(외1수) / 리상각 // 도라지. －1986,(2). －32－33

16038 우리의 자유 / 김동진 // 은하수. －1986,(2). －36－37

16039 조약돌 / 리창영 // 송화강. －1986,(2). －43

16040 중류 서정시 5수 / 중류 // 송화강. －1986,(2). －51

16041 처녀의 정서(외1수) / 리홍규 // 송화강. －1986,(2). －42－43

16042 할미꽃 / 김동진 // 도라지. －1986,(2). －35

16043 가다려오랴 / 류문홍 // 송화강. －1986,(3). －53

16044 거리의 노래:외1수 / 김창석 // 천지. - 1986,(3). - 45 - 46

16045 고향 / 차도범 // 장백산. - 1986,(3). - 102

16046 그대 만약 지구라면 / 김영건 // 장백산. - 1986,(3). - 103

16047 나의 ≪공백≫ / 조룡남 // 도라지. - 1986,(3). - 50 - 51

16048 나의 꿈 / 홍용암 // 장백산. - 1986,(3). - 102

16049 내 고향 흑룡강 / 김송죽 // 은하수. - 1986,(3). - 22 - 23

16050 너의 얼굴에서 살아진것은 / 황장식 // 송화강. - 1986,(3). - 52 - 53

16051 단야공 / 조상철 // 장백산. - 1986,(3). - 102

16052 달 / 문초 // 조선어문. - 1986,(3). - 29

16053 달처럼 해처럼 / 전승기 // 장백산. - 1986,(3). - 103

16054 두만강변에서 / 김재호 // 장백산. - 1986,(3). - 101

16055 땅속에서 사는 사람들(외1수) / 김동진 // 송화강. - 1986,(3). - 43

16056 리별이 이토록 서러운줄은 / 김어금 // 도라지. - 1986,(3). - 23

16057 마음속의 자류산 / 유재익 // 장백산. - 1986,(3). - 101 - 102

16058 만약 생활이 다시 시작된다면 / 수풀 // 송화강. - 1986,(3). - 55

16059 미소편 / 리상각 // 장백산. - 1986,(3). - 96 - 97

16060 벼꽃도 물씬 무러익어가는데야… / 박문봉 // 장백산. - 1986,(3). - 100

16061 변명말아!(외3수) / 박정웅 // 송화강. - 1986,(3). - 53 - 54

16062 불러라,우리 노래:외1수 / 문창남 // 천지. - 1986,(3). - 44 - 45

16063 사랑의 변주곡 / 한춘 // 청년생활. - 1986,(3). - 47

16064 사랑의≪생태평형≫(외1수) / 조룡남 // 송화강. - 1986,(3). - 51 - 52

16065 산농사 물농사 / 김철 // 천지. - 1986,(3).43 - 44

16066 새벽안개(외1수) / 최춘일 // 송화강. - 1986,(3). - 36

16067 생명 / 황장석 // 도라지. - 1986,(3). - 74

16068 서정시 3수 / 김성휘 // 송화강. - 1986,(3). - 51

16069 서정시 한묶음 / 현옥희 // 송화강. - 1986,(3). - 54 - 55

16070 세월의 점 / 김기덕 // 장백산. - 1986,(3). - 103

16071 소꼽동무 / 신순희 // 도라지. - 1986,(3). - 22

16072 시를 두고: 외1수 / 리상각 // 은학수. - 1986,(3). - 58

16073 심장에서 튕기는 불꽃 / 허봉남 // 장백산. - 1986,(3). - 98 - 100

16074 ≪아빠 - ≫ / 김창대 // 도라지. - 1986,(3). - 19

16075 아침해 · 구름 / 김광철 // 은하수. - 1986,(3). - 53

16076 아픈 갈망(외1수) / 신영희 // 도라지. - 1986,(3). - 21 - 22

16077 왜 날보고만 묻는거나요?(외수) / 리장수 // 장백산. - 1986,(3). - 100 - 101

16078 이슬 머금은 꽃송이 / 위종신 // 천지. - 1986,(3). - 47

16079 장보고 오는 길 / 박철준 // 천지. - 1986,(3). - 46 - 47

16080 채택룡작품선 / 채택룡 // 천지. - 1986,(3). - 36 - 37

16081 통일복장 / 림금산 // 송화강. - 1986,(3). - 52

16082 푸른 잎 / 리창영 // 도라지. - 1986,(3). - 51

16083 화제(외1수) / 박정웅 // 도라지. - 1986,(3). - 23

16084 ×의 초상화:외1수 / 한국청 // 천지. - 1986,(3). - 67

16085 가목 / 김일권 // 장백산. - 1986,(4). - 79

16086 거울앞에 삽니다 / 류문홍 // 송화강. - 1986,

(4). − 53 − 54
16087 고사리(외1수) / 강효삼 // 도라지. − 1986,(4). − 34
16088 고추 / 김승종 // 도라지. − 1986,(4). − 31
16089 고향 / 권성호 // 장백산. − 1986,(4). − 78
16090 권력 / 양림발 // 천지. − 1986,(4). − 25
16091 ≪국장대리≫ / 박룡석 // 천지. − 1986,(4). − 24
16092 나는 키가 작다 / 오성호 // 도라지. − 1986,(4). − 35
16093 나의 별세계 / 허설 // 장백산. − 1986,(4). − 57 − 60
16094 나의 시첩에 얼룩진은것(외2수) / 송정환 // 송화강. − 1986,(4). − 52
16095 네 이름을 물우에 써다오 / 김성휘 // 도라지. − 1986,(4). − 32 − 33
16096 달과 함께 / 려명학 // 장백산. − 1986,(4). − 79
16097 달려라 손잡이 / 윤하룡 // 도라지. − 1986,(4). − 29
16098 달빛 / 윤상수 // 장백산. − 1986,(4). − 78 − 79
16099 대전환의 계선에서 / 리삼월 // 장백산. − 1986,(4). − 60 − 62
16100 란초(외1수) / 박화 // 도라지. − 1986,(4). − 19
16101 마음의 메아리 / 박동호 // 장백산. − 1986,(4). − 78
16102 망각을 바라는 마음 / 김룡문 // 송화강. − 1986,(4). − 57
16103 머리숙이리 / 신창수 // 도라지. − 1986,(4). − 35
16104 박문봉시초 / 박문봉 // 송화강. − 1986,(4). − 25 − 26
16105 백두산 기행시초 / 남상수 // 송화강. − 1986,(4). − 27 − 28
16106 버들가지(외2수) / 리삼월 // 도라지. − 1986,(4). − 34
16107 벗에게 / 리성림 // 장백산. − 1986,(4). − 79
16108 벗에게 화답하노라 / 주룡 // 장백산. − 1986,(4). − 79
16109 봄달래 / 리광호 // 도라지. − 1986,(4). − 31
16110 석림의 노래 / 호소 // 장백산. − 1986,(4). − 55 − 57
16111 선생님의 목소리 / 최송희 // 중국조선족교육. − 1986,(4). − 22
16112 시대의 여울소리 ABCD / 김동호 // 천지. − 1986,(4). − 57 − 59
16113 시인과 붓대 / 리상각 // 송화강. − 1986,(4). − 15
16114 안해 / 전승기 // 도라지. − 1986,(4). − 80
16115 자유의 천사(외2수) / 송정환 // 도라지. − 1986,(4). − 33
16116 ≪장≫자의 뿌리 / 리창영 // 천지. − 1986,(4). − 24 − 25
16117 추구 / 박찬정 // 장백산. − 1986,(4). − 78
16118 침묵 / 리춘옥 // 송화강. − 1986,(4). − 54
16119 콩싹이 트는 밤(외2수) / 한춘 // 송화강. − 1986,(4). − 52 − 53
16120 허수아비 / 김영훈 // 천지. − 1986,(4). − 25
16121 희망의 홰불 / 마송학 // 조선어문. − 1986,(4). − 62
16122 가고픈 마음 / 취향란 // 도라지. − 1986,(5). − 27
16123 강변의 모래(외1수) / 려칠성 // 도라지. − 1986,(5). − 37
16124 고민(외1수) / 강송옥 // 도라지. − 1986,(5) − 39
16125 고향 / 구연흥 // 장백산. − 1986,(5). − 155
16126 고향에 대한 생각 / 마송학 // 장백산. − 1986,(5). − 79 − 80
16127 꿈(외1수) / 리삼월 // 천지. − 1986,(5). − 22 − 23
16128 꿈길 / 신순희 // 장백산. − 1986,(5). − 134
16129 그대가 오며는(외1수) / 장원철 // 도라지. − 1986,(5). − 39
16130 나는 꾀꼴새 / 김춘일 // 장백산. − 1986,(5). − 134
16131 나의 꿈 / 류호개 // 장백산. − 1986,(5). − 83
16132 나의 추구(외1수) / 김파 // 도라지. − 1986,

(5).－35－36
16133 나의 입김 / 한창국 // 장백산.－1986,(5).－68
16134 농군의 희망 / 김순자 // 송화강.－1986,(5).－43
16135 두만강아 / 석화 // 송화강.－1986,(5).－32
16136 들꽃 / 황순국 // 장백산.－1986,(5).－133
16137 라체조각상이 있다. / 김정수 // 도라지.－1986,(5).－38
16138 락수물소리(외1수) / 정몽호 // 송화강.－1986,(5).－43－44
16139 망향시초 / 김춘산 // 송화강.－1986,(5).－41－42
16140 바른소리(외1수) / 정몽호 // 천지.－1986,(5).－65
16141 밤하늘의 별(외1수) / 윤송봉 // 송화강.－1986,(5).－44
16142 백발이 성성하여 / 안수경 // 도라지.－1986,(5).－37
16143 병실의 서정 / 김성휘 // 장백산.－1986,(5).－74－76
16144 봄꿈 / 김동원 // 장백산.－1986,(5).－133
16145 봄눈에 저마끔의 생각은(외1수) / 허흥식 // 송화강.－1986,(5).－43
16146 사랑이여 / 박남춘 // 장백산.－1986,(5).－134
16147 산:외1수 / 조룡남 // 천지.－1986,(5).－22－23
16148 삶 / 최봉길 // 장백산.－1986,(5).－133
16149 새집드는 날 / 리군필 // 장백산.－1986,(5).－133
16150 선생님의 품 / 리승학 // 장백산.－1986,(5).－133
16151 수집은 꿈 / 석태성 // 도라지.－1986,(5).－36－37
16152 숨쉬는 거울 / 김응준 // 송화강.－1986,(5).－40
16153 이른봄 / 림금산 // 천지.－1986,(5).－23
16154 인생길 / 리승호 // 장백산.－1986,(5).－80－83
16155 장백산 줄기줄기 / 한창희 // 천지.－1986,(5).－19
16156 참 생각이 많습니다 / 김철 // 천지.－1986,(5).－9
16157 철대문 / 김영훈 // 천지.－1986,(5).－65
16158 청춘 / 지미화 // 도라지.－1986,(5).－38
16159 청춘들이 사는 땅 / 리임원 // 천지.－1986,(5).－20－21
16160 청춘의 꿈 / 엄성철 // 장백산.－1986,(5).－134
16161 추억(서정시) / 김정호 작 // 문학과 예술.－1986,(5).－63
16162 친구야, 다시 본다 네 얼굴을 / 황장석 // 도라지.－1986,(5).－34
16163 틈서리에 돋은 풀 / 박화 // 장백산.－1986,(5).－77－79
16164 태양도에서(외1수):－시인 한춘에게 / 박화 // 송화강.－1986,(5).－42
16165 파랑새 / 장진국 // 송화강.－1986,(5).－42
16166 편견 / 김희수 // 송화강.－1986,(5).－43
16167 피리 / 리춘 // 장백산.－1986,(5).－133
16168 할빈의 유혹 / 리홍규 // 송화강.－1986,(5).－39－40
16169 허풍쟁이 / 리근영 // 천지.－1986,(5).－65
16170 희망의 홰불: 길림시 조선어학회의 성립을 축하하여 / 마송학 // 도라지.－1986,(5).－34
16171 개울가에서 / 문창근 // 도라지.－1986,(6).－45
16172 계선 / 현옥희 // 송화강.－1986,(6).－48
16173 고향 / 김경화 // 도라지.－1986,(6).－76
16174 그 시절 / 문창송 // 장백산.－1986,(6).－144
16175 그는 나의… / 김호근 // 천지.－1986,(6).－48
16176 그대여 옮겨야 하리 / 김룡운 // 송화강.－1986,(6).－49
16177 김성우시초 / 김성우 // 송화강.－1986,(6).－44－45
16178 까치 / 김창석 // 천지.－1986,(6).－46
16179 나는 갑니다 / 박동호 // 장백산.－1986,(6).－143

16180 나도 안아 보자(외1수) / 변창렬 // 도라지. – 1986,(6). – 45 – 46
16181 나리꽃 / 박동욱 // 도라지. – 1986,(6). – 8
16182 나의 고향 / 황장석 // 천지. – 1986,(6). – 47 – 48
16183 나의 노래 / 홍용암 // 장백산. – 1986,(6). – 140 – 141
16184 내 맘속의 고향 / 박동춘 // 장백산. – 1986,(6). – 141
16185 내 원하노니 / 안진영 // 장백산. – 1986,(6). – 144
16186 내가 가꾸는 꽃 / 리군필 // 장백산.. – 1986,(6). – 142
16187 농막으로 가는 길 / 박룡석 // 송화강. – 1986,(6). – 49
16188 느릅나무 / 조장연 // 장백산. – 1986,(6). – 137
16189 님이 오는 길 / 최춘일 // 송화강. – 1986,(6). – 48 – 49
16190 다듬이돌(외1수) / 김기덕 / 도라지. – 1986,(6). – 71
16191 땅꽈리 / 하정 // 송화강. – 1986,(6). – 48
16192 뙤창문 / 김태호 // 장백산. – 1986,(6). – 139 – 140
16193 로처녀의 사랑곡 / 김영진 // 천지. – 1986,(6). – 57
16194 류성(외1수): – 작가 정령동지의 서거를 알리는 방송을 듣고 / 임효원 // 천지. – 1986,(6). – 9
16195 목단강 / 정철 // 장백산. – 1986,(6). – 114 – 124
16196 무명고지 무명꽃 / 엄룡운 // 장백산. – 1986,(6). – 142
16197 백두의 서정 / 한창희 // 은하수. – 1986,(6). – 16
16198 벽계수 / 리정옥 // 장백산. – 1986,(6). – 143 – 144
16199 봄 / 전미옥 // 장백산. – 1986,(6). – 143
16200 봇나무 한그루 / 전승기 // 장백산. – 1986,(6). – 138 – 139
16201 부러워 말라: – 쉡첸꼬를 모방하여 / 리상각 // 천지. – 1986,(6). – 47
16202 빨래터 / 리옥환 // 장백산. – 1986,(6). – 143
16203 사랑 / 조향리 // 장백산. – 1986,(6). – 143
16204 사랑의 싹 / 김순복 // 장백산. – 1986,(6). – 142
16205 사막일기 / 김영건 // 장백산. – 1986,(6). – 138
16206 산새마을시초 / 한창선 // 송화강. – 1986,(6). – 46 – 47
16207 산속의 련정 / 서용활 // 장백산. – 1986,(6). – 142
16208 상봉: 외2수 / 허설 // 은하수. – 1986,(6). – 61
16209 새봄 맞아 얼음도 녹거니 / 채택룡 // 천지. – 1986,(6). – 46
16210 석양(외3수) / 김성우 // 도라지. – 1986,(6). – 44 – 45
16211 숨결 / 금동춘 // 도라지. – 1986,(6). – 46 – 47
16212 아, 사과나무야(외1수) / 김태복 // 도라지. – 1986,(6). – 46
16213 어제 – 오늘 – 래일 / 김동호 // 천지. – 1986,(6). – 49
16214 유치원 선생님 / 정몽호 // 중국조선족교육. – 1986,(6). – 76
16215 인생변주곡 / 남영전 // 도라지. – 1986,(6). – 42 – 44
16216 잃은 봄 찾은 봄 / 김철 // 천지. – 1986,(6). – 48 – 49
16217 정말 괘씸해 / 홍용암 // 도라지. – 1986,(6). – 52
16218 지게 / 김기덕 // 장백산. – 1986,(6). – 136 – 137
16219 추억이 그리워 / 김명희 // 장백산. – 1986,(6). – 144
16220 칼 / 정용호 // 장백산. – 1986,(6). – 144
16221 틈 / 박철준 // 송화강. – 1986,(6). – 48
16222 파랗게 물젓은 메아리(시3수) / 김철 // 도라지. – 1986,(6). – 40
16223 해바라기 / 문창근 // 도라지. – 1986,(6). – 76

16224 경박호시초 / 김동진 // 은하수. －1986,(7). －35
16225 꽃나무를 심는 마음 / 김동진 // 청년생활. －1986,(7). －52
16226 나에게는 내가 있다: 외1수 / 최화길 // 은하수. －1986,(7). －34
16227 달처럼 별처럼 / 송정환 // 청년생활. －1986,(7). －53
16228 대동강(외3수) / 설인 // 천지. －1986,(7). －27
16229 래일을 심호흡하노라 / 류문홍 // 은하수. －1986,(7). －34
16230 말뚝(외1수) / 문창남 // 천지. －1986,(7). －81
16231 생활이 사랑을 빼앗더라도 / 김태갑 // 천지. －1986,(7). －80
16232 여덟시간 느린 왈쯔 / 김문세 // 천지. －1986,(7). －80
16233 우리는 80년대 청년 / 김학송 // 천지. －1986,(7). －74
16234 젊은 녀승 / 백덕성 // 천지. －1986,(7). －80
16235 코스모스: 외1수 / 김응준 // 청년생활. －1986,(7). －53
16236 훈춘시초 / 송정환 // 천지. －1986,(7). －28－29
16237 가고픈 마음 / 최향란 // 은하수. －1986,(8). －21
16238 갈림길(외3수) / 한춘 // 은하수. －1986,(8). －23
16239 고향의 노래 / 허흥식 // 천지. －1986,(8). －76－77
16240 눈덩이 / 석택성 // 은하수. －1986,(8). －21
16241 시골정담 / 김칠산 // 은하수. －1986,(8). －22
16242 안해의 새 이야기 / 리주표 // 천지. －1986,(8). －78
16243 앞을 다투는 사람들 / 리성비 // 천지. －1986,(8). －78
16244 울음 / 박문광 // 은하수. －1986,(8). －21
16245 전람 / 박정웅 // 천지. －1986,(8). －78
16246 전사의 유물 / 신창수 // 천지. －1986,(8). －77
16247 점심밥 / 차호일 // 은하수. －1986,(8). －21
16248 축배: －1966년도 고중졸업생들에게 / 리택학 // 천지. －1986,(8). －79
16249 햇사랑 묵은 사랑(시4수) / 김철 // 천지. －1986,(8). －38－39
16250 경박호서정 / 김성휘 // 은하수. －1986,(9). －38－39
16251 꿈 / 김정호 // 은하수. －1986,(9). －36－37
16252 날개 돋친 출근길 / 최홍자 // 중국조선족교육. －1986,(9)－50
16253 내 가슴의 한떨기 나리꽃 / 최룡관 // 은하수. －1986,(9). －37
16254 두만강 / 김동진 // 은하수. －1986,(9). －36
16255 두만강여울소리 / 한춘 // 은하수. －1986,(9). －37
16256 로평 시 5 수 / 로평 // 천지. －1986,(9)－77－78
16257 보내는 마음: 외3수 / 리상각 // 청년생활. －1986,(9). －36
16258 사랑시 / 최문섭 // 천지. －1986,(9). －33
16259 석화가사선 / 석화 // 천지. －1986,(9). －34
16260 여름밤의 서정 / 김응룡 // 천지. －1986,(9). －32
16261 괴상한 색맹 / 김영훈 // 천지. －1986,(10). －30
16262 꿈에 본 어머니 / 최미란 // 은하수. －1986,(10). －11
16263 나그네 / 김현순 // 은하수. －1986,(10). －27
16264 나는 ≪기생충≫이였다 / 김동호 // 은하수. －1986,(10). －26
16265 당신은 아시는가요? / 허범 // 천지. －1986,(10). －29
16266 대접풀이 / 리창영 // 천지. －1986,(10). －30
16267 두 사돈 / 김창규 // 천지. －1986,10). －73
16268 락수물 / 김영길 // 은하수. －1986,(10). －11
16269 악수 / 강송옥 // 은하수. －1986,(10). －27
16270 알아두라 재간둥이야 / 김하수 // 천지. －1986,(10). －3
16271 유치원대문밖에 / 김응준 // 천지. －1986,(10). －9

16272 중류 시3수 / 중류 // 천지. – 1986,(10). – 75

16273 출근(외3수) / 황장석 // 천지. – 1986,(10). – 28 – 29

16274 황야에 묻힌 사랑 / 류연사 // 천지. – 1986, (10). – 18

16275 걱정꾸러기 / 문창남 // 은하수. – 1986,(11). – 49 – 50

16276 경박호 / 박장길 // 천지. – 1986,(11). – 13

16277 난해시냐? 몽롱시냐 / 리상각 // 천지. – 1986, (11). – 90 – 93

16278 아, 청춘 / 김응룡 // 청년생활. – 1986,(11). – 55

16279 인생변주곡 / 박화 // 천지. – 1986,(11). – 22

16280 인생살이 3수 / 조룡남 // 천지. – 1986,(11). – 66 – 67

16281 참 사랑의 피줄 / 현규동 // 청년생활. – 1986, (11). – 55

16282 푸른 기념비: – 나는 실화적인 이 경음악 노래를 꿈많은 대학생들에게 드린다 / 문창남 // 천지. – 1986,(11) – 28 – 32

16283 후회(외3수) / 김성우 // 천지. – 1986,(11). – 68 – 69

16284 고향이여,내가 왔노라 / 남봉련 // 중국조선족교육. – 1986,(12). – 25

16285 나의 산(외1수) / 오기을 // 천지. – 1986,(12). – 29

16286 내가 바라는것은(외2수) / 김성휘 // 천지. – 1986,(12). – 28 – 29

16287 봄(외6수) / 리장수 // 은하수. – 1986,(12). – 18 – 19

16288 유령들의 모임(외1수) / 최룡국 // 천지. – 1986, (12). – 87

16289 가소, 조용히 가소(외1수) / 주룡 // 송화강. – 1987,(1). – 53

16290 개장국 타령 / 리상각 // 문학과 예술. – 1987,(1). – 84

16291 거리의 려명: 외2수 / 김응준 // 은하수. – 1987, (1). – 41 – 42

16292 거울속의 낯선 사람(외1수) / 려칠성 // 도라지. – 1987,(1). – 23

16293 고향시초 / 정몽호 // 천지. – 1987,(1). – 60 – 61

16294 고향의 바다가(외6수) / 리승호 // 장백산. – 1987,(1). – 141 – 145

16295 고향의 황금벌 / 김철준 // 장백산. – 1987,(1). – 124

16296 꽃나무 한그루 / 리해룡 // 송화강. – 1987,(1). – 49

16297 나의 벗은(외1수) / 김성휘 // 도라지. – 1987, (1). – 20

16298 내 정녕사랑하노라:《중국조선어문》발간 소식에 접하여 / 김철 // 중국조선어문. – 1987,(1). – 12

16299 내가 듣는 종소리는 / 허경수 // 중국조선족교육. – 1987,(1). – 80

16300 넋의 포옹(외2수) / 박설매 // 도라지. – 1987, (1). – 9

16301 네가 달이면 나는 해인가(외1수) / 한창희 // 송화강. – 1987,(1). – 49

16302 념원 / 리상각 // 도라지. – 1987,(1). – 22

16303 노을에 새겨진 글발: 조선의 하늘에 / 리상각 // 천지. – 1987,(1). – 57

16304 눈길우에서 주은 시 / 주성화 // 송화강. – 1987,(1). – 52

16305 력사가 선물한 서정시 / 한춘 // 장백산. – 1987,(1). – 139 – 141

16306 랭면타령 / 리상각 // 문학과 예술. – 1987, (1). – 84

16307 비 내리는 타향에서: 외1수 / 박장길 // 천지. – 1987,(1). – 63

16308 사랑이여 나서자 / 김응준 // 문학과 예술. – 1987,(1). – 84

16309 사색의 흰갈기 / 김문희 // 천지. – 1987,(1). – 58

16310 새들이 운다: 외2수 / 리상각 // 은하수. – 1987, (1). – 40 – 41

16311 새해벽두에:외1수 / 김동호 // 천지. - 1987,(1). - 56
16312 서정시 3수 / 리상각 // 송화강. - 1987,(1). - 50
16313 송시 - 통화조선족작가협회의 성립을 축하하여 / 마정 // 장백산. - 1987,(1). - 136
16314 시내물(외1수) / 리상학 // 도라지. - 1987,(1). - 24
16315 아, 고향에 두고온것은… / 황상박 // 도라지. - 1987,(1). - 22
16316 아기가 운다:외1수 / 허홍식 // 천지. - 1987,(1). - 59
16317 아, 푸른 별 푸른 꿈(3수) / 김철 // 장백산. - 1987,(1). - 137 - 139
16318 안해의 노래 / 최현 // 문학과 예술. - 1987,(1). - 84
16319 어머니의 손 / 현태석 // 송화강. - 1987,(1). - 53
16320 인간세상:외4수 / 김철 // 천지. - 1987,(1). - 24 - 25
16321 인간을 사랑하라(외2수) / 리상각 // 도라지. - 1987,(1). - 21
16322 인생: 외2수 / 리영복 // 천지. - 1987,(1). - 62
16323 중년의 노래 / 김득만 // 문학과 예술. - 1987,(1). - 84
16324 초원끝에서(3수) / 임효원 // 송화강. - 1987,(1). - 51 - 52
16325 초원은 나의 사랑: - 커루친초원에서 / 김철 // 송화강. - 1987,(1). - 47 - 49
16326 하얀 비둘기 / 김선화 // 문학과 예술. - 1987,(1). - 94
16327 한점의 바람처럼 / 윤명희 // 도라지. - 1987,(1). - 23
16328 그대와 나 / 김경식 // 송화강. - 1987,(2). - 44
16329 그물뜨는 아가씨 / 김응준 // 도라지. - 1987,(2). - 23
16330 꽃무덤 / 박장길 // 장백산. - 1987,(2). - 172
16331 꿈의 발자취 / 김정호 // 천지. - 1987,(2). - 70 - 73
16332 꿈자리 / 조상철 // 장백산. - 1987,(2). - 171
16333 나는 강의한 북국의 사나이 / 신영희 // 송화강. - 1987,(2). - 46
16334 나의 동년은 / 홍용암 // 도라지. - 1987,(2). - 25
16335 리별의 항구 / 박동춘 // 도라지. - 1987,(2). - 24
16336 바다가에서(외5수) / 강효삼 // 송화강. - 1987,(2). - 42 - 43
16337 바위 / 김건 // 장백산. - 1987,(2). - 171
16338 박철준시초 / 박철준 // 은하수. - 1987,(2). - 46 - 47
16339 백발의 녀인 / 김동진 // 송화강. - 1987,(2). - 44 - 45
16340 별 / 전미옥 // 장백산. - 1987,(2). - 151
16341 보름달 / 김경화 // 도라지. - 1987,(2). - 25
16342 봄날의 동화 / 량명석 // 송화강. - 1987,(2). - 45
16343 봄빛 / 김재덕 // 장백산. - 1987,(2). - 172
16344 사랑의 꽃밭 / 리혜자 // 도라지. - 1987,(2). - 23 - 24
16345 사랑의 배신자여 / 리영남 // 도라지. - 1987,(2). - 24
16346 사랑편 / 박화 // 송화강. - 1987,(2). - 45
16347 사색의 쪼각 / 박장길 // 송화강. - 1987,(2). - 46
16348 샘골사나이 / 석화 // 문학과 예술. - 1987,(2). - 96
16349 서라벌의 해 / 한춘 // 도라지. - 1987,(2). - 22
16350 석류 종다리 단풍 / 박화 // 도라지. - 1987,(2). - 21 - 22
16351 술 한잔 / 김여운 // 장백산. - 1987,(2). - 172
16352 시간의 호소 / 최룡관 // 천지. - 1987,(2). - 31 - 32
16353 아빠 엄마 되였네 / 최해룡 // 문학과 예술. - 1987,(2). - 96
16354 우리의 꿈 / 림영파 // 장백산. - 1987,(2). - 151

16355 천지의 폭포:외3수 / 김문희 // 은하수. – 1987,(2). – 48

16356 한 바구니 / 남영전 // 장백산. – 1987,(2). – 91 – 104

16357 한춘시초 / 한춘 // 송화강. – 1987,(2). – 40 – 41

16358 회포 / 리영남 // 장백산. – 1987,(2). – 109

16359 가을비 / 김기덕 // 장백산. – 1987,(3). – 175

16360 가을의 묵상(외1수) / 전승기 // 송화강. – 1987,(3). – 47 – 48

16361 강기슭 사람들 / 설위민 // 장백산. – 1987,(3). – 85 – 86

16362 경박호에서 읊은 시 / 송정환 // 송화강. – 1987,(3). – 44 – 45

16363 그녀의 발자국소리 / 최춘일 // 송화강. – 1987,(3). – 48

16364 그런적 없어요 / 주성화 // 도라지. – 1987,(3). – 38

16365 김삿갓아저씨 디쓰꼬를 추신다 / 석화 // 송화강. – 1987,(3). – 43 – 44

16366 나는 나를 찾으렵니다 / 김학송 // 장백산. – 1987,(3). – 167

16367 나의 봄날 / 김응준 // 송화강. – 1987,(3). – 46

16368 나의 이름:–한 벗의 시≪이름석자≫를 읽고 / 김용식 // 송화강. – 1987,(3). – 48

16369 논판풍경 / 채택룡 // 천지. – 1987,(3). – 35

16370 님과 나는… / 김문세 // 도라지. – 1987,(3). – 72

16371 달과 함께 사는 인생 / 정몽호 // 은하수. – 1987,(3). – 32 – 33

16372 달빛은 / 림금산 // 장백산. – 1987,(3). – 175

16373 당신은(외1수):–영화배우에게 / 최룡관 // 송화강. – 1987,(3). – 45

16374 등짐우의 풍막 / 금동춘 // 도라지. – 1987,(3). – 30

16375 망부석 / 김례삼 // 천지. – 1987,(3). – 37

16376 백두산기슭에서 / 한창희 // 천지. – 1987,(3). – 34 – 35

16377 백의동포의 노래 / 리삼월 // 천지. – 1987,(3). – 36 – 37

16378 백조의 호수 / 애청 // 장백산. – 1987,(3). – 76 – 77

16379 벗에게 / 최룡관 // 도라지. – 1987,(3). – 28

16380 별이 피는 밤 / 리임원 // 송화강. – 1987,(3). – 48

16381 보내지 못한 편지:–한 녀인의 경우 / 리재춘 // 송화강. – 1987,(3). – 46 – 47

16382 봄날의 추억 / 리해룡 // 장백산. – 1987,(3). – 88 – 89

16383 상사나무 / 진옥곤 // 도라지. – 1987,(3). – 29

16384 생명교향곡 / 애귀생 // 장백산. – 1987,(3). – 86 – 87

16385 소학시절 그리며 / 박철준 // 중국조선족교육. – 1987,(3). – 43

16386 압록강반의 사색 / 김창대 // 장백산. – 1987,(3). – 78 – 79

16387 오, 가야금아:외2수 / 임효원 // 천지. – 1987,(3). – 33

16388 인생길(외1수) / 정철 // 송화강. – 1987,(3). – 47

16389 진주조개 / 박설매 // 청년생활. – 1987,(3). – 51

16390 찢어진 세월 / 최룡관 // 장백산. – 1987,(3). – 80 – 82

16391 초혼:외1수 / 김양금 // 청년생활. – 1987,(3). – 51

16392 파란 넋 / 김학송 // 도라지. – 1987,(3). – 71

16393 폭우를 기다리는 마음 / 강효삼 // 장백산. – 1987,(3). – 106

16394 하늘에 부치는 노래 / 리임원 // 도라지. – 1987,(3). – 6

16395 학이 우는 소리(외1수) / 송정환 // 도라지. – 1987,(3). – 7

16396 한춘시초:단교 / 한춘 // 천지. – 1987,(3). – 62 – 63

16397 허허넓은 대초원 / 차간 // 장백산. – 1987,(3). – 82 – 85

16398 황혼 / 주룡 // 장백산. – 1987,(3). – 87 – 88

16399 가야금 뜯는 처녀 / 허태일 // 장백산.－1987,(4).－108

16400 감자장졸임(외3수) / 한창선 // 장백산.－1987,(4).－97－99

16401 결코 옛일이 아니다 / 곡유원 // 천지.－1987,(4).－46－49

16402 권력이여 너는 / 김동진 // 천지.－1987,(4).－18－19

16403 그대와 나 / 김기덕 // 도라지.－1987,(4).－26

16404 그 얼굴이:외2수 / 임효원 // 은하수.－1987,(4).－30

16405 김정호 가사선 / 김정호 // 은하수.－1987,(4).－31－32

16406 꽃우산 / 최룡국 // 문학과 예술.－1987,(4).－88

16407 나는 나(외1수) / 황장석 // 송화강.－1987,(4).－48－49

16408 나는 나대로 간다:외2수 / 최화길 // 천지.－1987,(4).－26

16409 나는 지금 이런 사나이 / 남상수 // 송화강.－1987,(4).－29－30

16410 나는 한사람을 기다립니다 / 박길춘 // 송화강.－1987,(4).－28－29

16411 나팔꽃(외1수) / 리임원 // 송화강.－1987,(4).－50

16412 다시 안해에게(외1수) / 조룡남 // 송화강.－1987,(4).－47－48

16413 동방의 꿈(외6수) / 김성우 // 장백산.－1987,(4).－101－104

16414 만약 / 김춘일 // 장백산.－1987,(4).－35

16415 무제 / 김춘산 // 송화강.－1987,(4).－30

16416 민요에 묘사된 떡 // 문학과 예술.－1987,(4).－31

16417 바다(외2편) / 주성화 // 장백산.－1987,(4).－175

16418 바람아 / 전승기 // 장백산.－1987,(4).－42

16419 바람이 분다(외2수) / 석화 // 장백산.－1987,(4).－99－101

16420 박철준 시초 / 박철준 // 송화강.－1987,(4).－45－46

16421 밤의 정차점(외5수) / 리임원 // 장백산.－1987,(4).－104－106

16422 방아:룡정민속박물관에서 / 조룡남 // 도라지.－1987,(4).－25

16423 사랑의 눈,코, 입,귀 / 강길 // 천지.－1987,(4).－33

16424 사랑의 시작 / 김홍일 // 장백산.－1987,(4).－63

16425 생각(외1수) / 최룡국 // 송화강.－1987,(4).－51

16426 소원 / 한창선 // 송화강.－1987,(4).－29

16427 심령의 트릴로 / 정철 // 천지.－1987,(4).－55

16428 우리 말 우리 글 / 임효원 // 중국조선어문.－1987,(4).－3

16429 ≪제비는 작아도 강남을 간다≫: 우리 민족의 제일 짧은 서사민요 // 문학과 예술.－1987,(4).－31

16430 쪽지게 / 한득철 // 도라지.－1987,(4).－26

16431 참 오늘은 별나게 이런 생각이:－청명절 밤에 / 허근 // 송화강.－1987,(4).－49－50

16432 철새(외7수) / 최용철 // 장백산.－1987,(4).－106－108

16433 청춘 / 림금산 // 도라지.－1987,(4).－52

16434 태양도 / 리홍규 // 송화강.－1987,(4).－30

16435 할미꽃 / 박문봉 // 송화강.－1987,(4).－28

16436 항구 / 김동진 // 도라지.－1987,(4).－25

16437 흘러간 사랑의 세월 / 리선호 // 천지.－1987,(4).－25

16438 간판:외3수 / 리근영 // 천지.－1987,(5).－47

16439 갈잎배 / 리순옥 // 장백산.－1987,(5).－96

16440 고통:외1수 / 리성비 // 천지.－1987,(5).－25

16441 고향의 마음:외2수 / 박룡석 // 천지.－1987,(5).－55

16442 구름(외4수) / 조룡남 // 장백산.－1987,(5).－102－104

16443 그대에게(외4수) / 마송학 // 장백산.－1987,

(5). − 106 − 107

16444 김동진 서정시 / 김동진 // 송화강. − 1987,(5). − 47 − 49

16445 김성휘시편:꿈에 김소월을 만나 / 김성휘 // 천지. − 1987,(5). − 16 − 17

16446 나는 내속을 나와 / 김광현 // 송화강. − 1987, (5). − 50

16447 나의 별들(외1수) / 김철 // 송화강. − 1987, (5). − 46 − 47

16448 눈: 외1수 / 황장석 // 은하수. − 1987,(5). − 56

16449 돌과 나와 시 / 주성화 // 송화강. − 1987,(5). − 51 − 52

16450 동년:외2수 / 박철준 // 천지. − 1987,(5). − 56 − 57

16451 렬차여 나를 태워달라 / 최학 // 송화강. − 1987,(5). − 52

16452 민들레환상곡 / 임효원 // 송화강. − 1987,(5). − 50 − 51

16453 발자국 / 김여운 // 장백산. − 1987,(5). − 41

16454 봄맞이꽃:외2수 / 김학송 // 천지. − 1987,(5). − 58 − 59

16455 북방의 가을 / 로평 // 장백산. − 1987,(5). − 97 − 99

16456 비둘기 나네 나도 나네(외1수) / 김명옥 // 송화강. − 1987,(5). − 52

16457 빨간양산 / 김동호 등 // 도라지. − 1987,(5). − 12 − 16

16458 상봉 / 전춘식 // 천지. − 1987,(5). − 17

16459 숨쉬는 추억 / 임효원 // 장백산. − 1987,(5). − 100 − 102

16460 애정시초 / 리삼월 // 송화강. − 1987,(5). − 53

16461 오동나무(외1수) / 김응준 // 장백산. − 1987, (5). − 104 − 105

16462 인간투사(외1수) / 박설매 // 장백산. − 1987,(5). − 107

16463 인생 · 길 · 문장 / 김학천 // 천지. − 1987,(5). − 57

16464 진주(외2수) / 리성비 // 송화강. − 1987,(5). − 49

16465 함박꽃처럼 나리꽃처럼:사범학교를 졸업한 한 처녀의 수기 / 김응준 // 중국조선족교육. − 1987,(5). − 40

16466 화창한 날 / 김춘산 // 송화강. − 1987,(5). − 51

16467 황소를 보면 / 김학송 // 송화강. − 1987,(5). − 51

16468 흰바위 / 리성비 // 장백산. − 1987,(5). − 122

16469 겨레의 노래 / 김동호 // 중국조선어문. − 1987,(6). − 33

16470 겨울 / 리상각 // 장백산. − 1987,(6). − 108 − 110

16471 그대들은 어떻더냐 / 최영순 // 도라지. − 1987, (6). − 42

16472 그때면… / 주희옥 // 도라지. − 1987,(6). − 35

16473 그러나,그러나,그러나 / 리근영 // 송화강. − 1987,(6). − 44

16474 나는 모래알:외2수 / 리영복 // 천지. − 1987, (6). − 45

16475 나의 말 / 김성휘 // 중국조선어문. − 1987,(6). − 32

16476 너 보다 고운 꽃을… / 현규동 // 도라지. − 1987,(6). − 33

16477 노 젓는 배사공:길림강남교두광장에서 / 박운호 // 도라지. − 1987,(6). − 31

16478 누나의 비밀은 나밖에 몰라 / 김룡호 // 천지. − 1987,(6). − 75

16479 다시금 황성옛터에서 / 박화 // 장백산. − 1987, (6). − 105 − 108

16480 달구지에 앉아가신 어머니 / 차간 // 천지. − 1987,(6). − 25

16481 당신이 옥수수라면 / 김윤범 // 송화강. − 1987, (6). − 46

16482 등대의 위치 / 김철 // 장백산. − 1987,(6). − 104 − 105

16483 립체의 흐름 / 류문홍 // 송화강. − 1987,(6). − 45

16484 무지개 / 석택성 // 장백산. − 1987,(6). − 113

16485 밤비 내리는 소리(외1수) / 김성휘 // 송화

강.－1987,(6).－42
16486 보배찾아 / 리영남 // 도라지.－1987,(6).－68
16487 분수령(외1수) / 강효삼 // 송화강.－1987,(6).－42－43
16488 ≪비보≫(외1수) / 리상각 // 도라지.－1987,(6).－17
16489 사랑 / 홍혜숙 // 장백산.－1987,(6).－65
16490 사랑의 소망:외1수 / 김학송 // 은하수.－1987,(6).－41
16491 산향에 드리는 시:외2수 / 정몽호 // 송화강.－1987,(6).－43
16492 석탄 / 조장연 // 장백산.－1987,(6).－112－113
16493 손과 발:외1수 / 박문파 // 은하수.－1987,(6).－41
16494 술을 떼며 / 김문희 // 도라지.－1987,(6).－34
16495 시골 / 리임원 // 송화강.－1987,(6).－45
16496 신강천지에 올라(외1수) / 리삼월 // 도라지.－1987,(6).－18
16497 실련의 애수 / 최룡관 // 청년생활.－1987,(6).－48
16498 우리 말(외2수) / 최룡국 // 중국조선어문.－1987,(6).－32－33
16499 우수수 설레인다 / 강성란 // 도라지.－1987,(6).－33
16500 이 생각 저 생각 / 송정환 // 장백산.－1987,(6).－110－111
16501 전원시:외2수 / 허흥식 // 천지.－1987,(6).－74－75
16502 초가을 / 허운삼 // 송화강.－1987,(6).－44－45
16503 추억(외1수) / 김춘희 // 송화강.－1987,(6).－45
16504 태양도의 명상 / 김응준 // 송화강.－1987,(6).－43
16505 할미꽃 / 리근영 // 도라지.－1987,(6).－34
16506 황소의 발자국 / 김욱 // 천지.－1987,(6).－13
16507 휘바람소리 // 리동권 // 도라지.－1987,(6).－35
16508 교단:소학교교원에게 / 강효삼 // 중국조선족교육.－1987,(7－8)－44
16509 도시서정시 / 리삼월 // 은하수.－1987,(7).－38－39
16510 설레이는 마음 / 김세균 // 천지.－1987,(7).－13
16511 쌍루곡 / 채택룡 // 천지.－1987,(7).－13
16512 어깨의 대렬 / 김례삼 // 천지.－1987,(7).－27
16513 자유:외2수 / 설인 // 천지.－1987,(7).－40－41
16514 장미꽃 한떨기 / 김정호 // 청년생활.－1987,(7).－17
16515 풋내기 사랑:외2수 / 강효삼 // 청년생활.－1987,(7).－40
16516 고향의 새노래 / 김성휘 // 천지.－1987,(8).－22－23
16517 내사랑,교수안이여:한 로교원의 일기에서 / 김일파 // 중국조선족교육.－1987,(9).－16
16518 리욱과 그의 한시 / 천명 // 문학과 예술.－1987,(9－10)－4
16519 애정시 4수 / 리임원 // 청년생활.－1987,(9).－52
16520 추억의 백만장자:외5수 / 김철 // 천지.－1987,(9).－21－23
16521 고요한 내가에서:외2수 / 김응준 // 천지.－1987,(10).－22－23
16522 꽃과 잎과 달과 / 조룡남 // 천지.－1987,(10).－23
16523 나의 세계 / 한창선 // 천지.－1987,(10).－24－25
16524 신기루 찾아서 / 고종석 // 천지.－1987,(10).－19
16525 이 생각 저 생각:외1수 / 김송죽 // 천지.－1987,(10).－25
16526 인생만리길 ABC… / 김동호 // 은하수.－1987,(10).－55
16527 청춘들에게 / 정몽호 // 청년생활.－1987,(10).－41

16528 가을의 마음:외2수 / 리수길 // 천지. – 1987,(11). – 51

16529 빛의 찬가 / 애청 작;한창희 역 // 천지. – 1987,(11). – 28 – 31

16530 스무살,오늘의 주제곡:외1수 / 한춘 // 청년생활. – 1987,(11). – 12

16531 장백산은 나의 고향 / 김철학 // 천지. – 1987,(11). – 52 – 54

16532 해와 함께 달과 함께 / 최문섭 // 중국조선족교육. – 1987,(11). – 80

16533 백의 넋 / 남영전 // 천지. – 1987,(12). – 33 – 35

16534 가을 / 송정환 // 송화강. – 1988,(1). – 49

16535 가지 말아 청춘:외1수 / 리성비 // 예술세계. – 1988,(1). – 55

16536 갑산총각:외1수 / 석화 // 예술세계. – 1988,(1). – 52

16537 강가에 우는 녀인(외2수) / 김응준 // 은하수. – 1988,(1). – 54 – 55

16538 구름과 바람(외3수) / 리성비 // 은하수. – 1988,(1). – 55

16539 김동주 시묶음 / 김동주 // 도라지. – 1988,(1). – 59 – 60

16540 나는 한그루 나무(외1수) / 리상학 // 도라지. – 1988,(1). – 9

16541 나의 손 / 김영건 // 천지. – 1988,(1). – 63

16542 너와 나, 우리에게 / 박화 // 장백산. – 1988,-(1). – 131 – 134

16543 눈꽃 / 최룡국 // 예술세계. – 1988,(1). – 52

16544 볼우물 / 김기덕 // 장백산. – 1988,(1). – 141

16545 뿌리 / 김광현 // 송화강. – 1988,(1). – 52

16546 사랑의 꽃잎 / 리삼월 // 청년생활. – 1988,(1). – 10

16547 산 / 박설매 // 은하수. – 1988,(1). – 56

16548 산간의 작은 정거장 / 최춘일 // 송화강. – 1988,(1). – 53

16549 산향의 봄 / 리임원 // 예술세계. – 1988,(1). – 40

16550 새벽에 / 허흥식 // 장백산. – 1988,(1). – 141

16551 서역의 넋 / 남영전 // 도라지. – 1988,(1). – 40 – 42

16552 세월따라 추억따라:수필가 리계향녀사에게 / 송정환 // 천지. – 1988,(1). – 32

16553 소낙비 / 김춘산 // 송화강. – 1988,(1). – 52 – 53

16554 숨쉬는 꽃동네로 / 김학송 // 천지. – 1988,(1). – 33 – 35

16555 시골 / 리임원 // 천지. – 1988,(1). – 34 – 35

16556 심령의 트릴로 / 정철 // 송화강. – 1988,(1). – 50

16557 아침(외4수) / 김성휘 // 도라지. – 1988,(1). – 33 – 34

16558 우리는 정삼각형 / 신현철 // 천지. – 1988,(1). – 62 – 63

16559 우리의 얼굴대로 / 임효원 // 중국조선어문. – 1988,(1) – 20

16560 원예사에게 드리는 노래 / 김영 // 중국조선어문. – 1988,(1). – 53

16561 원통(외1수) / 한창선 // 송화강. – 1988,(1). – 51

16562 인간심사 / 정몽호 // 장백산. – 1988,(1). – 139 – 141

16563 조국앞에(외1수) / 최창록 // 도라지. – 1988,(1). – 58 – 59

16564 죽고 살고 덤벼봅시다(외2수) / 김철 // 도라지. – 1988,(1). – 20 – 21

16565 지금 / 허봉남 // 송화강. – 1988,(1). – 52

16566 첫눈에 든 정에 / 김한성 // 예술세계. – 1988,(1). – 55

16567 친구는 / 김송죽 // 예술세계. – 1988,(1). – 48

16568 호림원의 조각상 / 주뢰 // 장백산. – 1988,(1). – 137 – 139

16569 흔적(외1수) / 신창학 // 송화강. – 1988,(1). – 54

16570 희망변주곡 / 정철 // 장백산. – 1988,(1). – 134 – 137

16571 고향 / 리승호 // 장백산. －1988,(2). －77－80
16572 그것은 우리의 모든 것 / 박화 // 중국조선어문. －1988,(2). －58
16573 그대 만약 아신다면 / 허련순 // 예술세계. －1988,(2). －27
16574 기러기 나리는 곳 / 오업용 // 장백산. －1988,(2). －82－83
16575 나는 나대로 내 길 간다 / 리광호 // 도라지. －1988,(2). －22
16576 나를 찾아가자(외3수) / 최룡국 // 송화강. －1988,(2). －4
16577 나의 길 / 김문 // 천지. －1988,(2). －22－23
16578 나의 자랑 / 리순이 // 도라지. －1988,(2). －50－51
16579 날아예는 거말이여(외1수) / 김동호 // 송화강. －1988,(2). －45－46
16580 내 님의 웃음 / 최상철 // 예술세계. －1988,(2). －30
16581 녀시인C양에게(외1수) / 김동호 // 도라지. －1988,(2). －73
16582 되찾은 동년 / 김명희 // 도라지. －1988,(2). －51
16583 메아리(외2수) / 박화 // 송화강. －1988,(2). －44－45
16584 밤하늘(외3수) / 박문봉 // 송화강. －1988,(2). －48－48
16585 불타는 신강땅에서(시3수) / 김철 // 은하수. －1988,(2). －40－41
16586 사색의 여울 / 강효삼 // 송화강. －1988,(2). －43－44
16587 산기슭 강기슭:외2수 / 정호원 // 예술세계. －1988,(2). －27
16588 소녀의 마음 / 신순희 // 도라지. －1988,(2). －50
16589 시간 / 석문주 // 천지. －1988,(2). －21
16590 시내물 되고퍼라 / 석화 // 예술세계. －1988,(2). －30
16591 시장거리에서(외1수) / 김학송 // 송화강. －1988,(2). －48
16592 아지랑이 / 문창근 // 도라지. －1988,(2). －15
16593 언제나 봄날에:외1수 / 김경석 // 예술세계. －1988,(2). －53
16594 오늘의 노래를 찾아서 / 신영희 // 도라지. －1988,(2). －50
16595 우리 말 우리 글 / 김응준 // 중국조선어문. －1988,(2). －59
16596 우리는 청춘 / 방태길 // 예술세계. －1988,(2). －27
16597 이상했어:외1수 / 리임원 // 예술세계. －1988,(2). －25
16598 전해다오 / 김성휘 // 장백산. －1988,(2). －81－82
16599 주소없는 편지 / 한춘 // 도라지. －1988,(2). －47－48
16600 지구를 닮는다 / 박문봉 // 천지. －1988,(2). －35
16601 창망한 대지:서역기행시 / (몽골족)차깐 // 송화강. －1988,(2). －50－51
16602 친선의 정 넘치는 땅 / 백예 // 장백산. －1988,(2). －75－77
16603 키스해주세요 / 허순옥 // 도라지. －1988,(2). －51
16604 한 녀인에 대한 이야기 / 한창희 // 도라지. －1988,(2). －43－44
16605 환도산 시초 / 김성 // 장백산. －1988,(2). －64
16606 가을의 합장 / 주성화 // 송화강. －1988,(3). －33
16607 겨레의 말소리 / 최선 // 중국조선어문. －1988,(3). －51
16608 그날 백두의 하늘:외3수 / 리성비 // 천지. －1988,(3). －57－58
16609 꽃잎들이 지면(외4수) / 한춘 // 송화강. －1988,(3). －31－32
16610 나는 싫다,이런 인생은 / 김영철 // 장백산. －1988,(3). －126
16611 나의 조선말 / 강효삼 // 중국조선어문. －1988,

(3). - 50

16612 님(외1수): - 참으로 아름다운 시, 그리고 시인에게 / 박설매 // 도라지. - 1988,(3). - 39 - 40

16613 두고집(외1수) / 권원화 // 도라지. - 1988,(3). - 43

16614 래일에 살자(외1수) / 전승기 // 송화강. - 1988, (3). - 36

16615 룡담산의 살구꽃 / 박운호 // 도라지. - 1988, (3). - 43

16616 못간다 못가! / 한창선 // 도라지. - 1988,(3). - 40

16617 벽세우기(외1수) / 석화 // 송화강. - 1988,(3). - 33

16618 벽화의 상흔 / 김동활 // 도라지. - 1988,(3). - 42

16619 사랑의 소야곡 / 리인옥 // 도라지. - 1988, (3). - 41

16620 3월 / 정청일 // 도라지. - 1988,(3). - 41

16621 서른 살: 외3수 / 석화 // 천지. - 1988,(3). - 25

16622 소년시절(외2수) / 허근 // 송화강. - 1988,(3). - 34 - 35

16623 시골이야기 / 박문봉 // 도라지. - 1988,(3). - 40

16624 어머니의 장례(외3수) / 조룡남 // 송화강. - 1988,(3). - 30 - 31

16625 어머님 전상서 / 김춘산 // 도라지. - 1988,(3). - 39

16626 우리 말의 향기 / 김학송 // 중국조선어문. - 1988,(3). - 50 - 51

16627 울 엄마 살아: 외3수 / 류문홍 // 은하수. - 1988,(3). - 28

16628 이슬이 머금은 사랑: 시2수 / 김철 // 청년생활. - 1988,(3). - 38

16629 인생 / 김창훈 // 송화강. - 1988,(3). - 35

16630 일떠서는 나의 도시 / 김학송 // 천지. - 1988,(3). - 56 - 57

16631 조상이 남긴 명시 / 정영일 편역 // 도라지. - 1988,(3). - 78

16632 창망한 대지 - 서역기행시초 / 차칸 // 장백산. - 1988,(3). - 113 - 115

16633 창안과 창박 / 권원화 // 천지. - 1988,(3). - 27

16634 추억 / 허신 // 장백산. - 1988,(3). - 91

16635 침묵(외1수) / 강광현 // 도라지. - 1988,(3). - 42

16636 하얀 실구름(외3수) / 김동진 // 송화강. - 1988, (3). - 34

16637 한송이 무궁화 / 김동진 // 중국조선어문. - 1988,(3). - 52

16638 황성옛터를 찾아 / 한창희 // 장백산. - 1988, (3). - 110 - 112

16639 흰소 / 한창선 // 장백산. - 1988,(3). - 108 - 110

16640 고향 사투리 / 한춘 // 중국조선어문. - 1988, (4). - 20

16641 꿈(5수) / 김성휘 // 송화강. - 1988,(4). - 25 - 26

16642 꿈새: 외3수 / 최룡국 // 은하수. - 1988,(4). - 36 - 37

16643 내 마음의 항구야 / 김응준 // 도라지. - 1988, (4). - 44

16644 내가 만약 한송이 꽃이라면 / 김성권 // 중국조선어문. - 1988,(4). - 40

16645 너는… / 리성진 // 송화강. - 1988.(4). - 29

16646 노크소리(외2수) / 김룡운 // 송화강. - 1988, (4). - 28

16647 눈꽃 / 조룡남 // 천지. - 1988,(4). - 38

16648 달래 / 유재익 // 장백산. - 1988,(4). - 56

16649 도시에서 / 박강평 // 천지. - 1988,(4). - 50 - 51

16650 딸기숲(외1수) / 허흥식 // 도라지. - 1988,(4). - 42

16651 딸애의 소원 / 장주서 // 도라지. - 1988,(4). - 43

16652 무덤가에서: 가난으로 떠나간 사촌형에게 / 김영건 // 장백산. - 1988,(4). - 37

16653 미적 감수 / 김학철 // 문학과 예술. – 1988,(4). – 74 – 75
16654 봄 · 가을:외2수 / 허흥식 // 은하수. – 1988,(4). – 37
16655 사랑시초 / 정몽호 // 청년생활. – 1988,(4). – 50
16656 산 / 변창렬 // 도라지. – 1988,(4). – 41
16657 살기 쉽다 말아라:외5수 / 김성휘 // 천지. – 1988,(4). – 26 – 28
16658 새세대 / 오위 // 장백산. – 1988,(4). – 137 – 138
16659 생명의 변주곡 / 한춘 // 장백산. – 1988.(4) – 133 – 135
16660 시인에 대한 생각 / 최화길 // 문학과 예술. – 1988,(4). – 49
16661 아,황포항 / 김응준 // 천지. – 1988,(4) – 29
16662 아Q의 력사 / 윤경찬 // 송화강. – 1988,(4). – 29
16663 압록강 / 김동진 // 도라지. – 1988,(4). – 42
16664 언제나 청춘에 살리라 / 송정환 // 도라지. – 1988,(4). – 41
16665 연분 / 김승광 // 장백산. – 1988,(4) – 56
16666 외태머리 / 최춘일 // 천지. – 1988,(4). – 29
16667 우리 글 자모음 / 리삼월 // 중국조선어문. – 1988,(4). – 19
16668 우리 말 우리 글 / 문창남 // 중국조선어문. – 1988,(4). – 56 – 57
16669 유산 / 박선석 // 장백산. – 1988,(4). – 38 – 56
16670 윷놀이타령 / 김태룡 // 도라지. – 1988,(4). – 44
16671 집안시초 / 조룡남 // 장백산. – 1988,(4). – 135 – 136
16672 찔레꽃(외1수) / 김춘산 // 송화강. – 1988,(4). – 27
16673 침묵 / 박기분 // 도라지. – 1988,(4). – 43
16674 코바늘:외1수 / 원종옥 // 천지. – 1988,(4). – 51
16675 태양(외1수) / 리명재 // 송화강. – 1988,(4). – 26 – 27
16676 폭포 / 허설 // 천지. – 1988,(4). – 26
16677 하늘 / 김기덕 // 장백산. – 1988,(4). – 37
16678 고향의 안개;외2수 / 조룡남 // 청년생활. – 1988,(5). – 60
16679 그 밝은 미소에(외1수) / 현규동 // 송화강. – 1988,(5). – 38
16680 ≪그는 나의…≫ / 김학송 / 장백산. – 1988,(5). – 105
16681 그런 말은 옷을 입혔소 / 허설 // 장백산. – 1988,(5). – 102
16682 기다리옵니다 / 최향란 // 도라지. – 1988,(5). – 48
16683 기대(외1수) / 렬풍 // 송화강. – 1988,(5). – 57 – 58
16684 꽃 / 류시홍 // 장백산. – 1988,(5) – 103 – 104
16685 늙어 입은 꽃치마 / 안수경 // 도라지. – 1988,(5). – 49
16686 단풍세잎 / 조룡남 // 송화강. – 1988,(5). – 10
16687 동구나무 / 김기덕 // 도라지. – 1988,(5) – 49
16688 동해여,내가 왔다(외2수) / 최문섭 // 도라지. – 1988,(5). – 45 – 46
16689 두만강 / 김영건 // 도라지. – 1988,(5). – 50
16690 들장미:외1수 / 정철 // 천지. – 1988,(5). – 57
16691 둥근달(외2수) / 박철준 // 송화강. – 1988,(5). – 55 – 56
16692 떫은 여름 / 김철 // 장백산. – 1988,(5). – 96 – 97
16693 말 / 윤경찬 // 송화강. – 1988,(5). – 56 – 57
16694 망부석 / 김응준 // 송화강. – 1988,(5). – 56
16695 민들레(외1수) / 김춘산 // 송화강. – 1988,(5). – 58
16696 바람 / 전춘식 // 송화강. – 1988,(5). – 60
16697 바람(외1수) / 리임원 // 송화강. – 1988,(5). – 36
16698 발자국 / 최미란 // 도라지. – 1988,(5) – 50
16699 밤거리 거닐며(1) / 최룡국 // 도라지. – 1988,(5). – 47
16700 봄눈 / 도렬 // 장백산. – 1988,(5). – 102 – 103

16701 비소리 / (외2수)김파 // 도라지. – 1988,(5). – 46

16702 서정시7수 / 리삼월 // 장백산. – 1988,(5). – 99 – 100

16703 서해갑문언제에 올라서 / 리창인 // 천지. – 1988,(5) – 29

16704 아,기적소리는…… / 김동호 // 장백산. – 1988,(5). – 101 – 102

16705 오솔길 / 배학실 // 도라지. – 1988,(5). – 49

16706 울 엄마의 꿈자리(외1수) / 김동활 // 송화강. – 1988,(5). – 57

16707 이 나라 이 강산에 / 송정환 // 장백산. – 1988,(5) – 97 – 99

16708 인생길 / 한창희 // 천지. – 1988,(5). – 26 – 29

16709 인어 / 박화 // 송화강. – 1988,(5). – 55

16710 조선말 / 허룡구 // 중국조선어문. – 1988,(5) – 47

16711 질투 / 박철준 // 도라지. – 1988,(5). – 48

16712 파문 / 전미화 // 장백산. – 1988,(5). – 104 – 105

16713 허황한 번뇌 / 허근 // 송화강. – 1988,(5). – 24

16714 흰눈 / 김영춘 // 도라지. – 1988,(5). – 49 – 50

16715 가을의 호수 / 김재현 // 장백산. – 1988,(6). – 107

16716 갈망(외1수) / 리승광 // 도라지. – 1988(6). – 48

16717 감정이란(외3수) / 김경화 // 도라지. – 1988,(6). – 50

16718 건너집 창문 / 김춘산 // 장백산. – 1988,(6). – 26

16719 곱돌솔 / 최인자 // 도라지. – 1988,(6). – 47

16720 그리운 동년시절 / 박순희 // 중국조선어문. – 1988,(6). – 51

16721 꿈마다 찾아오는 새:외1수 / 신현철 // 천지. – 1988,(6). – 55

16722 꿈속의 시 / 최정수 // 장백산. – 1988,(6). – 108

16723 나와 세계 / 김응준 // 장백산. – 1988,(6). – 105 – 107

16724 나의 얼 나의 자랑 / 장명숙 // 중국조선어문. – 1988,(6). – 47

16725 내 가슴에도 이끼 / 김룡식 // 도라지. – 1988,(6). – 51

16726 노을(외2수) / 정몽호 // 송화강. – 1988,(6). – 39

16727 다리(외3수) / 전승기 // 송화강. – 1988,(6). – 39 – 40

16728 달밤의 서정:외1수 / 주성화 // 청년생활. – 1988,(6). – 44

16729 달이 곱나? / 남순희 // 장백산. – 1988,(6). – 108

16730 들새(외1수) / 리성철 // 송화강. – 1988,(6). – 56

16731 룡담연의 나무 / 석태성 // 도라지. – 1988,(6). – 46

16732 리욱 유고 2수 / 리욱 // 문학과 예술. – 1988,(6). – 27 – 28

16733 만리장성과 따리집 그리고 전족 / 한창선 // 천지. – 1988,(6). – 20

16734 만약 하느님아버지 계신다면(외1수) / 송정환 // 송화강. – 1988,(6). – 38

16735 방황(외4수) / 길근식 // 송화강. – 1988,(6). – 40 – 41

16736 봄우물(외2수) / 김순자 // 송화강. – 1988,(6). – 46

16737 봄의 4중주 / 박화 // 청년생활. – 1988,(6). – 22

16738 사랑시초 / 김정호 // 은하수. – 1988,(6). – 28 – 29

16739 3행시 행렬 / 박화 // 도라지. – 1988,(6). – 51

16740 섣달 그믐날 밤(외1수) / 강효삼 // 송화강. – 1988,(6). – 56

16741 쑥대밭 / 박운호 // 도라지. – 1988,(6). – 47

16742 소녀 / 배영춘 // 도라지. – 1988,(6). – 49

16743 송화강 / 강송옥 // 도라지. – 1988,(6). – 48

16744 아버진 겨울나무올시다 / 김춘산 // 도라지. – 1988,(6). – 46
16745 어디에 계셔요 / 금동춘 // 도라지. – 1988,(6). – 51
16746 어릴 때 청명(외1수) / 리성비 // 송화강. – 1988,(6). – 14
16747 유람선 타고 / 최미란 // 도라지. – 1988,(6). – 49
16748 옛정(외1수) / 림명자 // 도라지. – 1988,(6). – 49
16749 저 하늘로 / 변창렬 // 도라지. – 1988,(6). – 47
16750 저녁노을,아침노을 / 리성비 // 장백산. – 1988,(6). – 43
16751 조선방문시초 / 남영전 // 장백산. – 1988,(6). – 101 – 102
16752 추구 / 리상학 // 장백산. – 1988,(6). – 134
16753 추억 / 김성휘 // 장백산. – 1988,(6). – 102 – 104
16754 투명체(외1수) / 리삼월 // 송화강. – 1988,(6). – 38 – 39
16755 포도원서정(외1수) / 김욱 // 장백산. – 1988,(6). – 107 – 108
16756 황혼(외1수) / 김춘산 // 도라지. – 1988,(6). – 46
16757 희생 / 황장석 // 송화강. – 1988,(6). – 22
16758 그녀의 이름:외1수 / 김동진 // 천지. – 1988,(7). – 51
16759 나는 나다 / 김명근 // 천지. – 1988,(7). – 51
16760 내 꽃시절은 요렇게 시들어야 하나요:외3수 / 최룡국 // 청년생활. – 1988,(7). – 39
16761 내 시를 쓴답시고 / 현규동 // 천지. – 1988,(7). – 29
16762 너와 나 / 리순옥 // 천지. – 1988,(7). – 29
16763 두만강전설:외3수 / 임효원 // 천지. – 1988,(7). – 28
16764 세기의 바람 / 리선호 // 천지. – 1988,(7). – 61
16765 진심:외1수 / 김기덕 // 천지. – 1988,(7). – 64
16766 초록색노래(외4수) / 조룡남 // 은하수. – 1988,(7). – 40 – 41
16767 돌아오라(외4수) / 김성휘 // 은하수. – 1988,(8). – 22 – 23
16768 생의 분투:외4수 / 김파 // 청년생활. – 1988,(8). – 49
16769 꿈새:외2수 / 최룡국 // 천지. – 1988,(9). – 78
16770 물어볼가요 / 설인 // 천지. – 1988,(9). – 39
16771 봄나들이 명상 / 문창남 // 천지. – 1988,(9). – 26
16772 아침 / 김춘산 // 천지. – 1988,(9). – 34
16773 2원짜리 전쟁:외1수 / 김철 // 천지. – 1988,(9). – 25 – 26
16774 인간심사 / 정몽호 // 천지. – 1988,(9). – 52 – 53
16775 하이얀 비석:외4수 / 림금산 // 청년생활. – 1988,(9). – 43
16776 그 얼마나:외1수 / 리인옥 // 천지. – 1988,(10). – 46
16777 무정:외1수 / 황장석 // 청년생활. – 1988,(10). – 40
16778 사랑도적(외3수) / 김응준 // 은하수. – 1988,(10). – 14 – 15
16779 사랑의 페허우에:외2수 / 송정환 // 천지. – 1988,(10). – 45 – 46
16780 석류:외1수 / 리삼월 // 천지. – 1988,(10). – 23
16781 아는가?:외1수 / 리상각 // 청년생활. – 1988,(10). – 40
16782 장미의 마음:외3수 / 리임원 // 천지. – 1988,(10). – 24 – 25
16783 푸른 바람:외1수 / 김응준 // 천지. – 1988,(10). – 44
16784 그네:외1수 / 리욱 // 천지. – 1988,(11). – 22 – 23
16785 독백 / 황장석 // 천지. – 1988,(11). – 42
16786 산꽃:외1수 / 조룡남 // 천지. – 1988,(11). – 43
16787 존재의 도시 / 박설매 // 은하수. – 1988,(11). – 35

16788 거리의 서정:외2수 / 마송학 // 천지. – 1988,(12). – 35
16789 대련기행시초 / 문창남 // 천지. – 1988,(12). – 32 – 34
16790 락엽 / 전춘식 // 천지. – 1988,(12). – 50
16791 봄푸른 내가에서 / 림금산 // 천지. – 1988,(12). – 50
16792 여름날의 정서 / 리인옥 // 은하수. – 1988,(12). – 54
16793 연변찬가 / 호소 // 천지. – 1988,(12). – 34 – 35
16794 울고있는 가엾는 논뙈기를:외2수 / 최룡관 // 천지. – 1988,(12). – 49 – 50
16795 혼인소개소:외1수 / 김응준 // 청년생활. – 1988,(12). – 9
16796 가신님 / 전승기 // 도라지. – 1989,(1). – 51
16797 거미 / 하나 // 송화강. – 1989,(1). – 37
16798 구름의 메아리(외1수) / 허흥식 // 송화강. – 1989,(1). – 42 – 43
16799 국문자풀이 / 정종수 노래;장봉조 정리 // 도라지. – 1989,(1). – 53
16800 그림자 / 김응준 // 중국조선어문. – 1989,(1). – 34
16801 기다린다(외2수) / 김성휘 // 송화강. – 1989,(1). – 40 – 41
16802 나는야 장백의 사나이 / 최현 // 예술세계. – 1989,(1). – 39
16803 너희들은 말리라 / 손현춘 // 중국조선어문. – 1989,(1). – 35
16804 말… / 리욱 // 중국조선어문. – 1989,(1). – 61
16805 묘향산(외2수) / 최창록 // 도라지. – 1989,(1). – 52
16806 밤비1(외1수) / 김학송 // 송화강. – 1989,(1). – 44
16807 밤 새우는 밤 / 김혁 // 송화강. – 1989,(1). – 59
16808 봄 / 박태근 // 도라지. – 1989,(1). – 63
16809 북대하 기행시 2수 / 박철준 // 송화강. – 1989,(1). – 41
16810 사랑 A B C / 석택성 // 송화강. – 1989,(1). – 43 – 44
16811 산촌이 이사갑니다 / 김학송 // 천지. – 1989,(1). – 48
16812 서정시 8수:하늘을 우러러 / 김파 // 장백산. – 1989,(1). – 121 – 122
16813 선심(외5수) / 박설매 // 도라지. – 1989,(1). – 50 – 51
16814 시간의 궤도우에 / 김파 // 천지. – 1989,(1). – 19 – 20
16815 아버지의 옛말(외1수) / 김동진 // 송화강. – 1989,(1). – 41 – 42
16816 애정세월 / 김문 // 천지. – 1989,(1). – 21
16817 어머님의 사랑:어머님과 길림시에 드림 / 리인옥 // 장백산. – 1989,(1). – 124 – 125
16818 오늘:외1수 / 권원화 // 천지. – 1989,(1). – 49
16819 원시림 / 최용철 // 장백산. – 1989,(1). – 122 – 123
16820 지나간 오늘 / 조광명 // 송화강. – 1989,(1). – 37
16821 투명한 꽃다발 / 박설매 // 장백산. – 1989,(1). – 125
16822 한룡운시작품선 / 한룡운 // 문학과 예술. – 1989,(1). – 28 – 31
16823 화염산(외3수) / 남영전 // 도라지. – 1989,(1). – 49
16824 환생 / 김영 // 중국조선어문. – 1989,(1). – 41
16825 황금지팽이 / 강효삼 // 중국조선어문. – 1989,(1). – 34
16826 거리의 동화 / 박화 // 송화강. – 1989,(2). – 47 – 88
16827 기다림(외2수) / 남상화 // 도라지. – 1989,(2). – 37
16828 김지하 시 3수 / 김지하 // 문학과 예술. – 1989,(2). – 30 – 31
16829 꽃의 언어(외1수) / 리임원 // 도라지. – 1989,(2). – 35

16830 꽃중의 꽃은:외1수 / 현규동 // 천지. − 1989,(2). − 35
16831 꿈 찾아 / 박철수 // 장백산. − 1989,(2). − 111
16832 남국시초 / 김응준 // 천지. − 1989,(2). − 23
16833 너는 미의 명작 / 박장길 // 천지. − 1989,(2). − 22
16834 내 하얀 마음 꿈밭에 / 리성진 // 송화강. − 1989,(2). − 51
16835 둥근달아 / 리성비 // 예술세계. − 1989,(2). − 31
16836 떠나간 두세대 / 박동춘 // 도라지. − 1989,(2). − 36
16837 마음(외1수) / 리임원 // 송화강. − 1989,(2). − 49 − 50
16838 망향 / 윤주택 // 송화강. − 1989,(2). − 51
16839 물에 비낀 그림자(외1수) / 김혁 // 도라지. − 1989,(2). − 36
16840 백일홍(외1수) / 허동식 // 도라지. − 1989,(2). − 77
16841 별하나 꿈하나 / 김학송 // 송화강. − 1989,(2). − 53
16842 소원 / 한영남 // 장백산. − 1989,(2). − 111
16843 스르라미와 나 / 김파 // 송화강. − 1989,(2). − 51
16844 오막집(외3수) / 박태근 // 도라지. − 1989,(2). − 38 − 39
16845 우정의 노래 / 김학송 // 예술세계. − 1989,(2). − 25
16846 장미꽃 이름:사랑하는 딸에게 / 리임원 // 장백산. − 1989,(2). − 95 − 97
16847 장백산 미인송:외1수 / 허룡구 // 천지. − 1989,(2). − 45
16848 전통 A B / 김충 // 천지. − 1989,(2). − 46
16849 주소없는 편지 / 한춘 // 송화강. − 1989,(2). − 48 − 49
16850 철새에게(외3수) / 석화 // 송화강. − 1989,(2). − 50 − 51
16851 청춘 / 오광림 // 장백산. − 1989,(2). − 69
16852 풍운기(제2부 발취) / 리욱 // 장백산. − 1989,(2). − 91 − 95
16853 하얀 새 한마리(외3수) / 리삼월 // 도라지. − 1989,(2). − 34 − 35
16854 고은 시 2수 / 고은 // 문학과 예술. − 1989,(3). − 37
16855 그것은 − 우리 말과 글 / 강효삼 // 중국조선어문. − 1989,(3). − 50
16856 기념비(외3수) / 최룡국 // 장백산. − 1989,(3). − 56 − 57
16857 꿈 / 맹봉은 // 중국조선어문. − 1989,(3). − 48
16858 눈물(외1수) / 전미화 // 장백산. − 1989,(3). − 59
16859 님의 눈 / 김성룡 // 문학과 예술. − 1989,(3). − 74
16860 독백:집에서 쫓겨나 자유결혼 한 후… / 박련옥 // 도라지. − 1989,(3). − 34
16861 두만강 뻐꾹새:외1수 / 리성비 // 천지. − 1989,(3). − 27
16862 려순에서 읊은 시 / 송정환 // 천지. − 1989,(3). − 27
16863 력사의 그 언덕 / 한창희 // 장백산. − 1989,(3). − 54 − 56
16864 배워가자 배워주자 / 김규필 // 중국조선어문. − 1989,(3). − 51
16865 버드나무 / 오기을 // 문학과 예술. − 1989,(3). − 75
16866 봄물우에(외3수) / 정몽호 // 도라지. − 1989,(3). − 37
16867 봄의 서정 / 김성권 // 중국조선어문. − 1989,(3). − 46
16868 사랑 / 최춘일 // 천지. − 1989,(3). − 35
16869 사랑은 물처럼:외1수 / 박문파 // 청년생활. − 1989,(3). − 31
16870 세계에 고아가 또 하나 나섰습니다(외5수) / 한창선 // 장백산. − 1989,(3). − 51 − 54
16871 쓰다 감춘 그대 편지 / 방태길 // 청년생활. − 1989,(3). − 31

16872 어머니 / 김기덕 // 중국조선어문. - 1989,(3). - 51

16873 연변처녀에게 / 려신 // 장백산. - 1989,(3). - 57 - 59

16874 인생(외2수) / 허흥식 // 도라지. - 1989,(3). - 34

16875 잃었어요 / 김성휘 // 문학과 예술. - 1989,(3). - 12

16876 저와 님 / 김일량 // 청년생활. - 1989,(3). - 31

16877 한 시인의 독백: 외2수 / 김동진 // 은하수. - 1989,(3). - 32

16878 허황옥(외1수) / 허룡구 // 도라지. - 1989,(3). - 9

16879 그대의 옛말 / 김영화 // 도라지. - 1989,(4). - 42 - 43

16880 그립다 그 웃음이: 외1수 / 림영파 // 천지. - 1989,(4). - 29

16881 꿈속의 키스 / 황명호 // 도라지. - 1989,(4). - 43

16882 꿈에라도 자꾸오세요: 외1수 / 전순애 // 청년생활. - 1989,(4). - 25

16883 나는 그저 물이면 된다 / 반병섭 // 장백산. - 1989,(4). - 91 - 92

16884 나는 쪽배 생활은 바다 / 최영홍 // 중국조선어문. - 1989,(4). - 32

16885 나무의 고백 / 허룡구 // 장백산. - 1989,(4). - 66 - 67

16886 난데없이(외3수) / 박문봉 // 송화강. - 1989,(4). - 48

16887 내 이름 무엇이길래… / 현규동 // 장백산. - 1989,(4). - 69

16888 내가 고향에 두고온것은 / 리승호 // 장백산. - 1989,(4). - 63 - 64

16889 노을 / 설종성 // 장백산. - 1989,(4). - 95 - 96

16890 다시 태여난다면: 외1수 / 김동진 // 천지. - 1989,(4). - 30

16891 독백(외2수) / 최룡국 // 송화강. - 1989,(4). - 49

16892 돌이 많은 고장에서: 집안기행 시초 / 석화 // 장백산. - 1989,(4). - 62 - 63

16893 때늦은 고백 / 전순애 // 도라지. - 1989,(4). - 32

16894 락오자(외1수) / 허승호 // 송화강. - 1989,(4). - 48 - 49

16895 마음의 거리 / 박성훈 // 천지. - 1989,(4). - 29

16896 모래알 줏는 소녀(외4수) / 김영춘 // 도라지. - 1989,(4). - 44

16897 바다 위로 내리는 눈 / 김영매 // 장백산. - 1989,(4). - 97 - 98

16898 바위돌(외3수) / 조룡남 // 은하수. - 1989,(4). - 31

16899 번뇌 / 리영남 // 도라지. - 1989,(4). - 61

16900 봄날의 감상 / 허흥식 // 천지. - 1989,(4). - 46

16901 봄아지랑이 / 최정수 // 도라지. - 1989,(4). - 69

16902 비누가 없이 / 석문주 // 송화강. - 1989,(4). - 50 - 51

16903 사군자 / 김인 // 장백산. - 1989,(4). - 92 - 93

16904 4월의 몸부림 / 박련옥 // 송화강. - 1989,(4). - 50 - 51

16905 샘물 / 리성진 // 도라지. - 1989,(4). - 43

16906 서정시 4수 / 최룡국 // 도라지. - 1989,(4). - 42

16907 소녀의 꿈 / 김순녀 // 중국조선어문. - 1989,(4). - 34

16908 소망의 바다(외1수) / 김학송 // 도라지. - 1989,(4). - 43

16909 시골로 향한 길 / 김봉선 // 중국조선어문. - 1989,(4). - 54

16910 시골의 이야기 / 박문봉 // 장백산. - 1989, (4). - 67 - 69

16911 앵도는 다시 붉고 / 길미자 // 장백산. - 1989, (4). - 98

16912 야심 / 리욱 // 중국조선어문. - 1989,(4). - 35

16913 어머니의 음성 / 김창길 // 장백산. - 1989,(4). - 93 - 94

16914 얼굴: 얼굴은 바로 그 사람이다 / 박화 // 장

백산. - 1989,(4). - 60 - 62
16915 열병 / 백일승 // 송화강. - 1989,(4). - 57
16916 이슬 / 박정훈 // 송화강. - 1989,(4). - 51
16917 인간이기에 / 장석환 // 장백산. - 1989,(4). - 96 - 97
16918 자상화(외3수) / 강효삼 // 송화강. - 1989,(4). - 46 - 47
16919 주소없는 편지 / 한춘 // 은하수. - 1989,(4). - 35
16920 7월의 산길 / 리성비 // 송화강. - 1989,(4). - 49 - 50
16921 하얀 쪽배 / 한창희 // 송화강. - 1989,(4). - 47 - 48
16922 함성 // 문학과 예술. - 1989,(4). - 40
16923호박꽃 / 문인귀 // 장백산. - 1989,(4). - 95
16924 가벼이 떨어지는 눈꽃 / 박장길 // 장백산. - 1989,(5). - 69
16925 공작새의 조난 / 조성철 // 송화강. - 1989,(5). - 48
16926 나와 세계 / 김응준 // 은하수. - 1989,(5). - 41 - 43
16927 나의 개성(외3수) / 김성 // 장백산. - 1989,(5). - 75 - 76
16928 나의 안해 / 최영관 // 도라지. - 1989,(5). - 31
16929 낯선 녀인:외1수 / 김룡호 // 천지. - 1989,(5). - 39 - 40
16930 단풍잎 / 김채순 // 장백산. - 1989,(5). - 69
16931 무제 / 김하수 // 도라지. - 1989,(5). - 38
16932 무제(외1수) / 김일철 // 도라지. - 1989,(5). - 28
16933 미용사:외1수 / 김재현 // 천지. - 1989,(5). - 40
16934 민들레 시초 / 김동진 // 송화강. - 1989,(5). - 47 - 48
16935 사랑의 계절은 가을이랍니다 / 김진화 // 장백산. - 1989,(5). - 47
16936 사랑의 추억:시초 / 김학송 // 청년생활. - 1989,(5). - 41
16937 산재마을아 / 한창선 // 송화강. - 1989,(5). - 43 - 46
16938 세월 바뀔 때에… / 김영현 // 장백산. - 1989,(5). - 47
16939 소경(외3수) / 신은철 // 도라지. - 1989,(5). - 29
16940 수감록(1):외1수 / 리임원 // 천지. - 1989,(5). - 37 - 38
16941 아리랑 노래:외1수 / 리성비 // 천지. - 1989, (5). - 38
16942 5월의 감각 / 석화 // 천지. - 1989,(5). - 37
16943 외길 / 박효근 // 장백산 . - 1989,(5). - 84
16944 우리의 아침:외1수 / 최룡국 // 천지. - 1989, (5). - 39
16945 일출 (외2수) / 전승기 // 장백산. - 1989,(5). - 77 - 78
16946 장군묘서정 / 김철학 // 장백산. - 1989,(5). - 74 - 75
16947 젊은 시인들의 시묶음 // 문학과 예술. - 1989,(5). - 40. - 41.
16948 제목없이 / 정철 // 장백산. - 1989,(5). - 72 - 74
16949 천지개벽 / 권순창 // 장백산. - 1989,(5). - 82 - 83
16950 한라와 금강의 련가(외1수) / 박설매 // 도라지. - 1989,(5). - 30 - 31
16951 할머니 / 방태길 // 장백산. - 1989,(5). - 78
16952 강가의 로맨스:외3수 / 김응준 // 천지. - 1989, (6). - 31 - 32
16953 고향에 보내는 편지 / 김재호 // 송화강. - 1989,(6). - 43
16954 고향에서 주은 시 / 김응룡 // 천지. - 1989, (6). - 44 - 45
16955 궤변 / 박태근 // 도라지. - 1989,(6). - 33
16956 그녀는 시집을 갔습니다 / 조룡남 // 천지. - 1989,(6). - 33
16957 기전사(祈戰死)가 / 리범석 // 장백산. - 1989, (6). - 105
16958 누나 / 박룡남 // 중국조선어문. - 1989,(6). -

46
16959 님에게 / 최룡관 // 천지. – 1989,(6). – 31
16960 두만강시초 / 김학송 // 천지. – 1989,(6). – 42 – 43
16961 력사의 여운 / 한창희 // 장백산. – 1989,(6). – 51 – 53
16962 리별 수감록 / 김혁 // 송화강. – 1989,(6). – 58
16963 말과 글(외1수) / 강효삼 // 중국조선어문. – 1989,(6). – 58. – 59
16964 바로서기 / 박화 // 송화강. – 1989,(6). – 39 – 40
16965 별밤 / 박운호 // 장백산. – 1989,(6). – 57 – 58
16966 보호령(외2수) / 한춘 // 도라지. – 1989,(6). – 18
16967 복수가 / 윤희순 // 장백산. – 1989,(6). – 103
16968 사랑시초 / 정몽호 // 천지. – 1989,(6). – 32 – 33
16969 사랑의 그림자(외1수) / 황해암 // 도라지. – 1989,(6). – 30
16970 상념(외3수) / 전승기 // 도라지. – 1989,(6). – 31
16971 상봉가 / 안창호 // 장백산. – 1989,(6). – 104 – 105
16972 상사나무 / 리해룡 // 송화강. – 1989,(6). – 17
16973 서정시 3수 / 김창석 // 송화강. – 1989,(6). – 38
16974 손 / 전춘매 // 송화강. – 1989,(6). – 43
16975 시와 눈물(외1수) / 조룡남 // 송화강. – 1989,(6). – 38 – 39
16976 안사람의 병노래 / 윤희순 // 장백산. – 1989,(6). – 103
16977 오랑캐령을 넘으며(외2수) / 김학송 // 도라지. – 1989,(6). – 32
16978 우리 말과 우리 글(외1수) / 김학송 // 중국조선어문. – 1989,(6). – 59
16979 이등(伊騰)도살가 / 안중근 // 장백산. – 1989,(6). – 104
16980 존재의 도시 / 박설매 // 송화강. – 1989,(6). – 42 – 43
16981 주정군의 일화 / 김응준 // 장백산. – 1989,(6). – 53 – 56
16982 중학시절 / 김응준 // 중국조선어문. – 1989,(6). – 58
16983 짝사랑(외1수) / 전순애 // 도라지. – 1989,(6). – 33
16984 쪼각달 / 박운호 // 도라지. – 1989,(6). – 32 – 33
16985 하얀 고무신 / 김기덕 // 장백산. – 1989,(6). – 58
16986 해바라기 / 윤경찬 // 송화강. – 1989,(6). – 41
16987 흰나비(외1수) / 허흥식 // 송화강. – 1989,(6). – 42
16988 나의 눈:외5수 / 김성휘 // 천지. – 1989,(7). – 24 – 25
16989 내 사랑하는 새 / 윤태삼 // 천지. – 1989,(7). – 57
16990 상록수 / 한창희 // 천지. – 1989,(7). – 26
16991 에돌이 길에서 / 정몽호 // 은하수. – 1989,(7). – 49 – 50
16992 문명의 달 / 지성찬 // 천지. – 1989,(8). – 58
16993 부평초:외1수 / 김현순 // 청년생활. – 1989,(8). – 11
16994 아리랑:외3수 / 김정호 // 천지. – 1989,(8). – 59
16995 적막(외1수) / 김송죽 // 은하수. – 1989,(8). – 33
16996 후날의 인상은 / 허흥식 // 은하수. – 1989,(8). – 33
16997 김문희 시4수 / 김문희 // 천지. – 1989,(9). – 25
16998 나의 성미 / 전춘식 // 천지. – 1989,(9). – 59
16999 밤바람:외3수 / 김채순 // 천지. – 1989,(9). – 57
17000 소감집 / 김동진 // 천지. – 1989,(9). – 56
17001 슬픈 향수의 꽃:외1수 / 김현순 // 천지. – 1989,(9). – 58
17002 시 / 리근영 // 천지. – 1989,(9). – 59
17003 운남석림시초 / 문창남 // 천지. – 1989,(9). – 26 – 27

17004 마음의 언덕우엔 / 박문봉 // 천지. - 1989,(10). - 25
17005 우리는 한길로 간다:외1수 / 김철학 // 천지. - 1989,(10). - 25
17006 황희영 시3수 / 황희영 // 천지. - 1989,(10). - 27
17007 김파시 3수 / 김파 // 은하수. - 1989,(11). - 47
17008 북방의 초원에서:외3수 / 조룡남 // 천지. - 1989,(11). - 19
17009 사랑의 그림자 / 김학송 // 천지. - 1989,(11). - 51
17010 산:외3수 / 황하성 // 천지. - 1989,(11). - 52 - 53
17011 새벽 · 새 · 비 · 별… / 리상각 // 천지. - 1989,(11). - 17 - 18
17012 선생님의 눈 / 한석윤 // 소년아동. - 1989,(11). - 39 - 41
17013 젖소 모는 처녀:외2수 / 김응룡 // 천지. - 1989,(11). - 53 - 54
17014 가시꽃:외1수 / 김영건 // 천지. - 1989,(12). - 52
17015 나의 계절:외2수 / 리임원 // 천지. - 1989,(12). - 53
17016 두만강 / 최룡국 // 천지. - 1989,(12). - 61
17017 뢰봉이 돌아온다 / 정몽호 // 천지. - 1989,(12). - 30 - 31
17018 류성규 시조 묶음 / 류성규 // 천지. - 1989,(12). - 40 - 41
17019 고향길에서 주은 시 / 김문희 // 천지. - 1990,(1). - 45
17020 과학철리시(3수) / 정웅 // 대중과학. - 1990,(1). - 51
17021 굶주린 넋:외1수 / 한화 // 은하수. - 1990,(1). - 47
17022 그리움:외2수 / 리성비 // 천지. - 1990,(1). - 60
17023 금강산시초 / 문창남 // 장백산. - 1990,(1). - 99 - 101
17024 님의 숨결 / 김동진 // 장백산. - 1990,(1). - 102 - 103
17025 돌이 되고싶어:외2수 / 송정환 // 천지. - 1990,(1). - 22
17026 또다시(외1수) / 권원화 // 도라지. - 1990,(1). - 24
17027 락엽:외3수 / 강효삼 // 송화강. - 1990,(1). - 43
17028 마음의 호수 / 오광림 // 장백산. - 1990,(1). - 104
17029 먼 후날:≪인민의 한이 서린 고려포≫를 읽고 / 강효삼 // 도라지. - 1990,(1). - 77
17030 명태(외3수):명태를 찢으며 / 김영건 // 도라지. - 1990,(1). - 25 - 26
17031 민들레의 독창 / 리삼월 // 천지. - 1990,(1). - 20
17032 봄의 심상 / 박화 // 도라지. - 1990,(1). - 23
17033 시혼을 부르며 / 허흥식 // 장백산. - 1990,(1). - 103
17034 여름의 꿈(외3수) / 박문봉 // 도라지. - 1990,(1). - 78
17035 쪽배 / 최영관 // 장백산. - 1990,(1). - 101 - 102
17036 천문학자의 죽음(2수) / 조룡남 역 // 대중과학. - 1990,(1). - 51
17037 초막집 옛터(외2수) / 한창희 // 도라지. - 1990,(1). - 24
17038 축시:나의 은사 H선생의 환갑에 드림 / 김응준 // 중국조선족교육. - 1990,(1 - 2). - 16
17039 평양의 하늘로,서울의 하늘로! / 송정환 // 장백산. - 1990,(1). - 98 - 99
17040 푸른 하늘 아래 자라는 마음 / 김정호 // 송화강. - 1990,(1). - 42
17041 피빛 짙은 노을 / 박화 // 천지. - 1990,(1). - 21
17042 하느님께 드리는 시 / 김동진 // 천지. - 1990,(1). - 22
17043 할머님의 령전에 드리는 글 / 김재현 // 장백산. - 1990,(1). - 93 - 97

17044 화폐의 바다:외3수 / 김영건 // 은하수 – 1990,(1). – 46 – 47

17045 가야금소리:외5수 / 김동진 // 송화강. – 1990,(2). – 45 – 46

17046 가을 / 박문봉 // 송화강. – 1990,(2). – 48

17047 갈망(외3수) / 김학송 // 장백산. – 1990,(2). – 107 – 108

17048 교육가의 서정 / 마송학 // 중국조선어문. – 1990,(2). – 34

17049 그날밤의 추억:외1수 / 송정환 // 송화강. – 1990,(2). – 13

17050 그리움 / 김춘산 // 송화강. – 1990,(2). – 47

17051 김치파는 아가씨 / 김학송 // 중국조선어문. – 1990,(2). – 55

17052 나무 한그루(외1수) / 신현철 // 도라지. – 1990,(2). – 36

17053 내 마음의 별:외1수 / 유영호 // 예술세계. – 1990,(2). – 7

17054 내가 당신이라면 하고(외3수) / 허암 // 장백산. – 1990,(2). – 106

17055 령혼의 안식처 / 한창희 // 천지. – 1990,(2). – 28 – 29

17056 무도장에서 / 방태길 // 청년생활. – 1990,(2). – 31

17057 미인송 / 정문준 // 도라지. – 1990,(2). – 37

17058 방울꽃 초롱꽃 / 허흥식 // 청년생활. – 1990,(2). – 39

17059 보름달(외2수) / 김정호 // 도라지. – 1990,(2). – 34

17060 봄의 추억 / 한익환 // 천지. – 1990,(2). – 53

17061 북대황,눈보라의 요람이여! / 김송죽 // 은하수. – 1990,(2). – 30 – 31

17062 불 물 / 리성진 // 장백산. – 1990,(2). – 109

17063 삶의 초행길(외1수) / 권범수 // 중국조선어문. – 1990,(2). – 31

17064 설날의 향기:외2수 / 현규봉 // 천지. – 1990,(2). – 52 – 53

17065 시인의 리력서 / 김혁 // 장백산. – 1990,(2). – 68

17066 시조묶음 / 김해석 // 천지. – 1990,(2).. – 54 – 55

17067 우리말 우리글 / 한동해 // 중국조선어문. – 1990,(2). – 55

17068 창문을 활짝 열어라:외2수 / 허흥식 // 천지. – 1990,(2). – 26 – 27

17069 추억 / 박철수 // 장백산. – 1990,(2). – 129

17070 추억의 내가에서 / 김기덕 // 도라지. – 1990,(2). – 37

17071 평안히 가소서 / 한창선 // 장백산. – 1990,(2). – 105

17072 하나란다 / 장의원 // 장백산. – 1990,(2). – 104

17073 하루 수장록 / 최화길 // 장백산. – 1990,(2). – 129

17074 한번은 꼭 올줄을 믿고 / 김기덕 // 청년생활. – 1990,(2). – 41

17075 한점의 록색이나마 / 조종만 // 장백산. – 1990,-(2). – 109 – 110

17076 향기로운 우리 문화 / 정호원 // 중국조선어문. – 1990,(2). – 55

17077 흘러간 옛노래 / 김규천 // 도라지. – 1990,(2). – 34 – 35

17078 거짓말 / 리경호 // 도라지. – 1990,(3). – 51

17079 경박시초 / 김학송 // 천지. – 1990,(3). – 36 – 37

17080 고독 / 길근식 // 도라지. – 1990,(3). – 51

17081 고백 (외1수) / 박운호 // 도라지. – 1990,(3). – 53

17082 고향아 / 최창록 // 도라지. – 1990,(3). – 50

17083 고향의 골목길 (외3수) / 권원화 // 도라지. – 1990,(3). – 52

17084 그날부터 / 김재연 // 도라지. – 1990,(3). – 51

17085 그리운 고향,그리운 사람들 / 리승호 // 장백산. – 1990,(3). – 105 – 108

17086 나의 심장 / 김혁 // 은하수. – 1990,(3). – 34

17087 내 어리석음은 언제까지일까:외1수 / 김화 // 천지. – 1990,(3). – 22 – 23

17088 달밤:외1수 / 림금산 // 천지. − 1990,(3). − 38
17089 뒤모습:외2수 / 권원화 // 은하수. − 1990,(3). − 34
17090 락엽우에 적은 시:외1수 / 김순녀 // 천지. − 1990,(3). − 22
17091 련시조 두 묶음:고향생각 / 송정환 // 도라지. − 1990,(3). − 48 − 49
17092 목단강변에 서서 / 김치국 // 은하수. − 1990,(3). − 35
17093 봄눈 / 임효원 // 장백산. − 1990,(3). − 112
17094 부평초 / 리명재 // 은하수. − 1990,(3). − 35
17095 새별의 마음에:외3수 / 허설 // 천지. − 1990,-(3). − 37 − 38
17096 생명을 다 바쳐 곱게 키우세요 / 함윤옥 // 장백산. − 1990,(3). − 115
17097 아픈 추억 / 황해암 // 도라지. − 1990,(3). − 50 − 51
17098 영원한 선물 / 리영남 // 도라지. − 1990,(3). − 50
17099 저기 저 나무숲속에:외3수 / 권원화 // 송화강. − 1990,(3). − 38
17100 절어드는 마음 / 최영 // 장백산. − 1990,(3). − 115
17101 채색의 강:외1편 / 엄염 // 송화강. − 1990,(3). − 53
17102 한피 사람아(외3수) / 강효삼 // 장백산. − 1990,(3). − 110 − 111
17103 황성옛터에서 주은 돌쪼각 / 김정호 // 장백산. − 1990,(3). − 113 − 114
17104 가는 길:외1수 / 김경석 // 예술세계. − 1990,(4). − 20
17105 고향의 밤 / 연원근 // 장백산. − 1990,(4). − 76
17106 고향의 품에 안겨(외4수) / 김성휘 // 도라지. − 1990,(4). − 25 − 26
17107 그대 꽃상여 타고 가시라:성휘형 령전에 / 한창희 // 도라지. − 1990,(4). − 3
17108 그대에게 / 허암 // 장백산. − 1990,(4). − 69 − 70
17109 그리움 / 김진화 // 장백산. − 1990,(4). − 68 − 69 −
17110 납작납작:외3수 / 김연건 // 천지. − 1990,(4). − 54 − 55
17111 봄:외1수 / 김현순 // 천지. − 1990,(4). − 22
17112 사막 / 박화 // 송화강. − 1990,(4). − 45 − 46
17113 사슴:외1수 / 허흥식 // 송화강. − 1990,(4). − 46
17114 상봉의 눈물 / 김동진 // 장백산. − 1990,(4). − 74
17115 세월의 흐름은… / 안수길 // 장백산. − 1990,(4). − 70
17116 시를 쓰는 밤:시인 김성휘선생님에게 / 최룡국 // 도라지. − 1990,(4). − 32 − 33
17117 시조 10수 / 리상각 // 도라지. − 1990,(4). − 33 − 34
17118 아, 맹인가수의 노래 / 현규동 // 장백산. − 1990,(4). − 72 − 73
17119 여름이 지나간 들판에서 / 김재호 // 장백산. − 1990,(4). − 75
17120 우리도 축구선수다:외1수 / 박장길 // 천지. − 1990,(4). − 55
17121 우리집 식구들 / 김학송 // 꽃동산. − 1990,(4). − 27
17122 울타리에 관한 서정별곡 / 박화 // 천지. − 1990,(4). − 20 − 22
17123 잊음을 위한 여담:성휘형 령전에 / 박화 // 도라지. − 1990,(4). − 32
17124 장백산(외4수) / 김창영 // 장백산. − 1990,(4). − 71
17125 하늘과 더불어 / 송몽규 // 문학과 예술. − 1990,(4). − 44
17126 하늘의 신작로 / 김춘송 // 장백산. − 1990,(4). − 73 − 74
17127 가랑비:외1수 / 서영기 // 청년생활. − 1990,(5). − 40
17128 가을나무와 락엽과 겨울나무와 / 박화 // 송화강. − 1990,(5). − 45 − 46
17129 김혜숙시 8수 / 김혜숙 // 천지. − 1990,(5). − 38 − 39

17130 꽃우산 (외2수) / 리삼월 // 도라지. - 1990,(5). - 39

17131 나는 한 그루의 작은 겨울나무 / 김재옥 // 장백산. - 1990,(5). - 92

17132 나와 세계(련작시71 - 78) // 은하수. - 1990,(5). - 30 - 31

17133 단풍 / 최상철 // 청년생활. - 1990,(5). - 40

17134 리시명시 / 리시명 // 문학과 예술. - 1990,(5). - 49

17135 먼 후날 / 강효삼 // 중국조선어문. - 1990,(5). - 54

17136 별들 / 차룡구 // 중국조선어문. - 1990,(5). - 53

17137 볼우물 / 최문섭 // 장백산. - 1990,(5). - 93 - 94

17138 봄의 자취(외2수) / 허근 // 장백산. - 1990,(5). - 94 - 95

17139 사랑의 장마철(시6수) / 김철 // 장백산. - 1990,(5). - 88 - 90

17140 상봉(외2수) / 리상학 // 장백산. - 1990,(5). - 95 - 96

17141 성휘의 숨결:성휘골회를 두만강여울에 한줌 뿌렸다… / 정몽호 // 도라지. - 1990,(5). - 40

17142 시(詩) 예술관에서 주은 시 / 최정수 // 장백산, - 1990,(5). - 96 - 97

17143 시는 살았어 / 조설 // 장백산. - 1990,(5). - 99

17144 어떤 하루 / 김동호 // 문학과 예술. - 1990,(5). - 36

17145 이름 석자 재 한줌 (외1수) :한 시우의 죽음을 슬퍼하여 / 송정환 // 장백산. - 1990,(5). - 91

17146 인생흥타령(외2수) / 김택원 // 도라지. - 1990,(5). - 41

17147 저무는 쑥대밭(외2수) / 박운호 // 장백산. - 1990,(5). - 97 - 99

17148 크나큰 부드러움 / 권원화 // 천지. - 1990,(5). - 40

17149 가을 목가 / 김연건 // 도라지. - 1990,(6). - 30

17150 고향의 목소리:외1수 / 리성비 // 천지. - 1990,(6). - 48

17151 꽃과 나의 노오란 얼굴 / 김철 // 송화강. - 1990,(6). - 49 - 50

17152 나는 못난 돌 / 김철 // 천지. - 1990,(6). - 18 - 19

17153 눈은 아직 녹지 않아 / 박운호 // 도라지. - 1990,(6). - 39

17154 님에게 / 리임원 // 도라지. - 1990,(6). - 28

17155 님의 눈 / 안영수 // 장백산. - 1990,(6). - 101

17156 리하석 시 6수 / 리하석 // 천지. - 1990,(6). - 30 - 31

17157 마음의 들창 / 전승기 // 장백산. - 1990,(6). - 71 - 73

17158 멋없이 굴려보는 잡생각 / 김철 // 도라지. - 1990,(6). - 27 - 28

17159 명상 스케치 / 정철 // 장백산. - 1990,(6). - 66 - 68

17160 바줄 / 리선호 // 천지. - 1990,(6). - 45

17161 번식불안증(외1 수) / 장춘식 // 도라지. - 1990,(6). - 39 - 40

17162 불보라 / 현규동 // 도라지. - 1990,(6). - 15

17163 붉은기 / 리명재 // 천지. - 1990,(6). - 19

17164 시골시초 / 리상각 // 장백산. - 1990,(6). - 65 - 66

17165 시혼 / 설인 // 천지. - 1990,(6). - 45

17166 16자령 3수:장백산 잡지를 받아보고 / 안옥배 // 장백산. - 1990,(6). - 92

17167 초행길 / 김성 // 장백산. - 1990,(6). - 70 - 71

17168 추억속에 걸어가면 / 최룡국 // 장백산. - 1990,(6). - 68 - 69

17169 태양 / 김재현 // 장백산. - 1990,(6). - 63 - 6 4

17170 푸른 바람 / 주뢰 // 장백산. - 1990,(6). - 73 - 75

17171 한 대의 초 / 박룡남 // 중국조선어문. - 1990,(6). - 49

17172 허무: 외2수 / 전춘매 // 송화강. - 1990,(6). - 50

17173 홀로서기 / 서정윤 // 도라지. - 1990,(6). - 31

-32
17174 그대만이 / 문창남 // 천지. - 1990,(7). - 30
17175 김성휘유작 / 김성휘 // 천지. - 1990,(7). - 15
17176 사랑의 시편 / 김학송 // 천지. - 1990,(7). - 31
17177 시간과 생활의 합수목에서: 외2수 / 김학송 // 은하수. - 1990,(7). - 32
17178 간밤의 슬픈 이야기: 외2수 / 김응룡 // 천지. - 1990,(8). - 45
17179 갈매기: 외4수 / 임효원 // 천지. - 1990,(8). - 20
17180 꽃세계 인간세계 / 리삼월 // 천지. - 1990,(8). - 19
17181 네모난 결론: 외1수 / 원종옥 // 천지. - 1990,(8). - 59
17182 동경: 외1수 / 허흥식 // 은하수. - 1990,(8). - 32 - 33
17183 입당: 외1수 / 설인 // 천지. - 1990,(8). - 21
17184 강효삼 시묶음 / 강효삼 // 은하수. - 1990,(9). - 34 - 35
17185 나의 별 / 김재현 // 천지. - 1990,(9). - 23
17186 력사의 골짜기: 외1수 / 송정환 // 천지. - 1990,(9). - 23
17187 조선의 밤울음 / 패현 // 천지. - 1990,(9). - 40 - 41
17188 중국시간 / 황장석 // 천지. - 1990,(9). - 22
17189 괘씸한 달 / 김룡호 // 청년생활. - 1990,(10). - 45
17190 백두산천지에서: 외1수 / 신성철 // 천지. - 1990,(10). - 58
17191 산향은 좋아요: 외1수 / 허흥식 // 천지. - 1990,(10). - 39
17192 삶의 거울: 외1수 / 김철학 // 천지. - 1990,(10). - 20 - 21
17193 서정시 10수 / 리상각 // 천지. - 1990,(10). - 18 - 19
17194 아침강변에서 / 정몽호 // 천지. - 1990,(10). - 21
17195 인생마차 1,2,3, … / 김문희 // 청년생활. - 1990,(10). - 44 - 45
17196 혈육의 정: 외1수 / 현규동 // 청년생활. - 1990,(10). - 45
17197 강하게 사는 멋: 외4수 / 김현순 // 천지. - 1990,(11). - 52 - 53
17198 서정단시 3수 / 김경석 // 천지. - 1990,(11). - 22
17199 영춘화: 외2수 / 주홍성 // 천지. - 1990,(11). - 23
17200 전춘식 시 7수 / 전춘식 // 천지. - 1990,(11). - 21
17201 가랑비 내리는 철: 외5수 / 김철 // 천지. - 1990,(12). - 28 - 29
17202 갈매기: 외1수 / 최문섭 // 은하수. - 1990,(12). - 28
17203 달려가는 마음: 외1수 / 김재현 // 청년생활. - 1990,(12). - 41
17204 목당강시초 / 최룡관 // 천지. - 1990,(12). - 54
17205 백의넋 / 남영전 // 천지. - 1990,(12). - 30 - 31
17206 할머니의 유언: 외2수 / 최룡국 // 천지. - 1990,(12). - 55

I23 극문학

17207 잊을수없는은공 / 延邊文工團創作組提稿 // 연변문예. - 1951,(2). - 38 - 41
17208 기여든 毒蛇 / 黃鳳龍; 車創俊 合作 // 연변문예. - 1951,(3). - 21 - 26
17209 오늘의 영광 길이 받들어 / 黃鳳龍; 車創俊 合作 // 연변문예. - 1951,(4). - 22 - 25
17210 中朝人民 한맘으로 / 傅鐸 // 연변문예. - 1951,(6). - 32 - 38
17211 삼형제 / 심수 // 연변문예. - 1954,(7). - 59 - 66
17212 젊은이들 / 천인; 위사 // 연변문예. - 1954,(7). - 42 - 54

17213 소/ 황봉룡// 연변문예. − 1955,(8). − 58 − 63

17214 농업대학/ 최수봉// 연변문예. − 1955,(9). − 91 − 94

17215 떡메의 증오/ 최정연// 연변문예. − 1955,(9). − 88 − 90

17216 랭상모/ 황봉룡// 연변문예. − 1955,(9). − 46 − 87

17217 다리/ 최장림; 장계영// 연변문예. − 1955,(10). − 21 − 28

17218 두가지 마음/ 조우상// 연변문예. − 1955, (11). − 54 − 62

17219 범바위골 참상/ 최정연// 연변문예. − 1955, (11). − 8 − 10

17220 합작사는 내집이다/ 윤지현// 연변문예. − 1955,(11). − 47 − 53

17221 로동 규률/ 황하석; 홍성도 편작// 연변문예. − 1955,(12). − 66 − 68

17222 분공/ 정국초// 연변문예. − 1955,(12). − 25 − 32

17223 사를 확대 할때/ 한욱 작; 최봉 각색// 연변문예. − 1956,(1). − 47 − 62

17224 쌀독/ 김원덕// 연변문예. − 1956,(1). − 28 − 36

17225 건사/ 소운 원작; 최봉 각색// 연변문예. − 1956,(2). − 55 − 67

17226 딱다구리/ 홍성도// 연변문예. − 1956,(2). − 53 − 54

17227 입사하는 부부/ 정국초// 연변문예. − 1956, (2). − 50 − 52

17228 형님 앞섰소/ 황봉룡// 연변문예. − 1956,(2). − 46 − 49

17229 렴치 없는 사람/ 도문철도 업여창작조// 연변문예. − 1956,(3). − 53 − 55

17230 문제꺼리/ 황봉룡// 연변문예. − 1956,(3). − 23 − 26

17231 어머니와 딸/ 소경부// 연변문예. − 1956,(3). − 56 − 71

17232 총각의 마음/ 김창석// 연변문예. − 1956,(3). − 34 − 38

17233 김 동무의 병/ 김강// 연변문예. − 1956,(4). − 71

17234 두 령감/ 김동범// 연변문예. − 1956,(4). − 23 − 26

17235 범의 가죽// 연변문예. − 1956,(4). − 22

17236 비// 연변문예. − 1956,(4). − 29

17237 조건타령/ 홍성도// 연변문예. − 1956,(4). − 39 − 45

17238 공짜라문/ 김강// 연변문예. − 1956,(5). − 43

17239 뭉친힘 크다네/ 박송화// 연변문예. − 1956, (5). − 44 − 46

17240 김동무의 병/ 김강// 연변문예. − 1956,(6). − 71

17241 약점 진공/ 이도// 연변문예. − 1956,(6). − 38 − 45

17242 열쇠/ 강한// 연변문예. − 1956,(7). − 46 − 60

17243 사양원/ 윤지현// 연변문예. − 1956,(8). − 58 − 68

17244 선물/ 김창석// 연변문예. − 1956,(8). − 69 − 70

17245 식당차에서/ 오경// 연변문예. − 1956,(9). − 54 − 65

17246 한장의 보고서/ 철민// 연변문예. − 1956,(9). − 66 − 67

17247 오십에 첫 공부/ 차상욱// 연변문예. − 1956, (11). − 56 − 66

17248 그럴듯한 끝장 / 장혜봉 // 연변문예. − 1956,(12). − 47 − 53

17249 련애병 환자/ 박상일// 연변문예. − 1956, (12). − 66 − 71

17250 남편 없는 사이/ 정창환// 아리랑. − 1957,(1). − 63 − 66

17251 향토/ 홍성도// 아리랑. − 1957,(1). − 58 − 62

17252 김 원장 일가/ 황봉룡// 아리랑. − 1957,(2). − 55 − 69

17253 피려던 꽃은 피고야 말았다/ 엄상준// 아리랑. − 1957,(2). − 70 − 73

17254 독불 장군/ 리진희,정국초// 아리랑. − 1957,

(3).－60－63
17255 약혼한 날 / 허영희,박응조 // 아리랑.－1957,(3).－64－71
17256 귀환병 / 최정연 // 아리랑.－1957,(4).－22－30
17257 서리 / 김학철 // 아리랑.－1957,(5).－59－62
17258 양산성 / 김철 // 아리랑.－1957,(5).－52－58
17259 꾀꼴새의 사랑가 / 리홍규 // 아리랑.－1957,-(6).－64－72
17260 꾀꼴새의 사랑가 / 리홍규 // 아리랑.－1957,(7).－59－71
17261 일일 일사 / 고철 // 아리랑.－1957,(7).－52－58
17262 무남독녀 / 황봉룡 // 아리랑.－1957,(8).－55－65
17263 ≪교장의 행복관≫ / 남수길 // 아리랑.－1957,(9).－54－57
17264 어머니의 마음 / 박응조 // 아리랑.－1957,(9).－49－53
17265 환상 / 장동운 // 아리랑.－1957,(9).－61－63
17266 압뒤집사이 / 정국초 // 아리랑.－1957,(10).－56－60
17267 엉터리 박사 / 림창철 // 아리랑.－1957,(10).－70－73
17268 며느리 / 박형덕,박동수 // 아리랑.－1957,(11).－65－71
17269 ≪모자≫ 타령 / 림창철 // 아리랑.－1957,(11).－72
17270 전망 / 정창환 // 아리랑.－1957,(11).－59－64
17271 독충 / 황봉룡 // 아리랑.－1957,(12).－62－68
17272 행복한 가정 / 리용익 // 아리랑.－1957,(12).－69－73
17273 꽃 피는 시절 / 리영섭 // 아리랑.－1958,(1).－69－73
17274 세절 문제:쏘련 단편 소설≪세절≫에 의하여 / 조세달 // 아리랑.－1958,(2).－69－73
17275 웃음 꽃 피는 새 마을 / 최하협 // 아리랑.－1958,(2).－65－68
17276 밭갈이 시절 / 황봉룡 // 아리랑.－1958,(3).－54－57
17277 생일 날에 생긴 일 / 박응조 // 아리랑.－1958,(3).－67－70
17278 희망찬 기쁨 / 장동운 // 아리랑.－1958,(3).－71－73
17279 생의 불길 / 리근전 // 아리랑.－1958,(4).－55－65
17280 섣달 그믐 밤 / 윤정석 // 아리랑.－1958,(4).－48－54
17281 위성병 / 황봉룡 // 아리랑.－1958,(4).－66－72
17282 생의 불길 / 리근전 // 아리랑.－1958,(5).－43－52
17283 아무 곳에나 가래침을 뱉지 말자! / 방자 // 아리랑.－1958,(5).－72－73
17284 아침 고동 소리 / 구영문 // 아리랑.－1958,(5).－55－60
17285 약진의 노래 속에서 / 리신덕 // 아리랑.－1958,(5).－26－29
17286 나와 겨뤄 보세 / 림창철 // 아리랑.－1958,(7).－69－72
17287 새각씨 / 리진희 // 아리랑.－1958,(7).－63－68
17288 봄 우뢰 / 리홍규 등 // 아리랑.－1958,(8).－30－41
17289 승리의 날 / 리용익,남수길 // 아리랑.－1958,(8).－67－73
17290 달밤 / 황봉룡 // 아리랑.－1958,(9).－70－73
17291 장백산 아래 첫 동네 / 홍성도 // 아리랑.－1958,(10).－61－75
17292 사소한 일이 아니다! / 리홍규 등 // 아리랑.－1958,(11,12).－93－97
17293 당이 준 생명 / 림휘,림원춘 // 연변문학.－1959,(2).－12－25
17294 혈해지창 / 까마귀 // 연변문학.－1959,(9).－6－13
17295 밭갈이 시절 / 황봉룡 // 연변문학.－1959,(10).－54－57

17296 생일날에 생긴 일 / 박응조 // 연변문학. - 1959,(10). - 67 - 70

17297 장백의 아들 / 황봉룡 등 // 연변문학. - 1959,(10). - 56 - 81

17298 홍수 / 정창환 // 연변문학. - 1959,(12). - 48 - 52

17299 가축은 늘어가네 / 리장손 // 연변문학. - 1960,(1). - 68 - 69

17300 꽃피는 상점 / 장동운; 한원국 // 연변문학. - 1960,(1). - 57 - 64

17301 인민공사 만세 / 림창철 // 연변문학. - 1960,(1). - 65 - 67

17302 청춘의 벗 / 손우 // 연변문학. - 1960,(2). - 49 - 64

17303 무쇠다리 / 리장손 // 연변문학. - 1960,(3). - 72 - 74

17304 양돈장의 이른 봄 / 황봉룡 // 연변문학. - 1960,(3). - 63 - 71

17305 보통공민을 위하여 / 황봉룡 등저 // 연변문학. - 1960,(9). - 61 - 77

17306 피로 맺은 인연 / 채렬 // 연변문학. - 1960,(9). - 46 - 60

17307 량식을 위하여 / 남수길 등작 // 연변문학. - 1960,(11). - 55 - 58

17308 황금바다 / 림창철 // 연변문학. - 1960,(11). - 59 - 61

17309 새로 온 조수 / 왕빙; 왕동 작 // 연변문학. - 1960,(12). - 58 - 65

17310 금상첨화 / 호경문 // 연변문학. - 1961,(1). - 62 - 63

17311 세 사람이 일터를 바꾸었다 / 위세덕 // 연변문학. - 1961,(1). - 59 - 61

17312 경사 / 오흥진 // 연변문학. - 1961,(2). - 48 - 53

17313 농업을 위하여 / 충빈; 대생 // 연변문학. - 1961,(2). - 54 - 60

17314 신심만배일세 / 최수봉 // 연변문학. - 1961,(2). - 61 - 63

17315 어느 봄날에 생긴 일 / 오흥진;한원국 // 연변. - 1961,(12). - 37 - 42

17316 어머니 / 리장손 // 연변. - 1961,(12). - 43 - 48

17317 내 아들은 농민인데요 / 오흥진 // 연변. - 1962,(8). - 44 - 48

17318 썩박돌 - 장개석 / 림창철 // 연변. - 1962,(8). - 36 - 38

17319 웃음 꽃 피였네 / 김세형 // 연변. - 1962,(12). - 46 - 48

17320 형제 / 박응조 // 연변. - 1962,(12). - 36 - 42

17321 내 고향 자랑 / 김권 // 연변. - 1963,(2). - 30 - 32

17322 당신은 어느 편인 가요 / 최돌이 // 연변. - 1963,(2). - 31 - 32

17323 반성 / 김팔남 // 연변. - 1963,(2). - 33

17324 우리 돼지가 아니요 / 채수길 // 연변. - 1963,(2). - 32

17325 며느리 / 조룡진 // 연변. - 1963,(3). - 39 - 40

17326 봄날의 희소식 / 박수복 // 연변. - 1963,(3). - 41

17327 업혀서 갈텐가! / 김팔남 // 연변. - 1963,(3). - 42 - 43

17328 나도 발 벗고 나설테네 / 최경엽 // 연변. - 1963,(4). - 36 - 38

17329 비료와 량식 / 오영준 // 연변. - 1963,(4). - 38

17330 밭갈이 시절 / 김완섭 // 연변. - 1963,(5). - 38 - 42

17331 영원한 생명:뢰봉 동지를 따라 배우자 / 림창철 // 연변. - 1963,(5). - 43 - 45

17332 풍년새는 에워 와야하오 / 조룡진 // 연변. - 1963,(5). - 46 - 47

17333 《부부 공약》 / 림창철 // 연변. - 1963,(6). - 42 - 43

17334 착실한 청년 / 조룡진 // 연변. - 1963,(7). - 47 - 48

17335 《타령》 / 림파 // 연변. - 1963,(8). - 47 - 48

17336 례장'감 / 박은 // 연변. - 1963,(9). - 42 - 47

17337 욕심통 / 김동원 // 연변. – 1963,(12). – 47 – 48

17338 하나는 얼마인가? / 조련갑 // 연변. – 1963, (12). – 42 – 46

17339 살림살이 / 남수길 등 // 연변. – 1964,(1). – 45 – 48

17340 5.1절 전야 / 최증현 등 // 연변. – 1964,(8). – 27 – 35

17341 한마음 한뜻 / 임영호 // 연변. – 1964,(9). – 37 – 42

17342 거름 모으기 / 김영근 // 대중과학. – 1965,(1). – 36 – 37

17343 봄날의 아침 / 오홍진 // 연변. – 1965,(1). – 37 – 43

17344 새 기록 창조자들 / 송영관 // 연변. – 1965,(5). – 39 – 40

17345 영화≪뢰봉≫좌담기 / 연길시 침직 공장 종업원 // 연변. – 1965,(5). – 35 – 39

17346 승냥이의 말로 / 홍성도 등 // 연변. – 1965, (6). – 31 – 34

17347 밭머리 휴식 / 황창호 // 연변. – 1965,(9). – 38 – 39

17348 살림 살이 / 김룡래 // 연변. – 1965,(9). – 40 – 41

17349 명사수가 될테요 / 박태종 // 연변. – 1965,(10). – 45

17350 생산대의 자랑 / 허동운,전복록 // 연변. – 1965, (12). – 61 – 62

17351 젖먹이의 참군 / 한원국 // 연변. – 1965,(12). – 59 – 60

17352 련병장에서 / 조금화; 위경 // 연변문예. – 1974, (8). – 45 – 49

17353 부대가 떠나기직전 / 심영 // 연변문예. – 1974,(8). – 42 – 44

17354 공구의 이름 / 호승지 // 연변문예. – 1974,(11). – 42 – 46

17355 물에 빠진 개를 호되게 족치자 / 리룡칠 // 연변문예. – 1975,(1). – 53 – 55

17356 저울 / 김만수 // 연변문예. – 1975,(2). – 58 – 60

17357 무쇠처녀 / 리광수 // 연변문예. – 1975,(3). – 43 – 45

17358 사람마다 공헌해야지 / 김룡범 // 연변문예. – 1975,(4). – 14 – 15

17359 환영대회 / 최기자 // 연변문예. – 1975,(4). – 21 – 22

17360 반짝이는 붉은별 / 왕원견; 륙주국 집필 // 연변문예. – 1975,(6). – 29 – 54

17361 선명한 대비 / 장승록 // 연변문예. – 1975,(7). – 43 – 45

17362 홍아주머니 / 연길현문공단 // 연변문예. – 1975,(8). – 47 – 50

17363 군민합작의료잠 / 리상각; 김호근 // 연변문예. – 1975,(9). – 44 – 47

17364 닭알 / 최진금 // 연변문예. – 1975,(9). – 47 – 48

17365 그놈의 정체를 알아야 하오 / 김룡범 // 연변문예. – 1975,(11). – 29 – 30

17366 두 대장 사이 / 염흥표; 김만수 // 연변문예. – 1975,(11). – 10 – 13

17367 ≪시어머니≫ / 연길시장백공사 신풍대대 업여창작조 // 연변문예. – 1975,(11). – 26 – 28

17368 이른 아침 / 정영석 // 연변문예. – 1975,(12). – 17 – 21

17369 고상한 풍격 / 심정호 // 연변문예. – 1976,(1). – 26 – 29

17370 분배직전 / 황봉룡; 김창길 // 연변문예. – 1976, (2). – 53 – 63

17371 쌍둥이 / 최기자; 허련순 // 연변문예. – 1976,- (3). – 53 – 55

17372 이불짐 / 김만수 // 연변문예. – 1976,(5). – 61 – 62

17373 보배단지 / 최봉석 // 연변문예. – 1976,(6). – 55 – 56

17374 퇴근무렵 / 서광억 // 연변문예. – 1976,(7). – 50 – 52

17375 백계연에서의 회사: 혁명적 현대경극≪위호산을 지혜롭게 탈취≫제10장을 학습, 이식한

연변창담 / 최수봉 각색 // 연변문예. －1976,(8). －49－51
17376 배움터의 풍랑 / 리택수 // 연변문예. －1976,(11). －36－55
17377 원경지로 떠나기 전 // 연변문예. －1976,(11). －31－35
17378 들끓는 명절 / 연변연극단 삼로인조 // 연변문예. －1976,(12). －54－56
17379 원예사의 노래 / 류중보 집필 // 연변문예. －1977,(1). －47－55
17380 꿈 / 김학선 // 연변문예. －1977,(2). －88－89
17381 화주석 모시고《동방홍》높이 부르세 / 한원국 // 연변문예. －1977,(3). －59－60
17382 산촌의 봄 / 정영석 // 연변문예. －1977,(4). －48－51
17383 요술 / 김운일 // 연변문예. －1977,(6). －52－53
17384 차길 / 황봉룡; 김창길 // 연변문예. －1977,(8). －45－53
17385 경주 / 리룡칠 // 연변문예. －1977,(11). －24－26
17386 《모범비행사》/ 량고범 // 연변문예. －1977,(11). －27－28
17387 소도회 / 리충원; 왕문빈 집필 // 연변문예. －1977,(11). －3－18
17388 양돈장의 봄 / 연변연극단《삼로인》조 // 연변문예. －1977,(11). －19－23
17389 배꽃이 필때 더욱 그립습니다 / 한원국 // 연변문예. －1978,(1). －58－59
17390 걱정아바이 / 한경석 // 연변문예. －1978,(2). －48
17391 선물 / 최해룡; 김룡화 // 연변문예. －1978,(2). －52－53
17392 이불짐 / 최봉석 // 연변문예. －1978,(2). －49－51
17393 청산은 여전히 푸르다 / 황봉룡; 박응조 // 연변문예. －1978,(3). －34－61
17394 출납원처녀 / 김세형 // 연변문예. －1978,(5). －42－47
17395 로대장 / 김중섭; 오흥진 // 연변문예. －1978,(6). －47－48
17396 사랑 / 최수봉 // 연변문예. －1978,(7). －44－47
17397 밭머리에서 / 김중섭 // 연변문예. －1978,(8). －50－52
17398 아리랑 / 엄상준 // 연변문예. －1978,(8). －44－49
17399 《딸》자랑 / 량고범 // 연변문예. －1978,(9). －51－53
17400 오지단지 / 최인호; 김훈 // 연변문예. －1978,(10). －44－45
17401 보배창고 / 최봉석 // 연변문예. －1978,(11). －35－39
17402 우리도 새 전사일세 / 리영근 // 연변문예. －1978,(11). －32－35
17403 꽃피는 청춘 / 김세형 // 연변문예. －1979,(1). －44－50
17404 해란강 환상곡 / 윤일지; 임료원 // 연변문예. －1979,(2). －3－22
17405 《환송》/ 황봉룡 // 연변문예. －1979,(2). －45－46
17406 경주 / 김세형 // 연변문예. －1979,(3). －41－42
17407 개 / 리광수 // 연변문예. －1979,(3). －45－46
17408 다시만납시다 / 전길춘; 김태욱 // 연변문예. －1979,(3). －43－44
17409 다면수 / 김만수 // 연변문예. －1979,(4). －38－40
17410 다시는… / 리종훈 // 연변문예. －1979,(4). －34－37
17411 《생산》모범 / 최기자 // 연변문예. －1979,(4). －41－42
17412 두고보자요 / 리태수 // 연변문예. －1979,(5). －46－47
17413 바삐도는 사람 / 박은 // 연변문예. －1979,(5). －44－46
17414 장려받는 날 / 김훈 // 연변문예. －1979,(5). －48－50

17415 꽃묶음 / 리영근 // 연변문예. －1979,(6). －51－57
17416 력사의 법정에서 / 양목 // 연변문예. －1980,-(1). －43－48
17417 얼어터질번한≪철소≫의 심장 / 최석동 // 대중과학. －1981,(1). －37－39
17418 꽃샘 / 김훈 // 연변문예. －1981,(2). －22－45
17419 말을 례절바르게 / 림창철 // 청년생활. －1981,(3). －42－43
17420 어머니 / 리광수 // 대중문예. －1982,(1). －71－73
17421 마음이 첫째 / 허순옥 // 도라지. －1982,(2). －68－69
17422 며느리의 심정 / 김단 // 송화강. －1982,(2). －58－62
17423 인사 / 림창철 // 도라지. －1982,(2). －66－67
17424 흠미있는 저온세계 / 홍택룡 // 대중과학. －1982,(2). －36－37
17425 봅시다 / 리수길 // 도라지. －1982,(3). －65－67
17426 시인과 미인 / 최정자 제공 // 송화강. －1982,(3). －31
17427 ≪통≫ / 최원길 // 송화강. －1982,(3). －60－61
17428 그쯤이야 / 김수룡 // 송화강. －1982,(4). －61－62
17429 노래와는 딴판 / 최봉석 // 청년생활. －1982,(4). －44－46
17430 무적장군 / 지오 // 송화강. －1982,(5). －60－62
17431 첫 봄 / 최정연 // 연변문예. －1982,(8). －45－77
17432 시름거리 웃음거리 / 김훈 // 연변문예. －1982,(12). －40－61
17433 신기한 간첩 / 리장손 // 동북민병. －1982,(14). －41－43
17434 천하무적 / 리장손 // 동북민병. －1982,(24). －31－34
17435 웃음꽃 / 림창철 // 송화강. －1983,(1). －60－62
17436 풍년이든 후 / 오정창 // 송화강. －1983,(2). －55
17437 한 전사의 이야기 / 김운룡; 김택원 // 장백산. －1983,(2). －35－55
17438 참된 사랑 / 남순섭 // 도라지. －1983,(3). －66－67
17439 고운 사람 / 리종훈 // 도라지. －1983,(4). －76－80
17440 ≪금≫ / 리장수 // 송화강. －1983,(4). －62－63
17441 잔치 / 조우 // 은하수. －1983,(4). －62－64
17442 ≪턱≫ / 리장손 // 송화강. －1983,(4). －60－62
17443 고래장 이야기 / 리창하; 소민 // 송화강. －1983,(5). －58－59
17444 문명하게 살자요 / 림창철 // 송화강. －1983,(5). －60－62
17445 담배 내기 / 리채웅 // 송화강. －1983,(6). －61－62
17446 속담 / 박태걸 // 은하수. －1983,(6). －43－45
17447 아리랑 / 김종운 // 은하수. －1983,(6). －66－80
17448 민들레 꽃 / 김훈 // 연변문예. －1983,(7). －4－18
17449 기묘한 신식무기 / 리철문 // 동북민병. －1983,(10). －39－42
17450 사돈보기 / 조우 // 송화강. －1984,(1). －60－61
17451 꿈 / 류성근 // 은하수. －1984,(2). －22－25
17452 ≪왕불행≫ / 림창철 // 연변녀성. －1984,(2). －60－61
17453 력사의 거울 / 김룡운 // 송화강. －1984,(3). －49－50
17454 동그라미 / 허련순 // 송화강. －1984,(4). －60－62
17455 코 / 리장수 // 송화강. －1984,(5). －61－63
17456 붓의 유래 / 박창화 // 대중과학. －1984,(6). －49
17457 장마당에서 / 한종국 // 송화강. －1984,(6). －58－59
17458 허풍쟁이 총각 / 신룡수 // 송화강. －1984,(6). －29－30
17459 말씨 / 림창철 // 은하수. －1984,(9). －67－72

17460 인사하는 날 / 한영자 // 은하수. – 1984,(10). – 55 – 60
17461 상혼락담 / 김룡운 // 송화강. – 1985,(1). – 61 – 62
17462 퇴근직후 / 황병락 // 송화강. – 1985,(1). – 59 – 60
17463 손자욕심 / 리종훈 // 송화강. – 1985,(2). – 56 – 60
17464 단지 / 림창철 // 송화강. – 1985,(4). – 59 – 61
17465 명약 / 허련순 // 송화강. – 1985,(5). – 62 – 63
17466 뒤쫓아간 사나이 / 황봉룡 // 천지. – 1985,(12). – 52 – 57
17467 ≪은행행장≫ / 리종훈 // 송화강. – 1986,(1). – 61 – 62
17468 한 규수의 연분 / 강신국 // 송화강. – 1986,(1). – 59 – 60
17469 싸우는 밀림 – 홍두산에 매화가 핀다 / 까마귀 // 문학과 예술. – 1986,(2). – 86 – 91
17470 앵무새사또 / 김원호 // 송화강. – 1986,(2). – 47 – 48
17471 우리들 / 프를로인 // 문학과 예술. – 1986,(4). – 28 – 33
17472 늦게 안 사랑 / 효문 // 송화강. – 1986,(5). – 54 – 55
17473 통 / 김룡운 // 송화강. – 1986,(5). – 56
17474 공짜술 먹는법 / 리근 // 송화강. – 1986,(6). – 52 – 53
17475 너?! 이놈 / 신룡검 작 // 문학과 예술. – 1986,(6). – 45 – 53
17476 리혼 / 채지남 // 대중과학. – 1986,(7). – 51
17477 번개식 련애 / 권영철 // 송화강. – 1987,(2). – 60 – 62
17478 ≪어머니 시집가세요≫ / 한영자 // 은하수. – 1987,(2). – 49 – 54
17479 ≪금지구역≫ / 황봉룡 // 송화강. – 1987,(3). – 55 – 63
17480 기이한 인체현상 / 김태근 // 대중과학. – 1987,(3). – 46 – 47
17481 사투리를 쓰지 맙시다 / 서방흥 // 중국조선어문. – 1987,(4). – 7 – 8
17482 후레자식 / 효문 // 송화강. – 1987,(4). – 52 – 53
17483 초천재 // 대중과학. – 1987,(6). – 38 – 39
17484 햇내기 운전수 / 황봉룡 // 천지. – 1987,(7). – 42 – 48
17485 장수비결 / 김동진 // 은하수. – 1987,(9). – 51 – 52
17486 혈해지창 // 문학과 예술. – 1987,(9 – 10). – 79 – 84
17487 사촌언니 / 오흥진 // 천지. – 1987,(10). – 51 – 54
17488 질 / 류성근 // 은하수. – 1987,(11). – 25 – 28
17489 냄새 / 허련순 // 송화강. – 1988,(1). – 62 – 64
17490 부용나무밑에서 / 풍계탕 등저 // 예술세계. – 1988,(1). – 87 – 89
17491 주요임무 / 리동승 // 예술세계. – 1988,(1). – 89 – 92
17492 강자의 눈물 / 황봉룡 집필; 심장수 // 예술세계. – 1988,(2). – 4 – 23
17493 미웠다 고왔다 / 최룡운 // 은하수. – 1988,(2). – 18 – 21
17494 약혼 / 구빈 // 예술세계. – 1988,(2). – 90 – 92
17495 인생과 사랑 / 김순희 윤색 // 예술세계. – 1988,(2). – 89 – 96
17496 자식교양 / 장복원 // 예술세계. – 1988,(2). – 83 – 85
17497 청혼계시 / 상소행; 곽철산 // 예술세계. – 1988,(2). – 88 – 92
17498 뛸내기 / 효문 // 송화강. – 1988,(3). – 62 – 63
17499 이름없는 꽃 / 리태수 작 // 예술세계. – 1988,(3). – 4 – 20
17500 말 조심합시다 / 리장수 // 중국조선어문. – 1988,(4). – 21 – 22
17501 ≪며느리감≫ / 김운 // 중국조선어문. – 1988,(4). – 23
17502 대장동무의 명령은 내렸다 / 각본: 김강;

연출: 김혁 // 문학과 예술. - 1988,(5). - 56 - 62
17503 ≪부자사위≫ / 한영자 // 은하수. - 1988,(10). - 54 - 55
17504 례물순환기 / 황봉룡 // 예술세계. - 1989,(1). - 87 - 89
17505 새길우의 천사들 / 김훈 // 예술세계. - 1989, (1). - 70 - 80
17506 서로 흉보기 / 최건 // 예술세계. - 1989,(1). - 90 - 91
17507 싼지더마 / 풍봉 작 // 예술세계. - 1989,(1). - 42 - 48
17508 가난과 사랑 / 리광수 // 예술세계. - 1989, (2). - 4 - 18
17509 녀편네 / 리채웅 // 송화강. - 1989,(2). - 61 - 63
17510 돈 / 강효삼 // 은하수. - 1989,(2). - 55 - 56
17511 새길우의 천사들 / 김훈 // 예술세계. - 1989, (2). - 67 - 75
17512 덧붙이 / 효문 // 송화강. - 1989,(3). - 56
17513 생명 / 장국경 // 예술세계. - 1989,(3). - 57 - 60
17514 교환수 행진곡 / 박은 // 예술세계. - 1989,(4). - 60 - 62
17515 누구탓인가 / 리룡칠 // 예술세계. - 1989,(4). - 51 - 53
17516 닭알에 깃든 이야기 / 최병현 // 예술세계. - 1989,(4). - 62 - 65
17517 맹세 / 리광수; 김철부 // 예술세계. - 1989, (4). - 44 - 45
17518 배우선발 / 오흥진 // 예술세계. - 1989,(4). - 46 - 47
17519 새소리 / 리종훈 // 예술세계. - 1989,(4). - 54 - 55
17520 서방암 / 리동진 // 예술세계. - 1989,(4). - 56 - 58
17521 수수께끼 / 허두남 // 송화강. - 1989,(4). - 63 - 64
17522 연구 / 김흥권 // 예술세계. - 1989,(4). - 58 - 60
17523 이젠 다 틀렸구나 / 최건 // 도라지. - 1989, (4). - 55 - 58
17524 질 / 김명희 // 중국조선어문. - 1989,(4). - 33 - 34
17525 ≪혼인광고≫ / 허강일 // 예술세계. - 1989,(4). - 48 - 50
17526 귀환병 / 최정연 // 송화강. - 1989,(5). - 56 - 60
17527 천생 배필 / 김응걸 // 예술세계. - 1989,(6). - 77 - 79
17528 씨름 / 김룡운 // 은하수. - 1989,(9). - 9
17529 건망증 / 류종 // 예술세계. - 1990,(1). - 38 - 40
17530 눈 감고 야웅 / 한원국 // 송화강. - 1990,(1). - 59 - 64
17531 웃으며 먹는것이 무엇인가 / 김성철 // 대중과학. - 1990,(1). - 52 - 53
17532 춘향전 // 예술세계. - 1990,(1). - 4 - 15
17533 피로 물든 통지서 / 리방수 작 // 예술세계. - 1990,(1). - 41 - 51
17534 효손자 / 황병락 // 예술세계. - 1990,(1). - 67 - 71
17535 검은 돌맹이 / 양리민 작; 일별 역 // 예술세계. - 1990,(2). - 4 - 21
17536 기생 점고 / 초건 // 도라지. - 1990,(2). - 53 - 60
17537 아리랑 / 라운규 작 // 예술세계. - 1990,(2). - 33 - 40
17538 기름 두톤 / 강창걸 // 예술세계. - 1990,(3). - 14 - 16
17539 시장의 아버지 / 최정연 // 예술세계. - 1990, (3). - 31 - 38
17540 장마당에서 벌어진 로맨스 / 리룡칠 // 예술세계. - 1990,(3). - 12 - 14
17541 가짜죽음 / 오흥진 // 예술세계. - 1990,(4). - 15 - 17
17542 김산 / 리철룡 // 예술세계. - 1990,(4). - 69 - 80
17543 꿈 / 한원국 // 예술세계. - 1990,(4). - 45 - 48
17544 어머니의 소원 / 한영자 // 송화강. - 1990,(5). - 54 - 56

17545 지구와 인류의 대화 / 박학 // 대중과학. - 1990,(11). - 36 - 37

I24 소설

17546 마을의 勝利 / 金昌傑 // 연변문예. - 1951,(창간호). - 16 - 20

17547 정선의편지 / 金晶惠 // 연변문예. - 1951,(창간호). - 27 - 28

17548 붉은별 / 廉浩烈 // 연변문예. - 1951,(2). - 42 - 46

17549 자라는새싹 / 李松文 // 연변문예. - 1951,(2). - 20 - 21

17550 戰鬪의 불길 / 정역 // 연변문예. - 1951,(2). - 28 - 32

17551 機關車: 련재소설 / 草明作 // 연변문예. - 1951,(2). - 35 - 37

17552 새집 / 희견作 // 연변문예. - 1951,(3). - 28 - 31

17553 機關車(2): 련재소설 / 草明作 // 연변문예. - 1951,(3). - 33 - 37

17554 故鄕의 上空에서 / 金學鐵 // 연변문예. - 1951,(4). - 18 - 20

17555 女工 / 廉浩烈 // 연변문예. - 1951,(4). - 28 - 29

17556 機關車(3): 련재소설 / 草明作 // 연변문예. - 1951,(4). - 30 - 35

17557 한쌍부부 / 文克 // 연변문예. - 1951,(5). - 25 - 28

17558 피흘린 기록(下) / 金學鐵 // 연변문예. - 1951,(6). - 27 - 31

17559 량식을 나라에 / 박수민 작;백남표 역 // 연변문예. - 1954,(1). - 9 - 16

17560 주먹담판 / 길운 // 연변문예. - 1954,(1). - 35 - 37

17561 첫승리 / 최현숙 // 연변문예. - 1954,(1). - 17 - 23

17562 김동무네와 왕동무네 / 백남표 // 연변문예. - 1954,(2). - 5 - 15

17563 그 길로는 갈수 없다 / 리준 // 연변문예. - 1954,(3). - 31 - 43

17564 뻬오네르:장편≪해란강아 말하라≫1부중에서 / 김학철 // 연변문예. - 1954,(3). - 13 - 21

17565 참된 마음 / 임윤덕 // 연변문예. - 1954,(3). - 22 - 24

17566 낟가리 / 김철 // 연변문예. - 1954,(4). - 10 - 15

17567 뜨락또르의 중매 / 매여개(梅汝愷) // 연변문예. - 1954,(4). - 34 - 43

17568 오얏나무 / 권태준 // 연변문예. - 1954,(4). - 23 - 26

17569 푸른 언덕 // 은하수. - 1954,(4). - 1 - 9

17570 마을로 돌아오는 길에서 / 남정(南丁) // 연변문예. - 1954,(5). - 27 - 31

17571 박새 나는 곳 / 적책(赤冊) // 연변문예. - 1954,(5). - 12 - 20

17572 새집 / 애연(艾燕) // 연변문예. - 1954,(5). - 21 - 26

17573 행복을 아는 사람들 / 김창걸 // 연변문예. - 1954,(5). - 1 - 11

17574 제二호기 / 김동구 // 연변문예. - 1954,(6). - 1 - 9

17575 간호장 / 마상욱 // 연변문예. - 1955,(7). - 28 - 33

17576 나의 제도기 / 리윤봉 // 연변문예. - 1955,(7). - 34 - 35철

17577 새임무 / 남수길 // 연변문예. - 1955,(7). - 21 - 25

17578 쌍무지개 / 백남표 // 연변문예. - 1954,(7). - 10 - 24

17579 얼음 풀린후 / 체비(逮斐) // 연변문예. - 1955,(7). - 36 - 44여

17580 지하에서 싸우는 사람들 / 김철 // 연변문예. - 1954,(7). - 30 - 35

17581 물병 / 허진 // 연변문예. - 1955,(8). - 31 - 33

17582 새 전사의 어머니 / 한정좌 // 연변문예. - 1955,(8). - 34 - 39

17583 나루터의 쑹령감 / 강철 // 연변문예. - 1955,

(9). − 16 − 19
17584 열흘밤 / 김철 // 연변문예. − 1955,(9). − 35 − 38
17585 홍수질 때 / 리근전 // 연변문예. − 1955,(9). − 9 − 15
17586 어머니와 아들 / 강철 // 연변문예. − 1955,(11). − 13 − 20
17587 장주임과 로동자들 / 손홍영 // 연변문예. − 1955,(12). − 46 − 49
17588 증오 / 장덕규 // 연변문예. − 1955,(12). − 18 − 21
17589 한장의 조종도 / 최재하 // 연변문예. − 1955,(12). − 22 − 24
17590 누가 한 일인가 / 리동혁 // 연변문예. − 1956,(1). − 22 − 24
17591 딱한 일 / 전복선 // 연변문예. − 1956,(1). − 17 − 21
17592 만돈 령감 / 정태호 // 연변문예. − 1956,(1). − 25 − 27
17593 집단농장에 자보하는 날 밤 / 길운 // 연변문예. − 1956,(1). − 12 − 16
17594 송아지와 염소 / 조앙 // 연변문예. − 1956,(2). − 23 − 29
17595 얼음속에서 / 김룡택 // 연변문예. − 1956,(2). − 17 − 18
17596 나의 사랑 / 최현숙 // 연변문예. − 1956,(3). − 27 − 34
17597 명절 / 김철 // 연변문예. − 1956,(3). − 17 − 22
17598 참된 사랑 / 리근전 // 연변문예. − 1956,(3). − 39 − 52
17599 부서진 울바자 / 김범수 // 연변문예. − 1956,(4). − 27 − 29
17600 사상문제 / 정종혁 // 연변문예. − 1956,(4). − 30 − 32
17601 미더운 우정 / 최균필 // 연변문예. − 1956,(5). − 47 − 50
17602 생활수기 / 김동구 // 연변문예. − 1956,(6). − 62 − 69
17603 당비 / 왕원견 // 연변문예. − 1956,(7). − 20 − 32
17604 집 / 윤동호 // 연변문예. − 1956,(7). − 35 − 41
17605 내선 견습공 / 김학철 // 연변문예. − 1956,(8). − 19 − 31
17606 명명 / 마라신브 // 연변문예. − 1956,(9). − 34 − 43
17607 시공 검사원 / 김학철 // 연변문예. − 1956,(10). − 27 − 46
17608 종소리 나기전 / 김강 // 연변문예. − 1956,(10). − 47 − 50
17609 경사 / 蘭秀峯 // 연변문예. − 1956,(11). − 36 − 39
17610 보람없는 사랑 / 비례문 // 연변문예. − 1956,(11). − 40 − 48
17611 귀향:중편소설≪번영≫의 1부분 / 김학철 // 연변문예. − 1956,(12). − 13 − 20
17612 원예가의 안해 / 최현숙 // 연변문예. − 1956,(12). − 34 − 40
17613 환갑날 / 남수길 // 연변문예. − 1956,(12). − 41 − 46
17614 괴상한 휴가 / 김학철 // 아리랑. − 1957,(1). − 22 − 23
17615 승리의 길에서 / 리근전 // 아리랑. − 1957,(1). − 7 − 17
17616 처녀의 래방 / 마상욱 // 아리랑. − 1957,(1). − 3 − 6
17617 김순희 / 최현숙 // 아리랑. − 1957,(3). − 1 − 5
17618 반지 / 김순기 // 아리랑. − 1957,(4). − 7 − 10
17619 섬멸전 / 성귀석 // 아리랑. − 1957,(5). − 33 − 35
17620 성장 / 리복 // 아리랑. − 1957,(5). − 5 − 7
17621 물 싸움 / 윤동호 // 아리랑. − 1957,(7). − 9 − 11
17622 밤길 / 김용식 // 아리랑. − 1957,(7). − 18 − 22
17623 버림 받은 생명 / 박정일 // 아리랑. − 1957,(8). − 14 − 18
17624 채찍 / 정관석 // 아리랑. − 1957,(8). − 30 − 32
17625 사주 / 김순기 // 아리랑. − 1957,(9). − 37 − 43

17626 생명 / 채규철 // 아리랑. －1957,(9). －14－20
17627 싸움 끝에 드는 정:중편소설≪소나기≫의 일부분 / 김학철 // 아리랑. －1957,(9). －6－13
17628 잊어 버렸던 사람 / 劉澍德 // 아리랑. －1957,(9). －22－27
17629 돼지장 / 김순기 // 아리랑. －1957,(10). －26－28
17630 수발실 최 아바이 / 원시희 // 아리랑. －1957,(10). －34－38
17631 잊을 수 없는 사람 / 리근전 // 아리랑. －1957,(11). －13－20
17632 홍수 / 김병기 // 아리랑. －1957,(12). －49－52
17633 남매 / 문필 // 지부생활. －1957,(16). －20－23
17634 녀 동생 / 윤금철 // 아리랑. －1958,(1). －49－51
17635 폭파 소리 / 성귀석 // 아리랑. －1958,(1). －46－48
17636 해인사(海印寺) / 황백하 // 아리랑. －1958,(1). －52－53
17637 두 사람 / 정관석 // 아리랑. －1958,(2). －33－35
17638 유인전 / 락파 // 아리랑. －1958,(2). －46－48
17639 하루에 생긴 일 / 고창립 // 아리랑. －1958,(2). －29－32
17640 그도 원쑤였다 / 성귀석 // 아리랑. －1958,(3). －28－30
17641 편지 / 윤동호 // 아리랑. －1958,(3). －48－50
17642 할머니 / 김권 // 아리랑. －1958,(3). －10－11
17643 혈육 / 호만춘 // 아리랑. －1958,(3). －35－40
17644 눈보라 치던 날 / 최정록 // 아리랑. －1958,(4). －33－34
17645 따발령에서 / 마상욱 // 아리랑. －1958,(4). －21－23
17646 박 령감 / 엄상준 // 아리랑. －1958,(4). －30－32
17647 쏘만 국경선 / 정종호 // 아리랑. －1958,(4). －10－13
17648 화식원 김 로인 / 원시희 // 아리랑. －1958,(4). －19－21
17649 눈길 헤쳐 수백리 / 리자룡 // 아리랑. －1958,(5). －19－21
17650 쏘만 국경선 / 정종호 // 아리랑. －1958,(5). －33－39
17651 귀농 / 신현옥 // 아리랑. －1958,(6). －8－12
17652 기동차 / 박련성 // 아리랑. －1958,(6). －32－33
17653 두가지 마음 / 윤금철 // 아리랑. －1958,(6). －14－15
17654 바구니 / 리광춘 // 아리랑. －1958,(6). －36－38
17655 방화선 / 현룡순 // 아리랑. －1958,(6). －49－54
17656 심오한 교훈 / 안창욱 // 아리랑. －1958,(6). －12－13
17657 대학생 장 철수 / 현룡순 // 아리랑. －1958,(7). －9－12
17658 쉬돌골의 변천 / 김병기 // 아리랑. －1958,(7). －5－9
17659 야밤에 / 조국선 // 아리랑. －1958,(7). －42－44
17660 열한시 정각 / 정종호 // 아리랑. －1958,(7). －45－46
17661 청춘은 빛난다 / 리창역 // 아리랑. －1958,(7). －33－36
17662 권 령감 / 정영창 // 아리랑. －1958,(8). －49－52
17663 누구를 위하여 / 방죽송 // 아리랑. －1958,(8). －13－16
17664 붉은 수첩 / 안창욱 // 아리랑. －1958,(8). －23－27
17665 성냥 일곱가치 / 왕원견 // 아리랑. －1958,(8). －58－59
17666 일밭에서 만난 친우 / 황병락 // 아리랑. －1958,(8). －17－19
17667 잔치 / 로병덕 // 아리랑. －1958,(8). －52－54
17668 협작 / 손홍영 // 아리랑. －1958,(8). －19－22
17669 빗속에서 / 김석 // 아리랑. －1958,(9). －33－35
17670 약진의 길에서 / 윤국일 // 아리랑. －1958,(9). －27－30

17671 강대장 / 강정일 // 아리랑. – 1958,(10). – 49 – 52
17672 두번째 딸 / 한수동 // 아리랑. – 1958,(10). – 24 – 26
17673 새벽은 지새고 / 황봉룡 // 아리랑. – 1958,(10). – 7 – 9
17674 세호마을의 전망 / 김병기 // 아리랑. – 1958,(10). – 17 – 20
17675 영원히 한길에서 / 성귀석 // 아리랑. – 1958,(10). – 10 – 12
17676 김 로인의 이야기 / 김승길 // 아리랑. – 1958,(11,12). – 44 – 45
17677 념원 / 강정일 // 아리랑. – 1958,(11,12). – 81 – 83
17678 식당 잔치 / 채규언 // 아리랑. – 1958,(11,12). – 59 – 60
17679 아름다운 이야기 / 최형동 // 아리랑. – 1958,(11,12). – 42 – 44
17680 약진 일가 / 한윤호 // 아리랑. – 1958,(11,12). – 61 – 64
17681 통수 / 민요 // 아리랑. – 1958,(11,12). – 22 – 23
17682 폭풍우 속에서 / 정덕교 // 아리랑. – 1958,(11,12). – 78
17683 공청단원 / 민요 // 연변문학. – 1959,(1). – 11
17684 굴하지 않는 사람들 / 최하협 // 연변문학. – 1959,(1). – 16 – 18
17685 대공 무사 / 리영애 // 연변문학. – 1959,(1). – 8 – 9
17686 두사이 / 김병기 // 연변문학. – 1959,(1). – 13 – 16
17687 땅우의 선녀 / 창립 // 연변문학. – 1959,(1). – 35 – 37
17688 마지막 시각 / 민요 // 연변문학. – 1959,(1). – 12
17689 변혁속에서 / 리태원 // 연변문학. – 1959,(1). – 37 – 39
17690 부녀 련철공 / 한원국 // 연변문학. – 1959,(1). – 40 – 43
17691 붉은 기 / 한수동 // 연변문학. – 1959,(1). – 22 – 23
17692 야삼경에 생긴 일 / 황상박 // 연변문학. – 1959,(1). – 21
17693 어린 마음에도 / 민요 // 연변문학. – 1959,(1). – 10 – 11
17694 이름지은 날 / 고창립 // 연변문학. – 1959,(1). – 5 – 7
17695 취사원의 편지 / 김중철 // 연변문학. – 1959,(1). – 44 – 48
17696 눈보라 치는 밤에 / 리태원 // 연변문학. – 1959,(2). – 44 – 45
17697 다시 쓴 따즈보 / 황병락,최정록 // 연변문학. – 1959,(2). – 53 – 54
17698 때가 됐군 / 최수봉 // 연변문학. – 1959,(2). – 46 – 48
17699 례물 / 윤혁교 // 연변문학. – 1959,(2). – 50 – 52
17700 보통 로동자 / 왕원견 // 연변문학. – 1959,(2). – 32 – 36
17701 비호 같은 항일 유격 대원들 / 리룡구;순돌 // 연변문학. – 1959,(2). – 42
17702 살뜰한 마음 / 김정일 // 연변문학. – 1959,(2). – 10 – 11
17703 상봉 / 강원삼 // 연변문학. – 1959,(2). – 37 – 41
17704 왕령감 / 김동관 // 연변문학. – 1959,(2). – 11
17705 우의 / 원사 // 연변문학. – 1959,(2). – 5 – 8
17706 창고 관리원 / 민요 // 연변문학. – 1959,(2). – 45 – 46
17707 행복한 만년 / 신상렬 // 연변문학. – 1959,(2). – 43 – 44
17708 부녀 중대 / 허원 // 연변문학. – 1959,(3). – 6 – 7
17709 심경 / 김인원 // 연변문학. – 1959,(3). – 20 – 22
17710 지하영웅 / 한원국 // 연변문학. – 1959,(3). – 1 – 5
17711 화식원 / 마상욱 // 연변문학. – 1959,(3). – 44 – 47

17712 흠모 / 정종호 // 연변문학. – 1959,(3). – 37 – 41

17713 끝나지 않은 이야기 / 최형동 // 연변문학. – 1959,(4). – 12 – 14

17714 담요 한장 / 박충일 // 연변문학. – 1959,(4). – 14 – 15

17715 돌격전 / 안창욱 // 연변문학. – 1959,(4). – 16 – 18

17716 병원에서 있은 일 / 김위헌 // 연변문학. – 1959,(4). – 28 – 29

17717 봄바람 불 때 / 리태원 // 연변문학. – 1959,(4). – 38 – 40

17718 어머니와의 내기 / 김위헌 // 연변문학. – 1959,(4). – 29

17719 오지 공업의 비밀 / 홍성도 // 연변문학. – 1959,(4). – 18 – 21

17720 재생의 기쁨 / 백원만,박재구 // 연변문학. – 1959,(4). – 22 – 27

17721 젖소 / 鄭羽官 // 연변문학. – 1959,(4). – 41 – 43

17722 처녀 기술원 / 윤금철 // 연변문학. – 1959,(4). – 35 – 37

17723 두번째 실패 후 / 김위헌 // 연변문학. – 1959,(5). – 42 – 44

17724 둘째 딸 / 인숙,문영 // 연변문학. – 1959,(5). – 33 – 35

17725 새벽 / 량재태 // 연변문학. – 1959,(5). – 56 – 57

17726 새해의 아침 / 안봉현 // 연변문학. – 1959,(5). – 36 – 39

17727 일기 / 김천금 // 연변문학. – 1959,(5). – 58 – 59

17728 초행길 / 최태용 // 연변문학. – 1959,(5). – 54 – 55

17729 협작 / 주무경 // 연변문학. – 1959,(5). – 29 – 32

17730 《공작 정지》 / 마봉 // 연변문학. – 1959,(6). – 34 – 37

17731 《로반즈》 / 박재생 // 연변문학. – 1959,(6). – 47 – 49

17732 부부 사양원 / 임광산 // 연변문학. – 1959,(6). – 53 – 54

17733 붉은 마음 / 리영화 // 연변문학. – 1959,(6). – 49 – 51

17734 할아버지 / 리창성 // 연변문학. – 1959,(6). – 51 – 53

17735 호랑이 / 리근전 // 연변문학. – 1959,(6). – 11 – 19

17736 골안으로 가는 길 / 서옥희 // 연변문학. – 1959,(7). – 35 – 37

17737 《단련해야지》 / 조수리 // 연변문학. – 1959,(7). – 19 – 28

17738 동피사냥 / 리홍규 // 연변문학. – 1959,(7). – 5 – 9

17739 두 꼬마처녀 / 성귀석 // 연변문학. – 1959,(7). – 40 – 42

17740 무인 문구점 / 오찬근 // 연변문학. – 1959,(7). – 30 – 33

17741 싸움군의 고백 / 조병택 // 연변문학. – 1959,(7). – 34

17742 알수 없는 경쟁결과 / 장동욱 // 연변문학. – 1959,(7). – 37 – 39

17743 할머니와 복무원 / 손홍영 // 연변문학. – 1959,(7). – 29 – 30

17744 물 / 리영화 // 연변문학. – 1959,(9). – 17 – 20

17745 밀림에서 울리는 노래 / 오창완 // 연변문학. – 1959,(9). – 21 – 23

17746 준엄하고도 휘황한 리정 / 두붕정 // 연변문학. – 1959,(9). – 24 – 29

17747 물은 바다로 흐른다:장춘 흥륭산 인민 공사사 중에서 / 려우 // 연변문학. – 1959,(10). – 24 – 27

17748 사막에서의 조난 / 박태하 // 연변문학. – 1959,(10). – 15 – 23

17749 상승하는 사람들 / 윤금철 // 연변문학. – 1959,(10). – 28 – 32

17750 왕따냥 / 란수봉 // 연변문학. – 1959,(10). – 45 – 48

17751 약진은 모든 사람에게 / 마상욱 // 연변문학. – 1959,(11). – 54 – 56

17752 잃었던 아들/ 엄죽송// 연변문학.－1959,(11).－56－60
17753 경쟁/ 안창욱// 연변문학.－1959,(12).－53－56
17754 두 세대/ 리준// 연변문학.－1959,(12).－32－37
17755 보람있는 생활/ 길운// 연변문학.－1959,(12).－13－17
17756 불타는 청춘/ 한광석// 연변문학.－1959,(12).－26－28
17757 신발/ 오립// 연변문학.－1959,(12).－42－43
17758 잊지 못할 사람/ 김위헌// 연변문학.－1959,(12).－65－67
17759 찢어버린 계획서/ 홍동표// 연변문학.－1959,(12).－29－31
17760 한곬으로 흐르는 격류// 연변문학.－1959,(12).－57－58
17761 형제솔골 이야기/ 엄상준// 연변문학.－1959,(12).－59－62
17762 근본문제/ 주무경// 연변문학.－1960,(1).－26－33
17763 목수령감/ 왕문석// 연변문학.－1960,(1).－34－44
17764 류따예/ 서동운// 연변문학.－1960,(2).－31－35
17765 우리 사양원동무/ 최현숙// 연변문학.－1960,(2).－5－9
17766 ≪거울≫/ 윤혁교// 연변문학.－1960,(3).－34－35
17767 누이/ 정환// 연변문학.－1960,(3).－31－33
17768 여름밤/ 왕문석// 연변문학.－1960,(4).－39－48
17769 첩보/ 윤금철// 연변문학.－1960,(4).－25－27
17770 나의 첫상급/ 마봉 저;김린 역// 연변문학.－1960,(5).－21－30
17771 우애/ 윤계수// 연변문학.－1960,(5).－19－20
17772 달빛아래/ 장유덕// 연변문학.－1960,(6).－59－65
17773 새 시대 새 창조/ 윤금철// 연변문학.－1960,(7).－40－44
17774 구리남비 이야기/ 배비// 연변문학.－1960,(8).－32－37
17775 순라/ 진치승;동화// 연변문학.－1960,(8).－51－52
17776 아름다운 마음/ 고창립// 연변문학.－1960,(9).－39－42
17777 들끓는 정오/ 고창립// 연변문학.－1960,(11).－7－10
17778 밤비내리는 강변/ 류야// 연변문학.－1960,(11).－15－20
17779 붉은 숫 채찍/ 최경준// 연변문학.－1960,(11).－39－41
17780 처녀제본기/ 윤금철// 연변문학.－1960,(11).－35－38
17781 경운기/ 리준// 연변문학.－1960,(12).－20－38
17782 선희/ 현룡순// 연변문학.－1960,(12).－45－49
17783 우리 사장동무/ 허동익// 연변문학.－1960,(12).－50－51
17784 쉬우지 못하는 손/ 조수리// 연변문학.－1961,(1).－16－22
17785 청춘기/ 리근전// 연변문학.－1961,(1).－41－47
17786 아침해 솟아 올랐다/ 마봉// 연변문학.－1961,(2).－25－33
17787 야행화물자동차/ 고창립// 연변문학.－1961,(2).－19－24
17788 완리령감/ 기녕// 연변문학.－1961,(2).－13－18
17789 청춘기/ 리근전// 연변.－1961,(5).－41－47
17790 숙질간/ 윤금철// 연변.－1961,(7).－43－48
17791 자동차는 달린다/ 남인순// 연변.－1961,(8).－45－48
17792 이건 의레 할 일이지요!/ 동화// 연변.－1961,(9).－41－43

17793 옥중투쟁 / 리근전 // 연변. – 1961,(10). – 36 – 44
17794 집 / 황봉룡 // 연변. – 1961,(11. – 43 – 46
17795 생명의 동력 / 김병수 // 연변. – 1962,(1). – 41 – 48
17796 행복 / 김해연 // 연변. – 1962,(2). – 39 – 40
17797 꽃 수건 / 김병기 // 연변. – 1962,(3). – 43 – 48
17798 망아지를 살린 이야기 / 김중철 // 연변. – 1962,(4). – 24 – 25
17799 솜옷 / 공회복 // 연변. – 1962,(4). – 25
17800 아들의 수첩 / 민요람 // 연변. – 1962,(4). – 44 – 48
17801 해빙기 / 윤금철 // 연변. – 1962,(6). – 44 – 48
17802 아버지의 마음 / 리선호 // 연변. – 1962,(7). – 45 – 48
17803 혈연 / 허해룡 // 연변. – 1962,(9). – 40 – 48
17804 붉은 모자 / 고창립 // 연변. – 1962,(11). – 45 – 48
17805 어촌의 환락 / 리근전 // 연변. – 1962,(11). – 42 – 44
17806 나비코 / 일비 // 연변. – 1963,(1). – 39 – 46
17807 기차는 달린다 / 권재영 // 연변. – 1963,(2). – 38 – 41
17808 샘물은 바위를 뚫고 흐른다 / 림원춘;박창묵 // 연변. – 1963,(4). – 39 – 45
17809 잠을 깬 사자 / 왕승동 // 연변. – 1963,(7). – 40 – 43
17810 진가장에서 일어난 사건 / 길학패 // 연변. – 1963,(8). – 35 – 40
17811 독사는 아직 죽지 않았다 / 유재환 // 연변. – 1963,(10). – 37 – 43
17812 산판 / 일비 // 연변. – 1963,(10). – 29 – 37
17813 귀틀'집 / 박창묵;김철준 // 연변. – 1963,(11). – 30 – 38
17814 ≪태평 서방≫략전 / 민학송 // 연변. – 1963,(11). – 39 – 44
17815 배양 / 원시희 // 연변. – 1963,(12). – 30 – 35
17816 손 목걸이 / 리선근 // 연변. – 1963,(12). – 35 – 39
17817 비운항 / 장지민 // 연변. – 1964,(2). – 44 – 48
17818 빙설화 / 하명안 // 연변. – 1964,(2). – 36 – 43
17819 대통 령감 / 김중복 // 연변. – 1964,(3). – 36 – 37
17820 탈피공 처녀 / 김설영 // 연변. – 1964,(4). – 39 – 42
17821 붉게 붉게 꽃피는 청춘의 웅심 / 한수동;리상각 // 연변. – 1964,(5). – 27 – 44
17822 가라지 매 / 박창묵 // 연변. – 1964,(6). – 32 – 34
17823 생산 대장 / 김진석 // 연변. – 1964,(6). – 2932
17824 무남 독녀 / 민별 // 연변. – 1964,(7). – 35 – 38
17825 ≪어찌 잊을 수 있으랴!≫ / 리동익;한철신 // 연변. – 1964,(7). – 41 – 43
17826 사원 / 위상전 // 연변. – 1964,(10). – 38 – 41
17827 비내리는 길에서 / 김중복 // 연변. – 1964,(11). – 32 – 35
17828 빛나는 금기가 산촌에 걸렸다 / 란수봉 // 연변. – 1964,(11). – 39 – 41
17829 사생지간 / 박창묵;림원춘 // 연변. – 1964,(12). – 33 – 36
17830 지하수에 깃든 이야기 / 마상욱 // 연변. – 1964,(12). – 38
17831 기쁨 / 최장춘 // 연변. – 1965,(1). – 32 – 34
17832 북산'벌에 벼파도 넘친다 // 연변. – 1965,(2). – 33 – 37
17833 파종 무렵 / 허홍식 // 연변. – 1965,(3). – 40 – 42
17834 단추 / 서광억 // 연변. – 1965,(4). – 32 – 33
17835 ≪임자 없는 옷≫ / 김룡래 // 연변. – 1965,(4). – 29 – 33
17836 순실이 / 조학섭 // 연변. – 1965,(5). – 32 – 34
17837 체육장의 1과 / 최룡삼 // 연변. – 1965,(5). – 29 – 31
17838 우리 중대장 동무 / 염정훤;리화만 // 연변. – 1965,(6). – 37 – 39
17839 서사의 아들딸 / 호연 // 연변문예. – 1974,

(8).－14－36
17840 강안마을의 변천 / 조군 // 연변문예.－1974,(9).－54－58
17841 전우 / 최기선 // 연변문예.－1974,(9).－30－34
17842 중대한 사명 / 김길련 // 연변문예.－1974,(9).－35－44
17843 공수문제 / 동광유 // 연변문예.－1974,(11).－34－41
17844 동산의 봄물 / 김동식 // 연변문예.－1974,(11).－17－23
17845 밤중에 생긴 일 / 김철호 // 연변문예.－1974,(11).－24－27
17846 상홍양이 유생들과 론전한 이야기 / 북경대학중문계 72기 창작반 // 연변문예.－1974,(11).－50－54
17847 운령의 푸른 소나무 / 홍산;설립 // 연변문예.－1974,(11).－28－33
17848 량산으로 가는 길 / 윤정철 // 연변문예.－1974,(12).－27－29
17849 리론가 / 무춘하 // 연변문예.－1974,(12).－50－54
17850 한비가 진나라왕을 만나본 이야기 / 북경대학도서관계 공농병학원 // 연변문예.－1974,(12).－58－59
17851 홍암골의 맨발의사 / 김창석 // 연변문예.－1974,(12).－41－49
17852 강철공 / 리태수 // 연변문예.－1975,(1).－33－39
17853 마지막 대거리 / 장장공 // 연변문예.－1975,(1).－40－46
17854 불타는 마음 / 리룡칠 // 연변문예.－1975,(2).－20－26
17855 새기적을 창조한 사람들 / 윤명철 // 연변문예.－1975,(2).－8－17
17856 설매의 결혼 / 한기 // 연변문예.－1975,(3).－32－41
17857 맑은 샘물 / 전성호 // 연변문예.－1975,(4).－4－8
17858 시공전야 / 리성권 // 연변문예.－1975,(4).－9－11
17859 용천벌의 홰불 / 리왕구 // 연변문예.－1975,(4).－34－38
17860 홍산골로 가는 길 / 김철호 // 연변문예.－1975,(5).－45－48
17861 환희의 미소 / 황병락 // 연변문예.－1975,(5).－21－29
17862 생산대의 딸 / 리태수 // 연변문예.－1975,(6).－10－13
17863 고압선 / 남세풍 // 연변문예.－1975,(7).－12－17
17864 뜨거운 손길 / 리선희 // 연변문예.－1975,(7).－18－25
17865 차엽통 / 류복정 // 연변문예.－1975,(7).－48－49
17866 다리 / 리수길 // 연변문예.－1975,(8).－11－15
17867 입당신청서 / 매신생 // 연변문예.－1975,(8).－35－37
17868 철사령원 / 서정운 // 연변문예.－1975,(8).－26－34
17869 기본적담보 / 황병락 // 연변문예.－1975,(9).－4－8
17870 꽃무늬밥식기 / 김지훈 // 연변문예.－1975,(9).－10－14
17871 한 대오에서 / 남세풍 // 연변문예.－1975,(9).－15－19
17872 길 / 허봉남 // 연변문예.－1975,(10).－40－42
17873 꼬마초병 / 강용길 // 연변문예.－1975,(10).－45－47
17874 명랑한 날 / 김철호 // 연변문예.－1975,(10).－37－39
17875 휴식날 아침 / 윤명철 // 연변문예.－1975,(10).－43－44
17876 봄날아침 / 림원춘 // 연변문예.－1975,(11).－7－10
17877 분초를 다투어 / 허홍식 // 연변문예.－1975,(12).－13－15

17878 《사회공복》/ 김하;촌인 // 연변문예. −1975,(12). −53−62

17879 새 초소를 / 서광억 // 연변문예. −1975,(12). −37−39

17880 열의 / 리종훈 // 연변문예. −1976,(1). −40−43

17881 우등불 / 리태수 // 연변문예. −1976,(1). −44−52

17882 위쓰푸 / 허길춘 // 연변문예. −1976,(1). −32−39

17883 첨병 / 김룡덕;김영기 // 연변문예. −1976,(2). −8−19

17884 현위서기 / 마패연 // 연변문예. −1976,(2). −44−52

17885 붉은 별 / 류영기 // 연변문예. −1976,(3). −12−24

17886 생활은 전진하고있다 / 왕소평 // 연변문예. −1976,(3). −47−52

17887 첫 근무 / 김지훈 // 연변문예. −1976,(3). −34−37

17888 전우 / 우해신 // 연변문예. −1976,(4). −54−63

17889 전우의 딸 / 김희철 // 연변문예. −1976,(4). −8−19

17890 준엄한 시련 / 단서하 // 연변문예. −1976,(5). −51−60

17891 병역 / 양국련 // 연변문예. −1976,(6). −57−60

17892 신심 / 김근 // 연변문예. −1976,(6). −45−50

17893 특수복무 / 허길춘 // 연변문예. −1976,(6). −40−44

17894 두려움 모르는 사람 / 진충실 // 연변문예. −1976,(7). −53−62

17895 철벽 / 김청송;황하성 // 연변문예. −1976,(8). −17−43

17896 공인가정 / 양작림 // 연변문예. −1976,(9). −53−63

17897 대장선거 / 정세봉 // 연변문예. −1976,(9). −7−17

17898 세찬 불길 / 전복록 // 연변문예. −1976,(9). −25−36

17899 청송 / 김동식 // 연변문예. −1976,(9). −41−49

17900 기관사 / 허길춘 // 연변문예. −1976,(10). −32−42

17901 준엄한 나날 / 오병 // 연변문예. −1976,(10). −51−59

17902 폭풍의 년대 / 황병락 // 연변문예. −1976,(12). −35−53

17903 난류가 흘러든다 / 리선근 // 연변문예. −1977,(1). −8−13

17904 정섭아저씨 / 허흥식 // 연변문예. −1977,(1). −17−25

17905 핸들을 잡기전 / 리흥국 // 연변문예. −1977,(1). −14−16

17906 보통공인 / 남세풍 // 연변문예. −1977,(2). −67−73

17907 임무 / 리태수 // 연변문예. −1977,(2). −74−77

17908 눈내리는 밤 / 정덕교 // 연변문예. −1977,(3). −32−40

17909 아버지 / 최장춘 // 연변문예. −1977,(3). −25−31

17910 한 궤도우에서 / 리암 // 연변문예. −1977,(3). −18−24

17911 거울 / 허길춘 // 연변문예. −1977,(4). −19−22

17912 당위서기 / 김동식 // 연변문예. −1977,(4). −33−39

17913 뜨락또르수 / 김철호 // 연변문예. −1977,(4). −23−26

17914 발자국 / 제진하 // 연변문예. −1977,(4). −52−60

17915 장날에 있은 일 / 리광수 // 연변문예. −1977,(4). −27−32

17916 림해의 풍파 / 김희철 // 연변문예. −1977,(5). −8−16

17917 새벽길 / 김근 // 연변문예. −1977,(5). −35−42

17918 정성 / 신명건 // 연변문예. −1977,(5). −43−47

17919 마음 / 리웅 // 연변문예. −1977,(6). −30−37

17920 살구꽃 / 최장춘 // 연변문예. −1977,(8). −35−

41
17921 철탑이 선다 / 남세풍 // 연변문예. －1977,(8). －30－34
17922 나래돋쳤다 / 리룡칠 // 연변문예. －1977,(10). －23－25
17923 래일을 위하여 / 리태수 // 연변문예. －1977,(10). －26－33
17924 모범부부 / 차중남 // 연변문예. －1977,(10). －43－48
17925 붉은 화살 / 황병락 // 연변문예. －1977,(10). －2－14
17926 푸른 신호기 / 허길춘 // 연변문예. －1977,(10). －15－22
17927 풍수의 전야 / 김상준;윤정철 // 연변문예. －1977,(11). －32－35
17928 남매간 / 리수길 // 연변문예. －1977,(12). －31－37
17929 덕보령감 / 전복록 // 연변문예. －1977,(12). －38－43
17930 마령감네 일가 / 리태수 // 연변문예. －1978,(1). －18－24
17931 분이 / 리만호 // 연변문예. －1978,(1). －26－31
17932 사랑 / 리웅 // 연변문예. －1978,(1). －3－9
17933 꽃분이와 이쁜이 / 차중남 // 연변문예. －1978,(2). －22－26
17934 새별 / 김룡길 // 연변문예. －1978,(2). －19－21
17935 생의 노래 / 남주길 // 연변문예. －1978,(2). －8－18
17936 탐사대원 / 우광훈 // 연변문예. －1978,(2). －27－32
17937 김씨가 고른 사위 / 신창순 // 연변문예. －1978,(3). －10－17
17938 새각시의 마음 / 김동식 // 연변문예. －1978,(3). －2－9
17939 꽃노을 / 림원춘 // 연변문예. －1978,(4). －4－12
17940 뿌리박은 싹 / 김길련 // 연변문예. －1978,(4). －25－37
17941 생산대의 며느리 / 윤정철 // 연변문예. －1978,(4). －13－17
17942 철주 / 남세풍 // 연변문예. －1978,(4). －18－24
17943 한달한의 발자국 / 추상혜;주미륜 // 연변문예. －1978,(4). －55－62
17944 렬사비 / 하명안 // 연변문예. －1978,(5). －9－14
17945 무쇠들속에서 / 황병락 // 연변문예. －1978,(5). －24－32
17946 억센 날개 / 최기선 // 연변문예. －1978,(5). －15－18
17947 출발점 / 한덕봉 // 연변문예. －1978,(5). －19－23
17948 꽃피는 시절 / 리룡칠 // 연변문예. －1978,(6). －33－36
17949 논벌의 새 이야기 / 리종훈 // 연변문예. －1978,(6). －22－27
17950 막장의 진달래 / 리봉렬 // 연변문예. －1978,(6). －28－32
17951 초원의 수리개 / 김창만 // 연변문예. －1978,(6). －19－21
17952 홍화네와 감빛송아지 / 강생금 // 연변문예. －1978,(6). －10－13
17953 새봄 / 리종훈 // 연변문예. －1978,(7). －12－17
17954 옥별이의 일기 / 서광억 // 연변문예. －1978,(7). －18－20
17955 함께 일하게 된 동무 / 윤명철 // 연변문예. －1978,(7). －21－28
17956 높은 자각 / 고신일 // 연변문예. －1978,(8). －30－36
17957 대를 이어 / 김수영 // 연변문예. －1978,(8). －22－29
17958 전사들 / 황남국 // 연변문예. －1978,(8). －10－18
17959 상봉 / 황병락 // 연변문예. －1978,(9). －33－39
17960 숫눈길 / 윤혁교 // 연변문예. －1978,(9). －21－25
17961 진달래 / 허하룡 // 연변문예. －1978,(9). －26

−32

17962 한길에서 만난 이 / 강효근 // 연변문예. − 1978,(9). − 8 − 15

17963 꽃삼지 / 김상준 // 연변문예. − 1978,(10). − 24 − 30

17964 본분 / 윤정철 // 연변문예. − 1978,(10). − 18 − 23

17965 상처 / 로신화 // 연변문예. − 1978,(10). − 51 − 58

17966 해살 / 정세봉 // 연변문예. − 1978,(10). − 12 − 17

17967 중앙공격수 10번 / 김길련 // 연변문예. − 1978,(11). − 6 − 13

17968 마음의 노래 / 리룡칠 // 연변문예. − 1978,(12). − 28 − 33

17969 반사광 / 유학문 // 연변문예. − 1978,(12). − 37 − 38

17970 봄날밤 / 김규태 // 연변문예. − 1978,(12). − 34 − 36

17971 꽃봉오리 / 김덕성 // 연변문예. − 1979,(1). − 15 − 19

17972 도라지꽃 / 림원춘 // 연변문예. − 1979,(1). − 20 − 25

17973 자유로운 노래소리 / 김순기 // 연변문예. − 1979,(1). − 8 − 14

17974 마지막 출장 / 김철호 // 연변문예. − 1979,(2). − 32 − 37

17975 실제문제 / 한정길 // 연변문예. − 1979,(2). − 27 − 31

17976 원혼이 된 나 / 박찬수 // 연변문예. − 1979,(2). − 23 − 26

17977 그들사이 / 윤정삼 // 연변문예. − 1979,(3). − 13 − 18

17978 들뜬 처녀 / 차중남 // 연변문예. − 1979,(3). − 7 − 12

17979 애정의 위치 / 류심무 // 연변문예. − 1979,(3). − 51 − 61

17980 동서간 / 정세봉 // 연변문예. − 1979,(4). − 26 − 30

17981 산속에 핀 진달래 / 김호웅 // 연변문예. − 1979,(4). − 21 − 26

17982 청산의 매 / 김경모 // 연변문예. − 1979,(4). − 43 − 56

17983 충성 / 김근총 // 연변문예. − 1979,(4). − 2 − 15

17984 마음속의 사람 / 리만호 // 연변문예. − 1979,(5). − 3 − 8

17985 할미꽃 / 김엽 // 연변문예. − 1979,(5). − 15 − 25

17986 힘 / 윤명철 // 연변문예. − 1979,(5). − 9 − 14

17987 갈림길 / 김창대;김택원 // 연변문예. − 1979,(6). − 22 − 29

17988 옛전우 / 강정일 // 연변문예. − 1979,(6). − 2 − 1

17989 외로운 무덤 / 우광훈 // 연변문예. − 1979,(6). − 13 − 21

17990 다시 찾은 사랑 / 김운 // 장백산. − 1980,(1). − 56 − 61

17991 별은 반짝인다:중편소설≪무쇠바우≫제1장(발취) / 김수영 // 장백산. − 1980,(1). − 70 − 79

17992 분이의 죽음 / 김택원 // 장백산. − 1980,(1). − 13 − 20

17993 사랑은 이렇게 꽃피여 간다 / 리원길 // 장백산. − 1980,(1). − 170 − 180

17994 새로운 문제 / 고신일 // 장백산. − 1980,(1). − 122 − 129

17995 성냥 여섯가치 // 대중과학. − 1980,(1). − 26 − 28

17996 신비한 세계의 일각 / 류경지 // 동북민병. − 1980,(1). − 47 − 48

17997 안해의 유서 / 류창박 // 장백산. − 1980,(1). − 147 − 155

17998 열두아리랑 / 한정길 // 장백산. − 1980,(1). − 110 − 122

17999 영실이 / 김규태 // 장백산. − 1980,(1). − 141 − 146

18000 장날 / 한정길 // 연변문예. − 1980,(1). − 35 − 39

18001 죄 아닌 죄 / 김창대 // 장백산. − 1980,(1). − 90 − 99

18002 증견인 / 금신 // 장백산. −1980,(1). −21 −33
18003 집없는 처녀 / 우광훈 // 연변문예. −1980,(1). −27 −34
18004 폭발 / 리홍규 // 연변문예. −1980,(1). −10 −19
18005 고향의 진주 / 조부 // 장백산. −1980,(2). −79 −84
18006 경적소리 / 정문홍 // 장백산. −1980,(2). −85 −87
18007 공개할수 없는 편지 / 한원국 // 연변문예. −1980,(2). −12 −17
18008 과거를 묻고싶지 않아요 / 리만호 // 연변문예. −1980,(2). −2 −11
18009 급선무/리성태//장백산. −1980,(2). −116 −121
18010 김대청 / 류빈안 // 연변문예. −1980,(2). −45 −52
18011 례장감 / 김운 // 장백산. −1980,(2). −28 −34
18012 아름다운 녀신 / 리려 // 장백산. −1980,(2). −10 −24
18013 안궁환 / 박선석 // 장백산. −1980,(2). −122 −126
18014 장빈이와 단복이 / 최병수 정리 // 장백산. −1980,(2). −76 −78
18015 청년과 차장 / 한설호 // 장백산. −1980,(2). −72 −75
18016 함박꽃 / 김엽 // 장백산. −1980,(2). −54 −60
18017 회개 / 박영애 // 장백산. −1980,(2). −65 −67
18018 광동원숭이 / 왕백양 // 연변문예. −1980,(3). −41 −42
18019 리순대가 집을 지은 이야기 / 고효성 // 문학예술연구. −1980,(3). −25 −40
18020 마음속에 쌓은 천리성 / 신현기 // 연변문예. −1980,(3). −9 −19
18021 번민 / 홍성도 // 연변문예. −1980,(3). −30 −33
18022 부임되던 날 / 정덕교 // 연변문예. −1980,(3). −2 −8
18023 사직신청서 / 허해룡 // 연변문예. −1980,(3). −25 −29
18024 우도감과 좌선생 / 김길련 // 연변문예. −1980,(3). −34 −40
18025 입당 / 종복선 // 지부생활. −1980,(3). −43 −48
18026 골덴바지 / 계광현 // 연변문예. −1980,(4). −33 −35
18027 선물 / 차룡순 // 연변문예. −1980,(4). −14 −18
18028 시어머니 / 최현숙 // 연변문예. −1980,(4). −19 −28
18029 어머니 / 김금 // 연변문예. −1980,(4). −39 −43
18030 지성의 꽃 / 김순기 // 연변교육. −1980,(4). −62 −64
18031 평의원 / 리영철 // 연변문예. −1980,(4). −29 −32
18032 하고싶던 말 / 정세봉 // 연변문예. −1980,(4). −4 −13
18033 그가 본 세계 / 김관웅 // 연변문예. −1980,(5). −17 −23
18034 귀중한 존재 / 황병락 // 연변문예. −1980,(5). −10 −16
18035 내가 가짜가 아니였다면 / 사엽신;리수성;요명덕 // 문학예술연구. −1980,(5). −39 −40
18036 녀도적 / 리극위 // 문학예술연구. −1980,(5). −35 −37
18037 높뛰는 숨결 / 최룡삼 // 연변문예. −1980,(5). −37 −41
18038 달호와 안해 / 김은철 // 연변문예. −1980,(5). −24 −28
18039 사회의 당안 / 왕정 // 문학예술연구. −1980,(5). −37 −39
18040 영원히 칼집에 들지 않는 칼 / 려영암 // 동북민병. −1980,(5). −30 −36
18041 결혼등기 / 리태수 // 연변문예. −1980,(6). −22 −27
18042 괴상한 사람 / 호효림 // 대중과학. −1980,(6). −32 −35
18043 선녀 / 장지민 // 연변문예. −1980,(6). −15 −17
18044 신봉 / 진해평 // 지부생활. −1980,(6). −59 −64
18045 왈패처녀 / 리근전 // 연변문예. −1980,(6). −2

−6

18046 콩나물 / 박은 // 연변문예. −1980,(6). −7−9

18047 투사의 슬픔 / 윤림호 // 연변문예. −1980,(6). −10−14

18048 《강용대표》 / 황남국 // 연변문예. −1980,(7). −26−30

18049 우리 선생님 / 장기성 // 연변교육. −1980,(7). −60−62

18050 자책 / 홍만호 // 연변문예. −1980,(7). −31−34

18051 초상 / 림원춘 // 연변문예. −1980,(7). −35−37

18052 포로 / 김성휘 // 연변문예. −1980,(7). −14−19

18053 혼례행차 / 현룡순 // 연변문예. −1980,(7). −8 −13

18054 회심 / 윤정철 // 연변문예. −1980,(7). −20−23

18055 경마 / 장옥기 // 동북민병. −1980,(8). −35−37

18056 국장과 《나리꽃》 / 리만호 // 연변문예. −1980,(8). −38−46

18057 다시 핀 사랑의 꽃 / 백호연 // 연변문예. −1980,(8). −2−9

18058 아미나 / 고성루 // 연변문예. −1980,(8). −10 −15

18059 중년부부 / 모국정 // 연변교육. −1980,(8). −59 −64

18060 련애대장 / 고신일 // 연변문예. −1980,(9). −12 −20

18061 목말을 탄 G / 조위 저;한득춘 역 // 연변문예. −1980,(9). −60−62

18062 생명의 가치 / 리광수 // 연변문예. −1980, (9). −8−11

18063 정봉사 / 윤림호 // 연변문예. −1980,(9). −24 −27

18064 주홍령감 / 정세봉 // 연변문예. −1980,(9). −28−31

18065 문명한 시대의 몽매한 일 / 황봉룡 // 연변문예. −1980,(10). −10−15

18066 아버지의 유물 / 정덕교 // 연변문예. −1980, (10). −16−24

18067 이붓동네 / 임국현 // 연변문예. −1980,(10). −2−9

18068 한 간암후기환자의 자백 / 류심무 작;김엽 역 // 연변문예. −1980,(10). −56−64

18069 황부장의 근심사 / 란사현 // 동북민병. −1980, (10). −30−33

18070 동강난 시체 / 황남국 // 연변문예. −1980,(11). −2−15

18071 두 전사 / 리태수 // 연변문예. −1980,(11). −28−33

18072 량심 / 김순기 // 연변문예. −1980,(11). −16−21

18073 소개자 / 배창근 // 연변문예. −1980,(11). −34 −41

18074 황혼무렵 / 정덕교 // 연변교육. −1980,(11). −61−63

18075 맏동서 / 리룡칠 // 연변문예. −1980,(12). −34 −37

18076 망각을 위한 악수 / 한원국 // 연변문예. −1980,(12). −30−33

18077 빛나는 《거울》 / 서광억 // 연변문예. −1980,(12). −2−12

18078 아 사과배여 / 강창록 // 연변문예. −1980,(12). −13−23

18079 안해 / 류금봉 // 동북민병. −1980,(14). −25 −29

18080 신비한 세계의 일각 / 류경지 // 동북민병. −1980,(15). −46−47

18081 금사탄 / 류란방 // 동북민병. −1980,(16). −36 −40

18082 향항방랑기 / 리광림 등 // 동북민병. −1980, (18). −47−48

18083 지혜롭게 적처장과 싸우다 / 리체생 // 동북민병. −1980,(20). −38−41

18084 불구되였어도 의지 굳세다 / 림배영;송명원 // 동북민병. −1980,(21). −14−15

18085 야행군 / 리준 // 동북민병. −1980,(22). −42−44

18086 짝패 / 신덕지 // 동북민병. −1980,(22). −34−

36
18087 꽃연분 / 조운학 // 장백산. - 1981,(1). - 96 - 103
18088 동란과 인간 / 리만호 // 연변문예. - 1981,(1). - 9 - 17
18089 로씨야로부터 온 사랑 / 진동예 // 청년생활. - 1981,(1). - 67 - 75
18090 막내딸 / 손홍영 // 연변문예. - 1981,(1). - 29 - 32
18091 봄 / 전수옥 // 장백산. - 1981,(1). - 42 - 47
18092 봄물은 흐르다 / 김룡해 // 장백산. - 1981,(1). - 66 - 75
18093 분홍적삼 / 리광수 // 연변문예. - 1981,(1). - 2 - 8
18094 석양에 물든 렬사비 / 김관웅 // 연변문예. - 1981,(1). - 20 - 28
18095 안해의 마음 / 김영일 // 청년생활. - 1981,(1). - 56 - 58
18096 자멸 / 리영덕 // 장백산. - 1981,(1). - 1 - 17
18097 첫 인사 / 김관웅 // 장백산. - 1981,(1). - 23 - 30
18098 검은 염라대왕의 이야기 / 진경하 // 장백산. - 1981,(2). - 69 - 76
18099 관심병 발작 / 장지민 // 연변문예. - 1981,(2). - 11 - 15
18100 급병 / 정창호 // 장백산. - 1981,(2). - 139 - 150
18101 련애편지에 깃든 참된 정 / 왕절빈 // 연변교육. - 1981,(2). - 61 - 63
18102 소쩍새 울던 밤 / 김용식 // 연변문예. - 1981,(2). - 2 - 10
18103 ≪술고래≫남편 / 박선석 // 장백산. - 1981,(2). - 23 - 32
18104 우리는 나젊은 친구들 / 엽지진 // 장백산. - 1981,(2). - 9 - 32
18105 인연 / 김엽 // 장백산. - 1981,(2). - 95 - 103
18106 추월이(료재이야기) / 포송령 // 장백산. - 1981,(2). - 50 - 53
18107 O / 최장춘 // 연변문예. - 1981,(3). - 2 - 10
18108 나의 형님 / 안귀선 // 장백산. - 1981,(3 - 4). - 53 - 61
18109 무정한 바다 / 서국량;장공승 // 장백산. - 1981,(3 - 4). - 188 - 226
18110 백양나무길 / 차룡순 // 연변문예. - 1981,(3). - 24 - 30
18111 37호 살인건 / 김운룡 // 장백산. - 1981,(3 - 4). - 62 - 73
18112 생의 선율 / 최성자 // 장백산. - 1981,(3 - 4). - 101 - 111
18113 선보러 간 날 / 최간식 // 장백산. - 1981,(3 - 4). - 74 - 79
18114 소리폭탄 / 려명휘 // 장백산. - 1981,(3 - 4). - 164 - 170
18115 손목시계 / 김철부 // 연변문예. - 1981,(3). - 31 - 39
18116 숫불은 타오른다 / 리원길 // 장백산. - 1981,(3 - 4). - 39 - 52
18117 쓰라린 추억 / 애홍 // 연변교육. - 1981,(3). - 60 - 63
18118 압록강반에서 / 리성태 // 장백산. - 1981,(3 - 4). - 171 - 187
18119 우정 / 김학철 // 연변문예. - 1981,(3). - 11 - 16
18120 은실이의 경우 / 류원무 // 장백산. - 1981,(3 - 4). - 112 - 121
18121 잔치날 / 한정길 // 장백산. - 1981,(3 - 4). - 80 - 88
18122 장군의 휴가 / 류백영 // 장백산. - 1981,(3 - 4). - 158 - 163
18123 청춘의 발자국 / 강효근 // 장백산. - 1981,(3 - 4). - 89 - 100
18124 환갑날 / 허덕곤 // 장백산. - 1981,(3 - 4). - 156 - 157
18125 눈물 / 윤명철 // 연변문예. - 1981,(4). - 10 - 17
18126 망신 / 김상준 // 연변문예. - 1981,(4). - 44 - 45
18127 상봉 / 두정숙 // 연변문예. - 1981,(4). - 18 - 28
18128 진환생 / 고효생 저;금이 번역 // 연변문예.

－1981,(4).－38－45

18129 현위서기와 그의 부인 / 류원무 // 연변문예.－1981,(4).－3－9

18130 고민의 표준 / 김학철 // 연변문예.－1981,(5).－15－19

18131 노랑나비 / 장지민 // 연변문예.－1981,(5).－26－32

18132 봄은 왔건만 / 리만호 // 연변문예.－1981,(5).－20－26

18133 분배돈 7전 / 오군 // 연변문예.－1981,(5).－10－14

18134 살인우산사건 / 엽영렬 // 대중과학.－1981,(5).－56－58

18135 조리 한자루 / 굉위;손과 // 동북민병.－1981,(5).－34－35

18136 청춘원무곡 / 차중남 // 연변문예.－1981,(5).－3－9

18137 나의 안해 / 윤정철 // 연변문예.－1981,(6).－20－29

18138 보슬비 / 정덕교 // 연변문예.－1981,(6).－3－10

18139 중국사람 / 리홍규 // 연변문예.－1981,(6).－11－19

18140 광고임자 / 최기선 // 연변문예.－1981,(7).－21－24

18141 동무는 공산당원이요? / 장림 // 연변문예.－1981,(7).－25－32

18142 생활의 노래 / 김호웅 // 연변문예.－1981,(7).－3－11

18143 포옹 / 고신일 // 연변문예.－1981,(7).－12－20

18144 녀주인 / 허해룡 // 연변문예.－1981,(8).－18－27

18145 닭알과 수탉 두 마리 / 리동호 // 연변문예.－1981,(8).－43－47

18146 분단의 에미 / 서광억 // 연변문예.－1981,(8).－13－18

18147 아름다움의 비밀 / 정세봉 // 연변문예.－1981,(8).－28－36

18148 가정문제 / 서광억 // 연변문예.－1981,(9).－12－20

18149 달마중 / 김훈 // 연변문예.－1981,(9).－33－37

18150 아,너는… / 우광훈 // 연변문예.－1981,(9).－3－12

18151 아름다운 마음 / 김순기 // 연변교육.－1981,(9).－62－64

18152 자미도폭동 / 정연결 // 대중과학.－1981,(9).－46－48

18153 화전자령감 / 김대현 // 연변문예.－1981,(9).－41－43

18154 나링 / 황하성 // 연변문예.－1981,(10).－17－26

18155 백성의 마음 / 리원길 // 연변문예.－1981,(10).－3－16

18156 복덩이 / 전위 // 연변문예.－1981,(10).－43

18157 운명교향곡 / 장현 저;남문 역 // 연변문예.－1981,(10).－34－42

18158 후회 / 원효천 // 동북민병.－1981,(10).－35－39

18159 관람권 다섯장 / 리철룡 // 연변문예.－1981,(11).－20－24

18160 구촌조카 / 홍천룡 // 연변문예.－1981,(11).－3－11

18161 그리운 숲 / 차룡순 // 연변문예.－1981,(11).－12－19

18162 마귀의 장례 / 문연재 // 동북민병.－1981,(11).－45－48

18163 술의 신비한 힘 / 풍기재 저;금화 역 // 연변문예.－1981,(11).－42－47

18164 승냥이아이 카마 / 학신생 // 대중과학.－1981,(11).－52－53

18165 자책 / 리룡칠 // 연변문예.－1981,(11).－35－36

18166 마음의 십자로 / 남주길 // 연변문예.－1981,(12).－32－41

18167 무골호인 / 신현기 // 연변문예.－1981,(12).－3－9

18168 북경과 멀리 떨어진 곳에서 / 맹위재 저; 장민 역 / /연변문예. − 1981,(12). − 44
18169 사랑과 령혼 / 허룡석 // 연변문예. − 1981,(12). − 10 − 17
18170 참된 사랑 / 금봉 // 연변문예. − 1981,(12). − 42 − 43
18171 헌례 / 고역 // 동북민병. − 1981,(12). − 38 − 40
18172 보름달 / 류시 // 동북민병. − 1981,(18). − 37 − 40
18173 ≪잠꾸러기≫ / 장본유 // 동북민병. − 1981,(22). − 34 − 38
18174 거울 / 한원국 // 연변문예. − 1982,(1). − 43 − 50
18175 계모 / 서광억 // 연변문예. − 1982,(1). − 36 − 42
18176 ≪공작대장≫ / 류원무 // 연변문예. − 1982,(1). − 6 − 14
18177 그날 밤 / 한철 // 대중문예. − 1982,(1). − 15 − 20
18178 뒤문출입(외1편) / 박선석 // 장백산. − 1982,(1). − 13 − 34
18179 떠날수 없는 초소 / 김성룡 // 장백산. − 1982,(1). − 60 − 63
18180 로처녀 / 류재순 // 대중문예. − 1982,(1). − 3 − 14
18181 목석의 심령 / 박호원 // 대중문예. − 1982,(1). − 48 − 56
18182 무정한 바다 / 서국량;장공승 // 장백산. − 1982,(1). − 130 − 155
18183 미더운이들 / 황도기 // 장백산. − 1982,(1). − 57 − 59
18184 부활 / 류계안 // 대중과학. − 1982,(1). − 56 − 59
18185 삼태령감의 현지답사 / 리원길 // 연변문예. − 1982,(1). − 15 − 25
18186 새봄에 있은 일 / 고성하 // 대중문예. − 1982,(1). − 29 − 37
18187 소원 / 정창호 // 장백산. − 1982,(1). − 42 − 51
18188 스케트장에서 / 황천원 // 장백산. − 1982,(1). − 1 − 12
18189 아,눈물 너는… / 김철호 // 대중문예. − 1982,(1). − 39 − 40
18190 여덟번째가 지치예요 / 임정평 // 대중문예. − 1982,(1). − 41 − 44
18191 영옥이 / 김운 // 장백산. − 1982,(1). − 35 − 41
18192 각성 / 한정길 // 장백산. − 1982,(2). − 22 − 29
18193 고개길 / 차룡순 // 연변문예. − 1982,(2). − 43 − 47
18194 그녀는 웃고있다 / 최중철 // 도라지. − 1982,(2). − 14 − 23
18195 남가태수전 / (당)리공좌 // 도라지. − 1982,(2). − 38 − 43
18196 대중의 목소리 / 리홍규 // 연변문예. − 1982,(2). − 3 − 12
18197 ≪돼지백정≫의 련애담 / 정창호 // 장백산. − 1982,(2). − 1 − 11
18198 도라지꽃 / 윤림호 // 도라지. − 1982,(2). − 3 − 13
18199 래일의 일력장 / 윤림호 // 송화강. − 1982,(2). − 3 − 12
18200 량산의 이야기 / 소보융 개편;장산 역 // 장백산. − 1982,(2). − 111 − 135
18201 방실이 / 김상준 // 연변문예. − 1982,(2). − 50 − 52
18202 버섯딸 때 / 리혜남 // 송화강. − 1982,(2). − 13 − 18
18203 벽소설 3편:호골 / 장지민 // 연변문예. − 1982,(2). − 37 − 42
18204 별빛아래 / 진우 // 송화강. − 1982,(2). − 33 − 37
18205 서명하지 않은 편지 / 우척심 // 장백산. − 1982,(2). − 30 − 36
18206 선보러 가는 길 / 리련금 // 송화강. − 1982,(2). − 23 − 27
18207 ≪소설가의 안해≫ / 김관웅 // 연변문예. − 1982,(2). − 13 − 20
18208 어머니와 아버지의 유상 / 풍파 // 도라지. − 1982,(2). − 56 − 65
18209 원선생 / 정덕교 // 연변교육. − 1982,(2). − 61 −

63
18210 인정과 도리 / 청봉 // 도라지. – 1982,(2). – 28 – 36
18211 처녀의 마음 / 김광조 // 도라지. – 1982,(2). – 37
18212 ≪팔삭동이≫대장 / 진경하 // 장백산. – 1982,(2). – 12 – 21
18213 편집부에서 온 편지 / 최봉주 // 장백산. – 1982,(2). – 76 – 79
18214 한 신입대원의 편지 / 손영휘 // 동북민병. – 1982,(2). – 29 – 30
18215 효성 / 리광수 // 연변문예. – 1982,(2). – 27 – 32
18216 후회 / 권선자 // 송화강. – 1982,(2). – 18 – 21
18217 갈림길에서 / 정창호 // 장백산. – 1982,(3). – 12 – 32
18218 귀뚜라미소리 / 윤림호 // 연변문예. – 1982,(3). – 3 – 13
18219 길림색시 / 고신일 // 도라지. – 1982,(3). – 40 – 49
18220 김선달 전변기 / 박선석 // 도라지. – 1982,(3). – 18 – 27
18221 내가 사귄 처녀 / 리매 // 연변문예. – 1982,(3). – 21
18222 논뚝길 / 성광일 // 장백산. – 1982,(3). – 55 – 63
18223 눈길을 헤치며 / 마라친부 // 장백산. – 1982,(3). – 2 – 11
18224 담배국 / 김학철 // 송화강. – 1982,(3). – 21 – 30
18225 독사진 석장 / 강효근 // 도라지. – 1982,(3). – 13 – 15
18226 밝은 웃음 / 장지민 // 송화강. – 1982,(3). – 32 – 37
18227 밤색트렁크 / 김엽 // 연변문예. – 1982,(3). – 35 – 43
18228 벽촌의 밤 / 리성태 // 장백산. – 1982,(3). – 64 – 69
18229 복받는 사람들 / 김호웅 // 도라지. – 1982,(3). – 3 – 12
18230 소 / 리홍규 // 장백산. – 1982,(3). – 52 – 54
18231 신비한 ≪제물차대≫ / 정유의;손욱광 // 동북민병. – 1982,(3). – 36 – 40
18232 어머니 / 경부 저;김응 역 // 연변문예. – 1982,(3). – 50 – 56
18233 연분 / 김창대 // 장백산. – 1982,(3). – 46 – 51
18234 유정과 무정 / 리홍규 // 도라지. – 1982,(3). – 6 – 7
18235 저녁노을 / 김재옥 // 송화강. – 1982,(3). – 3 – 8
18236 처녀의 속셈 / 정원석 // 송화강. – 1982,(3). – 9 – 15
18237 천렵놀이 / 최호철 // 송화강. – 1982,(3). – 16 – 20
18238 행성모임과 돌개바람 / 맹위재 // 도라지. – 1982,(3). – 55 – 58
18239 효성 / 김근총 // 도라지. – 1982,(3). – 32 – 39
18240 갈망 / 한정길 // 장백산. – 1982,(4). – 7 – 11
18241 강물은 출렁출렁 / 리근전 // 도라지. – 1982,(4). – 15 – 20
18242 공백 / 장항항 // 송화강. – 1982,(4). – 41 – 48
18243 나의 위치 / 김창수 // 송화강. – 1982,(4). – 12 – 18
18244 눈물 / 최영철 // 송화강. – 1982,(4). – 31 – 36
18245 머리수건 / 김운 // 장백산. – 1982,(4). – 12 – 15
18246 바가지령감 / 청봉 // 도라지. – 1982,(4). – 39 – 42
18247 벽소설2편 / 리홍규 // 연변문예. – 1982,(4). – 9 – 12
18248 ≪부실이≫ / 리근전 // 연변문예. – 1982,(4). – 3 – 8
18249 산동령감 / 조부 // 장백산. – 1982,(4). – 21 – 31
18250 선보기 / 왕안우 // 도라지. – 1982,(4). – 68 – 76
18251 세간난 오빠 / 김철수 // 송화강. – 1982,(4). – 3 – 10
18252 아름다운 심령 / 장림 저;최조남 역 // 연변문예. – 1982,(4). – 43 – 47

18253 외사촌언니 / 전원 // 장백산. －1982,(4). －16－20
18254 외삼촌네 부자간 / 김훈 // 연변문예. －1982,(4). －28－34
18255 장닭 / 윤림호 // 장백산. －1982,(4). －1－6
18256 장한 마음 / 백송;화준 // 장백산. －1982,(4). －113－131
18257 주역 / 리철룡 // 연변문예. －1982,(4). －21－26
18258 채계지 / 류소당 // 장백산. －1982,(4). －98－104
18259 축배의 노래 / 박철 // 연변문예. －1982,(4). －36－42
18260 친정형님 / 리동렬 // 도라지. －1982,(4). －5－14
18261 퇴색한 사진 / 강치생 // 도라지. －1982,(4). －21－27
18262 투사 / 김화석 // 송화강. －1982,(4). －20－30
18263 《하리스》 / 석뢰 // 청년생활. －1982,(4). －37－43
18264 경관이 / 한명덕 // 송화강. －1982,(5). －11－16
18265 권로인네 점박이 / 김동규 // 송화강. －1982,(5). －33－35
18266 긴급보고:2001년의 당산대지진 / 미료;장이무 // 대중과학. －1982,(5). －56－58
18267 나의 선생님 / 리희암 // 송화강. －1982,(5). －32－33
18268 다툼 / 최서림 // 송화강. －1982,(5). －35－36
18269 동서사이 / 서광억 // 송화강. －1982,(5). －3－10
18270 떡국집 모녀 / 박진만 // 송화강. －1982,(5). －17－22
18271 마지막 한표 / 장일궁 저;장민 역 // 연변문예. －1982,(5). －50－56
18272 버들골 수박 / 리만호 // 연변문예. －1982,(5). －24－31
18273 새 손부 / 현룡순 // 연변문예. －1982,(5). －32－37
18274 인민대표 / 김길련 // 연변문예. －1982,(5). －14－22
18275 《청년교양소》 / 리승권 // 송화강. －1982,(5). －31－32
18276 한통의 편지 / 김운룡 // 연변문예. －1982,(5). －42－48
18277 구촌조카 딸 / 홍천룡 // 연변문예. －1982,(6). －6－14
18278 떠나려던 고향 / 리혜남 // 연변문예. －1982,(6). －15－19
18279 반사경 / 한소공 // 청년생활. －1982,(6). －30－37
18280 사시절가 / 박은 // 연변문예. －1982,(6). －28－35
18281 산판의 주인 / 김근총 // 송화강. －1982,(6). －16－22
18282 삶의 신조 / 방룡주 // 연변문예. －1982,(6). －36－40
18283 시동생 / 박일 // 송화강. －1982,(6). －10－15
18284 제자자격 / 한명덕 // 송화강. －1982,(6). －3－9
18285 해동벌의 아침 / 리성태 // 연변문예. －1982,(6). －46－48
18286 형제지간 / 현춘산 // 송화강. －1982,(6). －23－30
18287 나를 지켜보는 눈 / 김성휘 // 연변문예. －1982,(7). －14－21
18288 둔재 왕로따 / 금운;왕의 // 은하수. －1982,(7). －20－28
18289 령혼의 천평우에서 / 송춘남 // 연변문예. －1982,(7). －39－43
18290 비단이불 / 류원무 // 연변문예. －1982,(7). －30－38
18291 사랑의 메아리 / 풍전덕 // 은하수. －1982,(7). －35－44
18292 세배 / 장자룡 작;황지영 역 // 연변문예. －1982,(7). －60－71
18293 아버지의 고뇌 / 정향 // 은하수. －1982,(7). －11－19
18294 최동빈일가 / 김순기 // 연변문예. －1982,(7). －

4－13
18295 2345… / 리광수 // 연변문예. －1982,(8). －38 －41
18296 갈증 / 김성우 // 연변문예. －1982,(8). －36－37
18297 산골사람 / 최호철 // 은하수. －1982,(8). －18 －23
18298 시간 / 한원국 // 연변문예. －1982,(8). －34－35
18299 옷고름 / 허길춘 // 연변문예. －1982,(8). －14 －19
18300 인정세계 / 정세봉 // 연변문예. －1982,(8). －4－13
18301 충성의 마음 / 류원무 // 은하수. －1982,(8). －24－30
18302 흰 모란꽃 / 소운성;상신 // 동북민병. －1982,(8). －42－47
18303 구룡잔에 깃든 이야기 / 리아평;오국량 // 은하수. －1982,(9). －43－52
18304 꽃시절 / 김학 // 연변문예. －1982,(9). －38－45
18305 나귀를 팔다 / 조본부 // 은하수. －1982,(9). －53－60
18306 더덕골할아버지 / 김영옥 // 은하수. －1982,(9). －77
18307 두스냥 / 풍몽룡 작;정인갑 역 // 연변문예. －1982,(9). －54－62
18308 마귀의 그림자 / 황남국 // 연변문예. －1982,(9). －70－80
18309 무지개 / 윤림호 // 은하수. －1982,(9). －22－27
18310 셋째누나 / 김철수 // 은하수. －1982,(9). －40 －42
18311 우리는 친형제 / 김을석 // 연변문예. －1982,(9). －22－29
18312 일기의 운명 / 김창걸 // 연변문예. －1982,(9). －30－36
18313 장인 / 리근전 // 연변문예. －1982,(9). －46－50
18314 한 혁명가의 여생 / 윤일산 // 은하수. －1982,(9). －61－66
18315 경쟁 / 차명화 // 연변문예. －1982,(10). －30 －34
18316 비밀련애 / 리광수 // 연변문예. －1982,(10). －11－17
18317 사랑의 부활 / 김관웅 // 연변문예. －1982,(10). －51－57
18318 산비둘기 / 김호웅 // 연변문예. －1982,(10). －44－50
18319 삼림속 깊은 곳 / 한원국 // 은하수. －1982,(10). －6－15
18320 용팔이 / 박상로 // 은하수. －1982,(10). －16 －22
18321 차단봉 / 리철룡 // 연변문예. －1982,(10). －21 －29
18322 큰집 / 박일 // 연변문예. －1982,(10). －35－40
18323 할머니 / 김훈 // 연변문예. －1982,(10). －4－10
18324 고드름 / 박진만 // 은하수. －1982,(11). －36 －40
18325 눈보라치는 밤 / 방룡주 // 연변문예. －1982,(11). －17－22
18326 두집사이 / 윤희언 // 은하수. －1982,(11). －28－35
18327 사랑의 좌표계 / 리원길 // 연변문예. －1982,(11). －36－43
18328 숨소리 / 강정일 // 연변문예. －1982,(11). －23－28
18329 쌍둥이자매 / 김학철 // 연변문예. －1982,(11). －6－16
18330 안해의 심정 / 황병락 // 연변문예. －1982,(11). －29－35
18331 황소령감 / 허해룡 // 은하수. －1982,(11). －15－27
18332 《곰뜯개령감》 / 차룡순 // 연변문예. －1982,(12). －24－33
18333 금반지 / 김엽 // 은하수. －1982,(12). －8－19
18334 긴급통지 / 허룡석 // 연변문예. －1982,(12). －34

18335 뜨거운 눈물 / 김순기 // 연변문예. − 1982,(12). − 4 − 14
18336 룡범이의 고충 / 량명석 // 은하수. − 1982,(12). − 31 − 32
18337 옷감 / 김동규 // 은하수. − 1982,(12). − 27
18338 전형문제 / 고신일 // 연변문예. − 1982,(12). − 15 − 23
18339 ≪머저리동씨≫가 지혜롭게 ≪까마귀≫를 붙잡다 / 위세홍 // 동북민병. − 1982,(16). − 34 − 37
18340 적들을 꾀여내여 몽땅 섬멸하다 / 제영춘; 황경화 // 동북민병. − 1982,(24). − 27 − 29
18341 후회 / 최동일 // 동북민병. − 1982,(24). − 36 − 37
18342 간절한 소원 / 박선석 // 장백산. − 1983,(1). − 15 − 25
18343 ≪강태공≫로인 / 리원길 // 장백산. − 1983,(1). − 42 − 49
18344 궤적과 변위 / 오육생 // 청년생활. − 1983,(1). − 48 − 61
18345 그리는 마음 / 리상덕 // 연변문예. − 1983,(1). − 32 − 38
18346 금실이와 은실이 / 서광억 // 청년생활. − 1983,(1). − 42 − 48
18347 끝나지 않은 이야기 / 리웅 // 연변문예. − 1983,(1). − 25 − 31
18348 농촌점경 / 정세봉 // 연변문예. − 1983,(1). − 21 − 26
18349 몽당치마 / 림원춘 // 연변문예. − 1983,(1). − 27 − 38
18350 몽몽한 안개속에서 / 리려 // 장백산. − 1983,(1). − 6 − 14
18351 ≪밑지개≫할머니 / 조금숙 // 송화강. − 1983,(1). − 30
18352 번개빛 / 류원무 // 은하수. − 1983,(1). − 5 − 15
18353 변화 / 안귀선 // 장백산. − 1983,(1). − 50 − 54
18354 ≪봉황≫자전거표 / 김창석 // 연변문예. − 1983,(1). − 12 − 20
18355 산기슭에 모신 화환 / 리존보 // 장백산. − 1983,(1). − 125 − 152
18356 선보러 가던 날 / 김창대 // 도라지. − 1983,(1). − 25 − 29
18357 승리자의 슬픔 / 정영 // 은하수. − 1983,(1). − 63 − 68
18358 아버지 / 장금선 // 송화강. − 1983,(1). − 14 − 20
18359 아버지와 어머니의 이야기 / 왕욱봉 // 은하수. − 1983,(1). − 54 − 60
18360 약혼기념 / 박은 // 송화강. − 1983,(1). − 11 − 13
18361 억척이 / 최호철 // 송화강. − 1983,(1). − 3 − 10
18362 영각소리(외1편) / 김성룡 // 도라지. − 1983,(1). − 42 − 44
18363 오늘의 위치 / 강효근 // 도라지. − 1983,(1). − 5 − 13
18364 외톨이령감 / 박선석 // 도라지. − 1983,(1). − 14 − 21
18365 움트는 계절 / 허만석 // 도라지. − 1983,(1). − 33 − 41
18366 재생 / 조금숙 // 도라지. − 1983,(1). − 47 − 52
18367 충성 / 조원 // 장백산. − 1983,(1). − 26 − 35
18368 특급교원 / 한정길 // 장백산. − 1983,(1). − 36 − 41
18369 풀색돼지 / 채지남 // 송화강. − 1983,(1). − 22 − 29
18370 흰집에서 맺은 사랑 / 상무 // 청년생활. − 1983,(1). − 62 − 69
18371 강령감 / 김철부 // 연변문예. − 1983,(2). − 59 − 61
18372 글쪽지 / 최장춘 // 조선어 학습과 연구. − 1983,(2). − 56 − 60
18373 기다리는 마음 / 엽소말 // 도라지. − 1983,(2). − 57 − 61
18374 꼬맹이 / 왕몽 // 장백산. − 1983,(2). − 2 − 8
18375 나귀차를 모는 처녀 / 김화석 // 은하수. − 1983,(2). − 8 − 16
18376 늦게 들어온 손님 / 량명석 // 송화강. − 1983,(2). − 13 − 16

18377 님프신의 하소연 / 박선석 // 송화강. − 1983,(2). − 17 − 26
18378 동호와의 이른새벽 / 장추화 // 청년생활. − 1983,(2). − 37 − 46
18379 련애위기 / 리만호 // 도라지. − 1983,(2). − 41 − 48
18380 문명적은이 / 한종국 // 장백산. − 1983,(2). − 22 − 26
18381 물소리 / 리혜남 // 연변문예. − 1983,(2). − 62 − 64
18382 미소 / 고성하 // 도라지. − 1983,(2). − 49 − 56
18383 벙어리령감 / 류원무 // 장백산. − 1983,(2). − 27 − 34
18384 복희 / 리동렬 // 도라지. − 1983,(2). − 4 − 12
18385 부재증명 / 김학철 // 도라지. − 1983,(2). − 22 − 27
18386 삶의 교향곡 / 박정근 // 청년생활. − 1983,(2). − 30 − 36
18387 새 농부가 / 리혜남 // 은하수. − 1983,(2). − 28 − 31
18388 숲속에 핀 꽃 / 지원순 // 연변문예. − 1983,(2). − 54 − 58
18389 신령감 / 김학철 // 송화강. − 1983,(2). − 3 − 12
18390 아홉번째 소매점 / 강천민;홍천 역 // 연변문예. − 1983,(2). − 62 − 76
18391 여량 / 리봉인 // 송화강. − 1983,(2). − 27 − 32
18392 오빠 / 량춘식 // 은하수. − 1983,(2). − 19 − 24
18393 이사 / 허해룡 // 연변문예. − 1983,(2). − 47 − 53
18394 전처 / 항영 // 장백산. − 1983,(2). − 9 − 21
18395 천리동의 대학생 / 윤림호 // 도라지. − 1983,(2). − 13 − 21
18396 간절한 소원 / 박선석 // 조선어 학습과 연구. − 1983,(3). − 46 − 52
18397 갈림길 / 홍호 // 송화강. − 1983,(3). − 18 − 28
18398 관책과 별책 / 박은 // 연변문예. − 1983,(3). − 4 − 13
18399 남편 / 심종문 // 장백산. − 1983,(3 − 4). − 189 − 200
18400 내가 스물세살 때 / 리무환 // 은하수. − 1983,(3). − 73 − 78
18401 네번째 총각 / 김학철 // 연변문예. − 1983,(3). − 34 − 39
18402 높은 산아래에 놓인 화환 / 리존보 지음; 최일 번역 // 연변문예. − 1983,(3). − 68 − 80
18403 다정한 미소 / 리태수 // 연변문예. − 1983,(3). − 14 − 24
18404 뜨거운 마음 / 리만호 // 송화강. − 1983,(3). − 13 − 17
18405 마음의 저울추 / 림원춘 // 청년생활. − 1983,(3). − 33 − 41
18406 만복령감의 걱정거리 / 정창호 // 장백산. − 1983,(3 − 4). − 101 − 108
18407 목동의 용처 / 김동수 // 송화강. − 1983,(3). − 35
18408 못난이안해 / 김영선 // 장백산. − 1983,(3). − 75 − 84
18409 미의 주인 / 서학봉 // 연변문예. − 1983,(3). − 30 − 33
18410 봄바람 / 리로 // 송화강. − 1983,(3). − 3 − 12
18411 봄양기 / 박정근 // 도라지. − 1983,(3). − 4 − 13
18412 사랑의 선 / 조금 // 도라지. − 1983,(3). − 24 − 29
18413 산간의 종소리 / 림원춘 // 장백산. − 1983,(3 − 4). − 92 − 100
18414 생활의 모퉁이에서 / 리명남 // 연변문예. − 1983,(3). − 40 − 41
18415 생활의 회답 / 류재순 // 도라지. − 1983,(3). − 40 − 47
18416 설분 / 김용식 // 은하수. − 1983,(3). − 39 − 50
18417 셋째 며느리 / 지원순 // 도라지. − 1983,(3). − 14 − 23
18418 양딸 / 도명국 // 청년생활. − 1983,(3). − 42 − 50
18419 인생의 길 / 김운룡 // 장백산. − 1983,(3 − 4). − 85 − 91
18420 장학량전기 / 조운성;리정 // 장백산. − 1983,(3 − 4). − 8 − 64

18421 저녁노을 짙어갈 때 / 박진만 // 은하수. – 1983,(3). – 31 – 36
18422 전라도내기 / 최호철 // 은하수. – 1983,(3). – 5 – 9
18423 조국을 잃은 어린이 / 서군 // 장백산. – 1983,(3 – 4). – 178 – 188
18424 퉁퉁까먹기대장 / 리동호 // 송화강. – 1983,(3). – 29 – 34
18425 포도원의 사랑 / 허만석 // 도라지. – 1983,(3). – 48 – 55
18426 갑석이와 을석이 / 남주길 // 은하수. – 1983,(4). – 8 – 15
18427 개를 잡은 사람 / 윤림호 // 은하수. – 1983,(4). – 27 – 37
18428 거리의 가수 / 융군 // 연변문예. – 1983,(4). – 50
18429 나의 딸 미녀 / 김득희 // 도라지. – 1983,(4). – 38 – 43
18430 난류와 한류 / 리로 // 도라지. – 1983,(4). – 21 – 27
18431 날아라, 해연아 / 한원국 // 송화강. – 1983,(4). – 3 – 12
18432 달아 고향달아 / 진경아 // 연변문예. – 1983,(4). – 2 – 12
18433 두 처녀 / 리영섭 // 연변문예. – 1983,(4). – 37 – 44
18434 두부장사 만덕령감 / 임국현 // 은하수. – 1983,(4). – 46 – 50
18435 모자 국밥집 / 리선근 // 송화강. – 1983,(4). – 19 – 26
18436 비뚜렁처녀 / 윤림호 // 송화강. – 1983,(4). – 12 – 18
18437 생명의 은인 / 최정록 // 연변문예. – 1983,(4). – 51 – 54
18438 실오리에 깃든 정 / 담백 // 대중과학. – 1983,(4). – 48 – 49
18439 언덕우의 주인 / 리선근 // 연변문예. – 1983,(4). – 13 – 19
18440 오서방 / 강치생 // 도라지. – 1983,(4). – 44 – 49
18441 웃음뒤에 비낀 그늘 / 김광식 // 도라지. – 1983,(4). – 51 – 52
18442 이곳은 신기한 땅덩이이다 / 량효성 // 청년생활. – 1983,(4). – 33 – 46
18443 정과 사랑 / 박효조 // 도라지. – 1983,(4). – 9 – 13
18444 집터 / 박상로 // 송화강. – 1983,(4). – 27 – 32
18445 처녀의 눈길 / 김동규 // 은하수. – 1983,(4). – 20 – 23
18446 처녀의 요구 / 소곡이 // 도라지. – 1983,(4). – 50 – 51
18447 팔려간 련애편지 / 허창복 // 청년생활. – 1983,(4). – 26 – 32
18448 푸르른 강기슭 / 우털투 저;고하 역 // 도라지. – 1983,(4). – 69 – 72
18449 한폭의 그림 / 길문군 // 연변문예. – 1983,(4). – 29
18450 호박꽃 / 권선자 // 송화강. – 1983,(4). – 32 – 42
18451 호수에 뜬 사랑 / 리혜남 // 도라지. – 1983,(4). – 14 – 20
18452 희로애락 / 김훈 // 연변문예. – 1983,(4). – 20 – 29
18453 곱지 않은 쌍까풀눈 / 박일 // 송화강. – 1983,(5). – 24 – 28
18454 기쁨 / 하태렬 // 연변문예. – 1983,(5). – 38 – 45
18455 딸기파는 처녀 / 최호철 // 송화강. – 1983,(5). – 19 – 23
18456 려관에서 있은 일 / 홍표 // 송화강. – 1983,(5). – 34 – 37
18457 마지막 한마디 / 홍호 // 은하수. – 1983,(5). – 15 – 22
18458 시카코 복만이 / 장지민 // 연변문예. – 1983,(5). – 6 – 16
18459 신비한 땅 / 량효성 지음;박정일 번역 // 연변문예. – 1983,(5). – 60 – 72
18460 아, 찔레꽃! / 김관웅 // 청년생활. – 1983,(5). – 38 – 45

18461 약혼 / 란사현 // 동북민병. －1983,(5). －32－36
18462 영웅본색 / 리혜남 // 송화강. －1983,(5). －6－10
18463 5호관중 / 김기련 // 은하수. －1983,(5). －57－62
18464 왕자와 공주 / 박관일 // 연변문예. －1983,(5). －30－37
18465 우리네 천지에서 / 리불공 // 청년생활. －1983,(5). －45－56
18466 위글족처녀 / 전정환 // 송화강. －1983,(5). －29－34
18467 유언 / 박철규 // 은하수. －1983,(5). －9－13
18468 청춘서정 / 전성호 // 연변문예. －1983,(5). －17－25
18469 8백메터 깊이에서 / 손소산 // 은하수. －1983,(5). －23－35
18470 한 녀인의 번뇌 / 고신일 // 송화강. －1983,(5). －11－18
18471 후회막급 / 리위균;로무운 // 은하수. －1983,(5). －5－7
18472 고뇌의 대답 / 리철룡 // 은하수. －1983,(6). －35－42
18473 교교한 달빛 / 엽위림 // 은하수. －1983,(6). －27－32
18474 농막집 / 김학 // 연변문예. －1983,(6). －30－37
18475 담장 / 륙문부 // 연변문예. －1983,(6). －58－68
18476 세월이 갈수록 / 김을석 // 연변문예. －1983,(6). －9－17
18477 술 두냥 / 맹영수 // 연변문예. －1983,(6). －17
18478 숨박곡질 / 김경련 // 연변문예. －1983,(6). －2－8
18479 실련의 쓴 잔 / 한화 // 송화강. －1983,(6). －56
18480 을갑로인의 마음 / 류원무 // 송화강. －1983,(6). －9－15
18481 이붓딸의 일기책 / 김은철 // 송화강. －1983,(6). －3－9
18482 정든 산향길 / 고신일 // 청년생활. －1983,(6). －23－29
18483 정의를 지켜 조카를 처단 / 장순과 // 지부생활. －1983,(6). －40－41
18484 청춘의 고백 / 전정환 // 연변문예. －1983,(6). －22－29
18485 800메터 지하막장에서 / 손소산 // 송화강. －1983,(6). －25－34
18486 형제 / 문창남 // 청년생활. －1983,(6). －5－7
18487 흑금의 매력 / 류재순 // 송화강. －1983,(6). －16－24
18488 근근득식 / 황병락 // 연변문예. －1983,(7). －46－53
18489 꾀꼬리 / 김근총 // 연변문예. －1983,(7). －54－61
18490 박수갈채 / 황송오 // 연변문예. －1983,(7). －53
18491 생활의 갈림길 / 김호웅 // 연변문예. －1983,(7). －24－31
18492 신비한 귀걸이 / 림승철 // 대중과학. －1983,(7). －50－51
18493 여름밤 / 서광억 // 연변문예. －1983,(7). －40－41
18494 급한 걸음 / 김창규 // 연변문예. －1983,(8). －64－65
18495 나의 친구 / 리철룡 // 연변문예. －1983,(8). －57－63
18496 마을사람들 / 윤림호 // 연변문예. －1983,(8). －11－16
18497 변천 / 리근전 // 연변문예. －1983,(8). －2－10
18498 아버지 / 최홍일 // 연변문예. －1983,(8). －28－34
18499 양귀비꽃 / 김운룡 // 연변문예. －1983,(8). －20－27
18500 장닭 / 한무 // 연변문예. －1983,(8). －66
18501 하령감의 꿈 / 김하;최일 번역 // 연변문예. －1983,(8). －42－48
18502 꼬리 / 왕증기 // 연변문예. －1983,(9). －24
18503 눈속에 핀 꽃 / 방송산 // 연변문예. －1983,(9). －62－68

18504 로지서 / 리태근 // 연변문예. − 1983,(9). − 25 − 31
18505 밀고자 / 왕영홍;서아아 // 동북민병. − 1983,(9). − 44 − 48
18506 박씨부인 / 김극민 // 연변문예. − 1983,(9). − 2 − 10
18507 생일 / 김원 // 연변문예. − 1983,(9). − 41
18508 아,어머니 / 윤희언 // 연변문예. − 1983,(9). − 15 − 23
18509 우정 / 문만순 // 연변문예. − 1983,(9). − 36 − 39
18510 전변 / 송호석 // 연변문예. − 1983,(9). − 11 − 14
18511 행복한 웃음 / 조위철 // 연변문예. − 1983,(9). − 69 − 75
18512 뜨개소 / 최호철 // 연변문예. − 1983,(10). − 27 − 33
18513 메아리 / 엽영렬 // 대중과학. − 1983,(10). − 49 − 52
18514 미운정 고운정 / 김학 // 연변문예. − 1983,(10). − 55 − 61
18515 보관원 / 리상봉 // 연변문예. − 1983,(10). − 18
18516 봄밤 / 고신일 // 연변문예. − 1983,(10). − 5 − 12
18517 부자지간 / 송춘남 // 연변문예. − 1983,(10). − 13 − 17
18518 술고래령감 / 류연산 // 연변문예. − 1983,(10). − 19 − 26
18519 지경뚝 / 한정길 // 연변문예. − 1983,(10). − 64 − 67
18520 경력담 / 홍천룡 // 연변문예. − 1983,(11). − 27 − 36
18521 돌 / 박은 // 연변문예. − 1983,(11). − 23
18522 땅의 소원 / 윤희언 // 연변문예. − 1983,(11). − 16 − 22
18523 만식이와 처녀 / 홍성표 // 연변문예. − 1983,(11). − 75 − 76
18524 우물가의 진달래 / 윤정철 // 연변문예. − 1983,(11). − 68 − 74
18525 인생의 비밀 / 정세봉 // 연변문예. − 1983,(11). − 2 − 15
18526 ≪예언가≫김관일 략전 / 장석철 // 연변문예. − 1983,(11). − 42 − 50
18527 누님 / 리광수 // 연변문예. − 1983,(12). − 20 − 28
18528 로지심이 나무를 뽑다 / 리천계 // 동북민병. − 1983,(12). − 39
18529 마지막 사냥 / 송춘남 // 연변문예. − 1983,(12). − 29 − 31
18530 분식없는 생활기록 / 김훈 // 연변문예. − 1983,(12). − 2 − 12
18531 신동향과 옹생원 / 남주길 // 연변문예. − 1983,(12). − 44 − 53
18532 이웃사이 / 김경련 // 연변문예. − 1983,(12). − 32 − 36
18533 일식 / 우광훈 // 연변문예. − 1983,(12). − 13 − 19
18534 침몰 / 마초결 // 대중과학. − 1983,(12). − 32 − 33
18535 황홀한 달빛 / 정유의 // 동북민병. − 1983,(12). − 32 − 37
18536 황홀한 바다 / 등강 지음;김응 번역 // 연변문예. − 1983,(12). − 64 − 80
18537 ≪천당≫꿈 / 한백운 // 동북민병. − 1983,(16). − 37 − 42
18538 야밤의 발걸음소리 / 우택생 // 동북민병. − 1983,(24). − 36 − 39
18539 강자 / 안송철 // 연변문예. − 1984,(1). − 20 − 24
18540 곽로인의 걱정 / 리원길 // 장백산. − 1984,(1). − 48 − 53
18541 누나 / 김호근 // 연변문예. − 1984,(1). − 58 − 65
18542 담배 / 박일 // 송화강. − 1984,(1). − 12 − 14
18543 량심의 평행선 / 정기수 // 송화강. − 1984,(1). − 3 − 11
18544 로총각의 벼락잔치 / 김창대 // 도라지. − 1984,(1). − 17 − 21
18545 리서의 계절—가을 / 오초봉 // 청년생활. − 1984,(1). − 39 − 40

18546 마음의 물결 / 리원길 // 연변문예. − 1984,(1). − 40 − 49

18547 먼곳에서 온 귀객 / 남주길 // 장백산. − 1984,(1). − 59 − 65

18548 벌금.안전모.사랑 / 정창호 // 은하수. − 1984,(1). − 31 − 36

18549 변령감의 생일 / 최련학 // 장백산. − 1984,(1). − 43 − 47

18550 보상할수 없는 사랑 / 정천 개편;고연 그림 // 문학과 예술. − 1984,(1). − 48 − 49

18551 비온 뒤 / 웅성 // 연변녀성. − 1984,(1). − 53 − 57

18552 사내대장부의 슬픔 / 리여천 // 장백산. − 1984,(1). − 54 − 58

18553 사랑일곡 / 홍천룡 // 도라지. − 1984,(1). − 40 − 46

18554 아버지와 아들 / 류원무 // 연변문예. − 1984,(1). − 15 − 19

18555 암흑속에 나타난 새별 / 오현규 // 대중과학. − 1984,(1). − 48 − 52

18556 애처로운 얼굴 / 정세봉 // 연변녀성. − 1984,(1). − 20 − 25

18557 야간정찰기 / 김성룡 // 도라지. − 1984,(1). − 56 − 61

18558 어려운 세월에 / 로요 // 장백산. − 1984,(1). − 10 − 42

18559 열과 랭 / 김창석 // 연변문예. − 1984,(1). − 2 − 14

18560 옥심이 / 고신일 // 도라지. − 1984,(1). − 30 − 39

18561 유세차령감 / 박종석 // 송화강. − 1984,(1). − 16 − 20

18562 자희태후무덤도난사건 / 소금성 // 장백산. − 1984,(1). − 162 − 222

18563 재봉침과 서정시집 / 박선석 // 장백산. − 1984,(1). − 66 − 74

18564 재수없이 노는 처녀 / 서신 작;남설우 역 // 연변문예. − 1984,(1). − 66 − 73

18565 정향꽃향기 풍길 때 / 조춘권 // 은하수. − 1984,(1). − 8 − 15

18566 청춘 / 하태렬 // 도라지. − 1984,(1). − 7 − 16

18567 충격 / 정창호 // 도라지. − 1984,(1). − 49 − 55

18568 ≪최아바이≫ / 량명석 // 송화강. − 1984,(1). − 21 − 24

18569 풍아바이 / 전문선 // 연변문예. − 1984,(1). − 37 − 39

18570 풍파 / 리종훈 // 연변문예. − 1984,(1). − 25 − 30

18571 ≪하이네≫와 ≪앵앵≫ / 장혜영 // 청년생활. − 1984,(1). − 25 − 31

18572 행운 / 춘연 // 송화강. − 1984,(1). − 32 − 34

18573 효성 / 소민 // 조선어 학습과 연구. − 1984,(1). − 55 − 57

18574 흰 장미꽃 / 왕해속 // 청년생활. − 1984,(1). − 32 − 38

18575 가을에 떠나간 사람 / 지송년 // 은하수. − 1984,(2). − 71 − 81

18576 강도깨비 / 리광호 // 은하수. − 1984,(2). − 17 − 21

18577 거울 / 경룡상 // 장백산. − 1984,(2). − 79 − 82

18578 검은 십자가 / 장소천 // 은하수. − 1984,(2). − 55 − 60

18579 곽장봉 일화 / 리철룡 // 연변문예. − 1984,(2). − 32 − 39

18580 끝내지 못한 보고서 / 고경림 // 연변문예. − 1984,(2). − 44 − 45

18581 남가태수전 / 리공좌 // 장백산. − 1984,(2). − 123 − 132

18582 남경춘추 / 김학철 // 장백산. − 1984,(2). − 181 − 206

18583 노을 비낀 마음 / 차진찬 // 도라지. − 1984,(2). − 4 − 12

18584 땅의 주인 / 고신일 // 은하수. − 1984,(2). − 5 − 11

18585 똥보 만삭이 / 홍천룡 // 장백산. − 1984,(2). − 70 − 78

18586 라고하의 배사공 / 윤림호 // 연변문예. − 1984,(2). − 2 − 7

18587 렬차안에서 / 최주선 // 연변문예. －1984,(2). －23
18588 마음의 등대 / 순춘 // 청년생활. －1984,(2). －31－37
18589 맏동서 / 최춘자 // 송화강. －1984,(2). －44－48
18590 반월당전기 / 막응풍 // 장백산. －1984,(2). －7－44
18591 사랑의 권리 / 박용일 // 은하수. －1984,(2). －32－34
18592 손바닥자국 / 림원춘 // 연변문예. －1984,(2). －8－16
18593 신년만회 / 소천수 // 도라지. －1984,(2). －51
18594 아,어린애! / 석빈 // 연변녀성. －1984,(2). －24－27
18595 안개 자욱한 밤 / 오평 // 연변녀성. －1984,(2). －20－22
18596 안해 / 조련성 // 연변녀성. －1984,(2). －16－19
18597 안해의 심정 / 최호철 // 연변문예. －1984,(2). －26－31
18598 암흑속에 나타난 새별 / 오현규 // 대중과학. －1984,(2). －40－45
18599 어머니의 의무 / 림원춘 // 도라지. －1984,(2). －22－29
18600 엄마 / 정영석 // 연변문예. －1984,(2). －17－22
18601 여울 / 김광식 // 도라지. －1984,(2). －13－21
18602 영실선생 / 리영우 // 도라지. －1984,(2). －55－56
18603 와룡사람 / 리태근 // 송화강. －1984,(2). －9－17
18604 유정한 세월 / 한원국 // 장백산. －1984,(2). －45－59
18605 인디안과 뮤우즈 / 양걸 // 청년생활. －1984,(2). －38－47
18606 작별 / 지송년 작;금이 역 // 연변문예. －1984,(2). －73－80
18607 ≪작탄≫같은 익명편지 / 한뢰 // 연변녀성. －1984,(2). －34－37
18608 장미꽃 / 김암 // 은하수. －1984,(2－3). －93
18609 주둔춘추 / 김학철 // 송화강. －1984,(2). －32－43
18610 처녀의 눈길 / 리승권 // 송화강. －1984,(2). －27
18611 최씨네 세아들 / 지오 // 송화강. －1984,(2). －2－8
18612 친정길 / 한정길 // 장백산. －1984,(2). －60－69
18613 하늘에 핀 꽃 / 방룡주 // 도라지. －1984,(2). －44－50
18614 호박색우등불 / 우럴투 // 송화강. －1984,(2). －18－26
18615 홍서봉의 어머니 류씨 // 연변녀성. －1984,(2). －32－33
18616 흘러간 달무리 / 리태수 // 도라지. －1984,(2). －36－43
18617 개잡이 / 최학철 // 연변문예. －1984,(3). －21－25
18618 ≪골목영웅≫ / 장혜영 // 장백산. －1984,(3). －120－126
18619 국장딸의 로맨스 / 유재환 // 연변문예. －1984,(3). －45－53
18620 그가 갈데는? / 오홍창 // 연변녀성. －1984,(3). －25－28
18621 그날 밤에 생긴 일 / 손룡호 // 연변문예. －1984,(3). －15－20
18622 기적소리 / 유재환 // 청년생활. －1984,(3). －24－31
18623 길동무 / 전성호 // 연변문예. －1984,(3). －10－14
18624 깨고보니 일장춘몽 / 리수철 // 연변녀성. －1984,(3). －47－49
18625 꿈많은 시절 / 전정환 // 송화강. －1984,(3). －12－20
18626 누굴가 / 최청만 // 연변문예. －1984,(3). －38－39
18627 다리 / 장우 지음;황지영 번역 // 연변문예. －1984,(3). －69－76
18628 때 아닌 고백 / 류원무 // 송화강. －1984,(3).

−2−11
18629 박꽃 / 김훈 // 연변녀성. −1984,(3). −19−24
18630 벽소설 3편 / 허세걸 // 장백산. −1984,(3). −134−138
18631 보리고개 / 림원춘 // 장백산. −1984,(3). −127−133
18632 봉화 / 진세욱 // 도라지. −1984,(3). −62−67
18633 사돈싸움 / 오태호 // 연변문예. −1984,(3). −30−37
18634 사령부에서 울린 총소리 / 담봉지 // 장백산. −1984,(3). −95−106
18635 산들바람 / 허행 // 장백산. −1984,(3). −155−161
18636 서른세번째 자리일가? / 리백견 // 연변녀성. −1984,(3). −10−12
18637 서야할 자리 / 정문석 // 도라지. −1984,(3). −47−51
18638 아두 / 포송령 // 장백산. −1984,(3). −192−197
18639 안해의 꿈 / 막응풍 // 청년생활. −1984,(3). −32−41
18640 앞뒤집사이 / 황병락 // 연변문예. −1984,(3). −2−9
18641 ≪야−아!≫ / 김호 // 연변문예. −1984,(3). −39
18642 약속 / 한정길 // 도라지. −1984,(3). −24−29
18643 웃는 얼굴 / 박선석 // 장백산. −1984,(3). −107−119
18644 ≪외국과장≫ / 정향 // 송화강 . −1984,(3). −24−25
18645 원고료 / 박선석 // 도라지. −1984,(3). −38−46
18646 인생 / 로요 // 장백산. −1984,(3). −4−94
18647 청춘메아리 / 차중남 // 연변문예. −1984,(3). −54−60
18648 할미꽃 피는 고향 / 리태근 // 도라지. −1984,-(3). −6−15
18649 형수 / 리한철 // 송화강. −1984,(3). −31
18650 흉금 / 류재순 // 도라지. −1984,(3). −16−23
18651 환갑전야에 실종된 최령감 / 채지남 // 송화강. −1984,(3). −32−37
18652 가랑비내리는 저녁 / 김일명 // 도라지. −1984,(4). −20−24
18653 간호원 녀전사 / 중숙 // 은하수. −1984,(4−5). −60−66
18654 강건너 땅 / 최호철 // 송화강. −1984,(4). −19−24
18655 결혼례물 / 박일 // 은하수. −1984,(4−5). −20−26
18656 경계 / 장우 // 송화강. −1984,(4). −25−32
18657 교점 / 한명학 // 연변문예. −1984,(4). −2−9
18658 궁전에서 벌어진 혈투 / 왕패금;서부모 // 장백산. −1984,(4). −4−47
18659 그대가 발견한 오동나무잎 / 구학보 // 은하수. −1984,(4−5). −79−80
18660 기러기 / 김영금 // 연변교육. −1984,(4). −61−63
18661 나의 올케 / 허정숙 // 연변녀성. −1984,(4). −16−18
18662 ≪눈≫ / 허봉철 / 청년생활. −1984,(4). −44−49
18663 눈가위에 비낀 사랑 / 림원춘 // 송화강. −1984,(4). −10−18
18664 다시 웃음을 찾아준 사람 / 허영순 // 연변녀성. −1984,(4). −43−45
18665 대표 / 최성학 // 도라지. −1984,(4). −49−55
18666 들꽃 / 리혜선 // 연변녀성. −1984,(4). −23−26
18667 련꽃 / 한기 // 연변녀성. −1984,(4). −54−56
18668 령단묘약 / 리명남 // 연변문예. −1984,(4). −19
18669 리사사외전 / 궐명 // 장백산. −1984,(4). −156−163
18670 미련에 실린 무게 / 강효근 // 도라지. −1984,(4). −4−11
18671 바다의 왕자 / 송정환 // 장백산. −1984,(4). −173−189
18672 배추파는 사나이 / 윤명철 // 연변문예. −1984,(4). −46−51

18673 별들이 반짝인다 / 박창묵 // 연변문예. －1984,(4). －22－27
18674 사고난 뒤 / 윤명철 // 도라지. －1984,(4). －37－43
18675 사냥군의 하루 / 한동춘 // 장백산. －1984,(4). －75－81
18676 사랑의 풍파 / 설림 // 대중과학. －1984,(4). －46－48
18677 새색시의 눈물 / 조금숙 // 도라지. －1984,(4). －12－19
18678 새싹 / 윤림호 // 송화강. －1984,(4). －2－9
18679 생명 / 강효근 // 연변문예. －1984,(4). －28－35
18680 손목시계 / 최창호 // 송화강. －1984,(4). －35
18681 숙원 / 박선석 // 장백산. －1984,(4). －48－60
18682 쑹따쑤 / 김호근 // 은하수. －1984,(4－5). －6－13
18683 아,래일 / 김명옥 // 송화강. －1984,(4). －44－47
18684 아,쑤룬하골짜기의 총소리 / 류조란 작;금이 역 // 연변문예. －1984,(4). －72－80
18685 옹고집전 // 장백산. －1984,(4). －164－172
18686 우정 / 김춘식 // 장백산. －1984,(4). －82－83
18687 이붓아버지 / 사양산 // 연변녀성. －1984,(4). －28－31
18688 장기두는 소리 / 장신민 // 연변문예. －1984,(4). －71
18689 탑거리 / 최간식 // 장백산. －1984,(4). －219－246
18690 홍도리 / 정호안 // 장백산. －1984,(4). －61－74
18691 환한 웃음 / 남세풍 // 장백산. －1984,(4). －84
18692 후풍동 효자 / 차룡순 // 연변문예. －1984,(4). －10－18
18693 휘바람소리 / 최호철 // 은하수. －1984,(4－5). －14－19
18694 결혼가구는 은행에 가서… / 범지방 // 연변녀성. －1984,(5). －31
18695 구두 한짝 / 리홍규 // 연변문예. －1984,(5). －20－25
18696 구름다리 / 김길련 // 송화강. －1984,(5). －19－23
18697 구름송이 / 김재국 // 도라지. －1984,(5). －4－10
18698 귀향 / 지오 // 송화강. －1984,(5). －3－10
18699 그 녀인들의 설음 / 리광수 // 연변문예. －1984,(5). －2－10
18700 그물치는 사람과 낚시질군 / 김하 // 청년생활. －1984,(5). －43－47
18701 눈내리는 새벽길 / 리혜선 // 연변문예. －1984,(5). －12－19
18702 뉴스시간 / 박용일 // 연변문예. －1984,(5). －26－31
18703 두번째 부탁 / 최계자 // 도라지. －1984,(5). －27－33
18704 라체모델 / 리철룡 // 도라지. －1984,(5). －21－26
18705 리부산 고개 넘어 / 임국현 // 송화강. －1984,(5). －11－18
18706 사무인계 / 최간식 // 연변문예. －1984,(5). －32－39
18707 손거울 / 애청 // 연변녀성. －1984,(5). －49－52
18708 아버지의 사랑 / 소곡이 // 도라지. －1984,(5). －11－16
18709 어머니의 사랑과 자식의 정 / 촉녀 // 연변녀성. －1984,(5). －11
18710 엇비슷한 두 총각 / 류지춘 // 연변녀성. －1984,(5). －56－61
18711 자전거를 잃어버린 사람 / 김창석 // 청년생활. －1984,(5). －39－42
18712 졸업배치 / 윤정삼 // 도라지. －1984,(5). －66－67
18713 짧은 소설 3편 / 허봉 // 연변문예. －1984,(5). －60－61
18714 한 녀학생의 참회 / 김기련 // 송화강. －1984,(5). －24－30
18715 도수가 모자라지요? / 허영산 // 연변문예. －1984,(6). －51

18716 떠도는 구름 / 정문석 // 도라지. – 1984,(6). – 66 – 67
18717 락엽 / 리학신 // 연변녀성. – 1984,(6). – 46 – 47
18718 렬차에서 만난 녀인 / 고신일 // 송화강. – 1984,(6). – 10 – 15
18719 못 갈 집 / 김경애 // 도라지. – 1984,(6). – 62 – 65
18720 못 갈 집 / 리화금 // 도라지. – 1984,(6). – 58 – 61
18721 무덤에서 돌아온 새색시 / 포영주 // 연변녀성. – 1984,(6). – 41 – 44
18722 백성의 마음 / 리원길 // 도라지. – 1984,(6). – 53 – 56
18723 사촌자매간의 대화 / 리태수 // 도라지. – 1984,(6). – 33 – 40
18724 산촌지기 / 섭흠삼 // 도라지. – 1984,(6). – 68 – 71
18725 세월과 함께 / 황하성 // 도라지. – 1984,(6). – 51 – 53
18726 송화호의 푸른 물 / 류재순 // 도라지. – 1984,(6). – 4 – 14
18727 쌍도끼 / 김영선 // 연변문예. – 1984,(6). – 30 – 38
18728 아,삿갓봉 / 장금선 // 송화강. – 1984,(6). – 16 – 22
18729 아주머니 / 금연경 // 연변녀성. – 1984,(6). – 15 – 19
18730 언니,인젠 눈을 감으세요! / 왕서조 // 연변녀성. – 1984,(6). – 8 – 12
18731 오늘도 또 토요일 / 구요 // 은하수. – 1984,(6). – 61
18732 오이꽃 / 류원무 // 도라지. – 1984,(6). – 24 – 32
18733 자책 / 차준남 // 은하수. – 1984,(6). – 24 – 29
18734 전야에 울리는 노래 / 윤희언 // 연변문예. – 1984,(6). – 21 – 29
18735 첫 인상 / 리화숙 // 송화강. – 1984,(6). – 23 – 28
18736 탈출 / 고철 // 연변문예. – 1984,(6). – 46 – 51
18737 특수한 ≪전투≫ // 대중과학. – 1984,(6). – 46 – 47
18738 풍격 / 강효근 // 은하수. – 1984,(6). – 20 – 23
18739 풍년에 만난 두 녀인 / 김철호 // 연변문예. – 1984,(6). – 16 – 20
18740 하늘에 부쳐보낸 편지 / 정세봉 // 연변문예. – 1984,(6). – 44 – 45
18741 해와 달 / 김훈 // 연변문예. – 1984,(6). – 8 – 15
18742 형제간의 송사 / 희가;달군 // 연변녀성. – 1984,(6). – 61
18743 형제의 정분 / 신거 // 연변녀성. – 1984,(6). – 6 – 7
18744 호박꽃 / 촌민 // 은하수. – 1984,(6). – 9 – 17
18745 회답편지 / 김은철 // 송화강. – 1984,(6). – 2 – 10
18746 궐련의 급별 / 안기춘 // 은하수. – 1984,(7). – 25
18747 꿈에 본 얼굴 / 김순기 // 연변문예. – 1984,(7). – 2 – 29
18748 보응 / 김관웅 // 연변문예. – 1984,(7). – 53 – 64
18749 부조문제 / 서광억 // 은하수. – 1984,(7). – 5 – 12
18750 비오던 날 / 박진만 // 은하수. – 1984,(7). – 20 – 25
18751 빨간 머리수건 / 윤정철 // 연변문예. – 1984,(7). – 42 – 43
18752 숙이 / 김재국 // 연변문예. – 1984,(7). – 36 – 42
18753 장려금 백원 / 하태렬 // 연변문예. – 1984,(7). – 65 – 71
18754 꽃속에 묻힌 사랑 / 강효근 // 연변문예. – 1984,(8). – 21 – 29
18755 머나먼 나의 청평만 / 사철생;석심 역 // 연변문예. – 1984,(8). – 59 – 67
18756 머루따러 갔다가 헛물켠 박령감 / 최장춘 // 대중과학. – 1984,(8). – 26
18757 보이지 않는 상처 / 리수길 // 은하수. – 1984,

(8).－11－18

18758 약속동 기문 / 한원국 // 연변문예.－1984,(8).－32－39

18759 잘난 사람과 못난 사람 / 권중철 // 연변문예.－1984,(8).－40－46

18760 잘못 걸였어 / [향항]류이창;성영 역 // 연변문예.－1984,(8).－73－74

18761 전등불과 전등불그림자 / 종위희 // 은하수.－1984,(8).－26－29

18762 처갓집 / 박선석 // 연변문예.－1984,(8).－11－20

18763 특수한 ≪전투≫ / 진연 // 대중과학.－1984,(8).－46－49

18764 평안한 밤 / 도연;성희 역 // 연변문예.－1984,(8).－68－72

18765 혼인소개소에서 / 주순 편역 // 은하수.－1984,(8).－7－8

18766 머저리 봉구 / 김동운 / 연변문예.－1984,(9).－22－28

18767 박금태와 그의 막내딸 / 고신일 // 연변문예.－1984,(9).－2－10

18768 신록이 짙어 갈 때 / 홍성표 // 연변문예.－1984,(9).－30－36

18769 옷공장에 온 대학생 / 진충;홍천 역 // 연변문예.－1984,(9).－64－76

18770 일곱번째 단풍잎 / 엽남;성영 역 // 연변문예.－1984,(9).－56－61

18771 ≪장하섭대로≫조사실록 / 남주길 // 은하수.－1984,(9).－8－17

18772 족제비 사냥 / 류연산 // 연변문예.－1984,(9).－10－18

18773 청춘멜로디 / 량천복 // 연변문예.－1984,(9).－22－29

18774 허름한 중산복을 입은 사람 / 김송죽 // 연변교육.－1984,(9).－62－63

18775 끝나지 않은 이야기 / 류원무 // 은하수.－1984,(10).－29－34

18776 누님 / 장평 // 은하수.－1984,(10).－17－25

18777 모젤총 / 리국문;황지영 역 // 연변문예.－1984,(10).－33－37

18778 바라는 마음 / 신동륙 // 연변문예.－1984,(10).－10－15

18779 성별안건 / 호연청 // 대중과학.－1984,(10).－44－47

18780 아,꿀샘 / 류원무 // 연변문예.－1984,(10).－2－9

18781 어머니,어디에 계시나요? / 고원 // 연변문예.－1984,(10).－40－48

18782 열세번째 준칙 / 당진;석심 역 // 연변문예.－1984,(10).－65－70

18783 재난과 성공 / 장조영 // 대중과학.－1984,(10).－42－43

18784 참대곰 <감감>이 피살된 후 / 손재청 // 대중과학.－1984,(10).－32－33

18785 총무대리 / 김철부 // 연변문애.－1984,(10).－16－22

18786 태항산 감나무아래서 / 김순기 // 은하수.－1984,(10).－7－14

18787 퇴근길 / 리근영 // 연변문예.－1984,(10).－63

18788 푸른 들 저 끝에 / 김문학 // 연변문예.－1984,(10).－15

18789 농민사위 / 리광수 // 연변문예.－1984,(11).－2－12

18790 다듬이질하는 녀인 / 리화성 // 연변문예.－1984,(11).－64－74

18791 다시 뜬 연 / 엽영렬 // 대중과학.－1984,(11).－43－47

18792 바나나 / 모병보 // 연변문예.－1984,(11).－61－62

18793 보람없는 지성 / 교검 // 연변문예.－1984,(11).－62－63

18794 사구려소리 / 리종복 // 연변문예.－1984,(11).－43

18795 삶의 여운 / 림원춘 // 연변문예.－1984,(11).－13－18

18796 색동단 / 김경련 // 연변문예.－1984,(11).－

21 − 26

18797 안해 / 리동렬 // 은하수. − 1984,(11 − 12). − 7 − 13

18798 어제와 오늘 / 풍기재 // 은하수. − 1984,(11 − 12). − 21 − 28

18799 찌르레기야,찌르레기야 / 장춘식 // 연변문예. − 1984,(11). − 27 − 34

18800 총구멍 / 서광흥 // 연변문예. − 1984,(11). − 61

18801 곬 / 룡문란 // 연변문예. − 1984,(12). − 67 − 68

18802 달빛 푸른 강변길 / 리웅 // 연변문예. − 1984,(12). − 2 − 11

18803 동행 / 가진 // 연변문예. − 1984,(12). − 20 − 25

18804 명차 / 류학림 // 연변문예. − 1984,(12). − 69 − 72

18805 밤낚사터 / 차경순 // 연변문예. − 1984,(12). − 29 − 35

18806 사후결정 / 백수강 // 연변문예. − 1984,(12). − 68

18807 생명의 승화 / 김훈 // 연변문예. − 1984,(12). − 12 − 19

18808 세대교향곡 / 전성호 // 연변문예. − 1984,(12). − 61 − 66

18809 신비한 생일례물 / 김명철 // 연변문예. − 1984,(12). − 36 − 42

18810 자존심 / 김례호 // 연변교육. − 1984,(12). − 61 − 63

18811 ≪호랑이≫가 돌아간 뒤 / 리부전 // 연변문예. − 1984,(12). − 67

18812 두 살인악마의 끝장 / 리핑림 // 동북민병. − 1984(13). − 44 − 48

18813 바람 / 손계무 // 동북민병. − 1984(13). − 36 − 38

18814 채중소가 민둥산을 다스리다 / 진림 등 // 동북민병. − 1984,(13). − 34 − 35

18815 이준이 귀신놀음을 발가놓다 / 곽숙청 등 // 동북민병. − 1984,(14). − 30 − 32

18816 뚱보부장이 소개한 배우자 / 잭은맹 // 동북민병. − 1984,(15). − 32 − 38

18817 반시간의 전투 / 양경삼 등 // 동북민병. − 1984,(15). − 30 − 31

18818 도적맞혀도 무방하다 / 백록;위군 // 동북민병. − 1984,(17). − 25

18819 뽐내는자의 깊은 생각 / 구용의;루육업 // 동북민병. − 1984,(17). − 25

18820 ≪묘약≫ / 주국신 // 동북민병. − 1984,(18). − 21

18821 정귀걸 난관을 돌파 / 서경화;대평 // 동북민병. − 1984,(21). − 38

18822 담배와 차물로 이야기를 바꾸다 / 방춘녕 // 동북민병. − 1984,(24). − 27

18823 강산령의 총소리 / 포성 // 장백산. − 1985,(1). − 113

18824 고리백정의 사위 / 김용식 // 장백산. − 1985,(1). − 4 − 34

18825 고향의 백양나무 / 구용기 // 은하수. − 1985,(1). − 25 − 30

18826 과부집 문앞 / 오문창;포조친 // 연변녀성. − 1985,(1). − 72 − 76

18827 그 처녀의 죽음 / 한성수 // 대중과학. − 1985,(1). − 36 − 39

18828 ≪금강석≫표 시계로 일어난 풍파 / 진모제;도의홍 // 연변녀성. − 1985,(1). − 16 − 18

18829 꿈속에 꿈이 있다 / 림원춘 // 도라지. − 1985,(1). − 2 − 11

18830 단풍잎 / 리승권 // 송화강. − 1985,(1). − 11 − 13

18831 대문방울 / 륙문부 // 도라지. − 1985,(1). − 69 − 75

18832 동방녀성 / 항응 // 연변녀성. − 1985,(1). − 46 − 54

18833 두 이모 / 김종선 // 장백산. − 1985,(1). − 45 − 52

18834 둘째며느리 / 윤희언 // 연변녀성. − 1985,(1). − 25 − 31

18835 리혼할번한 부부 / 리복 // 연변녀성. − 1985,(1). − 22 − 24

18836 모험세계 / 김학철 // 은하수. − 1985,(1). − 4

－10
18837 바다밑은 땅 / 류아주 // 천지.－1985,(1).－80－85
18838 봉투속에 실려간 사람 / 고신일 // 도라지.－1985,(1).－34－44
18839 붉은 천쪼각 / 한정길 // 도라지.－1985,(1).－49－56
18840 사랑의 메아리 / 최원련 // 송화강.－1985,(1).－2－10
18841 사랑은 그 총각의 상처를 아물궈 주었다 / 기민;림평 // 연변녀성.－1985,(1).－58－60
18842 삼술령감(수업반작품) / 한동춘 // 장백산.－1985,(1).－64－69
18843 숫눈길 / 홍천룡 // 송화강.－1985,(1).－15－20
18844 쉬,창문을 열지 마시오 / 하자장 // 문학과 예술.－1985,(1).－72－76
18845 시골마음 / 림원춘 // 천지.－1985,(1).－8－13
18846 신 / 진계중 // 지부생활.－1985,(1).－58－64
18847 아버지의 참회 / 김금 // 장백산.－1985,(1).－53－63
18848 아이띠의 ≪유령≫ / 한천 // 연변녀성.－1985,(1).－34－35
18849 육친의 정 / 김을석 // 천지.－1985,(1).－50－55
18850 첫사람 / 리홍규 // 천지.－1985,(1).－14－21
18851 촌혼 / 교전운 // 은하수.－1985,(1).－12－20
18852 침중기 / (당)심기재 // 장백산.－1985,(1).－144－147
18853 큰길에 오르다 / 파파 // 송화강.－1985,(1).－21－28
18854 품 / 강효근 // 천지.－1985,(1).－24－32
18855 피고진 노랑꽃 / 리혜선 // 천지.－1985,(1).－33－40
18856 하루밤 / 김무금 // 연변녀성.－1985,(1).－3－7
18857 흘러간 이야기 / 리만호 // 도라지.－1985,(1).－20－29
18858 흠 / 황성귀 // 송화강.－1985,(1).－45
18859 가장 친근한 고객 // 문학과 예술.－1985,(2).－34－37
18860 각성 / 모지성;한석윤 역 // 문학과 예술.－1985,(2).－48－49
18861 계장 / 왕윤자 // 연변녀성.－1985,(2).－16－20
18862 고령감의 희비극 / 허창식 // 송화강.－1985,(2).－2－6
18863 궁태의 속궁리 / 리무관 // 은하수.－1985,(2).－23－26
18864 그는 끝내 각성하였다 / 서지홍 // 문학과 예술.－1985,(2).－49－50
18865 그때 저는 왜 그렇게도 얼떨떨했을가요? / 정수진 // 송화강.－1985,(2).－30－37
18866 대학생아주머니 / 최춘자 // 송화강.－1985,(2).－8－13
18867 데릴사위 / 김창석;최옥선 // 연변녀성.－1985,(2).－66－68
18868 마을의 넋 / 교전운 // 천지.－1985,(2).－70－79
18869 ≪막걸리부대≫와 ≪코신부대≫ / 장혜영 // 장백산.－1985,(2).－57－68
18870 밤하늘을 찢는 폭음 / 정연 // 연변녀성.－1985,(2).－33－36
18871 배구장에서 주은 스케치 / 지하윤 // 장백산.－1985,(2).－69－72
18872 불청객 / 최현 // 천지.－1985,(2).－43－50
18873 뾜스까에서 일어났던 한차례의 재난 / 정문헌;송비 등 // 대중과학.－1985,(2).－32－33
18874 수심에 잠긴 새각시 / 정문 // 연변녀성.－1985,(2).－58－60
18875 아 사랑이란 / 강효근 // 도라지.－1985,(2).－19－26
18876 아버지의 혼례 / 효안 // 연변녀성.－1985,(2).－12－13
18877 안경에 깃든 이야기 / 홍성표 // 송화강.－1985,(2).－14－16
18878 안해 / 류원무 // 도라지.－1985,(2).－2－11
18879 안해의 갸륵한 마음 / 강장희 // 연변녀성.

－1985,(2).－7－11

18880 애야 밝게 웃어라 / 하태렬 // 도라지.－1985,(2).－31－37

18881 오늘밤의 달은 밝구나 / 정아호 // 연변교육.－1985,(2).－61－63

18882 우리 집 / 박춘권 // 청년생활.－1985,(2).－42－43

18883 이름모를 총각 / 김철수 // 송화강.－1985,(2).－21－25

18884 인심 / 김운룡 // 장백산.－1985,(2).－37－48

18885 잊을수없는 한시간 / 리화숙 // 도라지.－1985,(2).－47－52

18886 조선어선생 / 박선석 // 조선어 학습과 연구.－1985,(2).－56－61

18887 중매쟁이와 그의 딸 / 김남현 // 장백산.－1985,(2).－49－56

18888 쫄쫄이령감 / 리화숙 // 송화강.－1985,(2).－17－20

18889 추억의 가치 / 우광훈 // 천지.－1985,(2).－35－42

18890 친구의 위치 / 리철룡 // 도라지.－1985,(2).－38－46

18891 한 녀인의 운명 / 윤희언 // 천지.－1985,(2).－21－31

18892 허도거리와 안도거리 / 류원무 // 천지.－1985,(2).－10－20

18893 갑십년의 홰불 / 송정환 // 장백산.－1985,(3).－121－133

18894 고요한 밀림 / 남주길 // 도라지.－1985,(3).－2－9

18895 골목길 / 조금숙 // 도라지.－1985,(3).－37－43

18896 골방사랑은 싫어요 / 현정옥 // 도라지.－1985,(3).－44－48

18897 그녀와 78명의 도적놈 / 번평 // 연변녀성.－1985,(3).－46－49.39

18898 김주임의 음식타발 / 김윤범 // 송화강.－1985,(3).－43

18899 달빛에 보아둔 몰골 / 김일금 // 연변녀성.－1985,(3).－68－69

18900 동방녀성 / 항응 // 연변녀성.－1985,(3).－74－80

18901 돌틈에 피는 꽃 / 최금산 // 장백산.－1985,(3).－4－50

18902 마음속의 녀인 / 방룡주 // 천지.－1985,(3).－4－11

18903 밤안개 흐르는 산발 / 리선근 // 송화강.－1985,(3).－29－36

18904 108호 병실 / 김을석 // 은하수.－1985,(3).－14－20

18905 벽계수 / 김근총 // 도라지.－1985,(3).－10－20

18906 벽소설 2편 / 안기춘 // 송화강.－1985,(3).－42－43

18907 복희의 가책 / 최계자 // 장백산.－1985,(3).－66－73

18908 사라져가는 그녀의 모습 / 김재국 // 도라지.－1985,(3).－25－33

18909 사랑의 여운 / 두정숙 // 천지.－1985,(3).－25－31

18910 세대주네 패거리 / 황송림 // 장백산.－1985,(3).－138－147

18911 세월의 매듭 / 리선희 // 천지.－1985,(3).－12－16

18912 시집살이 / 박선석 // 장백산.－1985,(3).－53－65

18913 시집살이 / 허정숙 // 도라지.－1985,(3).－49－50

18914 심술궂은 사나이 / 김은철 // 송화강.－1985,(3).－11－18

18915 아늑한 두간 방 / 김창석 // 연변녀성.－1985,(3).－34－39

18916 아침운동 / 림순 // 은하수.－1985,(3).－21－24

18917 안해와 ≪비너스≫ / 서청원 // 연변녀성.－1985,(3).－18－19

18918 저녁노을 / 주극근 // 송화강.－1985,(3).－19－28

18919 지금의 며늘년들은… / 지오 // 송화강.－1985,(3).－39－41
18920 참회 / 석경린 // 은하수.－1985,(3).－5－12
18921 첨국 / 하태렬 // 송화강.－1985,(3).－2－10
18922 청춘의 돛배 / 함명순 // 천지.－1985,(3).－46－52
18923 한병의 꿀 / 진국량 // 연변녀성.－1985,(3).－67
18924 호박꽃이 필 때 / 최현숙 // 천지.－1985,(3).－17－24
18925 희망의 선율 / 류서연 // 천지.－1985,(3).－40－45
18926 구름속의 둥근 달 / 리무환 // 송화강.－1985,(4).－21－25
18927 그늘 비낀 얼굴 / 최홍일 // 도라지.－1985,(4).－2－12
18928 그이와 나 / 리영자 // 연변녀성.－1985,(4).－62－64
18929 낯선 로인의 눈물 / 가진 // 천지.－1985,(4).－18－24
18930 누른 연기 / 정만룡 // 송화강.－1985,(4).－26－
18931 담요려행기 / 김광식 // 도라지.－1985,(4).－56－57
18932 당비 / 김창대 // 도라지.－1985,(4).－58－60
18933 동집게 / 문창남 // 천지.－1985,(4).－41－42
18934 떡타령 / 리룡칠 // 천지.－1985,(4).－58－64
18935 례물 / 최간식 // 장백산.－1985,(4).－51－61
18936 마지막 운전 / 장혜영 // 송화강.－1985,(4).－14－20
18937 버림받은 과거 / 림원춘 // 청년생활.－1985,(4).－31－35
18938 보복행동 / 최학철 // 천지.－1985,(4).－25－29
18939 복수자의 눈물 / 사영천 // 연변녀성.－1985,(4).－16－19
18940 사랑의 오솔길 / 리웅 // 도라지.－1985,(4).－34－44
18941 산골할머니 / 박선석 // 장백산.－1985,(4).－38－50
18942 살모사와의 ≪생사박투≫ // 대중과학.－1985,(4).－28－30
18943 소에 관한 이야기 / 조안괴 // 동북민병.－1985,(4).－31－34
18944 숨겨둔 마음 / 리철룡 // 은하수.－1985,(4).－3－8
18945 숨쉬는 거리 / 김순기 // 천지.－1985,(4).－13－17
18946 숨쉬는 거리 / 김훈 // 천지.－1985,(4).－12－13
18947 심산속의 주막집 / 효검 // 장백산.－1985,(4).－62－73
18948 쌍둥이자매 / 김은철 // 은하수.－1985,(4).－45－50
18949 아,길,그녀가 갈 길은 어디… / 윤철주 // 송화강.－1985,(4).－2－13
18950 여생의 반디불 / 림원춘 // 천지.－1985,(4).－4－11
18951 영영 잃고만 사랑 / 양홍조 // 연변녀성.－1985,(4).－49－52
18952 유혹의 세계 / 한생 // 장백산.－1985,(4).－4－37
18953 이름모를 그 녀인 / 말남 // 연변녀성.－1985,(4).－3－8
18954 정조 / 민봉 // 연변녀성.－1985,(4).－22－26
18955 천지꽃 / 윤림호 // 도라지.－1985,(4).－23－29
18956 치부교향곡 / 리빈우 // 동북민병.－1985,(4).－35－37
18957 피는 꽃 지는 꽃 / 태휘 // 은하수.－1985,(4).－17－21
18958 하지 못한 충고 / 황병락 // 천지.－1985,(4).－50－57
18959 흰돛 / 김창석 // 도라지.－1985,(4).－13－22
18960 가짜와 진짜 / 김지성 // 은하수.－1985,(5).－16－19
18961 검은 안경을 건 처녀 / 권중철 // 은하수.－1985,(5).－20－21

18962 결코 인정만이 아니였다 / 김이금 // 연변녀성. – 1985,(5). – 10 – 13
18963 그 처녀가 알았을 때는 / 전봉수 // 천지. – 1985,(5). – 42
18964 급히 밟은 제동기 / 김순기 // 도라지. – 1985,(5). – 10 – 16
18965 깨여진 꿈 / 서정호 // 천지. – 1985,(5). – 15 – 22
18966 나의 시어머니 / 허영순 // 연변녀성. – 1985,(5). – 56 – 58
18967 다시 찾은 영웅전기 / 리혜남 // 송화강. – 1985,(5). – 20 – 28
18968 도화만의 녀인들 / 영천 // 장백산. – 1985,(5). – 4 – 64
18969 돌이킬수 없는 실수 / 상소화 // 연변녀성. – 1985,(5). – 14 – 15
18970 두 친구 / 권중철 // 천지. – 1985,(5). – 44 – 45
18971 명중 / 손림석 // 천지. – 1985,(5). – 44
18972 문학도 / 김학철 // 도라지. – 1985,(5). – 2 – 9
18973 박산난 비너스상 / 문고;김함 // 연변녀성. – 1985,(5). – 30 – 32
18974 방비할 틈을 주지 않고 벼락치듯 치다 / 신군 // 동북민병. – 1985,(5 – 6). – 56 – 57
18975 버들잎 떨어질 때 / 룡신화 // 은하수. – 1985,(5). – 51 – 55
18976 비뚤이령감 / 김성룡 // 장백산. – 1985,(5). – 79 – 89
18977 빵떡 두 개 / 리청송 // 천지. – 1985,(5). – 43
18978 사랑에 눈이 어두워 // 연변녀성. – 1985,(5). – 64 – 67
18979 사랑의 상처 / 강진 // 은하수. – 1985,(5). – 30 – 33
18980 사직신청서 / 리태근 // 송화강. – 1985,(5). – 13 – 20
18981 서기의 두차례 부결 / 장석만 // 도라지. – 1985,(5). – 39
18982 세월은 넘어 / 김종운 // 도라지. – 1985,(5). – 27 – 38
18983 셋째 며느리 / 류원무 // 연변녀성. – 1985,(5). – 33 – 38
18984 소생 / 정정 // 연변녀성. – 1985,(5). – 52 – 54
18985 숨쉬는 거리 / 남주길 // 천지. – 1985,(5). – 26 – 28
18986 숨쉬는 거리 / 리광수 // 천지. – 1985,(5). – 29 – 31
18987 아버지와 아들 / 김종운 // 송화강. – 1985,(5). – 29 – 36
18988 암산대왕의 무예겨름 / 김명철 // 천지. – 1985,(5). – 46
18989 앗 / 방임 // 천지. – 1985,(5). – 45 – 46
18990 어, 인정 / 한동춘 // 장백산. – 1985,(5). – 65 – 78
18991 어머니 사색 / 리춘화 // 천지. – 1985,(5). – 32 – 38
18992 여섯번째 대면 / 김호 // 천지. – 1985,(5). – 4 – 8
18993 옛정을 끊은 이야기 / 길전인 // 연변녀성. – 1985,(5). – 24 – 27
18994 오, 망아지 / 추지안 // 송화강. – 1985,(5). – 37 – 45
18995 오토바이는 달린다 / 강승일 // 장백산. – 1985,(5). – 90 – 97
18996 웃는 볼우물 / 조화 // 천지. – 1985,(5). – 39 – 41
18997 《졸장군》을 친 둘째 / 김일 // 천지. – 1985,(5). – 9 – 14
18998 충실한 비서 / 방비 // 대중과학. – 1985,(5). – 44 – 47
18999 투전놀음 / 허봉철 // 장백산. – 1985,(5). – 98 – 99
19000 황혼 / 윤광수 // 도라지. – 1985,(5). – 17 – 20
19001 회포 / 애태 // 연변녀성. – 1985,(5). – 48 – 50
19002 고뇌 / 리만호 // 천지. – 1985,(6). – 6 – 14
19003 국제녀간첩 / 풍육걸 // 천지. – 1985,(6). – 90 – 96
19004 길섶의 들국화 / 윤림호 // 도라지. – 1985,(6).

−2−10
19005 길 외낀 ≪안내황후≫ / 초지강 // 연변녀성. − 1985,(6). − 52 − 54
19006 꽃밭속에 묻힌 함정 / 조만렬 // 장백산. − 1985,(6). − 67 − 76
19007 꽃파는 처녀와 꽃사는 총각 / 김암 // 송화강. − 1985,(6). − 34 − 35
19008 나한테 홀딱 반했지(외1편) / 박일 // 송화강. − 1985,(6). − 38 − 40
19009 녀인 하나에 사내 둘 / 막응풍 // 장백산. − 1985,(6). − 77 − 95
19010 당신은 왜 못하는가 / 최복순 // 대중과학. − 1985,(6). − 42 − 43
19011 두 세대의 충성 / 임국현 // 송화강. − 1985,(6). − 17 − 22
19012 뒤모습 / 허봉남 // 도라지. − 1985,(6). − 30 − 35
19013 모델 / 조위철 // 청년생활. − 1985,(6). − 35 − 38
19014 밤소나기 / 리여천 // 도라지. − 1985,(6). − 36 − 45
19015 ≪뻐꾸기≫ / 황길환 // 천지. − 1985,(6). − 22 − 23
19016 사랑은 하나 / 김재국 // 천지. − 1985,(6). − 34 − 41
19017 사랑의 ≪배신자≫ / 전인길 // 청년생활. − 1985,(6). − 22 − 23
19018 새벽안개 // 문학과 예술. − 1985,(6). − 54 − 55
19019 선거표 두장 / 교전운 작;김국 역 // 도라지. − 1985,(6). − 69 − 78
19020 소의 유언 / 윤림호 // 송화강. − 1985,(6). − 10 − 16
19021 송아지 / 최원련 // 연변녀성. − 1985,(6). − 55 − 59
19022 숨쉬는 거리 / 리근전 // 천지. − 1985,(6). − 46 − 49
19023 숨쉬는 거리 / 리원길 // 천지. − 1985,(6). − 42 − 45
19024 심령의 여울소리 / 구용기 // 송화강. − 1985,(6). − 30 − 33
19025 안돼요,지금은 안돼요… / 길전인 // 연변녀성. − 1985,(6). − 33 − 35
19026 어둠의 장막뒤에서 벌어진 흥정 / 단심강 // 연변녀성. − 1985,(6). − 40 − 45
19027 우리 집 / 리종수 // 연변녀성. − 1985,(6). − 60 − 61
19028 울퉁불퉁한 길 / 지원순 // 도라지. − 1985,(6). − 19 − 26
19029 인간세태 / 고신일 // 장백산. − 1985,(6). − 10 − 40
19030 인재 / 이시저닌 // 문학과 예술. − 1985,(6). − 81
19031 일등처녀의 죽음 / 정창호 // 장백산. − 1985,(6). − 52 − 66
19032 장가갈 나이:우리 일대 / 박길춘 // 송화강. − 1985,(6). − 3 − 9
19033 장례날의 웃음소리 / 차수남 // 은하수. − 1985,(6). − 28 − 34
19034 ≪장애진 살인사건≫의 자초지종 / 령상 // 연변녀성. − 1985,(6). − 3 − 9
19035 주인 략전 / 안기춘 // 송화강. − 1985,(6). − 23 − 29
19036 채권 / 임국현 // 천지. − 1985,(6). − 15 − 21
19037 통쾌한 웃음 / 김은철 // 송화강. − 1985,(6). − 41 − 42
19038 푸른숲 / 전춘봉 // 도라지. − 1985,(6). − 63 − 68
19039 한 발명가와 그의 안해 // 대중과학. − 1985,(6). − 38 − 39
19040 한 소녀의 이야기 / 류재순 // 도라지. − 1985,(6). − 11 − 18
19041 호랑이처녀 / 김동규 // 은하수. − 1985,(6). − 7 − 12
19042 황금세계 / 김운룡 // 장백산. − 1985,(6). − 41 − 51
19043 기생 / 동단 // 천지. − 1985,(7). − 75 − 76
19044 누가 이겼을가? / 김명철 // 천지. − 1985,(7). − 21 − 24

19045 밤소나기 / 김양금 // 천지. − 1985,(7). − 36 − 42
19046 사나이 / 학위 // 은하수. − 1985,(7). − 23
19047 사랑에 대한 토막이야기 / 하보국 // 은하수. − 1985,(7). − 57 − 58
19048 선인장 / 도남 // 지부생활. − 1985,(7). − 59
19049 숨쉬는 거리 / 류원무 // 천지. − 1985,(7). − 30 − 32
19050 숨쉬는 거리 / 정세봉 // 천지. − 1985,(7). − 33 − 36
19051 아,미옥이 / 허룡석 // 은하수. − 1985,(7). − 19 − 21
19052 아,시끄러워 / 김순기 // 은하수. − 1985,(7). − 7 − 14
19053 양수복과 장봉 / 리홍규 // 천지. − 1985,(7). − 26 − 29
19054 재더미에서 발견된 시체 / 동중령 // 대중과학. − 1985,(7). − 44 − 46
19055 한 당원의 자살 / 리원길 // 천지. − 1985,(7). − 6 − 20
19056 고독한 황혼 / 허봉남 // 천지. − 1985,(8). − 8 − 1
19057 고방문이 열렸다 / 윤철주 // 천지. − 1985,(8). − 43 − 47
19058 고사리 / 최홍인 // 은하수. − 1985,(8). − 16 − 23
19059 국제녀간첩 / 풍육걸 // 천지. − 1985,(8). − 68 − 73
19060 그 처녀에게 씌여진 올가마 // 은하수. − 1985,(8). − 34 − 35
19061 미화의 설음 / 리혜남 // 천지. − 1985,(8). − 3 − 7
19062 봄비 / 정기수 // 은하수. − 1985,(8). − 4 − 12
19063 살인사건을 보고한 원숭이 // 대중과학. − 1985,(8). − 17
19064 숨쉬는 거리 / 리홍규 // 천지. − 1985,(8). − 20 − 24
19065 숨쉬는 거리 / 림원춘 // 천지. − 1985,(8). − 16 − 20
19066 시골에 둔 마음 / 전채옥 // 천지. − 1985,(8). − 48 − 53
19067 퇴당 / 림병곤 // 지부생활. − 1985,(8). − 58 − 62
19068 ≪프린셈단≫호의 침몰:항해력사상 전례없는 해난구원 // 대중과학. − 1985,(8). − 37 − 38
19069 다시 맺어진 우정 / 리혜남 // 은하수. − 1985,(9). − 21 − 26
19070 마른 풀 / 송학무 // 천지. − 1985,(9). − 67 − 74
19071 산간의 종소리 / 최호철 // 은하수. − 1985,(9). − 4 − 9
19072 새로운 길 / 리광수 // 천지. − 1985,(9). − 3 − 17
19073 어머니의 비밀 / 김훈 // 은하수. − 1985,(9). − 14 − 19
19074 505호실에서 생긴 사건 // 대중과학. − 1985,(9). − 38 − 41
19075 짓밟힌 정조 / 김학철 // 천지. − 1985,(9). − 22 − 32
19076 창작비결 / 박병권 // 은하수. − 1985,(9). − 10
19077 초행길 / 김해연 // 천지. − 1985,(9). − 33 − 38
19078 겨울의 화제 / 왕몽 // 천지. − 1985,(10). − 4 − 14
19079 고찰 / 석봉 // 지부생활. − 1985,(10). − 59 − 60
19080 리일지가 사직하고 고향으로 돌아간 이야기 / 마유여 // 지부생활. − 1985,(10). − 58
19081 비오는 밤거리 / 리만호 // 은하수. − 1985,(10). − 4 − 13
19082 석준의 눈물 / 하태렬 // 천지. − 1985,(10). − 58 − 62
19083 시대의 행운아 / 강효근 // 천지. − 1985,(10). − 15 − 28
19084 아버지의 사랑 / 장안민 // 지부생활. − 1985,(10). − 61 −
19085 야밤을 태운 새별 / 곽철룡 // 천지. − 1985,(10). − 64 − 72
19086 운명의 발자취 / 리만호 // 천지. − 1985,(10). − 39 − 47
19087 주은것과 잃은것 / 사엽신 // 은하수. − 1985,(10). − 18 − 20

19088 푸른 얼굴 / 리철룡 // 천지. －1985,(10). －51 －57
19089 헌 트렁크 / 석신 // 은하수. －1985,(10). －39 －44
19090 두번째 안해 / 윤정철 // 천지. －1985,(11). －56－61
19091 마음의 색깔 / 김훈 // 천지. －1985,(11). －3 －11
19092 반디불 / 리화숙 // 천지. －1985,(11). －50－55
19093 북대황에서의 뜻밖의 상봉 / 진민범 // 은하수. －1985,(11). －39－41
19094 빨간 ≪흑점≫ / 고신일 // 은하수. －1985,(11). －3－10
19095 사라진 인정 / 김충실 // 은하수. －1985,(11). －13－17
19096 십자가를 짓부신 사람 / 김극민 // 천지. －1985,(11). －22－31
19097 아, 선생님! / 황정자 // 연변교육. －1985,(11). －63－64
19098 양봉집 사람들 / 서광억 // 천지. －1985,(11). －43－47
19099 어머니의 꽃 / 장지민 // 천지. －1985,(11). －12－21
19100 운명의 발자취 / 리만호 // 천지. －1985,(11). －62－69
19101 혼인의 부등식:남편의 말 // 은하수. －1985,(11). －11－12
19102 가을의 색조 / 한원국 // 천지. －1985,(12). －26－31
19103 말못할 사연 / 리일우 // 은하수. －1985,(12). －10－16
19104 미완성작품 / 김경련 // 천지. －1985,(12). －32 －39
19105 빗본 트럼프장 / 김순기 // 천지. －1985,(12). －19－25
19106 시간을 찾다 / 박련옥 // 은하수. －1985,(12). －54
19107 연하강반의 메아리 / 전성호 // 천지. －1985,(12). －3－9
19108 ≪요술지팽이≫의 ≪변신술≫ / 김성호 // 천지. －1985,(12). －40－42
19109 운명의 발자취 / 리만호 // 천지. －1985,(12). －65－73
19110 죄진 사람 / 윤명철 // 천지. －1985,(12). －12 －17
19111 해질무렵의 추억 / 당동 // 천지. －1985,(12). －88－92
19112 가을에 떠나간 처녀들 / 김철수 // 송화강. －1986,(1). －2－8
19113 갈라지더라도 ≪안녕히≫ / 류한태 // 연변녀성. －1986,(1). －49－52
19114 개의 복수심 // 연변녀성. －1986,(1). －53
19115 거미줄에 얽힌 설음 / 강효근 // 도라지. －1986,(1). －10－17
19116 ≪검은 악대≫의 흥망 / 효가 // 동북민병. －1986,(1). －21－24
19117 괴로운 충고 / 송정환 // 천지. －1986,(1). －18－25
19118 그녀가 준 유혹 / 김훈 // 천지. －1986,(1). －5－17
19119 그녀는 왜 비명에 죽었나? / 왕청 // 연변녀성. －1986,(1). －46－49
19120 그녀의 매력 / 류재순 // 장백산. －1986,(1). －111－119
19121 기다리는 마음 / 홍성혜 // 도라지. －1986,(1). －31－33
19122 꽃씨를 줏는 소녀 / 김재국 // 송화강. －1986,(1). －30－35
19123 나의 비밀 / 리화숙 // 도라지. －1986,(1). －23－30
19124 남편의 ≪시샘≫ / 여안기 // 연변녀성. －1986,(1). －21－23
19125 노을길 / 리수길 // 연변녀성. －1986,(1). －31 －36
19126 놀라깬 원앙꿈 / 학지국 // 동북민병. －1986,(1). －34－36

19127 다섯번째 처녀 / 허룡석 // 장백산. －1986,(1). －96－110

19128 다시 본 모습 / 허만석 // 도라지. －1986,(1). －4－9

19129 당소조장 / 신물 // 지부생활. －1986,(1). －62－64

19130 ≪도적비둘기≫의 비밀 / 종대 // 천지. －1986,(1). －75－82

19131 뒤늦은 배려 / 박군 // 송화강. －1986,(1). －21－24

19132 류인원행동 / 마준 // 동북민병. －1986,(1). －19－20

19133 리정암의 연안성승첩 ≪자해필담≫에서 // 문학과 예술. －1986,(1). －42

19134 마귀와 탄우속에서 / 이평 // 동북민병. －1986,(1). －37－39

19135 마선생님,어디 계시나요? / 김영숙 // 도라지. －1986,(1). －45－46

19136 마흔살 먹은 녀인 / 백화 // 문학과 예술. －1986,(1). －29－36

19137 모자 / 한소정 // 송화강. －1986,(1). －28－29

19138 무도회에서 / 장지중 // 청년생활. －1986,(1). －24－25

19139 무영등아래서 / 호광 // 연변녀성. －1986,(1). －9－10

19140 변란도를 건너다가. ≪송계만록≫에서 // 문학과 예술. －1986,(1). －42－43

19141 부등식 / 최성학 // 도라지. －1986,(1). －32－33

19142 부화방탕한 유생의 말로－≪숙창한화≫에서 // 문학과 예술. －1986,(1). －44

19143 새벽에 울린 련발총소리 / 효례범 // 연변녀성. －1986,(1). －12－14

19144 생의 불길:외1편 / 박일선 // 천지. －1986,(1). －72－73

19145 서명 / 김덕룡 // 송화강. －1986,(1). －29

19146 선보러 가는날 / 원시희 // 도라지. －1986,(1). －18－22

19147 선조왕과 김성일의 바른말≪자해필담≫에서 // 문학과 예술. －1986,(1). －43

19148 아들근심 / 김길련 // 천지. －1986,(1). －26－31

19149 아봉의 혼사 / 총훼 // 동북민병. －1986,(1). －40－46

19150 악마의 종적을 찾아서 / 한동춘 // 천지. －1986,(1). －65－71

19151 어머니,저의 마음 알아주세요 / 강정숙 // 천지. －1986,(1). －39－44

19152 어중간한 나이 / 장춘식 // 은하수. －1986,(1). －4－10

19153 언녕 알았더면 / 리종남 // 은하수. －1986,(1). －13－18

19154 이건 사랑이 아니다 / 방훼 // 연변녀성. －1986,(1). －28－29

19155 이상한 총소리 // 대중과학. －1986,(1). －28－31

19156 장령감의 고민 / 진호 // 은하수. －1986,(1). －19－21

19157 정치교원 리상덕 / 송정환 // 송화강. －1986,(1). －9－13

19158 처녀의 꿈 / 강길군 // 청년생활. －1986,(1). －26－30

19159 청춘교향곡 / 장혜영 // 장백산. －1986,(1). －62－95

19160 청춘을 앗아간 도적 / 공량 // 대중과학. －1986,(1). －42－44

19161 추풍락엽 / 홍성표 // 송화강. －1986,(1). －14－19

19162 한 녀박사연구생의 고백 / 소명 // 연변녀성. －1986,(1). －42－45

19163 한 소녀의 발자취 / 황옥란 // 도라지. －1986,(1). －38－44

19164 효성≠사랑 / 유재환 // 천지. －1986,(1). －32－38

19165 고험 / 하태렬 // 장백산. －1986,(2). －31－36

19166 그녀가 남긴 유언 / 리태수 // 천지. －1986,(2). －7－14

19167 깨끗한 눈 / 진전유 // 송화강. －1986,(2). －

40 - 41
19168 눈에 난 총각 / 조위철 // 청년생활. - 1986, (2). - 32 - 36
19169 도적과 서기 / 장우 // 천지. - 1986,(2). - 83 - 88
19170 뚱보와 말라깽이 / 풍기재 // 송화강. - 1986, (2). - 38 - 39
19171 락착 / 허세걸 // 송화강. - 1986,(2). - 37 - 38
19172 로인의 검은 모자 / 류정연 // 송화강. - 1986,(2). - 2 - 8
19173 룡봉산의 불길 / 김동규 // 은하수. - 1986,(2). - 11 - 18
19174 미용아씨와 그의 ≪쌜리≫ / 채옥명;리안려 // 연변녀성. - 1986,(2). - 21 - 23
19175 보물은 어디에 / 한동춘 // 천지. - 1986,(2). - 67 - 72
19176 불패의 가수 / 왕몽 // 송화강. - 1986,(2). - 36 - 37
19177 불행 / 강정일 // 도라지. - 1986,(2). - 11 - 20
19178 ≪비스마르크≫호주력함의 침몰기 / 장효림 // 동북민병. - 1986,(2). - 24 - 27
19179 사랑은 여름밤에 꽃핀다 / 마라친부 // 장백산. - 1986,(2). - 5 - 30
19180 세계를 진감한 만세소리 / 송정환 // 장백산. - 1986,(2). - 56 - 62
19181 수원과 그 갈래 / 류흥식 // 천지. - 1986,(2). - 30 - 33
19182 시골에서 온 영희와 선희 / 리영무 // 도라지. - 1986,(2). - 36 - 42
19183 신병호송 / 서유경 // 동북민병. - 1986,(2). - 31 - 32
19184 아,열일곱살 소녀 / 진설림 // 청년생활. - 1986, (2). - 37 - 441
19185 아빠트의 로맨스 / 방룡주 // 천지. - 1986,(2). - 23 - 29
19186 악몽에서 깨여나니 아침 / 배장청 // 동북민병. - 1986,(2). - 12 - 15
19187 안개속에 숨은 사랑 / 박련옥 // 은하수. - 1986,(2). - 26 - 31
19188 54호정보원 / 마준 // 동북민병. - 1986,(2). - 28 - 30
19189 5분간의 낮과 밤 / 허청호 // 천지. - 1986,(2). - 34 - 37
19190 애정조건 / 황형규 // 천지. - 1986,(2). - 57 - 66
19191 얄궂은 가을바람 / 해생 // 연변녀성. - 1986,(2). - 17 - 19
19192 어떤 의식의 그라프 / 장춘식 // 도라지. - 1986,(2). - 2 - 10
19193 어머니 마음 / 한통량 // 송화강. - 1986,(2). - 39 - 40
19194 오늘밤 달빛은 유난히 밝아라 / 팽형봉 // 은하수. - 1986,(2). - 19 - 25
19195 이렇게 될줄 저는 정말 몰랐어요 / 김명화 // 송화강. - 1986,(2). - 31 - 35
19196 이불속의 눈물 / 한정화 // 도라지. - 1986,(2). - 21 - 28
19197 인간비극 / 장명모;당해 // 연변녀성. - 1986,(2). - 3 - 10
19198 인재 // 지부생활. - 1986,(2). - 56 - 57
19199 장미의 부활 / 장춘식 // 장백산. - 1986,(2). - 37 - 43
19200 천재미담 / 박일 // 송화강. - 1986,(2). - 26 - 30
19201 청춘을 앗아간 도적 / 공량 // 대중과학. - 1986,(2). - 45 - 47
19202 코기러기 / 박상로 // 은하수. - 1986,(2). - 4 - 8
19203 팥죽장사 / 림원춘 // 천지. - 1986,(2). - 15 - 22
19204 한 녀인과 하나반사이의 이야기 / 류아주 작;윤효식 역 // 문학과 예술. - 1986,(2). - 39 - 52
19205 항일의 첫 총소리 / 통도 // 동북민병. - 1986, (2). - 35 - 37
19206 히말라야산의 신비한 눈사람 // 대중과학. - 1986,(2). - 38 - 40
19207 그녀의 추구 / 궁결 // 연변녀성. - 1986,(3). -

60－63

19208 나의 남동생 / 허미화 // 연변녀성.－1986,(3).－19－20

19209 내가 본 행과 불행 / 장학 // 연변녀성.－1986,(3).－24－28

19210 녀라체 모델 / 석만 // 문학과 예술.－1986,(3).－57－66

19211 누나 / 리순희 // 장백산.－1986,(3).－62－76

19212 당신의 력사를 써보시라 // 연변녀성.－1986,(3).－38－39

19213 락엽 / 윤림호 // 송화강.－1986,(3).－27－34

19214 레몬빛 봉투 / 박길춘 // 은하수.－1986,(3).－5－10

19215 마음의 금선 / 최현숙 // 청년생활.－1986,(3).－30－32

19216 마음의 파도 / 김경련 // 천지.－1986,(3).－3－8

19217 모순세계 / 리여천 // 장백산.－1986,(3).－51－61

19218 물속의 섬 / 한원국 // 천지.－1986,(3).－9－16

19219 바람에 날리는 추억 / 원시희 // 청년생활.－1986,(3).－17－23

19220 보시시한 수염 / 류한일 // 송화강.－1986,(3).－37－43

19221 비극조작자의 참회 / 조백서 // 연변녀성.－1986,(3).－54－57

19222 사과배꽃 / 리혜선 // 청년생활.－1986,(3).－24－29

19223 산촌의 단풍 / 윤림호 // 도라지.－1986,(3).－12－19

19224 삶의 오아시스 / 서광억 // 청년생활.－1986,(3).－33－37

19225 3과8 / 김성호 // 은하수.－1986,(3).－54－55

19226 시월이 / 박정근 // 도라지.－1986,(3).－24－31

19227 신랑 / 박선석 // 송화강.－1986,(3).－2－13

19228 쓰고 떫은 ≪사랑≫의 열매 / 수문 등 // 동북민병.－1986,(3).－25－30

19229 아,월계화는 피였건만… / 전채옥 // 송화강.－1986,(3).－14－20

19230 아들의 복수 / 명문 // 연변녀성.－1986,(3).－8－11

19231 안개 걷힌뒤 / 김순희 // 도라지.－1986,(3).－40－45

19232 어머니,멍에를 벗어버리세요 / 리여천 // 연변녀성.－1986,(3).－32－36

19233 어쩌면 좋으랴 / 리철룡 // 장백산.－1986,(3).－77－88

19234 5동40호 / 리현숙 // 송화강.－1986,(3).－21－26

19235 인심 / 윤명철 // 도라지.－1986,(3).－32－39

19236 자석 / 최호철 // 청년생활.－1986,(3).－33

19237 장군의 눈물:항일전쟁에서 나라를 위해 몸을 바친 민족영웅을 기념하여 / 류아주 // 송화강.－1986,(3).－44－50

19238 전자계산기와 현장 / 리명남 // 송화강.－1986,(3).－35－36

19239 청춘을 앗아간 도적 // 대중과학.－1986,(3).－48－49.7

19240 카텐 / 리여천 // 은하수.－1986,(3).－34－38

19241 피와 운명 / 박선석 // 장백산.－1986,(3).－6－42

19242 해바라기 / 김훈 // 장백산.－1986,(3).－43－50

19243 환멸 / 포천만 // 청년생활.－1986,(3).－38－43

19244 히말라야산의 신비한 눈사람 // 대중과학.－1986,(3).－42－43

19245 개나리처녀:－시대편 / 김근총 // 송화강.－1986,(4).－9－16

19246 개추렴 / 한창선 // 천지.－1986,(4).－41－45

19247 갱신 / 류무충 // 동북민병.－1986,(4).－44

19248 과부의 마음 / 왕가남 // 청년생활.－1986,(4).－33－37

19249 그 녀의 로맨스 / 강장희 // 장백산.－1986,

(4). − 38 − 46
19250 길 / 송춘남 // 천지. − 1986,(4). − 36 − 40
19251 남극상공에서의 신비로운 폭발 // 대중과학. − 1986,(4). − 46 − 48
19252 농촌점경 / 리로 // 도라지. − 1986,(4). − 20 − 25
19253 동해바다 출렁이여도 / 김길련 // 장백산. − 1986,(4). − 92 − 100
19254 뜨개소 / 류원무 // 천지. − 1986,(4). − 49 − 56
19255 마스카섬의 종소리 / 서유과 // 송화강. − 1986,(4). − 43 − 51
19256 마중 / 주봉명 // 동북민병. − 1986,(4). − 43
19257 빼스아리야 / 류심무 // 천지. − 1986,(4). − 78 − 91
19258 사람,말,사슴의 이야기 / 왕사미 // 장백산. − 1986,(4). − 28 − 31
19259 사랑 / 우성지 // 장백산. − 1986,(4). − 32 − 37
19260 사랑의 갈림길 / 박선석 // 도라지. − 1986,(4). − 26 − 31
19261 시골련정 / 전상훈 // 송화강. − 1986,(4). − 29 − 35
19262 시대가 낳은 불행아 / 박선석 // 장백산. − 1986,(4). − 13 − 27
19263 신비한 불덩이 // 대중과학. − 1986,(4). − 37 − 39
19264 신혼부부 / 호연 원작;고하 번역 // 도라지. − 1986,(4). − 45 − 51
19265 실망초 / 김종운 // 도라지. − 1986,(4). − 10 − 19
19266 ≪세놈≫의 로맨스 / 김성호 // 천지. − 1986,(4). − 26 − 35
19267 아득한 지평선 / 강효근 // 송화강. − 1986,(4). − 17 − 23
19268 아뿔싸 / 류원무 // 도라지. − 1986,(4). − 2 − 9
19269 연기속에 누운 시체 / 윤명철 // 천지. − 1986,(4). − 4 − 16
19270 열살씩 줄이면 / 심용 작;김성 역 // 문학과 예술. − 1986,(4). − 11 − 21
19271 자취를 감춘 ≪새각시≫ / 동춘발 // 동북민병. − 1986,(4). − 25 − 27
19272 천렵 / 장춘식 // 청년생활. − 1986,(4). − 29 − 32
19273 층집에서 울린 소리 / 유기 // 대중과학. − 1986,(4). − 42 − 44
19274 회전하는 마음 / 박진만 // 송화강. − 1986,(4). − 2 − 8
19275 고백 / 최광명 // 송화강. − 1986,(5). − 8 − 10
19276 곰사냥 / 리성백 // 도라지. − 1986,(5). − 12 − 19
19277 그녀의 미소 / 장혜영 // 송화강. − 1986,(5). − 11 − 13
19278 기이한 혼인변화 / 원아평 // 연변녀성. − 1986,(5). − 22 − 27
19279 ≪괴퍅≫한 처녀 / 류광영 // 연변녀성. − 1986,(5). − 45 − 47.51
19280 낚시질 / 리미선 // 동북민병. − 1986,(5). − 46 − 47
19281 녀성순례 / 김학철 // 송화강. − 1986,(5). − 2 − 7
19282 당대의 ≪로빈손 쿠르소≫ / 학봉 // 대중과학. − 1986,(5). − 36 − 37
19283 당비 / 남안 // 지부생활. − 1986,(5). − 62
19284 롱담이 빚어낸 악과 / 윤명 // 연변녀성. − 1986,(5). − 12 − 14
19285 미지의 힘 / 류원무 // 천지. − 1986,(5). − 47 − 53
19286 100점 짜리 남편 / 황순희 // 송화강. − 1986,(5). − 14 − 21
19287 복도에서의 로맨스 / 양동명 // 청년생활. − 1986,(5). − 24 − 30
19288 부조 / 장혜영 // 도라지. − 1986,(5). − 28 − 33
19289 부처님의 이야기 / 마라친부 // 송화강. − 1986,(5). − 35 − 38
19290 빨래바위 / 원시희 // 도라지. − 1986,(5). − 2 − 11
19291 사슬로 된 꽃다발 / 장서생 // 연변녀성. − 1986,(5). − 2 − 6
19292 삼귀신과 허풍선 / 박은 // 천지. − 1986,(5).

－42－46

19293 솔직한 사람 / 박선석 // 장백산.－1986,(5).－57－68

19294 순정은 제곬으로 / 김극민 // 천지.－1986,(5).－54－64

19295 암투 / 강해봉 // 도라지.－1986,(5).－20－27

19296 완전무결 / 염경복 // 동북민병.－1986,(5).－44－45

19297 유언 / 형가 // 지부생활.－1986,(5).－56

19298 ≪정신병리학≫연구 / 김훈 // 천지.－1986,(5).－24－41

19299 정인군자 / 송정환 // 장백산.－1986,(5).－69－73

19300 ≪천별≫받은 미치광이 / 포충민 // 연변녀성.－1986,(5).－64－65

19301 첫사랑의 메아리 / 여역목 // 연변녀성.－1986,(5).－70－79

19302 첫사랑이 없은 사랑 / 김경련 // 연변녀성.－1986,(5).－39－44

19303 층집에서 울린 소리 / 유기 // 대중과학.－1986,(5).－46－48

19304 피로 물든 신문장 / 묘주 // 동북민병.－1986,(5).－42－43

19305 한 미남자의 이야기 / 양광만;곽보신 // 장백산.－1986,(5).－3－50

19306 허무한 오해가 아니였다 / 모국정 // 연변녀성.－1986,(5).－57－61

19307 황량한 모래톱 / 황가성 // 송화강.－1986,(5).－22－31

19308 가시와 미인어 / 운청;림지 // 청년생활.－1986,(6).－41－46

19309 가을의 고향 / 윤림호 // 천지.－1986,(6).－27－36

19310 그녀를 기다린다 / 량명석 // 송화강.－1986,(6).－10－12

19311 그는 동트기전에 죽어갔다 / 장정죽 작;김해잡 역 // 문학과 예술.－1986,(6).－14－24

19312 꼬마시동생 / 서혜경 // 연변녀성.－1986,(6).－47

19313 꽃피는 과원 / 서광억 // 은하수.－1986,(6).－20－26

19314 난? / 김호 // 장백산.－1986,(6).－79－80

19315 내가 만약 찔레꽃이였다면… / 전경희 // 송화강.－1986,(6).－17－22

19316 당대의 ≪로빈손 쿠르소≫ / 학봉 // 대중과학.－1986,(6).－24－26

19317 대화 / 오문 // 지부생활.－1986,(6).－56

19318 동트는 밀림 / 남주길 // 도라지.－1986,(6).－2－8

19319 두가지 에피소드 / 리창백 // 장백산.－1986,(6).－74－77

19320 모성애 / 장미 // 장백산.－1986,(6).－70－73

19321 목마른 계절:－우리 세대 / 박춘길 // 송화강.－1986,(6).－2－9

19322 무너진 담벽 / 손근희 // 도라지.－1986,(6).－25－30

19323 밀림은 알고있다 / 우광훈 // 천지.－1986,(6).－10－26

19324 밤은 깁니다 / 우광훈 // 연변녀성.－1986,(6).－54－59

19325 불태워버린 편지 / 김근총 // 천지.－1986,(6).－50－57

19326 상장 / 림원춘 // 도라지.－1986,(6).－9－15

19327 새하얀 송곳이 / 김창록 // 송화강.－1986,(6).－13－16

19328 선이 그 녀 / 김재진 // 장백산.－1986,(6).－4－26

19329 선택 / 동춘발 // 동북민병.－1986,(6).－42－43

19330 세사람 / 리선근 // 장백산.－1986,(6).－61－69

19331 세월은 흐른다 / 김운룡 // 장백산.－1986,(6).－27－60

19332 소리나는 길 / 리철룡 // 천지.－1986,(6).－58－65

19333 아버지 어머니 왜 이러시나요 / 왕진청 // 연변녀성.－1986,(6).－12－15

19334 아하,잠간만! / 정소;설청 // 연변녀성.－1986,

(6). － 34 － 37

19335 안해의 고뇌 / 허련순 // 청년생활 . － 1986,(6). － 30 － 35

19336 언어문제 / 박일 // 은하수. － 1986,(6). － 15

19337 외로운 손풍금 / 왕춘원 // 연변녀성. － 1986,(6). － 7 － 9

19338 우황 / 박선석 // 도라지. － 1986,(6). － 16 － 24

19339 워리의 이야기 / 최영철 // 은하수. － 1986,(6). － 6 － 14

19340 죄명없는 ≪죄수≫ / 왕현요;뢰수백 // 연변녀성. － 1986,(6). － 21 － 24

19341 주말대사 / 주배력 // 송화강. － 1986,(6). － 35 － 41

19342 처녀범띠 / 김명철 // 도라지. － 1986,(6). － 31 － 38

19343 한 질투자의 파멸 / 소륙의 // 연변녀성. － 1986,(6). － 28 － 31

19344 환자호리 / 강명월 // 장백산. － 1986,(6). － 78

19345 ≪황관≫호 훼멸사건 / 로극 // 대중과학. － 1986,(6). － 46 － 49

19346 개털모자 / 박화 // 천지. － 1986,(7). － 65

19347 구리가락지 / 박준범 // 은하수. － 1986,(7). － 10 － 15

19348 길바닥 / 허봉 // 천지. － 1986,(7). － 66

19349 낚시질 / 곽춘효 // 동북민병. － 1986,(7). － 24 － 26

19350 다행이구나 / 김룡주 // 천지. － 1986,(7). － 64 － 65

19351 대문어구에서 / 서광억 // 천지. － 1986,(7). － 46 － 64

19352 마음의 저울 / 김철부 // 천지. － 1986,(7). － 21 － 26

19353 숨길수 없는 정체 / 전명 // 대중과학. － 1986,(7). － 32 － 35.23

19354 신비한 하얀 코 / 장조영 // 은하수. － 1986,(7). － 57 － 61

19355 심산에서 승냥이 울부짖는 소리 / 위야화 // 대중과학. － 1986,(7). － 44 － 47

19356 쓸수 없는 사랑의 2부곡 / 허장군 // 청년생활. － 1986,(7). － 9 － 11

19357 아,연분홍주름치마 / 전상재 // 은하수. － 1986,(7). － 24 － 30

19358 암 / 허봉 // 천지. － 1986,(7). － 67

19359 왕수진의 죽음 / 행리 // 동북민병. － 1986,(7). － 40 － 46

19360 푸른 락엽 / 고신일 // 천지. － 1986,(7). － 3 － 20

19361 황혼,가랑비 내릴 때… / 잠용 // 동북민병. － 1986,(7). － 37 － 38

19362 고양이의 이야기 / 주봉명 // 동북민병. － 1986,(8). － 45 － 46

19363 깨뜨러진 한간꿈 / 순발 // 동북민병. － 1986,(8). － 36 － 39

19364 놀라운 폭발사건 / 손승문 // 동북민병. － 1986,(8). － 21 － 23

19365 누가 진짜 흉수인가 / 종령 // 대중과학. － 1986,(8). － 35

19366 사랑없는 인연 / 김송죽 // 은하수. － 1986,(8). － 9 － 15

19367 ≪살인호≫의 수수께끼 // 대중과학. － 1986,(8). － 30 － 31

19368 송금표의 운명 / 리혜 // 은하수. － 1986,(8). － 18 － 20

19369 올케와 백치오빠 / 장지민 // 천지. － 1986,(8). － 60 － 64

19370 파도에 실린 사랑 / 림원춘 // 천지. － 1986,(8). － 23 － 37

19371 피의 교재 / 김창걸 // 천지. － 1986,(8). － 8 － 114

19372 강의비 / 맹혜 // 천지. － 1986,(9). － 57

19373 괴로운 운명 / 장춘식 // 천지. － 1986,(9). － 65 － 69

19374 금돌의 매력 / 김성우 // 천지. － 1986,(9). － 19 － 23

19375 늙어도 그 마음 / 지원순 // 천지. － 1986,(9). － 70 － 75

19376 두방의 총소리 / 김광주 // 천지. – 1986,(9). – 54

19377 령하3도 / 허봉남 // 천지. – 1986,(9). – 13 – 18

19378 ≪모함메드의 후손들≫ / 김혁 // 은하수. – 1986,(9). – 15 – 24

19379 신비한 상자 / 심한 // 천지. – 1986,(9). – 52 – 53

19380 신비한 ≪포수≫계획 / 마준 // 동북민병. – 1986,(9). – 29 – 32

19381 신수리 / 효검 // 천지. – 1986,(9). – 56

19382 울다가 웃을 일 / 홍인수 // 천지. – 1986,(9). – 35 – 38

19383 적응치료 / 채철호 // 천지. – 1986,(9). – 55

19384 청상과부의 밤 / 리만호 // 천지. – 1986,(9). – 24 – 31

19385 근심 / 박선태 // 지부생활. – 1986,(10). – 61 – 62

19386 나무아래에서의 나 / 리여천 // 은하수. – 1986,(10). – 28 – 32

19387 담배 / 리광순 // 은하수. – 1986,(10). – 35 – 37

19388 마약괴수의 소굴에 들어가 // 동북민병. – 1986,(10). – 27 – 31

19389 마음속의 ≪감방≫ / 정창권 // 천지. – 1986,(10). – 63 – 66

19390 매리의 저녁면회 / 심인 // 천지. – 1986,(10). – 90

19391 모텔+모델 / 전복선 // 천지. – 1986,(10). – 59 – 60

19392 ≪무덤≫에서 온 사랑 / 김홍문 // 동북민병. – 1986,(10). – 35 – 38

19393 빨간 독버섯 / 방룡주 // 천지. – 1986,(10). – 3 – 9

19394 사라지지 않는 메아리 / 류원무 // 은하수. – 1986,(10). – 15 – 20

19395 사랑의 천평 / 허원택 // 청년생활. – 1986,(10). – 29 – 31

19396 48번째 ≪마우게리≫: 인도네시아 원숭이 어린이 이미야지에 대한 이야기 // 대중과학. – 1986,(10). – 42 – 44

19397 심산속의 길 / 지오 // 은하수. – 1986,(10). – 6 – 11

19398 아차 이걸 어쩌나! / 리명남 // 은하수. – 1986,(10). – 42 – 43

19399 오해 / 리방 // 동북민병. – 1986,(10). – 46

19400 인정의 소용돌이 / 허춘희 // 천지. – 1986,(10). – 38 – 45

19401 자책 / 박철수 // 천지. – 1986,(10). – 60 – 62

19402 제발보고 / 진정초 // 은하수. – 1986,(10). – 62

19403 참회 / 곽만영 // 동북민병. – 1986,(10). – 45

19404 첫수업 / 전규현 // 은하수. – 1986,(10). – 56

19405 특수용무 / 효림 // 천지. – 1986,(10). – 57 – 58

19406 파도에 실린 사랑 / 림원춘 // 천지. – 1986,(10). – 46 – 56

19407 ≪공방≫인사 좌담회 / 리철룡 // 은하수. – 1986,(11). – 2 – 12

19408 기적을 낳는 자아최면술 // 대중과학. – 1986,(11). – 28 – 29

19409 로국장의 비밀 / 김승일 // 천지. – 1986,(11). – 3 – 13

19410 뭐라 말을 해야 할지 / 주초 // 은하수. – 1986,(11). – 28

19411 밀물과 썰물 / 한원국 // 천지. – 1986,(11). – 41 – 48

19412 빨간 구두 / 조결 // 천지. – 1986,(11). – 58 – 59

19413 사람찾는 광고 / 리동렬 // 천지. – 1986,(11).33 – 40

19414 사명 / 추가균 // 천지. – 1986,(11). – 57

19415 엉?… / 왕옥명 // 동북민병. – 1986,(11). – 36

19416 인공위성 / 엽종한 // 은하수. – 1986,(11). – 20 – 27

19417 자리다툼 / 서유경 // 동북민병. – 1986(11). – 42 – 44

19418 절구질 / 최호철 // 은하수. – 1986,(11). – 13 – 19

19419 팽가목동지의 실종 // 대중과학. – 1986,(11). – 42 – 44
19420 하늘길 / 리응 // 천지. – 1986,(11). – 70 – 81
19421 한심이 / 김성호 // 천지. – 1986,(11). – 14 – 22
19422 허공장장 일화 / 김철호 // 천지. – 1986,(11). – 23 – 27
19423 거리를 지켜선 젊은이들 / 설위 등 // 동북민병. – 1986(12). – 18 – 19
19424 고향친구들 / 최동일 // 청년생활. – 1986,(12). – 33 – 36
19425 그녀의 놀란 시선 / 김룡남 // 은하수. – 1986,(12). – 44 – 50
19426 기이한 생명현상:특수기능 // 대중과학. – 1986,(12). – 24 – 28
19427 낯선사람 / (대만)경요 // 청년생활. – 1986,(12). – 38 – 46
19428 딱 맞는다 / 최원련 // 천지. – 1986,(12). – 76
19429 로산일사 / 리점환 // 동북민병. – 1986,(12). – 42 – 43
19430 무정세월:≪운명영탄곡≫제2편 / 우광훈 // 천지. – 1986,(12). – 32 – 41
19431 보석절도 사건 / 하응휘 // 대중과학. – 1986,(12). – 29
19432 비극은 희극으로부터 시작된다 / 림원춘 // 은하수. – 1986,(12). – 7 – 17
19433 서기와 향장 / 박일 // 천지. – 1986,(12). – 75
19434 시골의 빛갈 / 최국철 // 천지. – 1986,(12). – 42 – 44
19435 웃음의 도시 / 교전운 // 천지. – 1986,(12). – 69 – 73
19436 푸른 시체 / 김성룡 // 대중과학. – 1986,(12). – 40 – 43
19437 하늘길 / 리응 // 천지. – 1986,(12). – 49 – 65
19438 행표의 여운 / 박화 // 천지. – 1986,(12). – 74
19439 황금몽 / 관세무 등 // 동북민병. – 1986,(12). – 24 – 25
19440 감옥으로 통한 길 / 림회은;도두민 // 동북민병. – 1987,(1). – 23 – 24
19441 강물은 고요히도 흐르는데 / 리원길 // 은하수. – 1987,(1). – 53 – 58
19442 검은 악어 / 웅춘녕 // 동북민병. – 1987,(1). – 41 – 46
19443 그 한마디 / 박화 // 중국조선어문. – 1987,(1). – 57 – 58
19444 금성에 온 새손님 / 장백록 // 대중과학. – 1987,(1). – 47 – 49
19445 긴 랑하에서 맺어진 사랑 / 류기 작;유철 역 // 문학과 예술. – 1987,(1). – 9 – 21
19446 내가 잃은것은… / 박범 // 송화강. – 1987,(1). – 45
19447 노복≪시쎄로≫의 음모 / 황은성 // 동북민병. – 1987,(1). – 27 – 30
19448 눈과 귀와 뇌의 진동 / 리광수 // 천지. – 1987,(1). – 14 – 23
19449 눈 녹는 날 / 장현 // 송화강. – 1987,(1). – 29 – 44
19450 대학입학통지서를 눈앞에 두고… / 퐁문 // 연변녀성. – 1987,(1). – 15 – 18
19451 락화암 / 문학과 예술. – 1987,(1). – 57 – 61
19452 랍치된 처녀 / 허봉남 // 장백산. – 1987,(1). – 106 – 124
19453 릉소농퇀장과 그의 일본병사 / 대명구;왕홍 // 동북민병. – 1987,(1). – 20 – 22
19454 믿음의 힘 / 김창대 // 도라지. – 1987,(1). – 28 – 33
19455 붉은 사막 / 장춘식 // 송화강. – 1987,(1). – 13 – 20
19456 빗단련 / 류원무 // 연변녀성. – 1987,(1). – 50 – 53
19457 빨간머리소녀의 꿈 / 곽철룡 // 천지. – 1987,(1). – 64 – 66
19458 생활의 변주곡 / 차진찬 // 장백산. – 1987,(1). – 76 – 96
19459 석죽화 / 김화석 // 은하수. – 1987,(1). – 24 – 27
19460 소용돌이 / 허련숙 // 도라지. – 1987,(1). – 10

−17

19461 시들어버린 련꽃 / 방원 // 연변녀성. −1987,(1). −59 −60

19462 ≪아가씨≫ / 구만회 // 송화강. −1987,(1). −46

19463 어머니 / 김재국 // 장백산. −1987,(1). −64 −75

19464 영웅과 개 / 고신일 // 도라지. −1987,(1). −2 −9

19465 이날밤은 별빛도 밝지 않구나 / 아명 // 연변녀성. −1987,(1). −12 −14

19466 2등변삼각형 / 리만호 // 천지. −1987,(1). −67 −73

19467 인간의 멍에 / 송춘남 // 천지. −1987,(1). −41 −49

19468 잊을수 없는 그해 설날 / 리태수 // 은하수. −1987,(1). −10 −13

19469 작은 정류소 / 증소양 작;림춘 역 // 문학과 예술. −1987,(1). −80 −81

19470 제3자에 대한 심판 / 초량 // 천지. −1987,(1). −78 −85

19471 지각한 대학생 / 리수생 // 연변녀성. −1987,(1). −32 −37

19472 촌장.향장.현장 / 장지민 // 천지. −1987,(1). −4 −13

19473 추월이 / 김근총 // 천지. −1987,(1). −34 −40

19474 한 떨기 무명초 / 진필 // 연변녀성. −1987,(1). −40 −42

19475 한 많은 그날 밤 / 첨계상 // 연변녀성. −1987,(1). −43 −45

19476 ≪한 소녀의 고뇌≫ / 림순 // 장백산. −1987,(1). −97 −105

19477 행운아의 고민 / 김종운 // 송화강. −1987,(1). −21 −26

19478 감자 / 김동인 // 도라지. −1987,(2). −69 −72

19479 강간피해자의 심리상처 // 연변녀성. −1987,-(2). −56 −58

19480 강물이 언제면 마를가? / 김암 // 송화강. −1987,(2). −39

19481 거미줄 / 리선희 // 은하수. −1987,(2). −4 −14

19482 고대 / 문성희 // 장백산. −1987,(2). −67 −76

19483 고독 / 김창수 // 송화강. −1987,(2). −11 −18

19484 고와지는 비결 / 윤희언 // 연변녀성. −1987,(2). −74 −79

19485 고요한 새벽 // 대중과학. −1987,(2). −24 −26

19486 그녀와 그,B현소재지 / 최홍일 // 천지. −1987,(2). −33 −52

19487 그녀의 오산 / 전우 // 연변녀성. −1987,(2). −37 −39

19488 금골의 사람들 / 량국위 // 송화강. −1987,(2). −31 −38

19489 높은 하늘 / 황하성 // 천지. −1987,(2). −53 −69

19490 눈내리는 날 / 장현 작;원길 역 // 문학과 예술. −1987,(2). −9 −21

19491 단지로 하여 알어난 풍파 / 박명룡 // 연변녀성. −1987,(2). −12 −13

19492 뒤따라온 자전거방울소리 / 리은화 // 연변녀성. −1987,(2). −52 −55

19493 망나니아들과 그 어미의 ≪모성애≫ / 양창준 // 동북민병. −1987,(2). −13 −15

19494 ≪명이 짧은≫ 녀현장 / 춘죽 // 연변녀성. −1987,(2). −2 −5

19495 밀고제도 / 김학철 // 천지. −1987,(2). −3 −26

19496 박산난 쟁반 / 리군필 // 송화강. −1987,(2). −62

19497 봄깃이 든 밀림 / 남주길 // 도라지. −1987,(2). −2 −9

19498 사나이의 감정 / 사인 // 청년생활. −1987,(2). −27 −30

19499 세월은 넘어 / 한성문 // 도라지. −1987,(2). −35 −41

19500 신비한 길 / 박일 // 송화강. −1987,(2). −2 −10

19501 아, 생활… / 김금자 // 송화강. −1987,(2). −19 −24

19502 알지 못할 사랑이여 / 김운룡 // 장백산. — 1987,(2). — 26 — 37
19503 외로운 별 / 경요 // 은하수. — 1987,(2). — 39 — 45
19504 징검다리를 건너 / 리상규 // 장백산. — 1987,(2). — 77 — 84
19505 첫 변호 / 원시희 // 도라지. — 1987,(2). — 10 — 18
19506 파란 줄칸자 / 리련자 // 연변녀성. — 1987,(2). — 27 — 29
19507 푸른 시체 / 김성룡 // 대중과학. — 1987,(2). — 48 — 51
19508 푸른 잎은 떨어졌다 / 리혜선 // 장백산. — 1987,(2). — 4 — 25
19509 피는 꽃 지는 꽃 / 리여천 // 도라지. — 1987,(2). — 26 — 32
19510 한가녀 / 주대신 작;김태갑 역 // 문학과 예술. — 1987,(2). — 64 — 69
19511 검은 악어 / 웅춘녕 // 동북민병. — 1987,(3). — 42 — 46
19512 견우직녀 / 김남현 // 천지. — 1987,(3). — 16 — 21
19513 고향의 민들레 / 리성일 // 은하수. — 1987,(3). — 25 — 31
19514 기적을 낳은 아기 / 동미 // 연변녀성. — 1987,(3). — 73
19515 나라보다 미인을 더 사랑한 국왕 / 장장귀 // 연변녀성. — 1987,(3). — 62 — 64
19516 난쟁이 덕보령감의 명성 / 고홍진 // 장백산. — 1987,(3). — 60 — 67
19517 네거리 / 심선증 // 송화강. — 1987,(3). — 42
19518 담배래력 / 설봉 // 송화강. — 1987,(3). — 52 — 54
19519 똥돌이 략전 / 류원무 // 천지. — 1987,(3). — 41 — 48
19520 력서장만 찢는 녀자 / 박범 // 송화강. — 1987,(3). — 25 — 28
19521 리혼사건을 재판한 한복거 / 옹지 // 연변녀성. — 1987,(3). — 59 — 61
19522 미소 잘 짓던 녀간호원의 비극 / 침침 // 연변녀성. — 1987,(3). — 40 — 44
19523 믿기 어려운 일 / 류원무 // 도라지. — 1987,(3). — 17 — 23
19524 받침돌(외1편) / 리예 // 송화강. — 1987,(3). — 36 — 41
19525 부부사이에…류순달 // 연변녀성. — 1987,(3). — 20 — 22
19526 불 / 현진건 // 도라지. — 1987,(3). — 59 — 62
19527 비석 / 리본섭 // 송화강. — 1987,(3). — 42
19528 빼앗긴 첫사랑 / 송정환 // 장백산. — 1987,(3). — 68 — 75
19529 산야의 호곡성 / 리웅 // 천지. — 1987,(3). — 4 — 14
19530 새로 전학해 온 녀학생 / 강복자 // 중국조선어문. — 1987,(3). — 41 — 42
19531 생일상≪전주곡≫ / 김영금 // 천지. — 1987,(3). — 38 — 40
19532 석두전 / 주기복 구술; 장봉조 정리 // 송화강. — 1987,(3). — 49 — 51
19533 선녀포의 전설 / 윤림호 // 도라지. — 1987,(3). — 8 — 16
19534 시험장에서 당한 망신 / 지홍란 // 중국조선어문. — 1987,(3). — 39 — 40
19535 쌍까풀눈 / 한원국 // 송화강. — 1987,(3). — 11 — 17
19536 아늑한 느낌 / 조건국 // 천지. — 1987,(3). — 57
19537 아, 어머니 / 한정길 // 장백산. — 1987,(3). — 50 — 59
19538 아침 / 윤림호 // 연변녀성. — 1987,(3). — 52 — 57
19539 압록강의 넋 / 김운룡 // 천지. — 1987,(3). — 50 — 56
19540 열살씩 줄이거나 더하면 / 고진용 작; 기철 역 // 문학과 예술. — 1987,(3). — 13 — 18
19541 오산 / 백광진 // 천지. — 1987,(3). — 15
19542 옥중비사 / 문창남 // 장백산. — 1987,(3). — 8 — 49
19543 웃는 이모 / 한정화 // 도라지. — 1987,(3). —

31－38

19544 이모네 일가 / 김철수 // 송화강.－1987,(3).－18－24

19545 23살짜리 처녀와 45살짜리 총각의 혼인 풍파 / 곽강화 // 연변녀성.－1987,(3).－18－20

19546 인정의 소용돌이 / 리정애 // 도라지.－1987,(3).－39－41

19547 ≪인형≫의 꼭두각시놀음 / 김경련 // 은하수.－1987,(3).－4－11

19548 장세근령감략전 / 김룡운 // 송화강.－1987,(3).－2－10

19549 주색에 망친 사내 / 엽위림 // 천지.－1987,(3).－84－92

19550 택시운전수 / 로화숙 // 도라지.－1987,(3).－5－6

19551 풍경 / 경요 // 천지.－1987,(3).－68－81

19552 가랑잎 / 정문준 // 천지.－1987,(4).－27－29

19553 가책의 눈물 / 반곡신 // 연변녀성.－1987,(4).－40

19554 검은 굴 / 리묵 // 장백산.－1987,(4).－72－73

19555 고집스러운 안해 / 죽문 // 연변녀성.－1987,(4).－52－54

19556 괴상한 병자 / 리소준 // 대중과학.－1987,(4).－61

19557 그 길엔 함정뿐 / 원봉 // 연변녀성.－1987,(4).－32－33

19558 기개 / 유경환 // 천지.－1987,(4).－30－32

19559 꽃필무렵:≪옥중비사≫속편 / 문창남 // 장백산.－1987,(4).－3－35

19560 꿈많은 시절 / 류양초 // 은하수.－1987,(4).－45－50

19561 끊어진 필림 / 김룡운 // 은하수.－1987,(4).－11－12

19562 너무 달면 쓰거워요 / 최영철 // 송화강.－1987,(4).－2－9

19563 되찾은 사랑 / 한순녀 // 천지.－1987,(4).－17

19564 두메의 비운 / 번전무 // 동북민병.－1987,(4).－41－47

19565 령너머엔 골짜기 / 류재순 // 장백산.－1987,(4).－36－42

19566 머나먼 만고채 / 등학총 // 장백산.－1987,(4).－43－63

19567 모기의 하소연 / 채지남 // 송화강.－1987,(4).－22－27

19568 목숨을 건져준 털 // 대중과학.－1987,(4).－40－42

19569 무거운 발걸음 / 백진 // 연변녀성.－1987,(4).－7

19570 물레방아 / 라도향 // 도라지.－1987,(4).－72－78

19571 100년후에 해명된 살인사건 // 대중과학.－1987,(4).－20－21

19572 사랑의 갈림길 / 김철부 / 연변녀성.－1987,(4).－44－49

19573 사랑의 외나무다리 / 장금선 // 송화강.－1987,(4).－10－16

19574 사랑의 적수 / 임능원 // 연변녀성.－1987,(4).－50

19575 사랑을 찾은 길에서 / 하영희 // 장백산.－1987,(4).－74－96

19576 사랑이란 이상야릇해 / 허견 작; 리창우 역 // 문학과 예술.－1987,(4).－83－86

19577 사막에 막힌 두 마음 / 소건 // 연변녀성.－1987,(4).－20

19578 상처 / (대만)팽수군 // 연변녀성.－1987,(4).－71－78

19579 아, 하얀 비석이여 / 조은철 // 천지.－1987,(4).－58－59

19580 압록강 / 장광적 // 도라지.－1987,(4).－2－11

19581 얼빠진 사랑의 비극 / 효효 // 동북민병.－1987,(4).－32－35

19582 여름밤의 삽곡 / 량명석 // 천지.－1987,(4).－74－75

19583 옛성새의 마귀그림자 / 로생 // 대중과학.－1987,(4).－56－59

19584 2월31일 그날: 누구와도 말하지 않는다. 내가 누구인가를 / 리여천 // 도라지. - 1987,(4). - 12 - 24
19585 20일과 20년 / 신아 // 연변녀성. - 1987,(4). - 51
19586 인간세상에 태여나 / 사철생 // 송화강. - 1987,(4). - 31 - 38
19587 인생길 / 리근전 // 천지. - 1987,(4). - 5 - 11
19588 인성의 부활 / 진철군 // 청년생활. - 1987,(4). - 23 - 28
19589 재수많은 사나이 / 우광훈 // 은하수. - 1987,(4). - 3 - 10
19590 전 청백한 처녀예요 / 전경희 // 송화강. - 1987,(4). - 17 - 21
19591 정방형과 장방형 / 임철 // 천지. - 1987,(4). - 34 - 37
19592 종소리가 멎은 뒤 / 전춘봉 // 장백산. - 1987,(4). - 64 - 68
19593 죄 아닌 죄 / 리경옥 // 장백산. - 1987,(4). - 69 - 71
19594 죄수와 녀인 / 리만호 // 도라지. - 1987,(4). - 30 - 37
19595 짐승만도 못한 어머니 / 주지민 // 연변녀성. - 1987,(4). - 36
19596 찾지 못한 편지 / 차룡순 // 천지. - 1987,(4). - 20 - 24
19597 처삼촌 / 한민 // 도라지. - 1987,(4). - 55 - 60
19598 천사농장의 마귀 / 청상 // 연변녀성. - 1987,(4). - 63 - 66
19599 쾌락의 원천말예요? / 장성홍 // 연변녀성. - 1987,(4). - 37 - 39
19600 하늘밖은 천당 / 리성철 // 천지. - 1987,(4). - 12 - 16
19601 한 남편의 고뇌 / 동암 // 연변녀성. - 1987,(4). - 16 - 18
19602 한 녀경리의 침통한 선택 / 소려 // 연변녀성. - 1987,(4). - 2 - 7
19603 거울에 비낀 검은 그림자 / 왕평; 하운 // 연변녀성. - 1987,(5). - 53 - 56
19604 검사단이 오던 날 / 한광일 // 송화강. - 1987,(5). - 39 - 40
19605 고요한 나루터 / 윤림호 // 송화강. - 1987,(5). - 12 - 20
19606 고향 / 윤림호 // 은하수. - 1987,(5). - 3 - 9
19607 공장장의 안해 / 방룡주 // 천지. - 1987,(5). - 10 - 15
19608 구름에 싸인 달 / 리태수 // 청년생활. - 1987,(5). - 27 - 33
19609 국가재목 / 송성만 // 천지. - 1987,(5). - 31
19610 궁정동의 총소리 / 봉일 // 동북민병. - 1987,(5). - 17 - 19
19611 그늘진 인생: 2편 / 박화 // 천지. - 1987,(5). - 40 - 42
19612 꿈속의 현실 / 강효근 // 도라지. - 1987,(5). - 24 - 31
19613 ≪남북골≫략전 / 류정남 // 송화강. - 1987,(5). - 24 - 31
19614 녀자왕국안의 남자왕국 / 리광수 // 천지. - 1987,(5). - 32 - 39
19615 누나 / 리만송 // 연변녀성. - 1987,(5). - 16 - 17
19616 달큼한 쇠, 비릿한 쇠 / 양영명 작; 문암 역 // 도라지. - 1987,(5). - 20 - 23
19617 두 파산 / 렴상섭 // 도라지. - 1987,(5). - 55 - 61
19618 또 혼사를 미루었다 / 조문성 // 동북민병. - 1987,(5). - 45 - 46
19619 령혼을 마귀에게 저당잡힌 그녀 / 여개국; 로효발 // 연변녀성. - 1987,(5). - 45 - 50
19620 묘지명:≪운명영탄곡≫제4편 / 우광훈 // 연변녀성. - 1987,(5). - 28 - 33
19621 무기도형 // 천지. - 1987,(5). - 88 - 89
19622 봄날에 있은 일 / 윤림호 // 도라지. - 1987,(5). - 2 - 11
19623 비방당한 녀인의 기소 / 황한민 // 연변녀성. - 1987,(5). - 21 - 24
19624 사랑의 표시 / 란내시 // 연변녀성. - 1987,(5).

-7-8
19625 산재마을 / 한창선 // 장백산. - 1987,(5). - 32 - 41
19626 상점집아주머니 / 김영 // 천지. - 1987,(5). - 26 - 30
19627 세월에 바랜 록색포옹 / 고신일 // 장백산. - 1987,(5). - 3 - 31
19628 소설3편 / 교건 // 천지. - 1987,(5). - 80 - 84
19629 손저울 / 문준 // 은하수. - 1987,(5). - 10 - 11
19630 숨쉬는 시체 / 림원춘 // 천지. - 1987,(5). - 4 - 9
19631 심양성에 휘날린 첫 붉은기 / 고응석 // 장백산. - 1987,(5). - 118 - 122
19632 아버지는 결혼했다 / 양뢰 // 연변녀성. - 1987,(5). - 25 - 27
19633 어르신네들이 하는 본새 / 한포 // 송화강. - 1987,(5). - 41
19634 어머니에게 보내는 편지 / 박석균 // 장백산. - 1987,(5). - 62 - 72
19635 옛성새의 마귀그림자 / 로생 // 대중과학. - 1987,(5). - 36 - 40
19636 우수에 잠긴 비너스 / 류연산 // 장백산. - 1987,(5). - 108 - 113
19637 이렇게≪평형≫을 이루다니 / 서세영 // 연변녀성. - 1987,(5). - 18 - 19
19638 인간사이 / 조천 // 송화강. - 1987,(5). - 21 - 23
19639 인생 / 구용기 // 송화강. - 1987,(5). - 40
19640 잊을수 없는 사람 / 장경숙 // 송화강. - 1987,(5). - 2 - 11
19641 정국장과 부국장 / 권혁철 // 송화강. - 1987,(5). - 41 - 42
19642 지부서기의 밤말 / 장언기 // 은하수. - 1987,(5). - 12 - 17
19643 태양꽃 / 려화 // 장백산. - 1987,(5). - 42 - 61
19644 ≪포≫사격 / 신호철 // 천지. - 1987,(5). - 42
19645 풀지못할 수수께끼 // 천지. - 1987,(5). - 85 - 87
19646 한 작가와 그의 이성추구자 / 조신 // 연변녀성. - 1987,(5). - 9 - 11
19647 황금 72냥 / 고동요 // 송화강. - 1987,(5). - 32 - 38
19648 가감법 / 최호철 // 은하수. - 1987,(6). - 17 - 20
19649 공상의 총아: 투사 구름신을 기념하여 / 리원길 // 장백산. - 1987,(6). - 29 - 65
19650 국난을 구원한 처녀 / 미경 // 연변녀성. - 1987,(6). - 24
19651 금이발 사나이 / 박일 // 은하수. - 1987,(6). - 54 - 60
19652 기로에서 헤여나온 처녀 / 손탁청 // 연변녀성. - 1987,(6). - 8 - 10
19653 꽃편지 / 문성희 // 장백산. - 1987,(6). - 82 - 84
19654 남자와 사나이 / 김재국 // 장백산. - 1987,(6). - 3 - 28
19655 녀동생은 중학생 / 김남현 // 장백산. - 1987,(6). - 77 - 81
19656 농촌점경 / 홍만호 // 송화강. - 1987,(6). - 49 - 55
19657 두안나 / 이인 // 연변녀성. - 1987,(6). - 33 - 35
19658 락엽 / 리선희 / 천지. - 1987,(6). - 34 - 37
19659 리해를 바라는 마음 / 진원 // 연변녀성. - 1987,(6). - 50 - 53
19660 마지막 소원 / 김광익; 고종석 // 송화강. - 1987,(6). - 17 - 22
19661 만담가 아버지 / 김미화 // 중국조선어문. - 1987,(6). - 41 - 42
19662 메어리 앤 / 금희 // 연변녀성. - 1987,(6). - 21 - 23
19663 무엇이 가장 소중할가? / 팽기운 // 연변녀성. - 1987,(6). - 18 - 20
19664 무지개 / 류흥식 // 은하수. - 1987,(6). - 46 - 52
19665 밤 / 마호려 / 은하수. - 1987,(6). - 34 - 39
19666 삼곡선 / 최해월 // 도라지. - 1987,(6). - 36 - 40
19667 성이식 / 리태수 // 도라지. - 1987,(6). - 2 - 9
19668 세자매 / 리휘영 // 천지. - 1987,(6). - 76 - 84
19669 소리없이 내리는 단비 / 류옥기 // 동북민병. - 1987,(6). - 47

19670 소용돌이 / 소귀천 // 연변녀성. – 1987,(6). – 36 – 40
19671 수재 / 김재국 // 천지. – 1987,(6). – 38 – 44
19672 신비한 실종사건 // 대중과학. – 1987,(6). – 24 – 25
19673 아버지의 트럼베트소리 / 장춘식 // 도라지. – 1987,(6). – 19 – 24
19674 아, 흘러간 구름쪼각이여 / 강정숙 // 연변녀성. – 1987,(6). – 42 – 47
19675 얼음과자로 폭죽터지다 / 한명옥 // 중국조선어문. – 1987,(6). – 43
19676 열사흗날 밤 / 한원국 // 천지. – 1987,(6). – 14 – 19
19677 ≪5.19사건≫사출기 / 대중과학. – 1987,(6). – 40 – 42
19678 오생외전 / 윤희언 // 천지. – 1987,(6). – 58 – 61
19679 오월: 한 소년의 자백 / 견우 // 송화강. – 1987,(6). – 32 – 37
19680 이니는 누가 죽였나? / 한의 // 연변녀성. – 1987,(6). – 11 – 13
19681 저문 인생길 / 림순 // 장백산. – 1987,(6). – 66 – 76
19682 종소리 / 리문철 // 천지. – 1987,(6). – 46 – 51
19683 천국의 부름소리: 뿌리와 줄기 그리고 이파리 / 전정환 // 도라지. – 1987,(6). – 43 – 50
19684 청소년 단결의 집 / 홍위 // 연변녀성. – 1987,(6). – 25 – 26
19685 축복의 노란 장미 / 경요 // 연변녀성. – 1987,(6). – 70 – 78
19686 춘경추수는 년년 / 지오 // 송화강. – 1987,(6). – 2 – 11
19687 특수모델 / 리만호 // 천지. – 1987,(6). – 4 – 12
19688 하찮은 소원 / 김충국 // 송화강. – 1987,(6). – 37 – 39
19689 한 그루의 포도나무 / 최련향 // 청년생활. – 1987,(6). – 49 – 50
19690 한치 두께 / 윤송 // 천지. – 1987,(6). – 52 – 57
19691 호수에서 생긴 일 / 김철수 // 송화강. – 1987,(6). – 11 – 16
19692 다섯녀자와 한오리의 바 / 엽위림 // 천지. – 1987,(7). – 67 – 77
19693 복무원처녀 / 주영춘 // 은하수. – 1987,(7). – 33 – 37
19694 ≪봉래선관≫의 유혹 / 동신발 등 // 동북민병. – 1987,(7 – 8). – 25 – 27
19695 전화행동 / 당동 // 은하수. – 1987,(7). – 11 – 13
19696 추첨제저금권 / 리홍규 // 천지. – 1987,(7). – 14 – 20
19697 피로 물든 장수왕비석 / 우안빈 // 지부생활. – 1987,(7). – 57 – 63
19698 한 녀인의 앙심 / 김은철 // 은하수. – 1987,(7). – 4 – 10
19699 ≪H≫ / 최정연 // 천지. – 1987,(7). – 4 – 11
19700 대포 / 김성호 // 천지. – 1987,(8). – 12 – 21
19701 바다가에서 만난 녀성 / 신현철 // 청년생활. – 1987,(8). – 27 – 28
19702 신비한 향항손님 / 장세주 // 천지. – 1987,(8). – 73 – 80
19703 어머니 마음속의 비밀 / 리성태 // 천지. – 1987,(8). – 41 – 44
19704 잠든 마을 / 리여천 // 천지. – 1987,(8). – 4 – 11
19705 최후통첩 / 리태호 // 청년생활. – 1987,(8). – 16 – 20
19706 흉수는 누구 / 전강 // 청년생활. – 1987,(8). – 42 – 45
19707 겨울이 간다 / 김영표 // 천지. – 1987,(9). – 32 – 35
19708 권력회사 / 림운 // 은하수. – 1987,(9). – 39 – 44
19709 그녀의 이야기 / 요예 작; 신일 역 // 문학과 예술. – 1987,(9). – 14 – 22
19710 그녀의 탈가 / 황병락 // 천지. – 1987,(9). – 8 – 15
19711 꾀 / 최원 // 천지. – 1987,(9). – 36 – 41
19712 녀중호걸 / 리사비 // 청년생활. – 1987,(9). – 4 – 8

19713 무도장에서 만난 녀인 / 황기철 // 천지. − 1987,(9). − 16 − 20

19714 새벽길 / 안기춘 // 청년생활. − 1987,(9). − 49 − 51

19715 유모아소설 // 문학과 예술. − 1987,(9 − 10). − 59 − 63

19716 입장권 / 추정지 // 문학과 예술. − 1987,(9 − 10). − 95

19717 작업량을 곱절로 / 등강 // 은하수. − 1987,(9). − 26 − 29

19718 초생달 / 호운 // 청년생활. − 1987,(9). − 18 − 21

19719 해는 오늘도 / 천화 // 천지. − 1987,(9). − 4 − 7

19720 갱년기 / 최성자 // 은하수. − 1987,(10). − 3 − 5

19721 기다려요!: 외2편 / 량명석 // 천지. − 1987,(10). − 48 − 50

19722 두 손님과 그녀의 웃음 / 김경일 // 천지. − 1987,(10). − 12 − 19

19723 마음속의 무덤 / 전영순 // 천지. − 1987,(10). − 40 − 45

19724 메리의 죽음 / 우광훈 // 천지. − 1987,(10). − 4 − 11

19725 생활의 전주곡 / 조위철 // 청년생활. − 1987,(10). − 27 − 31

19726 수정같은 마음 / 강금달 // 동북민병. − 1987,(10). − 40

19727 심연에로 굴러간 흔적 / 아배 // 동북민병. − 1987,(10). − 25 − 27

19728 열아홉살 처녀 / 박철규 // 은하수. − 1987,(10). − 7 − 11

19729 유리에 묻은 검댕이 / 김송죽 // 천지. − 1987,(10). − 46 − 48

19730 장백산은 기억하리라 / 오형모 // 동북민병. − 1987,(10). − 31 − 33

19731 죄수와 그녀 / 김미령 // 천지. − 1987,(10). − 20 − 21

19732 지혜롭게 변절자들 처단 / 왕학문 // 동북민병. − 1987,(10). − 17 − 18

19733 감염 / 리방 // 동북민병. − 1987,(11). − 45 − 46

19734 고개아래 외딴집 / 윤림호 // 은하수. − 1987,(11). − 45 − 50

19735 고향 / 리태복 // 천지. − 1987,(11). − 66 − 70

19736 국방에서 흘린 눈물 / (대만)오치 // 청년생활. − 1987,(11). − 44 − 51

19737 동창생 / 침용 // 천지. − 1987,(11). − 55 − 60

19738 둘만 아는 일 / 김문 // 은하수. − 1987,(11). − 34 − 35

19739 뒤그림자 / 가운 // 은하수. − 1987,(11). − 57 − 61

19740 리별 / 임대군 // 문학과 예술. − 1987,(11 − 12). − 91 − 93

19741 반주술 두냥 / 림원춘 // 천지. − 1987,(11). − 11 − 19

19742 서른다섯장 / 류원무 // 천지. − 1987,(11). − 4 − 10

19743 유서깊은 더기 / 왕윤림 작; 계진교 역 // 문학과 예술. − 1987,(11 − 12). − 28 − 40

19744 이웃사이 / 김철부 // 천지. − 1987,(11). − 43 − 46

19745 ≪죽··제··살···≫ / 김성호 // 은하수. − 1987,(11). − 54 − 55

19746 TAXI전조곡 / 리광수 // 청년생활. − 1987,(11). − 35 − 40

19747 파란 느티나무 / 전정환 // 천지. − 1987,(11). − 20 − 27

19748 한 녀학생 / 윤정삼 // 천지. − 1987,(11). − 36 − 42

19749 경박의 사랑가 / 장경숙 // 청년생활. − 1987,(12). − 24 − 27

19750 봄날의 장례 / 최국철 // 천지. − 1987,(12). − 4 − 13

19751 비석골의 메아리 / 장광조 // 청년생활. − 1987,(12). − 28 − 33

19752 왕고집전 / 리병태 // 천지. − 1987,(12). − 12 − 26

19753 파랑수첩 / 장경숙 // 천지. − 1987,(12). − 44

－49
19754 겨레 / 리윤동 // 송화강. －1988,(1). －21－26
19755 고목 / 교건 작; 리장춘 역 // 송화강. －1988,(1). －36－41
19756 그녀의 얼굴 / 손룡호 // 천지. －1988,(1). －36－41
19757 그늘진 인생(외1편) / 박화 // 도라지. －1988,(1). －10－12
19758 꼬리가 달린 사람 / 오약증 // 천지. －1988,(1). －64－68
19759 나의 두 학생 / 미지티 // 장백산. －1988,(1). －107－113
19760 내가 찾는 처녀 / 리광수 // 연변녀성. －1988,(1). －36－41
19761 눈 / 위효초 // 문학과 예술. －1988,(1). －92
19762 등불 하나 마음 하나 / 박범 // 은하수. －1988,(1). －3－7
19763 류성은 사라졌어도… / 박경련 // 송화강. －1988,(1). －34－35
19764 매월 / 최서해 // 도라지. －1988,(1). －62－66
19765 모태주 두병 / 양신죽 // 연변녀성. －1988,(1). －19－20
19766 백처장의 동면 / 고신일 // 도라지. －1988,(1). －2－9
19767 사랑 / 최호철 // 천지. －1988,(1). －42－45
19768 솔바위 / 한동춘 // 장백산. －1988,(1). －92－99
19769 송별연 / 고신일 // 송화강. －1988,(1). －2－8
19770 수상한 글쪽지 / 강효근 // 청년생활. －1988,(1). －36－39
19771 심수에서 온 편지 / 차영준 // 송화강. －1988,(1). －30－33
19772 아름다움의 권리 / (대만)룡응대 // 연변녀성. －1988,(1). －47－48
19773 야맹증 / 임철 // 장백산. －1988,(1). －100－106
19774 언제쯤 대답을 주려나 / 엽성운 // 연변녀성. －1988,(1). －5－7
19775 연자마을 / 남주길 // 천지. －1988,(1). －22－31
19776 열아홉살 / 김운석 / 도라지. －1988,(1). －13－19
19777 외나무다리－사나이와 녀인 그리고 어머니와 아들에 대한 이야기 / 전정환 // 장백산. －1988,(1). －77－91
19778 우연한 상봉 / 전상 // 동북민병. －1988,(1). －43－45
19779 인생륜환선 / 장외 // 연변녀성. －1988,(1). －59－63
19780 재생 / 허창식 // 송화강. －1988,(1). －15－20
19781 재해 / 박선석 // 장백산. －1988,(1). －5－51
19782 저승길 전주곡 / 박진만 // 천지. －1988,(1). －17－21
19783 정성 / 최해월 // 송화강. －1988,(1). －27－29
19784 초행길 / 김수국 // 천지. －1988,(1). －46－51
19785 촉루 / 리여천 // 송화강. －1988,(1). －9－14
19786 총망한 려행길 / 장근 // 은하수. －1988,(1). －30－35
19787 ≪충성≫의 보람 / 김창석 // 연변녀성. －1988,(1). －8－10
19788 태워버릴수 없는 이야기 / 리수희 // 연변녀성. －1988,(1). －11－13
19789 팔보유리정 / 허창식 // 은하수. －1988,(1). －8－15
19790 ≪피난≫간 녀경관의 이야기 / 효여 // 연변녀성. －1988,(1). －21－22
19791 한 총각향장의 일기 / 서광억 // 청년생활. －1988,(1). －33－35
19792 현대 이브의 고뇌 / 최홍일 // 장백산. －1988,(1). －52－76
19793 황혼의 사랑 / 사려화 // 연변녀성. －1988,(1). －30－32
19794 개성과 세속의 갈림길에서 / 사신하 // 연변녀성. －1988,(2). －40－42
19795 괴이한 약병 / 손득선; 송승암 역 // 문학과 예술. －1988,(2). －50－56

19796 교역에서 그들이 잃은건… / 위지군 // 연변녀성. − 1988,(2). − 16 − 17

19797 긴긴 아침 / 김경련 // 천지. − 1988,(2). − 30 − 35

19798 나의 심장을 돌려달라 / 룡흔성 저; 김운 역 // 송화강. − 1988,(2). − 32 − 43

19799 늙은 느티나무 / 류홍식 // 장백산. − 1988,(2). − 97 − 110

19800 단군왕검 / 장춘식 // 장백산. − 1988,(2). − 84 − 96

19801 닭고기미식가의 일화 / 현룡순 // 송화강. − 1988,(2). − 9 − 14

19802 동굴속의 향연 / 고신일 // 장백산. − 1988, (2). − 111 − 118

19803 뒤모습 / 가운 작; 유철 역 // 문학과 예술. − 1988,(2). − 70 − 78

19804 마가을비 / 최영철 // 송화강. − 1988,(2). − 14 − 23

19805 배꽃 / 김지연 // 연변녀성. − 1988,(2). − 56 − 64

19806 비내리는 날 / 리혜선 // 도라지. − 1988,(2). − 18 − 24

19807 ≪뽕≫조 쏘나타 / 김성호 // 천지. − 1988,(2). − 24 − 29

19808 사랑과 효성 / 윤용수 // 청년생활. − 1988,(2). − 24 − 29

19809 사랑의 보호자 / 송소기 // 연변녀성. − 1988,(2). − 36 − 37

19810 사랑의 진가 / 리병남 // 청년생활. − 1988,(2). − 30 − 32

19811 아버지 / 리금화 // 청년생활. − 1988,(2). − 40 − 42

19812 약혼 / 황진희 / 은하수. − 1988,(2). − 54 − 55

19813 어둠을 뚫고나온 녀인 / 관강평 // 연변녀성. − 1988,(2). − 43 − 45

19814 어머니의≪저금≫ / 리봉우 // 연변녀성 − 1988,(2). − 23 − 24

19815 영예가 갖다준 고통 / 전사 // 연변녀성 − 1988, (2). − 13 − 14

19816 오가는 뻐스안에서 / 김영금 // 연변녀성. − 1988,(2). − 8 − 10

19817 찢겨진 스카트자락 / 리여천 // 천지. − 1988, (2). − 15 − 21

19818 처가 사람들 / 박진만 // 은하수. − 1988,(2). − 12 − 17

19819 하나와 하나 / 룩성아 작; 해파 역 // 도라지. − 1988,(2). − 25 − 30

19820 한 부교장의 고충 / 왕빈 // 문학과 예술. − 1988,(2). − 91 − 93

19821 한오리 연기 / 리태수 // 천지. − 1988,(2). − 9 − 14

19822 회오 / 장혜영 // 송화강. − 1988,(2). − 2 − 8

19823 흰돛 / 류재순 // 도라지. − 1988,(2). − 2 − 17

19824 강가의 사색자 / 리태복 // 송화강. − 1988,(3). − 13 − 17

19825 고려도골의 긍지 / 고하 // 도라지. − 1988,(3). − 50 − 57

19826 공주옷 / 문창남 // 장백산. − 1988,(3). − 24 − 43

19827 꿈과 령혼 그리고 령혼과 육체 / 전정환 // 장백산. − 1988,(3). − 45 − 54

19828 남자와 녀자 / 박선석 // 장백산. − 1988,(3). − 3 − 24

19829 녀도적이 현장에게 들려준 이야기 / 류시위 // 동북민병. − 1988,(3). − 45 − 47

19830 딸애의 비밀 / 김철부 // 송화강. − 1988,(3). − 26 − 27

19831 때이른 사랑의 고백 / 김선 // 연변녀성. − 1988,(3). − 33 − 34

19832 떠도는 아픔 / 고신일 // 천지. − 1988,(3). − 19 − 24

19833 마음에 비낀 구름 / 류화례 // 장백산. − 1988, (3). − 55 − 68

19834 마음의 편지 / 리선희 // 천지. − 1988,(3). − 43 − 50

19835 모래성 / 유림회 // 도라지. − 1988,(3). − 17 −

23
19836 번지 없는 집 / 최균선 // 천지. – 1988,(3). – 4 – 9
19837 부식된 권력 / 형서량 // 연변녀성. – 1988,(3). – 22 – 23
19838 빛좋은 개살구 / 석홍주 // 연변녀성. – 1988,(3). – 35 – 36
19839 뻐꾹새소리 / 김재국 // 도라지. – 1988,(3). – 24 – 32
19840 사냥 / 윤경찬 // 장백산. – 1988,(3). – 69 – 71
19841 세월은 흘러도 / 서광억 // 천지. – 1988,(3). – 51 – 55
19842 슬픔의 키스 / 왕인 // 은하수. – 1988,(3). – 21 – 26
19843 십중팔구 / 복학철 // 은하수. – 1988,(3). – 8 – 12
19844 애정일화 / 리철룡 // 연변녀성. – 1988,(3). – 26 – 31
19845 어머니의 ≪통행증≫ / 김영금 // 청년생활. – 1988,(3). – 31 – 35
19846 옥희 / 한영숙 // 송화강. – 1988,(3). – 18 – 23
19847 유물보따리 / 한포 // 송화강. – 1988,(3). – 23 – 26
19848 ≪영웅≫과 ≪도주병≫ / 리성철 // 송화강. – 1988,(3). – 28 – 29
19849 ≪인간학개념 공부노트≫ / 리혜선 // 천지. – 1988,(3). – 10 – 18
19850 왕거미 / 송병식 // 송화강. – 1988,(3). – 29
19851 장난과 법 / 박선석 // 송화강. – 1988,(3). – 2 – 12
19852 정신있소 / 강효근 // 도라지. – 1988,(3). – 2 – 16
19853 초록색가방 / 필창진 // 소년아동. – 1988,(3). – 38 – 47
19854 총명한 안해 / 윤신 // 연변녀성. – 1988,(3). – 54 – 55
19855 한 소녀의 타락 / 도국강 // 연변녀성. – 1988, (3). – 9 – 12
19856 혈육 / 최금란 // 청년생활. – 1988,(3). – 7 – 9
19857 회오리치마 / 한정화 // 도라지. – 1988,(3). – 32 – 38
19858 흰구름의 고향 / 송방 작; 김재호 역 // 문학과 예술. – 1988,(3). – 89 – 91
19859 고루한 넋 / 허련순 // 천지. – 1988,(4). – 13 – 20
19860 고향아 내 너를 두고 운다 / 림원춘 // 도라지. – 1988,(4). – 26 – 32
19861 곱사등 황말구 / 김운룡 // 도라지. – 1988,(4). – 17 – 25
19862 괴짜의 비극 / 류원무 // 천지. – 1988,(4). – 4 – 12
19863 구호 / 마수패 // 문학과 예술. – 1988,(4). – 93
19864 기겁초풍 / 교전운 작; 김일 역 // 문학과 예술. – 1988,(4). – 18 – 27
19865 기다리는 마음 / 량명석 // 송화강. – 1988,(4). – 38
19866 기생살이 / 차경순 / 천지. – 1988,(4). – 30 – 38
19867 기형 / 채철호 // 천지. – 1988,(4). – 21
19868 김향장 / 박선석 // 도라지. – 1988,(4). – 33 – 37
19869 꼬리 / 윤림호 // 송화강. – 1988,(4). – 17 – 24
19870 꿈틀거리는 욕망 / 김광현 // 송화강. – 1988,(4). – 2 – 16
19871 남편을 빼앗긴 녀인 / 김인걸 // 연변녀성. – 1988,(4). – 52 – 53
19872 녀자, 녀자, 녀자 / 김재국 // 장백산. – 1988, (4). – 3 – 37
19873 다툼 / (홍콩)류이창 // 문학과 예술. – 1988,(4). – 40 – 42
19874 도리질 / 장용 작; 김충국 역 // 도라지. – 1988, (4). – 70
19875 동틀무렵 / 강효근 // 천지. – 1988,(4). – 39 – 45
19876 리별의 키스 / 전사 // 연변녀성. – 1988,(4). – 7 – 9

19877 무정세상 / 고영전 // 연변녀성. — 1988,(4). — 32 — 35

19878 ≪매화선녀≫의 비극 / 한해 // 연변녀성. — 1988,(4). — 41 — 44

19879 밤중에 도끼를 든 녀인 / 김춘극 // 연변녀성. — 1988,(4). — 5 — 7

19880 벽소설3편: 에이즈병: 미꾸라지: 그날의 일 / 박화 // 장백산. — 1988,(4). — 75 — 80

19881 보통사람 / 전동조 // 송화강. — 1988,(4). — 39 — 46

19882 사나이답게 보복 / 항금홍 // 연변녀성. — 1988,(4). — 37 — 39

19883 소녀의≪자살≫ / 정형섭 // 연변녀성. — 1988,(4). — 40 — 41

19884 아, 시어머니여! / 김학계; 최건화 // 연변녀성. — 1988,(4). — 54 — 55

19885 아, 어찌 이럴수가? / 정원륙 // 연변녀성. — 1988,(4). — 16 — 17

19886 야릇한 갈구 / 김운 // 은하수. — 1988,(4). — 9 — 10

19887 어두운 그림자 / 소령 // 연변녀성. — 1988,(4). — 12 — 13

19888 운명의 진펄에 빠졌을 때 / 하화 // 연변녀성. — 1988,(4). — 45 — 48

19889 이름없는 편지 / 김경련 // 청년생활. — 1988,(4). — 31 — 35

19890 천원으로 바꿔온≪5호가정≫패쪽 / 소귀천 // 연변녀성. — 1988,(4). — 20 — 21

19891 ≪칠선녀≫의 어머니 / 차순복 // 연변녀성. — 1988,(4). — 30 — 32

19892 70년대의 령혼 / 박선석 // 장백산. — 1988,(4). — 57 — 75

19893 타향련가 / 고옥종 // 천지. — 1988,(4). — 52 — 62

19894 피면할수 있었던 비극 / 황토 // 연변녀성. — 1988,(4). — 9 — 11

19895 할머니 / 리상각 // 은하수. — 1988,(4). — 26 — 28

19896 가랑비 내린다 / 리혜선 // 장백산. — 1988,(5). — 65 — 73

19897 간첩비행기소멸기 / 오형모 // 동북민병 — 1988,(5). — 30 — 32

19898 ≪고급언어≫ / 박선석 // 중국조선어문 — 1988,(5). — 40 — 42

19899 과도기 / 윤림호 // 연변녀성. — 1988,(5). — 25 — 29

19900 구름의 벽 / 김운룡 // 장백산. — 1988,(5). — 74 — 84

19901 군인출신 / 사해천 // 동북민병. — 1988,(5). — 39 — 43

19902 그녀와 사나이들 / 류원무 // 도라지. — 1988,(5). — 2 — 8

19903 그녀의 운명투전장 / 정창호 // 천지. — 1988,(5). — 4 — 14

19904 기름진 땅 / 김철수 // 송화강. — 1988,(5). — 2 — 7

19905 넘어지지 않는 우상 / 정숙 // 연변녀성. — 1988,(5). — 36 — 37

19906 녀자도 만만치 않다 / 위수;고조매 // 연변녀성. — 1988,(5). — 2 — 5

19907 덕장의 풍파 / 임철 // 송화강. — 1988,(5). — 30 — 36

19908 범과 사람 / 박선석 // 장백산. — 1988,(5). — 4 — 37

19909 보모와 그녀의 주인 / 김려평;류벽봉 // 청년생활. — 1988,(5). — 46 — 52

19910 부평초 / 박범 // 송화강. — 1988,(5). — 11 — 17

19911 사랑은 지금부터 시작된다 / 길전인 // 연변녀성. — 1988,(5). — 6 — 7

19912 사랑의 한순간 / 안귀선 // 장백산. — 1988,(5). — 85 — 88

19913 산이 높아 못 떠나요 / 김재국 // 천지. — 1988,(5). — 15 — 21

19914 삼각문 / 리광수 // 도라지. — 1988,(5). — 17 — 22

19915 식후여담 / 김룡운 // 송화강. — 1988,(5). — 8 —

10
19916 ≪어째≫ / 김설매 // 송화강. – 1988,(5). – 18 – 24
19917 유감 / 춘화 / 도라지. – 1988,(5). – 38
19918 유병신음 / 류흥식 // 도라지. – 1988,(5). – 25 – 31
19919 이상스러운 일 / 사염유 // 문학과 예술. – 1988,(5). – 95
19920 잃어버린 진주 / 송석순 // 천지. – 1988,(5). – 40 – 45
19921 의심병 / 김장혁 // 천지. – 1988,(5). – 39
19922 자리 / 강효삼 // 송화강. – 1988,(5). – 37 – 38
19923 짓밟힌 잔디 / 리철룡 // 청년생활. – 1988,(5). – 42 – 46
19924 참군 / 박철수 // 도라지. – 1988,(5). – 32 – 38
19925 피로 얼룩진 거울 / 류연산 // 장백산. – 1988,(5). – 38 – 64
19926 한 녀주인의 소원 / 전경희 // 송화강. – 1988,(5). – 25 – 29
19927 할미꽃 / 리군필 // 장백산. – 1988,(5). – 84
19928 할미꽃 / 윤림호 // 도라지. – 1988,(5). – 9 – 16
19929 현실과 신조 / 김엽 // 천지. – 1988,(5). – 30 – 38
19930 그이 / 리영혁 // 청년생활. – 1988,(6). – 28 – 30
19931 광야의 길 / 리태복 // 천지. – 1988,(6). – 4 – 13
19932 까치는 울어예건만 / 림원춘 // 도라지. – 1988,(6). – 2 – 8
19933 깨여진 비밀 / 송병식 // 송화강. – 1988,(6). – 55
19934 나의 처녀시절 / 리분자 // 연변녀성. – 1988,(6). – 37 – 38
19935 날려보낸 꿈 / 김미선 // 천지. – 1988,(6). – 24 – 29
19936 남의 아가씨 / 역서 // 연변녀성. – 1988,(6). – 32 – 36
19937 달과 별 / 한정길 // 청년생활. – 1988,(6). – 25 – 27
19938 달무리 / 김혁 // 송화강. – 1988,(6). – 10 – 14
19939 둥근공의 이야기 / 리동렬 // 도라지. – 1988,(6). – 9 – 25
19940 로인과 산 / 박정근 // 천지. – 1988,(6). – 30 – 36
19941 레미부부 / 진문군 // 연변녀성. – 1988,(6). – 24 – 25
19942 마지막 낚시질 / 박상로 // 은하수. – 1988,(6). – 6 – 11
19943 무능한 인재 / 김운 // 송화강. – 1988,(6). – 2 – 9
19944 믿음 / 김근총 // 장백산. – 1988,(6). – 55 – 66
19945 반역한≪락하산황후≫ / 첨군 // 연변녀성. – 1988,(6). – 51 – 55
19946 벽동군수 / 정성해 // 도라지. – 1988,(6). – 38 – 45
19947 사금판에 깃든 전설 / 박상춘 // 장백산. – 1988,(6). – 137 – 143
19948 사나이의 흉금 / 강효삼 // 송화강. – 1988,(6). – 48 – 54
19949 사랑의 약점 / 백림 // 천지. – 1988,(6). – 14 – 18
19950 산수인생 / 윤남경 // 연변녀성. – 1988,(6). – 19 – 24
19951 삶의 2중주 / 최호철 // 송화강. – 1988,(6). – 43 – 47
19952 신비로운≪련인≫ / 일풍 // 연변녀성. – 1988,(6). – 29 – 31
19953 신비한 남편 / 구장발 // 은하수. – 1988,(6). – 15 – 17
19954 신≪세설≫ // 문학과 예술. – 1988,(6). – 40 – 43
19955 새까만 낚시대 / 소휘 // 은하수. – 1988,(6). – 18
19956 색의 분노 / 김남현 // 장백산. – 1988,(6). – 67 – 74
19957 생명 / 장혜영 // 도라지. – 1988,(6). – 26 – 30
19958 세탁기 한대 값 / 리정 // 연변녀성. – 1988,

(6). − 49 − 50

19959 아류 / 팔염구 // 장백산. − 1988,(6). − 144 − 145

19960 안해의 탈가 / 전영순 // 연변녀성. − 1988,(6). − 42 − 46

19961 ≪어머니, 들어보세요≫ / 장기혜 // 연변녀성. − 1988,(6). − 26 − 27

19962 인생담 / 림패분 // 문학과 예술. − 1988,(6). − 96

19963 처녀의 머리우에 떨어진 나무잎 / 불천 // 청년생활. − 1988,(6). − 35

19964 청석골 / 리예 작;신일 역 // 문학과 예술. − 1988,(6). − 17 − 25

19965 풍어기 / 서조부 작;한정화 중역 // 도라지. − 1988,(6). − 67 − 73

19966 피로 얼룩진 첫날이불 / 윤옥진 // 연변녀성. − 1988,(6). − 5 − 6

19967 필녀의 죽음 / 서정호 // 송화강. − 1988,(6). − 15 − 22

19968 한 처녀의 일기수첩 / 박태옥 // 도라지. − 1988,(6). − 31 − 37

19969 혼례식에서 선포한 리혼 / 군실 // 연변녀성. − 1988,(6). − 46 − 48

19970 거미줄에 걸린 국장 / 강진 // 천지. − 1988,(7). − 58

19971 ≪검은돈≫의 변주곡 / 범풍 // 연변녀성. − 1988,(7). − 52 − 53

19972 고슴도치 / 선우태성 // 천지. − 1988,(7). − 4 − 11

19973 고혼의 충고 / 최영철 // 은하수. − 1988,(7). − 7 − 12

19974 과학자와 안건사출 // 대중과학. − 1988,(7). − 40 − 42

19975 남편을 떠보다 / 조호벽 // 은하수. − 1988,(7). − 42 − 45

19976 녀선박왕의 고충 / 장혜령 // 연변녀성. − 1988,(7). − 32

19977 놀라운 살인사건 / 학지국 // 동북민병. − 1988,(7). − 18 − 20

19978 다리의 이야기 / 김영표 // 천지. − 1988,(7). − 30 − 33

19979 도적의 안해 / 백명철 // 연변녀성. − 1988,(7). − 9 − 10

19980 량해 / 우백생 // 천지. − 1988,(7). − 27

19981 리성의 계절 / 박정근 // 청년생활. − 1988,(7). − 26 − 29

19982 마음에 아로새겨진 5분간 / 경추옥 // 연변녀성. − 1988,(7). − 50 − 51

19983 부평초 / 박민 // 천지. − 1988,(7). − 20 − 26

19984 붉은 신호등 / 라연여 // 천지. − 1988,(7). − 65

19985 사망자의 신소 / 류봉;호신화 // 대중과학. − 1988,(7). − 54 − 57

19986 30년전에 련애 30년후에 결혼 / 류범;리신화 // 연변녀성. − 1988,(7). − 21 − 23

19987 세 친구 / 지일 // 천지. − 1988,(7). − 58

19988 소도적으로 된 녀인 / 최송월 // 연변녀성. − 1988,(7). − 46 − 48

19989 쓰디쓴 왕벌젓 / 어국영 // 청년생활. − 1988,(7). − 37 − 38

19990 안팎이 다른 문 / 고준시 // 연변녀성. − 1988,(7). − 63 − 64

19991 옥녀봉의 새 전설 / 리동렬 // 천지. − 1988,(7). − 12 − 18

19992 자책 / 서유경 // 동북민병. − 1988,(7). − 45

19993 호수가의 벽돌집 / 반봉 // 동북민병. − 1988,(7). − 44

19994 남편을 잃은 뒤 // 연변녀성. − 1988,(8). − 9 − 10

19995 뜻밖에도 / 행지 // 청년생활. − 1988,(8). − 37 − 43

19996 려객수칙 / 리서숭 // 은하수. − 1988,(8). − 24 − 31

19997 리향 / 리원길 // 천지. − 1988,(8). − 3 − 25

19998 비단치마 / 림원춘 // 천지. − 1988,(8). − 26 − 36

19999 생존 / 조춘권 // 천지. − 1988,(8). − 57

20000 여론중심 / 허봉남 // 천지. – 1988,(8). – 42 – 47
20001 오빠 / 양금 // 연변녀성. – 1988,(8). – 34 – 35
20002 원한을 잊으라 / 경당 // 연변녀성. – 1988,(8). – 22 – 23
20003 이름없는 나무 / 주림 // 청년생활. – 1988,(8). – 33 – 36
20004 주명영의 사생활 / 호자승 // 연변녀성. – 1988,(8). – 24 – 29
20005 처녀를 구원하라 / 하원수 // 은하수. – 1988,(8). – 41 – 49
20006 칼 한자루 / 숙이 // 연변녀성. – 1988,(8). – 23
20007 탈출 / 박달 // 은하수. – 1988,(8). – 2 – 7
20008 한 나약한 녀성의 비극 / 남남 // 동북민병. – 1988,(8). – 22 – 24
20009 함박꽃 / 현룡순 / 천지. – 1988,(8). – 37 – 41
20010 합수목에 비낀 저녁노을 / 김경일 // 천지. – 1988,(8). – 48 – 55
20011 흑토의 딸 / 조홍매 // 연변녀성. – 1988,(8). – 31 – 33
20012 개일줄 모르는 녀인의 세계 / 해자 // 연변녀성. – 1988,(9). – 15 – 16
20013 괴상한 전화 / 명구 // 연변녀성. – 1988,(9). – 19
20014 그녀가 찾은 기수 / 하봉뢰 // 대중과학. – 1988,(9). – 9 – 11
20015 기이한 회억 / 김룡주 // 대중과학. – 1988,(9). – 26 – 29
20016 리보와 좀수박의 로맨스 / 리군 // 청년생활. – 1988,(9). – 31 – 37
20017 바람처럼 사라져라 / 우광훈 // 천지. – 1988,(9). – 4 – 13
20018 밤중 / 주봉명 // 동북민병. – 1988,(9). – 37 – 38
20019 배우꿈 / 주혜민 // 은하수. – 1988,(9). – 46 – 49
20020 뻐꾹새 / 윤림호 // 천지. – 1988,(9). – 14 – 24
20021 사람과 말사이의 신기한≪대화≫ // 대중과학. – 1988,(9). – 48 – 49
20022 사랑의 목걸이 / 금심 // 연변녀성. – 1988,(9). – 17 – 19
20023 수박 한쪼각 // 전영옥 // 연변녀성. – 1988,(9). – 56
20024 우울한 수평선 / 천화 // 천지. – 1988,(9). – 40 – 46
20025 의심병 / 정형섭 // 연변녀성. – 1988,(9). – 40 – 41
20026 특수한 승용차≪살인마귀≫ // 대중과학. – 1988,(9). – 42 – 43
20027 파아란 봄꿈 / 신현철 // 연변녀성. – 1988,(9). – 48 – 49
20028 피비린내나는 거리류행곡 / 리기초 // 연변녀성. – 1988,(9). – 49 – 55
20029 한 녀간상배의 타락 / 두모주 // 연변녀성. – 1988,(9). – 23 – 25
20030 한심한 구경군 / 진추중;소야 // 연변녀성. – 1988,(9). – 37 – 39 · 36
20031 할머니 / 박일 // 은하수. – 1988,(9). – 2 – 8
20032 황홀한 계집 / 차영준 // 청년생활. – 1988,(9). – 41 – 42
20033 후회의 눈물 / 오곡 // 연변녀성. – 1988,(9). – 20 – 21
20034 거리의 젊은이들 / 림국휘 // 은하수. – 1988,(10). – 16 – 21
20035 기다리는 마음 / 전성호 // 천지. – 1988,(10). – 47 – 51
20036 녀부장의 죽음 / 하중손 // 연변녀성. – 1988,(10). – 13 – 14
20037 녀죄인을 압송하는 길에서 / 서아명 // 연변녀성. – 1988,(10). – 37 – 40
20038 대해의 침묵 / 윤천 // 대중과학. – 1988,(10). – 36 – 39
20039 때늦은 참회 / 김길자 // 연변녀성. – 1988,(10). – 43 – 44
20040 반역자 / 김학철 // 천지. – 1988,(10). – 4 – 15

20041 복수자의 가책/ 량소화// 연변녀성. − 1988,(10). − 34 − 36

20042 비 / 김성룡 // 천지. − 1988,(10). − 23

20043 사나이가 남긴것/ 리무환// 청년생활. − 1988,(10). − 24 − 25

20044 새별눈 / 황기철 // 천지. − 1988,(10). − 16 − 22

20045 생의 접선 / 조춘권 // 은하수. − 1988,(10). − 2 − 5

20046 십자로에 선 세 처녀 / 맹범중 // 연변녀성. − 1988,(10). − 30 − 33

20047 아,단발머리 / 리설 // 천지. − 1988,(10). − 32 − 35

20048 어둠속의 비밀행동 / 강유평 // 지부생활. − 1988,(10). − 45 − 51

20049 어머니의 치욕을…… / 라전명 // 연변녀성. − 1988,(10). − 15 − 17

20050 처녀공급판매과장 / 뢰일대;언염평 // 연변녀성. − 1988,(10). − 9 − 12

20051 첫상면 / 리희옥 // 청년생활. − 1988,(10). − 26 − 30

20052 한 녀교원이 당한 치욕 / 진응권 // 연변녀성. − 1988,(10). − 40 − 42

20053 흰 이 / 류심무 // 은하수. − 1988,(10). − 45 − 53

20054 ≪네 탓이야.≫ / 김경희 // 천지. − 1988,(11). − 44

20055 다시 찾은 봄 / 장길성 // 은하수. − 1988,(11). − 18 − 23

20056 묘자리를 파는 사람들 / 최국철 // 천지. − 1988,(11). − 4 − 13

20057 배역 / 류계안 // 은하수. − 1988,(11). − 8 − 17

20058 순결론 / 정현웅 // 연변녀성. − 1988,(11). − 54 − 62

20059 ≪슈샤반응≫과 현대인의 갈증 / 부길석;포영견 // 연변녀성. − 1988,(11). − 2 − 4

20060 아버지로 되던 날 / 전정환 // 연변녀성. − 1988,(11). − 13 − 14

20061 어둠속에 비밀행동 / 강유평 // 지부생활. − 1988,(11). − 46 − 53

20062 엽초라도 / 차영준 // 천지. − 1988,(11). − 45

20063 올가미 / 윤송 // 천지. − 1988,(11). − 32 − 37

20064 진주도적의 뒤를 밟아 / 리정 // 소년아동. − 1988,(11). − 36 − 49

20065 첫대면 / 리희곡 // 은하수. − 1988,(11). − 36 − 41

20066 타락했던 녀인의 고백 / 무명인 // 연변녀성. − 1988,(11). − 35 − 37

20067 한 당원의 수첩 / 권중철 // 천지. − 1988,(11). − 21

20068 ≪<C^2>현상분석학≫초고 / 김성호 // 천지. − 1988,(11). − 14 − 20

20069 그녀들의 매력/ 방룡주// 연변녀성. − 1988,(12). − 35 − 41

20070 그들이 바라는것은 / 김복선 // 연변녀성. − 1988,(12). − 22 − 23

20071 공가네 둘째딸/ 리위// 연변녀성. − 1988,(12). − 26 − 29

20072 기묘한 순환 / 김혁 // 천지. − 1988,(12). − 66 − 77

20073 나의 생일 / 초명 // 연변녀성. − 1988,(12). − 42 − 44

20074 낚시군 / 리여천 // 천지. − 1988,(12). − 4 − 11

20075 녀자의 색갈 / 리철룡 // 천지. − 1988,(12). − 38 − 44

20076 다변형조각물 / 리철룡 // 은하수. − 1988,(12). − 3 − 12

20077 달콤한 밤 / 방동춘 // 청년생활. − 1988,(12). − 31 − 33

20078 도박빚으로 인한 살인 / 장상; 영무 // 동북민병. − 1988,(12). − 34

20079 되살아난≪귀신≫/ 려정// 연변녀성 − 1988,(12). − 24 − 25

20080 망령을 지키는 녀인 / 방주 // 연변녀성. − 1988,(12). − 31 − 32

20081 모태주 / 김화석 // 은하수. − 1988,(12). − 22

－38
20082 변형된 애정 / 장금수 // 동북민병. －1988,(12). －15－16
20083 손색없는 사랑 / 장수화 // 은하수. －1988,(12). －50－52
20084 어둠속의 비밀행동 / 강유평 // 지부생활. －1988,(12)－52－59
20085 웃음꽃 / 김춘극 // 연변녀성. －1988,(12). －8－9
20086 적의 소굴에서 치른 결혼식 / 변무 // 동북민병. －1988,(12). －23－25
20087 질풍차아가씨 / 역서 // 청년생활. －1988,(12). －34－41
20088 죄악의 씨알머리 / 김경련 // 천지. －1988,(12). －12－23
20089 ≪특수한 상장≫ / 오경동 // 연변녀성 －1988,(12). －45－47
20090 ≪까마귀≫ / 최해란 // 중국조선어문. －1989,(1). －42－43
20091 거부기 / 맹봉은 // 중국조선어문. －1989,(1). －47
20092 권력을 팔아먹은 인간 / 장아빈 // 민족단결. －1989,(1). －56－57
20093 귤빛담요 / 안순구 작; 김홍란 역 // 도라지. －1989,(1). －54－59
20094 그녀의 운명 / 리근전 // 도라지. －1989,(1). －2－19
20095 기괴한≪합동서≫ / 주련제 // 연변녀성 －1989,(1). －52－53
20096 기형의 인간들 / 김창수 // 송화강. －1989,(1). －2－14
20097 나의 좀먹은 심장 / 리여천 // 청년생활 －1989,(1). －26－33
20098 노을이 사라진 곳 / 김운룡 // 도라지 －1989,(1). －20－27
20099 넥타이 / 양장강 // 문학과 예술. －1989,(1). －79－80
20100 두부 / 팽형 // 은하수. －1989,(1). －52－57
20101 락조 흐르는 숲 / 송춘남 // 천지. －1989,(1). －4－11
20102 량심의 골짜기 / 리주천 // 송화강. －1989,(1). －30－37
20103 렬사의 안해가 재가하려니 / 조태국 // 연변녀성. －1989,(1). －55－56
20104 마귀나이트클럽 / 남남 // 동북후비군. －1989,(1).32－34
20105 만수령감의 풍류사 / 허창식 // 은하수. －1989,(1). －3－8
20106 미신살인사건 / 오단 // 은하수. －1989,(1). －26－28
20107 미안해, 미안해 / 차경순 // 연변녀성. －1989,(1). －19－24
20108 복록수 / 곽운몽 // 은하수. －1989,(1). －29－37
20109 봉이 김선달 꽃놀이 // 중국조선어문. －1989,(1). －64
20110 불청객 / 조위철 // 천지. －1989,(1). －60－66
20111 뻐꾸기마을 / 조광지 // 동북후비군. －1989,(1). －37－39
20112 사랑 극장 / 리태복 // 송화강. －1989,(1). －22－29
20113 소녀기업가 / 소건신 // 연변녀성. －1989,(1). －2－4
20114 ≪15원 20전≫ / 리금녀 // 중국조선어문. －1989,(1). －43－44
20115 색안경 / 정혜옥 // 연변녀성. －1989,(1). －37
20116 씨름터 / 김문봉 // 중국조선어문. －1989,(1). －46
20117 아, 동년 / 김훈 // 장백산. －1989,(1). －3－21
20118 아, 인간이란 대체… / 김운 // 송화강. －1989,(1). －38－39
20119 애정의 부등식 / 류명 // 연변녀성. －1989,(1). －25－27
20120 ≪왜 울었어?≫ / 문창남 // 송화강. －1989,(1). －15－20
20121 절로 판 함정 / 담계양 // 연변녀성. －1989,(1).

-5-8

20122 ≪제3자≫의 자백/ 언측// 연변녀성.-1989,(1).-50-51

20123 차례진 복/ 박계옥// 도라지.-1989,(1).-28-31

20124 처량한 인생/ 송호순// 연변녀성.-1989,(1).-61-62

20125 출국전 강습/ 장춘식// 천지.-1989,(1).-39-47

20126 탈가한 로동모범 남녀/ 웅계영// 연변녀성.-1989,(1).-14-17

20127 피여난 얼굴/ 추지안 작; 김덕부 역// 문학과 예술.-1989,(1).-11-21

20128 ≪하나 더 많아져서≫/ 윤옥매// 중국조선어문.-1989,(1).-45

20129 하얀 쪽배/ 김의진// 천지.-1989,(1).-12-18

20130 흰 종이수염/ 하근찬 작// 문학과 예술.-1989,(1).-67-72

20131 가을장마/ 김근총// 송화강.-1989,(2).-10-16

20132 강저쪽/ 김경화// 도라지.-1989,(2).-25-28

20133 검푸른 별빛호/ 황영성// 은하수.-1989,(2).-2-9

20134 그의 운명이 어떻게 될지/ 최홍매// 중국조선어문.-1989,(2).-47-49

20135 난 인형이 되였다/ 과양// 연변녀성.-1989,(2).-20-21

20136 남동생/ 최성화// 중국조선어문.-1989,(2).-54

20137 널뛰기터/ 조해연// 중국조선어문.-1989,(2).-57

20138 녀인에게 털리운 사나이/ 신경묵// 천지.-1989,(2).-36-44

20139 농촌사돈과 도시사돈/ 박선석// 장백산.-1989,(2).-48-60

20140 누구를 탓해야 한는가?/ 김홍남// 연변녀성.-1989,(2).-42-43

20141 눈은 언제나 희다/ 윤희언// 천지.-1989,(2).-4-14

20142 대통령과 방랑자/ 손성안// 연변녀성.-1989,(2).-35

20143 도아저씨/ 가숙방// 동북후비군.-1989,(2).-38-39

20144 돈벌이별곡/ 강효근// 송화강.-1989,(2).-2-9

20145 때까치/ 전주// 도라지.-1989,(2).-20-24

20146 먹어 망하는 사람들/ 등신희// 연변녀성.-1989,(2).-2-7

20147 모험의 대가/ 류걸// 연변녀성.-1989,(2).-55-56

20148 무엇때문일가요?/ 림항매// 중국조선어문.-1989,(2).-58-59

20149 사랑의 그림자/ 김운룡// 천지.-1989,(2).-15-21

20150 살구나무/ 윤림호// 도라지.-1989,(2).-2-9

20151 생활의 흐름/ 홍봉// 문학과 예술.-1989,(2).-14-22

20152 숲속의 꽃망울들/ 석정애// 중국조선어문.-1989,(2).-50

20153 스토우부인/ 남선// 연변녀성.-1989,(2).-16-19

20154 10년간 처녀로 있은 기혼녀인/ 성련석// 연변녀성.-1989,(2).-31-34

20155 아들비위가 낳은 비극/ 손영군// 동북후비군.-1989,(2).-17-19

20156 아버지의 고충/ 오영자// 중국조선어문.-1989,(2).-53

20157 아버지의 눈물/ 관유림// 연변녀성.-1989,(2).-56-57

20158 안해/ 한정길// 청년생활.-1989,(2).-29-32

20159 안해의 마음/ 황순희// 송화강.-1989,(2).-25

20160 양말기계에 깃든 사랑 / 용천 // 동북후비군. – 1989,(2). – 47
20161 역광 / 리선희 // 장백산. – 1989,(2). – 24 – 47
20162 올케 / 남해순 // 연변녀성. – 1989,(2). – 8 – 9
20163 왜 / 정상국 // 문학과 예술. – 1989,(2). – 41 – 49
20164 요람과 무덤 / 허봉남 // 장백산. – 1989,(2). – 61 – 69
20165 우리 집《왕》/ 조홍화 // 중국조선어문. – 1989,(2). – 51
20166 원피스 / 주희옥 // 천지. – 1989,(2). – 47 – 52
20167 1원짜리 송금통지서 / 조금순 // 연변녀성. – 1989,(2). – 24
20168 20년전, 20년후 / 김철수 // 송화강. – 1989,(2). – 17 – 24
20169 잃은것과 얻은것 / 리은화 // 중국조선어문. – 1989,(2). – 56
20170 잃은것과 얻은것은… / 리태호 // 천지. – 1989,(2). – 54 – 55
20171 잊혀지지 않는 모습 / 리옥화 // 중국조선어문. – 1989,(2). – 53 – 54
20172 조급증 / 신철국 // 은하수. – 1989,(2). – 16
20173 지쳐버린 녀인들 / 평문 // 연변녀성. – 1989,(2). – 36 – 41
20174 가면세계 / 류연산 // 도라지. – 1989,(3). – 2 – 9
20175 가을날의 상봉 / 김영금 // 천지. – 1989,(3). – 12 – 16
20176 감각 / 정의 // 동북후비군. – 1989,(3). – 37
20177 개천에서 난 룡 / 류원무 // 천지. – 1989,(3). – 36 – 41
20178 9월10일사건 / 김성룡 // 도라지. – 1989,(3). – 18 – 23
20179 농가에서 자라난 동메달수상자 / 왕검강 // 동북후비군. – 1989,(3). – 33
20180 돈, 미쳐난 야수 / 사덕휘 // 민족단결. – 1989,(3). – 62 – 64
20181 떠도는 비수 / 조연 // 송화강. – 1989,(3). – 21 – 25
20182 령혼의 고백 / 강효근 // 도라지. – 1989,(3). – 10 – 17
20183 박사모를 버리고 / 동가경 // 연변녀성 – 1989,(3). – 6 – 7
20184 밤중에 일어난 살인사건 / 란정도 // 동북후비군. – 1989,(3) – 24 – 25
20185 배반당한 사나이 / 김종운 // 송화강. – 1989,(3). – 2 – 7
20186 버림받은 사내 / 김훈 // 천지. – 1989,(3). – 4 – 11
20187 비틀린 무지개 / 장녕 // 대중과학. – 1989,(3). – 44 – 48
20188 사내 많은 녀인 / 허련순 // 장백산. – 1989,(3). – 34 – 50
20189 사랑의 대안 / 조혜민 // 동북후비군. – 1989,(3). – 40 – 41
20190 시체함속의《돈벌이감》/ 강호 // 연변녀성. – 1989,(3). – 36 – 39
20191 앵두나무에 달린 눈물 / 김재국 // 송화강. – 1989,(3). – 14 – 20
20192 오산 / 김운 // 은하수. – 1989,(3) – 3 – 8
20193 오월 / 전중화 // 천지. – 1989,(3). – 56 – 68
20194 외로운《주인마님들》/ 초방 // 연변녀성. – 1989,(3). – 53 – 54
20195 우둔한 보복 / 백자성 // 동북후비군. – 1989,(3). – 22 – 23
20196 이불 / 계용묵 // 연변녀성. – 1989,(3). – 59 – 60
20197 이중간첩 / 굉자 // 동북후비군. – 1989,(3). – 26 – 28
20198 익어가는 꿈 / 리선희 // 천지. – 1989,(3). – 45 – 52
20199 인생실습 / 리화숙 // 문학과 예술. – 1989,(3). – 6 – 11
20200 자객이 안해로 / 장선생 // 연변녀성. – 1989,(3). – 17
20201 장군의 눈물 / 년유가 // 지부생활. – 1989,(3). – 39 – 41

20202 짜개바지친구 / 박일 // 송화강. – 1989,(3). – 8 – 13

20203 추도식에서의≪군서방≫ / 주기 // 연변녀성. – 1989,(3). – 60 – 63

20204 한 처녀의 사랑비극 / 장엄 // 연변녀성. – 1989,(3). – 55 – 57

20205 고요는 흐느낀다 / 신철국 // 도라지. – 1989,(4). – 31 – 32

20206 고향에 온 손님 / 윤림호 // 천지. – 1989,(4). – 4 – 13

20207 괴의한≪모범부부≫ / 여배방 // 연변녀성. – 1989,(4). – 19 – 22

20208 금골녀인들 / 마영 작; 김덕부 역 // 문학과 예술. – 1989,(4). – 27 – 39

20209 내기 / 리태복 // 송화강. – 1989,(4). – 28 – 29

20210 녀교원이 찾은≪두번째 직업≫ / 초매 // 연변녀성. – 1989,(4). – 25 – 26

20211 녀복수자의 눈물 / 김영강 // 연변녀성. – 1989,(4). – 46 – 47

20212 녀인몽상곡 / 소슬 // 은하수. – 1989,(4). – 12 – 16

20213 노을 / 박범 // 도라지. – 1989,(4). – 19 – 25

20214 누구네 집 개가… / 장국립 저; 성하 번역 // 도라지. – 1989,(4). – 49 – 54

20215 대범한 녀성 / 허장군 // 청년생활. – 1989,(4). – 26 – 30

20216 도시에서 온 처녀들 / 강태화 // 도라지. – 1989,(4). – 25 – 30

20217 마음을 잃은 사람 / 리광일 // 천지. – 1989,(4). – 14 – 20

20218 무엇이 모자랄가? / 홍문 // 동북후비군. – 1989,(4). – 36 – 37

20219 방황 / 황영성 // 연변녀성. – 1989,(4). – 17 – 18

20220 버림받은 인체모델의 기형적인 가정 // 동북후비군. – 1989,(4). – 39 – 40

20221 별은 아직도 반짝이건만… / 리로 // 천지. – 1989,(4). – 47 – 52

20222 병신 신청산 / 김룡운 // 천지. – 1989,(4). – 34 – 39

20223 빨간 사과 세알 / 김영자 // 중국조선어문. – 1989,(4). – 56 – 59

20224 사슴골의 기문 / 김철수 // 은하수. – 1989,(4). – 3 – 11

20225 십자로상점 / 김웅걸 // 천지. – 1989,(4). – 21 – 28

20226 약술 / 박선석 // 송화강. – 1989,(4). – 2 – 13

20227 어머니가 넘은 아리랑 열두 고개 / 허영자 // 연변녀성. – 1989,(4). – 23 – 24

20228 인생사막 / 최해월 // 송화강. – 1989,(4). – 20 – 27

20229 인생숲 // 문학과 예술. – 1989,(4). – 11 – 18

20230 임신한 처녀 / 리동매 // 송화강. – 1989,(4). – 30 – 39

20231 접대제도 / 왕문유 // 동북후비군. – 1989,(4). – 40 – 41

20232 충정 / 성진숙 // 장백산. – 1989,(4). – 79 – 87

20233 칠색인생 / 여봉 // 은하수. – 1989,(4). – 46 – 49

20234 하느님 / 박일 // 송화강. – 1989,(4). – 14 – 19

20235 헬로우 미미 / 박선영 // 천지. – 1989,(4). – 68 – 78

20236 후회 / 류약민 // 동북후비군. – 1989,(4). – 47 – 48

20237 S5호실을 도배한 비밀 / 남방 // 동북후비군. – 1989,(4). – 28 – 30

20238 간첩과 변절자 / 남방 // 동북후비군. – 1989,(5). – 36 – 38

20239 감정평등을 찾는≪미친녀인≫ / 하천 // 연변녀성. – 1989,(5). – 35

20240 고향달아 / 황영성 // 도라지. – 1989,(5). – 2 – 10

20241 락타령을 넘는 녀인 / 정창호 // 송화강. – 1989,(5). – 2 – 13

20242 락화류수 / 정문준 // 은하수. – 1989,(5). – 6 – 10

20243 무대속사 / 한원국 // 천지. – 1989,(5). – 41 – 47
20244 백발유령 / 방룡주 // 천지. – 1989,(5). – 48 – 53
20245 봉화산의 주인 / 리수길 // 문학과 예술. – 1989,(5). – 28 – 34
20246 부경리를 송사해 이긴 처녀 / 엽원덕 // 연변녀성. – 1989,(5). – 2 – 4
20247 부림소에 깃든 미담 / 덕은 등 // 동북후비군. – 1989,(5). – 21 · 20
20248 비틀린 무지개 / 장녕 // 대중과학. – 1989,(5). – 52 – 56
20249 사위삼기 / 조성희 // 대중과학. – 1989,(5). – 21 – 23
20250 세방살이 / 김학철 // 천지. – 1989,(5). – 4 – 9
20251 소의 반역 / 리수봉 // 은하수. – 1989,(5). – 34 – 38
20252 수양버들 / 윤림호 // 연변녀성. – 1989.(5). – 15 – 21
20253 씨름선수와 황소 / 박선석 // 장백산. – 1989,(5). – 35 – 47
20254 아득한 지평선 / 성진숙 // 송화강. – 1989,(5). – 20 – 24
20255 옥치 / 류심무 // 천지. – 1989,(5). – 58 – 66
20256 50전 / 한광일 // 송화강. – 1989,(5). – 25 – 26
20257 움직이는 무지개 / 김운룡 // 도라지. – 1989,(5). – 11 – 18
20258 자비류학생의 고초 / 소초 // 연변녀성. – 1989.(5). – 11 – 14
20259 잔혹한 밤의 장막 / 서광순 // 장백산. – 1989,(5). – 3 – 34
20260 줄당콩 / 박상로 // 송화강. – 1989,(5). – 14 – 19
20261 차별시로 인한 비극 / 왕문조 // 동북후비군. – 1989,(5). – 14 – 16
20262 첩질하는 녀인들 / 로화 // 연변녀성. – 1989.(5). – 37 – 43
20263 ≪토배기≫와 ≪순환식사료양식법≫ / 완경풍; 류명 // 민족단결. – 1989,(5). – 42 – 43
20264 해관통로에서의 죄악 / 황일욱 // 연변녀성. – 1989.(5). – 49 – 51
20265 향숙이 / 김재국 // 천지. – 1989,(5). – 10 – 18
20266 환생 / 구양동화; 릉평호 // 연변녀성. – 1989.(5). – 28 – 30
20267 겨울사냥(외1편) / 박범신 // 송화강. – 1989,(6). – 2 – 12
20268 권투장의 총소리 / 자선 // 송화강. – 1989,(6). – 28 – 37
20269 끊어진 혀끝 / 한점 // 도라지. – 1989,(6). – 9 – 16
20270 동그란 웃음 / 류연산 // 연변녀성. – 1989.(6). – 26 – 31
20271 두 남자와 한 녀인 / 리소염 // 대중과학. – 1989,(6). – 40 – 43
20272 령혼의 자백 / 소화 // 은하수. – 1989,(6). – 18 – 22
20273 밤중에 문을 두드린 사람 / 진수문 // 동북후비군. – 1989,(6). – 40
20274 ≪백도깨비≫ / 장혜영 // 도라지. – 1989,(6). – 2 – 8
20275 보호자 / 안옥금 // 송화강. – 1989,(6). – 18 – 19
20276 뿌리잃은 도시 / 김재국 // 장백산. – 1989,(6). – 27 – 37
20277 생식 / 류서강 // 은하수. – 1989,(6). – 27 – 32
20278 실망 / 량방구 // 동북후비군. – 1989,(6). – 38
20279 아름다운 밀회 / 김성종 // 문학과 예술. – 1989,(6). – 42 – 50
20280 얼룩이 / 리해선 // 은하수. – 1989,(6). – 2 – 7
20281 이브의 여운 / 박정근 // 천지. – 1989,(6). – 14 – 20
20282 인생의 오솔길 / 리창열 // 장백산. – 1989,(6). – 38 – 50
20283 지성 / 김영근 // 천지. – 1989,(6). – 36 – 41
20284 진눈까비 / 림원춘 // 천지. – 1989,(6). – 4 – 13

20285 ≪첫날밤≫ / 리성철 // 송화강. − 1989,(6). − 13 − 17

20286 첫상봉 / 옥희; 박룡 // 청년생활. − 1989,(6). − 36 − 38

20287 추문 / 조위철 // 문학과 예술. − 1989,(6). − 28 − 37

20288 커피 한잔 / 산야 // 연변녀성. − 1989,(6). − 10 − 11

20289 향기 / 채철호 // 천지. − 1989,(6). − 46

20290 흑색순간 / 전도 // 송화강. − 1989,(6). − 20 − 28

20291 ≪화장품제국≫의 통치자 / 기석 // 연변녀성. − 1989,(6). − 12 − 13

20292 고원의 메아리 / 조위철 // 천지. − 1989,(7). − 42 − 48

20293 그믐 / 박완서 // 연변녀성. − 1989,(7). − 36 − 42

20294 기울어진 노아방주/ 리류// 연변녀성 − 1989,(7). − 45 − 48

20295 내가 만일 / 김양금 // 은하수. − 1989,(7). − 35 − 41

20296 련적 / 리창달 // 은하수. − 1989,(7). − 51 − 61

20297 미소하는 녀시체 / 복경 // 청년생활. − 1989,(7). − 20 − 25

20298 복수자의 수치스런 끝장 / 전승기 // 연변녀성. − 1989,(7). − 49 − 51

20299 부나비 / 김룡식 // 천지. − 1989,(7). − 49 − 51

20300 ≪비너스≫의 죽음 / 류운해 // 연변녀성. − 1989,(7). − 24 − 29

20301 삶의 잘못 / 허련순 // 천지. − 1989,(7). − 12 − 20

20302 서북의 호적없는 인간들 / 뢰건정 // 은하수. − 1989,(7). − 13 − 21

20303 ≪슈바키≫나이트클럽의 녀주인 / 남문 // 동북후비군. − 1989,(7). − 36 − 38

20304 웃음을 파는 녀인들 / 단소; 손명영 // 연변녀성. − 1989,(7). − 5 − 9

20305 철학인생 / 우광훈 // 천지. − 1989,(7). − 4 − 11

20306 총각은 둘 / 김응걸 // 청년생활. − 1989,(7). − 30 − 32

20307 가을의 동요 / 하립위 // 은하수. − 1989,(8). − 20 − 25

20308 검은 샤쯔 / 장정길 // 청년생활. − 1989,(8). − 37 − 40

20309 눈물 흘리는 가난한 산골 / 상양 // 연변녀성. − 1989,(8). − 16 − 19

20310 돌배나무 / 윤림호 // 천지. − 1989,(8). − 43 − 50

20311 려명전의 폭파 / 남방 // 동북후비군. − 1989,(8). − 30 − 32

20312 모범선거 / 일필 // 은하수. − 1989,(8). − 43

20313 박꽃 / 윤림호 // 은하수. − 1989,(8). − 8 − 18

20314 비둘기야, 날아가라 / 김재국 // 천지. − 1989,(8). − 16 − 21

20315 아홉송이 나리꽃 / 리영옥 // 천지. − 1989,(8). − 51 − 57

20316 20세기 신화 / 김학철 // 천지. − 1989,(8). − 4 − 15

20317 진짜와 가짜 // 은하수. − 1989,(8). − 26 − 28

20318 파란 손수건 / 주손 // 청년생활. − 1989,(8). − 31 − 36

20319 후레자식 / 리선희 // 천지. − 1989,(8). − 38 − 42

20320 흑과부 / 박완서 // 연변녀성. − 1989,(8). − 45 − 50

20321 가로등밑에서 / 김선 // 청년생활. − 1989,(9). − 37 − 40

20322 그녀가 걸은 길 / 리태수 // 천지. − 1989,(9). − 39 − 55

20323 내버리기 / 리여천 // 천지. − 1989,(9). − 12 − 17

20324 단검 / 박범신 // 천지. − 1989,(9). − 62 − 66

20325 무심한 공간 / 김근환 // 은하수. − 1989,(9). − 2 − 8

20326 범의 굴에서 변절자를 처단 / 서무 // 동북후비군. − 1989,(9). − 36 − 38

20327 사랑의 빈구석 / 김영금 // 청년생활. − 1989,(9). − 13 − 16
20328 색시감 / (향항)진연 // 청년생활. − 1989,(9). − 20 − 23
20329 생의 약점 / 임철 // 천지. − 1989,(9). − 18 − 24
20330 엄마 이딸을 리해해줘요! / 조병무 // 연변녀성. − 1989,(9). − 39 − 42
20331 첫기편 / 아동무 // 은하수. − 1989,(9). − 48 − 49
20332 피박골 / 최국철 // 천지. − 1989,(9). − 4 − 11
20333 가난한 사랑 / 장경숙 // 천지. − 1989,(10). − 28 − 35
20334 거지의 죽음 / 윤희언 // 천지. − 1989,(10). − 17 − 24
20335 과학자들의 이야기 // 대중과학. − 1989,(10). − 17 − 18
20336 꿈의 바다 / 수성 // 은하수. − 1989,(10). − 32 − 35
20337 녀번역원의 실종 / 남방 // 동북후비군. − 1989,(10). − 30 − 32
20338 백만장자와 개구리 / 채운산 // 은하수. − 1989,(10). − 2 − 10
20339 사랑의 희비극 / 허영순 // 천지. − 1989,(10). − 60 − 67
20340 옥매듭 / 류원무 // 천지. − 1989,(10). − 4 − 16
20341 친구의 안해 / 리병 // 청년생활. − 1989,(10). − 40 − 44
20342 하얀 봇나무숲 / 김근총 // 청년생활. − 1989,(10). − 34 − 39
20343 해지는 산의 저녁은 슬프더라 / 우광훈 // 천지. − 1989,(10). − 49 − 57
20344 꺼지는 마을 / 차경순 // 천지. − 1989,(11). − 62 − 67
20345 넋은 말한다 / 권중철 // 천지. − 1989,(11). − 4 − 11
20346 동백꽃 / 김유정 // 연변녀성. − 1989,(11). − 50 − 52
20347 무능한 나 / 차경순 // 청년생활. − 1989,(11). − 44 − 48
20348 ≪백조≫의 음영 / 리만호 // 천지. − 1989,(11). − 33 − 50
20349 질투의 불길에 타버린 행복 / 양악 // 연변녀성. − 1989,(11). − 20 − 24
20350 한 녀의사의 죽음 / 맹위재 // 연변녀성. − 1989,(11). − 18 − 19
20351 한 사나이의 마음 / 박진만 // 은하수. − 1989,(11). − 38 − 45
20352 그녀의 가정붕괴 / 엽원덕 // 연변녀성. − 1989,(12). − 13 − 16
20353 그와 그녀의 로맨스 / 박민 // 청년생활. − 1989,(12). − 21 − 25
20354 담안집 일화 / 신금복 // 은하수. − 1989,(12). − 10 − 18
20355 미모의 세 녀인 / 왕덕문 // 연변녀성. − 1989,(12). − 10 − 13
20356 아빠트 초상 / 고신일 // 천지. − 1989,(12). − 4 − 22
20357 열아홉살 때 / 김철수 // 은하수. − 1989,(12). − 44 − 52
20358 영원한 범죄자 / 서광억 // 천지. − 1989,(12). − 43 − 48
20359 잊을수 없는 밤 / 등삼 // 청년생활. − 1989,(12). − 31 − 36
20360 천직 / 황기철 // 천지. − 1989,(12). − 54 − 61
20361 허송세월 / 한원국 // 천지. − 1989,(12). − 23 − 29
20362 계곡 / 오결 // 송화강. − 1990,(1). − 16 − 19
20363 고산류수 / 리준; 리척 작; 문암 역 // 도라지. − 1990,(1). − 2 − 8
20364 깨곰보 / 김봉선 // 도라지. − 1990,(1). − 9 − 12
20365 나팔꽃 / 강효근 // 송화강. − 1990,(1). − 9 − 15
20366 노다지 캐는 사람들 / 전일봉 // 천지. − 1990,(1). − 24 − 30
20367 드러나지 않은 정체 / 김룡수 // 천지. − 1990,(1). − 51 − 57
20368 땅쇠 / 장혜영 // 송화강. − 1990,(1). − 2 − 8

20369 무도황후와 쟈프린/ 정효원// 천지. − 1990,(1). − 46 − 50

20370 바보 용칠이/ 최태응// 문학과 예술. − 1990,(1). − 56 − 60

20371 범희와 칠삭둥이 나그네/ 김혁// 천지. − 1990,(1). − 64 − 67

20372 변공장장의 ≪변증법≫ / 정창호 // 장백산. − 1990,(1). − 105 − 111

20373 불운의 0요일 / 철웅 // 연변녀성. − 1990,(1). − 18 − 24

20374 세속의 편견에 매장된 사랑 / 약운 // 연변녀성. − 1990,(1). − 32 − 34

20375 아들 / 윤정모 // 문학과 예술. − 1990,(1). − 46 − 52

20376 아들을 위하여 / 락각 // 연변녀성. − 1990,(1). − 26 − 31

20377 영욱아저씨 / 김성호 // 장백산. − 1990,(1). − 77 − 84

20378 용감한 녀 택시운전수 / 량문개 // 연변녀성. − 1990,(1). − 57

20379 움직이는 전선대/ 허련순// 청년생활. − 1990,(1). − 48 − 50

20380 잔혹한 밤의 장막/ 서광순// 장백산. − 1990,(1). − 35 − 60

20381 청춘의 마가을/ 한정화// 장백산. − 1990,(1). − 85 − 92

20382 팔지 못한 극비 필림 / 철남 // 동북후비군. − 1990,(1). − 36 − 38

20383 한 어머니의 생각 / 조위철 // 연변녀성. − 1990,(1). − 41 − 42

20384 현장로의 골치거리 / 김파 // 천지. − 1990,(1). − 31 − 42

20385 혼사날의 별곡 / 최국철 // 천지. − 1990,(1). − 4 − 12

20386 황당한 계약 / 장옥정; 후병우 // 동북후비군. − 1990,(1). − 30 − 31

20387 흉수로 된 경쟁자 / 왕창역; 오홍균 // 연변녀성. − 1990,(1). − 43 − 46

20388 강간당하지 않은 후과 / 리건평 // 연변녀성. − 1990,(2). − 10 − 13

20389 개울에 비낀 음영 / 손룡호 // 천지. − 1990,(2). − 68 − 69

20390 과학자들의 이야기 // 대중과학. − 1990,(2). − 24 − 25

20391 길들이기 / 장춘식 // 장백산. − 1990,(2). − 58 − 68

20392 깨여진 조각상/ 류중평// 동북후비군. − 1990,(2). − 38

20393 꿈을 찾는 마음 / 박범 / 도라지. − 1990,(2). − 18 − 24

20394 끝마친 경쟁 / 리천 // 청년생활. − 1990,(2). − 16 − 18

20395 돈에 미친 녀인/ 김산선// 연변녀성. − 1990,(2). − 7 − 9

20396 뒤늦은 후회/ 란정도// 동북후비군. − 1990,(2). − 25 − 27

20397 들뜬 녀자 / 염소영 / 송화강. − 1990,(2). − 32 − 36

20398 령혼만 내것이다/ 리태복// 송화강. − 1990,(2). − 14 − 19

20399 말울음소리 가을말소리 / 사우 // 은하수. − 1990,(2). − 45 − 55

20400 바람따라 갔던 곳/ 김재국// 천지. − 1990,(2). − 33 − 41

20401 버들숲 / 고설봉 // 장백산. − 1990,(2). − 32 − 36

20402 병신자식 / 조광명 // 송화강. − 1990,(2). − 20 − 23

20403 보이지 않는 눈물/ 림원춘// 천지. − 1990,(2). − 12 − 23

20404 볼나무 못(봇나무)/ 윤림호// 도라지. − 1990,(2). − 9 − 17

20405 불행아의 눈물 / 박일우 // 천지. − 1990,(2). − 59 − 63

20406 사랑아닌 사랑의 비극 / 문방 // 송화강. − 1990,(2). − 27 − 31

20407 수포로 돌아간 랍치음모 / 철남 // 동북후비군. − 1990,(2). − 31 − 33

20408 스러진 노을 / 허련순 // 천지. – 1990,(2). – 45 – 51
20409 실락원 / 곽하신 // 문학과 예술. – 1990,(2). – 22 – 28
20410 아, 돈! / 아언 // 동북후비군. – 1990,(2). – 19 – 22
20411 오그랑죽 / 리주천 // 송화강. – 1990,(2). – 24 – 26
20412 우물 / 윤림호 // 장백산. – 1990,(2). – 3 – 30
20413 인생삽곡 / 강효근 // 장백산. – 1990,(2). – 37 – 57
20414 저 까치는 왜 울고있을가? / 조병무 // 연변녀성. – 1990,(2). – 56 – 58
20415 정은 서로 끊었다 / 한정길 // 도라지. – 1990,(2). – 25 – 33
20416 정주시의≪무리도적≫떼 / 운몽택 // 연변녀성. – 1990,(2). – 21 – 26
20417 학교라는 학교 / 윤희언 // 은하수. – 1990,(2). – 3 – 9
20418 향장 / 림화평 작; 리학 역 // 도라지. – 1990,(2). – 2 – 8
20419 흐르는 섬 / 류흥종 // 송화강. – 1990,(2). – 2 – 13
20420 격전의 전야 / 남방 // 동북후비군. – 1990,(3). – 33 – 35
20421 관건적인 한표 / 왕문유 // 동북후비군. – 1990,(3). – 45 – 46
20422 그녀의 손길 / 류건농 작; 리성 역 // 문학과 예술. – 1990,(3). – 20 – 30
20423 금전에 환장하여 / 후북광; 오명사 // 동북후비군. – 1990,(3). – 19 – 21
20424 기묘한 무기 / 김산 // 문학과 예술. – 1990,(3). – 35 – 45
20425 라고촌의 기문 / 박상춘 // 장백산. – 1990,(3). – 23 – 30
20426 레디메이드 인생 / 채만식 // 도라지. – 1990,(3). – 31 – 42
20427 로인과 두 아들 / 윤금철 // 천지. – 1990,(3). – 29 – 33
20428 바람묻은 사나이 / 고은희 // 도라지. – 1990,(3). – 25 – 30
20429 반주자 / 주춘우 // 은하수. – 1990,(3). – 42 – 51
20430 북선촌의 일화 / 윤림호 // 은하수. – 1990,(3). – 3 – 12
20431 불새 / 류흥종 // 송화강. – 1990,(3). – 22 – 28
20432 빗진 정 / 혜상해 // 은하수. – 1990,(3). – 16 – 18
20433 사랑하시라 그러나 탈선하지 마시라 / 조군 // 청년생활. – 1990,(3). – 18 – 24
20434 상현달 하현달 / 한정화 // 장백산. – 1990,(3). – 4 – 22
20435 성단앞에서 헤매는 소녀들 / 정휘 // 연변녀성. – 1990,(3). – 54 – 58
20436 세월이 흐름에 / 김정학 // 송화강. – 1990,(3). – 15 – 21
20437 수정꽃병의 마술 / 방룡주 // 천지. – 1990,(3). – 25 – 28
20438 신음하는 령혼 / 최균선 // 천지. – 1990,(3). – 47 – 52
20439 아리랑 열두 고개 / 류원무 // 장백산. – 1990,(3). – 47 – 66
20440 안개골의 꿈 / 정호 // 천지. – 1990,(3). – 43 – 46
20441 오, 멀어져간 구두징소리 / 김운석 // 청년생활. – 1990,(3). – 52 – 53
20442 저수지 / 윤림호 // 연변녀성. – 1990,(3). – 13 – 19
20443 책상 나누기 / 김철부 // 송화강. – 1990,(3). – 2 – 7
20444 천국의 계단 / 최인호 // 도라지. – 1990,(3). – 63 – 70
20445 청춘인생 / 석신 // 송화강. – 1990,(3). – 8 – 14
20446 최선생님의 걸음걸이 / 장춘식 // 천지. – 1990,(3). – 15 – 21
20447 탐욕의 대가 / 려무 // 동북후비군. – 1990,(3). – 21
20448 푸른 등 / 김남범 // 청년생활. – 1990,(3). – 15 – 18

20449 한 녀공장장의 이야기 / 소진화 // 연변녀성. －1990,(3).－4－5
20450 황당한 복수 / 조백서 // 연변녀성.－1990,(3).－27－31
20451 훌륭한 이웃 / 우헌강 // 연변녀성.－1990,(3).－44－46
20452 그녀들의 류학꿈 / 려기용 // 연변녀성.－1990,(4).－50－53
20453 금가락지 / 김창수 // 송화강.－1990,(4).－2－12
20454 ≪김삐뚤이≫정전: 북대황에서의 생활편단 / 에립화 // 민족단결.－1990,(4).－57－59
20455 닭 한마리 때문에 / 장봉산 // 연변녀성.－1990,(4).－20－22
20456 딱친구가 적수로 / 고위걸 // 연변녀성.－1990,(4).－37－38
20457 바깥세상 / 채홍성 작; 한화 역 // 도라지.－1990,(4).－44－51
20458 박꽃 / 리동렬 // 천지.－1990,(4).－33－38
20459 백색의 광란 / 전용문 // 송화강.－1990,(4).－30－39
20460 뿌리 뽑힌 사랑 / 김재국 // 연변녀성.－1990,(4).－41－46
20461 사나이를 찾습니다 / 리화숙 // 도라지.－1990,(4).－11－15
20462 사닥다리 / 장항항 // 은하수.－1990,(4).－7－8
20463 삶의 터전 / 한근 // 도라지.－1990,(4).－16－21
20464 상해에 오신≪아마니≫ / 림소란 // 민족단결.－1990,(4).－56
20465 서천에 비낀 쪼각달 / 임종철 // 천지.－1990,(4).－12－19
20466 세 녀인 / 강효근 // 청년생활.－1990,(4).－15－19
20467 숟가락 / 송몽규 // 문학과 예술.－1990,(4).－45
20468 슬픔의 그라프 / 김재국 // 장백산.－1990,(4).－38－48
20469 시골로파 / 계용묵 // 문학과 예술.－1990,(4).－48－52
20470 아미의 이야기 / 왕몽 // 문학과 예술.－1990,(4).－28－35
20471 안경: 외1편 / 김표 // 송화강.－1990,(4).－52－53
20472 우는 마음 / 리주천 // 은하수.－1990,(4).－2－7
20473 우뢰치는 나루터 / 석산호 작; 김란 역 // 도라지.－1990,(4).－37－43
20474 우리 이웃들 / 김재국 // 천지.－1990,(4).－4－11
20475 잠시 눕는 풀 / 김원일 // 천지.－1990,(4).－39－49
20476 큰상 / 성진숙 // 장백산.－1990,(4).－3－13
20477 택시모는 아가씨 / 김재국 // 도라지.－1990,(4).－2－10
20478 평형점 / 윤림호 // 송화강.－1990,(4).－13－21
20479 검은 ≪유령≫의 끝장 / 주건의; 리택량 // 동북후비군.－1990,(5).－32－35
20480 고백주 / 정문준 // 은하수.－1990,(5).－2－6
20481 고성의 점쟁이 / 위홍 // 대중과학.－1990,(5).－36－40
20482 ≪그림자≫행동 / 쟁영 // 동북후비군.－1990,(5).－24－26
20483 금이 실린 사랑 / 진한충 // 연변녀성.－1990,(5).－14－17
20484 달과 별 / 김련순 // 송화강.－1990,(5).－23－24
20485 딱보령감 / 류원무 // 천지.－1990,(5).－4－11
20486 들국화 / 박준범 // 도라지.－1990,(5).－10－15
20487 마음의 웨침 / 효백 작; 리상 역 // 도라지.－1990,(5).－23－61
20488 반공포돌격대 / 왕월성; 박범 번역 // 송화강.－1990,(5).－33－40
20489 밤나무 / 허련순 // 도라지.－1990,(5).－2－9
20490 밤중에 오는 전화 / 허련순 // 천지.－1990,(5).－12－19

20491 보통사람 / 량효성 // 송화강. – 1990,(5). – 28 – 33
20492 빚쟁이 오서방 / 박선석 // 장백산. – 1990,(5). – 3 – 28
20493 빛의 뿌리 / 한여 // 천지. – 1990,(5). – 32 – 37
20494 선회 / 오금량 // 청년생활. – 1990,(5). – 32 – 35
20495 새벽새는 울고있다 / 조광명 // 송화강. – 1990,(5). – 2 – 13
20496 ≪어머니≫로 된 사나이들 / 왕효명 // 연변녀성. – 1990,(5). – 5 – 6
20497 어제날은 막별이군 오늘은 억만장자: 향항의 부동산거두 곽영동에 대한 이야기 / 개방 // 민족단결. – 1990,(5). – 56 – 57
20498 우물속에 누운 시체 / 왕서강 // 천지. – 1990,(5). – 48 – 53
20499 일장춘몽 / 강효근 // 천지. – 1990,(5). – 42 – 47
20500 집없는 사람들 / 김철수 // 송화강. – 1990,(5). – 14 – 22
20501 청공 / 김창걸 // 문학과 예술. – 1990,(5). – 20 – 30
20502 한 사나이의 눈물 / 차명선 // 연변녀성. – 1990,(5). – 11 – 13
20503 회의를 부르다 / 백원 // 천지. – 1990,(5). – 60 – 66
20504 흘러가는 마을 / 고신일 // 장백산. – 1990,(5). – 29 – 59
20505 길 / 관화 작; 문암 역 // 도라지. – 1990,(6). – 52 – 58
20506 나는 마콜이 아니다 / 량력 // 연변녀성. – 1990,(6). – 20 – 22
20507 남들과는 모두 량반 / 김성호 // 천지. – 1990,(6). – 4 – 10
20508 내리막길 / 반중 // 연변녀성. – 1990,(6). – 15 – 20
20509 눈물젖은 숲 / 림원춘 // 장백산. – 1990,(6). – 3 – 29
20510 단편소설 / 림화평 // 송화강. – 1990,(6). – 25 – 30
20511 달밤에 생긴 사건 / 차명선 // 연변녀성. – 1990,(6). – 48 – 50
20512 도망의 길 / 남방 // 동북후비군. – 1990,(6). – 35 – 37
20513 마가을바람: 한 녀자의 / 리만호 // 천지. – 1990,(6). – 32 – 38
20514 명작만화 / 정세봉 // 도라지. – 1990,(6). – 2 – 3
20515 미의 고뇌 / 선우태성 // 천지. – 1990,(6). – 49 – 55
20516 백일홍 / 윤림호 // 청년생활. – 1990,(6). – 16 – 20
20517 백치 아다다 / 계용묵 // 은하수. – 1990,(6). – 50 – 57
20518 뽀쁘라나무 / 한해동 // 장백산. – 1990,(6). – 37 – 43
20519 사랑을 낳는 녀인들 / 박진만 // 천지. – 1990,(6). – 11 – 16
20520 사직서 / 량명석 // 송화강. – 1990,(6). – 24 – 25
20521 317환의 마지막 사람들 / 리동렬 // 천지. – 1990,(6). – 26 – 29
20522 새들은 날아간다 / 박철산 // 연변녀성. – 1990,(6). – 7 – 8
20523 새벽의 사색 / 김홍란 // 도라지. – 1990,(6). – 11 – 19
20524 소장사길 / 안녕 // 천지. – 1990,(6). – 49 – 59
20525 시골장례 / 부흥전 작; 김란 역 // 도라지. – 1990,(6). – 59 – 64
20526 아버지 / 김춘란 // 도라지. – 1990,(6). – 20 – 26
20527 안해의 뻬돈 / 렴복희 // 천지. – 1990,(6). – 46 – 48
20528 윷놀이 / 방룡주 // 천지. – 1990,(6). – 60 – 64
20529 이상한 곤충 / 류홍종 // 송화강. – 1990,(6). – 16 – 23
20530 장기귀신 / 봉장 // 송화강. – 1990,(6). – 31 – 35
20531 장미꽃 / 한승원 // 송화강. – 1990,(6). – 2 – 15
20532 찾아가는 길 / 리혜선 // 은하수. – 1990,(6).

－2－12
20533 치솔 / 동심 // 연변녀성. －1990,(6). －9－10
20534 흰구름 / 강효근 // 도라지. －1990,(6). －4－10
20535 고향의 새 이야기 / 리봉우 // 천지. －1990,(7). －52－54
20536 굉장한 사의 / 진목 // 연변녀성. －1990,(7). －32－33
20537 《그녀는 진짜야!》 / 주덕진 // 연변녀성. －1990,(7). －46－47
20538 무시무시한 밀월 // 대중과학. －1990,(7). －25－26
20539 미옥이 / 송문룡 // 동북후비군. －1990,(7). －9
20540 아름다운 기억 / 매앵자 // 연변녀성. －1990,(7). －9－11
20541 아름다운 비밀 / 최균선 // 천지. －1990,(7). －4－14
20542 애곡없는 새 묘지 / 송석순 // 천지. －1990,(7). －32－38
20543 약자와 강자 / 신기덕 // 청년생활. －1990,(7). －21－26
20544 왕씨네 음력설 / 아성 // 천지. －1990,(7). －55－62
20545 울음, 외롭고 서러웠다 / 김영옥 // 은하수. －1990,(7). －8－11
20546 털없는 개 / 박선석 // 천지. －1990,(7). －21－29
20547 한 제대군인의 타락 / 리지봉; 량사중 // 동북후비군. －1990,(7). －33－35
20548 그녀가 바라는것은… / 백광진 // 연변녀성. －1990,(8). －51－52
20549 녀인과 간첩 / 남방 // 동북후비군. －1990,(8). －34－36
20550 돌아서는 시골뜨기 / 리만호 // 천지. －1990,(8). －12－18
20551 무능한 사나이 / 채운산 // 은하수. －1990,(8). －2－11
20552 미로의 세계 / 일월 // 청년생활. －1990,(8). －37－40
20553 밀림의 호곡소리 / 전일봉 // 천지. －1990,(8). －38－42
20554 아 파란 눈동자 / 장은유 // 청년생활. －1990,(8). －23－27
20555 악몽에서 허덕이는 신부 // 대중과학. －1990,(8). －41－42
20556 오빠 / 전순애 // 청년생활. －1990,(8). －19－22
20557 잘못 엮어지지 말았어야 할 이야기 / 홍휘; 혁평 // 동북후비군. －1990,(8). －28－30
20558 처삼촌 / 허련순 // 천지. －1990,(8). －46－52
20559 카라OK / 뢰택 // 천지. －1990,(8). －54－59
20560 토끼장사 / 량방구 // 동북후비군. －1990,(8). －39
20561 한눠윈쑤 / 류원무 // 천지. －1990,(8). －4－11
20562 한 법관의 로맨스 / 당해련 // 연변녀성. －1990,(8). －34－37
20563 《휴지》표 자전거 / 김경련 // 천지. －1990,(8). －22－25
20564 금반지 / 리종순 // 은하수. －1990,(9). －38－42
20565 무너진 탑 / 김엽 // 천지. －1990,(9). －13－21
20566 복수자 / 근발 // 청년생활. －1990,(9). －29－38
20567 부자지간 / 진혜옥 // 연변녀성. －1990,(9). －43－46
20568 불효자의 눈물 / 최호철 // 청년생활. －1990,(9). －54－55
20569 생명 / 진지방 // 은하수. －1990,(9). －24
20570 소겨리 / 리태수 // 천지. －1990,(9). －4－12
20571 시골도시 / 황암; 황하청 // 연변녀성. －1990,(9). －34－37
20572 장미꽃은 마음속에 / 리동렬 // 청년생활. －1990,(9). －25－28
20573 조사단의 하루 / 김웅걸 // 은하수. －1990,(9). －8－12
20574 734렬차의 실종사건 / 마수상 // 대중과학. －1990,(9). －44－49
20575 피해자가 가해자로 / 류미 // 연변녀성. －1990,(9). －40－42
20576 홍교수의 일화 / 정병겸 // 은하수. －1990,(9).

－28－33
20577 간첩의 죽음/ 남방// 동북후비군.－1990,(10).－36－38
20578 곰골의 비운: 외1편/ 손룡호// 천지.－1990,(10).－59－63
20579 그날 밤/ 양자// 은하수.－1990,(10).－16－17
20580 깨도/ 라당봉// 은하수.－1990,(10).－4－8
20581 둥근달 쪼각달/ 김영금// 천지.－1990,(10).－4－9
20582 몸부림치는 인생/ 황병락// 천지.－1990,(10).－22－30
20583 무지한 선택/ 최회빈; 우아경// 연변녀성.－1990,(10).－23－24
20584 물고기배속에서 나온 2천원/ 황과실// 연변녀성.－1990,(10).－16－19
20585 옥맺힌 한/ 류원무// 연변녀성.－1990,(10).－54－58
20586 처동생의 눈물/ 최봉룡// 은하수.－1990,(10).－34－40
20587 천치빵떡이/ 윤림호// 천지.－1990,(10).－10－17
20588 헛갈린 꿈/ 한정길// 청년생활.－1990,(10).－18－21
20589 흘러가는 세월/ 장하도// 천지.－1990,(10).－32－38
20590 금말/ 아병// 은하수.－1990,(11).－50－55
20591 금전은 그의 집에서/ 손문민// 연변녀성.－1990,(11).－36－38
20592 괴이한 감정// 연변녀성.－1990,(11).－17
20593 깨여진 차색 유리고뿌/ 박진만// 은하수.－1990,(11).－10－15
20594 ≪나비꿈≫의 비밀/ 김홍문// 동북후비군.－1990,(11－12).－42－48
20595 동방간첩후예의 애달픈 눈물/ 안가정// 대중과학.－1990,(11).－38－42
20596 모녀의 정/ 성경옥// 연변녀성.－1990,(11).－48－51
20597 박개장 암행록/ 허봉남// 천지.－1990,(11).－4－10
20598 박령감의 외손녀/ 김송죽// 청년생활.－1990,(11).－29－33
20599 보이지 않는 그림자/ 한원국// 천지.－1990,(11).－11－14
20600 북행렬차의 고동소리/ 임종철// 천지.－1990,(11).－26－31
20601 소동파/ 조희천// 천지.－1990,(11).－32－39
20602 신비한 잠수원/ 남방// 동북후비군.－1990,(11－12).－35－37
20603 자성죽음// 대중과학.－1990,(11).－46－48
20604 그들사이/ 강창걸// 천지.－1990,(12).－23－27
20605 과학자들의 발명이야기// 대중과학.－1990,(12).－8－9
20606 눈보라점경/ 정호원// 천지.－1990,(12).－11－14
20607 버드나무숲에서 우는 녀인: 두만강사람들의 이야기/ 윤광수// 천지.－1990,(12).－40－46
20608 시샘/ 차명선// 연변녀성.－1990,(12).－27
20609 올가미에 걸려/ 부현적// 연변녀성.－1990,(12).－6
20610 외곡된 사랑/ 리태수// 청년생활.－1990,(12).－25－31
20611 자중하라, 그대여/ 정개륭// 연변녀성－1990,(12).－15－16
20612 제 안속 채우려다…/ 우점// 연변녀성－1990,(12).－46－47
20613 초상날의 새 무덤/ 김웅걸// 천지.－1990,(12).－15－22
20614 친구/ 차경숙// 천지.－1990,(12).－39－41
20615 풀기 어려운 인생방정식/ 진안// 연변녀성.－1990,(12).－21－24
20616 흙장사/ 김철수// 은하수.－1990,(12).－29－36
20617 해는 놓쳤으나 달은 놓치지 않을래요/ 두두// 연변녀성.－1990,(12).－17－19

이옥금 •약 력•
1954년 흑룡강성 영안시 출생
1977년 북경 중앙예술대학 연극학원 졸업
1977년 길림성 연변연극단
1981년 길림성 연변도서관 간행물부 주임
1986년 연변대학 조문학부 졸업
1986년 연변대학 도서관
1998년 연변대학 민족연구원
2001년 연변대학 도서관 부연구원
2008년 절강월수외국어학원 부교수

•주요논저•
연변대학 도서관 조선문 잡지의 현황분석과 대책」, 「조선문 연속간행물 저록규범에 대한 탐구」, 「고려시기에 들여온 송나라도서에 대한 연구」, 「한글 잡지의 역사상황과 현실대책에 대한 연구」, 「청소년들의 독서 요령」, 「조선민족의 문헌 개발과 이용에 대하여」, 「대학도서관 독자사업에 대한 사고」, 「시스템환경에서 민족문헌관리 양식에 대한 탐구」 등 20여편이 있으며 「동북변강역사연구」 등 대형 프로젝트에 참가.

중국조선문정기간행물 목록색인 1권(상)

• 초판 인쇄 2008년 7월 31일
• 초판 발행 2008년 7월 31일

• 지 은 이 이옥금
• 펴 낸 이 채종준
• 펴 낸 곳 한국학술정보㈜
경기도 파주시 교하읍 문발리 513-5
파주출판문화정보산업단지
전화 031) 908-3181(대표) · 팩스 031) 908-3189
홈페이지 http://www.kstudy.com
e-mail(출판사업부) publish@kstudy.com
• 등 록 제일산-115호(2000. 6. 19)
• 가 격 37,000원

ISBN 978-89-534-0443-4 94000(Paper Book)
978-89-534-0444-1 98000(e-Book)
ISBN 978-89-534-0441-0 94000(Paper Book set)
978-89-534-0442-7 98000(e-Book set)